Kontaktadresse nach EU-Produktsicherheitsverordnung:
produktsicherheit@fischerverlage.de

Dieses einzigartige Personenlexikon ist das letzte Werk von Ernst Klee, der unermüdlich die Biographien von NS-Tätern recherchierte und dokumentierte. Erstmals sind hier sämtliche Täter, Gehilfen und zu Hilfsdiensten gezwungenen Häftlinge eines nationalsozialistischen Konzentrationslagers dargestellt – des Lagers, das zur Chiffre für den Holocaust wurde: Auschwitz. In den knapp 4000 Biographien wird auch der Verbleib der Betreffenden nach 1945 dokumentiert, soweit er sich recherchieren ließ. Darüber hinaus werden Aussagen von Zeitzeugen zu den dargestellten Personen und ihren Taten zitiert – Aussagen, die das Ausmaß der in Auschwitz begangenen Verbrechen glasklar vor Augen führen. Ein unverzichtbares Nachschlagewerk und das Vermächtnis eines außergewöhnlichen Autors.

»Ernst Klees fulminantes Kompendium … ist ein enzyklopädischer Steinbruch, in dem man viel nachschlagen kann und beim Lesen immer wieder auf weitere informative Artikel stößt.« *Werner Hornung, Süddeutsche Zeitung*

Ernst Klee (1942–2013) war Journalist und durch seine Bücher zu nationalsozialistischen Tätern und Verbrechen ein bedeutender Historiker. Er wurde u.a. mit dem Adolf-Grimme-Preis und dem Geschwister-Scholl-Preis ausgezeichnet. Die Stadt Frankfurt am Main verlieh ihm 2001 die Goethe-Plakette, das Land Hessen 2007 die Wilhelm Leuschner-Medaille. Seit 2005 ist eine Förderschule im westfälischen Mettingen nach ihm benannt. 2013 verstarb Ernst Klee, kurz nachdem er die Arbeit an seinem letzten Werk abgeschlossen hatte.

Weitere Informationen finden Sie auf www.fischerverlage.de

Ernst Klee

Auschwitz

Täter, Gehilfen, Opfer und
was aus ihnen wurde

Ein Personenlexikon

FISCHER Taschenbuch

Die Zeit des Nationalsozialismus
Eine Buchreihe
Begründet und bis 2011 herausgegeben von Walter H. Pehle

2. Auflage

Fotos auf S. 6 und 507: SS-Männer und SS-Maiden bei der Freizeitgestaltung (sog. [Karl] Höcker-Album, 1944, USHMM)

Printed in Germany
ISBN 978-3-596-19785-9

Dieses Buch widme ich meinem Freund Walter H. Pehle. Er war mein Lektor seit den 70er Jahren. Ein Geschenk, daß Menschen über Jahrzehnte produktiv und harmonisch zusammenarbeiten können. Walter H. Pehle hat, obgleich im Ruhestand, auch dieses Buch betreut.

Begonnen hat die Zusammenarbeit mit Büchern zur Lage Behinderter. Es waren Bücher, dies sei dankbar angemerkt, die die Situation von Menschen, die in der Zeit des Nationalsozialismus als »minderwertig« galten, verändern halfen.

Walter H. Pehle war Herausgeber der Buchreihe *Die Zeit des Nationalsozialismus* im S. Fischer Verlag, bekannt als Schwarze Reihe. Darin sind mehr als 250 Bände erschienen – Aufklärung wider alle Tendenzen zur Verharmlosung von NS-Verbrechen. In Umfang und Qualität ist die Reihe weltweit einmalig.

Inhalt

Vorwort

Nachdem die Selektion an der Rampe überstanden ist, fragen die zunächst Überlebenden nach dem Verbleib der von ihnen getrennten Eltern und Kindern. Die Kapos zeigen auf den Rauch, der aus den Schornsteinen der Krematorien aufsteigt. Augenzeugin Simone Veil: »Doch wir begriffen nicht; wir konnten das nicht begreifen. Was sich in wenigen Metern Entfernung von uns abspielte, war derart unfaßbar, daß es unser Vorstellungsvermögen überstieg.«

Auschwitz war, so Lagerkommandant Höß, »die größte Menschen-Vernichtungs-Anlage aller Zeiten«. Bis zu 10 000 Menschen werden zuletzt an einem einzigen Tag auswaggoniert, selektiert und in den Gaskammern qualvoll erstickt. Der Überlebende Primo Levi wird später beklagen, »daß unsere Sprache keine Worte hat«, Auschwitz zu beschreiben.

Die Stadt Oswiecim (Auschwitz), 30 km von Kattowitz und 50 km von Krakau entfernt, hatte 1939 etwa 12 000 Einwohner. Das Stammlager, eine ehemalige polnische Artilleriekaserne, wird ab April 1940 ausgebaut und die polnische Bevölkerung der angrenzenden Orte »ausgesiedelt«. Die ersten 700 Häftlinge erreichen Auschwitz am 14. Juni 1940. 18 000 Menschen werden hier Ende 1941 vegetieren. Im Oktober 1941 beginnt der Bau des 3 km entfernten Lagers Birkenau, das 1943 etwa 100 000 Häftlinge einschließt.

In Auschwitz sind 1941 etwa 700 SS-Angehörige. Der Höchststand wird am 15. Januar 1945 erreicht: 4415 SS-Männer und 72 SS-Aufseherinnen. Insgesamt, rechnet man den Austausch von Personen ein, sollen es etwa 7000 SS-Männer und 200 SS-Aufseherinnen gewesen sein. Sie alle haben, gleich welche Funktion sie hatten, die Mordmaschine in Gang gehalten. Der Dienstrang spielt dabei keine Rolle, wie wir aus Häftlingsschilderungen wissen.

Ich habe Kazimierz Smolen, Häftling ab Juli 1940 und später Direktor des Staatlichen Museums Auschwitz, einmal gefragt, ob es den »anständigen« SS-Mann tatsächlich gegeben habe. »Ja«, sagte er, »zu mir.« Gemeint ist, daß SS-Angehörige im Einzelfall, wenn man aufeinander angewiesen war, sich durchaus korrekt verhalten konnten, aber ansonsten genau so mörderisch vorgingen wie die anderen. Am krassesten wird dies in den Aussagen der jüdischen Schreibfräulein des Folterspezialisten Boger deutlich: Sie wurden von ihm fürsorglich behandelt.

Der umfangreichste Versuch, die Massenvernichtung juristisch aufzuarbeiten, ist zweifellos der Auschwitz-Prozess vor dem LG Frankfurt am Main. Er dauerte vom 20. Dezember 1963 bis zum 20. August 1965. Nicht zu übersehen ist, daß im Frankfurter Urteil Aussagen von Häftlingszeugen reihenweise mit dem Verdikt »nicht glaubwürdig« abqualifiziert wurden. Abstruse Behauptungen von Tätern dagegen wurden akzeptiert. So behauptete zum Beispiel KZ-Zahnart Schatz, er sei zwar zur Selektion auf der Rampe eingeteilt gewesen, habe dort aber nur herumgestanden. Er wurde freigesprochen.

In Auschwitz werden Männer, Frauen und Kinder unter strengster Geheimhaltung erschossen. Nackt schleppt man sie zur Erschießungswand. Manchen der ermordeten Frauen werden anschließend Schenkel-, Bauchfleisch und Brüste herausgeschnitten. Das Fleisch wird im Hygiene-Institut der Waffen-SS als Nährböden für Bakterienzuchten zu einer Brühe verkocht – *Menschenbouillon* genannt.

Im Auschwitz-Urteil wird unterschieden zwischen unrechtmäßig und vielleicht rechtmäßig Erschossenen. Das Gericht urteilt auf Seite 869 über den Angeklagten Kaduk:

Vorwort

»Aus den Aussagen der Zeugen ergibt sich jedoch nicht, welche Personengruppen an der Schwarzen Wand getötet worden sind und welches der Grund für ihre Erschießung war. Es kann nicht ausgeschlossen werden, daß es sich um Zivilisten gehandelt hat, die auf Grund von Stand- oder Sondergerichtsurteilen zur Erschießung in das Lager Auschwitz eingeliefert worden waren. Da nähere Umstände nicht bekannt sind, kann nicht mit Sicherheit festgestellt werden, daß die Erschießungen rechtswidrig waren.«

Gleichwohl bleibt das Verdienst, Aussagen der Opfer wie der Täter gesichert und ihren Verbleib nach 1945 zumindest teilweise ermittelt zu haben. Dies war objektiv nicht einfach, da es in Auschwitz keine Namen gab. Die Gefangenen wurden mit ihrer Häftlingsnummer angesprochen und die Bewacher mit dem SS-Rang. Wer als Angehöriger des *SS-Totenkopf-Sturmbann KL Auschwitz* mordete, blieb meist anonym.

Die Vergangenheitsbewältigung läuft unter dem Motto Versöhnung. In der Praxis haben sich die Opfer versöhnlich zu zeigen. Ein weltberühmter Psychotherapeut, allenfalls drei Tage in Auschwitz, landete als Autor seiner KZ-Erinnerungen einen Welterfolg. Das Rezept: möglichst keine Greuel, stattdessen Opfer, die vor der Ermordung ihren Mördern verzeihen. Der Mann wurde mit Ehrungen überhäuft. Die wahren Überlebenden mussten sich in Entschädigungsverfahren oft noch einmal verhöhnen lassen.

Als sich das Ende von Auschwitz abzeichnete, träumten Gefangene davon, die vom Nationalsozialismus befreiten Länder würden ihre Leiden würdigen. Doch niemand wollte hören, was sie erlebt hatten. Auch von der Justiz hatten sie kein Verständnis zu erwarten. Die Gefühllosigkeit gegenüber den Opfern macht ein Staatsanwalt deutlich: Gela Londner, Zahntechnikerin bei Mengele, beginnt ihre Aussage mit der Fahrt im plombierten Viehwaggon nach Auschwitz und dem Tod von Säuglingen an der Brust der Mütter während der Fahrt. Der Staatsanwalt stoppt die durch die Wiedererrinnerung erregte Zeugin, sie solle sich auf das strafrechtlich Relevante beschränken.

Wer Auschwitz zu beschreiben versucht, bewegt sich an der Grenze der Belastbarkeit. Nur: Was wir kaum ertragen, beschreiben zu müssen, mussten Menschen am eigenen Leib erfahren. Was besonders bedrückt: Viele gingen zugrunde, ohne je gelebt zu haben. Kaum einer, der überlebte, erfuhr ein annähernd gutes Leben als Ausgleich seiner Leiden.

Der Band registriert insgesamt 4043 Menschen, darunter 3621 Personen, die als Täter zu bezeichnen oder zum Umfeld der Täter zu rechnen sind.

Ernst Klee

A

Aaron, Mois. *Jüdisches Sonderkommando.*
* Saloniki. Ankunft Auschwitz nach neuntägiger Fahrt im abgeriegelten Güterwaggon am 11.4.1944 aus Athen. Von 2500 Menschen werden 1872 sofort in der Gaskammer ermordet. Aaron muss ins Gaskammerkommando, damals *Sonderkommando* (SK), nach 1945 *Jüdisches Sonderkommando* genannt, da die Angehörigen des SK Juden sind. Verbleib unbekannt. – Mithäftling Jaakov Gabai über seinen ersten Tag im Sonderkommando (zit. n. Greif): »Ich erinnere mich, gegen 17.30 Uhr kam ein Transport. Die Alteingearbeiteten sagten uns, wir sollten uns die Neuankömmlinge gut angucken, denn in wenigen Minuten wären sie nicht mehr am Leben. Wir glaubten das nicht. Nach kurzer Zeit befahlen uns die Arbeiter hinunterzugehen, um zu sehen, was dort geschehe. Wir gingen hinunter, öffneten die Gaskammer und sahen wirklich die Leichen. Das sei nun unsere Arbeit, hieß es.«

Abe, Arthur. SS-Oberscharführer.
* 11.5.1915 Blumenhagen, Kreis Prenzlau. Nach 1945 Wohnsitz in Bayern. – Häftlingsarzt Lettich zur Schwierigkeit, Namen von Tätern zu nennen: »Die Ankunftsselektion meines Transportes fand auf freien Felde in der Nähe des Lagers Auschwitz statt. Die Großrampe in Birkenau war im Zeitpunkt meiner Ankunft [Juli 1942] noch nicht fertiggestellt. Die Gruppeneinteilung, die von einer Reihe von SS-Leuten vorgenommen wurde, war mir zunächst nicht klar. Die Namen der SS-Leute, die bei unserer Ankunftsselektion mitgewirkt haben, sind mir nicht bekannt. Ich habe mir diese Personen auch nicht gemerkt, denn wir waren im Zeitpunkt unserer Ankunft völlig benommen. Drei Tage hindurch waren wir in den Güterwaggons eingesperrt gewesen, ohne ausreichende Nahrung und Wasser.« Aussage: Auschwitz-Verfahren (AV), Bl. 17001 f.

Abel, Franz. SS-Schütze.
* 18.1.1908. Unter anderem im Außenlager Jawischowitz. † 19.10.1954 Salzburg. – Häftlingsärztin Ella Lingens: »Jeder, der dort war, tat auch einmal etwas Gutes. Hätten die SS-Männer in Auschwitz immer nur Böses getan, so hätte ich mir gesagt, sie können nicht anders; es sind krankhafte Sadisten. Diese Menschen aber konnten zwischen Gut und Böse unterscheiden und entschieden sich einmal für Gut und neunhundertneunundneunzigmal für Böse.«

Abel, Gustav. SS-Rottenführer.
* 6.5.1909 Elsbitow. Nach 1945 in Kerpen. – Das LG Frankfurt am Main über den Ablauf einer Transportankunft (Auschwitz-Urteil): »Beim Eintreffen der angekündigten Transporte verständigte der Adjutant oder ein anderes Mitglied des Kommandanturstabes telefonisch die verschiedenen Abteilungen des Lagers sowie den Wachsturmbann [des SS-Totenkopfsturmbanns] von der Ankunft des betreffenden RSHA-Transportes und befahl, daß die für den Rampendienst eingeteilten Führer, Unterführer und Männer sich auf die Rampe zu begeben hätten. Die ›Abwicklung‹ eines für die Vernichtung bestimmten RSHA-Transportes war bis ins einzelne organisiert. Bei den verschiedenen Abteilungen des Lagers und beim Wachsturmbann war hierfür ständig ein sog. Rampendienst eingeteilt. Die Schutzhaftlagerführung stellte den ›Diensthabenden Führer‹, dessen Aufgabe es war, die Empfangnahme, Einstellung und Vernichtung der in einem Transport angekommenen Menschen zu leiten und zu beaufsichtigen. Vom Wachsturmbann wurde eine bewaffnete Kompanie zum Rampendienst geführt.« Der Wachsturmbann war unterteilt in Wachkompanien.

Achenbach, Walter. Zentral-Bauleitung. * 3.6.1920 Sintowten / Ostpreußen. SS-Schütze. Die ZBL war u. a. zuständig für Bau und Betrieb der Vergasungsanlagen. Nach 1945 Wohnsitz in Bayern.

Achs, Rudolf. SS-Rottenführer. * 17.11.1908 Preßburg (Bratislava). Ab 10.7.1942 in Auschwitz. † 12.5.1976 Ludwigsburg. – Im 1945 verfassten Bericht des SS-Rottenführers Pery Broad heißt es über den formalen Ablauf einer Transportankunft: »Die Bereitschaft der Truppe hat um den Zug und die Rampe Aufstellung genommen. Der Führer der Bereitschaft meldet dem für die Abwicklung des ganzen Transports verantwortlichen SS-Führer, daß die Posten aufgezogen sind. Die Wagen können jetzt entladen werden. Der Führer des Begleitkommandos, das den Zug während der Fahrt zu bewachen hatte, fast immer ein Polizeioffizier, übergibt dem SS-Mann der Aufnahmeabteilung [PA] die Transportliste. Auf dieser Liste steht, woher der Transport kommt, die Zugnummer und die Namen, Vornamen und Geburtsdaten aller Juden, die mit ihm nach Auschwitz gebracht wurden. Die SS-Männer der Schutzhaftlagerführung sorgen unterdessen dafür, daß die Gefangenen aussteigen. Jeder SS-Mann bekommt dann noch einen Bon für Sonderverpflegung und Schnaps. Ein Fünftelliter für jeden Transport.«

Achtelik, Willi. SS-Unterscharführer. * 20.2.1920. Standortverwaltung. Spitzensportler der *Sportgemeinschaft*-SS Auschwitz. Gelobt im Standortbefehl vom 12.4.1944, da er beim Hallensportfest in Königshütte »das Tischtennisturnier gegen die Gemeinschaft der I.G. Farbenindustrie siegreich entscheiden konnte«. Nach 1945 in Nordrhein-Westfalen. – Häftling Filip Müller über das, was im Lageralltag »Sport« genannt wird: »Die bedauernswerten Häftlinge werden wie bei einer Treibjagd gehetzt und gejagt. Sie warfen sich auf die Erde, robbten, sprangen wieder auf, hüpften mit vorgehaltenen Armen, rannten keuchend herum und schubsten einander, um den Schlägen zu entgehen, die pausenlos auf sie niederprasselten. Nur nicht liegenbleiben! Wer das tat, war verloren. Ein Schlag mit dem Gummiknüppel, wenn nötig auch mehrere, machte ihm den Garaus.«

Achtermann, Ewald. Kommandoführer Gasbunker II und Krematorien. * 20.11.1911 Schliestedt. SS-Rottenführer (1943). Kommandanturbefehl vom 20.4.1943: *Kriegsverdienstkreuz II. Klasse mit Schwertern* (das KVK für KZ-Angehörige, siehe Liebehenschel, läßt Beteiligung an Tötungen vermuten). † Vermißt seit dem 9.3.1945. – Die ersten Gasmorde finden Herbst 1941 im *Alten Krematorium* am Stammlager statt, danach in zwei umgebauten Bauernhäusern im 3 km von Auschwitz entfernten Birkenau: das erste, von den Häftlingen *Rotes Haus* genannt und von der SS als Bunker I bezeichnet, ist von März 1942 bis Frühjahr 1943 Vergasungsstätte für jeweils 800 Menschen. Im Bunker II, von den Häftlingen *Weißes Haus* genannt, werden ab Juni 1942 maximal 1200 Menschen auf einmal vergast. Bunker II wird ebenfalls im Frühjahr 1943 geschlossen, aber von Mai bis November 1944 anläßlich der Ermordung von mehr als 400 000 ungarischen Juden wieder in Betrieb genommen, nun meist als Bunker V bezeichnet. Erklärung Höß vom 14. März 1946 (Nbg. Dok. NO-1210): »Zwei alte Bauernhäuser, die abgelegen im Gelände Birkenau lagen, wurden fugendicht gemacht und mit starken Holztüren versehen. Die Transporte selbst wurden auf einem Abstellgleis in Birkenau ausgeladen. Die arbeitsfähigen Häftlinge wurden ausgesucht und nach den Lagern abgeführt, sämtliches Gepäck wurde abgelegt und später zu den Effektenlagern gebracht. Die anderen, zur Vergasung bestimmten, gingen im Fußmarsch zu der etwa 1 km entfernten Anlage. Die Kranken und nicht Gehfähigen wurden mit Lastwagen hintransportiert. Bei Transporten, die des Nachts ankamen, wurden alle mit Lastwagen dahinbefördert. Vor den Bauernhäusern mußten sich alle ausziehen hinter aufgebauten Reisigwänden. An den Türen stand ›Desinfektionsraum‹. Die diensttuenden Unterführer mußten durch Dolmetscher den Menschen sagen, daß sie genau auf ihre Sachen achten sollen, damit sie diese nach der Entlausung gleich wieder fanden. Die Ausgezogenen gingen dann in die Räume hinein.«

Ackermann, Fredi (Alfred). Kommandoführer Krematorium. * 26.9.1909. SS-Unterscharführer. Standortbefehl (StB) Nr. 20/43: »Besuch des Vaters auf die Dauer von 14 Tagen«. StB Nr. 30/43: »Besuch der Schwester vom 26.7.–12.8.43«. Beteiligt an der Niederschlagung des Aufstands der Krematoriumshäftlinge am 7.10.1944. † 14.2. 1946 in sowjetischer Haft (FSK). – Die vier großen Vergasungs- und Verbrennungsanlagen, im allgemeinen Sprachgebrauch verharmlosend Krematorien genannt, werden zwischen März und Juni 1943 in Betrieb genommen: Krematorium I am 31.3.1943, tägliche Verbrennungskapazität 1440 Leichen (November 1944 stillgelegt). Krematorium II ab 25.6.1943, tägliche Verbrennngskapazität 1440 Leichen (November 1944 stillgelegt). Krematorium III ab 22.3.1943, tägliche Verbrennungskapazität 768 Leichen (am 7.10.1944 beim Häftlingsaufstand abgebrannt). Krematorium IV ab 4.4.1943, tägliche Verbrennungskapazität 768 Leichen, am 26.1.1945 gesprengt. In den Krematorien I und II sind Auskleideraum und Gaskammer unter der Erde, in den Krematorien III und IV ebenerdig angelegt. Laut Häftling Shlomo Venezia ringen die Opfer »zehn bis zwölf Minuten nach Luft«. Am 7.10.1944 hatten auf dem Gelände des Krematorium III (Numerierung bei Czech: IV) mehr als 300 Häftlinge der Krematorien III und IV zum Appell antreten müssen. 270 sollen angeblich zum Einsatz in einem anderen Lager kommen. Die Häftlinge, die wissen, daß ihre Ermordung bevorsteht, weigern sich vorzutreten. In dieser Situation stürzt sich der Gefangene Neuhoff auf einen der SS-Männer. Im allgemeinen Tumult fliehen über 100 Häftlinge ins Lagergelände, andere zünden Strohsäcke und Pritschen an, Feuer bricht aus. Häftlinge des Krematoriums I schließen sich dem Aufstand an, etwa 80 gelingt ebenfalls die Flucht ins Lagergelände. Am Abend des 7. Oktober 1944 ist der Aufstand niedergemetzelt, über 450 Häftlinge sind tot, im Kampf getötet oder anschließend per Genickschuß liquidiert.

Adam, Andreas. SS-Rottenführer. * 1.2.1904 Paulieno. Ab August 1941 in Auschwitz. SS-Totenkopf-Sturmbann. Nach 1945 in Vechta. – Die Totenkopfverbände (TV) waren SS-Verbände zur Bewachung der Konzentrationslager, ab 29.3.1936 als TV bezeichnet. Kennzeichen: Totenkopfsymbol am rechten Uniformkragen. Im Krieg auch als kämpfende Truppe eingesetzt. Die Inspektion der TV wurde am 1.9.1940 aufgelöst und die Geschäfte von der Waffen-SS übernommen.

Adamiak, Adolf. SS-Rottenführer. * 22.8.1904 Strinska Wola. Von August 1941 bis zum Ende in Auschwitz. SS-Totenkopf-Sturmbann. Verbleib unbekannt. – KZ-Kollege Broad: »Die Wachtürme, die das Stammlager und das Lager Birkenau umgaben, bildeten die sog. ›kleine Postenkette‹. Tagsüber wurde sie eingezogen, dafür stand in einem gewaltigen Umkreis die ›große Postenkette‹, in deren Bereich der größte Teil der Häftlinge, von Kapos und Vorarbeitern beaufsichtigt, in Fabrikbetrieben und auf Feldern arbeiten mußte. Der großen Postenkette entlang waren Schilder aufgestellt mit einem drohenden Totenkopf und der Aufschrift ›Interessengebiet des KL-Auschwitz – Weitergehen verboten – Es wird ohne Anruf scharf geschossen!‹«

Adamowski, Paul. Fahrbereitschaft. * 21.5.1909 Radautz. SS-Sturmmann. Kommandanturbefehl vom 3.6.1943: »Besuch der Familie«. Verbleib unbekannt. – Die Fahrbereitschaft, der Kommandantur unterstellt, hatte laut KZ-Kollege Lorenz 40 Lastkraftwagen, 12 Personenwagen, 10 Sanitätskraftwagen (Sanka) mit Rotem Kreuz, 6 Motorräder und 2 Löschfahrzeuge der Lagerfeuerwehr. Zwei Autobusse dienen dem Transport von SS-Leuten zum SS-Erholungsheim Sola-Hütte und dem Transport von Theaterensembles, die zu Kameradschaftsabenden in Auschwitz gastieren (s. Moszkowicz). Die Lastkraftwagen werden zum Transport der Menschen zu den Gaskammern eingesetzt, die Sankas zum Transport des Zyklon B.

Adelsberger, Lucie. Häftlingsärztin, Nr. 45171. Ein Mensch »geradezu rührenden Anstandes inmitten einer solchen Ballung von Niedertracht« (Lingens). * 12.4.1895 Nürnberg. Allergologin. März 1933 als Jüdin aus dem Robert-Koch-Institut in Berlin vertrieben. Adelsberger in ihren Erinnerungen: »Ich habe meine Mutter sehr geliebt und bin ihretwegen immer wieder nach Deutschland zurückgekommen [zuletzt 1938 aus den USA]. Als sie krank wurde, habe ich die letzte Chance zur Auswanderung vorbeistreichen lassen. Sie hatte einen Schlaganfall gehabt und lag gelähmt im Bett. Der Mutter in ihrem stillen Kämmerchen konnte man den Abtransport der Juden verheimlichen, aber während ich an ihrem Bette saß und von der Praxis erzählte und mit ihr alberte und schäkerte, lauschte ich angespannt auf jedes Geräusch an der Tür, auf jeden Schritt auf der Treppe und auf das Bremsen von Wagen vor dem Haus. Wann würden sie zu uns kommen und uns holen?« Die Mutter stirbt am 30.1.1943, am 17.5.1943 wird Adelsberger deportiert. Ankunft Auschwitz am 19.5.1943: »Der erste Gang führte ins Badehaus, die Sauna [Aufnahmegebäude]. Dort begann die eigentliche Prozedur: Ausziehen, Haareschneiden, nein, Kahlrasieren bis zum letzten Stummel, Duschen, Tätowieren. Hier nahm man uns wirklich alles bis zum Letzten. Nichts blieb, nichts von unseren Kleidern oder Wäschestücken, keine Seife, kein Handtuch, keine Nadel und kein Eßbesteck, nicht einmal ein Löffel; kein Schriftstück, das uns rekognoszieren konnte; kein Bild, kein Schriftzug derer, die wir liebten. Die Vergangenheit war abgeschlossen, ausgemerzt. Dann bekamen wir Nummern, eingebrannt in den linken Unterarm und angenäht an die Kleider. Wir waren ausgeschieden aus der Welt dort draußen, entwurzelt aus unserem Land, losgerissen von unserer Familie, eine bloße Nummer, einzig von Bedeutung für die Schreibstube.« Häftlingsärztin im »Zigeunerlager« bis zur Liquidierung in der Nacht vom 1. zum 2.8.1944 (2897 Menschen). Januar 1945 in Ravensbrück. 1945/46, zu dieser Zeit wartet Adelsberger in Amsterdam auf ihre Ausreise in die USA, verfaßt sie ihre Erinnerungen: *Auschwitz. Ein Tatsachenbericht.* Ende 1946 am Montefiore Hospital New York, Krebsforschung. 1952 schwerer Herzanfall, Depressionen. November 1962: »Mein persönliches Leben: ich könnte sagen praktisch Null. Die freie Zeit brauche ich, um meine Kraft für die Arbeit zu restaurieren, das heißt, ich verbringe sie zu Hause, soviel als möglich im Bett.« Juni 1964 Krebsdiagnose. † 2.11.1971 New York an Brustkrebs. Lucie Adelsberger hat Deutschland nie wieder besucht.

Adler, Frieda. Häftling Nr. 1306, Politische Abteilung (PA), Lager-Gestapo. * 11.3.1911 Presov/heute Slowakei. Ankunft Auschwitz am 26.3.1942 aus der Slowakei (999 Jüdinnen). Es ist der erste registrierte Frauentransport, der durch das Eichmann-Referat im Reichssicherheitshauptamt (RSHA IV B 4) eingewiesen wird. Sommer 1942 Schreiberin im Standesamt der PA. Die PA war in der Blockführerstube außerhalb des Stammlagers, beim Lagereingang. Es gab mehrere Abteilungen: die Aufnahmeabteilung und die Registratur (s. Bartel), das Standesamt (s. Bock) und die Vernehmungsabteilung (s. Boger). Hans Stark, Leiter der Aufnahmeabteilung: »Die Politische Abteilung des KZ Auschwitz war sachlich selbständig und unterstand nicht dem Lagerkommandanten. Mit Ausnahme von Grabner und Wosnitza war der Lagerkommandant jedoch Disziplinarvorgesetzter der Angehörigen der PA. Die PA erhielt ihre Anordnungen und Befehle entweder von der Gestapo-Leitstelle in Kattowitz oder unmittelbar vom RSHA.« Adler schreibt Totenlisten und Todesurkunden und bügelt heimlich Hemden und Hosen ihres SS-Chefs Kamphuis, den sie als »anständig« bezeichnet. Adler (zit. n. Shelley): »Im Büro ging die Akte meines Schwagers durch meine Hände. Meine ältere Schwester mit ihren drei Kindern, eine andere Schwester und ein Bruder wurden auch ausgelöscht.« Heirat mit Mordechai Sender, einem Händler aus Karpatenrußland, der Auschwitz überlebte, wohingegen seine Frau und seine Kinder dort ermordet wurden. Wohnsitz in Israel.

Adolf, Alois. SS-Hauptscharführer. * 15.1.1894 Birkenbrück/Bunzlau. Januar 1941 bis zum Ende in Auschwitz. SS-Totenkopf-Sturmbann. Nach 1945 in Mönchevahlberg. – Häftlingsärztin Hautval über die Ankunft (Medizin): »Zählappell. Nicht weit von uns ein ›Judenblock‹. Man führt sie vor den anderen zurück, im Vorbeigehen schlagen SS-Leute und ›schwarze Winkel‹ [als Asoziale inhaftierte Häftlinge] sie mit Stöcken und Knüppeln. Sie lachen. Wir unterdrücken einen Protestschrei. Hinnahme eines Zustands, den zu ändern man sich nicht imstande fühlt. Feigheit trotzdem ... Wie viele ähnliche Dinge werden wir in der Folgezeit noch hinnehmen!«

Adolph, Benno. KZ-Arzt. * 17.3.1912 Reit im Winkel. 1933 SA. 1935 NSDAP (Nr. 4411361), 1938 SS (Nr. 340774), Hauptsturmführer (1942). 1938 SS-Verfügungstruppe. Stationen: Dachau, Januar 1940 Musterungsarzt im SS-Ergänzungsamt (entspricht dem Wehrbezirkskommando), Herbst 1942 KZ Gusen, März 1943 kurze Zeit Lagerarzt im »Zigeunerlager« in Birkenau. Mai 1943 Flossenbürg, September 1943 Buchenwald, November 1943 Neuengamme, zuletzt Bergen-Belsen, 1953 Übersiedlung in die DDR, u.a. in Brandenburg an der Havel. 1958 im Westen: Assistenzarzt der Lungenheilstätte Frönspert, Kreis Iserlohn, danach Lungenklinik Hemer. † 20.12.1967 Iserlohn. – Aufzeichnung Höß 1947 zur Tätigkeit der KZ-Ärzte: »1. Bei den ankommenden Juden-Transporten hatten sie die arbeitsfähigen männlichen sowie weiblichen Juden nach den vom RSHA gegebenen Richtlinien auszusuchen. 2. Bei dem Vernichtungsvorgang an den Gaskammern hatten sie anwesend zu sein, um die vorgeschriebene Anwendung des Giftgases Zyklon B durch die Desinfektoren SDG's zu überwachen. Weiters hatten sie sich nach Öffnung der Gaskammern zu überzeugen, daß die Vernichtung vollständig war. 3. Die Zahnärzte hatten sich durch fortgesetzte Stichproben zu überzeugen, daß die Häftlingszahnärzte der Sonderkommandos bei allen Vergasten die Goldzähne auszogen und in die bereitstehenden, gesicherten Behältnisse warfen. Weiter hatten sie die Einschmelzung des Zahngoldes und die sichere Aufbewahrung bis zur Ablieferung zu überwachen. 4. Die SS-Ärzte hatten laufend in Auschwitz, in Birkenau sowie in den Arbeitslagern die arbeitsunfähig gewordenen Juden, die voraussichtlich innerhalb von vier Wochen nicht wieder arbeitsfähig werden konnten, auszumustern und der Vernichtung zuzuführen. Auch seuchenverdächtige Juden waren zu vernichten. Bettlägerige sollten durch Injektionen getötet, die anderen in den Krematorien bzw. im Bunker durch Gas vernichtet werden. Zu den Injektionen wurden m. Wissens Phenol, Evipan und Blausäure verwendet. 5. Sie hatten die sogenannten verschleierten Exekutionen durchzuführen. Es handelt sich dabei um polnische Häftlinge, deren Exekution vom RSHA bzw. vom BdS [Befehlshaber der Sipo und des SD] des Generalgouvernements angeordnet war. Da die Exekution aus politischen bzw. sicherheitspolitischen Gründen nicht bekannt werden durften, sollte als Todesursache eine im Lager übliche angegeben werden.« Laut Höß hatten SS-Ärzte weiterhin bei Exekutionen und beim Vollzug der Prügelstrafe zugegen zu sein und bei »fremdvölkischen Frauen« Schwangerschaftsunterbrechungen vorzunehmen.

Affentünn. Lagerältester.
* Nicht ermittelt. Laut Häftling Vrba der Mörder »Thiem, auch ›Affe Tyn‹ genannt, der Vorgesetzte aller Blockältesten«. Laut Häftling Bodek Name Thiem, Spitzname *Affe.* – Der Lagerälteste, vom Schutzhaftlagerführer eingesetzt, war der verantwortliche Häftling für das gesamte Schutzhaftlager. Er war der Vertreter des Lagers gegenüber der SS und zugleich Adressat von Befehlen der SS. Daneben gab es Lagerälteste für Teilbereiche wie den Häftlingskrankenbau, der mehrere Blocks umfaßte.

Agrestowski, Jan. *Jüdisches Sonderkommando,* nichtjüdischer Funktionshäftling. Nr. 74545.
* 24.6.1912. Pole. Ankunft Auschwitz am 13.11.1942 aus dem Warschauer Gestapogefängnis Pawiak. Ab 4.3.1943 im Gaskammerkommando. Am 5.1.1945 Überstellung ins KZ Mauthausen b. Linz. † Ebenda am 3.4.1945 als Geheimnisträger erschossen. – Auschwitz-Urteil: »Sobald die Körner des Zyklon B durch die Öffnungen in den Vergasungsraum hineinrieselten und mit der Luft in Berührung kamen, entwickelten sich Blausäuredämpfe, an denen die in der Gaskammer befindlichen Menschen in einigen Minuten qualvoll erstickten.« Die Folge: »Da sich das Gas vom Boden des Vergasungsraumes aus nach oben ausbreitete, starben die kleinen und schwächlichen Menschen zuerst. Die anderen stiegen in ihrer Todesangst auf die am Boden liegenden Leichen, um noch etwas Luft zu erhalten, bis sie schließlich selbst qualvoll erstickt waren. Um die Todesschreie der im Vergasungsraum befindlichen Menschen zu übertönen, ließ man beim kleinen Krematorium häufig Lastkraftwagenmotoren laufen oder SS-Männer mit Motorrädern um das kleine Krematorium herumfahren.«

Albert, Roland. SS-Obersturmführer (1945).
* 21.4.1916 Schässburg / Siebenbürgen. Sohn eines Stuhlrichters. NSDAP 1940, SS 1941 (Nr. 467018). Mit SS-Regiment *Der Führer* in Rußland, verwundet. Ab 28.1.1941 in Auschwitz, Bewachung Häftlingskommandos, Sommer 1942 beim Strafkommando *Königsgraben* (Kloakenkanal), laut eigenen Worten »eines der härtesten und schlimmsten Kommandos«. Mai 1943 Kompanieführer der 4. SS-Wachkompanie (Wachkompanien des SS-Totenkopfsturmbanns hatten Rampendienst). Am 2.10.1943 Heirat mit einer Volksschullehrerin. Lebte mit Gattin Gertrude – sie unterrichtete Kinder des KZ-Personals – ab Herbst 1943 in einer Dienstwohnung in Auschwitz. 1953 bis 1961 evangelischer Religionslehrer in Kufstein. Albert, angeblich ganz ahnungslos: »Im Jahre 1953 oder 1954, als ich mich zwecks Betreibung meiner Wiedereinstellung als Lehrer nach Wien begab, erfuhr ich erstma-

lig, daß ich Angehöriger der Allgemeinen SS war und eine SS-Nummer hatte [siehe oben]. Die betr. Nummer wurde mir nicht genannt, und sie ist mir auch nicht bekannt.« Q.: Auss. v. 4.6.1964, I-P 91.434-2C/5/&3, Bundesministerium für Inneres Wien.

Albrecht, Bruno. Politische Abteilung (PA), Lager-Gestapo.
* 22.4.1901 Lodz, Sohn eines Kupferschmieds. Lehrerausbildung, Prüfung nicht bestanden. 1923 polnische Wehrmacht. Freiwillig zur Waffen-SS. Sommer 1941 Wachdienst in Buchenwald. September 1941 in Auschwitz, SS-Unterscharführer. Dezember 1941 PA, Aufnahmeabteilung, Rampendienst. Sommer 1948 in Krakau zu 8 Jahren Haft verurteilt, später auf 5 Jahre reduziert. Arbeiter in einer Ziegelei. † 14.8.1966 am Wohnort Hannover (es gibt mehrere Versionen des Sterbedatums, diese ist richtig). Albrecht: »Noch als Angehöriger der Wachkompanie, also im Herbst 1941, war ich mitunter als Wachposten beim sog. Alten Krematorium eingeteilt, wo ich die Häftlinge zu beaufsichtigen hatte, die die Leichen ihrer Kameraden im Krematorium verbrennen mußten.« Das Krematorium im Stammlager, gegenüber dem SS-Revier, wurde nach Errichtung der großen Krematorien in Birkenau *Altes Krematorium* genannt. Ab August 1940 war es zunächst zur Verbrennung gestorbener oder ermordeter Häftlinge benutzt worden. Im Herbst 1941 wird die Leichenhalle zur Gaskammer umgebaut und als erste Vergasungsstätte für jeweils 800 Menschen benutzt (»Verbrennungskapazität« 340 Leichen pro Tag). Bei der letzten Vergasung Dezember 1942 werden Häftlinge des Jüdischen Sonderkommandos ermordet. Bis Juli 1943 als Krematorium und Erschießungsstätte in Betrieb. Abbruch der Verbrennungsöfen 1944, Umbau zu einem Luftschutzbunker der SS. Aussage: AV, Bl. 11404 ff.

Albrecht, Otto. SS-Sturmscharführer.
* 24.5.1889. SS-Totenkopf-Sturmbann KL Auschwitz, Buna-Monowitz. Verbleib unbekannt. – Das Nebenlager Monowitz ist das KZ der I.G. Farbenindustrie, ein Zusammenschluß von acht deutschen Chemieunternehmen, unter anderem Bayer, Hoechst und Badische Anilin- und Sodafabrik (BASF). Die Interessengemeinschaft (I.G.) war das größte Chemieunternehmen der Welt. Das KZ der I.G. Farben wird zunächst Lager Buna genannt, da es synthetischen Kautschuk produzieren soll. Häftlinge zur Errichtung des Buna-Werks werden ab dem 7.4.1941 abgestellt. Die entkräfteten Gefangenen müssen täglich jeweils 7 km von Auschwitz nach Buna und 7 km zurück marschieren. Der Amtskommissar von Auschwitz, Heinrich Gutsche (AV, Bl. 7824): »Dabei konnte ich beobachten, daß die Häftlinge beim Rückmarsch ins Lager ihre am Arbeitsplatz ums Leben gekommenen Kameraden mittrugen.« Ende Juli 1941 beginnt die Beförderung der Arbeitssklaven in Güterwaggons. Am 30.10.1942 werden 800 Häftlinge nach Buna-Monowitz überstellt, die beim Aufbau von Wohnbaracken arbeiten. November 1942 Unterbringung von etwa 2100 Häftlingen. Ab 22.11.1943 ein formal eigenständiges KZ mit (Januar 1945) 9806 Arbeitssklaven. Monowitz bedeutete die tödliche Ausbeutung menschlicher Arbeitskraft: Wer arbeitsunfähig wird, kommt in die Gaskammer.

Alexander, Vera. Häftling Nr. 5236.
* 4.6.1921 in der Slowakei. Ankunft Auschwitz mit ihren Eltern am 19.4.1942 (von 464 Deportierten leben am 15.8. 1942 nur noch 10). In der Schreibstube im Häftlingskrankenbau, Blockälteste im »Zigeunerlager«. Am 25.11.1944 Überführung in das Arbeitslager Breslau-Hundsfeld, 1945 in Bergen-Belsen befreit. Alexander: »Mit meiner Mutter war ich ca. 9 Monate nach meiner Einlieferung in Auschwitz zusammen inhaftiert,

zwar nicht auf einunddemselben Block, aber ich hatte Gelegenheit, sie täglich zu sehen. Im November 1942 wurde sie bei einer Selektion für den Tod in der Gaskammer bestimmt und ist auch dort getötet worden. Mein Vater ist bereits im Mai 1942 bei seiner Tätigkeit in einem Außenkommando erschlagen worden.« Keramikerin in Israel. Q.: AV, Bl. 15165 f.

Alexius, Adam. SS-Zahntechniker.

* 18.8.1920 Biled/Rumänien. Mai 1941 Waffen-SS, Unterscharführer. Zunächst in Buchenwald, 1944 bis zum Ende Zahntechniker in Auschwitz. Verbleib unbekannt. – Häftlingsdentist Siegbert Löffler (Nr. 105675) zum Rampendienst: »Ich weiß, daß bei dem Eintreffen solcher Transporte sämtliche SS-Angehörigen der Zahnstation zur sog. Rampe befohlen wurden.«

Alschewski, Waldemar. Koch, d.h. Überwachung der als Köche eingesetzten Gefangenen der Häftlingsküche im Stammlager (1943).

* 9.9.1905 Kybarten/Litauen, Sohn eines Bahnarbeiters. Beruf: Fleischer, Hemdenbügler in einer Wäscherei. SS-Rottenführer. Ab Oktober 1941 in Auschwitz, SS-Totenkopf-Sturmbann. Zuletzt Stellv. Küchenleiter im Außenlager Neu-Dachs. Nach 1945 Hilfsarbeiter im Hoch- und Tiefbau in Ahlen/Westfalen. † 20.6.1976 Stadtoldendorf. Alschewski (»Morgens wurde Kaffee gekocht. Abends gab es Kräutertee«) zur Lagerkost: »Meiner Ansicht nach war das Häftlingsessen reichlich.« Der ehemalige Häftling Jan Olbrycht (Nr. 46688) am 10.12.1947 im Krakauer Auschwitz-Prozeß: »Das für die Gefangenen zur Zubereitung von Suppen gelieferte Fleisch war sehr oft verdorben, mit Blasen bedeckt, bereits in Fäulnis übergehend. Außerdem erreichten die zu kleinen offiziellen Lebensmittelrationen nie vollständig die Häftlinge, wegen Diebstahls der wertvolleren Produkte, hauptsächlich der eiweißreichen, durch die SS-Männer und die Funktionen ausübenden Häftlinge.« Q.: AV, Bl. 7356 ff.

Althaus, Friedrich. SS-Unterscharführer (1942).

* 30.7.1911 Mönchengladbach. Schaufensterdekorateur. Vom 4.10.1940 bis 1944 in Auschwitz, danach Buchenwald. Rechnungsführer der 3. SS-Wachkompanie und der *Hundeführer-Staffel*. Nach eigener Aussage 1944 *Kriegsverdienstkreuz*. Berufsangabe nach 1945: Werbefachmann, Wohnsitz am Geburtsort. Althaus: »Ich bin der Ansicht, daß in Auschwitz niemand zu irgendwelchen Handlungen gezwungen werden konnte, die er aus sittlichen oder moralischen Gründen nicht ausführen wollte. Mißhandlungen oder Grausamkeiten konnte einem kein Mensch befehlen. SS-Leute, die dies getan haben, haben es aus eigener Machtvollkommenheit getan.« Q.: AV, Bl. 7365 ff.

Altschul, Richard. Evangelischer Diakon, Häftling Nr. 152373.

* 13.4.1873 Wien. Januar 1902 an das Hessische Brüderhaus Treysa (Diakonieanstalt Hephata): »Ich bin 29 Jahre alt, aus dem Hause Israel und kam vor 20 Monaten nach Hamburg in die Juden-Mission, wo ich den Messias gefunden und lieben gelernt habe und am 11/XI 1900 die Heilige Taufe empfangen habe.« Am 29.10.1905 Einsegnung als Diakon. Protokoll der Sitzung des Brüderrats vom 30.6.1939: »Manche Schwierigkeit wäre behoben, wenn Br[uder]. Altschul aus innerem Takt heraus schon längst seinen Austritt erklärt hätte«. Brüderhausvorsteher und Pfarrer Fritz Happich am selben Tag an Altschul: »Der Brüderrat des Hessischen Brüderhauses hat in seiner heutigen Sitzung, an der seine sämtlichen Mitglieder teilnahmen, einmütig beschlossen, Ihnen aus ernster Verantwortung den unabweisbaren Rat zu geben, sofort Ihren Austritt aus der Brüderschaft und damit auch der Deutschen Diakonenschaft zu erklären.« Alt-

schul antwortet, daß er sich »in Zeiten schwerster Not treulos verlassen und getäuscht sehe«, Verhaftung Gestapo Kassel am 30.11.1942, »weil er bis heute noch nicht im Besitze einer jüdischen Kennkarte ist und Umgang mit Deutschblütigen hat«. Zunächst im Arbeitserziehungslager Breitenau b. Kassel, Ankunft Auschwitz laut Häftlingsnummer am 24.9.1943. † 20.10.1943. Angebliche Todesursache: »Herzmuskelschwäche bei Bronchitis«. Unterzeichner: der Standesbeamte Kristan und Lagerarzt Dr. Rohde. Q.: Aufarbeitung.

Améry, Jean, eigentlich Hans Meyer. Häftling Nr. 172364.
* 31.10.1912 Wien. Schriftsteller. Als Jude 1938 Flucht aus Wien nach Belgien. Mitglied einer kleinen deutschsprachigen Organisation innerhalb der belgischen Widerstandsbewegung. Juli 1943 Verhaftung Gestapo, führte ein Flugblatt mit sich: »Tod den SS-Banditen und Gestapohenkern!« Eingeliefert in das *Auffanglager* Breendonk, Hinrichtungs- und Folterzentrum. Häftling in Auschwitz, Buchenwald, Bergen-Belsen. Ankunft Auschwitz am 17.1.1944 aus dem belgischen Lager Malines, von 657 Juden werden 419 sofort in der Gaskammer erstickt. In Buna-Monowitz. 1980 Autor: *Jenseits von Schuld und Sühne. Bewältigungsversuche eines Überlebenden.* Im Kaptitel *Die Tortur* heißt es (Auszug): »Im Bunker hing von der Gewölbedecke eine oben in einer Rolle laufende Kette, die am unteren Ende einen stark geschwungenen Eisenhaken trug. Man führte mich an das Gerät. Der Haken griff in die Fessel, die hinter meinem Rücken meine Hände zusammenhielt. Dann zog man die Kette mit mir auf, bis ich etwa einen Meter hoch über dem Boden hing. Was mich betrifft, so mußte ich ziemlich schnell aufgeben. Und nun gab es ein von meinem Körper bis zu dieser Stunde nicht vergessenes Krachen und Splittern in den Schultern. Die Kugeln sprangen aus den Pfannen. Das eigene Körpergewicht bewirkte Luxation, ich fiel ins Leere und hing nun an den ausgerenkten, von hinten hochgerissenen und über den Kopf nunmehr verdreht geschlossenen Armen. Torture, vom lateinischen torquere, verrenken: Welch ein etymologischer Anschauungsunterricht! Dazu prasselten die Hiebe mit dem Ochsenziemer auf meinen Körper, und mancher von ihnen schnitt glatt die dünne Sommerhose durch, die ich an diesem 23. Juli 1943 trug.« Améry: »Wer der Folter erlag, kann nicht mehr heimisch werden in der Welt.« † Suizid 17.10.1978 Salzburg.

Ammering, Johann. Lagerführer Golleschau.
* 8.6.1912 Vorschdorf b. Gmunden. SS-Oberscharführer. † 19.1.1948 U-Haft in Krakau. Das 60 km von Auschwitz entfernte Lager der *Golleschauer Portland Zement AG* – ein SS-Unternehmen – wird August 1942 errichtet. Das Zementwerk, darunter fällt auch der Abbau in vier Steinbrüchen, beschäftigte 1944 tausend Häftlinge.

Anders, Heinrich. SS-Unterscharführer.
* 14.4.1894. Ab September 1944 in Buna-Monowitz und Außenlager Sosnowitz (II). Verbleib unbekannt. – Im Außenlager Sosnowitz (II), April 1944 gegründet, sind 900 Häftlinge mit der Produktion von Läufen für Flugabwehrgeschützen sowie Geschossen beschäftigt. Sosnowitz wird im Kommandanturbefehl vom 22.4.1944 als Außenlager *Sosnowitz* aufgeführt. Die nachträgliche Bezeichnung Sosnowitz II dient der Unterscheidung vom früheren Außenlager Sosnowitz (I), das von August 1943 bis Februar 1944 in Betrieb war.

Angeli, Anton. SS-Schütze.
* 4.2.1917 Gakovo. Ab Mai 1942 für 4½ Monate im SS-Totenkopf-Sturmbann KL Auschwitz. KZ-Kollege Kranemann: »War mit mir in polnischer Haft.« – Simone Veil über die Ankunft

in Auschwitz (Auszug): »Die Schlange führte auf die SS-Leute zu, die mit großer Eile die Selektion vornahmen. Einige sagten: ›Wenn Sie müde sind oder nicht laufen möchten, steigen Sie ruhig in die Lastwagen.‹ Viele nahmen das vermeintlich fürsorgliche Angebot an, vor allem Frauen mit kleinen Kindern. War ein Laster voll besetzt, fuhr er [zur Gaskammer] los.«

Angermund, Jakob. SS-Oberscharführer. * 17. 3. 1892. Monowitz und Kommando Jawischowitz. † 31. 1. 1964 Köln. Die am 15. 8. 1942 in Betrieb genommene Kohlengrube, 7 Kilometer von Auschwitz entfernt, ist mit 2500 Häftlingen eines der größten Außenlager. Häftling Unikower: »Galt als Straflager.« Andrzej Strzelecki (HvA 15): »Es kam vor, daß die ausgehungerten Häftlinge, die auf dem Grubenplatz den Ausmarsch ins Lager erwarteten, Gras ausrissen und es aßen. Hierfür wurden sie von SS-Männern geschlagen.«

Angstmann, Albert. SS-Hauptscharführer.
* 1. 12. 1894 Frankfurt am Main. Ab September 1944 in Monowitz. † Kriegstod. – Buna-Häftling Moszkowicz zu den Appellen im Werk Buna: »Das Durchzählen ging so vor sich, daß jeder Block sich in Fünferreihen aufstellte, dann ein Unterscharführer mit dem Blockältesten erschien, mit diesem die Reihen durchschritt, während die Häftlinge laut abzählten, mit einem Blick nach links die Zahl dem Nachbarn weitergebend. Am Ende meldete der Blockälteste mit lauter Stimme die Gesamtzahl an den Unterscharführer: ›Block zehn mit 382 Häftlingen, drei Toten, zum Appell angetreten.‹«

Anhalt, Hans. SS-Sturmmann.
* 25. 9. 1908 Langefeld / Thüringen. Effektenlager *Kanada.* Standortbefehl Nr. 36 / 43: »Besuch der Ehefrau vom 11. 9.–25. 9. 43«. Der Häftlingsname *Kanada* soll daher stammen, daß den Gefangenen Kanada als Inbegriff von Reichtum galt. Im Effektenlager Kanada, am Ende verteilt auf Dutzende von Baracken und Gebäuden, lagerte das Eigentum der Ermordeten. Der ehemalige Häftling Langbein (Menschen) äußerte zu Anhalts Ergehen: »Der im Kanada-Kommando gewesene SS-Mann Hans Anhalt verließ sich darauf, daß die Behörden der DDR keine systematischen Nachforschungen nach Mitgliedern der Auschwitzer Wachmannschaften anstellten. Er trug immer wieder Gegenstände ins Versatzamt, die er seinerzeit in Kanada organisiert und nach Hause geschickt hatte. Da sie einen großen Wert darstellten, fiel das mit der Zeit auf. Nachdem bei einer Hausdurchsuchung weitere Effekten gefunden wurden, die nachweislich aus Auschwitz stammten, wurde ihm im Jahre 1964 endlich der Prozeß gemacht.«

Ansorg, Hans. SS-Rottenführer.
* 4. 11. 1905 Altenburg. März bis August 1941 in Auschwitz. † 10. 6. 1975 Emmendingen. Schutzhaftlagerführer Franz Hofmann (AV, Bl. 12069): »Jeder, der in Auschwitz war, hat an der Rampe Dienst gemacht, ob es sich nun um Kommandantur, Verwaltung, Kompanieführer der Wachtruppen oder Politische Abteilung handelt.«

Antoni, August. SS-Sturmmann.
* 26. 8. 1910 Glaserhau, Kreis Kremnitz (Slowakei). Wachtruppe, laut Kommandantursonderbefehl vom 6. 6. und 6. 7. 1942 Dienstbezeichnung *SS-Totenkopf-Sturmbann KL Auschwitz.* Ab 23. 9. 1944 SS-Zentralverwaltung (die SS-Standortverwaltung war per Standortbefehl vom 18. 8. 1944 umbenannt worden). Verbleib unbekannt.

Antoni, Johann. SS-Sturmmann.
* Nicht ermittelt. SS-Totenkopf-Sturmbann, Birkenau. Belobigt im Standortbefehl vom 18. 8. 1944: Acht Tage Erholung, da er »beim Fluchtversuch von 4 Häftlingen erfolgreich von der Schußwaffe Gebrauch gemacht« hat. Häftlingsarzt Löb-

ner zum Thema »Auf der Flucht erschossen« (AV, Bl. 6681): »Viele Kameraden, die die Ausweglosigkeit und Sinnlosigkeit ihres Lebens einsahen und die das Leid nicht mehr ertragen konnten, liefen in den elektrischen Draht oder absichtlich, ohne an eine Flucht zu denken, hinter die Postenkette, worauf sie ohne Anruf erschossen wurden.« Die Staatsanwaltschaft Frankfurt am Main in einer Einstellungsverfügung vom 11.10.1984 (50/4 Js 1173/62) zur Erschießung von Häftlingen »auf der Flucht«: »Diese Tat wäre als Totschlag (212 StGB) zu werten und ist damit verjährt.«

Appel, Gerhard. SS-Unterscharführer.
* 28.8.1909 Neu-Heiduk, Kreis Beuthen. Standortverwaltung, Technische Abteilung, Trafo-Station (für elektrisch geladenen Zaun). Laut Engelschall im Elektrikerkommando. Nach 1945 in Hillerse.

Ardetti, Michel. *Jüdisches Sonderkommando.*
* Auf Korfu. Ankunft Auschwitz nach neuntägiger Fahrt im abgeriegelten Güterwaggon am 11.4.1944 aus Athen. Von 2500 Deportierten werden 1872 sofort in der Gaskammer ermordet. Ardetti muß ins Gaskammerkommando. Zu den Aufgaben des Sonderkommandos, Juli 1942 gebildet, gehörte der Dienst auf der Rampe. Mithäftling Salmen Lewenthal: »Wenn ein Transport eintraf, mußten wir die Menschen einsammeln, die in den Waggons gestorben waren, alle Pakete und Koffer einsammeln.« Das Jüdische Sonderkommando war ab Mitte 1944 in den Krematorien selbst untergebracht (StAu III).

Arditi, Elie. Opfer von Versuchen zur Massensterilisierung mit Röntgenstrahlen, Nr. 124343.
* 27.4.1915. Chemiker der I.G. Farben in Saloniki, Oktober 1942 als Jude entlassen. Ankunft Auschwitz am 8.6.1943 mit einem Transport aus dem Ghetto in Saloniki. Von 880 Deportierten werden 572 »gesondert untergebracht« (Tarnwort für Vergasung). Im Stammlager im Block 20 (Versuchsblock). Arditi: »Wir wurden in regelmäßigen Abständen Bestrahlungen, die auf die Genitalgegend gerichtet waren, ausgesetzt. Alle zehn Tage wurde uns Sperma entzogen, um die Wirkungen der Bestrahlungen festzustellen. Anfang August 1943 kam ich auf den Operationstisch, wurde örtlich betäubt, und Dr. Schumann entfernte mir im Operationswege einen Hoden. Ungefähr acht Tage blieb ich im Krankenbau und kam dann ins Laboratorium Rajsko, wo ich als Schreiber und Hilfs-Chemiker tätig war.« Verlust der gesamten Familie in Auschwitz. 1947 Heirat: »Unsere Ehe blieb meiner künstlich herbeigeführten Sterilität wegen kinderlos.« Q.: MV, Bd. 21; SV.

Arledter, Friedrich. SS-Unterscharführer.
* 28.8.1909 Hamburg. SS-Totenkopf-Sturmbann. † 30.7.1944 Kriegstod in Frankreich. – Häftlingsärztin Adelsberger zum mörderischen Alltag: »Ein Appell, der einen Tag oder eine Nacht hindurch dauerte, war nichts Außergewöhnliches, und viele Häftlinge haben 24 oder 48 Stunden gestanden, bei brütender Hitze, bei Regen, der in Strömen floß, bei eisigem Nordwind und 20 Grad unter Null. So standen die Menschen, die sich nicht rühren durften, mit den nassen, klammen Sachen am Leibe, ohne einen warmen Tropfen im Magen, ohne die Erlaubnis, ihre Notdurft zu verrichten, auch wenn bei Diarrhöe der Kot in wäßrigen Strömen von ihnen lief. Wer umfiel, blieb liegen, im günstigsten Fall ohne Schläge. In der Regel wurde er mit Stockschlägen, Peitschenhieben und mit dem Gewehrkolben so lange traktiert, bis er wieder auf die Beine kam. Und wenn er wieder zusammensackte, setzte die Prozedur von neuem ein, bis der also Behandelte nimmermehr aufstand.«

Arloth, Willibald. Zentral-Bauleitung. * 12.8.1911 Grünwald/Sudeten. SS-Oberscharführer. Rohstoffstelle und Einkauf. Nach 1945 in Halle/Saale. KZ-Kollege Johann Böhm: »Für die Errichtung der Krematorien war die Zentrale Bauleitung zuständig.«

Armbrüster, Ludwig. SS-Rottenführer. * 8.4.1914 Radautz. Stabskompanie (SS-Angehöriger der Kommandantur). † 9.7. 1974 Stuttgart. – Rechtfertigungsbericht Standortarzt Wirths, nach dem Ende von Auschwitz 1945 verfaßt (AV, Bl. 1431 f.): »Es gab kein fließendes Wasser, keine ordentlichen Aborte, keine Bademöglichkeit. Die Baracken, in welchen die Gefangenen untergebracht, waren unheizbar, überfüllt, es fehlten Betten, teilweise nur Holzbänke, auf welchen die Gefangenen bis zu 8 Personen in 3 Etagen übereinanderliegen mußten. Läuse liefen buchstäblich massenhaft auf den Fußböden, Kleidern, Körpern der Menschen. Die Wände waren schwarz von Flöhen. Die Menschen in unvorstellbarem Zustand, abgemagert bis zum Gerippe, von Ungeziefer zerbissen, zwischen Lebenden und Sterbenden lagen Tote. Täglich wurden Hunderte von Verstorbenen weggebracht; oft blieben sie auch tagelang zwischen den Lebenden liegen.«

Armbrust, Josef. SS-Schütze. * 30.1.1912 Apatin/Ungarn. † 30.11. 1947 München.

Armbruster, Michael. Gefangenen-Eigentums-Verwaltung. * 29.9.1901 Einbach, Kreis Wolfach. SS-Unterscharführer. Standortverwaltung, Abteilung GEV (Vertreter der GEV waren bei Transportankünften immer auf der Rampe). Standortbefehl Nr. 16/43: »Besuch der Familie ab 1.5.43«. Nach 1945 in Hausach. – Das Eigentum (Ehering, Uhr usw.) der »arischen« Häftlinge wurde in Papiersäcke gepackt, mit der Häftlingsnummer versehen und in einer Effektenkammer verwahrt. Eigentum von Juden »verfiel« an das Deutsche Reich.

Arndt, Bruno. SS-Rottenführer. * 17.4.1893 Punitz, Kreis Gostingen. SS-Totenkopf-Sturmbann. Standortbefehl Nr. 40/43: »Besuch der Ehefrau vom 15.9.–25.9.43«. † Letzte Nachricht am 25.7.1945 aus dem Gefängnis in Eisleben.

Arnhold, Wilhelm. SS-Unterscharführer. * 10.7.1889 Spangenberg/Österreich. September 1944 im Außenlager Gleiwitz II, Gasrußwerk, mehr als tausend Häftlinge. Am 19.4.1948 in Krakau zu 3 Jahren Haft verurteilt. † 2.10.1949 Wuppertal.

Arold, August Christian. Zentral-Bauleitung. * 4.4.1883 Aschaffenburg. Ingenieur. 1933 NSDAP (Nr. 3067842) und SS (Nr. 74999), zuletzt Obersturmführer. In der ZBL Abteilungsleiter Tiefbau. † Januar 1947 Gefängnis Brieg b. Breslau. Höß am 6.6.1940 im allerersten Kommandanturbefehl (Nr. 1/40) zur Wasserversorgung: »Ich mache nochmals darauf aufmerksam, daß das Wasser aus sämtlichen Brunnen und Wasserleitungen nicht getrunken werden darf.« Kommandantursonderbefehl Höß vom 6.6. 1942: »Sämtliche SS-Angehörigen sind durch ihre Einheitsführer, die Zivilarbeiter durch ihre Baufirmen eingehend darüber zu belehren, daß das Wasser in den Brunnen sowie in den Wasserleitungen im Interessengebiet KL Auschwitz nicht einwandfrei ist, sondern Krankheitskeime in sich trägt. Jeder Einzelne ist nicht nur sich selbst, sondern auch der Nation gegenüber für die Gesunderhaltung seines Körpers verantwortlich. Es ist strengstens verboten, den Wasserleitungen und Brunnen Wasser zu entnehmen, um es ungekocht zu trinken. Sollte dieses Verbot übertreten werden und es wird den Betreffenden nachgewiesen, daß sie dieses Wasser in nichtabgekochtem Zustande getrunken haben, so werden sie wegen Selbstverstümmelung und Entziehung der Arbeitskraft im Dienst der Nation zur Rechenschaft gezogen und dementsprechend bestraft. Das Schutzhaftlager sorgt dafür, daß die Häftlinge sinngemäß belehrt werden.«

Aron, Hans. SS-Sturmmann.
* 25.3.1921 Molidor/späteres Jugoslawien. SS-Totenkopf-Sturmbann, Monowitz. Belobigt im Kommandanturbefehl vom 19.7.1944, da er die »Flucht« von Häftlingen »verhinderte«. Nach 1945 Wohnsitz in der Oberpfalz. – KZ-Kollege Bruno Albrecht (AV, Bl. 11404ff.): »Wann das Verhalten eines Häftlings als Fluchtversuch zu werten war, blieb der Auslegung jedes Einzelnen überlassen. Ich selbst habe während meiner Zugehörigkeit zur Wachkompanie zweimal auf Häftlinge geschossen, die zu nahe an den Stacheldrahtzaun gekommen waren. Die beiden Häftlinge waren tot. Auf Vorhalt muß ich jetzt einräumen, daß ich wohl als Belohnung dafür einige Tage Urlaub bekam.«

Assaia, Yvonne. Sterilisierungsopfer, Nr. 50342.
* 24.3.1908. Ärztliches Gutachten, zehn Jahre nach der Befreiung: »Die Patientin wiegt 101,7 kg bei einer Größe von 162 cm. Die starke Fettleibigkeit ist die natürliche Folge der Kastration, ebenfalls die schlechte Blutzirkulation in den unteren Gliedmaßen. Die Schmerzhaftigkeit im Unterleib läßt sich aus der Verkürzung der Ileosakralbänder als Folge einer Entzündung nach den Einspritzungen erklären.« Q.: SP.

Astalosch, Josef. SS-Sturmmann.
* 26.10.1919 Sächsisch Regen. Stabskompanie (SS-Angehöriger der Kommandantur). † 23.6.1943 Reservelazarett Kattowitz.

Aumeier, Hans. Schutzhaftlagerführer.
* 20.8.1906 Amberg. Beruf: Eisendreher. 1929 NSDAP (Nr. 164755). 1931 hauptamtlich SA, im selben Jahr Wechsel zur SS (Nr. 2700), zuletzt Sturmbannführer (1944). 1934 Kompanieführer eines Wachbataillons in Dachau, 1936 in Sachsenhausen, 1939 Schutzhaftlagerführer Flossenbürg. In Auschwitz vom 1.2.1942 bis 16.8.1943. KZ-Kollege Broad: »Die Grausamkeit, die aus seinen Gesichtszügen und Augen spricht, erspart ihm jede Visitenkarte.« Aumeier erschoß Häftlinge an der *Schwarzen Wand* zwischen Block 10 und 11 (an der Hinrichtungswand aus schwarzen Isolierplatten als Kugelfang wurden von November 1941 bis November 1943 Tausende erschossen, Lagerinsassen wie von der Gestapo herangeschaffte Opfer). Aumeier führte als Strafe die Stehzellen ein, Auschwitz-Anklage: »Im Kellergeschoß von Block 11, dem sog. Arrestblock, befanden sich 4 kleine Räume in der Größe von 90 × 90 cm, in die man durch kleine, an den Eingang einer Hundehütte erinnernde Öffnungen am Fußboden gelangte. Die Zellen wurden durch eiserne Gitter und kleine Brettertüren verschlossen. Die Luftzufuhr bestand aus einer kleinen [mit einer Metallblende verschlossenen] Öffnung von 5 × 5 cm. In den 4 Zellen herrschte daher vollständige Finsternis. In diesen Zellen wurden je 4 Häftlinge untergebracht, zusammen also bis 16 Häftlinge. Bei der strafweisen Unterbringung in diesen Zellen bestand die besondere Tortur für die Häftlinge darin, daß sie eng aneinandergepreßt stehen mußten und sich nicht hinsetzen konnten. Hinzu kamen die infolge mangelnder Luftzufuhr auftretenden Erstickungserscheinungen. Die Strafe wurde derart vollstreckt, daß der betreffende Häftling nach dem Einrücken vom Arbeitskommando in die Zelle mußte, dort während der ganzen Nacht stand und am folgenden Morgen aus der Zelle heraus wieder zur Arbeit ging.« Auschwitz-Urteil: »Es kam vor, daß der Schutzhaftlagerführer SS-Hauptsturmführer Aumeier beim Ausrücken eines Arbeitskommandos den Kommandoführer oder Kapo zu sich rief und ihm befahl: ›Am Samstag ist dein Kommando judenrein!‹ Während der Arbeit stürzten sich dann die Kapos auf

ein Zeichen des Kommandoführers auf die jüdischen Häftlinge.« Laut Filip Müller hielt er Ansprachen vor der Vergasung: »Ihr seid hierhergekommen, um so zu arbeiten wie unsere Soldaten an der Front kämpfen. Wer arbeiten kann und will, dem wird es hier gutgehen.« August 1943 bis zur Räumung im Sommer 1944 Kommandant des KZ Vaivara b. Reval und Chef aller Konzentrationslager in Estland. Dezember 1944 Kommandant KZ Kaufering (Raim). † Todesurteil am 22.12.1947 in Krakau, Hinrichtung 23.1.1948 ebenda.

B

Baatz, Otto. SS-Rottenführer.
* 24.3.1906 Mescheide, Kreis Bitterfeld. Klempner. 1937 NSDAP (Nr. 4985140). Ab 25.6.1940 – von Anfang an – in Auschwitz. Standortverwaltung, Technische Abteilung. Verbleib unbekannt.

Bablick, Josef Wolfgang. SS-Unterscharführer.
* 20.7.1920 Wildenroth. Ende 1944 beim Standortarzt. Nach 1945 in Bayern. – Die damals 19jährige ungarische Jüdin Cypora Lustmann (Nr. A-14183) über eine Selektion im Birkenauer Krankenbau (AV, Bl. 5958): »Alle mußten vom Bett aufstehen und nackt vor den beiden Ärzten antreten. Dr. Mengele und Dr. König betrachteten jede Frau genau und beschlossen über sie: links zum Tode und rechts zum Leben. Ich stand ebenfalls nackt vor ihnen, sie schauten mich an und befahlen mir, nach rechts zu gehen.«

Bach, Karl. SS-Sturmmann.
* 14.9.1911 Mekkers, Kreis Meiningen. Wachmannschaft. † 22.8.1941 Auschwitz. – Häftling Koenig: »Der Anblick unserer Kolonne muß schreckenerregend gewesen sein. Auf beiden Seiten der Marschkolonne gingen mit Maschinengewehren bewaffnete SS-Männer, die Waffen immer schußbereit. Sie trugen auch lange Peitschen, mit denen sie auf die Häftlinge einschlugen, wenn diese die Marschordnung nicht einhalten konnten. Der Rückmarsch am Abend war noch düsterer, denn es gab dann entweder Verletzte oder Sterbende, die man buchstäblich mitschleifte.«

Bach, Siegfried. SS-Rottenführer.
* 27.9.1913 Weißenfels. Elektromonteur. NSDAP 1937 (Nr. 5540843). Zum Aufbau des Werks Buna-Monowitz zeitweise in Auschwitz. Verbleib unbekannt. – Buna-Häftling Primo Levi zum Leben im KZ der I.G. Farben: »Wir sind die Sklaven der Sklaven, denen jedermann befehlen kann.«

Bach-Zelewski, Erich von dem.
SS-Obergruppenführer und General der Polizei (1944).
* 1.3.1899 Lauenburg/Pommern. Berufssoldat. 1930 NSDAP (489101), 1931 SS (Nr. 9831). 1932 MdR. 1934 SS-Führer in Ostpreußen, 1936 im SS-Oberabschnitt Süd-Ost in Schlesien, 1938 ebenda Höherer SS- und Polizeiführer (HSSPF) mit Sitz in Breslau. Nach der ersten Flucht eines Häftlings (Tadeuz Wiejowski am 18.7.1940) Befehl, die der Fluchthilfe verdächtigen polnischen Zivilarbeiter zu erschießen und das Gebiet um Auschwitz im Umkreis von 5 Kilometern zu »säubern« (Czech). Bach-Zelewski am 22.7.1940 an Höß: »Ich stelle anheim, die Exekutionen so durchzuführen, daß sie eine Warnung für diejenigen sind, die sich mit ähnlichen Gedanken tragen.« Am 1.11.1940 Befehl, 40 Polen als Vergeltung für (angebliche) Gewalttaten in Kattowitz in Auschwitz hinzurichten (Hinrichtung 22.11.1940). Am 28.2.1941 Gastgeber Himmlers bei dessen Besuch in Auschwitz. Ab 22.6.1941 HSSPF Rußland-Mitte, Chef der Einsatzgruppe B (Mordeinheiten). Ab 21.6. 1943 Bevollmächtigter Himmlers zur

Bandenbekämpfung (Partisanen- und Judenvernichtung). August 1944 Niederschlagung des Warschauer Aufstands, u. a. mit der Sturmbrigade Dirlewanger, in der auch entlassene kriminelle Häftlinge aus Auschwitz morden (die Mordbrennerbande des SS-Oberführers Oskar Dirlewanger bestand vorwiegend aus kriminellen KZ-Häftlingen und war für ihre Grausamkeit berüchtigt). Nach der Kapitulation am 2. 10. 1944 Verschleppung der Bevölkerung u. a. nach Auschwitz. Ende 1944/45 Stabschef des Befehlshabers des Ersatzheers. Im Nürnberger Prozeß gegen die Hauptkriegsverbrecher (Internationales Militär-Tribunal) Kronzeuge (!) der Anklage. Wohnsitz Roth b. Nürnberg. 1961 wegen Beteiligung an der Röhm-Affäre zu 4 Jahren 10 Monaten, 1962 wegen Ermordung dreier Kommunisten 1933 zu lebenslanger Haft verurteilt. † 8. 3. 1972 München.

Bacon, Jehuda. Häftling Nr. 168194.
* 28. 7. 1929 Mährisch Ostrau. Ankunft Auschwitz – vierzehnjährig – am 16. 12. 1943 aus Theresienstadt. Bacon: »Im Herbst 1942 wurde ich zusammen mit meinen Eltern in das Konzentrationslager Theresienstadt gebracht. Dort verblieben wir bis Mitte Dezember 1943. Dann wurden wir, d. h. meine Eltern, eine Schwester und ich, in einem großen Transport nach Auschwitz-Birkenau gebracht. Mit meinen Familienangehörigen kam ich dann in Birkenau in den Lagerabschnitt BIIb, in das sog. Theresienstädter Lager. Im Juni 1944 [nach Ermordung der Lagerinsassen] kam ich dann mit einer Gruppe von etwa 80 anderen jugendlichen Häftlingen, die im Alter von 12–16 Jahren waren, in das Männerarbeitslager. Ende Juli, Anfang August 1944 war ich dann für einige Tage – es mag eine Woche gewesen sein – im Männerkrankenhaus BIIf. Der Grund für meine Aufnahme in dem Krankenhaus lag in meinem völligen Zusammenbruch angesichts der Vernichtung meines Vaters und einer Reihe von Verwandten.« Bacon ist mit 20 Jugendlichen im sog. Rollwagenkommando. Sie müssen, vor einen Pferdewagen gespannt, u. a. Menschenasche transportieren. Bacon im Auschwitz-Prozeß (APr): »Wir waren öfters auch im Krematorium. Eine von den Arbeiten war, daß wir Asche vom Krematorium Nummer III nahmen und streuten sie auf den vereisten Wegen damals im Frauenlager BIIc.« Bacon weiter: »Wenn keine Menschen in den Gaskammern waren und wir fertig waren mit unserer Arbeit, erlaubte uns der Kapo, uns zu wärmen in den Gaskammern.« Nach der Befreiung Kunstmaler in Israel. Q.: Mengele-Verfahren (MV), Bd. 21, Auszug.

Badstübner, Johannes. SS-Unterscharführer.
* 17. 4. 1895 Planz/Sachsen. Ab September 1942 in Auschwitz. SS-Totenkopf-Sturmbann (der SS-T-Stuba hatte turnusmäßig Rampendienst). 1948 in Krakau zu 3 Jahren Haft verurteilt (LaV). Aussage Grabner, Chef der Lager-Gestapo, am 17. 9. 1947 in Krakau: »Bei Transporten zur gesonderten Unterbringung [Grabners Umschreibung für Vergasungen] hatte alles anwesend zu sein: Kommandantur, polit. Abteilung, Schutzhaftlager mit Arbeitseinsatz, Ärzte und Sanitäter, Verwaltung, ja auch Häftlingskommandos und die Fahrbereitschaft sowie Wachtruppe.«

Baer, Richard. KZ-Kommandant.
* 9. 9. 1911 Floß/Oberpfalz. Konditor. 1930 NSDAP (Nr. 454991), 1932 SS (Nr. 44225), Sturmbannführer (1944). Baer zum Eintritt in die SS (AV, Bl. 7456): »Besonders gefallen hat mir die soldatische Disziplin. Ich hatte Freude am Soldatspielen.« Ab 1933 Wachmannschaft Dachau, Oranienburg und KZ Columbia-Haus in Berlin. 1937 Zugführer Wachmannschaft Sachsenhausen, 1938 in Buchenwald, 1940 Neuengamme. Mai 1940 SS-Totenkopfdivision, u. a. im Rußlandfeldzug. Winter 1941 bis November

1942 Adjutant in Neuengamme (laut Anklage Selektion von Häftlingen in Euthanasie-Anstalten, Ermordung russischer Kriegsgefangener in spezieller Gaskammer). Ab 13.11.1942 Adjutant von SS-Obergruppenführer Pohl im SS-Wirtschafts-Verwaltungshauptamt. Standortbefehl vom 11.5.1944: »SS-Hauptsturmführer Richard Baer hat heute die Dienstgeschäfte des Lagerkommandanten KL Auschwitz I verantwortlich übernommen.« Gaskammerfahrer Tomaszewski (AV, Bl. 164f., Auszug): »Ich hatte einmal eine Fahrt zu machen zu dem sog. offenen Bunker. Dieser war hinter den Krematorien in einem Wäldchen gelegen. Dort waren auch Gruben vorhanden, in denen Leichen verbrannt wurden. Man kann die Zustände heute nicht schildern. Plötzlich kam eine frühere Schulkameradin aus Kimpolung auf mich zugelaufen. Sie flehte mich an und wollte erreichen, daß ich sie vor dem Tode bewahrte. Ein Häftling oder ein SS-Mann riß aber die Sonja Klein weg. Im selben Augenblick kam der Lagerkommandant Baer. Er befahl mir, sofort auf der Kommandantur zu erscheinen. Er machte mich zur Sau und warf mir vor, was ich mit den Juden hätte. Er löste mich von der Funktion eines Rampenfahrers ab.« Am 17.1.1945 Befehl, auf den Evakuierungsmärschen alle Häftlinge zu töten, die erschöpft zurückzubleiben. Höß in seinen Aufzeichnungen (Auszug): »Als Pohl bei der Räumung von Auschwitz keine Meldung mehr bekam, jagte er mich nach Schlesien, um nach dem Rechten zu sehen. Ich fand als ersten Baer in Groß-Rosen [70 km westlich von Breslau]. Wo sein Lager wanderte, wußte er nicht. Auf allen Wegen und Straßen Oberschlesiens westlich der Oder fand ich nun Häftlingskolonnen, die sich durch den tiefen Schnee hindurchquälten. Ohne Verpflegung. Die Unterführer, die diese wandelnden Leichenzüge führten, wußten meist gar nicht, wo sie überhaupt hin sollten. Sie wußten nur das Endziel Groß-Rosen. Ich sah auch auf offenen Kohlenwaggons verladene Transporte, total erfroren, irgendwo festliegend, keine Verpflegungsmöglichkeiten – irgendwo auf einem Abstellgleis auf offener Strecke.« Februar 1945 Kommandant Mittelbau-Dora. Häftling Unikower (AV, Bl. 11965): »Im Laufe des Monats März 1945 wurden 57 russische Häftlinge öffentlich exekutiert. Die Exekution fand an einem sog. ›Massengalgen‹ statt. Die zu Tötenden wurden mit einem Holzknebel im Mund herangeführt. Der Knebel war mit Draht an den Ohren befestigt. Außerdem waren die Todeskandidaten völlig ausgemergelt.« Nach 1945 Waldarbeiter unter dem Namen *Karl Neumann*. Verhaftung am 20.12.1960. Baer (zit. n. Massentötungen): »Ich bin nur Lagerkommandant von Auschwitz I gewesen. Die Vergasungen fanden im Lager II – Birkenau statt.« † 17.6.1963 U-Haft in Frankfurt am Main.

Bärtele, Wilhelm. Häftlings-Geld-Verwaltung (HGV).
* 23.1.1904 Ulm. SS-Unterscharführer. Standortverwaltung, Abteilung Gefangenen-Eigentums-Verwaltung, eine Unterabteilung der HGV zum Raub der Geldwerte der Ermordeten. »Arische« Häftlinge mußten ihre mitgeführten Geldbeträge bei der HGV deponieren, durften sich aber Geld von Angehörigen schicken lassen. Dafür erhielten sie Lagergeld, mit dem sie in der Lagerkantine z.B. Zigaretten, Briefmarken usw. kaufen konnten. Standortbefehl vom 27.7.1943: »Besuch der Familie vom 29.7.–12.8. 43«. † 4.7.1965 Ulm.

Bärwolf, Hans. Zentral-Bauleitung.
* 25.2.1909 Ulleben, Kreis Gotha. SS-Unterscharführer. Fahrbereitschaft ZBL. Nach 1945 im Kreis Uelzen.

Bäune, Karl. SS-Sturmmann.
* 25.10.1923 Neuenkirchen. Ab August 1944 in Auschwitz. 1948 in Wadowice zu 4 Jahren Haft verurteilt.

Baier, Ferdinand. SS-Rottenführer.
* 2.11.1901 Wien. Ab April 1941 in Auschwitz. Blockführer im Arrest- und Exekutionsblock (Block 11) sowie Zentral-Bauleitung. Kommandanturbefehl Nr. 25/43: »Besuch der Ehefrau v. 11.–17.6.43«. Standortbefehl Nr. 37/43: »Besuch der Ehefrau vom 3.–27.9.43«. 1948 in Krakau zu 10 Jahren Haft verurteilt (LaV). Wohnsitz in Wien. – Blockführer unterstanden dem Rapportführer und waren für die Disziplin in den Häftlingsblocks verantwortlich. Rapportführer Kaduk im Auschwitz-Prozeß zur Frage, wer Rampendienst hatte: »Alle Blockführer und Rapportführer.«

Bailer, Josef. Führer der Hundestaffel.
* Nicht ermittelt. Kommandanturbefehl vom 4.8.1942: »Mit sofortiger Wirkung wird der nach hier kommandierte Hauptwachtmeister der Schutzpolizei Josef Bailer mit der Führung der Hundestaffel beauftragt und ist somit für die Ausbildung und den Einsatz der Schutzhundeführer verantwortlich.« Standortbefehl Nr. 12/43: »Besuch der Ehefrau in der Zeit vom 21.4.–5.5.1943«. Auschwitz-Anklage: »Auf Befehl des Wirtschaftsverwaltungshauptamtes vom 16. Oktober 1942 wurde in Birkenau ein bestens eingerichteter Hundestall gebaut, der für die Unterbringung von 250 Polizeihunden berechnet war und 81 000 Reichsmark kostete. Aus der erhalten gebliebenen Baukorrespondenz ist ersichtlich, daß bei der Anfertigung des Bauplanes für den Hundestall das Gutachten des Lagerveterinärs eingeholt und alles darangesetzt wurde, damit die Hundeställe in jeder Beziehung den neuzeitlichen sanitären Anforderungen entsprachen. Als die Instandsetzung von Dächern der Hundeboxen aufgeschoben wurde, drohte der Hundestaffelführer mit dem Rücktritt von seinem Posten, weil er für eventuelle Erkrankungen der Hunde infolge der nicht regendichten Dächer die Verantwortung nicht übernehmen könne.«

Baingo, Theodor. SS-Unterscharführer.
* 4.11.1910. SS-Totenkopf-Sturmbann, Kommando Jawischowitz und Golleschau. 1948 in Krakau zu 4 Jahren Haft verurteilt (LaV).

Bajerke, Alfred. SS-Unterscharführer.
* 26.12.1902 Lodz. Strumpfwirker. Buchenwald, Majdanek, April 1944 Auschwitz, Postenführer (Bewachung Häftlingskommandos) im Außenlager Gleiwitz II. Am 1.6.1948 in Krakau zu 15 Jahren Haft verurteilt, am 30.4.1955 auf 10 Jahre reduziert (HvA 14). † 6.1.1974 Kirchheim/Teck.

Bajnwelzweig, Zeysach. *Jüdisches Sonderkommando.*
* 27.10.1895 Gorna. Ankunft Auschwitz am 4.3.1943 aus Drancy. Chaim Herman: »Beim Aussteigen gab es schon einige Tote und Wahnsinnige.« Von 1000 Deportierten werden 881 sofort in der Gaskammer ermordet. Alle 100 zurückgestellten Männer, darunter Bajnwelzweig, müssen ins Gaskammerkommando. Höß (Aufzeichnungen): »Im Auskleideraum wurde ihnen durch die dort beschäftigten Häftlinge des Sonderkommandos in ihrer Sprache gesagt, daß sie hier nun zum Baden und zur Entlausung kämen, daß sie ihre Kleider ordentlich zusammenlegen sollten und vor allem den Platz zu merken hätten, damit sie nach der Entlausung ihre Sachen schnell wiederfinden könnten. Zuerst kamen die Frauen mit den Kindern hinein, hernach die Männer, die ja immer [als arbeitsfähig ins Lager selektiert] nur die wenigeren waren. Dies ging fast immer ganz ruhig, da die Ängstlichen und das Verhängnis vielleicht Ahnenden von den Häftlingen des Sonderkommandos beruhigt wurden. Auch blieben diese Häftlinge und ein SS-Mann bis zum letzten Moment in der Kammer.« Mithäftling Leon Cohen: »Nach den ausgegebenen Anweisungen hatten wir für eine gute Atmosphäre in dem Raum zu sorgen. Wir sollten den Opfern Sicherheit geben

und sie nicht erschrecken. Das war die Politik, damit sie ruhig und still in die Gaskammer gingen. Zunächst zogen sich Frauen und Kinder aus und gingen weiter in die Gaskammer. Dann kamen die Männer.«

Bajric, Asif. SS-Schütze.
* 4.6.1922. In Auschwitz bis 29.6.1944. Standortverwaltung, SS-Küche. – Die Gefangene Kitty Hart über die erste Schüssel Suppe nach der Ankunft: »Ihr Geruch war fürchterlich und ihr Geschmack entsetzlich. Ich versuchte einen Schluck und mir wurde übel.«

Balbin, Abraham André. *Jüdisches Sonderkommando*, Nr. 41796.
* 12.5.1909 Tomaszow-Mazowiecki. Schneider. Ankunft Auschwitz am 27.6. 1942 aus Pithiviers in Frankreich. Von den 1000 Deportierten sind 937 Juden polnischer Abstammung. Im Kommando bei den Gasbunkern. Balbin (zit.n. Friedler): »Eines Morgens kamen wir zu der Grube, die wir am Tag vorher gemacht hatten. Die war voll mit Toten. Die Leichen waren nur mit einer ganz dünnen Schicht Erde bedeckt. Ich glaube, es war auch Kalk über die Leichen gestreut. Und der Mann, ein Häftling, hat sich über den Graben gebeugt und auf einmal schreit er: ›Das ist meine Tochter! Meine Tochter, meine Tochter!‹ Und da ist der SS-Mann gekommen, um zu sehen, was dort los ist. Als er gehört hat, daß der Mann glaubt, seine Tochter zu sehen, da hat er seine Pistole gezogen und hat den Mann erschossen. Dabei hat er gesagt: ›So, dann kannst du jetzt bei deiner Tochter liegen.‹« Balbin gelingt nach drei Wochen der Wechsel in ein Elektrikerkommando. Gestorben am 11.9.2003 in Nancy.

Baldus, Alfons. SS-Unterscharführer.
* 14.12.1911 Groß Rettingen, Kreis Diedenhofen. SS-Totenkopf-Reiterregiment Warschau. Wachkommando Auschwitz, Bewachung von Häftlingskommandos. Koch, d.h. Überwachung der Häftlingsköche im »Zigeunerlager«. Baldus: »Da ich die Zustände im Zigeunerlager, ich meine das ewige Betteln der Kinder, nicht mehr ertragen konnte, habe ich mich weggemeldet.« Ende 1942 »Koch« im Außenlager Jawischowitz. Zuletzt Standortverwaltung. Kommandanturbefehl vom 7.6.1943: »Besuch der Ehefrau auf die Dauer von 4–6 Wochen«. Nach 1945 Wohnsitz in Hessen. – Häftlingsärztin Adelsberger (Erinnerungen), die zusammen mit den Kindern in einer Baracke des »Zigeunerlagers« schläft: »Die Kinder waren wie die Erwachsenen nur noch Haut und Knochen, ohne Muskeln und ohne Fett, und die dünne pergamentartige Haut scheuerte sich über den harten Kanten des Skeletts überall durch und entzündete sich in schwärenden Wunden. Krätze bedeckte den unterernährten Körper von oben bis unten und entzog ihm die letzte Kraft. Der Mund war von Noma-Geschwüren [Wasserkrebs] zerfressen, die sich in die Tiefe bohrten, die Kiefer aushöhlten und krebsartig die Wangen durchlöcherten. Durchfall, durch Wochen hindurch, löste ihren widerstandslosen Körper auf, bis bei dem steten Wegfließen von Substanz nichts mehr von ihm übrigblieb. Viele von ihnen, die so lange des Essens entwöhnt waren, fragten nicht mehr nach Nahrung, aber alle verlangten zu trinken; auch die, deren Körper schon viel zu viel Flüssigkeit gespeichert hatten, bettelten immer und immer um Wasser. Durst, unstillbarer Durst, war eine der großen Plagen. Wasser war verboten, weil es verseucht war. Durch keine Drohung und keine Bitte waren die Kinder vom Trinken abzuhalten. Sie verkauften ihre letzte Brotration für einen Becher des gefährdeten Wassers, und wenn sie kaum mehr gehen konnten, krochen sie nachts von ihrem Lager und krabbelten heimlich auf allen vieren unter den Betten hindurch zu den Kübeln mit Aufwaschwasser und soffen es aus. Vor Hunger und Durst,

Kälte und Schmerzen kamen die Kinder auch nachts nicht zur Ruhe. Ihr Stöhnen schwoll orkanartig an und hallte im ganzen Block wider, bis sie erschöpft nachließen und nach kurzer Pause zu neuem Crescendo ansetzten. Nacht für Nacht flutete das Jammern der leidenden Kreatur auf und ab, wie die Wogen eines Meeres, eine nicht endende Symphonie menschlicher Qual.«

Balitzzi, Chaim. Opfer von Versuchen zur Massensterilisierung mit Röntgenstrahlen, Nr. 132266.

* 1920. Ankunft Auschwitz am 1.8.1943 aus dem Ghetto in Bendsburg (Bedzin). Von 2000 Menschen werden 1600 sofort in der Gaskammer getötet (Balitzzis Eltern und sein 14jähriger Bruder waren bereits 1942 in einem Vernichtungslager ermordet worden). Balitzzi am 22.11. 1946 in Nürnberg (Nbg. Dok. NO-819): »Wir mußten uns ausziehen, und die Geschlechtsteile wurden unter einen Apparat gebracht und für 15 Minuten unter dem Apparat gehalten. Der Apparat hat die Geschlechtsteile und Umgebung stark erwärmt und nachher haben sich diese Teile schwärzlich verfärbt. Nach dieser Aktion mußten wir sofort wieder arbeiten. Im Verlaufe von einigen Tagen haben die Geschlechtsteile bei den meisten Kameraden geeitert, und die hatten große Schwierigkeiten beim Gehen. Sie mußten aber trotzdem arbeiten, bis sie umfielen. Die Umgefallenen kamen zur Vergasung. Ich selbst habe nur eine Nässe gehabt, aber keine Eiterung. Nach zwei Wochen, ungefähr im Oktober 1943, hat man sieben Mann unserer Gruppe nach Auschwitz I geführt. Diese Strecke mußte zu Fuß zurückgelegt werden. Sie hatten sehr große Schwierigkeiten beim Gehen, weil die Geschlechtsteile schmerzten. Wir kamen nach Auschwitz I in den Krankenbau, Block 20. Dort hat man uns operiert. Beide Hoden wurden entfernt.« Balitzzi am Ende seiner Aussage: »Ich fühle mich sehr mutlos und schäme mich über meine Kastrierung. Das Schlimmste ist, weil ich keine Zukunft mehr habe. Ich esse sehr wenig und werde trotzdem dick.« Anmerkung des Vernehmers: »Während der Zeuge spricht, beginnt er zu weinen.«

Balletshofer, Alois. SS-Sturmmann.

* 8.2.1911 im Kreis Dillingen. Wachmannschaft. 1948 in Wadowice zu 18 Monaten Haft verurteilt (LaV). Nach 1945 am Geburtsort. – Häftlingsärztin Hautval (Medizin): »Der Abendappell ist zu Ende. Aus irgendeinem Grund wird ein ganzer Block bestraft. Er muß während der ganzen Nacht in der Nähe des Stacheldrahtzauns aufrecht stehen. Ein SS-Mann sagt zu einer Gefangenen: ›Lauf‹ und streckt sie mit einer Kugel nieder.«

Baltruschat, Richard. SS-Rottenführer.

* 29.4.1912 Burgaitschen/Litauen. SS-Totenkopf-Sturmbann, Stabskompanie. Nach 1945 im Kreis Flöha (DDR). Name (»Baltruscheit«) auf einer Meldung der Kommandantur vom 15.8.1942 über SS-Angehörige, die Häftlinge »auf der Flucht« erschossen.

Bara, Karol. SS-Sanitätsdienstgrad (SDG).

* 15.5.1920 Myslowitz, Kreis Kattowitz. Bahnarbeiter, Volksdeutscher (im NS-Sprachgebrauch Deutsche deutschen oder artverwandten Blutes im Ausland, die nicht Reichsbürger sind). 1940 SS, Unterscharführer (1943). Ab Mai 1940 – von Anfang an – in Auschwitz, SS-Totenkopf-Sturmbann. 1942 SDG im »Zigeunerlager«. Laut Häftlingsschreiber Paczula (AV, Bl. 2575) hat er »in geringem Umfange Abspritzungen vorgenommen«. Mai 1944 im Außenlager Fürstengrube. Zuletzt KZ Mittelbau-Dora. Am 3.10. 1946, in eintägiger Verhandlung, in Wadowice wegen Begünstigung der deutschen Besatzungsmacht zu 3 Jahren Haft verurteilt. Das Gericht berücksichtigte strafmildernd, daß Bara dem Zeugen Jan Sikorski zufolge »gern polnisch gespro-

chen« habe. Urteil: »Das Ergebnis der Beweisaufnahme, daß der Angeklagte keinen der Häftlinge mißhandelte und sogar wohlwollend diesen Opfern des Naziregimes gegenüber gestimmt war, bildet die Grundlage, gegen ihn die niedrigste Strafe auszusprechen.« Wohnsitz in Polen.

Bardo, Franz. SS-Unterführer.
* 19.4.1910. Aus Rumänien. Blockführer im *Theresienstädter Familienlager* und 1944 im Quarantänelager für Männer in Birkenau. Galt als besonders grausam. Verbleib unbekannt. – Irena Strzelecka (HvA 20) über das Männer-Quarantänelager in Birkenau (Lagerabschnitt BIIa): »Das eigentliche Ziel der Quarantäne bestand darin, die Neuzugänge in die Lagerordnung einzugliedern. Sie sollte die Häftlinge mit Terror zur absoluten Gehorsamkeit und Unterordnung, zur Akzeptanz der unbegrenzten Macht der SS-Führung und der Funktionshäftlinge zwingen.« – Dr. med. Leon Glogowski, Häftling Nr. 1281 (HvA 18): »Die Deutschen wollten jeglichen Widerstand brechen, selbst den Gedanken daran. Sie wollten das Gefühl der Menschenwürde in uns ausrotten, uns körperlich auszehren und psychisch auf das Krematorium vorbereiten.«

Bardy, Thomas. Objekt von Medizinverbrechen.
* Etwa 1924 in Ungarn. Überlebender oft tödlicher Versuche des Fahnenjunkers Heinz Kaschub (u.a. Einspritzen einer petroleumhaltigen Flüssigkeit und künstlich herbeigeführte Brandwunden). Der Bundesminister der Finanzen – für die Entschädigung von NS-Verbrechen zuständig – beschied Bardy (Gesch.Z.: VI A/4 – 0 1472 – B 17/59): »Medizinische Versuche, wie sie von Ihnen in Ihrer Eingabe geschildert wurden, sind nach amtlichen Unterlagen nicht im Lager Auschwitz durchgeführt worden. Die Krankheitserscheinungen, über die Sie heute noch klagen, können daher keine Folgen eines von Ärzten angeordneten und in seinen Ergebnissen verwerteten medizinischen Experiments sein. Es erscheint vielmehr wahrscheinlich, daß es sich in Ihrem Falle um therapeutische Maßnahmen gehandelt hat.« Q.: Kaschub-Verfahren. Fotos, die Kaschub von den Versuchen gemacht hat, sind erhalten (Abdruck: Klee, Auschwitz).

Baretzki, Stefan. SS-Rottenführer (1945).
* 24.3.1919 Czernowitz/Rumänien. Volksdeutscher. Nach Kriegsbeginn in verschiedenen Umsiedlungslagern. Ab Frühjahr 1942 – 23 Jahre alt – in Auschwitz. Wachmannschaft. Name auf einer Meldung der Kommandantur vom 15.8.1942 über SS-Angehörige, die Häftlinge »auf der Flucht« erschossen. 1943 Blockführer im Quarantänelager für Männer in Birkenau (Lagerabschnitt BIIa). Baretzki ertränkte Häftlinge in einem Feuerlöschteich und prügelte einen Juden zu Tode, Begründung: »Deinetwegen ist Krieg, durch dich bin ich im Lager.« Abwicklung der ankommenden Transporte von der Rampe bis zur Gaskammer. Auschwitz-Urteil: »Meist hatte er einen Stock in der Hand, mit dem er gelegentlich auf Menschen einschlug, wenn sie – nach seiner Meinung – keine Ordnung hielten.« Häftling Simon Gotland (AV, Bl. 13435): »Er betrachtete die Selektionen wie ein Tanzfest.« Nach 1945 Arbeiter in einer Kohlenhandlung. Gotland im Auschwitz-Prozeß: »Einmal kam ein Zug mit etwa 3000 Menschen. Die Menschen waren alle krank. Baretzki sagte mir: ›Du hast 10 bis 20 Minuten Zeit, dann sind alle Menschen aus den Waggons!‹ Eine Frau schrie laut, sie war gerade während der Geburt. Ich zog das Kind aus der Frau und habe es in Kleidungsstücke eingewickelt und neben der Frau auf den Boden gelegt. Dann brachte ich ein Lebensmittelpaket zur Mutter. Baretzki kam mit dem Stock auf mich zu und schlug mich und die Frau. Er schrie

mich an: ›Warum spielst du noch mit dem Dreck!‹ und trat nach dem Kind, daß es fortfiel wie ein Fußball. Dann befahl er mir: ›Bring die Scheiße hierher!‹ Das Kind war tot. Als ich später wieder an die Stelle kam, war die Mutter auch tot.« Am 20.8.1965 vom LG Frankfurt am Main zu lebenslang Haft verurteilt. † 21.6.1988 Bad Nauheim. – Das Gericht hat Baretzki wegen seiner Beteiligung an Hinrichtungen freigesprochen, Begründung: »Die Zeugen Lazanowicz, Funks und Knuth-Siebenlist haben bekundet, der Angeklagte habe das eine oder andere Mal bei Hinrichtungen einem Häftling die Schlinge um den Hals gelegt oder auch den Schemel, auf dem dieser stand, weggestoßen. Sie haben aber auch gesagt, daß bei jeder dieser Hinrichtungen das gesamte Lager habe antreten müssen und vor der Vollstreckung ein Hinrichtungsbefehl bzw. ein Urteil verlesen worden sei. Danach steht nicht fest, ob diese Exekutionen auf Grund rechtswidriger Befehle – etwa des RSHA – stattgefunden oder ob Gerichtsurteile [!] vorgelegen haben.«

Barjak, Franz. SS-Sturmmann.
* 25.9.1914 Chieri, Kreis Arad. In Monowitz und Jawischowitz. † 13.5.1979 Bad Windsheim. – Häftling Kurt Sanders, 1943 aus Dortmund nach Auschwitz deportiert (AV, Bl. 13522): »Ich bin in Jawichowitz wiederholt Zeuge von Häftlingstötungen geworden. Ich habe gesehen, wie Häftlinge totgeschlagen worden sind.«

Barsilai, Yitzhack. *Jüdisches Sonderkommando.*
* Etwa 1905. Ankunft Auschwitz nach neuntägiger Fahrt im abgeriegelten Güterwaggon am 11.4.1944 aus Athen. – Kommandant Höß in seinen Aufzeichnungen über die Rolle, die den Häftlingen des Sonderkommandos aufgezwungen war (Auszug): »Das Vorhandensein des Sonderkommandos und dessen beruhigendes Verhalten besänftigte die Unruhigen, die Ahnenden. Weiterhin wirkte beruhigend, daß einige vom Sonderkommando mit in die Räume hineingingen und bis zum letzten Moment darinblieben. Wenn sie den SS-Männern nicht glaubten, aber den eigenen Rassegenossen glaubten sie zuversichtlich.« Häftling Sackar, im Entkleidungsraum eingesetzt, gegenüber dem israelischen Spezialisten Gideon Greif: »Wir waren zehn oder zwanzig im Raum, wir mußten die Leute beruhigen, ihnen sagen, sie sollten sich schnell ausziehen, und sie in die getarnten Duschen [Gaskammern] bringen.« Mithäftling Leon Cohen: »Es gab eine Gruppe der Sonderkommando-Häftlinge, die die Opfer in dem Entkleidungsraum erwartete. Ihre Aufgabe war es, die Menschen zu beruhigen, wenn sich unter ihnen Unruhe zeigte.«

Bartel, Erwin. Häftling Nr. 17044, Politische Abteilung (PA).
* 3.2.1923 Auschwitz, aufgewachsen in Zakopane. Ende 1939 Flucht bis Frankreich, bei einer polnischen Division. Juni 1940 deutsche Kriegsgefangenschaft. Bartel (AV, Bl. 2434): »Da im November 1940 meine in Zakopane zurückgebliebenen Familienangehörigen von der Gestapo verhaftet worden waren, wurde ich am 27. Januar 1941 der Gestapo in Zakopane überstellt.« Ankunft Auschwitz am 5.6.1941. Schreiber in der Aufnahmeabteilung der PA. Am 26.10.1944 nach Sachsenhausen und dann nach Ravensbrück verbracht. Nach 1945 Ingenieur in Kattowitz. Bartel hat im Auschwitzverfahren die Aufgaben der Aufnahmeabteilung detailliert beschrieben: Anfangs werden die Transporte bei der Ankunft der Aufnahmeabteilung übergeben. Es wird eine Zugangsliste und für jeden Häftling eine Karteikarte erstellt. Die Papiere der Häftlinge, in der Registratur abgelegt, enthalten Zusätze wie *Rückkehr in die Heimat unerwünscht* (bald zu liquidieren) oder *Fluchtverdacht* (Einweisung in die Strafkompanie). Bar-

tel (Bl. 2437): »Als im Frühjahr 1942 die ersten Massentransporte, insbesondere mit jüdischen Häftlingen, eintrafen, wurde nicht mehr jeder einzelne Häftling durch die Aufnahmeabteilung geschleust und registriert. Die zur Vergasung bestimmten Häftlinge wurden sofort liquidiert, ohne daß für diese Häftlinge Personalakten oder irgendwelche sonstigen Unterlagen angefertigt wurden. Nur die zur Arbeit ausgewählten Häftlinge kamen dann zur Aufnahmeabteilung und wurden hier erfaßt. Ebenfalls nicht registriert wurden diejenigen Häftlinge, die zum Tode verurteilt worden waren und von verschiedenen Gestapostellen zur Vollstreckung des Todesurteils nach Auschwitz geschickt wurden. Diese kamen sofort in den Block 11 und wurden dort erschossen. Später kamen sie zum Teil auch in das Krematorium von Birkenau und wurden dort vergast.« Nach »Abwicklung« eines Transports meldete die Aufnahmeabteilung dem Reichssicherheitshauptamt die Zahl der eingetroffenen, der ins Lager übernommenen und der vergasten Häftlinge, Codewort: *Sonderbehandlung* oder kurz *SB*.

Bartels, Johann-Detlef. SS-Untersturmführer.
* 24.11.1917 Rellingshütte. 1936 SS (Nr. 351202), 1937 NSDAP (Nr. 5179443). Von Oktober 1941 bis Januar 1942 in Auschwitz, Kompanieführer der 1. und 6. Wachkompanie. Verbleib unbekannt.

Bartenschlager, Georg. SS-Hauptsturmführer (1942).
* 30.7.1912 Lindau. SS-Nr. 77325, NSDAP-Nr. 4390372. 1937 Verwaltung KZ Sachsenhausen, 1940 Referent für Unterkunftsverwaltung im Stab Inspekteur der Konzentrationslager. Das Auschwitz-Urteil über die Unterkünfte in Birkenau: »Die fensterlosen Wehrmachtspferdestallbaracken im Lager BII bestanden nur aus dünnen Holzwänden, durch deren Ritzen in der kalten Jahreszeit Kälte und Wind ungehindert Zugang zum Innern der Baracken hatten. Die Dächer der Baracken waren nicht wasserdicht. An vielen Stellen regnete es bei schlechtem Wetter durch. Die 3stöckigen Holzpritschen waren nur mit Stroh belegt, das verschmutzt und verstaubt oder durchnäßt war. Manchmal fehlte das Stroh auch ganz. Dann schliefen die Gefangenen auf den blanken Brettern. Die Baracken in Birkenau hatten nur gestampfte Lehmfußböden. Bei trockenem Wetter wirbelte der Staub in Wolken von den Böden hoch. Bei Regenwetter bildeten sich auf ihm infolge der undichten Dächer Wasserlachen und Schlamm. In der Holzwolle und dem Stroh wimmelte es von Flöhen, Läusen und anderem Ungeziefer, das zu einer unerträglichen Plage der Gefangenen wurde. Ratten nagten an den Leichen, die täglich an den Baracken und in den Leichenkammern bis zur Verbrennung in den Krematorien hingelegt wurden. Nicht selten griffen sie auch kranke Häftlinge an.«

Barth, Heinz. SS-Unterscharführer.
* 3.5.1902 Braunschweig. SS-Nr. 27980. Standortverwaltung, Lagerhalter des Elektriker-Kommandos. KZ-Kollege Mittermeier: »Er hat damals in Polen geheiratet.« Verbleib unbekannt.

Barth, Josef. SS-Schütze.
* 19.1.1902 Schäßburg/Rumänien. Standortverwaltung, Abteilung Verpflegung. 1948 in Wadowice zu 3 Jahren Haft verurteilt. – Auschwitz-Urteil: »Die Gefangenen litten infolge der unzureichenden Ernährung unter ständigem quälenden Hunger. Sie waren in kurzer Zeit nach der Aufnahme in das Lager völlig abgemagert. Diese körperlich heruntergekommenen Häftlinge, bei denen der Körper den Fettvorrat verbraucht und auch große Teile der Muskeln aufgezehrt hatte, so daß sich die Haut nur noch über das Skelett spannte, wurden in der Lagersprache ›Muselmänner‹ genannt.«

Barthelmäs, Adolf. Vorsteher der Güterabfertigung am Bahnhof Auschwitz.
* 21.5.1900 Schrozberg in Württemberg. NSDAP 1937. Reichsbahnoberinspektor. Von Oktober 1939 bis 1945 in Auschwitz. Nach 1945 Güterabfertigung am Bahnhof Nürnberg. – Die Häftlinge werden anfangs auf einem Nebengleis des Bahnhofs entladen. 1942, mit Beginn der Massenvernichtung, dient die sog. *Judenrampe*, auf offenem Feld zwischen Auschwitz und Birkenau, als Entladungsort. Die Rampe in Birkenau nimmt ab dem 16.5.1944 (Czech) die Vernichtungstransporte auf. Aussage Barthelmäs (8 AR-Z 80/61 ZStL): »Ich schätze, daß etwa 3000 bis 3500 Personen mit einem Transportzug ankamen. Die Entladung der Züge fand etwa 4 km weiter im Judenlager auf einem Anschlußgleis statt. Als das Anschlußgleis noch nicht fertig war, wurden auch an der äußersten Westseite des Bahnhofes, an einer provisorischen Rampe, die Juden ausgeladen. An einem Tag meldete mir mein Oberlademeister Röhrich, der die Leerwagen im Bestand aufzunehmen hatte, daß in der Nähe meines Bürofensters ein Wagen stehe, den er als leer angesehen hatte, weil er keine Bezettelung trug. Er habe den Wagen geöffnet und es seien ihm Leichen daraus entgegengefallen.« Barthelmäs weiter: »Ich habe einmal einen Leerzug, der aus dem Lager gezogen wurde, angesehen, weil gemeldet wurde, daß das polnische Rangierpersonal die Leerwagen nach Geld und ähnlichen Sachen durchsuchte. Dabei mußte ich feststellen, daß der Wagenboden etwa 10 cm hoch mit Menschenkot und Unrat bedeckt war.«

Bartig, Gerhard. Hundestaffel.
* 15.12.1905 Sommerfeld. SS-Unterscharführer. SS-Totenkopf-Sturmbann. KZ-Kollege Althaus: »Schreiber in der Hundestaffel. Er hatte auch eine Zeitlang seine Familie in Auschwitz. Er kam von einem SS-Reiterregiment. Er stammte aus Kottbus.« Verbleib unbekannt. – SS-Oberschütze Ludwig Karl Schmidt (AV, Bl. 12905): »Auf dem Weg zu den Gaskammern kam es oft zu fürchterlichen Szenen. Die Begleitmannschaft mußte dann oft Gewalt anwenden, um die Häftlinge vorwärts zu bringen. Deshalb wurde später für diese Aufgabe die Hundestaffel herangezogen.«

Bartl, Heinz. SS-Rottenführer.
* 3.5.1902. SS-Nr. 27980. Standortverwaltung. Verbleib unbekannt. – Elie Wiesel über seine Ankunft: »Hinter mir brach ein Greis zusammen. Neben ihm streckte ein SS-Mann seine Pistole wieder ein.«

Bartl, Karl. SS-Untersturmführer.
* 14.12.1913 Tachau, Kreis Eger. Dr. (jur?). SS-Nr. 368868. Stabskompanie, Gerichtsoffizier. Zu den Aufgaben des Gerichtsoffiziers gehörte die »Vernehmung« von SS-Leuten, die Häftlinge »auf der Flucht« erschossen. Nach 1945 im Rheinland. – Primo Levi über die Ankunft in Auschwitz: »Renzo verabschiedete sich einen Augenblick zu lange von Francesca, seiner Braut, und da streckten sie ihn zu Boden mit einem einzigen Hieb mitten ins Gesicht. Es war ihr tagtäglicher Dienst.«

Bartsch, Helmut. SS-Hauptsturmführer.
* 1.11.1910 Breslau. Nach eigener Aussage Dienststellenleiter für Kriegswirtschaftsdelikte im Reichskriminalpolizeiamt innerhalb des Reichssicherheitshauptamts (zu den Aufgaben des RKPA gehörte die »vorbeugende« KZ-Einweisung von Personen, »welche die Gemeinschaft durch ihr Verhalten ständig gefährden«). Als SS-Richter 1944 zur Untersuchungskommission Konrad Morgens nach Auschwitz abgeordnet. Lernte hier die »SS-Maid« Charlotte Schünzel kennen, Heirat 1948. Kriminalhauptkommissar, ab 1953 Leiter der Kripo des Kreises Moers, 1961 Leiter der Kripo in Krefeld (Schünzel). Aussage: AV, Bl. 12681 ff.

Bartusch, Hans. SS-Sturmmann.
* Nicht ermittelt. SS-Totenkopf-Sturmbann. Birkenau. Standortbefehl vom 18.8.1944: acht Tage Erholung, da er »beim Fluchtversuch von 4 Häftlingen erfolgreich von der Schußwaffe Gebrauch« machte.

Baruch, Joseph (Giuseppe), genannt Pepo. *Jüdisches Sonderkommando.*
* Aus Korfu. Offizier der griechischen Kavallerie. Ankunft Auschwitz nach neuntägiger Fahrt im abgeriegelten Güterwaggon am 11.4.1944 aus Athen. Leichenschlepper Shaul Chasan über die Ermordung von Baruchs Familie (Greif): »Er ging ins Krematorium IV und sah seine Familie. Ich fragte ihn anschließend: ›Josef, hast du ihnen gesagt, daß man sie umbringen wird?‹ Und er erwiderte: ›Hätte ich ihnen das sagen können?‹« Gestorben April/Mai 1945 im KZ Ebensee, Nebenlager von Mauthausen.

Bauer, Alfons. SS-Oberscharführer.
* 29.11.1904 Lodz. Nach 1945 in Nekkarsulm.

Bauer, Ewald. SS-Schütze.
* 1.3.1896 Reichenau/Sachsen. Juli 1944 Wachmannschaft Monowitz, Außenlager Gleiwitz I. Teilnahme am Evakuierungsmarsch. Irena Strzelecka (HvA 14): »Die meisten Häftlinge wurden während des Marschs durch waldiges Gebiet von SS-Männern erschossen. Die Leichen der Getöteten warf man in die Gräben am Weg.« Am 22.1.1948 in Krakau zu 3 Jahren Haft verurteilt.

Bauer, Max. SS-Unterscharführer.
* 5.9.1914 Radautz. Standortverwaltung, Technische Abteilung, Kommandoführer Kaminkehrerkommando und Stellv. Führer der Lagerfeuerwehr (Engelschall). Nach 1945 in Niedersachsen.

Bauernschmidt, Johann. Gefangenen-Eigentums-Verwaltung.
* 25.8.1911 Steinberg in Oberfranken. SS-Oberscharführer. Ab Herbst 1942 in Auschwitz. Standortverwaltung, Abteilung GEV (Vertreter der GEV waren bei Transportankünften immer auf der Rampe). † 27.1.1978 Herne. – Die Überlebende Regina Lebensfeld über ihre Ankunft auf der Rampe: »Ein lautes Brüllen der SS-Horden war zu vernehmen. Los, los, hier ist eure Endstation. So, hier heißt es, parieren oder krepieren. Dies war unser Empfang. Wir Frauen wurden auf eine Seite gestellt, selbstredend nur junge, höchstens bis 35 Jahren. Der Rest wurde auf Lastautos geworfen, wie Mehlsäcke.«

Baum, Philipp. Zentral-Bauleitung.
* 8.7.1909 Czernowitz. SS-Rottenführer. † Kriegstod 2.3.1945. Das Auschwitz-Urteil (Auszug) zu den sanitären Zuständen: »In Birkenau und Umgebung gab es überhaupt kein Trinkwasser. Alle Brunnen waren von Kolibazillen verseucht. In den Baracken waren keine Waschräume und Toiletten – außer in Block 11 des Lagerabschnitts BIId. Im Frauenlager (B I) bestanden die Latrinen aus einem Graben mit einer Mauer. Am Ende des Grabens war ein Wasserrohr, aus dem nicht trinkbares Wasser floß. Es war die einzige Wasserquelle. In den einzelnen Abschnitten des Lagers B II waren die Latrinen in Holzbaracken. Sie bestanden aus 6 Reihen von Betonsockeln, die mit Löchern versehen waren. Nachts durften die Häftlinge die Baracken nicht verlassen. Ihre Notdurft mußten sie in einem in der Baracke bereitstehenden Kübel verrichten.«

Baumgartner, Adolf. SS-Schütze.
* 24.7.1923 Bilka. Ab Herbst 1941 in Auschwitz. † Kriegstod 15.12.1943 bei Negrebowka in der heutigen Ukraine.

Baumgartner, Franz. Führer der Außenlager Kobier und Janinagrube.
* 29.3.1917 Handlöd, Gemeinde Langeneck im Landkreis Eggenfelden. SS-Unterscharführer. Kommandanturbefehl (Höß) vom 4.8.1942: »Ich spreche dem SS-Unterscharführer Franz Baumgartner, Kommandanturstab, Abteilung III [Schutzhaftlagerführung], meine beson-

dere Anerkennung aus. Baumgartner fand vor einigen Tagen in der Müllgrube am alten Theater einen Umschlag mit 4 Scheinen à 100,– RM gleich 400,– RM und lieferte diesen Fund, wie es an sich einer selbstverständlichen SS-Auffassung entspricht, bei der Kommandantur ab.« Herbst 1942 Führer des Außenlagers Kobier: 150 Häftlinge, Waldarbeiten. Museum Auschwitz (StAu I): »Das Holz wurde an das Lager Birkenau geliefert und dort bei der Verbrennung der Leichen verwendet, die zu dieser Zeit, um so die Spuren des Verbrechens zu verwischen, aus den dortigen Massengräbern herausgeholt wurden. Später wurde das hier geschlagene Holz dann zur Verbrennung der Leichen der im Zuge der Massenvernichtung ermordeten Juden auf Scheiterhaufen verwendet.« September 1943 Führer des neuen Außenlagers Janinagrube, ein Steinkohlebergwerk der Fürstengrube GmbH (51 % des Stammkapitals: I.G. Farben). Im 18 km von Auschwitz entfernten Lager – auch *Gute-Hoffnungs-Hütte* genannt – wurde von zuletzt 900 Häftlingen Kohle für das Werk Buna in Monowitz abgebaut. Häftling Max Kasner im Auschwitz-Prozeß: »Die Grube befand sich 400 Meter unter der Erde. Häftlinge hatten an Stellen zu arbeiten, wo Wasser stand und wo sie am Bauch kriechend arbeiten mußten.« Bernd C. Wagner (IG Auschwitz) über die Janinagrube: »In der Regel blieb einem Häftling bei der Ankunft in der Kohlengrube eine durchschnittliche Lebenserwartung von einem Monat.« Frühjahr 1944 von Kleemann abgelöst, nun Stellv. Leiter, nach einigen Monaten erneut Lagerleiter. † Laut LG Hannover setzte er sich Januar 1945 beim Evakuierungsmarsch ab und gilt seitdem als vermißt. Museum Auschwitz (HvA 10) zum Evakuierungsmarsch am 18. 1. 1945: »Der Fußmarsch [in Eiseskälte bei Schnee] nach Groß-Rosen dauerte etwa 18 Tage. Von den 800 hinausgeführten Häftlingen kamen etwa 200 in einem Zustand äußerster Erschöpfung ans Ziel.«

Baumgartner, Ludwig. Adjutant.
* 8. 11. 1909 Mersingen b. Ulm. 1932 SS (Nr. 257276), Obersturmführer (1941). 1933 NSDAP (Nr. 1497067). Dachau, Buchenwald, vom 15. 3. bis 23. 11. 1943 Adjutant in Auschwitz. März 1944 Schutzhaftlagerführer Flossenbürg. † 1953 vom AG Neustadt an der Waldnaab für tot erklärt. Aufgabe des Adjutanten war die Organisierung der eintreffenden Transporte von der Ankunft bis zur Ermordung. Im Auschwitz-Urteil heißt es (am Beispiel Mulkas): »Nach Beendigung einer jeden Aktion meldete die Aufnahmeabteilung der Politischen Abteilung an das RSHA – meist per Fernschreiben – wieviel Menschen getötet und wieviel Menschen in das Lager aufgenommen worden waren. Getötet wurde getarnt mit Ausdrücken wie ›gesondert untergebracht‹ oder es wurden Buchstaben verwendet. a) bedeutete in das Lager aufgenommen b) bedeutete ›vergast‹. Die Fernschreiben mußten vor ihrem Abgang vom Adjutanten abgezeichnet werden. Ohne das Namenszeichen des Adjutanten durfte die Fernschreibstelle kein Fernschreiben durchgeben.«

Baumstark, Josef. Blockführer im »Zigeunerlager«.
* 10. 5. 1922 Stefansfeld, Kreis Modosch (Banat). SS-Sturmmann. † Vermißt. – Der erste kleinere Transport war am 26. 2. 1943 aus dem Reich gekommen. Insgesamt werden 10 097 Männer und 10 849 Frauen als Häftlinge registriert, einschließlich der im Lager geborenen Kinder. Die Insassen gelten als Asoziale (schwarzer Winkel) und bekommen vor der Häftlingsnummer ein »Z« tätowiert. Die Unterbringung in Birkenau erfolgt im Familienverband. Häftlingsschreiber Joachimowski: »Die Zigeuner kamen ins Lager mit ihrem ganzen Hab und Gut. Es wurde ihnen nichts abgenommen. Im

Lager trugen sie ihre eigene Kleidung. Die Haare wurden ihnen nicht geschoren.« Bedingt durch Hunger und extrem schlechte hygienische Zustände, grassieren Infektionskrankheiten wie Typhus und Wasserkrebs (Noma). Langbein über die Leichenkammer im »Zigeunerlager« (MV, Bd. 3): »Ein Berg von Leichen, gut zwei Meter hoch. Fast lauter Kinder, Babys, Halbwüchsige. Darüber huschten Ratten.« Am 25.5.1943 werden mehr als 1000 Fleckfieberkranke oder -verdächtige in der Gaskammer ermordet. Etwa 3000 Insassen werden in Lager im Reich deportiert, ein Teil wird im Oktober 1944 zur Tötung nach Auschwitz zurückgebracht. Im August 1944 sind noch 3000 vorwiegend alte Menschen sowie Frauen und Kinder im Lager, die in der Nacht vom 1. zum 2.8.1944 in der Gaskammer ermordet werden.

Bayer, Wilhelm. SS-Obersturmführer. * 15.4.1894 Gröningen b. Magdeburg. 1936 SS. SS-Gerichtsoffizier in Majdanek, Dezember 1943 bis Oktober 1944 in Auschwitz, danach in Flossenbürg. † Todesurteil 1948 in Krakau, vollstreckt. Q.: StAu I.

Bauz, Max. SS-Oberscharführer (1941). * 19.3.1905 Calw. März 1941 bis März 1942 Kommandanturstab Auschwitz, Leiter der SS-Küche. Nach 1945 in Ellwangen. – Häftling Jery Karaskiewicz (StAu II): »Jeden Tag sah man nach dem Appell diese Elendsgestalten, die wie laufende Knochengerippe aussahen, diese Muselmänner. Sie liefen bei der Küche herum, streckten die Hände aus und baten um einen Löffel Essen. Sie wühlten im Abfall und aßen die fauligen und modrigen Reste.« *Muselmänner* lassen im Liegen oder im Stehen ihre Notdurft unter sich, verunreinigen Flure, Strohsäcke, alles. Auf Prügel reagieren sie nicht mehr. Ihr Lebenswille ist erloschen.

Beck, Walter. Zentral-Bauleitung. * 13.3.1910. SS-Sturmmann. Technische Abteilung. Broad: »Die Zentralbauleitung des KZ-Auschwitz war so stolz auf ihre Leistung, daß im Vestibül ihres Hauptgebäudes eine Zusammenstellung von Bildern aus den Krematorien öffentlich ausgehängt wurde.«

Becker, Adolf. SS-Hauptscharführer. * 7.12.1908 Wuppertal. NSDAP 1928, 1936 SS. Ab März 1941 in Auschwitz. Becker: »Als ich noch zur 4. Wachkompanie gehörte, wurden eines Tages Freiwillige für ein Exekutionskommando gesucht, die in der sogenannten Kiesgrube [in der Nähe des Stammlagers] russische Kommissare erschießen sollten. Es gingen genügend freiwillige Meldungen ein.« Spieß der Abteilung Landwirtschaft in Rajsko. Standortbefehl vom 15.9. 1943: *Kriegsverdienstkreuz II. Klasse mit Schwertern*, ebenda Meldung: »Besuch der Schwiegereltern auf die Dauer von 3–4 Wochen«. Zuletzt Stabsscharführer (Spieß) der Kommandantur. Am 2.4. 1948 in Krakau zu 5 Jahren Haft verurteilt, Pfingsten 1952 wieder in Wuppertal, Optiker. Becker: »Ich bin sowohl im Vorverfahren als auch in der Hauptverhandlung von den polnischen Justizpersonen korrekt behandelt worden. Ich betrachte das in Polen gegen mich ergangene Urteil als richtig.« Q.: AV, Bl. 16353 ff.

Becker, Berko. *Jüdisches Sonderkommando*, Nr. 80778. * 5.5.1896 Lunna/Polen. Ankunft Auschwitz am 8.12.1942 aus dem Ghetto Grodno. Von 1000 Deportierten werden 769 »gesondert untergebracht« (Tarnwort für Vergasung). Anfangs Leichenschlepper. Verkrüppelte Hand, überlebte dank der Protektion seines Vetters, des Kapo Eliezer Welbel (Nr. 80982). Gestorben in New Jersey, USA. – Erklärung Höß v. 14. März 1946 (Nbg. Dok. NO-1210) über die Leichenverbrennung an den Gasbunkern: »Nach einer halben Stunde wurden die Türen geöffnet und die Leichen durch ein Kommando von Häftlingen, die ständig dort arbeiteten, herausgezogen und [ab September 1942] in Erdgruben verbrannt. Vor der Verbrennung wurden die Goldzähne und Ringe entfernt, zwischen die Leichen wurde Brennholz geschichtet, und wenn ein Stoß von ca. 100 Leichen drin war, wurde mit Petroleum getränkten Lappen das Holz entzündet. Wenn die Verbrennung dann richtig im Gange war, wurden die anderen Leichen dazugeworfen. Das auf dem Boden der Gruben sich sammelnde Fett wurde mit Eimern dem Feuer wieder zugegossen, um bei besonders nasser Witterung den Verbrennungsprozeß zu beschleunigen. Die Dauer der Verbrennung dauerte 6–7 Stunden. Der Gestank der verbrannten Leichen konnte bei Westwind selbst im Lager bemerkt werden. Nach Räumung der Gruben wurden die Aschenreste zerstampft. Dies geschah auf einer Zementplatte, wo Häftlinge mit Holzstampern die Knochenreste pulverisierten. Diese Reste wurden dann mittels Lastwagen an einer abgelegenen Stelle in die Weichsel geschüttet.« Die Häftlinge des ersten Sonderkommandos, zum Ausgraben und zur Verbrennung der 107 000 in Massengräbern verwesenden Leichen mißbraucht, wurden am 3. 12. 1942 vergast (Czech).

Becker, Bernhard. Führer des Außenlagers Gleiwitz II (Mai bis September 1944).

* 27. 7. 1900 Ruda, Kreis Kulm in Westpreußen. SS-Oberscharführer. Block- und Kommandoführer in Monowitz (I.G. Farben). In Gleiwitz II, ab April 1944 Außenlager, vegetieren mehr als tausend weibliche und männliche Häftlinge. Die Frauen werden bei 60–70 Grad Hitze in den Produktionshallen zur Rußherstellung aus Schwefel und Öl eingesetzt, was zur Schädigung von Augen und Lungen führt. Hauptscharführer Friedrichsen: »Der Ruß war ein Grundprodukt für die Herstellung von Buna.« Irena Strzelecka (HvA 14): »Die Höchstdauer eines Häftlingsaufenthaltes im Krankenbau durfte 14 Tage nicht überschreiten. Häftlinge, die eine längere Behandlung beanspruchten oder unfähig zu weiterer Arbeit waren, wurden zusammen mit den Leichen Verstorbener nach Birkenau gefahren und dort vergast.« 1948 in Krakau zu lebenslang Haft verurteilt. Wohnsitz in Stockelsdorf.

Becker, Dorothea. KZ-Wärterin.

* 10. 12. 1912 Saarbrücken. Frauenkonzentrationslager (FL) Birkenau. Standortbefehl Nr. 5/44: Am 30. 1. 1944 *Kriegsverdienstkreuz II. Klasse* (das KVK läßt Beteiligung an Tötungen vermuten). Verbleib unbekannt. – Kommandant Höß in seinen Aufzeichnungen über die SS-Aufseherinnen: »Ähnlich der Homosexualität in den Männerlagern grassierte im FL die Seuche der lesbischen Liebe. Auch die stärksten Strafen, auch die Einweisung in Strafkompanie tat dem nicht Einhalt. Wiederholt wurden mir Fälle von Verkehr dieser Art zwischen Aufseherinnen und weiblichen Häftlingen gemeldet. Dies zeigt das Niveau der Aufseherinnen.« Simone Veil zu lesbischen Verhältnissen der Funktionshäftlinge (1944): »Zwischen diesen Frauen und den jüngeren Mädchen schwang stets eine gewisse sexuelle Zweideutigkeit mit, was man heute nur beiläufig zu erwähnen braucht, um die Empörung ehemaliger Häftlinge wachzurufen. Hierbei wird jedoch häufig vergessen, daß viele der jüngeren Frauen ihr Leben solchen Formen der Protektion verdanken, ganz gleich, ob es dafür Gegenleistungen gab oder nicht.«

Becker, Felix. SS-Sturmmann.

* 25. 9. 1900 Rötha/Sachsen. Wachtruppe Auschwitz, Dienstbezeichnung *SS-Totenkopf-Sturmbann KL Auschwitz* (der SS-T-Stuba hatte turnusmäßig Rampendienst). 1948 in Krakau zu 5 Jahren Haft verurteilt. – Häftling Paul Hoffmann, von Bielefeld nach Auschwitz deportiert (AV, Bl. 12934): »Zum Zeitpunkt des Eintreffens in Auschwitz war ich mit der

20 Jahre alten Lotte Windmüller verlobt. Fräulein Windmüller wurde ebenso wie ich nach Auschwitz deportiert. Ich habe sie nach der Ankunft in Auschwitz nie mehr zu Gesicht bekommen.«

Becker, Felix. SS-Sturmmann.
* 8.10.1914 Putinci/heutiges Serbien. Ab Januar 1942 in Auschwitz. SS-Totenkopf-Sturmbann. Nach 1945 im Neckar-Odenwaldkreis. – Der damals 14jährige Robert Jehoshua Büchler, Sommer 1944 aus der Tschechoslowakei deportiert, über seine Ankunft: »Draußen dunkelte es, einige Menschen kletterten zu den vergitterten Luken hinauf, um zu sehen, wohin es uns verschlagen hatte. ›Wir scheinen uns in der Gegend von Kohlebergwerken oder Stahlwerken zu befinden‹, verkündeten sie und fügten hinzu, man sehe hoch aufragende Schornsteine, die hohe Feuerzungen ausstießen, wahrscheinlich Hochöfen zur Verhüttung von Eisenerz. Das Rätselraten ging weiter, bis plötzlich die Tür des Waggons aufgerissen wurde und ein Befehl auf deutsch ertönte: ›Alle raus!‹«

Becker, Hugo. Zentral-Bauleitung.
* 18.10.1911 Merlau. SS-Sturmmann. Februar 1942 bis Oktober 1943 in Auschwitz. 1948 in Krakau zu 18 Monaten Haft verurteilt.

Becker, Johann. SS-Unterscharführer.
* 18.5.1911 Schaffhausen/Saar. 1936 SS (Nr. 315850). Vom 31.3.1941 bis zum Ende in Auschwitz. Standortverwaltung, Technische Abteilung, Führer des Kommandos Kanalisation (Kanalisation, Wasserversorgung, Abfuhr der Fäkalien). Standortbefehl Nr. 41/43: »Besuch der Ehefrau vom 23.9.–20.10.43«. Becker: »Mir ist natürlich bekannt, daß in Auschwitz Häftlinge vergast worden sind. Das konnte man schon durch den Geruch wahrnehmen.« Am 7.4.1948 in Krakau zu 6 Jahren Haft verurteilt, Entlassung Mai 1953. Becker: »Ich bin durch die polnischen Vernehmungsbeamten und Richter einwandfrei behandelt worden.« Berufsangabe: Friedhofswärter. Aussage: AV, Bl. 12232ff.

Becker, Karl. SS-Scharführer.
* 10.7.1890 (oder 18.4.1890) Schwedenhöhe. Wachmannschaft, Monowitz. 1948 in Wadowice zu 4 Jahren Haft verurteilt. – Häftling Unikower zur Wachmannschaft Monowitz (AV, Bl. 1708): »Falls ein SS-Mann melden konnte, er habe einen Häftling auf der Flucht erschossen, erhielt er eine Prämie und ein dienstfreies Wochenende. Deshalb ereigneten sich derartige Fälle fast immer an einem Freitag. Ich habe schon kurz nach meinem Eintreffen selbst einmal beobachtet, daß ein älterer SS-Posten einen jüngeren Häftling, dem man eine Flucht hätte zutrauen können, unter irgendeinem Vorwand über die Postenkette hinausschickte und ihn dann erschoß, und zwar von hinten, weil der Rückenschuß ein Beweis für den Fluchtversuch sein sollte. Dieser Vorfall ereignete sich ebenfalls an einem Freitag. Wir hatten an diesem Tage drei Häftlinge auf die oben beschriebene Weise verloren.«

Beckmann, Heinrich. SS-Rottenführer.
* 24.5.1913 Dortmund. Ab August 1944 in Buna-Monowitz. Nach 1945 im Ruhrgebiet. – Häftling Max Kaufmann über die Wachmannschaft Monowitz: »Der geringste Anlaß konnte schon dazu führen, daß ein Häftling getötet wurde. So z.B., wenn ein Häftling infolge eines Schwächegefühls das Glied verließ, in dem er marschierte.«

Bedarf, Josef. SS-Rottenführer.
* 6.3.1920 Krucke, Kreis Schaki. SS-Totenkopf-Sturmbann, Kommando Jawischowitz, 1944 Standortverwaltung. Nach 1945 in Schwerin (DDR).

Bedarf, Waldemar. SS-Unterscharführer.
* 3.1.1924 Kowno. Standortverwaltung, Effektenkammer Birkenau (Verwahrung Raubgut). Kitty Hart schildert in ihren Erinnerungen, wie sie im Kommando *Kanada* von Bedarf zusammengeschlagen wird, weil sie ihrer ebenfalls im Lager

inhaftierten Mutter eine schriftliche Mitteilung schicken wollte. † Vermißt.

Bednarek, Emil. Häftling Nr. 1325. Blockältester, Kielar: »Die Blockältesten waren Herren über Leben und Tod eines jeden Häftlings.«

* 20.7.1907 Königshütte. Sohn eines Grubenarbeiters. Selbst Grubenarbeiter. 1939 in der polnischen Armee. Verhaftung Gestapo am 15.4.1940. Ankunft Auschwitz am 7.7.1940. Ab März 1942 in Birkenau. Häftlingsarzt Fejkiel: »Er war Blockältester von Block 8, Stammlager und später in der Strafkompanie in Birkenau. Ich habe selbst gesehen, daß er nach dem Appell Häftlinge totgeschlagen hat. Er hat Hunderte getötet.« Bednarek, nachdem er einen polnischen Ingenieur totgeprügelt hat (Urteil): »Schafft die stinkende Scheiße draußen weg.« Entlastungszeuge Jozef Czoprik, dessen Aussage im Auschwitz-Prozeß verlesen wird: »Er war ein Freund meines Bruders. Ich bat ihn, mir zu helfen, damit ich zu essen bekomme. Er erlaubte mir darauf, den Kessel aus seinem Block zu spülen. Dabei konnte ich die Essensreste nehmen.« Nach 1945 Betreiber der Bahnhofsgaststätte in Schirnding. Schlußwort im Auschwitz-Prozeß: »Ich fühle mich vor Gott und den Menschen nicht schuldig.« Am 20.8.1965 vom LG Frankfurt wegen Mordes in 14 Fällen zu lebenslanger Haft verurteilt. Urteil: »Oft ließ der Angeklagte Bednarek die Häftlinge vor Empfang der Suppe in Kniebeuge gehen und befahl, daß sie in Hockstellung hüpfend die Suppe zu empfangen hätten. Wenn dann die Häftlinge mit den gefüllten Eßnäpfen weghüpften, konnten sie es nicht verhindern, daß ein Teil der Suppe überschwappte und auf die Erde verschüttet wurde. So ging ihnen, die ständig Hunger hatten, noch ein Teil der kärglichen Nahrung verloren.«

Bedner, Georg. SS-Sturmmann.

* 3.9.1910 Tartlau/Rumänien. Kommando Gleiwitz. Nach 1945 in Linz.

Beer, Michael. SS-Unterscharführer.

* 13.2.1913 Köln. Ab Mai 1944 in Auschwitz. 1948 in Wadowice zu 20 Monaten Haft verurteilt. Nach 1945 in Bayern.

Beer, Rudolf. SS-Obersturmführer (1941).

* 17.2.1911 Friedland/Sudeten, Sohn eines Bahnbeamten. Lehrer. 1938 Sudetendeutsche Partei, NSDAP (Nr. 6574195) und SS (Nr. 322278). Oktober 1940 in Auschwitz, September 1941 Kompanieführer der 2. SS-Wachkompanie. KZ-Kollege Johann Becker über eine Erschießung: »Mein Kompanieführer Baer [Beer] hat die Exekution geleitet.« Beer dagegen: »Exekutionen durch Erschießen habe ich während meiner Dienstzeit in Auschwitz nicht erlebt.« Oktober 1941 Schutzhaftlagerführer des Männerlagers in Ravensbrück. April 1944 in Natzweiler (Beer gibt verschiedene SS-Einsätze an). Am 12.7.1950 in Stuttgart zu 15 Jahren Haft verurteilt, Entlassung am 22.12.1955. Kaufmännischer Angestellter. Q.: AV, Bl. 8886 ff.

Beerbaum, Ewald. SS-Sturmmann.

* 6.9.1891 Wuppertal-Barmen. Sommer 1944 in Monowitz, ab 5.8.1944 im neugegründeten Außenlager Trzebinia zum Ausbau einer Erdölraffinerie, ein Lager mit eigenem Krematorium. Am 26.4. 1948 in Krakau zu 3 Jahren Haft verurteilt. † Im selben Jahr in polnischer Haft. – Trzebinia-Anwohner Jozef Woch (HvA 16): »Ein SS-Mann, der sich dauernd im Lager herumtrieb (Name und Rang kenne ich nicht), rief mich zu sich und fragte, ob ich Schweinefleisch wolle. Ich dachte, es handelte sich wirklich um Schweinefleisch, und ging in Begleitung jenes SS-Mannes zum Block eins. Er führte mich zur Tür eines der Säle, befahl mir, die Tür zu öffnen und in den Saal hineinzuschauen. Als ich dies tat, sah ich in diesem Saal die auf dem Boden liegende Leiche jenes Juden, den der Oberkapo am Vortage mißhandelt hatte.«

Beger, Bruno. SS-Anthropologe.
* 27.4.1911 Frankfurt am Main. 1934 SS (Nr. 236712), 1937 NSDAP (Nr. 4037145), hauptamtlich SS-Führer, Hauptsturmführer (1941). 1938 im Persönlichen Stab Reichsführer-SS. 1940 Dissertation bei dem Rassisten Hans Günther, genannt *Rassen-Günther.* Danach in der Lehr- und Forschungsstätte für Innerasien und Expeditionen des *SS-Ahnenerbe* (AE). Ab Sommer 1942 Plan des AE, unter Führung des Anatomen August Hirt jüdische Menschen zu ermorden, um sie als Ausstellungsobjekte zur Schau zu stellen: Anfangs ist von einer *Schädelsammlung* die Rede, dann von einer *Jüdischen Skelettsammlung*, schließlich von einer *anthropologischen Sammlung Fremdrassiger.* Juni 1943 ist Beger zur Auswahl der menschlichen Objekte in Auschwitz (intern *Auftrag Beger* genannt). Beger: »Nach dem mir gegebenen Auftrag sollte ich möglichst viele Spielarten der Judenheit feststellen.« Der SS-Anthropologe erfaßt insgesamt 115 Personen, davon 79 Juden, 30 Jüdinnen, 2 Polen und 4 »Innerasiaten«. Die Opfer werden von Beger und seinem Kollegen Fleischhacker vermessen, nackt gefilmt und fotografiert und zur »weiteren Bearbeitung« (AE am 21.6.1943 an Adolf Eichmann) am 30.7.1943 zum KZ Natzweiler überstellt. Beger besucht Natzweiler vom 8. bis 11.8.1943. Die letztlich 86 Juden (Ahnenerbe-Forscher Michael H. Kater nennt irrtümlich 122 Mordopfer) werden ab dem 11. August 1943 in der eigens zu Versuchszwecken gebauten Gaskammer ermordet. 1948 als *Mitläufer* entnazifiziert. Am 6.4.1971 vom LG Frankfurt wegen Beihilfe zu 3 Jahren Haft verurteilt, durch Internierungs- und U-Haft verbüßt. Das Gericht unterstellte, Beger habe den Mordplan in Auschwitz noch nicht gekannt, erst in Natzweiler. Das Urteil geht über eine Aussage seines AE-Chefs hinweg: »Wenn Sievers 1946/47 vor dem internationalen Militär-Tribunal ausgesagt hat, Dr. Beger sei von Anfang an über alles unterrichtet gewesen, so mißt das Gericht dem keine Bedeutung bei.« † Oktober 2009 Königstein im Taunus. Q.: Beger-Verfahren. Lit.: Klee, Auschwitz; Hans-Joachim Lang.

Behrends, Leopold. SS-Unterscharführer.
* 10.8.1903. Abteilung VI (*Fürsorge, Schulung und Truppenbetreuung*), eine Abteilung zur NS-Indoktrinierung. Laut Standortbefehl Nr. 19/44 zuständig für »alle Fragen der geistigen und seelischen Betreuung der SS-Angehörigen aus dem Südosten«. Verbleib unbekannt.

Behringer, Arthur. SS-Sturmmann.
* 16.7.1904 Konstanz. 1944 Wachmannschaft. 1948 in Wadowice zu 4 Jahren Haft verurteilt. Wohnsitz am Geburtsort. – Häftling Vrba im Auschwitz-Prozeß zur Abwicklung der Transporte: »In den Waggons waren Leute geblieben, die nicht einmal durch Schläge herauszukriegen waren: Tote, Todkranke, Krüppel. Manchmal waren bis zu 10 oder 15 Tote in einem Waggon.«

Beiersdörfer, Karl. Küchenchef in Monowitz.
* 14.11.1907 Zirndorf. SS-Unterscharführer, SS-Totenkopf-Sturmbann. 1948 in Krakau zu 3 Jahren Haft verurteilt. † 1.4.1951 Cadolzburg. – Primo Levi über die Nächte in Monowitz: »Man hört das Atmen und Schnarchen der Schläfer, manche wimmern und reden. Viele schmatzen und bewegen ihre Kiefer. Sie träumen, daß sie essen: auch das ein kollektiver Traum. Ein erbarmungsloser Traum, und wer die Tantalus-Sage geschaffen hat, mußte ihn kennen. Man sieht nicht nur die Speisen, man spürt sie mit Händen, ganz genau und konkret, man nimmt ihren reichen, eindringlichen Geruch war, jemand nähert sie uns bis an die Lippen, und dann bewirkt irgendein Umstand, der stets verschieden ist, daß der Akt nicht zu Ende gebracht wird.«

Beissel, Bernhard. SS-Rottenführer.
* 29.7.1904 Watzel. Ab September 1944 in Auschwitz, Kommando Eintrachthütte in Schwientochlowitz b. Kattowitz, Produktion von Flugabwehrgeschützen, knapp 1400 Gefangene. Häftling Unikower: »Die Häftlinge mußten dort besonders schwere Arbeit verrichten, und zwar im Laufschritt. Außerdem waren dort Mißhandlungen an der Tagesordnung. Ich weiß, daß mehrfach in den Krankenbau von Monowitz Häftlinge aus Eintrachthütte eingeliefert wurden, die vollkommen zusammengeschlagen waren.« Franciszek Piper (HvA 17): »Für die kleinsten Verfehlungen, wie Zigarettenrauchen oder Essen während der Arbeit, wurden die Häftlinge unmenschlich geschlagen.« Am 20.4.1948 in Wadowice zu 4 Jahren Haft verurteilt (HvA 17).

Beitzel, Josef. SS-Sturmmann.
* Nicht ermittelt. Standortbefehl Nr. 48/43: »Besuch der Familie v. 20.10.–30.11.43«.

Bejlin, Aaron. Häftlingsarzt, Nr. 100736.
* 9.9.1908 Surach/Rußland. Arzt in Bialystok. Ab August 1941 im Ghetto der Stadt (70000 Menschen). Ankunft Auschwitz laut Häftlingsnummer am 8.2.1943. Von 2000 Menschen überleben nur 75 Männer und 95 Frauen die Selektion. Seine Mutter kommt »ins Gas«. Bejlin zur Aufnahmeprozedur: »Wir wurden dann in die Sauna getrieben, wo wir unsere Kleidung ablegen mußten. Wir wurden dann in der Sauna mit eiskaltem Wasser geduscht. Sämtliche Haare wurden uns abgeschnitten. Vollständig nackt wurden wir dann nach dieser Behandlung durch die kalte Februarnacht über den Schnee in eine Baracke getrieben, in der für die PA arbeitende Häftlingsschreiber für jeden für uns eine Karteikarte anlegte. Auch wurden wir dort alle tätowiert. Dann wurden wir wiederum nackt zur Bekleidungskammer getrieben, wo wir alle möglichen Lumpen zum Anziehen bekamen. Schließlich kamen wir zum sogenannten Quarantäneblock. In der Quarantänebaracke waren dreistöckige Pritschen aufgestellt. Auf einem Pritschenteil, der für höchstens 8 Personen Platz bot, mußten sich 17 Personen legen. Man konnte sich nur dann von einer Seite auf die andere legen, wenn alle 17 das Manöver mitmachten. Wer die Pritsche verließ, um seine Notdurft zu verrichten, kam nicht mehr herauf und mußte auf dem Zementboden schlafen. Schon in der ersten Nacht sind so einige Leute von meinem Transport erfroren.« Häftlingsarzt in Birkenau, u.a. im »Zigeunerlager«. Nach 1945 im Gesundheitsministerium des Staates Israel. Langbein (Menschen): »Bejlin konnte nicht vergessen, daß ihm polnische Ärzte in Birkenau beteuert hatten, sie würden noch zehn Jahre in Auschwitz bleiben, wenn es Hitler gelänge, Europa judenrein zu machen.« Aussage: AV, Bl. 13358 ff.

Benack, Fritz. SS-Oberscharführer.
* 31.8.1919. SS-Totenkopf-Sturmbann (der SS-T-Stuba hatte turnusmäßig Rampendienst). † Kriegstod 12.12.1944. Der damals 15jährige Elie Wiesel in seinem Buch *Die Nacht* über die Ankunft: »Den Bruchteil einer Sekunde lang konnte ich meine Mutter und meine Schwester nach rechts heraustreten sehen. Tsipora hielt Mamas Hand. Ich sah, wie sie sich entfernten. Meine Mutter streichelte die blonden Haare meiner Schwester, wie um sie zu beschützen. Ich ging mit meinem Vater, mit den Männern weiter. Ich wußte nicht, daß ich an dieser Stelle, in diesem Augenblick, Mutter und Tsipora für immer verließ.«

Benbenisti, Jacques. *Jüdisches Sonderkommando.*
* Unbekannt. Ankunft Auschwitz nach neuntägiger Fahrt im abgeriegelten Güterwaggon am 11.4.1944 aus Athen. Mithäftling Jaacov Gabai: »War ein Maler. Den nahm Moll [Krematoriums-Chef] mit, damit er ihm im Hause Malereien

anfertigte. Als er ihn zurückbrachte, erschoß er ihn auf der Stelle.«

Bencic, Anton. SS-Sturmmann.

* 26.6.1909. SS-Totenkopf-Sturmbann, Außenlager Golleschau. Belobigt im Kommandanturbefehl vom 11.11.1944, da er die »Flucht« von Häftlingen »verhinderte«. Verbleib unbekannt. – KZ-Kollege Bilibou: »Es gab keinen Sonderurlaub für ›Verhinderung der Flucht‹, sondern nur für ›Erschießen auf der Flucht‹.«

Bendel, Paul. Häftlingsarzt, Nr. 167460.

* 14.9.1914 Paris. Dr. med. Ankunft Auschwitz am 2.10.1943 aus Drancy, darunter 350 italienische Juden aus Nizza. Von 1000 Deportierten werden 661 sofort in der Gaskammer erstickt. Ab Juni 1944 für die ambulante Behandlung der Häftlinge des *Jüdischen Sonderkommandos* zuständig. Filip Müller: »Auch er trug viel dazu bei, die Verbindung zum Lager aufrechtzuerhalten, indem er hin und wieder fiktive Diagnosen stellte, um auf diese Weise diesen oder jenen von uns in den Krankenbau einzuweisen.« Bendel 1946 in Paris (zit. n. Massentötungen): »Es ist Mittag, als eine lange Reihe Frauen, Kinder, Greise den Hof des Krematoriums betritt, Leute aus dem Ghetto Lodz. Man merkt, daß sie erschöpft, müde und beklommen sind. Der oberste Leiter der Krematorien, Herr Hauptscharführer Moll ... steigt auf eine Bank, um ihnen zu sagen, sie würden baden gehen, wonach ein heißer Kaffee sie erwarte. Es wird Beifall geklatscht.«

Benesch, Anton Heinrich. SS-Hauptsturmführer.

* 29.11.1899. Tätigkeit und Verbleib unbekannt.

Benjamin, Max. Häftlingsarzt, Nr. 150608.

* 16.5.1889 Schermbeck, Rheinprovinz. Kindheit in Wesel am Rhein. Facharzt für Kinderheilkunde in Köln. Benjamin: »Zum 1. Juli 1933 wurde mir von der damaligen Regierung die Erlaubnis zur Ausübung der Kassenpraxis entzogen. In den folgenden Jahren, besonders nach Erlaß der Nürnberger Gesetze, wurde mein Patientenkreis durch nationalsozialistische Maßnahmen immer mehr eingeengt, bis mir zum 1. Oktober 1938 die Approbation als Arzt entzogen wurde. Am 9. November 1938 wurde ich verhaftet und nach Dachau gebracht. Nach 20 Tagen wurde ich entlassen unter der Auflage seitens der Gestapo, sofort Deutschland zu verlassen. Mitte Februar 1939 wanderte ich von Köln aus legal, d.h. nach Zahlung von Reichsfluchtsteuer und Judenvermögensabgabe, nach Holland aus. Ich durfte in Holland keinerlei Tätigkeit ausüben und mußte, zusammen mit meiner drei Wochen nach mir ebenfalls emigrierten Frau und meiner Tochter, vom Einkommen meines damals 21jährigen Sohnes leben, der bereits 1937 nach Holland ausgewandert war. Am 20. Juni 1943 wurde ich mit meiner Frau in Amsterdam verhaftet und ins Judendurchgangslager Westerbork gebracht. Am 14. September 1943 wurden wir auf Transport nach Auschwitz gestellt.« Häftlingsarzt im »Zigeunerlager«. Benjamin: »Meine Frau und mein Sohn sind nicht aus der Deportation zurückgekehrt, meine Tochter hat Bergen-Belsen überlebt.« 1953 Büroangestellter in Amsterdam: »Ich bewohne, als Untermieter, ein Zimmer.« Q.: MV, Bd. 33.

Benna, Karl. Häftling Nr. 7.

* Nicht ermittelt. Einer von 30 Kriminellen aus dem KZ Sachsenhausen, am 20.5.1940 als Funktionshäftling nach Auschwitz überstellt. Primo Levi über die kriminellen Häftlinge, gekennzeichnet durch ein grünes Dreieck: »Natürlich sind SS-Leute da, aber unsere eigentlichen Herren sind die Grünen Dreiecke, die frei über uns verfügen können«. Häftling Kielar, mit dem ersten Transport Juni 1940 eingetroffen: »Wir wußten bereits, daß jene in der gestreiften Kleidung ebenfalls Häftlinge waren und aus dem Lager Sachsenhausen, wo sie seit

1933 saßen, hierhergekommen waren. Desto schwerer war für uns zu verstehen, warum sie uns so sehr mißhandelten, sogar dann, wenn keine SS-Männer in der Nähe waren. Oftmals waren sie schlimmer als die SS-Männer.« Kielar weiter: »Man belehrte uns, daß wir die Gestreiften mit den Worten ›Herr Kapo‹ anzusprechen hatten. Wenn man einen Kapo ansprach, mußte man die Achtungshaltung annehmen, vorschriftsmäßig ›Mütze ab‹ machen und danach eine stereotype Formel vor sich hinleiern: ›Nummer (hier mußte man seine Lagernummer angeben) meldet sich gehorsam.‹ Wenn es gelungen war, sich schnell und fehlerlos zu melden, dann ging es ohne Schläge ab. Meist brachte jedoch einer irgend etwas durcheinander und erntete als Ergebnis einen Schlag mit dem Stock oder im besten Fall einen tüchtigen Tritt.«

Bennahmias, Daniel. *Jüdisches Sonderkommando*, Nr. 182477.

* 16.6.1923 Saloniki. Student. Ankunft Auschwitz nach neuntägiger Fahrt im abgeriegelten Güterwaggon am 11.4. 1944 aus Athen. Leichenschlepper in den Krematorien. Für einen Tag Einsatz an den Verbrennungsgruben von Bunker V (Mai 1944 als Vergasungsanlage für die Ungarntransporte reaktiviert, früher Bunker II genannt). Mithäftling Morris Kesselman: »Dort war alles noch schrecklicher – dort haben die SS-Leute Kinder gepackt und haben sie lebendig in die Gruben geworfen.« Bennahmias nimmt am Evakuierungsmarsch teil, deutsche Frauen beim Anblick der Häftlinge: »Schweinehunde! Schüttet doch Benzin über sie, nehmt ein Streichholz, zündet sie an!« Gestorben Oktober 1994 in Oakland, USA. Q.: Friedler.

Bennewitz, Kurt. Führer des Außenlagers Gleiwitz IV.

* Nicht ermittelt. SS-Oberscharführer. Im Juli 1944 gegründeten Außenlager, »auf dem Kasernengelände der Wehrmacht in Gleiwitz« (Czech), befindet sich ein Handwerkerkommando mit etwa 400 Häftlingen. Andrzej Strzelecki (HvA 14): »Fast täglich brachten die Häftlinge von ihren Arbeitsplätzen die Leichen von Kameraden ins Lager zurück, welche von SS-Männern erschossen worden waren.«

Benroubi, Maurice. *Jüdisches Sonderkommando*, Nr. 51059.

* 27.12.1914 Saloniki. Ankunft Auschwitz am 23.7.1942 aus Angers St. Laud (insgesamt 827 Menschen). Einige Wochen Leichenschlepper im Kommando an den Gasbunkern. Benroubi über die Häftlinge, die die Opfer zu den Gaskammern geleiten und belügen müssen (Friedler): »Als die Kinder – es waren 50 oder 60 – am Bunker eintrafen, hielten sie sich an den Händen und gingen jeweils in Fünferreihen. Sie waren in Begleitung von etwa zehn Deportierten in Zivilkleidern, die offensichtlich froh waren, mit ihnen zusammen zu sein. Manche der Menschen hatten Babys auf dem Arm, und das Sonderkommando half ihnen und kam ihnen einige 100 m vor der Gaskammer entgegen. Sie begrüßten sie so freundlich, als würden sie Familienmitglieder willkommen heißen.« Gestorben in Frankreich.

Bensinger, Josef. SS-Sturmmann.

* 27.5.1914. Kommandanturbefehl vom 3.6.1943: »Besuch der Ehefrau auf die Dauer von 3 Tagen.« Verbleib unbekannt. – Laut Friedler hatte ein Sturmmann Josef Benzinger 1943 Dienst im Krematorium II.

Berg, Rudolf. SS-Rottenführer.

* 7.7.1905 Spillendorf, heute Obrana o. Bruntal / Tschechien. Landwirt. Nach dem »Anschluß« des Sudetenlands Eintritt SA, Herbst 1938 Wechsel zur SS. Buchenwald und Neuengamme, Sommer 1941 bis Sommer 1943 Auschwitz, Birkenau und Außenlager Golleschau. Aussage – da ein Protokollführer bei der Vernehmung nicht zur Verfügung stand, in indirekter Rede: »Die jungen Burschen in den Wachkompanien hätten sich teil-

weise einen Spaß daraus gemacht, Häftlinge über die Postenkette treiben zu lassen und dann zu erschießen.« Nach 1945 Zimmermann. Q.: AV, Bl. 12586 ff.

Berger, Fabian. SS-Sturmmann.
* 1.4.1911 India, heute Indija / Serbien. Nach 1945 in Baden-Württemberg.

Berger, Josef. SS-Schütze.
* 3.4.1925 Lakimivici, heute Lakimirevci / Kroatien. SS-Totenkopf-Sturmbann, Kommando Lagischa und Neu-Dachs. Belobigt im Kommandanturbefehl vom 14.7.1944, da er die »Flucht« von Häftlingen »verhinderte«. † 25.2.1945 im Raum Döbern / Niederlausitz. KZ-Kollege Bilibou: »Es gab keinen Sonderurlaub für ›Verhinderung der Flucht‹, sondern nur für ›Erschießen auf der Flucht‹.«

Berger, Nikolaus. SS-Rottenführer.
* Nicht ermittelt. SS-Totenkopf-Sturmbann, Außenlager Neu-Dachs. Belobigt im Kommandanturbefehl vom 19.6.1944, da er die »Flucht« von Häftlingen »verhinderte«. – Neu-Dachs, 20 km östlich von Kattowitz, ist ein am 15.6.1943 errichtetes Lager mit mehr als 3000 Häftlingen zum Ausbau einer Kohlengrube. Von insgesamt 13 574 Häftlingen überleben keine tausend. Franciszek Piper (HvA 12): »Die Häftlinge wurden in Marschkolonnen unter der Eskorte bewaffneter SS-Männer mit Hunden zur Arbeit geführt. Seit den ersten Fluchten schloß man die Häftlinge während des Marschs an eiserne, mit Hängeschlössern versehene Stangen an.«

Bergmann, Josef. SS-Schütze.
* 13.2.1922 Esseg. Kommando Lagischa und Neu-Dachs. Nach 1945 in Oberfranken.

Bergthal, Hans. SS-Schütze.
* 24.12.1919 Percosova / Rumänien. SS-Totenkopf-Sturmbann, Kommando Fürstengrube und Neu-Dachs. Belobigt im Kommandanturbefehl vom 19.7.1944, da er die »Flucht« von Häftlingen »verhinderte«. Nach 1945 in Baden-Württemberg.

Berka, Adalbert. SS-Schütze.
* 10.6.1890. SS-Totenkopf-Sturmbann, Monowitz, Verwaltung, Abteilung Verpflegung. Verbleib unbekannt. – Häftlingsärztin Lingens in ihren Erinnerungen: »Der Lagerarzt wollte einmal zu wissenschaftlichen Zwecken das Blut von zehn Frauen untersuchen lassen, die ein Jahr im Lager waren und sich nur von der offiziellen Lagerkost genährt hatten. Er konnte die Arbeit nicht durchführen, denn wir konnten unter den 25 000 Frauen, die damals im Lager lebten, keine zehn solcher Frauen finden.«

Berner, Mauritio (Moshe). Vater von Zwillingen, Nr. A-16058.
* 19.12.1902 Micasana in Rumänien. Arzt. Ankunft Auschwitz mit Ehefrau, zwei Zwillingsmädchen von 9 Jahren und einer weiteren Tochter von 12 Jahren am 20.5.1944 aus Ungarn. An der Rampe trifft er auf Lagerapotheker Capesius: »Ich erwähnte gegenüber Capesius damals, als ich dann sah, daß die Angehörigen des Transportes abmarschierten und damit auch meine Angehörigen, daß sich bei meiner Familie Zwillingsmädchen befänden. Capesius forderte mich sofort auf, die Zwillinge zurückzuholen, was ich auch sofort tat. Capesius nahm die beiden Mädchen und ging mit ihnen zusammen zu Mengele. Mengele würdigte mich gar keines Blickes, ebensowenig die beiden Kinder und machte nur eine abweisende Handbewegung und sagte: ›Später, ich habe jetzt keine Zeit.‹ Capesius forderte mich auf, die Kinder dorthin zu bringen, wo ich sie hergeholt hatte. Ebenso mußte ich meine Frau, die mitgekommen war, wieder zu der Gruppe der bereits selektierten Häftlinge zurückbringen. Diese Gruppe trat dann von der Rampe sofort den Weg ins Krematorium an. Später, wo ich dann imstande war, die Zusammenhänge besser zu überblicken, ist mir klar geworden, daß der in diesen Dingen geübte Mengele meine beiden Zwillingstöchter wahrscheinlich als

zweieiige Zwillinge erkannt hat, während er sich selbst damals nur für eineiige Zwillinge interessierte.« Berner arbeitet u. a. in der Bekleidungskammer, Oktober 1944 kommt er nach Sachsenhausen, dann nach Kaufering, am 30. 4. 1945 wird er in Dachau befreit. Arzt in Jerusalem. Q.: MV, Bd. 23.

Bernhard, Christian. Politische Abteilung (PA), Lager-Gestapo.
* Nicht ermittelt. SS-Unterscharführer, damals 22 Jahre alt. StA Frankfurt: »War Chef der Registratur in der Politischen Abteilung, hat viele Häftlinge erschossen.«

Bernhardt, Karl. SS-Rottenführer.
* 22. 8. 1914 Kusmia, heute Kuzma / Slowenien. Ab November 1942 in Auschwitz, Kommando Landwirtschaft. 1948 in Krakau zu 4 Jahren Haft verurteilt. – Wanda Tarasiewicz, Häftling Nr. 6884, über die Arbeit in den Landwirtschaftsbetrieben (StAu II, Auszug): »Wir durften nicht stehenbleiben, wir mußten immer arbeiten, die Aufseherinnen (so wurden die SS-Frauen genannt) hatten Hunde, und die deutschen Häftlingsfrauen schlugen schon beim kleinsten Verstoß mit ihren Knüppeln zu und hetzten die Hunde los. Die Jüdinnen waren arm dran: die Hunde hetzten besonders auf diese Frauen und zerbissen die Waden, die Knie oder die Arme. Dann trieb eine deutsche Kapo eine zerbissene Frau ins Wasser und zwang sie, dort zu stehen, und es kam vor, daß so eine Frau dann stundenlang mit in die Höhe gestreckten Armen im Wasser stehen oder bis zur Brust im Wasser knien mußte.«

Bertl, Michael. SS-Sturmmann.
* 22. 6. 1909 Towarnik / Kroatien. Lublin. Ab Juli 1944 in Auschwitz. Nach 1945 in Pocking.

Bethe, Walter. SS-Rottenführer.
* 4. 8. 1911 Muldenstein b. Bitterfeld. Oktober 1944 in Auschwitz. SS-Totenkopf-Sturmbann. 1948 in Wadowice zu 7 Jahren Haft verurteilt.

Bethmann, Fritz. SS-Sanitätsdienstgrad (SDG).
* 27. 9. 1912 Braunschweig. SS-Nr. 138736, Unterscharführer. 1941 / 42 in Auschwitz, auch Majdanek und estnisches KZ Vavaira. † Für tot erklärt. Häftlingspfleger Glowacki (AV, Bl. 7031): »Die SDG waren gewissermaßen die Bevollmächtigten des Lagerarztes. Zu ihren Aufgaben gehörte es, dem Lagerarzt bei Selektionen und Arztvorstellungen zu assistieren, im HKB [Häftlingskrankenbau] für Ordnung zu sorgen und die vom Lagerarzt bei den Selektionen ausgesuchten Häftlinge abzuspritzen. In einigen Fällen kam es aber auch vor, daß ein SDG selbst auf eigene Verantwortung Häftlinge zum Abspritzen selektierte.«

Betlen, Oskar. Häftlingspfleger in Monowitz.
* 13. 9. 1909 Bratislava. Redakteur einer antifaschistischen Zeitung in der damaligen CSR, heute Slowakei. April 1939 Verhaftung in Prag. Juli 1939 Deportation nach Dachau, September 1939 in Buchenwald, Oktober 1942 in Auschwitz. November 1942 mit Sumpffieber im Häftlingskrankenbau (HKB) Monowitz. Von Dr. Kitt zur Vergasung selektiert, vom Lagerältesten Wörl reklamiert. Danach Pfleger in HKB Buna-Monowitz. Betlen (AV, Bl. 13587 ff.): »Die Regel war, daß Häftlinge, die nach 14 Tagen nicht genesen waren, in die Gaskammer kamen. Ich habe bei dem Abtransport der Selektierten beobachtet, daß auf die Lastkraftwagen, die sie nach Birkenau zu verbringen hatten, zunächst die bereits verstorbenen Häftlinge gelegt wurden, die Selektierten mußten sich dann auf die Leichen legen, und so fuhr man Tote und noch Lebende nach Birkenau.« Historiker in Budapest.

Betzinger, Ewald. Zentral-Bauleitung.
* 5. 9. 1903 Fröndenberg. SS-Oberscharführer. Nach 1945 am Geburtsort. – KZ-Arzt Entress (Nbg. Dok. NO-2368): »Als erste Gaskammern wurden zwei alte

Bauernhäuser benutzt, die speziell für die Vergasungen umgebaut wurden. Diese Baumaßnahmen wurden von der SS-Bauleitung durchgeführt.«

Beyer, Wilhelm. SS-Obersturmführer (1944).
* 15.4.1894 Gröningen b. Magdeburg. SS-Nr. 292929 (1936), NSDAP-Nr. 5720904. Gerichtsoffizier in Majdanek und Dezember 1943 bis Oktober 1944 in Auschwitz. Zu den Aufgaben des Gerichtsoffiziers gehörte die »Vernehmung« von SS-Leuten, die Häftlinge »auf der Flucht« erschossen hatten. Selbst im Verdacht, bei Erschießungen mitgewirkt zu haben (AV, Bl. 5101). Führer einer Wachkompanie. Zuletzt in Flossenbürg. † Todesurteil Sommer 1949 in Krakau, Hinrichtung.

Bickel. SS-Sturmmann.
* Nicht ermittelt. Museum Auschwitz (StAu III): Unmittelbar bei den Gaskammern und Krematorien eingesetzt. – Shlomo Venezia, Gaskammerkommando (Auszug): »Eines Tages hörte einer der Männer ein eigenartiges Geräusch. Es war nicht so ungewöhnlich, seltsame Geräusche zu hören, denn die Organe der Opfer setzten noch Gase frei. Es war ein kleines Mädchen, kaum zwei Monate alt, das noch an der Brust der Mutter hing, an der es vergeblich versuchte zu trinken.« Das Ende: »Tatsächlich schien es dem Wachhabenden nichts auszumachen, den Säugling zu töten. Er gab einen Schuß ab, und das kleine Mädchen, das auf wundersame Weise das Gas überlebt hatte, war tot.«

Biedrawa, Ernst. SS-Rottenführer.
* 12.1.1910. Ab März 1942 in Auschwitz, SS-Totenkopf-Sturmbann (der SS-T-Stuba hatte turnusmäßig Rampendienst). Verbleib unbekannt. – Die Überlebende Sternberg über ihre Ankunft 1942: »Fürchterliche Hilferufe ertönen, ein Wimmern, ein Klagen, oft waren es tierische Laute. Man hatte Menschen von Lastwagen gekippt, wie Kohle und Schutt, nun schlägt man fürchterlich hinein.«

Bielicka, Maria-Zofia (Mädchenname). Häftlingskrankenschwester.
* 19.12.1909 Warschau. Verhaftung am 19.8.1942 in Warschau, Gestapogefängnis Pawiak. Ab 17.1.1943 in Majdanek, ab 13.4.1944 in Auschwitz. Bielicka: »Im September 1944 wurde ich zusammen mit einer anderen Kameradin von der Lagerältesten Orly ausgesucht, uns um eine kleine Gruppe von fünf polnischen Kindern zu kümmern, die in Auschwitz geboren wurden, und zwar mit folgenden Namen: Tadzio Galek, Wladek Osik, Jozia Chwaj, Marek Nita sowie Bogusia, an deren Namen ich mich nicht mehr erinnere. Die Kinder waren im Alter von 9 Monaten bis 1 ½ Jahren. Die Kinder erhielten eine Sonderlebensmittelzuteilung und sollten nach ihrer Aufpäppelung in die deutschen Kinderheime gebracht werden als Kinder, die zur Eindeutschung bestimmt waren. Diese Kinder hatten blondes Haar und blaue Augen.« Bielicka bringt eines der Kinder, Marek Nita, am 11.10.1944 unter SS-Bewachung nach Konstantynow b. Lodz. Die anderen erkranken und bleiben im Lager. Q.: MV, Bd. 28.

Bielow, Alexander. SS-Rottenführer.
* 28.4.1906 Andrejowska / Ukraine. Landarbeiter in Ostpreußen. Ab 1941 Wachmannschaft und Außenlager. Am 22.12.1947 in Krakau (Liebehenschel-Urteil) unter dem Namen *Bülow* zu 15 Jahren Haft verurteilt, da er »die Häftlinge zur übermäßigen und erschöpfenden Arbeit antrieb, sie feindselig behandelte, insbesondere die Juden, und sie grundlos mit dem Stock schlug.« 1956 Entlassung. Arbeiter. Bielow: »Es ist mir bekannt, daß in Auschwitz Häftlinge vergast worden sind. Wenn Leichenverbrennungen stattfanden, verursachte das einen fürchterlichen Geruch.« Q.: AV, Bl. 12060 ff.

Bielschowsky, Ilse. Häftlingsfrau.
* Etwa 1910. Ab Sommer 1944 in Auschwitz. Die StA Frankfurt verschickte im

Auschwitz-Verfahren Fragebogen an potentielle Zeugen. In zehn Fragekomplexen heißt es u.a. in Frage 4: »Welchen SS-Angehörigen waren Sie zur Arbeit zugeteilt oder unmittelbar unterstellt? Welche Stellung und welchen Dienstgrad hatten diese? Können Sie die näheren Personalien angeben oder ihn näher beschreiben, z.B. besondere Merkmale?« Frage 5: »Wissen Sie, wer bei Vernehmungen, Untersuchungen oder bei anderen Gelegenheiten Häftlinge derart gefoltert hat, daß der Tod des betreffenden Häftlings eintrat? Wenn ja, welche konkreten Einzelheiten sind Ihnen bekannt? Bei der Beantwortung dieser Frage wird auf folgende Feststellung besonderer Wert gelegt: Tatort, Tatzeit, Name des Opfers, Name des Täters, Gesundheitszustand des Opfers vor und Zustand nach der Mißhandlung.« Antwort Bielschowsky (AV, Bl. 4017 R): »Die zu beantwortenden Fragen kann weder ich noch sonst irgendein Häftling der Lager beantworten, da uns weder die Namen der Aufsichtsbeamten, der Ärzte noch der Aufsichtsfrauen, die wie Hyänen gewütet haben, bekannt wurden. Wir wurden nie mit unseren Namen, sondern nur mit unseren eingestempelten Nummern aufgerufen.«

Biesold, Paul. SS-Unterscharführer. * 31.7.1913. SS-Offizierskasino. 1948 in Krakau zu 5 Jahren Haft verurteilt.

Biessgen, Fritz. Häftling Nr. 4, genannt *Mütterchen*.
* 15.9.1900 Mühlheim. Einer von 30 Kriminellen aus dem KZ Sachsenhausen, am 20.5.1940 als Funktionshäftling nach Auschwitz überstellt. Oberkapo des Kommandos Häftlingsküche, Ausgabe der Essenskübel. Häftling Kielar: »Man mußte sich sputen, weil das ›Mütterchen‹ nur darauf wartete, die Langsamen zu mißhandeln.« In Auschwitz bis August 1944. † 14.4.1964 Broich. Häftling Leon Uchwat (Nr. 5837) im Auschwitz-Prozeß: »Jeder Häftling, der eine Funktion übernommen hatte, hat einem anderen etwas zuleide getan.«

Bilan, Wladimir. Politische Abteilung (PA), Lager-Gestapo.
* 21.5.1904 Stanislau. SS-Unterscharführer. Leiter des Effektenlagers *Kanada* I sowie der PA-Aufnahmeabteilung. Laut Unikower und Smolen auch PA Monowitz. 1948 in Krakau zu 5½ Jahren Haft verurteilt. † 1973 Straubing. Zu den Aufgaben der Aufnahmeabteilung gehörte die Tätowierung. PA-Häftling Bartel (AV, Bl. 2441 f.): »Ende Oktober 1941 kam nach Auschwitz ein Transport mit etwa 10000 russischen Kriegsgefangenen. Aus diesem Transport wurden einige Tage später anhand von Unterlagen, die sich im Besitz der politischen Abteilung befanden, etwa 200 sog. ›Politruks‹ ausgesucht. Bei diesen Häftlingen wurde erstmals in Auschwitz eine Tätowierung vorgenommen [nur in Auschwitz werden Gefangene tätowiert]. Sie erhielten die Nummern Au 1 bis etwa Au 200, die jeweils eintätowiert wurden, und zwar auf der Brust. Die Sterblichkeit war bei den russischen Kriegsgefangenen infolge der besonders schlechten Behandlung und der noch unter dem Lagerdurchschnitt liegenden Verpflegung sehr hoch. Es starben fast täglich mehrere hundert, so daß bis Februar 1942 nur noch etwa 300 Mann am Leben waren. Diese Russen waren im Lager Auschwitz untergebracht und arbeiteten unter geradezu unmenschlichen Bedingungen beim Aufbau des Lagers Birkenau. Da bei den russischen Kriegsgefangenen durch die hohe Sterblichkeit die Kontrolle der Lagerführung recht schwierig war und nach Ansicht der SS eine erhebliche ›Verwechslungsgefahr‹ bestand, wurden später alle russischen Kriegsgefangenen mit ihrer Nummer tätowiert. Diese Eintätowierung der Häftlingsnummern wurde später auf alle Häftlinge mit Ausnahme der nichtjüdischen deutschen Häftlinge ausgedehnt. Diese allgemeine Tätowie-

rung begann im Frühjahr 1942 oder Winter 1942. Damals wurde allen bereits im Lager befindlichen Häftlingen ihre bei der Aufnahme zugeteilte Nummer eintätowiert. Die später ankommenden Häftlinge erhielten dann sofort bei der Aufnahme die Tätowierung ihrer Nummer. Dabei wurden die Männer durchlaufend numeriert, getrennt hiervon die Frauen, von denen die ersten im Frühjahr 1942 aus Ravensbrück angekommen waren, in einer eigenen Serie.« Laut Pilecki (im Auschwitz-Prozeß) waren Anfang 1943 »noch nicht alle Häftlinge tätowiert«.

Bilibou, Peter. SS-Rottenführer.
* 31.7.1913 Radautz/Rumänien. Friseur. Ende 1941 bis Ende 1944 in Auschwitz. SS-Totenkopf-Sturmbann, Kommando Jawischowitz und Golleschau. Bis 1956 Wohnsitz bei Riesa (DDR), danach Werzeugausgeber bei Daimler-Benz in Stuttgart. Bilibou: »In Birkenau wurden Häftlinge vergast, was bei uns allgemein bekannt war. Oft roch es so stark, daß man sich übergeben mußte.« Q.: AV, Bl. 6891 ff.

Binder, Adam. SS-Rottenführer.
* 18.12.1915 Stanischitsch, heute Stanisic/Serbien. Ab August 1944 in Auschwitz. Wachkompanie Monowitz. Nach 1945 in Baden-Württemberg.

Binder, Matthias. SS-Schütze.
* 4.9.1924 Pianul de Jos in Rumänien. Nach 1945 weiterhin in Rumänien.

Birli, Martin. SS-Schütze.
* 15.8.1922. Ausbildungs-Abteilung SS-Totenkopf-Sturmbann KL Auschwitz. Belobigt im Kommandanturbefehl vom 11.9.1942, da er »größere Geld- und Devisenbeträge« fand und ablieferte. Verbleib unbekannt. – KZ-Kollege Gorges zur Ausbildung der Wachmannschaft: »Dabei handelte es sich um eine infanteristisch-militärische Ausbildung, die mit weltanschaulichen Schulungsstunden gekoppelt war. Neben dem normalen Wachdienst wurde der Wachsturmbann [des SS-Totenkopfsturmbanns] auch zur Absperrung herangezogen, wenn neue Häftlingstransporte eintrafen. Manchmal kam es auch vor, daß ich als Wachposten Gruppen von Häftlingen zu den Krematorien bei dem Lager Birkenau begleiten mußte, wo diese Menschen vergast wurden.«

Bischoff, Heinrich. Blockführer.
* 16.7.1904 Essen. Bergmann. 1931 NSDAP/SA. SS-Sturmmann. Juli 1942 Wachdienst im Stammlager, Wachposten (Aufsicht Häftlingskommandos). April 1943 Blockführer im Außenlager Golleschau, Zementwerk und Steinbruch, von Bischoff als »ein ›fideles‹ KZ« bezeichnet. Museum Auschwitz (StAu II): »Die Häftlinge wurden für die geringsten Vergehen bestialisch geschlagen.« Frühsommer 1943 Blockführer in Birkenau. Häftling Bodek (AV, Bl. 15687, Auszug): »Bischoff zeichnete sich durch besondere Grausamkeit aus. Ich erinnere mich genau, daß der sich im Dienst befindende Bischoff eines Vormittags, während der Durchsicht der Baracken, einen Gefangenen fand, welcher sich unter dem Bett versteckte. Dieser war wegen Erschöpfung nicht außerhalb des Lagers zur Arbeit gegangen. Den unter dem Bett Hervorgezogenen schlug Bischoff mit einem dicken Knüppel. Da er, wie er selbst sagte, keinen Lärm vertrug, packte er den Gefangenen am Hals und schob dessen Kopf in den Ofen, welcher sich in der Baracke befand. Er befahl den Mitgefangenen, ihn festzuhalten und schlug den Gefangenen so lange, bis er starb.« Standortbefehl vom 13.8.1943: »Besuch der Ehefrau vom 15.8.–15.9.43«. Herbst 1943 Blockführer im Außenlager Eintrachthütte, Ende 1944 im Außenlager Jawischowitz. Nach 1945 Grubenarbeiter, Wächter und Pumpenmaschinist. Bischoff (AV, Bl. 1562 f.): »Ich weiß, daß in Auschwitz viel Schweinereien passiert sind. Ich habe jedoch nicht mitgemacht. Ich bin der Ansicht, daß ich bei den Häft-

lingen nicht unbeliebt, sogar beliebt war.« Verhaftung am 21.7.1959, Entlassung wegen Haftunfähigkeit am 27.11.1959. Am 13.5.1964 aus dem Auschwitz-Prozeß ausgeschieden. † 26.10.1964 am Geburts- und Wohnort.

Bischoff, Josef. SS-Rottenführer.
* 17.3.1920 Heiligenstadt in Thüringen. † StA Frankfurt: »Todeserklärung beim Bezirksgericht Heiligenstadt beantragt.« – Häftlingsärztin Hautval (Medizin): »Allgemeiner Appell, eines der Terrorinstrumente des Lagers. Alle sind auf den Beinen, außerhalb auf der weiten Ebene. Es ist sehr kalt, es liegt Schnee, man ist kaum bekleidet. Seit dem frühen Morgen, Stunde um Stunde, ohne Essen und Trinken. Die Füße frieren, die Daumen werden starr vor Kälte, der Geist auch. Man ist nur noch eine Masse, die sich wie durch ein Wunder noch aufrecht hält. Endlich, endlich geht man zurück. Aber wenn wir das Tor durchschreiten, müssen wir alle anfangen zu laufen. Die Füße verweigern den Dienst, man stolpert ... und alle diejenigen, die diesem ›Sport‹ nicht mehr genügen, werden ausgesondert für den Block 25 [ab August 1942 Zwischenstation zu den Gaskammern].«

Bischoff, Karl. Bauleiter Vergasungsanlagen.
* 9.8.1897 Neuhemsbach/Saarpfalz. Baumeister. 1932 NSDAP, Nr. 26281 (sic). SS-Nr. 419197, Obersturmbannführer. Zunächst im SS-Wirtschafts-Verwaltungshauptamt. Ab 15.10.1941 (KB Nr. 29/41) Leiter der Bauinspektion der Waffen-SS und Polizei Schlesien und Leiter der Himmler direkt unterstellten Zentral-Bauleitung der Waffen-SS und Polizei Auschwitz O.S. [Ost-Oberschlesien]. Beförderungsvorschlag vom 24.12. 1942: »B. hat darüber hinaus die technischen Voraussetzungen für die Durchführung der Sonderaktion des Reichsführers-SS in Tag- und Nachtarbeit geschaffen.« Bischoff am 29.1.1943 an den Chef der Amtsgruppe C im SS-WVHA, SS-Brigadeführer Heinz Kammler: »Das Krematorium II wurde unter Einsatz aller verfügbaren Kräfte trotz unsagbarer Schwierigkeiten [...] fertiggestellt. Die Eisenbetondecke des Leichenkellers konnte infolge Frosteinwirkung noch nicht ausgeschalt werden. Dies ist jedoch unbedeutend, da der Vergasungskeller hierfür benützt werden kann.« Standortbefehl (StB) vom 15.4.1943: »Besuch der Schwiegereltern auf die Dauer von 14 Tagen«. Am 28.6.1943 Meldung an Kammler: Bau des Krematoriums III abgeschlossen, täglich können nun in 5 Krematorien insgesamt 4756 Leichen verbrannt werden (Czech). Am 1.11.1943 Ernennung zum Chef der Bauinspektion der Waffen-SS und Polizei Schlesien. StB Nr. 8/44: »Der Führer hat auf Vorschlag des Reichsführers-SS dem Leiter der Bauinspektion der Waffen-SS und Polizei ›Schlesien‹, SS-Sturmbannführer Karl Bischoff für seinen Einsatz bei siegentscheidenden Bauvorhaben am 30. Januar 1944 das *Kriegsverdienstkreuz 1. Klasse mit Schwertern* verliehen.« † 2.10.1950 Bremen.

Bischoff, Martin. SS-Rottenführer.
* 20.9.1912 Kereny/Ungarn. Standortverwaltung, Abteilung Verpflegung. † 24.5.1957 Schönaich. – Häftlingsarzt Wolken in einem Bericht vom 17.4.1945: »Die Dystrophien [Ernährungskrankheiten] hatten ihre Ursache in der vollkommen unzureichenden Ernährung der Leute. Dazu kommt noch, daß Lagerneulinge, und mit solchen hatten wir es ja vorwiegend zu tun, wochenlang fast nur das Brot aßen, bis sie sich soweit überwinden konnten, die übelschmekkende Lagersuppe, die zu essen jedes Durchschnittsschwein abgelehnt hätte, aus einer schmutzigen, ungewaschenen Schüssel, aus der 5 oder 6 Personen schon vorher gegessen hatten, und mit einem schmutzigen und ausgeliehenen Löffel zu essen. Über mehr als 100–150 Eßschüsseln und Löffel verfügte kein

Block. Erst bis die Erschöpfung und der Hunger einen unerträglichen Grad erreicht hatten, stürzten sich die Ausgehungerten wie Bestien auf das Essen, lasen mit den Händen auf der Straße beim Tragen verschüttete Suppe auf, kratzten nahezu das Holz aus den Suppenfässern, um ja keinen Tropfen zu verlieren, und nicht selten wurden die Essenträger auf der Lagerstraße überfallen, um aus den Fässern mit der bloßen Hand etwas Suppe rauben zu können. Nach dem Abzug der Deutschen konnten wir uns davon überzeugen, daß die Magazine mit Eßschüsseln und Löffeln vollgestopft waren, so daß jede Person ihre eigene Schüssel hätte haben können. Es war demnach zweifellos der Wille der Lagerführung, die Menschen unter tierischen Verhältnissen leben und sich gegenseitig mit Infektionskrankheiten anstecken zu lassen.«

Biskup, Robert. SS-Rottenführer.
* 4.6.1909 Kattowitz. Kommando Fürstengrube. Nach 1945 in Rendsburg.

Biskup, Wladyslaw. *Jüdisches Sonderkommando*, nichtjüdischer Funktionshäftling, Nr. 74501.
* 25.6.1909. Ankunft Auschwitz am 12.11.1942 aus Krakau. Ab 4.3.1943 im Gaskammerkommando. Am 5.1.1945 Überstellung nach Mauthausen. † 3.4. 1945 ebenda als Geheimnisträger erschossen. – Shlomo Venezia, Sonderkommando: »Jedes Mal, wenn ein neuer Transport eintraf, kamen die Leute durch das große Portal des Krematoriums herein und wurden dann zu der unterirdischen Treppe geschickt, die zu dem Entkleidungsraum führte. Es waren so viele, daß sie eine lange Warteschlange bildeten. Wenn die ersten hineingingen, waren die letzten noch gut hundert Meter entfernt. Im Entkleidungsraum waren an den Wänden numerierte Kleiderhaken, und darunter standen Bänke, auf die sich die Leute beim Ausziehen setzen konnten. Um sie noch mehr zu täuschen, sagten ihnen die Deutschen, sie sollten sich die Nummern gut merken, damit sie ihre Sachen ›nach dem Duschen‹ besser wiederfinden könnten.«

Bittlingmayer, Gottfried. SS-Oberscharführer.
* 22.8.1908 Krcedin/heutiges Serbien. Ab 1942 in Auschwitz. Mai 1943 Außenlager (AL) Jawischowitz, später AL Neu-Dachs. † 7.7.1948 Krakau, Haftkrankenhaus.

Blahberger, Hans. SS-Rottenführer.
* 16.12.1910 Landl/Steiermark. SS-Totenkopf-Sturmbann. † 13.6.1942. Von drei polnischen Häftlingen – zum Weidenausschneiden am Fluß Sola eingesetzt – überwältigt und mit der eigenen Waffe erschossen. Czech: »Als Vergeltung für die Tötung des SS-Mannes werden mehrere Einwohner der Stadt Auschwitz verhaftet und im KL Auschwitz erschossen.« Anmerkung [E. K.]: Czech nennt keinen Namen des Wachpostens, die Identität ergibt sich aus dem Todesdatum.

Blankenburg, Werner. Stellvertreter, ab August 1942 Chef des Amts II der Kanzlei des Führers.
* 19.6.1905 Caputh/Potsdam. 1929 NSDAP/SA, Oberführer. Verantwortlich für den Behindertenmord (»Euthanasie«) und die *Aktion Reinhard* (Tarnwort für den Massenmord an Juden in den Vernichtungslagern Belzec, Sobibor und Treblinka). Beteiligt an der Röntgenkastration von Häftlingen in Auschwitz. Blankenburg schickt Himmler am 29.4. 1944 einen Bericht Horst Schumanns »über die Einwirkung der Röntgenstrahlen auf die menschlichen Keimdrüsen«. Dort heißt es: »Sie baten seinerzeit Oberführer Brack um Durchführung dieser Arbeit und unterstützten dieselbe durch Zurverfügungstellung des entsprechenden Materials [Häftlinge!] im KL Auschwitz. Ich verweise speziell auf den 2. Teil der vorliegenden Arbeit, der den Nachweis führt, daß eine Kastration des Mannes auf diesem Wege ziemlich aus-

geschlossen ist oder einen Aufwand erfordert, der sich nicht lohnt. Die operative Kastration, die, wie ich mich selbst überzeugt habe, nur 6–7 Minuten dauert, ist demnach zuverlässiger und schneller zu bewerkstelligen als die Kastration mit Röntgenstrahlen.« Ab Sommer 1945 in Stuttgart-Wangen, Vertreter unter dem Namen *Bieleke*. 1956 – auf Antrag der Ehefrau – von AG Tempelhof per 31.12.1945 für tot erklärt. † 28.11.1957 Stuttgart. Personenidentität erst 1960 ermittelt.

Blaschke, Otto. KZ-Arzt.
* 24.9.1908 Obernith, Kreis Brüx. 1936 Promotion in Prag. 1938 NSDAP und SS (Nr. 391852), Obersturmführer (1942). Ab 1.12.1940 Lagerarzt in Auschwitz, ab 5.12.1941 in Flossenbürg, Februar 1942 Ravensbrück (im Männerlager), Mai 1942 Sachsenhausen und Juli 1942 Mauthausen. Nach eigener Aussage November 1942 *Leibstandarte*-SS Adolf Hitler (Elitetruppe der Waffen-SS). 1948 »in der Heilmittelindustrie als wissenschaftlicher Mitarbeiter«. 1956 Praxis in Ludwigsburg-Eglosheim. Blaschke zu Auschwitz: »Wenn der Zeuge angibt, daß ich im Lager umhergelaufen sei, um Muselmänner zu suchen, deren Nummer ich mir aufschrieb, um sie später liquidieren zu lassen, dann entspricht dies nicht den Tatsachen.« † 7.10.1982. Q.: AV, Bl. 8062 ff.

Blaufuß, Martin. SS-Oberscharführer.
* 12.5.1914 Weißwasser. KZ-Kollege Paschke: »Er arbeitete bei der Standortverwaltung und führte die Küchentagebücher.« Nach 1945 im Ruhrgebiet.

Blaufuß, Werner. SS-Unterscharführer.
* 17.11.1911 Oesterwiehe über Gütersloh. Rapportführer (Spieß) und Arbeitseinsatzführer. Standortverwaltung, Abteilung Häftlings-Geld-Verwaltung (HGV). Am 30.1.1944 *Kriegsverdienstkreuz II. Klasse mit Schwertern* (das KVK für KZ-Angehörige läßt Beteiligung an Tötungen vermuten). 1948 in Krakau zu 6 Jahren Haft verurteilt. – Rapportführer (Lager-Spieß) waren die rechte Hand des Lagerführers, zuständig für den Lagerablauf (Appelle) und Chef der SS-Blockführer. Rapportführer hatten Rampendienst.

Blauth, Kurt. SS-Rottenführer.
* 20.2.1923 Albersbach / Kusel. Monowitz. Nach 1945 in Rheinland-Pfalz. – Buna-Häftling Paul Hoffmann (AV, Bl. 12940): »Es kam vor, daß Häftlinge, wenn sie zur Arbeit geführt wurden, mutwillig den Marschblock verließen, damit sie von den begleitenden SS-Wachposten erschossen wurden, weil sie die Belastungen des Lagerlebens seelisch und körperlich nicht mehr ertragen konnten.«

Blawat, Franz. SS-Schütze.
* 25.11.1903 Sobonsch. SS-Totenkopf-Sturmbann KL Auschwitz. † 20.11.1944 SS-Lazarett, Abteilung Gießen (Neurologisch-psychiatrische Beobachtungsstation der Waffen-SS, s. Chmiel). Diagnose: Schizophrenie, gestorben an Lungenentzündung – Verdacht auf Medikamentenvergiftung mit Luminal.

Blendermann, Annemarie. KZ-Wärterin.
* 30.8.1908 Iserlohn. Aufgrund eigener Bewerbung vom Luftwaffenhilfsdienst ins Frauenlager im Stammlager gekommen. Irena Strzelecka (HvA 20): »Schon nach kurzer Zeit erstattete sie Meldung bei der Lagerleitung, in der sie das Verhalten der SS-Männer und Aufseherinnen, die Korruption, die unbegründeten Mißhandlungen der Häftlinge, den Diebstahl an den Häftlingen sowie an der Habe der in den Gaskammern ermordeten Juden anklagte.« Laut Strzelecka für unzurechnungsfähig erklärt und dienstenthoben, bis zum 30.10.1943 im Gefängnis Myslowitz. Verbleib unbekannt.

Bleuberg, Leizer. *Jüdisches Sonderkommando.*
* 9.6.1899 Borszczow. Ankunft Auschwitz am 4.3.1943 aus Drancy. – Mithäftling Shlomo Venezia über den Tod in der

Gaskammer: »Bei manchen Opfern waren die Augen aus den Höhlen getreten, so sehr hatte sich ihr Organismus überanstrengt. Andere bluteten überall oder waren von ihren eigenen Exkrementen beschmutzt oder auch von denen der anderen. Einige Leichen waren ganz rot, andere ganz blaß, jeder Sterbende hatte anders reagiert. Aber alle hatten in ihrem Tod gelitten. Man denkt oft, das Gas wurde nur hineingeworfen, und die Leute starben einfach. Aber wie starben sie! ... Man fand sie aneinandergeklammert, jeder hatte verzweifelt nach Luft gerungen.«

Blida, Wanda Lydia, geb. Aschenbrenner. KZ-Wärterin.
* 13.4.1923 Knurow, Kreis Rybnik. Ab Oktober 1944 im Außenlager Hindenburg. Verbleib unbekannt. – Das im August 1944 errichtete AL Hindenburg in Zabrze produzierte Geschosse, etwa 500 jüdische Häftlingsfrauen und ab Herbst 1944 zusätzlich 70 jüdische Häftlinge.

Blobel, Paul. SS-Standartenführer (1941).
* 13.8.1894 Potsdam. 1931 NSDAP (Nr. 844662), 1932 SS (Nr. 29100). 1941 bis Januar 1942 Führer des Sonderkommandos 4a, befehligte am 29./30.9.1941 das Massaker an 33771 Juden in der Schlucht von Babi Jar bei Kiew. März 1942 Chef des *Sonderkommandos 1005* zur »Enterdung« der Massengräber im Osten. Höß in seinen Aufzeichnungen: »Kurze Zeit nach dem Reichsführerbesuch [am 17.7.1942] kam Standartenführer Blobel von der Dienststelle Eichmann und brachte den RFSS-Befehl, wonach sämtliche Massengräber freizulegen und die Leichen zu verbrennen seien. Ebenso sollte die Asche so beseitigt werden, daß man in späterer Zeit keinerlei Rückschlüsse über die Zahl der Verbrannten ziehen könne. Blobel machte in Kulmhof [Chelmno] bereits Versuche verschiedener Verbrennungsarten. Er hatte den Auftrag von Eichmann, mir diese Anlage zu zeigen. Ich fuhr mit Hössler [am 16.9.1942] nach Kulmhof zur Besichtigung.« Todesurteil 10.4.1948 im *Einsatzgruppen-Prozeß*. † Hinrichtung 7.6.1951 in Landsberg.

Bloch, Alois. SS-Unterscharführer.
* 14.6.1913 Grafenau. Februar 1941 bis März 1943 in Auschwitz. 1948 in Krakau zu 5 Jahren Haft verurteilt. Nach 1945 in Bayern.

Blum, Baruch. *Jüdisches Sonderkommando.*
* 5.12.1917 (?) in Polen. Ankunft Auschwitz am 6.12.1942 aus dem Ghetto Mlawa. Es sind 2500 Menschen, von denen 2094 in den Gasbunkern ermordet werden. Gestorben Dezember 2000 in Israel (FSK). – Laut Shlomo Venezia, Sonderkommando, gehörte zu den schlimmsten Aufgaben die Entkleidung der Opfer. Venezia über eine alte Frau, die er vor der Vergasung auszuziehen hat: »Jedes Mal, wenn ich versuchte, ihr die Strümpfe auszuziehen, zog sie sie wieder hoch ... ich war mit den Nerven am Ende und faßte sie hart an, um ihr die Strümpfe auszuziehen. Ich hätte die Strümpfe am liebsten zerrissen, wenn die Frau sie nur losgelassen hätte.« Mithäftling Sackar zur Täuschung der Opfer: »Wir sagten ihnen, sie würden ihre Kleider nach der Desinfektion wiederbekommen.«

Blumenau, Willi. SS-Unterscharführer.
* 6.1.1920 Danzig. SS-Totenkopf-Sturmbann. Wohnsitz in Niedersachsen.

Blumenreuter, Carl. SS-Chefapotheker.
* 16.11.1881 Berlin. Dr. phil. SS-Gruppenführer und Generalleutnant der Waffen-SS. 1916 Sonderausbildung als »chemischer Sachverständiger für Gaskampf« (Blumenreuter) am Kaiser-Wilhelm-Institut für physikalische und Elektrochemie. 1935 SA. Ab 1.6.1936 in der Sanitätsabteilung der SS-Totenkopfverbände, Aufbau der SS-Sanitätsversorgung. 1937 NSDAP. Leiter des chemisch-pharmakologischen Dienstes des SS-Sanitätsamts

in Berlin, am 31.8.1943 dem Reichsarzt-SS unterstellt. Titel: *Sanitätszeugmeister beim Reichsarzt-SS*, u.a. Belieferung der Konzentrationslager. Blumenreuter: »Mir war natürlich von Anfang klar, daß das Phenol pro injektione [zur Einspritzung], wenn es angewandt wurde in Form von Spritzen, tödlich wirken würde. Ich wußte, daß mit Phenolspritzen in den KL Menschen umgebracht wurden.« Blumenreuter weiter (AV, Bl. 9810): »Ich war meiner Erinnerung nach 1944 einmal in Auschwitz.« November 1946 Entlassung aus dem Internierungslager Neuengamme. Wohnsitz in Grönitz in Holstein. Vertretungen in Krankenhausapotheken. † 11.7.1969 Neustadt in Holstein. – Erklärung Höß v. 14. März 1946 (Nbg. Dok. NO-1210): »Das Zahngold wurde eingeschmolzen und monatlich dem Sanitätsamt der Waffen-SS zugeführt. Zuständig dafür war der Sanitätsfeldzeugmeister SS-Gruppenführer Blumenreuter.«

Bock, Albert. SS-Rottenführer.
* 9.7.1915 Tarutisno. Ab 28.10.1942 in Auschwitz. † Vom AG Erlangen 1960 für tot erklärt.

Bock, Dagmar, verh. Ostermann.
Häftling Nr. 21946, Politische Abteilung (PA).
* 6.12.1920 Wien. Am 18.8.1942 Verhaftung durch Gestapo in Dresden. Zwischenstation Ravensbrück, Ankunft Auschwitz am 6.10.1942, insgesamt 622 Häftlingsfrauen, davon 522 Jüdinnen, »weil« – so Bock (AV, Bl. 14105) – »dieses Lager judenfrei gemacht werden sollte«. Oktober 1942 bis April 1944 im Standesamt der PA (Lager-Gestapo). Selbstporträt bei Shelley unter ihrem Nachkriegsnamen Ostermann. – Die Sterbefälle in Auschwitz wurden 1940 vom Standesamt Bielsko (Bielitz) beurkundet, das lagereigene *Standesamt in Auschwitz, Kreis Bielitz* existiert erst ab 1941 (StAu I). Die Arbeitsweise des Standesamts beschreibt das Auschwitz-Urteil am Beispiel der in Block 11 ermordeten Häftlinge: »Ein Angehöriger der Politischen Abteilung ging dann mit einer Liste der Erschossenen zum Häftlingskrankenbau. Dort befahl er auf der Schreibstube des HKB dem Häftlingsschreiber, die auf der Liste befindlichen Häftlinge ›von der Stärke des HKB abzusetzen‹. Das bedeutete für den Häftlingsschreiber, daß er die in der Stärke des Blockes 11 geführten Häftlinge zunächst, obwohl sie bereits tot waren, in die Stärke des HKB aufzunehmen hatte, um sie dann sofort wieder als normal verstorben von der Stärke des HKB abzusetzen. Für alle nach Bunkerentleerungen erschossenen Häftlinge wurden Todesmeldungen und Todesbescheinigungen für das Standesamt ausgeschrieben, in denen nur natürliche (fingierte) Todesursachen angegeben wurden (z.B. Herzschwäche).«

Bock, Hans. Häftling Nr. 5.
* 1901. Einer von 30 Kriminellen aus dem KZ Sachsenhausen, am 20.5.1940 als Funktionshäftling nach Auschwitz überstellt. Kapo, Blockältester und Lagerältester des Häftlingskrankenbaus im Stammlager. Häftlingsarzt Klodzinski (AV, Bl. 2584): »Unter seiner Zeit waren die Verhältnisse nicht besonders gut. Die wichtigsten Stellungen in den Krankenblocks hatten kriminelle reichsdeutsche Häftlinge.« Urteile über Bock sind widersprüchlich, Fejkiel im Auschwitz-Prozeß: »Häftlingsärzte durften [1940/41] nicht behandeln, aber dank dem Lagerältesten Bock haben sie es doch getan, denn er war anständig und ließ es zu.« Fejkiel an anderer Stelle (Langbein, Menschen): »Er war Morphinist und verehrte junge Burschen, die er um sich sammelte, und er vertraute ihnen die verantwortlichen Posten im Revier an.« Laut Czech tötete er Häftlinge mit Phenolspritzen, so am 14.8.1941 den Franziskanerpater Maximilian Kolbe. November 1943 im Außenlager Lagischa. † Mehreren Aussagen zufolge Suizid ebenda, laut

Kielar gestorben an einer »größeren Morphiumdosis«.

Boczar, Eduard. SS-Unterscharführer. * 22.7.1912 Franzental. Standortverwaltung, Abteilung Verpflegung. Verbleib unbekannt. – Fejkiel (Hunger) über die Verhungernden, im Lager *Muselmänner* genannt: »Den Kranken lief der Speichel beim Gedanken ans Essen, an das sie dauernd dachten. Solange ein Hungernder noch verhältnismäßig genügend Kräfte besaß, suchte er sich zum Ausruhen einen Platz aus, an dem er sich wenigstens am Essen sattsehen oder darüber reden konnte. Diese Art Kranker versammelten sich immer in der Nähe der Küche, bei den Lagerräumen, bei Müllhaufen, oder sie belagerten aufdringlich die Essenden, neidisch oder in Erwartung einer seltenen Gelegenheit, einen Eßnapf oder Kübel auszulecken.«

Bodek, Jozef. Häftling Nr. 95373. * 29.5.1922 Bielsko-Biala. Ankunft Auschwitz am 28.1.1943 aus dem Gestapogefängnis Montelupich in Krakau. U.a. Kalfaktor in der Blockführerstube und Pfleger im Häftlingskrankenbau in Birkenau. Bodek (Auszug): »Es war im Sommer 1944, auf dem Abschnitt BIIf, während einer Selektion von Rekonvaleszenten, die man aus dem Krankenbau entweder zur Arbeit oder ins Krematorium schicken sollte. Ich war dabei. Ich habe gesehen, wie aus der zur Selektion angetretenen Gruppe ein vielleicht 14jähriger Junge, ein Jude, heraustrat, sich dem Arzt Thilo, der die Selektion durchführte, zu Füßen warf und ihn anflehte, ihn als gesund zu qualifizieren, da er gesund und stark sei. Der Arzt wollte ihn schon nach kurzem Zögern zu der Gruppe der Lebenden schicken, als sich Broad einmischte und dem Schreiber die Anweisung gab, die Nr. des Jungen mit Nummern fürs Krematorium bestimmten Häftlinge zu schreiben.« † 1990. Q.: AV, Bl. 15686 ff.

Bodem, Erna. KZ-Wärterin. * 10.10.1919 Zwodau/Sudeten. SS-Aufseherin, Kommando Lagerwäscherei. 1944 Oberaufseherin im Außenlager Freudenthal in Mähren, zwecks Obstverarbeitung der Firma Emmerich Machold errichtet, 300 Häftlingsfrauen. 1948 in Krakau zu 4 Jahren Haft verurteilt (LaV).

Bodmann, Franz von. SS-Standortarzt. * 23.3.1908 München. 1932 NSDAP (Nr. 1098482), 1934 SS (Nr. 267787), Obersturmführer (1941). Juli 1941 Lagerarzt Majdanek, Mai 1942 Standortarzt (Standortärzte waren verantwortlich für die Hygiene und die sanitären Anlagen im Lager, ihnen unterstanden die SS-Truppenärzte zur Betreuung des SS-Personals, die SS-Lagerärzte, SS-Apotheker und die Sanitätsdienstgrade). Laut Häftlingsschreiber Paczula (AV, Bl. 2568) führte er »im Lager die Methode ein, kranke Häftlinge durch Einspritzung von 10 ccm Phenol in die Blutbahn zu töten. Später erschien diese Maßnahme noch zu kostspielig und auch zu unsicher, so daß dann 3 ccm Phenol unmittelbar in die Herzkammer eingespritzt wurde.« Lagerälteste Orli Reichert: »Seine Hände waren die eines Schlächters und seine Augen waren kalte, mitleidlose Fenster.« Häftlingsärztin Schwalbova (AV, Bl. 10937 f.): »Im Sommer 1942 ist im Frauenlager unter den Häftlingen eine Epidemie der Hirnhautentzündung ausgebrochen. In der Mehrzahl befiel sie junge gesunde Mädchen. Dr. von Bodmann hat eigenhändig etwa 50 Patientinnen mit dieser Diagnose und zwar durch Phenolinjektionen getötet. Es wurde getötet aus der Slowakei die Weiß, die jüngere Tochter des früheren Inhabers des Hotel ›Zentral‹ in Preßburg. Vor dem Umzug nach Birkenau führte Dr. Bodmann eine große Selektion auf dem Revier und dem sog. Schonungsblock durch, es handelte sich um einige hundert Frauen. Diese Frauen wurden unter Assistenz eines der Lagerkommandanten, Aumeier, auf Lastautos verladen und vergast. Es handelte sich zum großen Teil um Frauen mit unbedeutenden Erkrankungen. Konkret kann ich nennen Frau Selkowitz aus Lipt/St. Miklas, die Scharlach hatte.« Herbst 1942 SS-Standortarzt Neuengamme: Ermordung sowjetischer Kriegsgefangener mit Zyklon B (Kaienburg). April bis August 1943 in Natzweiler, der dortige Häftlingsarzt Fritz Leo: »Ein kleiner, dicker Mann mit Glatze und Brille, hinter der seine bösartigen Augen funkelten.« Danach Chefarzt KZ Vavaira (Estland) und Außenlager. Streim (Konzentrationslager) über die Erschießung von Häftlingen in Bodmanns Anwesenheit: »Die letzten Häftlinge mußten vor ihrer Erschießung noch die Bekleidung ihrer bereits getöteten Kameraden auf einen Lkw verladen und Goldzähne sowie Goldbrücken aus den Gebissen der Opfer entfernen.« † Suizid 25.5.1945 Lazarett Markt Pongau.

Bodnarasch, Aurelian. SS-Unterscharführer.
* 5.3.1915 Kimpolung/Rumänien. SS-Totenkopf-Sturmbann, Kommandantur. Verbleib unbekannt.

Böck, Richard. Fahrbereitschaft.
* 2.4.1906 Harthausen. SS-Unterscharführer. Standortbefehl Nr. 45/43: »Besuch der Familie vom 2.10.43 bis auf weiters.« Gaskammerfahrer Hradil: »Richtig ist zwar, daß Böck meist Verpflegung gefahren hat. Ich weiß aber mit Sicherheit, daß auch Böck manchmal Häftlinge zur Vergasungsanlage gefahren hat.« Böck im Auschwitz-Prozeß, wie er seinen KZ-Kollegen Hölblinger 1942 bei einem Transport zum Gasbunker I begleitet: »Hölblinger sagte zu mir: ›Gehen wir jetzt hinüber.‹ Dort stand eine Tafel: Zur Desinfektion. Er sagte: ›Jetzt bringen sie noch Kinder her.‹ Da haben sie die Tür aufgemacht, die Kinder reingeschmissen und dann die Tür wieder zugemacht. Ein furchtbares Geschrei war zu hören. Ein SS-Mann ist aufs Dach gestiegen. Die Leute haben zehn Minuten lang geschrien. Dann haben Häftlinge die Türen aufgemacht. Es war alles untereinander und verkrampft. Die nächsten zogen sich in den Baracken schon aus.« † 13.5.1973 am Wohnort Günzburg.

Böhm, Arno. Häftling Nr. 8.
* 4.12.1913 Frankfurt am Main. Einer von 30 Kriminellen aus dem KZ Sachsenhausen, am 20.5.1940 als Funktionshäftling nach Auschwitz überstellt. Lagerältester im *Theresienstädter Familienlager* (Lagerabschnitt BIIb). Miroslav Karny: »Ein Mörder, ein über Leben und Tod der Häftlinge herrschender Sadist, der im großen mit den für die Häftlinge bestimmten Nahrungsmitteln und mit der Wäsche Schwarzhandel betrieb.« März 1944 Übernahme in die SS, Versetzung an die Front. † 7.7.1962 Frankfurt am Main.

Böhm, Bruno. Fahrbereitschaft.
* Nicht ermittelt. SS-Sturmmann. KZ-Kollege Lorenz: »Fuhr Lkw. Stammte aus Dresden. Ich kann mich erinnern, daß eines Tages eine Spindkontrolle durchgeführt wurde, bei der Eheringe und Goldmünzen bei dem Bruno und Martin Böhm gefunden wurden. Beide Böhm [sic] kamen daraufhin zur Strafkompanie nach Matzkau bei Danzig.«

Böhm, Johann. SS-Oberscharführer.
* 4.9.1907 Erlangen. Elektroingenieur. 1933 SS (Nr. 77717), 1937 NSDAP. Kommandanturstab, Technische Abteilung. Beurteilung Höß vom 6.10.1942: »Sein Arbeitsgebiet umfaßte die Überwachung sämtlicher elektrischer Anlagen, Transformatorenstation, der Wasserversorgungsanlagen mit Pumpwerk und der Telefonanlagen im gesamten Lagerbereich.« Verantwortlich für die gesamten Sicherungsanlagen, der »als einziger in diesen technischen Spezialanlagen Bescheid weiß« (Höß am 27.5.1942 an WVHA). Nach 1945 Ingenieur in Schwabach. Q.: AV, Bl. 12038 ff.

Böhm, Josef. SS-Unterscharführer.
* 20.8.1921 Silberbach, Kreis Graslitz. Oktober 1940 bis August 1941 in Auschwitz. Wachmannschaft. 1948 in Krakau zu 3 Jahren Haft verurteilt.

Böhm, Martin. Fahrbereitschaft.
* Nicht ermittelt. Aus Dresden. SS Sturmmann. Laut KZ-Kollege Lorenz fuhr er einen Sanitätskraftwagen (Sanka), in dem das Zyklon B transportiert wurde. Lorenz: »Da der Martin Böhm einen Sanka fuhr, nehme ich an, daß er bei der Vergasung anwesend war und bei dieser Gelegenheit Wertsachen an sich genommen hatte.« Häftling Vrba im Auschwitz-Prozeß: »Auch ein Rot-Kreuz-Wagen war bei der Rampe, er löste eine sehr beruhigende Wirkung aus.«

Böhne, Ludwig. Standortveterinär.
* 21.8.1898 Hahlen-Minderheide. Tierarzt. 1933 NSDAP. SS-Nr. 249802, Sturmbannführer. Januar 1944 SS-Führungshauptamt. Laut Standortbefehl Nr. 25/44 ab 23.9.1944 in Auschwitz. Verbleib unbekannt.

Börker, Wilhelm. SS-Unterscharführer.
* 25.9.1911 Herrhausen, Kreis Gandersheim. Nach 1945 in Niedersachsen.

Böttjer, Hinrich. Zentral-Bauleitung.
* 24.1.1912 Heilshorn b. Hannover. SS-Hauptscharführer. Bauleitung Kriegsgefangenenlager (laut Schüle in den Bauunterlagen auch dann K.G.L. genannt, wenn das Vernichtungslager Birkenau gemeint ist). † 13.1.1958 Werschenrege.

Bogdanski, Anna. Säugling.
* 26.10.1944 KZ Auschwitz. Vater: Tadeuz Bogdanski, römisch-katholisch, Mutter: Kazimiera Bogdanski, römisch-katholisch. Geburt beurkundet vom Standesamt II Auschwitz, Kreis Bielitz, am 15.1.1945, drei Tage vor Evakuierung des Lagers. Die wenigen überlebenden nichtdeutschen Säuglinge wurden tätowiert, am Oberschenkel oder am Gesäß (StAu II). Im König-Urteil heißt es: »Bei den im Zigeunerlager geborenen Kindern wurde die Häftlingsnummer unmittelbar nach der Geburt auf den Oberschenkel tätowiert.« Raya Kagan, Standesamt der Politischen Abteilung (AV, Bl. 3149): »An Geburten wurden nach meiner Erinnerung etwa 10 bis 20 registriert. Bei diesen registrierten Geburten handelte es sich nur um Arier. Wenn Jüdinnen ein Kind bekamen, wurde diese Geburt nicht registriert, sondern das Kind und meistens auch zugleich die Mutter wurden vergast.«

Boger, Wilhelm. Politische Abteilung (PA), Lager-Gestapo.
* 19.12.1906 Stuttgart-Zuffenhausen. Schulabschluß: mittlere Reife. 1925 Angestellter beim *Deutschnationalen Handlungsgehilfen-Verband*, Gaugeschäftsstelle Stuttgart. 1930 SS, Oberscharführer. Oktober 1933 Kriminalsekretär der Außenstelle der Württembergischen politischen Polizei in Friedrichshafen, 1937 Kriminalkommissar. Ab 1939 bei den Stapo-Leitstellen Zichenau und Hohensalza. Ab 1.12.1942 in Auschwitz, Vernehmungsabteilung der PA. Januar 1945 PA Mittelbau-Dora. Danach in Ludwigsburg. Am 19.6.1945 Verhaftung durch US-Militärpolizei (Boger: »Durch Verrat eines Auschwitzer Häftlings«), Internierung in Dachau. Am 22.11.1946 auf einem Auslieferungstransport nach Polen, Flucht bei Furth im Walde. Ohne Papiere bei Verwandten in Württemberg (»Damals zeigte sich noch, daß die Deutschen zusammenhielten«). Ab September 1950 Angestellter der Heinkel Motorenwerke Stuttgart-Zuffenhausen. Am 20.8.1965 vom LG Frankfurt zu lebenslanger Haft verurteilt, schuldig des Mordes in mindestens 114 Fällen. Urteil: »Es erfüllte ihn mit tiefer Befriedigung, daß er den Häftlingen Furcht und Schrecken einflößte.« † 3.4.1977 Krankenhaus Bietigheim-Bissingen in Strafhaft (Mitt. Renz). – Boger hatte Rampendienst, erschoß Häftlinge an der *Schwarzen Wand* und folterte in einer eigenen Vernehmungsbaracke Gefangene zu Tode. Das Urteil zur *Boger-*

Schaukel, von ihm selbst *Sprechmaschine* genannt: »Sie bestand aus zwei aufrecht stehenden Holmen, in die eine Eisenstange quer hineingelegt wurde. Boger ließ die Opfer in die Kniebeuge gehen, zog die Eisenstange durch die Kniekehlen hindurch und fesselte dann die Hände der Opfer daran. Dann befestigte er die Eisenstange an den Holmen, so daß die Opfer mit dem Kopf nach unten und mit dem Gesäß nach oben zu hängen kamen. Hierauf schlug er die Opfer mit einem Ochsenziemer oder einem Stock. Die Schläge, die nicht nur auf das Gesäß, sondern auch auf andere Körperteile, insbesondere die Geschlechtsteile, den Rücken und die Nieren, geführt wurden, versetzten die Opfer in eine schwingende Bewegung, was die Wirkung der Schläge noch erhöhte.« Laut Urteil erschoß er am 26.11.1944 mit Houstek mindestens 100 Häftlinge des *Jüdischen Sonderkommandos* per Genickschuß. Häftling Witold Dowgint-Nieciunski (Nr. 41696) im Auschwitz-Prozeß: »Er hat sich sehr um Blumen gekümmert und dafür gesorgt, daß sie begossen werden.« Seine Sklavinnen am Arbeitsplatz behandelte er fürsorglich. Maryla Rosenthal, Bogers Schreibkraft (AV, Bl. 507ff.): »Er war auch zu den anderen jüdischen weiblichen Häftlingen, welche in der politischen Abteilung beschäftigt wurden, sehr nett, und wir Jüdinnen hatten ihn sehr gut leiden können.« Häftlingsschreiberin Steinberg (im Lager: Lebensfeld) im Auschwitz-Prozeß: »Er hat dafür gesorgt, daß wir einen Kessel Essen mehr bekamen.« Bogers Dolmetscherin Wasserstrom dagegen: »Einen Vorfall kann ich nie vergessen: Es dürfte etwa im November 1944 gewesen sein. Ein Lastwagen, auf dem jüdische Kinder waren, fuhr zum Lager. Der Wagen hielt bei der Baracke der Politischen Abteilung. Ein Junge – er dürfte etwa vier bis fünf Jahre alt gewesen sein – sprang herunter. Er spielte mit einem Apfel, den er in der Hand hielt. Da kam Boger mit Draser [PA] an die Tür. Boger nahm das Kind an den Füßen und schlug es mit dem Kopf gegen die Wand. Draser befahl mir dann, die Wand abzuwischen. Später wurde ich zu Boger gerufen, um zu dolmetschen. Er saß in seinem Zimmer und aß den Apfel des Kindes.«

Bogusch, August. Politische Abteilung (PA), Lager-Gestapo.
* 5.8.1890 Lublinitz in Niederschlesien. Angestellter. NSDAP 1932, 1933 SS, Oberscharführer. Zunächst KZ Buchenwald, Januar 1941 bis Februar 1944 PA Auschwitz. Februar 1944 in Oslo, KZ Mysen, 1945 Mauthausen. † Todesurteil wegen Selektion jüdischer Häftlinge in die Gaskammern am 22.12.1947 in Krakau, Hinrichtung.

Bojetul, Michael. SS-Sturmmann.
* 9.11.1925 Stanislau/Polen. Ab Oktober 1944 in Auschwitz. SS-Totenkopf-Sturmbann. Nach 1945 in Hessen.

Boltres, Michael. SS-Schütze.
* 17.10.1919 Honigberg/Rumänien. 1944/45 in Auschwitz. Nach 1945 im Bezirk Linz-Land.

Bomberg, Sara, geb. Birentzweig. Ermordet für die Anthropologische Sammlung *Fremdrassiger* des Anatomen Hirt (*SS-Ahnenerbe*).
* 16.7.1904 Warschau. Am 19.4.1943 von Mechelen (Belgien) deportiert. Ankunft Auschwitz am 22.4.1943. Von 1400 Deportierten werden umgehend 879 in der Gaskammer erstickt. Häftling Nr. 42571. Am 30.7.1943 nach Natzweiler deportiert und August 1943 in der Gaskammer erstickt. Ihre Tochter Hadasa überlebt in einem belgischen Kinderheim und übersiedelt 1947 nach Israel. Q.: HJL. – Häftlingsärztin Hautval beschreibt in ihren Erinnerungen – zu dieser Zeit über den Zweck der Untersuchungen nicht informiert – das Erscheinen eines unbekannten Rassentheoretikers (Beger oder Fleischhacker), die Auswahl und die Arglosigkeit der weib-

lichen Opfer: »Er wählt ›Material‹ aus, indem er nackte Frauen jeden Alters vor sich paradieren läßt. Die Maße aller Körperteile wurden unendlich oft genommen. Man notierte alle Besonderheiten. Eines Tages ließ man die Frauen wissen, sie hätten das außerordentliche Glück, ausgewählt zu werden. Sie würden Auschwitz verlassen und in ein hervorragendes Lager irgendwo in Deutschland kommen. Sie glaubten es, so froh darüber, diese Hölle und die ständige Aussicht auf die Gaskammer verlassen zu können. Voller Freude sagten sie uns adieu. Keine hatte den Mut, sie zu enttäuschen. Wozu hätte es gut sein sollen, umso mehr wo niemand etwas Genaues wußte? Aber unsere Überzeugung war, daß sie bald in einem Museum des Großreiches ausgestopft als Zeugen für eine Rasse dienen würden, die es nicht wert sei zu leben und die dank der klugen Maßnahmen des Nationalsozialismus vernichtet worden sei.«

Bonekat, Paul. SS-Schütze.
* 15.5.1915 Rajuwka/Litauen. SS-Totenkopf-Sturmbann. Name auf einer Meldung der Kommandantur vom 15.8. 1942 über SS-Angehörige, die Häftlinge »auf der Flucht« erschossen. † Vermißt. – Häftlingspflegerin Bella Immerglück (MV, Bd. 7): »Eine junge Häftlingsfrau wollte ihrer im Nachbarlager lebenden Schwester ein Stück Brot zuwerfen und trat zu diesem Zwecke in die Nähe der Umzäunung. Daraufhin schoß der SS-Wachposten auf diese Frau. Sie trug einen Kopfschuß davon.«

Bonigut, Georg. Rapportführer im »Zigeunerlager« (Frühjahr 1944).
* 13.12.1913 Ruma/Kroatien. SS-Unterscharführer. Ab November 1942 in Auschwitz. Rapportführer (Spieß) in Birkenau. Herbst 1944 Rapportführer im Außenlager Charlottengrube (HvA 17). Vom KZ-Kollegen Leischow zu jenen SS-Leuten gerechnet, die »sich ein Vergnügen daraus machten, Häftlinge brutal zu mißhandeln«. Nach 1945 in Württemberg. Konnte oder wollte sich an nichts und niemanden mehr erinnern: »Ich weiß nicht, wovor die Häftlinge Angst hatten.« – Häftlingsarzt Weisskopf am 10. Juli 1964 in einem Brief an den Frankfurter Generalstaatsanwalt Fritz Bauer über die Liquidierung des »Zigeunerlagers« in der Nacht vom 1. zum 2.8. 1944: »[Es] wurde im Zigeunerlager ein eigener Arbeitstransport zusammengestellt, für alle Zigeuner, egal, ob Mann oder Frau, die sich noch arbeitsfähig fühlten. ›Ihr kommt in bessere Lebensbedingungen‹, wurde ihnen gesagt, ›wenn ihr arbeiten werdet, bekommt ihr mehr zum Essen.‹« Danach wird ein Transportzug auf die Birkenauer Rampe geschoben, direkt zur kurzen Seite des Zigeunerlagers. 1408 Menschen (Czech) werden einwaggoniert. Der Zug bleibt stundenlang stehen, die Schiebetüren werden nicht geschlossen, der Starkstrom des Lagerzauns ist abgeschaltet. Weisskopf: »Ein Ereignis, das sich noch nie abgespielt hatte. Kein einziger SS-Mann war zu sehen. Die zurückgebliebenen Alten, Schwachen und Kinder konnten so stundenlang Abschied nehmen von Söhnen, Töchtern, Vätern und Müttern. Sie durften über, resp. durch den ungeladenen Draht Flaschen mit Wasser, Stücke Brot und andere Liebesgaben ihren Leuten übergeben. Dann wurden die Türen der Viehwagen geschlossen, der Zug rollte ab, die Zigeuner im Lager wurden fortgejagt, und die Lampen flammten auf als Zeichen, daß die Lagerumzäunung wieder unter Hochspannung stehe.« Das Ende: »Wenige Minuten nach Abfahrt des Transports kam der Befehl: Strengste Lagersperre! Niemand durfte aus der Baracke, schwerbewaffnete SS besetzte das Lager, Maschinengewehre wurden in Stellung gebracht, lange Reihen von Lastautos und SS zu Motorrad mit leichten Maschinenpistolen fuhren über die Lagerstraße. Eine Horde brül-

lender, sich wie rasend gebärdender SS der verschiedensten Dienstgrade begann blockweise die Zigeuner aufzuladen und fortzufahren, immer begleitet von SS zu Motorrad.« Q.: MV, Bd. 27.

Bonitz, Bernhard. Häftling Nr. 6.
* 11. 6. 1907 Chemnitz. Einer von 30 Kriminellen aus dem KZ Sachsenhausen, am 20. 5. 1940 als Funktionshäftling nach Auschwitz überstellt. August 1941 Oberkapo in Buna-Monowitz. Februar bis Juni 1944 Lagerältester des Außenlagers (AL) Günthergrube, danach AL Fürstengrube (HvA 12). Häftling Jozef Mikusz (Nr. 7794) im Auschwitz-Prozeß: »Damals hat jeder geschlagen, der etwas zu sagen hatte.«

Bonse, Hans. SS-Unterscharführer.
* 10. 7. 1912 Goslar. † 3. 12. 1944 Waldshut. – Die Überlebende Sternberg in ihrem Bericht *In der Hölle von Auschwitz* über die Aufnahmeprozedur in der sog. Sauna: »SS-Männer gingen laufend durch mit ihren Hunden und beschauten sich die Frauen, die ihnen preisgegeben waren. Zwei SS-Männer mit Hunden paßten auf. Wer nicht unter das Wasser ging, wurde mit dem Hunde unter das Wasser gehetzt, mit der Bemerkung: Hoffentlich verendet ihr bald.« Der damals 14jährige Robert Jehoshua Büchler über die Aufnahmeprozedur in der Sauna: »Zuerst wurde uns befohlen, uns zu entkleiden. Das war ein beschämender und erniedrigender Anblick, für mich war es geradezu schockierend und brachte mich in große Verlegenheit. Niemals zuvor hatte ich meinen Vater nackt gesehen, auch nicht all die anderen Männer, darunter angesehene Leute aus der Gemeinde, die plötzlich nackt und hilflos vor mir standen. Ich konnte den Schock, den mir das bereitete, kaum verkraften.«

Borbala, Julianna (Mädchenname). Häftlingsärztin.
* 29. 10. 1914 Ujpest. Borbala über ihr Eintreffen April 1944: »Bei unserer Ankunft in Auschwitz-Birkenau wurden die Ärzte ausgesondert. Meine Mutter und meine jüngere Schwester wurden sofort ins Krematorium gebracht. Mich wies man in das ›Mexiko‹ genannte Lager ein. Nach einigen Wochen wurde ich Arzt eines Blockes.« Nach 1945 Ärztin in Budapest. Q.: MV, Bd. 23. – Das in der Lagersprache *Mexiko* genannte Lager lag in Birkenau im Bauabschnitt B III, Ende 1943 begonnen, Bauarbeiten am 11. 4. 1944 eingestellt. Nur einige Baracken, ohne Wasser und sanitäre Anlagen. 1944, zur Zeit der Ungarn-Transporte, sind hier nicht registrierte ungarische Jüdinnen weggesperrt, zum Teil nackt. Baretzki im Auschwitz-Prozeß: »Im Sommer 1944 wurden viele Leute nach Auschwitz geschickt. Sie sind alle nach Mexiko hingeschickt worden: dort gab es keine Verpflegung, kein Licht, und sobald Platz in der Gaskammer war, sind sie von dort in die Gaskammer gekommen. Mexiko, das war offiziell ein Ausweichlager. Tausende sind dort hineingestopft worden. So ein Elend hat es nirgends gegeben wie in Mexiko.«

Bordon, Rudolf. SS-Unterscharführer.
* 21. 6. 1913. Standortverwaltung, Abteilung Unterkunftsverwaltung. Verbleib unbekannt. – Der ehemalige Häftling Jan Olbrycht am 10. 12. 1947 als Gutachter im Krakauer Auschwitz-Prozeß zu den Unterkünften (AV, Bl. 4521): »[Es] wurden im Stammlager in Auschwitz in Blocks für ca. 400 Gefangene 700 bis 1000, nicht selten sogar 1200 Häftlinge hineingepfercht.«

Borel, Stefan. SS-Unterscharführer.
* 17. 6. 1923 Biejeljena / Bosnien. Ab Oktober 1941 in Auschwitz. Zuständig für Waffen und Geräte. 1948 in Krakau zu 4 Jahren Haft verurteilt. Nach 1945 in Baden-Württemberg.

Boris, Paul. Politische Abteilung (PA), Lager-Gestapo.
* 14. 1. 1907. SS-Nr. 399953, Unterscharführer (1944). Verbleib unbekannt. Boger im Auschwitz-Prozeß: »Die Abteilung II –

also die Politische Abteilung – war sozusagen der verlängerte Arm der Gestapo.«

Bormann, Johanna. KZ-Wärterin.
* 10.9.1893 Birkenfelde/Ostpreußen. Zunächst Irrenwärterin (Strebel). März 1938 SS und Frauenkonzentrationslager Lichtenburg b. Torgau, danach in Ravensbrück. Ab 15.5.1943 in Auschwitz. SS-Aufseherin in Birkenau, den Außenlagern Babitz, Budy, Rajsko und Hindenburg. Die Überlebende Vera Alexander (Nr. 5236): »Häftlinge getötet hat auch die Aufseherin Bormann. Als ich beim Strafkommando war, mußten wir in einem Sumpf Schilf sammeln. Sie hetzte des öfteren Hunde auf die Angehörigen des Strafkommandos. Die Häftlinge fielen durch die erlittenen Bißverletzungen um und erstickten im Sumpf.« Todesurteil britisches Militärgericht am 17.11. 1945 im Belsen-Prozeß. † Hinrichtung 13.12.1945 Hameln. Zitat: AV, Bl. 15169.

Bormann, Walter Heinrich. SS-Hauptscharführer.
* 30.9.1893 Stendal. Standortverwaltung, Kommandanturstab Birkenau, Blockführer in Monowitz. Verbleib unbekannt. – Kapo Franz Achter (AV, Bl. 4736): »Mißhandlungen durch die SS-Wachmannschaft kamen öfters vor. Ich weiß nur noch, daß in erster Linie die jüdischen Häftlinge davon betroffen waren.«

Borowski, Tadeusz. Häftling Nr. 119198.
* 12.11.1922 Shitomir/Ukraine. Sohn polnischer Eltern. Ankunft Auschwitz am 29.4.1943 aus dem Warschauer Gestapogefängnis Pawiak. Zunächst Häftlingspfleger, dann im Dachdecker-Kommando, was ihm den Kontakt zu seiner in Birkenau inhaftierten Verlobten Maria Rundo ermöglicht. Am 12.8.1944 Deportation zum Natzweiler-Außenlager Dautmergen, Januar 1945 in Dachau-Allach. Am 31.5.1946 Rückkehr nach Warschau, Heirat mit Maria Rundo im Dezember. 1948 KP-Mitglied, 1949 polnischer Kulturattaché in Berlin. Am 26.6.1951 Geburt der Tochter Malgorzata. † 1.7.1951 Suizidversuch mit Gas in seiner Wohnung, gestorben am 3.7. 1951. Borowskis Erzählband *Bei uns in Auschwitz* vermittelt keinen Einblick in den Alltag des Häftlings, da er aus der Position des satten Funktionshäftlings schreibt. Primo Levi hat im Vorwort zu Liana Millu's Buch *Der Rauch über Birkenau* die »immer würdige Sprache« hervorgehoben. Borowski versucht, mit flapsigen bis zynischen Texten das Trauma Auschwitz abzuwehren.

Borsche, Dieter (Künstlername). Als Schauspieler Auftritt in Auschwitz.
* 25.10.1909 Hannover. 1943/44 Spielleiter und Bühnenvorstand der Städtischen Bühnen Breslau. Borsche berichtete dem NS-Dokumentaristen Joseph Wulf, er habe im Winter 1943 mit der Breslauer Bühne »innerhalb des Vernichtungslagers Auschwitz vor den dortigen SS-Wachmannschaften gespielt«. Wulf memoriert das Gespräch: »Die Schauspieler wurden dort großzügig bewirtet, von Häftlingen bedient und sahen auch mit eigenen Augen die Häftlingskolonnen. Sie staunten darüber, daß diese im Winter nur die gestreiften Sträflingskittel trugen; aber das Wichtigste ist, daß Dieter Borsche zu berichten wußte, er habe von mehreren SS-Leuten gehört, verschiedene Theaterensembles spielten sehr oft innerhalb des Konzentrationslagers für sie.« † 5.8.1982 Nürnberg. In Auschwitz gingen – siehe Moszkowicz – Schauspieler, Musiker und Artisten ein und aus. Es müssen hunderte gewesen, doch allein Borsche hat davon berichtet. Q.: Joseph Wulf, Theater und Film im Dritten Reich, Frankfurt a.M. 1989.

Bostedt, Walter. SS-Unterscharführer.
* 13.5.1908 Lübeck. SS-Nr. 231857. Standortverwaltung (1944). Verbleib unbekannt.

Bott, Hans. SS-Oberscharführer.
* 14.8.1913 Brückenau. 1940 bis Herbst 1941 in Auschwitz. 1948 in Krakau zu

5 Jahren Haft verurteilt. Nach 1945 im Kreis Wolfenbüttel.

Botz, Peter. SS-Schütze.
* 14.9.1909. SS-Totenkopf-Sturmbann, Außenlager Jawischowitz und Golleschau. Kommandanturbefehl vom 26.11.1942: »Bei der am 3.11.42 stattgefundenen Entlausung der 10. Komp. kamen folgende Gegenstände des SS-Schtz. Peter Botz abhanden: 1 Brieftasche mit 170,– RM, Ausweis und Familienbild, 1 Taschenuhr.« Verbleib unbekannt.

Brachmann, Willy. Häftling Nr. 3190, Kapo.
* 26.12.1903 Hamburg. Zunächst in Sachsenhausen. Brachmann (im König-Verfahren): »Ich kam Mitte 1940 in das KL Auschwitz. Ich war bis Mitte 1942 im Stammlager untergebracht. Ich war dort zunächst Kapo des Malerkommandos und später im Kommando Straßenbau als Kapo eingesetzt. Mitte 1942 wurde ich in das Lager Birkenau verlegt. Dort wurde ich im Lager B – Familienlager Theresienstadt – zunächst Kapo und später Lagerältester.« Langbein (Menschen): »Brachmann – keineswegs einer der schlimmsten – möge vorerst als Beweis für die verwischte Grenze zwischen Häftlingen und Bewachern dienen: Wenn Brachmann ein Vierteljahrhundert später vor Gericht von den Mitgefangenen sprach, die seinem Kommando unterstellt waren, gebrauchte er wie selbstverständlich den Ausdruck: ›Meine Häftlinge‹.« Berufsangabe nach 1945: Hausmeister.

Bracht, Fritz. Zentral-Bauleitung.
* 10.11.1904 Paruschwitz, Kreis Rybnik. SS-Oberscharführer. Zuständig für Baustoffbeschaffung. Laut KZ-Kollege Karl Eggeling nach 1945 bei einem Walzwerk in Peine. † 21.10.1964 Salzgitter.

Bracht, Fritz. Gauleiter und Oberpräsident Oberschlesien.
* 18.1.1899 Heiden / Lippe. Gärtner. 1927 NSDAP / SA (die Sturmabteilung – SA – war eine 1921 gegründete Schlägertruppe der NSDAP). 1931 Kreisleiter Altena-Lüdenscheid. 1932 MdL Preußen, 1933 MdR. 1935 Stellv. NSDAP-Gauleiter (GL) Schlesien. 1941 GL und Oberpräsident Oberschlesien in Kattowitz. Am 1.3.1941 Begleiter Himmlers bei dessen erster Inspektion in Auschwitz. Am 17.7.1942 erneut mit Himmler in Auschwitz, Besichtigung einer Vergasung im Bunker II, abends Empfang für Himmler, Höß, Schmauser, Kammler und Caesar in Brachts Villa (Czech). 1944 SA-Obergruppenführer. Häftling Pilecki im Auschwitz-Prozeß über das Standgericht der Gestapo Kattowitz im Lager: »Ein Fall dauerte etwa eine Minute, vielleicht sogar noch kürzer. Ich sah Formulare mit der Urteilsformel, die bereits blanco vom Gauleiter Bracht unterschrieben waren.« † 9.5.1945 Suizid mit Ehefrau in Bad Kudowa.

Brack, Viktor. Hauptamtsleiter der Kanzlei des Führers (KdF).
* 9.11.1904 Haaren b. Aachen. Sohn eines Praktischen Arztes, der Himmlers Frau bei der Entbindung half (Brack). 1923 SA. 1929 NSDAP / SS (Nr. 901). 1939 Oberdienstleiter der KdF, Organisator des Massenmords an Kranken (»Euthanasie«), verantwortlich für den Judenmord in den Vernichtungslagern Belzec, Sobibor und Treblinka. 1944 SS-Sturmbannführer. Todesurteil 20.8.1947 im *Nürnberger Ärzteprozeß*. † Hinrichtung 2.6.1948 im Kriegsverbrechergefängnis Landsberg. Brack hatte sich Himmler am 28. März 1941 erboten (Nbg. Dok. NO-203), »eine Massensterilisation durch Röntgenstrahlen durchzuführen«. Bracks Vorschlag: »Ein Weg der praktischen Durchführung wäre z. B., die abzufertigenden Personen vor einen Schalter treten zu lassen, an dem sie Fragen gestellt erhalten oder Formulare auszufüllen haben, was ungefähr 2–3 Minuten aufhalten soll. Der Beamte, der hinter dem Schalter sitzt, kann die Apparatur bedienen, und zwar dergestalt, daß er

einen Schalter bedient, mit dem gleichzeitig beide Röhren (da ja die Bestrahlung von beiden Seiten erfolgen muß) in Tätigkeit gesetzt werden. In einer Anlage mit 2 Röhren könnten also demgemäß pro Tag ca. 150–200 Personen sterilisiert werden, mit 20 Anlagen also bereits 3000 bis 4000 pro Tag.« Brack am 23. Juni 1942 erneut an Himmler (Nbg. Dok. NO-205): »Bei ca. 10 Millionen europäischen Juden sind nach meinem Gefühl mindestens 2–3 Millionen sehr gut arbeitsfähiger Männer und Frauen enthalten. Ich stehe in Anbetracht der außerordentlichen Schwierigkeiten, die uns die Arbeiterfrage bereitet, auf dem Standpunkt, diese 2–3 Millionen auf jeden Fall herauszuziehen und zu erhalten. Allerdings geht das nur, wenn man sie gleichzeitig unfruchtbar macht.« Die KdF stellte zur Röntgensterilisierung Horst Schumann zur Verfügung, der im Rahmen der *Vernichtung lebensunwerten Lebens* (»Euthanasie«) Tausende von Geisteskranken in den Gaskammern der Anstalten Grafeneck und Sonnenstein ermordet hatte. Brack gab im *Nürnberger Ärzteprozeß* am 14.5. 1947 den Unschuldsengel: »Nachdem ich zeit meines Lebens immer nur hilfsbereit gewesen bin, nachdem ich nie einen Haß gegen die Juden oder das Judentum hatte, wußte ich gar nicht, wie ich gerade dazu gekommen wäre, mich hier, sagen wir, zu einem Vorkämpfer für die Vernichtung des Judentums zu verwandeln.«

Bräuning, Edmund. Adjutant.
* 2.7.1905 Naumburg/Saale. 1932 SS (Nr. 66975), Hauptscharführer. April 1933 NSDAP (Nr. 1568392). Mai 1938 Buchenwald, Zweiter Schutzhaftlagerführer. 1940 Schutzhaftlagerführer Neuengamme. Ab 1.11.1941 Adjutant in Auschwitz (KB Nr. 29/41), ab 30.6.1942 (KB vom 6.7.1942) Adjutant in Ravensbrück. Am 1.1.1945 Führer des Buchenwald-Außenlagers Ohrdruf. † April 1945 von einer SS-Aufseherin bei Bitterfeld gesehen, gilt als verschollen. Die Ravensbrücker Gefangene Margarete Buber-Neumann: »Sein verlebtes, graues Gesicht schien zu phosphoreszieren. Er liebte es, auf Lagerplatz und -straße mit großen Gesten zu posieren. Einmal tat er den Ausspruch: ›Von den Politischen kommt mir keine je lebend heraus, und wenn ich sie eigenhändig mit dem Revolver niederknallen müßte!‹«

Brandauer, Bruno. Politische Abteilung (PA), Lager-Gestapo.
* 15.5.1909 Ruma/Kroatien. SS-Rottenführer. Ab 20.9.1943 in der PA. Shelley: »Er nahm an Verhören und Massenvergasungen teil.« 1948 in Krakau zu 5 Jahren Haft verurteilt. † 23.6.1976 Wasserburg/Inn.

Brandelik, Anton. SS-Rottenführer.
* 9.11.1909 Sremka-Mitrowitz. Ab 2.11. 1942 in Auschwitz. SS-Totenkopf-Sturmbann. Nach 1945 in Balingen.

Brandl, Therese. KZ-Wärterin.
* 1.2.1909 Staudach/Oberbayern. Kellnerin. NSDAP 1943. September 1940 Frauenkonzentrationslager (FKL) Ravensbrück, ab März 1942 in Auschwitz. Häftlingspflegerin Inge Böck (MV, Bd. 35): »Sie trug fast immer im Stiefelschaft eine Reitpeitsche.« Ab 1.11.1944 im Dachau-Außenlager Mühldorf. Todesurteil 22.12.1947 in Krakau (Liebehenschel-Prozeß), da sie von sich aus Häftlingsfrauen in die Gaskammern selektierte. † Hinrichtung.

Brandmayer, Franz. Kommandoführer Landwirtschaft.
* 28.10.1907 Niederding in Oberbayern. Landwirt. Mai 1940 Waffen-SS. Ab Sommer 1942 in Auschwitz. 1944 Oranienburg (Sachsenhausen). Nach 1945 Landwirt. Aussage: »Über sog. Selektionen kann ich keine Angaben machen. Ich höre das Wort im Zusammenhang mit der Auswahl von damaligen Häftlingen zum erstenmal.« KZ-Kollege Schippel: »Daß selektiert wurde, war natürlich allgemein bekannt. Es war auch kein Geheimnis, daß die selektierten Häftlinge

vergast und ihre Leichen anschließend verbrannt wurden.« Q.: AV, Bl. 6015 ff.

Brandtner, Herbert. SS-Unterscharführer.
* 13.9.1919 St. Pölten. Kommandanturstab, Funkstelle. Die Funkstelle diente der verschlüsselten Nachrichtenübermittlung, z.B. mit dem SS-Wirtschafts-Verwaltungshauptamt oder dem Reichssicherheitshauptamt. Nach 1945 Wohnsitz bei Innsbruck.

Branse, Rudolf. SS-Sturmmann.
* 16.4.1921 Rosenberg, heute Rozmberk nad Vltavou/Tschechien. Ab August 1943 in Auschwitz. Wachmann. † 20.2.1957 Kulmbach.

Brasse, Wilhelm. Häftling Nr. 3444, Politische Abteilung (PA).
* 3.12.1917 Zywiec. Ankunft Auschwitz nach Gestapohaft am 31.8.1940. Ab März 1941 im Erkennungsdienst der PA (Lager-Gestapo). Ab Herbst 1943 Nacktaufnahmen von Zwillingen, Kleinwüchsigen und Jüdinnen für Mengele. Brasse (MV, Bd. 29): »Manchmal waren die sie eskortierenden SS-Männer dabei, und sie machten in Zusammenhang damit verschiedene Witze und boshafte Bemerkungen, was die fotografierten weiblichen Häftlinge genierte.« Nach 1945 Betreiber eines Ladens für Metzgereibedarf, verschwieg Auschwitz bis 2008. Mitteilungsblatt Nr. 2/2011 der Lagergemeinschaft Auschwitz: »Nach der Befreiung konnte Wilhelm Brasse nicht mehr als Fotograf arbeiten, denn jedesmal, wenn er durch ein Okular sah, sah er nackte Menschen, die Mengele und die anderen SS-Ärzte bald darauf zur Vernichtung ins Gas schickten.«

Braulik, Franz. SS-Rottenführer.
* 27.12.1908. SS-Totenkopf-Sturmbann. Verbleib unbekannt. – Krematoriumschef Muhsfeldt (MV, Bd. 41): »Sowohl die in den Sonderkommandos tätigen SS-Männer als auch die bei Sonderaktionen diensthabenden Ärzte bekamen für ihre Arbeit Gutscheine für Sonderverpflegung. Auf einen Gutschein bekam man ½ Liter Schnaps, 10 Zigaretten, ein Stück Wurst und Brot.«

Braun, Gustav. *J. A. Topf & Söhne.*
* 28.10.1889 Heilbronn. Diplom-Ingenieur. Betriebsdirektor des Krematorienherstellers, leitete die Produktion der Öfen. Im Betrieb Stellv. Abwehrbeauftragter (SD), verantwortlich für die Zwangsarbeiter. Braun zu seinem Oberingenieur Prüfer, in Anspielung auf Auschwitz: »Kinder, wen wollt ihr dort noch verbrennen.« Am 17.4.1948 in Moskau zu 25 Jahren Arbeitsbesserungslager verurteilt, Entlassung Oktober 1955. † 11.5.1958 Heilbronn. Q.: Schüle.

Braun, Jakob. SS-Oberscharführer.
* 1914. Der erste Arbeitsdienstführer (Arbeitskommandos) in Auschwitz. Später Rapportführer (Spieß) im Männerlager des KZ Ravensbrück. Dort beteiligt am Abtransport von »14 f 13«-Häftlingen in eine Vergasungsanstalt (s. Heyde). Q.: Strebel.

Braun, Karl. SS-Sturmmann.
* 17.10.1910 Ruma/Kroatien. SS-Totenkopf-Sturmbann. † 10.7.1947 Garmisch-Partenkirchen.

Braun, Max. SS-Rottenführer.
* 7.2.1901 Weißenstadt/Oberfranken. Ab Oktober 1942 in Auschwitz, Monowitz und Außenlager Königshütte und Bismarckhütte. Nach 1945 am Geburtsort. – Das *Judenlager* Bismarckhütte in Chorzow, 200 Häftlinge, wird im September 1944 Auschwitz-Nebenlager. Produziert werden Geschütze und gepanzerte Fahrzeuge. Häftling Koenig (Erinnerungen) über einen Kurzeinsatz Oktober 1942 in Bismarckhütte, damals noch kein Auschwitz-Lager: »Diese Tage gehörten zu meinen schlimmsten im KZ, und ich fühlte, wie mich die Arbeit auszehrte. An einem der folgenden Sonntage, an denen wir nicht arbeiteten, ging ich in einen Waschraum, in dem es einen Spiegel gab. Ich sah mich zum ersten Mal nach langer Zeit im Spiegel und war betroffen, als ich merkte,

daß ich wie ein Muselmann aussah, das heißt wie einer von denen, denen ein baldiger Tod auf die Stirn geschrieben steht.«

Brauner, Ferdinand. SS-Sanitätsdienstgrad (SDG).

* 24.4.1911 Sternberg/Sudeten. Schuster. SS-Unterscharführer (1944). Ab 10.1.1942 in Auschwitz, Schreibstube Standortarzt. Von KZ-Arzt Kremer im Tagebuch als »alter ›Stacheldrahtkämpfer‹ und ›K.Z.Hase‹« bezeichnet. Zeuge im Auschwitz-Prozeß, typische Aussage: »Ich war ein dreiviertel Jahre mit Fleckfieber krank und war öfters im Urlaub, ich weiß nichts Genaues.« † 13.2.1968. – Häftlingspfleger Glowacki über das damals übliche »Abspritzen« von Häftlingen im Stammlager (MV, Bd. 5): »Bei dem SDG, der mit der Spritze bereit stand, befanden sich noch zwei Häftlinge, die ihm assistieren mußten. Sobald sich der Delinquent auf den Stuhl gesetzt hatte, ergriff ihn einer der beiden Häftlinge und zog ihm seinen linken Arm über den Mund. Das geschah einmal, damit der Häftling nicht schreien konnte und zum anderen, um die Herzgegend freizumachen. Dann stieß der SDG dem Häftling die Spritze ins Herz und drückte eine Phenollösung hinein.«

Breidenstein, Alexander. SS-Unterscharführer.

* 10.3.1909. KZ-Kollege Althaus (AV, Bl. 7367): Rechnungsführer einer Wachkompanie. Verbleib unbekannt. – Baretzki im Auschwitz-Prozeß zum Einsatz der Wachkompanie: »Wir hatten immer eine ganze Woche Bereitschaftsdienst, dann die nächste Woche große Postenkette. Wenn in der Woche, wo wir Bereitschaftsdienst hatten, ein Transport kam, sind wir einmal hinaus. Wenn zehn Transporte kamen, dann sind wir zehnmal hinaus.«

Breitwieser, Arthur. SS-Unterscharführer (1943) und *Desinfektor.*

* 31.7.1910 Lemberg, Sohn eines Kellners. Jurastudium, Abschluß Magister juris. 1939 *Selbstschutz* Bromberg (September 1939 aufgestellte milizähnliche Formationen von Volksdeutschen in Polen, Mordbanden, verantwortlich für Juden- und Polenmassaker). Waffen-SS, Ausbildung in Buchenwald. Ab Mai 1940 in Auschwitz, Chef der Desinfektionskammer (Bekleidung). Im Sommer 1941 Unterweisung zum Umgang mit Zyklon B durch die Firma Tesch & Stabenow im Lager. Breitwiesers Vorgesetzter Schlupper: »Es ist erzählt worden, daß Breitwieser persönlich das Giftgas in die Gaskammer eingeführt hat.« Todesurteil am 22.12.1947 in Krakau, Begnadigung zu lebenslang Haft am 24.1.1948, Entlassung BRD am 18.1.1959. Buchhalter einer Baustoff-Großhandlung seines Schwagers. Häftling Eugeniusz Motz (Nr. 9589, Bekleidungskammer) im Auschwitz-Prozeß: »Uns gegenüber war Breitwieser als Chef in Ordnung. Ich putzte seine Schuhe. Manchmal kam er in der Früh und sagte: ›Ich bin müde, ich gehe schlafen. Ich war die ganze Nacht auf der Rampe.‹ Die Stiefel waren dann meistens beschmutzt. Zweimal habe ich auf ihnen Blut festgestellt.« Am 20.8.1965 Freispruch LG Frankfurt vom Vorwurf der Mittäterschaft bei der ersten Vergasung russischer Kriegsgefangener. † 20.12.1978 Bonn (Mitt. Renz).

Brenner, Stefan. SS-Schütze.

* 18.10.1911 Putinci/heutiges Serbien. SS-Totenkopf-Sturmbann, Kommando Jawischowitz und Golleschau. † Vom AG Stuttgart 1962 für tot erklärt.

Bressem, Willi. SS-Unterscharführer.

* 9.1.1901 Dortmund. SS-Nr. 108371. Standortverwaltung, Technische Abteilung. Standortbefehl vom 20.11.1943: »Besuch der Ehefrau vom 15. November 1943 bis auf weiteres«. † 3.5.1949 Dortmund.

Brettschneider, Paul. SS-Unterscharführer.

* 21.9.1897 Zuckmantel. Standortverwaltung. † Kriegstod 24.4.1945.

Brewda, Alina (im Lager), eigentlich Alina Bialostocki. Häftlingsärztin, Nr. 62761.
* Etwa 1905. Gynäkologin aus Polen. Nach eigenen Angaben am 22.10.1943 aus Majdanek nach Auschwitz gekommen. Häftlingsoberärztin und Blockälteste auf Block 10. Nach 1945 Ärztin in London. Brewda an die StA Frankfurt: »In Block 10 wurden Experimente geführt bei Dr. Clauberg, Obersturmbannführer Dr. Wirths, Sturmbannführer Dr. Schumann, Sturmbannführer Dr. Münch. Im Block waren verschiedene Todesfälle nach Operationen. Einmal wurde eine Selektion gemacht und ungefähr 89 Häftlinge nach vollzogenen Experimenten nach Birkenau überführt. Meines Wissens hat keine von diesen Häftlingen überlebt. Das war ungefähr im Herbst 1944.«

Brinkmann, August Peter. Blockführer Block 11, genannt Todesblock.
* 14.11.1901. SS-Unterscharführer. Beteiligt an Erschießungen an der *Schwarzen Wand*. † Vom AG Hamburg 1950 zum 3.5.1945 für tot erklärt. Block 11 – bis Ende 1941 als Block 13 bezeichnet – war ein völlig isolierter Arrest- und Exekutionsblock im Stammlager, auch Kommandanturarrest genannt. Einweisende waren Kommandant, Schutzhaftlagerführer und vor allem die Politische Abteilung (PA). Die Arrestzellen befanden sich im Keller. Acht bis zehn Personen, manchmal auch mehr, wurden in eine Zelle gepreßt. Die Arrestanten hatten dann nicht einmal Platz zum Sitzen. Da ständig Häftlinge durch die PA festgenommen wurden, reichten die 28 Arrestzellen häufig nicht aus. Um Platz für Neuzugänge zu schaffen, »räumte« man den Bunker von Zeit zu Zeit, indem man einen Teil der Häftlinge an der *Schwarzen Wand* erschoß. Diese *Bunkerentleerungen*, vom Leiter der PA, Grabner, *Bunker-Ausstauben* genannt, fanden in unbestimmten Abständen statt. Häftling Kret (HvA 1): »Aus dem Bunker dieses Blocks kehrte selten jemand zu den Lebenden zurück.«

Broad, Pery. Politische Abteilung (PA), Lager-Gestapo.
* 25.4.1921 Rio de Janeiro. Sohn eines brasilianischen Vaters und einer deutschen Mutter, die nach der Geburt nach Deutschland zieht. 1931 HJ, später Goldenes HJ-Abzeichen. 1940 Abitur. 1941 Studium TH Berlin. Freiwillig SS, Rottenführer. April 1942 Wachdienst in Auschwitz, ab Juni 1942 PA, Vernehmungsabteilung. Häftlingsschreiberin Kagan im Auschwitz-Prozeß: »Ich habe einmal gehört, wie er ein Bachkonzert auf seinem Akkordeon gespielt hat.« Häftling Bodek ebenda: »Er machte einen distinguierten [gepflegten] Eindruck und war deswegen vielleicht noch gefährlicher.« Häftling Radvansky ebenda: »Vor mir wurde ein Häftling, der aus dem Bunker vorgeführt worden war, vernommen. Ich hörte Schläge, Geschrei, und dann zog man den Häftling aus dem Zimmer heraus, und die Schreiberin rief mich hinein. Daß Broad den Häftling vernommen hatte, merkte ich daran, daß er sich gerade die Hände abtrocknete. Er sagte dabei: ›Der Schweinehund hat mich ganz dreckig gemacht.‹« Häftlingsarzt Cespiva, bezogen auf Boger, Broad usw. (AV, Bl. 4828): »Es kam auch vor, daß bei uns Häftlinge eingeliefert wurden, die in der Politischen Abteilung des Stammlagers vernommen und mißhandelt worden waren. Darunter befanden sich Leute, die einen Schädelbasisbruch hatten, mit Brillenhämatomen, ausgeschlagenen Zähnen, Schlüsselbeinbrüchen, Milzrissen, mit freier Flüssigkeit im Unterleib usw.« Broad brachte einen Häftling zur Anzeige, der eine gerade eingetroffene Frau vor dem bevorstehenden Gastod gewarnt hatte. Der Gefangene erhält wegen »Verbreitung von Greuelnachrichten« 150 Stockschläge und stirbt (Urteil). Im »Zigeunerlager« Leiter eines

eigenen »Zigeunerreferats« der PA. Häftlingsarzt Bejlin: »Broad wurde mit der Zeit zur gefürchtetsten Person innerhalb des Zigeunerlagers.« Lagerschreiberin Hilli Weiß (Nr. Z-4609) dagegen im Auschwitz-Prozeß: »Broad war der anständigste Mensch der Lagerverwaltung. Er war ein SS-Mann mit einem Glorienschein.« Zuletzt PA im KZ Mittelbau-Dora. Mai 1945 in britischer Internierung, erbietet sich, einen Bericht über Auschwitz zu schreiben. Der Bericht – 75 Schreibmaschinenseiten – beschreibt schonungslos Verbrechen in Auschwitz, verschweigt aber die eigene Rolle in der PA. Im Gegenzug wird er in eine britische Uniform gekleidet und bis 1947 bei einer englischen Einheit beschäftigt. Danach kaufmännischer Angestellter, u. a. bei einem Sägewerk und im Elektroapparatebau. Am 20. 8. 1965 vom LG Frankfurt zu 4 Jahren Haft verurteilt: Schuldig der »gemeinschaftlichen Beihilfe zum gemeinschaftlichen Mord in mindestens 22 (zweiundzwanzig) Fällen, davon in 2 (zwei) Fällen begangen an mindestens je 1000 (tausend) Menschen.« Das Gericht: »Wenn sich auch aus dieser Aussage des Angeklagten Broad ergibt, daß er selbst an der Schwarzen Wand eigenhändig Menschen erschossen hat, so läßt sich jedoch nicht mehr mit Sicherheit feststellen, ob er Arrestanten nach sog. Bunkerentleerungen erschossen hat oder, ob die Opfer seiner Genickschüsse zum Tode verurteilte Menschen (durch Stand- oder Sondergerichtsurteile) gewesen sind.« † Februar 1994 am Wohnort Kaarst bei Neuß (Mitt. Renz).

Broch, Karl. Politische Abteilung (PA), Lager-Gestapo.
* 27. 1. 1904 Solingen. Telefonist. 1930 NSDAP, Blockleiter. 1932 Motor-SA, SS-Unterscharführer (1944). Ende 1941 bis Januar 1945 PA, Vernehmungsabteilung. Häftlingsschreiberin Kagan (AV, Bl. 3152): »Er war von bärenhafter Statur und wandte ganz brutale Vernehmungsmethoden an.« Einer seiner bevorzugten Aussprüche: »Die Peitsche ist die beste Dolmetscherin, sie spricht alle Sprachen.« Oktober 1944 einer der Folterknechte zur Aufklärung des Aufstands der Krematoriumshäftlinge (Czech). 1945 KZ Mittelbau-Dora. Nach eigener Aussage bis November 1951 als *Karl Reinhard* bei britischen Dienststellen. Ab 1957 Inkasso-Inspektor bei der Witwen- und Waisenkasse in Köln. Broch (AV, Bl. 13073 ff.): »Ich kann nur nochmals wiederholen, daß ich niemals Häftlinge geschlagen habe. Ich verstehe einfach nicht, wie alle diese Zeugen das Gegenteil behaupten können.« Broch als Zeuge (!) im Auschwitz-Prozeß: »Ich war zwei- oder dreimal mit der Kommission bei der Entleerung des Bunkers.« † 12. 9. 1968 am Wohnort Langenfeld / Rheinland.

Brocks, Wilhelm. Politische Abteilung (PA), Lager-Gestapo.
* 30. 1. 1911 Kiel. SS-Unterscharführer. Aufnahmeabteilung PA (Angehörige dieser Abteilung waren bei Transportankünften immer auf der Rampe). Standortbefehl Nr. 25 / 43: »Besuch der Ehefrau vom 10.–31. 8. 43«. Häftling Smolen: »Die Ehefrau von Brocks war Schwedin.« Nach 1945 am Geburtsort.

Brodniewicz, Bruno. Häftling Nr. 1.
* 22. 7. 1895 Posen. Einer von 30 Kriminellen aus dem KZ Sachsenhausen, am 20. 5. 1940 als Funktionshäftling nach Auschwitz überstellt. Lagerältester im Stammlager, Sommer 1942 in Birkenau, ab 25. 3. 1943 im »Zigeunerlager«, ab 15. 6. 1943 im Außenlager Neu-Dachs. Erste Hälfte 1944 Außenlager Eintrachthütte, Dezember 1944 AL Bismarckhütte. Zuletzt Mittelbau-Dora, Nebenlager Wolffleben. Häftling Posener: »Er galt allgemein als ganz brutaler Schläger mit einem eigenen ›Friedhof‹.« † Nicht ermittelt.

Brodwolf, Johannes. SS-Rottenführer.
* 12. 5. 1897 Nürnberg. Wachmannschaft. 1948 in Wadowice zu 3 Jahren Haft ver-

urteilt. – Häftlingsärztin Adelsberger über die Güterzüge mit ungarischen Juden, die ab Mai 1944 – nach tagelanger Fahrt ohne Nahrung und Toiletten – eintreffen: »Anfangs ging es noch. Aber später, bei der großen Hitze, waren einmal vierzig Tote in einem einzigen Wagen, und die Überlebenden warfen sich nach dem Entladen, vom Durst überwältigt, wie unreines Getier auf das Schlammwasser der Pfützen neben den Schienen. Die Lebensmittel der Ankömmlinge, auf die sich sonst die Häftlinge vom Kanada-Kommando stürzten, blieben liegen und wurden nicht mehr gegessen, weil sie in den Waggons in Seen von Exkrementen zwischen Toten und Kranken umherschwammen.«

Brol, Francziszek. Häftling Nr. 1159.
* 1.11.1919 Chorzow. Vom 24.6.1940 bis März 1942 in Auschwitz. Schreiber in Block 11, genannt Todesblock. Führte das Bunkerbuch. Nach 1945 Angestellter in Polen. Q.: AV, Bl. 18830 ff.

Broschwitz, Paul. SS-Rottenführer.
* 1.11.1908. Ab 28.10.1942 in Auschwitz, Poststelle Monowitz. Häftling Max Kaufmann: »Ich bin von ihm nicht geschlagen worden.« Verbleib unbekannt.

Brose, Anton. Politische Abteilung (PA), Lager-Gestapo.
* 25.9.1909 Braunsberg in Ostpreußen, Sohn eines Bahnbeamten. Metzgergeselle, 1929 Schutzpolizist. Frühjahr 1940 Gestapo Graudenz, Sommer 1942 Stapoleitstelle Kattowitz. Ab Frühjahr 1943 PA Auschwitz, Vernehmungsabteilung, Frühjahr 1944 Vertreter des Leiters Schurz. Sommer 1944 Beförderung zum Kriminalsekretär und SS-Hauptscharführer, *Kriegsverdienstkreuz II. Klasse mit Schwertern* (das KVK für KZ-Angehörige läßt Beteiligung an Tötungen vermuten). Nach 1945 Hilfsarbeiter. In seiner Aussage konnte oder wollte er sich an nichts mehr erinnern, hatte angeblich nicht einmal gewußt, daß Boger wegen seiner Grausamkeit berüchtigt war. An eines erinnerte er sich immerhin: »Mir ist allerdings bekannt gewesen, daß dort Menschen zu tausenden vergast wurden, da dies ja bei uns allgemeines Gespräch und jedem SS-Mann bekannt war.« Q.: AV, Bl. 7341 ff.

Broßmann, Otto. Führer des Außenlagers Blechhammer (Mai 1944).
* 1.2.1889 Browin, Kreis Wagstadt. 1938 NSDAP (Nr. 6627521) und SS (Nr. 352200), Hauptsturmführer (1943). Dezember 1942 Führer der 7. SS-Wachkompanie, April 1944 zugleich Lagerführer in Blechhammer. Am 6.7.1944 Strafmeldung gegen den Häftling Fritz Gumbert (Nr. 177333), »weil er auf dem Abort im Bau 150 rauchend angetroffen wurde«. Strafe: 15 Stockschläge. Ab 10.11.1944 Führer des SS-Totenkopf-Wachbataillon KL Auschwitz III (Monowitz und Außenlager). 1950 Freispruch in Krakau. † 28.11.1957 Lohr am Main. – Das April 1944 von der SS übernommenen Judenlager Blechhammer, nahe der Ortschaft Heydebrek, diente dem Ausbau eines Hydrierwerks (Synthesebenzin). Franciszek Piper über die zuletzt 4000 Häftlinge (HvA 10): »Aus obigen Gründen [Hunger, Mißhandlungen] war die Sterblichkeit unter den Häftlingen groß, durchschnittlich 86,4 % in einem Jahr.« Mit Übernahme durch die SS wurde ein eigenes Krematorium errichtet.

Brucker, August. SS-Schütze.
* 23.8.1921 Dracsani/Rumänien. SS-Totenkopf-Sturmbann. Name auf Meldungen der Kommandantur vom 15.8. und 8.10.1942 über SS-Angehörige, die Häftlinge »auf der Flucht« erschossen. Wohnsitz am Bodensee.

Bruckner, Paul. SS-Schütze.
* 27.8.1896 Ödenburg. 1944 Außenlager Gleiwitz I. Nach 1945 in Neckarsulm. – Irena Strzelecka (HvA 14): »Die Liquidierung des Nebenlagers Gleiwitz I erfolgte am 18. Januar 1945. Am Tage vor der Evakuierung hielt man den letzten Appell ab, bei dem 1136 Häftlinge anwe-

send waren. Vor Verlassen des Nebenlagers führten die SS-Männer eine Selektion unter den Häftlingen durch, bei der sie eine Gruppe von über fünfzig kranken, hinkenden und bis zum Äußersten erschöpften Häftlingen aussuchten. Diese führten die SS-Männer dann hinter die Baracke und erschossen sie mit Pistolen.«

Bruder, Rubin. *Jüdisches Sonderkommando.*
* 29.10.1898 Czestochowa. Pole. Ankunft Auschwitz am 4.3.1943 aus Drancy. Mithäftling Jaacov Gabai gegenüber Gideon Greif: »Innerhalb von drei Minuten waren alle sechzig Leichen in den Öfen. Nach einer viertel Stunde mußte ich im Ofen das Fleisch mit der [Heu-]Gabel durchmengen. Wir arbeiteten also drei Minuten, dann warteten wir eine halbe Stunde, bis die Körper verbrannt waren. Inzwischen ruhten wir uns aus, wuschen die Hände, tranken etwas Wodka. Man nahm zwei oder drei Frauen und einen Mann in der Mitte, denn Frauen haben mehr Fett im Körper. Am Ende des Krematoriums gab es eine Tür, vor die man die Kinder warf. Jedesmal verbrannte man sieben oder acht Kinder.«

Brück, August. *Jüdisches Sonderkommando,* nichtjüdischer Kapo, Nr. 106293.
* 22.10.1897 Altstaden. Schlosser. Berufsverbrecher. Oberkapo. In Buchenwald im Krematorium eingesetzt. Am 22.2.1943 für Auschwitz angefordert, Ankunft am 5.3.1943. Am selben Tag – in Gegenwart von Mitarbeitern der Firma *Topf & Söhne* (Prüfer; Schultze) – Probeverbrennung von 45 Leichen, Einweisung der SK-Häftlinge in die Bedienung der Verbrennungsöfen. Laut Filip Müller ließ er die Mithäftlinge in Ruhe, wenn er jeden Tag seine Flasche Schnaps bekam. † 27.12.1943 an Fleckfieber.

Brumer, Zelman. *Jüdisches Sonderkommando.*
* 1898 Czemierniki. Pole. Ankunft Auschwitz am 4.3.1943 aus Drancy. Das Sonderkommando wurde nicht nur in den Krematorien, sondern auch zu Einsätzen innerhalb des Lagers benutzt. Laut Häftling Joachimowski waren August 1944 SK-Häftlinge an der Liquidierung des »Zigeunerlagers« beteiligt. Häftlingsärztin Hautval über den Abtransport von Jüdinnen in die Gaskammer: »Eine Kranke nach der anderen wird gewaltsam aus ihrem Bett gerissen. Die an den Füßen gezogenen Körper kehren den gestampften Fußboden, der Kopf schlägt auf. Draußen lacht das Sonderkommando (des Krematoriums). Sie lachen darüber, wie die Leiber der Halbtoten auf dem Boden aufspringen. Die Armen, sie lachen zweifellos, um nicht vor ›ihnen‹ weinen zu müssen.«

Brunken, Anton. SS-Unterscharführer.
* 15.1.1909 Stapelmoor/Leer. Tätigkeit in Auschwitz nicht bekannt. Rapportführer KZ Neuengamme, Außenkommando Helmstedt. Todesurteil britisches Militärgericht. † Hinrichtung 23.1.1947 Hameln.

Brunner, Elemer. SS-Rottenführer.
* 12.6.1907 Orkucany/Slowakei. Ab März 1943 in Auschwitz. Nach 1945 in Baden-Baden.

Brunner, Luise. KZ-Wärterin.
* 25.8.1908 Aidhausen/Unterfranken. Tochter eines Landwirts. Kellnerin der Weinstube *Gößwein* in Schweinfurt. Juni 1942 SS-Aufseherin im Frauenkonzentrationslager Ravensbrück. Oktober 1942 Oberaufseherin in Birkenau. Häftlingsschreiberin Kagan (AV, Bl. 3159): »Sie wurde im Sommer 1943 als Nachfolgerin der Franz Aufseherin im Stabsgebäude. Auch sie hat, wie ihre Vorgängerinnen, die kranken Frauen [zur Vergasung] nach Birkenau geschickt.« Brunner dagegen: »Mit Selektionen hatte ich niemals zu tun.« Standortbefehl Nr. 5/44: Am 30.1.1944 *Kriegsverdienstkreuz II. Klasse* (das KVK läßt Beteiligung an Tötungen vermuten). Oktober 1944 bis April 1945 erneut Oberaufseherin in Ravensbrück. Juli 1947 von britischen Militärgericht zu

10 Jahren Haft verurteilt, Entlassung am 20.7.1950. † 8.12.1977 Kreiskrankenhaus Roth. Aussage: AV, Bl. 6512 ff.

Brunner, Nikolaus. SS-Sturmmann. * 5.3.1909. SS-Totenkopf-Sturmbann. Am 8.6.1944 Abgang nach Natzweiler. Verbleib unbekannt.

Bruns, Dietrich. SS-Unterscharführer. * 19.2.1921 Bremen. Kommandanturstab, Abteilung III: Schutzhaftlagerführung. Nach 1945 in Norddeutschland. – Häftling Bodek am 29.9.1964 in Warschau: »Im Sommer 1944 brachte man massenweise abgezehrte Häftlinge aus den Außenkommandos, man leitete sie auf den Abschnitt BIIf, wo sie im Waschraum sich entkleiden mußten. Dort, im kleinen Raum, warteten sie auf die Ankunft des Wagens, der sie ins Krematorium fuhr. Diese Menschen waren ganz genau im Bilde, wohin sie gehen, im Baderaum spielten sich höllische Szenen ab. Zwischen der Gebäudetür und dem Auto standen die SS-Männer, unter ihnen Baretzki, Bischoff, Grapatin, Buntrock, Bruns, Paul Zielke usw., die die Häftlinge auf das Auto trieben, indem sie mit Peitschen schlugen.«

Bruttel, Emil. SS-Unterscharführer. * 4.1.1912 Moos, Kreis Konstanz. Nach 1945 in Baden-Württemberg.

Brylka, Franz. SS-Oberscharführer. * 8.3.1886 Lissau in Oberschlesien. Ab Mai 1942 Wachmannschaft. Freispruch 1947 in Krakau.

Buch, Hermann (nicht: Puch). SS-Hauptscharführer. * 30.12.1896 Niederhöchstadt bei Frankfurt am Main. Kaufmännischer Angestellter. 1942 SS. Zunächst in Ravensbrück. Ab 28.2.1943 in Auschwitz. Frühjahr 1944 kurz Führer des »Zigeunerlagers«. Danach Kommandoführer der Krematorien II und IV (FSK). Zuletzt KZ Groß-Rosen. Am 22.1.1948 in Krakau zu 6 Jahren Haft verurteilt. Kaufmännischer Angestellter. † 10.7.1959 Kronberg im Taunus. – Der ehemalige SS-Richter Konrad Morgen im Auschwitz-Prozeß über die Krematorien in Birkenau: »Es waren einstöckige Hallen mit Satteldächern, die genausogut Werkschuppen oder kleine Werkstätten hätten sein können. Selbst die sehr breiten und massiven Schornsteine brauchten dem Laien nicht weiter aufzufallen, denn sie waren sehr niedrig, sie endeten kurz über dem Dach. Hinter dem Hof war ein großes Tor, das in die sogenannten Umkleidungsräume führte, ähnlich wie die Auskleidehalle von einer Turnhalle. Einfache Holzbänke standen da, mit Kleiderrechen, und auffälligerweise war jeder Platz numeriert, trug auch eine Garderobenmarke. Und man schärfte noch den Opfern ein, ja acht auf ihre Garderobe zu geben, die Garderobenmarke festzuhalten – alles, um bis zur buchstäblich letzten Sekunde nicht den geringsten Verdacht aufkommen zu lassen und die Todesopfer ahnungslos in die gestellte Falle zu bringen. Dann an der Wand war ein großer Pfeil, der in einen Gang wies, und darauf stand kurz und bündig: ›Zu den Duschräumen‹, und das wurde in sechs oder sieben Sprachen wiederholt. Man sagte denen also: Ihr kleidet euch aus und werdet geduscht und desinfiziert. Und an diesem Gang lagen dann verschiedene Kammern ohne jede Einrichtung, kahl, nackt, Zementfußboden. Auffällig und zunächst unerklärlich war nur, daß in der Mitte ein vergitterter Schacht stand, der bis zur Decke führte. Ich hatte zunächst dafür keine Erklärung, bis man mir sagte, daß durch eine Öffnung vom Dach aus Gas, und zwar in kristalliner Form, das Zyklon B, in diese Todeskammern gegossen würde. Bis zu diesem Moment war also der Häftling ahnungslos, und dann war es natürlich zu spät. Gegenüber den Gaskammern lagen drei Leichenaufzüge, und diese führten dann nun in den ersten Stock oder, von der anderen Seite aus gesehen, in das ebenerdige Geschoß. Das eigentliche Krematorium war ein riesiger Saal, an dessen einer Seite in langer Reihe Krematoriumsöfen standen, mit geplättetem Fußboden, alles atmete eine sachliche, neutrale, technische, wertfreie Atmosphäre aus.« Protokollmitschrift: FBI.

Buch, Luise. KZ-Wärterin.
* 20.6.1913 Kunzendorf. SS-Aufseherin im Strafblock Ravensbrück, Anrede: »Frau Aufseherin«. Frauenkonzentrationslager Birkenau. Nach 1945 in Dachau interniert und an Polen ausgeliefert. In verschiedenen Publikationen als hingerichtet aufgeführt. StA Frankfurt: Wohnsitz Niederhöchstadt bei Frankfurt am Main.

Buchalla. KZ-Wärterin.
* Nicht ermittelt. Kollegin Pritzkoleit: »Ich kann mich daran erinnern, daß die Aufseherin Buchalla wegen des Besitzes von Schmuck bestraft worden ist. Es wurde erzählt, sie habe zwei oder drei Koffer voll Sachen gehabt. Ich habe sie dann später im Gefängnis in Polen wiedergetroffen.« – Kommandant Höß (Aufzeichnungen) über die Aufseherinnen: »Da sich freiwillig – trotz eifriger Werbung durch die NS-Frauenorganisation – sehr wenig Anwärterinnen für den Dienst in einem KL meldeten, mußte der täglich sich steigernde Bedarf zwangsweise beschafft werden. Jede Rüstungsfirma, denen weibliche Häftlinge zugewiesen werden sollten, mußte einen gewissen Prozentsatz zur Verfügung stellen. Daß diese Firmen nicht das beste Material abgaben, ist nur zu verständlich.«

Buchholz, Franz. Kommandoführer Gaskammern (Juli 1944).
* Nicht identifiziert. – Mengeles Obduzent Nyiszli am 28. Juli 1945 zur Vergasung der ankommenden Häftlinge: »Die schweren Eichentüren wurden hinter ihnen zugeschlagen, das Licht wurde ausgelöscht, und in den nächsten Minuten erschien ein luxuriöser Rot-Kreuz-Wagen, aus dem ein Arzt im Range eines Hauptmanns und ein Sanitätsunteroffizier vier ungefähr 1 kg schwere Blechbüchsen herausnahmen. Die vier Betonplatten, die auf der Erdoberfläche die in den unterirdischen Bunker führenden Belüftungsschächte bedeckten, wurden weggeräumt. Sie zogen daraufhin Gasmasken auf, schlugen den Papierdeckel der Blechbüchsen ein und schütteten sodann bohnengroße lilarote oder eher weinrote Chlorkörner durch die vier Schächte in die Gaskammer und schlossen sodann diese Schächte wieder mit den Betonplatten. Einmal habe ich selbst gehört, wie ein Arzt beim Einfüllen des Gases zu dem Sanitätsoffizier, um ihn zur Eile anzutreiben, sagte: ›Gib schon das Fressen den Juden.‹« Q.: MV, Bd. 13.

Buchholz, Heinrich. SS-Rottenführer.
* 3.5.1904 Pilm, Kreis Jerichow. SS-Totenkopf-Sturmbann. † 10.11.1942 Reservelazarett Kattowitz (Fleckfieber?).

Buchholz, Rudolf. SS-Unterscharführer.
* 10.6.1906 Nowaczkow b. Bromberg. Landwirt. 1939 SS (Nr. 383332). Ab 15.6.1943 in Auschwitz. Blockführer im Quarantänelager für Männer in Birkenau (Lagerabschnitt BIIa), ab 1.9.1944 Arbeitsdienstführer Monowitz (Arbeitskommandos). 1948 in Krakau zu 4 Jahren Haft verurteilt. – KZ-Arzt Entress über das KZ der I.G. Farben in Monowitz (Nbg. Dok. NI-6190): »Die Anzahl der in Monowitz vorhandenen Krankenblocks im Verhältnis zur Belegung des gesamten KL Monowitz ergab praktisch, daß nicht mehr als etwa 5% der Häftlinge Aufnahme finden konnten. Es wurden Tabellen über den Krankenstand geführt. Wenn der Krankenstand über die genannten 5% anstieg, mußte der Lagerarzt Selektionen vornehmen.«

Buczarski, Karl. SS-Rottenführer.
* 27.6.1908. Standortverwaltung, Abteilung Verpflegung. Verbleib unbekannt. – Häftlingsärztin Lingens (Erinnerungen) zur Auschwitzsuppe: »Ich selbst konnte dieses Gebräu nicht essen, denn ich be-

kam heftiges Sodbrennen und Durchfall. Selbst nach dem Flecktyphus, als ich oft vor Hunger weinte, ließ ich diese Suppe unberührt.«

Budziasczek, Stefan, 1956 Namensänderung in Buthner. Häftlingsarzt, Nr. 20526.
* 25.1.1913 Adrychow in Polen. Chirurg. Ankunft Auschwitz am 10.2.1942 aus dem Gestapogefängnis Montelupich in Krakau. Unterarmbruch durch Schläge des SS-Personals. Als Zementmischer im Außenkommando Buna-Monowitz, September 1942 Aufbau des Krankenbaus im Außenlager Jawischowitz. Am 20.6.1943 Überstellung nach Monowitz, Häftlingsarzt und Lagerältester im Häftlingskrankenbau (HKB), durfte als einziger der kahlgeschorenen Häftlinge sein Haar lang tragen. Laut Häftlingsschreiber Betlen (BV) mußte man sich vor Buthner genauso fürchten »wie vor den SS-Ärzten«. Von jüdischen Häftlingen als polnischer Nationalist und Antisemit geschildert, der grundsätzlich nur Juden für die Gaskammer bestimmt habe (in Monowitz sind 9 von 10 der Arbeitssklaven Juden). Mehrfach Vorwurf, in seinem Selektionseifer SS-Arzt Fischer und den SDG Neubert übertroffen, ja sogar eigenmächtig Selektionen durchgeführt zu haben. Typisch seien Äußerungen gewesen, so der überlebende Tierarzt Gustav Heinz Kahn (BV): »Muselmann, das wird nichts mehr, Du kommst zur Schonung nach Auschwitz.« Häftlingspfleger Jehuda Majmon (BV, Bl. 402) behauptet, daß Budziasczek »Operationen durchführte, die nicht der Hilfe der Häftlinge, sondern seiner eigenen Fortbildung dienten«. 1948 Doktorarbeit »aus dem Gebiet der Gehirnchirurgie« (Buthner). 1955 eigene chirurgische Privatklinik. Am 30.12.1974 vom LG Frankfurt außer Strafverfolgung gesetzt: Zwar Beihilfe zum Mord, aber durch Notstand entschuldigt. Häftlingsärztin Hautval (BV): »Ich möchte nachdrücklich bemerken, daß Buthner Häftling war und sich damit in einer außergewöhnlichen Lage befunden hat.« Häftling Jan Trajster (BV): »In den vergangenen Jahren war ein großer Teil der damaligen Häftlinge geneigt, von jeder Belastung eines früheren Häftlings abzusehen. Der Gedanke, der dahinter stand, war allgemein der, das Maß an Schuld, was der SS für die Konzentrationslager zufällt, nicht irgendwie zu schmälern.«

Bügelsteiber, Hans. SS-Sturmmann.
* 19.4.1900. Monowitz sowie Kohlengrube Jawischowitz. 1948 in Krakau zu 4 ½ Jahren Haft verurteilt. Andrzej Strzelecki (HvA 15): »Über Tage wurden die Häftlinge außer von SS-Männern auch von Zivilarbeitern, Soldaten der Wehrmacht, von Werkschutzleuten und Mitgliedern der Hilfsmannschaft, d.h. des freiwilligen Wachdienstes der Grube beaufsichtigt.«

Büning, August. SS-Sanitätsdienstgrad (SDG).
* 1.10.1906 Karlshof, Kreis Eutin. März 1933 NSDAP / SS, Oberscharführer. SDG in Buchenwald, Sachsenhausen und Neuengamme (»Abspritzen« von Häftlingen). Häftlingsarzt Fejkiel: »Er war Gehilfe von Prof. Clauberg. Er behauptete, er sei Chirurg.« Verbleib unbekannt.

Buergenthal, Thomas. Zehnjähriger Häftling, Nr. B-2930.
* 11.5.1934 Lubochna / heutige Slowakei. Ankunft Auschwitz aus dem Zwangsarbeiterlager Kielce am 2.8.1944. Buergenthal über Todesmarsch und Todesfahrt von Auschwitz nach Sachsenhausen (Auszug): »Gerade als ich zu dem Schluß kam, daß es nur noch ein, zwei Tage dauern konnte, bevor ich sterben und meine Leiche aus dem Waggon hinausgeworfen würde, geschah ein Wunder. Der Zug fuhr in langsamem Tempo und mit häufigen Aufenthalten durch die Tschechoslowakei, als wir Leute auf den Brücken stehen sahen, unter denen wir hindurchfuhren. Es waren Männer, Frauen und Kinder. Sie winkten und rie-

fen uns etwas zu, und dann begannen die Brotlaibe in unseren [offenen] Wagen zu fallen. Wir bekamen bald noch mehr Laibe, die die Tschechoslowaken von den nächsten Brücken auf uns herunterfallen ließen. Ohne dieses tschechoslowakische Brot hätten wir nicht überlebt.« Der Transport erreicht nach einer Fahrt von mehr als zehn Tagen Berlin: »Der Zug hatte gerade gehalten, da hörte ich die Stimme einer deutschen Frau, die unüberhörbar für alle ausrief: ›Es stinkt schon wieder nach Juden!‹ Etwa eine Stunde später kletterte unser neuer SS-Posten vom Zug hinunter, um sich eine Tasse Kaffee zu holen. Er muß den sehnsüchtigen Blick bemerkt haben, mit dem ich seinen Kaffee betrachtete. Ohne etwas zu sagen, gab er mir seine Tasse und holte sich eine neue. Das war mein erstes warmes Getränk seit der Abreise.« Einreise New York am 4.12.1951. Richter am Internationalen Gerichtshof in Den Haag. Schrieb 60 Jahre nach der Befreiung seine Erinnerungen: Ein Glückskind.

Bugdalle, Richard. SS-Hauptsturmführer.
* 11.9.1907 Pommsen/Sachsen. 1936–1940 Blockführer in Sachsenhausen, später in Auschwitz. Am 20.1.1960 vom LG München wegen Ermordung von Häftlingen durch Pfahlhängen, Ersticken, Erschlagen, Zertreten zu lebenslanger Haft verurteilt. † 1984. – Häftling Mieczyslaw zum Pfahlhängen (StAu II): »Die Arme wurden mir mit einer Kette hinter dem Rücken zusammengebunden, ich mußte auf einen Schemel steigen, dann wurde das andere Ende der Kette an einem Querbalken aufgehängt, und der Schemel wurde mir weggerissen. Das war eine unbeschreibliche Qual. Als ich hing, wurde ich noch geschaukelt, und als ich das Bewußtsein verlor, wurde ich mit Wasser übergossen.« Oberkapo Kral im Auschwitz-Prozeß: »Ich wurde mit auf den Rücken gefesselten Händen aufgehängt. Ich mußte mich auf einen Stuhl stellen, der dann weggeschoben wurde. Die Gelenke platzten fast, und ich hatte furchtbare Schmerzen. Vor mir stand ein Eimer mit Wasser, und man fragte mich, ob ich trinken wolle. Man lachte nur, wenn ich mich vor Schmerzen krümmte, und drehte mich hin und her. Nach etwa 50 Minuten wurde ich abgenommen und neuerlich verhört.«

Buki, Milton. *Jüdisches Sonderkommando*, Nr. 80312.
* 1.11.1909 Drbin/Polen. Ankunft Auschwitz am 6.12.1942 aus dem Ghetto Mlawa. Es sind 2500 Menschen, von denen 2094 in den Gasbunkern ermordet werden. Buki (MV, Bd. 21): »Bald nach unserer Ankunft wurden 200 Mann von unserem Transport für das Sonderkommando eingeteilt. Allerdings gab es damals noch keine fertiggestellten Krematorien. Dafür gab es die Gräben, in welchen die Leichen verbrannt wurden. Meine Aufgabe im Sonderkommando bestand darin, die Leichen weiterzutransportieren. Hierfür war die Bezeichnung ›Schlepper‹ üblich.« Vorarbeiter einer Gruppe von etwa 20 Häftlingen. Januar 1945 Flucht beim Evakuierungsmarsch. Buki im Auschwitz-Prozeß (APr): »Mein Bruder war in Auschwitz I [Stammlager] gewesen. Er kam mit einem Trupp von ›Muselmännern‹ ebenfalls zu den Gaskammern. Er hat mich noch beim Namen gerufen und mich um Wasser gebeten. Der Unterscharführer, den ich fragte, ob ich meinem Bruder Wasser bringen könnte, hat das aber nicht erlaubt mit dem Hinweis, daß [Kommandoführer] Kaduk da sei. Mein Bruder wurde vergast. Außer meinem Bruder sind in Auschwitz umgekommen: meine Frau, meine 8jährige Tochter, meine Schwester mit Mann und Kindern, mein Bruder mit Frau und Kindern, meine weitere Schwester und drei Kinder, die Schwiegereltern, mein Schwager und meine Schwägerin.« Gestorben 1988 in Jerusalem (FSK).

Bulik, Alfred. SS-Sturmmann.
* 28.3.1898 Breslau. Tischler. Wachmannschaft, Außenlager Eintrachthütte. Am 19.4.1948 in Wadowice zu 3 Jahren Haft verurteilt. Nach 1945 in Wuppertal.

Bund, Ernst. Gefangenen-Eigentums-Verwaltung.
* 25.7.1908 Freiwaldau. SS-Rottenführer. Standortverwaltung, Abteilung GEV (Vertreter der GEV waren bei Transportankünften immer auf der Rampe). Nach 1945 Wohnsitz Treysa. – Häftling Vrba (AV, Bl. 14528): »Wir durften uns auf der Rampe nur im Laufschritt bewegen. Wenn der Zug richtig zum Stehen gekommen war, mußten wir zu den Wagentüren laufen, sie schlagartig öffnen und wieder zurückspringen. Falls sich in den Waggons Tote oder Bewegungsunfähige befanden, mußten wir zu dem Waggon laufen, diese auf eine Decke legen und dann im Laufschritt zu den bereitgestellten Lastwagen tragen.«

Bundus, Wilhelm. SS-Rottenführer.
* 18.11.1912 Oker. SS-Unternehmen *Deutsche Lebensmittel GmbH*, Abteilung Brotfabrik. Verbleib unbekannt.

Bunkerjakob. Häftling Nr. 93830.
* Nicht ermittelt. Gemeint ist Jakob Gorzelezyk, meist Kozelczuk geschrieben. Ankunft Auschwitz am 26.1.1943 mit einem Transport aus den Ghettos Sokolka und Jasionowka. Von 2300 Personen werden 2107 sofort in der Gaskammer erstickt. Kalfaktor Block 11, Arrest- und Exekutionsblock, genannt Todesblock. Filip Müller: »Er war ein Hüne, athletisch und muskulös. Es wurde erzählt, er sei Sparringspartner von Max Schmeling gewesen. Auch in Auschwitz stellte er seine Bärenkräfte oft unter Beweis, wenn er sonntags nachmittags auf dem Platz vor der Häftlingsküche vor Tausenden von Häftlingen und zahlreichen SS-Männern Eisenstangen hinter seinem Rücken U-förmig verbog.« Bunkerjakob war zuständig für den Exekutionsblock, für die Steh- und zugleich Dunkelzellen, er führte die nackten Todeskandidaten zur Hinrichtung an der *Schwarzen Wand* und hielt sie beim Erschießen fest. Müller: »Dennoch gehörte Jakob zu jenen Menschen, die sich oft durch außergewöhnliche Hilfsbereitschaft und Gutmütigkeit auszuzeichnen pflegen.« Auch von anderen Häftlingen als Helfer beschrieben. Von Gorzelezyk existiert nur eine Erklärung zugunsten des Kapos Fritz Hirsch vom 15.1.1946, verfaßt in Erding (AV, Bl. 569): »Ich, Jakob Gorzelezyk, bin Jude, kubanischer Staatsbürger, war im KL Auschwitz der Häftling Nr. 93830. Als ehem. Trainer des deutschen Weltmeisters im Boxen [in Schmelings Erinnerungen nicht erwähnt, laut Langbein vom Boxweltmeister ausdrücklich bestritten] und durch meine besondere Stellung im KL Auschwitz bin ich allen Häftlingen bekannt.« Häftling Josef Weiss: »Mir ist bekannt, daß dieser nach dem Krieg in Holon / Israel wohnte und war Besitzer eines Kiosk. Soweit ich hörte, ist er 1953 hier im Lande verstorben.«

Buntrock, Fritz. Rapportführer im *Theresienstädter Familienlager.*
* 8.3.1909 Osnabrück. Fabrikschmied. 1935 SS (Nr. 259831), 1937 NSDAP. SS-Unterscharführer. Juli 1942 (bis August 1944) Wachmann, Block- und Rapportführer in Auschwitz. Ab Herbst 1943 im Familienlager, von den Häftlingen *Bulldogge* genannt. *Kriegsverdienstkreuz II. Klasse mit Schwertern.* Beteiligt an der Vergasung von 3791 Häftlingen im März 1944 und der Liquidierung des Lagers (6500 Häftlinge) im Juli 1944. Danach im »Zigeunerlager«. Todesurteil am 22.12. 1947 in Krakau. † Hinrichtung. – Das *Theresienstädter Familienlager* mit Juden aus Theresienstadt beginnt am 8.9.1943 mit der Einlieferung von 5006 Männern, Frauen und Kindern in den Birkenauer Lagerabschnitt BIIb. Es existiert bis Juli 1944. Anders als der Name suggeriert, leben Frauen und Männer getrennt. Die

Häftlinge haben aus propagandistischen Gründen einige wenige Privilegien: Sie tragen Häftlingskleidung, aber nicht die gestreiften KZ-Anzüge, dürfen die Haare lang lassen, gelegentlich zensierte Briefe schreiben. Die Kinder haben eine Schule, es gibt einen Kindergarten. Alle bekommen jedoch eine Häftlingsnummer tätowiert. Als Wohnraum dienen Pferdestallbaracken. Die Sterblichkeit ist hoch. Miroslav Karny zur Hygiene (Auszug): »Jede der drei Lagerlatrinen bestand aus drei parallelen Betonplatten, mit jeweils 132 runden Löchern in zwei Reihen, wo man an beiden Seiten, Rücken an Rükken, saß, Männer und Frauen gemeinsam.« Der Überlebende Ludek Klacer zum Lageralltag (HvA 20): »Um fünf ist Weckruf mit üblichem Lärmen und Schimpfen und unumgänglichen Stockhieben, die auf die von Hunger und Qual ausgezehrten Körper fallen. In einer halben Stunde mußt du angezogen sein, zum Waschraum gehen, um ein paar Wassertropfen zum Waschen aus den halbleeren Röhren aufzufangen, die Pritsche und um die Schlafstelle herum alles in Ordnung bringen, ein paar Schlucke des bitteren, lauen Getränkes ohne Geschmack zu dir zu nehmen und um Viertel vor sechs am Platz in der Reihe stehen – vorbereitet zum Appellzählen. Endlich ist es sechs Uhr, wir Lebendigen stehen einer neben dem anderen in Fünferreihen. Die Körper derjenigen, die in der Nacht verstorben waren, liegen hinter uns auf der Erde, vor dem Eingang in den Block.« Von insgesamt 17517 Häftlingen überleben nur 1167. In der Nacht vom 8. zum 9. März 1944 kommen 3791 der Theresienstädter »ins Gas«, in den Nächten vom 10. zum 11. und vom 11. zum 12. Juli 1944 etwa 6500. Als arbeitsfähig eingestufte Juden waren zuvor in andere Lager geschickt worden. 70 Zwillinge werden auf Anordnung Mengeles zu Versuchen zurückgestellt. Damit endet das *Theresienstädter Familienlager*. Q.: Karny.

Burak, Wasyl. SS-Rottenführer.
* 2.1.1925 Stirtzia, Kreis Radautz. Blockführer Block 7 in Birkenau. Laut KZ-Kollege Schippel in Wadowice zu 15 Jahren Haft verurteilt (»Er sprach perfekt polnisch«). Verbleib unbekannt. – Block 7 mit 1500 schwerstkranken und sterbenden Häftlingen dient Mai 1942 bis April 1943 als Sammelstation vor der Gaskammer. Da der Platz in der Baracke nicht reicht, liegen Hunderte von Häftlingen im Freien. Der Überlebende Czeslaw Ostankowicz (StAu III): »Auf dem Hof zwischen den Blocks 7 und 8 lagen über 600 Menschen. Sie streckten ihre Knochen in stummer Bitte nach mir aus. Immer das gleiche Bild: Haufen von Toten und Haufen von solchen, die als tot galten. Ich sah sich rührende Füße, Erde kratzende Finger von Menschen, auf die man Haufen anderer lagerte, die weder Hände noch Füße mehr rühren konnten.«

Burböck, Wilhelm. Beauftragter für den Häftlingseinsatz im SS-WVHA.
* 18.5.1907 Gaal in der Steiermark. NSDAP-Nr. 1089902, SS-Nr. 46215, Sturmbannführer (1945). Zentralkartei ZStL: »SS-Wirtschafts-Verwaltungshauptamt, Amtsgruppe D. Zuerst Leiter der Hauptabteilung I/5 (Arbeitseinsatz der KZ-Häftlinge) im Hauptamt ›Haushalt und Bauten‹. Diese Abteilung wurde mit Wirkung vom 30.9.1941 aufgelöst und der ›Inspektion der KL‹ eingegliedert. Sie wurde später (ab 16.3.1942) Amt D II in der Amtsgruppe D des SS-WVHA.« Ab 13.4.1942 Einsätze bei der Waffen-SS. Zuletzt in Budapest. † Kriegstod 12.2.1945 ebenda.

Burger.
* Nicht identifiziert. Laut Shlomo Dragon, Gaskammerkommando, drängte er die ankommenden Juden in die Gaskammer. Dragon gegenüber Greif: »Die Leute gingen dann in den Entkleidungsraum, und oft trieb sie der SS-Mann mit den Worten an: ›Macht schnell, Essen und Kaffee werden kalt.«

Burger, Wilhelm. SS-Verwaltungsführer. * 19.5.1904 München. Sohn eines Rechtsanwalts. Lehrer. 1927 Heirat mit einer Frau jüdischer Abstammung (Scheidung 1935). 1932 NSDAP (Nr. 1316366) und SS (Nr. 47285), Sturmbannführer (1942). Herbst 1938 Verwaltungsführer im SS-Wirtschafts-Verwaltungshauptamt in Oranienburg. Mit SS-Totenkopf-Infanterieregiment im Westfeldzug und bis Mai 1942 im Rußlandfeldzug. Vom 10.7. 1942 bis 20.4.1943 Leiter der Standortverwaltung, verantwortlich für Unterbringung, Verpflegung und Besoldung des Kommandanturstabs sowie für Unterkunft, Verpflegung und Bekleidung der Häftlinge, Erfassung und Verwertung des Raubguts der Deportierten und Bestellung des Zyklon B. Mai 1943 im SS-WVHA Amtschef D IV, Verwaltung der Konzentrationslager. Nach 1945 unter dem Namen *Georg Bauer* Versicherungsvertreter. März 1947 in US-Internierung, Januar 1948 Auslieferung an Polen. Am 9.4.1952 in Krakau zu 5 Jahren Haft verurteilt. Am 7.10.1953 Erhöhung der Strafe auf 8 Jahre Haft durch das Oberste Polnische Gericht in Warschau, Anrechnung der U-Haft in Polen und der US-Internierung. Rückkehr BRD am 20.5. 1955. Prokurist der Bayerischen Spritzgußwerke, Wohnsitz in Dachau. Langbein (Menschen): »In Dachau, wo er wohnt, ließ er Messen für einen günstigen Ausgang seines Prozesses lesen.« Am 16.9.1966 vom LG Frankfurt zu 8 Jahren Haft verurteilt, unter Anrechnung der Haft in Polen und der U-Haft sofort auf freiem Fuß. Burger, laut Urteil: »Ich war mir im klaren darüber, daß ich bei der Herausgabe der Zyklon-B-Bestellungen auch mitwirkte für die Heranschaffung des Zyklon B zu Vergasungszwecken.« Das Zyklon B wurde laut Urteil vom SS-Apotheker bei der Standortverwaltung angefordert, wobei der SS-Standortarzt die Anforderungen abzeichnete. † 14.12. 1979.

Burkhardt, Johannes. SS-Hauptsturmführer.
* 31.12.1909 Darmstadt. Tätigkeit und Verbleib unbekannt.

Burkhardt, Martin. SS-Rottenführer.
* 18.6.1899. Monowitz; Standortverwaltung, Abteilung Verpflegung. Verbleib unbekannt. – Auschwitz-Urteil: »Im Stammlager schrieben im Jahre 1942 sieben Häftlinge Tag und Nacht nur Todesmeldungen aus. Die hohe Sterblichkeit beunruhigte schließlich die höheren Dienststellen. Da jedoch die allgemeinen Lagerverhältnisse und insbesondere die Verpflegung nicht verbessert wurden, die in Auschwitz tätigen SS-Angehörigen offenbar an einer Änderung der allgemeinen Situation auch nicht interessiert waren, trat keine Änderung ein.«

Burmester, Alfred. SS-Rottenführer.
* 21.12.1916 Deutsch-Evern. Ab Oktober 1944 in Auschwitz. SS-Totenkopf-Sturmbann. Nach 1945 in Norddeutschland.

Bursch, Michael. SS-Rottenführer.
* 6.8.1896 Niederpleiß. Nach 1945 Wohnsitz bei Bonn. – KZ-Kollege Baretzki im Auschwitz-Prozeß: »Wer Lagerdienst hatte, mußte auch auf die Rampe.«

Busch, Hubert. SS-Oberscharführer.
* 2.7.1914 Jauernig/Sudeten. Juni 1940 bis Anfang 1942 in Auschwitz. Kommandantur, Stellv. Unterkunftsverwalter (KB Nr. 1/40). Danach in Majdanek. September 1944 erneut in Auschwitz. Am 22.12.1947 in Krakau zu 15 Jahren Haft verurteilt. Fleischer, Betonmischer und Hafenarbeiter in Hamburg. Laut Einstellungsverfügung der StA Frankfurt vom 11.10.1984 (50/4 Js 1173/62) soll Busch – z.B. von Filip Müller – irrtümlich als Kommandoführer in den Vergasungsanlagen genannt worden sein. Es handle sich um eine Namensverwechslung mit Oberscharführer Hermann Buch. Buschs Glaubwürdigkeit dokumentieren zwei Aussagen: »In Lublin

[Majdanek] ist mir nicht bekannt gewesen, daß Häftlinge oder ankommende Transporte von Juden vergast wurden.« Und: »Wir haben dann in Auschwitz buchstäblich herumgesessen, ohne mit irgendeiner Arbeit betraut gewesen zu sein.« † 12.1.1999 Hamburg (FSK). Q.: AV, Bl. 8534 ff.

Buschmann, Wilhelm. SS-Rottenführer. * 6.7.1920 Brüggen im Rheinland. † 2.1. 1979 Viersen.

Buss, Horst. SS-Oberscharführer. * 10.7.1920 Neuteich, Kreis Großwerde (Danzig). Ab Dezember 1943 Standortverwaltung. Postenführer (Bewachung Häftlingskommandos) im Außenlager Lagischa, Lagerführer Jawischowitz (StAu I). Nach 1945 in Niedersachsen. – Andrzej Strzelecki zu Jawischowitz (HvA 15): »Die Leichen der Ermordeten oder aus Entkräftung Verstorbenen brachte man mit Lastkraftwagen zu den Krematorien in Auschwitz-Birkenau. Nach einem Bericht des ehemaligen Häftlings Tomasz Stoklosa kam es vor, daß man auf die mit Leichen beladenen Autos arbeitsunfähige Häftlinge trieb, um sie in die Gaskammern zu bringen.«

Buyl, August. SS-Sturmmann. * 19.4.1921 Antwerpen. StA Frankfurt (AV, Bl. 3752): »Nahm bei medizinischen Versuchen an Häftlingen teil.« Verbleib unbekannt.

C

Caesar, Joachim. Leiter der Landwirtschaftsbetriebe. * 30.5.1901 Boppard am Rhein, Arztsohn. Dr. sc. nat. 1931 SA und NSDAP, Ortsgruppenleiter und Gauredner. 1933 SS, Oberführer (1939). Oktober 1932 als »Güterdirektor« (Caesar) in Oberschlesien. Mai 1933 Bürgermeister von Bramfeld b. Hamburg. Ab 20.4.1934 hauptamtlich SS-Führer, zunächst Rassereferent beim SS-Oberabschnitt Nord. Februar 1937 Chef des Schulungsamts im Rasse- und Siedlungshauptamt, bzw. im SS-Hauptamt. März 1941 Gast bei der Eröffnung von Rosenbergs *Institut zur Erforschung der Judenfrage* in Frankfurt am Main. März 1942 im SS-Wirtschafts-Verwaltungshauptamt Beauftragter für landwirtschaftliche Sonderaufgaben. Ab 12.3.1942 Leiter der Landwirtschaftsbetriebe in Auschwitz-Rajsko sowie Sonderbeauftragter für Pflanzenkautschuk (Koksaghyz-Pflanze zur Erzeugung von Kautschuk). Nicht dem KZ-Kommandanten, sondern dem SS-WVHA, Abteilung V, unterstellt. Am 17.7.1942 mit Himmler zur Inspektion im KZ Auschwitz, Besichtigung einer Vergasung im Bunker II, abends beim Empfang des Gauleiters Bracht für Himmler in der Villa des Gauleiters (Czech). Oktober 1942 (zweite) Ehefrau in Auschwitz an Typhus gestorben, danach Heirat mit der Zivilarbeiterin Ruth Weimann. Mit Standortbefehl vom 20.11.1943 zum Verwalter der Jagden im Interessengebiet Auschwitz (40 qkm) ernannt. Caesar 1961 in einer Aussage (AV, Bl. 10531): »Von Mißhandlungen ist mir nichts bekannt.« Ab November 1951 Betreiber einer Wäscherei in Konstanz. † 25.1.1974 Kiel.

Capesius, Victor. Leiter der SS-Lagerapotheke. * 7.2.1907 Reußmarkt, Kreis Herrmannstadt in Rumänien, Arztsohn. 1933 Dr. pharm. Von 1934 bis August 1943 Ärztebesucher für Bayer-Leverkusen in Rumänien (dazwischen 1941/42 Militärdienst im rumänischen Heer, 1942 Major). August 1943 Ausbildung im Zentralsanitätslager der SS in Warschau. Ab 24.9.1943 Lagerapotheker in Dachau, ab 12.2.1944 in Auschwitz, am 9.11.1944 Beförderung zum SS-Sturmbannführer. Das LG Frankfurt im Urteil gegen Burger: »Die Apotheke stellte die für die Gaslieferungen eingehenden Rechnungen als sachlich richtig fest, was zur Voraussetzung hat, daß sie die Lieferungen vorher kontrollierte.« Rampendienst, Selektion von Häftlingen in die Gaskammern, Überwachung Vergasungen. Die Gefangene Marianna Adam (Nr. A-17169) im Auschwitz-Prozeß: »Er war außergewöhnlich gemütlich, sehr liebenswürdig und jovial. Er sagte, wer müde sei, solle auf die andere Seite gehen, man komme in ein Schonungslager.« Mehrere Menschen, die von Capesius als Bayer-Vertreter besucht worden waren und ihn bewirtet hatten, treffen ihn auf der Rampe wieder. Die rumänische Kinderärztin Gisela Böhm (Nr. A-25382) aus Odorhei, Ende Mai 1944 nach Auschwitz deportiert – ihr Mann trifft einige Tage später ein und kommt sofort in die Gaskammer (AV, Bl. 12497): »Bei der Ankunft in Auschwitz mußten wir an einer Kommission von SS-Leuten vorbeimarschieren. Der Kommission gehörte Dr. Viktor Capesius an, der mir von meiner Heimat gut bekannt war. Capesius war in Odorhei Repräsentant der Bayerwerke (Medikamente).« Der rumänische Arzt Lajos Schlinger, der Capesius von Vertreterbesuchen kennt, kommt am 11.6.1944 mit dem letzten Transport aus Klausenburg an. Schlinger im Auschwitz-Prozeß: »Plötzlich sah ich Dr. Capesius. Mit großer Freude bin ich auf ihn zugelaufen und habe ihn gefragt: ›Wo sind wir denn eigentlich?‹ Er antwortete: ›In der Mitte Deutschlands.‹ Ich fragte weiter, was mit uns sein wird. Er antwortete: ›Es wird alles gut sein.‹ Ich sagte: ›Meine Frau ist nicht ganz gesund.‹ Darauf er: ›Wenn sie nicht ganz gesund ist, dann soll sie dorthin gehen‹, und zeigte auf die Gruppe von Schwerkranken. Ich bin zu meiner Frau und Tochter zurückgelaufen – die Kolonne ist inzwischen schon in Bewegung geraten – und sagte meiner Frau: ›Du sollst dort hinübergehen und dich dort hinstellen.‹ Sie hat meine Nichte am Arm gefaßt und ist zur Gruppe der Kranken gegangen. Ich habe meine Frau und das 17jährige Mädchen nie mehr gesehen.« Capesius wird Juli 1946 von einem ehemaligen Häftling erkannt, in Dachau und Ludwigsburg interniert und August 1947 entlassen. Zunächst Angestellter einer Apotheke in Stuttgart. Oktober 1950 Eröffnung der *Markt-Apotheke* in Göppingen, zusätzlich Besitzer eines Kosmetiksalons in Reutlingen. Langbein protokollierte im Auschwitz-Prozeß diesen Dialog: »Vorsitzender: Die Zeugen, die Sie bei der Selektion an der Rampe gesehen haben, haben alle die Unwahrheit gesagt? Dr. Capesius: Ja.« Auszug aus dem Schlußwort: »Ich habe in Auschwitz keinem Menschen etwas zuleide getan. Selektiert habe ich nie. Ich bin in Auschwitz nicht schuldig geworden.« Am 20.8.1965 vom LG Frankfurt am Main wegen gemeinschaftlicher Beihilfe zum gemeinschaftlichen Mord in mindestens vier Fällen an mindestens je 2000 Menschen zu 9 Jahren Haft verurteilt. † 20.3.1985 Göppingen (Mitt. Renz).

Capliuk, Michael. SS-Rottenführer.
* 30.9.1911 Storofinetz/Rumänien. Im Außenlager Kobier, wo Holz zur Leichenverbrennung geschlagen wird. Nach 1945 in Stuttgart.

Carstens, Johann. SS-Hauptscharführer.
* 14.5.1901 Wien. Belobigt im Kommandanturbefehl (KB) vom 30.6.1942, da es ihm gelang, »einen geflohenen Häftling wiederzuergreifen«. April 1943 *Kriegsverdienstkreuz II. Klasse mit Schwertern* (das KVK für KZ-Angehörige läßt Beteiligung an Tötungen vermuten). KB vom 28.5.1944: Stabsscharführer (Spieß) der 3. Kompanie des *SS-Totenkopf-Sturmbann KL Auschwitz III* – zuständig für die Außenlager Bobrek, Fürstengrube, Günthergrube, Janinagrube. † 27.9.1970 Graz.

Carstensen, Lorenz Christian. Politische Abteilung (PA), Lager-Gestapo.
* 25.5.1892 Wallsbühl, Kreis Flensburg. SS-Hauptscharführer. Kommandanturbefehl vom 19.11.1941: »Mit sofortiger Wirkung wird der SS-Scharf. Carstensen von der Abteilung Landwirtschaft zur Politischen Abteilung kommandiert.« Leiter der Registratur, Akten- und Karteiführung. 1948 in Krakau zu 6 Jahren Haft verurteilt. † 7.5.1952 Gollnow/Polen.

Cerne, Albin. SS-Oberscharführer.
* 17.2.1903 Andritz. Vom 20.1.1941 bis 20.1.1943 in Auschwitz. SS-Totenkopf-Sturmbann, Zentral-Bauleitung. Nach 1945 in Wien.

Cespiva, Johann. Häftlingsarzt, Obduzent für Mengele.
* 18.8.1911 Nymburk/heutiges Tschechien. Chirurg. Am 15.11.1940 Verhaftung in Prag. Januar 1943 von Prag nach Auschwitz deportiert. Häftlingsarzt in Block 12 (unheilbar Kranke), zuletzt im »Zigeunerlager«. Cespiva: »Ich selbst bin vier oder fünfmal im Krematorium II, und zwar in dem dort eingerichteten Sezierraum, gewesen. Auf Anordnung des Standortarztes Dr. Wirths und des Dr. Mengele. Mehrfach mußte ich Zigeunerkinder, die an Wasserkrebs [Noma] litten und an dieser Krankheit verstorben waren, im Sezierraum des Krematoriums II sezieren. Ich mußte ihnen die Köpfe abtrennen und präparieren.« Bis zum 18.8.1943 in Auschwitz, danach Häftlingsarzt im KZ Mittelbau-Dora. Cespiva über seine letzten Tage in Auschwitz: »Es waren tausende von Kindern, die damals vergast wurden. Die Kinder waren frisch und gesund. Was ich damals erlebte, war so fürchterlich, daß ich in diesen Tagen das erste und einzige Mal Brennspiritus getrunken habe. Eigentlich hatte ich Schluß machen und in den Draht gehen wollen, weil es einfach zu viel war. Aber ein Kamerad gab mir eine Ohrfeige und sagte, daß ich den Brennspiritus trinken soll.« Nach 1945 zunächst Gynäkologe in Prag: »Infolge der körperlichen Schäden, die ich durch die Haft erlitt, habe ich in der Zeit von 1949 bis 1956 dreimal Herzmuskelinfarkte durchgemacht. Seit 1956 bin ich Invalide.« Q.: AV, Bl. 4822 ff.

Chaimies, Victor. Kommandoführer in den Krematorien.
* 1.6.1914 Kretinga in Litauen. SS-Rottenführer. Zunächst Wachmannschaft und Stabskompanie (SS-Angehöriger der Kommandantur). † Verbleib unbekannt. – Der ehemalige SS-Richter Konrad Morgen im Auschwitz-Prozeß über seinen Besuch Herbst 1943: »Nachdem ich das Lager besichtigt hatte, da schritt ich nun zur Aktion und ließ das ganze SS-Gaskammerkommando in seiner Unterkunft vor den Spinden antreten und nahm eine Durchsuchung vor. Und wie ich es mir gedacht hatte, kam dann da einiges zum Vorschein: goldene Ringe, Münzen, Kettchen, Perlen, so ziemlich sämtliche Währungen der Welt. Bei dem einen wenig ›Souvenirs‹, wie der Betreffende sagte, bei dem anderen ein kleines Vermögen. Was ich aber nicht erwartet hatte, daß aus einem der Spinde mir die Geschlechtsteile frisch geschlachteter Bullen entgegenfielen. Ich war zunächst völlig entgeistert und konnte mir also den Verwendungszweck nicht vorstellen. Bis der betreffende Spindinhaber errötend – tatsächlich, das gab es – dann gestand, das besorge man sich zur Auffrischung der eigenen sexuellen Potenz.«

Chasan, Shaul. *Jüdisches Sonderkommando*, Nr. 182527.
* 25.8.1924 Saloniki. Ankunft Auschwitz nach neuntägiger Fahrt im abgeriegelten Güterwaggon am 11.4.1944 aus Athen. Zunächst Leichenschlepper am Bunker V (als Vergasungsstätte für die Ungarntransporte reaktiviertes weißes Bauernhaus, früher Bunker II genannt). Im Krematorium II im Entkleidungsraum und zum Herausziehen der Leichen aus der Gaskammer eingesetzt. Chasan gegen-

über Greif: »Wir machten fast alles mit dem Stock. Nicht mit den Händen. Mit dem Stock war es leichter, die Körper voneinander zu lösen.« Kernsatz: »Was mir bis zum heutigen Tag im Kopf geblieben ist, daß man 2300 Menschen sieht und dann am nächsten Morgen ist plötzlich nur noch ein Haufen Asche und Staub da.« Wohnsitz in Israel.

Chauraki, Fortunee (Mädchenname). Objekt von Medizinverbrechen, Nr. 52301.
* 30.8.1904. Ankunft Auschwitz am 2.8. 1943 aus Drancy. Von 1000 Deportierten kommen 727 sofort in die Gaskammer. Nur 55 Frauen, die auf Versuchsblock 10 gebracht werden, überleben die Selektion. Chaurakis verbleibt dort als Versuchsobjekt von Dr. med. Carl Clauberg bis zur Befreiung Januar 1945. Ärztliches Gutachten, acht Jahre nach der Befreiung: »Die Schädigungen sind durch die an ihr im Lager vorgenommenen Versuche zu erklären, und zwar ist einerseits eine Entfernung der Portio [Teil des Gebärmutterhalses] vorgenommen worden, die dann zu einem chronischen Gebärmutterkatarrh und zu starken und häufigen Gebärmutterblutungen geführt hat, außerdem sind sklerotisierende Injektionen an ihr vorgenommen worden, die zu einem völligen Verschluß beider Tuben geführt haben.« Drei Kinder in der Deportation »umgekommen«. Q.: SP.

Chmiel, Peter. »Geisteskranker« SS-Schütze.
* 29.6.1909. Volksdeutscher aus Rumänien. Fabrikarbeiter. SS-Totenkopf-Sturmbann KL Auschwitz. Aufnahme im Reservelazarett Kattowitz am 18.8. 1942. Nach mehreren Zwischenstationen ab 21.6.1943 in der *Neurologisch-psychiatrischen Beobachtungsstation der Waffen-SS* in Gießen, dem SS-Sanitätsamt unterstellt. Die Einrichtung befindet sich auf dem Gelände der Hessischen Landes-Heil- und Pflegeanstalt Gießen, hat 150 Betten und wird von SS-Sturmbannführer (1944) Dr. med. Theodor Klein geleitet. Etwa 5000 Angehörige der Waffen-SS sollen behandelt worden sein. Es handelt sich zumindest zum Teil um durchgedrehte Vollstrecker des Massenmords, die, sofern nicht »therapierbar«, als Geheimnisträger »entsorgt« werden müssen. Die Methode ist einfach: Sie werden von Psychiatern zu Geisteskranken erklärt, als Geisteskranke aus der SS ausgeschlossen und anschließend in eine psychiatrische Anstalt eingewiesen, wo sie – wie die anderen Psychiatriepatienten – »sterben«. Im Falle Chmiel (»Affekt-Labilität zum Weinen«) schreibt Dr. med. Klein am 8.11.1943 an das Sozialamt Gießen, nachrichtlich an die SS-Entlassungsstelle Mittweida in Sachsen: »Gemäss RdErl. d. RMdJ. vom 4.12.41 – IV W I 88/47 – 7410 teilt das OKW [Oberkommando der Wehrmacht] mit, dass geisteskranke Soldaten, die aus der Waffen-SS entlassen sind (wie Chmiel es ebenfalls ist) zur Freimachung der anderweitig dringend benötigten Betten beschleunigt in zivile Heil- und Pflegeanstalten überführt werden müssen.« Im Krankenblatt heißt es am 21.2.1944: »Es konnte kein krankhafter Befund erhoben werden. Jammert, weil er glaubt, er solle umgebracht werden.« Am 31.3.1944 wird Chmiel in die Hessische Landes-Heil- und Pflegeanstalt Philippshospital in Goddelau (heute Riedstadt) überwiesen. Am 18.4.1944 ist er tot. Einziger Eintrag im Krankenblatt: »Es handelt sich um einen unvernünftigen Patienten mit schlechter Nahrungsaufnahme und fieberhaften Temperaturen, die in den letzten Tagen bis auf 38–39° stiegen. Heute um 19.15 Exitus letalis.« Lit.: Kaminer; Klee, »Euthanasie«.

Chmurczyk, Erwin, Nachname nach 1945: Wölkner. SS-Unterscharführer.
* 16.3.1908 Michalkowitz, Kreis Kattowitz. Ab 1941 in Auschwitz. † 27.12.1970 Neu Anspach.

Christel, Friedrich. SS-Schütze.
* 8.2.1914 Korlata/Rumänien. SS-Totenkopf-Sturmbann, Kommando Jawischowitz und Golleschau. 1948 in Krakau zu 3½ Jahren Haft verurteilt. † 25.9.1964 Wöllersdorf.

Christoph, Hubert. Fahrbereitschaft.
* 15.7.1909 Antonienhütte/Oberschlesien. 1934 NSDAP/SS in Breslau, Unterscharführer. April 1942 bis November 1944 in Auschwitz. Gaskammerfahrer, Aussage: »Die Häftlinge wurden auf der Ankunftsrampe auf den Lkw verladen. Es handelte sich um solche Personen, die nicht laufen konnten. Bei den einzelnen Transportankünften waren ca. 15 Lkw eingesetzt. Es mußten nicht nur Häftlinge transportiert werden, sondern auch Gepäck. Dieses wurde in das Effektenlager Kanada transportiert. Ich nehme an, daß jeder Lkw während einer Transportankunft für Häftlings- und Gepäckfahrten ca. 10mal eingesetzt wurde. Wenn man sich bei den Transportankünften beteiligt hatte, bekam man einen Gutschein. Nach meiner Erinnerung konnte man mit 4 dieser Gutscheine eine ¾-l-Flasche Schnaps erhalten. Die Einlösung der Gutscheine erfolgte in der Kantine.« In Ludwigsburg als *Mitläufer* entnazifiziert, kaufmännischer Angestellter. Q.: AV, Bl. 12796ff.

Christophersen, Thies. Holocaust-Leugner.
* 27.1.1918 Kiel. Waffen-SS (laut *SS-Leitheft* 2/1942 ist die Waffen-SS »die letzte Vollendung des nationalsozialistischen soldatischen Gedankens«). SS-Sonderführer für Pflanzenzucht im Außenlager Rajsko, von den Gefangenen *Locher* genannt (Czech, hier: Christophsen). 1973 Autor: *Die Auschwitz-Lüge.* Lebte 1981 in Belgien, 1986 in Dänemark, 1995/96 in der Schweiz (Ausweisung). † 13.2.1997 Molfsee b. Kiel.

Chudzej, Nikolaus. Gefangenen-Eigentums-Verwaltung.
* 27.11.1904 Czernowitz. Rumäniendeutscher. SS-Unterscharführer. Standortverwaltung Auschwitz, Abteilung GEV, Unterabteilung *Wertsachen* (Aussage Gehri und Romeikat). Laut KZ-Kollege Romeikat nach 1945 Juwelier in Frankfurt am Main. † 2.12.1971 ebenda. – Vertreter der GEV waren bei Transportankünften immer auf der Rampe. Helmuth Reimers, Mitglied der Morgen-Kommission: »Beim Ausladen auf der Rampe entledigten sich viele Juden ihrer mitgebrachten Wertsachen, indem sie diese einfach auf die Rampe warfen oder im Waggon liegen ließen. Diese Gegenstände wurden dann von SS-Leuten aufgesammelt und bei einem Angehörigen der Wertsachenabteilung der Kommandantur abgegeben.«

Cichon, Florentina. KZ-Wärterin.
* Nicht ermittelt. Lagerführerin in Rajsko und im Ende Dezember 1944 gegründeten Wirtschaftshof Plawy, 400 Häftlinge, Landwirtschaft.

Cienciala, Hermann. SS-Unterscharführer.
* 14.12.1904 Siedlice, Kreis Pless. Ab 30.10.1941 in Auschwitz. Kommandanturstab Birkenau und Buna-Monowitz. 1948 in Krakau zu 7 Jahren Haft verurteilt. – Häftlingsarzt Weisskopf (MV, Bd. 26): »In der Zeit meiner Beschäftigung in Buna [erste Hälfte 1943] wurden Selektionen beim Abmarsch zur Arbeit durchgeführt, das heißt, daß arbeitsunfähige oder geschwächte Leute ausgesondert und zur Liquidation bestimmt wurden.«

Ciesielska, Romualda. Häftlingskinderbetreuerin.
* 7.2.1908 Grabiny, Kreis Rypin. Ankunft Auschwitz Herbst 1942 aus dem Gestapogefängnis Montelupich. Feldarbeit, Gerätekammer. August 1944 mit der Betreuung von etwa 500 überlebenden Kindern des Warschauer Aufstands beauftragt. Aussage (Auszug): »Nachdem die Kinder laut Befehl von Mengele aufgestellt waren, ging er mit seiner Begleitung die Reihen der aufgestellten Kinder

entlang, schaute ihnen in die Augen und ließ die SS-Aufseherin die Nummern mancher Kinder eintragen.« Etwa 30 Kinder werden mehrmals zu Mengele gebracht und kehren mit geschwollenen Augen zurück. Nach einer Zeit verschwinden die Symptome. Ciesielska, die bei ihrer Aussage nichts von Mengeles Forschung wissen kann: »Mengele sprach davon, daß er über die Möglichkeit einer Veränderung der Irisfarbe arbeitete.« Q.: MV, Bd. 10.

Clasen, Paul. SS-Oberscharführer. * 4.12.1898 Buchholz, Kreis Rostock. Beruf: Stellmacher. Zunächst Mauthausen, ab Sommer 1942 Wachtruppe Auschwitz, Dienstbezeichnung *SS-Totenkopf-Sturmbann KL Auschwitz.* Clasens Glaubwürdigkeit dokumentiert seine Aussage (AV, Bl. 11635): »Ich habe niemals davon gehört, daß in Auschwitz oder in Birkenau Häftlinge vergast wurden.« Zuletzt in einer Pflegeanstalt in Straubing. † 29.12.1977 ebenda. – KZ-Kollege Schoninger: »Uns war allgemein bekannt, daß von diesen Transporten nur wenige Arbeitsfähige ins Lager kamen und der Rest vergast wurde.«

Clauberg, Carl. Gynäkologe. * 28.9.1898 Wupperhof im Rheinland. 154 cm klein. 1933 NSDAP, SA-Sanitätsobersturmführer. 1933 Privatdozent in Königsberg, ermächtigt zur Sterilisierung per Röntgenstrahlen. 1937 Oberarzt und ao. Professor der *Grenzlanduniversität* (gegen den Ungeist jenseits der Grenzen) Königsberg. 1940 Leiter der Frauenabteilung am Krankenhaus Königshütte in Oberschlesien. Himmlers Persönlicher Referent Rudolf Brandt in einem Aktenvermerk (Nbg. Dok. NO-215): »Der Reichsführer-SS hatte am 8.7.1942 eine Rücksprache mit SS-Brigadeführer Glücks, SS-Brigadeführer Gebhardt [Oberster Kliniker beim Reichsarzt-SS] und Herrn Professor Clauberg. Inhalt dieser Rücksprache war die Sterilisierung von Jüdinnen, die sich in Konzentrationslagern befinden, in großem Umfang. Es wurde abgesprochen, daß Professor Clauberg das Lager Auschwitz als Versuchsstation zur Verfügung gestellt bekommt.« Am 28.12.1942 in Baracke 28 des Häftlingskrankenbaus im Frauenlager Birkenau Beginn der Versuche zur Massensterilisierung jüdischer Frauen durch Einspritzen chemischer Reizflüssigkeiten in die Gebärmutter. April 1943 Fortsetzung der Versuche in Block 10 im Stammlager. Zuerst injiziert Clauberg ein Kontrastmittel und verfolgt am Röntgenschirm, ob die Eileiter durchlässig sind. Später spritzt er ein formalinhaltiges Mittel, das die Eileiter verschließt. Ein, zwei Monate später wird erneut ein Kontrastmittel injiziert und am Röntgenschirm kontrolliert, ob die Unfruchtbarmachung gelungen, d.h. die Eileiter verschlossen sind. Am 7. Juni 1943 meldet Clauberg (Nbg. Dok. NO-212) dem Reichsführer-SS, seine Sterilisierungsmethode sei »so gut wie fertig«. Am 30.12.1944 sind noch 273 Frauen als Versuchsobjekte in Claubergs Station (Czech). Januar 1945 im KZ Ravensbrück, Fortführung der Sterilisierungen an »Zigeunerfrauen«. Häftlingsärztin Zderika Nedvedova (zit.n. Strebel): »All diese Mädchen bluteten aus den Geschlechtsteilen und hatten solche Schmerzen, daß ich ihnen heimlich Beruhigungsmittel geben mußte.« Laut Häftlingsärztin Hautval (Medizin) hat Clauberg keine Versuche zur künstlichen Befruchtung vorgenommen, wie häufig vermutet wurde. Verhaftung Juni 1945 in Schleswig-Holstein, 1948 in Moskau zu 25 Jahren Haft verurteilt. Am 11.10.1955 als sog. *Nichtamnestierter* Überstellung in BRD. Verhaftung am 22.11.1955. † 9.8.1957 U-Haft in Kiel. Clauberg verteidigte sich in seinen Vernehmungen, er habe Himmler getäuscht und somit den Versuchspersonen – er spricht durchgängig von »meinen Frauen« – das Leben gerettet. Die Injektionen hätten einen »bedeutungslosen Schmerz« verursacht. Schäden hätten die Frauen keine davongetragen: »Die einzige Schädigung, welche die Frauen haben können, ist die der Unfruchtbarkeit.« Lit.: Klee, Auschwitz.

Clauss, Otto. Politische Abteilung (PA), Lager-Gestapo.

* 16.1.1903 Lauffen am Neckar. SS-Nr. 115987. Wäschereibetreiber (Smolen). SS-Unterscharführer. Zeitweise Leiter der Aufnahmeabteilung. Museum Auschwitz (StAu I): »Von 1942 bis Februar 1943 wurden alle Außenposten der Politischen Abteilung auf dem Gelände von Birkenau durch SS-Unterscharführer Otto Clauss geleitet.« Standortbefehl vom 21.8.1943: »Besuch der Familie v. 15.8.–30.8.43.« Erhalten ist der von ihm am 22.5.1944 unterschriebene *Verpflichtungsschein.* Der komplette Text: »1.) Mir ist bekannt und ich bin heute darüber belehrt worden, daß ich mit dem Tode bestraft werde, wenn ich mich an Judeneigentum jeglicher Art vergreife. 2.) Über alle während der Judenevakuierung durchzuführenden Maßnahmen habe ich unbedingte Verschwiegenheit zu bewahren, auch gegenüber meinen Kameraden. 3.) Ich verpflichte mich, mich mit meiner ganzen Person und Arbeitskraft für die schnelle und reibungslose Durchführung dieser Maßnahmen einzusetzen.« † Vom AG Biesigheim 1954 für tot erklärt.

Claussen, Wilhelm. Politische Abteilung (PA), Lager-Gestapo, gab sich 1945 als KZ-Häftling aus.

* 16.12.1915 Hamburg-Altona. 1939 KZ Sachsenhausen, Oberscharführer in Mauthausen. Erster Leiter der Aufnahmeabteilung der PA, laut Lagerältester Dürmayer (AV, Bl. 5409) »einer der Hauptschuldigen, die für die Hölle von Auschwitz verantwortlich gemacht werden müssen«. Beteiligt an Rampenselektionen, erschoß Häftlinge an der *Schwarzen Wand.* PA-Kollege Marko: »Er wurde im allgemeinen zu den Erschießungen eingesetzt, da er gleichzeitig Sachbearbeiter für die Standgerichtsverfahren war.« Häftling Pilecki im Auschwitz-Prozeß über das Standgericht: »Ein Fall dauerte etwa eine Minute, vielleicht sogar noch kürzer. Unmittelbar darauf wurden die Verurteilten [zum Erschießen] in den Hof geführt.« Am 26.2.1942 zusätzlich zur Verwaltung als Sachbearbeiter der *Sportgemeinschaft-SS* Auschwitz abgestellt. Laut Standortbefehl vom 27.5. 1944 Rapportführer (Spieß) des Stammlagers. 1945 im Lazarett Försterheim, Gemeinde St. Gilgen, Land Salzburg. Das Bundesministerium für Inneres, Wien (Zl. 60.538-2/49): »Die Erhebungen ergaben, daß es richtig ist, daß sich Claussen selbst im Lazarett Försterheim als ehemaliger KZ-Häftling ausgab und über die schlechte Behandlung durch die SS und deren Methoden schimpfte.« † 6.12.1948 U-Haft in Krakau. Claussens Chef Grabner über die Foltermethoden seines Untergebenen (AV, Bl. 5406): »Die vernommenen Gefangenen wurden gezwungen, in eine Hockstellung niederzugehen. Dabei wurden ihnen die Hände über den Knien zusammengebunden. Ein Stock wurde den gemarterten Gefangenen zwischen die Kniekehlen durchgesteckt. Durch zwei starke SS-Leute wurde der Stock mit dem Gefangenen emporgehoben. Der in diese Lage gebrachte Gefangene wurde mit großen Stöcken auf das Gesäß geschlagen. Hierbei wurde hemmungslos losgedroschen. Es kam häufig vor, daß der geschlagene Gefangene auf die Geschlechtsteile geschlagen wurde. Demzufolge wurde er für sein ganzes Leben schwer geschädigt.«

Cohen, Leon, genannt Dentist. *Jüdisches Sonderkommando*, Nr. 182492.

* 15.1.1910 Saloniki. Kaufmann. Ankunft Auschwitz am 11.4.1944 aus Athen. Von 2500 Deportierten werden 1872 sofort in der Gaskammer ermordet. Cohen in seinen Erinnerungen *From Greece to Birkenau* (zit. n. Friedler): »Man kann nicht

sagen, daß die Arbeit der Dentisten die härteste Arbeit im Lager war, aber es war sicherlich die ekelhafteste. Leider weiß ich, wovon ich spreche, denn ich habe dies selbst in elf langen Monaten erfahren. Es war nicht leicht, die Münder der starren Leichen zu öffnen und den widerlichen Gestank, der aus ihnen entwich, einzuatmen. So war es auch kein Wunder, daß ich oft eine Pause machen mußte, um hinauszugehen und mich zu übergeben.« Cohen im Interview mit Greif: »Wenn ich einen besonders großen Goldzahn bei einer Leiche fand, nahm ich ihn für mich. Ich gab es in der Regel einem SS-Mann, der jede Nacht zu mir kam. Er fragte mich, was er mir am nächsten Morgen bringen sollte. Ich verlangte im allgemeinen Schnaps und besondere Delikatessen. Er nahm das Gold und kam am nächsten Morgen mit den Dingen, die ich bestellt hatte, in einem Sack und sagte: ›Bitte schön, mein Herr!‹« Gestorben 1989 in Bar Yam / Israel.

Cordas, Johannes. SS-Sanitätsdienstgrad (SDG).
* 19.3.1909 Groß Hütbergen (Verden). Vermessungstechniker. 1933 NSDAP / SS, Sturmmann. SS-Sanitätsbataillon Oranienburg. Vom 17.7.1942 bis 18.1. 1945 in Auschwitz, Kommandantur, ab Januar 1943 Hygienische-Bakteriologische Untersuchungsstelle der Waffen-SS in Rajsko. März 1945 KZ Mysen b. Oslo (LaP). Verbleib unbekannt. – Häftling Arditi, Rajsko (MV, Bd. 21): »Es kam vor, daß ich einen abgeschnittenen Menschenkopf erhielt, um histologische Schnitte anzufertigen.«

Cougno, Erika. Häftling Nr. 38912, Politische Abteilung (PA).
* 26.3.1926 Saloniki. Cougno: »Im April 1941 überfiel die deutsche Armee Griechenland. Im ersten Jahr der Besetzung wurden keine Maßnahmen gegen Juden ergriffen. Ich erinnere mich noch daran, wie sich meine Eltern in der Dachstube versammelten, um die BBC-Nachrichten zu hören. Eines Nachts verkündete der Sprecher, daß ein aus dem KZ Lublin entkommener Jude berichtete, daß Juden zu Tausenden systematisch vernichtet würden. Großvater Löwy [später in Auschwitz vergast] stand ärgerlich auf, drehte das Radio ab und sagte: ›Das ist Unsinn. Englische Propaganda.‹« Am 14. März 1943 werden Erika Cougno, ihr Bruder Heinz, ihre Mutter Hella und ihr Vater Salvatore mit dem ersten Transport aus Saloniki nach Auschwitz deportiert. Ankunft am 20.3.1943. Von 2800 Juden werden 2191 »gesondert untergebracht« (Tarnwort für Vergasung). Da die Cougnos Deutsch sprechen, werden sie für die folgenden Griechentransporte als Dolmetscher verwendet. Alle vier überleben, Erika und ihre Mutter in der Registratur des Standesamts der PA (Lager-Gestapo). Selbstporträt bei Shelley. Erster Satz: »Wir sind die einzige jüdische Familie in Thessaloniki, die das KZ Auschwitz überlebte.«

Csaki, Georg. SS-Sturmmann.
* 24.4.1909 Bathausen / Rumänien. Ab Oktober 1944 in Auschwitz. † 11.8.1981 Backnang.

Czapla, Karl. Rapportführer (Spieß).
* 1.2.1911 Chorzow (Königshütte). Kaufmann. 1940 SS, Oberscharführer. Sonderlager Hinzert b. Trier, August 1942 Rapportführer im Zwangsarbeitslager Pustkow, Distrikt Krakau. Juni 1944 Rapportführer des Quarantänelagers für Männer (Lagerabschnitt BIIa) und des Männerlagers (BIId) jeweils in Birkenau. Oktober 1944 Rapportführer im Außenlager Blechhammer, ein Lager mit eigenem Krematorium, 4000 Häftlinge. Czaplas Glaubwürdigkeit dokumentiert seine Aussage (AV, Bl. 6832ff.): »Es war in Blechhammer ein ausgesprochen gutes Verhältnis zwischen Häftlingen, Häftlingsfunktionären, Blockführern und Lagerführung.« † 23.11.1976 am Wohnort Wolfenbüttel. – Häftling Henryk Symchowicz über Blechhammer (StAu II):

»Sie ordneten nachts Appelle an und ließen uns dann ein paar Stunden stehen, und nach dem Appell waren dann immer zehn oder zwanzig Juden tot. Ich erinnere mich an einen dieser Appelle. Es war im Oktober. Der Tag war windig und die Nacht war kalt. Wir wurden im Hemd rausgetrieben. Sie ließen uns sechs Stunden lang bewegungslos stehen, und bei der kleinsten Bewegung setzte es Schläge, und sie schlugen wütend, sadistisch und unmenschlich. Dieser Appell kostete uns 74 Häftlinge.«

Czekalski, Leon. Friseur der SS, Häftling Nr. 2955.

* 11.4.1920. Friseur. Am 15.5.1940 Verhaftung, Gestapogefängnis Pawiak. Ankunft Auschwitz am 15.8.1940 mit dem ersten Transport aus Warschau: »Wir wurden auf einem Nebengleis des Bahnhofs Auschwitz ausgeladen und unter SS-Bewachung in das Lager geführt. Hier wurden wir zunächst auf einem freien Platz zu je hundert Mann aufgestellt, wo man uns einen ganzen Tag ohne Verpflegung stehen ließ. Anschließend erhielten wir die Häftlingsnummer, die auf einem Streifen Stoff geschrieben war und die wir uns auf der Brust und an der Hose festheften mußten. Tätowiert wurden wir zu diesem Zeitpunkt noch nicht, sondern erst im Jahre 1942.« Zuerst Häftlingsfriseur. Ab 17.1.1941 Friseur »für die SS« im Gebäude der Kommandantur. Czekalski bleibt dies »bis zum November 1944, als ich von dem Adjutanten des Lagerkommandanten mit einem Stück Margarine erwischt wurde und in den Bunker kam. Im Bunker blieb ich für zwei Wochen und kam dann für zwei Wochen zur Strafkompanie nach Birkenau. Anschließend [Dezember 1944] kam ich mit einem Transport in das KZ in Buchenwald.« Inhaber eines Friseurladens in Polen. Q.: AV, Bl. 5568 ff.

Czelny, Kazimierz. Häftling Nr. 92238.

* 17.3.1922. Medizinstudent. Ankunft Auschwitz am 21.1.1943 aus dem Gefängnis in Tarnow. Frühjahr 1943 Hilfspfleger im »Zigeunerlager«. Untergebracht in Block 32, »der letzte Block vor der Umzäunung, die das Zigeunerlager von der Rampe trennt«. Winter 1943/44 im Leichenkommando innerhalb des »Zigeunerlagers«. Czelny: »Wir hatten die Aufgabe, die Leichen der verstorbenen Zigeuner auf Lastwagen zu laden. Die Leichen, die wir aufgeladen haben, hatten manchmal keine Köpfe mehr; es war unbeschreiblich. Im Zuge dieser Tätigkeit ist mir bekanntgeworden, daß sich in einem behelfsmäßig errichteten Holzschuppen in der Nähe von Block 32, in welchem die Leichen gestapelt wurden, Behälter befanden, in welchem die Köpfe von verstorbenen Kindern in Formalin aufbewahrt wurden, die an der Noma-Krankheit [Wasserkrebs] gelitten hatten. Es war bekannt, daß diese Leichenteile für Mengele dort aufbewahrt wurden, der sie m. W. dann später an ein Institut in Berlin [Kaiser-Wilhelm-Institut Anthropologie?] schicken ließ.« Nach 1945 Labortechniker, britischer Staatsbürger. Q.: MV, Bd. 13.

Czelny, Stanislaw. Häftlingsarzt, Nr. 93242.

* 15.5.1895 Lemberg. Ankunft Auschwitz laut Häftlingsnummer am 23.1.1943 aus dem Gefängnis in Tarnow. März 1943 bis zur Liquidierung in der Nacht vom 1. zum 2.8.1944 im »Zigeunerlager«. Czelny: »In diesem Lager lebten ganze Zigeunerfamilien mit ihren Kindern, unter ihnen auch Zigeunerinnen, deren Männer bei der deutschen Wehrmacht gedient haben und später allmählich in das Lager gebracht wurden. Die letzten Blocks des Zigeunerlagers befanden sich in der Nähe der Laderampe.« Sanitäter auf Block 31, genannt *Kindergarten*: »Auf diesem Block befanden sich Zigeunerkinder und insbesondere solche, die keine lebenden Eltern mehr hatten. Ich sah unter diesen Kindern manche mit gewissen körperlichen Anomalien. Mei-

stens waren es Zwillingskinder. Manchmal nahm Dr. Mengele einige Zwillinge in sein Arbeitszimmer mit, von wo sie öfters nicht mehr auf den Block zurückkehrten. Unter diesen Kindern erinnere ich mich an ein Zwillingsgeschwisterpaar, Bruder und Schwester, die verschiedenfarbige Iris hatten. Mengele untersuchte diese Zwillinge sehr häufig und verschrieb ihnen Tropfen, die er mir befahl, in die Augen jener Kinder zu tröpfeln.« Nach 1945 Arzt in Krzeszowice. Q.: MV, Bd. 31.

Czernek, Max. SS-Unterscharführer. * 23.12.1900 Gleiwitz. SS-Totenkopf-Sturmbann. 1948 in Krakau zu 4 Jahren Haft verurteilt. † 13.5.1981 Bad Bentheim.

Czerwinski, Horst. Führer von Außenlagern. * 16.11.1922 Kulm / Westpreußen. Sohn eines Lademeisters der Reichsbahn, Mutter bei der Geburt gestorben. Fleischer, 1939 freiwillig Waffen-SS, Unterscharführer (1943). Juli 1941 SS-Regiment *Der Führer*, Rußlandfeldzug. Ab November 1942 in Auschwitz, SS-Totenkopf-Sturmbann, Rampendienst. Sommer 1943 als Nachfolger Lehmanns Führer des Außenlagers (AL) Sosnowitz (I) im Regierungsbezirk Kattowitz, ein Handwerkerkommando mit etwa 100 Mann. Das Lager besteht von August 1943 bis Februar 1944, die Häftlinge kommen danach ins AL Lagischa (StAu I). März 1944 Führer des AL Lagischa b. Bedzin, 40 km von Auschwitz und 15 km von Kattowitz entfernt, knapp 1000 Häftlinge zum Bau eines Kraftwerks, September 1944 aufgelöst. Ab 1.10.1944 Führer des AL Golleschau, Steinbruch und Zementwerk. Kommandanturbefehl vom 4.10.1944: *Kriegsverdienstkreuz II. Klasse mit Schwertern* (das KVK für KZ-Angehörige läßt Beteiligung an Tötungen vermuten). Nach 1945 eigene Metzgerei. Am 26.5. 1989 vom LG Lüneburg wegen zweier Morde an russischen Häftlingen in Lagischa zu lebenslanger Haft verurteilt. Im Urteil heißt es zum Umgang des Gerichts mit Czerwinski: »Der Angeklagte wurde auch mehrere Monate lang, als zeitweise etwas häufiger – aber nicht mehr als dreimal zwei Stunden pro Woche – verhandelt wurde, mit dem Dienstwagen von seiner Wohnung abgeholt, zum Landgericht gefahren und nach der Sitzung wieder zu seiner Wohnung zurückgebracht.«

Czeszeko, Janina. Häftling Nr. 18277. * 22.10.1919. Ankunft Auschwitz am 26.8.1942 aus dem Warschauer Gestapogefängnis Pawiak. »Pflegerin« in Birkenau. Czeszeko zu Lagerselektionen: »In den überwiegenden Fällen waren die ausselektierten Häftlinge, also die in das Gas gehen sollten, sogenannte Muselmänner, in einem sehr schlechten körperlichen Zustand nach Fleckfieber sowie Jüdinnen. Diese Kranken konnten bei entsprechender ärztlicher Behandlung wieder gesund werden und zu sich kommen. Ich bin selbst das beste Beispiel dafür. Da ich Muselmännin war. Ich kam ohne größere ärztliche Hilfe dank der Hilfe meiner Kameradinnen zu mir und genas.« Oktober 1944 Deportation nach Ravensbrück. Angabe nach 1945: Infolge der NS-Verfolgung »nicht vollendete höhere Schulbildung«. Q.: MV, Bd. 29.

Czipf, Josef. SS-Schütze. * 26.3.1894 Bakony-Gyroth / Ungarn. SS-Totenkopf-Sturmbann. † 19.7.1969 Seehausen.

Czycz, Leopold. SS-Rottenführer. * 3.5.1912 Czernowitz. Kommando Union-Werke, Munitionsfabrik neben dem Stammlager. Die Gefangene Finkelstein: »Wir wurden täglich geschlagen.« 1948 in Krakau zu lebenslanger Haft verurteilt.

D

Dachmann, Hermann. SS-Rottenführer.
* 10. 6. 1908 Schütmar. Ab Oktober 1940 in Auschwitz, Landwirtschaft. 1948 in Krakau zu 5½ Jahren Haft verurteilt. † Mai 1949 im Gefängnis Gollnow.

Dafner, Moszek. Opfer von Versuchen zur Massensterilisierung mit Röntgenstrahlen.
* 1922. Dafner: »Nach meiner Verhaftung wurde ich nach Auschwitz transportiert. Dort wurde ich im August 1943 mit etwa 20 meiner Kameraden im Alter von 20–24 Jahren, die unter den kräftigsten ausgesucht wurden, in einen Block gebracht, an dessen Nummer ich mich nicht mehr erinnere. Drei Wochen später wurden an uns Experimente vorgenommen, und zwar erhielt ich eine sehr starke Dosis Röntgenstrahlen, wobei man den rechten Hoden durch Bleiplatten abdeckte. Einige Tage später hatte ich eine sehr schmerzhafte Reaktion und eine sichtbare Wunde an der Stelle der Bestrahlung. Gleichzeitig erkrankte ich an Malaria, und während ich aus diesem Grunde noch im Krankenhaus lag, wurde an mir ein zweites Experiment vorgenommen, nämlich die Entfernung beider Hoden unter Lumbalanästhesie. Im Dezember 1943 wurde ich nach Majdanek transportiert zum Arbeitseinsatz.« Q.: SP.

Dallmann, Arnold. SS-Schütze.
* 10. 3. 1903 Langenhagen. Ab 15. 8. 1944 in Auschwitz, SS-Totenkopf-Sturmbann. 1948 in Wadowice zu 3 Jahren Haft verurteilt. Nach 1945 in Maichingen.

Damm, Ludwig. Gefangenen-Eigentums-Verwaltung.
* 15. 8. 1911 Morlautern. 1931 SA und NSDAP (Nr. 633456), 1933 SS (Nr. 82149), Unterscharführer. Ab August 1942 in Auschwitz. Standortverwaltung, Abteilung GEV: Verwahrung der Habe der Inhaftierten und Vereinnahmung der Wertsachen der Ermordeten (Vertreter der GEV waren deshalb bei Transportankünften immer auf der Rampe). Damm, der permanent davon spricht, Häftlinge fürsorglich »betreut« zu haben: »Es sind verhältnismäßig viel Gelder für die von mir betreuten Häftlinge eingegangen. Es war auch möglich, daß Teile dieser Beträge zu Einkaufszwecken für die Häftlinge freigegeben wurden. Es erfolgte allerdings keine Barauszahlung, sondern es wurden den [nicht jüdischen] Häftlingen Gutscheine ausgehändigt.« Laut Beförderungsvorschlag ab Juni 1943 Sachbearbeiter der Verwaltung des Gutsbezirks Auschwitz. Nach 1945 Bürgermeister und Ortspolizeiverwalter in Morlautern. Aussage Damm vom 27. 4. 1962: »Im Jahre 1936 wurde ich zum Bürgermeister von Morlautern eingesetzt. Nach dem Kriege bin ich im Jahre 1952 erneut zum Bürgermeister von Morlautern gewählt worden, Ich habe dieses Amt bis zum heutigen Tage inne.« † 30. 10. 1978 Kaiserslautern. Aussage: AV, Bl. 12237 ff.

Daniel, August. Gefreiter der Landesschützen.
* 1. 6. 1892 Vloto / Westfalen, Sohn eines Schuhmachers. Ab 1932 Steinmetzgeschäft in Vlotho. Nach eigenen Angaben Januar 1944 zu den Landesschützen in Osnabrück eingezogen und Juli 1944 nach Auschwitz gekommen: »Vor uns war eine SS-Wachkompanie dort, die an die Front kam und durch uns ersetzt wurde. Eingesetzt wurden wir als Wacheinheit in dem Lager Monowitz. Über die Vergasungen und Verbrennungen von Menschen in Birkenau habe ich gehört. Auch den Verbrennungsgeruch konnte man wahrnehmen.« November 1944 im Mauthausen-Nebenlager Gusen. Nach 1945 weiterhin Inhaber des Steinmetzbetriebs. Q.: AV, Bl. 8597 ff.

Danisch, Franz. Häftling Nr. 11182.
* 4. 10. 1902. Lagerältester des Männerlagers in Birkenau (Lagerabschnitt BIId).

Häftling Wetzler im Auschwitz-Prozeß: »Er war ein Berufsmörder.« Häftlingspfleger Glowacki (MV, Bd. 5): »Er war Blockältester der Strafkompanie, und zwar sowohl in Block 11 des Stammlagers als auch in Birkenau, als die Strafkompanie dorthin verlegt wurde. Im Spätherbst oder Winter 1944 habe ich miterlebt, wie Danisch die Häftlinge der Strafkompanie nackt in den Schnee trieb, wo sie Gymnastik betreiben mußten, und wie er sie dann mit einem Wasserschlauch abspritzte.« † 12.6.1945. – PA-Häftling Bartel zur Strafkompanie (AV, Bl. 2435): »Die jüdischen Häftlinge und die katholischen Geistlichen, die sich bei uns im Transport befanden, wurden sofort in die Strafkompanie überwiesen.« Die Männer-Strafkompanie gibt es seit Sommer 1940. Sie ist zunächst im Block 3a, später im Block 11 untergebracht und wird Mai 1942 nach Birkenau, Lagerabschnitt BIb, und dann in den Abschnitt BIId verlegt. Häftling Jan Pilecki zur Strafkompanie: »Es gab Tage, an denen nur 30, es gab aber auch Tage, an denen 150 bis 200 Häftlinge starben.« Museum Auschwitz (StAu I): »Die Häftlinge der Strafkompanien wurden bei den schwersten Erd- und Bauarbeiten eingesetzt, sie mußten länger als die anderen Häftlinge arbeiten, und sie mußten die Arbeit zusätzlich im Laufschritt ausführen. Während die anderen Häftlinge nach dem Abendappell freie Zeit hatten, mußten die in die Strafkompanie eingewiesenen Häftlinge weiterarbeiten.« SS-Unterscharführer Leischow: »Am schlimmsten waren die Verhältnisse bei der Strafkompanie in Birkenau. Dort wurden die Häftlinge so unmenschlich behandelt, daß man es sich kaum vorstellen kann. Das Leben in der SK war eine Hölle. Ich möchte noch erwähnen, daß die Einweisung in die Strafkompanie ganz willkürlich wegen geradezu lächerlichen Vergehen gegen die Lagerordnung erfolgte.«

Dannwolf, Karl. SS-Oberscharführer.
* 16.10.1885 Rummelhausen, Kreis Büdingen. SS-Totenkopf-Sturmbann. Verbleib unbekannt.

Danz, Luise. KZ-Wärterin.
* 11.12.1917 Walldorf, Bezirk Meiningen in Thüringen. Postangestellte. Zunächst in Ravensbrück, ab 25.3.1943 in Majdanek, danach Judenlager Plaszow b. Krakau. September 1944 Rapportführerin (Spieß) im Frauenlager Birkenau. Am 22.12.1947 in Krakau wegen besonderer Grausamkeit zu lebenslanger Haft verurteilt (Liebehenschel-Urteil). Das Gericht: »Sie schlug Häftlingsfrauen bei jeder Gelegenheit, wobei sie sogar schwangere Frauen nicht verschonte.« Die Gefangene Kagan (AV, Bl. 3160): »Sie trennte sich nie von ihrer Peitsche.« Wohnsitz im Kreis Meiningen.

Dargelis, Andreas. SS-Sanitätsdienstgrad (SDG).
* 18.11.1910 Schaken. SS-Unterscharführer. 1944 Blockführer im Männer-Quarantänelager Birkenau (Lagerabschnitt BIIa). Laut Auschwitz-Urteil prügelte er mit Baretzki kranke Häftlinge auf Lkws, die zur Gaskammer fuhren. Häftlingsarzt Otto Wolken (AV, Bl. 6948) u.a. über Dargelis in Birkenau: »Im Sommer 1943 veranstalteten die SS-Leute des öfteren sog. Hasenjagden. Die Opfer suchten sie sich beim Appell aus. Diejenigen, die nicht richtig in der Reihe standen, die beim Kommando ›Mützen ab‹ nicht schnell genug die Mütze abnahmen oder die nicht genügend ›strammstanden‹, wurden unter Schlägen und Drohungen gegen den elektrischen Zaun gehetzt. Die Posten von den Kontrolltürmen schossen dann auf die Häftlinge. Von rückwärts schossen die Blockführer.« Nach 1945 in Kaiserslautern.

Dargis, Wladislaus. SS-Sturmmann.
* 26.5.1910 Riga. SS-Totenkopf-Sturmbann. Erschoß Häftlinge »auf der Flucht« (AV, Bl. 3753). † Vom AG Lübeck 1950 zum 3.1.1945 für tot erklärt.

Darilion, Johann. SS-Schütze.
* 30.12.1922. Wachmannschaft, Kommando Eintrachthütte. 1948 in Krakau zu 3½ Jahren Haft verurteilt.

Datzer, Peter. SS-Rottenführer.
* 26.3.1912 Königsfeld in Ungarn. SS-Totenkopf-Sturmbann. † 20.1.1945 Kriegstod in Rajsko.

Daugs, Otto. SS-Rottenführer.
* 16.4.1913 Belgrad. Nach 1945 in Norddeutschland.

Dech, Philipp. SS-Schütze.
* 11.3.1913 Putinci/heutiges Serbien. Ab 1942 in Auschwitz, Wachmannschaft Monowitz, Kommando Neu-Dachs. Am 25.2.1948 in Krakau zu 8 Jahren Haft verurteilt (HvA 12). Nach 1945 in Niedersachsen.

Degenszajn, Fryda. Objekt von Medizinverbrechen.
* 1911. Ankunft Auschwitz aus Drancy am 20.7.1943. Von 1000 Deportierten werden 440 »gesondert untergebracht« (Tarnwort für Vergasung), von 191 ins Lager selektierten Frauen müssen zwölf auf Claubergs Versuchsstation. Degenszajn, acht Jahre nach der Befreiung: »Ich mußte immer wieder meine Arbeit als Schneiderin aufgeben und leide unentwegt an Schmerzen im Leib. Ich fühle mich immer schwach und leide seit 4–5 Jahren an starken Wallungen, habe keine sexuellen Bedürfnisse mehr und konnte auch nicht heiraten. Die Versuche verschiedener Ärzte, meinen Zustand zu bessern, sind fehlgeschlagen.« Ärztliches Gutachten: »Eine Wiederherstellung der Gebärmuttersklerose ist durch keine Maßnahmen mehr möglich.« Das ärztliche Gutachten zum Verbleib der Angehörigen: »Ihr Vater und ihre Mutter sind während des Krieges in Konzentrationslagern umgekommen. Die 12 Brüder und Schwestern sind im Konzentrationslager während des Krieges durch Verbrennung umgekommen. Von ihrer Familie bleibt nur noch ein Bruder.« Q.: SP.

Dehmann, Johann. SS-Scharführer.
* 27.11.1892 Klepsch, Kreis Troppau. Wachmannschaft Monowitz, Herbst 1944 Kommando Charlottengrube in Rydultowy b. Rybnik, Steinkohlengrube, etwa 1000 jüdische Häftlinge. Am 22.3.1948 in Krakau zu 3 Jahren Haft verurteilt (HvA 17). † 8.7.1968 Hannover.

Deimer, Anton. SS-Rottenführer.
* 2.12.1908 Tüppelsgrün, heute Depoltovice/Tschechien. SS-Totenkopf-Sturmbann. † 9.12.1961 Uffenheim. – Primo Levi über die Ankunft: »Die Tür wurde krachend aufgerissen, das Dunkel hallte wider von fremden Befehlen, jenem barbarischen Gebell kommandierender Deutscher.«

Dejaco, Walter. Leiter der Planungsabteilung der Zentral-Bauleitung.
* 19.6.1909 Muchlau b. Innsbruck. Architekt in Innsbruck. Juli 1933 SS (Nr. 295135), Obersturmführer (1944). Illegale Tätigkeit für NSDAP in Österreich, deshalb 1934 wegen Geheimbündelei verurteilt. Sommer 1940 (bis Herbst 1944) in Auschwitz. Laut KZ-Kollege Karl Eggeling »mit dem Bau der Krematorien beauftragt«. Am 16.9.1942 mit Höß und Hössler Dienstreise in das Vernichtungslager Chelmno wegen Verbrennung der Leichen (Reisebericht vom 17.9.1942, unterzeichnet von Dejaco, Nbg. Dok. NO-4467). Standortbefehl Nr. 45/43: »Besuch der Ehefrau vom 12.10.–20.11.43«. Dejacos Argumentation lautet in Variationen (AV, Bl. 1251 ff.): »Ich hatte nur die Pläne zu liefern und hatte mit der weiteren Bauführung nichts zu tun.« Dejaco, der mit Höß auch Majadanek besucht hatte: »Erst als die Anlagen dann tatsächlich errichtet worden waren und der Betrieb losgegangen ist, wurde auch uns bekannt, daß die Entlausungsräume als Gaskammern zur Vernichtung von Menschen benutzt werden. Das war bald in ganz Oberschlesien kein Geheimnis mehr.« Nach 1945 Baumeister in Reutte

in Tirol, Inhaber eines Betriebs mit 15–20 Mitarbeitern. Der ehemalige Häftling Vrba behauptet in seinen Erinnerungen, der Innsbrucker Bischof habe 1963 Dejaco herzliche Anerkennung zuteil werden lassen »wegen des schönen neuen Pfarrhauses, das er für den Pfarrer von Reutte gebaut hatte«. Anklage StA Wien (15 St 12.081/64) wegen Beteiligung am Massenmord durch Planung, Errichtung und Instandhaltung der Gaskammern und Krematorien. Freispruch LG Wien am 10.3.1972.

Delfs, Johann. SS-Unterscharführer.
* 10.2.1908 Bargstedt. Ab 1940 in Auschwitz, SS-Wachkompanie, Dienstbezeichnung *SS-Totenkopf-Sturmbann KL Auschwitz*. Kommando Landwirtschaft. Nach 1945 in Nortorf.

Delmotte, Hans. SS-Arzt.
* 15.12.1917 Lüttich. 1930 SA, 1937 SS (Nr. 313070), Obersturmführer (1944). Zunächst Sanitätsamt der Waffen-SS. Ab Mai 1943 im 5 km vom Stammlager entfernten Rajsko, offizielle Dienstbezeichnung: Hygienische-Bakteriologische Untersuchungsstelle der Waffen-SS und Polizei Süd-Ost, Auschwitz, Name ab 2.5.1944: Hygiene-Institut der Waffen-SS und Polizei Auschwitz. KZ-Kollege Münch (AV, Bl. 4610): »Die erste Selektion, an der er beteiligt war, erschütterte ihn derart, daß er nach wenigen Stunden gebrochen zu uns nach Rajsko gebracht werden mußte. Er hatte Weinkrämpfe und erbrach.« Dennoch weierhin beteiligt an Selektionen. † Münch: »Als Dr. Delmotte nach dem Krieg durch die Amerikaner verhaftet werden sollte, erschoß er sich.«

Delong, Gustav. SS-Sturmmann.
* 17.9.1890 Teschen. Ab Dezember 1944 in Auschwitz. † 18.4.1963 Traunsreut.

Demenus, Georg. SS-Rottenführer.
* 25.4.1912 Konitz/Westpreußen. Stabskompanie (SS-Angehöriger der Kommandantur). Vom AG Plön 1962 für tot erklärt.

Denesova, Klara (Mädchenname). Apothekerin, keine Häftlingsnummer, da nur acht Wochen im Lager.
* 12.3.1915 Vrutky. Ankunft Auschwitz am 17.6.1944 aus Ungarn. Denesova: »Als der Zug hielt, sprangen Angehörige des Sonderkommandos in die Waggons, die die Aufgabe hatten, die Waggons auszuräumen und die Leute vor dem Waggon zu ordnen. Ein Angehöriger des Sonderkommandos sagt zu mir: ›Halte dich, sei nicht krank und nimm dir kein Kind!‹ Was er damit meinte, wußte ich nicht. Als wir uns einreihten, gingen wir in der ganzen Gruppe hintereinander, bis wir an eine Stelle kamen, an welcher ein Mann in SS-Uniform stand. Er schrie in deutscher Sprache: ›Greise, Kranke, Frauen mit Kindern auf die linke Seite, Männer und Knaben gesondert und Frauen ohne Kinder bis zu 40 Jahren ohne Kinder auf die rechte Seite!‹ Neben mir ging meine Mutter und weiters eine Familie mit fünf Kindern, welche aus Frankreich stammte. Eines dieser Kinder hatte die Röteln, und der Vater dieses Kindes bat mich, ich solle das Kind in meine Arme nehmen, welcher Bitte ich auch nachkam. Mit diesem Kind, welches etwa zwei Jahre alt war, kam ich in unmittelbare Nähe des Mannes in Uniform. Als ich um den Mann herumging, drehte er sich abrupt um und rief: ›Leg das Kind hin!‹ Ich antwortete: ›Das Kind gehört nicht mir und ist krank.‹ Hierauf reagierte der Mann in Uniform, daß er das Kind stieß und es mir aus den Armen riß. Inzwischen trat meine Mutter zu mir und wollte mich nicht aus der Gruppe herauslassen, in der sie war. Dabei bat sie den Mann in Uniform, er möge mich mit ihr gehen lassen. Daraufhin antwortete er: ›Ihr werdet euch bald wiedersehen!‹« Weil ich die Mutter weiterhin an der Hand hielt und mich nicht von ihr trennen wollte, ergriff er mich brutal an den Haaren und stieß mich auf die rechte Seite. Tatsache ist, daß ich von dieser Zeit an meine Mutter

nicht mehr gesehen habe.« Verheiratet in der damaligen CSSR. Q.: MV, Bd. 26.

Dengler, Hans. Zentral-Bauleitung. * 22.11.1915 München. SS-Unterscharführer. Planungsabteilung, Werkstattleiter. Standortbefehl Nr. 24/43: »Besuch der Ehefrau vom 6.–31.7.43«. Nach 1945 in Norddeutschland.

Denk, Karl. SS-Rottenführer. * 17.2.1925 Oberufer/Preßburg. Von Juni 1943 bis August 1944 in Auschwitz, Wachmanschaft. 1948 in Krakau zu 8 Jahren Haft verurteilt. Nach 1945 in Baden-Württemberg.

Denzinger, Konrad. SS-Rottenführer. * 29.3.1924 Zeppin im damaligen Jugoslawien. Sattler. SS 1942. November 1944 in Monowitz. Am 30.3.1948 in Krakau zu 6 Jahren Haft verurteilt, Anrechnung der U-Haft auf die Haftdauer. Laut Urteil (VII K 893/47) erschoß er auf dem Evakuierungsmarsch zwei Juden »nicht festgestellten Namens«. Wohnsitz im Kreis Bitterfeld (DDR).

Depta, Romuald. Zentral-Bauleitung. * 14.6.1922. SS-Schütze. Fahrbereitschaft ZBL. Standortbefehl Nr. 30/43: »Besuch der Ehefrau vom 23.7.–15.8.43«. Verbleib unbekannt.

Derensky, Yitzhack. *Jüdisches Sonderkommando.* * Pole, aus Bialystok. Erkannte im Sommer 1943 die Frau eines Freundes in einem Bialystok-Transport und warnte sie im Auskleideraum, alle würden vergast. Da die Frau dies anderen Deportierten weitersagt, kommt es zu einem mühsam unterdrückten Aufstand der Opfer. Filip Müller: »Während die Frau erschossen wurde, wurde Derensky von SS-Leuten gefesselt, zu einem der Öfen gezerrt und dann lebendigen Leibes verbrannt. Zur Abschreckung mußten wir alle seinem schrecklichen Ende beiwohnen.«

Dering, Wladyslaw. Häftlingsarzt, Nr. 1723. * 1903. Ankunft Auschwitz am 15.8. 1940 mit dem ersten Transport aus Warschau. Leiter der Chirurgischen Abteilung im Häftlingskrankenbau (HKB). Lagerältester im HKB des Stammlagers. Operierte für Horst Schumann auf Block 10, schnitt Frauen die bestrahlten Eierstöcke und Männern die Hoden heraus (OP-Buch im SV). Der 18jährige Mordechay will sich dagegen wehren. Antwort Dering: »Wenn ich dir deine Eier nicht ausschneide, dann wird man mir die meinen ausschneiden!« Häftling Jakob Schmidt (BV): »Die haßerfüllte Einstellung, die man damals im Lager gegenüber Juden von Mithäftlingen feststellen konnte, habe ich in meinem eigenen Fall beobachten können, als mir einmal Dr. Dering sagte: ›Du schmutziger Jude, Du kommst doch sowieso ins Krematorium.‹« Häftlingsarzt Lettich in einem Bericht (SV): »Dieser Chirurg operierte mit einer ziemlich großen Brutalität. Die Patienten erhielten eine leichte örtliche Betäubung, ihre Schreie waren entsetzlich zu hören. Oft wurden zwei Keimdrüsen gleichzeitig entnommen. Viele dieser Unglücklichen starben schnell an diesen Operationsfolgen. Viele starben, weil die ›Meerschweinchen‹ zu erschöpft für ihren Dienst waren.« Langbein (Menschen): »Lachend zeigte er mir eines Tages einen Tabaksbeutel und fragte mich, ob mir nichts besonderes an ihm auffalle. Ich bemerkte nichts Außergewöhnliches. ›Schau ihn dir gut an, er hat keine Naht. Hast du schon einmal einen solchen Beutel ohne Naht gesehen?‹, fragte Dering stolz und erklärte mir, wie er zu diesem seltenen Stück gekommen war. Er hat den Hodensack eines Opfers der Sterilisierungsversuche präparieren und gerben lassen.« Nach 1945 im britischen Kolonialdienst und Praktischer Arzt in London, britischer Staatsbürger. Dering wurde am 23.3.1965 in der Deutschen Botschaft in London konsularisch befragt (AV, Bl. 18595ff.). Dabei stellte er sich als den besten Arzt in Auschwitz dar, der den ganzen Tag ohne

Unterbrechung für die Häftlinge gearbeitet habe. † 1965.

Derressauw, Paula. KZ-Wärterin.
* 12.10.1924 Genf. Verbleib unbekannt. – Die Gefangene Kitty Hart in ihren Erinnerungen über die Arbeit im Außenkommando: »Ein SS-Mann kam vom Lager her mit einem Motorrad den Feldrain entlang, gefolgt von einer SS-Frau mit zwei Hunden an langen Leinen. Sie kamen inspizieren. Als die Frau bei mir war, stierte sie in das Loch zu meinen Füßen. ›Du Sau, ist das alles, was du gemacht hast?‹ Ein Peitschenschlag über meinen Kopf zwang mich in die Knie. Die Hunde knurrten Zustimmung.«

Desch, Johann. SS-Obersturmführer.
* 23.12.1885 Worms. 1928 NSDAP (Nr. 73495). 1931 SS (Nr. 14000). SS-Hauptamt Haushalt und Bauten. 1941 Leiter des *Truppen-Wirtschafts-Lagers* (TWL) Mainz. Februar 1943 bis März 1944 Leiter des TWL in Auschwitz, Versorgung der SS mit Lebensmitteln, Unifomen, Waffen und Munition (StAu I). Danach Fronteinsatz Waffen-SS. Nicht ermittelt.

Detering, Karl. SS-Unterscharführer.
* 11.9.1907 Lemgo. Nach 1945 Wohnsitz am Geburtsort. – Imo Moszkowicz: »Manchem wurde das Nichtkönnen des Bettenbauens zur Todesfalle. Sowohl der Stubenälteste als auch der kontrollierende Unterscharführer rissen ein nicht proper gemachtes Bett wieder ein, damit der Häftling den Bau wiederhole. Das führte manchmal dazu, daß er nicht zeitig genug fertig wurde, ergo zu spät zum Appell kam, auf den Bock mußte, dann mehrere Schläge über den Arsch verpaßt kriegte, an den geschlagenen Wunden eine Infektion bekam, in den Krankenbau ging, dort selektiert wurde. Ab durch den Kamin.«

Dettloff, Edmund. SS-Rottenführer.
* 21.1.1907. Zugang August 1941 von Buchenwald. 1948 in Krakau zu 6 Jahren Haft verurteilt.

Diamanski, Hermann. Politischer Häftling, Nr. 71868.
* 16.11.1910 Berlin. Ankunft Auschwitz am 30.10.1942 aus Ravensbrück. Stationen: Monowitz, Birkenau, Block- und Lagerältester im »Zigeunerlager« sowie anschließend im A-Lager (Quarantänelager für Juden). Zuletzt Lagerkapo im Außenlager Fürstengrube. Diamanski: »Die Funktionshäftlinge mußten, nachdem das Lagerpersonal [1944] infolge des Krieges knapp geworden war, bei Eintreffen von Transporten mit zugegen sein [!]. Die Transporte wurden von Dr. Mengele bereits bei ihrem Eintreffen besichtigt. Er entschied mit einer Handbewegung, wer als arbeitsfähig zu gelten hatte und wer sofort auf geradem Weg in das Gas kam. Hierbei assistierte Dr. Thilo. Eine Untersuchung fand nicht statt, sondern für ihn entschied scheinbar das Aussehen. Bemerken möchte ich hierzu noch, daß Frauen, die Kinder auf dem Arm hatten, egal ob sie gesund waren oder nicht, grundsätzlich in das Gas kamen. Die Besichtigung und Entscheidung fiel aus einer Entfernung von ca. 5 m. Sie war endgültig. Erwähnen möchte ich noch, daß die Transporte, welche sofort ins Gas mußten, nicht namentlich erfaßt waren. Es handelt sich um Personen, von denen man heute noch nicht weiß, was mit ihnen geschehen ist.« Nach 1945 Expedient. † 1976. Q.: MV, Bd. 1.

Diefenbach, Ludwig. SS-Rottenführer.
* 15.10.1907 Bad Schwalbach. SS-Totenkopf-Sturmbann. Nach 1945 am Geburtsort.

Diem, Rudolf. Häftlingsarzt, Nr. 10022.
* 23.8.1896 Hermanow, Kreis Sochaczew. Militärarzt. Ankunft Auschwitz am 31.1.1941 aus dem Warschauer Gestapogefängnis Pawiak. Zunächst beim Ausheben von Gräben eingesetzt. Nach Erkrankung zunächst als Pfleger, Mitte 1942 als Häftlingsarzt (Ambulanz) im Stammlager. Diem (BV): »Bis zum Au-

gust 1943 war ich Ambulanzarzt, zu meinen Aufgaben gehörte die erste Untersuchung der sich auf dem Krankenbau meldenden Häftlinge. Die Kranken, welche sich für die Aufnahme qualifizierten, stellte ich dem SS-Arzt vor, der über ihre Aufnahme auf den Krankenbau entschied. Gewöhnlich wurden 20 bis 30% der vorbestellten Häftlinge durch den SS-Arzt zur Tötung mittels der intravenösen oder zu einem späteren Zeitpunkt intrakardialen Spritzen bestimmt.« Ab 15.8.1943 im »Zigeunerlager«, November 1943 Lagerältester. Diem zu Mengeles Interesse für Häftlinge mit verschiedenartigen Irisfärbungen (MV, Bd. 29): »Er gab den Häftlingsärzten Befehle, darunter auch mir, den Personen solcher Art Tropfen in die Augen zu geben. Ich weiß, daß in diesen Tropfen Adrenalin war, wovon er mir selbst erzählte. Er rechnete damit, daß die Anwendung solcher Tropfen die Änderung der Irisfärbung bewirkt.« Diem wird von polnischen Häftlingen als Lebensretter gepriesen, soll Juden gehaßt haben. Langbein (Die Stärkeren): »Er ist noch hier im Lager Antisemit geblieben, wo Antisemitismus Mord bedeutet. Er stellt den Juden ungünstigere Aufnahmediagnosen, hofft so, [SS-Arzt] Entress abzulenken und kranke Polen zu retten.« Ludwig Wörl, ab 1944 Lagerältester im Stammlager (AV, Bl. 5337): »Er war ein polnischer Häftlingsarzt und beteiligte sich aktiv an Selektionen. Das habe ich selbst im Häftlingskrankenhaus beobachtet.« Nach 1945 Arzt in Warschau.

Dienstbach, Oskar. SS-Standortarzt.
* 30.9.1910 Usingen im Taunus. 1933 NSDAP (Nr. 2400092) und SS (Nr. 101741), Hauptsturmführer (1943). November 1939 zunächst Wehrmacht, Mai 1940 Inspektion der Konzentrationslager in Oranienburg, Hilfsarzt im KZ Nordhausen, Lagerarzt KZ Sachsenhausen, Januar 1941 Mauthausen, Mai 1941 Standortarzt in Flossenbürg, Herbst 1941 in Auschwitz. März 1942 1. Panzerdivision Leibstandarte-SS Adolf Hitler. † 18.10. 1945 in Kriegsgefangenschaft. Museum Auschwitz (HvA 15): »Der Häftlingskrankenbau im KL Auschwitz diente seit seiner Gründung [Juli 1940] bis April 1943 keinerlei Heilzwecken, er war ein Ort der Sterbenden oder zur Tötung verurteilten Menschen.«

Diesel, Albert. Fahrbereitschaft.
* Nicht ermittelt. SS-Unterscharführer. KZ-Kollege Wildermuth: »Ich kann mich erinnern, daß bei einem gewissen Albert Diesel, wohnhaft Rottweil, in seiner Wohnung Schmuck gefunden wurde, den er aus Häftlingseigentum entwendet hatte. Der Diesel ist dann in das Straflager Matzkau bei Danzig gekommen. Ich habe ihm nach dem Krieg einmal geschrieben; der Brief kam jedoch mit dem Vermerk ›verstorben‹ zurück.«

Diestelkamp, Heinrich. Kapo.
* 7.9.1900 Dortmund. Sommer 1942 bis zum Ende Lagerältester im Stammlager, zuletzt in Flossenbürg. Aussage Wörl (AV, Bl. 5337): »Er war weniger wegen Schlägereien, sondern wegen seiner Spitzeldienste für die Politische Abteilung berüchtigt. Er war auch verantwortlich dafür, daß die Blockältesten Häftlinge mißhandelten und zu Krüppeln schlugen und daß sie außerdem für die SS Listen von Häftlingen zusammenstellten, die liquidiert werden sollten und dann auch vergast wurden.« Verbleib unbekannt.

Dietrich, Adam. SS-Schütze.
* 12.3.1908 Gunja/heutiges Kroatien. SS-Totenkopf-Sturmbann, Außenlager Jawischowitz, Bobrek, Golleschau sowie Monowitz. Verbleib unbekannt.

Dietrich, Georg. SS-Sturmmann.
* 24.1.1906 Kybeiken/Litauen. SS-Totenkopf-Sturmbann. Standortverwaltung. Nach 1945 in Großkarlbach.

Dietrich, Theofil (früher: Drzymalla). SS-Unterscharführer.
* 26.4.1895 Trockengrund. SS-Nr. 69987. Stabskompanie, Standortverwaltung, Ab-

teilung Verpflegung. Belobigt im Kommandanturbefehl vom 18.2.1943, gez. Höß: »Lieferte einen großen gefundenen Geldbetrag bei seiner vorgesetzten Dienststelle ab.« Verbleib unbekannt. – Der ehemalige Häftling Jan Olbrycht erläuterte am 10.12.1947 als Gutachter im Krakauer Auschwitz-Prozeß (AV, Bl. 4526), »daß ein Häftling, obwohl es ihm auf die eine oder andere Weise gelungen war, sogar 5 Teller Lagersuppe zu bekommen und zu essen, in dem Falle, daß er kein anderes Essen bekam, zum Beispiel durch Organisieren oder aus Paketen, die Hungerkrankheit bekam, und das meistens nach 3 Monaten. Dies fand sogar in den Redensarten der SS-Leute seinen Niederschlag: ›Ein anständiger Häftling darf nicht länger als 3 Monate leben, sonst ist er ein Dieb.‹«

Dilling, Karl. SS-Schütze.
* 2.4.1906 Altsee/Posen. † 14.4.1966 Albachten.

Dinges, Erich. Zentral-Bauleitung.
* 20.11.1911 Frankfurt am Main. Fahrschullehrer. 1933 NSDAP, Motor-SA, SS-Oberscharführer. Mai bis November 1941 sowie Juli 1942 bis November 1944 in Auschwitz. Fahrbereitschaft ZBL. Am 22.12.1947 in Krakau wegen Mißhandlungen zu 5 Jahren Haft verurteilt. † 23.4.1953.

Dittmann, Willi. SS-Sturmmann.
* 25.10.1903 Reckow/Pommern. SS-Totenkopf-Sturmbann (der SS-T-Stuba hatte turnusmäßig Rampendienst). 1948 in Wadowice zu 3½ Jahren Haft verurteilt. – Häftling Vrba im Auschwitz-Prozeß: »Ich habe beobachtet, daß die SS mit großer Lust Rampendienst gemacht hat, weil es dort viel zu organisieren gab: Damenuhren, Sliwowitz, Weinflaschen und alles mögliche.« Leon Cohen aus dem Jüdischen Sonderkommando (Greif): »Wir suchten unter den Dingen, die die Menschen nach Auschwitz mitbrachten, und fanden alles mögliche zum Essen, manchmal richtige Delikatessen: Salami, Speck und sogar Kaviar. Wir brauchten nur zuzugreifen und zu schlemmen.«

Djurkowitsch, Otto. SS-Sturmmann.
* 26.2.1911 Ruma/Kroatien. SS-Totenkopf-Sturmbann. 1948 in Krakau zu 3 Jahren Haft verurteilt.

Dobrovolski, Josef. SS-Schütze.
* 3.2.1923. Stabskompanie, Standortverwaltung, SS-Küche. Verbleib unbekannt. – Primo Levi über die Verhungernden im Lager: »Sie, die Muselmänner, die Untergegangenen, sind der Kern des Lagers, sie, die anonyme, die stets erneuerte und immer identische Masse schweigend marschierender und sich abschuftender Nichtmenschen, in denen der göttliche Funke erloschen ist und die schon zu ausgehöhlt sind, um wirklich zu leiden.«

Dobrowolski, Aristarch. SS-Rottenführer.
* 25.6.1918 Czernowitz/Rumänien. Standortverwaltung, Einsatz in Monowitz, Blockführer im Außenlager (AL) Jawischowitz. Kommandanturbefehl vom 2.12.1943: *Kriegsverdienstkreuz II. Klasse mit Schwertern* (das KVK für KZ-Angehörige läßt Beteiligung an Tötungen vermuten). Herbst 1944 AL Althammer im Bezirk Kattowitz (500 Häftlinge, Ausbau eines Kraftwerks). Sein Chef Mirbeth (AV, Bl. 16944): »Wenn ich gefragt werde, ob es möglich ist, daß Dobrowolski einen Häftling erschossen hat, so darf ich weder ja noch nein sagen.« † Vermißt.

Dobrzanski, Tadeusz. SS-Apotheker.
* 3.9.1907 Radautz. SS-Rottenführer. Bis Januar 1945 in Auschwitz. StA Frankfurt (AV, Bl. 3754): »Gab gelegentlich Zyklon B für die Vergasung heraus.« † 30.7.1967 St. Johann im Pongau. Laut Ignacy Golik, Kapo im SS-Krankenrevier, half Dobrzanski, Medikamente von der Rampe ins Lager zu schmuggeln: »Natürlich ging das nur gegen Dollars oder Gold.« Q.: Golik im Auschwitz-Prozeß.

Döge, Walter. SS-Rottenführer.
* 1.1.1920 Luckenwalde. Standortverwaltung, Postamt 2. † 13.10.1977 Bitburg.
Doege, Willi. SS-Unterscharführer.
* 19.11.1908 Konitz in Westpreußen. Stabskompanie (SS-Angehöriger der Kommandantur). Nach 1945 in Frankenthal.
Dörner, Nikolaus. SS-Schütze.
* 14.6.1908 Batschi-Brestovac. SS-Totenkopf-Sturmbann, Kommando Golleschau. Nach 1945 im Landkreis Pforzheim.
Dörr, Eugen. SS-Rottenführer.
* 18.8.1908 Herne. September 1944 Kommandoführer in Monowitz. 1948 in Wadowice zu 3 Jahren Haft verurteilt. Wohnsitz am Geburtsort. – Häftling Rudolf Robert (AV, Bl. 4193): »Es kam wiederholt vor, daß auf dem Wege vom Lager zur Arbeitsstelle im IG-Betrieb vor allem ältere Häftlinge, die völlig verzweifelt waren, aus der Kolonne herausliefen oder besser gesagt, heraustaumelten, um ihrem Leben ein Ende zu machen. Die betreffenden Häftlinge wollten nicht fliehen und wären dazu auch körperlich gar nicht in der Lage gewesen. Gleichwohl wurden die Häftlinge bei solchen Gelegenheiten – womit sie auch rechneten – von der Begleitmannschaft der SS ›auf der Flucht‹ erschossen.«
Dombrowski, Oskar. SS-Rottenführer.
* 13.3.1920 Sereth / Rumänien. SS-Totenkopf-Sturmbann. Standortverwaltung, Außenlager Jawischowitz und Golleschau. Verbleib unbekannt. – Ella Lingens (Erinnerungen) über »volksdeutsche« SS-Leute: »Man hatte sie von überall hergeholt. Ungelernte Arbeiter, sog. Volksdeutsche aus Polen, Rumänien, Kroatien, die kaum Deutsch sprechen und noch weniger Lesen und Schreiben konnten. Sie folgten jedem Befehl mit Scheuklappen vor den Augen, voll Angst vor Strafe, geistig stumpfe Werkzeuge der Mächtigen mit scharfen Waffen. Menschen dieses Typus bildeten den Großteil unserer Bewachungsmannschaft.«
Donner, Julius. SS-Oberscharführer.
* 29.7.1907 Ruschberg, Kreis Salem. Ende 1944 in Auschwitz, zuständig für Waffen und Geräte. 1948 in Krakau zu 3 Jahren Haft verurteilt. † 29.8.1950 Haft in Warschau.
Donnerbauer, Fritz (nicht: Donaubauer). Fahrbereitschaft.
* 26.6.1922 Schwarzenberg in Oberösterreich. SS-Unterscharführer. Zugang Januar 1942 aus Buchenwald. Wohnsitz in Bayern. – Die Gefangene Kaminska-Sadowska über den Abtransport von Frauen aus Block 17 in die Gaskammer, wahrscheinlich Februar 1944 (MV, Bd. 29): »Vor die Baracke kamen der Reihe nach offene Lastwagen. Auf die Plattformen dieser Lastwagen wurden nackte Frauen verladen. Die Abfahrt eines jeden Wagens begleitete ein schreckliches Geschrei der Frauen, die sich auf den Plattformen des Wagens befanden und die sich bewußt waren, daß es sich um ihren letzten Weg handelte. Meiner Schätzung nach wurden damals ca. 500 Frauen aus dieser Baracke ins Krematorium fortgebracht.«
Dopsa, Iwan. SS-Schütze.
* 22.11.1922 Warazdin / Kroatien. SS-Totenkopf-Sturmbann. † 23.5.1943 Reservelazarett Branitz (Oberschlesien).
Dorn, Hans. SS-Unterscharführer.
* 7.6.1905 Happurg, Kreis Hersfeld. SS-Totenkopf-Sturmbann. † 23.7.1944 Reservelazarett Laurahütte.
Dorn, Martin. SS-Schütze.
* 28.11.1925. Ab 1.12.1942 in Auschwitz. 1948 in Krakau zu 3 Jahren Haft verurteilt.
Dorosiewicz, Stanislaw. »Chef der Lagerspitzel« (Czech), Häftling Nr. 18379.
* 1908. Kapo des Vermessungskommandos. Langbein (Menschen): »Nach Kriegsende lebte er weiter unangefochten in

diesem Land, belastendes Material, das Überlebende von Auschwitz zusammengetragen hatten, wurde sogar von der Leitung derjenigen Organisationen beiseitegeschafft, welche zur Vertretung der Interessen der Opfer des deutschen Nationalsozialismus in Polen statutarisch [sic] verpflichtet wären. Auf eine offizielle Strafanzeige reagierten die polnischen Justizbehörden nicht. Dieses befremdende Verhalten erklärten mir meine polnischen Freunde damit, daß Dorosiewicz bei seinem Metier geblieben sei, nur arbeite er jetzt für die Russen statt für die SS.«

Dost, Albert. SS-Unterscharführer.
* 31. 1. 1907 Chemnitz. Standortverwaltung, Buchführung. Ab 4. 2. 1944 im Lager Plaszow. Verbleib unbekannt.

Dost, Emil. SS-Sturmmann.
* 8. 2. 1900 Kemtau, Kreis Dresden. Arbeiter. SS-Totenkopf-Sturmbann, Juni 1942 Monowitz. Ab 16. 8. 1944 im neugegründeten Außenlager Trzebinia zum Ausbau einer Erdölraffinerie, ein Lager mit eigenem Krematorium. Teilnahme am Evakuierungsmarsch. Häftling Benjamin Pilicer (HvA 16): »In der ersten Nacht, während des Fußmarsches, erschossen und erschlugen die deutschen Aufseher jeden, der nicht weiterzugehen vermochte.« Zuletzt in Buchenwald. Am 30. 3. 1948 in Krakau zu 3 Jahren Haft verurteilt, Anrechnung der U-Haft auf die Haftdauer. † 22. 12. 1948 im Gefängnis in Neuwisnitsch.

Dostal, Viktor. Gefangenen-Eigentums-Verwaltung.
* 6. 2. 1910 Djakowo, heute Dakovo / Kroatien. SS-Schütze. Monowitz, Außenlager Golleschau. Standortverwaltung, Abteilung GEV (Vertreter der GEV waren bei Transportankünften immer auf der Rampe). † 9. 1. 1969 Duisburg.

Dottermann, Josef. SS-Rottenführer.
* 16. 11. 1916 Gier im Banat. In Monowitz und im Außenlager Golleschau. Nach 1945 im Kreis Heilbronn.

Dragon, Abraham. *Jüdisches Sonderkommando*, Nr. 80360.
* 18. 6. 1919 Zeromin / Polen. Schneider. Ankunft Auschwitz am 6. 12. 1942 aus dem Ghetto Mlawa. Es sind 2500 Menschen, von denen 2094 in den Gasbunkern in Birkenau ermordet werden. Zunächst Leichenverbrenner an den Verbrennungsgruben, Mitte 1944 in den Krematorien. Stubendienst, zusätzlich beim Herausziehen der Toten aus der Gaskammer eingesetzt, Einschieben der Leichen in die Verbrennungsöfen. Mitglied der Widerstandsgruppe der Krematoriumshäftlinge. Dragon gegenüber Greif: »In Wahrheit wurden wir doch gezwungen, diese Arbeit für die Deutschen auszuführen. Sie sind die Mörder, und sie verdienen die schwersten Strafen. Auch dafür, was sie uns angetan hatten – daß sie die Juden zwangen, die Leichen ihrer Geschwister zu verbrennen; daß sie Juden zwangen, die Überreste zu Staub zu zermalmen; daß sie Juden zwangen, die Leichen ihrer Geschwister aus den Gaskammern zu holen.« Januar 1945 Flucht beim Evakuierungsmarsch. Wohnsitz in Israel.

Dragon, Shlomo. *Jüdisches Sonderkommando*, Nr. 80359.
* 19. 3. 1922 Zeromin / Polen. Ankunft Auschwitz wie sein Bruder am 6. 12. 1942. Zunächst Leichenverbrenner an den Gasbunkern. Dragon gegenüber Greif: »Manchmal hörten wir beim Eintritt in die Gaskammer noch Stöhnen.« Mitte 1944 in den Krematorien. Dragon: »Bei allen Krematorien arbeitete man in zwei Schichten: in einer Tages- und Nachtschicht, von 6.00 Uhr bis 18.00 Uhr bzw. von 18.00 Uhr bis 6.00 Uhr am Morgen.« Flucht beim Evakuierungsmarsch Januar 1945. Zeuge im Prozeß gegen Höß. Auswanderung nach Israel. Gestorben Oktober 2001 ebenda.

Dragoni, Livio. Zentral-Bauleitung.
* 3. 10. 1905 Veldes, heute Bled / Slowenien. SS-Rottenführer. Nach 1945 in Sieghartskirchen in Österreich.

Drajchner, Josef, auch: Draschner. SS-Rottenführer.
* 19.3.1911 Czernowitz in Rumänien. Blockführer im Außenlager Jawischowitz. KZ-Kollege Heinrich Bischoff: »War bei den Häftlingen gefürchtet.« Verbleib unbekannt.

Draser, Hans. Politische Abteilung (PA), Lager-Gestapo.
* 13.2.1915 Reußmark in Rumänien. SS-Unterscharführer. Laut Stark »Vernehmungsbeamter«. Oktober 1944 einer der Folterknechte zur Aufklärung des Aufstands der Krematoriumshäftlinge (Czech). Nach 1945 angeblich Auswanderung USA. – Häftling Vrba (AV, Bl. 14527): »Die Technik des Selektierens war bei den einzelnen Leuten verschieden. Manche senkten nur den erhobenen Daumen nach links oder rechts, andere gingen geradezu ›humorvoll‹ vor, indem sie etwa den Griff eines Spazierstocks jeweils um den Hals der einzelnen Leute legten, um sie nach links oder rechts zu dirigieren.«

Drechsler, Hans. SS-Sturmmann.
* 5.8.1902. Frauenlager Birkenau. † 26.9. 1944 bei Bombenangriff. März 1943 hatte Höß aus Tarnungsgründen eine Namensänderung vorgenommen. Standortbefehl vom 30.3.1943: »Ab sofort fällt die Bezeichnung FKL (Frauenkonzentrationslager) weg. Es ist nur noch die Bezeichnung FL (Frauenlager) anzuwenden.«

Dreer, Josef. SS-Rottenführer.
* 11.4.1912 Ruma / Kroatien. Standortverwaltung, Baubetriebsdienststelle. Standortbefehl Nr. 53 / 43: »Eigenmächtiges Bauen ist verboten. Der Bauunterhalt wird im Rahmen der gegebenen Bestimmungen durch die bei der Standortverwaltung bestehende Baubetriebsdienststelle durchgeführt.« Verbleib unbekannt.

Dreier, Hans. SS-Hauptsturmführer (1942).
* 16.9.1907 Königsberg. Landespolizei Bielefeld, Juli 1938 SD-Hauptamt (der Sicherheitsdienst war Himmlers Spitzelorganisation), Februar 1940 Leiter des Judenrefrats der Gestapo Kattowitz, zuständig für Judendeportation. Leitete mit Mildner im August 1942 eine fast einwöchige Selektion und die Deportation von 11 000 Juden aus Sosnowitz und Bendzin nach Auschwitz. Sybille Steinbacher: »In sogenannten Auffanglagern wurden die Juden bis zur Abfahrt zusammengepfercht. Säuglinge und Kinder starben dort in diesen Tagen, alte Leute begingen Selbstmord, und manche, so die Zeitzeugenberichte, verloren den Verstand.« † Kriegstod 5.5.1945.

Drescher, Heinz. Kommission Morgen.
* 14.12.1907 Thorn-Mocker. Kriminalrat im Reichskriminalpolizeiamt im Reichssicherheitshauptamt, Frühjahr bis Juni 1944 »in der Uniform eines Hauptsturmführers«. Drescher: »Ich empfand die Arbeit der Kommission im Schatten der in Auschwitz üblichen Massenvernichtung als eine Farce. Die Kommission befaßte sich in Auschwitz nicht mit der Wurzel der Verbrechen. Die Massenvernichtung wurde nicht untersucht.« Berufsangabe 1963: Ober-Regierungskriminalrat. Aussage: AV, Bl. 16850 ff.

Dressler, Ferdinand. SS-Sturmmann.
* 15.4.1904. Wachmannschaft. † 26.12. 1944 bei Bombenangriff auf Buna-Monowitz. Standortbefehl Nr. 31 / 44: »Wir werden den Kameraden stets ein ehrendes Gedenken bewahren.«

Drews, Gisela. Fernschreiberin.
* 10.5.1923 Leopoldshall, Kreis Bernburg. März 1944 Nachrichtenstelle der Kommandantur (das Eintreffen der Transporte wurde per Fernschreiben angekündigt). Verbleib unbekannt. Laut Nachrichtenhelferin Schünzel »etwas befreundet« mit Lagerarzt Lucas. Schünzel: »Ich habe gehört, daß sie jetzt irgendwo in Nordrhein-Westfalen wohnhaft sein soll.«

Drexl, Margot (Schreibweise auch Drechsel, Drechsler, Drexler). KZ-Wärterin.
* 17. 5. 1908 Mengersdorf / Sachsen. Laut der Ravensbrücker Gefangenen Buber-Neumann exekutierte sie im Frauenkonzentrationslager (FKL) Ravensbrück persönlich die Prügelstrafe. April 1942 SS-Aufseherin der Frauenabteilung im Stammlager Auschwitz, nach der Überführung August 1942 nach Birkenau Rapportführerin (Spieß) im FKL Birkenau. Wegen ihrer Grausamkeit von Häftlingsfrauen *Kostuchna – Sensenfrau –* genannt (HvA 20). Dunia Wasserstrom (Shelley): »Wie kann man die nicht endenwollenden Appelle im Morgengrauen bei Eis und Schnee beschreiben, die viele Stunden dauerten, ohne daß man sich rühren oder mit Freunden sprechen konnte, bis die SS alle Häftlinge gezählt und den Zählbogen berichtigt hatte: fein säuberlich getrennt nach Lebenden und Toten? Wie konnte man die Angst beschreiben, die nicht eine Minute wegging, tags nicht und nachts nicht, von der SS-Frau Drechsler selektiert und in die Gaskammer geschickt oder gefoltert und gepeitscht zu werden?« Ella Lingens (Erinnerungen): »Eines der widerlichsten und schärfsten SS-Weiber.« Ab 1. 11. 1944 in Flossenbürg. † Laut Museum Auschwitz Hinrichtung 1947 oder 1948 (AV, Bl. 7636).

Drobny, Johann. SS-Schütze.
* 10. 12. 1925. Standortverwaltung, Abteilung Bekleidung. Verbleib unbekannt. – Eine Gefangene in Liana Millu's Buch *Der Rauch über Birkenau*: »Ich muß jedesmal heulen, und ich habe nicht einmal ein Taschentuch. Nicht mal das haben sie mir gelassen, diese Schweine!«

Drohocki, Zénon. Häftlingsarzt (Elektroschocks), Nr. 169779.
* 27. 2. 1903 Krakau. Arzt am psychiatrischen Krankenhaus in Grenoble. Nach eigener Aussage (BV) Ende 1943 Deportation nach Auschwitz. Zunächst Sanitäter, dann Häftlingsarzt und schließlich »Chefarzt« einer neuro-psychiatrischen Abteilung im Häftlingskrankenbau Monowitz. Experimentierte mit Elektroschocks an Häftlingsfrauen, laut Zeugenaussagen (siehe Beitrag Ernst Michel) mit Todesfällen. SDG Neubert (MV, Bd. 8): »Bei den geisteskranken Häftlingsfrauen wurde eine Elektroschocktherapie vorgenommen. Als Häftlingsarzt war bei dieser Schocktherapie Herr Dr. Drohocki tätig. Es trifft zu, daß im Frühjahr 1944 in einem Zeitraum von etwa drei Wochen mehrere Transporte mit kranken Häftlingsfrauen nach Monowitz gekommen sind.« Häftlingsarzt Budziasczek (MV, Bd. 8): »Es trifft wohl zu, daß im Frühjahr 1944 in einem Zeitraum von mehreren Wochen Häftlingsfrauen aus Birkenau nach Monowitz transportiert wurden, zum Zwecke einer Elektroschockbehandlung. Bei der Behandlung war der Häftling Dr. Drohocki beteiligt. Bei der Behandlung war ich auch zugegen. Zugegen war ferner ein polnischer Chirurg mit Namen [Bronislaw] Rutkowski, der allerdings nicht mehr lebt. Ferner war auch Dr. [Jonas] Silber [Nr. 38968] aus Metz anwesend.« Der Monowitzer Häftlingspfleger Eugeniusz Niedojadlo, Nr. 213 (MV, Bd. 31): »Ich war Augenzeuge eines Behandlungsversuchs an einer jungen Häftlingsfrau, die mit Elektroschocks behandelt wurde. Diese Behandlung erfolgte unter Aufsicht von Dr. Drohocki. Ich erinnere mich genau, daß man Elektroden an der Stirn oder besser gesagt an den Schläfen angebracht hat. Soweit ich mich erinnere, wurden solche Elektroden auch an den unteren Extremitäten angebracht.« Nach 1945 Maitre de Recherche au Centre National de la Recherche Scientifique, Electroencéphalographie Quantitative in Asnières. Bei völlig ausgezehrten Gefangenen mit Elektroschocks lebensgefährliche Krämpfe auszulösen gehört in die Kategorie Medizinverbrechen. Das Bei-

spiel zeigt, daß auch Häftlingsärzte Häftlinge als Versuchsobjekte benutzten.

Dronia, Johann. SS-Schütze.
* 19.10.1892 Blechhammer. Ab 1.6.1942 in Auschwitz, SS-Totenkopf-Sturmbann. † 22.12.1961 Regensburg. – Schutzhaftlagerführer Franz Hofmann (AV, Bl. 1356): »Wenn ein Transportzug ankam, so wurde dieser Zug von der Wachmannschaft an der Rampe umstellt. Ich erinnere mich, daß verschiedene Sonderzüge an der Rampe in Birkenau ankamen, die nur Juden enthielten. Diese Juden wurden nicht ausgesondert und wurden gemeinsam in die Gaskammern geführt.«

Düngemann, Karl. SS-Rottenführer.
* 16.6.1922 Lichtenberg, Kreis Wolfenbüttel. Vom 26.9.1942 bis 3.10.1944 in Auschwitz, Standortverwaltung. Kommandanturbefehl Nr. 25/43: »Besuch der Braut v. 15.6.–30.6.43.« Verbleib unbekannt.

Dürmayer, Heinrich. Letzter Lagerältester des Stammlagers.
* 10.4.1905 Wien. Kommunistische Partei Österreichs, Spanienkämpfer. Zunächst KZ Flossenbürg. Ankunft Auschwitz Januar 1944. Zunächst Kapo des Kommandos SS-Bekleidungskammer, September 1944 Lagerältester. Langbein (Menschen): »Trotz unserer Warnungen nahm er an heimlichen Gelagen gemeinsam sowohl mit Grünen [Kriminellen] als auch mit SSlern teil und begründete das damit, daß er auf diesem Weg manches erfahre und Einfluß auf SS-Angehörige nehmen könne. Indirekt bestätigt das der Rapportführer Claussen, der später in der Haft schrieb: ›Wie oft habe ich den Lagerältesten rufen lassen und mit ihm bei einem Glas Schnaps gesprochen, nicht nur dienstlich, sondern auch privat‹.« Rechtsanwalt in Wien, Hofrat. Dürmayer (AV, Bl. 11783): »Abschließend möchte ich noch erwähnen, daß meine Ehefrau Janka, geborene Kuban, ebenfalls mit mir zusammen in Auschwitz war.«

Dürrfeld, Walter. Betriebsführer Bunawerk Monowitz.
* 24.6.1899 Saarbrücken. 1927 Diplom-Ingenieur I.G. Farben Leuna (Produktion synthetischer Treibstoff). 1937 NSDAP und Hauptsturmführer beim NS-Flieger-Korps (das NSFK war eine 1937 von Hitler gebildete vormilitärische Kampforganisation, auch in weltanschaulicher und wehrsportlicher Hinsicht). Am 27.3. 1941 Planungsbesprechung mit Höß in Auschwitz. Beteiligt an der Vereinbarung mit dem SS-Wirtschafts-Verwaltungshauptamt vom 10.2.1943, wonach entkräftete gegen unverbrauchte Häftlinge ausgetauscht werden (mit der Konsequenz, daß die Arbeitsunfähigen in die Gaskammer kommen). Beteiligt an Selektionen beim Ausmarsch der Häftlinge aus dem Lager. Bernd C. Wagner (IG Auschwitz): »Die Mehrzahl der auf diese Weise ausgewählten Personen fiel dann der nächsten Selektion im HKB oder im Lager zum Opfer. Spätestens durch diese unmittelbare Beteiligung an Aussonderungen für die Gaskammern machte sich die Betriebsleitung zum Mittäter an der Ermordung von Häftlingen.« Mit Kommandant Höß gemeinsame Jagdpartien (Borkin). KZ-Arzt Entress (Nbg. Dok. NI-6190): »Im Frühjahr 1943 fand eine Besprechung mit der Bauleitung der I.G. Farben Auschwitz statt. Anwesend waren außer mir und, wenn ich mich richtig erinnere, Standortarzt Wirths, Dr. Walther Dürrfeld und Oberingenieur Faust von der I.G. Farben Auschwitz sowie Gerhard Maurer, verantwortlich für den Arbeitseinsatz KL Auschwitz.« Laut Entress wurde von seiten der IG/Dürrfeld bei dieser Besprechung darauf gedrungen, den Krankenbau in Monowitz möglichst klein zu halten. Entress: »Die Anzahl der in Monowitz vorhandenen Krankenblocks im Verhältnis zur Belegung des gesamten KL Monowitz ergab praktisch, daß nicht mehr als etwa 5% der Häftlinge Auf-

nahme finden konnten. Es wurden Tabellen über den Krankenstand geführt. Wenn der Krankenstand über die genannten 5% anstieg, mußte der Lagerarzt Selektionen vornehmen.« Im *IG-Prozeß* am 30.7.1948 zu 8 Jahren Haft verurteilt. Nach Entlassung zahlreiche Aufsichtsratsmandate. † 1.3.1967 Kettwig.

Dunst, Livia. *Mengele-Zwilling*, Nr. A-5136.
* 8.7.1924. Dunst: »Am 20.5.1944 kam ich zusammen mit meiner Zwillingsschwester in Birkenau an, mit einem Transport, der aus Ungarn kam. Ich stamme an sich aus der Slowakei. Von dort waren wir geflüchtet und lebten in der Illegalität in Ungarn. Vor allem ist mir gut in Erinnerung, daß mir wiederholt Blut entnommen worden ist, und zwar in großen Mengen, nicht nur einige Tropfen. Das Blut wurde zum Teil auch übertragen und zwar auf andere Zwillinge, nicht aber aus derselben Familie. So ist mir auch Blut von einem fremden Zwilling übertragen worden.« Verheiratet in Israel. Q.: MV, Bd. 23.

Duppel, Heinz. SS-Unterscharführer.
* 10.9.1923 Böblingen. November 1941 bis Ende 1942 in Auschwitz. 1948 in Krakau zu 4½ Jahren Haft verurteilt. Nach 1945 in Baden-Württemberg.

Durand, Gabriel. SS-Unterscharführer.
* 22.5.1906 Luditz. Kasinoleiter der Truppenkantine im Stammlager. Verbleib unbekannt.

Durkowitsch, August. SS-Schütze.
* 20.10.1909 Glaserhau/Sudeten. 1943/44 in Auschwitz, SS-Totenkopf-Sturmbann. 1948 in Krakau zu 8 Jahren Haft verurteilt.

Dworak, Arthur. Fahrbereitschaft.
* 12.9.1912 Sereth. SS-Sturmmann. KZ-Kollege Wildermuth: »Er fuhr einen Lkw.« Nach 1945 in Niedersachsen. – Die Überlebende Sternberg im Bericht *In der Hölle von Auschwitz* über ihre Ankunft 1942 (AV, Bl. 3964): »Bald kamen große Lastwagen herangefahren. Junge Mädchen, Frauen, Kinder, Kranke und alte Menschen wurden von den SS-Barbaren auf das Auto geworfen. Der Lastwagen wurde derartig überladen, daß die Untersten erstickt und zertreten wurden. Mütter schrien nach ihren Kindern und Kinder schrien nach ihren Müttern. Es war ein Anblick, den ich in meinem Leben nie vergessen werde.«

Dylewski, Klaus. Politische Abteilung (PA), Lager-Gestapo.
* 1.5.1916 Finkenwalde, Kreis Stettin, Sohn eines Grubensteigers. Nicht abgeschlossenes Maschinenbaustudium TH Danzig. August 1939 SS-Heimwehr Danzig. SS-Oberscharführer. September 1940 SS-Totenkopf-Sturmbann, ab 1.9. 1941 PA. PA-Kollege Marko: »Machte Vernehmungen von Polen, da er Polnisch sprach.« Beteiligt an *Bunkerentleerungen* durch Erschießen an der *Schwarzen Wand, Bunker-Ausstauben* genannt. PA-Schreibkraft Helen Stark in einem Brief an das Internationale Auschwitz-Komitee in Wien über Wosnitza, Broad, Broch und Dylewski (AV, Bl. 3344): »Jeder von ihnen fühlte sich als Herr über Leben und Tod.« August 1944 im SS-Führungsstab Hersbruck (Bau einer unterirdischen Flugzeugfabrik durch Häftlinge des KZ Hersbruck). Bis 1952 unter dem Namen *Peter Schmidt* landwirtschaftlicher Arbeiter. Abschluß eines Studiums an der Humboldt-Universität in Ost-Berlin als Diplom-Gewerbelehrer. Ab 1952 Diplom-Ingenieur beim Technischen Überwachungsverein Düsseldorf. Dylewski auf die Frage (Langbein, Menschen), warum er verbrecherische Befehle nicht verweigert habe: Dies sei »eine dem deutschen Volkscharakter artfremde Reaktion«. Am 20.8.1965 vom LG Frankfurt zu 5 Jahren Haft verurteilt: schuldig »der gemeinschaftlichen Beihilfe zum gemeinschaftlichen Mord in

mindestens 32 (zweiunddreißig) Fällen, davon in 2 (zwei) Fällen begangen an mindestens je 750 (siebenhundertfünfzig) Menschen.«

Dzugan, Gottfried. SS-Rottenführer.
* 3.9.1914 Gurahumera / Rumänien. Ab 16.10.1941 in Auschwitz. Kompanierechnungsführer. 1948 in Krakau zu 4 Jahren Haft verurteilt.

E

Ebeling, Karl. SS-Unterscharführer.
* 29.11.1905 Renda, Kreis Eschwege. Landwirt. SS 1940. Ab Oktober 1942 in Auschwitz. Kommandanturbefehl vom 28.1.1944: »Mit dem heutigen Tage wurde der SS-Unterscharführer Karl-Heinz Ebeling als Waffenwart bei der Kommandantur KL Auschwitz III [Monowitz] eingesetzt.« Am 30.3.1948 in Krakau zu 3 Jahren Haft verurteilt, Anrechnung der U-Haft auf die Haftdauer. Nach 1945 bei Bebra.

Eberle, Heinrich. SS-Unterscharführer.
* 13.8.1912 Offenbach, Sohn eines Schornsteinfegers, selbst auch Schornsteinfeger. 1937 SS, 1938 NSDAP. Ab 31.3.1941 in Auschwitz, Standortverwaltung, Technische Abteilung, Leiter des Kaminkehrer- und des Ofensetzerkommandos. Standortbefehl vom 6.8.1943: »Besuch der Familie ab August«. Will (AV, Bl. 11482) mit dem Reinigen der Schornsteine der Krematorien nichts zu tun gehabt haben. Frage des vernehmenden Staatsanwalts: »Was wußten sie während ihres Aufenthalts in Auschwitz über die Vergasung von Häftlinge?« Antwort: »Darauf will ich die Antwort schuldig bleiben.« Bezirksschornsteinfegermeister in Rheinland-Pfalz.

Eberle, Reinhard. SS-Oberscharführer.
* Nicht ermittelt. 1942–1944 Blockführer Block 11, genannt Todesblock. Standortbefehl vom 6.8.1943: »Besuch der Familie ab August«. Spitzensportler der Sportgemeinschaft-SS Auschwitz (Diskus, Hammerwurf). † Laut KZ-Kollege Heinrich Eberle im SS-Lazarett an Flecktyphus.

Eckert, Erich. SS-Sturmmann.
* 19.11.1904 Landeshut / Schlesien. Nach 1945 in Hannover.

Eckert, Josef. SS-Schütze.
* 6.3.1914. Kommando Eintrachthütte, laut KZ-Kollege Heinrich Bischoff Blockführer. Am 20.3.1956 Auswanderung von Heiming / Tirol in die USA. – Laut Franciszek Piper (HvA 17) wurde im Lager Eintrachthütte die sog. Stehstrafe verhängt: »Diese Strafe, die manchmal auch zwei Tage dauerte, verbüßten die Häftlinge zwischen den Drähten der Einzäunung. Während dieser Zeit bekamen sie nichts zu essen.«

Eckhardt, Joseph. Kommandoführer Gaskammern.
* 22.12.1918 Preßburg (Bratislava). Arbeiter. SS 1939, Unterscharführer. In Dachau bis Dezember 1940, danach in Auschwitz. Gefürchteter Kommandoführer der Strafkompanie (StAu I). Unterscharführer Böck im Auschwitz-Prozeß: »Wenn die Strafkompanie eingerückt ist, dann hat sie acht bis zehn Tote mitgetragen. Dabei haben sie ein Lied singen müssen. Mit den Toten auf den Rücken sangen sie: ›Lasset uns singen und fröhlich sein.‹« Mai 1944 Kommandoführer des Gasbunkers V, später zweier Krematorien. Zuletzt Leiter des Außenlagers Hubertushütte nahe Beuthen, das nur vom 20.12.1944 bis zum 17.1.1945 besteht: Kokerei, Kies, Bau neuer Fabrikhallen, 200 Häftlinge (StAu II). † 17.11.1991 am Wohnort Traun b. Linz.

Edele, Reinhard. SS-Oberscharführer.
* 15.3.1908 Wildbad. Maurer. 1931 NSDAP / SA, 1932 SS. Edele: »Die SS in Wildbad habe ich mitbegründet.« 1933

»Hilfsschutzmann«, 1936 Polizist in Wildbad. 1943 SS-Wirtschafts-Verwaltungshauptamt, Abteilung *Deutsche Ausrüstungswerke*. Ab Januar 1944 bei der DAW in Auschwitz, Kommandoführer bei der Demontage von Flugzeugen. Edele auf entsprechende Vorwürfe: »Ich habe niemals irgend jemand erzählt, ich hätte vier Frauen totgeschlagen und diese Frauen seien doch nur ›blöde Schweine‹ gewesen.« Nach 1945 bei einer Backofen-Firma. Edele: »Ein Entnazifizierungsverfahren gegen mich hat nie stattgefunden.« Q.: AV, Bl. 8870 ff.

Edelmann, Heinrich. SS-Sturmmann.
* Nicht ermittelt. SS-Totenkopf-Sturmbann. Laut Standortbefehl vom 3. 8. 1944 Belobigung und 5 Tage freier Aufenthalt auf der SS-Sola-Hütte: »E. hat in der Nacht vom 1.–2. 8. 44 mit Erfolg von der Schußwaffe Gebrauch gemacht, als eine Zivilperson – vermutlich ein abgesetzter Agent – versuchte, die Postenkette zu überschreiten.« Die Sola-Hütte, 40 km von Auschwitz im Beskidengebirge, war eine »Erholungsstätte« des Personals von Auschwitz. Fotos zeigen eine Schäker- und Amüsiergemeinschaft.

Edelmann, Karl. SS-Unterscharführer.
* 28. 4. 1910 Lauscha / Thüringen. Sommer 1944 Wachmannschaft. 1948 in Wadowice zu 5 Jahren Haft verurteilt.

Effinger, Gerhard. Leiter der Effektenkammer in Birkenau.
* 1. 5. 1921 Hamburg-Harburg. SS-Unterscharführer. KZ Sachsenhausen, Ende 1940 in Auschwitz. Standortbefehl Nr. 51 / 43: »Besuch der Familie vom 14. November 1943 bis auf weiteres.« Nach 1945 Heirat mit einer Schwester des SS-Rottenführers Ernst August König (König-Urteil: nach kurzer Zeit geschieden). Berufsangabe: Konditor.

Egeler, Rudolf. Gefangenen-Eigentums-Verwaltung.
* 24. 4. 1910 Nebringen, Kreis Böblingen. SS-Unterscharführer. Standortverwaltung, Abteilung GEV, Effektenverwaltung (Vertreter der GEV waren bei Transportankünften immer auf der Rampe). † 30. 10. 1970 am Geburtsort.

Egersdörfer, Karl. Leiter der Häftlingsküche im Stammlager.
* 20. 7. 1902 Rosenbach b. Erlangen. Metzger. 1935 SS (Nr. 289457), Unterscharführer. Ab 10. 3. 1941 in Auschwitz, ab Juli 1941 in der Häftlingsküche, 1942 als Leiter. Egersdörfer: »In der Küche war ein Häftlingskommando von ca. 80 männlichen Häftlingen. Häftlingsfrauen wurden in der Küche nicht beschäftigt.« KZ-Kollege Broad erinnert sich, daß »täglich Wagen mit Würsten und Fleisch, die an sich für die ohnehin kläglichen Rationen der Häftlinge bestimmt waren, aus dem von SS-Unterscharführer Egersdörfer verwalteten Magazin der Häftlingsküche zur SS-Küche rollen. Es war direkt eine auffallende Verschlechterung der SS-Kost feststellbar, als sich Egersdörfer mit dem Küchenchef der SS-Küche, SS-Oberscharführer Scheffler, überworfen hatte und aus diesem Grunde die ›Sonderzuteilungen‹ ausblieben.« Lagerältester Wörl (AV, Bl. 5337): »Er hat als Leiter der Häftlingsküche einen großen Teil der an sich schon unzureichenden Häftlingsverpflegung verschoben. Dadurch hat er sich mitschuldig gemacht an dem Tod vieler Häftlinge, die infolge von Unterernährung gestorben sind.« Standortbefehl vom 13. 8. 1943: »Besuch der Familie v. 12. 8.–21. 8. 43«. Zuletzt in Bergen-Belsen. Nach 1945 Städtischer Arbeiter in Erlangen. Egersdörfer: »Ich weiß nur, daß in Birkenau vergast wurde; dies war allgemein bekannt.« Aussage: AV, Bl. 8157 ff.

Eggeling, Heinrich. KZ-Arzt.
* 17. 10. 1888 Lochstedt / Thüringen. Dr. med. SS-Hauptsturmführer. Lagerarzt in Auschwitz-Monowitz. StA Frankfurt (AV, Bl. 3756): »Nahm an medizinischen Experimenten teil.« Verbleib unbekannt. – Lagerkapo Worgul (AB, Bl. 50116): »Im Lager Monowitz sind die Menschen

meist an Erschöpfung gestorben. Wer nicht starb, wurde als schwacher Mensch durch Selektion in die Gaskammern geschickt.«

Eggeling, Karl. Zentral-Bauleitung, Leiter Abteilung Tiefbau.

* 30.5.1912 Gadenstedt, Kreis Peine. Ingenieur für Wasserwirtschaft. 1933 SS, Obersturmführer (1943). Januar 1940 für ein halbes Jahr bei der 12. Verstärkten SS-Totenkopfstandarte in Treskau b. Posen (Unterkunft: die leergemordete psychiatrische Anstalt Owinska). August 1940 bis zum Ende in Auschwitz. Eggeling: »Mein Aufgabengebiet in Auschwitz erstreckte sich auf die Be- und Entwässerungsanlagen des gesamten Lagerbereichs. Außerdem hatte ich die Beaufsichtigung und Durchführung aller Erd- und Straßenarbeiten in diesem Bereich unter mir.« 1943 Fachführer (F) der Waffen-SS, Fachgruppe Bauwesen. Standortbefehl Nr. 36/43: »Besuch der Familie v. 1.9.43 bis auf weiteres«. Am 1.9. 1944 *Kriegsverdienstkreuz II. Klasse mit Schwertern* (das KVK für KZ-Angehörige läßt Beteiligung an Tötungen vermuten). Eggeling: »Ich nehme an, daß mir diese Auszeichnung für die gute Durchführung der Be- und Entwässerungsanlagen im Interessengebiet Auschwitz verliehen wurde.« Nach 1945 Bauingenieur beim Landkreis Peine, Tiefbauabteilung. – Häftlingsärztin Lingens (Erinnerungen) über Fäkalienentsorgung und Trinkwasser 1943 in Birkenau: »Der Stuhlgang wurde immer seltener und konzentrierter. Trotzdem mußte er stattfinden, und das gehörte mit zum Schlimmsten, was ich im Lager erlebt habe.« Lingens beschreibt die »Toilette« als einen zehn Meter langen und fünf Meter breiten, fensterlosen Raum, rechts und links eine 20 cm breite, niedrige Mauer, »auf dem die Frauen wie Schwalben auf dem Telegraphendraht aufgereiht hockten, um ihre Notdurft zu verrichten. Das war die ›Toilette‹ für Tausende nichtjüdische Frauen.« Lingens weiter: »Hinter den beiden Mäuerchen zog sich jeweils ein zwei Meter tiefer Graben hin, der die Fäkalien aufnahm und in einem Kanal mündete. Am Ende lief ein eisernes Rohr herab, aus dem, etwa in Höhe der Sitzmauer, ein daumendicker Wasserstrahl herausfloß.« Dies war, so die Häftlingsärztin, die einzige Wasserstelle, »die den 13000 Häftlingen für ihren sonstigen Wasserbedarf« zur Verfügung stand. Aussage Eggeling: AV, Bl. 9151 ff.

Egger, Franz. SS-Schütze.

* 4.1.1913 Semlin/Kroatien. SS-Totenkopf-Sturmbann (der SS-T-Stuba hatte turnusmäßig Rampendienst). † 30.8. 1944. – Häftlingsarzt Wolken zur Selektion von Frauen und Kindern auf der Rampe: »Der Prozentsatz der vernichteten Frauen war von Anfang an ein ungleich größerer als der der Männer, da man sich das Jammern der Frauen um ihre Kinder ersparen wollte und deshalb vollkommen gesunde junge Frauen, wenn sie mit Kindern belastet waren, rücksichtslos zur Vernichtung schickte. Es spielten sich dabei oft wahre Kämpfe ab zwischen den dabei zwangsweise als Helfer fungierenden, aus jüdischen Häftlingen zusammengesetzten Häftlingskommandos, die oft versuchten, Müttern ihre Kinder zu entreißen, um sie kinderlos vor dem SS-Arzt erscheinen zu lassen und sie so zu retten, denn eine Verständigung war natürlich nicht möglich.« Q.: Bericht Wolken v. 18.2. 1945 (!), AV, Bl. 7695 ff.

Ehlert, Herta. KZ-Wärterin.

* 26.3.1905 Berlin. Verkäuferin. SS-Aufseherin im Siemenslager in Ravensbrück, danach in Lublin, November 1944 in Auschwitz-Rajsko. November 1945 von einem britischen Militärgericht im Belsen-Prozeß zu 15 Jahren Haft verurteilt, Freispruch im Falle Auschwitz. Nach Heirat Wohnsitz in Bad Homburg. Die Ravensbrücker Gefangene Margarete Buber-Neumann: »Sie war eine üppige,

blonde Walküre, die gerne laut lachte, gut und viel aß und der die Vorstellung, daß andere hungern müßten, schrecklich war. Gutmütig beschenkte sie eine Reihe Häftlinge ihrer Kolonne fortgesetzt mit Essen. ›Gehn'se mal dort hinten an den Dienstzimmerschrank und werfen Sie das Paket in den Papierkorb! Gucken Sie aber vorher rein!‹«

Ehm, Wenzel. SS-Oberscharführer.
* 1.3.1904 Lanz, Kreis Falkenau. SS-Nr. 328575. Ab Januar 1941 in Auschwitz. Standortverwaltung, Poststelle in der Kommandantur. Kommandanturbefehl Nr. 21/43: »Besuch der Familie vom 20.6.–19.7.43«. 1948 in Krakau zu 3 Jahren Haft verurteilt.

Ehman, Anton. SS-Schütze.
* 11.1.1908. Wachmannschaft, Kommando Jawischowitz. 1948 in Krakau zu 3 Jahren Haft verurteilt. Andrzej Strzelecki über das Außenlager (HvA 15): »Auf dem Rückweg ins Lager trugen die Häftlinge die Leichen ihrer während der Arbeit ermordeten oder aus Erschöpfung verstorbenen Genossen auf den Schultern.«

Ehser, Max Otto. SS-Obersturmführer.
* 24.3.1893 Eilenburg b. Leipzig. Angestellter. 1930 NSDAP (Nr. 256367), 1936 SS (Nr. 351202). 1938 SS-Wachkompanie Flossenbürg. Vom 10.12.1942 bis 18.1.1945 in Auschwitz. Führer diverser SS-Wachkompanien, darunter der Wachkompanie Monowitz. Kommandanturbefehl Nr. 4/43: »Das Dienstfahrrad Nr. 146 des SS-Obersturmführers Ehser wurde in der Nacht vom 24. zum 25.2.43 aus der Führerbaracke entwendet.« Am 30.1.1944 *Kriegsverdienstkreuz II. Klasse mit Schwertern* (das KVK für KZ-Angehörige läßt Beteiligung an Tötungen vermuten). Februar 1945 Buchenwald. Verbleib unbekannt.

Eichinger, Josef. SS-Sturmmann.
* 5.1.1912 Filipowo. Nach 1945 im Kreis Wetzlar.

Eichler, Werner. Hundestaffel.
* 22.2.1922 Dortmund. Mit 16 Jahren SS, Unterscharführer. Winter 1942 in Flossenbürg. Herbst 1944 in Auschwitz, Leiter der Hundeausbildung. Eichler (AV, Bl. 2142 ff.): »Ich kann mich nicht erinnern, daß durch die von unserer Einheit eingesetzten Wachkommandos Häftlinge mißhandelt oder getötet wurden.« – Eliezer Eisenschmidt, Gaskammerkommando (Greif): »Die Hunde schreckten uns mehr als die SS-Männer. Sie bissen nicht einfach nur so zu, diese Hunde waren darauf abgerichtet, Menschen zu zerfleischen, die hätten einem wirklich das Fleisch stückweise ausgerissen.«

Eichmann, Adolf. SS-Obersturmbannführer.
* 19.3.1906 Solingen. Verkäufer in Wien. 1932 NSDAP/SS. Nach NSDAP-Verbot am 19.6.1933 in Österreich Wechsel ins Deutsche Reich. Ab 1934 im Juden-Referat des SD-Hauptamts (der Sicherheitsdienst war Himmlers Spitzelorganisation). Nach *Anschluß* Österreichs Leiter der *Zentralstelle für jüdische Auswanderung* Wien (Gründung am 26.8.1938), Ziel zunächst: Ausplünderung und Vertreibung der Juden. 1939 gleiche Funktion in Prag. Oktober 1939 Geschäftsführer der am 24.1.1939 gegründeten *Reichszentrale für jüdische Auswanderung* in Berlin. 1940 Leiter des Referats IV B 4 (Juden) im Reichssicherheitshauptamt, ab 1941 zentrale Leitstelle zur Organisierung der *Endlösung*. August 1941 in Auschwitz, Besprechung mit Höß wegen der geplanten Massenermordung von Juden mit Gas (Höß: »An ein Verbrennen dachten wir zu diesem Zeitpunkt noch nicht«). Dezember 1941 Besichtigung des Vernichtungslagers Chelmno (Gaswagen). Organisator der *Wannseekonferenz* am 20.1.1942. Schnellbrief Eichmanns vom 31.1.1942 an die Stapostellen im Reich: »Die in letzter Zeit in einzelnen Gebieten durchgeführte Evakuierung

[Tarnwort für Vernichtung] von Juden nach dem Osten stellt den Beginn der Endlösung der Judenfrage im Altreich, der Ostmark [NS-Bezeichnung für Österreich] und im Protektorat Böhmen und Mähren dar.« Auch mit »Details« befaßt, wie dem Transport von 86 Juden aus Auschwitz, die für eine Sammlung des Anatomen Hirt in Natzweiler ermordet werden. Sievers (*SS-Ahnenerbe*) am 21.6.1943 unter dem Betreff *Aufbau einer Sammlung von Skeletten* an Eichmann: »Es wird gebeten, die entsprechenden Anweisungen zu erteilen.« März bis Ende 1944 Führer eines Sondereinsatzkommandos in Budapest zur Deportation von 440 000 ungarischen Juden nach Auschwitz. Am 29.2.1944 in Auschwitz, unmittelbar danach Befehl, das *Theresienstädter Familienlager* zu vernichten. Kommandant Höß in seinen Aufzeichnungen: »Ich habe versucht, aus Eichmann dessen innerste, wirklichste [sic] Überzeugung über diese ›Endlösung‹ herauszubekommen, mit allen Mitteln. Doch auch in der fortgeschrittenen Alkoholauflockerung – nur unter uns – trat er, besessen geradezu, für die restlose Vernichtung aller erreichbaren Juden ein.« Am 12.5.1945 Verhaftung auf einer Alm bei Altaussee im Salzkammergut. 1946 Flucht aus US-Haft, bis 1950 Holzarbeiter in der Lüneburger Heide. 1950 über den Brenner-Paß nach Italien, mit Hilfe katholischer Stellen unter dem Namen *Ricardo Klement* Flucht nach Argentinien. Aufgrund eines Hinweises des Frankfurter Generalstaatsanwalts Fritz Bauer am 11.5.1960 von israelischen Agenten aufgespürt, nach Israel entführt, vor Gericht gestellt und Dezember 1961 zum Tode verurteilt. † Hinrichtung 1.6.1962 im Gefängnis Ramleh b. Tel Aviv.

Eichstädt, Erich. SS-Oberschütze.
* 14.4.1923 Bochum. Wachmannschaft. 1948 in Wadowice zu 3½ Jahren Haft verurteilt. Wohnsitz im Ruhrgebiet.

Eicke, Theodor. Inspekteur der Konzentrationslager [IKL] und Führer der SS-Wachverbände (ab 4.7.1934).
* 17.10.1892 Hampont in Elsaß-Lothringen als 11. Kind eines Bahnbeamten. 1925–1932 Werksschutz der I.G. Farben in Ludwigshafen. 1928 NSDAP/SA, 1929 SS. Aufbau von SS-Einheiten in der Rheinpfalz. Am 15.6.1932 wegen Herstellung von Bomben in Pirmasens zu 2 Jahren Haft verurteilt, Haftverschonung wegen angeblicher Krankheit. Am 21.3.1933 auf Betreiben des pfälzischen Gauleiters Bürckel in der Würzburger Psychiatrie von Werner Heyde auf seinen Geisteszustand untersucht. Am 26.6.1933 Kommandant in Dachau. Eicke (»Toleranz bedeutet Schwäche«) macht Dachau zur Schulungsstätte des KZ-Personals und zum Muster des KZ-Systems. Laut Höß impfte er den SS-Männern unvorstellbaren Haß ein. 1934 als IKL Dienstsitz im Gebäude der Gestapo in der Prinz-Albrecht-Straße. Aufgaben: Verwaltung der Lager und Aufbau einer eigenen KZ-Wachtruppe, den SS-Totenkopfverbänden. Das Amt *Inspekteur der Konzentrationslager* wird 1939 dem SS-Hauptamt Verwaltung und Wirtschaft angegliedert (1942 zum Wirtschafts-Verwaltungshauptamt in Oranienburg zusammengeschlossen). Ab 14.11.1939 Kommandeur der SS-Totenkopfdivision, als IKL von Glücks abgelöst. SS-Obergruppenführer und General der Waffen-SS. † 26.2.1943 bei Aufklärungsflug in Demjansk.

Eidenmüller, Friedrich. Kommandoführer Krematorien.
* 26.6.1912 Hamburg. SS-Rottenführer. Ab November 1942 in Auschwitz. Von Mengeles Obduzenten Nyiszli als einer der »skrupellosesten Mörder der Krematorien« bezeichnet. 1948 in Krakau zu 4 Jahren Haft verurteilt.

Eidenschink, Franz Xaver. Führer der Geflügelfarm Harmense (1944).
* 27.3.1904 Rißmannsdorf. SS-Rottenführer. Ab Sommer 1944 in Auschwitz.

Nach 1945 am Geburtsort. – Das 7 km von Auschwitz entfernte Außenlager Harmense war am 17. 7. 1942 Himmler vorgeführt worden. Es betrieb Geflügel- und Kaninchenzucht sowie Fischteiche. Museum Auschwitz (StAu I): »Zu diesem Zweck wurde aus dem Krematorium beim Stammlager Auschwitz Asche angefahren und in diese Teiche geschüttet.« Die Gefangene Roza Jelen-Chron (zit. n. Steger): »Wir mußten die Häftlingskleidung ausziehen und ins Wasser steigen, das uns bis zu den Hüften reichte … der Teich war voller Steine, Glas, Holz und anderer Abfälle. Das Schilf mußte so geschnitten werden, daß es nicht über die Wasseroberfläche hinausragte. Eines Tages wollte eine der älteren slowakischen Frauen nicht ins Wasser, so stieß unser Wachposten sie ins Wasser, und als sie wieder herauswollte, hetzte er den Hund auf sie, der die Frau so lange traktierte, bis sie ertrank.«

Eirenschmalz, Franz. SS-Standartenführer (1942).

* 20. 10. 1901 München. 1920 SA, 1923 Teilnehmer *Hitlerputsch*, 1931 SS (Nr. 10051). Ab 1. 4. 1936 Leiter der Hauptabteilung V (Bauwesen) im SS-Verwaltungsamt. Bauleitung der Vergasungsanstalt Brandenburg (Krankenmord). Ab 1. 2. 1942 Chef Amt C VI (Bauunterhaltung) im SS-Wirtschafts-Verwaltungshauptamt. Todesurteil am 3. 11. 1947 im *Pohl-Prozeß* wegen Errichtung und Instandhaltung der Gaskammern. Entlassung Kriegsverbrechergefängnis Landsberg am 23. 5. 1951. Danach Bauingenieur in Bayrischzell. Eirenschmalz: »Die Auschwitzer Krematorien habe ich anläßlich meines Besuches dort gesehen. Ich weiß nicht, wie der Zeuge Siebenlist dazu kommt, zu behaupten, ich hätte bei Vergasungen zugesehen.« Aussage: AV, Bl. 12092 ff.

Eisenberger, Heinrich. SS-Rottenführer.

* 25. 1. 1911 Mikolajew-Sandomirz. Standortverwaltung, Kartoffel-Einmietung. Museum Auschwitz zur Kartoffel-Einmietung (StAu II): »Wer das Arbeitstempo nicht schaffte, der wurde an Ort und Stelle getötet.« Verbleib unbekannt.

Eisenmann, Rudolf. SS-Sturmmann.

* 6. 1. 1913 Petrinja / heutiges Kroatien. Ab Oktober 1942 in Auschwitz. SS-Totenkopf-Sturmbann, Uniformkammer. 1948 in Krakau zu 3 Jahren Haft verurteilt (LaV). † 23. 7. 1979 Heuchlingen / Ostalbkreis.

Eisenschmidt, Eliezer

(eigentlich: Ajzenszmidt). *Jüdisches Sonderkommando*, Nr. 80764.

* 27. 1. 1921 Lunna / Weißrußland. Ingenieur. Nach drei Tagen Fahrt ohne Wasser und Brot Ankunft Auschwitz am 8. 12. 1942 mit Eltern und zwei Brüdern aus dem Ghetto in Grodno. Von 1000 Deportierten werden 769 »gesondert untergebracht« (Tarnwort für Vergasung). Zunächst ein halbes Jahr Leichenschlepper am Bunker I, dann Krematoriumselektriker. Eisenschmidt gegenüber Gideon Greif: »Eines Tages kam ein Lastwagen mit Menschen aus dem Lager zu den Krematorien. Das waren kranke ›Muselmaninnen‹, die eigentlich nicht mehr am Leben waren. Ein Mädchen, das noch auf eigenen Füßen stehen und sprechen konnte, wandte sich an einen Kameraden aus dem Sonderkommando namens Jankel, einen großen kräftigen Burschen, ergriff seine Hand und sagte: ›Ich bin 18 Jahre alt und habe noch nie mit einem Mann geschlafen. Tu mir einen Gefallen, ich möchte das einmal vor meinem Tod erleben.‹« Wohnsitz in Israel. Eisenschmidt: »Seit meinem 23. Lebensjahr habe ich weiße Haare.«

Eisert, Karl. Fahrbereitschaft.

* 30. 9. 1893 Havra b. Bendzin. SS-Unterscharführer. † 12. 8. 1942 Reservelazarett Kattowitz. – Filip Müller, Gaskammerkommando, über Fahrten zum *Alten Krematorium*: »Fast jede Nacht wurde ein Lastwagenanhänger auf dem Hof des Krematoriums abgestellt. Es war mit Lei-

chen von Häftlingen beladen, die im Lager Birkenau verstorben oder getötet worden waren. Morgens mußten wir ihn abladen. Dabei wurde einfach der vordere Teil der Ladefläche hochgekurbelt, so daß die Leichen herunterrutschten und auf das Pflaster fielen.«

Eisfeld, Rudolf. Leiter des Judenreferats der Gestapo Weimar.

* Nicht ermittelt (ZStL). Kriminalsekretär. Gerda Heydrich, deren »halbjüdischer« Verlobter in Auschwitz ermordet wurde, in einer Aussage vom 20.12.1947 über Eisfeld: »Sein zynisches, höhnisches Wesen kann kaum mehr übertroffen werden. Er sagte u.a. zu mir: ›Gehen Sie ruhig nach Hause und drehen Sie den Gashahn auf. Sie tun uns damit einen großen Gefallen.‹« Q.: Gräfe.

Eisfeld, Walter. SS-Sturmbannführer.

* 11.7.1905 Halle. September 1939 Kommandant in Sachsenhausen. Januar 1940 Leiter einer Kommission, ob sich Auschwitz als Standort eines KZ eigne (Ergebnis: nein). Februar 1940 Kommandant KZ Neuengamme. † 3.4.1940 (sic) Dachau.

Eitel, Josef. SS-Sturmmann.

* 13.1.1922. Sattler. SS-Division *Das Reich*, Ende 1941 in Neuengamme, Juni 1942 bis zur Räumung Juli 1944 in Majdanek (»Die Vergasungen wurden von mehreren SS-Unterführern des Kommandanturstabes durchgeführt, die Desinfektoren genannt wurden«). Danach in Auschwitz. Nach 1945 Kraftfahrer. Q.: 407 AR-Z 297/60 ZStL.

Ejzenzer, Maurice. *Jüdisches Sonderkommando* im Alter von 14 Jahren.

* 12.1.1929 Paris. Pole. Ankunft Auschwitz am 4.3.1943 aus Drancy. Chaim Herman: »Beim Aussteigen gab es schon einige Tote und Wahnsinnige.« Von 1000 Deportierten werden 881 sofort in der Gaskammer ermordet. Alle 100 zurückgestellten Männer, darunter der Vierzehnjährige, müssen ins Gaskammerkommando. – Mithäftling Salmen Lewenthal in einem vergrabenen Bericht über die Ermordung von 1000 jüdischen Jungen im Alter von 12 bis 18 Jahren am 20.10.1944 (Auszug): »Der Kommandoführer und sein Gehilfe schlugen diese wehrlosen Knaben entsetzlich, um diese zum Ausziehen zu zwingen, bis sein Knüppel von diesem Schlagen zerbrach. Also brachte er einen zweiten und schlug weiter auf die Köpfe, bis die Gewalt gesiegt hatte. Viele Knaben liefen im wilden Lauf zu den Juden des Sonderkommandos, warfen ihnen die Arme um den Hals und flehten um Rettung.«

Elberth, Hermann. SS-Unterscharführer.

* 21.8.1912 Stuttgart. Sommer 1944 Effektenverwaltung (Raubgut). † 30.10.1971 Mosbach im Neckar-Odenwaldkreis.

Elias, Klara. Keine Häftlingsnummer, da nur kurz im Lager.

* 15.5.1923 in Ungarn. Ankunft Auschwitz Mai oder Juni 1944. Aussage: »Zu der Gruppe der als nicht arbeitsfähig selektierten Häftlinge gehörten auch meine Eltern. Es handelt sich um Vater Simon Elias und Mutter Ilona Elias, geb. Weiss. Mein Vater war ungefähr 55 und meine Mutter 52 Jahre alt. Mit unserem Transport war auch mein 16jähriger Bruder gekommen. Sowohl meine Eltern wie meinen Bruder habe ich nicht wiedergesehen. Mit mir war auch meine Zwillingsschwester angekommen, die mir jedoch nicht ähnlich sah. Aus diesem Grunde wurden wir auch nicht als Zwillinge selektiert.« September 1944 nach Lippstadt deportiert. Verheiratet in Israel. Q.: MV, Bd. 21.

Emmann, Wilhelm. SS-Unterscharführer.

* 26.2.1909 Jettebruch. SS-Nr. 114654. Standortverwaltung, Sachbearbeiter für *Juden-Effekten* (Raubgut). † 21.2.1984 Soltau.

Emmerich, Wilhelm. Arbeitsdienstführer.

* 7.2.1916 Tiefenbach b. Karlsruhe. SS-Unterscharführer. Ab 1940 in Auschwitz.

Juni 1942 bis Mai 1943 Zweiter Arbeitsdienstführer (Arbeitskommandos). StAu III: Erschoß Häftlinge an der *Schwarzen Wand* (dafür gab es als Sonderverpflegung ⅕ Liter Branntwein und 5 Zigaretten). Führer des nur von Oktober bis Dezember 1942 bestehenden Außenlagers Chelmek, 8 km von der Stadt Auschwitz entfernt, Teicharbeiten in Schlick und Morast, hohe Sterblichkeit. Sommer 1943 kurz Rapportführer (Spieß) in Monowitz, danach in Birkenau. Am 23.10.1943 von einer Häftlingsfrau aus einem Belsen-Transport (s. Schillinger) im Krematorium II angeschossen, dadurch steifes Bein. 1945 Rapportführer in Bergen-Belsen. † 22.5.1945 Reservelazarett Schwarmstedt.

Engel, Christoph. Hundestaffel.
* 15.4.1919 Mokrin/Rumänien. SS-Schütze. † Vermißt seit 1944. – Die Gefangene Elfi Spandau über einen Appell: »Es waren Stunden und Stunden, die wir in Eis und Schnee standen. Jemand sagte mir, ein Mädchen sei geflohen. Sie wurde dann von der SS mit ihren Hunden zurückgebracht und in die Mitte des Lagers gestellt. Plötzlich wurden die Hunde losgelassen, fielen über das Mädchen her und rissen sie in Stücke.«

Engel, Fritz. SS-Rottenführer.
* 11.11.1906 Deuben, Kreis Dresden. Nach 1945 in Neugattersleben b. Bernburg (DDR). Kaduk im Auschwitz-Prozeß: »Ich bedauere sehr, daß ich nach West-Berlin gegangen bin. In der DDR wäre ich nie verfolgt worden.«

Engelbrecht, Fritz. SS-Obersturmführer.
* 11.6.1905 Weiden. Kaufmann. NSDAP, SS-Nr. 80812. In Auschwitz ab 1940, Leiter der Lagerkantine (Kommandantursonderbefehl vom 12.9.1940). Oktober 1941 bis zum Ende Leiter der Filiale Auschwitz des SS-Unternehmens *Deutsche Lebensmittel GmbH*. Standortbefehl vom 30.8.1943: »Besuch der Schwägerin mit 3 Kindern bis auf weiteres«. Verbleib unbekannt.

Engelbrecht, Josef. SS-Schütze.
* 10.7.1909 Backa Palanka/heutiges Serbien. SS-Totenkopf-Sturmbann, Kommando Jawischowitz. † 12.7.1969 Löwenstein, Kreis Heilbronn.

Engelschall, Georg. Leiter der Technischen Abteilung.
* 30.4.1911 Aich in Oberbayern, Sohn eines Landwirts. Elektromonteur. April 1933 NSDAP (Nr. 1925035), März 1933 SS (Nr. 77737), Hauptscharführer. April 1934 SS-Totenkopfverband Oberbayern in Dachau, Technische Abteilung. Vom 27.5.1940 – Anfangsphase – bis zum Ende in Auschwitz. Zunächst Stellv. Rapportführer, 1941 Blockführer Block 11, genannt Todesblock. Franciszek Brol (Nr. 1159), Schreiber in Block 11, in einer im Auschwitz-Prozeß verlesenen Aussage: »Ich habe dort mehrmals Vorbereitungen zu Exekutionen gesehen, die im Hof an der Schwarzen Wand durchgeführt wurden. Die Häftlinge, die dafür bestimmt waren, mußten sich am Appellplatz unter der Glocke aufstellen, wurden ausgezogen, und die Hände wurden ihnen mit Draht auf dem Rücken zusammengebunden. Das machte der Bunkerkalfaktor Kurt Bennewitz. Er schrieb den Häftlingen auch auf ihre Oberschenkel die [Häftlings-]Nummern auf. Damals waren Engelschall und andere Blockführer.« Etwa 1942 Leiter der Technischen Abteilung im Stammlager, September 1942 *Kriegsverdienstkreuz II. Klasse mit Schwertern* (das KVK für KZ-Angehörige läßt Beteiligung an Tötungen vermuten). Ab November 1943 in Birkenau und Monowitz. Führer des Elektrikerkommandos (Wartung der elektrisch geladenen Zäune) und der Lagerfeuerwehr, Häftling Smolen: »Von ihm weiß ich, daß er gelegentlich öffentlich die Züchtigung von Häftlingen durchgeführt hat.« KZ-Kollege Schillhorn: »Nicht einer von den besten.« Nach eigenen Angaben bis 1949 bei einem Bauern in Geisenkamm b. Tür-

wang in Oberbayern. Wohnsitz in Odelzhausen, Kreis Dachau. Engelschall: »Führer des Blocks 11 bin ich nie gewesen. Auch mit der Strafkompanie hatte ich nie etwas zu tun. Wenn der Zeuge [Pilecki] behauptet, ich sei Rapportführer im Stammlager gewesen, so trifft dies ebenfalls nicht zu.« Engelschalls Glaubwürdigkeit dokumentiert seine Aussage über die Folterknechte der Lager-Gestapo: »Daß in der Politischen Abteilung Häftlinge mißhandelt wurden, habe ich nie gehört.« † 19.5.1979 Dachau. Q.: AV, Bl. 8742 ff.

Engert, Paul. SS-Schütze.
* 29.5.1924 Harta/Ungarn. Herbst 1942 bis September 1943 in Auschwitz. Nach 1945 in Baden-Württemberg.

Engl, Rudolf. SS-Unterscharführer.
* 1.7.1920. Bis 1.10.1941 Leiter der Funkstelle (verschlüsselte Nachrichtenübermittlung z.B. mit SS-Wirtschafts-Verwaltungshauptamt und RSHA). Verbleib unbekannt. – Häftling Bartel (PA) über Judentransporte, die vom Reichssicherheitshauptamt zur Vernichtung nach Auschwitz geschickt wurden (AV, Bl. 2439 f.): »Die Ankunft solcher Transporte wurde stets einige Tage vorher durch Fernschreiben angekündigt. Diese Fernschreiben, die dann der Aufnahmeabteilung zugeleitet wurden, kamen vom RSHA und trugen meistens die Unterschrift von Liebehenschel.«

Engl, Thomas. SS-Schütze.
* 3.5.1923 Gakovo, Kreis Sambor. Kommando Eintrachthütte (HvA 17). † Vom AG Schwäbisch Hall 1972 für tot erklärt.

Engländer, Josef. SS-Sturmmann.
* 17.3.1919 Daly/damaliges Jugoslawien. Ab November 1942 in Auschwitz. Monowitz und Außenlager Neu-Dachs. Wohnsitz in Bayern.

Engler, Hans. Zentral-Bauleitung.
* 31.5.1909 Graz. SS-Sturmmann. † Vom AG Rottweil 1960 für tot erklärt.

Ensin, Hermann. SS-Schütze.
* 17.9.1920 Rudaiten/Litauen. SS-Totenkopf-Sturmbann. Name aufgeführt in einer Meldung der Kommandantur vom 8.10.1942 über SS-Angehörige, die Häftlinge »auf der Flucht« erschossen. † 10.5.1965 Hamburg. – Kielar, zu dieser Zeit Vorarbeiter in Buna-Monowitz, ist Augenzeuge, wie ein Häftling grundlos erschossen wird. Da kommt Grabner, Chef der Lager-Gestapo, vorbei. Kielar meldet: »›Schutzhäftling zweihundertneunzig meldet gehorsam, Straßenbaukommando mit neun Häftlingen bei der Arbeit. Einer ist erschossen.‹ ›Was?‹ Grabner drückte großes Erstaunen aus. ›Nicht erschossen, Vorarbeiter …‹, fügte er nachsichtig hinzu. ›Er wurde auf der Flucht erschossen! Verstanden?‹ ›Jawohl‹, wiederholte ich gehorsam, ›auf der Flucht erschossen …‹«

Entress, Friedrich. KZ-Arzt.
* 8.12.1914 Posen. Polnischer Staatsbürger. Juni 1939 Staatsexamen. Oktober 1939 *Selbstschutz* Posen, November 1939 SS, Hauptsturmführer (1943). Ab 3.1.1941 Lagerarzt in Groß-Rosen, wegen »kriegswichtigen Sonderaufgaben« (Exekutionen) *Kriegsverdienstkreuz II. Klasse mit Schwertern* (Sprenger). Ab 11.12.1941 in Auschwitz (ab März 1943 in Monowitz). Tötungsexperimente mit Wasserstoff-Injektionen. Häftlingsarzt Fejkiel (AV, Bl. 5794): »Bei den Wasserstoffeinspritzungen trat der Tod erst nach 20 Minuten ein. Das Opfer blieb auch bei Bewußtsein. Deshalb wurde die Methode von Dr. Entress verworfen.« Entress läßt statt dessen Phenol direkt ins Herz injizieren. Häftlingspfleger Betlen: »Entress hat damals auch Versuche unternommen, und zwar dergestalt, daß er von Fleckfieberkranken Bluttransfusionen auf gesunde Häftlinge vornahm. Diese Häftlinge erkrankten dann auch an Fleckfieber.« Betlen weiter: »Die Regel war, daß Häftlinge, die nach 14 Tagen nicht genesen waren, in die Gaskammer kamen.« Entress selektiert allein am 29.8.1942 insgesamt 746 flecktyphuskranke wie genesende Häftlinge des

Blocks 20 ins Gas. Doktortitel ohne Doktorarbeit Mitte 1942 per »Verordnung in Bezug auf Deutsche aus dem Ostgebiet« (Entress). Aussage Johann Paul Kremer am 18.7.1947 in Krakau: »Bei solchen Vergasungen war immer der SS-Arzt anwesend. Aus der Mitte der Ärzte aus meiner Zeit gedenke ich der Namen der Ärzte Thilo, Kitt, Uhlenbroock, Wirths, Meyer, Entress.« Kommandanturbefehl vom 30.6.1943: »Besuch der Familie ab Mitte Juli auf 6 Wochen«. Ab 21.10.1943 Standortarzt in Mauthausen. Arztschreiber Ernst Martin (Auszug): »Alle die zur Vergasung kamen, sind von Dr. Entress ausgesucht worden.« August 1944 Standortarzt Groß-Rosen. Todesurteil US-Militärgericht Dachau am 13.5.1946 im *Mauthausen-Hauptprozeß*. † Hinrichtung 28.5.1947 in Landsberg, begraben ebenda. Zu den Aufgaben der KZ-Ärzte gehörte die Verschleierung der Verbrechen. Ein Beispiel: Marian Gieszczykiewicz, geb. am 21.5.1889 in Krakau, Häftling Nr. 39197, war Professor am Mikrobiologischen Institut der Jagellonischen Universität Krakau. Er wird am 31.7.1942 von Palitzsch mit zwei Kopfschüssen an der *Schwarzen Wand* ermordet. Dazu erfindet Entress in einem Bericht vom 3.8.1942 an die Kommandantur diese Krankengeschichte (Dokument: StAu II): »Am 17.6.1942 wurde G. wegen Diarrhöen in den H. Krankenbau aufgenommen. Intensive Behandlung besserte den Zustand nicht. Der Durchfall wurde heftiger, und G. wurde kachektisch. Trotz weiterer Therapie verstarb G. nach längerer Bewußtlosigkeit. Eintritt des Todes am 31. Juli 1942 um 15.35 Uhr. Todesursache: Kachexie [Auszehrung] bei Darmkatarrh.«

Epstein, Berthold. Häftlingsarzt, Nr. 79104.

* 28.1.1883. Professor der Kinderheilkunde an der Universität Prag. Nach Besetzung der Stadt Flucht nach Norwegen. Ankunft Auschwitz am 1.12.1942 aus dem Lager Bergen. Von 532 Deportierten werden 346 sofort in der Gaskammer erstickt. Im Männerlager in Birkenau, in Monowitz, danach Leiter der Forschungsstation Mengeles im »Zigeunerlager«. Blieb nach Abzug der SS Januar 1945 bei den zurückgelassenen kranken Häftlingen.

Epstein, Elieser. Häftlings-Chefarzt, Nr. 94381, serologische Untersuchungen für Mengele.

* 11.8.1917 Slonim/Polen. Internist. Ankunft Auschwitz am 28.1.1943, von 2000 Juden werden 1641 »gesondert untergebracht« (Tarnwort für Vergasung). Häftlings-Chefarzt Block 14 in Birkenau, mit einer besonderen Abteilung für Zwillinge. Epstein: »Bei den Untersuchungshandlungen entnahm ich auch jeweils Blut für die verschiedenen serologischen Untersuchungen, die jedoch nicht bei uns durchgeführt wurden. Mir ist in Erinnerung, daß Mengele jeweils samstags nachmittags in Block 14 erschien, um die Provetten mit dem Blut der Zwillinge mitzunehmen. Diese Provetten brachte er leer mit, und diese mußten jeweils in seiner Anwesenheit gefüllt werden. Wo diese Provetten hinkamen, ist mir nicht konkret bekanntgeworden. Es hieß damals, diese kämen nach Berlin.« Arzt in Israel. Q.: MV, Bd. 37. – Die in der Verwaltung des Birkenauer Häftlingskrankenbaus beschäftigte Anna Stefanska, Häftling Nr. 6866 (MV, Bd. 11): »Ich sah, daß man diesen Zwillingen einige Male Blut in großen Mengen mit Spritzen abnahm und dieses Blut in Glasbehältern, die auf einer Holzunterlage aufgestellt waren, füllte; auf dieser Holzunterlage befand sich eine Beschriftung, entweder ›Hygieneinstitut Rajsko‹ oder ›Hygieneinstitut Berlin‹.«

Erdmann, Paul. *J. A. Topf & Söhne.*

* 20.4.1881 Arnstadt. Sohn eines Zimmermanns. Mühlenbautechniker. Oberingenieur. Hatte die Prokura und vertrat die Firma nach außen. Leiter der Abtei-

lung Feuerungsbau. 1948 *Kollektiv-Handlungsvollmacht* des nun Volkseigenen Betriebs (VEB). † 1953 Luftkurort Ballenstedt im Harz. Q.: Schüle.

Erler, Rudolf. SS-Unterscharführer.
* 31.8.1904 Alt Wernsdorf. Stabskompanie (SS-Angehöriger der Kommandantur), Landwirtschaftskommando Budy, Postenführer in Harmense. † Einer von drei SS-Angehörigen, die beim Auftand des Jüdischen Sonderkommandos am 7.10.1944 im Krematorium III von den Häftlingen getötet werden. Laut Standortbefehl Nr. 26/44 gefallen »vor dem Feind«.

Erman, Renee. Objekt von Medizinverbrechen.
* 1913. Ankunft Auschwitz aus Drancy am 20.7.1943. Von 1000 Deportierten werden 440 »gesondert untergebracht« (Tarnwort für Vergasung). Von 191 ins Lager selektierten Frauen kommen 12 auf die Versuchsstation Claubergs. Erman, neun Jahre nach der Befreiung – stellvertretend für andere Überlebende mit ähnlichen Symptomen: »Es ist mir unmöglich, mich zu konzentrieren, ich weiß manchmal nicht, was ich tue, weiß nicht, was ich tun soll, bin außerordentlich emotiv geworden, weine leicht, leide an häufigen Albdrücken mit Angstzuständen verbunden, die sich auf die Lagerereignisse beziehen, und ich schlafe sehr schlecht. Ich habe fast alle meine Zähne verloren. Ich bin starken Leberkrisen ausgesetzt, die anfallsweise auftreten, mit Erbrechen verbunden.« Q.: SP.

Ernst, Hans Dietrich. SS-Sturmbannführer und Oberregierungsrat.
* 3.11.1908 Oppeln. Juli 1942 bis August 1944 Kommandeur der Sicherheitspolizei und des SD (KdS) Angers in Frankreich. Danach beim Befehlshaber der Sicherheitspolizei und des SD (BdS) Paris und Straßburg. Beteiligt an Judendeportation nach Auschwitz (Klarsfeld). *Kriegsverdienstkreuz I. Klasse mit Schwertern.* Nach 1945 zweimal Todesurteil in Abwesenheit: Am 19.1.1950 vom Militärgericht Metz sowie am 13.11.1954 vom Militärgericht Paris. Anwalt in Leer in Ostfriesland. 1981 Einstellung Ermittlungsverfahren ZSt Dortmund. † 1991. Q.: Zentralkartei ZStL. Lit.: Brunner.

Errera, Alberto. *Jüdisches Sonderkommando.*
* Aus Larissa. Griechischer Marineoffizier. Ankunft Auschwitz nach neuntägiger Fahrt im abgeriegelten Güterwaggon am 11.4.1944 aus Athen. Heizer im Krematorium. Von Errera stammen die weltberühmten Fotoaufnahmen von den Leichenverbrennungen, heimlich aufgenommen und aus dem Lager geschmuggelt. September 1944 bei Fluchtversuch erschossen. Laut Shlomo Venezia floh er, als er mit Hugo Venezia Asche in den Fluß Sola kippen sollte, wurde aber beim Durchschwimmen angeschossen und verblutete.

Ertl, Fritz. Zentral-Bauleitung.
* 31.8.1908 Breitbrunn b. Linz. NSDAP-Nr. 6418769, SS-Nr. 417971, Untersturmführer (1944). Vom 27.5.1940 bis Januar 1943 ZBL, Leiter der Abteilung Hochbau, Stellv. Bischoffs. Schrieb den Aktenvermerk vom 19.8.1942 (faks. Abdruck bei Schüle) »Betr.: Anwesenheit von Obering. Prüfer der Fa. Topf u. Söhne Erfurt, bezüglich Ausbau der Einäscherungsanlagen«. Am 15.5.1944 »im Zuge der Besetzung Ungarns zum Beauftragten des Amtsgruppenchefs C beim SS-Wirtschafter in Ungarn abkommandiert« (Anklage). Die Anklage der StA Wien (15 St 12.081/64), warf Ertl vor: Beteiligt am Massenmord durch Planung, Errichtung und Instandhaltung der Gaskammern und Krematorien. Freispruch LG Wien am 10.3.1972. Baumeister in Linz.

Ettinger, Hermann. SS-Oberscharführer.
* Nicht ermittelt. Führer des Landwirtschaftskommandos Budy (Männerlager). Das April 1942 gegründete und 4 km von Auschwitz entfernte Außenlager betrieb

Landwirtschaft, Viehzucht und Fischteiche, 200–400 männliche Häftlinge. Häftlingsarzt Walter Löbner im Auschwitz-Prozeß: »Kürzlich kam in Israel ein griechischer Jude zu mir, der mir sagte, daß damals 300 Griechen in Budy waren, von denen 28 zurückgekommen sind.«

Ettrich, Rudolf. SS-Unterscharführer (1942).
* 23.2.1908 Leipzig. 1942 Majdanek, Herbst 1942 Leiter der Effektenkammer neben den »Badebaracken«. Frühjahr 1944 in Auschwitz. Januar 1945 SS-Regiment *Germania*. Nach 1945 Arbeiter.

Etzold, Adolf. SS-Schütze.
* 31.5.1896 Plunge/Litauen. SS-Totenkopf-Sturmbann. † 20.10.1942 Reservelazarett Kattowitz.

Everth, Joachim. SS-Unterscharführer.
* 9.11.1907 Magdeburg. Kaufmännischer Angestellter. Mai 1940 4. SS-Totenkopfstandarte in Prag. Januar 1942 Neuengamme. Nach eigener Aussage ab August 1942 für fünf Wochen in Auschwitz, angeblich in einem »kleinen Nebenlager«, an dessen Namen er sich nicht erinnern konnte oder wollte. Herbst 1943 beim Inspekteur der Konzentrationslager (Glücks) in der Personalstelle. Angestellter in Berlin. † 8.5. 1986 Berlin. Q.: AV, Bl. 6785 ff.

Exler, Samuel. SS-Schütze.
* 14.10.1903. Wachmannschaft Monowitz. 1948 in Wadawice zu 4 Jahren Haft verurteilt.

F

Fabel, Johann. Fahrbereitschaft.
* 27.5.1910. SS-Mann. Fahrer der Kommandantur und des Hygiene-Instituts der Waffen-SS in Rajsko (LaP). Verbleib unbekannt. – Sewaryna Szmaglewska, Häftling Nr. 22090 (StAu II): »Mehrmals fährt diese traurige Autokolonne, bis Block 25 leergeräumt ist, vom Lagertor zum Krematorium. Bei der letzten Tour werden die ganz schwachen Frauen weggefahren, die nicht mehr aus eigener Kraft stehen können. Sie werden wie Holzkloben auf die Autos geworfen und eine auf die andere gelegt, bis der Wagen voll ist. Wenn die Autos in Fahrt sind, dann schaukeln die oben liegenden Körper bei den Stößen mit und die dünnen Arme und Beine gehen rhythmisch in die Höhe und fallen wieder herab.«

Fabian, Margit. *Mengele-Zwilling.*
* 20.8.1893 in Ungarn. Fabian: »Im Juni 1944 wurde ich aus Miskolc mit einem Deportiertentransport nach Birkenau gebracht. Ich kam zusammen mit meinem Vater [ermordet] und meiner Schwester Jolan. Während der Selektion wollte Mengele meine Schwester Jolan zu den Arbeitsunfähigen schicken. Wir begannen darum zu betteln, daß man uns nicht voneinander trennen solle, da wir doch Geschwister seien. Mengele fragte, ob wir Zwillinge wären? Nun, wir waren keine Zwillinge – meine Schwester war drei Jahre älter als ich, trotzdem bejahten wir diese Frage, in der Annahme, somit beisammen bleiben zu können. Danach wurden wir in dem A-Revier in dem Block für Zwillinge untergebracht.« Verheiratet in Ungarn. Q.: MV, Bd. 23.

Falkenburg, Willi. SS-Unterscharführer.
* 12.8.1912. SS-Nr. 38383. Standortverwaltung, Sachbearbeiter der Abteilung Unterkunft. Standortbefehl (StB) Nr. 12/43: »Besuch der Ehefrau in der Zeit vom 21.4.–12.5.43«. Kommandanturbefehl Nr. 28/43: »Besuch der Mutter vom 1.–31.7.43«. StB Nr. 48/43: »Besuch der Schwiegermutter für die Zeit vom 20.10.43 bis auf weiteres«. Nach 1945 im Ruhrgebiet. – Die Gefangene Elfi Spandau zu den Unterkünften: »Jede Koje sollte für drei Personen bestimmt sein, der Block war aber so überfüllt, daß bis zu zehn Menschen Platz finden muß-

ten, ohne Decken oder Stroh. Wir schliefen zusammen mit Leichen und Kranken, die erst am nächsten Morgen entfernt wurden. Der beständige Strom von Neuankömmlingen garantierte, daß wir immer zu zehnt in einer Koje schliefen. Der Dreck und Gestank war nicht zu beschreiben.«

Farkas, Agnes. *Mengele-Zwilling.*
* 21.11.1932 in Ungarn. Ankunft Auschwitz mit Zwillingsbruder Istvan am 13.5.1944 aus dem Ghetto in Kassa. Farkas: »Ich sah, daß die Krematorien dauernd in Tätigkeit waren, doch habe ich diesem keine besondere Bedeutung beigemessen. Später, als Erwachsene, war ich erschüttert, daß meine Schicksalsgefährten zu Tausenden unmittelbar neben mir verbrannt worden waren. Ich war damals im zwölften Lebensjahre. Dementsprechend habe ich größere Aufmerksamkeit jenen Dingen gewidmet, die meinem Lebensalter näherstanden – dem Essen und dem Spiel.« Q.: MV, Bd. 24.

Farkas, Istvan. *Mengele-Zwilling.*
* 21.11.1932 in Ungarn. Zwillingsbruder von Agnes. Aussage: »Etwa drei Wochen nach unserer Ankunft wurde ich mit mehreren Zwillingen in die Ambulanz des Lagers Auschwitz geführt. In dieser sog. Ambulanz wurden an mir verschiedene Untersuchungen vorgenommen, und zwar von Personen, die weiße Mäntel trugen – von denen mir aber nicht bekannt ist, ob es SS-ler waren oder gefangene Ärzte.« Nach 1945 Arbeit als Elektromonteur. Q.: MV, Bd. 23.

Faser, Josef. SS-Schütze.
* 7.6.1899 Komotau. Monowitz. † 1944 verschollen.

Fater, Simon. *Jüdisches Sonderkommando,* Nr. 80390.
* 1907. Ankunft Auschwitz am 6.12. 1942 aus dem Ghetto Mlawa. Es sind 2500 Menschen, von denen 2094 in den Gasbunkern in Birkenau ermordet werden. – Die Häftlinge Vrba und Wetzler in ihrem Bericht vom 27.4.1944 über das Sonderkommando: »Die Leute vom Sonderkommando wohnten abgesondert. Man hatte mit ihnen schon wegen des fürchterlichen Geruchs, der von ihnen ausging, wenig Umgang. Sie waren verwildert und ungemein brutal und rücksichtslos. Es war nicht selten, daß der eine den anderen einfach erschlug.«

Faust, Max. Oberingenieur der I.G. Farben.
* 5.4.1891. August 1941 bis Ende 1942 (Dürrfeld) Bauleiter des Buna-Werks in Monowitz. Verhandlungen mit Höß über KZ-Häftlinge. Mißhandelte Häftlinge und beschuldigte die Wachmannschaften der SS als »schlapp« (Bernd C. Wagner, IG Auschwitz). Teilnahme an den Besprechungen anläßlich des Besuchs von SS-Obergruppenführer Pohl am 23.9.1942 in Auschwitz (Teilnehmerliste). KZ-Arzt Entress über eine Besprechung mit der Bauleitung der I.G. Farben Auschwitz im Frühjahr 1943 u.a. mit Oberingenieur Faust (Nbg. Dok. NI-6190): »Aus dieser Besprechung ergab sich später in der Praxis, daß zwar alle Häftlinge [ins Krankenrevier] aufgenommen wurden, dort jedoch nur eine bestimmte Zeit bleiben konnten und – wenn ihr Kranksein zu lange dauerte/3–4 Wochen/in das Stammlager Auschwitz zurückgeführt wurden, um von dort aus zum größten Teil nach Birkenau zur Vergasung geschickt zu werden.« 1959 Einstellung Ermittlungsverfahren StA Frankenthal wegen Verhandlungsunfähigkeit (Mitt. Renz). Am 1.3. 1965 als Zeuge im Auschwitz-Prozeß: »Daß ich im Jahre 1942 den sog. Reichsführer der SS zwei Stunden lang durch die Baustelle geführt habe, dient seit 1952 zum Anlaß, in allen Zeitungen das Foto zu zeigen, auf dem ich mit Himmler abgebildet bin, oft mit der Unterschrift ›Mörder unter uns‹. Kommentar Faust: »Man kann mir doch nicht übelnehmen, daß ich den Herrn Himmler zwei Stunden durch die Baustelle führte.«

Federsel, Ferdinand. Politische Abteilung (PA), Lager-Gestapo.
* 3.10.1921 Schottwiesen. SS-Unterscharführer. Ermittler bei Fluchten. Häftlingsschreiberin Kagan (AV, Bl. 3153): »Federsel schlug auch bei den Vernehmungen, er war aber nicht gefährlich.« † Kriegstod März 1945 bei Hermannsdorf nahe Breslau.

Fediuk, Basil. SS-Rottenführer.
* 6.12.1916 Czernowitz. Kommandanturstab Birkenau, Blockführer. Verbleib unbekannt. KZ-Kollege Spanner über Blockführer: »Es war eine schmutzige Beschäftigung.«

Feinsilber, Alter. *Jüdisches Sonderkommando*, Nr. 27675.
* 23.10.1911 Stoczek in Polen. Kellner. Kommunist, Spanienkämpfer, in Frankreich Namensänderung in Stanislaw Jankowski, um seine jüdische Herkunft zu verbergen. Ankunft Auschwitz, nach fünftägiger Fahrt im Güterwaggon, am 30.3.1942 mit dem ersten RSHA-Transport aus Compiègne. Die 1112 Deportierten, ausschließlich Männer aus verschiedenen Ländern, werden keiner Selektion unterworfen. Feinsilber: »Im Augenblick der Ankunft fehlten schon viele von uns, da eine Reihe von Personen wegen der schweren Transportbedingungen gestorben waren.« November 1942 im *Alten Krematorium*: »Es kam vor, daß sich beim Erschießen an den Gruben etliche Häftlinge wehrten oder Kinder weinten, und dann warf Oberscharführer Moll diese Menschen lebendig ins Feuer der Gruben.« Ab Juli 1943 im Krematorium IV. Eltern in Treblinka ermordet, befreundet mit Filip Müller. Gestorben September 1987 in Paris. Q.: Aussage vom 16.4.1945 in Krakau, in: Handschriften.

Fejkiel, Wladyslaw. Häftlingsarzt, Nr. 5647.
* 1.1.1911 Kroscienko. Arzt in der polnischen Armee. August 1940 Verhaftung durch Gestapo in Jaslo. Ankunft Auschwitz am 8.10.1940 aus dem Gefängnis in Tarnow. Zunächst im Straßenbau, Februar 1941 als *Muselmann* (39 kg) im Krankenbau des Stammlagers, dann Fäkalienträger. Sommer 1941 Pfleger (inhaftierte Ärzte dürfen anfangs nur als Pfleger arbeiten, Häftlingsärzte gibt es erst seit Frühjahr 1942). 1942 Leitung der Infektionsabteilung (Block 20), muß für KZ-Arzt Vetter das Fleckfieber-Präparat *3582* der I.G. Farben an 50 Häftlingen anwenden (Czech), Sterblichkeit: jeder dritte. Januar 1944 Lagerältester (Häftlings-Chefarzt) des Häftlingskrankenbaus im Stammlager, dem zentralen Häftlingskrankenbau samt der zentralen HKB-Schreibstube. Januar 1945 in Mauthausen. Fejkiel: »Anfangs gab es keine ärztliche Pflege. In dem Block 21 befand sich nur ein SS-Arzt-Zimmer und ein kleiner Operationsraum. Wer schwer krank war, mußte ohne ärztliche Hilfe sterben. Glücklicherweise waren die ersten Transporte, die nach Auschwitz kamen, gesund und kräftig und jung. Es gab daher nicht allzuviel Kranke. Krankheiten entstanden im größeren Umfange erst im Winter 1940/41, und zwar Hungerödeme und Hungerdurchfälle. Damals wurde dann der Block 28 aufgemacht. Ein Lagerführer hat einmal gesagt, daß ein Häftling unter den obwaltenden Umständen nur drei Monate leben kann, wer länger lebt, sei ein Dieb. Ich kann nach meinen eigenen Erfahrungen nur sagen, daß das stimmt.« 1955 Dozent, 1960 Professor an der Universität Krakau, Leiter der Klinik für Infektionskrankheiten. Langbein (Menschen): »Fejkiel war der erste polnische Spitzenfunktionär, der sowohl einen übertriebenen polnischen Nationalismus als auch den Antisemitismus beim Personal des HKB abzubauen trachtete.« Q.: AV, Bl. 5790ff.

Felbert, Frohwald. SS-Sturmmann.
* 20.10.1889. Monowitz, Außenlager Gleiwitz. Verbleib unbekannt.

Feld, Ludovit. Kleinwüchsiger Häftling (115 cm), Nr. A-7740.
* 19.3.1904 Kaschau, heute Kosice/Slowakei. Ankunft Auschwitz Anfang April 1944. Nach eigener Aussage mit 108 Zwillingspaaren und 9 Kleinwüchsigen interniert. Feld über die Kleinwüchsigen, in Auschwitz *Zwerge* genannt: »Wir wurden einer allseitigen Untersuchung unterworfen, besonders einer anthropologischen Untersuchung. Es wurden jedoch keinerlei Versuche durchgeführt, jedenfalls weiß ich nichts davon. Die Untersuchungen führten Häftlingsärzte verschiedener Nationalität durch, und die Untersuchungsergebnisse liefen bei Dr. Mengele zusammen. Dr. Mengele kam in unseren Block etwa jede zweite Woche. Er führte jedoch niemals persönlich irgendwelche Untersuchungen durch. Sobald Dr. Mengele in unseren Block kam, benahm er sich korrekt, war höflich und bot uns Zigaretten an. Niemand von uns wurde ermordet, und es starben nur Personen infolge Unterernährung. Auch wenn unsere Lebensbedingungen wesentlich besser waren, erlebten wir große seelische Qualen, da wir davon wußten, daß wir früher oder später getötet werden und unsere Skelette in einem biologischen Museum aufgestellt werden.« Feld porträtiert im Auftrag Mengeles Mithäftlinge. Nach 1945 als Künstler am Geburtsort. – Mengeles Obduzent Nyiszli: »Doktor Mengele und seine Kumpane träumen davon, daß die in Auschwitz ermordeten Zwerge und Krüppel einst als Skelette in weiten Räumen von Museen ausgestellt sein werden, auf einem Podest montiert, versehen mit den Angaben ihres Namens und Alters.« Aussage Feld: MV, Bd. 25.

Feldmann, Frantisek. *Jüdisches Sonderkommando*, Nr. 36661.
* 1910. Zahntechniker aus Trencianske-Teplice (Slowakei). Ankunft Auschwitz am 22.5.1942 aus Mauthausen. In der Goldschmelzerei im Krematorium III zur Verarbeitung der herausgebrochenen Goldzähne. Filip Müller: »Von Franz Feldmann wußte ich, daß dort manchmal fünf bis zehn kg Gold täglich verschmolzen wurden.« Am 26.11.1944 ermordet (FSK).

Feldmann, Renée. Objekt von Medizinverbrechen, Nr. 50388.
* 30.8.1906. Feldmann, acht Jahre nach der Befreiung: »Ich wurde am 24. Oktober 1942 in Paris aus rassischen Gründen verhaftet, zunächst nach Drancy und Ende Juli 1943 nach Auschwitz gebracht. Beim Verlassen des Zuges wurden von Dr. Wirtz [Wirths] 75 Frauen in gutem Gesundheitszustand ausgesucht und zur Vornahme von Experimenten in den Block 10 gebracht. Es wurden nur verheiratete Frauen von 25–35 Jahren ausgewählt. Man fragte nur nach dem Alter und der Zahl der Kinder. Bald darauf wurde ich von Dr. Samuel, der unter Dr. Wirtz arbeitete, in Vollnarkose operiert. Die Operation wurde durch die Scheide, ohne Öffnung der Bauchhöhle, vorgenommen. Über die genaue Bedeutung dieser Operation kann ich nichts aussagen. Drei Tage später machte ich eine außerordentlich starke und lebensgefährliche Blutung durch. Nach etwa 3–4 Monaten wurde ich zu neuen Experimenten herangezogen. Diesmal durch Dr. Clauberg.« Q.: SP.

Felker, Johann. SS-Sturmmann.
* 25.9.1908 Niederneudorf/Rumänien. SS-Totenkopf-Sturmbann. Nach 1945 in Biel.

Feltes, Christian. SS-Sturmmann.
* 15.8.1914 Tartlau. Nach 1945 in Niedersachsen.

Fénelon, Fania, eigentlich Fanny Goldstein. Mädchenorchester Auschwitz-Birkenau, Nr. 74862.
* 2.9.1908 Paris. Pianistin und Sängerin. März 1943 in Drancy interniert, Ankunft Auschwitz am 22.1.1944 (von 1155 Deportierten enden 864 in der Gaskammer). Autorin des Buchs *Das Mädchenorchester in Auschwitz*. Ihr Opus, 1976

in Paris, 1980 im Röderberg-Verlag in Frankfurt am Main erschienen, war ein Welterfolg, wurde jedoch von überlebenden Orchestermitgliedern – wie Anita Lasker-Wallfisch – als wüste Erfindung abgelehnt. Fénelon bediente in ihrem Buch die Phantasien des Publikums. Selbst in einer Zeugenaussage – unter Eid, nichts als die Wahrheit zu sagen – behauptete sie, etwa im Juni 1944 sei für das Frauenorchester ein Sonderkonzert angesetzt gewesen (MV, Bd. 11): »Als Publikum hatten wir Mengele, umgeben von etwa fünfzig Zwergen. Diese Zwerge waren herausgeputzt mit grotesken Kleidern, Schmuck. Mengele allein thronte in ihrer Mitte, eine Zigarettenspitze, eine Zigarette zwischen den Lippen mit einem versteckten Lächeln. In derselben Nacht brachte er sie zu Fuß, nicht im Wagen, ins Krematorium.« Mengele hat niemals 50 »Zwerge« auf einmal töten lassen, waren sie doch unersetzliche »Forschungsobjekte«, und die Häftlingsanatomie konnte im Durchschnitt nur 4 Leichen pro Tag sezieren. Ein Musterfall, Auschwitz zu vermarkten. Berufsangabe Fénelons 1972: »Lyrische Künstlerin«. Gestorben 19.12.1983 in Paris.

Fernholz, Werner. SS-Obersturmführer (1944).
* 28.10.1908 Lüdenscheid. Sohn eines Fabrikanten. Jurist. 1933 SS (Nr. 92626), Angehöriger der Hauptverwaltung der Justizlager in Papenburg, Bezirk Osnabrück. SS-Richter. 1941 in Dachau, danach in Riga. November 1944 in Auschwitz, nach eigener Aussage immer als »Gerichts-SS-Führer«. Nach 1945 Rechtsanwalt. † 23.5.1981 am Geburtsort.

Fesenmayer, Alois. SS-Sturmmann.
* 27.3.1920 Augsburg. Kommandanturstab. Wohnsitz in Bayern.

Fetman, Leona. *Mengele-Zwilling.*
* 1911 in Ungarn. Ankunft Auschwitz Juni 1944. Fetman: »Mit meiner jüngeren Schwester – wegen unserer Ähnlichkeit nahm Mengele an, daß wir Zwillinge seien – kamen wir in das Lager für Zwillinge in Auschwitz, dessen nähere Bezeichnung mir unbekannt ist. Hier waren wir mit vielen weiblichen Zwillingen, die sich im unterschiedlichsten Lebensalter befanden, zusammen. Die Untersuchung bestand aus verschiedenen Körpervermessungen, Schädelmessungen, Haarfarbenuntersuchungen, Blutentnahmen und Abfotografieren. Ich kann mich nicht daran erinnern, daß auch Mengele persönlich eine Untersuchung vorgenommen habe. Bei der Untersuchung – da wir um unser Leben fürchteten – getrauten wir uns nicht zu bekennen, daß wir keine Zwillinge seien. Mehrmals bekamen wir mit meiner jüngeren Schwester [durch Clauberg] Injektionen mit einer schädlichen Flüssigkeit in die Gebärmutter. Die Injektionen verursachten bei uns beiden krampfartige Kopfschmerzen und Bauchblähung. Als Folge der dort erlittenen Schädigung hatte ich oft Abortusse. Später, 1952, mußte man mir den rechten Eierstock entfernen und 1966 den linken Eierstock und meine Gebärmutter.« Q.: MV, Bd. 24.

Feuerstein, Lea. *Mengele-Zwilling*, Nr. A-8272.
* 1930 in Ungarn. Ankunft Auschwitz am 29.6.1944. Aussage: »Auf der Rampe stand ein auffallend gut aussehender SS-Angehöriger, den ich als einen schönen Mann bezeichnen würde und der offenbar dort etwas zu sagen hatte. Er rief auf Deutsch: ›Zwillinge heraus.‹« Meine Mutter mit meinen kleinen anderen Geschwistern im Alter von 6 und 12 Jahren mußte zu der Gruppe der älteren Frauen treten. Sie marschierten sofort in Richtung auf die Krematorien ab. Ich habe meine Mutter und meine kleinen Geschwister nie wieder gesehen.« Feuerstein zu den Versuchen: »An Messungen wurden im einzelnen vorgenommen, Körpergröße und Gewicht, genaue Feststellungen über die Nasenform, und of-

fenbar interessierte man sich auch genau für die Augen, denn es wurden uns Augentropfen beigebracht, die im übrigen dazu führten, daß man einige Tage nicht mehr sehen konnte.« Wohnsitz in Israel. Q.: MV, Bd. 23.

Fiebig, Kurt. Gefangenen-Eigentums-Verwaltung.
* 31. 10. 1895 Naundorf/Sachsen. SS-Rottenführer. Standortverwaltung, Abteilung GEV (Vertreter der GEV waren bei Transportankünften immer auf der Rampe). † Suizid 6. 8. 1943 Arrestzelle in Auschwitz.

Fiedler, August. SS-Schütze.
* 10. 1. 1893 Brzozag/Konin. SS-Wachkompanie Monowitz. Herbst 1944 Kommando Charlottengrube in Rydultowy. Verbleib unbekannt. – Andrze Strzelecki (HvA 17): »Nach einem Bericht der Einwohner von Rydultowy kam es auch vor, daß man zusammen mit den Leichen auch Kranke und Arbeitsunfähige ins KL Auschwitz-Birkenau brachte. Im Spätherbst 1944 begann man im ›Judenlager‹ mit dem Bau eines kleinen Krematoriums zur Leichenverbrennung. Dieser Bau wurde jedoch nicht beendet.«

Fieles, Kurt Walter. SS-Sturmmann.
* 28. 7. 1914 Hermannstadt/Rumänien. Ab Juli 1943 SS-Totenkopf-Sturmbann in Majdanek, Sommer 1944 in Auschwitz. Nach 1945 im Kreis Tuttlingen.

Fielker, Johann. SS-Schütze.
* 15. 4. 1921 Rätsch/Rumänien. Ab Oktober 1944 in Auschwitz. Wohnsitz in Bayern.

Filep, Johann. Hundestaffel.
* 24. 5. 1920 Nieder-Eidisch in Rumänien. SS-Unterscharführer. SS-Totenkopf-Sturmbann. 1948 in Krakau zu 5 Jahren Haft verurteilt. – Die Überlebende Erika Cougno über ihre Ankunft März 1943: »Die Türen wurden geöffnet, und eine Gruppe von SS-Leuten, begleitet von bellenden Hunden, brüllte: ›Alles raus, alles raus! Laßt eure Sachen vor dem Waggon! Alle Frauen mit kleinen Kindern, Kranke und Alte auf die Lastwagen! Junge Männer reihen sich hier zu fünfen auf! Junge Frauen ...‹ Zitternd vor Schrecken, Hunger und Kälte, erschöpft nach so vielen Tagen zusammengekrümmt in den Waggons, ohne frische Luft zum Atmen, taumelten alle heraus.«

Finkelstein, Rosa (Mädchenname). Opfer von Medizinverbrechen, Nr. 55600.
* 1921 in Polen. Vater Offizier der Deutschen Wehrmacht im 1. Weltkrieg. 1939, nach der Besetzung, als Jüdin des Gymnasiums verwiesen. Danach in verschiedenen Arbeitslagern. Ankunft Auschwitz am 19. 4. 1942 aus der Slowakei. Im Kommando Union-Werke, Munitionsfabrik. Herbst 1943 auf Block 10 (Versuchsblock): »Dieser Block hatte keine Zimmer, sondern bestand aus einem großen Raum wie alle üblichen Unterkünfte in Auschwitz. Jeweils 3 bis 4 Mädchen lagen auf einer Holzpritsche auf Holzwollestücken, ohne Bettwäsche. Die Fenster waren mit Holzblenden versehen, so daß man nicht hinausblicken konnte.« Objekt von Phlegmone- und Sterilisierungsversuchen: »Ich bekam so furchtbare Schmerzen, daß ich mich wand wie eine Schlange. Ich grub mir vor Schmerz die Fingernägel in das Fleisch.« Finkelstein über die Folgen: »Erwähnen möchte ich noch, daß ich 1949 geheiratet hatte. Meinem Mann hatte ich meine in Auschwitz durchgeführte Sterilisation verschwiegen und konnte somit keine Kinder gebären. Mein Mann erfuhr dies von einem polnischen Arzt, der mich untersucht hatte, worauf sich mein Mann 1956 von mir scheiden ließ.« Am Ende der Vernehmung: »Ich bitte nun, daß die Vernehmung abgebrochen wird. Es ist so furchtbar für mich, mich wieder an all das erinnern zu müssen. Mir wurde mein ganzes Frau-Sein genommen, und was das bedeutet, kann kaum jemand erfassen.« Q.: MV, Bd. 2.

Finken, Heinrich. SS-Schütze.
* 4.8.1901 Wickrathberg. Kommandanturstab. † 29.10.1960 Rheydt.

Finsinger, Johann. SS-Schütze.
* 4.7.1921 Wandorf. Juli 1942 bis Januar 1943 zur Ausbildung in Auschwitz. Nach 1945 in Nordrhein-Westfalen.

Fischer, Adolf. Sezierassistent.
* Unbekannt. Helfer Nyiszlis in den Krematorien. Fischer soll aus dem Prager Anatomischen Institut stammen. Laut Filip Müller von Theresienstadt nach Auschwitz gekommen.

Fischer, Alfred. SS-Unterscharführer.
* 17.1.1901 Wilhelminenort. SS-Nr. 248589. Standortverwaltung. Laut KZ-Kollege Alschewski Küchenleiter im Außenlager Neu-Dachs. Verbleib unbekannt.

Fischer, Carl-Josef. SS-Arzt.
* 14.3.1904 Graz. Dr. med. et jur. Chirurg. 1938 NSDAP. SS-Hauptsturmführer (1941). Vom 17.10. bis 27.11.1940 Lagerarzt in Auschwitz. Danach SS-Lazarett Prag und Wien. Kurzeinsätze in Sachsenhausen, Neuengamme und Majdanek. Nach 1945 Arzt in Graz. Verweigerte am 13.12.1972 in einer Vernehmung die Beantwortung einzelner Fragen. Am Ende der Zeugenvernehmung steht: »Der Zeuge verweigerte ohne Angabe von Gründen die Unterschrift.« Q.: MV, Bd. 13.

Fischer, Ernst. SS-Unterscharführer.
* 18.6.1906 Reichenberg. Ab 25.2.1941 in Auschwitz, Kompanie-Rechnungsführer. 1948 in Krakau zu 4 Jahren Haft verurteilt.

Fischer, Hans. Hundestaffel.
* 16.8.1901 Lübnitz. SS-Sturmmann. Vom 20.1.1941 bis zum Ende in Auschwitz. Ließ Hunde auf Häftlinge los, die zu langsam arbeiteten (AV, Bl. 3759). Verbleib unbekannt. – Shlomo Dragon (Greif): »Wenn die Gaskammer sich füllte, standen Deutsche mit Hunden an der Tür und drängten die Menschen, die schon in der Gaskammer waren, mit Hilfe der Hunde weiter zusammen.«

Fischer, Hans. SS-Rottenführer.
* 28.7.1910 Wien. 1942 mehrere Monate in Auschwitz. Nach 1945 in Tauberbischofsheim.

Fischer, Horst. KZ-Arzt.
* 31.12.1912 Dresden. 1933 SS (Nr. 293937), Hauptsturmführer (1943), 1937 NSDAP (Nr. 5370071). Chirurg. Unter anderem SS-Division *Wiking*, ab 6.11. 1942 Truppen- und Lagerarzt Auschwitz. März 1943 bis September 1944 in Monowitz, laut Häftling Max Kasner führte er Selektionen auch in den Außenlagern Janinagrube und Jawischowitz durch (HvA 15). Stellv. Lagerarzt Auschwitz. Oktober 1943 Zuzug der Ehefrau mit zwei Kindern. Februar 1945 im SS-Wirtschafts-Verwaltungshauptamt. Fischer: »Ich weiß – und ich habe das auch damals feststellen können –, daß unter den Bedingungen in Monowitz die Lebenserwartung der zur Arbeit eingesetzten Häftlinge im Normalfall 3 bis 4 Monate nicht überschreiten konnte. Das ergab sich sowohl aus dem geforderten Arbeitspensum als auch aus der völlig unzureichenden Verpflegung.« Häftlingsarzt Antoni Makowski, Nr. 131791, über eine Selektion (BV): »Alle kranken Häftlinge, vollständig nackt, gingen in einer Reihe, einer hinter dem anderen, an Dr. Fischer vorbei und hielten in ihren Händen die Karten, welche die Kartei des Krankenbaus bildeten; Dr. Fischer, begleitet vom SS-Sanitäter Neubert, nahm diese Karten von den vorbeigehenden Häftlingen und reichte sie, nachdem er sie sich anschaute, entweder dem Krankenbauschreiber oder Neubert. Wenn er die Karte des Häftlings dem Krankenbauschreiber gab, bedeutete es, daß dieser Kranke im Krankenbau blieb, die Abgabe an den SS-Sanitäter verurteilte den Häftling zum Tode in der Gaskammer.« Ab 1946 Arzt in Spreenhagen b. Fürstenwalde. Verhaftung Juni 1965. Todesurteil Oberstes Gericht der DDR in Ostberlin am 25.3.1966. † Hinrichtung 8.7.1966. Q.: AV, Bl. 1417 ff.

Fischer, Jakob. SS-Unterscharführer.
* 1.7.1892 Haberspirk. Ab Juni 1944 in Auschwitz, Monowitz. Herbst 1944 im Kommando Charlottengrube. † 26.10. 1969 Herzberg/Harz.

Fischer, Johannes. SS-Sturmmann.
* 6.9.1914 Ruma/Kroatien. Ab September 1942 in Auschwitz. Wohnsitz in Nordrhein-Westfalen.

Fischer, Karl. SS-Sturmmann.
* 8.6.1910 Preßburg (Bratislava). SS-Totenkopf-Sturmbann (der SS-T-Stuba hatte turnusmäßig Rampendienst), Standortverwaltung, Abteilung III: Schutzhaftlager. Verbleib unbekannt. – PA-Häftling Bartel (AV, Bl. 2440): »Die Selektionen erfolgten durch eine Kommission, bei der sich ein SS-Arzt, ein Angehöriger der Lagerführung, der Leiter der [PA-] Aufnahmeabteilung (bzw. dessen Vertreter), jeweils ein Angehöriger des Arbeitseinsatzes, des Verwaltungsamts und sonstiger Abteilungen der Kommandantur befanden. Wer äußerlich gut aussah, wurde zur Arbeit bestimmt. Alle anderen wurden vergast. Durchschnittlich kamen 10–20% der Häftlinge ins Lager.«

Fischl, Goliath. Chef des *Fischl-Kommandos.*
* 1919 in Polen, Vater von Nazis erschossen. Fleischer. Ankunft Auschwitz und Häftlingsnummer unbekannt. Der untersetzte, muskulöse Fischl stand einer Gruppe von sieben Häftlingen vor. Sie hatten im *Alten Krematorium* – ab Herbst 1941 Vergasungsstätte – zunächst die Leichen der im Lager »verstorbenen« Kameraden zu verbrennen, später die Leichen der in der Gaskammer Ermordeten. Das Kommando lebte völlig isoliert und wurde Juni 1942 mit dem *Morawa-Kommando* vereinigt. Mithäftling Filip Müller zum Alltag: »Alle Öfen brannten, als [Hans] Stark den Befehl gab, die nackten Leichen über den nassen Betonboden zu den Öfen zu schleifen. Dort ging Fischl von einem Toten zum andern und stemmte jedem mit einer Eisenstange den Mund auf. Wenn er einen Goldzahn entdeckte, riß er ihn mit einer Zange heraus und warf ihn in eine Blechbüchse.« Laut Müller ein gottesfürchtiger Jude, dessen Motto lautete: »Der Mensch unterscheidet sich dadurch vom Tier, daß er an Gott glaubt.« † Spätsommer 1942 an Typhus.

Fischmann, Sonja. Nr. 24253, Horst Schumanns Schreibkraft.
* 25.11.1921. Ankunft Auschwitz am 11.11.1942. Schreibkraft im Block 30 (Versuchsstation) des Frauenlagers Birkenau und im Versuchsblock 10 des Stammlagers. Fischmann: »Schumann war fast täglich auf dem Block und ließ sich jeweils eine größere Anzahl von Häftlingen (oftmals bis zu hundert) vorführen. Es waren einmal männliche, einmal weibliche Häftlinge. Diese Häftlinge mußten sich nackt ausziehen, dann wurde jeweils einer in den Raum geholt, in welchem große Siemensapparate aufgestellt waren, die Röntgenstrahlen zum Zweck der Sterilisierung aussandten.« November 1944 Ravensbrück. Q.: AV, Bl. 2884ff.

Fitze, Joachim. SS-Hauptscharführer.
* 24.9.1923. StA Frankfurt (AV, Bl. 3759): »Hat bei Erschießungen an der Schwarzen Wand zwischen Block 10 und 11 mitgewirkt.« Verbleib unbekannt. – Häftlingsärztin Hautval, heimlich (siehe Wosnitza) Augenzeugin der Erschießungen vor den Fenstern des Blocks 10: »Von einer Tragbahre, von der Blut tropft, werden jeweils zwei auf den Boden unter unseren Fenstern gekippt. Röcheln, Stöhnen und Wimmern steigen von dieser Masse auf. Man tötet die Sterbenden. Darunter sind auch Kinder. Ich sehe noch das kleine Mädchen vor mir, dessen dunkle Zöpfe auf dem Rücken baumeln.«

Flagge, Walter. SS-Sanitätsdienstgrad (SDG).
* 26.3.1894. Fahrdienstleiter. SS-Unterscharführer (1944). Vom 1.9.1942 bis

1.11.1944 in Auschwitz, Stationen: Wirtschaftshöfe Budy und Babitz (laut Ella Lingens Erinnerungen hier »der gute Geist des Hauses«), Hygiene-Institut der Waffen-SS Rajsko, Quarantänelager für Männer in Birkenau (Lagerabschnitt BIIa) und Häftlingskrankenbau in Birkenau. Häftlingsarzt Wolken über Flagge im Quarantänelager (AV, Bl. 6950): »Bei F. handelte es sich um einen ausgesprochen anständigen SS-Mann. Ich möchte noch hinzufügen, daß Flagge weinte, als man Kinder vom Nebenlager BIIb zur Vergasung führte, zumal ich des öfteren beobachtet habe, daß er mit diesen Kindern gespielt hat.« Verbleib unbekannt.

Fleck, Otto. SS-Sanitätsdienstgrad (SDG).

* 25.3.1897 Leipzig. Arbeiter. SS-Sturmmann (1944). August 1944 im Außenlager Janinagrube (LaP). Niemeier-Urteil: »Im Lager herrschte aufgrund der Arbeitsunfälle und infolge der unzureichenden Ernährung und Bekleidung sowie der extremen Witterungsverhältnisse – extreme Nässe und Kälte – in der Grube eine hohe Häftlingssterblichkeit.« Verbleib unbekannt.

Fleischhacker, Hans. Anthropologe und SS-Obersturmführer.

* 10.3.1912 Töttleben, Kreis Weimar. Dr. phil. 1937 Assistent am Rassenbiologischen Institut Tübingen, Spezialgebiet: Untersuchungen zum dominanten Erbgang der Augenfarbe. 1937 SS (Nr. 307399). 1940 NSDAP (Nr. 7501920). 1941 SS-Führer im SS-Rasse- und Siedlungshauptamt, SS-Eignungsprüfer bei Eindeutschung von Polen, vor allem in Lodz (das RuSHA wurde von Himmler zur rassischen Überprüfung von *Eindeutschungsfähigen* eingesetzt). Vom 11. bis 17.6.1943 wegen Hirts Sammlung *Fremdrassiger* in Auschwitz. Hirt am 22.6.1943 – vor Überstellung der Opfer zur Ermordung in Natzweiler – an Sievers (*SS-Ahnenerbe*): »Es wäre mir recht, wenn Obersturmführer Dr. Fleischhacker die Überführung und Beendigung des Verfahrens in Natzweiler überwachen könnte.« Die letztlich 86 Juden (der Ahnenerbe-Forscher Michael H. Kater nennt irrtümlich 122 Mordopfer) werden August 1943 in der Gaskammer von Natzweiler ermordet. 1948 in Tübingen als *Mitläufer* entnazifiziert. 1950 Assistent am Institut für Vererbungswissenschaften der Universität Frankfurt am Main. 1956 bis 1959 Gastforscher in El Salvador (Lang). Privatdozent in Frankfurt. Freispruch LG Frankfurt am 5.3.1971. Professor der Frankfurter Universität. Q.: Js 8/66 GStA Frankfurt.

Fleischmann, Erzsebet. Anthropologin bei Mengele.

* 4.7.1889 Sarvar. Ankunft Auschwitz April 1944 aus Kistarcsa. Fleischmann: »Während der Selektion wurden über Lautsprecher Anthropologen unter den ungarischen Gefangenen gesucht. Daher kam ich in ein besonderes Kommando und fand als Anthropologin Einstellung beim Lagerarzt Mengele. Wir hatten bei jedem Zwilling eine Kartei mit 96 Punkten auszufüllen, zusammen mit anderen gefangenen Frauen, an deren Namen ich mich nicht mehr erinnere.« Wohnsitz Budapest. Q.: MV, Bd. 24.

Flohr, Martin. Fahrbereitschaft.

* 13.2.1908 Nova-Pazura/heutiges Montenegro. SS-Sturmmann. 1948 in Wadowice zu 3 Jahren Haft verurteilt. – Häftlingsarzt Löbner (AV, Bl. 6681): »Schrecklich war der Anblick, wenn die armen, zum Tode bestimmten Kameraden auf offenen Lastautos völlig nackt durch die Lagergassen zum Krematorium gefahren wurden. Die einen ihr unabwendbares Schicksal laut beklagend, andere in ihr Schicksal ergeben, fuhren sie der Vernichtung entgegen. Wir selbst standen am Wege und konnten an unseren Rippen abzählen, wann wir selbst an die Reihe kommen würden.«

Florschütz, Willi. Politische Abteilung (PA), Lager-Gestapo.
* 18.6.1920 Esseg in Kroatien. SS-Rottenführer. Blockschreiber Pilecki im Auschwitz-Prozeß: Verbindungsmann zwischen PA und Block 11 (Todesblock), bereitete die Sitzungen des SS-Standgerichts vor. Soll an Erschießungen an der *Schwarzen Wand* teilgenommen haben. Häftlingsschreiberin Shelley (damals Weinberg): »Er war klein, blutjung und ein Volksdeutscher. Ich konnte nicht verstehen, wie dieser halbe Junge so tüchtig und stolz sein grausiges Gewerbe betreiben konnte.« Wohnsitz in Österreich.

Florstedt, Hermann. Schutzhaftlagerführer.
* 18.2.1895 Bitsch im Elsaß. 1931 SA, NSDAP (Nr. 8660) und SS (Nr. 488573), Sturmbannführer. 1939 Wachblockführer in Buchenwald. Juli 1940 Schutzhaftlagerführer (Höß: »Der eigentliche Gebieter des Häftlingslagers ist der Schutzhaftlagerführer«) in Sachsenhausen, Oktober 1940 in Buchenwald. 1942 in Mauthausen. November 1942 Kommandant KZ Majdanek, 5 km von der Stadtmitte Lublins entfernt. Bezeichnung zu dieser Zeit *Kriegsgefangenenlager der Waffen*-SS Lublin. Laut Marszalek ließ er Häftlinge hängen, die während der Arbeitszeit eingeschlafen waren. Oktober 1943 Schutzhaftlagerführer in Auschwitz, Verhaftung wegen Unterschlagungen, begangen in Buchenwald. † Vor Kriegsende 1945 auf Befehl Himmlers erschossen, Todesdatum unbekannt (ZStL).

Foeldisch, Bela. *Jüdisches Sonderkommando*, Nr. 106299.
* 10.5.1909 Budapest. Ankunft Auschwitz am 4.3.1943 aus Drancy. An den Verbrennungsgruben in Birkenau. Fluchtversuch am 9.3.1943. Gestorben am 16.3.1943 im Bunker von Block 11. – Grabner, Chef der Lager-Gestapo, am 18.9.1946 auf der Polizeidirektion Wien: »Die wieder ausgegrabenen Leichen waren schon in Verwesung übergegangen und zum Teil zerfallen. Am Arbeitsplatz und in der ganzen Umgebung herrschte ein derart widerlicher Geruch, daß ich nicht gerne den Ort aufsuchte. Die Häftlinge wurden nach Durchführung dieser Arbeit vergast.«

Förster, Adolf. SS-Unterscharführer.
* 8.5.1905. Stabskompanie (SS-Angehöriger der Kommandantur). † 22.9.1961 Köln.

Förster, Peter. SS-Oberscharführer.
* 8.2.1897 Oberlogau. SS-Nr. 358264. Standortverwaltung, Unterkunftsverwaltung Birkenau. † 24.8.1949 (Standesamt Hanau). – KZ-Kollege Broad: »Hunderte von fensterlosen Pferdestallbaracken und primitiven Steinhäusern waren die Häftlingsunterkünfte. Die Verhältnisse in Birkenau waren noch bei weitem unerträglicher, als es schon in Auschwitz der Fall war. Mit jedem Schritt sank man tief in dem zähen Morast ein. Es gab so gut wie kein Waschwasser. Die Häftlinge schliefen auf Holzpritschen in drei Etagen, je sechs auf einer Pritsche und zum großen Teil ohne Strohsäcke.«

Fogy, Hermann. SS-Untersturmführer.
* 7.2.1914 Peggau/Steiermark. Kommandanturbefehl Nr. 10/43: »Mit Wirkung v. 3.5.43 wird der SS-Ustuf. Hermann Foggy vom SS-Wirtschafts-Verwaltungshauptamt Amt A III/3 zum KL Auschwitz zur Einarbeitung als stellv. Gutsvorsteher kommandiert.« 1980 in einem Altenwohnheim in Altusried b. Kempten.

Folk, Josef. SS-Schütze.
* 28.4.1921 Kontiga/damaliges Jugoslawien. Kommando Lagischa. † Kriegstod 7.4.1945 bei Beeskow, Mark Brandenburg.

Foydl, Josef. SS-Rottenführer.
* 28.6.1923 Neusina/Banat. Stellv. Kommandoführer im Außenlager Babitz, 3 km von Auschwitz entfernt. Verbleib unbekannt. – Die Bevölkerung des Orts Babice (Babitz) wird im April 1941 »ausgesiedelt«, ihre Höfe und Scheunen zum

Teil niedergerissen, der Rest später als Wohnraum für IG-Mitarbeiter verwendet. Anna Zieba (HvA 11): »Ende Oktober 1941 beschäftigte man bei der Rübenernte sowjetische Kriegsgefangene. Man führte sie unter starker SS-Bewachung vom Lager Auschwitz herbei. Diese Gefangenen brachten aus dem Lager sogenannte ›Rollwagen‹ mit, auf die man die schon bei der Arbeit Getöteten warf.« Babitz wird März 1943 ein Außenlager mit zunächst 60 männlichen und 50 weiblichen Häftlingen und untersteht Obersturmbannführer Caesar. Zieba: »Die erste Gruppe männlicher Häftlinge bestand vor allem aus jungen Juden im Alter von 20–30 Jahren, die in einer Baracke lebten. Diese Juden wurden sehr gequält, und im Laufe von 6 Wochen waren alle ermordet.«

Fränzen, Reinhard. Zentral-Bauleitung.
* 15.2.1904 Rheydt. SS-Unterscharführer, zuständig für Tiefbau und Straßenmeisterei. † 20.7.1953 Rheydt.

Fraidlewicz, Simon. Opfer von Versuchen zur Massensterilisierung mit Röntgenstrahlen.
* Nicht bekannt. Fraidlewicz wird 1943 in Auschwitz bestrahlt, was eine Röntgenkastration zur Folge hat. Sechs Wochen später wird ihm – zur Kontrolle, ob der Versuch gelungen ist – ein Hoden entfernt. Dreizehn Jahre später heißt es in einem Ärztlichen Gutachten von Professor Hermann Hirsch in Tel Aviv (Auszug): »Die im Konzentrationslager verursachten Verletzungen des Fr. haben bei ihm eine schwere physische und psychische Schädigung bewirkt, die ihm die Ausübung seines Berufes und jeglicher anderen ihn ernährenden Arbeit unmöglich macht. Physisch: a) Fettsucht. b) Harninkontinenz. c) Ständig auftretende, intermittierende Schmerzen im Kreuz und in dem linken Oberschenkel. Psychisch: a) völlige Unfähigkeit, sich zu konzentrieren. b) Mangel an jeglicher Energie und Initiative. c) Depressionen mit zeitweiligen Suizidgedanken. Es gibt kein Heilverfahren, um den bestehenden körperlichen Schaden zu beheben oder zu bessern.« Q.: SV.

Franjuk, Johann. SS-Unterscharführer.
* 2.19.1920 Radautz. Fleischer. SS-Totenkopf-Sturmbann. Laut KZ-Kollege Bilibou in der SS-Fleischerei. Nach 1945 in Konstanz. Ärztliches Gutachten 1977: »Auf Dauer vernehmungsunfähig.«

Frank, Anne.
* 12.6.1929 Frankfurt am Main. 1933 Flucht der Familie in die Niederlande, ab 9.7.1942 in einem Hinterhaus an der Amsterdamer Prinsengracht versteckt. Tagebuchschreiberin bis zum 1.8.1944. Am 4.8.1944 von Gestapo entdeckt. Ankunft Auschwitz am 5.9.1944 aus dem *Judendurchgangslager* Westerbork. Von 1019 Deportierten werden 549 sofort in der Gaskammer ermordet. Ihre Mutter Edith stirbt Januar 1945, während ihr Vater Otto (Nr. B-9174) am 27.1.1945 befreit wird. Anne Frank und ihre Schwester Margot waren zuvor nach Bergen-Belsen überstellt worden. † In Belsen stirbt zuerst Margot, Anne Frank am 31.3.1945. *Das Tagebuch der Anne Frank* ist eines der meistgelesenen Bücher zur NS-Zeit.

Frank, August. SS-Obergruppenführer (1944).
* 5.4.1898 Augsburg. 1920 Bayerische Landespolizei. SS-Nr. 56165, NSDAP-Nr. 1471185. 1933 Verwaltung KZ Dachau. 1940 Chef des SS-Verwaltungsamts, Februar 1942 Leiter der Amtsgruppe A im SS-Wirtschafts-Verwaltungshauptamt, Vertreter Pohls. Herbst 1943 Verwaltungschef Ordnungspolizei (»Partisanenbekämpfung« und Judenvernichtung). Oktober 1944 Chef des Heeres-Verwaltungsamts. Im *Pohl-Prozeß* am 3.11.1947 zu lebenslanger Haft verurteilt, Entlassung Kriegsverbrechergefängnis Landsberg am 7.5.1954. Frank am 26.9.1942 an die Verwaltungsstellen in Lublin und Auschwitz über die Verein-

nahmung des Besitzes der ermordeten (»umgesiedelten«) Juden (zit. n. Sobibor-Urteil): »Unbeschadet der im Laufe des Monats Oktober zu erwartenden Gesamtanordnung hinsichtlich Verwertung des beweglichen und unbeweglichen Besitzes der umgesiedelten Juden wird hinsichtlich des eingebrachten Gutes, das künftig in allen Anordnungen als Diebes-, Hehler- und Hamstergut zu bezeichnen ist, schon jetzt folgendes bestimmt: 1. a) alle Barbeträge in Deutschen Reichsbanknoten sind auf das Konto W.-V.-Hauptamt 158/1488 bei der Reichsbank Berlin-Schöneberg einzubezahlen. b) Devisen (gemünzt oder ungemünzt), Edelmetalle, Schmuckstücke, Ganz- oder Halbedelsteine, Perlen, Zahngold und Bruchgold sind an das SS-Wirtschafts-Verwaltungshauptamt abzuliefern. Dieses ist für die sofortige Weiterleitung an die Deutsche Reichsbank verantwortlich. c) Uhren jeder Art, Wecker, Füllfederhalter, Drehbleistifte, Rasierapparate für Hand- und elektr. Betrieb, Taschenmesser, Scheren, Taschenlampen, Brieftaschen und Geldbörsen werden durch das SS-W.-V.-Hauptamt in Spezialwerkstätten instand gesetzt, gereinigt und geschätzt, um dann raschestens der Fronttruppe zugeführt zu werden. Die Abgabe an die Truppe erfolgt gegen die Bezahlung durch die Marketendereien. Es sind 3–4 Preisklassen festzulegen und sicherzustellen, daß jeder Führer oder Mann höchstens e i n e Uhr kaufen kann. Ausgenommen vom Verkauf bleiben die goldenen Uhren, deren Verwertung ich mir vorbehalte; die Gesamterlöse werden dem Reich zugeführt. d) Männerwäsche, Männerkleidung einschließlich Schuhzeug ist zu sortieren und abzuschätzen. Nach Deckung des eigenen Bedarfs für KL-Insassen und ausnahmsweise für die Truppe ist die Abgabe an die Volksdeutsche Mittelstelle vorzunehmen. In jedem Falle ist der Erlös dem Reich zuzuführen. e) Frauenkleidung, Frauenwäsche einschließlich Fußbekleidung, Kinderkleidung und Kinderwäsche einschl. Schuhzeug ist an die Volksdeutsche Mittelstelle gegen Bezahlung abzugeben. Reinseidene Wäschestücke sind nach Anordnung des SS-W.-V. Hauptamts an das Reichswirtschaftsministerium abzugeben. Das gleiche gilt auch für die Wäsche zu d). f) Federbetten, Steppdecken, Wolldecken, Anzugstoffe, Schals, Schirme, Stöcke, Thermosflaschen, Ohrenschützer, Kinderwagen, Kämme, Handtaschen, Ledergürtel, Einkaufstaschen, Tabakpfeifen, Sonnenbrillen, Spiegel, Bestecke, Rucksäcke, Koffer aus Leder und Kunststoffen sind an die Volksdeutsche Mittelstelle abzugeben. Die Frage der Entschädigung wird noch geregelt. Eigenbedarf an Steppdecken, Wolldekken, Thermoskannen, Ohrenschützern, Kämmen, Bestecken und Rucksäcken kann von Lublin und Auschwitz gegen Vergütung aus Haushaltsmitteln entnommen werden.« Zuletzt geht es um Pelze: i) Edelpelze aller Art, verarbeitet und unverarbeitet, sind an das SS-W.-V.-Hauptamt abzuliefern. Pelzwaren unedler Art (Schafpelze, Hasen- und Kaninchenpelze usw.) sind unter Benachrichtigung des SS-W.-V.-Hauptamts, Amt B II, an das Bekleidungswerk der Waffen-SS, Ravensbrück bei Fürstenberg (Mecklenburg) abzuliefern.« Die *Volksdeutsche Mittelstelle* – Himmler unterstellt – war 1936 von der NSDAP zum finanziellen und politischen Verkehr mit Volksdeutschen im Ausland gegründet worden und organisierte zum Beispiel die Umsiedlung der Baltendeutschen.

Frank, Gustav. Politische Abteilung (PA), Lager-Gestapo.
* Nicht ermittelt. SS-Unterscharführer. Im Standesamt der PA, Beurkundung der Todesfälle, beteiligt an Selektionen an der Rampe (AV, Bl. 5115). – Shlomo Venezia (Erinnerungen) über seine Ankunft: »Sobald der Zug stand, öffneten SS-Leute die Türen des Waggons und

brüllten: ›Alle runter! Alle runter!‹ Uniformierte Männer richteten die Gewehre auf uns, und Schäferhunde bellten uns an. Die Deutschen schlugen die Menschen gleich bei ihrer Ankunft, um sich auszutoben, aus Grausamkeit und auch, damit wir uns verloren fühlten und umstandslos und aus purer Angst gehorchten.«

Frank, Willi. Leitender KZ-Zahnarzt.
* 9.2.1903 Regensburg. Sohn eines Postingenieurs. 1922 NSDAP, Gründungsmitglied der Ortsgruppe Regensburg. 1923 Teilnehmer *Hitlerputsch*. 1927 Diplom-Ingenieur. 1931 Studium Zahnmedizin, NS-Studentenbund. 1933 erneut NSDAP (Nr. 2942877) sowie NSKK (das Nationalsozialistische Kraftfahr-Korps war wie SA und SS eine selbständige, Hitler unterstellte Kampfgliederung der NSDAP, von Hitler zum Träger der gesamten vor- und nachmilitärischen Wehrerziehung des deutschen Mannes bestimmt). 1934 Nationalsozialistisches Flieger-Korps. 1935 Dr. med. dent. 1936 SS (Nr. 289643, Hauptsturmführer (1944), Zahnarzt und SS-Oberabschnittsarzt in Stuttgart. Rußlandfeldzug mit SS-Division *Wiking* bis Januar 1942. April 1942 Dachau, November 1942 KZ Niederhagen-Wewelsburg. Am 28.3. 1943 Zweiter, am 15.7.1943 Leitender Zahnarzt in Auschwitz. Rampendienst, Aufsicht Vergasung. Standortbefehl vom 21.8.1943: »Besuch der Familie bis auf weiteres«. Wohnte in einem Haus mit den KZ-Kollegen Rhode und Horst Fischer. Das polnische Kindermädchen Alfreda Baiuch: »Zwei- bis dreimal die Woche fanden fröhliche Empfänge statt. Feines Essen und Getränke gab es immer im Überfluß.« Barbara Huber: »Frank war leidenschaftlicher Jäger. Gern ging er zusammen mit anderen SS-Angehörigen, zum Beispiel mit Dr. Schatz oder dem Leiter der Lagerapotheke Dr. Capesius auf die Jagd.« August bis November 1944 Leitender Zahnarzt in Dachau. 1947 als *Mitläufer* entnazifiziert. 1948 Zahnarztpraxis in Stuttgart-Bad Cannstadt (als Assistenten beschäftigte er eine Zeitlang KZ-Zahnarzt Precht). Die Gefangene Fenny Herrmann: »Hat uns regelrecht als Kolleginnen behandelt.« Häftling Männe Kratz (Nr. 85908) im Auschwitz-Prozeß: »Dr. Frank war zu mir menschlich anständig.« Schlußwort Frank im Prozeß: »Ich habe in Auschwitz keinem Menschen etwas zuleide getan.« Am 20.8.1965 vom LG Frankfurt zu 7 Jahren Haft verurteilt: Beihilfe zur Selektion von mindestens 6000 Häftlingen in die Gaskammern. Dienst an der Gaskammer. Urteil: »Die Desinfektoren schütteten das Gas nur auf ein Zeichen des Arztes hin durch die Einfüllöcher in die Gaskammer hinein.« Entlassung April 1970 aus der Haft in Butzbach. † 9.6.1989. Q.: Huber; Auschwitz-Urteil.

Franke, Albert. SS-Sturmmann.
* 16.4.1891 Grünberg/Schlesien. † 26.12. 1944 bei Bombenangriff auf Buna-Monowitz, Standortbefehl Nr. 31/44: »Wir werden den Kameraden stets ein ehrendes Gedenken bewahren.«

Franke, Alois. SS-Hauptscharführer.
* 27.2.1887 Liebenthal. SS-Totenkopf-Sturmbann. September 1942 *Kriegsverdienstkreuz II. Klasse mit Schwertern* (das KVK für KZ-Angehörige läßt Beteiligung an Tötungen vermuten). Standortbefehl vom 25.9.1943: Als Arrestaufseher zur Kommandantur-Gerichtsabteilung kommandiert (»Diese untersteht unmittelbar dem Gerichts-SS-Führer«). Arrestaufseher für SS-Arrestanten in Block 11. † 24.9.1955 Frankfurt am Main.

Franke, Arno. SS-Sanitätsdienstgrad (SDG).
* 8.1.1915 Lobuschütz, Kreis Schieradz. SS-Unterscharführer, beim SS-Standortarzt. Angehöriger der Desinfektionsmannschaft. Arztschreiberin Sosnowska: »Der SDG Franke, der mir als jung und mittelgroß in Erinnerung ist, war von

uns besonders gefürchtet. Während man bei anderen SDG's oder auch SS-Ärzten durch Bitten manchmal einiges erreichen konnte, war das bei ihm ausgeschlossen.« Dezember 1943 im Außenlager Neu-Dachs. † Vom AG Lauenstein 1952 für tot erklärt.

Franke, Fritz. SS-Rottenführer.
* 8.10.1921 Gnadenfrei/Schlesien. SS-Totenkopf-Sturmbann. Wohnsitz in Nordrhein-Westfalen.

Franke, Heinrich. SS-Sturmmann.
* 7.7.1900 Wanfried, Kreis Eschwege. Ab Oktober 1942 in Auschwitz, Poststelle in der Kommandantur, Blockführer. Standortbefehl Nr. 39/43: »Besuch der Ehefrau vom 22.9.–8.10.43«. † 22.7.1963 Eschwege.

Frankl, Viktor Emil. Weltberühmter Psychotherapeut, Autor eines Holocaust-Bestsellers.
* 26.3.1905 Wien. 1930 Dr. med. Psychiater. 1939 als *Jüdischer Fachbehandler* – Juden war der Arzttitel verboten – Leiter der Neurologie am Wiener Rothschild-Spital (jüdische Klinik unter NS-Aufsicht). Dezember 1941 Heirat mit der Krankenschwester Tilly Grosser. Von seinen jüdischen Kollegen *Nervengoebbels* genannt. Frankl in seinen Lebenserinnerungen: »Man nannte mich den ›Nervengoebbels‹. Meine Frau und ich fanden es nicht schlecht.« Begründung: »Ich habe eben die Rednergabe.« Frankl unternimmt am Rothschild-Spital – ohne Ausbildung, wie er schreibt – Gehirnoperationen an Juden, die Suizid begehen wollten, um den Erniedrigungen und der Deportation zu entkommen. Er öffnet den Schädel und führt zwecks Wiederbelebung medikamentöse Substanzen – Pervitin – ein. Die Suizidanten sterben jedoch – Opfer der Nazis und eines Arztes, der über sich selbst schreibt, es gehöre »zu den drei spannendsten Dingen, die es meiner Ansicht nach gibt: eine *Erstbegehung* [als Bergsteiger], ein *Spiel in einem Spielkasino* und eine *Hirnoperation*«. Frankl wird am 25.9.1942 nach Theresienstadt deportiert. Mit ihm seine Frau (nach der Befreiung 1945 in Bergen-Belsen gestorben), sein Vater (dessen Leiden Frankl in Theresienstadt mit einer Morphiuminjektion beendet) und seine Mutter (Gastod in Auschwitz). Als Psychiater (Suizidprophylaxe) in herausgehobener Stellung im Musterghetto. Am 19.10.1944 Deportation nach Auschwitz (Gesammelte Werke 1, künftig: GW, S. 34), Ankunft am 20.10. 1944 (Czech). Frankl bekommt keine Häftlingsnummer, wird vielmehr als »Durchgang« isoliert. Schon nach drei Tagen (GW 1, S. 35) geht es weiter ins Dachau-Außenlager Kaufering III. In Kaufering erhält er die Häftlingsnummer 119104. Ab dem 5.3.1945 im Schonungslager Türkheim (Kaufering VI). In seinen Publikationen *Psychohygienische Erfahrungen im Konzentrationslager* (1959, GW 2, S. 115) und *Psychologie und Psychiatrie des Konzentrationslagers* (1961) wird er später schreiben, in Dachau gewesen zu sein (GW 2, S. 90). Frankl wird am 27.4.1945 von der US-Army befreit. August 1945 wieder in Wien. Vorstand der Neurologischen Abteilung der Wiener Poliklinik und Professor für Neurologie und Psychiatrie an der Universität Wien. An die 30 mal mit der Ehrendoktorwürde ausgezeichnet, wobei der Ruf, Auschwitz überlebt zu haben, förderlich gewesen sein dürfte. † 2.9.1997 Wien. – Frankl publizierte 1946 seine KZ-Erinnerungen, Titel: *Ein Psycholog* [sic] *erlebt das Konzentrationslager.* Das in zahlreiche Sprachen übersetzte Buch (englisch: *Man's Search for Meaning*) erreicht eine Auflage von 10 Millionen Exemplaren. Frankl beginnt sein Erfolgsbuch mit der Ankunft in Auschwitz (zit. n. der 2. Auflage 1947): »Plötzlich ein Aufschrei aus der ängstlich wartenden Menge der Leute im Waggon: ›Hier ist eine Tafel – Auschwitz!‹« Die Waggontüren werden aufgerissen, »eine kleine Meute von

Häftlingen stürmt herein, kahlgeschoren, aber ausgesprochen gut genährt«. Danach selektiert ihn – wer sonst – Mengele, der ihm »beide Hände auf die Schultern« legt. Die Schilderung hat einen Makel: Mengele hat Häftlinge nie angefaßt – schon aus Angst vor Ansteckung. Und an der Rampe in Birkenau gab es kein Schild mit dem Namenszug *Auschwitz*. Frankl, nur drei Tage im Lager, suggeriert in seinen Erinnerungen einen längeren Aufenthalt, ebenso in seinem Beitrag *Psychologie und Psychiatrie des Konzentrationslagers* (GW 2, S. 94). In *Psychohygienische Erfahrungen im Konzentrationslager* läßt er den Leser glauben, seine Häftlingsnummer 119104 aus Kaufering sei seine Auschwitz-Nummer (GW 2, S. 116). Frankls Selbstdarstellung gelingt so vollkommen, daß selbst Raul Hilberg, der wohl wichtigste Holocaust-Forscher, ihn für einen echten Auschwitz-Häftling hält (Hilberg, *Die Quellen des Holocaust*, Frankfurt am Main 2002, S. 200 ff.). Und der Auschwitz-Überlebende Langbein zitiert Frankl in seinem Buch *Menschen in Auschwitz* gleich viermal als Auschwitz-Häftling. In Frankls KZ-Erinnerungen sind SS-Schinder kaum schlechter als die Häftlinge. Er weiß sogar pauschal Positives (S. 120): »Menschliche Güte kann man bei allen Menschen finden.« Sein Kernsatz, den er später öfter wiederholen wird (S. 121): »*Es gibt auf Erden zwei Menschenrassen, aber auch nur diese beiden*: die ›Rasse‹ der anständigen Menschen und die der unanständigen Menschen.« Laut Frankl bietet das KZ eine Fülle von Möglichkeiten, das Leben sinnvoll zu gestalten (S. 95): »In der Art, wie ein Mensch sein unabwendbares Schicksal auf sich nimmt, mit diesem Schicksal all das Leiden, das es ihm auferlegt, *in der Art, in der ein Mensch das Leiden als ›sein Kr[e]uz‹ auf sich nimmt*, darin eröffnet sich auch noch in den schwierigsten Situationen und noch bis zur letzten Minute des Lebens eine Fülle von Möglichkeiten, das Leben sinnvoll zu gestalten.« Glauben wir Frankl, sind die Häftlinge selbst verantwortlich, ob sie überleben oder nicht (S. 98): »Die psychologische Beobachtung an den Lagerhäftlingen hat vor allem ergeben, daß *nur derjenige in seiner Charakterentwicklung den Einflüssen der Lagerwelt verfällt, der sich zuvor geistig und menschlich eben fallen gelassen* hat; fallen ließ sich aber nur derjenige, der *keinen inneren Halt* mehr besaß!« [Hervorhebg. v. Frankl] Frankl hält am 25. März 1949 bei der Gesellschaft der Ärzte in Wien eine Gedenkrede für im KZ ermordete Mediziner. Er berichtet von zwei jüdischen Kollegen, mit denen er »im Lager« (in Auschwitz?) angeblich sprechen konnte, »kurz bevor sie dort starben«. Frankl (GW 2, S. 232): »Und es war in ihren letzten Worten kein einziges Wort des Hasses – nur Worte der Sehnsucht kamen über ihre Lippen – und Worte des Verzeihens; denn was sie hassten und was wir hassen, sind niemals Menschen – Menschen muß man verzeihen können; was wir hassten, war nur das System – das die einen [die SS] in Schuld brachte – und den anderen den Tod brachte.« So ähnlich hatte es bereits 1946 Grabner, der Chef der Lager-Gestapo, formuliert: »An diesem Verbrechen war der Nationalsozialismus schuld. Ich habe nur mit Rücksicht auf meine Familie mitgewirkt an der Ermordung von etwa 3 Millionen Menschen.« Frankl hat die Gaskammern nie gesehen. Dennoch schildert er mit der vermeintlichen Autorität des Auschwitz-Überlebenden, die Opfer seien gefaßt und betend »ins Gas« gegangen (GW 2, S. 233): »Der Mensch ist jenes Wesen, das immerhin die Gaskammern erfunden hat, aber er ist zugleich auch jenes Wesen, das in ebendiese Gaskammern hineingeschritten ist in aufrechter Haltung und das Vaterunser oder das jüdische Sterbegebet auf den Lippen.« Jahrzehnte später, am 26. Juni 1985 in Salzburg, wird er dies wiederholen (GW 2, S. 288): »Der Mensch ist das Wesen, habe ich einmal gesagt, das die Gaskammern erfunden hat, aber er ist auch das Wesen, das in eben diese Gaskammern eingetreten ist erhobenen Hauptes, aufrecht und mit der Marseillaise oder dem Vaterunser oder mit dem Sch'ma Jisrael auf den Lippen.« Ella Lingens in ihren Erinnerungen: »Ein bekannter Psychiater, der nur einen einzigen Tag in Auschwitz zubrachte – danach kam er in ein Außenlager –, behauptete einmal (ich glaube, es war in einer Fernsehsendung), die Juden seien erhobenen Hauptes in die Gaskammern geschritten. Er kann sie nie gesehen haben: Wer so lange nichts gegessen hat, dessen Blutzuckerspiegel sinkt auf ein Niveau, das jedes Heben des Kopfes ausschließt.« Frankls Lebenserinnerungen *Was nicht in meinen Büchern steht* (4. Auflage 2011) werden im Klappentext des Verlags vorgestellt: »1945 gehörte er zu den wenigen, die das Konzentrationslager Auschwitz überlebt haben.« Der Drei-Tage-Häftling selbst: »Und so kam ich nach Auschwitz. Es war das *experimentum crucis*.« Die meisten, die überlebten, mußten erfahren, daß niemand von ihrem Leid wissen wollte. Frankl wurde dagegen als vermeintlicher Auschwitz-Überlebender mit Ruhm und Anerkennung überhäuft, wohl deshalb, weil er den Opfern Versöhnung predigte und die Schuld der Täter weitgehend beschwieg. Die exkulpierte Gesellschaft dankte mit Ehrendoktorhüten und Lehraufträgen.

Franz, Anneliese. KZ-Wärterin.
* 28. 12. 1913 Görlitz. SS-Aufseherin im Kommando Rajsko, später Block- und Kommandoführerin in den Häftlingsküchen des Frauenlagers Birkenau. Häftlingsschreiberin Kagan (AV, Bl. 3159): »Sie kam als Nachfolgerin der Weniger im Jahre 1943 als Aufseherin ins Stabsgebäude. Sie schickte ebenfalls kranke Frauen nach Birkenau zur Vergasung.« Zuletzt KZ Mühldorf. † 29. 8. 1956 Arnsberg.

Franz, Johann. SS-Sturmmann (1944).
* 19. 7. 1907 Roth-Koblenz. Beruf: Färber. 1939 NSDAP. Ab April 1943 in Auschwitz, Standortverwaltung, Abteilung Unterkunft. Ab Januar / Februar 1944 *Desinfektor* beim SS-Standortarzt. Januar 1945 in Sachsenhausen. Am 12. 3. 1948 in Krakau zu 4 Jahren Haft verurteilt (LaP). † 28. 8. 1976 Günzburg.

Franzich, Karl (auch: Franzioch). SS-Unterscharführer.
* 15. 10. 1912 Wriezen, Kreis Oberbarnim. Kommandanturstab, Außenlager (AL) Günthergrube, Bursche im Offizierskasino Auschwitz, Kommandoführer im AL Eintrachthütte. Todesstrafe 1945 in Lüneburg. † Hinrichtung 13. 12. 1945 Hameln.

Freeden, Albertus von. SS-Unterscharführer.
* 29. 4. 1904 Norden / Ostfriesland. Herbst 1942 in Auschwitz, Monowitz. 1948 in Wadowice zu 5 Jahren Haft verurteilt.

Freese, Willi. SS-Unterscharführer.
* 30. 9. 1921 Lindenhoff / Demmin. SS-Totenkopf-Sturmbann. Einer von drei SS-Männern, die beim Aufstand der Häftlinge am 7. 10. 1944 im Krematorium III getötet werden. Laut Standortbefehl Nr. 26 / 44 gefallen »vor dem Feind«.

Freimark, Jakov. Häftling Nr. 87315.
* 14. 12. 1924. Ankunft Auschwitz September 1942. Freimark: »Von Ende Februar 1943 bis Ende Mai 1944 gehörte ich dem Kommando Kanada an; unsere Aufgabe bestand unter anderem darin, die herausgebrachten Transporte zu räumen. Nachdem die SS-Ärzte die Selektion durchgeführt hatten und der größte Teil der Häftlinge abtransportiert war, mußten wir die Toten und nicht gehfähigen Kranken auf die bereitstehenden Lkw werfen. Sie wurden sodann – auch soweit sie noch lebten – zu den Brenngruben gefahren und in das Feuer ge-

kippt.« Wohnsitz in Israel. Q.: MV, Bd. 22.

Freitag, Fritz. SS-Sturmmann (1942).
* 11.2.1920 Kugau/Erzgebirge. Standortverwaltung, Baubetriebsdienststelle. Wohnsitz in Bayern.

Freitag, Hieronymus. SS-Sturmmann.
* 23.8.1909 Hofmannstal/Brandenburg. Ab Juli 1944 in Auschwitz, SS-Totenkopf-Sturmbann. 1948 in Wadowice zu 3½ Jahren Haft verurteilt. † 2.4.1966 Bremerhaven.

Frenzel, Fritz. SS-Oberscharführer (1942).
* 10.8.1904 Chemnitz. Stabsscharführer (Spieß). SS-Totenkopf-Sturmbann, Spieß der 7. Kompanie. Monowitz. Standortbefehl (StB) Nr. 16/43: »Besuch der Familie in der Zeit vom 22.4.–5.5.43«, StB vom 15.9.1943: *Kriegsverdienstkreuz II. Klasse mit Schwertern* (das KVK für KZ-Angehörige läßt Beteiligung an Tötungen vermuten). 1948 in Krakau zu 6 Jahren Haft verurteilt. Nach 1945 in Bösinghausen, Kreis Göttingen.

Freudenreich, Fritz. SS-Rottenführer.
* 9.4.1907 Annen/Westfalen. Am 4.12. 1941 vom SS-Totenkopf-Sturmbann zum Kommandanturstab, Abteilung III (Schutzhaftlager), kommandiert (KB Nr. 33/41). Blockführer im Außenlager Eintrachthütte. KZ-Kollege Heinrich Bischoff: »Später wegen seines Trinkens versetzt.« Verbleib unbekannt.

Frevel, Daniel. SS-Sturmmann.
* 29.11.1905. Ab September 1944 in Auschwitz, Kommando Eintrachthütte. 1948 in Wadowice zu 4 Jahren Haft verurteilt.

Frey, Alois. Kommandant des Außenlagers Günthergrube.
* 16.10.1911 Bühlertal, Kreis Bühl. Sohn eines Landwirts. Arbeiter in einer Spankorbfabrik. 1933 SS, 1937 NSDAP (Nr. 4717954). Mitte 1940 Wachposten in Flossenbürg. September 1942 nach Monowitz versetzt, zuletzt Blockführer. Februar 1944 SS-Unterscharführer, Führer des am 1.2.1944 zur Kohlenförderung für die I.G. Farben errichteten Außenlagers Günthergrube, 25 km von Auschwitz entfernt (HvA 12). 1945 etwa 600 Häftlinge. Am 30.3.1948 in Krakau zu 6 Jahren Haft verurteilt, Anrechnung der U-Haft auf die Haftdauer. Häftling Adam Dobrzanski (AV, Bl. 20600): »Er war ein Sadist ohnegleichen, er suchte nach jeder Möglichkeit, um irgendjemanden zu finden und ihn zu schlagen.« 1953 Entlassung aus polnischer Haft. Danach am Geburtsort, Berufsangabe: Elektriker. Angeklagt wegen Erschießung von Häftlingen auf dem Evakuierungsmarsch 1945, Freispruch LG Frankfurt am Main am 25.11.1974 (4 Ks 2/73) mangels Beweises. Das Urteil betont die Unglaubwürdigkeit der Häftlingszeugen. Kurz vor dem Urteilsspruch, am 4.10. 1974, hatte das Katholische Pfarramt St. Michael in Bühlertal dem Vorsitzender Richter geschrieben, die Ermittlungen gegen Frey beruhten »allem Anschein nach auf recht zweifelhaften Aussagen« (AV, Bl. 22768). Wörtlich heißt es über den Kommandanten eines Auschwitz-Lagers: »Er hat auch uns gegenüber seine Unschuld beteuert. Aus Überzeugung, daß Herr Frey unschuldig ist, bitten wir das Hohe Gericht der menschlichen Seite vor der politischen [sic] Alternative den Vorzug zu geben.«

Fridman, Lejb. *Jüdisches Sonderkommando*, Nr. 81459.
* 8.9.1910 Nasielsk. Pole. Ankunft Auschwitz am 10.12.1942 aus dem Durchgangslager Malkinia. Von 2500 Personen werden 1976 Menschen sofort in der Gaskammer erstickt. – Mengeles Obduzent Nyiszli: »Die Leichen türmen sich stockwerkhoch zu einem Haufen. Die Erklärung dafür ist, daß die herabfallenden gasbildenden Körnchen zuerst den unmittelbar über dem Boden gelegenen Raum vergiften, erst nach und nach erreicht die tödliche Ausdünstung auch die höher gelegenen Abschnitte der Um-

gebung. So werden die Unglücklichen gezwungen, einander niederzutreten und an den vor ihnen Sterbenden hochzukriechen. Ich beobachtete, daß zuunterst im Leichenberg immer Säuglinge, Kinder und Frauen lagen, ganz oben die kräftigeren Männer. Alle liegen ineinander verkrampft, mit blutenden Nasen und Mündern, die Körper im Tumult blutig gekratzt.«

Fried, Erzsebet (Mädchenname). Mutter von Zwillingen.
* 16.8.1910 in Ungarn. Fried: »Am 13. Mai 1944 wurde ich aus dem Ghetto Kassa mit dem ersten Deportiertentransport zusammen mit meiner Mutter, meiner Schwiegermutter und meinen beiden Zwillingskindern Agnes und Istvan nach Auschwitz-Birkenau gebracht.« Ankunft am 13.5.1944: »Während dieser Zeit wurde dauernd auf deutsch etwas ausgerufen, doch ich verstand es nicht. Zur gleichen Zeit trat zu uns ein deutscher Offizier und fragte ›Zwillinge?‹ Ich antwortete, daß meine Kinder Zwillinge seien, worauf ich ihnen zur Seite gestellt wurde. Meine Mutter und meine Schwiegermutter blieben in der Reihe. Ich habe sie nie wieder gesehen. Ich sah, daß die Reihe der Deportierten vor einem großen feschen Offizier [Mengele] vorbeizog, der wie ein Orchesterdirigent wortlos mit Handzeichen die Gefangenen in die verschiedenen Gruppen einwies.« Q.: MV, Bd. 23.

Friedrichsen, Konrad. Führer des Außenlagers Gleiwitz II (ab 7.9.1944).
* 9.6.1906 Hamburg. Kaufmann. 1934 SS, 1937 NSDAP. SS-Hauptscharführer. Nach eigenen Angaben mit einer SS-Infanterie-Division im Frankreich- und Ostfeldzug. Wegen Verwundung versetzt zum SS-Wirtschafts-Verwaltungshauptamt, Beschaffungsstelle. In Auschwitz zunächst im Kommando Neu-Dachs. September 1944 kommissarisch Leiter von Gleiwitz II (Gasrußwerk). Friedrichsen: »Das Außenlager Gleiwitz lag auf dem Privatgelände der Deutschen Gasrußwerke in Gleiwitz. Die *Deutschen Gasrußwerke* gehörten zum Degussa-Konzern. Bei der DGW wurde aus Naphtalin Ruß gewonnen. Der Ruß war ein Grundprodukt für die Herstellung von Buna.« Am 22.1.1948 in Krakau zu 12 Jahren Haft verurteilt, Entlassung 22.5.1955. Wegen in polnischer Haft erlittener Gesundheitsschäden (Tbc) als Kriegsbeschädigter anerkannt. Kaufmann in Hamburg. Seine Glaubwürdigkeit dokumentiert seine Aussage: »Die Häftlinge wurden besser verpflegt wie die Wachmannschaft.« Gleiwitz-Häftling Rood, der ihn *Friedrich* nennt, in seinen Erinnerungen: »Wir haben Besuch von einem Arzt, ein hoher SS-Offizier aus Auschwitz. Er ist hier, um zu überprüfen, ob die Leute, die wegen zu geringer Arbeitsfähigkeit gemeldet wurden, körperlich fähig sind, die geforderte Leistung zu erbringen. Die betroffenen Gefangenen müssen einer nach dem anderen ihre Hosen herablassen und im Abstand von mindestens zwei Meter sieht sie der Arzt sich an. Dann kommt das Urteil, stets das gleiche: Der Mann ist für die Arbeit tauglich. Immer noch unbekleidet, die Hosen mit beiden Händen haltend, wird dem Mann befohlen, sich nach vorne zu beugen, und er erhält Schläge mit der Peitsche.« Rood über den anwesenden Friedrichsen: »Er ist so aufgeregt und mitgerissen, daß er schreit und zittert. Es ist die Erregung der Prügel, nach der er verlangt.« Aussage: AV, Bl. 6944 ff.

Fries, Jakob. Arbeitsdienst- und Rapportführer (Spieß).
* 2.5.1913 Albertshofen, Sohn eines Hilfsarbeiters. Malergeselle. Mai 1933 SS, Oberscharführer. 1934 Dachau, 1938 Blockführer der Strafkompanie im KZ Sachsenhausen, 1941 Blockführer in Flossenbürg. Vom 6.5.1942 bis 28.12.1943 in Auschwitz. Fries (AV, Bl. 10570): »Ich habe an Exekutionen nur in Flossenbürg teilgenommen.« KZ-Kollege

Schlupper: »Wenn er am Tor stand, hatten alle Angst.« KZ-Kollege Max Schmidt: »Dieser war ein Hüne von Gestalt. Wir hatten alle Angst vor ihm.« Fries zum Rampendienst (AV, Bl. 9182 f.): »Die Stärke der eintreffenden Häftlingstransporte schwankte zwischen 600 und 1000 Personen. Die Häftlinge, die ich auf Grund ihrer Berufsausbildung für die Arbeitskommandos benötigte, wurden von mir persönlich ausgesucht. Die Zahl schwankte zwischen 20 und 50 Häftlingen. Die anderen Häftlinge wurden dann alle nach Birkenau mit den Lkws [in die Gaskammer] abtransportiert. Natürlich weinten Frauen, wenn sie von den Männern getrennt abtransportiert wurden.« Vrba in seinen Erinnerungen über seine Ankunft in Auschwitz: »Dann wurden wir von einem SS-Oberscharführer gemustert, einem der größten Männer, die ich je gesehen hatte, einem schroff aufragenden Berg von einem Mann, an die zwei Meter groß, beide Hände auf einen riesigen Knüppel gelegt. Es handelte sich um Jakob Fries, einen der brutalsten Männer, die Auschwitz, die Mutter so vieler Mörder, je hervorbrachte.« Am 30. 1. 1952 vom LG Nürnberg (1 Ks 1/52) wegen Verbrechen in Sachsenhausen zu 14 Jahren Haft verurteilt, Entlassung am 29. 9. 1960. Berufsangabe »Tüncher«. † 20. 10. 1974 am Geburtsort.

Frischholz, Fritz. SS-Oberscharführer. * 5. 10. 1911 Passau. SS-Totenkopf-Sturmbann. Mai 1944 in Monowitz. Belobigt im Kommandanturbefehl vom 14. 7. 1944, da er die »Flucht« von Häftlingen »verhinderte«. 1948 in Lublin zu 5 Jahren Haft verurteilt. Wohnsitz in Bayern.

Fritsche, Richard. Fahrbereitschaft. * 28. 2. 1898. SS-Hauptscharführer. Standortbefehl vom 15. 9. 1943: *Kriegsverdienstkreuz II. Klasse mit Schwertern* (das KVK läßt Beteiligung an Tötungen vermuten). Verbleib unbekannt. – Der in Auschwitz zehnjährige Otto Dow Kulka in einer Aussage 1962 in Jerusalem: »Vor unserem Lager sind noch die Lkws mit den Frauen, die als ›Muselmannen‹ ausselektiert wurden, in die Gaskammer vorbeigefahren. Diese Frauen waren gänzlich nackt, und während der Fahrt in die Gaskammern schrien und klagten sie sehr.«

Fritschek, Michael. Fahrbereitschaft. * 7. 4. 1915 Pridvorje, heute Drvenik/Kroatien. SS-Sturmmann. Ab Oktober 1942 in Auschwitz. 1948 in Krakau zu 3 Jahren Haft verurteilt. – Dov Paisikovic, Gaskammerkommando: »Die Fahrer dieser Lastwagen bedienten sich zur schnelleren Entladung des Fahrzeuges einfach der Methode, daß sie die Kippvorrichtung in Aktion setzten, so daß die Passagiere wie Frachtgegenstände herunterrutschten.« Baretzki im Auschwitz-Prozeß: »Der Fahrer wartet gar nicht, der kippt einfach.«

Fritzsch, Karl. Schutzhaftlagerführer (14. 6. 1940 bis 1. 2. 1942). * 10. 7. 1903 Nassengrub/Sudeten. Matrose der Donau-Schiffartsgesellschaft. 1930 NSDAP (Nr. 261135) und SS (Nr. 7287), Hauptsturmführer (1941). Ab 1933 in Dachau. Kleinwüchsig, genannt *Stäubchen*. Kommandantursonderbefehl Auschwitz vom 21. 9. 1940: Ständiger Vertreter von Höß. Am 14. 6. 1940 Ansprache an polnische Häftlinge aus Tarnow (Czech): »Ihr seid hier nicht in ein Sanatorium gekommen, sondern in ein deutsches Konzentrationslager, aus denen es keinen anderen Ausgang gibt als durch den Schornstein des Krematoriums.« Am 22. 11. 1940 Führer des Exekutionskommandos bei der ersten Hinrichtung, Erschießung von 40 aus Kattowitz antransportierten Polen. Brüstete sich, Zyklon B als Mordmittel eingeführt zu haben, leitete die Vergasung von 600 russischen Kriegsgefangenen und 250 vorwiegend an Tbc erkrankten Polen am 3. 9. 1941 mit Zyklon B im Keller des späteren Block 11, damals: Block 13. Februar 1942 Schutzhaftlagerführer in Flossenbürg. Am 1.11.1943 von SS-Gericht zu einer Bewährungsstrafe verurteilt und zum 18. SS-Panzergrenadier-Ersatzbataillon versetzt (StAu I). † 2.5. 1945 Berlin. – Häftling Kazimierz Kustosz (StAu II, Auszug): »Wir wurden auf den Hof herausgeführt, wo die Strafen exekutiert wurden. Und dann erstreckte sich vor unseren Augen ein Bild, das uns vor Angst schaudern ließ. Mitten auf dem Hof stand der besondere Bock für die Prügelstrafe. Gleich darauf tauchten der Lagerkommandant Fritzsch und ein paar SS-Männer auf. Es war auch ein Dolmetscher da, der uns bekanntgab, daß wir gleich mit dem Ochsenziemer 25 Stockschläge auf den Hintern bekommen. Jeder von uns müsse auf deutsch selbst zählen. Wenn jemand zu schreien anfinge, dann würde er noch zusätzlich zehn Schläge bekommen. Ich fing an zu zählen: eins, zwei, drei, fünf. Der Schmerz war entsetzlich und verbreitete sich über den ganzen Körper. Nach dem siebten Schlag spürte ich, daß meine Hosen schon aufgeplatzt waren. Der Schmerz setzte mir immer mehr zu. Ich zählte nicht mehr, ich lallte und stöhnte nur noch und spürte, daß ich es nicht mehr lange aushalten kann.«

Frommhagen, Erich. SS-Hauptsturmführer (1943).
* 27.2.1912 Salzwedel. 1933 SS (Nr. 73754), NSDAP 1937 (Nr. 4330301). Ab September 1940 in Auschwitz, am 28.11.1940 zum Adjutanten ernannt. Ab 1.11.1941 Adjutant KZ Neuengamme. † Kriegstod 17.3.1945 im Raum Stuhlweißenburg in Ungarn.

Fryc, Gertrud, geb. Stange.
KZ-Wärterin.
* 10.4.1914 Berlin-Neukölln. Effektenkommando (Raubgut) Frauenkonzentrationslager Birkenau. Wohnsitz in Hessen.

Fryc, Jakob. SS-Unterscharführer.
* 22.2.1903 Wien. SS-Totenkopf-Sturmbann. Kommandanturbefehl Nr. 23/42: »Am Nachmittag des 16.11.42 wurde aus dem Fahrradständer vor dem Stabsgebäude das Privatfahrrad des SS-Unterscharführers Jakob Fryc, 9. [Kompanie] / SS-T-Sturmbann, entwendet. Kennzeichen: Marke SUN, niedriger Rahmen, Halbballonbereifung, kompl. Lichtanlage, Gepäckträger sowie Abstellvorrichtung.« Wohnsitz in Wien.

Frydman, Estera (Mädchenname). Objekt von Medizinverbrechen, Nr. 15488.
* 28.4.1913. Frydman: »Ich wurde am 6.7.1942 anläßlich einer Razzia verhaftet, und zwar aus rassischen Gründen. Ich kam zunächst nach Pithiviers, wo ich bis zum 1.8.1942 blieb. Dann wurde ich nach Birkenau deportiert. Dort mußte ich schwere Zwangsarbeit im Straßenbau verrichten. Im Jahre 1943 wurde ich dort eines Tages ausgesucht und als eine der ersten in Block 10 nach Auschwitz geschickt. Dort wurden an mir Injektionen durch Dr. Clauberg und Dr. Göbel vorgenommen. Es waren 4 Spritzen, die im Laufe von 1½ Jahren vorgenommen wurden. Sie waren jedesmal außerordentlich schmerzhaft und gefolgt von einer schweren eitrigen und blutigen Diarrhöe, von starkem Ausfluß und hohen Fieber. Jedesmal blieb ich etwa 8 Tage liegen, ohne Möglichkeit, mich zu rühren, denn ich stand unter dem Eindruck, eine Perforation [Durchstoßung] des Darms zu haben.« Ärztliches Gutachten, neun Jahre nach der Befreiung: »Die Sterilität ist definitiv.« Ermordet: Vater, Mutter, zwei Schwestern, ihr Ehemann, ihre Tochter. Q.: SP.

Frymark, Boleslaw.
* Nicht identifiziert. Volksdeutscher aus Polen (Lasik). Unteroffizier der Wehrmacht, da frontuntauglich. 1944 Einsatz in der Lagerapotheke. Häftling Tadeusz Szewczyk (Nr. 115479) im Auschwitz-Prozeß: »Es war im Sommer 1944, da sagte uns Frymark, er sei in Vertretung eines anderen zum Rampendienst eingeteilt worden. Morgens ging er mit Helm

und Pistole weg, mittags kam er zu uns zurück. In unserem Raum erlitt er einen Nervenzusammenbruch und sagte: ›Sie können mit mir machen, was sie wollen, sie können mich an die Front schicken, ich gehe nicht mehr auf die Rampe.‹« Frymark wird nicht mehr zum Rampendienst eingeteilt.

Fuchs. Kommandoführer Gaskammern.
* Nicht ermittelt. SS-Scharführer. Laut Eliezer Eisenschmidt Chef zweier Krematorien. Häftling Jaacov Gabai: »Fuchs hielt uns eine Abschiedsrede: ›Morgen werde ich euch verlassen, ich werde für das Vaterland kämpfen.« Soll an die Front versetzt worden sein.

Fuchs, Heinrich. SS-Rottenführer.
* 16.6.1903 Wien. Vom 23.10.1941 bis 7.3.1942 SS-Totenkopf-Sturmbann. 1948 in Wadowice zu 3 Jahren Haft verurteilt. † 25.8.1952 Wien.

Fuchsberger, Georg. SS-Unterscharführer.
* 30.3.1921. Verbleib unbekannt. Laut KZ-Kollege Stenzel Angehöriger der Wachkompanie. KZ-Kollege Johann Messmer im Auschwitz-Prozeß zur Frage, ob zum Absperrdienst an der Rampe die ganze Kompanie oder nur Züge dieser Kompanie eingeteilt waren: »Es wurde manchmal auch die ganze Kompanie dazu eingeteilt.«

Fugger, Franz Josef, später Fugger-Craigher. SS-Unterscharführer.
* 18.11.1920 Metnitz in Kärnten. Süßwarenbäcker. Zunächst SS-Regiment *Der Führer.* Ab Sommer 1942 in Auschwitz (LaP). Ende 1943 SS-Stabsscharführer (Spieß) am Hygiene-Institut der Waffen-SS in Rajsko. Häftlingsarzt Lettich (AV, Bl. 17004): »In besonders unangenehmer Erinnerung ist mir Fugger. Ich kann zwar nicht sagen, daß er Häftlinge getötet hat, er hat aber die Häftlinge manchmal schwer mißhandelt.« Nach 1945 als Fugger-Craigher Espresso- und Konditorpächter in Friesach in Kärnten. Beteuerte in einer Aussage (AV, Bl. 12567), »daß ich mit dem KZ Auschwitz u. der Tötung und Mißhandlung von Juden nie etwas zu tun hatte«. † 1.4.1980 Friesach.

Fuks, Arie. Häftling Nr. 81454, Rampensonderkommando (Fuks).
* 7.2.1925 Markow. Ankunft Auschwitz am 10.12.1942 aus dem Durchgangslager Malkinia. Von 2500 Deportierten werden 1976 sofort in der Gaskammer erstickt, darunter seine Mutter. Sein Vater (»dem Sonderkommando Krematorien zugeteilt«) stirbt im Lager. Fuks über seine Aufgabe, nachdem die Antransportierten die Waggons verlassen haben: »Wir Angehörigen des Sonderkommandos [Kanada] begaben uns unterdessen in die Güterwagen und warfen das Gepäck heraus. Es kam häufig vor, daß wir in den Wagen noch Menschen antrafen. Entweder handelte es sich um Leichen oder um kranke Personen, die nicht mehr aufstehen konnten. Die Toten oder Kranken wurden auf die Rampe gelegt. Es wurde so lange gewartet, bis ein Kippfahrzeug frei war, um sie dort aufzuladen. Jeweils zwei Angehörige des Sonderkommandos warfen die Toten und Kranken auf die Kippfahrzeuge. Die SS zwang uns, in dieser Weise zu verfahren. Wir wurden ständig zur Eile angetrieben. Wir mußten alles im Laufschritt erledigen. Wir hörten nur: ›Schneller, schneller.‹ Wenn wir etwas zögerten, wurden wir sofort geschlagen. Ich bin einige Male mit den Kippfahrzeugen zu den Verbrennungsgruben gefahren. Diese waren hinter den Krematorien gelegen. Bei den Verbrennungsgruben angekommen, mußten wir die Leichen und Kranken auf einem Haufen zusammenlegen. Alsdann fuhren wir sofort zurück. Einmal habe ich allerdings erlebt, wie das Kippfahrzeug unmittelbar an die Verbrennungsgrube heranfuhr und seine Fracht von Toten und lebenden kranken Menschen auf das brennende Holz herabkippte. Es handelte sich um einen aus Lettland ge-

kommenen Transport, in dem die Menschen stehend in den Güterwaggons zusammengepfercht waren, so daß während des Transports eine größere Anzahl schon verstorben war.« Nach 1945 in der BRD, wie so viele überlebende Häftlinge körperlich und psychisch schwerstgeschädigt. Q.: AV, Bl. 18142 ff.

Fuks, Jona. *Mengele-Zwilling*, Nr. A-27725.

* 28.4.1930. Fuks (MV, Bd. 22): »Im August 1944 wurde ich – im Zusammenhang mit der Liquidierung des Ghettos in Lodz – mit einem Transport von einigen tausend Ghettoinsassen nach Auschwitz überstellt. In diesem Transport fuhr ich mit meiner damals 27jährigen Schwester Chana Fuks und meiner Zwillingsschwester Miriam. Auf der Rampe von Birkenau wurden wir selektiert. Ich war damals schon nach vier Jahren Ghettovegetierens sehr ausgemagert und wurde bei der Aussonderung von meinen Schwestern getrennt, auf die andere Seite gestellt. Als dies meine ältere Schwester [Chana, später in Bergen-Belsen] sah, fiel sie dem selektierenden Arzt – in dem ich alsbald den berüchtigten Dr. Mengele zu erkennen hatte – zu Füßen und flehte ihn an, er möge sich erbarmen, ich wäre Zwillingsschwester und wurde bisher niemals von meiner Zwillingsschwester abgesondert. Als dies Mengele vernahm, ordnete er an, mich zurück zur Gruppe, in der meine Schwestern waren, zu führen.« Die damals 14jährige über die anderen Zwillinge (MV, Bd. 25): »Ich sah ihr Koma, ihren Tod. An die Vornamen und Nachnamen von diesen Freundinnen kann ich mich, nach 16 Jahren, nicht mehr erinnern. Besonders in Auschwitz gab es weder Vornamen noch Nachnamen. Jeder von uns, Jungen und Mädchen, wurden mit Nummern gekennzeichnet. Im Zentral-Krankenhaus, das sich auf dem Terrain von Auschwitz befand, im Zigeuner-Krankenhaus und auch Dr. Mengele haben uns nach den Nummern genannt.« Januar 1945 mit ihrer Zwillingsschwester Miriam nach Ravensbrück gekommen. Verheiratet in Israel.

Furman, Kalmin. *Jüdisches Sonderkommando*, Nr. 80810.

* Etwa 1919. Ankunft Auschwitz am 8.12.1942 aus dem Ghetto in Grodno. Von 1000 Deportierten werden 769 »gesondert untergebracht« (Tarnwort für Vergasung). Laut Bacon sollte er seine Eltern im Krematorium verbrennen, erhängte sich, wurde aber abgeschnitten. Langbein (Menschen): »Erschoß die SS Gefangene in einem Sonderraum des Krematoriums, dann hatte Furman die Opfer am Arm zu halten. Verhielt sich jemand nicht ruhig, so wurde er am Ohr festgehalten; dann konnte der Genickschuß gut plaziert werden.« – Die Häftlinge des Sonderkommandos waren gezwungen, bei Erschießungen zu assistieren, da kleinere Gruppen nicht vergast, sondern im Krematorium erschossen wurden. Mithäftling Sackar: »Wir hielten sie an den Ohren fest, und die SS schoß ihnen eine Kugel in den Nacken.« Shlomo Venezia in seinen Erinnerungen: »Die Pistolenkugeln waren zu groß, und aus so kurzer Entfernung war der Einschlag so stark, daß der Schädel des Opfers zerplatzte. Der Deutsche wollte keine [Blut-]Spritzer abbekommen. Die Person, die das Opfer begleitete, mußte mit der Technik vertraut sein: Man mußte das Opfer auf Armeslänge am Ohr halten, der Deutsche schoß, und bevor der Erschossene zu Boden ging, mußten wir seinen Kopf geschickt nach unten drehen, denn sonst wäre das Blut wie eine Fontäne herausgespritzt.«

G

Gaar, Fritz. Fahrbereitschaft.
* 2.7.1903 Opfenried, Kreis Dinkelsbühl. Kraftfahrer. NSDAP 1930, 1931 SS, Unterscharführer. Ab Oktober 1940 in Auschwitz. Zunächst Fahrer, dann Spieß der Lkw-Staffel. Standortbefehl Nr. 24/43: »Besuch der Ehefrau vom 24.7.–4.8.43«. Nach 1945 Fuhrunternehmer in Hardegsen b. Göttingen, Besitz von 1880 qm Land, Wohnhaus, Garagen und Werkstätten. Gaars Glaubwürdigkeit dokumentiert seine Aussage (AV, Bl. 10305a ff.): »Über den Transport von Häftlingen, insbesondere zu den Gaskammern in Birkenau, kann ich nichts sagen. Obwohl ich länger als 4 Jahre in Auschwitz tätig war, habe ich in dieser ganzen Zeit nichts davon gemerkt, daß dort Häftlinge vergast wurden.« KZ-Kollege Siebald (AV, Bl. 15831): »Gaar war bei der Ankunft von Häftlingen als Lkw-Fahrer eingesetzt.« KZ-Kollege Hradil: »Vollrath und Gaar waren immer gern bereit, Häftlingstransporte von der Rampe zur Gaskammer durchzuführen. Sie nahmen gern die dabei anfallenden Sonderrationen [Schnaps, Zigaretten] in Empfang.« Hradil weiter: »Wenn mir zur Kenntnis gebracht wird, daß Gaar noch immer angibt, er habe keine Gaskammerfahrten durchgeführt, zumindest habe er nicht gewußt, um was es sich bei den Fahrten gehandelt hat, so ist das nicht zutreffend. Diese Darstellung ist lächerlich. Selbst die in den umliegenden Ortschaften lebenden Zivilisten wußten, was in Birkenau vor sich ging. Ich habe selbst mit Gaar zusammen Gaskammerfahrten durchgeführt.«

Gabai, Dario. *Jüdisches Sonderkommando*, Nr. 182568.
* 10.9.1922 Saloniki. Italienischer Staatsbürger (diese waren, dank Mussolini, anfangs von der Vernichtung ausgenommen). Bruder von Jaacov und Vetter der Venezia-Brüder. Ankunft Auschwitz nach neuntägiger Fahrt im abgeriegelten Güterwaggon am 11.4.1944 aus Athen. Von 2500 Deportierten werden 1872 sofort in der Gaskammer ermordet. Wie sein Bruder Leichenschlepper im Krematorium. Bruder Jaacov: »Als man die Leichen mit dem Aufzug nach oben auf die Ebene der Verbrennungsanlagen brachte, nahm Dario die Leichen und brachte sie immer zu vieren vor die Türen der einzelnen Öfen.« Nach 1945 Direktor einer Gardinenfabrik in Los Angeles, wollte sich, so sein Bruder, »an nichts erinnern«.

Gabai, Jaacov. *Jüdisches Sonderkommando*, Nr. 182569.
* 26.9.1912 Athen. Bruder von Dario und Vetter der Venezia-Brüder. Drucker. Italienischer Staatsbürger. Mit Ehefrau Lona Ankunft Auschwitz nach neuntägiger Fahrt im abgeriegelten Güterwaggon am 11.4.1944. »Leicheneinschieber« im Krematorium. 1949 mit Ehefrau Übersiedlung nach Israel. – In den vier Vergasungsanlagen (Krematorien) war wenig SS-Personal, die Arbeit machten die Häftlingssklaven. Krematoriumschef Muhsfeldt (MV, Bd. 41): »Ich war Kommandoführer und hatte 10 SS-Männer zur Hilfe.« Laut Häftling Lewenthal waren jeweils 10 SS-Männer pro Schicht im Einsatz, laut Paisikov »hatten immer vier SS-Leute Dienst. Zwei davon waren im Gebäude selbst. Wenn ein größerer Transport von Häftlingen zum Krematorium geführt wurde, wurde die Bewachungsmannschaft verstärkt.« Während manche Sonderhäftlinge behaupten, sie hätten mit den SS-Männern kein Wort gesprochen, beschreibt Jaacov Gabai im Interview mit Gideon Greif eine ganz andere Situation. Gabai schildert, wie eines Nachts eine junge ungarische Mutter mit ihrem zwei Tage alten Baby zur Tötung ins Krematorium kommt. Die Häftlinge

bieten ihr einen Stuhl an, ebenso Essen und Zigaretten. Sie fängt an, zu erzählen. Gabai: »Neben uns saß ein holländischer SS-Mann, ziemlich nett, ein guter Kerl. Am Ende der Geschichte stand er auf und sagte: ›Gut, wir können hier nicht die ganze Zeit herumsitzen, jetzt ist der Tod an der Reihe.‹ Wir [!] fragten sie, was sie lieber wolle – ob wir erst das Kind töten sollten oder zuerst sie. Sie sagte: ›Zuerst mich. Ich will nicht mein totes Kind sehen.‹ Da stand der Holländer auf, brachte das Gewehr, schoß und warf sie in den Ofen. Danach nahm er den Säugling, Bum-Bum, das war's.« Gabai weiter: »Wir hatten alles im Überfluß, so daß die deutschen Wachen nicht bei sich essen gingen, sondern blieben und mit uns aßen. Wir hatten mit unseren Wächtern kontinuierlichen Kontakt. Die waren die ganze Zeit bei uns und wirklich in Ordnung. Nachts durften wir singen, wir hatten eine Mandoline und eine Gitarre. Wir sangen mit den Deutschen zusammen, tranken zusammen und aßen.«

Gabel, Willi. Präparator.
* 7.11.1904. Am *Sven-Hedin-Institut* (zur totalen Erforschung des zentralasiatischen Lebensraums) im *SS-Ahnenerbe*. Anfang Juni 1943 unter Leitung von Bruno Beger in Auschwitz: Auswahl von Häftlingen für die Anthropologische Sammlung *Fremdrassiger* des Anatomen Hirt. Machte Abformungen von Gesichtern jüdischer und mongolischer Häftlinge. Häftling Wörl: »Die Arbeiten wurden nach meiner Erinnerung in erster Linie von dem Prof. Gabel durchgeführt. Dieser erklärte mir damals, es handle sich um völkerkundliche Studien.« 86 der in Auschwitz selektierten Juden werden August 1943 in der Gaskammer von Natzweiler-Struthof ermordet.

Gäsing, Gustav. SS-Scharführer.
* 25.5.1892 Bielefeld. Stammlager, Herbst 1944 Häftlingsküche Charlottengrube. Am 20.1.1948 in Krakau zu 3 Jahren Haft verurteilt. † 31.1.1974 Bielefeld-Gadderbaum. – Häftling August Korzuch über den Zustand der Häftlinge der Charlottengrube Januar 1945 (HvA 17): »Die herangeführten Häftlinge sahen aus wie Skelette. Ihr Gesundheitszustand war viel schlechter als der der aus Auschwitz evakuierten Häftlinge.«

Gal, Michael. SS-Schütze.
* 22.7.1892 Tewegowa / Rumänien. Mai 1944 Kommando Gleiwitz II. 1948 in Krakau zu 3 Jahren Haft verurteilt (LaV). † 17.2.1968 Würzburg.

Galinski, Heinz. Häftling Nr. 104412.
* 28.11.1912 Marienburg / Westpreußen. Kaufmännische Lehre. Ab 1940 Zwangsarbeit, u.a. bei Siemens in Berlin. Am 13.2.1943 mit seiner Frau und seiner Mutter von der Gestapo abgeholt und im Sammellager in der Großen Hamburger Straße interniert. Der schwerkranke Vater kommt auf die Polizeistation des Jüdischen Krankenhauses, wo er kurz darauf stirbt. Ankunft Auschwitz am 27.2.1943. Von 913 Deportierten werden 651 »gesondert untergebracht« (Tarnwort für Vergasung). Galinski: »Die Namen von SS-Angehörigen, die diese Selektion durchgeführt haben, kann ich nicht angeben. Mit Sicherheit kann ich aber noch bekunden, daß die Selektion nicht nur durch einen einzelnen SS-Führer – etwa einen *SS-Arzt* – durchgeführt wurde, sondern daß hieran eine ganz große Gruppe von SS-Angehörigen aktiv beteiligt war. Diese aktive Beteiligung der SS-Leute begann schon bei der Entladung des Transportes, als nämlich mehrere SS-Leute mit Knüppeln die Häftlinge aus den Waggons herausprügelten. Dann gingen mehrere SS-Angehörige durch die Reihen der Häftlinge und suchten nach Gutdünken Häftlinge aus, die ihnen als arbeitsfähig erschienen. Meine Frau und meine Mutter habe ich nicht mehr gesehen.« Zunächst im Tiefbau, ab Herbst in einem Elektrikerkommando in Buna-Monowitz. Januar 1945 auf dem »Evakuierungsmarsch« nach Gleiwitz: »Alle

Häftlinge, die nicht mehr weitermarschieren konnten, wurden von der Begleitmannschaft der SS erschossen.« Zuletzt Mittelbau-Dora und Bergen-Belsen. Nach 1945 Vorsitzender der Jüdischen Gemeinde in Berlin, Vorsitzender des Zentralrats der Juden in Deutschland. Gestorben am 19.7.1992 in Berlin. Q.: AV, Bl. 4212 ff.

Ganninger, Heinrich. SS-Obersturmführer (1943).
* 16.7.1908 Mannheim. 1933 SS (Nr. 102470), 1937 NSDAP (Nr. 4266216). 1942 Adjutant der Kommandantur in Auschwitz. April 1942 bis Dezember 1943 Gerichtsoffizier, befaßt mit der Farce, SS-Leute zu »vernehmen«, die Häftlinge »auf der Flucht« erschossen. April 1943 *Kriegsverdienstkreuz II. Klasse mit Schwertern*. April 1944 Adjutant im elsässischen KZ Natzweiler (StAu I). † 23.4.1946 Internierungslager Darmstadt.

Garfinkiel, Wolf. Häftling Nr. B 1440.
* 12.7.1911 Tomaschow. Ankunft Auschwitz am 31.7.1944 aus dem Zwangsarbeiterlager Pionki im Distrikt Radom. Garfinkiel (MV, Bd. 11): »Am selben Tag kam aus Stutthof ein Transport an, zu welchem auch eine Gruppe von über hundert litauischen Kindern gehörte. Es handelte sich um jüdische Kinder aus Kowno. Diese Gruppe wurde in derselben Baracke des Quarantänelagers untergebracht, in welcher ich mich befand. Ich erinnere mich sehr genau, daß am jüdischen Neujahrstag 1944 – also im September – eine Selektion stattfand, die ein SS-Arzt vornahm. Wir mußten zu diesem Zwecke uns außerhalb der Baracke aufstellen. Wir mußten uns alle vollständig entkleiden, und der SS-Arzt betrachtete uns und traf auf Grund seines Eindrucks seine Entscheidung. Als der SS-Arzt an die Gruppe der litauischen Kinder kam, mußten der Blockälteste und der Blockschreiber eine Schnur in einer bestimmten Höhe halten. Sofern die Kinder kleiner waren, wurden sie gleichfalls [ins Gas] selektiert.« – Kinder werden in der Regel nach Ankunft in Auschwitz in der Gaskammer ermordet. Das Museum Auschwitz (StAu II) hat jedoch mehr als 21000 Häftlingsnummern von Kindern und Jugendlichen registriert, die im Lager vegetierten. Die Überlebende Sternberg, zu dieser Zeit Häftlingsschwester auf einem Block mit russischen Kindern, in ihrem Bericht *In der Hölle von Auschwitz* (AV, Bl. 3983 f.): »Eines Tages passierte es, daß mit den russischen Kindern versehentlich ein kleiner Junge ins Lager kam, welcher ein jüdisches Kind aus Holland war. Wir prägten dem Jungen ein, wenn er gefragt werden sollte, zu sagen, daß er russisch sei. Er verstand sehr gut, was wir meinten, und erwiderte uns, ich weiß, daß sie mich sonst in den Ofen stecken. Wenn der Kommandoführer in den Block kam, so fragte er stets: Sind hier Judenkinder. Wir sagten nein, Herr Kommandoführer. Jeder brachte dem Kind zu essen, damit er nicht hungerte. Bald erkrankte das Kind an Typhus. Er sagte uns, wenn ich sterben muß, im Himmel ist es auch schön, hat mir Mutti erzählt. Bei den Englein sind schöne Blumen und Gärten. Das Kind wurde jeden Tag weniger. Sogar der deutschen Blockältesten liefen die Tränen. Nach ein paar Tagen starb das Kind. Wir legten es auf eine Trage, schmückten sie mit Blumen und trugen sie selbst zum Leichenblock.«

Gaschler, Josef. SS-Rottenführer.
* 16.10.1908 Fürstenthal. Stabskompanie (SS-Angehöriger der Kommandantur). Wohnsitz bei Kempten.

Gasda, Gerhard. SS-Unterscharführer.
* 12.10.1911 Lipine. Herbst 1942 bis Anfang 1943 SS-Kantine. Wohnsitz in Hamm.

Gaspari, Johann. SS-Sturmmann.
* 13.4.1909. Standortverwaltung, Abteilung Verpflegung. Verbleib unbekannt. – Häftling Koenig (Erinnerungen): »Ich

besaß eine Konservenbüchse mit einem Draht als Henkel, die ich als Eßschale verwendete, und hatte auch einen Löffel. Viele besaßen solche Utensilien nicht, was das Essen schwierig machte. Für die, die keine Eßschale und keinen Löffel besaßen, wurde die Suppe in einer großen Waschschüssel verteilt, die vier oder sechs Portionen enthielt. Sie mußten versuchen, die Suppe aus der Waschschüssel herauszuschlürfen. Sehr oft erhielten die Häftlinge nicht den Teil der Nahrung, der ihnen zustand, und so gab es haßerfüllte Streitereien.«

Gaspero, Ambrosius di. Fahrbereitschaft.
* 7.1.1921 Uklina / Slowakei. SS-Rottenführer. Verbleib unbekannt. – Alter Feinsilber, Gaskammerkommando: »Im Zusammenhang mit der Vergasung selbst muß erklärt werden, daß, wenn man gebrechliche Greise, Kinder oder kranke Personen brachte, ihnen nicht befohlen wurde, vom Auto zu steigen, sondern man schüttete sie durch Aufheben des Vorderteils des Wagens in den Hof, so wie man Müll ausschüttet.«

Gasser, Friedrich. Politische Abteilung (PA), Lager-Gestapo.
* 1.1.1921 St. Martin b. Klagenfurt. SS-Unterscharführer. Nach 1945 in Kärnten. PA-Häftling Feliks Mylyk im Auschwitz-Prozeß: »Ich weiß genau, daß alle Angehörigen der Politischen Abteilung an der Rampe Dienst versahen, denn wenn Rampendienst war, hat vorher Kirschner [PA] mir ein Schreiben übergeben, in dem Sonderzuteilung angefordert wurde. Damit mußte ich zur SS-Kantine gehen und bekam dort einen halben Liter Schnaps für vier Personen, Weißbrot, Wurst und Zigaretten. Diese Rationen wurden dann an diejenigen verteilt, die Dienst hatten.«

Gauger, Robert. SS-Rottenführer.
* 22.9.1897 Gumtow. Auschwitz, Kommando Sosnowitz (II). Am 23.1.1948 in Krakau zu 4 Jahren Haft verurteilt. † 10.7.1979 am Wohnort Ratzeburg.

Gaweda, Johann. Häftling.
* Nicht ermittelt. Laut Häftlingsarzt Klodzinski aus Oberschlesien. Stubendienst Block 19. Häftlingsarzt Fejkiel: »In Block 19 waren nur Muselmänner. Eine Abteilung hatte die Erlaubnis, sich tagsüber auf den Boden zu legen, die andere Abteilung mußte stehen und auch auf Appell gehen. Die Häftlinge, die die sogenannte stehende Schonung hatten, mußten den ganzen Tag über deutsche Militärlieder singen. Der Häftling Johann Gaweda hat im Jahre 1941 die Singerei geleitet.« Klodzinski: »Er hat Häftlinge regelrecht totgeprügelt.« Soll in die USA ausgewandert sein. – Häftling Oskar Tadeusz Stuhr im Prozeß gegen Höß (HvA 18): »Wir wurden sogar mit Singen gefoltert. Ein banaler Text eines Liedes wurde angegeben, und die Nacht hindurch mußten wir die Lieder gelernt haben aus Furcht vor den Schlägen. Man kann sich vorstellen, was für eine Qual das war, wenn ein Mensch, der die deutsche Sprache nicht beherrscht, diese blöden Lieder lernen mußte.« Die Überlebende Sternberg in ihrem Bericht *In der Hölle von Auschwitz*: »Bei all unseren Sorgen mußten wir täglich beim Marschieren singen. Früh, mittags und abends, immer klingt es in den Ohren, links rechts, links rechts, aufgehen, ihr Mistbienen, marsch, marsch. Ich konnte mir nicht mehr vorstellen, noch einmal auf einem Bürgersteig zu gehen und stehen zu bleiben, wenn es mir paßt.«

Gdanietz, Paul. SS-Scharführer.
* 31.3.1904 Schöneck / Banat. Ab 31.3.1941 in Auschwitz. SS-Totenkopf-Sturmbann, Kompanie-Schreiber, Kommando Landwirtschaft. 1948 in Krakau zu 3 Jahren Haft verurteilt (LaV). Wohnsitz in Rastatt.

Gebauer, Friedrich. SS-Unterscharführer.
* 20.3.1909 Groß-Olbersdorf. Ab März 1943 in Auschwitz. SS-Totenkopf-Sturmbann (der SS-T-Stuba hatte tur-

nusmäßig Rampendienst) und Postordonnanz. Nach 1945 bei Heidelberg. – Häftling Fuks, Rampensonderkommando, über Transportankünfte (AV, Bl. 18142 f.): »Wir Angehörigen des Sonderkommandos öffneten zunächst die Güterwaggons. Dann mußten die Häftlinge aussteigen, das Gepäck blieb im Wagen. Die Häftlinge mußten nach Geschlechtern antreten, während die Kinder zu den Frauen gestellt wurden. Sie gingen dann an den Selektionspersonen vorüber. Diese bestimmten mit einer Fingerbewegung, ob die Häftlinge nach rechts oder links abzutreten hatten. Niedere Dienstgrade achteten auf diese Fingerbewegung und schickten die Leute zu der Gruppe, zu der sie bestimmt worden waren.«

Gebel, Jakob. SS-Sturmmann.
* 22. 5. 1913. Standortverwaltung, Abteilung Unterkunft. Verbleib unbekannt. – Auschwitz-Anklage: »Da es in den Baracken im Lager Birkenau nur Lehmfußböden gab, von denen bei trockenem Wetter Staubwolken aufwirbelten oder auf denen sich bei Regenwetter infolge der undichten Dächer große Wasserlachen bildeten, waren die Baracken eine Brutstätte für Ungeziefer (Flöhe, Läuse, Ratten), das für die Häftlinge zu einer unerträglichen Plage wurde und Überträger ansteckender Krankheiten war.«

Gebhardt. SS-Sturmbannführer.
* Nicht identifiziert. Mai 1942 bis August 1943 Führer des Wachbataillons Auschwitz. Nach Streit mit Höß ausgeschieden.

Gehr, Ludwig. Leiter des Büros der Firma Siemens in Gleiwitz.
* Etwa 1901. Ingenieur. Von Anfang bis zum Ende mit der Installation und Wartung der elektrischen Anlagen in Auschwitz beauftragt, u. a. Aufstellung und Reparatur der Geräte für Schumanns Versuche zur Röntgensterilisierung. Berechtigt, so Gehr, »im Lager ein und aus zu gehen«. Aussage (SV): »Ich bin selbst Augenzeuge der Behandlung geworden. Die Häftlinge wurden gruppenweise der Röntgenbehandlung unterzogen. Eine Gruppe bestand aus mehreren 100 Personen. Ich weiß lediglich von Dr. Schumann, daß die zuerst behandelte Gruppe von 350 Personen in vollem Umfang nach der Röntgenbehandlung ums Leben gekommen ist.« Gehr weiter: »Allgemein kann ich in Bezug auf die Ärzte sagen, daß viele außerhalb des Lagers daran interessiert waren, aus dem Lager Häftlinge für Experimentierzwecke zu bekommen.« Schumanns Häftlingsschreibkraft Sonja Fischmann: »Ein paarmal sind auch zwei Zivilingenieure von Siemens auf den Block gekommen, und sie haben mir auch gesagt, daß es sich bei den Versuchen darum handle, minderwertige Rassen im Sinne des Nazismus zu sterilisieren.«

Gehri, Theodor. Gefangenen-Eigentums-Verwaltung, Leiter der Unterabteilung *Wertsachen*.
* 7. 5. 1907 Freiburg im Breisgau. Uhrmacher. 1933 SS (Nr. 233876), Unterscharführer. 1937 NSDAP. Oktober 1940 bis Oktober 1944 Standortverwaltung, Abteilung GEV (Vertreter der GEV waren bei Transportankünften immer auf der Rampe). Helmuth Reimers, Mitglied der Korruptions-Kommission Konrad Morgens: »Vor dem Auskleideraum am Krematorium stand noch eine Kiste mit einem Schlitz im Deckel, in welche die Juden ihre Schmuckstücke und das Bargeld werfen mußten. Diese Kiste wurde dann jeweils von Angehörigen der Wertsachenabteilung abgeholt.« 1948 in Krakau zu 8 Jahren Haft verurteilt. Nach eigener Aussage Kontakt mit früheren SS-Angehörigen (Burger, Hackenjos, Frenzel). † 13. 8. 1981 am Wohn- und Geburtsort Freiburg. Gehris Glaubwürdigkeit dokumentiert seine Aussage: »Mir ist nicht aufgefallen, daß es besonders viele Tote gegeben hätte.« Q.: AV, Bl. 431 ff.

Gehring, Rudolf. Rapportführer (Spieß) in Monowitz.
* 22.10.1918 Leipzig. SS-Oberscharführer. Ab August 1941 in Auschwitz. Laut Häftling Max Kaufmann beteiligt an Selektionen (»Ich habe die Selektionskommission selbst bei der Arbeit beobachtet«). Standortbefehl Nr. 24/43: »Besuch der Braut vom 18.–28.7.43«. 1948 in Krakau zu 6 Jahren Haft verurteilt (LaV). Wohnsitz in Nordrhein-Westfalen. – Buna-Häftling Primo Levi über die Angst der Häftlinge vor einer Selektion: »In den Latrinen, im Waschraum zeigen wir uns gegenseitig Brustkorb, Hinterbacken, Schenkel, und die Kameraden beruhigen uns: ›Du brauchst keine Angst zu haben, du bist bestimmt nicht dran ... du bist kein Muselmann ... aber ich‹; und dann lassen auch sie die Hosen herunter und ziehen das Hemd hoch.«

Gehring, Wilhelm. Führer des Außenlagers Eintrachthütte.
* 14.1.1901 Osnabrück. Schlosser. 1933 NSDAP, 1934 SS, Hauptscharführer. 1936 bis 1939 KZ Sachsenhausen, dann KZ Wewelsburg b. Paderborn, 1941 erneut in Sachsenhausen. Ab Januar 1942 in Auschwitz. Kommandanturbefehl Nr. 6/42: »SS-Oberscharführer Willi Gehring, Kommandanturstab, wird mit Wirkung vom 26.3.42 von der Verwaltung zum Schutzhaftlager kommandiert und verantwortlich als Aufseher des Kommandantur-Arrestes [Block 11] eingesetzt.« Oberkapo Kral schilderte im Auschwitz-Prozeß, wie Gehring den Häftling Kurt Pachala, der, verhungernd, seine Schuhe zu essen versuchte, nach 200 Tagen im Bunker am 14.1.1943 tot aus der Zelle zerrt: »Was hat denn der Hund mit seinen Schuhen gemacht?« Standortbefehl vom 27.7.1943: »Besuch der Mutter auf die Dauer von 8 Wochen«. Erschoß Häftlinge an der *Schwarzen Wand*. 1944 Blockführer in Monowitz. Ab 18.7.1944 Führer des Außenlagers Eintrachthütte in Schwientochlowitz b. Kattowitz, Produktion von Flugabwehrgeschützen, knapp 1400 Häftlinge, laut Häftling Unikower »das schlechteste Außenlager«. Todesurteil am 22.12.1947 in Krakau. Im Urteil heißt es: »Ein anderes Mal ließ der Angeklagte zwei Zeugen zwischen zwei Reihen elektrisch geladener Drähte ohne Essen zwei Tage lang stehen. Der Angeklagte marterte die Häftlinge oft so stark, daß man seine Opfer manchmal sogar direkt ins Leichenhaus bringen mußte.« † Hinrichtung 24.1.1948 in Krakau.

Geiger, Franz. SS-Schütze.
* 14.5.1914 Srpski-Miletic. Ab September 1943 in Auschwitz. Standortverwaltung, Häftlingsküche Birkenau, auch Postzensurstelle. Wohnsitz in Herzogenaurach. – Die Übelebende Ruth Klüger: »Es gab so wenig zu essen, daß man an nichts anderes mehr denken konnte als an Nahrung. Wenn ich meine Tagesration bekam, schlug ich die Zähne ins Brot, besessen von Gier, als müßte ich das ganze Stück auf einmal in den Mund stopfen. Ganz selten sah ich mich wie von außen und schämte mich.«

Geiger, Johann. SS-Rottenführer.
* 20.11.1924 Sremska Mitrovica. Wohnsitz in Nordrhein-Westfalen.

Geiger, Josef. SS-Unterscharführer.
* 15.7.1913 Filipovo. Ab 27.7.1942 in Auschwitz (LaP). Schreiber beim Standortarzt, Hygiene-Institut der Waffen-SS in Rajsko. Wohnsitz in Bayern. – KZ-Kollege Gerhard Hess: »In der Gärtnerei Rajsko waren unter anderem jüdische Kinder beschäftigt. Das Alter dieser Kinder betrug 10 bis 12 Jahre. Bei Besuchen in Rajsko wurde mir berichtet, daß Kinder, die nicht mehr arbeitsfähig waren, der Vernichtung zugeführt wurden.«

Geiger, Martin. SS-Schütze.
* 1.1.1921 Pesthidekut. 1942 mehrere Monate beim SS-Totenkopf-Sturmbann. Wohnsitz im Neckar-Odenwald-Kreis.

Geisberger, Johann. SS-Hauptscharführer.
* 23.12.1910 Geiselhöring. Block- und Rapportführer (Spieß) in Flossenbürg. Ab August 1944 in Auschwitz. Im *Flossenbürg-Hauptprozeß* am 22.1.1947 zu lebenslanger Haft verurteilt. Entlassung Kriegsverbrechergefängnis Landsberg am 28.1.1954 nach Metzingen. † 18.12. 1962 ebenda.

Geissler, Erich. SS-Scharführer.
* 25.3.1892. Standortverwaltung, Abteilung Verpflegung. Verbleib unbekannt. – Kapo Herbert Buchhold (Nr. 123193): »Jedenfalls war die Verpflegung im Lager so, daß ein Häftling, der sich nichts dazu organisieren konnte, nach ca. 3 Monaten völlig entkräftet und damit arbeitsunfähig war.« Aussage: AV, Bl. 6733.

Gelbhard, Szaja. Helfer Klehrs beim »Abspritzen«.
* Nicht ermittelt. Häftling Glowa: »War französischer Jude und von Beruf Musiker. Er lebt vermutlich in Paris und soll in einem Kabarett als Geiger aufspielen.«

Geldner, Albrecht. SS-Unterscharführer.
* 18.9.1893. SS-Totenkopf-Sturmbann. Belobigt im Kommandanturbefehl Monowitz vom 22.12.1944, da er die »Flucht« von Häftlingen »verhinderte«. Verbleib unbekannt. KZ-Kollege Bilibou: »Es gab keinen Sonderurlaub für ›Verhinderung der Flucht‹, sondern nur für ›Erschießen auf der Flucht‹.«

Gelz, Peter. SS-Sturmmann.
* 30.3.1902 Guttenbrunn/Österreich. Kommando Gleiwitz. Wohnsitz in Vöcklabruck/Österreich.

George, Ernst. SS-Oberscharführer.
* 26.5.1899 Nauendorf, Kreis Großenken. † 31.8.1942 Reservelazarett Kattowitz.

Gerber, Gerard Louis. SS-Apotheker, Obersturmführer (1945).
* 5.8.1915 Straßburg. 1940 SS (Nr. 433204), NSDAP 1942 (Nr. 8734492). Aussage vom 15.10.1962 vor einem Gericht in Mühlhausen/Elsaß: »Es trifft zu, daß ich Winter 1943/44 als Apotheker tätig gewesen bin, aber nicht im Konzentrationslager Auschwitz, sondern im Militärlazarett von Auschwitz.« Mitte 1944 Zweiter Apotheker. Häftlingsarzt Lettich (AV, Bl. 17004): »Als Apotheker fungierte eine gewisse Zeit hindurch ein Elsässer namens Gerber.« Laut Ontl und Capesius Rampendienst. Zuletzt Kommandoführer der SS-Apotheke in Mauthausen (Marsalek). Arztschreiber Martin: »Auch er verschob Medikamente in größtem Ausmaße.« Apotheker im Elsaß. Das LG Frankfurt im Urteil gegen Burger: »Die Apotheke stellte die für die Gaslieferungen eingehenden Rechnungen als sachlich richtig fest, was zur Voraussetzung hat, daß sie die Lieferungen vorher kontrollierte.« Aussage: AV, Bl. 13931 ff.

Gerbeth, Kurt. SS-Oberscharführer.
* 24.3.1904 Oelsnitz. Kommandanturstab. Wohnsitz in Berlin.

Gerbich, Artur. SS-Rottenführer.
* 23.8.1910 Konstantynow. SS-Totenkopf-Sturmbann und SS-Unternehmen *Deutsche Ausrüstungswerke* (DAW), August 1943 insgesamt 1405 Häftlinge. † 22.8.1965 Wöllersdorf.

Gerbing, Herbert. Eichmann-Gehilfe.
* 20.6.1914 Mödling b. Wien. 1938 SS-Oberscharführer der Zentralstelle für jüdische Auswanderung Wien (Eichmann). Ab 1943 Eichmann-Mitarbeiter in der Slowakei, in Saloniki und in Frankreich. † Vom LG Wien am 22.5. 1952 für tot erklärt, soll den 8.5.1945 nicht überlebt haben (Zentralkartei ZStL).

Gercek, Herszko. *Jüdisches Sonderkommando*, Nr. 97937.
* 1911 in Polen. Ankunft Auschwitz am 30.1.1943 aus Oranczyce. Von 2612 polnischen Juden werden 2010 – darunter 518 Kinder bis zu zehn Jahren – sofort in der Gaskammer ermordet. Sommer 1944 mit dem gesamten Strafkommando ins Gaskammerkommando überstellt. Am

7.10.1944 beim Häftlingsaufstand getötet.

Gerhard, Erwin. Zentral-Bauleitung.

* 27.10.1903 Emmerich. SS-Unterscharführer. Vom AG Waldbröl 1953 für tot erklärt.

Gerhards, Ernst. SS-Rottenführer.

* 18.12.1891 Rheydt. SS-Totenkopf-Sturmbann. Am 26.4.1948 in Krakau zu 3 Jahren Haft verurteilt. † 25.1.1962 am Geburtsort.

Gerlach, Kurt. SS-Unterscharführer.

* 24.3.1922 Rosenberg / Westpreußen. Arrestaufseher und Blockführer im Block 11, genannt Todesblock. † 8.1. 1979 Düsseldorf. KZ-Kollege Broad über den Beginn der Erschießungen an der *Schwarzen Wand* zwischen Block 10 und 11: »Um nicht die Aufmerksamkeit der Passanten zu erregen, die auf der nicht weit hinter der Steinmauer vorbeiführenden Landstraße entlanggehen, wird ein Kleinkalibergewehr mit einem Magazin für 10 bis 15 Schuß verwendet. Aumeier, Grabner und der jeweilige Henkersknecht, der bereits das schußfertige Gewehr hinter dem Rücken verborgen hält, stehen im Vollgenuß ihres Machtbewußtseins in Positur.«

Gertl, Franz. Zentral-Bauleitung.

* 20.4.1912 Innsbruck. SS-Unterscharführer. Wohnsitz in Tirol.

Getschmann, Erwin. SS-Rottenführer.

* 8.6.1906 Dessau. SS-Nr. 85129. Standortverwaltung, Häftlings-Geld-Verwaltung (HGV). Wohnsitz in Meinersen / Niedersachsen.

Gettmann, Franz. SS-Hauptsturmführer.

* 5.8.1906 Werschetz / Banat. Dr. med. Lagerarzt (?). † Vom AG Ebermannstadt 1950 für tot erklärt. – Die Gefangene Rosa Finkelstein zur Ankunft in Auschwitz: »Da auf der einen Seite Lastwagen standen und ich sah, daß da die aufgeladen wurden, die nicht mehr gehen konnten, bin ich auf einen Lastwagen geklettert, weil ich fast nicht mehr laufen konnte. Plötzlich kam [Anton] Tauber auf den Lastwagen und stieß mich hinunter. Er hat mich so vor der Vergasung gerettet, denn alle, die auf Lastwagen kamen, wurden vergast.«

Getzinger, Josef. SS-Sturmmann.

* 21.1.1925 Mitrowica, heute Sremska Mitrovice / Serbien. Vom 19.10.1942 bis 13.10.1944 SS-Totenkopf-Sturmbann. 1948 in Krakau zu 5 Jahren Haft verurteilt (LaV). Wohnsitz in Niedersachsen.

Gfrärer, Peter. SS-Sturmmann.

* 22.2.1910 Karawukowo / heutiges Serbien. Ab September 1943 in Auschwitz. † 5.10.1960 Heilbronn.

Gierich, Martin. Zentral-Bauleitung.

* 15.6.1903 München. SS-Rottenführer. Von September 1942 bis Oktober 1944 in Auschwitz. Planungsabteilung ZBL. † 23.11.1965 München. – Das Auschwitz-Urteil über die Zustände im Birkenauer Frauenlager: »Im Lager B I mußten die Gefangenen in den unverputzten Steinbaracken in düsteren, aus Stein gemauerten Boxen an Stelle von Betten und Holzpritschen schlafen. Als Schlafunterlagen dienten Papiersäcke, die mit Holzwolle gestopft waren. Sie war völlig verstaubt und verschmutzt, meist auch mit Kot, weil viele Frauen an ständigem Durchfall litten.«

Giesa, Helmut. SS-Oberscharführer.

* 20.2.1912 Torgau, Sohn eines Polizeiobersekretärs. Kaufmännische Lehre. 1933 NSDAP / SS. Vom 1.9.1940 bis 15.4.1943 in Auschwitz. Kommandanturstab, Unterkunftsverwaltung (Ausstattung der Gebäude). Kommandanturbefehl vom 3.1.1942: »Am 26.12.41 wurde aus dem Fahrradständer vor dem Stabsgebäude ein Privatfahrrad – Ballonrad mit verchromten Scheinwerfer – entwendet. Das hintere Schutzblech ist mit dem Namen ›SS-Uscha. Giesa‹ beschriftet.« Am 21.4.1948 in Krakau zu 6 Jahren Haft verurteilt, Entlassung Juni 1953. Kaufmännischer Angestellter. Giesa: »Daß im Lager Birkenau Menschen ver-

gast und verbrannt wurden, war uns allgemein bekannt.« Aussage: AV, Bl. 7783 ff.

Giesenberg, Heinz. Zentral-Bauleitung.
* 24.11.1905 Lübeck. SS-Unterscharführer. Wohnsitz am Geburtsort.

Giess, Heinrich. SS-Rottenführer.
* 20.9.1904 Waldporzheim/Rheinland. Ab September 1944 in Auschwitz. Wohnsitz am Geburtsort.

Gillis, Josef. SS-Schütze.
* 7.10.1915 Dortmund. SS-Totenkopf-Sturmbann. † 12.9.1942 Laurahütte. – Häftlingsarzt Bejlin über seine Ankunft: »Wir wurden regelrecht aus den Wagen herausgepeitscht. Der Transport war im Nu von SS-Posten, die Hunde bei sich hatten, umstellt.«

Ginter, Peter. SS-Sturmmann.
* 5.4.1912 Szebeny. SS-Totenkopf-Sturmbann, Kommando Golleschau. Belobigt im Kommandanturbefehl vom 4.10.1944, da Häftlingsflucht durch Schußwaffengebrauch verhindert. Wohnsitz im Alb-Donaukreis.

Gläser, Erich. Hauptfeldwebel.
* 16.3.1918. Nach eigener Aussage (AV, Bl. 11385 ff.) Schreiber beim Bataillonsstab der Landesschützen 357. Angeblich nur zur Bewachung von Kriegsgefangenen in Königshütte-Bismarck, Kattowitz, Schwintochlowitz, Antonienhütte, Beuthen und Hindenburg eingesetzt. Nach 1945 Gärtnermeister. Gläser: »Bekannt war bei den Angehörigen meiner Einheit, daß im KL Auschwitz Verbrechen vorkamen. Wir wußten, daß dort Häftlinge durch Vergasung getötet wurden. Insbesondere war uns geläufig, daß während der sog. Ungarnaktion im Jahre 1944 viele Juden getötet worden sind. Auf Dienstfahrten habe ich beobachten können, daß Züge mit Viehwaggons, in denen Juden untergebracht waren, nach Auschwitz fuhren.«

Glaesner, Max. SS-Unterscharführer.
* 20.4.1893 Breslau. Vom 1.7.1941 bis 10.5.1942 in Auschwitz, Uniformkammer. 1948 in Krakau zu 3 Jahren Haft verurteilt (LaV).

Glaser, Anton. Fahrbereitschaft.
* 4.9.1911 Jokes, Kreis Karlsbad. Kaufmännische Lehre ohne Abschluß. 1938 – nach »Anschluß« Sudetenland – NSDAP/SS, Unterscharführer. Gemeinderat in Jokes. März 1940 SS-Reiterregiment Fegelein in Lublin. Oktober 1940 bis Oktober 1944 in Auschwitz, Zunächst SS-Totenkopf-Sturmbann, Bewachung von Arbeitskommandos. Laut KZ-Kollege Holze fuhr er »einen von den Sankas, die bei ankommenden Transporten [zur Beförderung des Zyklon B] eingesetzt wurden.« Nach 1945 Kaufmann im Landkreis Darmstadt. Glaser: »Wir waren darüber belehrt worden, daß wir bei Fluchtversuchen von der Schußwaffe Gebrauch machen sollten. Das kam aber bei mir niemals vor.« Name auf einer Meldung der Kommandantur vom 15.8.1942 über SS-Angehörige, die Häftlinge »auf der Flucht« erschossen. Q.: AV, Bl. 6724 ff.

Glaue, Bernhardt. Erster Führer des Außenlagers Harmense (Dezember 1941).
* 20.11.1911. Name auf der Liste des Exekutionskommandos, das am 22.11.1940 zur ersten Hinrichtung, Erschießung von 40 Polen, eingeteilt ist. SS-Unterscharführer (1941). Nachdem die polnische Bevölkerung des Dorfs Harmeze April 1941 vertrieben und verschleppt worden war, wurden Häuser abgerissen und mit dem Baumaterial Hühnerställe gebaut. Das 7 km von Auschwitz entfernte Außenlager wird Dezember 1941 errichtet. Das Kommando betreibt Geflügel- und Kaninchenzucht sowie Fischteiche. Museum Auschwitz (StAu I): »Zu diesem Zweck wurde aus dem Krematorium beim Stammlager Auschwitz Asche, die nicht vollständig verbrannte Knochen enthielt, angefahren und in diese Teiche geschüttet.« April 1942 Stellv. Leiter des neugegründeten und 4 km von Auschwitz entfernten Männer-

lagers Wirtschaftshof Budy: Landwirtschaft, Viehzucht, Fischteiche, 200–400 Häftlinge. September 1942 *Kriegsverdienstkreuz II. Klasse mit Schwertern* (das KVK für KZ-Angehörige läßt Beteiligung an Tötungen vermuten). Standortbefehl (StB) Nr. 29/43: »Besuch der Schwägerin mit Tochter vom 22.7.–30.7.43«, StB Nr. 40/43: »Besuch von Frau Müller v. 19.9.–26.9.43«. † Kriegstod 21.2.1945.

Gleim, Paul. SS-Rottenführer. * 23.11.1904 Weiterode. Tischler. Ab Dezember 1942 in Monowitz, Kompanieführer. Am 30.3.1948 in Krakau zu 3 Jahren Haft verurteilt, Anrechnung der U-Haft auf die Haftdauer. † 29.10.1969 Rotenburg an der Fulda.

Glowa, Stanislaw. Häftling Nr. 20017. * 15.9.1898 Igolomia/Kielce. Studienrat, höherer Verwaltungsbeamter der Stadtverwaltung Krakau. Verhaftung Gestapo am 19.7.1940, interniert im Gestapogefängnis Montelupich. Glowa: »Von Montelupich kam ich mit einem Transport von ca. 40 polnischen Männern [am 12.8.1941] an. Es waren alles politische Gefangene, und wir waren während der Fahrt nach Auschwitz aneinandergekettet. In Auschwitz kamen wir in das Stammlager, weil zu dieser Zeit noch keine Nebenlager bestanden. Wir bekamen Häftlingskleidung, wurden mit einem Desinfektionsmittel gebadet und kahlgeschoren. Anschließend bekam ich die Häftlingsnummer 20017. Diese hohe Nummer machte mich stutzig, da im Lager damals höchstens 7000 Häftlinge waren. Ich habe mir den Kopf zerbrochen, wohin die übrigen 13000 Häftlinge hingekommen sein könnten. Es wurde nämlich zu dieser Zeit weder vergast noch abgespritzt.« Oktober 1941 als Kranker auf Block 20 – Durchfallblock – im Häftlingskrankenbau (HKB). Danach »Kübelträger«: »Ich trug Nacht für Nacht ca. 50–60 Kübel mit Fäkalien und erhielt dafür eine Schüssel Suppe mehr am Tag. Zu meiner Aufgabe gehörte auch das Transportieren der Verstorbenen.« Zuletzt Häftlingsschreiber im HKB: »Da ich als Schreiber im Block 20 des HKB eingesetzt war, war ich in der Lage, die Zahl der jeweils abgespritzten Häftlinge heimlich zu notieren. Ich kam so in dem Zeitraum von Frühjahr 1942 bis Ende des Jahres 1943 zu der Zahl von 30000 (dreißigtausend) abgespritzten Häftlingen. Ich konnte genau feststellen, wer abgespritzt wurde, da ich sofort nach einer Selektion die Liste mit Name und Häftlingsnummer der Betroffenen bekam und sofort die Totenmeldungen ausschreiben mußte, obwohl diese Häftlinge zu diesem Zeitpunkt noch am Leben waren.« Am 30.8.1944 Abschub nach Sachsenhausen. Nach 1945 Vorsitzender der Invaliden-Chemie-Genossenschaft in Krakau. Aussage: AV, Bl. 7047 ff.

Glowacki, Ceslaw. Häftling Nr. 4661. * 20.7.1918 Thorn. Medizinstudent (2 Semester). Verhaftung Gestapo Juni 1940 in Warschau. Ankunft Auschwitz – insgesamt 1705 Häftlinge – am 22.9. 1940. Zunächst Leichenträger (MV, Bd. 5): »Wenn besonders viele Leichen angefallen waren, mußten die Leichenträger manchmal auch noch bei der Verbrennung [im *Alten Krematorium*] behilflich sein.« Pfleger im Häftlingskrankenbau (HKB) des Stammlagers (Block 28), dann Blockältester im HKB des »Zigeunerlagers«. Nach dessen Liquidierung August 1944 in der Strafkompanie. Glowacki zur Aufnahme kranker Häftlinge in die Ambulanz von Block 28: »Der Lagerarzt sah sich die nackten Häftlinge nur flüchtig an und entschied dann auf Grund seines visuellen Eindrucks darüber, ob der betreffende Häftling in den Krankenbau aufgenommen oder ob er ambulant behandelt oder schließlich, ob er liquidiert werden sollte. Die Zahl der täglich zum Abspritzen ausgesuchten Häftlinge war unterschiedlich. In der Regel handelte es sich um 30 bis 60 Häftlinge.« Dezember 1944 Überstellung ins KZ Sachsenhausen, zuletzt in Ravensbrück. Gynäkologe in Warschau. Aussage: AV, Bl. 7025 ff.

Glücks, Richard. Inspekteur der Konzentrationslager, Leiter der Amtsgruppe D im SS-Wirtschafts-Verwaltungshauptamt (WVHA).

* 22.4.1889 Düsseldorf. 1930 NSDAP (Nr. 214855), 1932 SS (Nr. 58706), zuletzt SS-Obergruppenführer (1943) und Generalleutnant der Waffen-SS. 1936 Stabsführer des Inspekteurs der Konzentrationslager (IKL) Eicke im SS-Führungs-Hauptamt. Am 15.11.1939 dessen Nachfolger als Inspekteur der Konzentrationslager. Von Anfang an mit Planung und Ausbau des KZ Auschwitz beauftragt. Am 1.3.1941 Begleiter Himmlers bei dessen erster Inspektion in Auschwitz. Am 16.3.1942 Eingliederung der IKL als *Amtsgruppe D* ins WVHA (in Oranienburg, angrenzend an das KZ Sachsenhausen). Die Amtsgruppe D ist gegliedert: Amt D I: Zentralamt und Adjutantur, Amt D II: Arbeitseinsatz der Häftlinge, Amt D III: Sanitätswesen und Lagerhygiene, Amt D IV Konzentrationslagerverwaltung. Glücks inspiziert Auschwitz am 16.6.1942. Am 7.7.1942 Besprechung mit Himmler, dessen Arzt Karl Gebhardt und mit Clauberg zur Sterilisation jüdischer Frauen. Glücks im Erlaß vom 26.12.1942: »In der Anlage wird eine Aufstellung über die laufenden Zu- und Abgänge in sämtlichen Konzentrationslagern zur Kenntnisnahme übersandt. Aus derselben geht hervor, daß von 136 000 Zugängen rund 70 000 durch Tod ausgefallen sind. Mit einer derartig hohen Todesziffer kann niemals die Zahl der Häftlinge auf die Höhe gebracht werden, wie es der Reichsführer-SS befohlen hat. Die 1. Lagerärzte haben sich mit allen ihnen zur Verfügung stehenden Mitteln dafür einzusetzen, daß die Sterblichkeitsziffer in den einzelnen Lagern wesentlich herabgeht. [...] Der Reichsführer-SS hat befohlen, daß die Sterblichkeit unbedingt geringer werden muß.« Am 7.1.1943 letzter Besuch in Auschwitz. † Suizid 10.5.1945 Lazarett Flensburg-Mürwik.

Glückselig, Irene. Objekt von Medizinverbrechen.

* 1910. Ankunft Auschwitz am 2.6.1944 aus Drancy. Von 1000 Deportierten kommen 627 sofort in die Gaskammer. November 1944 auf dem Versuchsblock Claubergs. Körpergewicht bei der Befreiung: 29,5 kg. Ärztliches Gutachten, sieben Jahre nach der Befreiung: »Es handelt sich bei der jetzt etwas über 42 Jahren alten Frau, die an den Folgen der an ihr vorgenommenen sklerosierenden Injektionen in die Gebärmutter zunächst jahrelang an einer doppelseitigen Adnexitis [Entzündung der Eierstöcke und Eileiter] litt, die dann zur Entfernung beider Eileiter, der Eierstöcke [sic] führte und gleichzeitig die Entfernung der Gebärmutter wegen eines Myoms [Geschwulst] zur Folge hatte. Außerdem hatten die Verwachsungen des Darmes, die ebenfalls durch die sklerosierenden Injektionen hervorgerufen worden waren, zu einer schweren Verstopfung geführt. Es ist anzunehmen, daß die später vorgenommene Operation des Darmes weitere Verwachsungen bilden wird.« Das Gutachten beginnt: »Bricht bei der Untersuchung in Tränen aus.« Q.: SP.

Glücksmann, Romana (Mädchenname). Häftling Nr. 38555.

* 12.12.1914 Radom. Krankenschwester. Glücksmann über Mengele »Er fragte mich, wie lange ich im Lager sei. Auf meine Antwort, daß ich ein Jahr da sei, sagte er sinngemäß: ›Und du lebst noch? Das ist doch kein Lager zu leben, das ist ein Vernichtungslager.‹« Q.: MV, Bd. 34.

Glumbik, Emanuel. SS-Oberscharführer.

* 25.12.1905 Hoschialkowitz. SS-Nr. 356292. Standortverwaltung, Leiter der Effektenkammer in Block 26 (Stammlager). Wohnsitz zuletzt in der CSSR.

Gniech, Friedrich. SS-Rottenführer. * 23.9.1903 Menckewitz/Westpreußen. Ab September 1944 in Auschwitz. Kommando Eintrachthütte. Wohnsitz in Grabdorf (DDR).

Godwinski, Alexander. SS-Sanitätsdienstgrad (SDG). * 17.8.1903 Beltz in Bessarabien. SS-Unterscharführer. Oktober 1940 Wachmannschaft. 1943 SS-Sanitäter in Auschwitz und Monowitz, 1944 Außenlager Eintrachthütte. † 22.1.1973 Berlin.

Göbbert, Herbert. SS-Unterscharführer (1941). * 19.8.1911 Marne. Kommandanturstab, Abteilung IIIa, Arbeitseinsatz. Kommandanturbefehl vom 9.6.1943: »Besuch der Ehefrau.« † 14.12.1978 Kiel.

Goebel, Johannes Paul. Chemiker. * 29.10.1891. Dr. pharm. 1933 NSDAP (Nr. 3003519) und SS (Nr. 182700), Untersturmführer (1938). 1943/44 Assistent Claubergs bei Versuchen zur Massensterilisierung von Jüdinnen mittels Injektionen (injizierte selbst), Erprobung von Kontrastmitteln für Röntgenzwecke. *Kriegsverdienstkreuz II. Klasse mit Schwertern* (LaP). † 11.8.1952. – Laut Museum Auschwitz Vertreter der Schering-Werke (die Firma bestreitet dies). Versuchsopfer Marie Messiri, Nr. A-5567, über die Folgen: »Ende 1945 fand ich meinen Mann wieder. Wir haben nie wieder Geschlechtsverkehr haben können. Der Versuch eines Aktes war außerordentlich schmerzhaft.« Ärztliches Gutachten, acht Jahre nach der Befreiung (SP): »Die Schilderung der Ereignisse ist von Tränenausbrüchen begleitet. Die Patientin ist abwechselnd gereizt oder deprimiert. Diese Schädigungen sind zurückzuführen auf die von Dr. Göbel im Konzentrationslager durchgeführten Experimente, die außer zu einer Sklerose der Scheide und damit zur Unmöglichkeit des Geschlechtsverkehrs zu einer künstlichen Kastration der Patientin geführt hat.«

Goedecke, Robert Mathias. Zentral-Bauleitung. * 26.7.1903 Saarlouis. SS-Sturmmann. Wohnsitz am Geburtsort.

Gönczi, Imre. Häftling Nr. 44035. * 19.4.1925 Nitra/Slowakei. Ankunft Auschwitz am 20.6.1942. Pfleger im Häftlingskrankenbau bei Klehr. Später im Hygiene-Institut der Waffen-SS in Rajsko. Nach 1945 Dentist in der CSSR. Gönczi im Auschwitz-Prozeß über seinen ersten Tag in Buna-Monowitz: »Als unser Kommando ausmarschierte, um Planungsarbeiten durchzuführen, hat ein SS-Mann die Mütze meines Vaters weggeworfen und ihm befohlen, die Mütze zu holen. Dabei hat er meinen Vater erschossen. Ich war damals 17 Jahre alt und dachte, mein Leben hat keinen Wert mehr. Ich stürzte mich auf den Mörder meines Vaters, weil ich nicht mehr weiterleben wollte. Ich wurde von diesem niedergeschlagen. Er sagte nur: ›Dich erschieße ich nicht, du krepierst ja sowieso.‹ Dann mußte ich meinen toten Vater auf dem Rücken ins Lager zurücktragen.«

Göppel, Max. SS-Unterscharführer. * 7.1.1907 München. SS-Nr. 156821. Standortverwaltung, SS-Küche. Kommandanturbefehl (KB) Nr. 21/43: »Besuch der Eltern vom 8.6.–11.6.43«. KB Nr. 24/41: »Am 3.9.41 kam dem SS-Schützen Max Göppel aus der Stube 1 des Stabsgebäudes eine schwarzfarbige, mit vernickelten Beschlägen versehene Aktentasche abhanden.« 1948 in Krakau zu 3 Jahren Haft verurteilt. KZ-Kollege Paschke: »Er lebt jetzt in München oder Umgebung und hat eine Bäckerei.«

Götze, Paul. SS-Unterscharführer. * 15.11.1903 Haale. Anstreicher. 1937 NSDAP, SS 1942. Ab Juli 1942 in Auschwitz. Wachdienst, Arbeitskommandos. Mai 1943 Blockführer im »Zigeunerlager«. September 1944 Abgang nach Buchenwald. Todesurteil am 22.12. 1947 in Krakau wegen Selektion von

Häftlingen in die Gaskammer. † Hinrichtung. – Häftlingsärztin Adelsberger (AV, Bl. 17586) über die Liquidierung des »Zigeunerlagers«: »Ich muß hinzufügen, daß diese Nacht eine der grauenhaftesten in meinem ganzen Leben war und daß sie noch heute so gegenwärtig ist, daß ich oft mitten in der Nacht aufwache.«

Golebiowska, Janina. Häftlingsfrau.
* 15. 1. 1918 Lublin. Ankunft Auschwitz am 12. 12. 1942. Golebiowska, unter anderem im Büro der Politischen Abteilung: »Als ich noch im ›Alt Kanada‹ [im Stammlager] war, erlebte ich selbst eine Selektion in der Sauna. Ich war damals auf dem Revier, um eine ambulante ärztliche Hilfe in Anspruch zu nehmen, und wurde zusammen mit einer Gruppe von ca. 200 Frauen in die Sauna getrieben. Wir standen dort ebenfalls nackt, und Mengele in Begleitung von einigen anderen SS-Männern ging in der Sauna herum und führte eine Selektion durch. Die Selektion verlief unter Weinen der Frauen, aber ohne Widerstand. Die alten Frauen versuchten gerade zu stehen, versteckten sich eine hinter der anderen. Ich sah, daß Mengele entweder mit der Hand oder mit dem Finger auf die am schlechtesten aussehenden Frauen zeigte, und einer der SS-Männer zog sie mit einem Stock aus der Gruppe.« Lehrerin in Lublin. Q.: MV, Bd. 29.

Golik, Ignacy. Häftling Nr. 20017.
* 19. 1. 1922 Warschau. Ankunft Auschwitz am 1. 2. 1941, insgesamt 593 Häftlinge aus dem Warschauer Gestapogefängnis Pawiak. Ab Herbst 1942 im SS-Revier (Krankenstation). Golik: »Zum SS-Revier gehörten damals die Krankenstuben für SS-Leute, mehrere Zimmer für SS-Sanitätsdienstgrade, Zahnstation, Operationssaal und mehrere Zimmer der Dienststelle des Standortarztes im 1. Stock des Blockes sowie die Apotheke im Erdgeschoß. Im übrigen befand sich im Erdgeschoß damals noch die Politische Abteilung und die SS-Kantine.« Herbst 1943 Kapo des SS-Reviers. Nach 1945 Journalist in Warschau. Q.: AV, Bl. 2388 ff.

Golisch, Gustav. SS-Sturmmann.
* 2. 6. 1902 Peterwitz / Schweidnitz. Ab 10. 7. 1942 in Auschwitz. SS-Totenkopf-Sturmbann, Häftlingsküche Stammlager. 1948 in Krakau zu 4 Jahren Haft verurteilt (LaV). Wohnsitz in Nürnberg.

Golse, Serge. Häftlingsarzt, Nr. 130615.
* 18. 6. 1914 Paris. Am 17. 2. 1943 Verhaftung in Lyon. Ankunft Auschwitz aus Drancy am 20. 7. 1943. Von 1000 Deportierten werden 440 »gesondert untergebracht« (Tarnwort für Gaskammer). Im »Krankenbau, Lager F. Block 12«. Golse: »Ich habe ziemlich häufig Selektionen beigewohnt. Einmal kam es sogar vor, daß die gesamten Kranken des Blocks selektioniert wurden, d. h. daß alle Kranken in die Gaskammern geschickt wurden.« Nach 1945 Arzt in Paris. Q.: MV, Bd. 21.

Gorges, Johann. Führer des Krematoriums IV.
* 1. 12. 1900 Fell b. Trier. Bauhilfsarbeiter. 1933 NSDAP / SS, Unterscharführer (1944). Ab April 1941 in Auschwitz. Zunächst Wachsturmbann. Gorges zur anfänglichen Vergasung: »Bei Birkenau waren zunächst zwei Bauernhäuser zu Vergasungsanlagen umgebaut worden. Diese wurden später nicht mehr benutzt, als vier neue Krematorien mit Gaskammern gebaut wurden. In den alten Bauernhäusern war nur vergast worden, die Leichen der vergasten Häftlinge wurden in Massengräbern vergraben. Später kam eine Kommission zur Besichtigung, die feststellte, daß diese Massengräber das Grundwasser verseuchten. Daraufhin mußten die Leichen wieder ausgegraben und verbrannt werden. Die Asche wurde entweder als Düngemittel verwandt oder in die Weichsel verschüttet. Die Verbrennung der Leichen wurde von Häftlingen durchgeführt; ich selbst war dabei nur

als Wachposten eingesetzt.« Ab Juli 1943 Chef des Krematoriums IV, Gorges: »Die Krematorien bei Birkenau trugen die Bezeichnungen I, II, III u. IV. In jedem Krematorium befanden sich nicht nur Verbrennungsöfen, sondern auch Gaskammern. Die Leichen der vergasten Häftlinge konnten deshalb sofort im gleichen Gebäude verbrannt werden. Die Krematorien I und II waren größer und hatten unterirdische Gaskammern, die Krematorien III und IV waren kleiner, und ihre Gaskammern lagen zu ebener Erde.« Selektierte am 23.9.1944 mit Busch 200 Sonderhäftlinge, die ermordet werden (FSK; StAu III). Im Januar 1945 Führer des zuletzt noch betriebsfähigen Gasbunkers V (StAu III). Gorges über das Ende: »Am 16.1.45 wurde mit der Räumung des Lagers Auschwitz und seiner Nebenlager begonnen. Ich mußte mit einem kleinen Kommando noch einige Tage länger in Birkenau bleiben und die Sprengung der Krematorien vorbereiten. Kurz vor dem Einmarsch der Russen sprengten wir die vier Krematorien in die Luft.« Laut Filip Müller feierte er 1944 seine Beförderung zum Untersturmführer mit einem Gelage im Krematorium. Müller: »Einer von ihnen hatte seine Ziehharmonika mitgebracht. Immer wieder erklangen die ›Lili Marlen‹ und die ›Rosamunde‹.« Nach 1945 Bauhilfsarbeiter, Landarbeiter und Fuhrmann. † 18.7.1971 Trier. Aussage: AV, Bl. 11485 ff.

Gorzel, August. SS-Schütze.
* 10.9.1900 Strehlitz/Schlesien. Wachmannschaft. 1948 in Wadowice zu 18 Monaten Haft verurteilt (LaV).

Gotland, Simon. *Jüdisches Sonderkommando*, Nr. 53908.
* 13.12.1898 Warschau. Schuhmacher, 1927 nach Paris emigriert. Ankunft Auschwitz am 29.7.1942 aus Drancy. Von 990 Deportierten sind 595 Juden polnischer Abstammung. Gotland: »Eine Selektion fand bei der Ankunft in Birkenau nicht statt, weil in Drancy bereits nur Arbeitsfähige ausgesucht worden waren.« August/September 1942 im Sonderkommando zum Ausschaufeln von Massengräbern und zur Abdeckung der Leichen mit Kalk und Erde. Danach im Bahnhofskommando und im Kommando *Kanada*. Ende 1942 im Außenlager Kobier. April 1943 erneut Kommando *Kanada*. Oktober 1944 nach Kaufering deportiert. Nach 1945 Kaufmann in Paris. Als Zeuge im Auschwitz-Prozeß: »Ich arbeitete im Kanada-Kommando. Wenn ein Transport ankam, mußten wir die Waggons öffnen und die Menschen herausjagen und das Gepäck auf die Rampe werfen. Dann mußten wir alle in Fünferreihen aufstellen. Einmal waren bei der Ankunft eines Transports alle tot. Der Zug kam aus Weißruthenien oder der Ukraine. Wir haben drei Tage arbeiten müssen, bis alle Leichen aus den Waggons waren. Der Transport war zehn oder zwölf Tage unterwegs. Nur ein Mädchen – vielleicht sieben Jahre alt – lebte noch, sie war im Arm ihres toten Vaters.« Aussage: AV, Bl. 13433 ff.

Grabner, Maximilian. Chef der Politischen Abteilung (PA), Lager-Gestapo.
* 2.10.1905 Wien. Holzfäller, Polizeibeamter in Wien. 1932 Eintritt in die damals in Österreich verbotene NSDAP. 1938 SS. Zuletzt SS-Untersturmführer und Kriminalsekretär, Gestapo Kattowitz. Leiter der PA vom 27.5.1940 bis 30.11.1943. Laut Schutzhaftlagerführer Franz Hofmann war Grabner als *Herrgott in Auschwitz* gefürchtet (AV, Bl. 4507R). Veranstaltete *Bunkerentleerungen* durch Erschießen an der *Schwarzen Wand*, von Grabner *Bunker-Ausstauben* genannt. Broad (Erinnerungen): »Grabner ist wegen seiner skrupellosen Brutalität und seiner sprichwörtlichen Falschheit der erste Mann in Auschwitz geworden.« Häftling Bartel (AV, Bl. 647): »Er war die Triebfeder und der Motor aller Terroraktionen. Unter anderem hat er

im Lager einige Transporte mit Geisteskranken vergast.« Laut Filip Müller hielt er Ansprachen an Juden vor der Vergasung im *Alten Krematorium*: »Als erstes müssen wir für eure Gesundheit sorgen. Deshalb müßt ihr zuerst unter die Dusche. Wenn ihr gebadet habt, bekommt jeder einen Teller Suppe. Und jetzt zieht euch aus. Beeilt euch, damit die Suppe nicht kalt wird.« Auch Broad memoriert eine Ansprache Grabners vor dem *Alten Krematorium*: »Ihr werdet jetzt gebadet und desinfiziert, damit wir im Lager keine Seuchen bekommen. Dann kommt ihr in eure Unterkünfte, wo euch eine warme Suppe erwartet, und werdet euren Berufen gemäß zur Arbeit eingesetzt.« September 1942 *Kriegsverdienstkreuz II. Klasse mit Schwertern.* Nach einem Ermittlungsverfahren wegen Korruption (kein Urteil) ab 1.12.1943 wieder bei der Gestapo in Kattowitz. Aussage Grabner am 18.9.1946 auf der Polizeidirektion Wien: »Ich halte es für das größte Verbrechen, das es gibt, 3 Millionen Menschen umzubringen. Ich habe an diesem Verbrechen nur mitgewirkt, da ich daran nichts ändern konnte. An diesem Verbrechen war der Nationalsozialismus schuld, ich selbst war nie Nationalsozialist. Allerdings mußte ich der Partei beitreten. Ich bin römisch-katholisch und glaube auch heute noch an Gott, es muß eine göttliche Gerechtigkeit geben und auch eine Gerechtigkeit auf Erden. Ich habe nur mit Rücksicht auf meine Familie mitgewirkt an der Ermordung von etwa 3 Millionen Menschen. Ich war niemals Antisemit und behaupte auch heute noch, daß jeder Mensch das Recht zum Leben hat.« † Todesurteil am 22.12.1947 in Krakau, Hinrichtung 24.1.1948. Grabner-Aussagen: AV, Anlagenband.

Gradowski, Salmen. *Jüdisches Sonderkommando.*

* 1908 oder 1909 in Suwalki/Polen. Büroangestellter. Ankunft Auschwitz am 8.12.1942 aus Kielbasin b. Grodno. Von 1000 Deportierten werden 769 »sonderbehandelt«, darunter seine Frau Sonia, seine Mutter Sara, seine Schwestern Estera-Rachela und Liba, Schwiegervater Rafael und Schwager Wolf. Kommentar Gradowski: »Du stehst rat- und wehrlos da. Das einzige, was der Mensch empfindet, ist der Schmerz über die Trennung.« Gradowski zur Aufnahmeprozedur: »Jeder erhielt seine Nummer. Schon bist du nicht mehr derselbe, der du früher gewesen bist, sondern eine wertlose, sich fortbewegende Nummer. Von diesem Augenblick an hast du dein ›Ich‹ verloren.« Zunächst Gasbunker I und II, dann im Krematorium. Am 7.10.1944 beim Aufstand getötet. Vergrub einen Brief und sein Tagebuch in einer Aluminiumfeldflasche, wovon ein Teil am 5.3.1945 ausgegraben wurde. Gradowski beschreibt dort die Zugfahrt, wahnwitzigen Durst und Hunger, die Ankunft in Auschwitz und das Entsetzen, in einem Vernichtungslager zu sein: »Ist es möglich, daß ein solcher Sadismus existiert, um Tausende, Hunderttausende unschuldiger Menschen zu töten?« Q.: Handschriften.

Graf, Otto. Gefangenen-Eigentums-Verwaltung.

* 8.7.1920 Wien. SS-Unterscharführer. Standortverwaltung, Abteilung GEV, Kammerwart der Effektenverwaltung (Raubgut). Im Rampenkommando Birkenau. Vrba in seinen Erinnerungen über seinen Rampendienst: »Während die alten Hasen schwitzten und wir dusseligen Lehrlinge hin- und hersprangen, prügelten Graf und König [s. Kühnemann] auf uns ein, durchsuchten uns, bestraften uns und brüllten in einem fort: Los! Los! Schneller, ihr Schweinebande, schneller!‹« Aussage Vrba über die Erschießung eines jüdischen Häftlings im Effektenlager *Kanada* (AV, Bl. 14529): »Der Häftling war in einem Waggon bei dem Einladen von Lumpen, die zu Papier verarbeitet werden sollten,

eingeschlafen. Wyckleff [Wiegleb?] und Graf bearbeiteten den schlafend aufgefundenen Häftling zunächst mit Knüppeln. Sie mißhandelten ihn derartig, daß er nicht mehr aufstehen konnte. Sie verschwanden dann zunächst im Büro von Wyckleff. Wir Angehörigen des Kommandos mußten unterdessen angetreten stehen bleiben. Nach einer gewissen Zeit kam Graf wieder aus dem Büro heraus, er hielt eine kurze Ansprache, brachte zum Ausdruck, daß in diesem schwerwiegenden Fall ein Exempel statuiert werden müsse. Es sei deshalb notwendig, den schlafend aufgefundenen Häftling zu erschießen.« Wohnsitz in Österreich. Graf in einer Vernehmung 1963 (AV, Bl. 15895): »Ich verweise darauf, daß ich nie in Auschwitz eingesetzt war.« Am 27.6.1972 Freispruch in Wien.

Graf, Rudolf. Fahrbereitschaft.
* 1.5.1907 Frankenthal. SS-Unterscharführer. Stellv. Werkstattleiter. KZ-Kollege Siebald: »Die Sankas [zum Transport des Arztes und des Zyklon B] wurden in der Abteilung Personenwagen betreut. Zuständiger Werkstattleiter war Christian Pfauth. Er wurde später abgelöst von Rudi Graf.« † 10.3.1962 Heldenbergen/Hanau.

Grafl, Wilhelm. SS-Rottenführer.
* 12.1.1920 Wulksprodersdorf, Bezirk Eisenstadt. SS-Totenkopf-Sturmbann (der SS-T-Stuba hatte turnusmäßig Rampendienst). † 20.9.1960 am Geburtsort. – Die Gefangene Kaminska-Sadowska über das Eintreffen der Ungarntransporte (MV, Bd. 29): »[In einem dieser Transporte] bemerkte meine Kameradin Szarika ihre Großmutter, ihren Großvater und ihre Schwester mit einem Säugling. Szarika wußte davon, daß keine Frau mit Kind am Leben bleiben würde, deswegen ließ sie durch die Drähte ihrer Schwester zu verstehen [sic], daß sie ihren Säugling der Großmutter abgeben sollte, was sie auch getan hat. Die Schwester von Szarika kam ins Lager, ihre Großmutter aber, zusammen mit dem Säugling, wurden in das Krematorium geschickt.«

Grahn, Heinrich. SS-Rottenführer.
* 1.9.1906 Darrigsdorf. 1944 Wachmannschaft, Monowitz. 1948 in Wadowice zu 4½ Jahren Haft verurteilt (LaV).

Grallert, Franciszek. Häftlingsarzt, Nr. 21938.
* 2.10.1905 Gleiwitz. Neurologe und Psychiater mit schlesischem Dialekt. Ausbildung bei Professor Johannes Lange in Breslau (Richter am Erbgesundheitsobergericht, Scheidung von jüdischer Ehefrau). Ankunft Auschwitz März 1941. Galt als reichsdeutscher Krimineller. Unter anderem im »Zigeunerlager«. August 1944 nach Neuengamme überstellt. † 3.5.1945 auf dem Häftlingsschiff *Cap Arcona*, versenkt durch britische Jagdbomber in der Lübecker Bucht. Q.: Przeglad Lekarski.

Grapatin, Felix. SS-Rottenführer.
* 25.12.1909 Gemberg, Kreis Rippin. Mitte 1940 bis Juli 1944 in Auschwitz. Wachsturmbann, Kommando Landwirtschaft, Blockführer im Lagerabschnitt BIId (Block 27). Wohnsitz in Dinslaken. – Aussage des Häftlings Bodek am 29.9.1964 in Warschau (Auszug): »Ich war Zeuge, als Baretzki und Grapatin während ihres Dienstes auf der Blockführerstube vor dem Abschnitt BIIa die Wette abschlossen, wer von ihnen besser schlagen kann. Infolge dieser Wette schlugen Baretzki und Grapatin während des ganzen Tages die Häftlinge, die sich bei den beiden Blockführern meldeten, unter dem Vorwand, daß sie sich nicht zackig genug melden. Grapatin schlug mit der Faust unter das Kinn, was ausgeschlagene Zähne und Beschädigung des Kiefers zur Folge hatte. Baretzki schlug mit der Handkante seitlich auf den Kiefer, was in vielen Fällen den Bruch des Kiefers und sein Aushängen sowie durch Schmerzen bedingte Bewußtlosigkeit bewirkte.«

Gratzer, Eugen. SS-Unterscharführer.
* 6.12.1923 Rajka/Ungarn. Ab Oktober 1941 Wachmannschaft. 1948 in Krakau zu 8 Jahren Haft verurteilt (LaV). November 1955 Hilfsaufseher im Strafgefängnis und der Jugendstrafanstalt Wittlich, 1960 bis 1983 Beamter der Justizvollzugsanstalt Wittlich (Wittlich diente nach dem Krieg als Haftanstalt für NS-Verbrecher). Dirigent dreier Musikvereine: 1966 (bis 1987) *Musikverein* »1925« Dreis, 1969 (und in den 70er Jahren) *Musikverein Großlittgen*, 1987 (bis 1991) *Musikverein Landscheid.*

Gratzer, Josef. SS-Sturmmann.
* 30.4.1921 Klagenfurt. Standortbefehl Nr. 16/43: »Besuch der Ehefrau in der Zeit vom 22.4.–4.5.43«. Wohnsitz in Westfalen.

Grauel, Erich. SS-Oberscharführer.
* 14.11.1919 Sandersleben, Kreis Bernburg. Am 4.12.1941 vom SS-Totenkopf-Sturmbann zum Kommandanturstab, Abteilung III – Schutzhaftlager – kommandiert (KB Nr. 33/41). Arbeitsdienstführer (Arbeitskommandos) im Männerlager Birkenau. Standortbefehl vom 21.8. 1943: »Besuch der Schwester 13.–25.8. 43«. † Kriegstod 18.2.1945 bei Breslau.

Gravogl, Oskar. SS-Sturmmann.
* 22.9.1908. Standortbefehl Nr. 12/43: »Besuch der Ehefrau in der Zeit vom 23.–29.4.43«. Verbleib unbekannt.

Grawitz, Ernst. Reichsarzt-SS.
* 8.6.1899 Berlin, Sohn eines Medizinprofessors. Internist. 1931 SS (Nr. 27483), 1932 NSDAP (Nr. 1102844). 1933 Leitender Arzt am Westend-Krankenhaus Berlin. 1935 Chef des Sanitätsamts im SS-Hauptamt. 1937 Reichsarzt-SS, Geschäftsführender Präsident des Deutschen Roten Kreuzes. 1940 Sanitätsinspekteur der Waffen-SS, Chef des Sanitätswesens der SS, verantwortlich für Menschenversuche in den Konzentrationslagern. 1941 Honorarprofessor in Graz. Am 25.9.1942 Inspektion in Auschwitz, Besichtigung einer Vergasung und der Leichenverbrennung (Czech). Häftlingsarzt Klodzinski (Phenol): »Als am 25.9.1942 Grawitz das Konzentrationslager Auschwitz visitierte, wählte der Lagerarzt 48 Kranke aus dem Krankenbaublock Nr. 28 für die Phenolspritze aus, die am gleichen Tag ermordet wurden.« KZ-Arzt Kremer am selben Tag im Tagebuch: »Gruppenführer Grawitz im Revier und Lager. Bei der Visite will er von mir wissen, was der Arzt bei allen Infektionskrankheiten zu allererst verordnet. Und was meinte er? Man höre und staune: Ein Abführmittel!« 1944 SS-Obergruppenführer und General der Waffen-SS. † Suizid 24.4.1945.

Greb, Zoltan. SS-Oberscharführer.
* 9.1.1915. SS-Totenkopf-Sturmbann (der SS-T-Stuba hatte turnusmäßig Rampendienst), Stabskompanie, Kompanieschreiber. 1948 in Krakau zu 6 Jahren Haft verurteilt (LaV). – In einem April 1945 entdeckten Bericht – dem Häftling Langfus zugeschrieben – heißt es über die 30stündige Fahrt in verplombten Güterwaggons und die Ankunft von 25 000 Juden Dezember 1942 in Auschwitz: »Der größte Wunsch, den wir damals empfanden, war, noch vor dem Tod wenigstens einige warme Tropfen zu trinken.«

Greig, Nikolaus von. SS-Unterscharführer.
* 21.4.1896 Gut Loesen in Litauen. Monowitz, September 1944 im Außenlager Althammer. Am 9.3.1948 in Krakau zu 3 Jahren Haft verurteilt (HvA 13). † 10.5.1971 Bielefeld. – In Althammer erhielt ein Häftling wegen Besitzes von drei Kartoffeln als Strafe 5 Schläge mit dem Ochsenziemer. Die Leichen verhungerter Häftlinge wurden in einer Ecke der Lagerlatrine gestapelt, bis man sie zu den Krematorien in Birkenau brachte (HvA 13).

Grell, Hermann. SS-Rottenführer.
* 29.1.1910 Siebenbäumen, Kreis Lauenburg. Gärtnerlehre ohne Abschluß.

1933 SS, 1937 NSDAP. Januar 1941 Wachbataillon Flossenbürg, ab März 1941 in Auschwitz. Kommando Landwirtschaft, Gärtnerei Rajsko. Grell: »Von Vergasungen im Bereich KZ Auschwitz erfuhr ich nach meiner Erinnerung erstmals etwa im Frühjahr 1942.« Nach 1945 Friedhofsgärtner. Q.: AV, Bl. 11762 ff.

Grell, Otto. SS-Unterscharführer.
* 17.11.1917 Rathenow. Kommandoführer der Strafkompanie. Rapportführer in Birkenau, Rampendienst. † Seit 15.1.1943 vermißt (AV, Bl. 7639). Häftling Jakob Kronauer (Nr. 23774), Juni 1942 in der Strafkompanie am *Königsgraben*, im Auschwitz-Prozeß: »Ich war der einzige von uns sechs, der den ersten Tag überlebt hat.«

Grellert, Friedrich. SS-Scharführer.
* 7.10.1891 Breslau. 1944 Wachmannschaft, Kommando Charlottengrube. Am 2.9.1948 in Krakau zu 5 Jahren Haft verurteilt (HvA 17). † 15.4.1982 Bad Harzburg.

Grese, Irma. KZ-Wärterin.
* 7.10.1923 Wrechen in Mecklenburg. Verkäuferin. Ab Juli 1942 in Ravensbrück, ab März 1943 in Birkenau. Kommandoführerin der Frauen-Strafkompanie und Blockführerin, Rapportführerin (Spieß) im Frauenlager Birkenau. Die Gefangene Jenny Schaner (Shelley): »Eine junge Aufseherin namens Grese hantierte nur mit ihrer Reitpeitsche. Die armen Frauen bettelten abends vor der Küche um ein bißchen Wasser, aber sie trieb sie mit der Reitpeitsche auseinander.« Grese im Belsen-Prozeß: »Ich hatte stets eine Peitsche, die ich ständig, wenn nötig, benutzte.« Grese über Auschwitz (MV, Bd. 4): »Juden wurden in diesem Lager als Spitzel verwendet und besaßen gewisse Vorrechte.« Todesurteil britisches Militärgericht November 1945 im Belsen-Prozeß. † Hinrichtung 13.12.1945 Zuchthaus Hameln.

Grewe, Theodor. Gefangenen-Eigentums-Verwaltung (GEV), Unterabteilung *Wertsachen*.
* 11.10.1908 Stadtoldendorf, Landkreis Holzminden. Inhaber eines Malergeschäfts. Mai 1933 NSDAP, Blockleiter. SS-Unterscharführer. Nach eigener Aussage ab Herbst 1943 in Auschwitz. Standortverwaltung, Abteilung GEV. Grewe: »Es war allgemein bekannt, daß die angelieferten Wertsachen den angekommenen Häftlingen abgenommen wurden. Nachdem die Wertsachen bei uns sortiert und verpackt wurden, sind diese nach Berlin, die genaue Stelle ist mir unbekannt, weitergeleitet worden.« 1948 in Krakau zu 3 Jahren Haft verurteilt, Entlassung am 25.11.1950. Danach wieder Malerbetrieb am Geburtsort. Q.: AV, Bl. 1118 ff.

Grieshaber, Nikolaus. SS-Sturmmann.
* 21.8.1921 Tschalma / heutiges Serbien. Metzger. Von Oktober 1942 bis zum Ende in Auschwitz. SS-Totenkopf-Sturmbann, Juni 1944 Standortverwaltung, Abteilung Verpflegung (eigene Angabe: SS-Küche). 1948 in Krakau zu 3 Jahren Haft verurteilt, Entlassung Juli 1950. Grieshabers Glaubwürdigkeit dokumentiert seine Aussage, wonach er »nichts von den Gewaltverbrechen im Bereich des KZ Auschwitz wußte«. † 27.6.1962 München. Q.: AV, Bl. 12907 ff. – Häftling Josef Glück im Auschwitz-Prozeß über die angebliche Unwissenheit der Täter und die Angst der Opfer vor dem Abtransport in die Gaskammer: »Andreas Rappaport hat sich damals [Herbst 1944] den Arm aufgeritzt und mit seinem Blut an die Barakkenwand geschrieben: ›Andreas Rappaport – lebte 16 Jahre.‹ Das habe ich in ungarischer Sprache dort gelesen. Ein anderer Junge hat mir zugerufen: ›Onkel, ich weiß, daß ich sterben muß. Sag meiner Mutter, daß ich bis zum letzten Moment an sie gedacht habe.‹ Der Bub hat nicht gewußt, daß seine Mutter schon vergast worden war.«

Grimm, Rudolf. SS-Rottenführer.
* 25.12.1922 Rittersgrün, Kreis Karlsbad. Ab Herbst 1942 in Auschwitz. Kommandanturstab Schutzhaftlager, Blockführer. Am 30.1.1944 *Kriegsverdienstkreuz II. Klasse mit Schwertern.* Wohnsitz in Baden-Württemberg. – Häftling Vrba (AV, Bl. 14527): »Die Selektionen wurden keineswegs immer von Ärzten durchgeführt. Ich weiß mit Sicherheit, daß zum Teil die Selektionen von Personen durchgeführt wurden, die nicht im Offiziersrang standen. Die SS-Leute gingen gern auf die Rampe, denn sie verließen sie niemals mit leeren Händen. Irgendetwas konnten sie da immer organisieren, sei es nun eine goldene Uhr oder eine Flasche Schnaps.«

Grinberg, Nusen. *Jüdisches Sonderkommando,* Nr. 81483.
* 25.12.1904 Makow. Ankunft Auschwitz am 10.12.1942 aus dem Durchgangslager Malkinia. Von 2500 Personen werden 1976 in der Gaskammer ermordet. – Mithäftling Dov Paisikovic: »Einmal habe ich erlebt, daß die eingestreute Menge an Vergasungsmaterial nicht ausreichend war. Der Sanitätskraftwagen, der das Vergasungsmaterial jeweils herbeischaffte, mußte dann noch einmal wegfahren, um das Material zu holen. Das nahm ungefähr eine Stunde in Anspruch. Ein Teil dieses Transportes hatte die erste mangelhafte Vergasung überlebt und mußte nun in dem Vergasungsraum zwischen den bereits Getöteten eine Stunde lang warten, bis die endgültige Vergasung durchgeführt wurde.«

Gröning, Oskar. Gefangenen-Eigentums-Verwaltung.
* 10.6.1921 Nienburg/Weser. SS-Unterscharführer. Vom 28.9.1942 bis 17.10. 1944 in Auschwitz. Standortverwaltung, Abteilung GEV (Vertreter der GEV waren bei Transportankünften immer auf der Rampe). Wohnsitz in Niedersachsen.

Grönke, Erich. Häftling Nr. 11.
* 15.9.1902 Berlin, Sohn eines Maurers. Schuhmacher. Grönke: »Ich bin mehrfach bestraft worden. Wievielmal im einzelnen kann ich heute nicht mehr sagen. Unter anderem wurde ich bestraft wegen Diebstahls und wegen Notzucht. Als der Faschismus an die Macht kam, verbüßte ich gerade eine Strafe in Brandenburg. Der Strafverbüßung lag ein Notzuchtverbrechen zugrunde. Die Strafzeit war 6½ Jahre Zuchthaus. Im Jahre 1935 wurde ich entmannt.« Einer von 30 Kriminellen aus dem KZ Sachsenhausen, am 20.5.1940 als Funktionshäftling nach Auschwitz überstellt. Schuhmacher-Kapo, Mitte 1941 auf Betreiben von Höß als Häftling entlassen, Werkstattleiter der sog. Lederfabrik. Grönke: »Richtig ist, daß in der Lederfabrik das Schuhwerk und die Bekleidung der Juden auf Wertsachen untersucht worden sind. Für diesen Zweck war ein Sonderkommando eingesetzt.« Mit Genehmigung von Höß im Besitz einer Pistole und eines Kleinfeuergewehrs. Unterscharführer Paschke: »War ein besonderer Liebling des Lagerkommandanten Höß.« Hauptscharführer Bernhard Walter: »Er ging zu unserem Erstaunen bei Höß ein und aus.« Grönke: »Richtig ist, daß ich die Frau des Kommandanten Höß öfters mit der Kutsche ausgefahren habe. Ich habe auch die Reit- und Kutschpferde des Kommandanten betreut.« 1947 vom LG Schwerin wegen Häftlingsmißhandlungen zu 3 Jahren Haft verurteilt. 1955 Betreiber einer Schuhmacherwerkstatt in Freiburg im Breisgau. Grönke zum Vorwurf, er habe einen Häftling in einer Kloakengrube ertränkt: »Ich kann mich nicht erinnern.« Q.: AV, Bl. 16373ff.

Groffmann, Heinrich. SS-Unterscharführer.
* 19.5.1920 Behringen/Soltau. Herbst 1940 Blockführer in Flossenbürg, Herbst 1941 in Majdanek, Juli 1944 in Auschwitz, 1945 Mauthausen und Mittelbau-Dora.

Nach 1945 im Dienst einer Forstverwaltung in der Lüneburger Heide. Freispruch LG Düsseldorf »trotz sehr erheblicher Verdachtsgründe« im Majdanek-Prozeß am 30. 6. 1981.

Groh, Michael. SS-Schütze.
* 15. 3. 1908 Obrowetz, heute Obrovac / Serbien. SS-Totenkopf-Sturmbann, Kommando Jawischowitz und Golleschau. 1948 in Krakau zu 3 Jahren Haft verurteilt (LaV). † 19. 3. 1976 Bietigheim-Bissingen.

Gross, Edgar. SS-Rottenführer.
* 22. 9. 1913 Letzkau / Litauen. Standortverwaltung, Koch, d. h. Überwachung der Häftlingsköche in der Häftlingsküche. Standortbefehl Nr. 41 / 43: »Besuch der Familie vom 1. 10.–1. 1. 44«. Verbleib unbekannt. – Die Überlebende Janina Kowalczykowa (Nr. 32212) in ihrem Aufsatz *Die Hungerkrankheit im Konzentrationslager Auschwitz* (in: Przeglad Lekarski): »Ich habe einen Fall gesehen, wo einer Kranken im schweren Hungerzustand nachts die Fußsohlen durch Ratten derart abgenagt wurden, daß auf ihrer Oberfläche nur die sorgfältig präparierten Sehnen übrig blieben. Die Betroffene reagierte überhaupt nicht; nach dem Anlegen des Verbandes lebte sie noch zwei Tage lang.«

Grosse, Egon Bruno. SS-Sanitätsdienstgrad (SDG).
* 11. 2. 1908 Bischofswerda in Sachsen. Kaufmann. NSDAP 1937 (Nr. 5884859). SS-Oberscharführer. SDG in Monowitz. *Kriegsverdienstkreuz II. Klasse mit Schwertern* (LaP). † Kriegstod 16. 1. 1945 (AV, Bl. 9840). – Häftling Alexander Grünfeld (Nr. 112272) über Selektionen in Monowitz (AV, Bl. 3693 ff.): »Wir mußten dann blockweise nackt antreten, und ein SS-Sanitäter, dessen Namen ich nicht mehr weiß, nahm die Selektion vor. Eine nähere Untersuchung erfolgte nicht. Der mir namentlich nicht bekannte SS-Sanitäter sah sich die Häftlinge nur oberflächlich an, und jeder, der abgemagert war, wurde herausgestellt. Diese Leute wurden in der Regel am nächsten Tag abtransportiert.«

Grossmann, Franz. Häftlingsarzt, Nr. 107566.
* 23. 12. 1904 Berlin. Chirurg, Leiter des Rothschild-Hospitals in Frankfurt am Main. Vor 1933 zum Katholizismus konvertiert. Am 20. 1. 1943 Verhaftung Gestapo. Ankunft Auschwitz laut Häftlingsnummer am 13. 3. 1943. Frühjahr 1943 Häftlingskrankenbau Monowitz, Leiter der Chirurgie, ab 25. 10. 1944 im Außenlager Eintrachthütte (Produktion von Flugabwehrgeschützen, knapp 1400 Häftlinge). Nach 1945 Direktor des Kreiskrankenhauses Obertaunus in Bad Homburg. † 1953, im Alter von 48 Jahren an einem Herzinfarkt, Folge der KZ-Haft. Q.: *Lagergemeinschaft Auschwitz*, Mitteilungsblatt Nr. 2 / 2011.

Großmann, Karl. SS-Unterscharführer.
* 30. 5. 1918 Mährisch-Ostrau. Vom 13. 12. 1940 bis 1. 2. 1943 in Auschwitz. Magazinverwalter. † Kriegstod 1. 9. 1944.

Grosz, Josef. SS-Rottenführer.
* 17. 11. 1908 Kosavac. Ab 23. 10. 1941 in Auschwitz, Standortverwaltung, beim SS-Standortarzt. Nach 1945 in Böblingen.

Grub, Brandel, geb. Rozen. Ermordet für die Anthropologische Sammlung *Fremdrassiger* des Anatomen Hirt (*SS-Ahnenerbe*).
* 29. 9. 1922 Düsseldorf. Schneiderin in Brüssel. 1940 Heirat mit dem Krawattenfabrikanten Abram Josek Grub, 1929 aus Polen nach Belgien emigriert. Am 17. April 1943 werden die Eheleute, Brandels Mutter und ein Onkel in einem Versteck entdeckt, zwei Tage später von Mechelen nach Auschwitz deportiert. Dem Ehemann gelingt während der Zugfahrt die Flucht, er wird aber später gefaßt und nach Auschwitz verschleppt. Brandel Grub erreicht das Lager am 22. 4. 1943. Von 1400 Deportierten werden 879 »gesondert untergebracht« (Tarnwort für Vergasung). Häftling

Nr. 42600. Am 30.7.1943 nach Natzweiler deportiert und August 1943 in der Gaskammer erstickt. Q.: HJL. – Joseph Kramer, zu dieser Zeit Kommandant in Natzweiler (Nbg. Dok. NO-807): »Anfang August des Jahres 1943 bekam ich die 80 Internierten, die dazu bestimmt waren, durch dieses Gas [Cyanhydrat-Salz] getötet zu werden, mit Hilfe des Gases, das ich von Hirt erhalten hatte. Ich begann eines Abends, gegen neun Uhr, zum ersten Mal, mit Hilfe eines kleinen Lastwagens ungefähr 15 Frauen in die Gaskammer zu führen. Ich erklärte diesen Frauen, daß sie durch ein Desinfektionszimmer müßten, verschwieg, daß sie erstickt würden. Assistiert von einigen SS, zwang ich sie, sich völlig auszuziehen, und dann stieß ich sie in die Gaskammer, als sie völlig ausgezogen waren. Im Augenblick, als ich die Türe geschlossen hatte, tat ich eine gewisse Menge in einen Trichter, der unterhalb und rechts vom Guckfenster angebracht war. Gleichzeitig schüttete ich eine gewisse Menge Wasser hinzu, das genau wie auch das Salz in eine Mulde fiel, die innerhalb der Gaskammer, unterhalb des Guckfensters war. Ich beobachtete durch die Außenfenster, was sich im Inneren der Kammer abspielte. Als ich dann die Türe öffnete, nachdem ich gleichzeitig die Ventilatoren in dem Entlüftungsschacht angestellt hatte, stellte ich fest, daß diese Frauen leblos am Boden lagen und daß sie ihren Kot ausgeschieden hatten.«

Gruber, Josef. SS-Schütze.
* 6.4.1889 Essen. Ab Juli 1944 in Auschwitz. Wachmannschaft. 1948 in Krakau zu 3 Jahren Haft verurteilt (LaV). – KZ-Kollege Althaus: »Mir ist bekannt, daß Teilnehmer an Sonderaktionen eine Extraration an Schnaps und Zigaretten bekamen. Ich bin auch der Ansicht, daß SS-Leute die Aktionen freiwillig mitmachten, dies nicht nur wegen der Extraration taten, sondern weil sie vermutlich Lust an derartigen Maßnahmen hatten. Die Truppenversorgung in dieser Hinsicht war nämlich gut.«

Grüger, Edmund. SS-Rottenführer.
* 23.4.1915 Kreis Lask. Monowitz. Nach 1945 Wohnsitz in Baden.

Grünbaum, Jolan. *Mengele-Zwilling*, Nr. A-7201.
* 13.7.1925 in Rumänien. Ankunft Auschwitz am 4.6.1944 aus Ungarn. Grünbaum zur Ankunft: »Zunächst standen meine Mutter, meine Zwillingsschwester und ich und zwei weitere Schwestern in einer Reihe. Zunächst wurden die beiden anderen Schwestern weggeholt. Dann wurde meine Mutter weggeholt.« Grünbaum zu den Untersuchungen: »Wir standen in den ersten Tagen begreiflicherweise unter dem Schock der Trennung von unseren Angehörigen. Hieraus erklärt sich, daß ich mir damals die Einzelheiten über diese Messungen nicht eingeprägt habe.« Wie ihre Zwillingsschwester Adalberta verheiratet in Israel. Q.: MV, Bd. 23.

Grünberg, Georg. SS-Obersturmführer.
* 10.10.1906 Freiberg/Sachsen. 1931 NSDAP (Nr. 690386), 1932 SS (Nr. 23860). Ab August 1942 in Auschwitz. Nach eigener Aussage (AV, Bl. 12613ff.) ab September 1943 Lagerführer in den Dachau-Nebenlagern Friedrichshafen und Überlingen am Bodensee. Schutzhaftlagerführer Franz Hofmann (AV, Bl. 1355): »Ich habe damals nicht gesehen, wie die Gaskammer nach der Vergasung wieder geöffnet und die Gaskammer geräumt wurde. Dies habe ich mir im Führerheim und in der Unterkunft von SS-Offizieren erzählen lassen. Ich erinnere mich in diesem Zusammenhang an den Untersturmführer Grünberg.« Hofmann, »kurze Zeit nach dem Zusammenbruch« mit Grünberg auf der Flucht: »Ich fuhr damals mit ihm zusammen durch Deutschland und wollte nach Hamburg. In Thüringen habe ich mich von ihm getrennt. Grün-

berg war Kompanieführer einer Wachmannschaft und hatte in dieser Eigenschaft mit den Vergasungen zu tun.« Gastwirt in Wischhafen (zu Grünberg siehe den Artikel über Menachem Litschi). Grünberg: »Die Vergasungsanlagen habe ich nicht besichtigt.«

Gruenke, Walter. Gefangenen-Eigentums-Verwaltung.

* 12.4.1906. SS-Unterscharführer. Standortverwaltung, Abteilung GEV (Vertreter der GEV waren bei Transportankünften immer auf der Rampe). Verbleib unbekannt. – Auschwitz-Urteil: »Allen war unter schwersten Strafen verboten, sich an Häftlingsgut zu vergreifen. Es gab aber kaum SS-Angehörige, die sich nicht am Geld, den Devisen, Wertgegenständen, an der Wäsche und Kleidung und anderen Dingen, die man den zur Vernichtung nach Auschwitz verbrachten Juden abgenommen hatte, bereicherten.«

Grunwald, Ajzyk. Opfer von Versuchen zur Massensterilisierung mit Röntgenstrahlen, Nr. 132517.

* 1923. Bericht Grunwald (Auszug): »In Auschwitz wurde ich im Sommer 1943 mit 20 Kameraden im Alter von 20–24 Jahren ausgesucht. Es wurden nur kräftige junge Männer gewählt. Ich wurde röntgenbestrahlt. Im Anschluß daran trat eine außerordentlich schwere und schmerzhafte Verbrennung an Bauch, Schenkel und Genitalorganen auf. 6 Wochen später wurde ich unter Lumbalpunktion operiert. Es wurden beide Hoden entfernt. Nach dem Eingriff hatte ich 8 Tage starkes Fieber. Im Oktober 1943 arbeitete ich dann wieder in der Schneiderei des Lagers. Ich versuchte, trotz meines sehr schlechten Allgemeinzustandes, diese Arbeit durchzuführen, um nicht erneut Versuchen ausgesetzt zu sein.« Grunwald zu den Folgen (im ärztlichen Gutachten Punkt für Punkt bestätigt): »Trotz der Behandlung konnte die Harnröhrenstriktur [Verengung] nicht beseitigt werden, und ich uriniere durch eine Harnfistel des Dammes. Prof. A. schlägt aber, da auch diese Fistel schlecht funktioniert, eine erneute Operation vor: er möchte den Harnausgang in den Mastdarm verlegen. Es wurde eine Hautüberpflanzung vom rechten Oberschenkel auf den Penis und eine zweite von einer gesunden Stelle des linken Oberschenkels auf die röntgenverbrannte Stelle vorgenommen. Diese Überpflanzungen haben zwar gehalten, aber die Hautentnahmestellen haben sich kelloidartig verändert. Ich habe mich 1946 verheiratet, bin aber aufgrund meines Zustandes 1952 geschieden worden.« Grunwalds gesamte Familie, Eltern, ein Bruder, drei Schwestern, waren ermordet worden. Q.: SP.

Grundschok, Helmut. SS-Unterscharführer.

* 18.8.1922 Guttentag in Schlesien. Klempner. Ende 1939 in Dachau, 1941 in Auschwitz. Postenführer (Bewachung Häftlingskommandos) in Monowitz, ab September 1943 im Außenlager (AL) Jawischowitz, Kommandoführer im AL Eintrachthütte. Am 12.3.1948 in Krakau zu 10 Jahren Haft verurteilt (HvA 17). Nach 1945 in Nordrhein-Westfalen.

Gruszkowski, Abram. *Jüdisches Sonderkommando*, Nr. 80818.

* Mai 1906. Ankunft Auschwitz am 8.12. 1942 aus dem Ghetto Grodno. Von 1000 Deportierten werden 769 sofort in der Gaskammer erstickt. Mithäftling Dov Paisikovic: »Manchmal herrschte beim Verbrennen ein derartiger Hochbetrieb, daß die Leichen nicht sofort in den Verbrennungsofen hineingeschoben werden konnten. Das war insbesondere dann der Fall, wenn die SS auf die Räumung der Gaskammer drängte, weil neue Transporte hereingeführt werden sollten. Die Leichen lagen dann vor den Verbrennungsöfen auf Haufen. Da in dem Verbrennungsraum eine große Hitze herrschte, quollen die auf dem Haufen liegenden Leichen stark an.«

Grynberg, Rywka. Versuche mit Blutaustausch, Häftling Nr. 52318.
* 10.4.1910. Ankunft Auschwitz am 2.8. 1943 aus Drancy. Von 1000 Personen werden 727 sofort in der Gaskammer ermordet. Nur 55 Frauen überleben die Selektion und werden alle auf Versuchsblock 10 gebracht. Neben den Sterilisierungsspritzen (»Ich bin nie mehr – trotz meines Wunsches – schwanger geworden«) berichtet sie von Blutentnahmen und Blutaustausch: »Man stellte meine Blutgruppe fest, die 0 war. Man hat mir ungefähr achtmal Blut abgenommen und hat es anderen Mitgefangenen, die eine andere Blutgruppe hatten, eingespritzt. Ich bekam dagegen das Blut anderer Mitgefangener, die eine andere Blutgruppe hatten.« Ärztliches Gutachten, neun Jahre nach der Befreiung: »Vermischung der Blutgruppen, von dem die Patientin spricht, sind schon von mehreren Patienten, die in Block 10 waren, erwähnt worden und erscheinen als wahrscheinlich, denn sie sind bisher immer in gleicher Weise angegeben. Es scheint sich um einen Versuch zur Bestimmung der Vermischung von Blutgruppen zu handeln. Im allgemeinen sprechen die Patienten von starken anaphylaktischen [allergischen] Schocks. Diese Patientin erwähnt diesen Schock nicht.« In der Deportation »umgekommen«: Vater, Mutter, ein Bruder, eine Schwester mit 2 Kindern, eine Schwester mit 5 Kindern. Ehemann ist tuberkulös zurückgekommen, neun Jahre nach der Befreiung noch im Sanatorium. Q.: SP.

Gudat, Heinrich. SS-Rottenführer.
* 6.4.1915 Schillininken/Litauen. SS-Totenkopf-Sturmbann. Nach 1945 in Bobitz, Kreis Wismar (DDR).

Gudat, Heinrich (sic). SS-Rottenführer.
* 9.11.1918 Getschen, Kreis Schaki in Litauen. Stabskompanie, Verwaltung, Abteilung Verpflegung. Nach 1945 in Norddeutschland. – Häftlingspfleger Stefan Wolny, Nr. 15496, im Prozeß gegen Höß (StAu III): »Im Frühjahr 1942 herrschte so ein schrecklicher Hunger im Lager, daß ich selbst anfing, Gras und Regenwürmer zu essen.«

Günther, Martin. SS-Sanitätsdienstgrad (SDG).
* 11.4.1900 Affalter (LaP). SS-Unterscharführer (1943). In Auschwitz ab 22.10.1942. SDG in den Außenlagern Jawischowitz und Fürstengrube. Verbleib unbekannt.

Günther, Willi. Oberscharführer.
* 9.4.1895 Redenheide/Niederschlesien. Zimmermann. 1932 SS, 1933 NSDAP. 1939 KZ Buchenwald. 1944 Postenführer (Bewachung Häftlingskommandos) in den Außenlagern Gleiwitz I und Charlottengrube. Am 22.1.1948 in Krakau zu 12 Jahren Haft verurteilt (HvA 17).

Güßregen, Georg. SS-Obersturmführer (1944).
* 7.4.1890 Bamberg. NSDAP-Nr. 3988326, SS-Nr. 222498. Zwischen 1941 und 1943 Kompanieführer verschiedener SS-Wachkompanien. September 1942 *Kriegsverdienstkreuz II. Klasse mit Schwertern* (das KVK für KZ-Angehörige läßt Beteiligung an Tötungen vermuten). Auch in Groß-Rosen. Verbleib unbekannt. – KZ-Kollege Franz Hofmann (AV, Bl. 8722): »Wenn Häftlingstransporte in Auschwitz eintrafen, wurde die Rampe von einer Wachkompanie abgesperrt; die Leitung der Absperrung übernahm der jeweilige Kompaniechef, während die Diensteinteilung als solche von dem Kommandeur des Wachsturmbanns durchgeführt wurde.«

Güttler, Ludwig. SS-Unterscharführer.
* 7.2.1910. Standortverwaltung, Abteilung Verpflegung. Verbleib unbekannt. – Thomas Burgenthal, als Zehnjähriger in Auschwitz (Auszug): »Ich erfuhr bald, daß jemand, der ein Muselmann geworden war, nicht mehr lange zu leben hatte. Das war das Schicksal eines Freundes meiner Eltern, den ich ›Onkel‹ genannt hatte. Er und seine Frau waren zusam-

men mit uns in Kattowitz gewesen. Er war Jude, sie Nichtjüdin. Als Deutsche hätte sie ihn verlassen und nach Deutschland zurückkehren können, aber das tat sie nicht. In Kielce lebte sie außerhalb des Ghettos und schaffte es irgendwie, Essen für ihn zu besorgen; dasselbe gelang ihr im Arbeitslager. Als ich ihn einige Wochen nach unserer Ankunft [in Auschwitz] wiedersah, war er der magerste Mensch, den ich je getroffen hatte. Er erkannte meinen Vater und mich nicht mehr.«

Gufler, Hans. SS-Unterscharführer.
* 11.8.1915 Meran. SS-Totenkopf-Sturmbann. KZ-Kollege Althaus: »War Kompanierechnungsführer bei einer Wachkompanie.« Name auf der Liste des Exekutionskommandos, das am 22.11. 1940 zur ersten Hinrichtung, Erschießung von 40 Polen, eingeteilt ist. Verbleib unbekannt. – PA-Häftling Bartel (AV, Bl. 2454): »Die Erschießungen von Häftlingen, die sich als Schutzhäftlinge im Lager befanden, erfolgten zunächst in der Kiesgrube durch Erschießungskommandos, die sich aus Angehörigen der Wachmannschaft zusammensetzten. Seit 1942 wurden diese Erschießungen im Block 11 durchgeführt, und zwar zunächst noch durch die üblichen Erschießungskommandos, einige Monate später jedoch nur noch durch Angehörige der politischen Abteilung oder der Lagerführung (Rapportführer usw.).«

Gura, Ladislaus. SS-Sturmmann.
* 27.6.1918 Preßburg (Bratislava). Ab 15.4.1943 in Auschwitz, SS-Totenkopf-Sturmbann. Laut Langbein (*Menschen*) von SS-Gericht zu zwei Jahren Haft verurteilt, weil er »mit Häftlingen Schnaps getrunken hat«.

Gutas. Krematorium IV (FSK).
* Unbekannt. Shlomo Venezia in seinen Erinnerungen über einen SS-Angehörigen, der jeweils das Hineintreiben der Menschen in die Gaskammer überwachte: »Beim Warten auf den SS-Mann, der das Gas hineinwerfen sollte, amüsierte er sich damit, das Licht ein- und auszuschalten, um den Menschen noch mehr Angst einzujagen. Wenn er das Licht ausschaltete, hörte man Geräusche aus der Gaskammer, als ob die Menschen vor Angst erstickten, denn sie begriffen, daß sie sterben mußten. Dann schaltete er das Licht wieder ein, und man hörte eine Art Seufzer der Erleichterung.«

Guth, Heinrich. SS-Unterscharführer.
* 24.3.1908 Krtschedin/Kroatien. Standortverwaltung Auschwitz. Nach 1945 in Karlsruhe.

Gutman, Simon. Opfer von Versuchen zur Massensterilisierung mit Röntgenstrahlen.
* 1923. März 1942 Deportation nach Auschwitz. Gutman, dem beide Hoden herausgeschnitten wurden, über sein Leben nach der Befreiung (Auszug): »Als ich später mein Privatleben wiederaufnahm, war es für mich ein schrecklicher Schlag festzustellen, daß ich meinem Sexualleben nicht mehr nachgehen konnte. Ich habe damals versucht, mich behandeln zu lassen. Aber obwohl ich große Professoren von der Universität aufsuchte, fand man keine Mittel. Man gab mir Hormonspritzen, die ohne Erfolg blieben. Meine Konstitution veränderte sich, ich bin dicker geworden, mein Charakter hat sich verändert, ich bin sehr leicht erregbar und sehr gereizt und neige zum Jähzorn. Vor allem bin ich in stärkster Weise an alle diese Ereignisse fixiert, die mich geradezu verfolgen und mich quälen, besonders nachts, aber auch am Tage.« Ärztliches Gutachten: »Diese endokrine Störung ist begleitet von einer Demineralisierung, die zu einer Dekalzifikation der Wirbelsäule und damit zu einer Skoliose geführt hat. Es ist unmöglich, eine völlige Heilung herbeizuführen, die Veränderung ist definitiv.« Gutmans 44jährige Mutter und fünf Geschwister waren deportiert und ermordet worden. Q.: SP.

Gutmann, Max. SS-Unterscharführer. * 24.12.1903 Lörrach. Standortverwaltung, Abteilung Verpflegung, SS-Küche Stammlager. 1948 in Krakau zu 8 Jahren Haft verurteilt (LaV). † 14.1.1980 am Geburtsort. – Häftling Koenig, Oktober 1942 in Laurahütte, zu dieser Zeit ein Lager der *Organisation Schmelt*, über Neuankömmlinge: »Unter ihnen gab es zwei Brüder, von denen einer an schwerem Durchfall litt, so daß er selbst die magere Kost, die wir erhielten, nicht bei sich behalten konnte. Um den Kranken zu retten, tauschte der andere Bruder seine Brotration und fast alle übrige Verpflegung gegen Schokolade ein, in der Hoffnung, daß diese den Durchfall des Bruders zum Stillstand bringen würde. Schokolade konnte nur außerhalb des Lagers auf dem schwarzen Markt gekauft werden. Sie war äußerst teuer, und es war sehr gefährlich, sie ins Lager einzuschmuggeln. So ergab sich das traurige Schauspiel, daß ein Bruder den anderen retten wollte, auf die Gefahr hin, selbst dabei zu verhungern. Der kranke Bruder starb. Ein paar Tage später stand der zweite Bruder beim Wecken nicht auf. Ein brüllender Wachmann schlug mit dem Stock auf ihn ein, um ihn aus dem Bett zu jagen. Er aber rührte sich nicht, denn er war tot.«

Gutsche, Heinrich. Bürgermeister der Stadt Auschwitz.
* 17.10.1898 Glogau in Schlesien. Zwölf Jahre lang Bürgermeister von Bad Schönfließ in Brandenburg. 1937 Ausschluß NSDAP, da zuvor in einer Freimaurerloge, 1938 erneut NSDAP. August 1940 Amtskommissar (Bürgermeister) in Auschwitz: von 12545 Stadtbewohnern in Oswiecim sind Dezember 1939 nur 61 Volksdeutsche. Beteiligt an der »Aussiedlung« von Polen und Juden. Gutsche: »Das Lager selbst habe ich ein- oder zweimal in Begleitung des Landrats von Bielitz besichtigt.« Sybille Steinbacher: »Gutsche pflegte von Beginn an engen Kontakt zur Lager-Kommandantur.« Am 28.7.1942 vom Sondergericht Kattowitz wegen Korruption zu 2 Jahren 3 Monaten Haft verurteilt, nach eigener Aussage wegen Begünstigung (sic) von Polen. Steinbacher: »Als er 1958 als Regierungsdirektor in Diensten des West-Berliner Senats für Inneres stand, strengte er vor dem Kammergericht Berlin wegen der Amtsenthebung 1942 einen Prozeß auf Wiedergutmachung gegen den Dienstherrn an und verlangte Ausgleichs- und Rentenzahlungen in Höhe von 70000 bis 90000 Mark. Vor Gericht gab er vor, sich schützend vor die jüdische Bevölkerung von Auschwitz gestellt zu haben. Die geforderte Gesundheitsschadensrente wurde ihm tatsächlich gewährt.« Q.: Darstellungen 2.

Gutscheber, Josef. SS-Schütze.
* 5.1.1901 Weinzettl b. Graz. Wachmannschaft. 1948 in Krakau zu 4 Jahren Haft verurteilt (LaV). Danach am Geburtsort.

Gutschmidt, Käte. KZ-Wärterin.
* 17.9.1921 Essen. Frauenkonzentrationslager Birkenau, Abteilung III: Schutzhaftlager. Heirat mit SS-Rottenführer Erich Picklab.

Guyga, Erwin. Politische Abteilung (PA), Lager-Gestapo.
* Nicht ermittelt. SS-Rottenführer. In der PA in der »Rechtsabteilung«. – Lucie Adelsberger (Erinnerungen) über den Abtransport der im Lager Selektierten in die Gaskammern: »Man hörte das Fahren der Autos, und wenn es nah genug war, das Schreien von Menschen, die noch geschlagen wurden, die wütenden Kommandos der SS, das Bellen der Hunde, und nach ein bis zwei Stunden loderten die Kamine.«

H

Haarzopf, Hugo. Ermordet für die Anthropologische Sammlung *Fremdrassiger* des Anatomen Hirt (*SS-Ahnenerbe*).
* 20.8.1896 Grätz. Wohnsitz in der Schönhauser Allee in Berlin. Verhaftung durch Gestapo am 16.2.1943. Ankunft Auschwitz am 27.2.1943. Von 913 Deportierten werden 651 »gesondert untergebracht« (Tarnwort für Vergasung), darunter Haarzopfs Ehefrau Paula und Tochter Eva. Häftling Nr. 104423. Am 30.7.1943 nach Natzweiler deportiert und August 1943 in der Gaskammer erstickt. Q.: HJL.

Haas, Alfred. SS-Oberscharführer.
* 26.4.1909 Wettelbrunn. Abgang am 15.9.1943 nach Natzweiler. † 28.4.1972 am Geburtsort.

Haas, Josef. SS-Schütze.
* 14.3.1908 Mockrin. August bis Oktober 1943 in Auschwitz. Nach 1945 in Obergünzburg.

Haas, Matthias. SS-Schütze.
* 23.12.1903 Ragendorf/Ungarn. Ab September 1944 in Auschwitz. Wachmannschaft. 1948 in Wadowice zu 3 Jahren Haft verurteilt (LaV). † 23.3.1978 Bad Nauheim.

Habenschuß, Franz. SS-Schütze.
* 13.1.1916 Ruma/Kroatien. Kommando Lagischa. † Kriegstod 11.2.1945 Reppenow in Pommern.

Haberman, Dawid. *Jüdisches Sonderkommando*, Nr. 154305.
* 27.12.1900. Ankunft Auschwitz am 2.10.1943 mit einem Transport von 1063 Juden aus dem Gefängnis in Radom. Kommandant Höß (Aufzeichnungen) über jüdische Frauen vor der Vergasung: »Ich habe beobachtet, daß Frauen, die ahnten oder wußten, was ihnen bevorstand, mit der Todesangst in den Augen die Kraft noch aufbrachten, mit ihren Kindern zu scherzen, ihnen gut zuzureden. Eine Frau trat einmal im Vorbeigehen ganz nahe an mich heran und flüsterte mir zu, indem sie auf ihre vier Kinder zeigte: ›Wie bringt ihr das bloß fertig, diese schönen lieben Kinder umzubringen? Habt ihr denn kein Herz im Leibe?‹«

Hablesreiter, Otto. SS-Unterscharführer.
* 4.4.1905 Neusorge. Im Stammlager. April 1943 *Kriegsverdienstkreuz II. Klasse mit Schwertern* (das KVK für KZ-Angehörige läßt Beteiligung an Tötungen vermuten). April 1944 Arbeitsdienstführer im Außenlager Neu-Dachs in Jaworzno (Steinkohlengrube). Von insgesamt 13574 Häftlingen überleben keine tausend (JA). † 31.8.1959 Wolfsburg. – Häftling Jery Karaskiewicz (HvA 12): »Wir mußten schwer arbeiten, wir hungerten, es war kalt und naß, die Kleidung wurde mehrere Tage lang nicht wieder trocken, und sie fror häufig am Körper an.« Karaskiewicz weiter: »In der Frühe zogen wir zum Appell die Leichen aus den Baracken und schleppten die fiebernden Kranken.«

Hack, Johann. SS-Rottenführer.
* 10.9.1916 Czernowitz. Rapportführer im Außenlager Neu-Dachs in Jaworzno. 1948 in Wadowice zu 3 Jahren Haft verurteilt (LaV). † 6.9.1961 Nürnberg. – In der Anklage der StA Würzburg vom 23.12.1976 gegen Olejak und Pansegrau wird ein ungenannter Augenzeuge zu Neu-Dachs zitiert: »Am 14. November 1943 wurden 250 arbeitsunfähige Muselmänner mit Lastwagen nach Auschwitz zurückgeschickt, d.h. in den Gastod oder in das Krematorium. So geht es immerfort. Wehe dem, der die Hand oder den Fuß gebrochen hatte, er ging bedingungslos in den Kamin.«

Hackel, Josef. SS-Rottenführer.
* 1.10.1920. Kommando Landwirtschaft, zeitweise Fallensteller. Kommandanturbefehl vom 26.11.1942: »Der Fallensteller SS-Rottf. Josef Hackel tritt mit

sofortiger Wirkung zur Kompanie zurück.« Verbleib unbekannt.

Hackenjos, Adolf. Geschäftsführer *Haus der Waffen-SS* (1942–1945).
* 6.2.1910 Triberg im Schwarzwald. Kaufmann. 1939 Waffen-SS. Ab Februar 1941 in Auschwitz, SS-Unterscharführer (1942). Das *Haus der Waffen-SS*, etwa 10 Minuten vom Stammlager entfernt, ist das umgebaute ehemalige Bahnhofshotel, bis Ende 1940 *Deutsches Haus* genannt. Es dient als Kasino der SS und der Angestellten der I.G. Farben (hier wohnt auch Johann Paul Kremer bei seinem Einsatz als KZ-Arzt). 1947 in Krakau zu 8 Jahren Haft verurteilt, Entlassung am 7.4.1955. Kaufmann, Wohnsitz in München und am Geburtsort.

Haden, Rudolf. SS-Rottenführer.
* 18.4.1914 Troppau. Standortverwaltung, Abteilung Standortarzt. Nach 1945 im Kreis Peine.

Häfner, Wilhelm. SS-Unterscharführer.
* 30.4.1902 Seckach. SS-Totenkopf-Sturmbann, Monowitz. Belobigt im Kommandanturbefehl vom 6.9.1944, da er die »Flucht« von Häftlingen »verhinderte«. 1948 in Krakau zu 8 Jahren Haft verurteilt (LaV). † 13.8.1969 Bietigheim.

Hämmerle, Albert, genannt *Ivan der Schreckliche.* Häftling Nr. 15469.
* 13.10.1912. Kapo, vorgeschriebene Häftlingsanrede: »Herr Kapo!« Vrba in seinen Erinnerungen (Auszug): »Als ›Berufsmörder‹ seit 1933 in Konzentrationslagern, davor Insasse verschiedener deutscher Haftanstalten, hatte er sich seit seiner Ankunft in Auschwitz, einem Lager voller Mörder, den Ruf des größten Mörders erworben. Einige Zeit später kam er in den Strafblock, weil er mit einem jüdischen Häftling verkehrt hatte, in den Augen der Arier von der SS ein abscheuliches Verbrechen.« † 12.8.1944 Kriegstod bei Warschau.

Händler, Werner. SS-Hauptscharführer.
* 27.7.1913 Leipzig. SS-Nr. 166442. Ausgebildet in der SS-Lehrküche in Oranienburg (KB Nr. 32/41). Ab Dezember 1940 in Auschwitz. Leiter der Häftlingsküche im Stammlager, ab 1942 in Birkenau. KZ-Kollege Giesa: »Seine Familie wohnte auch in Auschwitz.« Standortbefehl Nr. 29/43: »Besuch der Schwester und des Schwiegervaters v. 18.7.43 bis auf weiteres«. Todesurteil 25.2.1947 in Krakau. † Hinrichtung 10.3.1949. Händlers Nachfolger Egersdörfer, selbst der Verschiebung von Lebensmitteln beschuldigt (AV, Bl. 8158): »Der Hauptschieber war natürlich Händler, der ja die besten Möglichkeiten dazu hatte. Ich habe zu dieser Zeit einmal festgestellt, daß Händler ca. 200 Zentner Margarine im Keller der Kommandantur gelagert hatte, die zur Verpflegung der Häftlinge bestimmt war.«

Hage, Kurt. SS-Sturmmann.
* 3.8.1904 Stürza. 1942/43 in Auschwitz, Blockführer. Standortbefehl Nr. 25/43: »Besuch der Familie vom 8.–21.7.43«. 1948 in Krakau zu 7 Jahren Haft verurteilt (LaV). Rapportführer Kaduk im Auschwitz-Prozeß zur Frage, wer Rampendienst hatte: »Alle Blockführer und Rapportführer.«

Hagen, Erdmann. SS-Sanitätsdienstgrad (SDG), *Desinfektor.*
* 7.1.1901 Grabowoke. SS-Rottenführer. Beim SS-Standortarzt (AV, Bl. 3764). Verbleib unbekannt. – SS-Untersuchungsrichter Konrad Morgen als Zeuge im Auschwitz-Prozeß zum Beginn seiner Ermittlungen Herbst 1943 (Auszug): »Meine Untersuchungen im Konzentrationslager Auschwitz wurden ausgelöst durch ein Feldpostpäckchen. Es war ein kleines, mehr langes als schmales Paket, gewöhnlicher Karton, das wahrscheinlich wegen seines ungeheuren Gewichtes bei der Feldpost aufgefallen war, und wegen seines Inhalts hatte ihn die Zollfahndung beschlagnahmt. Es enthielt nämlich drei Klumpen mit Gold. Absender war ein SDG, das heißt ein Sanitätsdienstgrad des Konzentrationslagers

Auschwitz, und adressiert war dieses Paket an seine Frau. Bei dem Gold handelte es sich um hochkarätiges Zahngold, das in einer primitiven Weise zusammengeschmolzen war. Es war ein großer Klumpen, vielleicht in der Größe von zwei Fäusten, der andere war wesentlich kleiner, der dritte mehr unbedeutend.«

Hager, Anton. SS-Rottenführer.
* 13.8.1912. Wachmannschaft. 1948 in Wadowice zu 4 Jahren Haft verurteilt (LaV).

Hagerhoff, Hermann. SS-Rottenführer.
* 21.8.1911 Essen. SS-Nr. 204432. Standortverwaltung, Technische Abteilung. Wohnsitz in Niedersachsen.

Hahlweg, Heinz. SS-Sanitätsdienstgrad (SDG).
* 16.7.1922 Schlatzau. Bahnarbeiter. SS-Unterscharführer (1943). Mauthausen, in Auschwitz vom 2.9.1942 bis 23.1.1943. Beschäftigt beim Lagerarzt (LaP). Verbleib unbekannt.

Hahn, Werner. SS-Hauptscharführer.
* 18.1.1914 Limbach/Sachsen. Kommandoführer der Effektenmagazine (Raubgut) in Birkenau. 1948 in Krakau zu 8 Jahren Haft verurteilt (LaV). Nach 1945 in Baden-Württemberg.

Haintz, Johann. SS-Schütze.
* 23.7.1908 Batschka Nova Sela (Neudorf). Nach 1945 im Landkreis Fürstenfeldbruck.

Haintz, Matthias. SS-Schütze.
* 14.5.1908 Neudorf/späteres Jugoslawien, Sohn eines Hilfsarbeiters. Maurer. Nach eigener Aussage September 1943 bis Oktober 1944 Wachkompanie: Wachdienst auf Türmen, in der Großen Postenkette und Häftlingsbegleitung. Haintz: »In Birkenau habe ich nur die rauchenden Schornsteine gesehen und den Geruch von verbranntem Menschenfleisch wahrgenommen.« Nach 1945 Maurerpolier. Q.: AV, Bl. 8921 ff.

Hainz, Karl. SS-Hauptscharführer (1942).
* 24.5.1909 Otterfing, Kreis Wolfratshausen. 1938 in Sachsenhausen, 1941 Auschwitz. September 1942 *Kriegsverdienstkreuz II. Klasse mit Schwertern.* † 14.5.1945 Reservelazarett Kitzbühel.

Halbleib, Franz. SS-Obersturmführer.
* 30.6.1889 Ried. Beruf: Küfer. 1930 NSDAP (Nr. 194751), 1932 SS (Nr. 53215). Ab 9.12.1941 in Auschwitz. Kompanieführer verschiedener Wachkompanien. Verbleib unbekannt. – KZ-Arzt Entress (Nbg. Dok. NO-2368): »Die Häftlinge kamen dicht gedrängt in geschlossenen Güterwagen in Auschwitz an. Die Wagentüren wurden geöffnet, die Häftlinge durch Schimpfen und Schlagen aus den Wagen herausgetrieben. Die Häftlinge wurden vom Leiter der politischen Abteilung übernommen, und der Schutzhaftlagerführer oder sein Stellvertreter, ein Lagerarzt und der Arbeitseinsatzführer nahmen die eigentliche Selektion an Ort und Stelle vor.«

Haller, Stefan. SS-Schütze.
* 7.2.1908 Voprovac/heutiges Serbien. Wachmannschaft, Jawischowitz und Golleschau. 1948 in Krakau zu 3 Jahren Haft verurteilt (LaV).

Hallmann, Rudolf. SS-Schütze.
* 3.3.1908 Herischdorf/Schlesien. November 1944 Wachmannschaft. 1948 in Wadowice zu 3 Jahren Haft verurteilt (LaV). † 13.11.1978 Fulda.

Hallof, Mathias. SS-Schütze.
* 14.4.1911 Detha/Banat. Kommandanturstab Auschwitz. † 17.2.1944 in Auschwitz tödlich verunglückt.

Hampp, Peter. SS-Oberscharführer.
* 7.11.1913 Walldorf, Kreis Heidelberg. 1936–1942 KZ Sachsenhausen. Von Juli 1942 bis Juli 1943 in Auschwitz. Schreiber. Nach 1945 bei Heidelberg.

Handelsmann, Jankiel. *Jüdisches Sonderkommando*, Nr. 106112.
* 30.8.1908 Leipzig als Kind polnischer Eltern. Damenschneider. 1931 Wechsel von Radom nach Frankreich. Ankunft Auschwitz am 4.3.1943 aus Drancy. Einer der Führer der Widerstandsgruppe

im Sonderkommando (Aufstand der Krematoriumshäftlinge am 7.10.1944). Mithäftling Salmen Gradowski: »Ziemlich klug, voller Leben.« November 1944 erschossen (FSK).

Hanel, Sofie, geb. Nietsche. KZ-Wärterin.
* Nicht ermittelt. Blockführerin. 1945 oder 1946 Todesurteil in Prag, vollstreckt. – Adjutant Mulka zur Korruption im Lager, speziell beim weiblichen Personal (AV, Bl. 6968 ff.): »Bei den von mir veranlaßten Durchsuchungen sind insbesondere bei den SS-Aufseherinnen Schmucksachen von erheblichem Wert gefunden worden. Sie hatten auch Wäsche, die aus Häftlingsgut stammten.«

Hannak, Alois. SS-Rottenführer.
* 7.9.1894 Wielepole. Ab Juni 1942 in Auschwitz. Standortverwaltung, Wäschekammer. Nach 1945 in Lohfelden.

Hanson, Adolf Otto Kurt. SS-Sturmmann.
* 4.3.1899. Ab 29.6.1944 in Auschwitz, Wachmannschaft. 1948 in Krakau zu 18 Monaten Haft verurteilt (LaV).

Hantl, Emil. SS-Sanitätsdienstgrad (SDG).
* 14.12.1902 Mährisch-Lotschnau, Sohn eines Tabakfabrikarbeiters. Hilfsarbeiter. »Nach dem Einmarsch ins Sudetenland« 1938 NSDAP/SS, Rottenführer. Ab 1.8. 1940 in Auschwitz, zunächst Wachbataillon, 1943 SDG im Häftlingskrankenbau des Stammlagers. Hantl: »Einmal hatte ich die Gelegenheit, mir einen Vergasungsvorgang in Birkenau anzusehen.« Häftlingsschreiber Paczula zufolge (AV, Bl. 2575) hat er »in geringem Umfange Abspritzungen vorgenommen«. Laut Häftlingsarzt Fejkiel beteiligt am »Abspritzen« von Häftlingen, u.a. 1943 jüdische Kinder aus Zamosc, nachdem SDG Scherpe nach Tötung eines Teils der Kinder zusammengebrochen war. April 1944 auf sechs Monate in Monowitz, danach Außenlager Neu-Dachs, zuletzt KZ Mauthausen. Als Weber in Marktredwitz. Im Auschwitz-Prozeß meist als »anständig« beschrieben, der Häftlinge nicht geschlagen habe. Er selbst stellte sich als Wohltäter dar, der 1945 in Mauthausen angeblich 3000 Häftlinge vor dem Tod in der Gaskammer rettete. Am 20.8.1965 vom LG Frankfurt wegen gemeinschaftlicher Beihilfe zum gemeinschaftlichen Mord in mindestens 40 Fällen zu 3½ Jahren Haft verurteilt, durch U-Haft verbüßt und entlassen. Laut Urteil soll er nicht eigenhändig gespritzt, sondern die Tötungen durch Häftlinge beaufsichtigt haben. Hantl: »Der zum Abspritzen bestimmte Häftling wurde auf einen Stuhl gesetzt, und sein Oberkörper war frei. Ein anderer Häftling hielt ihm beide Arme zurück, wieder ein anderer Häftling spritzte ihn mit einer 5- oder 10-ccm-Spritze.« † 18.8.1984 Plochingen (Mitt. Renz). Aussage Hantl: AV, Bl. 8991 f.

Happke, Herbert. SS-Unterscharführer.
* 27.10.1919 Piasken b. Graudenz, Sohn eines Waldarbeiters. Frühjahr 1943 Wachmannschaft, danach Postenführer (Bewachung Häftlingskommandos) in den Kommandos Harmense und Babitz. Happke: »Die Häftlinge in der Landwirtschaft haben niemals Fluchtversuche unternommen, da sie froh waren, daß sie hier arbeiten durften.« Anna Zieba zu Babitz (HvA 11): »Am schwersten war die Arbeit während der Ernte. Diejenigen Häftlinge, die nicht mit einer Sense umzugehen verstanden, wurden mißhandelt und zu Tode geschlagen. Sie starben zwischen den Getreidegarben.« 1944 *Kriegsverdienstkreuz II. Klasse mit Schwertern*. Zuletzt Mittelbau-Dora. Nach 1945 Hilfsarbeiter. † 20.9.1976 Lübbecke/Westfalen. Aussage: AV, Bl. 8591 ff.

Harandt, Josef. SS-Rottenführer.
* 13.5.1905 Radautz. Ab 29.9.1941 in Auschwitz. SS-Totenkopf-Sturmbann. Name aufgeführt in einer Meldung der Kommandantur vom 8.10.1942 über SS-Angehörige, die Häftlinge »auf der Flucht« erschossen. 1948 in Krakau zu

5 Jahren Haft verurteilt (LaV). † 18.11. 1966 Versmold.

Harbaum, August. SS-Hauptsturmführer.

* 25.3.1913 Gütersloh, Kreis Wiedenbrück. Leiter der Personalabteilung beim Inspekteur der Konzentrationslager, Leiter der Abteilung A V/4 (Ersatz, Entlassungen von KZ-Wachpersonal) im SS-Wirtschafts-Verwaltungshauptamt, ab Juni 1942 zusätzlich Stellv. Leiter der Hauptabteilung D I/6 (Hundewesen). Verbleib unbekannt. Q.: Perz.

Harder, Friedrich. Führer des »Zigeunerlagers« (August 1943 bis Januar 1944).

* 22.12.1891 Ahlten, Kreis Burgdorf. SS-Hauptscharführer. Häftling Josef Janson (AV, Bl. 19413): »Harder war vor meiner Zeit im Konzentrationslager Zugführer meines Zuges bei der Wehrmacht in Kassel gewesen. † 13.1.1944 Lazarett Auschwitz, Häftlinge sollen ihn mit einer Fleckfieberlaus angesteckt haben (Glowacki und Joachimowski, jeweils MV, Bd. 6). Häftlingsarzt Weisskopf am 10.7. 1964 an den Frankfurter Generalstaatsanwalt Fritz Bauer (MV, Bd. 27): »Epidemien, vor allem Flecktyphus, Hunger, stundenlanges Appell-Stehen, Kälte, Durchnässung, die Konzentration von Menschen als solche und die wirklich völlig unglaublichen ›hygienischen Verhältnisse‹ taten das ihre. Daß kaum eines der im Zigeunerlager geborenen Kinder – hier war ja ein Familienlager – älter als vier Wochen wurde, gehörte zum dort herrschenden System.« Häftling Josef Köhler (AV, Bl. 19625): »Im Sommer 1943 bekam Harder die Nachricht, daß zwei seiner Söhne gefallen seien. Auf dem Lagerplatz, in der Nähe der Küche, lief Harder ein junger Jude in den Weg. An diesem hat er dann seinen Zorn ausgelassen. Er befahl ihm, den Mund aufzumachen, dann schoß er dem Häftling in den Mund. Der Häftling war sofort tot. Das habe ich selbst beobachtet.«

Harsany, Geza. SS-Sturmmann.

* 4.9.1914 Zipser Neudorf. SS-Totenkopf-Sturmbann, Birkenau, Standortverwaltung (Druckerei). † 27.8.1981 Oberviechtach.

Harschnek, Helmuth. SS-Unterscharführer.

* 23.10.1921 Kronstadt/Oberschlesien. Ab Dezember 1941 in Auschwitz, Blockführer. 1948 in Krakau zu 5 Jahren Haft verurteilt (LaV). † November 1949 Mocotow/Polen. – Blockschreiber Jan Pilecki im Auschwitz-Prozeß: »Alle Schreibarbeiten hatten wir Häftlinge zu erledigen, denn die SS-Blockführer hatten Schwierigkeiten mit dem Schreiben.«

Hart, Kitty, geb. Felix. Häftling Nr. 39934.

* 1926 in Bielsko/Polen, etwa 50 Kilometer von Auschwitz entfernt. Ankunft Auschwitz mit ihrer Mutter April 1943. Zunächst in einem Außenkommando: »Endlose Wochen hielt ich bei Außenarbeiten durch, gepeitscht und getreten von Frauen und gebissen von abgerichteten Hunden. Wir bekamen Magenkrämpfe vor Hunger.« Danach im Kommando *Kanada*. Hart (StAu II): »Man bildete eine Tag- und eine Nachtschicht. Unsere Arbeit bestand darin, die Besitztümer von Menschen zu sortieren, die vergast und verbrannt worden waren. Eine Gruppe sortierte in einer Baracke ausschließlich Schuhe; in einer anderen wurde nur Männerkleidung durchgesehen, in der nächsten Frauenkleider, in einer weiteren Kindersachen. Eine Baracke wurde Freßbaracke genannt. Dort moderten und verfaulten ganze Berge von Lebensmitteln, die von den Vergasten aus ihrer Heimat auf den Transport hierher mitgenommen worden waren. Wieder in einer anderen Baracke wurden Wertsachen, Juwelen, Geld und andere Kostbarkeiten sortiert. Nur wenige Meter von uns entfernt – und vielleicht im gleichen Moment – wurden Menschen, denen das alles gehört hatte, verbrannt.« 1946 mit ihrer Mutter Übersiedlung nach Eng-

land. Ein Onkel, September 1946 bei der Ankunft in Dover: »Auf keinen Fall dürft ihr darüber reden, was mit euch passiert ist! Nicht in meinem Hause! Ich will nicht, daß sich die Mädchen aufregen, und *ich* will es nicht wissen!« 1949 Heirat mit einem NS-Verfolgten. Autorin des Buchs *Wo die Hoffnung erfriert.*

Hartelik, Johann. SS-Sturmmann.
* 10.5.1913 Zemun, heute Stadtteil von Belgrad / Serbien. SS-Totenkopf-Sturmbann, Monowitz, Kommando Golleschau. Belobigt im Kommandanturbefehl Monowitz vom 22.12.1944, da er die »Flucht« von Häftlingen »verhinderte«. † 21.11.1962 Wattenscheid.

Hartenberger, Richard. SS-Untersturmführer (1943).
* 27.4.1911 Wien. Steindrucker. Eichmann-Mitarbeiter der Zentralstelle für jüdische Auswanderung Wien. Juni 1941 im Judenreferat des Reichssicherheitshauptamts, Abteilungsleiter. Ließ Januar 1944 in Auschwitz Juden Postkarten schreiben, es gehe ihnen gut (Czech). 1944 Sonderkommando Eichmann in Ungarn (Krumey-Anklage). Mai 1945 mit Eichmann in Altaussee (Moosalm) im Salzkammergut. Nach 1945 Abteilungsleiter in Wien. † 28.10.1974 Wien. Lit.: Pätzold / Schwarz.

Hartjenstein, Fritz. KZ-Kommandant.
* 3.7.1905 Peine. Sohn eines Schusters. 1926 Reichswehr, zuletzt Oberfeldwebel. SS-Nr. 327350, Obersturmbannführer (1944). Januar 1939 SS-Totenkopfverband. Kommandanturbefehl (KB) Nr. 27 / 42: »Mit Wirkung vom 5.10.1942 hat der von der SS-T-Division zum KL Auschwitz versetzte SS-Sturmbannführer Hartjenstein als Kommandeur die Führung des SS-T-Sturmbannes KL Auschwitz übernommen.« KB Hartjensteins vom 24.11.1943: »Gemäß Standortbefehl Nr. 53 / 43 habe ich das Konzentrationslager Auschwitz II (Birkenau) verantwortlich [als Kommandant] übernommen.« Mai 1944 Kommandant in Natzweiler (Vogesen). Verließ das Lager vor Ankunft der US-Truppen am 11.11. 1944, Verlagerung der Kommandantur ins *Gasthaus zum Karpfen* in Guttenbach am Neckar (Steegmann). Als einziger KZ-Kommandant ohne Stammlager dirigierte er von hier aus eine Vielzahl von Außenkommandos. 1954 Todesurteil franz. Militärgericht in Metz. † 20.10. 1954 in Paris an Herzschlag.

Hartmann, Anton. SS-Rottenführer.
* 13.2.1919 im Kreis Arad. Ab Juli 1944 in Auschwitz, Ordonnanz. Wohnsitz in Bayern.

Hartmann, Karl. SS-Oberscharführer.
* 17.7.1912 Ebingen. Ab September 1940 in Auschwitz. SS-Totenkopf-Sturmbann, Zugführer 2. Kompanie. Blockführer. 1948 in Krakau zu 12 Jahren Haft verurteilt (LaV).

Hartmann, Kurt. SS-Sturmmann.
* 18.10.1922 Mannheim. 1939 freiwillig zur Waffen-SS. Ab September 1941 angeblich nur kurz in Auschwitz, Wachmannschaft. Hartmann über seine Tätigkeit in Monowitz: »Bei der Begleitung der Arbeitskommandos habe ich beobachtet, daß Häftlinge ums Leben gekommen sind. Manche sind an Erschöpfung gestorben. Es kam aber auch vor, daß sie von Kapos totgeschlagen worden sind. Die angefallenen Toten wurden am Abend mit in das Lager genommen. Die Mitnahme ins Lager erfolgte deswegen, weil einmal das Arbeitskommando bei dem Zählappell vollständig sein mußte und weil zum anderen im Lager Verbrennungsmöglichkeiten für die Leichen bestanden.« Nach 1945 Kellner. Q.: AV, Bl. 12129 ff.

Hartusch, Hans. SS-Schütze.
* 6.6.1925 Bukin, heute Mladenovac / Serbien. Ab 16.9.1943 in Auschwitz. SS-Totenkopf-Sturmbann (der SS-T-Stuba hatte turnusmäßig Rampendienst). Nach 1945 in Baden-Württemberg. – Der rumänische Arzt Lajos Schlinger im Auschwitz-Prozeß über seine Ankunft Juni

1944: »Wir sind in der Nacht angekommen. Zwei, drei Stunden mußten wir warten. In der Früh – etwa gegen vier oder fünf Uhr – wurden unsere Waggons geöffnet, wir wurden herausgejagt. Es war eine höllische Situation. In unseren Waggons waren etwa 250 bis 300 Kranke.«

Hartwecker, Reinhold. SS-Unterscharführer.

* 21.7.1912. Kommandanturbefehl Auschwitz vom 24.6.1943: »Eigene Wohnung in Neuberun, Heeresstr. 13.« Frühjahr 1944 Lagerführer des »Zigeunerlagers«. Verbleib unbekannt. – Häftlingsärztin Adelsberger über die Zustände im Häftlingskrankenbau ebenda: »Die Leichen wurden aus den Kojen gerissen und so, wie sie waren, verdreckt und mit Kot beschmiert, auf dem lehmigen Gang zwischen den Betten und dem Ofen nach hinten geschleift und in eine Ecke des Blocks geworfen. Dort blieben sie liegen, bis das Leichenkommando den hochgetürmten Haufen allabendlich abholte. Kein Bitten und kein Befehl vermochte die Pflegerinnen dazu zu bringen, die Leichen würdig hinauszutragen. Wenn das Leben nichts mehr gilt, verschwindet auch die Achtung vor den Toten.«

Haselof, Liesel. KZ-Wärterin.

* 16.4.1919. SS-Aufseherin in Majdanek (Reischl) und Auschwitz. Verbleib unbekannt.

Haseloh, Ernst. SS-Unterscharführer.

* 20.6.1903 Rothenuffeln über Minden. Ab 15.2.1942 in Auschwitz. Kommando Landwirtschaft. Ende Dezember 1944 im neugegründeten Wirtschaftshof Plawy. † 28.9.1962 Minden.

Hasenöhrl, Andreas. SS-Rottenführer.

* 7.5.1912 Wien. Häftlingsküche in Monowitz. 1948 in Krakau zu 3 Jahren Haft verurteilt (LaV). – Primo Levi, Arbeitssklave in Monowitz: »Aber wer könnte sich vorstellen, einmal keinen Hunger zu haben. Wir selber sind der Hunger, der lebende Hunger.«

Hasse, Elisabeth (Liesel). Kommandoführerin der Frauen-Strafkompanie.

* 24.12.1917 Görlitz. Oktober 1942 Frauen-Strafkompanie in Budy, ab Frühjahr 1943 in Birkenau untergebracht. 1944 Kommandoführerin der Frauen-Arbeitskommandos in Birkenau. Häftlingspflegerin Inge Böck (MV, Bd. 35): »Hasse, Liesl ist mir schon vom Lager Ravensbrück her bekannt. Sie war eine der gefürchtetsten Aufseherinnen.« Häftlingsarzt Löbner (AV, Bl. 4968): »An der Auswahl von nicht mehr arbeitsfähigen Frauen beteiligt und hat so den Tod von vielen tausenden Frauen herbeigeführt.« Laut Kollegin Reischl heiratete sie in Auschwitz einen SS-Mann names Philipp. KZ-Kollege Schippel: »Ende 1944 verließ sie Auschwitz, weil sie ein Kind erwartete. Sie war damals noch ledig.« Ella Lingens spricht in ihren Erinnerungen von »einem wüsten, vulgären Weib«. † Seit 1946 in Bautzen vermißt.

Hatzinger, Franz. Gefangenen-Eigentums-Verwaltung.

* 22.6.1909 Mies, heute Stribro/Tschechien. Gutsinspektor. 1938 NSDAP (Nr. 3314950) und SS (Nr. 323564), Oberscharführer. Ab Frühjahr 1941 in Auschwitz. Standortverwaltung, Abteilung GEV (Vertreter der GEV waren bei Transportankünften immer auf der Rampe). Standortbefehl vom 21.8.1943: Vertreter des Luftschutzwarts »für das gesamte Gebiet KL Auschwitz«. November 1943 Leiter der Technischen Abteilung im Stammlager. † 23.4.1945 Bergen-Belsen.

Hau, Josef. Politische Abteilung (PA), Lager-Gestapo.

* Nicht ermittelt. SS-Oberscharführer. Im Standesamt der PA, vorwiegend Beurkundung der Todesfälle. Soll Häftlinge zu Tode geprügelt haben.

Haubold, Gerhard. Hundestaffel.

* 25.10.1907 Berlin. Drogist, Reisender der Firma *Allgäuer Alpenmilch.* 1932 NSDAP/SS, Oberscharführer. Ab 25.2. 1941 in Auschwitz. Laut KZ-Kollege Alt-

haus »Spieß der 3. Kompanie, später Spieß der Hundestaffel«. Am 30. 1. 1944 *Kriegsverdienstkreuz II. Klasse mit Schwertern* (das KVK für KZ-Angehörige läßt Beteiligung an Tötungen vermuten). Danach Arrestbau Flossenbürg. Im *Flossenbürg-Hauptprozeß* am 22. 1. 1947 zu 20 Jahren Haft verurteilt, Entlassung Kriegsverbrechergefängnis Landsberg am 21. 2. 1951. Reisender der Deutschen Maizena-Werke. – Eliezer Eisenschmidt, Gaskammerkommando (Greif): »Jeder Hund war furchtbarer als drei SS-Leute.« Aussage Haubold: AV, Bl. 18762 ff.

Haupt, Gertrud, geb. Bohne. KZ-Wärterin.
* 3. 3. 1911 Magdeburg. Nach 1945 in Berlin. – Die Gefangene Regina Fingerhut (ZStL 419 AR-Z 287 / 77): »Ich bin einmal von einer Aufseherin derart brutal geschlagen worden, daß ich sie gebeten habe, mich zu töten. Die Ursache dieser Züchtigung war, daß ich das Kerngehäuse eines Apfels, den die Aufseherin gegessen und weggeworfen hatte, aufhob und essen wollte.«

Haupt, Ludwig. SS-Rottenführer.
* 5. 7. 1911 Münster / Westfalen. November 1940 bis Juli 1942 in Auschwitz. Schreiber und Personalsachbearbeiter der SS-Wachkompanie. Rapportführer (Rapportführer hatten Rampendienst). Nach 1945 am Geburtsort.

Hauschild, Paul. SS-Scharführer.
* 27. 1. 1891. Monowitz. Soll auf dem Evakuierungsmarsch von Auschwitz nach Groß-Rosen Häftlinge erschossen haben (AV, Bl. 5119). Verbleib unbekannt.

Hauser, Ludwig. SS-Rottenführer.
* 29. 6. 1908 Badew, Distrikt Krakau. Ab September 1941 in Auschwitz, SS-Totenkopf-Sturmbann, Kompanieführer. 1950 in Krakau zu 5 Jahren Haft verurteilt (LaV).

Hauser, Marianne. Objekt von Medizinverbrechen, Nr. 52321.
* 2. 6. 1903. Hauser über ihre Ankunft August 1943: »Beim Verlassen des Zuges wurde ich zusammen mit anderen Frauen von Dr. Wirtz [Wirths] für Experimente ausgesucht und in den Block 10 gebracht. Es wurden dazu nur verheiratete und gesunde Frauen ausgesucht. Nach drei Wochen wurde ich unter Vollnarkose operiert, ich glaube von Dr. Samuel. Der Arzt sagte mir, er habe mir ein Stück der Gebärmutter herausgeschnitten. Ich wurde anschließend schwer krank.« Hauser ist ein Versuchsobjekt zur Erprobung der Kolposkopie durch SS-Standortarzt Wirths. Ihr Zustand acht Jahre nach der Befreiung und nach zwei Operationen: »Wie schon vor den Operationen habe ich auch danach unter den Folgen der Mastdarm-Scheidenfistel zu leiden. Außerdem habe ich häufig Gas- und selbst Stuhlabgang durch die Scheide. Hinzu kommt, daß der Scheideneingang so verengt ist, daß ich seit meiner Rückkehr keinen Geschlechtsverkehr mehr habe ausüben können.« Medizinisches Gutachten, ebenfalls acht Jahre nach der Befreiung: »Der zweimal durchgeführte Versuch, die Fistel chirurgisch zu schließen und eine plastische Operation der Scheide vorzunehmen, ist gescheitert und hat durch die neu entstandenen Narben wahrscheinlich die Situation verschlimmert.« Q.: SP.

Hausherr, Anni. KZ-Wärterin.
* 18. 7. 1921 Straube, Kreis Grossen. Ab Juni 1944 SS-Aufseherin in Auschwitz. Kollegin Reischl: »War nach dem Krieg mit mir zusammen im [Internierungs-]-Lager Dachau.« Verbleib unbekannt. – Häftlingsschwester Sternberg in ihrem Bericht *In der Hölle von Auschwitz* über das Schlagen im Lager: »Eines Tages kommt eine ältere Frau zu uns in die Ambulanz. Sie bittet uns, sie für ein paar Tage bei uns aufzunehmen. Sie sagte: sie könnte die Schläge nicht mehr draußen ertragen. Sie habe sich schon freiwillig auf den Vergasungsblock gemeldet, dieser aber wäre momentan überfüllt.

Wegen Überfüllung des Krankenblocks konnten wir nur die dringendsten und schlimmsten Fälle aufnehmen. So lehnte die Ambulanzärztin die Aufnahme dieser verzweifelten Frau ab. Sie warf sich vor den Knien der Lagerärztin und weinte herzzerreißend. Ich ging hinzu und wollte diese Frau, die an sich viel älter war als alle anderen Häftlinge, aufheben. Da plötzlich erkannte ich sie, und ich rufe: Oberschwester Rosa, Sie sind es. Diese war eine Oberschwester unseres Breslauer Altersheims und hatte in ihrem Leben nur Arbeit und Pflicht an anderen Menschen gekannt. Nun war sie 53 Jahre alt, Konzentrationslager und Vergasungstod waren ihr Lebensende.« Q.: AV, Bl. 3976.

Hautval, Adelaide. Häftlingsärztin.
* 1.1.1906 Hohwald im Elsaß, Tochter eines Pastors. 1933 Dissertation: *Beitrag zur Lokalisierung posttraumatischer Störungen.* Erste Verhaftung April 1942: Auf dem Bahnhof in Bourges mißhandeln deutsche Uniformierte eine jüdischen Familie. »Lassen Sie sie doch in Ruhe!« sagt sie. Antwort: »Aber sehen Sie denn nicht, daß es nur Juden sind?« Hautval: »Ja und, sie sind doch Menschen wie die anderen.« Hautval kommt ins Gefängnis, Entlassung nach Intervention von Kollegen. Einige Wochen später wird sie zum Verhör geholt, soll ihre Bemerkung widerrufen, dann sei sie frei. Sie widerruft nicht. Antwort: »Sie verteidigen sie? Dann werden Sie auch ihr Schicksal teilen!« Hautval kommt in die Internierungslager Pithiviers und Beaune-la-Rolande. Am 24.1.1943 Deportation im Viehwaggon, Ankunft Auschwitz am 27.1.1943. Hautval: »Deutsche Gefangene umkreisen uns wie Schakale. Ohne Scham klauen sie unsere Sachen. Wir beginnen zu begreifen, daß hier die Diebe und Abenteurer die Stütze des ganzen Systems bilden.« Häftlingsärztin im Frauenlager Birkenau. Ihre Kollegin Lingens in ihren Erinnerungen: »Eine wunderbare schöne Frau, mit dem Profil einer edlen Römerin.« April bis Juni 1943 in Block 10, dem Block für Menschenversuche. Hautval (SV): »Ich sollte zunächst Dr. Clauberg helfen. Ich lehnte dieses Ansinnen ab, weil ich schon von Birkenau her wußte, daß Clauberg Experimente im Zusammenhang einer Sterilisation oder einer künstlichen Befruchtung machte. Ich wurde dann für Dr. Wirths tätig, der sich angeblich mit dem Problem der Früherkennung von Gebärmutterkrebs beschäftigte. Als ich bemerkte, daß diese Sache wissenschaftlich wertlos war und keineswegs den Sinn hatte, den Frauen zu helfen, verweigerte ich meine weitere Mitarbeit.« Ab 1.8.1944 in Ravensbrück. Kollegin Lingens (BV): »Hautval hat sich geweigert, auf Verlangen des SS-Arztes Dr. Mengele eine Liste aller ihrer Patientinnen mit Diagnose und Prognose zu erstellen. Auf diese Weise hat sie es vermieden, an der Vorbereitung einer Selektion durch Dr. Mengele mitzuwirken, während in den anderen Krankenblocks fast alle Kranken mit einer voraussichtlichen Krankheitsdauer von über drei Wochen von Mengele selektiert wurden.« Nach 1945 Schulärztin im französischen Gesundheitsdienst. † Suizid 1988.

Hautz, Karl. SS-Rottenführer.
* 28.7.1921 Neunkirchen / Saar. Oktober 1941 bis August 1943 in Auschwitz. Wachmannschaft. 1948 in Krakau zu 6 Jahren Haft verurteilt (LaV). † 10.1.1950 im Gefängnis Karno-Sledcze.

Havas, Leo. *Jüdisches Sonderkommando,* Nr. A-13315.
* 13.12.1895 Munkac in Rumänien. Dr. med. Parlamentsabgeordneter. Ankunft Auschwitz am 17.5.1944 aus Ungarn. Vier Tage später im Gaskammerkommando. † Nach dem mißglückten Aufstand des Sonderkommandos Suizid durch Vergiften am 7.10.1944.

Hawaleschka, Alex. SS-Sturmmann.
* 13.8.1918 Berhomet / Rumänien. In den Landwirtschaftskommandos Babitz, Harmense, Rajsko. Wohnsitz in Bayern.

Hebel, Ludwig. SS-Schütze.
* 10.7.1909 Schid-Benovci, heute Novi Banovci / Serbien. SS-Totenkopf-Sturmbann, angeblich nur kurz in Auschwitz. † 30.9.1981 (Standesamt Oberndorf).

Hecht, Willi. Zentral-Bauleitung.
* 30.10.1903 Etgersleben. SS-Rottenführer. Verbleib unbekannt.

Hefner, Josef. SS-Sturmmann.
* 9.10.1925 Neu [heute: Novi] Slankamen / Serbien. Dezember 1942 bis Juni 1944 in Auschwitz. Wachmannschaft. 1948 in Krakau zu 3 Jahren Haft verurteilt (LaV). Wohnsitz in Baden-Württemberg.

Hege, Adolf. SS-Unterscharführer.
* 21.12.1904 Gölshausen. SS-Nr. 22025. Kommandanturstab. StA Frankfurt (AV, Bl. 3766): »War früher Leiter der AOK in Freiburg. Nahm an Vernichtungsaktionen teil.« † Vom AG Freiburg 1961 für tot erklärt.

Heger, Leopold. Fahrer von Höß, Stellv. Leiter der Fahrbereitschaft.
* 2.7.1899 Mährisch Reichenau, Sohn eines Friseurs. Schlosser. 1938 (»Nach dem Anschluß des Sudetenlands«) NSDAP / SS. Oberscharführer (1943). Ab 1940 in Auschwitz, Heger: »Ein Teil der Lkw-Staffel wurde insbesondere dazu eingesetzt, um Häftlinge zu den Gaskammern in Birkenau zu fahren, sobald neue Bahntransporte mit Häftlingen eingetroffen waren.« Standortbefehl 15.9.1943: *Kriegsverdienstkreuz II. Klasse mit Schwertern.* Nach 1945 Kraftfahrer der Bundespost in Heidenheim an der Brenz. Heger: »Obwohl die Baracke der Politischen Abteilung sich in der Nähe der Fahrbereitschaft befand, habe ich mich niemals darum gekümmert. Ich hörte manchmal, daß Menschen in der Baracke der Politischen Abteilung schrien. Warum sie schrien, weiß ich nicht, das hat mich auch nicht interessiert.« Q.: AV, Bl. 9984ff.

Hegert, Emil. Zentral-Bauleitung.
* 29.7.1891 Kranstedt, Kreis Ratibor. SS-Unterscharführer. Freispruch in Polen (LaV).

Heidau, Theophil. SS-Schütze.
* 6.6.1922 Hliboka (Buchenland). Wachmannschaft. † 17.12.1941 Reservelazarett Kattowitz.

Heider, Robert. Leiter der Postzensurstelle in der Kommandantur.
* Nicht ermittelt. SS-Hauptscharführer (1941). August 1940 bis zum Ende im Amt. Standortbefehl vom 22.7.1943: »Besuch der Tochter mit Kindern auf unbestimmte Zeit«. Die Häftlinge – außer Juden und russische Kriegsgefangene – durften in der Regel alle zwei Wochen einen Brief schreiben, der zensiert und registriert wurde. Ab November 1942 können »arische« Häftlinge – mit Ausnahme der Russen – Lebensmittelpakete empfangen, wovon besonders die polnischen Gefangenen profitieren. Die Poststelle verschickte auch Urnen mit der angeblichen Asche »verstorbener« reichsdeutscher Häftlinge.

Heidl, Otto. Psychiater und KZ-Arzt.
* 8.9.1910 Arnau / Sudeten. 1938 Abteilungsarzt der Gauheilanstalt Wiesengrund im Sudetenland. Lebenslauf (BDC): »Nach dem Anschluß meldete ich mich sofort zur NSDAP und zur allgemeinen SS (Partei Nr. 6749377, SS-Nr. 328012).« SS-Hauptsturmführer (1944). Ab 15.1.1941 Waffen-SS. Vom 24.3. bis 11.9.1942 in Auschwitz (LaP). Danach in Groß-Rosen. Ab 1.7.1942 Lagerarzt KZ Stutthof b. Danzig. Zuständig für Vergasungen. September 1942 *Kriegsverdienstkreuz II. Klasse mit Schwertern.* † Suizid 11.11.1955 U-Haft in Bochum (ZStL).

Heierling, Hermann. SS-Unterscharführer.
* 22.7.1901 Mannheim. Monteur. SS / NSDAP. Vom 17.5.1941 bis zum Ende in Auschwitz. Kommando Landwirtschaft, Leiter der Werkstatt. Heierling: »Mir unterstanden alle Maschinen, die zur Abteilung Landwirtschaft gehörten.« 1948 in Polen zu 3 Jahren Haft verurteilt, Entlassung 15.1.1951. Monteur für Land-

maschinen am Geburtsort. Heierlings Glaubwürdigkeit dokumentiert seine Aussage: »Von den Vergasungen habe ich tatsächlich erst in der Gefangenschaft erfahren.« KZ-Kollege Happke: »Die Vergasungen, die in Birkenau durchgeführt wurden, waren bei uns allgemein bekannt. Auch den Geruch von verbranntem Menschenfleisch konnte man weithin wahrnehmen.« Q.: AV, Bl. 8845 ff.

Heim, Jakob. SS-Rottenführer.
* 11.5.1913 Tübingen. Ab 15.10.1944 in Auschwitz. SS-Totenkopf-Sturmbann, Monowitz. Nach 1945 im Kreis Reutlingen.

Heimann, Carl. SS-Hauptsturmführer.
* 15.5.1891 Breslau. Angestellter. 1931 NSDAP (Nr. 824123) und SS (Nr. 22219). Ab 1943 in Auschwitz, SS-Totenkopf-Sturmbann, Kompanieführer 5. Kompanie und Führer der Wachposten im Außenlager Kobier (StAu I), wo Holz zur Leichenverbrennung in Birkenau geschlagen wird. Verbleib unbekannt. Häftling Friedrich Skrein (Nr. 85888) im Auschwitz-Prozeß über Kobier: »Schon beim Ausrücken in der Früh hat die SS bestimmt, wer an diesem Tag umgebracht werden soll. Der Betreffende wurde fortgesetzt gequält und ihm dabei immer zugerufen: ›Lauf, lauf!‹ Wenn der Unglückliche dann gelaufen ist, wurde er ›auf der Flucht‹ erschossen. Ein Häftling, der wußte, was der Ruf ›Laufen‹ zu bedeuten hatte, hat sich trotz aller Quälereien geweigert zu laufen. Da haben sie ihn zehnmal auf einem Baum auf- und wieder abgehängt, bis er auch verzweifelt davongelaufen und dann ›auf der Flucht‹ erschossen worden ist.«

Heimberger, Mathias. SS-Schütze.
* 2.9.1919. SS-Totenkopf-Sturmbann, Jawischowitz und Golleschau. Wohnsitz in Hessen. – Häftling Kurt Sanders (AV, Bl. 13524) über Jawischowitz: »Wir sind damals alle geschlagen worden. Manche wurden dermaßen mißhandelt, daß sie liegen blieben.«

Heimler, Imre. Mutter von Zwillingen.
* 1905 in Ujpest. Heimler: »Im Juli 1944 setzte man mich zusammen mit meiner Familie – meinem Ehemann, meiner dreizehnjährigen Tochter sowie meinen sechsjährigen Zwillingen Pal und Gyögy – aus der Ziegelei Obuda in Bewegung. Wir fuhren zusammengedrängt, unter unmenschlichen Bedingungen. Nach drei Tagen kamen wir an einen mir unbekannten Ort, in dem die Waggontüren geöffnet wurden und jemand auf deutsch uns zum raschen Aussteigen drängte. Zu einem neben mir stehenden Mann im gestreiften Anzug bemerkte ich, wozu diese Hast, schließlich habe ich Zwillinge, die ich ankleiden muß. Als der Mann hörte, daß ich Zwillinge hätte, sagte er: ›Meine Dame, Sie haben großes Glück und können froh sein, daß Sie Zwillinge haben.« Q.: MV, Bd. 24.

Heindorf, Willy. SS-Unterscharführer.
* 28.5.1904 Zellerfeld. Zugang Juli 1941 von Buchenwald, SS-Totenkopf-Sturmbann. 1948 in Krakau zu 3 Jahren Haft verurteilt (LaV).

Heinovitz, Riwka. Häftling Nr. 2061, Politische Abteilung (PA).
* 12.8.1920 Bratislava (Preßburg). Ankunft Auschwitz aus Brünn (Brno) am 28.3.1942, insgesamt 798 Jüdinnen, laut Heinovitz vorwiegend Mädchen: »Wir erhielten eine Art russische Gefangenenkleidung, unser Haar wurde abrasiert, und wir wurden alle tätowiert. Ich wurde dem Block 9 zugewiesen. Wir bekamen keine Decken, und das Wetter war rauh. Jeden Tag waren Appelle.« Im Standesamt der PA (Lager-Gestapo) zur Erstellung von Todesurkunden. 1950 Auswanderung in die USA und Heirat. Heinovitz über ihren Mann: »Alex ist auch Überlebender von Auschwitz. Ich hatte das Gefühl, ich könnte mich niemals mit Leuten verstehen, die nicht litten und umgekehrt.« Selbstporträt bei Shelley: *Schreiberinnen des Todes.*

Heinrich, Kurt. SS-Rottenführer.
* 7.12.1900 Groß Hammer/Schlesien. Ab 28.4.1944 in Auschwitz, Außenlager Blechhammer. Häftling Henryk Symchowicz über die SS in Blechhammer (StAu II): »Sie schlugen während des Morgenappells, sie schlugen während des Weges zur Arbeit, und sie schlugen während des Rückmarsches ins Lager. Sie schlugen bei der Ausgabe der Mahlzeiten und sie schlugen, während wir uns wuschen.« 1948 in Krakau zu 5 Jahren Haft verurteilt (LaV).

Heinrichsohn, Ernst. SS-Oberscharführer.
* 13.5.1920 Berlin. Im Judenreferat des Befehlshabers der Sicherheitspolizei und des SD Paris, Transportsachbearbeiter. 1956 Todesurteil in Abwesenheit in Paris. 1958 Rechtsanwalt im fränkischen Miltenberg und ab 1960 CSU-Bürgermeister im benachbarten Bürgstadt. 1976 öffentliche Ehrenerklärung, Opfer einer Namensverwechslung zu sein. 1978 Wiederwahl mit 85 Prozent aller Stimmen. Am 11.2.1980 in Köln wegen Beteiligung an den Judendeportationen nach Auschwitz zu 6 Jahren Haft verurteilt. Zunächst Freilassung gegen eine Kaution von 200000 Mark, gestellt von Bürgern des Ortes Bürgstadt. Juni 1982 Entlassung auf Bewährung. † 1994. Lit.: Brunner.

Heinritz, Julius Paul Karl. SS-Sanitätsdienstgrad (SDG).
* 25.9.1901 Lunenburg (LaP). 1931 NSDAP (Nr. 1033653) und SS (Nr. 36829), Oberscharführer (1944). Vom 1.2.1941 bis 20.4.1942 in Auschwitz. Später in Natzweiler, Sachsenhausen und Mauthausen-Gusen. Verbleib unbekannt.

Heintschel, Josef. SS-Rottenführer.
* 29.11.1902 Neustadt a.T. Ab 11.8.1944 in Auschwitz, SS-Totenkopf-Sturmbann, Birkenau. 1948 in Wadowice zu 3½ Jahren Haft verurteilt (LaV). Rapportführer Czapla über die Zustände in Birkenau: »Es war das Menschenunwürdigste, das ich je gesehen habe. Die Häftlinge lebten dort schlimmer als Tiere.«

Heintzel, Richard. SS-Unterscharführer.
* 3.4.1907 Hohenlohehütte. Standortverwaltung, Elektriker. Verbleib unbekannt. – In dem in einem Einmachglas vergrabenen und April 1945 entdeckten Bericht – dem Häftling Langfus zugeschrieben – heißt es über die nächtliche Ankunft am Abend des 6.12.1942: »[Sahen] wir einen Platz, auf dem es von SS-Männern wimmelte, die von Kopf bis Fuß bewaffnet waren. Besondere Posten standen an verschiedenen Punkten und hielten Wache. Eine Gruppe jüdischer Arbeiter in Häftlingsanzügen stand auf der Seite und wartete. Sie waren zu fünf Mann, einer hinter dem anderen aufgestellt. Hohe Pfosten mit dicht darüber gespanntem Stacheldraht, der mit elektrischem Strom geladen war, umgaben den ganzen riesigen Platz. An jedem Pfosten war eine elektrische Lampe befestigt, die sehr hell leuchtete. Die hohen Pfosten, die sehr dicht nebeneinander standen, erleuchteten den Platz so hell, daß ihr Schein die Augen blendete und den Leuten die Gedanken verwirrte.«

Heise, Gertrud. KZ-Wärterin.
* 23.7.1921 Berlin. Frauenkonzentrationslager Birkenau, Kommandoführerin Kanalisation (Lagerabschnitt BIIb). Nach 1945 in Norddeutschland. – Arztschreiberin Sosnowska über Birkenau: »Die hygienischen Verhältnisse waren damals derart, daß ich mich z.B. im Winter 1942/43 etwa zwei Monate überhaupt nicht waschen konnte, mein Eßgeschirr nicht auswaschen, sondern nur auskratzen konnte. Zu dieser Zeit wurde auch gegen die Läuseplage nichts unternommen, aber die Läuseträger wurden vergast.«

Heiser, Anton. SS-Schütze.
* 20.8.1909 Baski Brestowas, heute Backi Brestovac/Serbien. Ab Dezember 1943 in Auschwitz. SS-Totenkopf-Sturmbann, Kommando Golleschau. Nach 1945 in Pottenbrunn in Österreich.

Heiser, Franz. SS-Schütze.
* 22.9.1908 Brestowatz. SS-Totenkopf-Sturmbann, Kommando Golleschau. Nach 1945 in München.

Hejblum, Erko. *Jüdisches Sonderkommando*, Nr. 49269.
* Polen. Ankunft Auschwitz am 19.7. 1942 aus dem französischen Lager Pithiviers. Nach der Ankunft kurze Zeit im Kommando an den Gasbunkern. Hejblum gehörte zum Kommando, das ab dem 21.9.1942 mehr als 107000 Leichen der Birkenauer Massengräber auszugraben und zu verbrennen hatte. Hejblum: »Wir wateten in einer Mischung aus Schlamm und verwesenden Körpern. Wir hätten Gasmasken gebraucht. Die Leichen schienen an die Oberfläche zu steigen – es war so, als würde die Erde selbst sie zurückweisen. Nach einer Woche hatte ich das Gefühl, wahnsinnig zu werden.« Hejblum ist einer von zwei bekannten Überlebenden dieses Kommandos, die anderen werden Dezember 1942 als Geheimnisträger ermordet. Gestorben 1994 in Frankreich. Q.: Friedler.

Hejblum, Samuel. *Jüdisches Sonderkommando*, Nr. 57177.
* 10.8.1925 Lukow/Polen. Ankunft Auschwitz – 17jährig – am 7.8.1942 aus Beaune-la-Rolande. Mutter, Bruder und eine Tante kommen »ins Gas«. Nach der Ankunft zwei Wochen im Kommando an den Gasbunkern. Hejblum: »Zu diesem Zeitpunkt gab es noch keine Krematoriumsöfen, da waren große Gräben und da waren Häftlinge, die Gräber aushoben. Man hat uns – meinen Freund Simon und mich – dazu eingeteilt, die Loren zu schieben. Wir schoben also die Loren. Wir kamen zu dem Gebäude, da war die Gaskammer. Ich war an der Lore, mit meinem Freund Simon, wir sammelten die Leichen auf, die Babys, die Männer, die Greise, die Frauen, schließlich ... schließlich habe ich auch die Leiche meiner Mutter aus der Gaskammer geholt.« Danach im Maurerkommando. Gestorben am 7.5.2003 in Cannes. Q.: Friedler.

Helber, Emil. SS-Rottenführer.
* 27.10.1922 Katzbach. Wachmannschaft. 1948 in Krakau zu 8 Jahren Haft verurteilt (LaV). † 18.6.1976 Altenried.

Helmbold, Artur. SS-Unterscharführer.
* 24.9.1899. Kommandanturbefehl Nr. 3/44: »Ab 1.2.44 wird der SS-Strm. Artur Helmbold als Rechnungsführer bei der Kommandantur KL Auschwitz III [Monowitz] eingesetzt.« Verbleib unbekannt.

Helmersen, Erwin von. SS-Arzt.
* 4.11.1914 Bremen. 1933 SA, HJ. 1937 NSDAP (Nr. 4194453), 1940 SS (Nr. 372240), Hauptsturmführer (1944). Studium in Bonn, Mitarbeiter, später Leiter im Amt für politische Erziehung des NS-Studentenbunds. Dezember 1942 SS-Lazarett Berlin-Lichterfelde und Doktorand beim Rassenhygieniker Fritz Lenz am Kaiser-Wilhelm-Institut (KWI) für Anthropologie, menschliche Erblehre und Eugenik. August 1943 Promotion bei Lenz, im selben Monat Lagerarzt in Birkenau. Kielar: »Er lief fast täglich in den Blocks umher, suchte sich Kranke ›zur Spritze‹ [sic] oder selektierte sie zur Liquidierung in den Gaskammern.« September 1944 SS-Wirtschafts-Verwaltungshauptamt, Amtsgruppe D (KZ), Ende Oktober 1944 SS-Lazarett Prag. Helmersen ist neben Mengele und Liebau der dritte (!) KWI-Mitarbeiter in Auschwitz. Todesurteil am 17.1.1949 in Krakau. † Hinrichtung 12.4.1949 ebenda. Q.: BDC.

Helmig, August. SS-Oberscharführer.
* 5.12.1886 Kinnwangen. Zugang am 28.10.1942 aus Buchenwald. Nach 1945 in Freudenstadt.

Hempel, Werner. SS-Unterscharführer.
* 23.1.1900 Fröndenberg/Westfalen. Ab 23.10.1942 in Auschwitz, Standortverwaltung und SS-Wachkompanie Monowitz. † 4.11.1960 Regensburg. – Häftling Werner Jacob (AV, Bl. 13333f.): »Wäh-

rend meiner Anwesenheit in Monowitz sind fast täglich Häftlinge auf den Arbeitskommandos von den Wachposten erschossen worden. Ich habe solche Erschießungen mehrfach mit eigenen Augen gesehen. Beliebt war bei den SS-Leuten, einem Häftling die Mütze abzunehmen und wegzuwerfen, Der Häftling mußte dann die Mütze wieder holen und wurde hierbei erschossen. Es hieß dann, er sei auf der Flucht erschossen worden.« Das Auschwitz-Urteil zum *Mützenwerfen* (Lagersprache) der SS-Wachmannschaft: »Eine Methode, die Häftlinge zu töten, bestand darin, daß SS-Wachposten einem Häftling die Mütze abnahmen und über die Postenkette, eine Linie, die an sich kein Häftling überschreiten durfte, warf. Lief dann der Häftling auf den Befehl des SS-Mannes oder des Kommandoführers hin, um seine Mütze zu holen, wurde er wegen Überschreitens der Postenketten ›Auf der Flucht‹ erschossen.« Häftling Alex Rosenstock (Nr. 32194) im Auschwitz-Prozeß: »In der Faulgasanlage wurden sehr viele Häftlinge ermordet. Das Mützenwerfen war dort großer Sport, die Häftlinge mußten ihre Mütze, die über die Postenkette geworfen wurde, suchen und wurden dabei ›auf der Flucht erschossen‹, wie es hieß. Da kam ein reichsdeutscher Kapo ins Kommando, er hieß Hermann. Als von einem SS-Mann wieder die Mütze geworfen wurde, sagte dieser Kapo zu dem Mann: »Geh nicht nach der Mütze, ich hole sie.‹ Das Verhalten eines Kapos und eines Blockältesten war Charaktersache.«

Hennes, Josef. SS-Schütze.
* 15.3.1890 Aachen. Ab 11.9.1944 in Auschwitz, SS-Totenkopf-Sturmbann, Monowitz, ab 30.9.1944 im Außenlager Neu-Dachs. 1948 in Wadowice zu 3 Jahren Haft verurteilt (LaV). † 16.11.1963 Viersen.

Hennig, Johann. SS-Schütze.
* 23.9.1910 Beukukten/Rumänien. Ab August 1943 in Auschwitz, Wachmannschaft, Kommando Gleiwitz II. 1948 in Krakau zu 3 Jahren Haft verurteilt (LaV). † 19.11.1949. Gleiwitz-Häftling Rood: »Die Sekretärin im Frauenlager hat ein Kind bekommen. Niemand von uns wußte, daß sie schwanger war. Schwangerschaft bedeutet Tod in Auschwitz. Sie hat das Kind gleich nach der Geburt erstickt.«

Henning, Rudolf. SS-Schütze.
* 24.2.1917. Kommandanturstab Standortverwaltung, Abteilung Verpflegung. SS-Küche Außenlager Sosnowitz (II). Verbleib unbekannt. Erinnerungen Ella Lingens: »Das Sterben durch Krankheit und Hunger übertraf in manchen Zeiträumen die Vernichtung in den Gaskammern.«

Hentsch, Franz. SS-Sturmmann.
* 23.7.1914. Kommandanturstab Standortverwaltung, Abteilung Verpflegung. Verbleib unbekannt. – Häftling Salmen Gradowski: »Das quälende Gefühl von Hunger steigert sich, und der Mensch wird im Angesicht dieses größten Feindes immer schwächer. Der Hunger läßt einen nicht in Ruhe und erlaubt nicht, an etwas anderes zu denken.«

Hepner, Robert. SS-Sturmmann.
* 25.1.1922 Dubeczno, Kreis Colm. SS-Totenkopf-Sturmbann. Wohnsitz in Niedersachsen.

Heppert, Willi. Gefangenen-Eigentums-Verwaltung.
* 2.10.1920. SS-Scharführer. Standortverwaltung, Abteilung GEV (Vertreter der GEV waren bei Transportankünften immer auf der Rampe). Verbleib unbekannt. – Auschwitz-Urteil: »Die Korruption untergrub die Manneszucht und Disziplin. Die Autorität der SS-Führer und Unterführer ihren Untergebenen gegenüber war meist gering. Die Vorgesetzten konnten sich ihren Untergebenen gegenüber nicht durchsetzen, weil diese von ihren Verfehlungen und ihrer Bestechlichkeit wußten. Fast jeder hatte den anderen in der Hand.«

Herbel, Friedrich. Gefangenen-Eigentums-Verwaltung.
* 4.1.1912 Sandhofen. SS-Unterscharführer. Standortverwaltung, Abteilung GEV. † 15.4.1972 Mannheim.

Herbst, Richard. SS-Sturmmann.
* 13.11.1900 Rosenhain, Kreis Ohlau in Schlesien. Ab September 1944 in Auschwitz, Kommando Sosnowitz (II). Am 23.1.1948 in Krakau zu 4 Jahren Haft verurteilt. † 7.3.1964 Düren.

Herklotz, Paul. SS-Sanitätsdienstgrad (SDG), *Desinfektor.*
* 10.10.1903 Dittmannsdorf/Sachsen. Bäcker. SS-Sturmmann (1941). Ab 20.7. 1942 in Auschwitz. SS-Totenkopf-Sturmbann, auch Landwirtschaftskommando Budy. 1945 in Flossenbürg. Am 2.4.1948 in Krakau zu 3 Jahren Haft verurteilt. – KZ-Kollege Hantl (AV, Bl. 8991): »Im Konzentrationslager Auschwitz gab es die verschiedensten Arten, wie ein Häftling ums Leben kommen konnte. Hiervon sind mir folgende Arten bekannt geworden: 1. Natürlicher Tod durch Krankheit oder Kräftemangel. 2. Tod durch Erschlagen. 3. Tod durch Vergasen. 4. Tod durch Erschießen. 5. Tod durch Erhängen. 6. Tod durch Abspritzen.«

Herman, Chaim. *Jüdisches Sonderkommando,* Nr. 106113.
* 3.5.1901 Warschau. Ankunft Auschwitz am 4.3.1943 »in einem Viehwaggon ohne Wasser« aus Drancy. Von 1000 Deportierten werden 881 sofort in der Gaskammer ermordet. Verfaßte am 6.11. 1944 einen Abschiedsbrief an seine Frau (»ich weinte viel«), den er versteckt und der Februar 1945 gefunden wird: »Wenn Ihr wollt, so ist es die Hölle, aber Dantes Hölle ist ungeheuer lächerlich im Vergleich zur Wirklichkeit von hier, und wir sind ihre Augenzeugen, die nicht überleben dürfen.« Gestorben am 26.11.1944. Q.: Handschriften.

Hermann, Josef. SS-Rottenführer.
* 4.7.1913 Ruma/Kroatien. Ab 10.1. 1943 in Auschwitz. 1948 in Krakau zu 6 Jahren Haft verurteilt (LaV). Wohnsitz in Hessen.

Hermann, Ruth. *Mengele-Zwilling,* Nr. A-7222.
* 1931. Ankunft Auschwitz am 14.6. 1944 aus Ungarn. Aussage: »Ich bekam ständig Injektionen. Da ich sehr abgemagert war, lebte ich in ständiger Angst, der Selektion zum Opfer zu fallen. Aus meinem Block habe ich die Menschenmassen gesehen, die ins Krematorium geschickt wurden. Die Angst und Trauer verließ mich auch nicht, als ich befreit wurde. Außer meiner Zwillingsschwester Shoshana ist mir die ganze Familie umgekommen.« Die Folgen, neben Depressionszuständen, chronischer Angina und Zahnfleischeiterungen infolge der Hungerkost: »Meine Entwicklung wurde durch Auschwitz zum Stehen gebracht. Ich bin seither kaum (oder gar nicht) gewachsen und bin klein geblieben.« Verheiratet in Israel. Q.: MV, Bd. 34.

Hermann, Sebastian. SS-Schütze.
* 2.3.1909 Dernje/späteres Jugoslawien. SS-Totenkopf-Sturmbann, Kommando Golleschau. 1948 in Krakau zu 3 Jahren Haft verurteilt (LaV). Nach 1945 im Kreis Ulm.

Hermel, Walter. SS-Oberscharführer.
* 25.4.1911 Böhmisch Leipa. Ab September 1940 in Auschwitz. SS-Totenkopf-Sturmbann, Postenführer (Bewachung Häftlingskommandos) im Außenlager Golleschau. Standortbefehl vom 15.9. 1943: *Kriegsverdienstkreuz II. Klasse mit Schwertern.* 1948 in Krakau zu 4 Jahren Haft verurteilt (LaV). Wohnsitz in Hannover.

Herms, Johann. SS-Rottenführer.
* 19.8.1903 Hamburg. SS-Totenkopf-Sturmbann, Kommando Sosnowitz (II). Am 23.1.1948 in Krakau zu 4 Jahren Haft verurteilt. † 28.2.1975.

Herpel, Christoph. SS-Unterscharführer.
* 24.12.1904 Bickenbach, Kreis Darmstadt. Amtmann der Hessischen Brandversicherungskammer. 1933 NSDAP/

SA. Anfang 1943 in Auschwitz. Schreiber der Kommandantur, Personalsachbearbeiter. 1948 in Krakau zu 3 Jahren Haft verurteilt, Entlassung Juli 1950. Danach Regierungsamtmann, Wohnsitz in Seeheim. Herpel hatte seinen Arbeitsplatz in der Kommandantur, im gleichen Stockwerk wie der Kommandant. Dennoch behauptet er in einer Aussage, »daß ich in den zwei Jahren meines Aufenthalts in Auschwitz nichts davon erfahren und gemerkt habe, daß dort Häftlinge vergast wurden«. Aussage: AV, Bl. 7872 ff.

Herr, Wendelin. SS-Sturmmann.
* 15. 4. 1909 Putinci / heutiges Serbien. Oktober 1942 bis Sommer 1944 in Auschwitz. † 16. 4. 1978 München.

Herrloss, Otto. SS-Unterscharführer.
* 16. 1. 1898 Wien. Bis Juni 1944 in Auschwitz. † 31. 3. 1970 Wien.

Herrmann, Andreas. SS-Sturmmann.
* 12. 6. 1897 Alt Arcis. Ab 16. 10. 1941 in Auschwitz, Landwirtschaftskommando Budy. † 26. 1. 1989 Ilshofen. – Der Zivilist Stanislaw Tomaszek (HvA 18): »Im Jahre 1943 wurde nach Budy eine ziemlich große Gruppe weiblicher Häftlinge russischer Nationalität geleitet. Sie wurden täglich geschlagen.«

Herrmann, Fenny. Häftlingsdentistin, Nr. 38434.
* 9. 8. 1904 Fürth. Dentistin, Jüdin: »Mein Mann war Arier. Aufgrund der Scheidung, es war im November 1942, kam ich ins Judenlager Berg am Laim, München. Im März 1943 kam ich nach Auschwitz ins Lager Birkenau. Mit unserem Transport wurden etwa 40 Kinder – meistens Waisen – des jüdischen Kinderheims aus der Antonienstraße in München mitgeführt. Die in dem Transport mitgeführten Kinder aus dem Kinderheim und alle Frauen mit Kindern sowie die nicht arbeitsfähigen Personen wurden auf Lastwagen verladen und fortgebracht. Was mit ihnen geschehen ist, war uns zu diesem Zeitpunkt noch nicht bekannt, wir haben diese Leute sogar noch beneidet.« Herrmann zu ihrer Arbeit: »Im Juni 1943 wurde ein Kommando zusammengestellt, das die Prothesen, die den vergasten Personen entfernt worden waren, aufarbeiten mußte. Die künstlichen Zähne wurden aus den Kautschukprothesen herausgemacht und ins Reich geschickt. Der Kautschuk, der dann wertlos geworden war, wurde im Ofen verheizt.« Zahnärztin in München.

Herskoviz, Gizele. *Mengele-Zwilling*, Nr. 5079.
* 18. 1. 1921 Cinadovo, heute Tschynadijowo / Ukraine. Aussage: »Ich wurde im Mai 1944 mit anderen Juden im damals ungarischen Teil der Tschechoslowakei festgenommen und mit der Eisenbahn nach Auschwitz gebracht. Er dauerte vier bis fünf Tage, und wir wurden nicht verpflegt. Nach der Ankunft in Auschwitz-Birkenau wurden meine Zwillingsschwester Helena und ich von unserer Familie getrennt. Kurz nach der Einlieferung haben meine Schwester und ich uns einmal freiwillig zur Arbeit gemeldet. Wir wurden in einen Schuppen geführt, wo viele nackte Leichen lagen, die wir mit einem Desinfektionsmittel begießen mußten.« Verheiratet in USA, Lehrerin. Q.: MV, Bd. 7.

Hertl, Robert. SS-Unterscharführer.
* 16. 1. 1902 Kornitz. Kommandanturstab Birkenau, Blockführer im »Zigeunerlager«. † 15. 11. 1979 Bad Vilbel. – KZ-Arzt Lucas im Auschwitz-Prozeß: »Im Zigeunerlager Birkenau waren große Baracken, die vorne und hinten ein Loch hatten, das war die Tür. Auf einzelnen Pritschen, großen Holzkisten, lagen fünf bis sechs Mann. Die sanitären Verhältnisse waren katastrophal. Wasservorräte waren so gut wie nicht vorhanden. Sie waren alle unterernährt. In der Küche habe ich das Essen kontrolliert und es gekostet. Es war irgendeine Art Graupensuppe, nein, man muß sagen, es war eine Wassersuppe, in der einige Graupen schwammen. Eine der fürchterlichsten

Krankheiten war die Noma, die nur bei völlig heruntergekommenen Menschen auftritt und Löcher durch die Wangen frißt, so daß man die Zähne sehen kann. Die hygienischen Verhältnisse waren unbeschreibbar. Von Toiletten konnte man überhaupt nicht sprechen, Latrinen wäre auch kein Ausdruck.«

Hertwig, Heinz. Rapportführer (Spieß). * 14.8.1921 Chemnitz. Mai 1943 bis zum Ende in Auschwitz, SS-Oberscharführer. Laut Häftlingsschreiber Paczula (AV, Bl. 2564) Teilnahme an Exekutionen. Standortbefehl Nr. 16/43: »Besuch der Großeltern in der Zeit v. 22.–28.4.43«. Häftling Smolen: »Er nahm [am 30.12. 1944] an der letzten öffentlichen Exekution im Stammlager Auschwitz teil.« Verbleib unbekannt. Der Lagerälteste Dürmayer gab Dezember 1945 zu Protokoll (AV, Bl. 5409), Hertwig sei Weihnachten 1944 völlig betrunken auf ihn zugekommen, habe ihn umarmt und gesagt: »Aber gelt, wenn's einmal anders kommen wird, dann hilfst du mir doch, ich tu doch jetzt ohnedies schon alles, was du willst.‹«

Herweck, Valentin August. SS-Sturmmann.
* 7.2.1900 Lampertheim. Zugang Juli 1941 aus Buchenwald. † 5.9.1941 Reservelazarett Kattowitz.

Herzog, Otto. Gefangenen-Eigentums-Verwaltung.
* 17.7.1907 Waldoppelsdorf. SS-Unterscharführer. Kommandanturstab Standortverwaltung, Abteilung GEV (Vertreter der GEV waren bei Transportankünften immer auf der Rampe). † 16.8.1979 München.

Heschl, Erwin. KZ-Arzt.
* 28.11.1911 Graz. Dr. med. 1932 NSDAP (Nr. 303997), 1937 SS (Nr. 303997), Hauptsturmführer (1943). Vom 1.9.1941 bis 15.4.1942 Lagerarzt in Auschwitz, danach in Mauthausen. Ab 1943 SS-Einsätze, u.a. SS-Division *Wiking* (LaP). Nach 1945 in Knittelfeld in Österreich.

Hesmer, Albert. Gefangenen-Eigentums-Verwaltung.
* 16.11.1909. SS-Rottenführer. Kommandanturstab, Standortverwaltung, Abteilung GEV (Vertreter der GEV waren bei Transportankünften immer auf der Rampe). Verbleib unbekannt. – Adjutant Mulka zur Beraubung der nichtjüdischen Gefangenen (AV, Bl. 6968ff.): »Als Gerichtsoffizier mußte ich öfters tätig werden, zumeist handelte es sich um Diebstähle des SS-Personals an Häftlingseffekten. Es sind damals in Auschwitz Werte in einer recht erheblichen Größenordnung zusammengekommen.«

Hesmer, Karl. SS-Sturmmann.
* 3.9.1903 Fasen-Werden. Vom 20.7. 1942 bis Oktober 1943 in Auschwitz. SS-Totenkopf-Sturmbann. 1948 in Krakau zu 3 Jahren Haft verurteilt (LaV). Nach 1945 in Herne.

Hess, Gerhard. SS-Hauptscharführer.
* 28.7.1908 Hamburg. Nach eigener Aussage 1930/31 SPD und (!) NSDAP. 1934 erneut NSDAP, landwirtschaftlicher Beamter. Mai 1942 bis März 1943 in Auschwitz. Hess: »Schräg gegenüber von meiner Dienststelle lag das alte Krematorium, das ständig in Funktion war. Ich konnte die Luft nicht vertragen, denn es roch ständig nach verbranntem Menschenfleisch. Ich ließ mich deshalb in den Außendienst versetzen.« Augenzeuge einer Vergasung von 200 Häftlingen im *Alten Krematorium*: »Vor dem kleinen Krematorium wurden einige Motorräder aufgestellt. Sodann stieg ein SDG auf das Dach des kleinen Krematoriums. Er trug eine Gasmaske. Er warf durch eine dort befindliche Luke Gegenstände in das kleine Krematorium hinein. In dem Augenblick fingen die aufgestellten Motorräder mit höchsten Touren an zu laufen. Auf diese Weise sollte offenbar das Todesgeschrei der Häftlinge übertönt werden.« Februar 1943 in einem SS-Panzergrenadierregiment in Holland. Nach

1945 Kaufmännischer Angestellter, Wohnsitz Kehl. Q.: AV, Bl. 12361 ff.

Heyde, Werner. Leiter der Häftlingsmorde, Tarnwort 14 f 13.
* 25.4.1902 Forst/Lausitz. Psychiater. Mai 1933 NSDAP (Nr. 3068165). 1934 Oberarzt Uni-Nervenklinik Würzburg. Juni 1936 SS (Nr. 276655), Standartenführer (1945!). Führer der Sanitätsabteilung der SS-Totenkopfverbände/KL. 1938 Führer im Stab SS-Hauptamt (SS-Sanitätsamt) und beim Inspekteur der Konzentrationslager. Dezember 1939 Ordinarius in Würzburg. Juli 1939 bis 31.12.1941 Medizinischer Leiter von T4 – Tarnungskürzel für die Zentraldienststelle der Kanzlei des Führers in der Berliner Tiergartenstraße 4, die den Massenmord an Behinderten (»Euthanasie«) organisierte. November 1942 Leiter des psychiatrisch-neurologischen SS-Lazaretts Würzburg. Psychiatrische Gutachten, z.B. über KZ-Arzt Adolph (AV, Bl. 9024). Ab 1950 unter dem Namen *Dr. Fritz Sawade* Gutachter u.a. für Landesversicherungsanstalt, Landesentschädigungsamt (NS-Verfolgte!) und die Justiz in Flensburg. November 1959 Verhaftung. † Suizid 13.2.1964 Zuchthaus Butzbach. – Himmler hatte am 13.1.1941 Viktor Brack (Kanzlei des Führers) einbestellt. Er will die für den Krankenmord installierten Vergasungsanstalten (Bernburg/Saale, Hartheim b. Linz, Sonnenstein in Pirna) nutzen, um die KZs von *Ballastexistenzen* zu »befreien« Die Ermordung der Häftlinge läuft unter dem Code *Aktion 14 f 13* oder *Sonderbehandlung 14 f 13*, wobei *Sonderbehandlung* das bei der Gestapo übliche Tarnwort für Exekution ist und 14 f 13 das Aktenzeichen, unter dem die Häftlingsmorde beim Inspekteur der Konzentrationslager geführt werden. T4-Ärzte, darunter Heyde und Schumann, bereisen ab Frühjahr 1941 die Lager, um unerwünschte Häftlinge in die T4-Gaskammern zu selektieren. In Auschwitz findet eine Selektion durch die Lagerärzte Popiersch und Schwela sowie die T4-Ärzte Robert Müller und Schumann am 28.7.1941 statt. 575 Häftlinge werden anschließend in Schumanns Anstalt Sonnenstein vergast. Nur wenig später, am 3.9.1941, beginnt Schwela mit dem Gasmord mittels Zyklon B in Auschwitz. Am 27.4.1943 – die Kriegslage erfordert den Einsatz aller Häftlinge für die Rüstungsindustrie – gibt Richard Glücks (Wirtschafts-Verwaltungshauptamt) einen Runderlaß an alle KZ-Kommandanten heraus, mit dem 14 f 13 vorerst endet: »Der Reichsführer-SS und Chef der Deutschen Polizei hat auf Vorlage entschieden, daß in Zukunft nur noch geisteskranke Häftlinge durch die hierfür bestimmten Ärztekommissionen für die Aktion 14 f 13 ausgemustert werden dürfen. [...] Der Befehl des Reichsführers-SS ist in Zukunft genauestens zu beachten.« Laut Czech wird auf Grund dieses Erlasses die Tötung kranker Häftlinge durch Phenolspritzen eingestellt. Häftlinge des KZ Mauthausen werden jedoch ab dem 11. April 1944 wieder in der Vergasungsanstalt Hartheim vergast. Q.: Klee, »Euthanasie«.

Heyden, Karl von den. Aufsicht Postamt 2.
* 18.10.1887 Darmstadt, Sohn eines Ratsdieners. Vertreter. 1932 NSDAP, auch SA. Aus Bensheim im Odenwald. Nach eigener Aussage ab Sommer 1944 am Bahnhof Auschwitz. Heyden: »Mit dem Konzentrationslager Auschwitz hatten wir dienstlich keinen Kontakt. Die Post für das KL Auschwitz wurde täglich mit einem Lastwagen der Waffen-SS abgeholt. Dabei waren immer 6–8 Häftlinge und zwei Wachleute von der SS. Das KL Auschwitz hatte am Bahnhof Auschwitz eine eigene Paketkammer, so daß sie mit der allgemeinen Post nicht in Berührung kamen.« StA Frankfurt (AV, Bl. 3767): »Leitete das Postamt in Auschwitz. Überwachte Häftlingsarbei-

ten. Verursachte den Tod vieler Häftlinge.« Heydens Glaubwürdigkeit dokumentiert seine Aussage: »Von den Vergasungen im KL Auschwitz habe ich erst nach dem Kriege gehört.« Rapportführer Kaduk im Auschwitz-Prozeß (Langbein, Menschen): »Wenn die Öfen gebrannt haben, dann war eine Stichflamme von fünf Meter Höhe, die hat man vom Bahnhof aus gesehen.« Aussage Heyden: AV, Bl. 8656 ff.

Hiegl, Franz. SS-Schütze.
* 1.1.1911 Milidisen. Vom 20.10.1943 bis 2.12.1944 in Auschwitz. Wachmannschaft. 1948 in Krakau zu 4 Jahren Haft verurteilt (LaV).

Hieke, Friedrich. SS-Oberscharführer.
* 20.9.1891. Monowitz. Verbleib unbekannt. – Buna-Häftling Primo Levi über eine Selektion: »Dort, vor den beiden Türen, steht der Richter unseres Schicksals, ein SS-Scharführer. Zu seiner Rechten der Blockälteste, zu seiner Linken der Blockschreiber. Jeder, der aus dem Tagesraum nackt in die Oktoberkälte tritt, muß die wenigen Schritte zwischen den Türen laufend vor diesen dreien zurücklegen und dann durch die Tür des Schlafraums wieder in die Baracke gehen. In dem Sekundenbruchteil zwischen zwei aufeinanderfolgenden Vorbeiläufen entscheidet der SS-Mann mit einem Blick von vorn und hinten über das Geschick eines jeden.«

Hiel, Johann. SS-Schütze.
* 28.10.1909 Palanka. SS-Totenkopf-Sturmbann, Kommando Golleschau. Nach 1945 im Landkreis Würzburg.

Hierer, Wilhelm. Fahrbereitschaft.
* 28.5.1895 Marienthal/Thüringen. Ab 1941 in Auschwitz. SS-Unterscharführer. Verbleib unbekannt. – Häftlingsärztin Hautval (Medizin) über den Abend nach einer Selektion im Frauenrevier: »Sie werden alle eingeschlossen. Schreie wie von wilden Tieren. Abends kommen die Lastwagen sie holen. Ich kann meine Tränen nicht zurückhalten. Unter Wehklagen werden sie auf den Lastwagen geladen. Dann startet der Motor wieder, und der Wagen fährt los. Der Lärm wird beim Vorbeifahren stärker, dann entfernt er sich. Nach einigen Minuten kommt der Lastwagen zurück, und alles fängt von neuem an. So geht es mehrere Male. Dann ist es zu Ende, und das war's. Die Nacht kommt wie gewöhnlich. Ruhe kehrt wieder ein – jedenfalls vorübergehend, denn morgen, übermorgen, in einer Woche wird dasselbe mit anderen geschehen.«

Hiesl, Myhaly (Michael). SS-Schütze.
* 5.12.1897 Rigicza/Ungarn. Oktober bis Dezember 1944 SS-Totenkopf-Sturmbann. 1948 in Wadowice zu 3 Jahren Haft verurteilt (LaV). † 2.7.1968 Degendorf.

Hild, Wilhelm. Fahrbereitschaft.
* 2.10.1903 Glauberg, Kreis Büdingen. SS-Unterscharführer. Laut KZ-Kollege Siebald (AV, Bl. 15833) hatte er »eine spießähnliche Funktion«, später im Schlachthaus. Standortbefehl Nr. 36/43: »Besuch der Familie vom 1.9.43 bis auf weiteres«, StB Nr. 45/43: »Besuch der Schwiegermutter vom 3.10.–15.10.43«. † 22.7.1968 Rüsselsheim. – Morris Kesselman, Gaskammerkommando, über den Antransport von Frauen aus dem Lager (Friedler): »Sie brachten sie mit einem Kipplaster – sie waren auf der Ladefläche, nackt – dann haben sie die Frauen heruntergekippt – lebendig fielen sie herunter. Und dann haben sie sie in die Gaskammern geworfen.«

Hillmann, Günther. Chemiker.
* 24.4.1919 Ludwigslust in Pommern. Sohn eines Studienrats. HJ, NS-Kraftfahr-Korps, NS-Reiter-Korps (Hillmann an DFG). Oktober 1943 Arbeitsplatz am Kaiser-Wilhelm-Institut (KWI) für Biochemie bei Professor Adolf Butenandt. Bearbeitete laut Verschuer (KWI Anthropologie) Mengeles Plasma-Präparate aus Auschwitz, Codewort: *Spezifische Eiweißkörper.* Verschuer am 31.10.1944

an DFG (BA R 73/15342): »Blutproben von über 200 Personen verschiedenster rassischer Zugehörigkeit wurden verarbeitet und Substrate des Blutplasmas hergestellt. Die weitere Forschung wird zusammen mit Dr. Hillmann, Mitarbeiter des Kaiser-Wilhelm-Instituts für Biochemie, fortgeführt. Dr. Hillmann ist biochemischer Spezialist für Eiweißforschung.« 1949 Laborleiter der Med. Klinik der Universität Tübingen. 1962 Professor für klinische Biochemie in Tübingen. Erster Präsident der Deutschen Gesellschaft für Klinische Biochemie. † 8.5.1976 Nürnberg.

Hillscher, Karl. SS-Oberscharführer.
* 12.6.1892 Dresden. August 1944 Wachmannschaft. Herbst 1944 Kommando Charlottengrube (HvA 17). 1948 in Krakau zu 5 Jahren Haft verurteilt.

Hilse, Siegfried. SS-Unterscharführer.
* 22.4.1915 Poischwitz in Schlesien. Ab 20.10.1944 in Monowitz. Wachmannschaft. 1948 in Wadowice zu 3 Jahren Haft verurteilt (LaV). Wohnsitz in Nordrhein-Westfalen.

Hilse, Willy. Reichsbahninspektor, Aufsicht Güterabfertigung am Bahnhof Auschwitz.
* 18.3.1906 Guttenstaed, Kreis Glogau (Schlesien). NSDAP 1939. September 1942 bis Juli 1944 Bahnhof Auschwitz, danach in Oppeln. Sein Vorgesetzter Barthelmäs: »Die dienstliche Betreuung des Judenlagers habe ich meinem Vertreter Hilse übertragen.« Nach 1945 beim Bundesbahnamt in Frankfurt am Main. Aussage Hilse als Reichsbahner, der nur seine Pflicht tut und dabei Menschen als Frachtgut abwickelt (206 AR-Z 15/63 ZStL, Auszug): »Einen großen Raum der ankommenden Transporte bildeten die sog. Judentransporte aus Ungarn. Diese Transporte waren mit großen Wehrmachtsfrachtbriefen eingegangen. Die Frachtbriefe sind mir vorgelegt worden, wurden beim Empfang in das Empfangsbuch für Wehrmachtsfrachtbriefe eingetragen und am Monatsende zur Abrechnung vorgelegt. Maßgebliche Vorschriften für den Güterabfertigungsdienst sind: Die Zugabfertigungsvorschrift und die Güterbeförderungsvorschriften für den Wagendienst. Die in Auschwitz eingetroffenen Transporte (ich denke hier nur an die aus Ungarn eingetroffenen Transporte) wurden auf dem Bahnhof in Auschwitz vom Rangierpersonal übernommen. Die Lokomotive wurde gegen eine Rangierlokomotive umgewechselt. Aus einem Beförderungszug wurde somit ein Rangierzug, mit einem eigens dafür bestimmten Rangierpersonal. Dieses bestand aus dem Rangierlokführer und Rangierheizer, dem Rangierleiter und einem Rangierer. Das Rangierpersonal setzte dann den Zug in Bewegung und brachte ihn in das Lager Birkenau. Ich selbst war im Lager Birkenau einmal [?], um Wagenstandsgeld einzuziehen. Für das Betreten des Lagers im Komplex der Verwaltung gab es besondere Ausweise für uns Eisenbahner.« Anmerkung [E. K.]: Hilse bewohnte nach 1945 ein Einzelhaus in einer Eisenbahnersiedlung, der Kuhwaldsiedlung in Frankfurt am Main. Es war dieselbe Straße, in der ich als Kind wohnte. Wenn beim Spiel der Ball in seinen Vorgarten fiel, hatten wir Ärger.

Hinrichs, Dietrich. SS-Rottenführer.
* 3.6.1910 Menthausen/Wesermarsch. SS-Nr. 26039. Standortverwaltung, Häftlingsküche, Koch, d.h. Überwachung der Häftlingsköche. Verbleib unbekannt. – Johann Paul Kremer (AV, Bl. 9063): »Besonders unangenehm war die Aktion der Vergasung abgemagerter Frauen vom Frauenlager. Sie bettelten bei den SS-Leuten um ihr Leben und weinten, man trieb sie jedoch alle in die Gaskammer und vergaste sie. Als Anatom hatte ich viel Schreckliches gesehen und viel mit Leichen zu tun gehabt, jedoch das, was ich damals sah, ließ sich mit nichts vergleichen.«

Hinz, Alfred. SS-Rottenführer (1941).
* 12.3.1915 Nichers, Kreis Zempelburg. Zugang Juli 1941 aus Buchenwald. † Vermißt.

Hinze, Günter. Fahrbereitschaft.
* 30.1.1921 Berlin. Kaufmännische Lehre. 1939 Waffen-SS, Unterscharführer. Ab Oktober 1941 in Auschwitz. SS-Wachkompanie. Februar 1943 kurzzeitig Fahrer eines Sanka (das Zyklon B wurde im Sanka antransportiert). Nach 1945 Kaufmann. Ehefrau Else war laut Hinze eine ehemalige Auschwitzgefangene, die Juni 1943 entlassen und danach »in einem für SS-Angehörige bestimmten Lebensmittelgeschäft beschäftigt« wurde. Hinze: »Ein- oder zweimal fuhr ich auch einen SS-Arzt zur Durchführung von Selektionen nach Birkenau. Namentlich ist mir noch der SS-Arzt Dr. Fischer bekannt. Ich habe selbst mit zugesehen, wie die ankommenden Häftlinge selektiert wurden. Daß Häftlinge vergast wurden, war allen SS-Angehörigen im Lagerbereich bekannt.« Q.: AV, Bl. 6793 ff.

Hinze, Wilhelm. SS-Sanitätsdienstgrad (SDG).
* 14.11.1921 Belzig / Sachsen. Schlosser. SS-Unterscharführer. Ab 15.7.1942 in Auschwitz, anfangs Wachmann, SDG im Häftlingskrankenbau, Dezember 1943 bis Mai 1944 im Außenlager Fürstengrube (HvA 16). Laut Häftlingsschreiber Paczula (AV, Bl. 2575) Abspritzungen »in geringem Umfange«. Wohnsitz in Westfalen.

Hippmann, Anton. Hundestaffel.
* 20.12.1903 Hareth, Landkreis Komotau. SS-Sturmmann. Wachbataillon. † 28.8.1973 Frankfurt am Main. Häftling Franciszek Gulba (Nr. 10245), Kommando Wegebau, im Auschwitz-Prozeß: »Wir hatten einen Weg zu bauen, der zu dem Häuschen führte, das als Gaskammer [Bunker I] hergerichtet war. Einmal kamen Autos, auf denen halbnackte Frauen waren. SSler mit Hunden haben die Frauen in das Häuschen hineingejagt. Einige Frauen haben sich geweigert hineinzugehen, Da haben die SSler ihre Hunde auf sie gehetzt.«

Hirsch. Kommandoführer Krematorien (1943).
* Nicht identifiziert. SS-Hauptscharführer. Hans Stark (PA), in seiner ersten Vernehmung, zu den Vergasungen im *Alten Krematorium*: »Da dieses Zyklon B körnerförmig war, rieselte dieses beim Hineinschütten über die Menschen. Sie fingen dann furchtbar an zu schreien, denn sie wußten nun, was mit ihnen geschieht. Nach wenigen Minuten war es still. Nach Verlauf einer Zeit, es können 10–15 Minuten gewesen sein, wurde der Vergasungsraum geöffnet. Die Getöteten lagen kreuz und quer durcheinander, es war ein schrecklicher Anblick.«

Hirsch, Sigismond. Häftlingsarzt, Nr. 164526.
* 22.1.1906 Cris / Rumänen. Ankunft Auschwitz am 23.11.1943 aus Drancy, von 1200 Deportierten werden 914 sofort in der Gaskammer erstickt. Bald an Typhus erkrankt und zur Vergasung auf einen Lkw verladen. Hirsch: »Durch Mithäftlinge habe ich erfahren, daß ich selbst im Zustand der Bewußtlosigkeit auf dem Lkw war, als SS-Männer kamen, die mich dank meiner auf den Arm tätowierten Nummer identifizierten und mich wieder vom Wagen holten auf Grund meiner Fähigkeiten als deutsch sprechender Röntgenologe.« Hirsch zu seiner Tätigkeit: »Der wichtigste Teil meiner Arbeit bestand darin, Röntgenaufnahmen, die von außerhalb kamen, zu interpretieren. Es handelte sich großenteils um Knochenmißbildungen oder Tuberkulose bei Zwillingen. Soweit ich weiß, schloß meine Erläuterung die Akte ab, denn daraufhin verschwanden die Betreffenden. Ich habe von Dr. Nyiszli erfahren, daß er selbst gesehen hat, daß Mengele mit eigener Hand den Tod von Deportierten verursachte, denen er intrakardiale Phenol- oder Chloroform-

Injektionen gab.« Arzt in Paris. Q.: MV, Bd. 15.

Hirschberg, Alfred. SS-Unterscharführer.

* 4.1.1897 Nimitsch-Altstadt. SS-Totenkopf-Sturmbann. Nach 1945 in Ludwigshafen.

Hirschler, Herma. Häftling Nr. 2531, Politische Abteilung (PA).

* 1921 Bratislava. Ankunft Auschwitz am 28.3.1942 mit insgesamt 798 Jüdinnen aus Brünn. In der PA (Lager-Gestapo) persönliche Schreiberin für Quakernack. Hirschler über ihren Chef Anton Brose, Schütze bei Hinrichtungen: »Brose war hochanständig. Er hat mich immer wie eine Dame behandelt und brachte mir häufig Essen von seiner Frau mit. Wenn wir irgendwohin zur Vernehmung gingen, hat er meine Schreibmaschine getragen: ›Ich lasse mich doch von keiner Dame bedienen. Sie können nichts dafür, daß Sie als Jüdin geboren wurden, und ich kann nichts dafür, daß ich als Deutscher zur Welt kam.« Im Selbstporträt, publiziert in Shelleys Buch *Schreiberinnen des Todes*, behauptet sie, Quakernack habe sie »eine Sekunde bevor man die Tür schloß« aus der Gaskammer befreit.

Hirt, August. Anatom, Initiator der Anthropologischen Sammlung *Fremdrassiger.*

* 29.4.1898 Mannheim. 1933 SS (Nr. 100414), Sturmbannführer (1944), 1937 NSDAP (Nr. 4012784). Ab 1.10. 1941 Lehrstuhl für Anatomie an der Reichsuniversität (NS-Kampfuniversität) Straßburg, Direktor des Anatomischen Instituts, Leiter des *Instituts für wehrwissenschaftliche Zweckforschung »H«* (Hirt) des *SS-Ahnenerbe* (AE): 1942/43 mörderische Giftgasversuche (Lost) an Häftlingen des KZ Natzweiler-Struthof, 1943/44 Versuche mit dem Giftgas Phosgen in der eigens für Medizinversuche errichteten Gaskammer außerhalb des KZ. Ab Sommer 1942 Plan des AE, unter Hirts Führung jüdische Menschen zu ermorden, um sie als Ausstellungsobjekte zur Schau zu stellen: Anfangs ist von einer Schädelsammlung die Rede, dann von einer *Jüdischen Skelettsammlung*, schließlich von einer *anthropologischen Sammlung Fremdrassiger.* Juni 1943 Selektion von Juden in Auschwitz, die in Natzweiler für Hirts Sammlung getötet werden sollen. Hirt moniert am 14.7.1943 beim *Ahnenerbe* unter dem Betreff *Aufbau einer Sammlung*, »dass nach Mitteilung des Lagerkommandanten insofern eine Schwierigkeit aufgetreten ist, als das Material zur Vergasung nicht vorhanden ist«. Abtransport der Opfer aus Auschwitz am 30.7.1943. Joseph Kramer, zu dieser Zeit Kommandant in Natzweiler, meldet sich im August 1943 befehlsgemäß bei Hirt in Straßburg (Nbg. Dok. NO-807): »Er erklärte mir genau, daß diese Personen in der Gaskammer in Struthof getötet werden sollten, mit Hilfe von Erstickungsgas, und daß ihre Leichen dem Anatomischen Institut in Straßburg überführt werden sollen. Nach der Unterhaltung übergab er mir eine Flasche. Sie hatte den Inhalt eines viertel Liters und enthielt Salz, ich glaube, es handelte sich um Zyanhydrisches Salz. Der Professor gab mir die ungefähre Menge an, die ich verwenden sollte.« Die letztlich 86 Juden (der Ahnenerbe-Forscher Michael H. Kater nennt irrtümlich 122 Mordopfer) werden August 1943 in der Natzweilerer Gaskammer ermordet, in Straßburg konserviert und im Keller der Anatomie gelagert. Wahrscheinlich sollten sie nicht mehr zu Skeletten verarbeitet, sondern in toto ausgestellt werden. September 1943 beginnt die Verlagerung des Anatomischen Instituts nach Tübingen. Hirts Mitarbeiter schneiden zunächst Häftlingsnummern aus dem Unterarm der Leichen, um ihre Identität zu vertuschen. *Ahnenerbe*-Chef Sievers am 21.10.1944 im Tagebuch: »Mitteilung, daß Sammlung gänzlich aufgelöst.« Als am 23.11.

1944 die US-Army Straßburg befreit, lagern noch 16 vollständig erhaltene Leichen im Keller, außerdem schwimmen noch zerstückelte Körperteile in den Wannen. Hirt hatte seine Vorgesetzten belogen, weil er einen Teil des zusammengemordeten »Materials« retten wollte. † Suizid durch Erschießen am 2.6.1945.

Hirtenreiter, Adam. SS-Schütze.
* 6.3.1909 Maja, Bezirk Mohacs in Ungarn. SS-Totenkopf-Sturmbann, Kommando Golleschau. † 3.8.1967 München.

Hladjik, Michael. SS-Rottenführer.
* 15.9.1910 Kamencia. Ab Januar 1943 in Auschwitz. Wachmannschaft. 1948 in Krakau zu 2 Jahren Haft verurteilt (LaV). Nach 1945 in Landkreis Straubing-Bogen.

Hochscherf, Heinrich Wilhelm. Zentral-Bauleitung.
* 2.4.1911 Köln. SS-Unterscharführer. Zuständig für den Arbeitseinsatz. Wohnsitz in Nordrhein-Westfalen. – Die Zentral-Bauleitung befehligte Sommer 1943 insgesamt 10266 männliche und 662 weibliche Häftlinge (Czech).

Hodina, Ludwig. SS-Schütze.
* 14.2.1914. SS-Totenkopf-Sturmbann, Kommando Janinagrube. 1948 in Krakau zu 4 Jahren Haft verurteilt (LaV). Wohnsitz in Österreich.

Hodys, Nora. »Geliebte« von Höß.
* 1903 Wien. SS-Richter Konrad Morgen im Auschwitz-Prozeß (Tonbandprotokoll FBI): »Der verheiratete Standartenführer Höß hatte ein Liebesverhältnis mit einer tschechischen Häftlingsfrau namens Hodys begonnen, und der weibliche Häftling war schwanger geworden. Damit die Sache nicht rauskam, da hat er seine Geliebte in den Block [11] bringen lassen, in den Bunker. Und im Falle Hodys, da hatte er sogar Anweisung gegeben, dieser Frau, die schwanger war, nichts mehr zu essen zu geben. Sie sollte da verhungern. Aber selbst Teile dieser entmenschten Wachen, die haben diesen Befehl nicht ausführen können. Sondern es fand sich ab und zu einer, der ihr was zu essen gab. Und aus dieser Marter befreite ich diese Frau.« Ella Lingens (Erinnerungen): »Sie lag bei mir mit einer wahrscheinlich tuberkulösen Knochenmarkentzündung. Sie war aber so verlogen, daß man nicht recht wissen konnte, was von ihren romantischen Erzählungen zu halten war, obwohl ihr Inhalt durchaus im Bereich des Möglichen lag.« Laut Langbein (*Menschen*) nach dem Krieg »wegen geringfügiger Betrugsaffären polizeilich gesucht«. Grabner, ein Intimfeind von Höß, erwähnt Hodys in seinen Aussagen, aber keine sexuelle Beziehung.

Höblinger, Franz. SS-Rottenführer.
* 21.3.1924 Wien. Einstellung Ermittlungsverfahren StA Frankfurt 1963, da »keine konkreten Anhaltspunkte für eine strafbare Handlung«. Verbleib unbekannt.

Höck, Werner. SS-Scharführer.
* 3.5.1918 Linz. 1940 Zugang mit Engelschall aus Dachau. Kommandanturstab, Stabsscharführer (Spieß). Verbleib unbekannt.

Höcker, Georg. Stellv. Leiter der Gefangenen-Eigentums-Verwaltung (Juni 1944).
* 28.3.1912 Ansbach. Anstreicher. 1932 NSDAP (Nr. 414547) und SS (Nr. 46267), Hauptsturmführer. Zunächst in Dachau. Ab 26.9.1942 in Auschwitz, Standortverwaltung. Standortbefehl Nr. 36/43: »Besuch der Schwiegermutter und Schwägerin v. 1.9.43 bis auf weiteres.« Ranghöchster SS-Mann des *Aufräumkommandos* an der Rampe (König-Urteil). Vrba (AV, Bl. 14531): »An einem Tag konnte ich aus kürzester Entfernung beobachten, wie Höcker einen neu angekommenen Häftling befragte, was er von Beruf sei. Dieser erklärte, daß er an einer deutschen Universität die deutsche Sprache lehre. Höcker war darüber sehr aufgebracht. Er erklärte, es sei eine Frech-

heit, daß ein Jude in deutscher Sprache unterrichte. Er schlug mit einem Knüppel auf den neu hinzugekommenen Häftling ein.« Nach eigener Aussage im Zuge der Korruptionsermittlungen der Kommission Konrad Morgens Juli 1944 von SS-Gericht verurteilt: »Ich erhielt 2 Jahre 7 Monate Gefängnis, degradiert wurde ich nicht. Ich gab in der Verhandlung zu, daß ich aus der Effektenkammer Kanada einige Kleider und Wäschestücke für meine Frau beiseite geschafft hatte.« Bis 18.1.1945 in Auschwitz, danach in Buchenwald, Sachsenhausen, Mittelbau-Dora und Bergen-Belsen. Todesurteil am 3.1.1949 in Krakau, begnadigt und am 26.11.1962 entlassen. Berufsangabe: Lackierer. Höcker: »Daß in Auschwitz Häftlinge mit dem Giftgas Zyklon B vergast worden sind, ist mir natürlich bekannt.« Q.: AV, Bl. 14330 ff.

Höcker, Karl. Letzter Adjutant in Auschwitz.
* 11.12.1911 Engershausen, Kreis Lübbecke. Sohn eines Maurers (Kriegstod 1915). Kaufmännische Lehre. 1933 SS (Nr. 182961), Obersturmführer (1944). NSDAP 1937 (Nr. 4444757). Kassengehilfe der Kreissparkasse Lübbecke. Frühjahr 1940 KZ Neuengamme. Frühjahr 1942 Stabsscharführer (Spieß) im KZ *Arbeitsdorf* in Wolfsburg. 1943 SS-Junkerschule. Mai 1943 Adjutant in Majdanek, ab 25.5.1944 Adjutant von Baer in Auschwitz. Januar 1945 Adjutant in Nordhausen. Nach 1945 Hauptkassierer der Kreissparkasse Lübbecke. Am 20.8. 1965 vom LG Frankfurt am Main zu 7 Jahren Haft verurteilt: schuldig »der gemeinschaftlichen Beihilfe zum gemeinschaftlichen Mord in mindestens 3 (drei) Fällen an mindestens je 1000 (tausend) Menschen«. Am 3.5.1989 vom LG Bielefeld wegen Beihilfe zum Mord in Majdanek zu 4 Jahren Haft verurteilt. Höcker (AV, Bl. 7737 f.): »Mir ist bekannt geworden, daß im Lager Auschwitz II (Birkenau) Juden aus Ungarn eingeliefert wurden, diese nach Arbeitsfähigkeit untersucht wurden und nicht arbeitsfähige Personen vergast worden sind.« Höcker in einer anderen Aussage (AV, Bl. 11582): »Ich kann zwar keine Zahlen nennen, aber die Zahl der Toten stand in einem angemessenen Verhältnis zur Stärke.« Höckers Schlußwort im Auschwitz-Prozeß: »Ich habe keinem Menschen etwas zuleide getan.«

Höhn, Fritz. SS-Unterscharführer.
* 2.4.1912 Steinheid/Thüringen. SS-Nr. 52870. Ab August 1941 in Auschwitz. Koch, d.h. Überwachung der Häftlingsköche in der SS-Kantine Birkenau, Ordonnanz im SS-Führerheim. Standortverwaltung. 1948 in Krakau zu 3 Jahren Haft verurteilt (LaV).

Hölblinger, Karl. Fahrbereitschaft.
* 17.2.1910 Wien. SS-Rottenführer. Vor Weihnachten 1942 in Auschwitz. Fuhr einen Sanitätskraftwagen (Sanka) mit Rotem Kreuz zum Transport des Zyklon B. Hölblinger (AV, Bl. 12174 f.): »In den Sanka stiegen 2 SS-Leute mit einem Arzt ein, und dann fuhr der Sanka zur Rampe. Die 2 SS-Männer, die wir Vergasungsfritzen nannten, verluden vorher noch Zyklon B in den Sanka. Die für die Vergasung bestimmten Häftlinge wurden mit Lastkraftwagen zum Vergasungsbunker geführt. Bei jedem ankommenden Transport sind jeweils 4 bis 5 Lastwagen mit je 30 bis 50 Personen zum Vergasungsbunker gefahren. Wenn diese Lastwagen von der Rampe abfuhren, mußte ich mich mit dem Sanka hinten anschließen. Ich mußte mit meinem Sanka vor dem Bunker stehen bleiben und diesen mit Scheinwerfern anstrahlen. Die Vergasungsfritzen schütteten den Inhalt der Gasbüchsen in eine unter dem Dach befindliche Luke.« Im Kontrast dazu Kommandant Liebehenschels Standortbefehl vom 22.3.1944: »Aus gegebener Veranlassung werden die Einheiten im Heimatkriegsgebiet darauf hingewiesen, daß Krankenkraftwagen aus-

schließlich zum Krankentransport benutzt werden dürfen. Jede widerrechtliche Benutzung wird in Zukunft als Ungehorsam bestraft.« Nach 1945 Kraftfahrer in Wien.

Hölzel, Emil. SS-Oberscharführer.
* 23.12.1887 Schland/Spree. Wachmannschaft, Herbst 1944 Kommando Charlottengrube. Am 23.1.1948 in Krakau zu 3 Jahren Haft verurteilt.

Höper, Hermann. SS-Schütze.
* 18.4.1904 Bannetze. Ab September 1944 Wachmannschaft, Kommando Sosnowitz (II). 1948 in Krakau zu 2 Jahren Haft verurteilt (LaV). Nach 1945 in Winsen/Aller.

Höß, Rudolf. Kommandant von Auschwitz.
* 25.11.1900 Baden-Baden, Sohn eines Kaufmanns. 1916 Kriegsfreiwilliger. *Freikorps Roßbach.* 1922 NSDAP (Nr. 3240). Juni 1923 wegen Mittäterschaft bei einem Fememord zu 10 Jahren Haft verurteilt (Höß: »Am Mord selbst waren ich und drei andere beteiligt«). Strafverbüßung im Zuchthaus Brandenburg, 1928 amnestiert, ab 1929 bei verschiedenen Landdienstgruppen des Bunds der Artmanen (Bekanntschaft mit Himmler). Am 1.4. 1934 SS (Nr. 193616). November 1934 SS-Scharführer in Dachau, Block- und Rapportführer (Spieß). August 1938 Adjutant in Sachsenhausen (»Fast Tag für Tag mußte ich mit meinem Exekutionskommando antreten«), Dezember 1939 Schutzhaftlagerführer. Vom 30.4. 1940 bis 9.11.1943 Kommandant in Auschwitz. Höß (Aufzeichnungen): »Nach dem Willen des RFSS wurde Auschwitz die größte Menschen-Vernichtungs-Anlage aller Zeiten.« Verurteilte am 23.4.1941 als Rache für die Flucht eines Häftlings erstmals zehn Häftlinge zum Hungertod in einer Dunkelzelle in Block 11, darunter der polnische Physikprofessor Marian Barko. Juli 1942 Obersturmbannführer. Am 16.9. 1942 Dienstreise ins Vernichtungslager Chelmno (Gaswagen), um die dortige Leichenverbrennung in Massengräbern für Auschwitz zu übernehmen. April 1943 *Kriegsverdienstkreuz I. Klasse mit Schwertern* (KB Nr. 10/43). November 1943 Ablösung. Ab 1.12.1943 Leiter des Amts D I (Zentralamt) im SS-Wirtschafts-Verwaltungshauptamt. Ab 8.5. 1944 wegen des bevorstehenden Massenmords an über 400 000 ungarischen Juden erneut in Auschwitz: beschleunigter Ausbau des Bahnanschlusses in Birkenau, erneute Inbetriebnahme des stillgelegten Bunkers II (nun als Krematorium V oder Bunker V bezeichnet, Aufstockung des *Jüdischen Sonderkommandos* (Mai 1944 über 300, Juli exakt 903 Häftlinge). Die ersten Ungarn-Transporte treffen am 16. Mai 1944 ein. Die nicht sofort getöteten Häftlinge werden als sog. Depot-Häftlinge untätowiert ins Lager aufgenommen und zum Teil in andere Lager weitertransportiert. Standortbefehl Höß vom 27.5.1944, während der Ungarntransporte: »Im übrigen haben alle SS-Angehörigen für die größte Schonung der Natur einzustehen.« Abgang Auschwitz am 29.7.1944. Ehefrau Höß und fünf Kinder verlassen die Dienstvilla am 6.11.1944 Richtung Ravensbrück, für Wohnungsausstattung usw. werden vier Güterwaggons benötigt (Czech). 1945 als Bootsmaat *Franz Lang* auf Sylt abgetaucht, danach auf einem Bauernhof bei Flensburg. Am 11.3.1946 von britischer Militärpolizei verhaftet (»Meine Giftphiole war zwei Tage vorher zerbrochen«). Höß am 14.3.1946 in einer Vernehmung (Nbg. Dok. NO-1210): »Die höchste Zahl an Vergasungen in Auschwitz an einem Tag betrug 10 000.« Am 25.5.1946 Auslieferung an Polen. Höß in polnischer Haft: »Heute sehe auch ich ein, daß die Judenvernichtung falsch, grundfalsch war. Gerade durch diese Massenvernichtung hat sich Deutschland den Haß der ganzen Welt zugezogen. Dem Antisemitismus war da-

mit gar nicht gedient, im Gegenteil, das Judentum ist dadurch seinem Endziel viel näher gekommen.« Todesurteil am 2.4.1947 in Warschau. † Hinrichtung am 16.4.1947 auf dem Lagergelände in Auschwitz.

Hössler, Franz. Kommandoführer Gaskammern.

* 4.2.1906 Oberdorf/Schwaben. Fotograf. 1932 NSDAP (Nr. 1374713) und SS (Nr. 41940), Obersturmführer (1944). Ab 1933 in Dachau, zunächst als Wachposten. Ab Juni 1940 in Auschwitz. Leiter des nur Juli/August 1940 bestehenden Außenlagers Oehringen in Sosnica b. Gleiwitz, 30 Häftlinge, eingesetzt zum Abwickeln des Stacheldrahts eines ehemaligen Kriegsgefangenenlagers für die Einzäunung von Auschwitz (StAu I). Führer von Arbeitskommandos und der Strafkompanie. Jozef Kret, Häftling in der Strafkompanie (HvA 1): »Wir kämpften nicht um jeden Tag, sondern um jede Stunde unseres Lebens.« Arbeitsdienst- und Rapportführer (Spieß). Laut Häftlingsarzt Klodzinski begleitete er am 28.7.1941 den Transport von 575 Häftlingen (14 f 13), die in der Vergasungsanstalt Sonnenstein in Pirna ermordet werden. Schutzhaftlagerführer Franz Hofmann (AV, Bl. 1356): »Ständig an der Rampe beschäftigt waren der Unterführer Moll und der Untersturmführer Hössler.« Leiter der Vergasungen im *Alten Krematorium* (Broad), in Bunker I und Bunker II. Laut Filip Müller von den Häftlingen *Mojsche Lügner* genannt, hielt vor der Vergasung Ansprachen wie: »Nach dem Baden gibt es für jeden eine Portion Suppe und Kaffee oder Tee. Ja, damit ich es nicht vergesse, halten Sie nach dem Baden alle Lehrbriefe, Diplome, Schulzeugnisse und sonstigen Dokumente bereit, damit wir jeden nach seinen Kenntnissen und Fähigkeiten einsetzen können. Noch etwas: Diabetiker, die keinen Zucker zu sich nehmen dürfen, melden sich nach dem Baden beim diensthabenden Personal.« Am 16.9. 1942 mit Höß und Dejaco Dienstreise ins Vernichtungslager Chelmno (Gaswagen) wegen der Verbrennung der Leichen in Massengräbern. Kommandierte ab dem 21.9.1942 die Leerung der Massengräber und die Verbrennung von mehr als 100000 Leichen der in den Birkenauer Gasbunkern Ermordeten (Ende November 1942 abgeschlossen). Ab 27.8.1943 Schutzhaftlagerführer des Frauenlagers Birkenau. Standortbefehl (StB) Nr. 30/ 43: »Besuch der Schwiegereltern vom 25.7.–8.8.43«. StB vom 21.8.1943: »Besuch der Schwägerin v. 20.–28.8.43«. April 1944 Natzweiler, Juni 1944 Schutzhaftlagerführer in Auschwitz. Bei Kriegsende in Belsen, wo täglich die Häftlinge infolge Hungers und Seuchen sterben. Todesurteil britisches Militärgericht am 15.11.1945 in Lüneburg. † Hinrichtung 13.12.1945 Hameln. Aussage Hössler im Belsen-Prozeß: »Jeder im Lager wußte von der Gaskammer in Auschwitz, aber niemals nahm ich an der Aussortierung von Häftlingen teil.«

Höwner, Hans. Führer des Außenlagers Althammer.

* 3.5.1922 Danzig. SS-Oberscharführer. Ab Herbst 1940 in Auschwitz. Leiter der Truppenkantine im Stammlager und in Monowitz. September 1944 kurz Chef des im selben Monat gegründeten Lagers Althammer im Bezirk Kattowitz (Bau eines Kraftwerks, 500 Häftlinge). Kommandanturbefehl vom 4.10.1944: *Kriegsverdienstkreuz II. Klasse mit Schwertern.* 1948 in Krakau als Angehöriger »einer verbrecherischen Gruppe« zu 8 Jahren Haft verurteilt (LaV).

Hofbauer, Franz. SS-Unterscharführer (1941).

* 11.10.1918 Schalchen, Kreis Braunau. 1938 SS-Verfügungstruppe. Ab 17.9. 1942 in Auschwitz. Lasik (Personal): »Funktionär der Lagerverwaltung sowie Mitglied des SS-Desinfektionskommandos.« Wohnsitz in Nordrhein-Westfalen.

Hofer, Josef (Sepp). Politische Abteilung (PA), Lager-Gestapo.
* 7.11.1908 Önsbach b. Achern. SS-Unterscharführer. Häftling Smolen: »Hofer war von Beruf Weinhändler und stammte aus Önsbach, Kreis Bühl.« 1935 SS, 1937 NSDAP. PA Auschwitz und Monowitz. Hofer: »Zu meinen Aufgaben in der Abteilung Aufnahme in der politischen Abteilung gehörte die sogenannte Transportabfertigung, d.h. bei der Ankunft neuer Häftlingstransporte mußte ich mich auf die Ankunftsrampe begeben. Vor Beginn der Selektion auf der Rampe mußten die Häftlinge in Fünferreihen antreten. Sie wurden bei dieser Gelegenheit bereits abgezählt, um zu prüfen, ob die Zahl der dem Zug entstiegenen Häftlinge mit der von der Begleitmannschaft gemeldeten Zahl übereinstimmte. Für den Dienst auf der Rampe gab es eine Sonderzuteilung an Schnaps. Ich glaube, wir bekamen jeweils einen Achtelliter. Ich schätze, daß ich bei 30 bis 40 Transportabfertigungen zugegen gewesen bin.« Berufsangabe: Schlosser. Q.: AV, Bl. 15529 ff.

Hofer, Josef, früher: Dzierson. Politische Abteilung (PA), Lager-Gestapo.
* 29.12.1909 Ulrichsdorf. SS-Unterscharführer. PA Stammlager (Vernehmungsbaracke) und Monowitz. Verbleib unbekannt. – Häftling Max Kaufmann (AV, Bl. 12634) über die PA in Monowitz: »In Monowitz wurde ein besonderer Bunker unterhalten. Im allgemeinen kamen die Häftlinge, die mit der politischen Abteilung zu tun hatten, niemals in ihren Block zurück. Entweder sind sie zu Tode gefoltert worden, oder man hat sie später vergast oder anderweitig getötet.«

Hoff, Fritz. Fahrbereitschaft.
* 27.9.1894 Ermsleben. SS-Scharführer. KZ-Kollege Lorenz: »War in der Werkstatt als Magazinverwalter und fuhr ebenfalls einen Sanka [in Sanitätskraftwagen wurde das Zyklon B transportiert].« † 2.11.1959.

Hoffmann, Anton. SS-Schütze.
* 13.7.1909 Szilbereg/Ungarn. SS-Totenkopf-Sturmbann (der SS-T-Stuba hatte turnusmäßig Rampendienst), Kommando Golleschau. † Kriegstod 27.11.1944 in Ungarn. – Alter Feinsilber über seine Ankunft März 1942: »Ich bemerke hierzu, daß, als die Ärzte unseres Transports sich mit der Bitte an die SS-Männer wandten, ihnen zu erlauben, doch wenigstens die Medikamente mitnehmen zu dürfen, die SS-Männer sie zur Antwort mit Stöcken zu schlagen begannen und sogar schossen, so daß einige Personen am Orte des Ausladens getötet wurden.«

Hoffmann, Franz. SS-Rottenführer.
* 25.9.1908 Radautz. Ab August 1944 in Monowitz. Nach 1945 in Klosterlechfeld b. Kaufering.

Hoffmann, Georg. SS-Unterscharführer.
* 21.9.1919 Ober Langenau. SS-Totenkopf-Sturmbann, Standortverwaltung, Außenlager Neu-Dachs. Wohnsitz in Nordrhein-Westfalen.

Hoffmann, Hans. Politische Abteilung (PA), Lager-Gestapo.
* 2.12.1919 India, heute Indija/Serbien. Schlosser. Kriegsdienst im jugoslawischen Heer. Als Volksdeutscher Oktober 1942 zur Waffen-SS, SS-Unterscharführer. November 1942 in Auschwitz, Bewachung von Arbeitskommandos. Frühjahr 1944 PA, im Vorzimmer des Leiters Schurz. Hoffmann: »Insgesamt waren vier SS-Angehörige namens Hofmann bei der Politischen Abteilung.« Am 22.12.1947 in Krakau zu 15 Jahren Haft verurteilt, Entlassung am 28.7.1956. Bauschlosser. Q.: AV, Bl. 8071 ff.

Hoffmann, Heinrich. Zentral-Bauleitung.
* 21.1.1910 Sondheim. SS-Unterscharführer. Nach 1945 am Geburtsort.

Hoffmann, Jakob. SS-Rottenführer.
* 1.9.1908 Schidskibanovci, heute Novi Banovci/Serbien. Dezember 1942 Majdanek, Mai 1944 Wachdienst Außenlager

Gleiwitz II, Gasrußwerk. Am 29.4.1948 in Wadowice zu 4 Jahren Haft verurteilt (HvA 14). – Häftling Rood allgemein zur Lagerführung: »Als wir am Abend zum Appell antreten, stehen uns zwei SS-Offiziere gegenüber. Wir können an ihren Uniformen nicht erkennen, welchen Rang sie haben, aber ihr Verhalten und ihr entschlossener Blick wirkt, als würden sie jeden Morgen persönlich mit Hitler frühstücken. Sie behandeln uns wie kranke und schmutzige Tiere.«

Hoffmann, Olga. *Mengele-Zwilling*, Nr. A-7061.
* 4.5.1924. Ankunft Auschwitz am 24.5. 1944 mit einem Transport aus Ungarn. Hoffmann am Ende ihrer Aussage: »Ich erkläre abschließend nochmals, daß Mengele zwar keinen chirurgischen Eingriff und auch keinen gynäkologischen Eingriff an mir vorgenommen hat oder veranlaßt hat. Jedoch hat sein Verhalten, insbesonders die Anordnung der Vernichtung meiner Mutter und meines Bruders, die von ihm [bei der Selektion an der Rampe] befohlen worden ist, entscheidend zur Schwächung meiner seelischen Konstitution beigetragen. Meine Zwillingsschwester wie auch meine andere Schwester und mein Vater sind vor, bzw. alsbald nach der Befreiung gestorben. Meine Zwillingsschwester war vollkommen taub und hatte ihre Haare verloren. Soweit Mengele als SS-Lagerarzt für die gesundheitlichen Verhältnisse verantwortlich war, trifft ihn die Schuld an dem Tode aller meiner Angehörigen, wie auch an meinem eigenen abgebauten Gesundheitszustand und insbesondere auch der Kinderlosigkeit, die in der Folgezeit festgestellt werden mußte. Ich erkläre, daß mich auch die heutige Vernehmung mit der damit verbundenen Wiederbelebung der fürchterlichen Geschehnisse in Birkenau äußerst angestrengt hat. Um mir weitere seelische Anstrengungen zu ersparen, bitte ich von einer nochmaligen Verlesung der Niederschrift abzusehen.« Hoffmann, nach 1945 in Israel, heiratet zweimal, beide Ehen bleiben kinderlos. Q.: MV, Bd. 23.

Hoffmann, Paul. SS-Unterscharführer.
* 23.1.1920. Standortbefehl vom 15.9. 1943: *Kriegsverdienstkreuz II. Klasse mit Schwertern* (das KVK für KZ-Angehörige läßt Beteiligung an Tötungen vermuten). Verbleib unbekannt.

Hoffmann, Roman. Politische Abteilung (PA), Lager-Gestapo.
* 28.2.1920 Neu Baudendorf, Kreis Oppeln. SS-Unterscharführer. In der Registratur der PA. † 20.3.1978 Kamen-Heeren.

Hoffmann, Walter. Fahrbereitschaft.
* 19.5.1907 Clettstedt/Thüringen. SS-Unterscharführer. Zunächst Wachposten, dann Fahrbereitschaft, der Kommandantur unterstellt. Wohnsitz in Speicher. – KZ-Arzt Entress zur Fahrbereitschaft (Nbg. Dok. NO-2368): »Alle Jugendlichen unter 16 Jahre, alle Mütter, die Kinder bei sich hatten, alle Kranken und Schwachen wurden auf Lastwagen verladen und zu den Gaskammern gebracht.«

Hoffmann, Zsuzsanna.
Mengele-Zwilling.
* 1929 in Budapest. Ankunft Auschwitz Juni 1944 mit ihren Eltern (ermordet) und ihrem Zwillingsbruder. Aussage: »Wir reisten mehrere Tage lang unter unmenschlichen Bedingungen, im Viehwagen eingepfercht, ohne Verpflegung und Getränke. Viele konnten das nicht durchhalten, sie starben schon unterwegs, andere wurden irre. Ich und mein Zwillingsbruder kamen mit den übrigen Zwillingspaaren zusammen in das sogenannte Versuchslager. Viele von uns starben während der Eingriffe. Nach drei oder vier Wochen verschwand mein Bruder.« Q.: MV, Bd. 24.

Hofmann, Ernst. Politische Abteilung (PA), Lager-Gestapo.
* 11.11.1901 Witkendorf. SS-Oberscharführer. Zunächst SS-Wachkompanie. Ab 16.5.1941 Stellv. Leiter des Er-

kennungsdienstes der PA, untergebracht in Block 26 im Stammlager. Häftling Alfred Woycicki: »Hofmann war stets nüchtern und verhielt sich im allgemeinen korrekt.« Laut seinem Chef Walter ein Lehrer aus Thüringen. Verbleib unbekannt.

Hofmann, Franz. Schutzhaftlagerführer. * 5.4.1906 Hof an der Saale. Sohn eines Metzgers. Tapezierer, Kellner, Hoteldiener. 1932 NSDAP (Nr. 1369617) und SS (Nr. 40651), Hauptsturmführer (1944). Sommer 1933 Hilfspolizist in Hof. Ab September 1933 in Dachau, September 1937 Stellv. Schutzhaftlagerführer. Dezember 1942 in Auschwitz, Dritter Schutzhaftlagerführer. Februar bis September 1943 Schutzhaftlagerführer des neu errichteten »Zigeunerlagers« (die ersten Familien waren am 26.2.1943 eingetroffen). Hofmann: »Die Unterbringung war außerordentlich schlecht, und es herrschte eine große Sterblichkeit vor.« Oktober 1943 erneut Dritter Schutzhaftlagerführer, am 22.11.1943 Erster Schutzhaftlagerführer im Stammlager. Befehligte die »Abwicklung« der Transporte von der Rampe bis zur Gaskammer und händigte anschließend den beteiligten SS-Männern die Gutscheine für Schnaps und Zigaretten aus. Hofmann (AV, Bl. 1356): »Die Aussonderung der ankommenden Häftlinge ging nicht immer reibungslos vonstatten. Durch die Aussonderung wurden oft Familien auseinandergerissen. Dadurch kam es zu Widersetzlichkeiten [!]. Es wurde an der Rampe oft geschossen und auch häufig geschlagen.« Schob die Opfer eigenhändig in die Gaskammer (AV, Bl. 10337f.): »Auch ich habe darauf hingewirkt, wenn ich anwesend war, daß die Häftlinge in den Vergasungsraum hineingeschoben wurden.« Standortbefehl Nr. 52/43: »Aufenthalt der Familie und Schwägerin vom 16.11.43 bis auf weiteres«. Mai 1944 Schutzhaftlagerführer in Außenlagern von Natzweiler (Neckarelz, Neckargera). Nach 1945 unter falschem Namen Landarbeiter und Heizer in Kirchberg an der Jagst. Am 19.12.1961 in München wegen Mordes in zwei Fällen in Dachau zu lebenslanger Haft verurteilt (2 Ks 8/61). Am 20.8.1965 vom LG Frankfurt am Main ebenfalls zu lebenslanger Haft verurteilt. Im Urteil heißt es über Block 7 im Männerlager in Birkenau: »Als der Lagerabschnitt BIb noch mit Männern belegt war, diente der Block 7 als ›Krankenblock‹. Die Häftlinge wurden in diesem Block aber überhaupt nicht ärztlich versorgt. Man sperrte die ›Muselmänner‹ und die arbeitsunfähigen Häftlinge in den Block 7 ein, damit sie hier sterben sollten (das galt jedoch nicht für deutsche Häftlinge, die einen besonderen Krankenblock hatten). Verpflegung bekamen die im Block 7 eingesperrten Häftlinge überhaupt nicht mehr. Einmal starben an einem Tag 1184 Menschen. Hofmann rührte das jedoch nicht. Im Lager Birkenau wußte man genau, daß der Block 7 ein Todesblock war. Kranke Häftlinge meldeten sich daher nicht mehr krank. Sie versteckten sich in ihren Blocks, um dem Tod im Block 7 zu entgehen. Um das Lager von diesen Kranken zu ›säubern‹, ordnete Hofmann wiederholt Lagerräumungen an.« Im Urteil heißt es weiter: »Häufig fuhr er auch hinter den Lkws, die die Opfer zu den Gaskammern brachten, her und beaufsichtigte das Hineinführen der Häftlinge in die Gaskammern und das Einwerfen des Zyklon B.« † 14.8.1973 Strafanstalt Straubing (Mitt. Renz). KZ-Kollege Spanner: »Er war eine Drecksau ersten Ranges.«

Hofmann, Johann. Stellv. Leiter Abteilung Verpflegung (Schippel). * 21.8.1912 Bamberg. SS-Nr. 152283, Hauptscharführer. † 1953 Todesstrafe in Polen vollstreckt (LaV). Vom AG Bamberg am 16.7.1953 für tot erklärt. Häftlingsärztin Adelsberger zum Hunger: »Wer wirklich Hunger kennt, weiß, daß er nicht nur eine vegetative animalische Sensation des Magens ist, sondern eine nervenzerrüttende Pein, ein Anschlag auf die gesamte Persönlichkeit. Hunger macht bösartig und verdirbt den Charakter. Vieles bei den Häftlingen, was einem Außenseiter mit Recht ungeheuerlich scheint, wird verständlich und zum Teil entschuldbar aus der Perspektive des Hungers. So vom Hunger zermürbt, meiner selbst nicht mehr mächtig, wartete ich sehnsüchtig auf etwas zu essen. Als gar vor meinen Augen zwei nichtjüdische polnische Pflegerinnen, denen Fahrten erlaubt waren, ihre Stiefel mit Margarine einschmierten, heulte ich los und weinte vor Hunger wie ein kleines Kind.«

Hog, Stefan. SS-Schütze.
* 19.8.1923 Novi Futog/Batschka. SS-Totenkopf-Sturmbann. Nach 1945 in Bayern.

Hohmann, Josef. SS-Schütze.
* 9.10.1909 Laskafalu/Ungarn. SS-Totenkopf-Sturmbann, Kommando Golleschau. Nach 1945 in Baden-Württemberg.

Hohn, Filip. SS-Rottenführer.
* 29.3.1896 Klein St. Nikolaus in Rumänien. Ab August 1943 in Auschwitz. Wachmannschaft Monowitz, Kommando Neu-Dachs. Am 14.8.1948 in Krakau zu 3 Jahren Haft verurteilt (HvA 12). † 27.5.1965 Würzburg.

Hohn, Franz. SS-Schütze.
* 20.7.1920 Klein St. Nikolaus. SS-Totenkopf-Sturmbann. Belobigt im Kommandanturbefehl vom 4.10.1944, da er eine Häftlingsflucht durch Schußwaffengebrauch verhinderte. Nach 1945 in Baden-Württemberg.

Holick, Martin. *I.A. Topf & Söhne.*
* 21.5.1874 (!) Erfurt. Monteur. Richtete in Buchenwald zwei Verbrennungsöfen ein und wurde Augenzeuge, wie ein russischer Häftling, auf dem Einschiebeblech festgebunden, lebend in den Ofen geschoben wird. Häftling Hans Neupert über die Todesschreie: »Das Entsetzlichste, was ich in meinem Leben gehört habe.« Holick wechselt danach für fast ein Jahr als Krematoriumsbauer nach Auschwitz. Nach 1945 weiter im Betrieb. † 29.11.1950 Erfurt. Q.: Schüle.

Holl, Albert. SS-Sturmmann.
* 23.4.1920. Ab 2.12.1942 Wachmannschaft. Kommando Budy und Babitz. Anna Zieba über Babitz (HvA 11): »Anfangs wurden die Felder mit Menschenasche gedüngt.« 1948 in Krakau zu 5 Jahren Haft verurteilt (LaV). † 12.5.1949 in Polen.

Holländer. Kommandoführer Krematorien.
* Nicht identifiziert. SS-Unterscharführer. Mengeles Obduzent Nyiszli bezeichnet ihn als einen der »skrupellosesten Mörder der Krematorien«. Häftling Paisikovic: »Holländer war an Erschießungsaktionen beteiligt. Diese erfolgten dann, wenn es sich um kleinere Häftlingsgruppen handelte, etwa 30–50 Personen.« – Häftling Sackar (Greif): »Bei allen vier Krematorien arbeiteten einige SS-Leute aus Holland. Im Krematorium II war ein Holländer der SS.« Häftling Jaacov Gabai (siehe Gabais Schilderung im Namensartikel): »Der SS-Mann aus Holland war noch ein richtiges Kind – höchstens 22, 23 Jahre. Ein Kamerad, ein Freund.«

Holldorf, Gustav. SS-Unterscharführer.
* 4.11.1905 Stettin. SS-Nr. 215135. Kommandanturstab Auschwitz, Technische Abteilung. Standortbefehl Nr. 25/43: Besuch der Ehefrau ab 12.7.1943. Bei Evakuierung des Lagers mit Johann Becker und Wiegand (Fahrbereitschaft) Flucht aus Auschwitz. Verbleib unbekannt.

Hollmann, Johann. SS-Rottenführer.
* 25.8.1912 Krausebauden. Nach 1945 Wohnsitz in Österreich.

Holz, Max. SS-Unterscharführer.
* 16.5.1910 Gleiwitz. Kommando Bauhof, Magazin für Baumaterial. † Vom AG

Coburg 1963 für tot erklärt. Museum Auschwitz (StAu II, Auszug): »Die Häftlinge, die die Ladungen von den Waggons [am Bahnhof] auf das Gelände des Bauhofs trugen, mußten diese im Laufschritt zurücklegen, und sie wurden dabei von entlang der Strecke aufgestellten SS-Angehörigen und Kapos geschlagen. Wenn ein Häftling hinfiel oder wenn er gar das Material, das er gerade trug, dabei beschädigte, also beispielsweise ein Zementsack aufplatzte, dann zog das bestialische Schläge und Tritte nach sich und endete zumeist mit dem Tod des Häftlings. Das Kommando umfaßte zwischen 1000 und 2000 Häftlinge, und es kam durchaus vor, daß im Laufe des Tages mehrere Dutzend, ja sogar mehrere hundert der Häftlinge des Kommandos Bauhof umkamen.«

Holze, Ludwig. Fahrbereitschaft.
* 16.6.1905 Kassel, Sohn eines Drehers. Schlosser. 1933 SS, Unterscharführer. Oktober 1940 bis zum Ende in Auschwitz. KZ-Kollege Lorenz: »Verwaltete die Tankstelle und fuhr einen Sanitätskraftwagen [dieser transportierte z.B. das Zyklon B].« Standortbefehl Nr. 35/43: »Besuch der Ehefrau v. 28.8.–19.9.43«. Nach 1945 Angestellter. † 15.9.1972 am Geburtsort. In seiner Aussage (AV, Bl. 8972 ff.) wollte oder konnte er sich an nichts mehr erinnern, nur: »Die Vergasungen und Verbrennungen in den Krematorien von Birkenau waren bei uns jedem einzelnen SS-Mann bekannt. Auch die Zivilbevölkerung um das Lager wußte Bescheid.«

Holzer, Veit. SS-Rottenführer.
* 17.4.1923 Altenmarkt, Kreis St. Veit. † Vermißt. – Die Überlebende Sternberg in ihrem Bericht *In der Hölle von Auschwitz* über den Abtransport der Frauen von Block 25 zur Gaskammer: »Die SS schrie ruck, zuck, und die Pflegerinnen mit Unterstützung der SS mußten die abgemagerten Frauen aufs Auto werfen, daß man die Knochen schlagen hörte. Mehrere Lastwagen fuhren abwechselnd hin und her. Die Schreie gingen zum Himmel, Vater und Mutter waren die letzten Hilferufe.«

Holzknecht, Josef. SS-Rottenführer.
* Nicht identifiziert. Standortbefehl Nr. 42/43: »Besuch des Sohnes vom 25.–28.9.43.«

Hoppmann, Margarete. KZ-Wärterin.
* 8.11.1925 (!) Wiedelah. Verbleib unbekannt. – Häftlingsärztin Adelsberger über ihren Empfang in Birkenau: »Aus einem Blockhaus links neben dem Eingang wirbelten SS-Frauen in grauen Kostümen heraus, herrschten uns an und befahlen, die Handtaschen abzuliefern, die sie gierig und hastig einsammelten. Die paar Überbleibsel an beweglicher Habe, die man vorsorglich zusammengeklaubt und mühselig bis Auschwitz geschleift und beim Zug deponiert hatte, waren, wie wir dunkel begriffen, verloren.«

Horn, Gustav. Zentral-Bauleitung.
* 10.1.1912 Carlowitz, heute Karlovice/Tschechien. SS-Unterscharführer, zunächst SS-Totenkopf-Sturmbann. Wohnsitz in Niedersachsen.

Horn, Stefan. SS-Schütze.
* 25.1.1908 Kishajmas/Ungarn. SS-Totenkopf-Sturmbann, Kommando Golleschau. Nach 1945 im Kreis Bühl.

Horr, Lorenz. SS-Schütze.
* 11.7.1924 Putinci/heutiges Serbien. Kommandantur Birkenau. † Suizid 10.2.1944 am Geburtsort.

Horschitz, Alexander (nicht: Horschütz). SS-Schütze.
* 12.3.1923. SS-Totenkopf-Sturmbann. Kommandanturbefehl Höß vom 6.5.1943: »Durch seine Aufmerksamkeit gelang es, 2 Zigeuner, die sich von ihrem Arbeitskommando entfernt hatten, wieder zu ergreifen. Im Zusammenhang seines Jahresurlaubes erhält Horschütz [sic] von mir 3 Tage Sonderurlaub.« Verbleib unbekannt. Die beiden Häftlinge kommen in den Todesblock und werden am 22. Mai erschossen (Czech).

Horstmann, Rudolf. KZ-Arzt.
* 12.10.1913 Berlin. SS 1933 (Nr. 120026), Hauptsturmführer (1944). NSDAP 1937 (Nr. 4363178). Ende 1943 KZ Sachsenhausen, ab 20.10.1944 in Auschwitz. Häftlingsarzt Wolken, Auschwitz (AV, Bl. 6950): »Er war außerordentlich medizinisch interessiert, ließ sich bei der Visite die einzelnen Fälle vorstellen und bestimmte einzelne Fälle, eine vollkommen neue Einführung, zur Vorstellung bei der wöchentlichen Ärztebesprechung.« 1945 in Bergen-Belsen. Laut Häftlingsarzt Leo hat er sich hier »noch nie um irgendeinen Kranken gekümmert«. † 9.5.1945 Süderhastedt.

Horwat, Stefan. SS-Schütze.
* 20.2.1908 Semelji / heutiges Kroatien. November 1942 bis März 1944 in Auschwitz, Kommando Golleschau. Nach 1945 in Speyer.

Horwath, Franz. SS-Schütze.
* 20.5.1908 Silberek, Kreis Sombor / heutiges Serbien. SS-Totenkopf-Sturmbann, Kommando Golleschau. Nach 1945 in München.

Hoschke, Richard. SS-Oberscharführer.
* 24.1.1892 Querfurt / Sachsen. Juli bis September 1944 in Auschwitz. Koch, d.h. Überwachung der Häftlingsköche. Verbleib unbekannt.

Houstek, Josef, Nachname nach 1944: Erber. Politische Abteilung (PA), Lager-Gestapo.
* 16.10.1897 Ottendorf, Kreis Braunau. Sohn eines Textilarbeiters, selbst Spinnereiarbeiter. 1935 Sudetendeutsche Partei. 1939 NSDAP / SS, Oberscharführer. November 1940 Wachsturmbannführer in Auschwitz. Mitte 1942 Leiter der Aufnahmeabteilung der PA. PA-Häftling Bartel: »Von Gestalt klein, mit gebeugtem Gang.« September 1942 Leiter der PA im Frauenlager Birkenau. Vom 14.10.1943 bis April 1944 Leiter der PA-Aufnahmeabteilung für das gesamte Lager Birkenau. 1944 *Kriegsverdienstkreuz II. Klasse.* Filip Müller: »Wenn er im Krematorium auftauchte, stand immer eine größere Mordaktion bevor, deshalb wurde er im Sonderkommando ›Malchemowes‹, das heißt Todesengel genannt.« Eigenhändige Tötungen und Selektionen im Lager, häufig Rampendienst. Laut Auschwitz-Urteil erschoß er am 26.11.1944 mit Boger mindestens 100 Häftlinge des Sonderkommandos per Genickschuß. 1945 Groß-Rosen und Mauthausen. Nach 1945 Spinnereiarbeiter. Am 16.9.1966 vom LG Frankfurt zu lebenslanger Haft verurteilt. Ein Beispiel aus dem Urteil: »Eines Tages sah der Angeklagte die etwa 16 Jahre alte Edith Steiner weinend vor einem Unterkunftsblock stehen, in dem ihre Schwester im Verlauf einer Typhusepidemie gestorben war. Als der Angeklagte den Grund ihrer Trauer erfuhr, erklärte er sinngemäß, er werde es einrichten, daß die beiden Schwestern wieder zusammenkämen. Er ließ das Mädchen mit einem Lkw, auf den die Toten der Epidemie verladen wurden, zu den Gaskammern fahren und vergasen.« † 1986 kurz nach Entlassung bei Verkehrsunfall.

Hoyer, Wilhelm. Politische Abteilung (PA), Lager-Gestapo.
* 15.4.1911 Unterpolaun, Kreis Gablonz. SS-Unterscharführer. In der Vernehmungsabteilung der PA. Die PA-Gefangene Dagmar Bock: »Dieser hat bei den Vernehmungen auf die Häftlinge eingeschlagen. Ich habe auch beobachtet, daß Hoyer mit den Häftlingen in den Raum gegangen ist, in dem sich die sog. Schaukel befand. Bevor Hoyer in diesen Raum ging, zog er zunächst Handschuhe an.« PA-Schreiberin Regina Steinberg (im Lager: Lebensfeld) im Auschwitz-Prozeß: »Oft nahm sich Broad eine Hilfe, wenn er schlagen wollte, z.B. den SS-Mann Hoyer.« Jagdbegleiter von KZ-Zahnarzt Willy Frank (Huber). † 25.8.1981 (Standesamt Schwäbisch Gmünd).

Hradil, Adam. Fahrbereitschaft.
* 5.5.1904 Woronetz / Rumänien (Bukowina). Sohn eines Försters. Schule nur

bis zum zehnten Lebensjahr. Kraftfahrer. Als Volksdeutscher November 1940 zunächst nach Erfurt umgesiedelt. SS-Rottenführer, Juli 1942 bis Januar 1945 in Auschwitz. Hradil: »Ich hatte mit meinem Lkw folgende Fahrten durchzuführen: 1. Verpflegungsfahrten, 2. Häftlingstransporte, 3. Effektentransporte. Was den Punkt zweitens betrifft, handelte es sich darum, Häftlinge, die nach der Ankunft für den Tod in der Gaskammer ausgesucht worden waren, mit den Lastwagen dorthin zu bringen, im allgemeinen wurden 50 Personen auf einen Lastwagen aufgeladen. Die Häftlinge standen während des Transportes auf dem Lkw. Als die Entladung noch zwischen Auschwitz und Birkenau erfolgte, wurden alle Todeskandidaten, also auch die an sich wegefähigen Frauen und Kinder, zur Gaskammer gefahren. Als die Rampe in Birkenau eingerichtet worden war, transportierten wir nur noch die Gebrechlichen. Wenn ich befragt werde, wieviel Fahrten mit Häftlingen zur Gaskammer ich durchgeführt habe, so kann ich mich zahlenmäßig nicht festlegen. Ich kann aber sagen, daß ich mehrere hundert Lastwagen voll Häftlinge zur Gaskammer gebracht habe. Ich bin zunächst auch noch zu dem sog. Vergasungsbunker hinter dem Lager Birkenau gefahren.« Hradil zu den materiellen Anreizen: »Für die Teilnahme an den Fahrten zwischen Rampe und Gaskammer gab es Sonderrationen an Zigaretten, Schnaps und etwa 100 bis 150 gr. Wurst. Die Ware wurde nicht in Natur ausgehändigt, sondern in Gutscheinen. Wir konnten die Waren in der Kantine abholen. Ich habe gern getrunken und tue das auch heute noch. Ich war froh, wenn ich eine Sonderration an Schnaps erhielt. Spaß haben mir die Fahrten nicht gemacht. Aber an den Sonderrationen war ich interessiert. Ich war mir im klaren darüber, daß ich bei den Transporten der Häftlinge zur Gaskammer an einer Unrechtshandlung teilnahm.« Nach 1945 Kraftfahrer einer Firma in Schärding, Oberösterreich. Danach in Bayern. Eigentümer eines Hauses mit Garten. Aussage: AV, Bl. 16168 ff.

Huber, Alois. SS-Rottenführer.
* 6.8.1897 Landshut. Wachmannschaft. Zuletzt (1945) in Sachsenhausen. Verbleib unbekannt. – KZ-Arzt Kremer am 5.9.1943 in seinem Tagebuch über den Andrang zum Rampendienst: »Wegen der dabei anfallenden Sonderverpflegung, bestehend aus einem Fünftel Liter Schnaps, 5 Zigaretten, 100 g Wurst und Brot, drängen sich die Männer zu solchen Aktionen.«

Huber, Michael. SS-Rottenführer.
* 23.2.1918 Oberufer, Kreis Preßburg. Standortverwaltung, Koch, d.h. Überwachung der Häftlingsköche. Verbleib unbekannt.

Hubert, Franz. SS-Schütze.
* 9.3.1909 Deronje/Serbien. Landarbeiter. Ab 20.11.1943 in Auschwitz. Stationen: Stammlager, Golleschau, Monowitz, Eintrachthütte und September 1944 Neu-Dachs. Am 17.8.1948 in Krakau zu 4 Jahren Haft verurteilt (HvA 12). Wohnsitz bei Darmstadt.

Hübl, Andreas. SS-Schütze.
* 12.10.1908 Karanac/heutiges Kroatien. Ab Oktober 1943 in Auschwitz. SS-Totenkopf-Sturmbann, Kommando Golleschau. 1948 in Krakau zu 5 Jahren Haft verurteilt (LaV). Nach 1945 in Duisburg.

Hülsmann, Hans. SS-Unterscharführer (1942).
* Nicht identifiziert. September 1942 *Kriegsverdienstkreuz II. Klasse mit Schwertern* (das KVK für KZ-Angehörige läßt Beteiligung an Tötungen vermuten).

Hürter, Josef. SS-Unterscharführer.
* 7.4.1922. SS-Totenkopf-Sturmbann, Kommando Eintrachthütte. Verbleib unbekannt.

Hüther, Walter. SS-Unterscharführer.
* 16.12.1920 Elbingerode/Harz. SS-Totenkopf-Sturmbann (der SS-T-Stuba

hatte turnusmäßig Rampendienst). Stabskompanie. † 30.9.1944 Reservelazarett Seibersdorf. – Hans Stark, PA: »Bei diesen Selektionen waren alle verfügbaren Kräfte der SS zusammengezogen, vor allem Schutzhaftlagerführer, Blockführer, Angehörige der PA, ein Lagerarzt.«

Hufnagel, Stefan. SS-Schütze. * 26.7.1895 Szigetujfalu / Ungarn. Dezember 1944 in Auschwitz. SS-Totenkopf-Sturmbann. 1948 in Wadowice zu 3 Jahren Haft verurteilt (LaV). † In Ungarn. Häftling Vrba zum Einsatz auf der Rampe (AV, Bl. 14528): »Auch die Rampe war zu reinigen, daß von der vorangegangenen Transportabwicklung keine Spur mehr zu bemerken war. Oft war es so, daß unmittelbar nach Reinigung der Rampe ein neuer Transport einlief.«

Huiber, Johann. SS-Rottenführer. * 1.8.1921 Krndija / heutiges Kroatien. Ab November 1942 in Auschwitz. Wachmannschaft, Frauenkommando Wirtschaftshof Budy. 1948 in Krakau zu 6 Jahren Haft verurteilt (LaV).

Huley, Horst. SS-Sturmmann. * 7.8.1921 Wien, aufgewachsen in Czernowitz in Rumänien. Herbst 1941 bis Herbst 1944 in Auschwitz. SS-Totenkopf-Sturmbann. Name auf einer Meldung der Kommandantur vom 15.8.1942 über SS-Angehörige, die Häftlinge »auf der Flucht« erschossen. Huley: »Für die Erschießung eines Häftlings auf der Flucht erhielt der betreffende SS-Angehörige einen Tag Sonderurlaub.« Herbst 1942 bis Ende 1943 Zentral-Bauleitung, Aufbau des Lagers Birkenau. Nach 1945 Architekt. † 29.8.1975 Stuttgart. Q.: AV, Bl. 12981 ff.

Hummel, Hans. SS-Sturmmann. * 29.8.1923 Ruma / Kroatien. November 1942 bis November 1944 in Auschwitz, SS-Totenkopf-Sturmbann. Nach 1945 in Österreich.

Hummel, Stefan. SS-Schütze. * 16.6.1921 Ruma / Kroatien. SS-Totenkopf-Sturmbann, Kommando Lagischa. Belobigt im Kommandanturbefehl vom 6.9.1944, da er die »Flucht« von Häftlingen »verhinderte«. † 4.11.1944 HVP Ujsasz / Ungarn.

Hundsdörfer, Otto. SS-Rottenführer. * 26.4.1905 Masuren, Kreis Treuburg. † 19.3.1983 Hannover.

Hunke, Arnold (Artenie). SS-Schütze. * 24.2.1923 Ober-Stanischte. 1942 / 43 in Auschwitz, SS-Totenkopf-Sturmbann, Kommando Schwientochlowitz. Nach 1945 in Niedersachsen.

Hunsche, Otto. Sondereinsatzkommando (SEK) Eichmann in Budapest (1944). * 15.9.1911 Recklinghausen als Kaufmannssohn. Jurist. 1933 SA, 1935 NS-Rechtswahrerbund, 1937 NSDAP. 1938 Hilfsrichter am Landgericht Elbing. Oktober 1940 kommissarisch Leiter der Gestapo Düsseldorf. November 1941 Stellv. Sachgebietsleiter im Judenreferat des Reichssicherheitshauptamts (RSHA). Regierungsrat. Duzfreund Eichmanns. Berechtigt und verpflichtet, die Uniform eines SS-Hauptsturmführers zu tragen. Teilnehmer der *Endlösungskonferenz* am 27.10.1942 im Eichmann-Referat des RSHA. Zusammenarbeit mit der für die Judenvernichtung zuständige Abteilung des Auswärtigen Amts. Ab März 1944 im SEK Eichmann in Ungarn. Juristischer Berater Eichmanns und des ungarischen Innenministeriums in Judenfragen (Krumey-Anklage). Am 12.5.1945 Verhaftung auf einer Alm bei Altaussee im Salzkammergut. 1948 Entlassung aus Internierungslager Esterwegen, entnazifiziert als *Mitläufer*. Ab 1954 Rechtsanwalt im westfälischen Datteln. Am 29.8.1969 vom LG Frankfurt zu 12 Jahren Haft verurteilt. Q.: 1 Js 1 / 65 GStA Berlin.

Huppertz, Karl. SS-Schütze. * 13.12.1903 Bonn. SS-Totenkopf-Sturmbann, Kommando Jawischowitz und Golleschau. 1948 in Krakau zu 3 Jahren Haft verurteilt (LaV). † 4.3.1970 Lengerich.

Husemann, Erwin. SS-Unterscharführer.
* 16.5.1911. Wachmannschaft, Monowitz. 1948 in Wadowice zu 3 Jahren Haft verurteilt (LaV).

Huth, Franz. SS-Scharführer.
* 22.12.1890 Steudten/Sachsen. Ab Juni 1944 in Auschwitz, Monowitz, Außenlager Bobrek. 1948 in Krakau zu 3 Jahren Haft verurteilt (LaV). † 11.7.1948.

Huttfless, Josef. SS-Sturmmann.
* 15.5.1924 Kaltenstein/Ungarn. SS-Totenkopf-Sturmbann. † 26.3.1945 Breslau.

Hykes, Karl. Gefangenen-Eigentums-Verwaltung.
* 27.1.1910 Ahlen/Westfalen. 1933 SS (Nr. 125051), Unterscharführer. NSDAP 1937. Ab 31.3.1941 in Auschwitz, Standortverwaltung, Abteilung GEV (Vertreter der GEV waren bei Transportankünften immer auf der Rampe). Standortbefehl vom 15.4.1943: »Besuch der Braut in der Zeit über Ostern 1943«. Kommandanturbefehl Nr. 24/43: »Besuch der Braut v. 12.–15.6.1943«. 1948 in Krakau zu 8 Jahren Haft verurteilt, Entlassung 1954. Hykes: »Das Verfahren gegen meine Person ist in korrekter Weise durchgeführt worden.« Angestellter beim Finanzamt Wolfenbüttel. Q.: AV, Bl. 13500 ff.

I

Ibscher, Ferdinand. SS-Unterscharführer.
* 19.5.1909 Radautz. Ab 2.5.1943 in Auschwitz. SS-Totenkopf-Sturmbann, Birkenau, Sosnowitz (II). 1948 in Krakau zu 4 Jahren Haft verurteilt (LaV). Nach 1945 in Amberg/Oberpfalz.

Ihle, Hildegard. KZ-Wärterin.
* 2.2.1910. Frauenkonzentrationslager Birkenau, Kommandoführerin im Birkenauer Durchgangslager. Verbleib unbekannt. – Als Durchgangslager dienen ab Mai 1944 Baracken im Lagerabschnitt BIIe, hier werden als arbeitsfähig selektierte Häftlinge untergebracht, nicht registriert, da sie als Zwangsarbeiter weitertransport werden sollen. Häftling Franz Ruprecht (Nr. 32639) im Auschwitz-Prozeß: »Das Lager C wurde im Mai 1944 neu belegt. Es war für höchstens 10000 Menschen vorgesehen, aber 35000 ungarische Frauen wurden dort eingesperrt. Keine Waschmöglichkeit! In einem Block waren 1500 Mädchen untergebracht. Wenn man da hineingekommen ist, hat einen der Gestank umgeworfen. Auf einer Pritsche, die für vier Personen bestimmt war, mußten 15 sein.«

Ilczuk, Josef. *Jüdisches Sonderkommando*, nichtjüdischer Kapo, Nr. 14916.
* 23.8.1910 Koperczynie/Polen. Lehrer. Ankunft Auschwitz am 6.4.1941 mit einem Transport von 1249 Menschen aus Lublin (darunter Flecktyphuskranke, die eine Fleckfieberepidemie verursachen). Juni 1941 Schreiber im *Alten Krematorium*. Ab 15.7.1943 zuerst Vorarbeiter, dann Kapo der Heizer in den Vergasungsanlagen. Am 5.1.1945 Überstellung nach Mauthausen. † 3.4.1945 ebenda als Geheimnisträger erschossen. Q.: Handschriften. – Die russische Häftlingsärztin Ljubow Alpatowa (Nr. 65138) über eine Fleckfieberepidemie Ende 1943 (AV, Bl. 8797): »Die Läuse krochen überall umher, auf dem Boden, auf den Betten, auf den Wänden, auf den Menschen, sie knirschten unter den Füßen. Die Sterblichkeit war erschreckend. Am 31. Dezember starben innerhalb von 24 Stunden 960 Menschen, das war die höchste Sterblichkeitsziffer während der ganzen Epidemie. Medikamente gab es keine.« Das in Auschwitz verbreitete Fleckfieber oder Flecktyphus ist eine Not- und Hungerkrankheit, deshalb auch Hungertyphus genannt. Die Infek-

tionskrankheit wird, siehe oben, durch die Laus übertragen.

Ilitsch, Nikolaus. SS-Sturmmann. * 2.7.1911 Hrtkovici/heutiges Serbien. SS-Wachkompanie Monowitz, Außenlager Gleiwitz I, ein Reichsbahnausbesserungswerk. Am 26.4.1948 in Krakau zu 4 Jahren Haft verurteilt (HvA 14). Wohnsitz am Ammersee. – Langbein (*Menschen*) berichtet von dem holländischen Häftling Siegfried van den Bergh, Ende 1944 in Gleiwitz zum Be- und Entladen von Waggons eingesetzt. Da die Waggons möglichst schnell der Bahn zur Verfügung gestellt werden sollen, prügeln sowohl SS als auch Kapos auf die Häftlinge ein. Deutsche Anwohner schauen zu. Bergh: »Ich hörte sie dann zu den SS-Posten sagen: ›Ich verstehe nicht, daß ihr sie nicht totschlagt, die dreckigen Juden.‹«

Illers, Heinrich. Vize-Kommandeur der Sicherheitspolizei und des SD in Paris. * 29.12.1908 (Zentralkartei ZStL). Zuständig für Judenfragen, Deportation von mehr als 800 Juden nach Auschwitz. 1958–1972 Senatspräsident am Landessozialgericht Niedersachsen. † Ermittlungsverfahren StA Aurich durch Tod 1986 beendet. Lit.: Brunner.

Illig, Max. SS-Unterscharführer. * 21.8.1901 Dresden. Standortverwaltung, Abteilung Verpflegung, Koch, d.h. Überwachung der Häftlingsköche in Monowitz, Küche Außenlager Janinagrube. Standortbefehl vom 15.9.1943: »Das dem SS-Rottenführer. Max Illig zugeteilte Dienstfahrrad Nr. 11, Fabrikations-Nr. 1247163, Marke Adler, wurde diesem am 5.9.43, in der Zeit von 18.00–22.00 Uhr, aus dem Fahrradständer vor der Tausendmannhalle der I.G. Farbenindustrie entwendet.« Verbleib Illings unbekannt.

Ilonka. Häftling Nr. 1100. * Nicht bekannt. Ankunft Auschwitz am 26.3.1942 aus Poprad in der Slowakei. Es ist der erste registrierte Frauentransport, der durch das Eichmann-Referat (RSHA IV B 4) eingewiesen wird. Häftlingsärztin Adelsberger hat Ilonka in ihren Erinnerungen ein eigenes Kapitel gewidmet (Auszug): »Angefangen hat Ilonka mit Außenarbeiten im Sumpf, in dem sie mit eitrigen Beulen am Bein bis zu den Knien watet, den Schmerz wie ein Fakir überwindend, die schmierigen Wunden nur notdürftig umwickelt, ohne Verband, der Aufseherinnen und Lagerarzt die Wunden verraten und sie sofort zum Kamin gebracht hätte. Im zweiten Jahr war sie endlich zum ›Stubendienst‹ aufgerückt, zur Gehilfin der Blockältesten. Sie wurde [danach] als Kapo zur Aufsicht der Jauchegrube bestellt. Die Arbeit brachte doppelte Essensrationen und war körperlich leicht: Dort stehen und zusehen, wie müde, überhungerte Frauen aus allen Blocks die schweren stinkenden Kübel anschleppten. Freilich, der Boden um die Grube war durchtränkt mit den überfließenden und überschütteten Exkrementen und verströmte einen ekelerregenden Geruch, und die Luft war weitgehend verpestet von dem Gestank der Fäkalien. Ilonka stand mittendrin und tat ihren Dienst, den Vorzugsdienst. Ende August hatte es viel geregnet, und um das Jauchenloch starrte eine schlammig-urinige Fläche. Ilonka glitt in dem Matsch aus, gerade vor dem Rollwagen, der über ihren Unterschenkel ging und den Knochen zersplitterte. Auch dies nahm sie ohne Klagen auf sich. Aber dieses Mal mußte sie ins Revier. Die slowakischen Kameradinnen sorgten für sie. Das Bein heilte gut, und am 10. Oktober humpelte sie schon wieder vor dem Krankenblock auf und ab. Am 11. Oktober untersuchte sie der Lagerarzt [Mengele]. Er fand, daß sie nicht arbeitsfähig war, und ließ ihre Nummer notieren. Sie wußte Bescheid. Am 14. Oktober 1944 ging sie ins Gas, nach mehr als zwei Jahren Auschwitz, bei der letzten Selektion.«

Immig, Johann. SS-Hauptscharführer.
* 9.10.1900 Köln. Ab 11.9.1944 in Auschwitz, SS-Totenkopf-Sturmbann, Monowitz, Spieß. 1948 in Wadowice zu 3 Jahren Haft verurteilt (LaV).
Inhoff, Franz. SS-Rottenführer.
* 6.1.1910 Drenovci/heutiges Kroatien. 1944 SS-Wachbataillon Majdanek, Aussage (407 AR-Z 297/60 ZStL) zur *Aktion Erntefest*, der Ermordung von 18000 Juden der Lubliner Lager und des KZ Majdanek am 3.11.1943 in Majdanek: »An den Rändern der Grube waren die Angehörigen des Exekutionskommandos postiert, die von oben jeweils hinunterschrien: ›Hinlegen!‹ Dann schossen sie mit ihren Maschinenpistolen auf die Häftlinge in der Grube.« Ab Juli 1944 Auschwitz. Nach 1945 Arbeiter.
Issler, Traugott. SS-Rottenführer.
* 31.5.1904 Mariewka/Rumänien. SS-Totenkopf-Sturmbann. 1948 in Krakau zu 2 Jahren Haft verurteilt (LaV). Nach 1945 in Plochingen.
Itermann, Wilhelm. Sanitätsdienstgrad (SDG).
* Nicht ermittelt. Laut Kommandanturbefehl Nr. 3/40 vom 12.7.1940 der erste SDG in Auschwitz.
Ivanauskas, Stanislaus. Politische Abteilung (PA), Lager-Gestapo.
* 29.8.1907 Kaunas. SS-Unterscharführer. Soll nur gebrochen Deutsch gesprochen haben. Nach 1945 in Baden-Württemberg.

J

Jabek, Peter. SS-Schütze.
* 26.4.1908 Alt Palanka. SS-Totenkopf-Sturmbann, Kommando Golleschau. † 10.4.1963 Wien.
Jacob, Ernst. SS-Sturmmann.
* 3.11.1906 Ludwigshafen. Ab Juni 1944 in Birkenau. SS-Totenkopf-Sturmbann, Kompanieschreiber. 1948 in Wadowice zu 4 Jahren Haft verurteilt (LaV).
Jacob, Lilli. Häftling Nr. A-10862. Finderin des Auschwitz-Albums.
* 16.1.1926 Bilky/heutige Ukraine. Ankunft Auschwitz Mai 1944 aus Ungarn. Nach 1945 in Miami. Unter dem Namen Zelmanovic Zeugin im Auschwitz-Prozeß. Jacob ebenda über ihre Befreiung 1945 im KZ Nordhausen: »Ich war sehr schwach und unterernährt und brach zusammen. Meine Mitgefangenen brachten mich in eine Kaserne, die vordem von den Nazis besetzt war. Und sie legten mich auf ein Bett. Und ich lag dort eine Weile. Nach einer Weile fühlte ich mich sehr kalt, frösteln [sic]. Und ich versuchte, etwas zu finden, um mich zu bedecken. Ich öffnete die Tür eines Nachtkästchens. Dort fand ich eine Pyjamajacke, welche ich auch noch besitze. Und darunter war dieses Album. Als ich dieses Album öffnete, erkannte ich das Bild des Rabbiners aus meiner Heimatstadt, der meine Eltern verehelichte. Und wie ich das durchgeblättert habe, habe ich meine Großeltern, meine Eltern und sogar mich selbst erkannt.« Das von Jacob gefundene Album enthält die weltbekannten Fotos von Selektionen auf der Rampe in Birkenau, aufgenommen zwischen Mai und Juli 1944 (s. Bernhard Walter). Q.: Apr.
Jacobs, Simon. Objekt von Medizinverbrechen, Nr. A-2659.
* 20.1.1920 Niederlande. Ankunft Auschwitz am 21.5.1944 aus Westerbork. Im Kommando Union-Werke (Munitionsfabrik), wegen geschwollener Füße nach drei Monaten im Krankenrevier. Jacobs am 5.10.1948 vor der Polizei in Amsterdam (Auszug): »Nachdem ich einige Wochen in dem Krankenrevier gewesen war, wurde an irgendeinem Tag eine sogenannte Inspektion abgehalten, die darin bestand, daß alle Patienten sich nackt vor den Betten aufstellen mußten.

Diese Inspektion geschah auf Befehl von einem Hauptfeldwebel, genannt Heinz Kaschuh [Kaschub]. Kaschuh suchte von den Kranken etwa 110 Personen heraus. Wir wurden vollkommen isoliert. Wir durften das Zimmer nicht verlassen, selbst nicht um unser Bedürfnis zu tun. Persönlich habe ich folgende Behandlung erdulden müssen: Nachdem an verschiedenen Stellen meiner Schenkel und Waden die Hauthaare abrasiert waren, wurde die Haut bis zum Bluten aufgerauht. Danach wurde diese Stelle eingespritzt und schließlich mit einer Art Salbe bestrichen, woraufhin in manchen Fällen nach einigen Tagen Eiterungen auftraten. Die verschiedenen Stadien wurden fotografiert. Schließlich wurden die angegriffenen Stellen aus der Haut herausgeschnitten und in Töpfe mit Spiritus getan.« Jakobs zum Verbleib seiner Familie: »Meine Mutter ist in Auschwitz gestorben, mein Vater ist in Dachau verstorben. Mein Bruder ist in einem holländischen Konzentrationslager umgekommen.« Q.: Kaschub-Verfahren.

Jäckel, Paul Karl. SS-Unterscharführer.
* 7.10.1904 Streklen/Schlesien. Ab 1.12. 1941 in Auschwitz. SS-Wachkompanie, Dienstbezeichnung SS-Totenkopf-Sturmbann KL Auschwitz. Verbleib unbekannt.

Jäger, genannt Leichenheinrich.
* Nicht ermittelt. SS-Unterscharführer im Block 11, Arrest- und Exekutionsblock, genannt Todesblock. Schutzhaftlagerführer Franz Hofmann (AV, Bl. 12067): »Zutreffend ist, daß man großes Glück haben mußte, wenn man nach der Einlieferung in den Arrestblock noch herauskommen wollte.«

Jäger, Arthur. Zentral-Bauleitung.
* 17.7.1889 Weinheim an der Bergstraße. Kommandanturbefehl vom 16.8.1940: »SS-Scharf. Arthur Jäger, SS-Nr. 289318 v. Kommandanturstab KL Mauthausen zum KL Auschwitz als Gärtner«. SS-Oberscharführer. Verbleib unbekannt.

Jäger, Karl. SS-Schütze.
* 18.8.1912 Neu Arad. Ab August 1944 in Auschwitz. SS-Totenkopf-Sturmbann, Birkenau. 1948 in Krakau zu 4 Jahren Haft verurteilt (LaV). Nach 1945 in Baden-Württemberg.

Jäger, Michael. SS-Schütze.
* 14.1.1914 Wolfs in Ungarn. SS-Totenkopf-Sturmbann. † Kriegstod 17.8.1944 in Krzywica.

Jäger, Wilhelm (Willy). KZ-Arzt.
* 22.3.1902 Landau. NSDAP-Nr. 2582822, SS-Nr. 185044, Obersturmführer (1943). Zahnarzt, der sich in Dachau mittels Übungsamputationen zum Chirurgen ausbilden wollte. Danach in Auschwitz. September 1942 bis Sommer 1943 in Neuengamme, wiederum Amputationen (laut Kaienburg oft ohne Narkose) und Ermordung entkräfteter Häftlinge mit Spritzen. Laut Marsalek auch in Mauthausen. † Für tot erklärt. – Häftlingsschreiber Paczula (AV, Bl. 2569): »Dieses sog. ›Abspritzen‹ wurde seit Frühjahr 1942 immer mehr intensiviert. Von diesem Zeitpunkt an suchten die Lagerärzte bei ihren Visiten täglich kranke Häftlinge aus. Die Zahl der selektierten Häftlinge hing im allgemeinen nicht von dem Gesundheitszustand ab, sondern ausschließlich von der Laune und Willkür des betr. Arztes.« Paczula weiter: »Außer diesen alltäglichen Routineselektionen kam es zu Sonderaktionen, mit denen es folgende Bewandtnis hatte: Sobald eine Station des Häftlingskrankenbaus (also z.B. Tbc-Station, psychiatrische Station usw.) überfüllt war, bestimmte der jeweilige Lagerarzt, daß sämtliche Insassen dieser Station zu liquidieren seien. Die Kranken wurden daraufhin ohne Rücksicht auf ihren Gesundheitszustand – also sowohl Schwerkranke als auch Genesende – auf Lastwagen geladen und nach Birkenau zur Vergasung gefahren. Dabei kam es manchmal auch zu Großaktionen, bei denen 2000 bis 3000 Häftlinge zur Vergasung bestimmt wurden.«

Jähne, Otto. Zentral-Bauleitung. * 29.12.1910 Ketten, Kreis Reichenberg. SS-Unterscharführer. Standortbefehl (StB) Nr. 20/43: »Besuch der Ehefrau vom 29.5.–9.6.43«. StB Nr. 31/43: »Besuch der Ehefrau vom 10.8.–5.9.43«. Nach 1945 in Nordrhein-Westfalen.

Jänner, Nikolaus. SS-Sturmmann. * 3.9.1919. Standortverwaltung, Abteilung Verpflegung, Koch, d.h. Überwachung der als Köche eingesetzten Gefangenen in der Häftlingsküche im Stammlager. Verbleib unbekannt. – Im vergrabenen und aufgefundenen Bericht eines unbekannten Häftlings des Jüdischen Sonderkommandos vom 26.11. 1944 heißt es: »Aus irgendeinem Lager wurde eine Gruppe ausgemergelter, abgezehrter Juden gebracht. Sie zogen sich im Freien aus und gingen einzeln zum Erschießen. Sie waren schrecklich ausgehungert und flehten, ihnen im letzten Augenblick, solange sie noch lebten, ein Stückchen Brot zu geben. Man brachte viel Brot, und sie ergriffen mit beiden Händen die ganzen Brotscheiben und verschlangen sie gierig, während sie gleichzeitig die Stufen direkt zur Erschießung gingen. So versteht der Deutsche, Menschen zu quälen und ihren Seelenzustand zu beherrschen. Man muß hinzufügen, daß diese Juden vor kaum ein paar Wochen von zu Hause fortgerissen worden waren.« Q.: Handschriften.

Jänsch, Heinz. SS-Unterscharführer. * 19.1.1909 Posen. SS-Totenkopf-Sturmbann, Monowitz, Kompanierechnungsführer im Stammlager. 1948 in Krakau zu 6 Jahren Haft verurteilt (LaV). † 26.9. 1956 (Standesamt Wolfsburg).

Jaguschok, Albert. SS-Rottenführer. * 21.4.1902 Dembowa-Gora. Ab 1942 in Auschwitz. Zuständig für Waffen und Geräte. 1948 in Krakau zu 3 Jahren Haft verurteilt (LaV). Polizeilich gemeldet in Düsseldorf, Aufenthalt jedoch unbekannt.

Jahn, Angela, geb. Wrobel. KZ-Wärterin. * 13.10.1904 Neudorf, Kreis Kattowitz. Juli 1943 bis September 1944 in Auschwitz, Frauenlager Birkenau. Nach eigener Aussage im Straßenbaukommando und Blockführerin im Bibelforscherblock. Jahn: »Bei der Ankunft von Judentransporten auf der sogenannten Rampe mußten auch SS-Aufseherinnen Dienst dort versehen.« 1946 in die SBZ – sowjetisch besetzte Zone – »ausgesiedelt« (Jahn), Wohnsitz Ostberlin. 1955 Flucht in die BRD. Q.: AV, Bl. 4233 ff.

Jahnke, Bruno. SS-Sturmmann. * 29.11.1904 Scoenbrod/Polen. Ab Juli 1942 in Auschwitz. SS-Totenkopf-Sturmbann. 1948 in Krakau zu 5 Jahren Haft verurteilt (LaV). Nach 1945 in Borgsdorf (DDR).

Jaitner, Edmund. SS-Unterscharführer. * 12.8.1913 Weißkirch/Jägerndorf. Am 12.12.1940 Zugang von Buchenwald, am 15.11.1941 Abgang nach Majdanek (KB Nr. 31/41). † Vermißt.

Jambor, Eduard. SS-Unterscharführer (1943). * 13.7.1900. Lehrer. Ankunft Auschwitz am 10.12.1941, aus einer Sanitätskompanie in Oranienburg (LaP). KZ-Kollege Wilks (AV, Bl. 9144): »Schreiber beim Truppenarzt und führte dort die Krankenbücher. Er stammte aus Warnsdorf/CSR.« Langbein (Die Stärkeren): »Während die anderen SSler saufen, huren und stehlen, tut er das alles nicht.« Von KZ-Arzt Kremer am 17.11.1942 im Tagebuch als »alter ›Stacheldrahtkämpfer‹ und ›K.Z. Hase‹« bezeichnet. † 24.7.1945, laut Ehefrau in tschechischer Haft.

Janda, Lieselotte. KZ-Wärterin. * Nicht ermittelt. Kommandoführerin Effektenkammer *(Kanada)* und Blockführerin in Birkenau. Kommandanturbefehl Nr. 21/43: »Besuch der Mutter und Schwester vom 11.–14.6.43«. SS-Richter Morgen als Zeuge im Auschwitz-

Prozeß über das Lager *Kanada*: »Man sah von den letzten Transporten noch einen Haufen aufgebrochener Koffer, Wäschestücke, Aktentaschen, aber auch ganze Zahnarzteinrichtungen, Schustereinrichtungen, Medikamententaschen. Offensichtlich waren die sog. Evakuierten wirklich der Auffassung, sie würden im Osten, wie man ihnen gesagt hatte, angesiedelt und fänden dort eine neue Existenz.«

Janee, Andreas. Gefangenen-Eigentums-Verwaltung.
* 5.10.1912. SS-Unterscharführer. Standortverwaltung, Abteilung GEV (Vertreter der GEV waren bei Transportankünften immer auf der Rampe). † 4.3.1945 bei Fürstenberg (KZ Sachsenhausen).

Janisch, Josef. Zentral-Bauleitung.
* 22.4.1909 Salzburg. SS-Obersturmführer. Ab November 1941 mit dem Bau der Vergasungsanlagen beauftragt. Nach Bischoff die »einzige verläßliche technische Fachkraft«. Laut Aktenvermerk Ertl Teilnehmer des Treffens am 19.8.1942 »mit Obering. Prüfer der Fa. Topf u. Söhne Erfurt, bezüglich Ausbau der Einäscherungsanlagen«. KZ-Kollege Karl Eggeling: »Er war mit der Oberaufseherin Maria Mandel befreundet.« † 26.7.1964 Gries am Brenner. Lit.: Schüle.

Janisch, Karl. Zentral-Bauleitung.
* 16.8.1922 Hohenegg. SS-Nr. 342862, Untersturmführer (1942). † Kriegstod Oktober 1944 (AV, Bl. 7641).

Janiszowski, Bohdan. Zehnjähriger Häftling.
* Nicht bekannt. Bohdan über Weihnachten 1944 in Auschwitz (StAu II): »Die Kinder im Block bekamen Geschenke, an denen die Stubendienste so manche Stunde gearbeitet hatten. Es waren kleine, aus Deckenstücken angefertigte und mit Lumpen ausgestopfte Hunde, Katzen, Elefanten und Hasen. Im Block waren nicht viele Kinder, weil nur noch wenige Kinder am Leben geblieben waren. Mir brachten der Weihnachtsbaum und die Geschenke aber keine Freude. Meine Mutter fehlte mir, die mich an sich gedrückt und mich getröstet hätte. Mir fehlte das Wort, nach dem sich jedes Kind sehnt. Die Mutter, die sie, die Hitleristen, mir weggenommen hatten.«

Janko, Erwin. SS-Sturmmann.
* 19.6.1914 Wien. Ab Oktober 1941 in Auschwitz. SS-Totenkopf-Sturmbann, Kommando Landwirtschaft. Standortbefehl Nr. 40/43: »Besuch der Braut vom 1.10.–15.10.43«. Nach 1945 in Österreich.

Jankowitsch, Georg. SS-Sturmmann.
* 3.7.1909 Ruma/Kroatien. Landwirt. Ab 2.11.1942 in Auschwitz, ab 10.10. 1943 im Außenlager Fürstengrube (Steinkohlenabbau). Wachdienst, eskortierte Häftlinge zur Arbeit. Beteiligt an der Evakuierung des Lagers. Am 12.3.1948 in Krakau zu 6 Jahren Haft verurteilt. † 1949 in Haft. Die »Evakuierung« des Lagers hat der Überlebende Jozef Tabaczynski beschrieben (HvA 16). Nach einem Fußmarsch zum Außenlager Gleiwitz II werden die Häftlinge am 21. Januar 1945 mit anderen Gefangenen – insgesamt 4000 – nach Mauthausen deportiert und von dort, da überfüllt, zum KZ Mittelbau-Dora geschickt (Ankunft 25. Januar). Tabaczynski: »Jeglichen Schutzes gegen den Frost beraubt, verloren die Häftlinge ihre Kräfte. Es spielten sich Dantische Szenen ab. Schwächere und erschöpfte Häftlinge glitten sterbend auf den Boden des Waggons. Dort kamen sie, von denjenigen zertreten, die sich noch auf den Füßen halten konnten, um. Herzzerreißendes Stöhnen der Sterbenden vermischte sich mit den Schreien, die Häftlinge ausstießen, die wahnsinnig wurden. Ihre nächsten Nachbarn beißend, stoßend und kratzend, wurden sie für alle gefährlich. Also warf man sie über den Wagenrand hinaus.«

Jansen, Gwer. SS-Unterscharführer.
* 8.3.1920. Laut Kommandanturbefehl Nr. 31/41 (Vorname: Iwer) am 15.11. 1941 Abgang nach Majdanek. Verbleib unbekannt.
Jansen, Walter. SS-Unterscharführer.
* 20.2.1909 Rheydt. 1938 SS. Ab März 1944 im Kommandanturstab Auschwitz. Nach eigener Aussage (AV, Bl. 7804 ff.) Schreiber beim Schutzhaftlagerführer Hössler. Jansen will nie erlebt haben, daß ein Häftling getötet oder in der Politischen Abteilung (Lager-Gestapo) mißhandelt wurde, stattdessen preist er das Sommer 1943 für prominente – meist kriminelle – Häftlinge im Stammlager eröffnete Bordell: »Die Zimmer waren fabelhaft eingerichtet, und ich kann mir nicht vorstellen, daß es in einem heutigen Bordell einer Stadt so vornehm ausgesehen hat.« Nach 1945 bei einer Brauerei in Krefeld und Leiter einer Bierniederlassung in Rheydt. † 18.7.1982 Mönchengladbach. – Imo Moszkowicz (Erinnerungen): »Für die nichtjüdischen Häftlinge wurde für eine kurze Zeit ein Bordell eingerichtet. Der größte Teil der Häftlinge hatte mit der Sexualität keinerlei Probleme; der permanente Hunger, der seelische und körperliche Kummer erlaubten diese Gefühle nicht. Die privilegierten Häftlinge jedoch, die Kapos, die Blockältesten, die nicht arbeitenden Vorarbeiter, die sahen in den Knaben [!] sexuell Verlockendes.«
Jantzen, Hans-Joachim. SS-Zahntechniker.
* 12.12.1909 Kiel. SS-Unterscharführer. Unter anderem Frühjahr 1941 SS-Wachkompanie Auschwitz. Danach Inspektion der Konzentrationslager in Oranienburg. Vom 13.5.1941 bis 1.2.1943 Frauenkonzentrationslager Ravensbrück, vom 1.2. bis 16.6.1943 als Zahntechniker in Auschwitz. Danach in Neuengamme, März 1944 in Bergen-Belsen, April 1944 KZ Vught b. Herzogenbusch (Niederlande), August 1944 in Dachau und September 1944 in Natzweiler (LaP). Verbleib unbekannt.
Janus, Kurt. SS-Sturmmann.
* 24.9.1912 Brieg. Ab Herbst 1940 SS-Wachkompanie. 1948 in Krakau zu 7 Jahren Haft verurteilt (LaV). Nach 1945 in Bayern.
Jany, Johann. SS-Unterscharführer.
* 9.5.1891 Schmiedhäuser, Distrikt Krummau. Ab August 1944 im neugegründeten Außenlager Trzebinia zum Ausbau einer Erdölraffinerie, ein Lager mit eigenem Krematorium. † 16.5.1966 Senden/Iller. – Kazimierz Chraszcz, ziviler Arbeiter der Erdölraffinerie Trzebinia (HvA 16): »Die Kapos schlugen die Häftlinge mit verschiedenen Gegenständen, vor allem mit Gummikabeln, Eisenstangen und Schaufelstielen. Was die Brutalität den Häftlingen gegenüber anbetraf, so zeichnete sich besonders der Oberkapo deutscher Nationalität aus, ein dikker, stark gebauter Mann. Einmal sah ich, daß ein Kapo einen Häftling während der Arbeit stark schlug. Da kam der erwähnte Oberkapo hinzu, hieß einen anderen Juden eine Schaufel bringen, deren Stiel er auf den Hals des auf der Erde liegenden und geschlagenen Häftlings legte und dann zwei anderen jüdischen Häftlingen befahl, mit den Füßen auf die beiden Enden des Schaufelstiels zu steigen. Auf diese Weise ermordete er den jüdischen Häftling.« Diese in der Lagersprache *Krawatte legen* genannte Tötungsart war in Auschwitz üblich. Im Auschwitz-Urteil heißt es: »Dem auf dem Boden liegenden Häftling wurde ein Schaufelstiel oder ein Stock auf den Hals gelegt. Dann stellte sich der Kapo oder ein hierzu befohlener Häftling auf die beiden Enden des Stieles oder Stockes und wippte so lange hin und her, bis der Häftling tot war.«
Jarczombek, Stefan. Zentral-Bauleitung.
* 19.12.1910 Solarnia, Kreis Loben. SS-Rottenführer. 1951 in Kattowitz zu 10 Monaten Haft verurteilt (LaV).

Jarosiewicz, Peter. SS-Rottenführer.
* 29.6.1903 Czernowitz. SS-Totenkopf-Sturmbann. † Am 21.12.1943 bei einem konspirativen Treffen mit zwei Häftlingsspitzeln der Politischen Abteilung außerhalb des Lagers erschossen. Die Häftlinge, der Kapo Stanislaw Dorosiewicz (Nr. 18379) und Hersz Kurcweig (Nr. 65655), fliehen. Q.: Czech.

Jaschkowski, Ewald. SS-Rottenführer.
* 21.4.1912 Groß Deutsch-Konnopath, Kreis Schwetz. † Vom AG Aachen 1950 für tot erklärt.

Jasinski, Anton. SS-Rottenführer.
* Nicht ermittelt. SS-Totenkopf-Sturmbann. Kommandanturbefehl Nr. 21/43: »Besuch der Familie vom 1.6.–31.8.43«. Standortbefehl vom 6.9.1943: »Aufenthaltsgenehmigung für Ehefrau bis auf weiteres verlängert«.

Jasper, Karl. SS-Unterscharführer.
* 26.2.1912 Hannover. Kommandanturstab, Abteilung Schutzhaftlager. † Gilt als vermißt.

Jensen, Friedrich (Fritz).
* Nicht ermittelt. SS-Oberscharführer. Kommandanturstab sowie Block 11, genannt Todesblock. September 1942 *Kriegsverdienstkreuz II. Klasse mit Schwertern* (das KVK für KZ-Angehörige läßt Beteiligung an Tötungen vermuten). 1944 zeitweise Führer des Außenlagers Gleiwitz I, ein Reichsbahnausbesserungswerk mit 1300 Häftlingen. Museum Auschwitz (StAu I): »Wer die schwere Arbeit nicht schaffte, wurde so grausam geschlagen, daß dies zuweilen mit dem Tod des Opfers endete.«

Jeschke, Karl Hermann. SS-Oberscharführer.
* 27.7.1910 Hohenliebenthal. Arbeiter. 1933 NSDAP, SS 1940. SS-Totenkopf-Sturmbann. Herbst 1944 Außenlager Charlottengrube, *Kriegsverdienstkreuz II. Klasse mit Schwertern* (HvA 17). Am 22.12.1947 in Krakau als Angehöriger »einer verbrecherischen Gruppe« zu 3 Jahren Haft verurteilt. † 3.1.1970 Mülheim/Ruhr.

Jesenski, Alois. SS-Schütze.
* 20.3.1908 Palanka/heutiges Serbien. SS-Totenkopf-Sturmbann, Kommando Golleschau. 1948 in Krakau zu 3 Jahren Haft verurteilt (LaV). † 9.1.1970 Tübingen.

Jeske, Adolf. SS-Rottenführer.
* 30.5.1909 Wardaks/Lettland. SS-Totenkopf-Sturmbann. † Vermißt, StA Frankfurt: »Angeblich bei Kriegsende erschlagen worden.«

Jesse, Ferdinand. SS-Sturmmann.
* 31.12.1906. August 1941 Zugang aus Buchenwald. Stabskompanie (SS-Angehöriger der Kommandantur). Standortbefehl vom 19.1.1944: »Das Soldbuch des SS-Strm. Ferdinand Jesse, 2. Stb. Kp., ist verlorengegangen und wird für ungültig erklärt.« Laut KZ-Kollege Happke Postenführer (Bewachung Häftlingskommandos) im Kommando Landwirtschaft. Verbleib unbekannt.

Jesse, Michael. SS-Rottenführer.
* 24.11.1904 Luzk. November 1941 bis Oktober 1943 in Auschwitz, Posten im Kommando Landwirtschaft (Happke). Kommandanturbefehl Nr. 7/44, gezeichnet Lagerkommandant Schwarz: »Ich mache in diesem Zusammenhang erneut darauf aufmerksam, daß es Aufgabe eines Postens ist, nicht nur für die Sicherheit zu sorgen, sondern auch das Arbeitstempo zu überwachen.« 1948 in Krakau zu 8 Jahren Haft verurteilt (LaV).

Joachimowski, Tadeusz. Häftling Nr. 3720.
* 25.6.1908 Znin. Ankunft Auschwitz am 30.8.1940 aus dem Gefängnis in Tarnow. März 1943 Rapportschreiber, d.h. Leiter der Häftlingsschreibstube (Stärkemeldungen, Karteiführung) im »Zigeunerlager«. Vergrub die beiden Hauptbücher mit fast 21000 Häftlingsnamen, Einlieferungs- wie Sterbedaten (Januar 1949 stark beschädigt ausgegraben). Joachimowski zu Mengeles Zwillingen: »Als

Schreiber der Hauptschreibstube erhielt ich Meldungen (Verlegungsmeldung) aus der Schreibstube des Krankenbaus über den Tod der Zwillinge. Charakteristisch dabei war, daß sobald der Tod eines der Zwillinge gemeldet wurde, spätestens am nächsten Tag die Meldung vom Tode des zweiten Zwillings erfolgte.« Nach 1945 Kaufmann in Krakau. † 1979. Q.: MV, Bd. 11; König-Urteil.

Jobst, Willi. KZ-Arzt.
* 27.10.1912 Eger. Dr. med. NSDAP 1938. 1939 SS (Nr. 327636), Hauptsturmführer (1943). März 1942 kurz in Auschwitz. Ab 11.3.1942 Erster Lagerarzt KZ Stutthof, Juli 1942 Standortarzt Groß-Rosen, danach Lagerarzt Sachsenhausen und 1944 Stellv. Standortarzt Mauthausen. Todesurteil US-Militärgericht Dachau am 13.5.1946 im *Mauthausen-Hauptprozeß*. † Hinrichtung 28.5.1947 Landsberg, begraben ebenda.

Jochanan, Makis. *Jüdisches Sonderkommando.*
* Unbekannt, aus Arta. Ankunft Auschwitz nach neuntägiger Fahrt im abgeriegelten Güterwaggon am 11.4.1944 aus Athen. Von 2500 griechischen Juden werden 1872 sofort in der Gaskammer ermordet. Mengeles Obduzent Nyiszli über Erschießungen 1944 an den Verbrennungsgruben: »Der Scheiterhaufen, das ist ein 50 Meter langer, 6 Meter breiter und 3 Meter tiefer Graben voll mit Hunderten brennender Leichen. Wenn das unglückliche Opfer das Ende des Weges erreicht hat, packen es zwei Männer des Sonderkommandos und schleppen es über 15 bis 20 Meter vor einen der SS-Schützen. Zwischen den markerschütternden Todesschreien klingt der Schuß nur wie ein Knacken. Danach wird das meist noch lebende Opfer in das Flammenmeer gestoßen.«

Jochum, Hans. SS-Sturmmann.
* 7.11.1908 Lenauheim/Rumänien. Ab 28.7.1943 in Auschwitz, Kommando Neu-Dachs und Janinagrube. 1948 in Krakau zu 3 Jahren Haft verurteilt (LaV). † Am 24.12.1978 tot aufgefunden (Standesamt Kirchheim/Teck).

Jochum, Jakob. SS-Oberscharführer.
* 31.8.1911. SS 1939. SS-Totenkopf-Sturmbann. Name auf der Liste des Exekutionskommandos, das am 22.11.1940 zur ersten Hinrichtung, Erschießung von 40 Polen, eingeteilt ist. Kommandanturstab Birkenau, Januar bis Frühjahr 1943 Schutzhaftlagerführer des »Zigeunerlagers«. Kommandanturbefehl (KB) Nr. 8/43: »Am 9.3.43 bei der Verfolgung von 2 Juden, die vom Sonderkommando flüchtig waren, ist der SS-Unterscharführer Jochum, 2. Komp., mit 10 Angehörigen der Kompanie unter schwierigsten Verhältnissen über die Weichsel gesetzt und stellte die Häftlinge in einem Walde bei Jedlin.« KB vom 30.6.1943: »Besuch der Familie auf unbestimmte Zeit«. Standortbefehl vom 14.10.1943: »Besuch der Mutter und Schwester auf die Dauer von 6 Monaten«. † Suizid 30.7.1944 in Warschau.

Jörß, Herbert. SS-Sanitätsdienstgrad (SDG).
* 28.11.1909 Hamburg. Bühnenbildner. SS 1933 (Nr. 169112), Rottenführer (1944). SS-Sanitätskompanie Oranienburg (LaP). Ab 15.7.1942 in Auschwitz, Kommandantur, Januar 1943 beim SS-Standortarzt, Mai 1943 SDG im Außenlager Jawischowitz, März 1944 in Golleschau. Verbleib unbekannt.

Johannsen, Karl. SS-Unterscharführer.
* 4.9.1903 Bordesholm. Wachmannschaft. 1948 in Krakau zu 3 Jahren Haft verurteilt (LaV). † 16.6.1949. – Rechtfertigungsbericht Standortarzt Wirths, nach dem Ende von Auschwitz 1945 verfaßt (AV, Bl. 1440f.): »Eines der furchtbarsten Übel waren die schweren körperlichen Mißhandlungen. Die Opfer wurden geschlagen, getreten, gepeitscht, in jeder Weise gequält und mißhandelt.«

Jonak, Johann. SS-Schütze.
* 19.4.1910 Hrtkovci/heutiges Kroatien. Kommando Eintrachthütte. † 6.5.1973 (Standesamt Olpe).

Jordan, Willi. SS-Oberscharführer (1938).
* 25.9.1911 Delmenhorst. SS-Nr. 149403. 1939 KZ Sachsenhausen. Ab Mai 1940 Standortverwaltung, Leiter der Standortlohnstelle. † Kriegstod 18.4.1945 Chernsdorf b. Berlin.

Jorde, Alfons. SS-Rottenführer.
* 5.12.1906. Ab 1.10.1944 in Auschwitz. SS-Totenkopf-Sturmbann. † 18.12.1947.

Josten, Heinrich. Führer der Wacheinheiten.
* 11.12.1893 Malmedy. Schlosser. 1933 NSDAP (Nr. 1593836) und SS (Nr. 92316), Obersturmführer (1944). Ab Juni 1939 Flossenbürg, Einsatz Waffen-SS, KZ Sachsenhausen. Ab 24.6.1940 Führer einer SS-Wachkompanie in Auschwitz. Kommandanturbefehl (KB) vom 3.9.1942: »Der mit der Führung der 3. [Kompanie]/SS-T-Sturmbann KL Auschwitz beauftragte SS-Untersturmführer Heinrich Josten übergibt mit sofortiger Wirkung die Abteilung Ib, Waffen und Geräte, ordnungsgemäß an SS-Oberscharführer Wilhem Stegmann.« Oktober 1943 Zweiter Schutzhaftlagerführer Auschwitz, Stellv. Luftschutzleiter (KB Nr. 2/43). Standortbefehl vom 8.7.1943: »Besuch der Familie auf die Dauer von 3 Monaten«. KZ-Kollege Muhsfeldt (MV, Bd. 41): »Josten ordnete die Wachen und den Dienst an der Rampe an. Die von ihm eingesetzten Funktionäre trieben dann die als nicht arbeitsfähig angesehenen Menschen in die Gaskammern.« 1945 in Nordhausen und Bergen-Belsen, wo die Häftlinge tagtäglich zu Hunderten an Hunger und Seuchen sterben. Todesurteil am 22.12.1947 in Krakau wegen Beteiligung an Selektionen und Exekutionen. † Hinrichtung 24.1.1948 Krakau.

Josun, Josef. SS-Rottenführer.
* 25.6.1905 Abromischken/Litauen. SS-Totenkopf-Sturmbann, Gärtnereikommando. Nach 1945 in Mettmann.

Jothann, Werner. Leiter der Zentral-Bauleitung der Waffen-SS und Polizei Auschwitz.
* 18.5.1907 Edlenburg/Mecklenburg. Bauingenieur. 1933 SS (Nr. 169997), NSDAP 1937 (Nr. 5077905), Obersturmführer (1943). April 1941 SS-Wachkompanie Auschwitz, 1942 dem Leiter der ZBL zur Verfügung gestellt für schwierige Bauvorhaben und für solche Bauten, die besonders tatkräftig und bevorzugt durchzuführen sind. Ab 1.11.1943 Leiter der ZBL (StB Nr. 51/43). Wohnsitz bei Wiesbaden. Jothann zum Vorwurf, beim Aufbau der Vergasungsanlagen mitgewirkt zu haben: »Ich habe die Krematorien nur von weitem gesehen.« Q.: AV, Bl. 13478 ff.

Jotzkus, Johann. SS-Sturmmann.
* 19.1.1912 Laugume/Litauen. SS-Totenkopf-Sturmbann. Belobigt im Standortbefehl vom 21.8.1943 für »Festnahme geflüchteter Häftlinge«. Standortverwaltung, Abteilung Verpflegung. Laut Alschewski Aufsicht in der Häftlingsküche des Stammlagers. Verbleib unbekannt. – Fejkiel (Hunger): »Der erste und zweite Warschauer Transport sowie der zweite und dritte Transport aus Tarnow starben am schnellsten aus. Die Leute starben am Tage bei der Arbeit, in der Nacht in den Blocks, in den Blockaborten in den Latrinen und vor dem Ambulatorium.«

Jürgens, Theodor. SS-Rottenführer.
* 24.6.1901 Essen-Bredeney. Kommandanturbefehl Nr. 33/41: Am 4.12.1941 vom SS-Totenkopf-Sturmbann zum Kommandanturstab, Abteilung III (Schutzhaftlager), kommandiert. Verbleib unbekannt.

Jugendheimer, Johann. SS-Schütze.
* Nicht identifiziert. Kommandanturbefehl Nr. 2/43: »Am 1.1.43 ging im Unterkunftsbereich Birkenau eine Geld-

tasche mit folgendem Inhalt verloren: 1 Lagerausweis Nr. 5/88, ausgestellt auf: SS-Schtz. Johann Jugendheimer, 5./SS-T-Sturmmann, 1 Ausweis ›Deutsche Volksgruppe im Unabh. Staat Kroatien‹, 550 Reichsmark.«

Juling, August. Hundestaffel.
* 2.1.1920 Weiperz. Beruf: Steinrichter. Frühjahr 1942 Schutzhundeführer-Lehrgang in Magdeburg. Anschließend *Lehr- und Versuchsabteilung für das Diensthundewesen der Waffen-SS* in Oranienburg (Sachsenhausen). Nach eigener Aussage (AV, Bl. 16330 ff.) »mit fünf oder sechs Kameraden damit beauftragt, etwa 20–25 Diensthunde zum Konzentrationslager Auschwitz zu bringen«. Vom 15.7.1942 bis Anfang 1943 im Lager. Hundeausbilder Juling: »Ich kann auch auf eingehenden Vorhalt nichts darüber sagen, welche Aufgabe die Hundestaffel hatte.« Eliezer Eisenschmidt vom Jüdischen Sonderkommando (Greif): »Die SS lief immer mit ihren Hunden herum, die auf ein kurzes Zeichen jeden Menschen anfielen. Wir sahen, wie man die Hunde im Wald hinter unserem Gebäude trainierte. Die SS-Leute, die die Hunde trainierten, trugen dabei Häftlingskleider.« Nach 1945 Empfänger einer Kriegsbeschädigtenrente.

Julitz, Helmut. SS-Schütze.
* 21.8.1919 Tilsit. Kommandanturstab. † 1.4.1943 Judenburg/Steiermark.

Jung, Julius. KZ-Arzt.
* 29.8.1914 Eltville im Rheingau. 1933 NSDAP. 1940 SS (Nr. 70364), Hauptsturmführer (1943). Kurz in Buchenwald. Vom 1.12.1940 bis 29.1.1941 Lagerarzt Auschwitz. Fejkiel: »Er war brutal und hat auch Häftlinge geschlagen und mißhandelt.« Danach zwei Monate Lagerarzt in Sachsenhausen. Waffen-SS. † Kriegstod 2.10.1944 bei Tornio in Finnland.

Jurasek, Kurt Hans. SS-Apotheker.
* 12.7.1922 Wien, Sohn eines Justizinspektors. Drogist. Freiwillig zur Waffen-SS. SS-Oberscharführer. 1939 SS-Regiment *Der Führer* Wien, 1940 SS-Apotheke Dachau, Ende 1942 Hauptsanitätslager Berlin, Frühjahr 1943 SS-Apotheke Auschwitz. StA Frankfurt (AV, Bl. 3770): »Gab in Abwesenheit des Apothekers das zur Vergasung benötigte Zyklon B heraus.« Jurasek dagegen: »Ich habe niemals eine Büchse mit Zyklon B in der Hand gehabt.« Nach 1945 Reisender einer Gewürzmühle. Nach eigener Aussage bei Transportankünften an der Rampe, um Medikamente aufzuladen. Q.: AV, Bl. 3811 ff.

Jurkovic, Vilo. Häftlingsarzt, Nr. 32405.
* 12.3.1915 St. Bystrica/Slowakei. Ankunft Auschwitz am 23.4.1942. Eingeliefert werden 457 slowakische Jüdinnen und 543 Juden, von denen nach 16 Wochen nur noch 41 leben (Czech). Pfleger im Stammlager und Laborarzt in Birkenau. Ehefrau Blockälteste von Block 27. Für Mengele »Entnahme von Blutproben« im Zwillingsblock. Jurkovic: »Man mußte auch als Fachmann den Eindruck gewinnen, daß er jedenfalls äußerlich als Arzt vollkommen lege artis arbeitete.« September 1944 Überstellung ins KZ Sachsenhausen. Leitender Arzt am Versorgungskrankenhaus Bad Pyrmont, Professor. Q.: MV, Bd. 18.

Jurkowski, Emil. SS-Unterscharführer.
* 5.1.1912 Ratzeburg. SS-Nr. 35976. Kommandanturstab. Nach 1945 in Baden-Württemberg.

K

Kaduk, Oswald. Einer der grausamsten SS-Männer in Auschwitz.
* 26.8.1906 Königshütte/Oberschlesien. Fleischer, Schlachthof Königshütte, danach Berufsfeuerwehr. 1939 freiwillig zur SS, Oberscharführer. Dezember 1941 bis zum Ende in Auschwitz. Häftling Glowa: »Im Lager galt er als der grausamste Mann.« KZ-Kollege Johann Becker: »Er war der Schrecken des Lagers.« Kaduk (AV, Bl. 1548): »Als Rapportführer war ich gewissermaßen der ›Spieß‹ des Lagers. Mir unterstanden die einzelnen Blockführer.« Rampendienst, zeitweise Kommandoführer in den Gasbunkern. Häftling Buki im Auschwitz-Prozeß: »Die Alten und Kranken, die vor dem Krematorium erschossen wurden, erschoß meist Kaduk.« Kaduk tötete ebenso Häftlinge an der *Schwarzen Wand.* April 1943 *Kriegsverdienstkreuz II. Klasse mit Schwertern.* Selektierte am 30.9.1944 etwa 1000 Häftlinge des Stammlagers in die Gaskammern (Czech). Nach 1945 unter falschem Namen im sächsischen Löbau. Am 25.8. 1947 von einem sowjetischen Militärgericht zu 25 Jahren Haft verurteilt, Entlassung Zuchthaus Bautzen am 26.4. 1956. Im Notaufnahmelager Berlin-Marienfelde als politischer (!) Flüchtling anerkannt. Berufsangabe 1959: »Fleischer, z.Zt. Krankenpfleger« (Berliner Humboldt-Krankenhaus). Häftling Dr. Friedrich Skrein im Auschwitz-Prozeß: »Einmal wurden Zigeuner entlaust, und wir in der Bekleidungskammer bekamen den Befehl, sie nachher frisch einzukleiden. Eine Frau wollte den Büstenhalter nicht ausziehen. Kaduk riß ihn herunter. Bei dieser Gelegenheit erzählte er den anderen, wie angenehm es sei, wenn man nackte Frauen in die Gaskammer drängt und ihnen dabei an die Brust greift.« Kaduk (AV, Bl. 1549): »Ich bin heute [1959] der Auffassung, daß die Einrichtung der Konzentrationslager und die Behandlung der Juden ein Unrecht war. Ich fühle mich insoweit schuldig, als ich Angehöriger des SS-Personals von Auschwitz war. Ich glaube allerdings nicht, daß ich mich über diese Kollektivschuld hinaus durch mein persönliches Verhalten strafbar gemacht hätte.« Am 20.8.1965 vom LG Frankfurt unter anderem wegen »Mordes in 10 (zehn) Fällen« zu lebenslanger Haft verurteilt. Laut Urteil »einer der grausamsten, brutalsten und ordinärsten SS-Männer im KL Auschwitz. Jeder mußte damit rechnen, von ihm geschlagen, mißhandelt oder aus nichtigem Anlaß getötet zu werden.« † 21.5.1997 Langelsheim (FSK).

Kälbly, Jakob. SS-Schütze.
* 4.8.1908 Hodschag. SS-Totenkopf-Sturmbann, Kommando Golleschau. 1948 in Krakau zu 3 Jahren Haft verurteilt (LaV). Wohnsitz in Zell am Neckar.

Kaff, Mirjam. *Mengele-Zwilling*, Nr. A-7047.
* 28.5.1930 im damaligen Jugoslawien. Ankunft Auschwitz am 2.6.1944. Kaff: »Ich kann mich nur noch daran erinnern, daß alsbald ein sehr hübsch aussehender SS-Offizier [Mengele] auf meine Zwillingsschwester und mich zukam und uns beide zur Seite stellte. Wir standen da in der Nähe irgendeiner Baracke. Wir fragten dann diesen SS-Offizier, ob wir wieder zu unserer Mutter zurückkämen. Dies bejahte er. Nach einer Zeit längeren Wartens wurden wir dann in das Krankenrevier des Frauenlagers geführt. Während unseres Aufenthaltes in dieser Baracke erschien wiederholt der SS-Offizier, der uns auf der Rampe herausgesucht hatte. Wir fragten ihn ständig auf Deutsch, wann wir wieder zu unserer Mutter kämen. Er antwortete immer: ›Später, später.‹« Verheiratet in Israel. Q.: MV, Bd. 23.

Kagan, Raya. Häftling Nr. 7984, Politische Abteilung (PA).
* 15.5.1910 Charkow, heute Charkiw/Ukraine. Ab 1922 in Wilna (Polen). 1937 Wechsel nach Paris. Verhaftung durch Gestapo am 27.4.1942. Ab 24.6. 1942 Häftlingsschreiberin im Standesamt der PA (Lager-Gestapo). Kagan im Auschwitz-Prozeß: »Ich bekam alle Akten zu sehen. Die der Deutschen waren dick und korrekt geführt. Bei Russen wurde ein vereinfachtes Verfahren angewandt. In vielen polnischen Akten befand sich der Vermerk: Rückkehr unerwünscht. Bei den Juden bestand der Akt nur aus einem Blatt. Ich bekam jeweils den Akt mit der Todesmeldung. Ich kann aus der Praxis sagen, daß nichts der Wahrheit entsprach. Als Ort wurde Kasernenstraße angegeben, das Todesdatum wurde willkürlich eingesetzt, die Todesursache war falsch. Häftlinge, die als ›auf der Flucht erschossen‹ gemeldet wurden, mußte ich umschreiben. In diesen Fällen mußte ich Herzschlag schreiben.« 1947 Buchveröffentlichung in Israel: *Frauen in der Kanzlei der Hölle*. Beamtin im israelischen Außenministerium.

Kaiser, Franz. SS-Oberscharführer.
* 10.4.1895 Lambrecht/Pfalz. November 1941 bis Februar 1942 in Auschwitz, Waffenwart. Nach 1945 am Geburtsort.

Kaitinis, Wilhelm. SS-Rottenführer.
* 15.2.1920. Stabskompanie (SS-Angehöriger der Kommandantur), Häftlingsküche Birkenau. † Vermißt.

Kalaus, Demetrius. SS-Oberscharführer.
* 27.4.1920 Wien. Fernschreibstelle. Standortbefehl Nr. 43/43: »Besuch der Mutter vom 29.9.–1.11.43«. Nach 1945 in Österreich.

Kalbheim, Peter Wilhelm. SS-Unterscharführer.
* 19.4.1901 Bonn. 1944 in Mauthausen, Monowitz und im Außenlager Trzebinia. 1948 in Krakau zu 3 Jahren Haft verurteilt (LaV). Wohnsitz in Rodheim. – Maria Matonog, in der Küche von Trzebinia für die Zivilarbeiter eingesetzt (HvA 16): »Einmal bemerkte ich während der Rückkehr einer solchen Häftlingsgruppe von der Arbeit ins Lager, wie einer der eskortierenden Funktionäre der SS einen der jüdischen Häftlinge aufs grausamste schlug und ihn mit Füßen trat, weil dieser zum Schutz vor Kälte unter seinem [Drillich-]Anzug irgendwelche Zeitungen getan hatte.«

Kalesse, Ernst. SS-Unterscharführer.
* 31.1.1910 Deutsch Marchwitz. Ab Juni 1942 in Auschwitz, Kommandoführer Wirtschaftshof Babitz (Landwirtschaft). Anna Zieba (HvA 11): »Im Jahre 1944 wurden die Pferde fürs Militär requiriert und Kühe vor die Pflüge gespannt, die man jedoch in kurzer Zeit durch weibliche Häftlinge ersetzte.« † 2.11.1953 Heinsberg.

Kalich, Josef. SS-Oberscharführer.
* 25.3.1895. SS-Nr. 331795. Standortverwaltung, Häftlingsküche. 1948 in Krakau zu 3 Jahren Haft verurteilt (LaV). – Häftling Salmen Gradowski in seinem hinterlassenen Tagebuch: »Der erste Arbeitstag ist vorüber. Seelisch gebrochen und körperlich erschöpft, begann den Leuten der Hunger zuzusetzen. Immer wirst du an ihn denken, und er wird dein allmächtiger Herrscher sein. Welche Gedanken dich auch beherrschen, fröhliche oder traurige, ihm wirst du immer gehorchen.«

Kalniak, Ajzyk (Itzig). *Jüdisches Sonderkommando*, Haartrockenraum.
* Aus Lomza in Polen. Ankunft Auschwitz etwa November 1942. In einem Kommando von ca. 15 Juden zur Verarbeitung der Haare der Ermordeten. Rundschreiben Richard Glücks, SS-Wirtschafts-Verwaltungshauptamt, vom 6.8.1942 an die KZ-Kommandanten (»Verwertung der abgeschnittenen Haare«): »Aus ausgekämmten und abgeschnittenen Frauenhaaren werden Haargarnfüßlinge für U-Boot-Besatzungen

und Haarfilzstrümpfe für die Reichsbahn angefertigt.« Glücks weiter: »Schnitthaar von männlichen Häftlingen kann nur von einer Länge von 20 mm an Verwertung finden.« Häftling Filip Müller über den Haartrockenraum: »Frauenhaare der verschiedensten Farben und Schattierungen von Schwarz über Kastanienbraun und Blond bis zu Grau in verschiedener Länge waren auf einer Fläche von vielleicht 150 Quadratmetern auf dem warmen Ziegelboden ausgebreitet, der sich über den Öfen des darunterliegenden Krematoriums befand. Zwischen den Wänden waren Wäscheleinen gespannt, auf denen nasse Haare wie Wäsche zum Trocknen aufgehängt waren. Man hatte sie vorher in einer verdünnten Salmiaklösung gewaschen, um sie von Schmutz und anderen Verunreinigungen zu säubern. Wenn sie einigermaßen trokken waren, wurden sie noch eine Zeitlang auf den warmen Fußboden gelegt. Dann kämmten sie einige Häftlinge mit Metallkämmen auf zwei Tischen und stopften sie in Papiersäcke.« Kalniak wird am 7.10.1944 beim Häftlingsaufstand getötet.

Kalwo, Haim. Häftling Nr. 122060.
* 1910 Karagatsch. Ankunft Auschwitz am 16.5.1943 aus Saloniki, von 4500 Juden enden mehr als 3800 sofort in der Gaskammer. Im Außenlager Neu-Dachs in Jaworzno, von insgesamt 13 574 Häftlingen überleben keine tausend. Strafmeldung am 18.12.1943 (StAu II), »weil er sich [aus Hunger!] einen Goldzahn ausziehen ließ und dafür nacheinander zusammen 8 kg eingeschmuggeltes Brot erhielt. Er ist geständig, diese Unregelmäßigkeiten begangen zu haben.« Kalwo wird mit 25 Stockschlägen bestraft.

Kamann, Dietrich. Zentral-Bauleitung.
* 2.10.1904 Frankfurt am Main. SS-Unterscharführer. Standortbefehl vom 2.11. 1943: »Aufenthaltsgenehmigung für Familie bis auf weiteres verlängert«. † 16.3. 1946 in sowjetischer Haft.

Kamentz, Adolf. SS-Rottenführer.
* 28.11.1909 Gugoly/Rypin. SS-Totenkopf-Sturmbann. Kommandanturstab Birkenau, Blockführer. Nach 1945 bei Northeim.

Kaminski, Jaacov. *Jüdisches Sonderkommando*, Kapo und Oberkapo.
* Etwa 1910. Litauer. Lehrer. Ankunft Auschwitz Ende 1942 aus Zichenau. Nach Aussage von Mithäftlingen Initiator der Widerstandsgruppe im SK. Am 2.8.1944 von SS-Hauptscharführer Moll erschossen. Jaacov Gabai gegenüber Greif: »Das war ein ganz wundervoller Mann – stark und ohne Furcht vor den Deutschen.« Gabai dokumentiert zugleich, wie SS und Sonderkommando Komplizen geworden sind: »Nach zwei Wochen kamen 20 Partisanen, darunter vier Frauen, gutaussehende Frauen. Sie wußten, daß sie sterben würden. Wir [!] befahlen ihnen, sich auszuziehen, eine weigerte sich. Der Kapo Kaminski schlug sie und bat den Deutschen [SS-Mann], sich [mit dem Töten] zu beeilen.«

Kammler, Hans. Chef des Bauwesens der SS, SS-Obergruppenführer und Generalmajor der Waffen-SS.
* 26.8.1901 Stettin. 1931 NSDAP (Nr. 1011855), 1932 Dr.Ing. 1933 SS (Nr. 113619), Referent im Reichsernährungsministerium, 1936 im Reichsluftfahrtministerium. 1941 Chef des Bauwesens im SS-Hauptamt Verwaltung und Wirtschaft. 1942 Chef der Amtsgruppe C (Bauwesen) im SS-Wirtschafts-Verwaltungshauptamt, auch für Planung und Aufbau des KZ Auschwitz zuständig, einschließlich der Vergasungsanlagen. Erteilte am 8.12.1941 den Befehl zum Bau des KZ Majdanek (faks. Abdruck bei Marszalek). Am 17.7. 1942 mit Himmler zur Inspektion in Auschwitz, Besichtigung einer Vergasung im Bunker II, abends beim Empfang des Gauleiters Bracht für Himmler, Höß, Schmauser und Caesar in der Villa des Gauleiters (Czech). Ab August 1943 zu-

gleich Chef des *Sonderstabs Dr. Kammler*, Rüstungsminister Speer unterstellt. Mit diktatorischen Vollmachten ausgerüstet, verantwortlich für die Produktion von Jagdflugzeugen und die unterirdischen Produktionsstätten, auch für V-Waffen in Peenemünde und KZ Mittelbau-Dora. † 9.5.1945 bei Prag.

Kamphuis, Johann. Politische Abteilung (PA), Lager-Gestapo.
* 24.9.1912 Rheine/Westfalen. Beruf: Weber. SS-Unterscharführer. Kamphuis: »Meine Eltern waren Holländer. Ich selbst hatte auch die holländische Staatsangehörigkeit. Um meine Einbürgerung zu erreichen, habe ich mich freiwillig zur Waffen-SS gemeldet.« Herbst 1941 bis Herbst 1944 PA-Vernehmungsabteilung. Häftlingsdolmetscherin Kagan (AV, Bl. 3157): »Er war sehr gefährlich, und wir hatten alle Angst vor ihm.« Ihre Kollegin Lilly Reiner: »Kamphuis hat Häftlinge auf der Straße ermordet, aber einmal, als ich schreckliche Zahnschmerzen hatte, sagte er: ›Warum haben Sie mir das nicht früher gesagt?‹ Er brachte mich sofort zum Männerlager, wo ein Häftlingsarzt meinen Zahn gezogen hat.« Häftlingsschreiberin Else Grün (Shelley): »Es kam manchmal vor, daß mir mein Chef Kamphuis sein Eßgeschirr mit Gemüse zum Abwaschen übergab, und dann habe ich den Rest in unserem Zimmer aufgeteilt. Jeder bekam vielleicht einen halben Löffel voll oder noch weniger.« Nach 1945 Webstuhlmeister. Kamphuis' Glaubwürdigkeit dokumentiert seine Aussage über die von der PA durchgeführten Exekutionen: »Von Erschießungen im Block 11 erfahre ich heute bei dieser Vernehmung zum ersten Mal.« Q.: AV, Bl. 11471 ff.

Kapmajer, Filipp. SS-Rottenführer (1944).
* 1924 Uivydek in Ungarn. Hygiene-Institut der Waffen-SS in Rajsko. Einstellung Ermittlungsverfahren StA Frankfurt (»Kampmaier«) 1961, wegen unbekannten Aufenthalts. – In Rajsko wurden Schenkel-, Bauchfleisch und Brüste ermordeter Frauen als Nährböden für Bakterienzuchten zu einer konzentrierten Brühe verkocht. Die *Menschenbouillon* genannte Brühe dient als Nährböden für Bakterienzuchten. Häftlingsärztin Hautval beobachtet Erschießungen vor den Fenstern des Blocks 10: »Zum Schluß kommen die Frauen dran. Es sind vier. Eine weigert sich, sich auszuziehen. Mit einem Messerstich wird das erledigt. Danach ist es vorbei. Nein, es ist noch nicht vorbei. Einige Zeit später kommen die Männer zurück, um die Leichen der Frauen eine nach der anderen zu holen, und verschwinden mit ihnen im Keller des Blocks 11. Einige Zeit vergeht. Dann legt man die Leichen wieder an ihren Platz, aber sie sind verstümmelt. Eine hat eine breite Schnittwunde: ohne Zweifel der Messerstich von vorhin. Aber sie haben auch große Stücke Fleisch herausgeschnitten.«

Kapper, Hans. SS-Oberscharführer.
* 4.5.1920 Trachenberg. Kommandanturstab, Arbeitseinsatz. Standortbefehl (StB) Nr. 13/43: »Besuch der Eltern in der Zeit v. 24.4.–3.5.43«. StB Nr. 48/43: »Besuch der Eltern v. 30.10.–10.11.43«. † Vom AG Lippstadt 1954 für tot erklärt. Das Auschwitz-Urteil zum Arbeitseinsatz: »Trotz der unzureichenden Ernährung mußten die Häftlinge während des ganzen Tages neun bis zehn Stunden, ab 20.4. 1942 sogar 11 Stunden hart arbeiten. Von dem genannten Datum an war die Arbeitszeit während des Sommers von 6 Uhr bis 11 Uhr am Vormittag und von 13 Uhr bis 19 Uhr am Nachmittag festgesetzt.«

Kappes, Nikolaus. SS-Rottenführer.
* 15.6.1906 Ittel b. Trier. Ab August 1944 in Auschwitz, SS-Totenkopf-Sturmbann. 1948 in Krakau zu 4 Jahren Haft verurteilt.

Karkoschka, Viktor. SS-Rottenführer.
* 14.7.1916 Kattowitz. Ab November 1941 in Auschwitz. Wohnsitz in Hessen.

Karolus, Hans. SS-Unterscharführer.
* 3.8.1911 Mannheim. Ende 1940 in Auschwitz, Schreibstube SS-Wachkompanie, Gerichts- und Fürsorgeoffizier, laut StA Frankfurt auf Grund der Dienststellung Verdacht, an Erschießungen mitgewirkt zu haben (AV, Bl. 5100). Nach 1945 am Geburtsort.

Karscher, Franz. SS-Schütze.
* 26.10.1909 Palanka. SS-Totenkopf-Sturmbann, Kommando Golleschau. † Kriegstod 8.11.1944 Hatvan/Ungarn.

Kaschub, Heinz. Fahnenjunker im Sanitätsdienst der Wehrmacht.
* 3.4.1919 Mensguth/Ostpreußen, Sohn eines Zollbeamten. Angehöriger einer Studentenkompanie der Wehrmacht in Breslau. Ab August 1944 – in Zusammenarbeit mit Standortarzt Wirths und Lagerarzt Klein – Phlegmone-Versuche (Einspritzen einer petroleumhaltigen Flüssigkeit) und Versuche mit künstlich herbeigeführten Brandwunden in Block 28. Die Wunden werden von Kaschub fotografiert (Fotos erhalten) und die behandelten Hautstellen zur Untersuchung herausgeschnitten. Die Opfer sind junge, meist ungarische Juden. Der französische Häftlingspfleger Samuel Stern: »Die schrecklichen Versuche beginnen genau am 24. August 1944. An diesem Datum werden wir in den ›Versuchsraum‹ eingeschlossen. Man kann sich leicht vorstellen, wie unsere Nächte waren, eingeschlossen zu dreißig in einem kleinen Saal, Betten mit drei Etagen mit ungenügenden sanitären Einrichtungen, mit Kranken, die schrecklich litten und stöhnten.« Unter den Opfern ist der 18jährige Jude Szigeti aus Budapest, der, so der Überlebende Häftling Samuel Jacobs, »sich niemals trotz der furchtbarsten Schmerzen, die er erduldete, beklagte und der auf die Bretter des oberen Bettes die schönsten Kompositionen von Mozart aus dem Gedächtnis aufschrieb«. Häftlingsarzt Laszlo Schwarz in einem Brief an die Staatsanwaltschaft Frankfurt am Main (Auszug): »Ungefähr die Hälfte dieser Versuchspersonen ist gestorben. Jede Person, die die Injektion bekommen hat, entwickelte riesengroße, tiefe Eiterungen und war sehr krank. Nach diesen voll entwickelten Schädigungen hat der Lagerarzt Dr. Klein die Versuchspersonen noch vor ihrem Tod selektiert, und dann wurden sie aus dem Zimmer abtransportiert. Die leichteren Fälle waren die oberflächlichen Hautversuche, wo die Haut mit Schmirgelpapier verletzt wurde und wieder mit verschiedenen chemischen Mitteln behandelt und verbunden wurde. Diese Fälle wurden später mit Tabletten behandelt, und mit wenigen Ausnahmen sind auch diese Personen an schwerer Toxikose gestorben. Ich hatte das Gefühl, die Versuche wurden gemacht, um eventuellen Kriegsdienstverweigerern auf die Schliche zu kommen, falls sie sich selbst Wunden beibrachten, um nicht an die Front zu müssen.« Der Arzt Norbert Mikulla, ehemals Studentenkompanie in Breslau: »Als ich im Jahre 1945 nach Jena kam, sprach mich ein Angehöriger unserer Kompanie an, daß er seine Doktorarbeit in Auschwitz gemacht habe. Es seien damals Häftlingen Flüssigkeiten in die Schenkel eingespritzt worden. Der Kollege sagte damals noch, diese Doktorarbeit könne er ja wohl kaum noch abgeben.« Approbation am 4.4.1945 in Jena, Promotion am Tag zuvor ohne mündliche Prüfung, Doktorarbeit nicht auffindbar. Nach 1945 Leiter der Chirurgie und Durchgangsarzt der Berufsgenossenschaften am Bethanienkrankenhaus Frankfurt am Main. † 4.5.1977. Q.: Kaschub-Verfahren. Lit.: Klee, Auschwitz.

Kasner, Max. Häftling Nr. 68385.
* 19.8.1914 Teplitz. Verhaftung Gestapo am 12.5.1939. Haftstationen: Prag-Pankratz, Dachau, Buchenwald und ab Sommer 1942 Auschwitz. Zunächst in Monowitz, dann Hilfssanitäter im Stammlager. Kasner: »Ich erinnere mich noch, daß ich

irgendwann im Frühjahr 1943 zum Wegräumen von Frauenleichen bestimmt wurde, welche auf dem Hof zwischen den Blöcken 10 und 11 erschossen wurden. Als ich auf den Platz kam, lagen die Leichen der Frauen auf der linken Seite des Hofs, und als wir aufzuladen begannen, stellte ich fest, daß alle die Brüste weggeschnitten hatten und wesentliche Fleischteile aus den oberen Teilen der Beine. Ich erfuhr, daß diese Organe gleich nach dem Erschießen den Frauen abgenommen wurden zur Verwendung im hygienischen Laboratorium [Rajsko] als Kultivationsmaterial [die Fleischteile werden verkocht, die *Menschenbouillon* genannte Brühe dient als Nährböden für Bakterienzuchten].« Juli 1943 im Außenlager Janinagrube. Kasner über das Schicksal seiner Verwandten: »Gerettet habe ich eigentlich nur mich.« Q.: MV, Bd. 25.

Kastner, Fritz. Zentral-Bauleitung.
* 1.5.1910 Karlsruhe. SS-Untersturmführer. Laut Häftling Rudolf Kauer (Nr. 15592) in der Planung beschäftigt (AV, Bl. 7493). † 7.2.1966 (Standesamt Karlsruhe).

Kasubek, Adolf. Zentral-Bauleitung.
* 17.9.1905 Wien. SS-Sturmmann. † 5.3.1966 (Standesamt Wien-Margarethen).

Kasztner, Klara Erzsebet. *Mengele-Zwilling.*
* 15.3.1913 in Ungarn. Ankunft Auschwitz am 14.6.1944 aus dem Ghetto in Miscolc, von Mengele selektiert: »Zusammen mit meiner Tochter hatte er mich schon in die Gruppe der Arbeitsunfähigen dirigiert, als ich von einem gut ungarisch sprechenden Offizier aus der Reihe genommen wurde und der mich, indem er auf meine Schwester, die bereits der anderen Gruppe zugeteilt war, hinwies, fragte, ob wir Zwillinge seien. Ich antwortete nein, worauf meine Mutter mir zurief: ›Warum sagst du das, ihr seid doch Zwillinge.‹ Auch heute noch weiß ich nicht, was meine Mutter veranlaßte, die Unwahrheit zu sagen. Sie konnte nicht wissen, daß wir, indem wir uns zu Zwillingen bekannten, größere Chancen hatten, am Leben zu bleiben. Meine Tochter nahm er mir ab und ich sah, daß sie in jene Gruppe kam, von der ich später erfuhr, daß sie nach der Selektion unmittelbar ins Gas zur Vernichtung gebracht wurde.« Die angebliche Zwillingsschwester stirbt April 1945. Klara heiratet in Ungarn. Q.: MV, Bd. 24.

Katz, Chedva. *Mengele-Zwilling,* Nr. A-8273.
* 24.3.1930 in Ungarn. Ankunft Auschwitz mit Mutter, Zwillingsschwester und zwei jüngeren Geschwistern am 29.5. 1944 (im Transport auch die Familie Nyiszli). Die Zwillingsschwestern werden vor der Vergasung zurückgestellt. Katz: »Ich kann mich noch gut daran erinnern, daß wir weinten, als meine Schwester und ich uns dann von unserer Mutter entfernten. Als wir weggingen, rief uns Mutter noch zu: ›Weint nicht, wir kommen ja bald wieder zusammen!‹« Katz zu den Untersuchungen: »Die Messungen wurden von Frauen in weißen Kitteln durchgeführt. Diese Frauen verhielten sich vollkommen sachlich. Auf diese Weise war es uns unmöglich herauszufinden, ob diese Frauen SS-Angehörige oder Häftlinge waren.« Nach 1945 in Israel. Q.: MV, Bd. 23.

Katz, Paul (Leibl). *Jüdisches Sonderkommando.*
* Aus Paris. Ankunft Auschwitz unbekannt. Im Zahnzieherkommando. Leiter der Goldschmelze im Krematorium III, private Goldschmiedearbeiten für SS-Leute, fertigte Schmuck aus Zahngold. Am 26.11.1944 ermordet (FSK).

Kaufmann, Adalbert. KZ-Arzt.
* 20.9.1911 Rudolfsgnad, heute Knicanin / Serbien. Dr. med. SS-Nr. 303540, Hauptsturmführer (1943). 1943 Lagerarzt in Auschwitz. Soll Häftlinge abgespritzt haben (AV, Bl. 5125). Verbleib unbekannt.

Kaufmann, Ernst. Politische Abteilung (PA), Lager-Gestapo.
* Nicht ermittelt. SS-Rottenführer. PA-Häftlingsschreibkraft Berta Weiss über Kaufmann (Auss. v. 23.11.1946, Polizeidirektion Wien): »Es waren sogar im Lager einige SS-Männer nur als Schläger abgestellt, sie hatten nichts anderes zu tun, als die Häftlinge zu schinden und zu schlagen.« Laut Weiss aus Meran. PA-Häftling Bartel: »War damals noch sehr jung.« Shelley: »Wachmann in der Politischen Abteilung und führte blutige Verhöre durch.«

Kaufmann, Johann. SS-Sturmmann.
* 16.7.1913 Ruma/Kroatien. Standortverwaltung, Kommando Neu-Dachs. † 28.4.1970 Wels/Österreich.

Kaufmann, Josef. Fahrbereitschaft.
* 13.8.1906 Scherbeck/Belgien. Handwerker in Hattingen/Ruhr. 1932 NSDAP/SS, Unterscharführer. Ab Februar 1941 in Auschwitz. Nach 1945 Lakkierer. Kaufmann (AV, Bl. 12339): »Daß in Auschwitz Menschen vergast wurden, konnte man rein geruchsmäßig wahrnehmen.« – Shaul Chasan, Gaskammerkommando, 1944 eingesetzt zur Leichenverbrennung am Bunker V (Greif): »Nach diesen Verbrennungen, so erinnere ich mich, kam eines Abends ein Lastwagen voll mit alten Leuten, Kranken, Gelähmten, und mit Kleidern und allem schüttete man sie von der Ladefläche des Lastwagens, wie man Kies ausschüttet, direkt in die [Verbrennungs-]-Grube – lebend! Das habe ich zweimal gesehen.«

Kaufmann, Max. Häftling Nr. 105112.
* Etwa 1914. Am 3.3.1943 mit seiner Frau von Bielefeld nach Auschwitz deportiert. Arbeitskommando Buna-Monowitz, dann Poststelle. Kaufmann: »Meine Frau ist in das Frauenlager Birkenau gekommen. Sie ist von Birkenau nicht zurückgekehrt. Sie war zum Zeitpunkt der Einlieferung nach Birkenau 21 Jahre alt.« Kaufmann zum Todesmarsch aus Monowitz: »Bei der Evakuierung des Lagers im Januar 1945 sind wir zunächst bis Gleiwitz zu Fuß gegangen. Der Fußmarsch nahm drei bis vier Tage in Anspruch. Alle Wegeunfähigen sind während dieses Fußmarsches von den begleitenden SS-Leuten durch Genickschüsse getötet worden. In Gleiwitz wurden wir in offene Güterwagen verladen. In manchen Eisenbahnwaggons waren mehr Tote als Lebende. Die noch Lebenden saßen teilweise auf den Leichen.« Q.: AV, Bl. 12631 ff.

Kaul, Michael. SS-Rottenführer.
* 24.9.1911 Kronstadt/Rumänien. 1943 Sachsenhausen, dann Mauthausen, September 1943 Außenlager (AL) Neu-Dachs, März 1944 AL Fürstengrube. Am 3.3.1948 in Krakau zu 3 Jahren Haft verurteilt. Wohnsitz in Westfalen.

Kaulfuß, Alfred. SS-Sanitätsdienstgrad (SDG).
* 13.8.1912 Prag. Bauaufseher. 1941 SS, Unterscharführer. In Auschwitz ab 17.7.1942, Kommandantur. Januar 1943 SDG beim SS-Standortarzt. Außerdem Außenlager Neu-Dachs und KZ Plaszow (LaP). Verbleib unbekannt. – Paul Heller, Häftlingsarzt in Neu-Dachs (JA): »Am 2. Juli 1943 kamen 1000 griechische Juden aus Saloniki ins Lager. Davon lebten zu Ende desselben Monats nur noch 400, und im September waren es bloß 64. Alle anderen waren inzwischen gestorben, und zwar etwa die Hälfte an Erschöpfungskrankheiten, während die übrigen zu Tode geprügelt, ›auf der Flucht‹ erschossen oder als arbeitsunfähig nach Birkenau in die Gaskammer gebracht worden waren.«

Kaup, Paul. SS-Unterscharführer.
* 29.4.1912 Aschaffenburg. Vom 30.3.1941 bis 28.4.1942 in Auschwitz. KZ-Kollege Giesa: SDG im SS-Revier. 1948 in Krakau zu 7 Jahren Haft verurteilt (LaV). Giesa: »Ich habe ihn zuletzt während meiner Gefangenschaft in Polen gesehen. Er ist jetzt in Mainfranken wohnhaft.«

Kautny, Franz. SS-Sturmmann.
* 22.6.1907. Wachpersonal, Herbst 1944 Kommando Charlottengrube (HvA 17), zuletzt in Mauthausen. Todesurteil US-Militärgericht Dachau am 13.5.1946 im *Mauthausen-Hauptprozeß.* † Hinrichtung 27.5.1947 Landsberg, begraben ebenda.

Kayser, Otto Bruno Karl. Zentral-Bauleitung.
* 22.7.1902 Pless. SS-Oberscharführer. Bauleitung Kriegsgefangenenlager (K.G.L.). † 28.1.1943 Reservelazarett Kattowitz. – Die ersten 2014 russischen Kriegsgefangenen waren am 7.10.1941 eingetroffen. Sie werden nackt in Gruppen zu je 100 Personen in nicht beheizte Blöcke getrieben. Erst nach Tagen erhalten sie ihre desinfizierte Kleidung. Museum Auschwitz (StAu III): »Insgesamt kamen im KL Auschwitz mindestens 15000 sowjetische Kriegsgefangene um, von denen etwa 12000 registriert und ungefähr 3000 nicht mit Nummern erfaßt worden waren.« Die zunächst überlebenden Russen werden zum Bau des Lagers Birkenau (zu dieser Zeit als Kriegsgefangenenlager geplant) eingesetzt. Am 17.1.1945 leben nur noch 96.

Keller, Johann. SS-Rottenführer.
* 20.6.1907 Skardupönen/Litauen. Ab November 1941 in Auschwitz. Kommando Landwirtschaft, Fischereikommando Harmense. Nach 1945 bei Marburg/Lahn.

Kelm, Ewald (nicht: Kell). Kommandoführer Krematorium.
* 22.2.1913 Bruzijska, Kreis Lodz. Landwirt. SS-Unterscharführer. Ab April 1941 in Auschwitz, Laut Kommandanturbefehl (KB) Nr. 33/41 am 4.12.1941 vom SS-Totenkopf-Sturmbann zum Kommandanturstab Schutzhaftlager kommandiert. Blockführer im Lagerabschnitt BIIe. Mai 1944 Zweiter Kommandoführer Gasbunker V, danach Führer des Krematoriums I. KB Nr. 24/43: »Besuch der Braut v. 10.–16.6.43«. Standortbefehl (StB) Nr. 37/43: »Besuch der Ehefrau vom 3.–6.9.43«. StB Nr. 45/43: »Besuch der Ehefrau vom 6.–20.10.43«. † 23.2.1989 am Wohnort Gmünd/Niederösterreich (FSK).

Kelsch, Viktor. SS-Unterscharführer.
* 24.2.1921 Istebna/Oberschlesien. SS-Totenkopf-Sturmbann. Verbleib unbekannt. – Häftling Vrba (AV, Bl. 14527): »Die Selektion der Neuangekommenen ging immer sehr schnell vonstatten. Es kam vor, daß ein Transport von mehr als 2000 Personen binnen einer Stunde selektiert war. Manchmal fand auch gar keine Selektion statt. Wenn die SS den Eindruck gewann, daß sehr viele arbeitsunfähige Personen in dem Transport vorhanden waren, wurde kurzerhand der gesamte Transport für die Verbringung in die Gaskammer bestimmt.«

Kempl, Martin. SS-Schütze.
* 14.5.1909. SS-Totenkopf-Sturmbann, Monowitz und Außenlager Golleschau. Belobigt in den Kommandanturbefehlen Monowitz vom 14.7. und 22.12.1944, da er die »Flucht« von Häftlingen »verhinderte«. KZ-Kollege Bilibou: »Es gab keinen Sonderurlaub für ›Verhinderung der Flucht‹, sondern nur für ›Erschießen auf der Flucht‹.«

Kepes, Raya. *Mengele-Zwilling,* Nr. A-7050.
* 10.10.1924 Klausenburg. Ankunft Auschwitz am 1.6.1944 aus Ungarn: »Es wurde uns befohlen, daß sich Männer und Frauen getrennt aufzustellen hätten. Als wir uns aufgestellt hatten, kam Mengele auf uns zu und deutete mit einem Stöckchen, das er in der Hand trug, auf meine Zwillingsschwester und mich und fragte meine Mutter, ob es Zwillinge seien. Mengele ordnete dann an, daß wir auf die rechte Seite herauszutreten hätten. Meine Mutter und meine andere Schwester mußten auf die linke Seite treten.« Zuletzt in Ravensbrück und im Außenlager Malchow. Kepes über das Ende ihrer Zwillingsschwester nach der Befrei-

ung: »Es gelang mir, mit meiner Schwester und noch drei anderen Mädchen bei einer Frau in Oschatz für einige Tage Unterkunft zu finden. Meine völlig entkräftete Schwester fand dann in einem dortigen Krankenhaus Aufnahme. Trotz der Pflege, die ihr dort zuteil wurde und im Angesicht der Freiheit, vermochte sie nicht ihre Kräfte wiederzuerlangen und verstarb nach etwa dreiwöchigem Krankenhausaufenthalt.« Verheiratet in Israel. Q.: MV, Bd. 23.

Kern, Franz. SS-Rottenführer.
* 12.9.1907 Thomasel. SS-Nr. 297283. Standortverwaltung, Verbindungsmann zwischen KZ und der Reichsbahn. Standortbefehl Nr. 10/42: zuständig für »die Regelung des Eisenbahntransportverkehrs«. † 15.8.1968 (Standesamt Baden b. Wien). – Bericht Broad über die Entladung eines Zugs: »Auf der Rampe ist ein Häftlingskommando damit beschäftigt, die herumliegenden Koffer und Kisten auf Wagen zu verladen. Der Lokomotivführer, der den Leerzug schon längst hätte wegziehen können, ist bemüht, sich möglichst lange bei der Rampe aufzuhalten. Er hämmert im Gestänge der Lokomotive, [um von] den auf der Rampe herumliegenden Lebensmitteln oder Wertsachen etwas zu stehlen.«

Kern, Heinrich. SS-Rottenführer.
* 15.8.1921 St. Goarshausen. Wachmannschaft. 1948 in Krakau zu 3 Jahren Haft verurteilt (LaV).

Kern, Helmuth. SS-Rottenführer.
* 28.3.1913 Hermannstadt. Monowitz. Nach 1945 in Bayern.

Kersch, Josef. SS-Sturmmann.
* 8.6.1912 India, heute Indija/Serbien. SS-Totenkopf-Sturmbann, Monowitz. Nach 1945 bei München.

Kerschke, Herbert. SS-Oberscharführer.
* 3.8.1910 Hammer, Bezirk Brandenburg. SS-Totenkopf-Sturmbann. 1948 in Krakau zu 5 Jahren Haft verurteilt (LaV). Kaduk zum Rampendienst des SS-Totenkopf-Sturmbanns im Auschwitz-Prozeß: »Der Wachsturmbann hat die Postenkette gestellt.«

Kesselman, Morris. *Jüdisches Sonderkommando*, Nr. 111900, sog. Pipel.
* 30.12.1926 Lodz. Ankunft Auschwitz am 31.3.1943. Mai 1944 wegen der Massentransporte aus Ungarn aus der Strafkompanie ins Sonderkommando überstellt. Nach 1945 Wohnsitz USA. Friedler: »Kesselman wurde Pliszkos ›Pipel‹. Mit diesem Begriff bezeichnete man in Auschwitz junge Häftlinge, die einem älteren und erfahrenen Häftling mit höherem Status als Leibbursche dienten. Häufig wurden diese jungen Männer auch Opfer homosexueller Übergriffe durch ihre Beschützer. Das war bei der Beziehung zwischen dem damals siebzehnjährigen Morris Kesselman und dem nur acht Jahre älteren Lemke Pliszko allerdings nicht der Fall.« Langbein (Menschen): »Kapos hielten sich ›Pipel‹, junge Burschen, die ihnen persönliche Dienste zu leisten hatten, dafür von schwerer Arbeit befreit und begünstigt waren. Nicht wenige Kapos mißbrauchten ihre Jungen sexuell.« Mithäftling Shlomo Venezia: »Der Pipel war ein Junge, meist um die zwölf Jahre alt. Er putzte dem Kapo die Schuhe, machte ihm das Bett, säuberte die Baracke und mußte auch perverse Gelüste erfüllen.« Der damals 15jährige Elie Wiesel in seinem Buch *Die Nacht*: »In Buna haßte man die Pipel. Dort erwiesen sie sich oft grausamer als die Erwachsenen. Ich habe einmal einen Dreizehnjährigen seinen Vater schlagen sehen, weil dieser sein Bett nicht gut gemacht hatte. Da der Alte sanft weinte, schrie der Junge: ›Wenn du nicht sofort aufhörst zu heulen, bring ich dir kein Brot mehr. Verstanden?‹«

Kestel, Konrad. SS-Hauptscharführer.
* 12.1.1910. Verwaltung »Aktion Reinhard«. Verbleib unbekannt. Höß in seinen Aufzeichnungen (Auszug): »›Aktion Reinhard‹ war [in Auschwitz] die Deck-

bezeichnung für die Erfassung, Sortierung und Verwertung aller Dinge, die durch die Judentransporte und deren Vernichtung anfielen. Unvorstellbare und nicht abzuschätzende Werte von Hunderten von Millionen sind erfaßt worden. Ungeheure Werte sind gestohlen worden von SS-Angehörigen und Polizisten, von Häftlingen, Zivilangestellten und Arbeitern, von Bahnpersonal. Vieles davon wird heute noch versteckt und vergraben im Bereich des Lagers Auschwitz-Birkenau liegen.« [Anmerkung, E. K.: s. Artikel August Frank.]

Kesternich, Wilhelm. SS-Schütze. * 25.4.1897 Aachen. SS-Totenkopf-Sturmbann. Herbst 1944 Kommando Charlottengrube. 1948 in Wadowice angeklagt (LaV). † 3.2.1948. Andrze Strzelecki (HvA 17): »Während der vier Monate des Bestehens des Nebenlagers kamen dort einige Hundert Häftlinge ums Leben. Nach dem Bericht des ehemaligen Häftlings Jozef Wajngarten starben am schnellsten die Juden aus Griechenland, denn sie waren nicht an das strenge Klima gewöhnt.«

Kettel, Jakob. SS-Sturmmann. * 11.5.1915 Nowa Pasowa / heutiges Serbien. Ab 15.11.1942 in Auschwitz. SS-Totenkopf-Sturmbann. Am 30.1.1948 in Krakau zu 10 Jahren Haft verurteilt. Wohnsitz in Baden-Württemberg.

Kettenbach, Wilhelm. SS-Rottenführer. * 7.10.1916 Schid Banowzi / Kroatien. Ab 19.10.1942 in Auschwitz. Kommandanturstab, Baubetriebsdienststelle. Wohnsitz in Baden-Württemberg.

Kettl, Max. SS-Rottenführer. * 12.10.1908 Wendelskirchen. Ab Februar 1941 in Auschwitz. StA Frankfurt (AV, Bl. 3773): »Nahm an Vernichtungsaktionen teil.« † Vom Standesamt Weigendorf 1955 für tot erklärt. – Salmen Gradowski über die Trennung der Familien auf der Rampe: »Sie heißen zerreißen, was unzerreißbar ist. Niemand rührt sich, denn keiner kann an das glauben, was unglaublich ist. Aber ein Hagel von Schlägen, den die ersten Reihen der stehenden Leute verspüren, wirkte so, daß selbst in den mittleren Reihen die Familien sich zu trennen begannen.«

Kiefer, Johann (Jonny). Häftling, Kapo. * 4.12.1900 Offenburg. † Hinrichtung 26.6.1947 Hameln. Salmen Gradowski in seinem hinterlassenen Tagebuch allgemein zum Kapo: »Das ist der Mensch, der mit euch machen kann, was er will.« Langbein (Menschen): »Jede Beschwerdemöglichkeit eines Unterstellten gegen einen Kapo oder Blockältesten war ausgeschlossen. Dieser konnte nach Belieben strafen, ja selbst töten. Systematisch wurde auf diesem Weg eine Hierarchie unter den Gefangenen aufgebaut, die als verlängerter Arm der Lagerführung den Terror bis in den letzten Winkel des Lagers tragen und ihn auch dann wirken lassen sollte, wenn – wie zum Beispiel nachts – kein SS-Angehöriger im Lager war.«

Kielar, Wieslaw. Häftling Nr. 290. * 12.8.1919 Przeworsk / Polen. Ankunft Auschwitz am 14.6.1940 aus dem Gefängnis in Tarnow. Es ist der erste Transport überhaupt, 728 Männer des polnischen Widerstands. Knapp 21 Jahre alt, arbeitete er zunächst als Leichenträger und Hilfspfleger. Kielar: »Wie dankte ich doch meinem Gott, daß es mir gegeben war, unter der kleinen Gruppe der vom Schicksal Auserwählten zu sein, die unter einem Dach arbeiteten, die weder Hunger noch Kälte spürten, die frei von den Verlockungen anderen Leid anzutun, geblieben waren, denen unweigerlich jeder Häftling, der um sein Leben im Lager kämpfte, ausgesetzt war.« Ende Oktober 1944 KZ Sachsenhausen. Autor des Buchs *Anus Mundi. Fünf Jahre Auschwitz.*

Kielersreiter, Karl. SS-Unterscharführer. * 30.9.1918 Schärding am Inn. Im Kommando *Kurzwellenentlausung*. Wohnsitz in Österreich.

Kiesel, Adolf. SS-Sturmmann.
* 8.11.1904 Kaunas. Standortverwaltung, Abteilung Verpflegung, Kommando Neu-Dachs. Verbleib unbekannt. – Der polnische Priester Adam Kozlowiecki, nach 1945 Erzbischof (HvA 18): »Die Arbeit zehrt uns bis an die Grenze des Möglichen aus, und sie geben uns so viel zu essen, daß wir nicht sofort sterben.«

Kieselbach, Oskar. Gefangenen-Eigentums-Verwaltung.
* 20.8.1906 Burgaitschen in Litauen. Ab Herbst 1941 in Auschwitz. SS-Rottenführer. Standortverwaltung, GEV. Kieselbach zur Abwicklung von Todesfällen: »Die Verwaltung hatte dann dafür zu sorgen, daß das Konto des Häftlings abgewickelt wurde; entweder wurde das Geld an die Angehörigen gesandt, oder es verfiel der Beschlagnahme. Jüdische Häftlinge konnten kein Konto unterhalten. Meine Tätigkeit bezog sich also in erster Linie auf Häftlinge polnischer Nationalität, volksdeutsche und reichsdeutsche Häftlinge.« Wie alle Vertreter der GEV Rampendienst: »Meine Aufgabe bestand darin, für den Abtransport der jüdischen Effekten in das Effektenlager Kanada zu sorgen. Für diese Zwecke stand ein besonderes Häftlingskommando zur Verfügung. Ich habe auch beobachtet, daß Transporte ankamen, bei denen ein erheblicher Teil der Häftlinge bereits auf der Fahrt verstorben war. Sie waren offenbar in den Waggons, in denen sie eingepfercht waren, erstickt.« In Wadowice zu 2 Jahren Haft verurteilt, Entlassung November 1949. Kieselbach: »Das Gerichtsverfahren in Polen ist in sehr korrekter Form durchgeführt worden.« Studienrat. Aussage: AV, Bl. 12994 ff.

Kiesler, Karl. SS-Rottenführer.
* 1.5.1921 Warschau. SS-Totenkopf-Sturmbann. † 28.8.1970 Ingolstadt.

Kieszling, Otto. SS-Scharführer.
* 20.6.1897 Niederwada / Sachsen. Ab September 1944 Wachmannschaft Monowitz. 1948 in Krakau zu 3 Jahren Haft verurteilt (LaV).

Kindler, Edwin. SS-Unterscharführer.
* 15.10.1915 Königsberg. Postenführer (Bewachung Häftlingskommandos) im Außenlager Lagischa. † Kriegstod 16.2.1945 Hermannsdorf / Breslau.

Kindler, Josef. SS-Schütze.
* 20.2.1910 Hartkovci, heutiges Kroatien. Stabskompanie (SS-Angehöriger der Kommandantur), im 1943 gegründeten Wirtschaftshof Birkenau, 200 Häftlinge. Wohnsitz in Landau.

Kinna, Heinrich. SS-Untersturmführer (1937).
* 26.12.1901 Mannheim. SS-Nr. 14375, NSDAP-Nr. 391304. *Umwandererzentrale* (UWZ) Litzmannstadt, 1942 UWZ Zamosc. Begleitete Dezember 1942 einen Transport mit Polen (»Aussiedlung«) von Zamosc nach Auschwitz. Dazu sein Bericht vom 16.12.1942: »Arbeitseinsatzfähigkeit bezügl. erklärte SS-Hauptsturmführer Haumeier [Aumeier], daß nur arbeitsfähige Polen angeliefert werden sollen, um somit möglichst jede unnütze Belastung des Lagers sowie des Zubringerverkehrs zu vermeiden. Beschränkte, Idioten, Krüppel und kranke Menschen müssen in kürzester Zeit durch Liquidation zur Entlastung des Lagers aus demselben entfernt werden.« Nach 1945 Kaufmann. Q.: Krumey-Anklage.

Kinne, Viktor (Friedrich). Fahrbereitschaft.
* 11.5.1902 Sörgsdorf, heute Uhelna / Tschechien. SS-Unterscharführer. März 1941 bis März 1943 in Auschwitz. Verbleib unbekannt. – Häftling van Velsen im Auschwitz-Prozeß: »Wenn Block 7 geleert wurde, kam eine Autokolonne. Die Leute lagen im Schlamm. Manchmal fuhren die Lastwagen über sie wie über Steine. Manchmal wurden die Menschen auf die Wagen geschmissen, wenn dann die Zahl nicht stimmte, wieder heruntergeschmissen und neuerlich gezählt.

Wenn die Lastwagen losfuhren, bogen sie links ab zu dem Bauernhaus, das zu einer provisorischen Gaskammer umgebaut worden war.«

Kinsky, Alexander. SS-Schütze.
* 26.9.1895 Göllnitz. Kommandanturstab Birkenau, Blockführer. 1948 in Krakau zu 3 Jahren Haft verurteilt (LaV). † 18.2.1966 Oberkotzau. – Albert Ehrenfeld, im Juni 1944 von Clausenburg/Rumänien nach Auschwitz deportiert (AV, Bl. 12893): »Das Ausladen der Waggons erfolgte sehr rasch. Ich versuchte noch, einen Mantel mitzunehmen, währenddessen war ich bereits von meiner Frau und meinen beiden Kindern sowie meiner Schwiegermutter getrennt. Ich habe seitdem meine Frau, die Schwiegermutter und die Kinder nie wieder zu Gesicht bekommen.«

Kipry, Gustav. SS-Rottenführer.
* 18.2.1901 Hussinetz, Kreis Strzelin. Steinmetz. September 1944 Kommando Eintrachthütte. Nach 1945 in Lehrte.

Kirchert, Werner. Chefarzt beim Inspekteur der Konzentrationslager.
* 4.1.1906 Halle. Klassenkamerad des späteren Vergasungsarztes Horst Schumann. 1933 Promotion in Halle. Oktober 1934 SS (Nr. 245540), KZ Sachsenburg b. Chemnitz. Ab 1936 beim SS-Sanitätskorps, zuletzt Obersturmbannführer (1942). Mai 1937 NSDAP, Lagerarzt Dachau. November 1937 bis Dezember 1938 Standortarzt Buchenwald, laut Eugen Kogon einer der schlimmsten KZ-Ärzte. 1939 Kommando an der Nervenklinik der Charité. Oktober 1939 SS-Totenkopfverbände. April 1940 beim Inspekteur der Konzentrationslager. Mai 1941 Persönlicher Referent Leonardo Contis, *Reichsgesundheitsführer* und *Reichsärzteführer* der NSDAP. Januar 1943 Leitender Arzt im Reichssicherheitshauptamt, Mitte 1943 zusätzlich Stellv. Leiter des Kriminalbiologischen Instituts der Reichskriminalpolizei im Reichssicherheitshauptamt. Am 11.6.1953 vom LG München zu 4½ Jahren Haft verurteilt. Geschäftsführer der Firma O.W.G. – Chemie Kiel. 1995 Einstellung Ermittlungsverfahren StA Würzburg wegen Todes (Zentralkartei ZStL).

Kirchgässner, Franz. SS-Rottenführer.
* 18.11.1918 Darowa/Rumänien. Friseur. 1941 SS. Standortverwaltung, Abteilung Verpflegung, Küchenchef in den Außenlagern Fürstengrube und Eintrachthütte. Häftling Zygmunt Gajda, Eintrachthütte (HvA 17): »Die schlechtesten Mahlzeiten gab man uns an den Sonntagen, wobei die nicht Arbeitenden an diesem Tage kein Brot bekamen.« StA Frankfurt (AV, Bl. 3773): »Stahl Rationen der Häftlinge und verschob sie.« Wohnsitz in Österreich.

Kirchner, Hans. SS-Oberscharführer.
* 18.9.1901 Ungarisch Brod. SS-Nr. 305272. Standortverwaltung, Abteilung Häftlings-Geld-Verwaltung (HGV). Standortbefehl Nr. 25/43: »Besuch der Ehefrau vom 4.–18.8.43«. Nach 1945 in Stuttgart.

Kirchner, Kurt. Führer des Außenlagers Charlottengrube (November 1944).
* 23.10.1913 Echartsberg, Kreis Zittau. SS-Hauptscharführer. Das September 1944 gegründete Lager in Rydultowy bei Rybnik war eine Steinkohlengrube der Hermann-Göring-Werke mit 1000 Häftlingen. Andrze Strzelecki (HvA 17): »Während der vier Monate des Bestehens des Nebenlagers kamen dort einige Hundert Häftlinge ums Leben.« Danach im Kommandanturstab Mauthausen. Fand am 21.4.1945 bei zwei polnischen Häftlingen im Außenlager Gusen eine Landkarte mit eingezeichnetem Frontverlauf, ließ sie mit mehreren hundert kranken Häftlingen am Tag darauf mit Zyklon B töten (Marsalek). Todesurteil am 12.8.1947 US-Militärgericht Dachau wegen Verbrechen in Mauthausen. † Hinrichtung 12.11.1948 Landsberg, Leiche nach München überführt.

Kirsch, Peter. SS-Schütze.
* 20.8.1920 Betschki. Kommando Lagischa. Nach 1945 in Baden-Württemberg.

Kirsch, Viktor Johann. SS-Oberscharführer.
* 15.2.1891 Marpingen/Saar. 1939 Buchenwald, Juli 1941 Neuengamme, Ende 1942 Dachau. Laut Kapo Mahl aktiv beteiligt an Hinrichtungen. August 1944 bis zum Ende in Auschwitz. Danach Lagerführer des Mühldorf-Außenlagers Mittergars. Laut Edith Raim gestand er, »Kinder, die kleiner als 1 Meter waren, selektiert und [zur Tötung] auf Transport geschickt zu haben«. Todesurteil 13.12.1945 im *Dachau-Hauptprozeß*. † Hinrichtung 28.5.1946 Landsberg, begraben ebenda.

Kirschneck, Hans. Zentral-Bauleitung.
* 14.6.1909 Eger. Architekt. NSDAP-Nr. 6783493, SS-Nr. 328538, Obersturmführer (1944). KZ-Kollege Jothan: »Kirschnek war ein besonderer Vertrauter von Bischoff. Kirschnek hatte eine Stellung bei Bischoff inne, die der eines Adjutanten vergleichbar ist.« Laut KZ-Kollege Karl Eggeling »mit dem Bau der Krematorien beauftragt«. Laut Aktenvermerk Ertl Teilnehmer des Treffens am 19.8.1942 »mit Obering. Prüfer der Fa. Topf u. Söhne Erfurt, bezüglich Ausbau der Einäscherungsanlagen«. Standortbefehl Nr. 16/43: »Besuch der Ehefrau in der Zeit v. 19.4.–28.4.43«. Nach 1945 bei Murnau.

Kirschner, Herbert. Politische Abteilung (PA), Lager-Gestapo.
* 5.11.1912 Dresden. SS-Oberscharführer. »Spieß« der PA, Leiter des Geschäftszimmers, rechte Hand Grabners. KZ-Kollege Stark: »Führte auch Vernehmungen durch.« Häftling Smolen: »Von ihm weiß ich, daß er oft an Selektionen neu ankommender Häftlingstransporte teilgenommen hat.« Erschoß Häftlinge an der *Schwarzen Wand* (dafür gab es als Sonderverpflegung Schnaps und Zigaretten). Otto Küsel, Häftling Nr. 2, über eine Erschießung ebenda (AV, Bl. 5726): »Ich habe selbst gesehen, daß die Frau sich völlig entkleiden mußte und mit ihrem ebenfalls entkleideten Kind an die Wand gestellt wurde. Kirschner erschoß zuerst mit Genickschuß das Kind. Dann erschoß er die Mutter. Als Waffe benutzte er ein schallgedämpftes Gewehr.« April 1943 *Kriegsverdienstkreuz II. Klasse mit Schwertern*. Ließ September 1944 PA-Akten im Krematorium verbrennen (Czech). Vom AG Nürnberg am 30.8. 1955 für tot erklärt.

Kirschner, Hermann. SS-Unterscharführer.
* 7.10.1910 Giesmanndorf, Kreis Bolkenhain. 1931 NSDAP, 1932 SS. Vom 16.5.1940 bis 26.9.1944 in Auschwitz. Kommandanturstab, Blockführer im Quarantänelager für Männer in Birkenau (Lagerabschnitt BIIa). Todesurteil 22.12.1947 in Krakau. Laut Urteil beteiligt an Erschießungen an der *Schwarzen Wand*, an der ersten Vergasung russischer Kriegsgefangener September 1941 und an Vergasungen überhaupt (Einschütten des Zyklon B). † 24.1.1948 in polnischer Haft.

Kirschner, Stefan. SS-Sturmmann.
* 10.8.1914 Blaufuß, heute Krahule/Slowakei. Ab Mai 1943 in Auschwitz, Wachmannschaft und Postzensurstelle in der Kommandantur (Aussage Zieg). 1949 in Krakau zu 3 Jahren Haft verurteilt (LaV). Wohnsitz in Baden-Württemberg.

Kislowski, Marian. SS-Unterscharführer.
* 18.3.1915 Gut Bukonten/Litauen. SS-Totenkopf-Sturmbann (Dolmetscher) vom 22.10.1941 bis 1.3.1942. 1949 in Wadowice zu 4 Jahren Haft verurteilt (LaV). Nach 1945 in Bayern.

Kiss, Laszlo. *Mengele-Zwilling*.
* 1928 in Szekesfehervar. Ankunft Auschwitz am 17.6.1944 mit seiner Mutter, seiner Schwester und Zwillingsbruder Endre. Kiss: »Wir Zwillinge kamen zweifellos zu besseren Verhältnissen als die

übrigen Bewohner des Lagers. Nach unserer Ankunft bekamen wir sofort ein annehmbares Bett, den Umständen entsprechend war auch die Verpflegung annehmbar, und auch über die Behandlung konnten wir uns nicht beklagen.« Kiss zu den Untersuchungen: »Fachleute untersuchten alle unseren Organe. Zahnärzte, Orthopäden, Internisten usw. Die Augenuntersuchung zum Beispiel erstreckte sich von der Farbenuntersuchung bis auf die Untersuchung des Augenhintergrundes. Die Angst und die Nervosität unter den Zwillingen war zu jener Zeit am größten, als die neben der Leichenkammer des ›F‹-Lagers befindlichen Sektionsräumlichkeiten in einen Untersuchungsraum umgewandelt wurden.« Kiss zum Evakuierungsmarsch Januar 1945: »Mein Bruder wurde unterwegs – mit vielen anderen Gefährten – erschossen. Mir gelang es, mit einem Zwilling (Schwartz, Jenö, aus Tiszaujlak) zu entkommen. Ich kam am 14. April in Budapest an. Meine Mutter und meine Schwester sah ich nie mehr wieder, sie kamen in der Deportation um, auch mein Vater kehrte vom Arbeitsdienst nicht zurück.« Q.: MV, Bd. 24.

Kitt, Bruno. KZ-Arzt.
* 9.8.1906 Heilsberg in Ostpreußen. Dr. med. NSDAP Mai 1933, SS 1934 (Nr. 246756), Hauptsturmführer (1944). Ab 19.6.1942 Lagerarzt in Auschwitz. Johann Paul Kremer am 8.11.1942 im Tagebuch: »Hscharf Kitt, einen aus Essen stammenden Schüler von mir, im Revier begrüßt.« Aussage Kremer am 18.7.1947 in Krakau: »Bei solchen Vergasungen war immer der SS-Arzt anwesend. Aus der Mitte der Ärzte aus meiner Zeit gedenke ich der Namen der Ärzte Thilo, Kitt, Uhlenbroock, Wirths, Meyer, Entress.« Standortbefehl vom 15.9.1943: *Kriegsverdienstkreuz II. Klasse mit Schwertern.* 1944 Heirat mit Cläre Maus, Laborantin im SS-Lazarett Auschwitz. Februar 1945 Lagerarzt in Neuengamme. Todesurteil 3.5.1946 britisches Militärgericht Hamburg. † Hinrichtung 8.10.1946 Hameln. KZ-Kollege Broad: »Nach Erschießungen im Krematorium oder im Block 11 konnte man häufig beobachten, daß selbst den Toten keine Ruhe gelassen wurde. Ein SS-Arzt, meist SS-Hauptsturmführer Kitt oder SS-Obersturmführer Dr. Weber, stürzten sich auf die noch warmen Leichen und schnitten aus den Schenkeln und dem Gesäß Fleisch für bakteriologische Kulturen des Hygieneinstituts.« Anmerkung [E. K.]: Im Hygiene-Institut der Waffen-SS in Rajsko werden die Fleischteile als Nährböden für Bakterienzuchten zu einer konzentrierten Brühe – genannt *Menschenbouillon* – verkocht.

Klan, Hermann. SS-Rottenführer.
* 10.7.1911 Dubeczna/Polen. Bäcker. 1941 SS. SS-Totenkopf-Sturmbann, Monowitz, Standortverwaltung, Abteilung Verpflegung, »Koch« im Außenlager Lagischa (Czerwinski-Urteil), Herbst 1944 Küche AL Neustadt in Prudnik, eine Weberei mit 400 Häftlingsfrauen. Am 3.12. 1948 in Krakau zu 4 Jahren Haft verurteilt (HvA 13). Nach 1945 in Baden-Württemberg.

Klar, Johann. SS-Sturmmann.
* 6.8.1908 Czerwenka/Ungarn. Wachmannschaft. Am 22.12.1948 Todesurteil in Krakau, zu lebenslang begnadigt. † 8.10.1964 Süchteln.

Klawitter, Paul. SS-Unterscharführer.
* 3.2.1907 Berlin. Ab Januar 1941 in Auschwitz, Kompanieschreiber. In Krakau zu 12 Jahren Haft verurteilt (LaV).

Kleemann, Hermann, genannt *Revolverking.*
* 26.9.1915 Westdorf, Sohn eines Reichsbahnangestellten. Metzger. SS-Oberscharführer. Nach eigener Aussage (AV, Bl. 7776 ff.) ab 1941 Kommandantur Auschwitz. Block 11 (Arrest- und Exekutionsblock), laut Häftlingsarzt Löbner (AV, Bl. 4968) beteiligt an Massenerschießungen. Kommandoführer im

Stammlager (Kleemann: »Die eigentliche Aufsicht bei der Arbeit wurde von Kapos wahrgenommen«). Sommer 1943 Rapportführer im Außenlager Eintrachthütte. Kommandanturbefehl vom 11.6. 1943: »Besuch von Schwager und Schwägerin auf die Dauer von 14 Tagen.« Standortbefehl vom 15.9.1943: *Kriegsverdienstkreuz II. Klasse mit Schwertern.* Frühjahr 1944 Führer des Außenlagers Janinagrube, genannt Gute-Hoffnungs-Hütte: Kohlenabbau für das Buna-Werk in Monowitz, Arbeit ohne Schutzkleidung, z.T. bis über den Gürtel im Wasser. September 1944 Führer des im selben Monat errichteten Außenlagers Bismarckhütte in Chorzow (Produktion von Geschützen, 200 Häftlinge). Zuletzt Kommandant des Dora-Außenlagers Wolffleben (Sellier). Berufsangabe 1961: Bergmann. † 12.11.1977. – Die Vernehmung Kleemanns vom 31.1.1961 ist ein Beispiel, wie ein Angehöriger des Mordpersonals ohne erkennbaren Widerspruch Martyrium und Tod der Häftlinge weglügen und sich als Helfer der Opfer aufspielen darf. Kleemann: »Ich hatte einen wirklich guten Kontakt zu den Häftlingen und habe sie stets anständig behandelt.« Aus der Janinagrube, so Kleemann, hätten die Häftlinge nicht fliehen wollen: »Es war ja schließlich so, daß alle Häftlinge in diesem Lager bleiben wollten, weil sie es hier gut hatten.« Im Niemeier-Urteil heißt es zu Kleemann: »Über ihn haben die im vorliegenden Verfahren vernommenen ehemaligen Häftlinge nur Negatives berichtet. Er soll sehr gefürchtet und mit dem Revolver schnell bei der Hand gewesen sein. Deshalb erhielt er von den Häftlingen den Spitznamen ›Revolverking‹.« Bernd C. Wagner (IG Auschwitz) über die Janinagrube: »In der Regel blieb einem Häftling bei der Ankunft in der Kohlengrube eine durchschnittliche Lebenserwartung von einem Monat.«

Klehr, August. SS-Rottenführer. * 21.7.1904 Dannstadt/Pfalz. Beruf: Dreher. Ende 1941 SS-Totenkopf-Sturmbann, Sommer 1943 bis zum Ende Blockführer im Außenlager Golleschau (Zementwerk). Nicht verwandt mit Josef Klehr. Zuletzt in Flossenbürg. † 15.1. 1974 Bad Dürkheim. Klehrs Glaubwürdigkeit dokumentiert seine Aussage: »Im Lager sind während meiner Zeit keinerlei Verbrechen wie Mord oder Totschlag vorgekommen.«

Klehr, Josef. SS-Sanitätsdienstgrad (SDG), genannt *Doktor Spritze.* Leiter des Desinfektionskommandos. * 17.10.1894 Langenau in Oberschlesien. Sohn eines Erziehers der Erziehungsanstalt Wehlau. Tischler. 1932 NSDAP/SS, zuletzt Oberscharführer. 1934 Irrenwärter der Psychiatrie in Leubus. 1938 Hilfswachtmeister im Zuchthaus Wehlau. 1939 Wachdienst Buchenwald, 1940 SDG in Dachau, ab 16.9. 1941 in Auschwitz, im Häftlingskrankenbau (HKB) des Stammlagers. April 1943 *Kriegsverdienstkreuz II. Klasse mit Schwertern.* Standortbefehl Nr. 29/43: »Besuch der Ehefrau vom 22.7.–8.8.43«. Ab Juli 1944 SDG für alle Außenlager in Gleiwitz. Nach 1945 Tischler in Braunschweig. Am 20.8.1965 vom LG Frankfurt am Main unter anderem wegen Mordes in 475 Fällen zu lebenslanger Haft verurteilt. Anfang 1988 wegen Haftunfähigkeit entlassen. † 23.8.1988 Leiferde (Mitt. Renz). Nach Zeugenaussagen soll er mehrere tausend Häftlinge aus Selbstherrlichkeit mit Phenol »weggeimpft« haben. Häftlingsarzt Fejkiel (AV, Bl. 5795f.): »Klehr hatte im Laufe der Zeit eine regelrechte Meisterschaft im Abspritzen entwickelt. Er wollte es am besten können. Klehr hat auch ohne ärztliche Anordnung Häftlinge abgespritzt.« Klehr selbst: »Morgens gegen ½9–9 Uhr erschien der Lagerarzt Dr. Entress in Block 28 (Ambulanzblock), in dem ich ihn schon erwartete.

Ich meldete die Stärke und die Neuzugänge der Kranken. Nunmehr begab ich mich mit Dr. Entress in den Ambulanzraum, wo die zur Tötung bestimmten Häftlinge ausgesondert wurden. Die aussortierten Häftlinge wurden in den dem Ambulanzraum gegenüberliegenden Raum geschickt. Von irgendeinem Häftlingspfleger wurden sie sodann aus diesem Raum des Blocks 29 auf Block 20 geführt. Wenn man Block 20 betrat, befand sich gleich links das sogenannte kleine Ambulanzzimmer, in dem ich die Abspritzungen vornahm. Dahinter befand sich ein Raum, in den die Häftlinge zunächst geführt wurden. Die Häftlinge mußten sich ausziehen und wurden einzeln von dem Häftlingspfleger in den kleinen Ambulanzraum geführt. Der Häftling mußte sich dann auf einen Stuhl setzen. Ich tastete dann den Brustkorb des Häftlings ab, wo die Spritze eingeführt werden sollte, und führte dann die Injektionsnadel unmittelbar ins Herz ein. Etwa um ½ 12 bis ¾ 12 hatte ich die Abspritzungen durchgeführt. Anschließend begab ich mich zum Mittagessen.« Häftlingsschreiber Paczula über Klehrs Erscheinen morgens im Häftlingskrankenbau (AV, Bl. 7064 f.): »Zunächst mußte sofort ein Häftling sein Motorrad putzen, mit dem er immer gefahren kam. Anschließend ging er zunächst ins Arztzimmer, ließ sich dort von einem Häftling die Stiefel ausziehen und die Füße waschen. Gleichzeitig mußte ihm ein weiterer Häftling die Fingernägel bürsten und polieren. Er saß dann in der Mitte des Zimmers, rauchte Pfeife, hatte die Füße in einem Kübel und ließ manchmal acht Häftlinge um sich herumtanzen, die ihm jeden Wunsch von den Augen abzulesen hatten.« Paczula weiter: »Ich möchte nunmehr eine Selektion schildern, die mir wegen ihrer besonderen seelischen Grausamkeit noch besonders gut in Erinnerung ist. Es war am Heiligen Abend – also am 24. Dezember 1942 –, als Klehr gegen Mittag im HKB erschien und ca. 200 Häftlinge aussortierte und anschließend abspritzte.« Hautval (Medizin) nennt ihn ein »abscheuliches, kleines Monster«: »Er ging langsam und genoß die Wirkung seines Auftretens.« Laut Auschwitz-Urteil ab »einem nicht mehr näher festzustellenden Zeitpunkt Leiter des sog. Desinfektionskommandos« zur Entwesung von Baracken und Bekleidung sowie der Ermordung der Menschen mit Zyklon B. Kommandierte Dezember 1942 die Vergasung der 200 Häftlinge des *Jüdischen Sonderkommandos*, die im *Alten Krematorium* im Stammlager eingesetzt waren. Klehrs Schlußwort im Auschwitz-Prozeß: »Ich habe in Auschwitz tiefes Mitleid mit den Opfern gehabt, ich mußte mich aber dem Befehl beugen.« Aussage Klehr: AV, Bl. 8963 f.

Klein, Fritz. KZ-Arzt.
* 24. 11. 1888 Zeiden b. Kronstadt. Praktischer Arzt in Rumänien. Juni 1943 freiwillig zur SS, Untersturmführer. Ab 13. 12. 1943 in Auschwitz. Ab 15. 12. 1944 in Neuengamme, Januar 1945 Standortarzt in Belsen. Klein im Belsen-Prozeß (MV, Bd. 4): »Wenn Transporte in Auschwitz ankamen, war es die Aufgabe der Ärzte, diejenigen herauszusuchen, die zur Arbeit ungeeignet oder unfähig waren. Das betraf auch Kinder, alte Leute und Kranke. Ich habe die Gaskammern und Krematorien in Auschwitz gesehen und habe gewußt, daß diejenigen, die ich aussortierte, in die Gaskammer mußten.« Klein weiter: »Frauen, die im Lager schwanger wurden und somit unfähig zur Arbeit waren, wurden bei späteren Vorbeimärschen ebenfalls aussortiert.« KZ-Kollege Dr. Lucas (AV, Bl. 11544): »Er war ein willfähriges Werkzeug des Standortarztes Dr. Wirths.« Häftlingsärztin Schwalbova (AV, Bl. 10958 f.): »Er führte unzählige und rücksichtslose Selektionen unter den Patientinnen durch. Ich war dabei persönlich anwesend. Er

hatte ein heimtückisches Verhalten, und zu den ungarischen Juden sprach er ungarisch. Er sagte ihnen, er wähle sie in ein anderes Lager für ›leichtere Arbeit‹ aus.« Klein zu einer Gefangenen, die nach einer Selektion um ihr Leben fleht (Sternberg-Bericht, AV, Bl. 3987): »Du bist alt genug, um zu sterben, was die anderen aushalten, wirst du auch ertragen können.« Häftlingsärztin Lingens (AV, Bl. 6557): »Zu Dr. Klein, mit dem ich reden konnte, habe ich einmal gesagt, wie er das mit dem Hippokratischen Eid vereinbaren könne. Er antwortete mir darauf: ›Aus Achtung vor dem menschlichen Leben schneide ich einen vereiterten Blinddarm heraus, die Juden sind der vereiterte Blinddarm am Körper Europas.« Todesurteil britisches Militärgericht am 17. 11. 1945 im Belsen-Prozeß. † Hinrichtung 13. 12. 1945 Hameln.

Klein, Josef. SS-Rottenführer.
* 21. 8. 1923 Hrtkovci / Kroatien. Stabskompanie, Harmense, Frauenkommando Budy. † Vermißt. – Grabner, Chef der Lager-Gestapo, am 26. 9. 1945 auf der Polizeidirektion Wien über ein Massaker am 5. 10. 1942 in der Frauen-Strafkompanie in Budy: »Einige kriminelle weibliche Häftlinge hatten verbotene Beziehungen zu SS-Wachmännern aufgenommen. Da sie befürchteten, durch einen jüdischen Häftling verraten zu werden, inszenierten sie eine Revolte und rotteten bei dieser Gelegenheit den Großteil der Belegschaft (jüdische Frauen) aus. In brutaler Weise wurden die Unglücklichen mit Stöcken und Hacken geschlagen, bzw. lebend aus dem Fenster gestürzt. Die wenigen Überlebenden wurden auf persönlichen Befehl von Höß [von SS-Sanitätern am nächsten Tag an Ort und Stelle] ›weggeimpft‹.« Sechs weibliche Funktionshäftlinge werden am 24. 10. 1942 auf Befehl der Politischen Abteilung von Klehr »abgespritzt«. Damit sind die Augenzeugen beseitigt (Czech).

Klein, Konrad. SS-Schütze.
* 27. 9. 1908 Veprovac. Wachmannschaft, Kommando Golleschau. 1948 in Wadowice zu 2 Jahren Haft verurteilt (LaV). Nach 1945 in München.

Klein, Magda. *Mengele-Zwilling.*
* 6. 12. 1927 Ungarn. Ankunft Auschwitz Mai 1944, Eltern und Bruder Tibor werden sofort in der Gaskammer ermordet. Klein: »Die Untersuchung bestand in anthropologischen Messungen, Blutentnahmen, und fallweise wurden uns Injektionen in die Vene gespritzt. Meine Schwester Edit magerte als Folge der Eingriffe stark ab, sie ging nervlich zugrunde und starb nach kurzer Zeit.« Q.: MV, Bd. 24.

Klein, Marianne. KZ-Wärterin.
* 8. 4. 1922 Friedrichsthal. SS-Aufseherin in Auschwitz. Verbleib unbekannt. – Ella Lingens in ihren Erinnerungen: »Ein Großteil waren tatsächlich ganz gewöhnliche Huren, hemmungslos im Sich-Bestechen-Lassen.«

Klein, Zwi. *Mengele-Zwilling*, Nr. A-2512.
* 31. 1. 1931. Ankunft Auschwitz am 20. 5. 1944 aus Ungarn. Klein: »Auf der Rampe fand eine Selektion statt, mein Vater wurde von uns getrennt, und ich kam mit meinen Geschwistern auf die Seite, auf die meine Mutter geschickt wurde. Wir waren fünf Brüder und drei Schwestern. Als wir uns bereits von der Rampe wegbewegten, wurde gefragt, wer Zwilling sei, mein Bruder und ich meldeten uns, und wir wurden von der Mutter und den übrigen Geschwistern abgesondert. An uns Zwillingen wurden ärztliche Untersuchungen, Messungen und Versuche durchgeführt, ohne daß ich im einzelnen sagen könnte, welchen Zwekken diese Versuche dienten.« Nach 1945 in Israel. Q.: MV, Bd. 22.

Kleindienst, Karl. SS-Unterscharführer.
* 26. 2. 1903 Graz. SS-Totenkopf-Sturmbann, Kommando Landwirtschaft. † 2. 9. 1958 am Geburtsort.

Kleinfelder, Josef. SS-Sturmmann.
* 10. 10. 1922. SS-Totenkopf-Sturmbann, Kommando Lagischa und Neu-Dachs. Belobigt im Kommandanturbefehl vom 6. 9. 1944, da er die »Flucht« von Häftlingen »verhinderte«. Verbleib unbekannt.

Kleinfelder, Richard. SS-Mann.
* 18. 3. 1920 Leonberg. SS-Totenkopf-Sturmbann. † 17. 3. 1941 Reservelazarett Kattowitz.

Kleinmann, Werner. SS-Unterscharführer.
* 30. 3. 1910. Blockführer Block 11, Arrest- und Exekutionsblock, genannt Todesblock. Verbleib unbekannt. – Auschwitz-Urteil: »Nach Beendigung der Bunkerentleerungen wurden die zum Erschießen bestimmten Häftlinge in den Waschraum geführt, wo sie sich völlig zu entkleiden hatten. Der Häftlingsschreiber schrieb ihnen die Häftlingsnummer auf die nackte Haut. Alle waren, da sie wußten, daß sie erschossen werden sollten, in Todesangst. Sie konnten ihre Notdurft nicht mehr halten.«

Kleinschmidt, Erich. SS-Rottenführer.
* 8. 1. 1921 Coswig. Ab 27. 9. 1944 Wachmannschaft. 1948 in Wadowice zu 3 ½ Jahren Haft verurteilt (LaV). Nach 1945 im Ruhrgebiet.

Kleiß, Hermann. SS-Unterscharführer.
* 31. 8. 1910 Meyenburg / Ost-Prignitz. Postenführer (Bewachung Häftlingskommandos), Effektenkammer I (Raubgut). 1948 in Krakau zu 6 Jahren Haft verurteilt (LaV). Nach 1945 in Leichingen.

Klemmstein, Gertrud Anna. SS-Helferin.
* 17. 1. 1921 Dittelsbach, Bezirk Sagan. Ab Juli 1944 in Auschwitz. Verbleib unbekannt.

Klerch, Hans. SS-Unterscharführer.
* 27. 6. 1921 Nustrov, Kreis Rostock. Ab Oktober 1940 in Auschwitz. SS-Totenkopf-Sturmbann. Fourier (Furier). Blockführer Block 11, genannt Todesblock. Nach 1945 in Bayern. Kommandanturbefehl Nr. 5 / 42: »Ab 15. 3. 42 ist bei dem SS-T-Sturmbann KL Au. ein Fourier einzusetzen, der sämtliche Unterkunftsgeräte, Wäsche und Verbrauchsmittel für den SS-T-Sturmbann zu verwalten hat. Der Wäscheumtausch, die Anforderung von Reinigungsmaterial, Geräten sowie Schreibmaterialien sind nur noch durch den Fourier des SS-T-Sturmbannes bei der Unterkunftsverwaltung der Kdtr. vorzunehmen. Handwerker sind ebenfalls nur noch durch diese Stelle zu beantragen.«

Klinck, Kurt. SS-Rottenführer.
* 13. 8. 1910 Schönenberg. 1944 Monowitz. 1948 in Krakau zu 7 Jahren Haft verurteilt (LaV). Wohnsitz am Geburtsort.

Kling, Albert. SS-Schütze.
* 5. 3. 1924. In Auschwitz bis 28. 6. 1944, SS-Totenkopf-Sturmbann. Laut Standortbefehl Höß vom 27. 5. 1944 Belobigung und drei Tage Sonderurlaub: »K. hat durch besondere Aufmerksamkeit den Schmuggel von Genußmitteln zwischen Zivilisten und Häftlingen und durch geistesgegenwärtiges Handeln den tätlichen Widerstand eines Häftlings gebrochen und die Flucht eines anderen verhindert.« Verbleib unbekannt.

Klingenberg, Albrecht. Gefangenen-Eigentums-Verwaltung.
* 6. 12. 1891 Barbis, Kreis Osterode. SS-Rottenführer. SS-Totenkopf-Sturmbann, Standortverwaltung, Abteilung GEV (Vertreter der GEV waren bei Transportankünften immer auf der Rampe). 1948 in Wadowice zu 3 Jahren Haft verurteilt (LaV). † 1. 10. 1966 am Geburtsort.

Klinger, Johannes. SS-Unterscharführer.
* 30. 5. 1888. Wachmannschaft, Monowitz, Kommando Bobrek. Verbleib unbekannt. – Imo Moszkowicz (Erinnerungen) über den Transport nach Auschwitz: »Wer den Mut hatte, sich in die Hosen zu scheißen, der war gar nicht so schlecht dran. Die Männer pinkelten durch die Bodenritzen auf das Geröll der Deut-

schen Reichsbahn. So taten es auch die Tiere, die in diesen Waggons in die Schlachthäuser transportiert wurden. Die Frauen genierten sich; so bildeten andere Frauen einen blickschützenden Kordon, wenn eine sich hinsetzte, um ihre Notdurft zu verrichten. Die Degradierung nahm allerprimitivste Formen an, die ihren Tiefpunkt auf der Rampe von Auschwitz erreichte. Beinahe vier Tage waren wir unterwegs, die meisten vollgeschissen, elend stinkend.«

Klinner, Alfred. SS-Scharführer (1941).
* 26.8.1890 Reichenbach. SS-Totenkopf-Sturmbann, SS-Betrieb *Deutsche Lebensmittel GmbH*. 1949 in Krakau zu 3 Jahren Haft verurteilt (LaV).

Klipp, Kurt. Lagerführer Blechhammer.
* 19.9.1907 Köln. Kaufmann. 1936 SS (Nr. 293197), 1937 NSDAP (Nr. 5020763). SS-Obersturmführer (1945). Laut KZ-Kollege Czapla 1944 Führer des Quarantänelagers Birkenau. Ab 9.11.1944 Führer der 7. Kompanie des SS-Totenkopf-Sturmbann KL Auschwitz III (Monowitz und Nebenlager) und zugleich des Lagers Blechhammer (4000 Häftlinge). Laut Czech beginnt die Auflösung von Blechhammer und der Evakuierungsmarsch der Häftlinge am 20.1.1945: »Während des Marsches ermorden die SS-Männer ungefähr 800 Häftlinge. Den Rückzug leitet SS-Untersturmführer Kurt Klipp.« † 2.5.1945 Bergen-Belsen.

Klockmann, Ernst. SS-Rottenführer.
* 5.2.1914 Denkershausen, Kreis Hannover. Ab 4.10.1944 in Auschwitz, Wachmannschaft. 1948 in Wadowice zu 2 Jahren Haft verurteilt (LaV). Wohnsitz in Niedersachsen.

Klodzinski, Stanislaw. Häftlingsarzt, Nr. 20019.
* 4.5.1918 Krakau. Klinikarzt in Krakau. Am 18.6.1941 Verhaftung Gestapo. Ankunft Auschwitz am 12.8.1941. Zunächst als Handwerker eingesetzt. Jahreswechsel 1941/42 als Kranker, dann als Pfleger, dann als Arzt im Häftlingskrankenblock 28. Klodzinski: »Die Kranken lagen zu zweit im Bett. Medikamente waren kaum vorhanden. Infektiöse Kranke lagen bei Kranken mit inneren Krankheiten. Bei der chirurgischen Abteilung gab es keine Instrumente. Von einem Krankensaal, der mit 30–40 Kranken belegt war, sind jeden Tag ca. 10 Häftlinge gestorben.« Einer der Köpfe des polnischen Widerstands im Lager. Nach 1945 Universitätsklinik Krakau. Aussage: AV, Bl. 2578 ff.

Klös, Friedrich. SS-Sanitätsdienstgrad (SDG).
* 2.7.1903 Masutlein. SS-Sturmmann. Juni 1944 im Außenlager Jawischowitz. Andrzej Strzelecki (HvA 15): »Die Lagerbehörde erlaubte den Aufenthalt im [Kranken-]Revier nur einer solchen Anzahl von Häftlingen, die 6 % des Häftlingsstands im Nebenlager nicht überschritt.« Verbleib unbekannt.

Klöser, Martin. SS-Schütze.
* 7.2.1909 Dürrbach, Kreis Bistritz. SS-Totenkopf-Sturmbann (der SS-T-Stuba hatte turnusmäßig Rampendienst). † 26.12.1943. – Häftlingsarzt Fejkiel über seine Ankunft Oktober 1940: »Wir wurden von SS-Leuten empfangen und in das Hauptlager getrieben. Sie schlugen mit ihren Karabinern oder mit Holzknüppeln auf uns ein.«

Klose, Vincent. SS-Oberscharführer.
* 13.1.1890 Paulsdorf, Kreis Kattowitz. Standortverwaltung, Kommandoführer Schlachthof und Kohlenhof. † 1.3.1972 Amberg.

Klose, Wilhelm. SS-Unterscharführer.
* 24.1.1909 Schwientochlowitz. Von Januar 1942 bis September 1943 in Auschwitz, Wachmannschaft. 1948 in Krakau zu 6 Jahren Haft verurteilt (LaV).

Klotz, Gottlieb. SS-Rottenführer.
* 5.10.1910 Renzen/Württemberg. Kommandoführer. Am 30.1.1948 in Krakau zu 5 Jahren Haft verurteilt. Nach 1945 bei Stuttgart.

Klüger, Ruth. Häftling Nr. A-3537.
* 30.10.1931 Wien. Tochter eines Frauen- und Kinderarztes, 1944 in Auschwitz ermordet. Klüger über ihre Kindheit in Wien: »Ich kenne die Stadt meiner ersten elf Jahre schlecht. Mit dem Judenstern hat man keine Ausflüge gemacht, und schon vor dem Judenstern war alles Erdenkliche für Juden geschlossen, verboten, nicht zugänglich. Juden und Hunde waren allerorten unerwünscht.« September 1942 mit ihrer Mutter mit dem »Spitaltransport« des jüdischen Krankenhauses – im Zug auch Viktor E. Frankl – nach Theresienstadt deportiert. Mit 12 Jahren, zusammen mit ihrer Mutter, im *Theresienstädter Familienlager*, Klüger: »Die physischen Erinnerungen an Auschwitz sind Hitze (beim Appell), Gestank (der Rauch überm Lager) und vor allem Durst.« Juni 1943 überstellt ins Groß-Rosen-Außenlager Christianstadt. 1947 Auswanderung USA, Literaturwissenschaftlerin. Ihre Erinnerungen sind erschienen unter dem Titel *weiter leben.*

Kluska, Stefan, Nachname ab 1956: Boratynski. Häftling Nr. 5721.
* 13.6.1917 Krakau. Ankunft Auschwitz am 8.10.1940. 1942 im *Kanada*-Kommando im Stammlager. Am 17.12.1942 verhaftet und gefoltert, weil er laut eigener Aussage (AV, Bl. 4368 ff.) für den polnischen Widerstand »zweimal eine beachtliche Summe Deutsche Mark und einen Fotoapparat ›Leica‹« entwendet hatte. März 1943 nach Buchenwald deportiert. Angestellter in Polen. Boratynski im Auschwitz-Prozeß über seinen Aufenthalt in der Stehzelle (90 × 90 cm): »Mir wurde zu essen gegeben, aber ich hatte die Hände auf den Rücken gefesselt. Ich habe kniend gegessen. Der Blockführer [Hugo] Müller zeigte Herz. Er hielt seinen Stiefel unter mein Kinn, als ich mit dem Gesicht ins Essen fiel.«

Kluss, Reinhold. SS-Hauptscharführer.
* 4.4.1893 Breslau. Standortbefehl vom 25.9.1943: Als Arrestaufseher zur Kommandantur-Gerichtsabteilung kommandiert (»Diese untersteht unmittelbar dem Gerichts-SS-Führer«). Arrestaufseher für SS-Arrestanten in Block 11. † 21.6.1955 Elmshorn.

Knauf, Wilhelm. SS-Sturmmann.
* 19.11.1906. 1943 Kasinoleiter der Truppenkantine im »Zigeunerlager« (StAu I). Verbleib unbekannt. – Häftlingsarzt Weisskopf am 10.7.1964 in einem Brief an den Frankfurter Generalstaatsanwalt Fritz Bauer über den Tag nach Liquidierung des Lagers in der Nacht vom 1. zum 2.8.1944 (MV, Bd. 27, Auszug): »Wir hörten Kindergejammer. Zwei kleine Zigeunerchen hatten sich auf der dritten Etage unter alten Matratzen versteckt und waren der suchenden SS entgangen. Aber die SS liebte peinliche und präzise Arbeit, wenn morden, dann vollkommen! Bald erschien ein Militär-Sanitätsauto mit dem Roten Kreuz auf dem Dach, ein SS-Sanitäter holte die drei Kinder ab und fuhr sie zum Krematorium. Ob die SS dort eine neue Dose Zyklon B öffnete? Kaum anzunehmen, die Preise der I.G. Farben waren nicht gerade billig, das wäre unökonomisch, da genügt doch völlig ein Nackenschuß.«

Knaus, Hermann. Kommandoführer Krematorien (Friedler).
* 9.2.1908 Ramsau. SS-Rottenführer. Ab Dezember 1941 in Auschwitz. Name auf einer Meldung der Kommandantur vom 15.8.1942 über SS-Angehörige, die Häftlinge »auf der Flucht« erschossen. April 1943 *Kriegsverdienstkreuz II. Klasse mit Schwertern.* Standortbefehl vom 2.11.1943: »Besuch der Familie bis auf weiteres«. † 16.8.1994 am Geburtsort (FSK). Knaus bestritt in einer Vernehmung durch das österreichische Bezirksgericht Schladming (AV, Bl. 12543 ff.) nicht, auf einen Häftling geschossen zu haben, meinte aber, »daß nach meinem Dafürhalten dies nicht das Lager Auschwitz war. Ich selbst habe nie im Lager Auschwitz eine Tätigkeit ausgeübt.«

Knaus, Josef. SS-Rottenführer.
* 6.1.1898 Eriswied. SS-Totenkopf-Sturmbann. Standortbefehl Nr. 11/43: »Der SS-Rottenführer Josef Knaus erhält die Genehmigung, seine Familie vom 23. April 1943 bis 2. Mai 1943 nach Auschwitz kommen zu lassen.« 1948 in Krakau zu 6 Jahren Haft verurteilt (LaV). † Mai 1950 Warschau-Mokorow.

Kniewald, August. Fahrbereitschaft.
* 18.12.1909 Preßburg (Bratislava). SS-Schütze. Ab April 1943 im Lager. 1948 in Krakau zu 3 Jahren Haft verurteilt (LaV). – Mengeles Obduzent Nyiszli zur Liquidierung des Birkenauer Lagers BIIc: »Die Opfer werden von 50 Lastwagen in die Krematorien gebracht. Die lange Reihe der Lastwagen, vollgestopft mit einer tobenden, schreienden oder vor Angst erstarrten Fracht, bietet einen furchtbaren Anblick, wenn sie in den Krematoriumshof einfährt.«

Knitsch, Theodor. SS-Rottenführer.
* 2.11.1895. Wahrscheinlich SS-Kantine im Stammlager. 1948 in Krakau zu 3 Jahren Haft verurteilt (LaV).

Knittel, Kurt. NS-Schulungsleiter.
* 23.9.1910 Karlsruhe, Sohn eines Bankbeamten. Volksschullehrer. SS 1933, NSDAP 1937. Oberscharführer. Kommandanturbefehl vom 17.10.1941: »Der neue Leiter der Abt. VI [Truppenbetreuung], SS-Unterscharführer Knittel, übernimmt mit sofortiger Wirkung die weltanschauliche Schulung der hiesigen SS-Angehörigen.« Schulungsabende wie *Die Vergeltung*. Zuzug der Ehefrau Mai 1942. Standortbefehl Nr. 39/43: »Besuch der Mutter ab 10.9.43 bis auf weiteres«. Am 30.1.1944 *Kriegsverdienstkreuz II. Klasse mit Schwertern.* 1948 Dramaturg einer in Villingen stationierten Wanderbühne, ab 1949 Schuldienst, 1957 im Oberschulamt Karlsruhe Referent für Volks-, Mittel- und Sonderschulen (Behinderte). 1959 Regierungsschulrat. Im Schulfunkbeirat des Süddeutschen Rundfunks, Geschäftsführer der Volksbühne, Geschäftsführer der Jugendbühne und im Verwaltungsrat der Badener Hochschule für Musik. Am 20.2.1962 Einstellung eines Ermittlungsverfahrens der StA Frankfurt (4 Js 1031/61): »Der Wortlaut der genannten Vorträge oder deren ungefährer Inhalt konnte nicht mehr ermittelt werden. Der Beschuldigte ist hiernach nicht hinreichend verdächtig, durch Schulungen und Vorträge das SS-Personal in seiner verbrecherischen Tätigkeit bestärkt zu haben (sog. intellektuelle Beihilfe §§ 211, 49 StGB).« Laut Langbein (Menschen) »ließ er sich für den Gemeinderat dieser Stadt als Kandidat der FDP aufstellen. Nach Interventionen machte das Kultusministerium wenigstens seine Ernennung zum Regierungsschulrat rückgängig. Knittel fühlte sich zu Unrecht gemaßregelt und klagte gegen die Verwaltung. Zu dem Prozeß wurde auch Stefan Baretzki geladen, der bezeugte, daß er und andere auf die Frage, warum denn auch jüdische Frauen und Kinder sterben müßten, von Knittel die Antwort erhalten hatten: ›Weil sie eine minderwertige Rasse sind.‹ Baretzki schließt seine Aussage mit den Worten: ›Herr Knittel hat uns ja erst durch seine Vorträge das Morden beigebracht.‹« Der Angeklagte Schlage in seinem Schlußwort im Auschwitz-Prozeß: »Die Schulung durch Schulungsleiter Knittel diente nur der Hetze und trug zur Vernichtung der Menschen in Auschwitz bei.«

Knöbl, Franz. SS-Schütze.
* 23.5.1908 Parabutsch, heute Ratkovo/Serbien. Ab Dezember 1943 in Auschwitz. Stabskompanie, Wirtschaftshof Birkenau. Wohnsitz in Baden-Württemberg.

Knopp, Ladislaus. *Jüdisches Sonderkommando*, Nr. 16816.
* 6.5.1912 Topolcany in Slowenien. Ankunft Auschwitz am 22.5.1942 aus Majdanek. Flucht aus dem Gaskammerkommando am 7.12.1942, zwei Tage später gefaßt. Am 15.12.1942 ermordet. Mithäftling Leon Cohen (Friedler): »In

den Gruben wurden die Leichen so angeordnet: eine Schicht mit Kinder- und Frauenleichen, darauf eine Schicht Holz; dann eine Schicht mit Männerleichen, und so weiter, bis die Grube, die eine Tiefe von gut drei Metern hatte, voll war. Dann schütteten die Deutschen Benzin in die Grube. Die Mischung aus toten Körpern und Holz brannte lichterloh.«

Knura, Otto. SS-Rottenführer.
* 8.7.1905. Kommandoführer der Postpaketstelle. Verbleib unbekannt.

Knuth-Siebenlist, Kurt, genannt *Prämienkurt*.
* 14.12.1908 Hohensalza. Journalist. Mauthausen, ab März 1942 in Auschwitz. Sommer 1943 Häftlings-Prämienverwalter. Knuth-Siebenlist: »Die Häftlinge konnten ihr mitgeführtes Barvermögen in Prämienscheine umtauschen, d.h. arische reichsdeutsche Häftlinge konnten ihr Bargeld gegen Prämienscheine umtauschen. Für die Prämienscheine konnten die Häftlinge in der Kantine einkaufen. Durch diese Tätigkeit wurde ich im Lager als bevorzugter Häftling geführt und behandelt, d.h. ich genoß gewisse Privilegien gegenüber den anderen Häftlingen. Insgesamt gab es in Birkenau 7 dieser sog. Ehrenhäftlinge. Wir durften uns beispielsweise die Haare stehen lassen, durften Zivil tragen (allerdings mit Kennzeichnung durch Häftlingsstreifen), durften in der SS-Kantine essen usw. Ich erhielt einen Sonderausweis, der mich berechtigte, mich in dem gesamten Lagerbereich, auch einschließl. Frauenlager, innerhalb der großen Postenkette frei zu bewegen.« Nach 1945 Werbekaufmann. Q.: AV, Bl. 3067 ff.

Kober, Franziskus. SS-Unterscharführer.
* 1.2.1910 Karlsruhe. SS-Nr. 244527. Standortverwaltung, Kammerwart. Verbleib unbekannt.

Koch, Hans. *Desinfektor*.
* 13.8.1912 Tangerhütte/Sachsen. Laborant. 1937 NSDAP, 1940 SS, Unterscharführer. Ab Oktober 1940 SS-Sanitätsdienstgrad (SDG), Führer des »Desinfektionskommandos« im *Alten Krematorium*, schüttete das Atmungsgift Zyklon B ein. Häftling Edward Pys über eine Vergasung im Alten Krematorium (AV, Bl. 2470): »Als Koch und Theuer mit dem Einfüllen des Gases begannen, wurde der Motor eines Wagens, der vor dem Krematorium stand, angelassen und lief etwa eine viertel Stunde lang auf vollen Touren. Obwohl doch das Krematorium fast luftdicht abgeschlossen war, konnte der Motorenlärm das Schreien der im Gasraum befindlichen Menschen nicht übertönen. Ich hörte geradezu tierische Schreie, die nichts Menschliches mehr an sich hatten. Wenn ich nicht gewußt hätte, daß sich Menschen in dem Krematorium befanden, hätte ich niemals geglaubt, daß diese Schreie von Menschen herrührten. Diese fürchterlichen Schreie dauerten ein paar Minuten.« Nach einer Aussage Klehrs (AV, Bl. 9066) führte Koch auch »die Vergasung der ankommenden jüdischen Häftlingstransporte in den Gaskammern durch«. Am 22.12.1947 in Krakau zu lebenslanger Haft verurteilt. Laut Urteil beklagte er »sich morgens oftmals, daß er übermüdet sei, da er die ganze Nacht Häftlinge vergasen mußte«. † 14.7.1955 Zentralgefängnis Danzig.

Koch, Josef. Hundestaffel.
* 25.7.1918 Brodina, Kreis Radautz. SS-Sturmmann. SS-Totenkopf-Sturmbann, Kommandanturstab Birkenau, Name aufgeführt in einer Meldung der Kommandantur vom 8.10.1942 über SS-Angehörige, die Häftlinge »auf der Flucht« erschossen. Standortbefehl vom 8.7.1943: Drei Tage Sonderurlaub »für sein umsichtiges Verhalten bei der Flucht eines entflohenen Zigeunerhäftlings«. Nach 1945 im Ruhrgebiet. – Die Gefangene Zofia Sikorowa über ihre Ankunft auf einem Nebengleis am Bahnhof Auschwitz (HvA 20): »Wir wurden vom

SS-Mann Palitzsch und seiner Postentruppe mit Karabinern und Hunden empfangen. Die SS-Männer warfen sich sofort mit Schreien, Schlägen und Tritten auf uns und hetzten die Hunde auf uns.«

Koch, Otto. SS-Schütze.
* 15.7.1921 Schipot-Suczawa, Kreis Radautz. Dr. SS-Totenkopf-Sturmbann. Nach 1945 in Baden-Württemberg.

Kochan, Johann. SS-Rottenführer.
* 30.12.1919 Lieser, Kreis Bernkastel. † Vermißt seit Ende 1944.

Kock, Elfriede. KZ-Wärterin.
* 6.1.1915 Friedrichsfeld, Kreis Hofgeismar. 1932 NS-Frauenschaft. Auf Rat ihrer Tante Ottilie Schneider, selbst SS-Aufseherin in Ravensbrück, ab 15.6.1940 in Ravensbrück. April 1942 in Auschwitz, Kommandoführerin (Wäscherei- und Schneiderkommando, Frauen-Strafkompanie und Wirtschaftshof Babitz). Standortbefehl Nr. 5/44: Am 30.1.1944 *Kriegsverdienstkreuz II. Klasse* (das KVK für KZ-Angehörige läßt Beteiligung an Tötungen vermuten). Kock über die Transporte: »Jüngere arbeitsfähige Frauen kamen zu uns ins Lager. Die nicht Arbeitsfähigen und die Kinder kamen alsbald nach der Ankunft in die Gaskammer.« Zuletzt in Mauthausen und Buchenwald. Mai 1948 in Krakau zu 3 Jahren Haft verurteilt, Entlassung April 1950. Kock: »Ich bin während des in Polen durchgeführten Verfahrens von den Vernehmungsbeamten und Richtern korrekt behandelt worden.« Aussage: AV, Bl. 114454 ff.

Kock, Walter. SS-Sanitätsdienstgrad (SDG).
* 28.10.1902 Celle. 1932 SS, Oberscharführer (1943). NSDAP 1938, 1939 SS-Verfügungstruppe. November 1942 in Auschwitz, Ausbildung in der Sanitätskompanie Oranienburg, bis August 1943 SDG in Monowitz. Danach in Neuengamme. Am 25.2.1948 in Krakau zu 12 Jahren Haft verurteilt. † 20.12.1949 Strafanstalt Gollnow b. Stettin.

Koczy, Theodor. SS-Rottenführer.
* 3.3.1892 Retzitz/Gleiwitz. Standortverwaltung, Abteilung Effektenkammer (Raubgut). Verbleib unbekannt.

Köberlein, Friedrich. SS-Standartenführer (1944).
* 18.10.1885 Göhren b. Pappenheim. SS-Nr. 261671, NSDAP-Nr. 4037172. Chef Amt B III (Unterkunftswirtschaft) im SS-Wirtschafts-Verwaltungshauptamt. † 30.11.1964 (Zentralkartei ZStL).

Kögel, Kurt. Zentral-Bauleitung.
* 27.12.1888 Gablenz. Bäcker. Mai 1933 NSDAP (Nr. 2327737). SS-Hauptscharführer. Ab 16.9.1942 ZBL, Leiter der Fahrbereitschaft. Verbleib unbekannt.

Köhler, Adam. SS-Schütze.
* 27.1.1906 Czerwenka bzw. Cervenka/heutiges Tschechien. Am 22.1.1948 in Krakau zu 2 Jahren Haft verurteilt. 1977 in einem Altersheim in Karlsruhe.

Köhler, Franz (früher: Knitsch). SS-Rottenführer.
* 1.4.1907 Kochtschütz, Kreis Lublinitz. SS-Totenkopf-Sturmbann, Kommando Landwirtschaft. Nach 1945 in Hagen.

Köhler, Karl. SS-Scharführer.
* 10.5.1912 Hof. Blockführer KZ Sachsenhausen, laut KZ-Kollege Sorge Kfz-Zeugamt der Waffen-SS (Gaswagen). Köhler, Zeitpunkt ungeklärt, war auch in Auschwitz. † 8.9.1958 Bochum.

Köhler, Rudolf. SS-Oberscharführer.
* 9.5.1902 Gladenbach b. Biedenkopf. Nach eigenen Angaben Anfang 1943 von Posen ins Außenlager Golleschau (Zementwerk) kommandiert, Arbeitsdienstführer (HvA 9). Köhler: »Meine Aufgabe in Golleschau war die bautechnische Verbesserung der Lagerverhältnisse.« Museum Auschwitz (StAu II): »Die Häftlinge wurden für die geringsten Vergehen bestialisch geschlagen.« Nach 1945 Ingenieur. † 31.3.1972 Wiesbaden. Aussage: AV, Bl. 17647 ff.

Köhler, Walter. Gefangenen-Eigentums-Verwaltung.
* 30.8.1915 Neunkirchen/Saar. SS-Un-

terscharführer. Standortverwaltung, Abteilung GEV, Effektenkammer (Vertreter der GEV waren bei Transportankünften immer auf der Rampe). † 25.11.1952 Hennigsdorf (DDR).

Kölling, Heinrich. SS-Oberscharführer. * 6.8.1893 Rotenufeln/Westfalen. Beamter. Juli 1944 kurz Monowitz, Arbeitsdienstführer im Kommando Eintrachthütte. Am 7.4.1948 in Krakau zu 4 Jahren Haft verurteilt.

Koenig, Ernest. Häftling Nr. 177774. * 19.5.1917 Wien. Kindheit in Misslitz (Mähren), 80 km von Wien entfernt. Juli 1938 zum Studium nach Frankreich. Als Jude Abtransport aus Drancy am 4.9.1942, Zug unterwegs gestoppt (s. Schmelt) und zur Zwangsarbeit in Judenlagern ausgesondert. In Laurahütte und Blechhammer, ab April 1944 ein Außenlager von Auschwitz. Koenig in seinen Lebenserinnerungen *Im Vorhof der Vernichtung* zur Heimreise 1945: »Wir kamen nach Zakopane, wo wir einen angenehmen Aufenthalt hatten, und nach Novy Targ, wo es weniger angenehm war. Dort schliefen wir im Hause eines alten Mannes, der die Deutschen verfluchte, aber auch sagte, man müsse ihnen zugute halten, daß sie die Juden vergast hätten.« Koenig zu seinem Aufnahmebegehren in den »Bund ehemaliger KZler«: »Man sagte mir dort, daß jemand, der vor dem Kriege Deutsch gesprochen habe, nicht berechtigt sei, in diesen Bund aufgenommen zu werden, auch wenn er fast drei Jahre in Auschwitz verbracht habe.« Nach 1945 u.a. Attaché der Vertretung der Vereinigten Staaten bei der Europäischen Wirtschaftsgemeinschaft in Brüssel. Autor: *Im Vorhof der Vernichtung. Als Zwangsarbeiter in den Außenlagern von Auschwitz.* Seine Frau Elisabeth leitete zeitweise die Bibliothek des *Holocaust Memorial Museum* in Washington.

König, Ernst August. SS-Rottenführer. * 31.7.1919 Althütten/Oberschlesien. Eines von 13 Kindern eines Landwirts. Abgebrochene Lehre in der Forstwirtschaft. Bei Kriegsbeginn Leibstandarte-SS Adolf Hitler (Elitetruppe der Waffen-SS). Ab Juni 1942 in Auschwitz, eine Stunde Bahnfahrt vom damaligen Wohnort entfernt. Frühjahr 1943 Blockführer im »Zigeunerlager«. Mißhandelte Häftlinge, rief im Falle des am Boden liegenden Johann Weiß: »Eure Brut muß man vernichten.« Der damals 14jährige Kurt Hartmann in der Hauptverhandlung gegen König: »Sein Gang war ›Herrschaft‹.« 1944 im Außenlager Neu-Dachs. Nach 1945 Kinovorführer, als Schwerbeschädigter anerkannt, 1972 Frührentner. Am 24.1.1991 vom LG Siegen zu lebenslang Haft verurteilt. Im Urteil ist geschildert, wie König den Häftling Sol Pluda schlägt: »Pluda biß in das Stuhlholz und schrie nicht. Während des Schlagens zog der Angeklagte seine Jacke aus. Nach einer Weile sagte der Angeklagte: ›Der Hund bellt nicht.‹« Das Gericht zur Persönlichkeit Königs: »Dem Angeklagten machte es Spaß, sich in der ihm von der SS verliehenen Macht gegenüber den Häftlingen zu sonnen. Der Angeklagte war im Tatzeitraum ein junger Mann ohne Berufsabschluß. In normalen gesellschaftlichen Verhältnissen hätte er keine besondere Stellung eingenommen. Die SS bot dem Angeklagten eine enorme Machtfülle. Obwohl der Angeklagte lediglich den Rang eines Rottenführers bekleidete, konnte er als Blockführer die Häftlinge des Zigeunerlagers beherrschen.« † Suizid 18.9.1991 in Haft.

König, Hans Wilhelm. KZ-Arzt. * 13.5.1912 Stuttgart. 1938 Staatsexamen. NSDAP 1939 (Nr. 7144323). SS-Obersturmführer. September 1943 bis Januar 1945 Lagerarzt in Auschwitz, zunächst im Frauenlager Birkenau, dann in Buna-Monowitz. Beteiligt an Versuchen mit Elektroschocks (Häftlingspfleger Ernst Michel). Häftlingsarzt Budziaszek, Monowitz: »Dr. König hat zu keiner Zeit einen Häftling untersucht oder mit seinen Händen berührt.« Häftlingsärztin Irina Konieczna: »König ließ alle Kranken [Frauen] der Reihe nach an ihm [nackt] vorbeigehen und entschied dann, wer von ihnen ins Gas gehen mußte.« Arztschreiberin Sosnowska über Mengele und König: »Fast kann man sagen, daß sie Freude oder Genugtuung bei solchen Selektionen empfanden.« Januar 1945 KZ Neuengamme. Nach 1945 unter dem Namen *Dr. Ernst Peltz* Arzt in Holtdorf, Kreis Hoya, Niedersachsen. Frühjahr 1962 Flucht vor Verhaftung. Verbleib unbekannt. Eine nahe Bekannte 1997 in einem Brief an mich: »Er hatte einen Porsche, einen Ledermantel und einen Schäferhund und war ein glänzender Diagnostiker.« Q.: Alle Aussagen stammen aus dem Ermittlungsverfahren gegen König.

König, Stefan. SS-Sturmmann.
* 22.5.1925 Karavukovo. Oktober 1943 bis August 1944 in Auschwitz, Wachmannschaft. 1948 in Krakau zu 4 Jahren Haft verurteilt (LaV). † 7.8.1976 Frankfurt am Main. – KZ-Kollege Willy Steinborn: »Eine konkrete Erinnerung habe ich noch an einen Vorfall bei einem Straßenbaukommando in Auschwitz. Ein Häftling war ein wenig aus einer Marschkolonne herausgetreten, um einen Apfel oder irgendeine Frucht aufzuheben. Daraufhin wurde von einem jüngeren SS-Mann (etwa 18 Jahre) sofort auf ihn geschossen.«

Koeppich, Anna. Häftlingsärztin, Nr. A-27731.
* 2.9.1909 in Rumänien. Gynäkologin. Ankunft Auschwitz am 11.6.1944: »Im KL Auschwitz wurden meine Eltern und mein Sohn, der damals 7 Jahre alt war, umgebracht.« Koeppich zu ihrer Tätigkeit (MV, Bd. 43): »Bis gegen Ende September 1944 erging die Anweisung unserer [Häftlings-]Oberärztin, daß schwangere Häftlingsfrauen vergast wurden. In den wenigen Fällen von Geburten war es immer so, daß Mutter und Kind umgebracht wurden. Etwa Ende September 1944 erging die Anweisung, daß künftig alle schwangeren Frauen der Unterbrechung der Schwangerschaft zugeführt werden mußten.« Häftlingsärztin Janina Kosciuszkowa, Nr. 36319 (MV, Bd. 10): »In Auschwitz war im Stabsgebäude eine Slowakin namens Polak als Bürokraft beschäftigt. Sie wurde schwanger verhaftet. Die Mutter erklärte – als die SS-Frauen das Kind holen kamen –, daß sie das Kind nicht hergibt und daß man sie mit dem Kind töten sollte. Daraufhin nahm man die beiden und fuhr sie zum Krematorium.« Häftlingsschwester Sternberg in ihrem Bericht *In der Hölle von Auschwitz* (AV, Bl. 3984f.): »Zwei Tage nach Weihnachten wurde auf unserem Block ein jüdisches Kind geboren. Es war ein Junge, und man sagte der Mutter, daß man es pflegen wird. Nach drei Stunden sah ich auf einer Holzbank ein Paketchen in Zellstoff gewickelt, das sich bewegte. Eine jüdische Schreiberin kam mit einer Schüssel kaltem Wasser. Nun packte sie das Paketchen auf, es war das Baby. Sie nimmt das Kind und hält es mit dem Körperchen ins Wasser. Das Kindchen schluckste und druckste, man hörte nur noch Piepen wie ein Vögelchen und immer kürzer wurde der Atem. Nach ungefähr 8 Minuten hörte das Kind auf zu atmen. Sie nahm es hoch, wickelte es ein und legte es zu den anderen Leichen. Am Schluß ihrer Tat sagte sie zu mir, wir mußten die Mutter retten, sonst hätte man sie zum Vergasen genommen.«

Körner, Jecheskiel (Josef). Häftling Nr. 169840.
* Nicht ermittelt. Pathologe, laut Mengeles Obduzent Nyiszli »ein Arzt der Straßburger Fakultät«. Mitte Dezember 1943 aus Drancy deportiert. Von Mengele am 27.6.1944 als Helfer Nyiszlis zu den Krematorien kommandiert.

Kofler, Hans. Zentral-Bauleitung.
* 10.4.1911 Eberschwang. SS-Oberscharführer. Personalsachbearbeiter. Komman-

danturbefehl Nr. 25/43: »Besuch der Familie v. 12.6.–28.6.43.« Nach 1945 in Innsbruck.

Kohnstein, Gizela. *Mengele-Zwilling*, Nr. 80913.
* 1927 Maribor. Am 2.5.1944 mit Mutter Olga, Vater Arnost und Zwillingsschwester Emilie (Nr. 80912) nach Auschwitz deportiert. Kohnstein: »Nach der Entlassung im Juni 1945 kehrte ich mit meiner Schwester Emilie, die als einzige der Familienangehörigen das Konzentrationslager überlebte, nach Budapest zurück. Als meine Schwester an den Folgen der im Konzentrationslager erlittenen Entbehrungen verstorben ist, kehrte ich nach Jugoslawien zurück und kam 1947 in die CSSR.« Q.: MV, Bd. 26.

Kohut, Nikolaus. SS-Rottenführer.
* 20.10.1914 Czernowitz. SS-Totenkopf-Sturmbann (Rampendienst). Verbleib unbekannt.

Kolaric, Jakob. SS-Rottenführer.
* 21.8.1911 Ruma/Kroatien. SS-Totenkopf-Sturmbann, Blockführer Kommando Landwirtschaft und *Zerlegerbetrieb* (ab Herbst 1943 Demontage von Flugzeugwracks). Nach 1945 im Landkreis Landsberg.

Kolban, Eugen. Gefangenen-Eigentums-Verwaltung.
* 25.8.1921 Radautz. SS-Rottenführer. Kommandanturstab, Abteilung GEV, Effektenkammer (Vertreter der GEV waren bei Transportankünften immer auf der Rampe). Verbleib unbekannt. – Eli Wiesel zur Ankunft: »Die alten, liebgewonnenen Gegenstände, die wir bis hierher mitgeschleift hatten, blieben im Wagen zurück und damit unsere Illusionen.«

Kolbe, Maksymilian Rajmund. Häftling Nr. 16670.
* 7.1.1894 Zdunska Wola. Franziskanerpater. Ankunft Auschwitz am 29.5.1941 mit einem Transport von 304 Häftlingen aus dem Warschauer Gestapogefängnis Pawiak. Am 29.7.1941 bestimmt Lagerführer Fritzsch als Vergeltung für die Flucht eines Häftlings 15 Gefangene des Blocks 14 zum Tod durch Verhungern. Kolbe geht an Stelle des Häftlings Franciszek Gajowniczek (überlebte) in den Bunker. † 14.8.1941, nachdem er alle Leidensgefährten überlebt hat, vom Blockältesten Hans Bock per Phenolspritze getötet (Czech). Anzeige des Todes durch Dr. Schwela, als Standesbeamter beurkundet von Grabner (Lager-Gestapo), angebliche Todesursache: »Myocardinsuffizienz« – Herzmuskelschwäche.

Koller, Johann. SS-Schütze.
* 23.2.1924 Udom/Budapest. † Vermißt seit dem 25.8.1944.

Kollinger, Richard. SS-Sanitätsdienstgrad (SDG).
* 22.3.1900 Brünn (Brno). SS-Rottenführer. Zahnstation Auschwitz. † 26.11.1941 Debica.

Kollmer, Josef. Kompanieführer verschiedener Wachmannschaften.
* 26.2.1901 Händlern, Kreis Viechtach in Bayern. Landwirt. 1935 SS (Nr. 267573), Obersturmführer (1938). NSDAP 1937 (Nr. 4263096). Oktober 1941 bis Oktober 1943 sowie Mai bis November 1944 (dazwischen in Nordhausen) in Auschwitz. KZ-Kollege Mirbeth (AV, Bl. 6749): »In den Kiesgruben fanden Exekutionen von Häftlingen statt. Meiner Erinnerung hat hauptsächlich der SS-Hauptsturmführer Kollmer diese Exekutionen geleitet.« August 1944 Führer des SS-Totenkopf-Wachbataillons KL Auschwitz III (Monowitz und Nebenlager). † Todesurteil am 22.12.1947 in Krakau und Hinrichtung. Das Urteil hält fest, daß er an Erschießungen in Block 11 und »bei der Massentötung der Häftlinge in den Krematorien in Birkenau mitwirkte«.

Kolm, Paul Karl. SS-Rottenführer.
* 16.12.1922 Poggenschlag/Österreich. Ab 3.10.1944 in Auschwitz, Wachmannschaft. 1948 in Wadowice zu 3 Jahren Haft verurteilt (LaV). Nach 1945 in Österreich.

Komarek, Paul. SS-Unterscharführer. * 11.4.1894 Zauditz, Kreis Ratibor. Anstreicher. 1939 SS, Stationen: Mauthausen, Sachsenhausen, Majdanek, Oktober 1943 Monowitz. April 1944 Kommandoführer Außenlager Eintrachthütte (HvA 17), Produktion von Flugabwehrgeschützen. Am 22.1.1948 in Krakau zu 5 Jahren Haft verurteilt. † 29.3.1967 Köln.

Komarnycki, Johann. Kapo der Politischen Abteilung im »Zigeunerlager«. * 28.7.1913 Synewidsko, Kreis Stryj. Ab Juni 1940 Häftling in Auschwitz, gefürchteter Schläger. 1947 Wohnsitz in Rothenburg ob der Tauber, ab 1950 in Kanada, kanadischer Staatsbürger. – Komarnycki ist ein Beispiel von vielen, wie mörderische Zustände auch die Opfer in Unmenschen verwandeln. Lucie Adelsberger, eine besonders zurückhaltende Zeugin, schildert in ihren Erinnerungen das Schicksal zweier Berliner Kinderärztinnen – Jüdinnen – im »Zigeunerlager«. Beide sterben an Fleckfieber. Adelsberger: »Die zweite bekam zu ihrem Fleckfieber noch Bauchtyphus hinzu mit Durchfall und Venenentzündung. Mit den bis zu den Knien geschwollenen Beinen konnte sie sich nicht schnell genug zur Toilette schleppen und wurde unter dem Gespött der Zigeunerpflegerinnen und eines polnischen nichtjüdischen Kollegen, der sie in höhnischen Versen verulkte, halb totgeschlagen.«

Konieczna, Irena. Häftlingsärztin. * 7.10.1905 Posen. Gynäkologin. Ankunft Auschwitz August 1943. Konieczna über eine Selektion Mengeles: »Die Kranken mußten sich nackt vor den Betten aufstellen. Nachdem Mengele eintrat, stellte er sich während einer solchen Selektion beim Eingang zum Block, und die Kranken mußten an ihm vorbeiziehen. Er schaute sich die Körper der Kranken der Reihe nach an und deutete auf die von ihm ausgesuchten Kranken, deren Nummer die Schreiberin von ihren Armen ablesen und eintragen mußte. Die ausgesuchten Kranken wurden aus dem Block und aus dem Revier herausgesucht und auf den Block 25 (den Todesblock) gebracht. Ich sah, wie nach einiger Zeit – es kam vor, daß es am selben Tag geschah – die Lastwagen an diesen Block heranfuhren, nackte Frauen daraufgeladen und in Richtung Krematorium gebracht wurden.« Versteckte sich 1945 bei der Evakuierung und blieb bei den zurückgelassenen Kranken. Ärztin in Danzig. Q.: MV, Bd. 9.

Konrad, Franz. SS-Sturmmann. * 27.3.1909. Stabskompanie, Wirtschaftshof Birkenau, Monowitz, Außenlager Golleschau. Verbleib unbekannt.

Konvoent, Karl. *Jüdisches Sonderkommando*, nichtjüdischer Oberkapo. * Unbekannt. Reichsdeutscher. Ankunft Auschwitz aus Majdanek am 16.4.1944. Häftling Filip Müller: »Im April 1944 kamen 19 sowjetische Kriegsgefangene mit ihrem reichsdeutschen Kapo Karl Konvoent aus Lublin, die dort im Sonderkommando gearbeitet hatten.« Häftling Eisenschmidt gegenüber Greif: »Ja, es gab unter uns Streit, wer die Aufgabe erhalten sollte, ihn umzubringen. Das war eine große Ehre. Denn er war ein widerliches Aas.« † 7.10.1944 von einem Mithäftling erstochen. Eisenschmidt: »Danach warf man ihn in den Ofen – und Schluß.«

Koopmann, Bernhard. SS-Sturmmann. * 8.7.1923 im Kreis Cloppenburg. Ab 25.9.1944 Wachmannschaft. 1948 in Wadowice zu 3 Jahren Haft verurteilt (LaV). Wohnsitz in Niedersachsen.

Kooss, Johann. SS-Schütze. * 10.4.1920 Osatalja. Ordonnanz im SS-Führerheim. Nach 1945 in Bayern. Wirtschaftsleiter Erich Rönisch: »Etwa im Jahre 1944 wurden die Ordonnanzen von freigelassenen weiblichen Häftlingen ersetzt, die dann als Bedienung eingesetzt wurden. Es handelte sich dabei um sog. asoziale Häftlinge, also vermutlich Dirnen.«

Kopetinski, Josef. SS-Unterscharführer. * 2.7.1899 Czernowitz. Standortverwaltung, Stellv. Küchenbuchführer. Verbleib unbekannt. – Der damals 15jährige Elie Wiesel in seinem Buch *Die Nacht*: »Mein ganzes Streben zielte nur noch auf meinen täglichen Teller Suppe, auf meinen Kanten altbackenes Brot. Brot, Suppe – das war mein Leben, nicht mehr.«

Koppold, Günther. SS-Oberscharführer.
* 22.12.1917. Kommandoführer Straßenbau in Birkenau. Verbleib unbekannt.

Kopycinski, Adam. Einer der Dirigenten das Männerorchesters in Auschwitz, Nr. 25294.
* 1907. Dirigent und Komponist. KZ-Arzt Kremer am 20.9.1942 im Tagebuch: »Heute Sonntagnachmittag von 3–6 Konzert der Häftlingskapelle in herrlichem Sonnenschein angehört. Kapellmeister und Dirigent der Warschauer Staatsoper. 80 Musiker. Mittags gabs Schweinebraten, abends gebackene Schleie.« Nach 1945 Leiter des Orchesters der Krakauer und Breslauer Oper sowie der Warschauer Philharmoniker (Dagi Knellessen und Werner Renz im Nachwort zu Vrbas Erinnerungen). Laut Vrba dirigierte er am 17.7.1942 zu Himmlers Visite in Auschwitz den *Triumphmarsch* aus *Aida*. † 1982. – Im Außenlager Fürstengrube gab es ein 40 Mann starkes Orchester. Aussage des Häftlings Nr. 115415, Jan Lawnicki (HvA 16): »Ich erinnere mich, daß es in ›Fürstengrube‹ über ein Dutzend jüdischer Häftlinge gab, die aus Wien gekommen waren. Dies waren Künstler der Wiener Operette. Ich machte die Dekorationen der Szenen und bereitete die Kostüme vor. Ich erinnere mich, daß im Laufe unseres Aufenthaltes in ›Fürstengrube‹ die ›Lustige Witwe‹ und einige Tiroler-Stücke aufgeführt wurden.«

Korbel, Adolf. SS-Unterscharführer.
* 21.11.1908 Karlsberg. Standortverwaltung, Überwachung der als Köche eingesetzten Gefangenen in der Häftlingsküche Birkenau. Standortbefehl Nr. 16/43: »Besuch der Ehefrau in der Zeit vom 24.4.–27.4.43«. Verbleib unbekannt. – Die Überlebende Ruth Klüger: »Man kann wenig über chronischen Hunger sagen; er ist immer da. Er schwächt, er nagt. Er nimmt im Gehirn Platz ein, der sonst für Gedanken reserviert wäre.«

Korhammer, Paul. SS-Sturmmann.
* 11.10.1915. SS-Totenkopf-Sturmbann. Belobigt im Standortbefehl Nr. 3/44, da er am 4.1.1944 »die Flucht eines Häftlings in Jaworzno verhinderte. Korhammer erhält als Belohnung 5 Tage Sonderurlaub.« Erneute Belobigung im Kommandanturbefehl vom 19.6.1944, da er die »Flucht« von Häftlingen »verhinderte«. Verbleib unbekannt.

Kortmann, Richard. SS-Sturmmann.
* 4.7.1904 Langerfeld. Schreibstube Frauenlager Birkenau. Kommandanturbefehl Nr. 25/43: »Besuch der Ehefrau v. 18.–23.6.43«. 1948 in Krakau zu 2 Jahren Haft verurteilt (LaV). Nach 1945 in Wuppertal.

Kosak, Waldemar. Gefangenen-Eigentums-Verwaltung.
* 28.9.1899 Opatsch in Bessarabien. SS-Schütze. Kommandanturstab, Abt. GEV (Vertreter der GEV waren bei Transportankünften immer auf der Rampe). † 13.12.1981 Koblenz. – Höß in seinen Aufzeichnungen (Auszug): »Für das Lager entstanden durch diese Juden-Wertsachen nicht abzustellende, ungeheure Schwierigkeiten. Den Häftlingen eröffneten sich durch die Juden-Wertsachen ungeahnte Möglichkeiten. Die meisten Fluchten sind wohl damit in Verbindung zu bringen. Durch das leicht zu erlangende Geld oder Uhren, Ringe usw., wurde mit SS-Angehörigen und Zivilarbeitern alles eingehandelt. Alkohol, Rauchwaren, Lebensmittel, falsche Papiere, Waffen und Munition waren das Alltägliche.«

Koschek, Alfred. SS-Rottenführer.
* 8.12.1912 Kattowitz. Vom Anfang bis zum Ende in Auschwitz. Kommando Landwirtschaft, Molkerei. Nach 1945 in Baden-Württemberg.

Kosobud, Josef. SS-Mann.
* 25.2.1910. Angeblich 1940 nur einige Wochen in Auschwitz. Nach 1945 in Wien.

Koß, Heinz. SS-Rottenführer.
* 9.8.1923 Guben/Lausitz. Posten- und Blockführer. Verbleib unbekannt. – Baretzki im Auschwitz-Prozeß: »Als Blockführer mußte ich turnusmäßig zur Rampe gehen, wenn Transporte ankamen.«

Kosztowny, Witold. Häftlingsarzt, Nr. 672.
* 7.10.1913 Grodziec. Arzt. Ankunft Auschwitz mit dem ersten Transport polnischer Häftlinge am 14.6.1940 aus dem Gestapogefängnis in Tarnow. Leiter des Laboratoriums im Stammlager. Eingesetzt zur Entnahme von Blut und Wundeiter auf Block 10, wo die röntgensterilisierten Frauen liegen. Kosztowny: »Die Frauen, von denen ich das erwähnte Material entnahm, hatten auf der Bauchdecke in der Eierstockhöhe sehr tiefe Geschwüre wie hineingestanzt, mit dem Ausmaß eines großen Uhrenglases. Es waren sog. Radiodermiten, die aufgrund der Bestrahlung mit Röntgenstrahlen entstanden.« Ab Oktober 1944 in Sachsenhausen. Nach 1945 Arzt in Nowy Sacz. Q.: SV.

Kotz, Jean. Ermordet für die Anthropologische Sammlung *Fremdrassiger* des Anatomen Hirt (*SS-Ahnenerbe*).
* 9.2.1912 Paris. Zugabfahrt am 26.3. 1943 von Drancy nach Sobibor, Flucht zwischen Darmstadt und Frankfurt am Main. Nach Verhaftung mit zwölf weiteren Geflohenen von Frankfurt nach Auschwitz verschleppt. Ankunft am 30.4.1943. Häftling Nr. 119628. Am 30.7.1943 nach Natzweiler deportiert und August 1943 in der Gaskammer erstickt. Q.: HJL.

Kotzur, Karl. SS-Rottenführer.
* 25.10.1920 Kimpolung. Rumäniendeutscher, 1940 umgesiedelt. Herbst 1941 zur Ausbildung in Buchenwald (»aushilfsweise Bewachungsaufgaben«). Herbst 1942 Wachmann in Buna-Monowitz, später Blockführer (»Es war ein Jugendblock«), danach im Außenlager Günthergrube. Häftling Adam Dobrzanski (AV, Bl. 20600): »Ein großer, dunkler Mann, der die Häftlinge mit dem Karabinerkolben schlug, insbesondere dann, wenn sie die Arbeit, die über ihre Kräfte hinausging, nicht verrichten konnten.« Zuletzt Blockführer im August 1944 gegründeten Außenlager Trzebinia, ein Lager mit eigenem Krematorium. Nach 1945 Arbeiter bei der Bundesbahn. Aussage Kotzur: AV, Bl. 5740 ff.

Kotzurek, Johann. SS-Rottenführer.
* 18.10.1892. SS-Totenkopf-Sturmbann (der SS-T-Stuba hatte turnusmäßig Rampendienst). Verbleib unbekannt. – Häftling Karl Hoche, Nr. 106672, März 1943 von Breslau nach Auschwitz deportiert (AV, Bl. 5830 f.): »Bei Ankunft auf dem [Güter-]Bahnhof Auschwitz wurden die Männer von den Frauen und Kindern getrennt und, soweit sie arbeitsfähig waren, in das I.G.-Farben-Lager Monowitz verbracht. Von meiner Ehefrau und meinen Kindern habe ich nie mehr etwas gehört.«

Kotzybik, Bernhard. Fahrbereitschaft.
* 23.8.1913. SS-Unterscharführer. Verbleib unbekannt. – Häftlingsärztin Hautval (Medizin): »Es kommt vor, daß ein SS-Mann im Innersten einen Rest von Menschlichkeit hat. Einer von ihnen, der die Lastwagen beladen soll, ist gerührt von der Schönheit eines Jungen, den er zur Gaskammer bringen soll. Von Mitleid ergriffen, nimmt er ihn bei mehreren Transporten mit, aber am Ende führt er ihn trotzdem in die Gaskammer.«

Kowatsch, Jakob. SS-Sturmmann.
* 25.7.1915 India, heute Indija/Serbien. SS-Totenkopf-Sturmbann, in Monowitz

und Gleiwitz II. † 30. 1. 1982 am Wohnort Nürnberg.

Kowol, Wilhelm. Führer der Außenlager Jawischowitz und Trzebinia.

* 13. 5. 1904 Standorf, Kreis Ratibor. SS-Unterscharführer. 1941 in Flossenbürg, danach in Auschwitz. August 1942 Lagerführer Jawischowitz, 7 km von Auschwitz entfernt. Die am 15. 8. 1942 in Betrieb genommene Kohlengrube ist mit 2500 Häftlingen eines der größten Nebenlager. Andrzej Strzelecki über Kowol (HvA 15): »Er hatte in angetrunkenem Zustand die Gewohnheit, auf die ihm begegnenden Häftlinge zu schießen.« Erstattete am 13. 6. 1944 eine Strafmeldung gegen den Häftling Lazaro Anticoli (Nr. 158501), der versucht hatte, so die Strafmeldung, »in den Futterraum des Schweinestalles, wo sich Brotreste befinden, einzubrechen«. Museum Auschwitz (StAu II): »Kowol [beantragte] für den Häftling Josef Engel eine Prügelstrafe von 25 Stockschlägen, weil dieser bereits extrem verzweifelt und so schwach war, daß er die Arbeit in der Kohlengrube nicht mehr leisten konnte, sich am 9. Februar 1944 in einem Flöz versteckte und sich mit einem Messer die Kehle durchschnitt.« August 1944 Führer des im selben Monat gegründeten Außenlagers Trzebinia zum Ausbau einer Erdölraffinerie, 800 Häftlinge, ein Lager mit eigenem Krematorium. † 10. 3. 1969 Eppstein im Taunus.

Krägenbrink, Ernst. SS-Unterscharführer.

* 30. 3. 1888 Strassburg / Uckermark. Ab 2. 7. 1944 in Auschwitz, Wachmannschaft. 1948 in Wadowice zu 3 Jahren Haft verurteilt (LaV). † 29. 10. 1948 in Haft.

Krätzer, Theodor. Leiter der Gefangenen-Eigentums-Verwaltung (GEV).

* 30. 10. 1914 Nürnberg. Bankbeamter. 1934 SS (Nr. 276344), Obersturmführer (1942), 1937 NSDAP (Nr. 4690977). Oktober 1937 SS-Verfügungstruppe. 1939 Verwaltung Buchenwald. Vom 12. 3. 1941 bis zum Ende in Auschwitz Standortverwaltung, GEV: Verwahrung des Eigentums der Inhaftierten und Vereinnahmung der Kleidung und Wertsachen der Ermordeten. Krätzer (AV, Bl. 8637 ff.): »Ich bin selbst gelegentlich auf der Rampe gewesen und habe Obacht gegeben, daß die Effekten ordnungsgemäß verladen werden.« KZ-Kollege Muhsfeldt zum Raubgut aus den sog. Ungarntransporten 1944 (MV, Bd. 41): »Den gesamten Komplex Sortierstelle und Magazine nannte man Neu-Kanada. Chef dieses Komplexes war SS-Obersturmführer Kretschmer [sic]. Beim Sortieren waren dort etwa 500 Häftlingsfrauen und 200 Männer beschäftigt. 40 Häftlinge waren allein mit dem Transport der Sachen befaßt, die auf Lastkraftwagen von der Eisenbahnrampe in die Sortierstelle befördert wurden. Der Umfang der Transporte und damit auch der Eingang aller möglichen Gegenstände war so groß, daß selbst das so ausgebaute Neu-Kanada für das Sortieren nicht ausreichte. Ein großer Teil der Sachen der ungarischen Juden wurde daraufhin nach Alt-Kanada gebracht und dort sortiert. In Neu-Kanada wurden zwei Zeltbaracken errichtet, weil die vorhandenen Unterkünfte für die Durchführung der Sortierarbeiten der Gegenstände aus den ungarischen Transporten nicht ausreichten. In Neu-Kanada arbeiteten die Häftlinge in zwei Schichten, Tag und Nacht.« April 1943 *Kriegsverdienstkreuz II. Klasse mit Schwertern*. Zuletzt SS-Sturmbrigade Dirlewanger. Nach 1945 Regierungsinspektor, »stellvertretender Abschnittsführer beim Versorgungsamt München II« (Krätzer).

Kraft, Fabian. SS-Schütze.

* 10. 4. 1908 India, heute Indija / Serbien. SS-Totenkopf-Sturmbann, Kommando Jawischwowitz. Nach 1945 im Kreis Ludwigsburg.

Krakowczyk, Alois. SS-Rottenführer.

* 5. 4. 1894 Rybniker Hammer. Ab November 1942 in Auschwitz, Wachmann-

schaft. Herbst 1944 Kommando Charlottengrube. Am 2.9.1948 in Krakau zu 6 Jahren Haft verurteilt.

Kramer, Anton. SS-Unterscharführer.
* 25.10.1912 Groß Grillowitz, heute Ceske Kridlovice bzw. Bozice/Tschechien. Ab Oktober 1944 in Monowitz. Wohnsitz in Österreich.

Kramer, Günther. SS-Hauptsturmführer.
* 3.4.1906 Berlin. Vertreter. 1930 NSDAP (Nr. 372343), 1932 SS (Nr. 18229). Kramer (AV, Bl. 11767 ff.): »Als 1937 die SS-Verfügungstruppen gegründet wurden, wurde ich noch im gleichen Jahr zum Inspektionsstab der SS-Verfügungstruppe in München berufen. Anschließend kam ich als Verwaltungsführer zur SS-Standarte Deutschland.« Oktober 1942 KZ Mauthausen, November 1942 Auschwitz, Kompanieführer der 3. SS-Wachkompanie, später in der Kommandantur. Standortbefehl Nr. 5/44: Am 30.1.1944 *Kriegsverdienstkreuz II. Klasse mit Schwertern.* Nach 1945 Versicherungskaufmann. – Es existiert eine Strafmeldung von einem SS-Hauptsturmführer Kramer vom 16.8. 1943, wonach die jüdische Gefangene Marie Tajfelbaum, Nr. 47332, geb. am 21.9. 1920, zu 5 Tagen Stehzelle (90 × 90 cm) verurteilt wird. Ihr Vergehen: »Weil sie am 5.8.11.40 Uhr bei der SS-Unterkunft Birkenau Äpfel abgeschlagen bez. dabeigestanden und das Abschlagen still geduldet hat.« Faks. Abdruck: HvA 3.

Kramer, Josef. KZ-Kommandant.
* 10.11.1906 München, Sohn eines amtlichen Rechnungsprüfers. Buchhalter. 1931 NSDAP (Nr. 733597), 1932 SS (Nr. 32217), Hauptsturmführer (1942). 1934 im *SS-Hilfswerk Dachau* (Riedel: Unterbringung aus Österreich geflohener Nationalsozialisten in Kasernen auf dem Gelände des KZ). Herbst 1935 Lager Esterwegen. Juni 1937 Adjutant in Sachsenhausen, 1939 in Mauthausen. Von Mai bis Oktober 1940 Adjutant von Höß in Auschwitz, Dezember 1940 Adjutant in Dachau. April 1941 Schutzhaftlagerführer in Natzweiler, ab 4.10.1942 (bis 5.5.1944) Kommandant. Am 19.10.1942 mit dem Anatomen Hirt Besprechung von Lost-Versuchen (Giftgas) an Häftlingen, Bau einer Gaskammer eigens für Menschenversuche des *SS-Ahnenerbe* (AE). Kramer am 12.4.1943 an AE: »Die Kommandantur des K. L. Natzweiler teilt mit, daß die G[as]-Zelle hier fertiggestellt ist und einen Rauminhalt von 20 cbm. hat.« Am 2.8.1943 Aufnahme von Auschwitz-Häftlingen, die für Hirts Anthropologische Sammlung *Fremdrassiger* ermordet werden sollen. Besuch bei Hirt in Straßburg: »Er erklärte mir genau, daß diese Personen in der Gaskammer in Struthof getötet werden sollten, mit Hilfe von Erstickungsgas, und daß ihre Leichen dem Anatomischen Institut in Straßburg überführt werden sollten.« Ab 11.8.1943 Ermordung der Frauen, deren Sterben er durch ein Fenster begafft: »Assistiert von einigen SS zwang ich sie, sich völlig auszuziehen, und dann stieß ich sie in die Gaskammer, als ich die Türe schloß, fingen sie an zu schreien.« Kramer später (am 26.7.1945) zur Ermordung der insgesamt 86 Juden in Natzweiler: »Ich habe keinerlei Rührung [sic] empfunden, während ich die Tat vollbrachte, denn ich hatte den Befehl erhalten.« Mai 1944 Kommandant in Auschwitz-Birkenau. Muhsfeldt, Kommandoführer der Krematorien (MV, Bd. 41): »Ihm unterstanden die Sonderkommandos, die in den Gaskammern, Krematorien und den offenen Verbrennungsstellen beschäftigt waren.« Ella Lingens (Erinnerungen): »Wenn es wirklich eine Inkarnation alles Bösen auf der Welt gab, so mußte es aussehen wie dieser Mensch.« Ab 1.12.1944 Kommandant von Bergen-Belsen, genannt *Bestie von Belsen*: In Belsen, ab Frühjahr 1944 als *Erholungslager* bezeichnet, verenden von Januar 1945 bis zur Befreiung am 15. April 35000 Menschen. Für die in der Mehrzahl Durch-

fallkranken gibt es keine sanitären Anlagen. Die Häftlinge sterben an Seuchen und an Hunger, was zu Kanibalismus führt (laut Häftlingsarzt Fritz Leo werden Leber, Wangenhaut, Fleisch vom Gesäß, sogar Genitalien verzehrt). Leo schildert den Hunger am Beispiel eines Häftlings, der sein Essen erbricht: »Schnell laufen andere hinzu und klauben die Überreste des Erbrochenen gierig vom Boden und schlingen sie hinunter.« Todesurteil britisches Militärgericht am 17.11.1945 im Belsen-Prozeß in Lüneburg. † Hinrichtung 13.12.1945 Hameln.

Kraml, Johann. SS-Sturmmann.
* 7.3.1906 Viskovici bzw. Viskovci / Kroatien. Monowitz. Nach 1945 in Malsch, Kreis Karlsruhe.

Krankemann, Ernst. Häftling Nr. 3210.
* Nicht ermittelt. Ankunft Auschwitz am 29.8.1940 mit einer Gruppe krimineller und asozialer Häftlinge aus dem KZ Sachsenhausen. Kapo, dann Blockältester der Strafkompanie. Museum Auschwitz (StAu II): »Zum Verdichten der Erde auf dem Appellplatz und beim Bau der Straßen und Wege wurde eine große Walze [genannt *Krankemann-Walze*] verwendet, vor die Geistliche und Juden gespannt wurden. Er setzte sich rittlings auf die Deichsel der Walze und prügelte mit seinem Knüppel auf die laufenden Häftlinge ein.« Lager-Kapo Windeck: »Der schlug ja fast alles tot.« Czech: »Eine der von ihm angewandten Tötungsarten ist das Erwürgen, wobei er mit dem Fuß auf einen Stock tritt, der dem zu Boden geworfenen Häftling den Hals zuschnürt.« † Am 28.7.1941 einem Transport kranker Häftlinge (*Sonderbehandlung 14f13*, s. Heyde) zu Horst Schumanns Vergasungsanstalt Sonnenstein beigegeben und dort vergast.

Kranemann, Josef. SS-Unterscharführer.
* 26.6.1912 Wethmar b. Lünen, Sohn eines Maschinenschlossers. Selbst Schlosser. 1933 SS. Ab Februar 1941 in Auschwitz. Spieß der 3. Kompanie. Kommandanturbefehl Nr. 18/43: »Besuch der Familie auf die Dauer vom 10.6.–30.10.43«. September 1943 Stabsscharführer (Spieß) der Kommandantur Monowitz und Außenlager. Zuletzt KZ Gusen und Ebensee. Am 22.12.1948 in Krakau zu lebenslanger Haft verurteilt, Entlassung 6.6.1956. Angestellter einer Eisenhütte. Kranemann: »Die Vergasungen in Birkenau waren allgemein – auch in der Bevölkerung – bekannt.« Q.: AV, Bl. 9033ff.

Kranz, Wilhelm. SS-Schütze.
* 6.5.1922 Wiesenbach, Kreis Rawitsch. Oktober 1941 bis Mai 1942 in Auschwitz, SS-Totenkopf-Sturmbann. 1948 in Krakau zu 8 Jahren Haft verurteilt (LaV). Nach 1945 in Bayern.

Kraus, Andreas. SS-Unterscharführer.
* 21.8.1910 Großseelheim. SS-Nr. 144099. Standortverwaltung bis 1.4.1944. Kommandanturbefehl vom 11.6.1943: »Besuch der Ehefrau auf einige Wochen«. Verbleib unbekannt.

Kraus, Franz Xaver. Kommandant Birkenau (Herbst 1944).
* 27.9.1903 München. 1931 NSDAP (Nr. 405816), 1932 SS (16299), Sturmbannführer (1938). 1934 Verwaltungsführer KZ Esterwegen und KZ Lichtenburg (Riedel). 1936–1939 Verwaltungsführer KZ Sachsenhausen, 1940 Verwaltungsführer im Stab Inspekteur der Konzentrationslager. In Auschwitz im Hauptwirtschaftslager des SS-Wirtschafts-Verwaltungshauptamts zur Versorgung von SS-Truppen und SS-Einrichtungen. Kalendarium Auschwitz am 24.1.1945: »Im Lager Birkenau trifft SS-Sturmbannführer Kraus mit einer Abteilung SS-Männer ein und erschießt in der Lagerküche drei Häftlinge, darunter den holländischen Häftling Dr. Ackermann.« Todesurteil am 22.12.1947 in Krakau. † Hinrichtung 24.1.1948 Krakau-Montelupich.

Kraus, Hermann. SS-Sturmmann.
* 9.2.1908 Ramsau. StA Frankfurt (AV, Bl. 3774): »Erschoß Häftlinge auf der Flucht.« Verbleib unbekannt. Kapo Franz Achter (AV, Bl. 4739): »Ich kann mich erinnern, daß ich beim Ein- oder Ausrücken aus dem Lager am Lagertor liegende Erschossene gesehen habe. Sie waren oft fürchterlich zugerichtet. Angeblich handelte es sich um Häftlinge, die auf der Flucht gestellt worden waren.«

Kraus, Ota (Otto). Häftling Nr. 73046.
* 7.9.1909 Klasterni Skalice, Bezirk Kolin. November 1942 bis Oktober 1944 in Auschwitz. Schlosser in Birkenau. Nach 1945 in Prag. Mit Erich Kulka Autor des Buchs *Die Todesfabrik Auschwitz*.

Krause, Franz. SS-Unterscharführer.
* 27.4.1904 Neustadt im Isergebirge. Wachkompanie, Postenführer (Bewachung Häftlingskommandos) im Außenlager Golleschau. Kommandanturbefehl Nr. 8/43: April 1943 *Kriegsverdienstkreuz II. Klasse mit Schwertern*. Nach 1945 in Augsburg.

Krause, Gerhard. SS-Oberscharführer.
* 20.8.1911. Kommandanturbefehl Nr. 8/43: April 1943 *Kriegsverdienstkreuz II. Klasse mit Schwertern* (das KVK für KZ-Angehörige läßt Beteiligung an Tötungen vermuten). Standortbefehl vom 21.8.1943: »Besuch der Familie ab 1.9. b.a.w.« Verbleib unbekannt.

Krauß, Paul. SS-Rottenführer.
* 4.8.1905 Chemnitz. Am 4.12.1941 vom SS-Totenkopf-Sturmbann zum Kommandanturstab, Abteilung III – Schutzhaftlager – kommandiert (KB, Nr. 33/41). Kommandoführer im Außenlager Neu-Dachs. Laut Museum Auschwitz (HvA 12) ein »Henkersknecht«, »hetzte die Häftlinge mit Hunden«. April 1943 *Kriegsverdienstkreuz II. Klasse mit Schwertern*. † Vermißt.

Krausse, Max. Zentral-Bauleitung.
* 29.1.1902 Geyer/Erzgebirge. SS-Rottenführer. Zuständig für das Sachgebiet Tiefbau. Verbleib unbekannt. – Die Gefangene Janka Berger, Häftling Nr. 2653 (Shelley): »Birkenau war das schlimmste aller Lager. In den Steinblöcken gab es kein Wasser oder sanitäre Anlagen, sie waren von Läusen und Flöhen heimgesucht.«

Krawcsik, Richard. SS-Rottenführer.
* 6.4.1906. SS-Totenkopf-Sturmbann (der SS-T-Stuba hatte turnusmäßig Rampendienst). Verbleib unbekannt. – Schutzhaftlagerführer Franz Hofmann (AV, Bl. 8724): »Alle SS-Angehörigen, die Rampendienst hatten, erhielten jeweils einen Gutschein, der zum Empfang einer Sonderzuteilung von Lebensmitteln und Schnaps in der Truppenküche berechtigte. Diese Gutscheine mußte ich verteilen, wenn ich Rampendienst hatte.«

Krebs, Valentin. SS-Schütze.
* 13.2.1909. Stabskompanie, Wirtschaftshof Birkenau. 1948 in Krakau zu 4 Jahren Haft verurteilt (LaV).

Kreibich, Eduard. KZ-Arzt.
* 16.7.1908 Bensen/Aussig. SS-Nr. 335385, Hauptsturmführer (1945). Ab 19.6.1942 (LaP) kurz in Auschwitz. September 1942 bis 1945 in Sachsenhausen. Laut KZ-Arzt Alois Gaberle dabei, als 1944/45 im Krematorium eine Zyankalikapsel im Menschenversuch erprobt wird. Nach 1945 Arzt in Kiel.

Kreilach, Peter. SS-Schütze.
* 15.2.1909 Muschorin. 1943 Wachmannschaft. 1948 in Krakau zu 4 Jahren Haft verurteilt (LaV).

Kreitschitz, Mathias. SS-Sturmmann.
* 22.6.1920 Tschib. SS-Totenkopf-Sturmbann (der SS-T-Stuba hatte turnusmäßig Rampendienst). In die USA ausgewandert. – Häftling Josef Frankenthal, Ankunft Auschwitz am 3.3.1943, insgesamt 3000 Juden aus Berlin (AV, Bl. 13514): »Ich schätze, daß 400 bis 450 Personen in die Gruppe der Arbeitsfähigen eingereiht worden sind. Meine Eltern habe ich auf der Rampe zum letzten Mal gesehen.«

Kremer, Hubert. SS-Sturmmann.
* 7.12.1894 Köln. Ab November 1944 in Auschwitz, Monowitz, Kommando Günthergrube. † 2.9.1965 Köln.

Kremer, Johann Paul. Anatom.
* 26.12.1883 Stelberg, Bezirk Köln. Beide Eltern aus einer Bauernfamilie. 1932 NSDAP (Nr. 1265405), 1934 SS (Nr. 262703), Obersturmführer (1943). 1936 außerordentlicher Professor der Universität Münster, Lehrauftrag für Vererbungslehre. 1942 Scheidung von »schizophrener« Ehefrau. Vom 29.8. bis 18.11.1942 als Vertretung in Auschwitz. Häftlingsarzt Klodzinski: »Kremer war im Gegensatz zu dem Lagerarzt Dr. Entress zu den Häftlingsärzten und -Pflegern niemals brutal.« Rampendienst, anwesend bei Exekution der Prügelstrafe und bei Erschießungen. Kremer (am 18.7.1947 in Krakau): »Für die Arbeit bei jeder Sonderaktion [Rampendienst] erhielten alle SS-Männer – also auch die Ärzte unter ihnen und ich – Sonderzuteilungen. Jeder erhielt nämlich für jede Aktion ⅕ Liter Schnaps, 5 Zigaretten, 100 Gramm Wurst und Brot.« Kremer am 30.7.1947 in Krakau (Auszug) über die Ermordung von Häftlingen im Block 28: »Bereits seit längerer Zeit interessierte ich mich für die Forschungen über entstandene Veränderungen im menschlichen Organismus infolge Hungers. In Auschwitz trug ich diese Angelegenheit Wirths vor. Er erklärte mir, daß ich für diese Forschungen gänzlich lebendfrisches Material von diesen Gefangenen entnehmen könnte, welche vermittels Phenol-Einspritzungen getötet werden. Um mir die entsprechenden Objekte aussuchen zu können, ging ich zum letzten Block an der rechten Seite (Block Nr. 28), wo die Untersuchung der sich krank meldenden Gefangenen aus dem Lager stattfand. Die Gefangenen aus dieser Gruppe habe ich genau beobachtet, und wenn irgendwelcher von ihnen, mit Rücksicht auf den weit fortgeschrittenen Zustand des Aushungerns mich interessierte, so beauftragte ich den Sanitäter, einen solchen Kranken für mich zurückzubehalten und mich vom Termin, an welchem dieser Kranke vermittels einer Einspritzung getötet wird, zu benachrichtigen. Dort [Block 28] wurde der Kranke noch zu Lebzeiten auf den Sektionstisch gelegt. Ich trat an den Tisch heran und frug den Kranken um verschiedene sachliche Einzelheiten für meine Forschungen aus, so zum Beispiel über sein Körpergewicht vor der Inhaftierung. Nach Einholung dieser Informationen trat der Sanitäter an den Kranken heran und tötete den Kranken durch Verabreichung einer Einspritzung in die Herzgegend.« Kremer hat die Ereignisse in seinem Tagebuch festgehalten. Kremer am 23.9.1942: »Abends um 20 Uhr Abendessen mit Obergruppenführer Pohl im Führerheim, ein wahres Festessen. Es gab gebackenen Hecht, soviel jeder wünschte, echten Bohnenkaffee, ausgezeichnetes Bier und belegte Brötchen.« Am 10.10.1942: »Lebendfrisches Material von Leber, Milz und Pankreas entnommen und fixiert.« Am 11.10.1942: »Heute Sonntag gabs zu Mittag Hasenbraten – eine ganz dicke Keule – mit Mehlklößen und Rotkohl für 1.25 RM.« Todesurteil Oberstes Polnisches Volkstribunal Krakau am 22.12.1947, am 24.1.1948 zu lebenslanger Haft begnadigt. Entlassung am 9.1.1958. Am 29.11.1960 vom LG Münster zu 10 Jahren Haft verurteilt, durch polnische Haft verbüßt. † 8.1.1965 Münster.

Krempaski, Ladislaus. SS-Sturmmann.
* 9.2.1913 Michelsdorf, heute Velika Ves / Tschechien. Ab März 1944 in Auschwitz. Wirtschaftshof Babitz. † 9.12.1975 Niederdorffelden (Hessen).

Kret, Jozef. Häftling Nr. 20020,
Politische Abteilung (PA).
* 3.3.1895 in Polen. Lehrer. Ankunft Auschwitz am 12.8.1941. In der Aufnahmeabteilung der PA. Kret über seine Ret-

tung vor einer Selektion (StAu IV): »Es kamen Lastautos vorgefahren, und sie fuhren die Typhuskranken aus unserem Block zur Gaskammer ab. Ich wurde damals mit einem Strohsack zugedeckt, wobei ausgenutzt wurde, daß ich auf der oberen Pritsche von unten nicht gesehen werden konnte. Da mein Körper ausgezehrt war und der mit Sägespänen gefüllte Strohsack auch nicht dick war, stellte es kein großes Problem dar, einen im Fieber bewußtlosen Menschen auf diese Weise zu verstecken. Ich wurde davon in Kenntnis gesetzt, in welcher Gefahr ich gewesen war, als ich bereits wieder das Bewußtsein erlangt hatte. Den Namen des mutigen Arztes, der mich vor der Vergasung bewahrt hat, kenne ich nicht.« Nach 1945 Mittelschulprofessor in Polen.

Kreuscher, Heinrich. SS-Unterscharführer.
* 27.7.1910 Detsch/heutiges Serbien. Ab Herbst 1943 in Auschwitz, Kommando Jawischowitz. Nach 1945 in Langensteinbach.

Kreuser, Josef. SS-Rottenführer.
* 20.9.1901 Honsbronn. Wachmannschaft, Kommando Sosnowitz (II). Am 23.1.1948 in Krakau zu 4 Jahren Haft verurteilt. † 19.10.1948 Gefängnis Stuhm.

Kreutzer, Franz. SS-Schütze.
* 10.9.1923 Ruma/Kroatien. Ab Dezember 1942 in Auschwitz. Stabskompanie, Frauenkommando Wirtschaftshof Budy. Wohnsitz in Österreich.

Kreutzer, Georg. SS-Sturmmann.
* 28.11.1909 Ruma/Kroatien. Landwirt. Ab November 1942 in Auschwitz, Postzensur, Monowitz. Am 30.3.1948 in Krakau zu 3 Jahren Haft verurteilt, Anrechnung der U-Haft auf die Haftdauer. † 13.4.1949 in Haft.

Kreutzmann, Paul. SS-Hauptsturmführer.
* 21.7.1904 Stedten. NSDAP-Nr. 353039, SS-Nr. 25976. März 1941 bis Februar 1943 Leiter des *Truppen-Wirtschafts-Lagers* in Auschwitz, Aufgabe: Versorgung mit Lebensmitteln, SS-Uniformen, Waffen und Munition (StAu I). Verbleib unbekannt.

Krienke, Wilhelm. SS-Rottenführer.
* 26.10.1910 Sagard/Rügen. Schneidergeselle. SS/NSDAP. SS-Totenkopf-Sturmbann. Krienke zum Rampendienst: »Bei derartigen Selektionen habe ich wiederholt zugesehen, da ich zur Absperrung herangezogen wurde. Einheiten der Wachmannschaft mußten die Rampe, auf der die Transporte entladen wurden, absperren und sichern. Die zum Tode bestimmten Häftlinge wurden auf Lkws verladen und zu den Gaskammern gefahren.« Krienke behauptete in seiner Vernehmung: »Ich kann mich nicht daran erinnern, daß ich länger als 6 bis 8 Wochen in Auschwitz gewesen sein könnte.« Nach Vorlage seiner NS-Papiere, wonach er von Sommer 1940 bis Herbst 1942 in Auschwitz war: »Wenn ich abschließend noch einmal befragt werde, weshalb ich zu verschleiern versuchte, daß ich mehr als 2 Jahre in Auschwitz tätig war, dann kann ich dazu selbst keine plausible Erklärung finden. Ein schlechtes Gewissen war bestimmt nicht das Motiv.« Schneider in Hardheim, Kreis Buchen. Q,: AV, Bl. 12644 ff.

Krilleke, Josef. SS-Schütze.
* 27.9.1903 Lippstadt. SS-Totenkopf-Sturmbann. 1948 in Krakau zu 4 Jahren Haft verurteilt (LaV). – Die damals 21jährige Lena Velleman (Nr. A-25239) über ihre Ankunft am 5.9.1944 aus Westerbork: »Der äußere Ablauf der Selektion war so, daß wir an Mengele vorbeimarschieren mußten und M. durch Handbewegung entschied, ob der oder die Betreffende nach rechts oder links zu gehen hatte. Was das bedeutete, war uns damals nicht klar. Es wurde auch bekanntgegeben, daß diejenigen, die sich zu schlapp fühlten, mit Fahrzeugen, es wurde von Omnibussen gesprochen, weggefahren würden. Ich selbst wurde in

die Richtung nach rechts selektiert, und von erfahrenen Häftlingen wurde ich ausdrücklich darauf hingewiesen, daß ich ja nicht nach links gehen sollte.« Q.: MV, Bd. 16.

Krist, Franz. SS-Sturmmann.
* 3.8.1919. Kommandanturbefehl Nr. 24/43: »Besuch des Bruders v. 13.–14.6.43«. Verbleib unbekannt.

Krist, Wilhelm. SS-Hauptscharführer.
* 28.8.1908 Pudlau, heute Pudlov/Tschechien. Sohn eines Drahtarbeiters. Kaufmännische Lehre. April 1941 bis Dezember 1942 Spieß der Wachtruppe in Ravensbrück. Danach Spieß der 4. Kompanie des SS-Totenkopf-Sturmbanns KL Auschwitz (etwa 120 Mann). Krist: »Die Aufgabe der Wachkompanie war das Stellen der großen Postenkette bei Tag und das Besetzen der Wachtürme am Hauptlager.« Auch an der Rampe eingesetzt. Herbst 1944 *Kriegsverdienstkreuz II. Klasse*. Nach 1945 Angestellter in Stuttgart. Krist: »[Es] war damals bei der SS allgemein bekannt, daß in Birkenau in den Krematorien Häftlinge vergast und verbrannt wurden. Man konnte von Auschwitz aus die Schornsteine der Krematorien in Birkenau und auch den schwarzen Rauch sehen. Außerdem konnte man bei entsprechendem Wind den Geruch wahrnehmen.« Q.: AV, Bl. 6896 ff.

Kristan, Bernhard. Politische Abteilung (PA), Lager-Gestapo.
* 12.4.1921 Gerdauen in Ostpreußen. SS-Unterscharführer. Zeitweise Leiter des Standesamts der PA. Kommandanturbefehl Nr. 24/41: (zusätzlich) verantwortlich für die SS-Bücherei. Standortbefehl v. 14.7.1944: »Jeder SS-Angehörige erhält nur 1 Buch.« Häftlingsdolmetscherin Kagan über Erschießungen im *Alten Krematorium* (AV, Bl. 3151): »Bei seiner Rückkehr wirkte er immer freudig erregt.« † Vermißt seit 13.3.1945 bei Königsberg. – Pery Broad über die Erschießung von jeweils zehn Häftlingen im *Alten Krematorium*: »Die zehn Gefangenen betreten nackt den Raum. Die Wände sind mit Blut besudelt. Im Hintergrund liegen die bereits Erschossenen. Ein breiter Blutstrom zieht sich zu dem Abfluß in der Mitte der Halle. Ihre Füße färben sich rot vom Blut, in dem sie stehen. Manch einer erkennt mit einem Aufschrei unter den teilweise röchelnd Daliegenden einen nahen Verwandten, vielleicht den Vater.«

Kröger, Emil. SS-Rottenführer.
* 31.7.1904 Hastenbeck. Ab Oktober 1944 in Auschwitz, Wachmannschaft Monowitz. 1948 in Krakau zu 6 Jahren Haft verurteilt (LaV).

Krömer, Adolf. Leiter der SS-Apotheke.
* 19.5.1890 Roben b. Leobschütz. SS-Sturmbannführer (1943). Ab 20.11.1941 in Auschwitz. Das LG Frankfurt im Urteil gegen Burger: »Die Apotheke stellte die für die Gaslieferungen eingehenden Rechnungen als sachlich richtig fest, was zur Voraussetzung hat, daß sie die Lieferungen vorher kontrollierte.« Beteiligt an Selektionen auf der Rampe. Standortbefehl vom 15.9.1943: *Kriegsverdienstkreuz II. Klasse mit Schwertern* (das KVK für KZ-Angehörige läßt Beteiligung an Tötungen vermuten). Jan Sikorski, Häftlingsapotheker, Nr. 18612 (AV, Bl. 5539): »Krömer war schon ein älterer Herr. Er war katholisch. Ich kann mich daran erinnern, daß er gesagt hat, die Juden hätten kein Recht zu leben.« † 17.2.1944 Lazarett in Auschwitz.

Kroh, Ernst. SS-Unterscharführer (1942).
* 7.8.1910 Fischern b. Karlsbad. 1942/43 Blockführer Block 11, genannt Todesblock. Erschoß Häftlinge an der *Schwarzen Wand*. † Vom AG Groß-Gerau 1953 für tot erklärt. Broad über die Erschießungen: »Ein ausgesucht starker Gefangener des Reinigungspersonals bringt im Laufschritt die ersten beiden Opfer. Er hält sie an den Oberarmen fest und drückt sie mit dem Gesicht gegen die Wand. Obwohl diese wandelnden Ske-

lette, von denen manch einer monatelang in den stinkenden Kellerzellen sein Dasein fristete, wie man es keinem Tier zumuten würde, kaum noch auf den Beinen stehen können, rufen viele von ihnen in dieser letzten Sekunde ›Es lebe Polen‹ oder ›Es lebe die Freiheit!‹ Der Henkersknecht beeilt sich dann jedesmal mit dem Genickschuß.«

Kroth, Otto. SS-Rottenführer.
* 18.12.1912 Mittelseemen. SS-Totenkopf-Sturmbann. † 30.1.1944 Heilanstalt Seltersberg.

Krüger, Ingeborg. KZ-Wärterin.
* 21.12.1922 Hamburg. KZ-Kollegin Stiwitz: »Ich kenne sie von Ravensbrück als Hundeführerin. Ich glaube, sie hatte ihren eigenen Hund dabei.« SS-Aufseherin des Frauenlagers im Stammlager (HvA 20). Krüger (AV, Bl. 8139): »Im übrigen möchte ich nochmals betonen, daß ich weder während meiner informatorischen Beschäftigung in Ravensbrück noch im KL Auschwitz keine [sic] strafbaren Handlungen begangen habe, und zwar weder aus eigener Initiative noch auf Befehl.« Berufsangabe: Kriminalobermeisterin.

Krümmer, Martin. Politische Abteilung (PA), Lager-Gestapo.
* 22.11.1921 Heufeld / Serbien. SS-Rottenführer. In Auschwitz bis 27.11.1944. Nach 1945 in Buenos Aires.

Krug, Heinrich. Zentral-Bauleitung.
* 20.8.1912 Kassel. SS-Unterscharführer, laut KZ-Kollege Huley für den Aufbau der Steinbaracken in Birkenau zuständig. † Gilt als vermißt.

Krug, Kurt. SS-Unterscharführer.
* 20.6.1909 Boilstädt b. Gotha. Beamter. Standortverwaltung, Abteilung Verpflegung. Ordonnanz im SS-Führerheim. Rapportführer im Außenlager Eintrachthütte (HvA 17). Nach 1945 in Bad Vilbel.

Krumey, Hermann. Stellv. Kommandoführer des Sondereinsatzkommandos (SEK) Eichmann in Budapest (1944).
* 18.4.1905 Mährisch-Schönberg. Drogist. 1935 *Sudetendeutsche Partei* (SdP), Ersatzorganisation der verbotenen NSDAP. 1938 NSDAP und SS (Nr. 310441), Obersturmbannführer. Ende 1939 bei einem Liquidationskommando für »Polaken, Juden und solches Gesindel« (Krumey). 1940 Leiter der *Umwandererzentrale* (UWZ) Lodz. Die Umwandererzentralen waren am 11.11.1939 gegründete und dem Reichssicherheitshauptamt unterstellte Dienststellen für die »Aussiedlung« von Polen und Juden. Die »Evakuierung« (Tarnwort für Vernichtung) besorgten die örtlichen Polizeistellen. Die UWZ Lodz hatte zahlreiche Außenstellen, z.B. in Zamosc. Laut SS-Standartenführer Hans Ehlich (RSHA) zuständig für die »gesamte Absiedlung der Fremdvölkischen« im Warthegau und in Teilen des Generalgouvernements. Laut LG Frankfurt (4 Js 908/62) veranlaßte Krumey, daß arbeitsunfähige Personen nach Auschwitz deportiert wurden: »Er hat ferner zugelassen, daß [...] polnische Kinder unter 14 Jahren in das KL Auschwitz eingeliefert wurden, wo sie, wie er wußte, ebenso wie die arbeitsunfähigen Personen sofort liquidiert wurden. So sind aus einem Polen-Transport des Bezirks Zamosc Mitte Dezember 1942 der 10jährige Thaddaus Rycyk und der 12jährige Miecislaus Rycaj zusammen mit anderen polnischen Kindern durch Phenol-Einspritzungen ins Herz alsbald nach der Einlieferung beseitigt worden.« Im SEK Eichmann zuständig für Deportationen nach Auschwitz. Krumey-Anklage: »Eichmann war der böse Geist des Amtes, Krumey war der Durchführende der Maßnahmen.« Zuletzt Leiter der Außenstelle des Einsatzkommandos Eichmann in Wien. 1948 als *Mitläufer* entnazifiziert. 1956 Erwerb der *Hubertus-Drogerie* im hessischen Korbach, Abgeordneter des *Bundes der Heimatvertriebenen und Entrechteten* (BHE) im Kreistag Waldeck. Am 29.8.1969 vom LG Frankfurt zu lebenslanger Haft verur-

teilt. † 27.11.1981 Erftstadt (Zentralkartei ZStL). Q.: Krumey-Anklage.

Krupat, Peter. SS-Schütze.
* 2.4.1923 Meldekwirschen. SS-Totenkopf-Sturmbann. Nach 1945 in Niedersachsen.

Krupatz, Paul-Friedrich. SS-Unterscharführer.
* 11.2.1909. Standortbefehl Nr. 36/43: »Besuch der Ehefrau in der Zeit vom 23.4.–3.5.1943«. Kommandanturbefehl Nr. 25/43: »Besuch der Ehefrau von Mitte Juni – Ende Juni 1943«. Verbleib unbekannt.

Krzyzanowska, Regina. Häftling Nr. 44719.
* 16.6.1923. Ankunft Auschwitz am 13.5.1943 aus dem Warschauer Gestapogefängnis Pawiak. Pflegerin in Block 11 – Infektionskrankheiten – in Birkenau. Nach 1945 Ärztin in Warschau. Krzyzanowska über eine Selektion Mitte Dezember 1943 (im Kalendarium Auschwitz sind am 12.12.1943 insgesamt 2106 Frauen aufgeführt, die selektiert und am selben Tag vergast werden): »Auf den Block kam Mengele zusammen mit einigen SS-Männern, von denen ich mich an einen SS-Funktionär namens Polczynski erinnere. Mit ihnen zusammen kamen auch Häftlinge, die das sog. Sonderkommando bildeten. In der Tür des Blocks stand Mengele mit anderen SS-Männern, Polczynski stand dabei mit einer Peitsche in der Hand auf dem Ofen in der Mitte des Blocks. Sämtliche Kranke wurden gezwungen, nackt durch die Baracke zu gehen, und man verlud sie dann auf Lastwagen. Jene Kranke, die sich mit eigener Kraft bewegen konnten, bestiegen die Wagen mit Hilfe des Sonderkommandos, solche, die sich nicht mehr bewegen konnten, wurden von den Angehörigen des Sonderkommandos an Händen und Füßen hineingeworfen. Die Schreie und das Chaos waren schrecklich. Wir versuchten, einige kranke Häftlingsfrauen in Strohsäcken und in anderen Winkeln des Blocks zu verstecken, und eine kranke Häftlingsfrau versteckte die Blockälteste sogar unter dem Bett in ihrem Zimmer. In diesem Augenblick, als die Zahl der auf die Lastwagen verladenen weiblichen Häftlinge mit dem Stand des Blocks nicht übereingestimmt hatte, wurde auf dem Block eine genaue Durchsuchung von den Angehörigen des Sonderkommandos unter Aufsicht der SS-Männer durchgeführt und alle versteckten Kranken wurden herausgezogen und auf die Lastwagen geworfen.« Q.: MV, Bd. 31.

Ksinsik, Walter. SS-Sanitätsdienstgrad (SDG).
* 19.8.1906. StA Frankfurt (AV, Bl. 5129): »Desinfektor. Er soll bei der Vergasung von Häftlingen mitgewirkt haben.« † 8.6.1965.

Kubaschk, Willy. SS-Oberscharführer.
* 16.1.1902 Klein-Kölzig. SS-Nr. 48481. Standortverwaltung, »Aktion Reinhard«. Verbleib unbekannt. Höß in seinen Aufzeichnungen: »›Aktion Reinhard‹ war [in Auschwitz] die Deckbezeichnung für die Erfassung, Sortierung und Verwertung aller Dinge, die durch die Judentransporte und deren Vernichtung anfielen. Unvorstellbare und nicht abzuschätzende Werte von Hunderten von Millionen sind erfaßt worden.«

Kuchaerczyk, Karl. SS-Sturmmann.
* 4.11.1925. Unterkunftsverwaltung. 1948 in Bytom (Beuthen) zu 18 Monaten Haft verurteilt (LaV). Der ehemalige Häftling Jan Olbrycht am 10.12.1947 als Gutachter im Krakauer Auschwitz-Prozeß über die Unterkünfte in Birkenau (AV, Bl. 4522): »Die aus Brettern gebauten Baracken waren im Sommer und im Winter nicht abgedichtet. Anfangs waren in den Wohnblocks keine Fußböden. Die Häftlinge schliefen auf Strohsäcken, die auf der Erde ausgebreitet waren, je 5 Personen auf 2 Strohsäcken, und waren zugedeckt mit Fetzen einer Decke.«

Kuchendorf, Eugen. SS-Unterscharführer.
* 22.11.1900 Brosewitz/Strehlau. Dr. jur. Standortverwaltung, Leiter der *Rechts- und Fürsorgeabteilung* (Fahrbefehle, Kontrolle Treibstoffverbrauch, Hinrichtungsprotokolle). † 7.9.1943 im Reservelazarett III Breslau.

Kuchta, Josef. SS-Rottenführer.
* 28.2.1914 Czernowitz. SS-Totenkopf-Sturmbann, Außenlager Neu-Dachs. Name auf einer Meldung der Kommandantur vom 15.8.1942 über SS-Angehörige, die Häftlinge »auf der Flucht« erschossen. Nach 1945 in Waldshut.

Kuck, Erna. KZ-Wärterin, genannt *Huhn.*
* 21.6.1914. Aus Mecklenburg. März 1943 für ein Jahr Kommandoführerin im Außenlager Babitz. Danach Kommandoführerin der Frauen-Strafkompanie in Birkenau. Verbleib unbekannt. – Ella Lingens in ihren Erinnerungen über die deutschen »asozialen« Häftlingsfrauen im allgemeinen und die Zustände in Babitz (Babice): »Das ging so weit, daß viele dieser Frauen tatsächlich mit der SS fraternisierten. So weit, daß sie abends gemeinsam mit SS-Aufseherinnen heimlich ins nächste Dorf ins Kino gingen oder Feste und Orgien mit ihnen feierten. In Babice gab eine Aufseherin ein Fest, zu dem sie neben ihren Kolleginnen auch zwei deutsche [weibliche] Kapos einlud, weil sonst für die zehn eingeladenen SS-Männer zuwenig Frauen dagewesen wären.«

Kühl, Max. SS-Oberscharführer.
* 4.11.1881 Hamburg-Altona. SS-Totenkopf-Sturmbann (der SS-T-Stuba hatte turnusmäßig Rampendienst). † 23.3.1947 Brzeg/Oder. KZ-Kollege Franz Hofman (AV, Bl. 8722): »Es kam manchmal vor, daß manche Transporte in ihrer Gesamtheit vergast wurden, d. h. also, daß überhaupt nicht selektiert wurde. Öfters war es auch so, daß nur die Männer selektiert wurden, während alle Frauen mit den Kindern vergast wurden.«

Kühler, Heinrich. Leiter der Abteilung Verpflegung (Februar 1943).
* 25.5.1911 Essen, Sohn eines Gastwirts. Vier Semester Jurastudium. Kaufmännischer Angestellter. 1932 SS (Nr. 264033), Obersturmführer (1944). 1937 NSDAP. SS-Wirtschafts-Verwaltungshauptamt. Ab 19.2.1943 Standortverwaltung Auschwitz, Leiter der Verpflegungsabteilung bis 1.2.1944. Am 30.1.1944 *Kriegsverdienstkreuz II. Klasse mit Schwertern.* Februar 1944 Judenlager Plaszow, Februar 1945 Verwaltung KZ Mysen in Norwegen. Nach 1945 Prokurist. Kühler: »Es war im Lager allgemein bekannt, daß Häftlinge vergast wurden.« Aussage: AV, Bl. 8120 ff. – Häftlingsschwester Sternberg in ihrem Bericht *In der Hölle von Auschwitz* über den Abtransport zur Gaskammer, über Brot und Hunger (AV, Bl. 3982): »Nackt, mit dem letzten Stück Brot in der Hand, fuhren sie dem Krematorium zu. Die übrigen Brote, auf denen die Kranken zum Teil gelegen hatten und die meistens sogar von Kot beschmutzt waren, wurden von den Überlebenden aufgegessen. Ich gebe zu, daß ich sehr oft das Brot von den Verstorbenen hervorgezogen habe, um es zu essen, auch wenn die Toten schon die ganze Nacht darauf gelegen haben. Denn der Hunger war so groß, daß wir imstande waren, auch Schmutz zu essen. Wer es nicht selbst erlebt hat, wird nie ermessen können, was Hunger bedeutet.«

Kühnast, Otto. SS-Sturmmann.
* 11.12.1923 Treuenbrietzen. Ab 21.7.1944 in Auschwitz, Wachmannschaft. Am 20.1.1948 in Krakau zu 4 Jahren Haft verurteilt.

Kühne, Heinz. SS-Rottenführer.
* 16.8.1923. Vom 26.9.1942 bis 3.10.1944 in Auschwitz, Standortverwaltung, Aktion »Reinhard«. Verbleib unbekannt. Höß in seinen Aufzeichnungen: »›Aktion Reinhard‹ war [in Auschwitz] die Deck-

bezeichnung für die Erfassung, Sortierung und Verwertung aller Dinge, die durch die Judentransporte und deren Vernichtung anfielen.«

Kühnemann, Heinrich. Gefangenen-Eigentums-Verwaltung.

* 11.8.1919 Essen. 1941 Ausbildung als Opernsänger in Wien. SS-Unterscharführer. Standortverwaltung, Abteilung GEV, Effektenkammer (Raubgut). Standortbefehl vom 13.8.1943: »Besuch der Ehefrau vom 10.–24.8.43«. Nach 1945 in Oberhausen. In Vrbas Buch unter dem Namen *Hans König* beschrieben: »Während die alten Hasen schwitzten und wir dusseligen Lehrlinge hin- und hersprangen, prügelten Graf und König auf uns ein, durchsuchten uns, bestraften uns und brüllten in einem fort: Los! Los! Schneller, ihr Schweinebande, schneller!‹« Das LG Siegen im Urteil gegen SS-Rottenführer König über Kühnemanns Auftritt in der Hauptverhandlung: »Er sprach über seine berufliche Tätigkeiten als Schauspieler, Opernsänger und Gewerkschaftsführer und betonte, wie beliebt er im Konzentrationslager bei den Häftlingen gewesen sei.« Das Urteil über die Mißhandlung des Häftlings Stanley Golvin durch Kühnemann: »Er habe die Schläge mitzählen müssen. Nach dem 24. Schlag habe er sich verzählt. Deshalb habe er ›10 Schläge extra‹ bekommen.« Verhandlung gegen Kühnemann Mai bis September 1991 vor dem LG Duisburg, wegen Verhandlungsunfähigkeit eingestellt. † 1998.

Küper, Alfred. SS-Rottenführer.

* 26.10.1907 Wattenscheid. Ab Oktober 1944 in Auschwitz, SS-Totenkopf-Sturmbann. 1948 in Wadowice zu 3 Jahren Haft verurteilt (LaV). † 6.5.1972 am Geburtsort.

Küper, Theodor. Fahrbereitschaft.

* 10.7.1923 Rotthausen, Kreis Essen. Sohn eines Schlossers. SS-Unterscharführer. Ende 1941 in Auschwitz, zunächst Wachtruppe. Küper: »Ich bin als Angehöriger der Fahrbereitschaft nie auf die Ankunftsrampe gekommen.« Fahrer Eduard Lorenz: »Bei diesen Transporten zu den [Vergasungs-]Bunkern wurde praktisch jeder einzelne Angehörige der Fahrbereitschaft eingeteilt.« Berufsangabe nach 1945: Mechanikermeister. Aussage: AV, Bl. 13326 ff.

Kürbis, Ferdinand. SS-Rottenführer.

* 2.12.1914 Edwardpol. Blockführer in den Außenlagern Lagischa, Charlottengrube und (laut KZ-Kollege Heinrich Bischoff) Eintrachthütte. Nach 1945 in Nordrhein-Westfalen.

Küsel, Otto. Häftling Nr. 2.

* 16.5.1909 Berlin. Einer von 30 Kriminellen aus dem KZ Sachsenhausen, am 20.5.1940 als Funktionshäftling nach Auschwitz überstellt. Kommando Arbeitseinsatz. Flucht am 29.12.1942, in Warschau untergetaucht und am 25.9.1943 erneut nach Auschwitz gebracht. Am 9.2.1944 nach Flossenbürg überstellt. Berufsangabe nach 1945: Vertreter. Küsel nennt in einer Aussage einzig den in Polen hingerichteten – strafrechtlich nicht mehr verfolgbaren – Oberscharführer Herbert Kirschner (PA) als Täter, um dann zu behaupten: »Ich kann keine weiteren SS-Angehörigen des KL Auschwitz nennen, die sich Gewaltverbrechen schuldig gemacht haben.« † 17.11.1984 Oberviechtach. Aussage: AV, Bl. 5725 ff.

Küserow, Max. Häftling Nr. 17.

* Nicht ermittelt. Einer von 30 Kriminellen aus dem KZ Sachsenhausen, am 20.5.1940 als Funktionshäftling nach Auschwitz überstellt. Zeitweise Blockältester der Strafkompanie. – Vrba (Erinnerungen) über die Allmacht der Blockältesten: »Am 17. Juli 1942, dem Tag, an dem Heinrich Himmler nach Auschwitz kam, starb Jankel Meisel, weil drei Knöpfe an der Jacke seiner gestreiften Häftlingsuniform fehlten. Sein Blockältester erspähte den klaffenden Kragen seiner Jacke, woraufhin Jankel in aller

Hast zu Tode geprügelt und nur Minuten, bevor der hohe Herr zur Inspektion des Hauses eintraf, sozusagen unter den Teppich gekehrt wurde.«

Kugelmann, Hersz. Häftling Nr. 133618. * 5.1.1912 Bendsburg (Bedzin). Ankunft Auschwitz am 2.8.1943 aus dem Ghetto in Bendsburg. Von etwa 2000 Menschen enden mehr als 1600 in der Gaskammer, darunter sein achtjähriger Sohn und seine fünfjährige Tochter. Kugelmann: »Mengele nahm die Selektion mit sparsamsten Handbewegungen vor. Ich erinnere mich daran, daß er eine Hand zwischen die Knöpfe seiner Uniformjacke geschoben hatte und praktisch dann nur mit dem Daumen irgendwelche Bewegungen machte.« Kugelmann arbeitet in diversen Kommandos und kommt Oktober 1944 ins Dachau-Außenlager Kaufering. Q.: MV, Bd. 15.

Kuhl, Georg. SS-Schütze.
* 14.1.1922 Ruma/Kroatien. Kommando Lagischa. Nach 1945 in Schleswig-Holstein.

Kuhn, Peter. SS-Rottenführer.
* 15.1.1921 Mitrowitz/Kroatien. Kommando Lagischa. Nach 1945 in Australien.

Kuhn, Robert. SS-Unterscharführer.
* 23.8.1911 Höpfingen, Kreis Mosbach. Landwirt. Ab März 1943 in Auschwitz, Blockführer in Monowitz. Am 30.3.1948 in Krakau zu 3 Jahren Haft verurteilt, Anrechnung der U-Haft auf die Haftdauer. † 20.6.1958 am Geburtsort.

Kulka, Erich. Häftling Nr. 73042.
* 18.2.1911 Vsetin/heutiges Tschechien. Am 23.6.1939 Verhaftung am Geburtsort. Mehrere Haftstationen, u.a. Dachau und Neuengamme. Ankunft Auschwitz am 4.11.1942. Schlosser in Birkenau. Mit Ota Kraus Autor des Buchs *Die Todesfabrik Auschwitz*. Nach 1945 im Zentrallager der Hauptstadt Prag.

Kulka, Otto Dov. Häftling Nr. 148975.
* 1933 heutiges Tschechien. Ankunft Auschwitz am 8.9.1943 aus dem Ghetto Theresienstadt, insgesamt 5006 Menschen. Als Jugendlicher im *Theresienstädter Familienlager*. Aussage des in Auschwitz elfjährigen Kulka: »Für die Kinder wurde eine Schule organisiert, in der Tschechisch und Deutsch unterrichtet wurde. Die Verpflegung war zunächst verhältnismäßig gut. Die Lagerleitung war daran interessiert, daß wir viele Briefe aus diesem Lager nach Theresienstadt und auch andere Orte schreiben sollten.« Einer der wenigen Überlebenden. Als Zeuge im Auschwitz-Prozeß: »Unter den Ermordeten war meine Mutter, meine Familie, meine Kameraden.« Nach 1945 Wissenschaftlicher Assistent der Universität in Jerusalem. Aussage: AV, Bl. 12850 ff.

Kungl, Wendelin. SS-Schütze.
* 6.9.1925. Stabskompanie, Wirtschaftshof Birkenau. † 19.3.1951 Neckarsulm.

Kunike, Georg. Zoologe und SS-Untersturmführer (1944).
* 13.5.1894 Hamburg. Dr. phil. 1927 Biologische Reichsanstalt für Land- und Forstwirtschaft, Dienststelle zur Erforschung und Bekämpfung der Vorratsschädlinge, Regierungsrat. Mai 1933 NSDAP (Nr. 2637452). September 1943 im SS-Wirtschafts-Verwaltungshauptamt, Abteilung Verpflegung. Ab Januar 1944 beim *Sonderbeauftragten des Reichsführers-SS* für Schädlingsbekämpfung SS-Sturmbannführer Pflaum in Auschwitz. Behauptung Kunike (AV, Bl. 8538 ff.): »Meine Aufgabe in Auschwitz war es, leichtverständliche Fachaufsätze über die Schädlingsbekämpfung für die Truppe zu schreiben. Ich möchte in diesem Zusammenhang besonders hervorheben, daß mir damals während meines Aufenthalts in Auschwitz nicht bekannt geworden ist, daß Menschen mittels Zyklon B getötet wurden. Mir ist damals von Tötungshandlungen nichts bekannt gewesen.« Nach 1945 Regierungsrat a. D. † 17.7.1969 am Wohnort Hamburg. Q.: BDC.

Kunkler, Alfred. SS-Rottenführer.
* 14.7.1909 Oberglottertal. Sommer 1940 bis Juli 1943 SS-Wachkompanie. April 1943 *Kriegsverdienstkreuz II. Klasse mit Schwertern*. Wohnsitz Bad Krotzingen.

Kuntke, Georg. SS-Unterscharführer.
* 22.2.1899 Breslau. Kaufmann. 1944 Außenlager Eintrachthütte. Am 16.4. 1948 in Krakau zu 3 Jahren Haft verurteilt.

Kuny, Gustav. SS-Unterscharführer.
* 5.4.1906 Sulzburg (Baden). Standortverwaltung, Kammerwart der Effektenkammer (Raubgut). Standortbefehl Nr. 25/43: »Besuch der Ehefrau vom 20.8.–30.9.43«. 1948 in Krakau zu 3 Jahren Haft verurteilt (LaV). † 9.5.1974 Freiburg im Breisgau.

Kunzelmann, Romuald. SS-Unterscharführer.
* 9.7.1916 Radautz/Rumänien. Friseur. Ab 1941 in Auschwitz, April 1943 *Kriegsverdienstkreuz II. Klasse mit Schwertern*. Einsatz in den Krematorien in Birkenau. Nach 1945 in der Nähe von Osnabrück. † 4.6.1998 Lingen/Ems (FSK).

Kupferberg, Raphael. Häftlingsarzt, Nr. 43235.
* 16.7.1910 Kielce/Polen. Ankunft Auschwitz am 30.6.1942 aus dem Lager Beaune-La-Rolande. In Birkenau in Block 15. Kupferberg: »Was Schumann anbelangt, kann ich sagen, daß er Sterilisierungs-Experimente durch sehr starke Bestrahlung durchführte. Ich kann dies aus zwei Gründen bezeugen: Einmal schickte man in meinen Block Jugendliche, die ohne Zweifel gleich bei der Ankunft abgesondert worden waren. Sie erzählten, daß man ihre Geschlechtsorgane unter Hitze gesetzt habe. Drei oder vier Tage später zeigte sich ein roter Fleck am Hodensack, und die Gangräne verbreitete sich über die Geschlechtsorgane. Bei der nächsten Selektion wurden diese Kinder selektioniert. Zum anderen hatte ich einen Freund, Dr. Pach, der [dem Sonderkommando in] den Gaskammern als Arzt zugewiesen worden war. Dieser erzählte mir, daß diese Kinder in die Gaskammern geschickt worden waren.« Nach 1945 Arzt in Paris. Q.: MV, Bd. 21.

Kuppek, Michael. SS-Schütze.
* 25.10.1903. SS-Totenkopf-Sturmbann. 1948 in Krakau zu 4 Jahren Haft verurteilt (LaV).

Kurle, Anton. Hundestaffel.
* 16.10.1923 Semlin. SS-Sturmmann. Mitte 1944 in Auschwitz. Nach 1945 in Hessen. – Kommandant Höß in seinen Aufzeichnungen allgemein zu den Hundeführern: »Aus Langeweile, um einen Spaß zu haben, hetzten sie auch die Hunde auf die Häftlinge.«

Kurpanik, Karl. SS-Hauptscharführer.
* 22.3.1909 Neu-Beuthen. Arbeiter. SS 1940. KZ-Kollege Czapla über die Blockführer im Quarantänelager in Birkenau, darunter Kurpanik: »Es handelte sich um typische Blockführer aus Auschwitz, wie ich sie in anderen KL vorher nie erlebt habe. Sie waren abgebrüht und abgestumpft und ohne jedes menschliche Gefühl den Häftlingen gegenüber.« Häftlingsarzt Wolken (AV, Bl. 6948) u.a. über Kurpanik in Birkenau: »Im Sommer 1943 veranstalteten die SS-Leute des öfteren sog. ›Hasenjagden‹. Die Opfer suchten sie sich beim Appell aus. Diejenigen, die nicht richtig in der Reihe standen, die beim Kommando ›Mützen ab‹ nicht schnell genug die Mütze abnahmen oder die nicht genügend ›strammstanden‹, wurden unter Schlägen und Drohungen gegen den elektrischen Zaun gehetzt. Die Posten von den Kontrolltürmen schossen dann auf die Häftlinge. Von rückwärts schossen die Blockführer.« † Todesurteil am 22.2.1946 in Kattowitz, Hinrichtung.

Kurschus, Albert. SS-Rottenführer.
* 24.2.1907. Verbleib unbekannt. Ein Kurschuss, kein Vorname, Litauer, SS-Sturmmann, ist aufgeführt bei Shelley: 1943 Wachmann im Krematorium IV, Mai 1944 ebenda Kommandoführer.

Laut Häftling Filip Müller zerrte er mit seinem Kollegen Peter Voss einen Mithäftling, der eine Bekannte im Auskleideraum vor der Vergasung gewarnt hatte, zu einem der Öfen, der dann »lebendigen Leibes verbrannt« wurde (StAu III). Auch von Feinsilber – ohne Vornamen – genannt.

Kury, Jakob. SS-Rottenführer.
* 17.3.1908 Palanka, Kreis Uipalanka. Stabskompanie, Kommando Harmense. † 6.10.1970 Ludwigsburg.

Kurz, Alois. SS-Untersturmführer (1940).
* 14.7.1917 Saalfelden b. Salzburg. Ingenieur. 1938 SS (Nr. 382378). Juni 1942 Führer einer Totenkopfkompanie in Majdanek. Vom 12.6.1944 bis November 1944 Arbeitsdienstführer in Auschwitz. Zuletzt KZ Mittelbau. Wohnsitz in Österreich.

Kurz, Ernst. SS-Rottenführer.
* 26.7.1921 Hadikwalw/Rumänien. Oktober 1941 bis 11.3.1942 Wachmannschaft. 1948 in Krakau zu 5 Jahren Haft verurteilt (LaV).

Kuypers, Wilhelma Johanna. KZ-Wärterin.
* 2.6.1923 Denbosch. SS-Aufseherin Kommando Wäscherei im Lagerabschnitt BIIb. Nach 1945 in den Niederlanden.

L

Labusge, Josef. Fahrbereitschaft.
* 28.4.1904 Kattowitz. SS-Rottenführer. Verbleib unbekannt. – Mengeles Obduzent Nyiszli zur Fahrbereitschaft (Auszug): »Jeden Abend gegen sieben Uhr fährt ein Lastwagen durch das Tor des Krematoriums. Er bringt 70–80 Frauen oder Männer, die täglich aus den Blocks und Krankenbaurevieren Selektierten. Alle sind offenbar schwer krank, haben keine Kraft mehr zum Schreien, nicht einmal dazu, von der Ladefläche des Lastwagens herabzusteigen. Die SS-Wachen brüllen und treiben sie an. Keiner bewegt sich. Da verliert der Unteroffizier, der den Wagen fährt, die Geduld. Er steigt in den Wagen zurück und läßt den Motor an. Langsam senkt sich der hintere Teil der Ladefläche, und die Menschen werden regelrecht herausgeschüttet.«

Lachmann, Gerhard. Politische Abteilung (PA), Lager-Gestapo.
* 8.2.1920 Strzelce Gorne b. Bromberg. SS-Unterscharführer. Ab Sommer 1940 – von Anfang an – in Auschwitz. Vernehmungsabteilung der PA. Häftling Smolen: »War neben Boger der am meisten gefürchtete Mann in der politischen Abteilung.« Häftlingsarzt Valentin über seine Einbestellung bei Lachmann (AV, Bl. 846): »Ich kam nicht zum Weiterreden, denn er faßte seinen Armee-Revolver am Lauf und schlug mir mit dem Knauf des Revolvers quer über den Mund, wobei er mir 23 Zähne ausschlug, bzw. zerschlug.« April 1943 *Kriegsverdienstkreuz II. Klasse mit Schwertern.* † Seit 20.12.1944 vermißt. PA-Kollege Pyschny: »Er war nicht sehr beliebt, weil er sehr hinterlistig war.«

Lackner, Fritz. SS-Schütze.
* 6.1.1920 Stirnen. SS-Totenkopf-Sturmbann, Schutzhaftlager Birkenau. Am 30.1.1944 *Kriegsverdienstkreuz II. Klasse mit Schwertern* (das KVK für KZ-Angehörige läßt Beteiligung an Tötungen vermuten). Verbleib unbekannt.

Ladejschtschikowa, Alexandra. Häftlingsärztin, Nr. 65220.
* 1902 Polewsk, Gebiet Swierdlowsk. Tuberkulosefachärztin. Militärärztin der Roten Armee. Als Gestapohäftling am 5.10.1943 in Mauthausen. Ankunft Auschwitz am 17.10.1943 mit weiteren 188 Frauen aus Dnjepropetrovsk. Ladejschtschikowa über ihre Ankunft in Birkenau: »Durch das Tor ins Lager brachte uns die Bewachung an ein einstöckiges

ziegelsteiniges Gebäude. Es wurde uns erklärt, daß es die Sauna wäre. Gleich auf der Straße begann man uns auszukleiden. Die Bewachung stand herum mit den Hunden. In der Sauna hörten wir die Schreie unserer Kameradinnen. Man schrie uns durchs Fenster zu: ›Das Haar wird geschoren.‹ Ich betrat die Sauna mit einer Gruppe, man schnitt mir das Haar ab, und wir wurden alle in einer Reihe aufgestellt, wonach man uns in den nächsten Raum führte. Hier wurde die Tätowierung durchgeführt.« Unter anderem im Tuberkuloseblock. September 1944 nach Flossenbürg verbracht. Nach 1945 wieder in Swierdlowsk. Q.: MV, Bd. 18.

Lächert, Hildegard. KZ-Wärterin.
* 19.3.1920 Berlin. Ihre Mutter war Witwe, ihren Vater hat sie nie kennengelernt. Abgebrochene Schneiderlehre. Fabrikarbeiterin. April 1942 in Ravensbrück, Oktober 1942 bis August 1943 in Lublin, zunächst im Flughafenlager, dann in Majdanek, *genannt blutige Brigitte.* Am 30.9.1943 Entlassung wegen Schwangerschaft. April bis Juni 1944 in Auschwitz, in den Außenlagern Rajsko und Budy. Am 22.12.1947 in Krakau zu 15 Jahren Haft verurteilt. Im Urteil heißt es: »Sie schlug die Häftlingsfrauen mit der Hand, am häufigsten jedoch mit dem Stock oder mit dem Ochsenziemer über die Brüste und ins Gesicht.« Im Urteil heißt es auch, sie habe im März 1944 ihr drittes Kind bekommen, »das gleich nach der Geburt starb«. In Wahrheit »stirbt« das Kind in der Privatkinderklinik Berlin-Frohnau des Kinder-»Euthanasiers« Ernst Wentzler, Kinderhausarzt von Hermann Göring und Viktor Brack. Im Majdanek-Prozeß am 30.6.1981 vom LG Düsseldorf zu 12 Jahren Haft verurteilt.

Lätsch, Otto. Der erste Lagerführer von Gleiwitz IV.
* 16.11.1905 Lichtenbergen in Niederschlesien. Kraftfahrer. 1933 NSDAP. 1940 SS, Unterscharführer. Blockführer in Monowitz. 1943 Blockführer Block 11, genannt Todesblock. Juli bis Oktober 1944 Lagerführer, danach Rapportführer des Außenlagers Gleiwitz IV, Handwerkerkommando, 400 Häftlinge. Todesurteil am 22.12.1947 in Krakau, da er Häftlinge in die Gaskammer selektierte oder selbst mordete. Urteil: »Bei der Evakuierung ließ der Angeklagte eine Krankenstube, auf der sich kranke Häftlinge befanden, in Brand setzen, und nur einer von ihnen kam mit dem Leben davon.« † Hinrichtung 24.1.1948.

Lahana, David. *Jüdisches Sonderkommando.*
* 10.1.1906 Toulouse. Fellhändler. Ankunft Auschwitz am 4.3.1943 aus Drancy. Am 24.2.1944 mit 199 weiteren Krematoriumshäftlingen nach Lublin deportiert und ermordet. Seine Frau war bereits vorher in Auschwitz gestorben. In einem 1944 vergrabenen und später gefundenen Brief des Mithäftlings Chaim Herman heißt es: »Er wiederholte immer in höchster Not: ›Mein Gott, mein Gott, wozu gibst Du mir so viele Schmerzen, Erbarmen, Erbarmen ...‹«

Laks, Jana. *Mengele-Zwilling*, Nr. A-27700.
* 28.4.1930. Eltern 1942 im Vernichtungslager Chelmno im Gaswagen ermordet. Ankunft Auschwitz mit zwei Schwestern im August 1944. Laks über die Selektion: »Die ältere Schwester Hana und meine Zwillingsschwester [Miriam] wurden von mir getrennt. Darauf ging die ältere Schwester Hana zu einem Offizier der Gestapo, der unter den anderen Gestapo-Leuten ein Ansehen hatte, kniete vor ihm hin, und weinend bat sie diesen, man soll uns nicht trennen, weil wir Schwestern sind und daß ich mit der Miriam Zwillingsschwestern seien [sic]. Als der Offizier hörte, daß ich und meine Schwester Miriam Zwillinge sind, befahl er mir, mich ihnen anzuschließen. Danach wurden wir ins Frauenlager

Auschwitz gebracht. Welche Untersuchungen im einzelnen durchgeführt wurden, kann ich genau nicht sagen. Damals war ich ein 14jähriges Mädchen.« Q.: MV, Bd. 25.

Lampert, Josef. SS-Oberscharführer.
* 10. 10. 1887. SS-Totenkopf-Sturmbann. Standortbefehl vom 29. 7. 1944: Belobigung und 8 Tage freien Aufenthalt auf der SS-Sola-Hütte, da er »die Flucht eines Häftlings, der sich auf einem Lkw versteckt hatte, verhinderte«. Verbleib unbekannt.

Landau, Leon. Lagerältester des Häftlingskrankenbaus im Stammlager.
* Nicht ermittelt. Landau tötete Gefangene mit Phenolspritzen. Laut Häftling Glowa nach 1945 in Paris. – Häftlingsarzt Fejkiel: »Ich kann mich erinnern, daß mich der Bademeister [Josef Zak] eines Tages in den Waschraum rief, wo die Leichen von abgespritzten Häftlingen lagen. Wir sahen, daß aus dem Leichenhaufen ein noch lebender Häftling herauskroch. Wir haben dem Häftling aus dem Leichenhaufen herausgeholfen. Der Häftling war völlig benommen und wußte gar nicht, was mit ihm geschehen war. Wir haben dann einen normal verstorbenen Häftling auf den Leichenhaufen gelegt, damit die Leichenzahl stimmte, und versucht, den mit dem Leben davongekommenen Häftling zu retten. Wir konnten den Häftling jedoch nicht retten. Er starb nach ein paar Wochen an Lungenentzündung. Es war ein holländischer Jude.«

Landleiter, Erich. SS-Hauptscharführer.
* 12. 2. 1915. Am 27. 5. 1942 Zugang von Buchenwald. Standortbefehl Nr. 24/43: »Besuch der Schwiegermutter vom 2. 7.–20. 9. 43«. Verbleib unbekannt.

Lang, Andreas. Fahrbereitschaft.
* 13. 11. 1922 Agendorf/Ungarn. SS-Rottenführer. Nach 1945 im Neckar-Odenwald-Kreis. – Häftling Vrba (AV, Bl. 14528): »Nach Durchführung der Selektion hatten wir das gesamte in den Waggons zurückgelassene Gepäck herauszuwerfen. Anschließend wurde das Gepäck auf Lastwagen verladen, es handelte sich um die Lastwagen, die die entsprechend selektierten Personen vorher in die Gaskammer verbracht hatten.«

Lang, Konrad. Häftling Nr. 18.
* 27. 7. 1903. Vater Hilfsarbeiter, zwölf Geschwister, aufgewachsen im Waisenhaus. Wegen Zuhälterei verurteilt. Am 11. 11. 1939 als »Volksschädling« ins KZ Sachsenhausen gekommen. Einer von 30 Kriminellen aus dem KZ Sachsenhausen, am 20. 5. 1940 als Funktionshäftling nach Auschwitz überstellt. Nach 1945 Hilfsarbeiter. Lang: »Obwohl ich von Anfang bis zum Ende im KZ Auschwitz gewesen bin und fast durchweg die Stellung eines Kapos oder Oberkapos bekleidet hatte, kann ich mich an Einzelvorgänge von Tötungen durch SS-Leute oder andere nicht erinnern. Ich möchte auch in einem Prozeß nicht als Zeuge auftreten.« Die Überlebende Seweryna Szmaglewska über Funktionshäftlinge (StAu V): »Sie haben den Häftlingen von Auschwitz mindestens so viel Böses angetan wie alle SS-Männer zusammengenommen.« Aussage Lang: AV, Bl. 664 ff.

Langbein, Eduard. SS-Rottenführer.
* 18. 9. 1923. Monowitz. Verbleib unbekannt.

Langbein, Hermann. Häftling Nr. 60355.
* 18. 5. 1912 Wien, Sohn eines Buchhalters. Schauspieler. 1933 Kommunistische Partei. Nach der Besetzung Österreichs 1938 sog. Spanienkämpfer gegen Franco. 1939 in Frankreich interniert. Ab 1. 5. 1941 in Dachau, Schreiber im Häftlingskrankenbau. Ankunft Auschwitz am 20. 8. 1942 mit 16 weiteren »Pflegern« aus Dachau, darunter Ludwig Wörl. September 1942 Schreiber bei Standortarzt Wirths im SS-Revier, unmittelbar neben dem Stammlager. Privilegierter Funktionshäftling, laut eigenen Angaben (*Die Stärkeren*) Wein und Champagner zum Weihnachtsfest, als er an Flecktyphus er-

krankt, untergebracht »in einem der beiden Einzelzimmer, die für ›prominente‹ Häftlinge bestimmt sind«. Vom 28. 8. bis 3. 11. 1943 im Bunker von Block 11 (Todesblock). Am 25. 8. 1944 Überstellung nach Bremen, Borgwardwerke, Außenlager von Neuengamme. Mai 1945 Leiter einer Parteischule der KP Östereich, später Parteifunktionär. 1949 Autor des Buchs *Die Stärkeren* (gemeint sind die moralisch überlegenen KP-Häftlinge). Langbein: »Diesen Bericht habe ich als gläubiger Kommunist geschrieben und daher manches verschwiegen, was für Kommunisten nicht angenehm zu lesen war.« *Die Stärkeren*, sprachlich äußerst plakativ, ist ein Heldenlied auf die KP und auch auf den Autor: In Dachau macht SS-Arzt Vetter, was ihm Langbein sagt, in Auschwitz hat er Standortarzt Wirths in der Hand, Kernsatz: »Jetzt bist du unser Werkzeug, Standortarzt!« Seine Eigendarstellung (Langbein, Widerstand), er habe solchen Einfluß gehabt, daß »mit Hilfe von Wirths die tägliche Tötung Körperschwacher im HKB abgestellt werden konnte«, erscheint sehr subjektiv. Die Beendigung der Morde mit Phenolspritzen geht auf Befehle aus dem SS-Wirtschafts-Verwaltungshauptamt zurück (s. Artikel Heyde, s. Glücks). Langbeins Darlegung seines guten Verhältnisses zu Wirths verführt zu einer Verniedlichung der Verantwortung des obersten SS-Mediziners in Auschwitz – extrem grausame und tödliche Menschenversuche, die Selektion der Menschen in die Gaskammern. Langbein nahm nach dem Krieg Spenden von der Familie Wirths an, die er für notleidende Überlebende und Bürokosten verwendet (Halbmayr). 1954 wird Langbein Generalsekretär des kommunistisch beherrschten *Internationalen Auschwitz-Komitees* (IAK). September 1958 Ausschluß KPÖ (ausführlich: Halbmayr), 1960 Entmachtung IAK. Im selben Jahr Sekretär des *Comité International des Camp*, einer Organisation von KZ-Überlebenden. Langbeins Verdienste um den Frankfurter Auschwitz-Prozeß können nicht hoch genug bewertet werden. Doch auch hier das Bedürfnis, besonders dazustehen. Langbein (*Menschen*): »Die Aussage hat viele Zeugen derart aufgewühlt, daß sie nachher das Bedürfnis hatten, sich mir mitzuteilen, dem einzigen [!], von dem sie in Frankfurt Verständnis erwarten konnten.« Wer Tonbandmitschnitte vom Frankfurter Auschwitz-Prozeß kennt, weiß Langbeins Dokumentation *Der Auschwitz-Prozeß*, eine Mitschrift von Zeugenaussagen, zu würdigen. Sein Buch *Menschen in Auschwitz* ist, so die Dachauer Gedenkstättenleiterin Barbara Distel, der »umfassendste und differenzierteste Versuch einer Darstellung der Opfer und Täter in der Extremsituation des ›Archipel Auschwitz‹«. † 24. 10. 1995 Wien. Werner Renz, Fritz-Bauer-Institut: »Kein Auschwitz-Überlebender hat wie Langbein durch Leben und Werk zur umfassenden und wirkmächtigen Aufklärung über das Konzentrations- und Vernichtungslager beigetragen.« Lit.: Halbmayr.

Langbein, Peter. SS-Sturmmann.
* 20. 12. 1922 Krusevlje, Kreis Sambor. Standortverwaltung, Unterkunftsverwaltung. † 9. 1. 1975 Ludwigsburg.

Lange, Hellmut. Politische Abteilung (PA), Lager-Gestapo.
* 4. 11. 1904 Leipzig. SS-Untersturmführer. Vertreter des Leiters der PA (StAu I). Verbleib unbekannt. – Häftling Kluska, nur dank eines Zufalls der Exekution durch die PA entgangen, im Auschwitz-Prozeß über die Todesangst vor der Erschießung: »Wir wurden hinaufgeführt und in den Waschraum gebracht. Der Blockschreiber Jan Pilecki sagte uns, daß wir uns die Brust naß machen müssen, und schrieb dann die Häftlingsnummern auf die Brust. Wir konnten uns nicht beherrschen, und viele haben ihre Notdurft an Ort und Stelle erledigt.«

Lange, Hermann. SS-Rottenführer.
* 26.7.1907 Mönchengladbach. Wachmannschaft. Am 26.4.1948 in Krakau zu 3 Jahren Haft verurteilt. Wohnsitz am Geburtsort.

Lange, Theodor. SS-Obersturmführer (1944).
* 28.9.1918 Essen. Angestellter. SS 1938 (Nr. 400103). 5. SS-Panzerdivision *Wiking*. Dezember 1942 bis September 1944 in Auschwitz, Kompanieführer der 8. Ukrainer-Kompanie und »der aus Wehrmachtsangehörigen gebildeten Wehrmachts-Ausbildungskompanie« (StAu I), Adjutant im Kommandanturstab. Danach SS-Panzergrenadier-Ersatzbataillon. † 5.11.1944 in der Maas ertrunken.

Langefeld, Johanna. Lagerführerin Frauenkonzentrationslager (FKL).
* 5.3.1900 Essen. Aus einer deutschnationalen Beamtenfamilie. Nach kurzer Ehe – ein Kind – verwitwet. NSDAP 1937. Aufseherin im KZ Moringen b. Northeim (1933), später in Lichtenburg. Frühjahr 1938 in Ravensbrück, 1939 SS-Oberaufseherin. Zugang am 16.3.1942 mit dem ersten Frauentransport aus Ravensbrück. Es sind insgesamt 999 Frauen, die die Häftlingsnummern 1 bis 999 erhalten. Am selben Tag treffen ebenfalls 999 slowakische Jüdinnen ein. Damit beginnt das Frauenkonzentrationslager Auschwitz, zunächst im Stammlager angesiedelt, August 1942 überführt nach Birkenau. Am 8.10.1942 Ablösung nach Auseinandersetzung mit Höß, zurück nach Ravensbrück. 1948 in Krakau zu 3 Jahren Haft verurteilt. † 26.1.1974 Augsburg. Die Ravensbrücker Gefangene Margarete Buber-Neumann: »Sie hatte unter den Häftlingen von Ravensbrück den Ruf, ›anständig‹ zu sein. Sie schlug nicht und trat nicht mit den Füßen. Unverständlich blieb mir, wie diese Frau sich einerseits für Häftlinge und deren Nöte ereiferte, andererseits aber es ertragen konnte, jeden Freitag mit dem Lagerkommandanten und SS-Arzt gemeinsam beim ›Strafvollzug‹ anwesend zu sein und zuzusehen, wie man Frauen mit dem Stock verprügelte.« Lit.: Steger; Strebel.

Langer, Bruno. SS-Unterscharführer.
* 21.10.1901 Loslau. Standortverwaltung. 1948 in Krakau zu 8 Jahren Haft verurteilt (LaV).

Langer, Robert. SS-Oberscharführer.
* 10.1.1908 Bodenbach/Sudeten. Bankbeamter. 1938 NSDAP, 1939 SS (Nr. 329689). Juni 1941 bis Juni 1943 Leiter der Standortkasse. Nach 1945 in Kulmbach.

Langermann, Armand. Standortveterinär.
* 18.5.1885 Hadsten/Jütland. 1941 SS (Nr. 401318), Hauptsturmführer (1941). Juni 1941 bis März 1943 in Auschwitz. Danach beim Veterinär-Ersatzbataillon in Radom, am 19.6.1943 beim Stab des Höheren SS- und Polizeiführers Krakau. Nach 1945 in Jütland. KZ-Kollege Siegmann: »Ich glaube, er war Däne. Er ist mir aufgefallen, weil er ständig ungepflegt war.«

Langfus, Lejb. *Jüdisches Sonderkommando.*
* Etwa 1910 in Warschau. Ankunft Auschwitz am 6.12.1942 aus dem Ghetto Mlawa. Es sind 2500 Juden, von denen 2094 in den Gasbunkern in Birkenau ermordet werden, darunter seine Frau Deborah und Sohn Samuel. Eingesetzt in Bunker I und II, später im Krematorium I zur Haarverarbeitung. Langfus ist möglicherweise Autor eines vergrabenen Berichts, datiert auf den 26. November 1944, der April 1945 entdeckt wird. Ausführlich beschreibt er die Entrechtung und Ghettoisierung polnischer Juden (»Diese Menschen hatten schon fast vergessen, wie eine gewöhnliche, von Menschen belebte Stadt aussieht«). Er beschreibt 30 Stunden Bahnfahrt im abgesperrten, fensterlosen Güterwaggon, stehend hineingepreßt (»Das Problem, das die Menschen zur Verzweiflung

brachte und unlösbar war, war das Verrichten der Notdurft«). Langfus über eine Vergasung im Bunker: »Sterbend fielen – wegen des großen Gedränges – die einen auf die anderen, bis ein Haufen von fünf und sechs übereinanderliegenden Schichten entstand, der bis zu einem Meter Höhe erreichte. Die Mütter erkalteten auf der Erde in sitzender Stellung ihre Kinder umarmend.« Langfus über die letzten Stunden der Opfer, die nicht sofort vergast werden: »Nicht alle hatten im Bunker Platz gefunden, einen Teil hielt man in einer Holzbaracke bis zum nächsten Tag um elf Uhr zurück. Am Morgen hörten sie die verzweifelten Stimmen der Vergasten und orientierten sich sofort, was ihnen selbst bevorstand. Während dieser verfluchten Nacht und eines halben Tages schauten sie allem zu und machten den entsetzlichsten Schmerz durch, den es auf der Welt gibt. Wer so etwas nicht erlebt hat, der kann sich auch nicht die geringste Vorstellung darüber machen.« Q.: Handschriften.

Langhoff, Fritz. SS-Unterscharführer.
* 26.7.1921. Wachmannschaft Monowitz. 1948 in Krakau zu 2 Jahren Haft verurteilt (LaV).

Langwald, August. SS-Sturmmann.
* 16.6.1890. SS-Totenkopf-Sturmbann. 1948 in Krakau zu 3 Jahren Haft verurteilt (LaV).

Laniewska, Katarzyna. Häftlingsärztin.
* 27.4.1899 Cezarowka/Polen. Ankunft Auschwitz am 2.10.1943. Zunächst als Putzfrau, dann als Ärztin eingesetzt. Laniewska: »Nach der Liquidierung des Zigeunerlagers [in der Nacht vom 1. zum 2.8.1944] erfolgte die Verlagerung des Frauenkrankenbaus vom Abschnitt BIa in das von den Zigeunern verlassene Zigeunerlager (Abschnitt BIIe). Diese Verlegung erfolgte am Anfang unter unmenschlichen Bedingungen, da die kranken weiblichen Häftlinge aus den Blocks getragen und auf einen Lastwagen einfach geworfen wurden, indem man sie im Lastwagen wie Holzklötze waagrecht aufeinander gelegt hatte.« Laniewska über Mengele: »Er wandte sich damals an mich mit der Frage, warum ich noch am Leben bin, wenn doch im Lager jeder Häftling nicht länger als drei Monate zu leben hat.« Laniewska blieb nach der Evakuierung im Lager, um die zurückgelassenen Kranken zu versorgen. Ärztin in Zakopane. Q.: MV, Bd. 31.

Lariviere, Heinz. Hundestaffel.
* 16.1.1921 Berlin. SS-Sturmmann, zeitweise im Schlachthof. Name aufgeführt in einer Meldung der Kommandantur vom 8.10.1942 über SS-Angehörige, die Häftlinge »auf der Flucht« erschossen. Nach 1945 in Baden-Württemberg. – Häftling Salmen Lewenthal über seine Ankunft: »Dies war mitten in der Nacht. Wir hörten von weitem verzweifelte Schreie, vermischt mit rohen Stimmen von SS-Männern und dem Gekläffe von vielen Hunden. Damals erklärte man uns, daß sie eben jetzt mit Hilfe der Hunde unsere Familien in den Tod trieben.«

Lasker, Anita, verh. Wallfisch, Beiname *Die Cellistin von Auschwitz.*
* 17.7.1925 Breslau, Tochter eines Anwalts. Eltern 1942 deportiert, an unbekanntem Ort ermordet. Dezember 1943 in Auschwitz. Aufnahme ins sog. Mädchenorchester, das Märsche, Walzer und Volksweisen spielt und morgens beim Ausmarsch der Arbeitskolonnen und abends bei der Rückkehr ins Lager auftritt. Auftritte auch bei Besuchen höherer SS-Führer. Lasker in einem Bericht über den Alltag (MV, Bd. 11): »Als 1944 tausende von ungarischen Juden in das Lager gebracht wurden und aufgereiht standen, um in die Gaskammern geführt zu werden, mußten wir auch diesen Unglücklichen etwas vorspielen.« Laut Lasker enorme Spannungen im Orchester, da die katholischen Polinnen »einen unauslöschlichen Haß« gegen deutsche Jüdinnen zeigten, die zudem die wichtigen

Positionen in der Kapelle hatten. Die privilegierte Stellung – die Musikerinnen sind von jeder Arbeit freigestellt – zieht Anfeindungen anderer Lagerinsassen nach sich. Dezember 1944 Auflösung des Orchesters, Überstellung nach Bergen-Belsen. 1946 in England. Britische Staatsbürgerin. Gründungsmitglied des *English Chamber Orchestra*. 1996 Erinnerungen: *Ihr sollt die Wahrheit erben* (sic). *Die Cellistin von Auschwitz.*

Laube, Gustav. SS-Unterscharführer.
* 22.10.1909 Praskowitz. † Kriegstod 20.9.1944.

Laube, Richard. SS-Schütze.
* 21.12.1902 Petrowitz. Ab 19.1.1944 in Auschwitz, Monowitz, Kommando Golleschau. 1948 in Wadowice zu 2 Jahren Haft verurteilt (LaV).

Laukies, Josef. SS-Rottenführer.
* 26.7.1910. Standortverwaltung, Abteilung Unterkunft. Verbleib unbekannt. – Auschwitz-Anklage: »Die gleichen Wehrmachtspferdestallbaracken vom Typ 260/9, in die bis zu 1200 Häftlinge hineingepfercht wurden, hielt die Lagerleitung für die Unterbringung von Kühen für ungeeignet. Bei dem Umbau einer solchen Baracke in einen Kuhstall wurde sie, wie aus einem Schreiben des Leiters der Effektenkammer vom 14.7.1944 hervorgeht, mit Lüftungsanlagen und einem Zementfußboden versehen.« Die Anklageschrift weiter: »Ein Vergleich der sanitären Verhältnisse, die in den Wohnbaracken der Häftlinge herrschten, mit denen, die für Kühe und Hunde geschaffen wurden, läßt keinen Zweifel, daß Kühe und Hunde in Auschwitz bessere Unterkunft hatten als die Häftlinge.«

Lausmann, Franz. SS-Rottenführer.
* 19.6.1913 Radautz. Kommandanturstab, Abteilung III (Schutzhaftlager). Kommandoführer im Außenlager Neu-Dachs. Häftling Hermann Flath (AV, Bl. 13519): »Eines Abends beim Einrükken der Arbeitskommandos wurde erzählt, ein Häftling hätte einen Fluchtversuch unternommen. Er wurde deshalb im Beisein des Lagerführers Lausmann derartig mißhandelt, und zwar durch zwei SS-Leute, daß er nach etwa 10 Minuten gestorben ist. Wir Häftlinge mußten so lange dabeistehen, bis er kein Lebenszeichen mehr von sich gab.« Verbleib unbekannt.

Lauterjung, Erich. Gefangenen-Eigentums-Verwaltung.
* 30.10.1906 Burg an der Wupper. SS-Nr. 198026, Rottenführer. Standortverwaltung, Abteilung GEV, Effektenkammer (Vertreter der GEV waren bei Transportankünften immer auf der Rampe). † 2.7.1964 Hamburg.

Lebensfeld, Regina. Häftling Nr. 10626, Politische Abteilung (PA).
* 9.1.1915 Bucany. Anwaltssekretärin. 1941 Heirat mit Eduard Lebensfeld. Ankunft Auschwitz mit einem Transport slowakischer Juden am 25.7.1942 aus Bratislava. Ab 1943 in der PA (Lager-Gestapo), Schreiberin für Broad: »Zu Monatsbeginn, immer am Donnerstag, wurden Säuberungen im Lagerarrest gemacht. Mit einer Wonne zogen die SS-Angehörigen der einzelnen Abteilungen unserer Politischen Abteilung in den Lagerarrest und erschossen die einzelnen Häftlinge, die ihnen nicht paßten. Selbstredend wurde nachher getrunken.« 1949 Heirat mit dem Überlebenden Jakob Steinberg, Übersiedlung nach Israel. Für Shelleys Buch *Schreiberinnen des Todes* verfaßte sie ein Selbstporträt. Dort schreibt sie: »An meinem ersten Tag in der Schreibstube der Kommandantur bekam ich eine Totenliste in die Hand, die zeigte, daß mein Ehemann, Eduard Lebensfeld, am 22. August 1942 an Phlegmone und Komplikationen durch eine Vergiftung gestorben war.« Aussage: AV, Bl. 16209 ff.

Lebowitz, Lilli. *Mengele-Zwilling*, Nr. A-7051.
* 13.12.1929. Ankunft Auschwitz am 31.5.1944 aus Ungarn. Lebowitz über

ihre erste Station nach der Ankunft: »In der Sauna [Aufnahmegebäude] wurden slowakische Jüdinnen, die schon mehrere Jahre in Haft waren, beschäftigt. Diese Häftlingsfrauen versuchten uns das ganze Vernichtungssystem zu erklären. Wir vermochten dies gar nicht zu fassen, weil damals unsere hohe Meinung von der Kulturstufe der Deutschen immer noch unerschüttert war.« Verheiratet in Israel. Q.: MV, Bd. 23.

Lechenich, Johann. Häftling Nr. 3.
* 10.9.1910 Büsum. Einer von 30 Kriminellen aus dem KZ Sachsenhausen, am 20.5.1940 als Funktionshäftling nach Auschwitz überstellt. † 17.6.1972 München. – Häftling Franz Ruprecht (Nr. 32639) im Auschwitz-Prozeß über kriminelle Häftlinge: »Die SS hat nicht so viel geschlagen wie die Berufsverbrecher. Die grünen Kapos waren viel gefährlicher.«

Lechner, Anton. SS-Rottenführer.
* 18.11.1907 Buchers/Sudeten. Kutscher. 1939 NSDAP/SS. Februar 1941 bis Dezember 1944 in Auschwitz. Standortverwaltung, Häftlingspaketstelle, Effektenkammer (Raubgut) im Stammlager, Leiter des Kleidermagazins im Außenlager Neu-Dachs. Standortbefehl vom 15.9.1943: *Kriegsverdienstkreuz II. Klasse mit Schwertern* (das KVK für KZ-Angehörige läßt Beteiligung an Tötungen vermuten). Am 22.12.1947 in Krakau zu lebenslanger Haft verurteilt, Entlassung 1957. Behauptete in einer Vernehmung, er habe »nie zum KL Auschwitz gehört. Wenn in der namentlichen Liste der SS-Zentralverwaltung Auschwitz vom 31.8.44 mein Name angeführt ist, so weiß ich nichts davon.« † 14.9.1975 Eppingen. Aussage: AV, Bl. 8924 ff.

Lehmann, Arthur. Erster Führer des Kommandos Sosnowitz (I).
* 8.9.1923. SS-Rottenführer. Das erste Außenlager Sosnowitz, ein Handwerker-Kommando mit etwa 100 Mann, besteht von August 1943 bis Februar 1944. Lehmann wird nach kurzer Zeit nach Auschwitz strafversetzt. Verbleib unbekannt.

Lehmann, Bruno. SS-Oberscharführer.
* 9.3.1891 in Erben. Wachmannschaft, September 1944 Kommandoführer und Postenführer (Bewachung Häftlingskommandos) im Außenlager Althammer. 1948 in Krakau zu 2 Jahren Haft verurteilt (LaV).

Lehmann, Violette. Objekt von Medizinverbrechen, Nr. 52327.
* 7.11.1908. Ankunft Auschwitz am 2.8.1943 aus Drancy. Von 1000 Personen werden 727 sofort in der Gaskammer ermordet. Nur 55 Frauen überleben die Selektion und werden alle auf Versuchsblock 10 gebracht. Lehmann wird für »Krebsversuche« des Standortarztes Wirths mißbraucht (»Entnahme aus der Gebärmutter … 17 Tage mit sehr starken Unterleibsblutungen«) und von Clauberg mittels Injektionen sterilisiert. Lehmann: »Danach bin ich im Block 10 bis zum 18. Januar 1945 zur Verfügung der Ärzte geblieben.« In Ravensbrück Amputation erfrorener Zehen. Bei Entlassung Körpergewicht von 30 kg. Folgen der Versuche: Entfernung der Gebärmutter und beider Eierstöcke sowie – dies betrifft viele Sterilisierte oder Kastrierte – Fettsucht. Ärztliches Gutachten, acht Jahre nach der Befreiung: »Eine Heilung der Beschwerden der Patientin ist nicht mehr möglich.« Q.: SP.

Lehnert, Josef. SS-Unterscharführer.
* 17.5.1922. Wachmannschaft. 1948 in Krakau zu 3 Jahren Haft verurteilt (LaV). † 29.5.1949 in Haft.

Leinkenjost, Hermann. SS-Rottenführer.
* 23.2.1903 Bochum. SS-Totenkopf-Sturmbann, Außenlager Blechhammer (Ausbau eines Hydrierwerks). Arno Lustiger (AV, Bl. 7692) über Leinkenjost: »War in Blechhammer allgemein als ›Tom Mix‹ bekannt, weil er ständig mit 2 Pistolen in der Hand im Lager unher-

lief. Im Lager selbst habe ich nur gesehen, daß er Häftlinge oft mißhandelte. Auf dem Evakuierungsmarsch nach Groß Rosen habe ich selbst gesehen, wie er 10 bis 15 Häftlinge mit Pistolenschüssen ermordete.« † Kriegstod 19.4.1945 Breslau.

Leinweber, Anton. SS-Schütze.
* 1.3.1908 Parabuc. Ab Dezember 1943 in Auschwitz, Stabskompanie, Wirtschaftshof Birkenau. Nach 1945 im Kreis Landshut.

Leinweber, Nikolaus. SS-Schütze.
* 12.6.1908 Backi / Brestovacs. Ab Dezember 1943 in Auschwitz, Stabskompanie (SS-Angehöriger der Kommandantur), Wirtschaftshöfe Birkenau und Budy. Wohnsitz unweit Heidelberg.

Leipold, Paul. SS-Rottenführer.
* 16.1.1919 Ruma / Kroatien. SS-Totenkopf-Sturmbann bis zum 3.7.1944. In Krakau 1948 zu 4 Jahren Haft verurteilt (LaV). † 16.7.1972 Pforzheim.

Leischow, Kurt. SS-Unterscharführer.
* 26.1.1921 Simötzel, Kreis Kolberg. Maschinenschlosser. August 1940 bis Mitte 1942 im Stammlager, Blockführer. Danach selbe Funktion in Monowitz. Anfang 1943 Block-, dann Arbeitsdienstführer (Arbeitskommandos) im Männerlager in Birkenau. Leischow: »Die Verhältnisse im Lager Birkenau waren für die Häftlinge in jeder Beziehung schlechter als in Auschwitz und Monowitz. Das gilt für Unterbringung, Bekleidung, Verpflegung und Behandlung. Es waren schreckliche Zustände.« April 1943 *Kriegsverdienstkreuz II. Klasse mit Schwertern*. Nach eigener Aussage hat er sich aus Auschwitz weggemeldet und ist Sommer 1944 zum SS-Einsatz nach Ungarn gekommen. Nach 1945 Ingenieur und Betriebsleiter. Aussage: AV, Bl. 8098 ff.

Leithner, Herta. Dr. med.
* 14.5.1914 Wien. Ärztin am Krankenhaus Wien-Lainz. StA Frankfurt (AV, Bl. 5130): »Soll Experimente mit Hormoninjektionen durchgeführt haben, wobei 4 Häftlinge gestorben sein sollen.« Nach 1945 Praktische Ärztin in Wien. Leithner legte 1962 eine Bescheinigung ihrer Klinik vor (AV, Bl. 12547): »Es wird hiermit bestätigt, daß Frau Dr. Leithner im Krankenhaus Lainz vom 7. Jänner 1938 bis 15. Juli 1945 ununterbrochen beschäftigt war.«

Lemler, Mathias. SS-Sturmmann.
* 7.12.1912. SS-Betrieb *Deutsche Lebensmittel GmbH*, Abteilung Brotfabrik. 1948 in Krakau zu 6 Jahren Haft verurteilt (LaV).

Leon, Rosaline de. Sterilisierungssopfer, Häftling Nr. 62546.
* Etwa 1912. Ankunft Auschwitz laut Häftlingsnummer am 16.9.1943 aus dem *Judendurchgangslager* Westerbork. Von 1005 Deportierten enden 578 sofort in der Gaskammer. Leon muß in Claubergs Versuchsblock: »Die Sterilisation wurde mit Injektionen vorgenommen vermittels einer sehr großen Injektionsspritze, die subkutan in die Vagina meines Körpers injiziert worden war, worauf die Einspritzung mit einer weißen Flüssigkeit stattfand, die so ähnlich wie Kalkwasser aussah. Wahrscheinlich wurde diese Flüssigkeit in die Gebärmutter eingespritzt. Ich habe dreimal eine derartige Einspritzung gehabt. Die Spritzen waren so schmerzhaft, und zwar so arg, daß die [Häftlings-]Schwestern sich auf die Arme der Schlachtopfer setzen mußten.« Leon, die früh von ihrem Mann getrennt worden war: »In Westerbork erhielt ich die Nachricht, daß er am 31. Dezember 1942 in Auschwitz verstorben war. Als ich selbst nach Auschwitz kam, war ich also bereits Witwe.« Q.: Clauberg-Verfahren.

Leonhardt, Adolf. SS-Unterscharführer.
* 9.2.1909 Maxsain. SS-Totenkopf-Sturmbann, Außenlager Golleschau (Zementwerk), Zweiter Postenführer (Bewachung Häftlingskommandos). Kommandanturbefehl (KB) Nr. 7/44, gezeichnet Lagerkommandant Schwarz: »Ich mache in diesem Zusammenhang erneut darauf aufmerksam, daß es Aufgabe eines

Postens ist, nicht nur für die Sicherheit zu sorgen, sondern auch das Arbeitstempo zu überwachen.« KB vom 4.10. 1944: *Kriegsverdienstkreuz II. Klasse mit Schwertern* (das KVK für KZ-Angehörige läßt Beteiligung an Tötungen vermuten). † Vermißt.

Lesch, Johannes. SS-Unterscharführer. * 13.6.1914. SS-Nr. 141365. Koch, d.h. Überwachung der als Köche eingesetzten Gefangenen in der SS-Küche. 1948 in Krakau zu 2 Jahren Haft verurteilt (LaV).

Lesk, Josef. SS-Rottenführer. * 9.11.1903. Zugang am 28.10.1942 aus Buchenwald. Kommandanturbefehl vom 28.1.1944 (»Anforderung von Unterkunftsgegenständen«): »Bei der Kommandantur KL Auschwitz III [Monowitz] ist mit dem heutigen Tag eine Furierstelle eingerichtet worden. Als Furier ist SS-Unterscharführer Josef Lesk eingesetzt.« Verbleib unbekannt.

Lettich, André. Häftlingsarzt, Nr. 51224, *Jüdisches Sonderkommando.* * 27.6.1908 Pojaha / Rumänien. Ankunft Auschwitz am 23.7.1942 aus Angers St. Laud (827 Menschen). Zunächst »Pfleger« im Häftlingskrankenbau in Birkenau. Lettich: »Ich war in Block 12 bis etwa September 1942. Ich erkrankte nun an Flecktyphus und wurde in den Block 7 eingeliefert. In diesem Block fanden zweimal wöchentlich Selektionen statt. Nach etwa 4 Wochen meiner Krankheit wurde ich auch für den Abtransport in die Gaskammer bestimmt. Ich war zusammen mit den andern Ausgesuchten bereits auf einen Lastwagen verladen. Dort entdeckte mich ein polnischer Blockältester, den ich vorher im Block 12 gepflegt hatte. Weil er mich kannte und ein Häftling zuviel auf dem Wagen war, nahm er mich von dem Wagen wieder herunter. Diesem Zufall habe ich zu verdanken, daß ich heute noch am Leben bin.« Januar 1943 dem *Jüdischen Sonderkommando* zugeteilt, dank eines selbst unzufriedenen Unterscharführers nach drei Monaten dem Kommando entkommen. Lettich: »Sie waren zu dieser Zeit noch in einem besonderen Block des Lagers Birkenau untergebracht. Ich blieb tagsüber im Block zurück und pflegte dort leichter Erkrankte. Wenn es sich um eine schwere Krankheit handelte, wurden die Betreffenden in das Stammlager Auschwitz überstellt. Dort wurden sie mittels Phenolinjektionen getötet.« Ab Juni 1943 am Hygiene-Institut der Waffen-SS in Rajsko (Bezeichnung ab Mai 1944). Lettichs Frau Edith und sein fünfjähriger Sohn Jean Victor waren am 23.9.1942 nach der Ankunft vergast worden. Direktor des Bakteriologischen Instituts in Tours. Aussage: AV, Bl. 17001 ff.

Lettmann, Franz. SS-Rottenführer. * 25.4.1920 Datteln. Am 4.12.1941 vom Kommandanturstab, Abteilung III – Schutzhaftlager – »zum SS-T-Sturmbann zurückkommandiert« (KB Nr. 33/41). Kommando Landwirtschaft in Rajsko. Wohnsitz in Bayern.

Leute, Friedrich. SS-Obersturmführer. * 17.6.1893 Habsheim, Kreis Mühlhausen. 1942 in Auschwitz. † 18.10.1948 in Kolmar tödlich verunglückt (AV, Bl. 7644).

Levi, Primo. Häftling Nr. 174517. * 31.7.1919 Turin. Chemiker. Verhaftung am 13.12.1943, Lager Fossoli. Einer von 650 Italienern, die Februar 1944 nach Monowitz deportiert werden. 1947 autobiographischer Bericht *Ist das ein Mensch?* – eines der wichtigsten literarischen Zeugnisse zu Auschwitz. Levi zur Aufnahmeprozedur (Auszug): »Da merken wir zum erstenmal, daß unsere Sprache keine Worte hat, diese Schmach zu äußern, dies Vernichten eines Menschen. Man hat uns die Kleidung, die Schuhe und selbst die Haare genommen; sollten wir reden, so wird man uns nicht anhören, sollte man uns auch anhören, so wird man uns nicht verstehen. Auch den Namen wird man uns nehmen; wollen wir ihn bewahren, so müssen wir in uns selbst die Kraft dazu finden, müssen dafür Sorge tragen, daß über den Namen hinaus etwas von uns verbleibt, von dem, wie wir einmal gewesen.« Levi zu den Chancen des Überlebens: »1944 lebten in Auschwitz von den alten jüdischen Häftlingen (von den übrigen Häftlingen spreche ich hier nicht, denn ihre Bedingungen waren andere), von den ›kleinen Nummern‹ unter Hundertfünfzigtausend nur noch ein paar hundert, *keiner* von diesen war ein gewöhnlicher Häftling in einem gewöhnlichen Kommando und mit gewöhnlicher [Essens-]Ration. Es blieben nur die Ärzte übrig, die Schneider, Flickschuster, Musiker und Köche, attraktive Homosexuelle und Freunde oder Landsleute irgendwelcher Lagerautoritäten: darüber hinaus besonders rücksichtslose, kräftige und unmenschliche Individuen, die sich (vom SS-Kommando dazu ausersehen, das in dieser Wahl eine satanische Menschenkenntnis an den Tag legte) als Kapos, Blockälteste und noch in anderen Ämtern behaupteten.« † Suizid 11.4.1987 Turin.

Lew, Henri. Häftlingsarzt, Nr. 126068.
* 23.10.1909 Paris. Ankunft Auschwitz aus Drancy am 25.6.1943, von 1018 Deportierten müssen 418 in die Gaskammer. September 1943 Zeuge, wie junge Griechen zu Schumanns Sterilisierungsversuchen abgeholt werden. Lew: »14 Tage später sahen wir, wie die meisten der jungen Leute zurückkamen mit schrecklichen, durch Bestrahlung der Geschlechtsteile verursachten Wunden. Bei der nächsten Selektion wurden diese jungen Leute auf Lkw verladen, zusammen mit den Toten des Tages und anderen Selektierten.« Zahnarzt in Paris. Q.: MV, Bd. 21.

Lewenthal, Salmen. *Jüdisches Sonderkommando.*
* 5.1.1918 Ciechanow/Polen. Student. Ankunft Auschwitz am 10.12.1942 aus dem Durchgangslager Malkinia. Von 2500 Deportierten werden 1976 in der Gaskammer erstickt. Einer der Köpfe der Widerstandsgruppe unter den Krematoriumshäftlingen. Lewenthal verfaßte einen Bericht, den er vergräbt und der 1962 beschädigt auf dem Krematoriumsgelände gefunden wird. Er schildert ausführlich den Ablauf des geplanten und gescheiterten Aufstands. Außerdem beschäftigt ihn die Frage, was einmal über Auschwitz bekannt werden wird: »Die Geschichte von Auschwitz-Birkenau als Arbeitslager im allgemeinen, und im besonderen als Vernichtungslager von Millionen von Menschen, wird – wie ich glaube – der Welt nicht gut genug überliefert werden. Einen Teil übermitteln Zivilisten. Und den Rest werden – vielleicht – diejenigen Polen erzählen, die dank eines Zufalls am Leben blieben oder die Vertreter der Lagerelite, welche die besten Plätze besetzen.« Lewenthal weiter: »Klar, daß sie nichts über die Taten, die sie im Lager begangen haben, erwähnen werden, als jeder kleinste Vorarbeiter einen Menschen für eine Portion Brot erschlug. Es gab in diesem Lager eine Zeit, während der Jahre 1941–1942, als jeder Mensch, wirklich jeder, der mehr als zwei Wochen im Lager lebte, schon auf Kosten anderer Opfer lebte, auf Kosten des Lebens anderer, oder dessen, was er ihnen weggenommen hatte.« Q.: Handschriften (Auszug).

Lexow, Ewald. SS-Unterscharführer (1942).
* 23.5.1910. Lagermagazine. 1948 in Krakau zu 1 Jahr Haft verurteilt (LaV).

Libus, Erwin. SS-Hauptsturmführer.
* 2.4.1894 Wien. Im Rang eines Hauptmanns der Luftwaffe nach Auschwitz gekommen, SS-Rang angeglichen. November 1944 Führer der SS-Totenkopfkompanie der Außenlager Gleiwitz I–IV (StAu I). Verbleib unbekannt.

Lichtenstein, Sophie. Objekt von Medizinverbrechen, Nr. 62466.
* 10.5.1906 Jülich. Eidesstattliche Erklärung vom 15.12.1955 in Amsterdam:

»Zusammen mit meinem Ehemann Max Baum bin ich wegen der nationalsozialistischen Judenverfolgungen aus Deutschland emigriert, und wir haben uns in Holland niedergelassen. Während der deutschen Besetzung wurde ich dort zusammen mit meinem Ehemann nach Polen deportiert. Mein Mann ist dort in der 2. Hälfte des Oktobers 1944 in dem KZ Buna-Monowitz verstorben, während ich selbst nach Auschwitz gebracht wurde und mich dort vom September 1943 bis zur Evakuierung in dem Experimentenblock des Dr. Clauberg befand. Besonders arg war die Behandlung einer großen Anzahl griechischer Mädchen, die sich in dem Experimentenblock befanden. Es handelte sich dabei zumeist um Kinder von ca. 16 Jahren. Die Behandlung bestand darin, daß denselben durch die Einwirkung starker Strahlen die Eierstöcke verbrannt wurden und danach wurden diese Kinder operiert [Eierstöcke entfernt]. Das Schreien und Klagen derselben war unerträglich.« Q.: SV.

Lichtfuß, Alfred. SS-Unterscharführer.
* 3.4.1913 Alzen/Rumänien. Ab 15.8. 1944 in Auschwitz, Kompanieschreiber. 1948 in Krakau zu 5 Jahren Haft verurteilt (LaV).

Liebau, Siegfried. SS-Obersturmbannführer.
* 12.1.1911 Schochwitz b. Halle. Pfarrerssohn. Entfernter Verwandter Verschuers. Dr. med. 1936 SS-Verfügungstruppe (Vorläuferin Waffen-SS). 1938 SS-Rasse- und Siedlungshauptamt (von Himmler zur rassischen Überprüfung von »Eindeutschungsfähigen« benutzt). November 1938 Adjutant der SS-Ärztlichen Akademie Berlin. Mai 1940 bis September 1942 Personalreferent im SS-Sanitätsamt Berlin. November 1942 bis Oktober 1943 zur Ausbildung »der menschlichen Erblehre und Rassenhygiene« am Kaiser-Wilhelm-Institut für Anthropologie, menschliche Erblehre und Eugenik, Untersuchung von Zwillingen in Auschwitz. Danach Einsatz in der UdSSR. Leitender Arzt beim Höheren SS-und Polizeiführer Adriatisches Küstenland und Italien, Amputation eines Armes. Nach 1945 homöopathische Praxis in Hannover. † 20.4.1995. Liebaus Version (MV, Bd. 34): »Ich habe in dem Berliner Institut [KWI] einmal ein Zwillings-Paar untersucht. Dieses Paar sollte in Landsberg/Pommern nachuntersucht werden. Bevor es dazu kam, wurde es jedoch in das Lager Auschwitz eingewiesen. Anläßlich eines Kur-Aufenthaltes bin ich einmal am Lager Auschwitz vorbeigefahren und habe die Nachuntersuchung vorgenommen. Außerdem wurden Fotografien angefertigt.« Der Hintergrund dürfte sein, daß 1942 der »Zigeunerforscher« Georg Wagner eine »Zigeunersippe« festgestellt hatte, in der gehäuft Heterochromie – Farbenverschiedenheit der Augen – vorkam. Zur Familie gehörten Zwillingspaare. Die »Zigeuner« werden ins KWI nach Berlin-Dahlem gebracht und dort vermessen. Karin Magnussen, ab 1943 planmäßige Assistentin: »Im Frühjahr 1943 habe ich selbst noch fotografische Aufnahmen von solchen Zwillingen im Institut in Dahlem gemacht, ehe die Zwillinge nach Auschwitz kamen.« Q.: Klee, Medizin.

Liebehenschel, Arthur. SS-Obersturmbannführer (1941).
* 25.11.1901 Posen. 1932 NSDAP (Nr. 932766) und SS (Nr. 39254). Adjutant KZ Columbia-Haus und KZ Lichtenburg. 1937 Abteilungsleiter im Stab des Führers der SS-Totenkopfverbände (KZ-Bewachung). 1940 Stabsführer und Vertreter des Inspekteurs der Konzentrationslager (IKL). Fernschreiben Liebehenschel vom 14.11.1941 an den Kommandanten in Groß-Rosen (BA NS 4 GR; faks. Abdruck bei Ziegler): »Die Lagerkommandanten reichen baldmöglichst alle an den Exekutionen beteiligten SS-Angehörigen für das Kriegsverdienstkreuz *II. Klasse mit Schwertern* ein. An-

dere SS-Angehörige dürfen nicht aufgeführt sein.« Liebehenschels Nachtrag per Fernschreiben vom 20.11.1941: »In den Vorschlagslisten für die Verleihung der Kriegsverdienstkreuze an SS-Angehörige, die an den Exekutionen beteiligt waren, ist unter Begründung einzutragen: ›Durchführung von kriegswichtigen Sonderaufgaben‹. Das Wort ›Exekutionen‹ darf auf keinen Fall verwendet werden.« April 1942 Führer des Amts D I (Zentralamt und Adjutantur) im SS-Wirtschafts-Verwaltungshauptamt (nach der Eingliederung des IKL am 16.3.1942 in das SS-Wirtschafts-Verwaltungshauptamt). Verantwortlich für die Konzentrationslager. Laut PA-Häftling Bartel (PA) trugen die Fernschreiben, mit denen Transporte angekündigt wurden, Liebehenschels Unterschrift (AV, Bl. 2440). Vom 11.11.1943 bis 8.5.1944 Kommandant in Auschwitz. Verordnete mit Standortbefehl (StB) vom 11.11.1943 und vom 22.11.1943 die von Himmler und Oswald Pohl befohlene Unterteilung des KZ Auschwitz in drei formal selbständige Lager: *Auschwitz I* – Stammlager, *Auschwitz II* – Birkenau (rückgängig gemacht am 25.11.1944) und *Auschwitz III* – Außenlager (Monowitz samt Nebenlagern). Dazu Baretzki im Auschwitz-Prozeß: »Ich habe keine drei Kommandanturen gekannt. Am Telefon konnte man nur die Kommandantur I direkt anrufen.« Liebehenschel im StB vom 7.1.1944: »Ich habe festgestellt, daß arische Häftlingsfrauen, darunter auch reichsdeutsche, bei Außenkommandos zu schweren und schwersten Arbeiten (Straßenbau) eingesetzt sind, wogegen auf der anderen Seite Judenweiber im warmen Zimmer sitzen und die schönsten Posten haben.« Beseitigte aus taktischen Gründen die Stehzellen (90 × 90 cm) in Block 11, aber nicht den Block selbst. Liebehenschel schaffte die Erschießungen ebenda ab, die Häftlinge werden jedoch fortan im Krematorium erschossen. StB Liebehenschels vom 1.1.1944: »Mit dem festen Glauben im Herzen an den Führer wollen wir auch im neuen Jahr all' unsere Kraft in jeder Minute für den Endsieg einsetzen.« April 1944 Verbot, seine Braut Hüttemann zu heiraten, da diese 1935 mit einem Juden Geschlechtsverkehr gehabt habe (Auschwitz-Anklage). Liebehenschel im StB vom 8.5.1944: »Ich bin mit sofortiger Wirkung als Kommandant des KL Lublin [Majdanek] mit den Arbeitslagern Warschau, Radom, Budzyn und Bliczyn versetzt.« Majdanek wird am 22.7.1944 vor der am nächsten Tag einrückenden Roten Armee aufgegeben. – In seinem letzten Standortbefehl in Auschwitz befaßte sich Liebehenschel ausführlich mit dem Bordellbesuch für SS-Angehörige: »Das Bordell der Stadt Auschwitz wird montags und freitags von 18.00–23.00 Uhr für Angehörige der Waffen-SS und Wehrmacht des Standortes Auschwitz freigegeben, beginnend mit dem 12.5.1944. Es bleibt in dieser Zeit für Zivilisten gesperrt. Als Entgelt muß der Betrag von RM [Reichsmark] 5,– entrichtet werden. Der SS-Standortarzt Auschwitz stellt für die genannten Tage einen SS-Arzt bzw. einen SDG zur Durchführung der Sanierung und der ärztlichen Untersuchung ab. Bei Besuch des Bordells hat der SS- bezw. Wehrmachtsangehörige eine weitestgehende Gewähr dafür, daß er frei bleibt von Geschlechtskrankheiten, während die Gefahr der Ansteckung mit einer Geschlechtskrankheit bei jedem anderen außerehelichen Geschlechtsverkehr, bei dem eine ärztliche Untersuchung der weiblichen Personen nicht stattfinden kann, außerordentlich groß ist.« † Todesurteil 22.12.1947 in Krakau, Hinrichtung am 24.1.1948 ebenda.

Liehr, Gertrud. KZ-Wärterin. * 22.3.1921 Pletsch/Ohlau. Als Aufseherin eines Rüstungsbetriebs nach Auschwitz gekommen. Stammlager und

Birkenau. Standortbefehl Nr. 5/44: Am 30.1.1944 *Kriegsverdienstkreuz II. Klasse* (das KVK läßt Beteiligung an Tötungen vermuten). Verbleib unbekannt.

Ligon, Alfred. SS-Rottenführer.
* 25.12.1922 Kattowitz. Musiker. Ab September 1941 in Auschwitz. Standortbefehl Nr. 16/43: »Besuch der Ehefrau in der Zeit v. 21.4.–5.5.43«. Juli 1943 Außenlager Eintrachthütte. Am 25.5.1948 in Krakau zu 6 Jahren Haft verurteilt (HvA 17).

Ligon, Erich Alfred. SS-Unterscharführer.
* 27.10.1908 Königshütte. Kommandanturstab Monowitz, Blockführer im Außenlager (AL) Jawischowitz. September 1944 Rapportführer (Spieß) des im selben Monat errichteten AL Tschechowitz-Vacuum (600 Häftlinge, Erdölraffinerie). Am 18. Januar 1945 erfolgt die »Evakuierung« von etwa 450 Häftlingen. Die zurückgelassenen Kranken werden am 21. Januar auf ihren Pritschen erschossen oder angeschossen und anschließend verbrannt (HvA 18). † 20.2.1982 Wolfenbüttel.

Linder, Martin. SS-Schütze.
* 16.10.1903 Wumloch/Rumänien. 1943 SS. Ab 10.1.1944 in Auschwitz. Außenlager Neu-Dachs, Monowitz, erneut Neu-Dachs. Am 3.3.1948 in Krakau zu 2 Jahren Haft verurteilt (HvA 12).

Lindner, Georg. SS-Rottenführer.
* 14.8.1921 Klengel. Ab Januar 1943 Wachmannschaft, Monowitz. KZ-Kollege Morla: »Er wurde in Krakau zu einer Gefängnisstrafe [6 Jahre] verurteilt.«

Linnert, Robert. SS-Unterscharführer.
* 15.1.1904 Altbielitz, Bezirk Kattowitz. Fahrbereitschaft Auschwitz sowie Zentral-Bauleitung. 1947 Freispruch in Cieszyn (LaV). – Häftling Sackar, Gaskammerkommando, über seine Ankunft (Greif): »Die Waggons wurden gleichzeitig geöffnet, und man befahl uns, schnell auszusteigen. Wir verließen den Zug, meine Schwestern stützten unsere Mutter, ich nahm den Vater, der ja gelähmt war und nicht laufen konnte. Man schleppte Vater fort und warf ihn auf einen Lastwagen wie einen Hund.«

Lingens, Ella. Häftlingsärztin, Nr. 36088.
* 18.11.1908 Wien. Tochter eines Gutsbesitzers. Dr. jur. et med. Am 13.10.1942 wegen »Judenbegünstigung« von der Gestapo in Wien verhaftet (sie hatte polnischen Juden zur Flucht in die Schweiz verhelfen wollen und war von einem Spitzel verraten worden). Ankunft Auschwitz am 20.2.1943, 3 Uhr früh. Lingens in ihren Erinnerungen: »Wir Frauen wurden dann in das Frauenlager Birkenau gebracht. Es folgte die übliche Aufnahmeprozedur, jedoch mit dem Unterschied, daß mir als Deutsche die Haare nicht abgeschnitten wurden. Ich möchte hier herausstellen, daß ich als einzige deutsche Ärztin und als Häftling, der weder aus rassischen Gründen noch weil er einer kommunistischen Gruppe angehörte, verfolgt war, von Anfang an eine gewisse Sonderstellung einnahm, durch die mir das Allerschlimmste erspart worden ist.« Im Krankenbau des Frauenlagers in Birkenau, protegiert von Dr. Rohde, der wie sie im Sommersemester 1938 in Marburg/Lahn studiert hatte. Lingens hat ihre Privilegierung stets betont, in ihren Erinnerungen schreibt sie, daß sie bald ein eigenes Bett hatte, an einem »privaten Mittagstisch« mitessen durfte und warmes Wasser zum Waschen gebracht bekam. Eine weitere »Privilegierung«: Reichsdeutsche – auch volksdeutsche – Gefangene bekamen generell keine Häftlingsnummer tätowiert. Lingens: »Darüber hinaus gab es Weihnachtsfeiern nur für die Deutschen, Kinos und Konzert nur für die Deutschen, kurz, sogar im KZ sollten wir uns als Herrenvolk fühlen. Das hat unsere Stellung unendlich schwierig gemacht, denn es rückte uns in den Augen der anderen Nationen immer wieder in die Nähe der SS.« Lingens zur Sterblichkeit durch

Schmutz, Hunger und Epidemien: »Ich habe es erlebt, daß in dem Krankenrevier, das im Winter 1943/44 aus 12 Krankenblocks bestand, von 10000 kranken Frauen täglich bis zu 350 Frauen gestorben sind. Die verstorbenen Frauen wurden tagsüber zwischen dem Block, in dem ich arbeitete, und einem anderen Block aufgeschichtet. In diesem einen Winter sind allein 37 Häftlingsärztinnen gestorben.« Lingens, für etwa 700 Kranke in Birkenau zuständig (BV): »Auch außerhalb der Problematik der Mitwirkung an Selektionen stand der Häftlingsarzt vor ungewöhnlichen und schwierigen Entscheidungen wie etwa bei der Verteilung der unzureichenden Medikamente. Es bestand immer die Gefahr, daß bei Verabreichung von Medikamenten an die Schwerstkranken diese trotzdem starben und die unbehandelten leichter Kranken durch die Verweigerung der für sie chancenreichen Medikation sich verschlechterten und ebenfalls starben.« Juni/Juli 1943 im Außenlager Babitz. Am 1.12.1944 Überstellung nach Dachau, in einem Außenlager (Rüstungsproduktion) in München. Nach 1945 Ministerialrätin im Bundesministerium für soziale Verwaltung in Wien. † 30.12.2002. Ihr Sohn Peter Michael Lingens: »Ein paar Tage vor ihrem Tod verließ meine Mutter doch noch einmal ihr Bett. Sie stützte sich an den Wänden des Zimmers und des langen Ganges ab und stand plötzlich, offenkundig etwas verwirrt, in der Wohnzimmertür. Während jedes Gespräch verstummte, wiederholte sie mit angstvoll geweiteten Augen einen einzigen Satz: ›Ihr werdet mich nicht verbrennen? Ihr werdet mich nicht verbrennen, gell?‹« Zitate: AV, Bl. 6548 ff.

Lipka, Waclaw. *Jüdisches Sonderkommando*, nichtjüdischer Oberkapo, Nr. 2520.
* 20.11.1908 Dziarnow. Mechaniker. Ankunft Auschwitz am 15.8.1940 mit dem ersten Transport aus Warschau. Es sind 513 Häftlinge aus dem Warschauer Gestapogefängnis Pawiak sowie 1153 Polen, die bei Razzien festgenommen wurden. Ab September 1940 Heizer im *Alten Krematorium*, riß den Toten das Zahngold heraus (Feinsilber). Ab 15.10.1943 Kapo, November 1944 Oberkapo. Am 5.1.1945 Überstellung nach Mauthausen. † 3.4.1945 ebenda als Geheimnisträger erschossen. Q.: Handschriften.

Lippok, Gerhard. SS-Rottenführer.
* 8.3.1913. SS-Betrieb *Deutsche Lebensmittel GmbH.* 1948 in Bytom (Beuthen) zu 3 Jahren Haft verurteilt (LaV).

Lipschis, Hans. SS-Rottenführer.
* 7.11.1919 Grottingen. Standortverwaltung, Abteilung Verpflegung. Nach 1945 Wohnsitz USA. – Häftlingsarzt Fejkiel (Hunger) über die Tatsache, daß in Auschwitz im Verhältnis wenig Suizide begangen werden: »Diese Tatsache findet im systematischen Hungernlassen seine Erklärung. Der hungernde Mensch ist dem Problem des Todes gegenüber gleichgültig und ist nicht fähig, einen Selbstmord zu begehen.«

Lipski, Gustav. SS-Unterscharführer.
* 29.8.1907 Frankpol (sic). SS-Totenkopf-Sturmbann. Kommandanturbefehl Nr. 23/42: Mit Wirkung vom 9.11.42 »mit der Jagdaufsicht und Ausübung der Jagd innerhalb des Interessengebiets KL Auschwitz beauftragt«. Nach 1945 in Lübeck.

Litschi, Menachem. *Jüdisches Sonderkommando.*
* Unbekannt. Gurthersteller. Ankunft Auschwitz nach neuntägiger Fahrt im abgeriegelten Güterwaggon am 11.4. 1944 aus Athen. Von 2500 griechischen Juden werden 1872 sofort in der Gaskammer ermordet. Jaacov Gabai über seinen Freund Litschi (Greif): »Eines Tages sagte er zu mir: ›Jaacov, diese Arbeit ist unerträglich, wir können die Menschen doch nicht ins Feuer werfen, ich will nicht mehr leben.‹ Ich sagte ihm, er solle zwei, drei Tage geduldig ausharren.

Zwei Tage wartete er, und am dritten Tag – als er merkte, daß niemand hinschaute – als wir die Leichen zum ›Bunker‹ brachten, sprang Menachem mit der Leiche, die er herbeischleppte, ins Feuer und verbrannte sich selbst. Ein deutscher Feldwebel [SS-Untersturmführer] namens Grünberg erschoß ihn, damit er keine Schmerzen leiden mußte. Das war am 18. Mai 1944.«

Lobinat, Johann. SS-Schütze.
* 15. 12. 1913 Jetkanten / Litauen. SS-Totenkopf-Sturmbann. † 14. 12. 1942 Reservelazarett Kattowitz. – Die Überlebende Sternberg in ihrem Bericht *In der Hölle von Auschwitz* über ihre Ankunft 1942: »Es war 5 Uhr früh, da rief man: anstellen Ihr Mistbienen, aber schnell. Seid froh, daß ihr ins Lager gekommen seid, Eure anderen Glaubensbrüder sind schon durch den Kamin gegangen, sowieso kommt ihr auch noch dran.«

Lockhauser-Bäumer, Eduard. SS-Oberschütze.
* 16. 10. 1920 Köln. SS-Totenkopf-Sturmbann. 1948 in Krakau zu 12 Jahren Haft verurteilt (LaV). † 20. 10. 1978 Mölln.

Löbner, Walter. Häftlingsarzt, Nr. 70096.
* 27. 1. 1903 Hermannshütte in Westböhmen. Kurarzt in Marienbad. Nach Einmarsch ins Sudetenland Flucht nach Prag. Verhaftung Gestapo am 18. 4. 1939. Am 20. 2. 1940 Deportation ins KZ Sachsenhausen. Ankunft Auschwitz am 25. 10. 1942. Stationen: Außenlager (AL) Budy, Stammlager und AL Janinagrube. Löbner, der fast sechs Jahre Lagerhaft überlebte, in einem Bericht vom 8. 11. 1945 (AV, Bl. 6680 f.): »Daß ich diese Leidenszeit durchstand, verdanke ich allein meinem Beruf. Es hat zwar in jedem Lager einen Häftlingskrankenbau gegeben, doch waren dort keine Häftlingsärzte beschäftigt, sondern ungeschulte Laien wie Schuster und Schlosser als Pfleger tätig, während wir approbierten Ärzte in Wind und Wetter draußen mit Schippe und Spaten eine schwere körperliche Arbeit leisten mußten. Wenn aber dem Häftlingspfleger an einem Falle etwas gelegen war, so zog man mich zu Rate, und als Honorar erhielt ich ein Stück trockenes Brot oder einen halben Liter Suppe, und das war das erste Glied in einer Kette von glücklichen Zufällen, die mich dieses Leben durchhalten ließen. Als im Jahre 1943 Mangel am Rohstoff Mensch in Deutschland einzutreten begann, wurden wir Ärzte zum medizinischen Dienst im Häftlingskrankenbau zugezogen.« Löbner (AV, Bl. 4968): »Unendlich groß ist die Zahl der unschuldig Getöteten, darunter meine ganze Familie, Eltern und Geschwister.« Arzt in Haifa.

Löhrmann, Julius. Poststelle I.G. Farben Monowitz.
* 20. 7. 1904. 1930 SA, Truppführer. September 1942 bis zum Ende in Monowitz. Löhrmann: »Ich habe dort nur Post sortiert.« Löhrmann 1946 im Brief an seine Frau: »Ich werde nie nach Frankfurt kommen, solange die Amerikaner dort sind. Ich fürchte mich, denn ich weiß, daß ich nie mehr aus der Haft entlassen würde.« Spätere Erklärung: »Ich hatte schon im Jahre 1946 die Absicht, mich von meiner Frau scheiden zu lassen. Wenn ich geschrieben habe, daß ich Angst hätte, nach Frankfurt zurückzukommen, so erfolgte das, um meiner Frau gegenüber einen Grund für meine Nichtrückkehr zu haben.« Q.: AV, Bl. 11551 ff.

Lösch, Friedrich. SS-Sanitätsdienstgrad (SDG).
* 4. 8. 1891 Hamburg. SS-Oberscharführer. Kommandanturstab Auschwitz, später Abgang nach Natzweiler (LaP). Verbleib unbekannt.

Löwendey, Friedrich. SS-Rottenführer (1942).
* 15. 2. 1913 Bochum. Am 4. 12. 1941 vom SS-Totenkopf-Sturmbann zum Kommandanturstab Schutzhaftlager kommandiert (KB Nr. 33 / 41). Erschoß

Häftlinge an der *Schwarzen Wand*. Kommandoführer der Strafkompanie. † Vom AG Rheine 1964 für tot erklärt. – Das Auschwitz-Urteil über die Täter des Exekutionskommandos: »Sie waren stets guter Dinge, sie lachten und scherzten. Wenn die Vorbereitungen für die Erschießungen beendet waren, kamen sie laut schwatzend aus der Blockführerstube heraus und gingen lachend in den im Flur vor dem Waschraum stehenden nackten Häftlingen vorbei zum Hof. Dann begannen die Erschießungen an den Schwarzen Wand.«

Lolling, Enno. »Chefarzt« aller Konzentrationslager (Februar 1941).
* 19.7.1888 Köln. Im 1. Weltkrieg Stabsarzt der Marine. Provinzialarzt in Mecklenburg. 1933 SS (Nr. 179765). 1937 NSDAP, Sanitätsabteilung der SS-Verfügungstruppe Bad Tölz. 1939/40 Erster Lagerarzt in Dachau. Am 11.9.1942 zur Inspektion in Auschwitz. 1943 SS-Standartenführer, Amtschef D III (Lagerhygiene und Sanitätswesen) im SS-Wirtschafts-Verwaltungshauptamt. KZ-Arzt Adolph (AV, Bl. 9029): »Von ihm wurde ich zu dem Dienst in den KL kommandiert.« KZ-Arzt Entress (Nbg. Dok. NO-2368): »Die Standortärzte in den Konzentrationslagern mußten monatlich an Dr. Lolling, Amt D III, über den Verlauf der [Menschen-]Versuche melden. Alle wissenschaftlichen Arbeiten, die über die Versuche in den Konzentrationslagern geschrieben wurden, mußten an Dr. Lolling zur Begutachtung weitergeleitet werden.« Laut KZ-Arzt Alois Gaberle dabei, als 1944/45 im Krematorium des KZ Sachsenhausen eine Zyankalikapsel im Menschenversuch erprobt wird. † Suizid 27.5.1945 im Lazarett in Flensburg.

Londner, Gela (Mädchenname). Zahntechnikerin bei Mengele, Nr. 52777.
* 30.2.1917 in Oberschlesien. Ankunft Auschwitz am 3.8.1943 aus dem Ghetto Sosnowitz, von 3000 Menschen werden mehr als 2100 »gesondert untergebracht« (Tarnwort für Vergasung). Londner: »Ich hatte unter anderem die Aufgabe, Gipsmodelle der Gebisse von Zwillingen anzufertigen, mit denen Mengele experimentierte. Dadurch kam Mengele häufig zu mir auf die Zahnstation und begutachtete meine Arbeiten. Nachdem ich erfahren hatte, daß meine Schwester sich im Todesblock 25 befand, nahm ich die Gelegenheit war, bei Mengele Meldung zu machen und um das Leben meiner Schwester zu bitten. Die Antwort Mengeles war: ›Du kannst [in die Gaskammer] mitgehen.‹« Londner beginnt ihre Aussage mit der Zugfahrt nach Auschwitz, dem Tod von Säuglingen an der Brust der Mütter während der Fahrt, der Ankunft in Auschwitz, wie ihre Schwiegermutter zu Boden geschlagen wird. Der Staatsanwalt unterbricht die aufgewühlte Auschwitzüberlebende abrupt, im Protokoll heißt es: »Da die Zeugin bei der Schilderung ihrer Erlebnisse sehr erregt war, wurde sie gebeten, sich im Sinne der Ermittlungen [!] und zur Schonung ihrer Gesundheit auf die Schilderung von Tötungshandlungen durch Mengele oder andere zu beschränken.« Q.: MV, Bd. 30.

Loof, Georg. SS-Sturmmann.
* 19.12.1922 Bockhorn, Kreis Ploen. SS-Totenkopf-Sturmbann, zuletzt Mittelbau-Dora. † Hinrichtung 6.9.1944.

Loos, Erich. SS-Unterscharführer.
* 28.7.1904 Worms. Metzger. November 1939 SS-Verfügungstruppe, SS-Nr. 269035. 1940 Fahrbereitschaft. Danach Leiter der Fleischerei im SS-Unternehmen *Deutsche Lebensmittel GmbH*. April 1943 Abgang nach Dachau (StAu I). † Vom AG Wien 1954 für tot erklärt.

Lorenczyk, Alois. Politische Abteilung (PA), Lager-Gestapo.
* 11.2.1889 Rollsberg, Kreis Olmütz. SS-Unterführer. Zeitweise Leiter des Standesamts der PA. Laut Filip Müller hatte er ein ungewöhnlich intimes Verhältnis zu Mietek Morawa, dem Kapo des *Jüdi-*

schen Sonderkommandos: »Lorenz tauchte fast täglich, manchmal mehrmals im Krematorium auf, um nachzusehen, ob Morawa für ihn und seine Spießgesellen in der Politischen Abteilung etwas organisiert hatte.« † Gilt als vermißt.

Lorentz, Lothar. SS-Unterscharführer. * 2.10.1903 Helbra, Mansfelder Seekreis. Ab Juli 1941 in Auschwitz, Kommandoführer in Neu-Dachs. † 15.5.1954 Berlin (JA). – Franciszek Piper über die Situation der Grubenarbeiter in Neu-Dachs (HvA 12): »Vor dem Hinunterfahren amüsierten sich die SS-Männer damit, daß sie Zigaretten in die Höhe warfen und den Häftlingen befahlen, sie aufzufangen. Im Augenblick, da die Häftlinge den Befehl ausführten, hetzte man Hunde auf sie.«

Lorenz, Eduard. Fahrbereitschaft. * 12.2.1921 Neudorf, Kreis Komotau. In der Landwirtschaft seines Vaters. Mit 17 Jahren freiwillig zur SS, Unterscharführer (1944). Ab Januar 1942 in Auschwitz. Zuletzt Nordhausen und Neuengamme. Am 22.12.1947 in Krakau wegen Mißhandlungen zu 15 Jahren Haft verurteilt, Entlassung am 8.12. 1955. Wohnsitz in Hessen. Berufsangabe 1961, knapp 40 Jahre alt: Invalide. Lorenz über die Fahrten zu den Gasbunkern in Birkenau: »Dies war zu der Zeit, als die Rampe in Birkenau noch nicht fertiggestellt war und die Menschen zwischen Auschwitz und Birkenau im freien Feld ausgeladen wurden. Die Bunker befanden sich in einem kleinen Wäldchen hinter dem Lager Birkenau, wo sich der Scheiterhaufen befand, den man brennen sehen konnte. Die von uns gebrachten Menschen mußten sich in den Baracken nackt ausziehen und gingen dann in den Bunker.« Q.: AV, Bl. 8754 ff.

Lorenz, Fritz. SS-Oberscharführer. * 20.10.1911 Altkirch. Kommandanturbefehl (KB) vom 28.5.1944: Stabsscharführer (Spieß) SS-Totenkopf-Sturmbann KL Auschwitz III (Monowitz und Nebenlager). KB vom 4.10.1944: *Kriegsverdienstkreuz II. Klasse mit Schwertern* (das KVK für KZ-Angehörige läßt Beteiligung an Tötungen vermuten). † 3.3. 1945 Festungslazarett II Breslau.

Lossmann, Peter. SS-Obersturmführer (1943). * 24.3.1919 Abja / Estland. Im Verfahren gegen E. A. König – »Zigeunerlager« – nicht ermittelt.

Lothe, Ilse. Weiblicher Kapo. * 6.11.1914 Erfurt. Arbeiterin in einer Schuhfabrik. Zunächst in Ravensbrück. 1945 Freispruch im Belsen-Prozeß. – Simone Veil über die weiblichen Kapos am Tag ihrer Ankunft: »Brutale Weibsstücke, obwohl sie wie wir Deportierte waren und nicht der SS angehörten. Sie drangsalierten uns: ›Gebt alles her, was ihr habt, ihr könnt sowieso nichts behalten.‹ Und wir gaben ihnen alles, Schmuck, Uhren, Ringe.« Die Überlebende Liana Millu zitiert in ihren Erinnerungen »die Kapo« Mia mit einer Ansprache: »Ihr landet alle im Krematorium, das schwör ich euch! Und das geschieht euch recht, ihr seid nichts als verfluchte Huren, jawohl, das seid ihr!«

Loycke, Karl Otto. SS-Unterscharführer. * 17.11.1907. Kommandanturstab, Abteilung Effektenkammer (Verwahrung Raubgut). Verbleib unbekannt.

Lubicz, Simon Salomon. Häftlingsarzt, Nr. 65685. * 28.6.1912 Grodno. Französischer Arzt polnischer Abstammung. Ankunft Auschwitz am 25.9.1942 aus Drancy. Von 1000 Juden werden 475 sofort in der Gaskammer ermordet. November 1942 Häftlingsarzt in Monowitz: »Im allgemeinen fand die Vorselektion in einem Krankensaal statt, der überbelegt war, da in ihm 3-Etagen-Betten standen mit manchmal 2 Kranken pro Platz. Diese kamen nackt in den Saal. Man ließ sie vor [Häftlingsarzt!] Dr. Budziasczek treten, der sie schnell untersuchte, sich besonders für die Hinterteile interessierte. Dies ist tatsächlich der letzte Körperteil, an dem Fett bleibt. Wenn das Gesäß völlig eingefallen war, hatte man es ohne Zweifel mit einem Sterbenden zu tun.« Frühjahr 1944 im Kommando Fürstengrube (HvA 16). Arzt in Frankreich. Q.: BV, Bl. 934.

Lucas, Franz. KZ-Arzt.
* 15.9.1911 Osnabrück, Sohn eines Schlachters. 1933 SA, 1937 NSDAP/SS (Nr. 350030), Obersturmführer (1943). 1942 Promotion in Danzig, danach Sicherheitshilfsdienst Danzig und SS-Ärztliche Akademie Graz. Ab 15.12.1943 Lagerarzt Birkenau, im »Zigeunerlager« und *Theresienstädter Familienlager*. August 1944 (?) in Mauthausen, Spätherbst 1944 Stutthof, Ende 1944 Ravensbrück: Sterilisierungen von »Zigeunern«. Zuletzt KZ Sachsenhausen. Nach 1945 Leiter der Gynäkologischen Abteilung am Krankenhaus Elmshorn. Entlassung nach Einleitung eines Ermittlungsverfahrens, Praxis in Elmshorn. Am 20.8.1965 vom LG Frankfurt am Main wegen gemeinschaftlicher Beihilfe zum gemeinschaftlichen Mord in mindestens vier Fällen an mindestens je 1000 Menschen zu 3 Jahren 3 Monaten Haft verurteilt. Urteil: »Durch das Guckloch beobachtete er den Todeskampf der eingeschlossenen Opfer.« Lucas verteidigte sich im Auschwitz-Prozeß: »Ich habe mich immer auf Seiten der Schwachen geschlagen.« Oder: »Ich bemühte mich, möglichst viele Juden am Leben zu erhalten.« Der Mitangeklagte Baretzki: »Früher, da hat er 5000 Menschen in einer halben Stunde ins Gas geschickt, und jetzt will er sich reinwaschen.« Urteil vom Bundesgerichtshof aufgehoben, 1970 Freispruch (Mitt. Renz). † 7.12.1994 Elmshorn.

Luczenko, Wladimir. Fahrbereitschaft.
* 25.10.1908 Czernowitz. SS-Rottenführer. Nach 1945 in Münster. – Shlomo Venezia über das Abkippen der Opfer vor den Gaskammern: »Die Lastwagen luden sie auf einer Plattform ab, als handelte es sich um Sand. Die armen Opfer fielen übereinander. Die Schmerzen durch das Fallen und die Erniedrigung müssen furchtbar gewesen sein.«

Ludschuweit, Gustav (Ludschuvaitis, Gustafas). SS-Rottenführer.
* 2.2.1897 Dewaici/Litauen. SS-Totenkopf-Sturmbann. Vom 25.8. bis 25.10. 1943 im Kommando Neu-Dachs. Am 22.3.1948 in Krakau zu 3 Jahren Haft verurteilt (HvA 12). Nach 1945 in Sudweyhe-Jeebel.

Ludwig, Herbert Paul. SS-Oberscharführer.
* 16.11.1904 Griesbach/Sachsen. Arbeiter. 1932 NSDAP/SS. Oktober 1940 bis Januar 1945 in Auschwitz, Kommando Harmense. April 1944 Blockführer auf Block 11, Arrest- und Exekutionsblock, genannt Todesblock. Standortbefehl (StB) Nr. 24/43: »Besuch der Schwägerin mit Kindern vom 12.7.–1.8.43«. StB Nr. 31/43: »Besuch von Verwandten vom 3.–14.8.43«. StB Nr. 36/43: »Besuch der Schwiegereltern vom 2.9.–30.9. 43«. Todesurteil am 22.12.1947 in Krakau, weil er Häftlinge in die Gaskammern trieb: »Dabei schlug und trat er die Opfer, welche dem Tode bestimmt waren.« † Hinrichtung.

Ludwig, Irmgard (Mädchenname). Häftling Nr. 40240.
* 15.4.1920 Hagen. Ankunft Auschwitz am 5.4.1943 aus Ravensbrück. Mai 1944 Geburt eines Kindes. Nach einer Behandlung durch Mengele findet sie ihr Kind entstellt vor: »Die Augen waren als solche nicht mehr zu erkennen und sahen wie ein roher Klumpen aus.« Mengeles Kommentar, laut Ludwig: »Was ist schon dabei, wenn man aus einem blauen ein schwarzes Auge macht.« Das Kind stirbt am 28.1.1945. Q.: MV, Bd. 8.

Lüder, Ernst. Werkschutz-Oberwachleiter (sic).
* 22.1.1898 Salzwedel. Ab Dezember 1942 im Bunawerk. Lüder: »Ich habe in Monowitz niemals erlebt, daß ein Häft-

ling totgeschlagen oder auf der Flucht erschossen wurde.« Kommandoführer Mirbeth (AV, Bl. 6750): »Es ist vorgekommen, daß die Mützen von Häftlingen auf einem Arbeitskommando weggeworfen wurden und von den Häftlingen dann verlangt wurde, die Mützen zu holen. Hierbei sind Häftlinge von Posten erschossen worden.«

Lügenhans. Kapo.

* Nicht ermittelt. StA Frankfurt: »War in der Strafkompanie. Mißhandelte Häftlinge, insbesondere die Tageskranken mit Todesfolge.« Thomas Buergenthal, in Auschwitz zehn Jahre alt, beschreibt in seinen Erinnerungen, wie unter den Häftlingen Täter und Opfer nicht zu unterscheiden sind (Auszug): »Zwei oder drei gutgenährte Lagerinsassen mit Keulen und Stöcken kamen in unsere Baracke. Sie trugen Armbinden, die sie als ›Kapos‹ auswiesen. Nachdem die Kapos unseren Barackenchef begrüßt hatten, brüllte einer von ihnen auf Deutsch: ›Spiegel, du Schweinehund, komm runter! Wir wollen mit dir reden!‹ Sobald Spiegel vor ihnen stand, umringten ihn die Männer und begannen, ihn mit Fäusten und Stöcken zu traktieren. Spiegel lag bald auf den Knien und dann flach auf dem Boden und flehte darum, sterben zu dürfen.« Spiegel wird totgeschlagen, weil er, um seine eigene Haut zu retten, einen der jüdischen Kapos bei der Gestapo denunziert hatte. Buergenthal: »Sowohl Spiegel als auch der Kapo waren Freunde meiner Eltern gewesen. Sie kannten beide schon aus Kattowitz. Damals hatte ich sie ›Onkel‹ genannt. Wären sie nicht ins Konzentrationslager gekommen, wären sie wahrscheinlich anständige Menschen geblieben.«

Lütge, Werner. SS-Unterscharführer.

* 5.10.1909 Quedlinburg, Sohn eines Malers. Tischlerlehre. November 1940 bis Mai 1944 in Auschwitz. SS-Totenkopf-Sturmbann. Zuletzt SS-Division *Das Reich*. Lütge: »Bei uns war allgemein bekannt, daß in Birkenau Menschen vergast und verbrannt wurden.« Tischler in Braunschweig. Aussage: AV, Bl. 7989 ff.

Luettrighaus (sic)**, Alfred.** SS-Schütze.

* 23.10.1890 Iserlohn. 1948 in Krakau zu 5 Jahren Haft verurteilt (LaV).

Lugert, Andreas (Hans). Zentral-Bauleitung.

* 31.7.1905 Liebenstein / Eger. SS-Rottenführer. Nach 1945 in Zirndorf, Kreis Fürth.

Lukat, Anton. SS-Rottenführer.

* 13.12.1897. Wachmannschaft. 1948 in Krakau zu 8 Jahren Haft verurteilt (LaV).

Lukoschek, Anton. Führer des Außenlagers Bobrek.

* 31.3.1906 Pniowitz, Kreis Tarnowitz. SS-Unterscharführer. Rapportführer (Spieß) in Monowitz und im September 1943 eröffneten Außenlager (AL) Fürstengrube. Mai 1944 AL Bobrek bei Auschwitz, Rüstungsbetrieb der Siemens Schuckert-Werke AG (Präzisionsgeräte für Flugzeuge und Unterseeboote). Häftling Unikower (AV, Bl. 1712): »Das Lager Bobrek galt als das beste Außenlager. In diesem Lager gab es in der Zeit von der Gründung im Frühjahr 1944 bis zur Auflösung im Januar 1945 keinen einzigen Toten. Der Lagerführer Lukaschek [sic] benahm sich den Häftlingen gegenüber geradezu vorbildlich.« 1948 in Krakau zu 2 Jahren Haft verurteilt (LaV). Simone Veil, ab Juli 1944 in Bobrek: »Manchmal war das Essen sogar etwas weniger ekelhaft – vermutlich weil Siemens Arbeiter brauchte, die wenigstens ein Minimum an Leistung erbrachten. So bekamen wir gelegentlich Suppe, die mit getrocknetem Gemüse oder Kartoffeln angereichert war.«

Lumnitzer, Martin. SS-Sturmmann.

* 18.2.1915 heutiges Tschechien. 1943 Wachmannschaft Buchenwald-Außenlager Wernigerode, ab 27.3.1944 im Auschwitz-Außenlager Gleiwitz I, Reichsbahnausbesserungswerk. Teilnahme am Eva-

kuierungsmarsch 1945. Irena Strzelecka (HvA 14): »Die meisten Häftlinge wurden während des Marschs durch waldiges Gebiet von SS-Männern erschossen. Die Leichen der Getöteten warf man in die Gräben am Weg.« Am 22.1.1948 in Krakau zu 3 Jahren Haft verurteilt.

Lupka, Elisabeth. KZ-Wärterin.

* 27.10.1902 Klein Dammen. Kommandoführerin im Aufnahmegebäude (Sauna) in Birkenau. Todesurteil 1948 in Krakau. KZ-Kollegin Reischl: »Sie wurde am 5.1.1948 oder 1949 in Krakau hingerichtet. Nach dem Urteil wurde sie aus meiner Zelle geholt und in die Todeszelle gebracht. Ich weiß ganz genau, daß sie am 5.1. gehenkt wurde.« Laut Häftlingsärztin Adelsberger war das Sauna-Kommando eines der beliebtesten: »Die Saunamädchen konnten sich dort, wo die neuen Zugänge ausgezogen wurden und ihre Kleider abgeben mußten, so nebenbei wie in einem Modesalon das Schönste und Beste aussuchen.«

Lustig, Max. Gestapochef der Stadt Auschwitz (1941–1944).

* 11.3.1891. SS-Obersturmführer. StA Frankfurt (AV, Bl. 5132): »Er soll bei Standgerichtsverhandlungen im Block 11 gegen sogenannte Polizeihäftlinge [durch die Gestapo überstellte Gefangene] mitgewirkt haben.« † Vor Beginn des Auschwitz-Prozesses.

Lustiger, Arno. Häftling Nr. A 5592.

* 7.5.1924 Bedzin. Überlebte mehrere Zwangsarbeitslager. August 1944 im Nebenlager Blechhammer. Weitere Stationen: Groß-Rosen und Buchenwald. Mitbegründer der Jüdischen Gemeinde in Frankfurt am Main. Textilfabrikant. Autobiographie *Sing mit Schmerz und Zorn – Ein Leben für den Widerstand*. Gestorben 15.5.2012 Frankfurt.

M

Machemehl, Max. *Topf & Söhne*.

* 17.11.1891 Erfurt. Sohn eines Schlossers. April 1933 NSDAP. Prokurist, zuständig für Rechnungen und Mahnungen, auch für die Lieferungen nach Auschwitz. Am 30.5.1945 von Ludwig Topf – vor dessen Suizid – als Haupterbe eingesetzt. April 1946 Eintritt SED und Autor einer Betriebsgeschichte, die die Geschäfte in Auschwitz unterschlägt. November 1947 von der Entnazifizierungskommission in Erfurt vollkommen rehabilitiert. Machemehl am 27.11.1950 gegenüber der Volkspolizei Erfurt: »Über die Schweinereien in den KZ-Lagern habe ich erst nach Kriegsende gehört.« Wechsel in die BRD, Berufsangabe: Fabrikdirektor i.R. Q.: Schüle.

Macho, Josef. SS-Schütze.

* 26.11.1924 Glaserhau. SS-Totenkopf-Sturmbann, Außenlager Jawischowitz und Golleschau. Nach 1945 im Ruhrgebiet.

Mack, Paul. SS-Schütze.

* 5.6.1908 Backi/Brestovac. Ab Dezember 1943 in Auschwitz, Wirtschaftshöfe Birkenau und Budy. 1948 in Krakau zu 3 Jahren Haft verurteilt (LaV). Wohnsitz nahe Karlsruhe.

Macura, Karl. SS-Sturmmann.

* 27.2.1922. SS-Totenkopf-Sturmbann (der SS-T-Stuba hatte turnusmäßig Rampendienst). Kommandanturstab, Schutzhaftlager. Verbleib unbekannt. – Häftling Dr. med. Leonardo de Benedetti, Nr. 174489 (MV, Bd. 6): »Ich wurde als Jude am 20. Februar 1944 aus Italien verschleppt und kam am 26. Februar 1944 abends auf dem Bahnhof in Auschwitz an. Der Transport, in welchem ich mich befand, bestand aus 650 Personen, von denen der Älteste 75 Jahre und der Jüngste 6 Monate alt war. Ich hatte das Glück, daß man mich genug jung und noch arbeitsfähig beurteilte, während meine Frau (die mit mir

war und von der man mich sofort brutal trennte) noch in jener Nacht in die Gaskammer geschickt wurde.«

Maday, Josef. SS-Schütze.

* 15.10.1922 Handlova/heutige Slowakei. Ab 28.4.1940 in Auschwitz. SS-Totenkopf-Sturmbann. 1948 in Krakau zu 3 Jahren Haft verurteilt (LaV). Nach 1945 in Bayern.

Mäcke, Emga. SS-Obersturmführer.

* 1.7.1909 Schneeberg, Kreis Zwickau. StA Frankfurt: »Er soll mit der Verwaltung der Krematorien und der Vergasungsanlagen betraut gewesen sein.« Verbleib unbekannt.

Magnussen, Karin. Biologin.

* 9.2.1908 Bremen. 1931 NSDAP. 1936 Autorin: *Rassen- und bevölkerungspolitisches Rüstzeug* (»Der Biologe als Vorkämpfer für den rassischen Gedanken«) im Verlag J.F. Lehmanns. 1941 Stipendiatin, ab Juli 1943 Assistentin am Kaiser-Wilhelm-Institut für Anthropologie, menschliche Erblehre und Eugenik bei Verschuer, Spezialgebiet: Heterochromie (verschiedene Augenfarbe). Magnussen forscht über die Erbbedingheit der Entwicklung der Augenfarbe als Grundlage für Rassenuntersuchungen. Dazu arbeitet sie mit Mengele zusammen, der ihr Augen ermordeter Häftlinge zur Verfügung stellt. Nach 1945 in Bremen, Weiterführung der Forschung an Kaninchen. Empörte sich über den Vorwurf, mit Verbrechen in Auschwitz zu tun zu haben. Magnussen am 2.3.1949 an den Protozoologen (Spezialist für Einzeller) Viktor Schwartz: »1) hatte ich nur Verbindung mit einem Kollegen [Mengele], über dessen wissenschaftliche und menschliche Qualitäten ich keinerlei Zweifel zu haben brauchte. 2) war mir [über Auschwitz] nichts Entsetzliches bekannt, im Gegenteil – ich konnte aus den Krankengeschichten, den Erzählungen des Kollegen und aus seiner menschlichen Einstellung zu den Internierten nur den Eindruck einer korrekten und anständigen Behandlung haben. Ich habe außerdem nach dem Kriege verschiedene Leute gesprochen, die ehemalige Häftlinge aus Auschwitz gesehen und gesprochen haben. Diese Häftlinge haben auch über nichts Entsetzliches berichtet.« Ab 1950 Biologielehrerin. † 19.2.1997 Bremen. – Nyiszli in seinen Erinnerungen 1946: »Ich erhalte neue Zwillingsleichen. Vier Paare aus der Zwillingsgruppe des Zigeunerlagers werden gebracht. Es sind die Leichen von Zigeunerkindern, die noch nicht einmal zehn Jahre alt sind. Von den vier Zwillingspaaren sind bei dreien die Augen verschiedenfarbig. Das eine ist blau, das andere braun. Diese Erscheinung tritt auch bei Nichtzwillingen auf, doch im vorliegenden Fall war sie von acht Zwillingen bei sechs zu beobachten. Ich präpariere die Augen heraus und lege sie, jedes für sich, in Formalin, wobei ich alle Angaben dazu genau notiere.« Lit.: Klee, Medizin.

Maier, Willy. Zentral-Bauleitung.

* 26.5.1890 Erkrath. SS-Oberscharführer. † 13.8.1968 Wuppertal.

Mair, Franz Xaver. Zweiter Schutzhaftlagerführer (Juni 1940 bis November 1941).

* 7.1.1913 Hausham. NSDAP-Nr. 1075055. SS-Nr. 69600, Untersturmführer (1943). Zunächst in Dachau und Buchenwald. Höß nennt ihn *Buchenwald-Meier* und zählt ihn zu »den in jeder Hinsicht unerfreulichen Gestalten«. Beteiligt an der Vergasung von 600 russischen Kriegsgefangenen und 250 kranken Polen am 3.9.1941 mit Zyklon B. Abgesetzt wegen Schiebereien usw. † 8.7.1970 München. Mair vollzog eigenhändig die Prügelstrafe, die laut Erlaß des SS-Wirtschafts-Verwaltungshauptamts (erst) ab dem 4.4.1942 »auf das unbekleidete Gesäß zu erfolgen hat«. Opfer der ersten lageröffentlich vollstreckten Prüfelstrafe ist der polnische Zivilarbeiter Boleslaw Bicz, ein im Lager beschäftigter Elektriker. Er wird verdächtigt, mit vier Kollegen dem Häftling Tadeuz Wiejowski am 6.7.1940

zur ersten – erfolgreichen – Flucht verholfen zu haben. Bicz wird am 8.10.1940 als Häftling registriert (Nr. 5954) und zu dreimal 25 Schlägen Prügelstrafe verurteilt. Bicz im Prozeß gegen Höß (HvA 3): »Während der Prügelstrafe lagen wir auf einem Bock, wir wurden vom Kapo Krankemann und seinem Gehilfen Max gehalten, die SS-Männer schlugen abwechselnd. Als Werkzeug diente ein dikkes, elektrisches, mit Leder bezogenes Kabel. Mir und meinen vier Kollegen wurden je 25 Hiebe auf das nackte Gesäß gegeben. Nach dem Herunterkommen vom Bock mußte jeder von uns in ›Habachtstellung‹ Höß melden, daß er die Strafe erhalten habe. Daraufhin führte man uns in den Bunker von Block 13, wo wir ohne jegliche Nahrung und ohne Wasser 21 Tage lang saßen. Aus Hunger und Durst leckten wir das Wasser, das an den Bunkerwänden herunterlief, wie auch den Unrat aus dem Eimer. Während der ganzen Zeit kümmerte sich kein Arzt um uns, obwohl als Folge des Schlagens die Wunden eiterten und faulten. Nach 21 Tagen trugen uns am Abend Sanitäter hinaus auf den Platz vor dem Block 16, wo uns in Anwesenheit von Höß, Grabner und Krankemann je 50 Stockhiebe verabfolgt wurden. Ich verlor das Bewußtsein und wurde in das Lagerhospital gebracht. Ich kam erst nach zwei Wochen zur Besinnung; ich kam in einem Raum zu mir, in dem 36 Leichen lagen. Auf meine Bitte hin brachte mich der Arzt, der Häftling Tadeusz G., in einen anderen Raum, nahm mich in seine Pflege, operierte mich, und indem ich etwa 7 Monate unter seiner Obhut verblieb, heilten meine von den Schlägen herrührenden Wunden. Mein ganzes Gesäß war vereitert, es bildete sich Phlegmone und Nekrose, ich verlor den größten Teil der Muskeln der rechten Gesäßhälfte.«

Maischein, Paul. SS-Rottenführer.
* 6.6.1912 Lampertheim. Maschinenarbeiter. 1939 SS. Ab Juni 1940, also von Anfang an, in Auschwitz. Angehöriger der zu dieser Zeit einzigen Wachkompanie. Herbst 1941 Jugend-KZ Moringen b. Northeim/Harz. 1943 bis zum Ende SDG im KZ Nordhausen. Wohnsitz in Baden-Württemberg. Maischein gehört zu jenen, die nichts, aber auch gar nichts gesehen haben wollen: »Ich selbst kam mit dem Lager überhaupt nicht in Berührung. Auch mit Häftlingen bin ich nicht in Berührung gekommen, außer mit 2 Häftlingen, die mir im Fourierraum geholfen haben. Es waren nicht immer dieselben. Der Grund meines Wegkommens war, daß ich mich mit Häftlingen angefreundet und diesen auch geholfen hatte.« Q.: AV, Bl. 909 ff.

Majer, Josef. SS-Rottenführer.
* 26.4.1909. Stabskompanie, dann im 1943 gegründeten Wirtschaftshof Birkenau. † 11.6.1979 Rotthalmünster.

Majkowski, Stanislaw. Häftling Nr. 103127.
* 1.5.1922. Majkowski über eine »Vernehmung« durch Boger: »Ich schrie und bat um den Tod, ich fiel wieder in Ohnmacht. Was weiter mit mir geschah, weiß ich nicht mehr. Ich wurde unter einem Haufen von Toten lebend gefunden und ins Revier gebracht. Alle meine Wunden wurden verbunden an Kopf, Hand und Fuß, zwei Zähne waren ausgeschlagen. Der Häftlingsarzt hat mich so sorgsam behandelt und gepflegt. Ich flehte ihn an um die todbringende Injektion, ich litt unerträgliche Schmerzen. Er pflegte mich durch 6 Wochen hindurch, nur er rettete mir das Leben.« Zwei Brüder von Majkowski waren zuvor von der Gestapo ermordet worden. Q.: AV, Bl. 322 ff.

Malaiko, Basil. SS-Rottenführer.
* 27.3.1909 Ober Stanestie, Kreis Czernowitz. SS-Totenkopf-Sturmbann. Belobigt im Standortbefehl vom 1.12.1943, da er die »Flucht« mehrerer Häftlinge »verhinderte«. Malaiko erhält als Belohnung 5 Tage Sonderurlaub. † Vermißt. KZ-Kollege Bilibou: »Es gab keinen Son-

derurlaub für ›Verhinderung der Flucht‹, sondern nur für ›Erschießen auf der Flucht‹.«

Malchereck, Johann. Zentral-Bauleitung. * 26.1.1903 Bismarckhütte. SS-Unterscharführer, SS-Totenkopf-Sturmbann. † 27.8.1962 Werdohl.

Malik, Hilde. KZ-Wärterin. * 28.5.1923. Laut Kollegin Jahn »verantwortlich für die Häftlingsküche.« Verbleib unbekannt.

Malysch, Erich. SS-Unterscharführer. * 23.8.1910 Swietochlowice. Ab 1941 in Auschwitz. SS-Totenkopf-Sturmbann. Außenlager Neu-Dachs, Bote der Kommandantur, Nachtportier im *Haus der Waffen-SS*. Am 9.4.1948 in Krakau zu 6 Jahren Haft verurteilt (HvA 12). Nach 1945 im Kreis Freising.

Malzahn, Wilhelm. SS-Oberscharführer. * 30.5.1890 Briesen. Wachmannschaft. 1948 in Krakau zu 4 Jahren Haft verurteilt (LaV). Nach 1945 in Erkelenz.

Mandel, Maria. KZ-Wärterin. * 10.1.1912 Munzkirchen / Österreich. NSDAP 1942. Oktober 1938 Frauenkonzentrationslager (FKL) Lichtenburg b. Torgau, April 1939 bis Oktober 1942 Aufseherin und Oberaufseherin im Zellenbau, dem *Bunker* genannten Lagergefängnis in Ravensbrück. Suchte Frauen für Menschenversuche aus (Urteil). Oktober 1942 bis Sommer 1943 Lagerführerin FKL Birkenau. Unterzeichnete am 21.8.1943 (Czech) die Überstellung von 498 Frauen *zur G. U.* – das heißt: *gesonderte Unterbringung* (Tarnwort für Gaskammer). Bis November 1944 SS-Oberaufseherin. Beteiligt an Rampenselektionen. Die Gefangene Kitty Hart: »Eine besonders fesche und bildhübsche Frau.« KZ-Kollegin Jahn: »Etwa im Sommer 1943 wurde eine ältere Bibelforscherin, die geflüchtet war, auf der Lagerstraße öffentlich ausgepeitscht. An den Mißhandlungen dieser Häftlingsfrau beteiligten sich die Oberaufseherin Mandel und die SS-Aufseherin Drexl.« Langbein (Menschen): »Ich habe einmal mitangehört, wie sie sich bei Dr. Kitt – der damals Lagerarzt im Frauenlager war – darüber beschwerte, daß in ihrem Lager schon so lang nicht selektiert worden sei.« Erinnerungen Lingens: »Einmal sah ich vier herzige jüdische Kinder vor ihrem Zimmer stehen. Die ›O‹ rief sie herein, und nach fünf Minuten erschienen sie wieder, jedes mit einem Paket Kuchen und Schokolade im Arm. Dieselbe Frau war am Flammentod von über 100 000 jüdischen Kindern beteiligt.« Zuletzt im Dachau-Außenlager Mühldorf (Raim). Todesurteil am 22.12.1947 in Krakau. Laut Urteil »ließ die Angeklagte einmal ein neugeborenes Kind auf den Hof werfen, wo es die Ratten fraßen«. † Hinrichtung 2.12. 1947 (ZStL). Kollegin Kock: »Ich bin der Auffassung, daß das gegen sie verhängte Todesurteil nicht unberechtigt war.«

Mandelbaum, Henryk. *Jüdisches Sonderkommando*, Nr. 181970. * 15.12.1922 Olkusz in Polen. Fleischhändler. Ankunft Auschwitz am 22.4. 1944 mit einem Sammeltransport aus dem Gefängnis Sosnowitz. Ab Juni 1944 Leichenschlepper und Leichenverbrenner in den Vergasungsanlagen. Januar 1945 Flucht beim Evakuierungsmarsch. Wohnsitz Gliwice (Gleiwitz). Ehefrau Lydia im Jahre 2002 (Friedler): »Als er angefangen hat, Gruppen in Auschwitz zu führen, wenn er dann wieder zu Hause war, dann waren die Nächte schrecklich. Die ganzen Nächte hat er geschrien. Das Allerschlimmste war, wie er dann epileptische Krämpfe bekommen hat. Da macht er unter sich, es kommt Schaum aus dem Mund und so weiter – das hatte er vor 20 Jahren zum ersten Mal. Da kam er auch von einer Führung aus Auschwitz zurück.«

Mang, Franz. SS-Dentist. * 10.1.1907 Chemnitz. SS-Oberscharführer, Häftlingszahnstation. Laut Häftlingszahntechniker Zdzislaw Mikolajski – im Auschwitz-Prozeß – Rampendienst.

April 1943 *Kriegsverdienstkreuz II. Klasse mit Schwertern* (das KVK für KZ-Angehörige läßt Beteiligung an Tötungen vermuten). Danach beim Kommandanturstab KZ Vaivara (am 15.9.1943 zur Aufnahme der Insassen der liquidierten Ghettos in Wilna und Kowno errichtet), KZ Saka und Kiviöli in Estland. Nach 1945 in Lamprechtshausen b. Salzburg (408 AR-Z 233/59).

Manger, Herbert. SS-Unterscharführer.
* 12.12.1904 Wegeleben. 1940 SS-Anwärter. Laut Kommandanturbefehl (KB) vom 6.6.1940 mit sofortiger Wirkung von der 1. Kompanie »zur Kommandantur des KL Auschwitz zur Dienstleistung in der Verwaltung kommandiert. Bereits am 22.7.1940 zur landwirtschaftlichen Abteilung kommandiert. † 1948 Internierungslager Buchenwald.

Mania, Alfred Richard. SS-Unterscharführer.
* 3.4.1904 Schönfeld, Kreis Kreutzburg (Oberschlesien). Laut KZ-Kollege Giesa »in der Schreibstube der Kommandantur als Schreiber. Auch er war in Polen in Haft.« † Zwischen 14. und 18.6.1980 in Rosenheim.

Manz, Georg. SS-Schütze.
* 1.11.1908 Brestovac. Stabskompanie, Wirtschaftshof Birkenau. Nach 1945 in Bayern.

Margewitsch, Leon. SS-Schütze.
* 28.8.1909 Marzinken/Litauen. SS-Totenkopf-Sturmbann. Margewitsch: »Ich beherrschte damals die deutsche Sprache sehr schlecht und war deshalb nur zum [Wach-]Dienst im Lagerbereich eingesetzt.« Nach 1945 Kaufmann in Wien. Q.: AV, Bl. 12559ff.

Marhold, Ferdinand. SS-Schütze.
* 29.3.1901. Kommandanturbefehl vom 12.3.1942: Mit sofortiger Wirkung »wird der zur SS-Kantinengemeinschaft kommandierte SS-Schtz. Ferdinand Marhold verantwortlich für die SS-Hütte in Poromka [Erholungsheim des Auschwitz-Personals]«. Verbleib unbekannt.

Marketsch, Engelbert. Häftling Nr. 202499.
* 30.8.1918. Vermesser. Am 18.1.1945 – an diesem Tag beginnt die Flucht des Auschwitz-Personals – aus Mauthausen überstellt, um in die Sturmbrigade Dirlewanger eingegliedert zu werden. Er erhält die letzte Häftlingsnummer, die ausgegeben wird (Czech).

Markmann, Martin. SS-Unterscharführer.
* 26.8.1921 Luckenwalde. Standortverwaltung, Kammerwart der Bekleidungskammer Birkenau, Küchenbuchführer der Verpflegungsabteilung (Bestandsaufnahme). Standortbefehl Nr. 26/43: »Besuch der Mutter vom 3.7.43 auf unbestimmte Zeit«. Nach 1945 in Niedersachsen.

Marko, Franz. Politische Abteilung (PA), Lager-Gestapo.
* 21.11.1922 Krickerhau/Slowakei, Sohn eines Bergmanns, selbst Bergmann. Vom 20.12.1941 bis 22.9.1944 in Auschwitz. SS-Rottenführer. 1942 in der Vernehmungsabteilung der PA. Marko: »Ich selbst mußte bei diesen Vernehmungen auf Befehl Grabners mit einem Ochsenziemer die Häftlinge schlagen, die sich zu diesem Zweck über einen Schemel legen mußten. Meistens war es so, daß ich so lange zuschlagen mußte, bis ich erschöpft war.« Nach 1945 Hilfsarbeiter. Zu seiner Vernehmung am 26. Mai 1961 wies er sich mit einem Flüchtlingsausweis (!) aus. Markos Glaubwürdigkeit dokumentiert seine Aussage über die sog. Boger-Schaukel: »Diese Schaukel wurde nur angewandt, um ernsthafte Verletzungen beim Schlagen zu vermeiden.« Q.: AV, Bl. 8982ff.

Marly, Chaim. *Jüdisches Sonderkommando*, Nr. 153987.
* Unbekannt. Ankunft Auschwitz am 2.10.1943 mit einem Transport von 1063 Menschen aus dem Gefängnis in Radom. Häftling Porebski, Elektrikerkommando, über die Angehörigen des Sonderkom-

mandos (Langbein, *Menschen*): »Ich konnte mit ihnen keine gemeinsame Sprache finden. Sie waren ganz und gar dem Lebenswillen ergeben, dem Willen, dieses aufgezwungene Schicksal und dieses Schreckliche zu überleben.« SK-Häftling Salmen Lewenthal: »Die Wahrheit ist die, daß man um jeden Preis leben möchte.« SK-Häftling Filip Müller: »Ich wollte nur eines: weiterleben. Um aber das zu erreichen, gab es nur eines: sich zu unterwerfen und jeden Befehl auszuführen.«

Marquardt, August. SS-Rottenführer (1942).
* 29.3.1905 Konitz/Westpreußen. Nach 1945 im niedersächsischen Dassel. – Die damals 21jährige Zsuzsanna Fried (MV, Bd. 24): »Als verschleppter Jude [sic] kam ich am 11. Juni 1944 mit meiner ganzen Familie aus Ungarn kommend im Vernichtungslager Birkenau an. Die Mitglieder meiner Familie waren: meine Mutter, meine Großmutter, meine Schwester im schwangeren Zustand, mein Zwillingsbruder Gabor [nach acht Wochen gestorben] und Andreas, mein neunjähriger jüngerer Bruder. Außer mir blieb niemand am Leben.«

Martin, Heinrich. SS-Schütze.
* 13.6.1908 Karawuko, heute Karavukovo/Serbien. SS-Totenkopf-Sturmbann. Nach 1945 in Bayern. – In einem April 1945 entdeckten Bericht – dem Häftling Langfus zugeschrieben – heißt es über die nächtliche Ankunft von 2500 jüdischen Männern, Frauen und Kindern im Dezember 1942: »Die unterwegs Verstorbenen schleppte eine jüdische Arbeitergruppe aus den Waggons. Vollständig betäubt und überrascht, küßten die Männer in großer Eile ihre Frauen und Kinder, umarmten sie und verabschiedeten sich von ihnen. Dabei erhob sich ein fürchterliches Weinen.« Q.: Handschriften.

Martini, Emil. Häftling Nr. 1402.
* 13.3.1902 Johanngeorgenstadt. Journalist, SPD-Mitglied. Ankunft Auschwitz aus dem Krakauer Gestapogefängnis Montelupich am 18.7.1940. Zur Begrüßung erhält jeder 25 Stockschläge »mit daumenstarken Weidenstöcken, die vorher in Salzwasser geweicht waren«. Herbst 1942 Blockältester im Häftlingskrankenbau (Block 21) des Stammlagers. Aussage (Auszug): »In der Schreibstube des HKB wurde in Tag- und Nachtschicht gearbeitet, um alle Todesmeldungen auszuschreiben. Lediglich die großen Sammeltransporte, die sofort ins Gas kamen, wurden bei uns nicht erfaßt. Jeder Schreiber von uns hatte eine Liste mit über hundert Todesursachen zur Verfügung, um nach diesem Schema entsprechende Todesurteile ›zuteilen‹ zu können. Von den verstorbenen russischen Kriegsgefangenen, von den ca. 10000 im Lager waren, wurden lediglich die Nummern der Erkennungsmarken vermerkt. Namen interessierten bei diesen überhaupt nicht.« Februar 1943 zur Wehrmacht entlassen. Nach 1945 Journalist. Q.: AV, Bl. 2773 ff.

Marxen, Johannes. SS-Unterscharführer.
* 3.7.1904. Kommandanturstab, Abteilung Landwirtschaft. 1948 in Krakau zu 6 Jahren Haft verurteilt (LaV).

Marzik, Johann. SS-Unterscharführer.
* 28.3.1923 Erben/Ostpreußen. Arbeitsdienstführer (Arbeitskommandos) im Männerlager in Birkenau. Verbleib unbekannt. – Häftlingsärztin Adelsberger über Birkenau: »Es gab Tage, wo wir die Flammen nicht mehr sehen, den schweren Brandgeruch nicht mehr schmecken konnten. Und doch war kein Entrinnen aus diesem Fegefeuer der untersten Hölle, die uns mit elektrischem Stacheldraht bannte. Einmal, am 3. Juni, als das Schauspiel schon sechzehn volle Tage währte, lief ich Amok. Da haderte ich, zum zweiten Male im Lager, mit meinem Gott.«

Maschewski, Ernst Franz. SS-Sturmmann.
* 16.3.1901 Berlin. Arbeiter. September 1944 Kommando Eintrachthütte, Aufsicht bei der Produktion von Flugabwehr-

geschützen. Am 14.4.1948 in Wadowice zu 4 Jahren Haft verurteilt (HvA 17).

Maser, Julius. SS-Sturmmann.
* 19.5.1907. Kommandanturbefehl Nr. 27/43: »Besuch der Ehefrau vom 1.–8.7. 43«. Standortbefehl Nr. 48/43: »Besuch der Ehefrau v. 1.–11.43«. Verbleib unbekannt.

Maslek, Stefan. SS-Rottenführer.
* 26.12.1923 Sereth/Rumänien. Maurer. 1941 Buchenwald. 1942 SS-Totenkopf-Sturmbann KL Auschwitz, Bewachung Häftlingskommandos. Name aufgeführt in einer Meldung der Kommandantur vom 8.10.1942 über SS-Angehörige, die Häftlinge »auf der Flucht« erschossen. Maslek: »Ich selbst habe als Posten niemals von meiner Schußwaffe gebracht gemacht. Es ist mir völlig unerklärlich, wie in dieser Aufstellung mein Name auftauchen kann.« Nach 1945 in Bayern. Q.: AV, Bl. 11639ff.

Masseli, Karl. Führer von Außenlagern (AL).
* 11.10.1907 Stephanshain, Kreis Groß Strehlitz. SS-Rottenführer. September 1943 (Gründung) bis Februar 1944 Führer des AL Lagischa b. Bedzin. In Lagischa, 40 km von Auschwitz und 15 km von Kattowitz entfernt, werden knapp 1000 Häftlinge beim Bau eines Kraftwerks eingesetzt. Stellv. Lagerführer AL Jawischowitz (Kohlengrube) und Kommandoführer des AL Blechhammer (4000 Häftlinge, eigenes Krematorium). Nach 1945 in Marl. – Häftling Henryk Symchowicz, über SS-Angehörige in Blechhammer, während die Häftlinge nackt auf die »Entwesung« ihrer Kleidung warten (StAu II): »Sie schlugen, wo sie gerade auf den nackten Körper trafen. Aber auch diese Schläge taten nicht so weh, wie daß sie sich über unsere nackten Knochengerippe lustig machten.«

Mathes, Wendelin. SS-Schütze.
* 5.11.1894 Dunakömlod/Ungarn. Ab November 1944 in Auschwitz. † 1.5.1976 Schwabach.

Mattlener, Alfred. SS-Sturmmann.
* 17.11.1893 Rotthausen. Juli 1944 SS-Totenkopf-Sturmbann. 1948 in Krakau zu 3 Jahren Haft verurteilt (LaV).

Mattyssek, Viktor. SS-Unterscharführer.
* 17.9.1898 Krappitz/Oberschlesien. September 1944 Wachmannschaft, Kommando Eintrachthütte. 1948 in Wadowice zu 4 Jahren Haft verurteilt (LaV). † 1951 Jaworzus/Polen.

Mauer, Elly, geb. Hartmann. KZ-Wärterin.
* 3.1.1920 Fürstenberg/Havel. Frauenkonzentrationslager Birkenau. Nach 1945 in Bayern.

Mauer, Franz. SS-Oberscharführer.
* 3.7.1921 Tulln/Österreich. Blockführer im Außenlager Lagischa. Außerdem in Monowitz und Neustadt/Neiße. Nach 1945 selbe Adresse wie Elly Mauer.

Maurer, Gerhard. Leiter des Arbeitseinsatzes der Konzentrationslager.
* 9.12.1907 Halle. Kaufmann. 1930 NSDAP (Nr. 387103), 1931 SS (Nr. 12129), Standartenführer (1944). Ab 1.5.1942 im SS-Wirtschafts-Verwaltungshauptamt Chef der Amtsgruppe D II: Arbeitseinsatz der KZ-Häftlinge. Am 10.2.1943 und 19.3.1943 in Auschwitz. Laut KZ-Arzt Entress (Nbg. Dok. NI-6190) fand im Frühjahr 1943 eine Besprechung mit der Bauleitung der I.G. Farben Auschwitz statt. Anwesend waren Entress und nach dessen Erinnerung Standortarzt Wirths, Dr. Walther Dürrfeld und Oberingenieur Faust von der I.G. Farben Auschwitz sowie Gerhard Maurer. Entress: »Aus dieser Besprechung ergab sich später in der Praxis, daß zwar alle Häftlinge [ins Krankenrevier] aufgenommen wurden, dort jedoch nur eine bestimmte Zeit bleiben konnten und – wenn ihr Kranksein zu lange dauerte / 3–4 Wochen / in das Stammlager Auschwitz zurückgeführt wurden, um von dort aus zum größten Teil nach Birkenau zur Vergasung geschickt zu werden.« Vereinbarte mit Firmen die Abstel-

lung von Häftlingen, genehmigte z. B. am 7.5.1943 der OSMAG – Oberschlesische Maschinen- und Waggonfabrik AG – 1000 Häftlinge für das neue Außenlager Eintrachthütte (HvA 17). Beförderungsantrag Glücks vom 28.2.1944 (Schulte): »Seine Aufgabe, den Arbeitseinsatz bei der kriegswichtigen und siegentscheidenden Rüstungsindustrie zu lenken, hat er meisterhaft gelöst.« März 1947 Verhaftung in Nürnberg. Todesurteil in Krakau am 22.12.1947. † Hinrichtung 2.4.1953 in Krakau (ZStL).

Maus, Cläre. Laborantin.
* 1.12.1921. SS-Lazarett Auschwitz. 1944 Heirat mit Lagerarzt Kitt (1946 hingerichtet), Wohnung in einem Haus mit KZ-Zahnarzt Frank. Maus: »Im Jahre 1940 habe ich meinen verstorbenen Ehemann Dr. Bruno Kitt in Oberhausen kennengelernt. Im Jahre 1943 bewarb ich mich für einen Tätigkeit im Truppenlazarett Auschwitz. Meine Bewerbung hatte Erfolg. Etwa im April oder Mai 1943 begann ich als Med. Technische Assistentin im Truppenlazarett zu arbeiten.« Nach der Hinrichtung ihres Mannes neu verheiratet, Berufsangabe: Hausfrau. Die KZ-Arztwitwe auf die Frage, was sie über die Menschenvernichtung wisse: »Ich wußte, daß in Auschwitz Leichen verbrannt worden sind. Ich weiß aber nicht, wieviel Leichen verbrannt worden sind. Ich weiß auch nichts über die Todesursache.« Mulka im Auschwitz-Prozeß: »Die ganze Bevölkerung wußte, was geschah.« Q.: AV, Bl. 15628 ff.

Mautner, Alois. SS-Unterscharführer.
* 9.4.1922. Ordonnanz im *Haus der Waffen-SS*. Verbleib unbekannt.

May, Kurt. SS-Sturmbannführer.
* 1910. Dr. rer. pol. Leiter der *Deutschen Ausrüstungswerke* (May). Im SS-Wirtschafts-Verwaltungshauptamt Amtschef W IV (Holzbearbeitungsbetriebe). Am 22.10.1964 als Zeuge der Verteidigung Mulkas im Auschwitz-Prozeß. Frage Staatsanwalt: »Waren die DAW-Werke beim Bau der Gaskammern in Auschwitz beteiligt?« Antwort May: »Diese Abteilung unterstand mir nicht.« Nach der Aussage Einleitung eines Ermittlungs-Verfahrens. Schulte: »Einer Vernehmung entzog sich May durch Flucht ins Ausland.« † 1978.

May, Nikolaus. SS-Schütze.
* 22.7.1908 Obrowad. Stabskompanie, Wirtschaftshof Birkenau. Nach 1945 in Kanada.

Mayer, Anton. SS-Unterscharführer.
* 22.12.1911 Mürzzuschlag. SS-Nr. 299119. Standortverwaltung, Kammerwart der Effektenkammer (Raubgut). † 19.9.1974 Wien. – Imo Moszkowicz (Erinnerungen) über die Häftlinge im Rampenkommando: »Sie taten alles im Laufschritt. Selbst wenn sie einen Moment in Habachtstellung vor einem Uniformierten standen, die Mütze an der rechten Hosennaht haltend, die Brust raus und stillgestanden, Befehle entgegennehmend, schienen sie auf der Stelle, zappelnd, im Laufschritt-Marsch-Marsch zu sein. Sie ramschten das Mitgebrachte zusammen, trieben die Neuankömmlinge zu Gruppen, ordneten abermals Fünferreihen, riefen sich kurze Wörter in Jiddisch zu, Befehle weitertreibend.«

Mayer, Charlotte, geb. Wöllert. KZ-Wärterin.
* 7.2.1918 Friedland. SS-Aufseherin in Majdanak. Ab 28.4.1944 Kommandoführerin der Häftlingsküche in Birkenau (Lagerabschnitt BIIb). Am 19.4.1979 Freispruch LG Düsseldorf wegen Majdanek – mangels weiterer Aufklärungsmöglichkeiten.

Mayer, Michael. SS-Sturmmann.
* 1.6.1910 Tomasanci/heutiges Kroatien. 1943 Wachbataillon Majdanek. Ab August 1944 in Auschwitz. Nach 1945 Hilfsarbeiter.

Maywald. SS-Zahntechniker (1944).
* Nicht ermittelt. SS-Unterscharführer. – Adjutant Mulka zu den Bereicherungs-

möglichkeiten (AV, Bl. 6968 ff.): »In diesem Zusammenhang fällt mir ein, daß ein bei der Zahnstation beschäftigter Unterscharführer auf Urlaub fuhr, und ich von einem Hotel in Kattowitz die Mitteilung erhielt, man habe in seinem Zimmer einen Brillantring gefunden. Ich ließ alsdann nach dem Mann fahnden und ihn durchsuchen. Man fand in seinem Gepäck Goldbarren.«

Mazura, Karl. SS-Sturmmann.
* 27.2.1922. Am 4.12.1941 vom Kommandanturstab, Abteilung III Schutzhaftlager, zum SS-T-Sturmbann zurückkommandiert (KB 33/41). Verbleib unbekannt.

Medefind, Adolf. SS-Unterscharführer.
* 27.1.1908 Königslutter b. Braunschweig. Kaufmann. 1934 SS (Nr. 229467), 1937 NSDAP. Von Anfang bis zum Ende in Auschwitz. Zuletzt Stellv. Leiter des Verpflegungsmagazins. Am 22.12.1947 in Krakau zu lebenslanger Haft verurteilt. † 8.8.1948 Gefängnis Stuhm, laut KZ-Kollege Schippel an Tbc. – Fejkiel (Hunger) über *Muselmänner*, die ein Häftlingskommando mit einem Suppenkübel überfallen: »Auf diese Weise wurde eines Tages im Herbst der Krankenbau seines Mittagessens beraubt. Obgleich zum Tragen von Essen aus der Küche grundsätzlich kräftige Häftlinge bestimmt wurden, so waren sie diesmal dem Überfall nicht gewachsen. Auf die Essenträger warfen sich wie Heuschrecken Dutzende ›Muselmänner‹. Über das mit Erde vermischte Essen machten sich die ausgehungerten Angreifer her und schlürften es im Liegen. Nach kurzer Zeit war die Lagerstraße nicht nur vom Essen, sondern auch vom Schmutz saubergeleckt.«

Meger, Rudolf. SS-Rottenführer.
* 17.1.1910 Elisabethpol/Wolhynien. Nach 1945 in Schleswig-Holstein.

Mehler, Anton. SS-Sturmmann.
* 18.9.1922 Gaszinci bzw. Gasinci/heutiges Kroatien. Ab Juli 1943 in Auschwitz. SS-Totenkopf-Sturmbann. Am 20.1.1948 in Krakau zu 6 Jahren Haft verurteilt. 1955 von Frankfurt am Main nach Kanada ausgewandert.

Meilicke, Willi. SS-Schütze.
* 10.10.1901 Wepnitz. Ingenieur. 1932 NSDAP (Nr. 921056). 1942 SS. Sanitätskompanie Oranienburg. Vom 8.2. bis 27.9.1943 in Auschwitz. Kommandanturbefehl Nr. 25/43: »Besuch der Ehefrau v. 15.6.–21.6.43«. Danach 5. SS-Panzerdivision *Wiking*. Verbleib unbekannt.

Meister, August. SS-Hauptscharführer.
* 7.4.1896 München. Kommandanturstab Auschwitz. † 25.4.1945 Straubing.

Meister, Kurt. SS-Sturmmann.
* 11.5.1912 Berlin. Monowitz. Wohnsitz am Geburtsort.

Meiszner, Erich. SS-Unterscharführer.
* 21.9.1896 Fraustadt/Schlesien. Kommandoführer in Birkenau, Kommando Effektenkammer im Lagerabschnitt BIIb (Raubgut), 1944 Außenlager Sosnowitz (II). Am 23.1.1948 in Krakau zu 4 Jahren Haft verurteilt. † 16.2.1951.

Melcher, Johann. SS-Sturmmann.
* 3.6.1909. SS-Totenkopf-Sturmbann, Verwaltung Birkenau, Abteilung Verpflegung. Verbleib unbekannt. – Der polnische Priester Adam Kozlowiecki, nach 1945 Erzbischof (HvA 18): »Der Gedanke ans Essen verfolgt mich auf Schritt und Tritt, zu jeder Zeit am Tage und sogar in der Nacht. Ich schäme mich und versuche, es zu verbergen, aber vergebens.«

Melnicki, Josef. SS-Sturmmann.
* 28.10.1910 Radautz. SS-Totenkopf-Sturmbann. Nach 1945 in Steyr/Österreich.

Melnitzki, Emil. SS-Unterscharführer.
* 10.7.1896. Standortverwaltung, Abteilung IV, Küche. Verbleib unbekannt. – Die Überlebende Sternberg in ihrem Bericht *In der Hölle von Auschwitz*: »Wie oft habe ich den Wunsch ausgesprochen, mich noch einmal satt essen zu können und dann zu sterben, aber zuvor einmal

eine Schüssel Kartoffeln allein essen zu können.«

Mengele, Josef. SS-Hauptsturmführer und Humangenetiker.

* 16.3.1911 Günzburg, ältester von drei Söhnen des Fabrikbesitzers Karl Mengele (Landmaschinen). 1934 SA, 1935 Promotion (Dr. phil.) am Anthropologischen Institut der Universität München bei Prof. Theodor Mollison, Titel: *Rassenmorphologische Untersuchung des vorderen Unterkieferabschnittes bei vier rassischen Gruppen.* 1936 Staatsexamen. Januar 1937 am Universitätsinstitut für Erbbiologie und Rassenhygiene in Frankfurt am Main, ab 1. September als Assistent Verschuers. 1938 NSDAP (Nr. 5574974) und SS (Nr. 317885), Dissertation zum Dr. med.: *Sippenuntersuchungen bei Lippen-Kiefer-Gaumenspalte* (»Hasenscharte«). Ab 1.8.1940 der Sanitätsinspektion der Waffen-SS unterstellt. U. a. Januar bis Juli 1942 Truppenarzt bei der SS-Division *Wiking* (dennoch gutachtet er im selben Jahr für Verschuer, inzwischen Direktor des Kaiser-Wilhelm-Instituts für Anthropologie, menschliche Erblehre und Eugenik). Danach (bis 11.2.1943) Dienststelle Reichsarzt-SS, ab 19.2.1943 SS-Infanterie-Ersatzbataillon »Ost«. Am 30.5.1943 (BDC) erster Arbeitstag in Auschwitz-Birkenau. Herbst 1943 an Fleckfieber erkrankt. Januar 1945 in Groß-Rosen. Am 20.6.1949 von Genua kommend Einreise in Argentinien mit Paß des Internationalen Roten Kreuzes auf den Namen *Helmut Gregor.* November 1956 Paß auf den Namen José Mengele. Am 25.7.1958 Heirat mit der Witwe seines verstorbenen Bruders in Nueva Helvecia in Uruguay (Scheidung von erster Ehefrau 1954). † 7.2.1979 Bertioga / Brasilien. Beerdigt unter dem Namen *Wolfgang Gerhard* auf dem Friedhof von Embu (Sao Paulo). Exhumierung am 6. Juni 1985.

Vorbemerkung [E. K.]: Ich habe die Akten des Ermittlungsverfahrens der StA Frankfurt komplett durchgearbeitet. Aussagen über Mengele sind mit höchster Vorsicht zu behandeln, denn er hätte demnach gleichzeitig im Stammlager, in Birkenau, Monowitz und in den Außenlagern gewütet. Mengeles Tätigkeitsfeld war aber Birkenau. Und er faßte im Alltag, aus Angst vor Ansteckung, Kranke nicht an. Häftlingspfleger Julian Zbigniew Rybka (MV, Bd. 31): »Er hielt sich weit von den Kranken entfernt, und ich sah ihn niemals irgendeinen kranken Häftling berühren.«

Urteile über Mengele: Der jüdische Arzt Dr. Berner (MV, Bd. 23): »Man konnte ihn sozusagen als einen schönen Mann bezeichnen, der wie ein Filmschauspieler wirkte. Es ist mir auch in Erinnerung, daß er es liebte, Themen aus der Oper Rigoletto zu pfeifen. Er wirkte mit einem Wort stolz und elegant. Ein Element der Herablassung war keinesfalls zu übersehen.« Häftlingsärztin Stoppelman (MV, Bd. 16): »Im Gegensatz zu anderen SS-Ärzten war bei Mengele auffällig, daß er bei Selektionen in besonders guter, fast fröhlicher Stimmung war. Ich kann mich daran erinnern, daß er irgendwelche Melodien pfiff und ein regelrecht heiteres Wesen zeigte. Erkennbar bereitete ihm das Treffen dieser Entscheidungen Vergnügen.« Revierschreiberin Eva Landstofova, Nr. 9398 (MV, Bd. 25): »Ich habe die ganzen Jahre hindurch niemals gesehen, daß Mengele zum Beispiel einen Häftling geschlagen hat. Er entschied und schickte allerdings massenweise Häftlinge ins Gas. Ich erinnere mich daran, daß, als Dr. Mengele Häftlinge ins Gas auswählte, er gewöhnlich die Arie aus Aida ›Sie liebte ihr Leben‹ pfiff.« Ella Lingens (MV, Bd. 8): »Er war ein auffallend hübscher und eleganter Mann. Charakteristisch für ihn war, daß er vielfach im Lager weiße Handschuhe trug. Gelegentlich trug er auch eine Reitpeitsche, mit der er sich leicht gegen den Stiefelschaft schlug.« Häftlingsärztin Borbala: »Er trug ständig schneeweiße Handschuhe. Auf den ersten Blick war seine Erscheinung sehr gewinnend, als ich seine Tätigkeit kennenlernte, wurde mir sein starkes Gepflegtsein unsympathisch.« Häftlingsarzt Lettich (AV, Bl. 17004): »Während meiner Tätigkeit im Hygieneinstitut brachte Dr. Mengele mehrmals Schädel [Köpfe] von Zwillingen im Kindesalter und außerdem Schädel von erwachsenen Einzelpersonen dorthin. Ich hatte die Aufgabe, an diesen Schädeln Nomauntersuchungen [Noma ist ein Wasserkrebs, der im »Zigeunerlager« als Folge der Hungerernährung epidemisch auftritt] vorzunehmen. Es war für mich eindeutig, daß diese Schädel nicht von Leichen herrührten, die auf natürliche Weise angefallen waren, sondern um solche, die von Leichen auf Grund von Verbrechen herrührten. Die Schädel rochen stark nach Phenol.«

Mengeles Forschung: Die Beschäftigung mit dem Wasserkrebs dürfte seinem Eigeninteresse geschuldet sein. Die übrigen Versuche unternimmt er als Gehilfe vor Ort des Kaiser-Wilhelm-Instituts (KWI) für Anthropologie. Sein KWI-Chef Verschuer unter dem Kennwort *Spezifische Eiweißkörper* in einem Bericht vom 20.3.1944 an die *Deutsche Forschungsgemeinschaft* (DFG): »Als Mitarbeiter in diesem Forschungszweig ist mein Assistent Dr. med. et Dr. phil. Mengele eingetreten. Er ist als Hauptsturmführer und Lagerarzt im Konzentrationslager Auschwitz eingesetzt. Mit Genehmigung des Reichsführers-SS werden anthropologische Untersuchungen an den verschiedensten Rassengruppen dieses Konzentrationslagers durchgeführt und die Blutproben zur Bearbeitung an mein Laboratorium geschickt.«

Von besonderer Bedeutung sind Mengeles Augen-Experimente. Sie sind Teil eines der aufwendigsten und, wie es schien, der erfolgversprechendsten Genforschungsprojekte der NS-Zeit. Es handelt sich um eine Verbundforschung mehrerer Kaiser-Wilhelm-Institute über Augenfarbe und Genwirkstoffe. Experimentiert wird zum Beispiel zur Genwirkkette der Augenpigmentierung bei Mehlmotten. 1940 war es dem Protozoologen (Spezialist für Einzeller) Viktor Schwartz gelungen (so der Direktor des KWI für Biologie Alfred Kühn am 9.12. 1940 an die DFG), »Augenanlagen so zwischen verschiedene Schmetterlingsarten und Rassen einer Art wechselseitig zu überpflanzen, daß im fertig entwikkelten Falter das eine Auge oder ein Augenteil der einen, das andere Auge der anderen Art oder Rasse angehört.« Lingens im Auschwitz-Prozeß: »Ich erinnere mich an die kleine Dagmar. Sie kam in Auschwitz auf die Welt, und ich habe bei der Geburt geholfen. Sie ist gestorben, nachdem Mengele ihr Einspritzungen in die Augen gegeben hatte, weil er versuchen wollte, eine Änderung der Augenfarbe herbeizuführen. Die kleine Dagmar sollte blaue Augen bekommen.« Oberscharführer Muhsfeldt trifft 1944 im Krematorium drei Häftlingsärzte beim Sezieren von acht Kindern, Aussage (MV, Bd. 41): »Ich fragte, was das für Leichen seien. Die Ärzte antworteten darauf, daß die Kinder von Mengele mit einer Giftinjektion getötet worden seien, weil sie Merkmale hatten, die Mengele im Zusammenhang mit seinen Forschungen besonders interessierten. Es ging vor allem um die Augenfarbe. Er hatte nämlich festgestellt, daß von den Zwillingspaaren jeder Zwilling ein blaues und ein graues Auge hatte. Bei der Sektion wurden die Augäpfel entfernt und als Ausstellungsstücke nach Berlin geschickt. In einem anderen Fall wurden Ausstellungsstücke eines Vaters und Sohnes vorbereitet. Der Vater hatte eine besonders verbildete Wirbelsäule. Mengele tötete den Vater und den Sohn, präparierte ihre Skelette, die dann nach Berlin geschickt wurden.« Häftlings-Anthropologin Martina Puzyna (siehe dort) verdanken wir die Kenntnis, daß Mengele Häftlinge tötete oder töten ließ, um ihre Augen zu präparieren, die er nach Berlin (KWI) schickte. Puzyna: »Ich war zutiefst erschüttert, weil mir in diesem Augenblick klar wurde, daß Mengele offenbar fähig war, Menschen umzubringen, um irgendwelche Untersuchungsergebnisse zu erlangen.« Lit.: Klee: Deutsche Medizin.

Menzel, Edmund. SS-Schütze.
* 20.7.1910 Sonowicky/Galizien. Ab Juni 1943 in Auschwitz, Monowitz. 1948 in Krakau in U-Haft (LaV).

Merbach, Hans. Führer der Hundestaffel.
* 10.5.1910 Gotha. Bankbeamter. 1930 NSDAP (Nr. 259233) und SS (Nr. 3387), Obersturmführer (1939). 1940 bis Mai 1941 Adjutant KZ Buchenwald, danach Kompanieführer in Auschwitz. Herbst 1942 Leiter der Hundestaffel. Standortbefehl Nr. 36/43: »Besuch der Familie v. 30.8.–15.9.43.« Ab 1.2.1945 Zweiter Schutzhaftlagerführer in Buchenwald. Todesurteil US-Militärgericht Dachau am 14.8.1947 im *Buchenwald-Hauptprozeß*. † Hinrichtung 14.1.1949 Landsberg, begraben ebenda. – In einem dem Häftling Langfus zugeschriebenen Bericht heißt es über die Morde in den Gasbunkern: »Es wurden so viele hineingepresst. Schwer, sich vorzustellen, daß in einem so kleinen Raum so viele Menschen Platz fanden. Derjenige, der nicht hineingehen wollte, wurde erschossen oder von Hunden zerfleischt.« Die überlebende Häftlingsschwester Sternberg in ihrem Bericht *In der Hölle von Auschwitz* (AV, Bl. 3975f.): »Eines Tages bekamen wir ein Mädchen nach dem Einrücken des Kommandos in den Krankenblock gebracht. Sie war eine Jüdin aus Griechenland. Wir wußten kaum, wie ihr am besten die Kleider zu entfernen [waren], ohne ihr wehe zu tun, denn die Sachen waren völlig mit den blutigen Wunden verklebt. Sie war sehr verwirrt und konnte uns auf unsere Fragen nicht richtig antworten. Sie gab uns aber zu verstehen, daß zwei Polizeihunde auf sie losgelassen wurden, weil sie angeblich nicht schnell genug im Arbeitskommando gearbeitet hat. Diesem Mädchen war die linke Gesäßhälfte losgefressen, so daß nur noch überall Fleischfetzen hingen und man den Sitzbeinknochen sehen konnte. Die Schmerzen waren unausstehlich [sic] und sie wünschte sich nur noch den Tod herbei. Nach acht Tagen ist dieses Mädchen mit den Sortierungen zum Vergasen geführt worden.«

Merckens, Rudolf. SS-Unterscharführer.
* 6.12.1912 Düren. Laut KZ-Kollege Wilhelm Schmidt Arztsohn. Ende 1940 bis zum Schluß in Auschwitz. SS-Totenkopf-Sturmbann, Monowitz. Wohnsitz Baden-Württemberg.

Merkel, Erhard. SS-Rottenführer.
* 21.5.1921 Königszelt, Kreis Schweidnitz. Blockführer in Monowitz. † 17.8.1966 Süchteln.

Merkl, Josef. Hundestaffel.
* 13.9.1908 im Kreis Semlin. SS-Sturmmann, Wachmannschaft. 1948 in Krakau zu 4 Jahren Haft verurteilt (LaV). Nach 1945 im Landkreis Dachau. – Höß in seinen Aufzeichnungen: »Die Auschwitzer Hundestaffel war wohl das prächtigste an Soldatenmaterial, was es gab. Im negativen Sinne.«

Mermelstein, die kleine Polin.
* Personalien unbekannt. Häftlingsärztin Adelsberger: »Mermelstein, die kleine Polin. Wochenlang war sie mit ihrer Pellagra, einer Vitaminmangelkrankheit, wie ein Kind gefüttert worden, weil sie, vom Essen entwöhnt, nichts mehr zu sich nehmen wollte. Danach war sie wunderbar gefräßig geworden. Stolz und fröhlich war sie im Block herummarschiert, glücklich, daß sie wieder laufen konnte; aber nach der Befreiung sackte sie zusammen und starb noch nachträglich den Hungertod.«

Mertens, Heinz. SS-Unterscharführer.
* 28.2.1920. Kommandanturstab, Schreiber beim Gerichts- und Fürsorgeoffizier. Nach 1945 in Österreich.

Messing, Heinrich. Monteur bei *Topf & Söhne*.
* 28.6.1902 Erfurt. Sohn eines Schuhmachers. Bezirkskassierer der kommunistischen *Roten Hilfe*, KPD seit 1930. Ende Februar 1933 für elf Wochen in Schutzhaft. Vom 4.1. bis 11.6.1943 als Monteur zum Einbau von Saugzuganlagen, Gaskammerventilation und eines Leichenaufzugs in Auschwitz. Ab 7.7.1945 Kripo Erfurt, April 1946 bis Juli 1948 Dienststellenleiter der Polizei in Sondershausen, Rückkehr nach Erfurt, Abschied aus Polizeidienst am 15.3.1951. Anerkannter Verfolgter des Naziregimes, Träger der Medaille *Für Kämpfer gegen den Faschismus 1933–1945*. Ab 1953 Inoffizieller Mitarbeiter der Staatssicherheit (Stasi-Verschleierung: »War in Polen als Arbeiter in kriegswichtigen Betrieben«). † 27.4.1985 Erfurt. Q.: Schüle.

Messmer, Johann. SS-Unterscharführer (1942).
* 28.7.1916 Engelsbrunn, Kreis Arad in Rumänien. Dienst in der rumänischen Armee. 1940 freiwillig Waffen-SS. Ab August 1940 in Auschwitz, Standortverwaltung, im sog. Verpflegungslager. Messmer: »Ich habe nie gehört, daß ein SS-Mann, der von der Schußwaffe Gebrauch gemacht hatte, zur Rechenschaft gezogen wurde. Daß die mit den Lastwagen Abtransportierten der Vernichtung zugeführt wurden, war allgemein bekannt. Daß Menschen verbrannt wurden, war geruchsmäßig wahrnehmbar.« Nach 1945 Arbeiter. Aussage: AV, Bl. 17694ff.

Messner, Paul. SS-Unterscharführer.
* 22.4.1904 Breitenheim. Beruf: Müller. 1930 NSDAP (Nr. 238297), SS-Nr. 12711. Leiter der Mühle des SS-Unternehmen *Deutsche Lebensmittel GmbH* im Außenlager Babitz. Standortbefehl Nr. 45/43: »Besuch des Vaters vom 15.10.–14.11.43«. Verbleib unbekannt.

Meszarosch, Peter. SS-Schütze.
* 27.8.1909 Marienfeld, Kreis Timisch/Rumänien. Ab September 1943 in Auschwitz, Außenlager Neu-Dachs. Möglicherweise identisch mit Peter Meszarosz, 1948 in Krakau zu 4 Jahren Haft verurteilt (LaV).

Meyer, Georg. KZ-Arzt.
* 5.9.1917 Wien. SS-Obersturmführer (1943). 1940 *Leibstandarte*-SS Adolf Hitler (Elitetruppe der Waffen-SS). Vom 17.7. bis 9.11.1942 Lagerarzt in Auschwitz. KZ-Kollege Kremer am 17.9. 1942 im Tagebuch: »Heute mit Dr. Meyer das Frauenlager Birkenau besucht.« Kremer am 21.9.1942 im Tagebuch: »Abends Entenklein. Dr. Meyer erzählt mir von einer Vererbung eines Traumas (Nase) in der Familie seines Schwiegervaters.« Von Kremer (AV, Bl. 9062) als SS-Arzt »bei den Vergasungen« bezeichnet. Häftlingsärztin Schwalbova (MV, Bd. 26): »Alle Patientinnen mit Flecktyphus bestimmte er für den Tod durch Gas. Konkret kann ich die Edith Bockova, Krankenschwester aus Sillein, gemeinsam mit ihrer Mutter und Frau Koncova aus Preßburg nennen.« 1943 Kurzeinsätze in Natzweiler, Groß-Rosen, Flossenbürg, KZ Vught. Nach 1945 Praktischer Arzt in Wien. Meyer (AV, Bl. 12565): »Wenn mir vorgehalten wird, daß ich in den schriftlichen Aufzeichnungen dieses Dr. Kremer 3mal erwähnt werde, so gebe ich dazu an, daß ich ein Frauenlager Birkenau überhaupt nicht kenne.« Meyer an anderer Stelle (MV, Bd. 8): »In Auschwitz hatte ich mit dem Konzentrationslager nichts zu tun.«

Meyer, Valentin. SS-Obersturmführer.
* 4.1.1908 Michelstadt. Angestellter. 1931 NSDAP (Nr. 762790), 1932 SS (Nr. 22915). 1939 SS-Verfügungstruppe. April 1944 bis Januar 1945 Leiter des *Truppen-Wirtschafts-Lagers* in Auschwitz: Versorgung mit Lebensmitteln, SS-Uni-

fomen, Waffen und Munition. Danach Fronteinsatz Waffen-SS. Verbleib unbekannt.

Meyer, Willi. Häftling Nr. 20.
* 4.7.1909 Wuppertal. Einer von 30 Kriminellen aus dem KZ Sachsenhausen, am 20.5.1940 als Funktionshäftling nach Auschwitz überstellt. Kapo eines Schneiderkommandos. Langbein (Menschen): »In dem Kommando ›SS-Schneiderei‹ waren 23 weibliche Gefangene ausschließlich damit beschäftigt, für Frauen von SS-Führern und für SS-Aufseherinnen zu nähen.« Am 29.11.1940 Flucht bei einem Krankenhausbesuch in Kattowitz. 1944 erneut verhaftet (Czech).

Meyr, Max. Der erste SS-Verwaltungsführer.
* 30.7.1915 Nördlingen. Kaufmännischer Angestellter. 1937 NSDAP (Nr. 4426588), 1939 SS (Nr. 289455), Obersturmführer (1942). Zunächst Kriegsbesoldungsstelle der Inspektion der Konzentrationslager in Oranienburg. Ab 1.6. 1940 in Auschwitz, laut Höß »ein ausgemachter Trottel«. Kommandanturbefehl vom 28.9.1940: Mit Wirkung vom 1.10. 1940 nach Neuengamme kommandiert. Nach 1945 in Niedersachsen.

Michalek, Adolf. SS-Rottenführer (1941).
* Nicht ermittelt. 4. Kompanie SS-Totenkopf-Sturmbann. Belobigt im Standortbefehl vom 21.8.1943 für »Festnahme geflüchteter Häftlinge«.

Michel, Ernst. Häftlingspfleger, Augenzeuge von Elektroschocks.
* 1.7.1923. Im Häftlingskrankenbau in Monowitz. Nach 1945 US-Staatsbürger. Michel: »Ich kann mich deutlich daran erinnern, daß ich im Jahre 1944, es mag im Frühjahr gewesen sein, es herrschten jedenfalls keine winterlichen Verhältnisse mehr, in einem Zeitraum von etwa zwei bis drei Wochen, mehrmals, etwa vier bis fünf Mal, den Auftrag erhielt, von einem Lastwagen, der aus Birkenau kam, Häftlingsfrauen, die überwiegend krank waren, abzuladen und mit anderen Pflegern auf einer Tragbahre in einen in der Nähe des Eingangs des Häftlingskrankenbaus gelegenen Raum zu tragen. Es waren jeweils mindestens fünf bis höchstens fünfzehn Häftlingsfrauen, die jeweils antransportiert wurden. Nachdem wir die Kranken auf ihren Bahren dort abgesetzt haben, mußten wir helfen, an den kranken Häftlingen Vorrichtungen anzuschnallen, die erkennbar mit elektrischem Strom in Verbindung gestanden haben. Diese Vorrichtungen wurden jeweils an beiden Armen und beiden Beinen sowie an den Schläfen angebracht. Wenn wir damit fertig waren, mußten wir den Raum verlassen. Nach etwa einer halben bis dreiviertel Stunde wurden wir wieder hereingerufen und mußten wiederum helfen, die eben beschriebenen Vorrichtungen wieder abzunehmen. Es war auffallend, daß die Häftlinge, bei denen diese elektrischen Apparaturen angebracht waren, aussahen als wären sie in einem Krampf. Einige hatten Schaum auf den Lippen. Manche hatten auch ein Tuch im Mund, das wir im Vorraum herausnehmen mußten. Ich habe wahrgenommen, daß in mehreren Fällen die Häftlinge, d.h. also nicht alle, sondern einzelne, von den herantransportierten Häftlingen tot waren. Bei vorsichtiger Schätzung kann ich sagen, daß etwa insgesamt ein Drittel, es mögen also zwischen 20 und 30 Personen gewesen sein, tot waren.« Q.: MV, Bd. 7.

Michels, Johann. SS-Rottenführer.
* 8.2.1923 Dümschede. Ab 9.9.1944 Wachmannschaft. 1948 in Krakau zu 3 Jahren Haft verurteilt (LaV).

Michl, Josef. SS-Schütze.
* 13.10.1909 Tevel/Ungarn. Stabskompanie, Wirtschaftshöfe Birkenau und Babitz. Nach 1945 in Kleinwallstadt.

Micke, Josef. SS-Rottenführer.
* 5.11.1916 Strem Mitrovica. Ab November 1942 in Auschwitz. Nach 1945 in Bayern.

Mickli, Johann. SS-Schütze.
* 30. 1. 1907 Püspökadasd / Ungarn. Ab Dezember 1943 in Auschwitz. Stabskompanie, Wirtschaftshof Birkenau, Kommando Jawischowitz. Nach 1945 in Iserlohn.

Miessner, Erich. SS-Rottenführer.
* 16. 12. 1901 Rohrfeld / Ostpreußen. Ab 1940 in Auschwitz, Blockführer. Todesurteil US-Militärgericht Dachau am 13. 5. 1946 im *Mauthausen-Hauptprozeß*. † Hinrichtung 27. 5. 1947 Landsberg, begraben ebenda.

Mikolaiczak, Valentin. SS-Rottenführer.
* Nicht identifiziert. Kommandanturbefehl vom 4. 6. 1943: »Besuch der Familie«. – Die Überlebende Sternberg in ihrem Bericht *In der Hölle von Auschwitz*: »Beim Appell heißt es heute: Schwangere Frauen vortreten, sie werden leichtere Arbeit bekommen. Nachdem sie sich gemeldet hatten, wurden ihre Nummern notiert. Zwei Stunden später sah man sie zum Vergasungsblock fahren.«

Mila, Jecheskiel. *Jüdisches Sonderkommando.*
* 1921 / 22, aus Zakroczym. Pole. Ankunft Auschwitz unbekannt. Sommer 1944 erschossen (FSK). In einem April 1945 entdeckten Bericht – dem Häftling Langfus zugeschrieben – heißt es über den Tod in der Gaskammer: »Dann wurden alle Türen hermetisch verschlossen und durch eine kleine Luke in der Decke Gas hineingeworfen. Die im Inneren eingesperrten Menschen konnten nichts mehr tun. Also schrien sie nur mit bitteren, kläglichen Stimmen. Andere klagten mit Stimmen voll Verzweiflung, noch andere schluchzten krampfhaft, und es erhob sich ein grauenvolles Weinen.« Q.: Handschriften.

Milde, Otto. Hundestaffel.
* 29. 1. 1924 Dortmund. SS-Sturmmann. Name auf einer Meldung der Kommandantur vom 15. 8. 1942 über SS-Angehörige, die Häftlinge »auf der Flucht« erschossen. † Kriegstod 17. 4. 1945 in Pilsen. Die Gefangene Janka Berger (Nr. 2653), als Kranke von ihren Mithäftlingen im Arbeitskommando mitgeschleppt (Shelley): »Meine Kameradinnen nahmen mich in die Mitte einer Reihe, wo sie mich stützen konnten. Als der SS-Mann, der mit seinem großen Schäferhund neben uns herlief, dies bemerkte, schrie er: ›Wenn du nicht allein laufen kannst, geh aus der Reihe, und ich werde dich erschießen.‹«

Mildner, Rudolf. Gestapochef Kattowitz.
* 10. 7. 1902 Johannestal / Schlesien. Dr. jur. 1931 NSDAP (Nr. 614080), 1935 SS (Nr. 275741), zuletzt Standartenführer (1943). 1938 Stellv. Gestapochef in Linz. August 1939 Gestapochef in Salzburg, Dezember 1939 in Chemnitz. März 1941 Gestapochef Kattowitz und damit Chef der Politischen Abteilung (Lager-Gestapo) in Auschwitz. Laut Unterscharführer Broad »der Allgewaltige von Oberschlesien« und »einer der blutrünstigsten Schlächter«. September bis Ende 1943 Befehlshaber der Sicherheitspolizei und des SD Dänemark. 1944 Regierungsdirektor und Leiter der Abteilung IV A 5 im Reichssicherheitshauptamt. Dezember 1944 Kommandeur der Sicherheitspolizei und des SD Wien. 1946 im Nürnberger Prozeß gegen die Hauptkriegsverbrecher Zeuge (!) der Anklage gegen Kaltenbrunner. Danach untergetaucht. – Mildner selektierte November 1941 in Auschwitz russische Kriegsgefangene (Czech): 300 werden als *fanatische Kommunisten*, 700 als politisch belastet eingestuft und umgehend ermordet. 8000 Russen gelten als *politisch nicht verdächtig* und sterben nach und nach an den Lagerbedingungen. Mildner leitete die Sitzungen des Polizei- und Standgerichts der Gestapo Kattowitz in Block 11 (Todesblock). Broad: »Kaum eine Minute nimmt jeder Fall in Anspruch. Nach knapp zwei Stunden ist die Sitzung beendet. Von den 210 Personen wurden 206 zum Tode verurteilt und für 4 Schutzhaft

angeordnet.« Leitete mit Hans Dreier im August 1942 eine fast einwöchige Selektion und die Deportation von 11 000 Juden aus Sosnowitz und Bendzin nach Auschwitz. Sybille Steinbacher: »In sogenannten Auffanglagern wurden die Juden bis zur Abfahrt zusammengepfercht. Säuglinge und Kinder starben dort in diesen Tagen, alte Leute begingen Selbstmord, und manche, so die Zeitzeugenberichte, verloren den Verstand.« Broad über Mildners Urteile in Auschwitz: »Ein sechzehnjähriger Junge wird hereingeführt. Er hat sich aus unerträglichem Hunger aus irgendeinem Laden etwas zu essen gestohlen. Nachdem Mildner ihm sein Todesurteil vorgelesen hat, legt er langsam das Blatt auf den Tisch und richtet seine durchbohrenden Blicke auf die kleine, bleiche Gestalt. ›Hast du Angst vor dem Tod?‹ forscht der stiernackige Menschenschlächter und weidet sich mit sadistischem Genuß an seinem Opfer. Der Junge gibt keinen Ton mehr von sich, er zittert nur etwas. ›Wir werden dich heute erschießen‹, spricht Mildner und ist bemüht, seiner Stimme einen schicksalsschweren Ausdruck beizulegen, ›du wirst sonst doch nur eines Tages aufgehängt. In einer Stunde bist du tot!‹«

Millauer, Arthur. SS-Unterscharführer.
* 25. 9. 1909 Neustadt, Kreis Schaken in Litauen. Buchhalter der Stadt Neustadt, Forstverwaltung Schaken. Ab 23. 10. 1941 in Auschwitz: Kommandantur Monowitz (Millauer: »Monowitz war ein reines Arbeitslager«), Schreiber in B III, von Häftlingen *Mexiko* genannt. In Polen zu 4 Jahren Haft verurteilt, Entlassung am 26. 4. 1951 (Millauer). Steuersekretär beim Finanzamt Lüneburg. Möglicherweise – kein zweiter Millauer bekannt – jener SS-Unterscharführer Millauer, dem am 30. 1. 1944 das *Kriegsverdienstkreuz II. Klasse mit Schwertern* verliehen wurde. Aussage: AV, Bl. 4056 ff.

Milte, Herbert. SS-Sturmmann.
* 7. 12. 1923 Castrop-Rauxel. SS-Totenkopf-Sturmbann. Nach 1945 in Nordrhein-Westfalen.

Minkos, Herbert. SS-Oberscharführer.
* 20. 1. 1910 Zschopau / Sachsen. Angestellter. NSDAP-Nr. 7049844, SS-Nr. 293112. Zugang aus Buchenwald. Juni 1940 bis April 1941 Leiter der Standortkasse. † Vermißt. Letzte Nachricht Dezember 1949 aus dem Lager 7108.

Minkowsky, Henri. *Jüdisches Sonderkommando.*
* 12. 12. 1921 Prityka. Pole. Ankunft Auschwitz am 4. 3. 1943 aus Drancy. Chaim Herman: »Beim Aussteigen gab es schon einige Tote und Wahnsinnige.« Von 1000 Deportierten werden 881 sofort in der Gaskammer ermordet. Alle 100 zurückgestellten Männer, darunter Minkowsky, müssen ins Gaskammerkommando. Kommandant Höß in seinen Aufzeichnungen über jüdische Frauen vor der Ermordung: »Ab und zu kam es auch vor, daß Frauen während des Ausziehens plötzlich markerschütternd losschrien, sich die Haare ausrissen und sich wie wahnsinnig gebärdeten. Schnell wurden sie hinausgeführt und hinter dem Haus mit dem Kleinkalibergewehr durch Genickschuß getötet.«

Mirbeth, Hans. Führer der Außenlager Golleschau und Althammer.
* 18. 3. 1905 München, Sohn eines Werkmeisters. Schreinergeselle. 1931 NSDAP / SS, Oberscharführer. Ab Januar 1941 in Auschwitz, Wachdienst, Kommandoführer. Rampendienst zur Zeit, als die Transporte »auf dem Bahngleis zwischen dem Stammlager und dem Lager Birkenau« ankommen. April 1943 Lagerführer in Golleschau (August 1942 errichtet, Steinbruch und Zementwerk, tausend Häftlinge). Mirbeth lernt hier die Postbetriebsassistentin Wagner kennen, mit der er nach 1945 zusammenlebt. Mirbeth

zur Prügelstrafe (AV, Bl. 6749): »Es gab 10 bis 25 Stockschläge. In Golleschau habe ich als Lagerführer öfters diese Strafe verhängt, z.B. wegen Kartoffeldiebstahls usw.« Kommandanturbefehl vom 4.10.1944: *Kriegsverdienstkreuz II. Klasse mit Schwertern*. Herbst 1944 Führer des Außenlagers Althammer im Bezirk Kattowitz (500 Häftlinge, Ausbau eines Kraftwerks). Häftling Unikower (AV, Bl. 1712): »Mirbeth war ein brutaler Schläger, der immer wieder Häftlinge mißhandelte.« Am 27.11.1953 vom Schwurgericht Bremen (3 Ks 2/53) zu 6 Jahren Haft verurteilt, Entlassung 21.12.1956. Bezieher einer Invalidenrente, ab 1961 Bürogehilfe bei einem Münchner Rechtsanwalt. † 8.11.1975 München. Mirbeth über eine Exekution (AV, Bl. 16947): »Bei der Erhängung des ungarischen Juden habe ich selbst den Hocker unter den Füßen des Todeskandidaten weggezogen.«

Mittermeier, Ludwig. SS-Unterscharführer.
* 11.5.1908 Neu-Wisselsing, Sohn eines Landwirts. Elektriker. 1937 SS (Nr. 161468). Ab 30.4.1941 in Auschwitz, Standortverwaltung, Technische Abteilung, Elektrikerkommando, Trafostation. Mittermeier: »In der Trafostation wurde die Hochspannung auf 380 und 220 Volt transformiert. Die Spannung von 380 Volt wurde für die Ladung des elektrischen Zaunes benötigt.« Standortbefehl (StB) Nr. 24/43: »Besuch der Ehefrau vom 15.7.–15.9.43«. StB Nr. 37/43: »Aufenthaltsgenehmigung für Ehefrau bis 15.12.43 verlängert«. Elektroinstalllateur im Kreis Vilshofen. Mittermeier: »Die Vergasungen in den Krematorien von Birkenau waren allgemein bekannt, und es kann kein SS-Mann behaupten, er habe nichts davon gewußt.« Q.: AV, Bl. 8856 ff.

Mittmann, Wilhelm. SS-Schütze.
* 6.9.1922. Wachmannschaft. 1948 in Krakau zu 5 Jahren Haft verurteilt (LaV).

Möckel, Karl. Verwaltungsführer.
* 9.1.1901 Klingenthal/Sachsen. Buchprüfer. 1925 NSDAP (Nr. 22293), 1926 SS (Nr. 908), Obersturmbannführer. Ab 20.4.1943 Chef der SS-Standortverwaltung (am 18.8.1944 umbenannt in SS-Zentralverwaltung). Erich Muhsfeldt zum Raubgut aus den Ungarntransporten (MV, Bd. 41): »Möckel kam häufig, kontrollierte unsere Arbeit und erteilte an Ort und Stelle Befehle bezüglich der Ausführung der Arbeiten, insbesondere trieb er uns zur schnelleren Arbeit an. Die Sortierstelle und die Verwaltung der aussortierten Gegenstände unterstand nämlich Möckel als Chef der Verwaltung.« Januar 1945 im Stab Höherer SS- und Polizeiführer Italien. † Todesurteil am 22.12.1947 in Krakau, Hinrichtung 28.1.1948 ebenda.

Möhlmann, Arie. SS-Hauptsturmführer.
* 19.4.1915 Ibbenbüren. Buchbinder, danach Konditor. März 1933 NSDAP (Nr. 3568708) und SS (Nr. 165026). Möhlmann: »Am 1.3.33 bin ich von der Hitlerjugend in die Allg.-SS übergetreten und war auch seit dieser Zeit Mitglied der NSDAP.« Herbst 1940 bis Juni 1941 (Möhlmann) in Auschwitz, Kompanieführer der 1. SS-Wachkompanie (»Bei den SS-Leuten, die von mir ausgebildet wurden, handelte es sich meistens um Österreicher«). Nach 1945 Inhaber einer Konditorei. Möhlmann: »Mir ist während meiner Zeit in Auschwitz nicht bekannt geworden, daß in Auschwitz Häftlinge erschossen wurden.« Q.: AV, Bl. 8212 ff.

Moes, Ernst. SS-Hauptsturmführer und Regierungsoberinspektor.
* 31.1.1898 Wildbad. SS-Nr. 385045. NSDAP-Nr. 7619289. Ab 1.9.1942 im Judenreferat (Abteilung IV B 4) des Reichssicherheitshauptamts. Sachbearbeiter Schutzhaft und Sonderbehandlung Theresienstadt und Bergen-Belsen (1 Js 1/65 RSHA, GStA Berlin). Zentral-

kartei ZStL: »Belastet durch seine Selektionen im Ghetto Theresienstadt.« Keine Angaben zum Verbleib nach 1945. Häftlingsärztin Adelsberger, als Jüdin aus dem Robert-Koch-Institut entfernt, über die Angst um den Abtransport ihrer gelähmten Mutter: »Ich hatte die Mittel in der Hand, einen Schluck, eine Spritze, um sie davor zu bewahren. Manche haben ihren Eltern den erlösenden Schlaftrunk kredenzt. Erst beruhigte mich der Gedanke. Dann, als die Abholungen sich überstürzten und der Zeitpunkt immer näher rückte, wurde ich schwankend. Und zuletzt machte mich die bloße Vorstellung halb wahnsinnig. Ich, die ihr ganzes Leben lang um jedes einzelne Menschenleben gekämpft hatte, sollte meine Mutter, die mir das Liebste auf der Welt war, töten? Ich konnte es nicht. Aber ich habe auf den Knien gelegen und Gott um den Tod meiner Mutter angefleht, bevor die Häscher mich von ihr wegreißen oder sie selbst mit Mörderhänden abführen würden; nicht ich allein, sondern viele Söhne und Töchter. Sie alle kannten nur ein Gebet, den Tod der Eltern. Kein menschliches Gericht kann je von den Schuldigen Rechenschaft fordern für die seelischen Foltern, die Kinder wegen ihrer Eltern erduldet haben, und die die heiligste Liebe zum Todeswunsch wandelten.«

Möser, Hans. SS-Obersturmführer (1942).
* 7.4.1906 Darmstadt. Angestellter. 1929 NSDAP (Nr. 155301). 1931 SS (Nr. 9 555). Zunächst in Neuengamme, ab 1.5.1943 in Auschwitz. Kompanieführer der SS-Wachkompanie Monowitz und der 2. SS-Wachkompanie. Sommer 1944 Zweiter Schutzhaftlagerführer KZ Mittelbau-Dora, Transportführer des letzten Evakuierungstransports (Sellier). Todesurteil 30.12.1947 im *Mittelbau-Dora-Prozeß*. † Hinrichtung 26.11.1948 Landsberg, begraben ebenda.

Mohr, Willy. SS-Rottenführer.
* 6.5.1905 Quedlinburg/Harz. Ab Oktober 1942 in Auschwitz, Blockführer in Monowitz. Leiter der Schneiderei. Verbleib unbekannt.

Mokrus, Michael. SS-Unterscharführer.
* 22.9.1907 Siemianowitz. Arbeiter. SS 1940. Ab März 1942 in Auschwitz. Aufsicht Krematorien, 1944 Kommandoführer der Frauen-Strafkompanie in Birkenau. Die Gefangene Sonja Fischmann über Mokrus: »Zeichnete sich durch ausgesprochenen Sadismus aus.« Verbleib unbekannt.

Molho, Beatrice. Objekt von Medizinverbrechen, Nr. 41580.
* 1.8.1907, Griechin. Die einzige Überlebende ihrer Familie (Mutter, Mann, Sohn, Tochter, zwei Schwestern ermordet). Molho: »Ich bin 1943 mit meiner ganzen Familie deportiert worden. Sofort nach der Ankunft in Auschwitz kamen meine Tochter (18 Jahre damals), die bereits verheiratet war, und ich den Block 10. An uns beiden wurden dort Versuche vorgenommen. Drei Monate später wurde meine Tochter von mir getrennt und ist in der Gaskammer umgekommen. An mir wurde zunächst eine Operation vorgenommen durch Dr. Wirtz [Wirths]. Nach Aussage einer Mitgefangenen, die als Schwester tätig war, soll mir damals ein Eierstock entfernt worden sein. 2–3 Monate nach der Operation wurden erneut an mir Versuche vorgenommen, dieses Mal durch Dr. Clauberg, der mir Einspritzungen in die Gebärmutter machte, die außerordentlich schmerzhaft waren.« Ärztliches Gutachten, elf Jahre nach der Befreiung: »Die Patientin weint bei der Schilderung der Ereignisse.« Q.: SP.

Moll, Otto. Chef der Vergasungsanlagen (Mai bis September 1944).
* 4.3.1915 Höhenschönberg, Kreis Gravesmühle. Gärtner. Mai 1935 SS (Nr. 267670), Hauptscharführer (1942). 1936 KZ Sachsenhausen. Ab Mai 1941 in

Auschwitz, Juni 1942 Blockführer und Kommandoführer der Strafkompanie. Häftling Jozef Kret (HvA 1): »Moll, klein, blond, mit einem pausbäckigen Gesicht voll Sommersprossen, verbreite immer Schrecken unter den Häftlingen. Es gab keine Grenze für seine Rohheit und Grausamkeit.« Dezember 1942 Chef der Sonderkommandos von Bunker I und II. KZ-Kollege Franz Hofmann (AV, Bl. 1355): »Moll war bekannt, daß er bei Ankunft von Transporten zunächst wahllos einige Häftlinge erschoß, um sich Achtung und Respekt zu verschaffen.« April 1943 mit Höß *Kriegsverdienstkreuz I. Klasse mit Schwertern* (KB Nr. 10/43). September 1943 erster Führer des 30 km von Auschwitz entfernten Außenlagers Fürstengrube, ein Steinkohlenbergwerk der Fürstengrube GmbH (51 % des Stammkapitals: I.G. Farben). Czech über die mißglückte Flucht des Häftlings Gabriel Rothkopf am 18.12. 1943: »Ohne jede Untersuchung sucht er einige Häftlinge aus und erschießt eigenhändig die Selektierten vor den Reihen der angetretenen Häftlinge.« März 1944 der erste Führer des Außenlagers Gleiwitz I, ein Reichsbahnausbesserungswerk mit zuletzt 1300 Häftlingen. Mai 1944 Chef der Sonderkommandos der Krematorien zur »Abwicklung« der Massentransporte aus Ungarn. Häftling Filip Müller: »Er weidete sich an den Qualen, die er seinen Opfern zufügte, und dachte sich ständig neue Quälereien und Foltermethoden aus.« Shlomo Dragon gegenüber Gideon Greif (Auszug): »Einmal fanden wir einen lebendigen Säugling, der in ein Kissen eingewickelt war. Nachdem wir das Kissen entfernt hatten, schlug das Baby die Augen auf. Wir brachten das Bündel zum Oberscharführer Moll mit der Meldung, das Kind lebe. Moll brachte das Kind an den Rand der Grube, legte es auf die Erde, trat ihm auf den Hals und warf es ins Feuer.« Herbst 1944, nach Ermordung der ungarischen Juden, erneut in Gleiwitz I (HvA 14). Januar 1945 Leiter eines Mordkommandos – Erschießungen wie Vergasungen – in Ravensbrück. Ab 25.2.1945 Lagerführer des Dachau-Außenlagers Kaufering II. Todesurteil 13.12.1945 im Dachau-Hauptprozeß. † Hinrichtung 28.5.1946 Landsberg, begraben ebenda.

Monkos, Franz. SS-Unterscharführer.
* 28.2.1893 Lubliniec. Wachmannschaft, Herbst 1944 Kommando Bismarckhütte. 1948 in Wadowice zu 4 Jahren Haft verurteilt (LaV).

Morawa, Mieczyslaw (Mietek). *Jüdisches Sonderkommando*, nichtjüdischer Kapo, Nr. 51730.
* 19.3.1920 Krakau. Fliesenleger. Juni 1941 Kapo eines Kommandos im *Alten Krematorium* zur Verbrennung »verstorbener« Häftlinge, ab Herbst 1941 Vergasungsstätte. Laut Feinsilber brach er den Toten das Zahngold heraus. Nach dem Tod Fischls – Spätsommer 1942 – Häftlingschef des Gaskammerkomandos. Ab 4.3.1943 im Krematorium III, ab 23.3. 1943 im neu in Betrieb genommenen Krematorium IV. Häftling Filip Müller: »Jedenfalls hatten ein übertriebener Nationalismus und unerklärbarer Judenhaß den Kapo des Krematorium-Kommandos zu einem gefürchteten Mörder seiner Mithäftlinge werden lassen. Treu und ergeben diente er den Henkern. Immer hatte er eine saubere, maßgeschneiderte Montur an, auch sein täglich frisches Hemd trug einiges zu seinem dandyhaften Aussehen bei.« 1944 Kapo im Krematorium I. Am 5.1.1945 Überstellung nach Mauthausen. † 3.4.1945 ebenda als Geheimnisträger erschossen.

Mordechay. Opfer von Versuchen zur Massensterilisierung mit Röntgenstrahlen.
* 1925. Ankunft Auschwitz April 1943. Der Häftling – deshalb hier nur sein Vorname – bat bei seiner Vernehmung, sein Name solle wegen der Folgen der an ihm durchgeführten Experimente nicht öf-

fentlich bekannt werden. Mordechay: »Am ersten oder am zweiten Abend unseres Aufenthalts in Birkenau besuchte unseren Block ein SS-Führer mit einem Dolmetscher und verlangte vom Blockältesten, daß er von jedem Jahrgang, d. h. vom siebzehnten bis dreißigsten Lebensjahr, je zwei Männer auswähle. Ich meldete mich in der Gruppe der Achtzehnjährigen. Nach einigen Tagen wurden wir in einen anderen Block überführt, der wie ein Ambulatorium aussah. In diesem Ambulatorium befand sich ein Mann, der eine Offiziersuniform der deutschen Luftwaffe trug [Schumann] und einen weißen Kittel nachher anlegte. Uns wurde befohlen, uns zu entkleiden. Dann wurden wir einzeln in das Nebenzimmer gerufen, wo ein Apparat stand, der einem Röntgenapparat ähnelte. Der Offizier in der Luftwaffenuniform befahl mir, mich dem Apparat zu nähern und meine Geschlechtsteile auf eine Platte aus Porzellan oder anderer Masse zu legen. Als ich so stand, schaltete der Offizier die Maschine ein, und ich hörte ein leichtes Summen. In dieser Position mußte ich 5–10 Minuten stehen bleiben. Nach einigen Tagen wurden von unserer Gruppe 5 Personen, darunter auch ich, ausgesondert. Uns wurde befohlen, auf einen Krankenwagen zu steigen. Daß ich und meine Kameraden Experiment-Kaninchen sind, wußten wir noch nicht. Wir konnten uns so etwas überhaupt nicht vorstellen.« Mordechay wird von Häftlingsarzt Dering operiert: »Dering stieß mir die [Injektions-]Nadel in die Wirbelsäule. Dieser Eingriff des Dr. Dering schmerzte sehr. Nach einigen Minuten merkte ich, daß mein ganzer Körper steif wird, ich konnte nur noch die Hände bewegen. Mein Gesicht wurde dann mit einem Tuch zugedeckt. Als mein Gesicht wieder aufgedeckt wurde, habe ich gesehen, wie Dr. Dering einen Hoden in ein Glas mit irgendeiner Flüssigkeit legte und es dem deutschen Offizier zeigte.« Mordechay am Ende seiner Schilderung; »Ich bemerke, daß mir der linke Hoden durch Dr. Dering entfernt wurde; der rechte ist leblos, und ich bin nicht im Stande, ein normales Geschlechtsleben zu führen.« Q.: AV, Bl. 13950 ff.

Mordowicz, Czeslaw. Häftling Nr. 84216.

* Unbekannt. Ankunft Auschwitz laut Häftlingsnummer am 27. 12. 1942 aus dem Ghetto in Plonsk. Von 2000 Deportierten werden 1220 sofort in der Gaskammer erstickt. Mit Arnost Rosin am 27. 5. 1944 Flucht in die Slowakei (ihr Auschwitz-Bericht wird November 1944 durch das War Refugee Board beim Executive Office des Präsidenten der USA veröffentlicht). Am 1. 10. 1944 Verhaftung in Bratislava, erneut nach Auschwitz deportiert. Nach 1945 in einem Elektrowarenbetrieb in Bratislava, später Übersiedlung nach Israel und von dort nach Kanada. Q.: Dagi Knellessen und Werner Renz im Nachwort zu Vrbas Erinnerungen.

Morgen, Konrad. Sturmbannführer (1944) der Waffen-SS.

* 8. 6. 1909 Frankfurt am Main. SS-Nr. 124940, NSDAP-Nr. 2536236. Vor dem Krieg Richter am LG Stettin. Richter im Hauptamt SS-Gericht München. Mai 1943 Reichskriminalpolizeiamt im Reichssicherheitshauptamt, Untersuchung von Korruptionsfällen in Konzentrationslagern, Herbst 1943 in Auschwitz. Morgen im Auschwitz-Prozeß über den Besuch einer Wachstube in Birkenau: »Hier habe ich dann zum ersten Mal einen wirklichen Schock erlitten. Es war ein niedriger, etwas schummriger Raum, und da standen bunt zusammengewürfelte Couchen herum. Und auf diesen Couchen, da lagen malerisch einige SS-Leute, meistens untere Führerdienstgrade, und dösten da mit glasigen Augen vor sich hin. Ich hatte den Eindruck, daß sie die Nacht vorher ziemlich viel Alkohol genossen haben mußten. Statt eines

Schreibtischs stand ein riesiger Hotelherd da, und auf diesem buken vier, fünf junge Mädchen Kartoffelpuffer. Es waren offensichtlich Jüdinnen, sehr schöne, orientalische Schönheiten, vollbusig, feurige Augen, trugen auch keine Häftlingskleidung, sondern normales, ganz kokettes Zivil. Und die brachten nun ihren Paschas, die auf den Couchen da rumlagen und dösten, die Kartoffelpuffer und fragten besorgt, ob auch genügend Zucker drauf war, und fütterten die. Keiner nahm von mir und meinem Begleiter – immerhin also doch einem Hauptmann [Morgen ist SS-Hauptsturmführer, sein Begleiter Franz Hofmann Schutzhaftlagerführer] – Notiz. Es wurde keine Meldung gemacht, es ließ sich keiner stören. Und ich glaubte, meinen Ohren nicht zu trauen: Diese weiblichen Häftlinge und die SS, die duzten sich gegenseitig. Ich muß also wohl ziemlich entgeistert meinen Begleiter angeschaut haben. Der zuckte nur die Achseln und sagte: ›Die Männer haben eine schwere Nacht hinter sich. Sie hatten einige Transporte abzufertigen.‹« Im Herbst 1944 SS-Chefrichter in Krakau, danach in Breslau. Rechtsanwalt in Frankfurt. Morgen vollführte im Auschwitz-Prozeß einige Verrenkungen zur eigenen Ehre und zur Ehrenrettung der SS. So behauptete er, er persönlich habe die Stehzellen abgeschafft (»Ich habe die später beseitigen lassen«). Er behauptete auch, die Judenvernichtung sei nicht von der SS ausgegangen: »Die gesamte Judenvernichtung wurde zentral geleitet durch die Kanzlei des Führers, Berlin, Tiergartenstraße.« Schließlich behauptete er: »Und dann eines Tages, also 1944 war es gewesen, dann stoppte das auch mit den Tötungen.« Ein letztes Morgen-Votum: »Und es sind nie von seiten der SS – trotz allem, was man ihr nachsagt, trotz allem, was begangen worden ist – sadistische Grausamkeiten gefördert oder gar verlangt worden, im Gegenteil.«

Morla, Karl. Häftlings-Geld-Verwaltung (HGV), Unterabteilung *Wertsachen.*
* 8.9.1908 Trier. Kaufmännische Lehre. 1932 SS (Nr. 36964), Unterscharführer. Ab 31.3.1941 Standortverwaltung, Abteilung HGV. Morla in einer ersten Aussage (AV, Bl. 2361 ff.): »Auf Grund eines Augenfehlers – ich kann nachts schlecht sehen – kam ich in die Häftlingsgeldverwaltung, die bei der Standortverwaltung untergebracht war.« Morla in einer zweiten Aussage (AV, Bl. 8269 ff.) »Die Wertsachen stammten in der Hauptsache von den vielen Judentransporten, die etwa ab 1942 aus allen besetzten Gebieten in Auschwitz eintrafen. Manchmal wurde zur Beaufsichtigung des ›Kanadakommandos‹ die gesamte Häftlingsgeldverwaltung eingesetzt, die aus ca. 10–12 SS-Angehörigen bestand. Unsere Aufgabe war lediglich, das Aufladen des Gepäcks zu überwachen, damit die Häftlinge des Kommandos keine Diebstähle ausführen konnten.« Am 20.1.1947 in Krakau zu 12 Jahren Haft verurteilt, Entlassung am 21.5.1956. Angestellter der AOK Ahrweiler. Morla bestritt, jemals in einem der Krematorien gewesen zu sein, wo die Ermordeten wegen ihrer Wertsachen ein letztes Mal geschändet wurden, Häftling Dov Paisikovic: »Viele Frauen hatten versucht, irgendwelche Wertsachen in der Scheide zu verstecken. Deshalb mußte die Scheide aller getöteten Frauen einmal mit einem Stock überprüft werden.«

Moschko, Luzia, geb. Halata.
KZ-Wärterin.
* 5.10.1910 Breslau. Ab 1.12.1942 in Auschwitz. Nach 1945 in Mönchengladbach.

Moscovici, Lazar. Häftlingsarzt, Nr. 51251.
* 14.6.1914 Rumänien. Ankunft Auschwitz am 23.7.1942 aus Angers St. Laud, 827 jüdische Deportierte. Aussage: »Als ich im Block 9 des Hauptlagers Auschwitz als Arzt fungierte, habe ich an Selektionen teilgenommen. Hierzu

wurde ich beauftragt, eine Liste der Kranken des Pavillons, für den ich zuständig war, aufzustellen, mit der Diagnose für jeden dieser Kranken. Im allgemeinen kam am nächsten Tag eine aus SS-Ärzten bestehende Kommission in den Pavillon, ließ die auf der Liste stehenden Kranken sich aufstellen und überprüfte, ob der Zustand jedes dieser Kranken meiner Diagnose entsprach. Diese Selektion erfolgte zum Zweck der Vernichtung von Elementen [!], die unfähig waren, die Arbeit wiederaufzunehmen.« Arzt in Frankreich. Q.: MV, Bd. 10.

Moskopf, Paul. SS-Rottenführer. * 5.5.1912 Petermanke/Westpreußen. Ab 1940 in Auschwitz. SS-Totenkopf-Sturmbann. 1948 in Krakau zu 7 Jahren Haft verurteilt (LaV).

Moskowicz, Norbert. Häftling Nr. 108498. * 25.10.1924 Krakau. Moskowicz: »Ich verlebte meine Jugendzeit in Krakau und besuchte auch dort die Volksschule und zwei Jahre das Gymnasium. Durch den Einmarsch der deutschen Truppen mußte ich die Schule abbrechen, da ich Jude bin.« Unter falschem Namen Arbeit bei der deutschen Post, Festnahme bei einer Razzia, im Gestapogefängnis Montelupich, danach im Ordnungsdienst im Krakauer Ghetto (»Bei der Liquidation des Krakauer Ghettos kam ich mit einem Transport nach Auschwitz«). Zunächst beim Bau der Krematorien eingesetzt, dann im Kommando *Kanada*, eines der begehrten Kommandos. Häftlingsärztin Adelsberger (Erinnerungen): »Ihnen oblag die Aufräumung und Sortierung aller Gepäckstücke, die die Neuankömmlinge mitgebracht und auf Befehl der SS sofort nach Ankunft beim Zuge abgelegt hatten. Dort gab es nicht nur Kleider, sondern alles, was ein gut für die Evakuierung ausgestatteter Mensch mitgeschleppt hatte, Lebensmittel bis zu den ausgesuchtesten Leckerbissen, Ölsardinen, Schokolade, Kuchen, Jam, Zigaretten, Seife, hie und da auch Schnaps.« Moskowicz: »Hier möchte ich noch erwähnen, daß wir von Dr. Mengele beauftragt waren, Zwillinge und Ärzte aus den Transporten herauszuholen. Wir mußten die ungarischen Worte für Zwillinge und Arzt lernen. Zwillinge ›Ikrek‹ und Arzt ›Orvos‹. Bezeichnend für Dr. Mengele war, daß ich einmal gesehen habe, wie er bei einer Selektion im Frühjahr 1944 einen Apfel gegessen hat.« Aussage: AV, Bl. 6121 ff.

Moszkowicz, Imo. Häftling Nr. 104998. * 27.7.1925 Ahlen/Westfalen. Sohn eines Schuhmachers. Besuch der jüdischen Volksschule nach der Reichspogromnacht 1938 verboten. Zwangsarbeit in Essen. Ankunft Auschwitz am 3.3.1943, von 1500 Menschen werden über 800 sofort in der Gaskammer erstickt. Sklavenarbeit für die I.G. Farben in Buna-Monowitz. Herbst 1944 bei einem Bunten Abend erste Schauspielerfahrungen. Moszkowicz (Erinnerungen): »Sollte irgendwann der Häftlingsdrillich mein Totengewand werden, so konnte ich, sterbend, das erhabene Gefühl genießen, daß es das geliebte Theater war, das mir geholfen, die erniedrigende Schmach für einige Stunden zu unterbrechen.« Mutter und fünf Geschwister in Auschwitz ermordet.

Nach 1945 Regieassistent bei Gustav Gründgens, den er seinen »langjährigen Lehrmeister« nennt. 1956 Schwiegersohn des Altnazis Armin Dadieu (ab 1940 Gauhauptmann der Steiermark). Über hundert Theater- und Operninszenierungen, Regiearbeit für Fernsehfilme und -Serien. Regie zum Kinofilm *Max, der Taschendieb* mit Heinz Rühmann. – Der Auschwitz-Überlebende konnte im Kulturbetrieb der NS-Vergangenheit nicht entgehen: Gründgens stand auf der *Gottbegnadeten-Liste* (Führerliste) der wichtigsten Künstler des NS-Staates und war Reichskultursenator von Görings Gnaden. Rühmann war ebenfalls NS-gottbegnadet und ein Liebling von Goebbels und Hitler. 1996 Autobiographie *Der grauende Morgen*. Dort schildert er, wie bei Dreharbeiten in Italien der Pianist Wilhelm Kempff (auch er NS-gottbegnadet) auftaucht und ein Mann in seiner Begleitung: »›Er war zwanzig Jahre im Gefängnis‹, sagte Kempff, ›und er ist erst vor ein paar Tagen entlassen worden, hat viel durchgemacht, viel gelitten …, jetzt begleitet er mich durch Bella Italia, die Freiheit genießend.‹« Es ist Albert Speer, Reichsminister für Rüstung und Kriegsproduktion, de facto zweiter Mann hinter Hitler. Gestorben 11.1.2011 in Ottobrunn b. München. –

In Auschwitz gab es regelmäßig *Truppenbetreuungsveranstaltungen* für das Mordpersonal. Die Vergnügungen finden im *Kameradschaftsheim der Waffen-SS* statt, im Bereich der SS-Wirtschaftsgebäude. Der Besuch der Veranstaltungen gilt als Dienst. Das Publikum sitzt hierarchisch gestaffelt: die ersten Reihen belegen SS-Führer und Gattinnen, es folgen SS-Aufseherinnen des Frauenlagers und SS-Unterführer, ab Reihe 16 nimmt die Truppe ohne Unterschied der Dienstgrade Platz. Organisator der Veranstaltungen ist Kurt Knittel, Leiter der nur mit vier SS-Männern besetzten Abteilung VI (Truppenbetreuung, weltanschauliche Schulung).

Der erste dokumentierte Kulturabend wird im Rundschreiben der Kommandantur vom 9. Februar 1943 angezeigt, eine Woche nach der Kapitulation der deutschen Armee bei Stalingrad. In Auschwitz werden zu dieser Zeit Juden aus dem französischen Lager Drancy und dem holländischen Lager Westerbork ermordet. Unter den Opfern die Schauspielerin Dora Gerson, die erste (jüdische) Frau von Veit Harlan, Regisseur des Hetzfilms *Jud Süß*, der auch in Auschwitz zur Aufheizung des KZ-Personals vorgeführt wird. Die Ankündigung: »Am Montag, den 15. Februar 1943, 20 Uhr, findet im kleinen Saal des Kameradschaftsheimes der Waffen-SS ein Abend statt unter dem Motto ›Goethe – ernst und heiter‹ … diese Veranstaltung bietet Gelegenheit, gerade die Volksdeutschen mit den höheren Gütern deutscher Kultur vertraut zu machen.« Unterzeichner ist Adjutant Mulka. Angesagt sind Mitglieder des Sächsischen Staatstheaters Dresden, darunter Staatsschauspieler Horst Bogislaw von Smelding sowie die Altistin Inger Karén, die 1938 bei den Bayreuther Festspielen die Rolle der Erda im *Ring des Nibelungen* gesungen hatte – ihre Kollegin Ottilie Metzger-Lattermann, ebenfalls als Erda in Bayreuth, war vier Monate zuvor in Auschwitz ermordet worden. Bereits einen Tag später, am 16. Februar, steht die Veranstaltung *Sonniger Süden* an, mit der Sopranistin Lia Origoni von der Mailänder Scala. Am 18. Februar verkündet Goebbels im Berliner Sportpalast den Totalen Krieg. Im ausgewählten Publikum sitzen der Staatsschauspieler Heinrich George (1940 Hauptdarsteller in *Jud Süß*) und seine Gattin, die Schauspielerin Berta Drews (1941 im NS-Film *Heimkehr* zur Rechtfertigung des Überfalls auf Polen).

Der Massenmord in Auschwitz wird fortan in dichter Folge von Kulturabenden umrahmt, ein Beispiel: Am Nachmittag des 23. Februar 1943 werden im Block 20 des Stammlagers polnische Jungen, zwischen 13 und 17 Jahren, mit Phenol-Injektionen ins Herz ermordet. Sie hatten morgens noch ahnungslos Ball gespielt. Am Abend, 18.30 Uhr, ist das Stadttheater Mährisch-Ostrau angekündigt. Es steht die Ausstattungsoperette *Prinzessin Grete* auf dem Spielplan. Als Dirigent ist Wilhelm Bantelmann angesagt (1948 Operettenkapellmeister am Städtischen Theater Karl-Marx-Stadt, DDR-Name für Chemnitz). Organisiert hat die Veranstaltung Intendant Kurt Labatt (1950 Lehrer für Theaterwissenschaft an der Universität Innsbruck). Am

13. März 1943 treffen 2000 Juden aus Krakau ein, von denen 508 die Selektion zunächst überleben. Zwei Tage später ist das Schauspielhaus Breslau mit dem Lustspiel *Die drei Eisbären* angekündigt. Organisiert hat den Abend der Breslauer Generalintendant und SS-Hauptsturmführer Hans Schlenck. Zur Ausstattung heißt es: »Bühnenbild: Nach Ideen Lothar Baumgartens hergestellt in den Werkstätten der Waffen-SS Auschwitz.« Schlenck wird Ende 1944 im Kriegseinsatz in Ungarn sterben, Baumgarten ab 1976 das Fritz Rémond Theater im Frankfurter Zoo leiten. In Auschwitz sind die Häftlinge bis dahin »abgespritzt« oder in zwei umgebauten Bauernhäusern vergast worden. Am 4. April 1943 ist das vorletzte der neuen großen Krematorien fertiggestellt.

Am folgenden Tag spielen die Städtischen Bühnen Kattowitz den Schwank *Gitta hat einen Vogel.* Kattowitz liegt nur 30 Kilometer von Auschwitz entfernt. Die Städtischen Bühnen halten Karten zum halben Preis für das KZ-Personal vor. Intendant ist der Dirigent und SA-Oberführer Dr. phil. Otto Wartisch, der dem Judenhetzer Julius Streicher seine Komposition *Deutsche Rhapsodie* widmete. Die Städtischen Bühnen Kattowitz gastieren regelmäßig in Auschwitz. Am 21. Mai 1943 sind Mitglieder des Opernhauses mit Stücken von Haydn, Mozart, Schubert, Dvořák und Boccherini angesagt. Das Motto: *Stunde heiterer Musik.* Die Zweite Violine zur heiteren Stunde in Auschwitz ist mit Fred Malige besetzt, einem Mann mit einer besonderen Karriere: 1923 KPD-Aktivist und Leiter einer roten Blaskapelle, 1940 Kapellmeister in Kattowitz, 1952 Komponist einer *Lenin-Kantate* und 1959 von *Präludium und Fuge über FDGB* (DDR-Einheitsgewerkschaft). Am 17. Juni 1943 gastiert das Opernhaus Kattowitz mit einem *Großen bunten Abend.* Mit dabei ist der Buffo und Spielleiter der Kattowitzer Operette Willy Popp, nach 1945 als Operettenregisseur in Graz. Organisiert hat den Abend Operettenoberspielleiter Karl Hans Jaeger (er wird 1955 Charakterkomiker und Oberspielleiter der Städtischen Bühnen Bremerhaven). Tenor des Bunten Abends ist Paul Schmidtmann, Oberspielleiter des Opernhauses Kattowitz. Er wird 1949 am Berliner Hebbel-Theater zu Brechts Schuloper *Der Jasager* die Regie führen.

Das »Kulturleben« in Auschwitz erreicht November 1943 noch einmal einen Höhepunkt. Am 23. November gastiert des Stadttheater Mährisch-Ostrau mit Max Halbes Schauspiel *Der Strom*, am 26. November das Opernhaus Kattowitz mit Walter Kollos Operette *Die Frau ohne Kuß* und am 29. November steht *Beschwingte Musik* des Städtischen Symphonieorchesters Kattowitz an. Die Weihnachtsfeier des KZ-Personals findet zweigeteilt statt: »Zur künstlerischen Ausgestaltung des heiteren Teiles«, so die Kommandantur, stehen am 11. Dezember Solisten des Oberschlesischen Landestheaters Beuthen und am 18. Dezember des Opernhauses Kattowitz zur Weihnachtsfeier bereit.

1944 sind in Auschwitz zahlreiche Künstler angesagt: Im Januar Robert Gaden und sein Orchester. Im Februar das Raimonda-Ballett der Berliner Skala und das Städtische Symphonieorchester Kattowitz mit *Musikalische Köstlichkeiten aus Oper und Operette.* Im März folgt ein *Großer bunter Abend* mit Staatsschauspieler Johannes Riemann, bekannt aus dem Film *Bel ami* (Riemann, häufiger Gast bei Hitler-Empfängen, sieht man nach 1945 in Streifen wie *Zwei Bayern im Harem*). Im April kommt das Opernhaus Breslau mit einem *Großen bunten Abend*, und das Stadttheater Mährisch-Ostrau gibt die Operette *Paganini* von Franz Lehár (Lehárs Librettist Fritz Löhner-Beda war im Oktober 1942 in Auschwitz ermordet worden).

Ab Mai 1944 werden aus Ungarn insgesamt 437 000 Juden antransportiert. Parallel läuft das Kulturprogramm: Am 16. Mai 1944 gastiert das Landestheater Beuthen mit Gerhart Hauptmanns Komödie *Der Bieberpelz*. Am 23. Mai, an diesem Tag werden Transporte aus Italien, Ungarn und Drancy in die Gaskammern selektiert, steht ein *Wiener Abend* an, »mit Künstlern der Staatsoper, des Burgtheaters, des deutschen Volkstheaters Wien, des Zentraltheaters Dresden und des Opernhauses Breslau.« Am 7. Juni amüsiert das Beuthener Theater das KZ-Personal mit dem Lustspiel *Heimliche Brautfahrt*. Organisiert hat den Abend Intendant Heinz Huber, nach dem Krieg Intendant des Pfalztheaters Kaiserslautern. Am 23. Juni 1944 steht die Auschwitz-Premiere eines Hauses an, das erst Februar 1944 als *Großdeutschlands jüngste Bühne* eröffnet wurde: das Oberschlesische Schauspiel-Theater der Stadt Gleiwitz. Intendant ist Curth Hurrle, nach 1945 Staatsintendant der Bayerischen Staatsoperette (Theater am Gärtnerplatz). Im Juli 1944 dünnt das Programm aus. Zum 18. ist ein Jungstar des NS-Kinos (Hauptrollen in den Filmen *Die keusche Geliebte* und *Altes Herz wird wieder jung*) angekündigt. Im Standortbefehl von Höß heißt es: »Gastspiel Filmschauspielerin Maria Landrock, Berlin mit Ensemble«. Zum 27. Juli, an diesem Tag werden 1237 Häftlinge aus dem Arbeitslager Pustkow vergast, kündigt Höß an: »Gastspiel des Tanz- und Schauorchesters Bernhard Etté mit mehreren Solisten«.

Am 20. August 1944 verordnet Goebbels die Schließung aller Theater. Bereits zwei Tage vorher heißt es im Standortbefehl, im Zuge der Einschränkung des kulturellen Lebens sei es notwendig, »künstlerische Kräfte des SS-Standortes Auschwitz« zu erfassen. SS-Männer, die als Sänger, Schauspieler, Musiker, Artisten oder Tänzer (!) in Frage kommen, sollen sich melden. Am 2. November 1944 werden die Vergasungen eingestellt.

Müller, Anton. SS-Sanitätsdienstgrad (SDG).
* 11. 3. 1904 Postelberg. SS-Unterscharführer. SS-Sanitätskompanie Oranienburg, Natzweiler. Vom 22. 5. 1942 bis zum Ende in Auschwitz. August 1942 SDG im Außenlager Golleschau, November 1944 in Blechhammer (LaP). Nach 1945 im Kreis Hilpoltstein.

Müller, Anton. SS-Sturmmann.
* 13. 6. 1908 Ruma / Kroatien. Kommandanturstab, Blockführer im Außenlager Golleschau. 1948 in Wadowice zu 4 Jahren Haft verurteilt (LaV). † 12. 2. 1950 Gefängnis Brzeg / Oder.

Müller, August. SS-Hauptscharführer.
* 13. 8. 1888 Heilbronn. SS-Totenkopf-Sturmbann. Am 19. 11. 1941 zur Standortverwaltung, Abteilung Landwirtschaft, kommandiert (KB Nr. 31 / 41). † 4. 12. 1950 Landsberg.

Müller, Filip. *Jüdisches Sonderkommando*, Nr. 29236.
* 3. 1. 1922 Sered / Slowakei. Ankunft Auschwitz am 13. 4. 1942 aus Sered. Mai 1942 im *Alten Krematorium*. Müller über seinen Anfang, als die Opfer noch bekleidet in die Gaskammer gepreßt wurden: »Vor uns lagen zwischen Koffern und Rucksäcken Haufen aufeinander- und durcheinanderliegender toter Männer und Frauen. Ich war starr vor Entsetzen. Ich wußte nicht, wo ich mich befand und was hier vor sich ging. Ein heftiger Schlag, begleitet von [Hans] Starks Gebrüll: ›Los, los! Leichen ausziehen!‹ veranlaßte mich, das zu tun, was auch ein paar andere Häftlinge taten, die ich jetzt erst bemerkte. Vor mir lag die Leiche einer Frau. Zuerst zog ich ihre Schuhe aus. Meine Hände zitterten dabei. Zum ersten Mal in meinem Leben kam ich mit einer Leiche in Berührung. Sie war noch nicht richtig erkaltet.« Unter den Toten am ersten Tag sind seine ehemalige Mitschülerin Jolana Weis und seine Nachbarin

Rika Grünblatt. Später in den Krematorien als »Leichenherauszieher« und »Heizer«. Müller über die Tötung Kleinwüchsiger im Krematorium (MV, Bd. 14): »Ich selbst war Augenzeuge von Sektionen von Zwillingen, die – worauf besonders Wert gelegt wurde – zur gleichen Zeit im Krematorium getötet werden mußten und zwar durch Genickschuß. Es wurden dann alle erdenklichen Messungen durchgeführt, wobei mir noch Nyiszli in guter Erinnerung ist, wie er diese Messungen durchführte. Es wurden auch innere Organe entnommen. Außer Zwillingen wurden auch Liliputaner sektiert. Ich selbst habe dabei nur gesehen, wie diese Liliputaner erschossen wurden. Ich erinnere mich an einen Fall, bei dem ein Häftling mit einem Buckel erschossen wurde. Ich habe dann im Sektionsraum von N. gesehen, wie diese Leiche in einen großen Behälter mit einer Säure gelegt wurde und dort so lange verblieb, bis das Skelett vollkommen freigelegt war.« Müllers Korrektur einer Legende über das Sonderkommando (MV, Bd. 14): »Mir ist ein einziger Fall bekannt, wo ein Birkenauer Sonderkommando vollständig vernichtet worden ist, und zwar war dies im Dezember 1942 oder Anfang 1943. Diese Vernichtung fand statt im Krematorium des Stammlagers. Es war jedenfalls nicht so, daß regelmäßig alle 3 Monate das gesamte Sonderkommando, von einzelnen zufallsbedingten Ausnahmen abgesehen, vollkommen vernichtet wurde. Letzteres wird zwar in verschiedenen Büchern behauptet, ist aber tatsächlich nicht in dieser Weise der Fall gewesen.« Nach 1945 in der BRD. 1979 Autor: *Sonderbehandlung. Drei Jahre in den Krematorien und Gaskammern von Auschwitz.*

Müller, Johann. SS-Rottenführer. * 6. 1. 1922 Erdorf/Eifel. Ab Januar 1943 in Auschwitz. SS-Totenkopf-Sturmbann. Nach 1945 in Rheinland-Pfalz. – Elie Wiesel über die Ankunft: »Alle zwei Meter stand ein SS-Mann und hielt seine Maschinenpistole drohend auf uns gerichtet. Hand in Hand folgten wir den anderen.«

Müller, Josef. SS-Schütze. * 30. 1. 1909 Obanya/Ungarn. Stabskompanie, danach in den Landwirtschaftskommandos Rajsko, Budy, Babitz, Harmense. Nach 1945 bei Fürstenfeldbruck.

Müller, Kurt. SS-Unterscharführer. * 14. 4. 1909 Harpersdorf/Thüringen. Harmonium-Hersteller. 1933 NSDAP, 1940 SS. Ab 15. 10. 1940 in Auschwitz. Januar 1943 Blockführer Block 11, genannt Todesblock. Oktober 1943 Arbeitsdienstführer zunächst im Stammlager, dann im Frauenlager Birkenau (StAu I). April 1943 *Kriegsverdienstkreuz II. Klasse mit Schwertern* (das KVK für KZ-Angehörige läßt Beteiligung an Tötungen vermuten). Standortbefehl Nr. 42/43: »Besuch der Base vom 23. 9. 43 bis auf weiteres«. † Todesurteil 22. 12. 1947 in Krakau, Hinrichtung. Laut Urteil wirkte er »Anfang 1943 bei der Tötung einer größeren Zahl der sowjetischen Kriegsgefangenen mit, die auf dem Schnee und bei Frost mit kaltem Wasser begossen wurden, so daß sie am Morgen einen Eisblock bildeten.«

Müller, Max. SS-Untersturmführer. * 12. 9. 1910 München. Kaufmann. 1930 NSDAP (Nr. 262990) und SS (Nr. 11725). Ab März 1943 Buchhalter und Leiter der Magazine der Filiale Auschwitz des SS-Unternehmens *Deutsche Ausrüstungswerke* (DAW). Zuletzt DAW Dachau. Verbleib unbekannt.

Müller, Paul. SS-Obersturmführer. * 30. 1. 1896 Kiel. Handelsangestellter. Oktober 1933 SS (Nr. 179667), 1937 NSDAP (Nr. 4486232). 1939/40 KZ Sachsenhausen, danach Verwaltung KZ Flossenbürg. April bis Juni 1942 Kompanieführer der 1. SS-Wachkompanie in Auschwitz. Steger über die Ankunft eines Frauentransports aus Ravensbrück März

1942 in Auschwitz: »Lange bevor die versiegelten Türen von den SS-Männern aufgestoßen wurden, hörten die Frauen die wütende Meute der speziell auf die Häftlinge abgerichteten Hunde und das Kommandogebrüll und die Flüche der schwer bewaffneten 1. Wachkompanie unter dem Befehl ihres Obersturmführers Paul Heinrich Müller.« Juli 1942 Schutzhaftlagerführer (sic) des Frauenlagers im Stammlager, August 1942 überführt in das Frauenkonzentrationslager Birkenau. Laut Kommandanturbefehl vom 28.5.1944 mit der Führung des *SS-Totenkopf-Sturmbann KL Auschwitz III* (Monowitz und Außenlager) beauftragt. September 1944 Führer des im selben Monat gegründeten Außenlagers Neustadt in Prudnik, Regierungsbezirk Oppeln, eine Weberei mit 400 Häftlingsfrauen. *Kriegsverdienstkreuz II. Klasse mit Schwertern* am 30.1.1944. † Vom AG Hohenlimburg 1953 für tot erklärt.

Müller, Peter. SS-Sturmmann.
* 14.7.1909 Ruma/Kroatien. Ab 21.10. 1942 in Auschwitz. Standortverwaltung, Abteilung Verpflegung, laut Alschwski später Küche Außenlager Neu-Dachs. Verbleib unbekannt. – Der ehemalige Häftling Jan Olbrycht am 10.12.1947 als Gutachter im Krakauer Auschwitz-Prozeß (AV, Bl. 4526): »Infolge der ungenügenden Ernährung, qualitativ und quantitativ, und der dadurch verminderten Widerstandskraft des Organismus ist die riesige Anfälligkeit der Häftlinge für die verschiedensten Krankheiten, die Verbreitung unbedeutender Eiterungsprozesse in große Eiterherde und das epidemische Auftreten der Hungerkrankheit durchaus verständlich.«

Müller, Robert. T4.
* 14.1.1886 Schwientochlowitz. Psychiater der Anstalt Königslutter. *Goldenes Parteiabzeichen.* Ab 8.11.1940 in der Berliner Euthanasie-Zentrale zur Organisierung des Krankenmords, Adresse: Tiergartenstraße 4 (Tarnwort T4). Selektierte auch KZ-Häftlinge zur Vergasung in den T4-Anstalten, Tarnwort: *Sonderbehandlung 14f13* (s. Heyde). 1945 Verhaftung. † Suizid 2.6.1945 Jugendarrestanstalt Königslutter. Müller war am 28.7.1941 in Auschwitz an der Selektion von 575 Kranken beteiligt, das sind 4,9% der damals etwa 13000 Häftlinge. Die Opfer werden belogen, sie kämen in ein Sanatorium in Dresden, enden jedoch in der Vergasungsanstalt Sonnenstein in Pirna b. Dresden. Als die T4-Anstalten die Krankenmorde (»Euthanasie«) mittels Gas im Herbst 1941 einstellen, werden Behinderte fortan mittels Hunger und Vergiften ermordet. In Auschwitz wird, da die Häftlinge nicht mehr in T4-Anstalten vergast werden können, zunächst mit Spritzen gemordet. Fejkiel: »Etwa im Herbst 1941 begann das Abspritzen von Häftlingen im großen Stil. Diese Abspritzungen mittels Phenol wurden bis zum April 1943 fortgesetzt.« Fejkiel schätzt die Zahl der »abgespritzten« Häftlinge auf 20000–30000.

Müller, Rolf. SS-Unterscharführer.
* 30.6.1912 Leipzig. Kommandanturbefehl Nr. 21/43: »Besuch der Ehefrau vom 12.–14.6.43«. Verbleib unbekannt. – Baretzki im Auschwitz-Prozeß: »Was in Auschwitz geschehen ist, war schlimm. Ich bin 1943 auf Urlaub gewesen und habe meiner Mutter davon erzählt. Sie hat es mir nicht geglaubt.«

Müller, Rudolf. SS-Oberscharführer.
* 13.12.1920 Troppau, heute Opava/Tschechien. Nach 1945 in Bayern.

Müller, Willi. SS-Oberscharführer.
* 9.3.1903 Mechterstedt/Gotha. Februar 1941 bis August 1943 SS-Totenkopf-Sturmbann und Kommando Landwirtschaft. Verbleib unbekannt. – Die Gefangene Wanda Urbanska (StAu II): »Auf das Feld fuhren Lastkraftwagen, die voll mit einem grauen Dünger – so wurde uns das gesagt – beladen waren. Mit den Fingern waren scharfe Knochenstückchen zu spüren. Wir konnten nur schwer

glauben, daß wir die sterblichen Überreste unserer Gefährten verteilten.«

Müller-Darss, Franz. *Beauftragter des Diensthundewesens im Persönlichen Stab des RFSS.*

* 29.4.1890 Lindau/Nordhannover. Forstassessor in Born-Darss auf Rügen. 1933 NSDAP (Nr. 2 225286) und SS (Nr. 277284), Brigadeführer (1944). 1941 Präsident des Reichsverbands für Hundewesen. Als Himmlers Beauftragter zuständig für das *Schutz- und Wachhundewesen* der KZs. Ab Juni 1942 Leiter der Hauptabteilung D I/6 (Hundewesen) im SS-Wirtschafts-Verwaltungshauptamt (Perz). Die Diensthunde wurden in Auschwitz u.a. dazu benutzt, Menschen zu den Krematorien zu hetzen. Filip Müller: »Vor allem Väter und Mütter mit kleinen Kindern waren den bösartigen Attacken der Hunde ausgesetzt. Wer zu Boden fiel und im Staub lag, stand lebend nicht mehr auf.« † 1978. Q.: Schulte.

Münch, Hans. Stellv. Leiter der *Hygienisch-Bakteriologischen Untersuchungsstelle der Waffen*-SS und Polizei Süd-Ost, Auschwitz, Oberschlesien. SS-Untersturmführer (1944).

* 14.5.1911 Freiburg/Br. Sohn eines Forstmeisters. Bakteriologe. 1937 NSDAP, 1938 Staatsexamen, 1939 Promotion. Im Sanitätsamt der Waffen-SS. 1943 SS-Hygiene-Institut Berlin. Ab Juli 1943 am Hygiene-Institut der Waffen-SS in Rajsko. Herbst 1943 Ausbildungskurs an der SS-Ärztlichen Akademie in Graz. Laut Lasik (Personal) *Kriegsverdienstkreuz II. Klasse mit Schwertern.* Münch (AV, Bl. 4602ff.): »Sobald dann bekannt wurde, daß in neuen Blocks Typhus oder eine andere Seuche ausgebrochen war, wurden sämtliche Insassen dieses Blocks vergast.« 1945 zunächst unter falschem Namen, Dezember 1946 Auslieferung an Polen (Münch: »Die Polen behandelten uns so gut, wie es die bescheidenen Verhältnisse zuließen«). Freispruch am 22.12.1947 in Krakau, da Überlebende bezeugten, daß er Gefangene anständig behandelte, und Münch das Gericht überzeugte, »niemals« in der NSDAP gewesen, zur SS zwangsweise gekommen zu sein und niemals mit Menschenversuchen zu tun gehabt zu haben (in Rajsko wurde Schenkel-, Bauchfleisch und Brüste ermordeter Frauen als Nährböden für Bakterienzuchten zu einer konzentrierten Brühe – genannt *Menschenbouillon* – verkocht). Münch am 25.11.1954 in der Strafsache gegen den Zyklon-B-Lieferer Gerhard Peters (4 Ks 4/48 StA Frankfurt): »Ich war zweimal anwesend, als die Vergasungsräume nach durchgeführten Tötungen geöffnet wurden.« Im Prozeß gegen Johann Paul Kremer wichtigster Entlastungszeuge, indem er laut Urteil – wahrheitswidrig – behauptet, daß die Aussonderung an der Rampe »weitestgehenst durch die SS-Wachmannschaften und die dazu abgestellten Häftlinge [!] vorgenommen wurde, während der SS-Arzt sich praktisch auf eine Art Oberaufsicht beschränkte.« Münch 1998 über Auschwitz (Verfahren 7101 Js 602/98 StA Hamburg): »Ich kann hier Versuche machen, die normal gar nicht möglich sind. Die man also [sonst] mit Kaninchen machen muß.« Münch infizierte Häftlingen die Zähne mit Eiter, um den Zusammenhang zwischen vereiterten Zahnwurzeln und Rheuma nachzuweisen. Nach 1945 Arzt im Allgäu. Am 4.1.2000 Einstellung Ermittlungsverfahren StA Frankfurt wegen dauernder Verhandlungsunfähigkeit. † 2001.

Münkel, Friedrich. SS-Oberscharführer.

* 7.5.1916 Meyenfeld, Sohn eines Viehhändlers. Feinmechanikerlehre. 1934 SS (Nr. 256838), 1935 NSDAP, als Freiwilliger zur SS-Verfügungstruppe. Mitte 1943 Zugang aus Dachau. Standortverwaltung, Abteilung Bekleidung, zuständig für die Schuhmacherwerkstätten. Münkel: »Im übrigen war mir die Herkunft der einzelnen Schuhe nicht bekannt.« Standortbefehl Nr. 46/43: »Besuch der

Familie vom 20.10.43 bis auf weiteres«. Bis 2.10.1944 in Auschwitz, danach Verwaltungsführerschule Arolsen. Berufsangabe nach 1945: Bezirksreisender. Münkel: »Die Vergasungen und Verbrennungen in Birkenau waren bei uns allgemein bekannt.« Aussage: AV, Bl. 8600 ff.

Münz, Alfred. SS-Unterscharführer.
* 13.3.1911 Görschlitz, Kreis Bitterfeld. Vom 14.10.1940 bis zum Ende in Auschwitz. Bataillonsführer. Am 2.3.1948 in Krakau zu 6 Jahren Haft verurteilt.

Mürth, Wilhelm. SS-Rottenführer.
* 1.2.1916 Honigberg/Rumänien. Ab Oktober 1941 in Auschwitz. SS-Totenkopf-Sturmbann (der SS-T-Stuba hatte turnusmäßig Rampendienst). Am 30.12.1958 von Stuttgart nach Portland/USA abgemeldet. – KZ-Arzt Kremer am 5.9.1943 in seinem Tagebuch: »Abends gegen 8 Uhr wieder bei einer Sonderaktion [Rampenselektion] aus Holland. Wegen der dabei anfallenden Sonderverpflegung, bestehend aus einem fünftel Liter Schnaps, 5 Zigaretten, 100 g Wurst und Brot, drängen sich Männer zu solchen Aktionen.«

Muhsfeldt, Erich. Kommandoführer der Krematorien (ab September 1944).
* 18.2.1913 Neubruck in Brandenburg. Bäcker. SA 1933 bis 1937, danach SS. 1939 NSDAP. SS-Oberscharführer. Laut Filip Müller ein bieder und harmlos aussehender Mensch von zierlicher Gestalt. Ab Juli 1940 in Auschwitz, Blockführer. November 1941 in Majdanek, Führer eines Leichenverbrennungskommandos, anfangs in Gruben, seit Juni 1942 im Krematorium. Ab Februar 1943 Ausgrabung und Verbrennung Tausender Leichen. Beteiligt an Rampenselektionen und zahlreichen Morden. Laut Urteil in Krakau »einer der grausamsten Schinder des Majdanek-Lagers, der unter anderen Mitteln der Tötung die Häftlinge auch in der Kloake zu ertränken pflegte«. Mai 1944 wieder in Auschwitz. Muhsfeldt am 19.8.1947 in Krakau über die Vorbereitung einer Vergasung (MV, Bd. 41): »Hinter jedem Transport von Menschen, die in die Gaskammern getrieben wurden, fuhr ein Sanitätsauto mit dem Zeichen des Roten Kreuzes, in dem der diensthabende SS-Arzt zur Gaskammer gebracht wurde. Auch das für die Menschenvernichtung verwendete Zyklon wurde mit einem Fahrzeug des Roten Kreuzes befördert. Nachdem die Gaskammern mit Menschen gefüllt waren, schütteten eigens für diesen Zweck ausgebildete Sanitäter Zyklon in die Gaskammern. Diese Arbeit verrichteten sie in Gasmasken.« Muhsfeldt zu den Krematorien: »Ich bemerke, daß der Keller der Gaskammer im Krematorium I durch eine Trennwand in zwei kleinere Kammern aufgeteilt war. Das geschah deswegen, weil es vorgekommen war, daß nachts kleinere Transporte eingetroffen waren, für die es nicht lohnte, die großen Gaskammern mit Gift zu füllen. Es ging also um Einsparung des Zyklongiftes. In diesen Krematorien wurde in jede Verbrennungskammer drei Leichen von Erwachsenen gelegt. Kinderleichen galten als Zugabe. Das Verbrennen einer solchen Ladung dauerte etwa eine halbe Stunde. Die Öfen dieser Krematorien waren leistungsfähiger als die Öfen in Majdanek.« Tötete Häftlinge massenhaft per Genickschuß. März 1945 in Flossenbürg. Im *Flossenbürg-Hauptprozeß* von US-Militärgericht am 22.1.1947 zu lebenslanger Haft verurteilt und an Polen ausgeliefert. † Todesurteil am 22.12.1947 in Krakau und Hinrichtung.

Mulka, Robert. Adjutant von Höß.
* 12.4.1895 Hamburg. Sohn eines Postassistenten. 1920 wegen Hehlerei zu acht Monaten Gefängnis und zwei Jahren Ehrverlust verurteilt (1936 vom NS-Justizministerium aus Strafregister getilgt). Betreiber einer Inland- und Export-Agentur. Juni 1941 SS, Hauptsturmführer. Februar bis April 1942 Kompanie-

führer der 1. SS-Wachkompanie. Mai 1942 vertretungsweise, Juni 1942 Stellv. Adjutant. Ab 6.7.1942 (KB) Stabsscharführer – Spieß – des KZ Auschwitz: Chef der Adjutantur, u.a. Leiter der Fahrbereitschaft. KZ-Kollege Schillhorn: »Der zweite Mann im Lager hinter Höß.« September 1942 *Kriegsverdienstkreuz II. Klasse mit Schwertern.* Als Adjutant »mit eiserner Strenge und brutaler Härte« (Urteil) verantwortlich für die »Abwicklung« der Transporte von der Ankunft bis zur Gaskammer. Im Auschwitz-Urteil heißt es über seinen Einsatz in einem der Krematorien: »Zwei SS-Unterführer brachten einen Häftling des Häftlingskommandos zu dem Angeklagten Mulka. Sie meldeten ihm, der Häftling – die SS-Männer sagten ›das Schwein‹ – habe mit den Zugängen gesprochen. Mulka gab daraufhin den Befehl, wobei er auf seine Uhr schaute: ›Macht ihn fertig, es ist spät!‹ Die beiden SS-Unterführer schlugen daraufhin auf den Häftling mit Knüppeln ein, bis er tot war.« März 1943 Weggang aus Auschwitz, Begleitumstände unklar. 1948 in Hamburg als *entlastet* entnazifiziert. Exportkaufmann ebenda. 1954 Antrag auf Entschädigung nach dem Kriegsentschädigungsgesetz. Am 20.8.1965 vom LG Frankfurt am Main zu 14 Jahren Haft verurteilt. Urteil: Schuldig der gemeinschaftlichen Beihilfe zum gemeinschaftlichen Mord in mindestens 4 Fällen an mindestens je 750 Menschen. † 26.4. 1969 (!) Hamburg. Aussage Mulka: AV, Bl. 6968 ff.

Mulsow, Hans. SS-Obersturmführer (1944).
* 1.2.1913 Raduhn, Kreis Parchim. Dr. med. SS-Nr. 142421. Hygiene-Institut der Waffen-SS in Rajsko. Leiter der Klimatologischen Station. Standortbefehl Nr. 45/43: »Besuch der Familie vom 15.10.43 bis auf weiteres. Wohnung: Unterkunft Raisko Haus 822«. Verbleib unbekannt.

Mylyk, Feliks. Häftlingsschreiber der Politischen Abteilung (PA), Nr. 92.
* 3.2.1913 Charzewice/Polen. Ankunft Auschwitz am 14.6.1940 mit dem ersten Transport überhaupt. Am 6. Juli flieht der Häftling Tadeusz Wiejowski. Es ist die erste und erfolgreiche Flucht aus Auschwitz. Als Vergeltung wird ein Strafappell befohlen, der 20 Stunden dauert: von 18 Uhr bis 14 Uhr am nächsten Tag. Mylyk beschreibt in einem Selbstporträt bei Shelley diesen Appell, wie die Häftlinge in Zehnerreihen antreten müssen, mit Eisenstangen, Peitschen oder Stökken geschlagen werden und nicht austreten dürfen: »Sie packten noch zwei weitere Häftlinge, weil sich deren Därme in die Hosen entleert hatten und übler Gestank die Luft erfüllte. Die brutalen Kapos und SS-Männer nahmen die zwei aus der Reihe und befahlen ihnen, die Exkremente aus ihren Hosen zu beseitigen und vor sich auszubreiten, auf allen vieren zu kriechen und wie Hunde zu heulen. Dann stießen die SS-Männer die Gesichter der beiden Häftlinge mit ihren Stiefeln in die Ausscheidung.« Mylyk zum Ende: »Es gab einige Dutzend entsetzlich gefolterter Häftlinge. Sie waren nicht mehr zu erkennen, konnten Hände und Füße nicht bewegen; ihre Hosen waren steif von Blut an ihre Körper geklebt.« Mylyk wird Oktober 1944 entlassen und lebt nach 1945 als Volkswirt in Polen.

Mzyk, Martha, geb. Kluge. NS-Schwester.
* 5.6.1911 Brune, Kreis Kreuzberg in Oberschlesien. SS-Lazarett Auschwitz. Standortbefehl Nr. 5/44: Am 30.1.1944 *Kriegsverdienstkreuz II. Klasse* (das KVK läßt Beteiligung an Tötungen vermuten). † 18.11.1966 Viernheim.

N

Nadjary, Marcel. *Jüdisches Sonderkommando*, Nr. 182669.
* 1.1.1917 Saloniki. Elektriker. Ankunft Auschwitz im abgeriegelten Güterwaggon am 11.4.1944 aus Athen (»Wir sind aus unserem Athen am 2. April 1944 abgefahren nach elf qualvollen Monaten im Konzentrationslager in Chaidari«). Von 2500 griechischen Juden werden 1872 sofort in der Gaskammer ermordet. Vergräbt einen zwölfseitigen Bericht, wahrscheinlich November 1944 verfaßt. Der Text – kaum lesbar – wird am 24.10.1980 bei Erdarbeiten gefunden. Nadjary geht von seinem Tod aus, schreibt aber: »Ich wollte und ich will überleben, damit ich den Tod meines Papas, meiner Mama und meiner geliebten Schwester Nelli rächen kann.« Nadjary gelingt es, sich einem Evakuierungsmarsch nach Mauthausen anzuschließen, wo er am 25.1.1945 eintrifft. Am 16.2.1945 Überstellung nach Gusen. 1947 Heirat, 1951 Übersiedlung nach New York. Gestorben am 31.7.1971 ebenda. Q.: Handschriften.

Nägele, Alfons. Hundestaffel.
* 27.4.1921 Birkendorf, Landkreis Waldshut. SS-Unterscharführer. † Kriegstod 4.9.1943 Krastajewo / damalige UdSSR. – Shlomo Dragon (Greif) über seine Ankunft: »Nach Birkenau kamen wir mitten in der Nacht. Dort waren nur SS-Leute mit Hunden und mit Scheinwerfern. Sie öffneten die Türen und empfingen uns mit Schlägen. Zunächst bekamen wir Schläge, das war das erste, Schläge, damit wir schneller aus den Waggons ausstiegen. In den Waggons blieben alte Leute zurück und Kinder, die erdrückt worden oder sonstwie ums Leben gekommen waren.«

Nagel, Anton. SS-Schütze.
* 14.1.1912. SS-Totenkopf-Sturmbann, Monowitz. Juni 1944 vom Außenlager (AL) Neu-Dachs zum AL Lagischa kommandiert (HvA 12). Verbleib unbekannt.

Nagel, Franz. SS-Sturmmann.
* 9.10.1908 Ruma / Kroatien. † 18.9.1970 Bruchsal.

Nagel, Johann. SS-Sturmmann.
* 1.9.1906 Meschenbach / Franken. Ab 4.9.1944 Wachmannschaft Monowitz. † 20.7.1947 in polnischer Haft.

Nagy, Robert. SS-Sturmmann.
* 19.5.1923 Ruma / Kroatien. Vom 19.10.1942 bis Dezember 1944 in Auschwitz. SS-Totenkopf-Sturmbann (der SS-T-Stuba hatte turnusmäßig Rampendienst), Standortverwaltung. † 16.10.1951 Krakau. – Häftling Freimark über die Ankunft einer Mutter und ihres Säuglings in der Zeit der Ungarntransporte (MV, Bd. 22): »Ein Häftling aus Norwegen, der die junge Mutter retten wollte, legte den Säugling zu den Nichtgehfähigen, wir schmuggelten die Frau in die Reihe, die Mengele fürs Lager aussonderte. Plötzlich schrie die Frau – in tschechischer Sprache – auf, sinngemäß: wo ist mein Kind? Dr. Fischer verstand den Wortlaut und sagte es dem Mengele. Mengele nahm die Frau zur Seite, fand durch Nachfragen den Säugling, der inzwischen kein Lebenszeichen mehr aufwies, setzte die Mutter neben den Körper des Kindes und sagte höflich: Ja, die Mutti muß mit dem Kinde bleiben. Sie wurde mit den Kranken ins Gas gefahren.«

Nebbe, Detlef. SS-Hauptscharführer.
* 20.6.1912 Husum. Kaufmann. 1933 SS, 1937 NSDAP. Ab Oktober 1940 in Auschwitz, Spieß verschiedener Wachkompanien. Kommandanturbefehl Nr. 3/43: »Mit Wirkung vom 10.1.1943 hat der SS-Oberscharführer Detlef Nebbe die Geschäfte des Stabsscharführers [Spieß] der Kommandantur KL Auschwitz übernommen.« Standortbefehl vom 15.9.1943: *Kriegsverdienstkreuz II. Klasse mit Schwertern* (das KVK für KZ-Angehörige läßt Beteiligung an Tötungen vermuten). April 1944 Haupt-

feldwebel der Wehrmachtsleitstelle Auschwitz. Langbein (Menschen): »Zu ihr wurden ungefähr 1200 bis 1500 Wehrmachtsangehörige versetzt. Es waren meist ältere, kränkliche Soldaten, die den Strapazen der Front nicht mehr gewachsen waren. Viele unterschieden sich wohltuend von den SS-Angehörigen, freilich nicht alle.« Aussage Grabner vom 28.8.1945 auf der Polizeidirektion Wien, wortgetreu: »Der Stabsscharführer Neppe von der Kommandantur hat seine Pistole auf arbeitende Häftlinge ausprobiert, indem er auf dieselben geschossen und zwei Häftlinge ermordete.« Am 22.12.1947 in Krakau im sog. Liebehenschel-Prozeß (Nebbe) zu lebenslanger Haft verurteilt, da er »oft die Häftlinge ins Gesicht schlug oder trat«. Haftentlassung am 24.10.1956. Wohnsitz am Geburtsort, Angestellter eines Konfektionsbetriebs. Als Zeuge (!) im Frankfurter Auschwitz-Prozeß. † 17.4.1972 Kiel. Aussage Nebbe: AV, Bl. 10511 ff.

Nebes, Jakob. SS-Sturmmann.
* 3.3.1908 Jowanowac/heutiges Serbien. Ab März 1943 in Auschwitz. SS-Totenkopf-Sturmbann, Stabskompanie Monowitz, Standortverwaltung, Häftlingsküche Birkenau. Verbleib unbekannt.

Nebest, Wilhelm. Blockführer.
* 1.5.1915 Großscheuen. Museum Auschwitz (StAu III): Erschoß Häftlinge an der *Schwarzen Wand*. Verbleib unbekannt. – Leichenträger Glowacki (MV, Bd. V): »Diese Erschießungen erfolgten zunächst durch uniformierte Erschießungskommandos unter dem Befehl eines SS-Führers. Dabei handelte es sich bei den Erschossenen meistens nicht um Häftlinge aus dem Lager, sondern um Delinquenten, die zum Zwecke ihrer Erschießung von außerhalb ins Lager gebracht wurden, und zwar in den Block 11. Die Delinquenten mußten sich im Waschraum des Blocks 11 nackt ausziehen und wurden dann in den Hof von Block 11 geführt.« Glowacki am Ende seiner Schilderung: »Ich bitte, die Vernehmung heute abzubrechen, da ich infolge der grauenhaften Erinnerungen heute nicht mehr in der Lage bin, weitere Aussagen zu machen.«

Nemecek, Karl. SS-Obersturmführer (1943).
* 10.12.1912 Wien. NSDAP-Nr. 121367, SS-Nr. 43736. Laut Auskunft der Ehefrau (!) Kriegstod 1945 (AV, Bl. 7646).

Nemeth, Stefan. SS-Oberscharführer.
* 24.8.1913 Wien. 1936/37 Sachsenhausen. Kommandanturstab Auschwitz. † Vom AG Braunschweig 1960 für tot erklärt.

Nencel, David. *Jüdisches Sonderkommando*, Nr. 82321.
* 10.7.1916 Rypin/Polen. Uhrmacher. Ankunft Auschwitz am 10.12.1942 aus dem Durchgangslager Malkinia. Von 2500 Deportierten werden 1976 sofort in der Gaskammer erstickt. Zunächst Leichenschlepper bei den Gasbunkern, dann Uhrmacher in den Krematorien, privilegiert, da er für SS-Angehörige wertvolle Uhren aus dem Besitz der Ermordeten reparierte. Nach 1945 in Kanada.

Nessner, Johann. SS-Sturmmann.
* 8.1.1914 India, heute Indija/Serbien. Ab Juli 1944 in Auschwitz. SS-Totenkopf-Sturmbann, Monowitz, Kommando Gleiwitz. Nach 1945 in Baden-Württemberg.

Nestripke, Friedrich. Zentral-Bauleitung.
* 3.5.1907 Mühlhagen, Kreis Militsch. SS-Sturmmann. † Vermißt seit Mai 1945.

Neu, Otto. Hundestaffel.
* 24.10.1902 Freudenthal/Wabern. Ab Juni 1942 in Auschwitz, SS-Rottenführer. Am 2.3.1948 in Krakau zu 6 Jahren Haft verurteilt. † 17.6.1979 Darmstadt. – Die Polin Roza Jelen-Chron, Arbeitssklavin an den Fischteichen (HvA 20): »Eines Tages biß wieder ein Hund eine der Frauen zu Tode. Während des Marsches zur Arbeit wickelte sich der Lappen auf, mit dem sie ihren im Teich verwundeten Fuß verbunden hatte. Der Hund des Po-

stens, der uns bewachte, begann an dem Lappen zu zerren, danach biß er der Armen ins Bein, und als sie hinfiel und das Blut floß, begann er mit zunehmender Aggressivität zu beißen.«

Neubauer, Herbert. SS-Rottenführer (1942).
* 1.5.1908. SS-Totenkopf-Sturmbann, Schreiber der 1. Kompanie. Verbleib unbekannt. – Ella Lingens (Erinnerungen) zur NS-Gläubigkeit: »Den Nazi, der an die Sache glaubte, traf man am häufigsten unter den mittleren Chargen, den Rotten-, Unterschar- und Oberscharführern, die als Fahrer, Blockführer, SDG und Rapportführer Dienst machten. Sie glaubten an ihre Gerechtigkeit, ihren Sieg und ihren Führer.«

Neubauer, Walter. SS-Scharführer.
* 1.9.1886 Leipzig. Ab 8.4.1944 in Auschwitz. Wachmannschaft Monowitz, Außenlager Bobrek. 1948 in Wadowice zu 2 Jahren Haft verurteilt (LaV).

Neubert, Gerhard. SS-Sanitätsdienstgrad (SDG).
* 12.6.1909 Johanngeorgenstadt im Erzgebirge, Sohn eines Rechtsanwalts. Pianobauer. SS-Unterscharführer. Sommer 1942 Wachmannschaft. Januar 1943 SDG in Monowitz. Standortbefehl vom 15.9. 1943: *Kriegsverdienstkreuz II. Klasse mit Schwertern* (das KVK für KZ-Angehörige läßt Beteiligung an Tötungen vermuten). Nach 1945 Verwaltungsangestellter der Bundeswehr. Eigentümer eines Einfamilienhauses. Am 17.7.1964 wegen Nierenerkrankung aus dem Auschwitz-Prozeß ausgeschieden. Am 16.9.1966 vom LG Frankfurt am Main zu 3½ Jahren Haft verurteilt. Laut Urteil hat er bei den Selektionen »auch endgültige Entscheidungen getroffen. Die von ihm ausgesonderten Häftlinge wurden dann nicht noch einmal dem Lagerarzt vorgestellt.«

Neuhoff, Chaim. *Jüdisches Sonderkommando.*
* Etwa 1890 in Polen. Aus Sosnowitz. Auslöser des Aufstands des Gaskammerkommandos am 7.10.1944 (siehe Ackermann). Am Abend des 7. Oktober 1944 ist der Aufstand niedergemetzelt, über 450 Häftlinge sind tot, unter ihnen auch Neuhoff.

Neumann, Anton. SS-Unterscharführer.
* 18.1.1924 Molodia / Czernowitz. Ab März 1943 in Auschwitz. Monowitz, Außenlager Günthergrube und Gleiwitz. † Suizid 17.3.1981 Schorndorf.

Neumann, Edmund. SS-Oberscharführer.
* 30.1.1911 Mährisch-Schönberg. 1944 beim Sonderkommando Eichmann in Ungarn, Judendeportationen nach Auschwitz (Krumey-Anklage). Nach 1945 Verwaltungsangestellter in Ansbach. 1976 vom LG Frankfurt außer Verfolgung gesetzt (Zentralkartei ZStL).

Neumann, Heinrich, genannt *Neumann I*. SS-Unterscharführer.
* 7.2.1905 Duisburg. Neumann: »Ich bin im Sommer 1940 aufgrund einer freiwilligen Meldung zur Waffen-SS eingezogen worden.« Standortverwaltung, Abteilung Häftlings-Geld-Verwaltung. Will beim Evakuierungsmarsch den Auftrag gehabt haben, »die kranken Pferde nachzuführen«. Nach 1945 Kaufmännischer Angestellter, Wohnsitz Westerburg. Q.: AV, Bl. 6747 ff.

Neumann, Heinrich, genannt *Neumann II*. SS-Unterscharführer.
* 14.5.1914 Schiliny in Litauen. Standortverwaltung, Kommandanturstab. Verbleib unbekannt. Möglich: 1948 in Krakau zu 6 Jahren Haft verurteilt (LaV).

Neumann, Josef. SS-Unterscharführer.
* 20.4.1903 Mildenau / Sudeten. Standortverwaltung, Leiter der Häftlingsküche Monowitz. † 14.2.1957 Neuwied. – Primo Levi: »Vierzehn Tage nach meiner Einlieferung habe ich schon den regelrechten Hunger, den chronischen Hunger, den die freien Menschen nicht kennen, der nachts Träume hervorruft und der in allen Gliedern unseres Körpers wohnt.«

Neumann, Josef, genannt *Leichenkapo.* Nr. 29867.
* 29.5.1916 Snina. Sohn eines Bäckers, insgesamt 14 Kinder. In der väterlichen Bäckerei. 1940 Militärdienst in der slowakischen Armee, als Jude ins Arbeitslager überführt. Ankunft Auschwitz am 17.4.1942 aus der Slowakei (von 973 Deportierten leben laut Czech am 15. August nur noch 88). Leiter eines Leichenkommandos. Neumann in einem 1984 handschriftlich verfaßten Bericht in deutscher Sprache: »Beim Ausladen der Leute aus den Waggons wurden wir sofort von der SS fürchterlich verprügelt, mit Reitpeitschen und mit dicken Stökken, am Kopf, Rücken und ganzen Körper, um panischen Schrecken und Angst zu schaffen. Die SS-Nazis waren in Begleitung von Wolfs-Hunden.« Von Kapo Isaak bis zur Bewußtlosigkeit geschlagen: »Aus Verzweiflung wollte ich zum Draht-Zaun laufen, um ein Ende meines Lebens zu nehmen. Ich konnte nicht mehr die Schande und den Schmerz aushalten. Der Kapo, der mich in sein Kommando und in seine Baracke nahm, sagte mir: ›Junger Mann, halte aus und gebe dein Leben nicht so schnell auf, warte, warte noch. Jetzt hat man gerufen nach Zulage [der Ausgabe von] Brot und Wurst, esse dich voll.‹ Ich ging in die Reihe und erhielt ein Viertel Brot mit einem Stückchen Wurst, habe das sofort aufgegessen und stellte mich nochmals in die Reihe, obwohl ich wußte, wenn mich der Kapo erwischt, dann wird er mich schlagen für zweimal Portion nehmen. Aber ich ging zum zweiten wie auch zum dritten Mal und bekam dreimal Brot und Wurst. Ich hatte mich so vollgefressen, daß ich keine Lust mehr hatte, Selbstmord zu begehen.« Oktober 1944 nach Sachsenhausen deportiert. Nach 1945 in den USA. Q.: MV, Bd. 42.

Neumann, Robert. Pathologe.
* 21.8.1902 Nußdorf/Schlesien. 1932 Pathologisches Institut der Charité. 1933 SS (Nr. 203348). 1935 Dozent der Universität Berlin und Direktor des Pathologischen Instituts am Robert-Koch-Krankenhaus. 1937 NSDAP (Nr. 5373111), 1938 SS-Obersturmführer. Herbst 1939 bis Februar 1940 Versuche zur Leberpunktion mit Todesfolge im KZ Buchenwald. Die ehemalige Mitarbeiterin Elsbeth Freund: »Er hatte ein Gerät entwickelt, das er ›Histotom‹ nannte. Damit konnte man in die Leber hineinstoßen und Gewebsstücke entnehmen. Das war nicht ungefährlich, da man damit auch manchmal größere Gefäße traf.« Häftling Gustav Wegerer: »Fast alle behandelten Häftlinge starben zumeist zwei oder drei Tage nach dem Einstich. Ich habe die Leichen im Sezierraum gesehen, und Neumann wiederholt bei der Sektion solcher Leichen assistiert.« Mai 1940 Lagerarzt in Auschwitz. Häftling Friedrich Thumm (AV, Bl. 6241): »Ich selbst mußte ihm in Auschwitz mehrmals bei der Sektion von Häftlingsleichen behilflich sein.« Dezember 1940 apl. Professor in Schanghai. 1944 Förderung durch die Deutsche *Forschungsgemeinschaft* (DFG): *Arbeiten auf dem Gebiet der Vererbungslehre und Rassenkunde.* Neumann im Buchenwald-Prozeß zu Auschwitz (Archiv Dachau, Nr. 26.820): »Von einem Camp oder von Häftlingen habe ich damals nichts bemerkt.« Bis 1948 interniert, danach wissenschaftlicher Mitarbeiter beim Pharmaartikelhersteller STADA in Tübingen. Leiter einer Klinik in Reutlingen. 1961 Einstellung Ermittlungsverfahren StA Tübingen. † 19.12.1962 Tübingen. Lit.: Klee, Auschwitz.

Neumann, Simon. *Jüdisches Sonderkommando.*
* 15.1.1916 Lodz. Dov Paisikovic, Gaskammerkommando: »Bei den Vergasungsaktionen spielten sich unmenschliche Szenen ab. So habe ich beobachtet, daß kleine Kinder in den überfüllten Vergasungsraum einfach noch in der Weise hineingetan wurden, daß man sie

von der Tür aus über die Köpfe der Erwachsenen hinwegwarf, so daß sie in dem Menschengewühl irgendwo liegenblieben.«

Neuschl, Georg. SS-Schütze.
* 22.3.1926 Krikerhau. SS-Totenkopf-Sturmbann. † 20.6.1943 durch Unfall (Starkstrom).

Newidunski, Adolf. SS-Sturmmann.
* 12.5.1915 Sorgenfeld/Schloßberg. Kommando Landwirtschaft. 1948 in Krakau zu 4 Jahren Haft verurteilt (LaV). Nach 1945 im Ruhrgebiet.

Nickel, Otto. SS-Oberscharführer.
* 12.11.1897 Waplitz. Nach 1945 in Bardowick. – Häftling Werner Jacob (AV, Bl. 13332f.): »Alle Juden aus Meschede wurden im Februar 1943 nach Dortmund zu einer Sammelstelle verbracht. Der Abtransport erfolgte in Güterwagen. Am 3. März 1943, ca. 10.00 Uhr abends, kam unser Zug in Auschwitz an. Die Türen wurden aufgerissen. Wir wurden alle mit Stockhieben herausgetrieben. Ich habe meine Frau auf der Ankunftsrampe in Auschwitz zum letzten Mal gesehen. Meine Eltern und meine Schwester sowie ein in Meschede wohnhaft gewesener Bruder sind alle im KZ ums Leben gekommen.«

Niedballa, Gustav. SS-Dentist.
* 29.8.1908 Stettin. Sohn eines Lehrers. 1936 SS, Unterscharführer. SS-Verfügungstruppe. November 1939 SS-Totenkopfstandarte *Ostmark*. Einsatz in Oranienburg, KZ Vaivara in Estland. September/Oktober 1944 (eigene Aussage) bis zur Flucht am 18.1.1945 in Auschwitz: »Neben meinem Dienst in der Zahnstation hatte ich auch noch Sprechstunden in Monowitz – Buna – bei der dortigen SS-Zahnstation, und zwar einmal in der Woche. Auch dort wurden nur SS-Leute behandelt.« Niedballa: »Die Krematorien in Birkenau habe ich nur von weitem gesehen, jedoch der Geruch des verbrannten Menschenfleisches konnte man weithin wahrnehmen.« Praxis in Coburg. † 25.10.1976 ebenda. Q.: AV, Bl. 8171ff.

Nieding, Karl. SS-Sturmmann.
* 25.1.1901 Erfurt. Ab 17.7.1942 in Auschwitz. Kommandanturstab, Rechnungsführer der Verwaltung. † 1948 Krakau in U-Haft (LaV).

Niemeier, Heinrich, Schreibweise NS-Zeit: *Niemeyer*. SS-Rottenführer (1944).
* 17.1.1922 Hannover. Sohn eines Straßenbahnschaffners. Bauschlosser. Juli 1941 Wachmannschaft Natzweiler. Ab Juli 1943 in Auschwitz, Juli 1944 Außenlager Janinagrube (Kohlenabbau) b. Libiaz, 18 km von Auschwitz entfernt. Nach 1945 Hannoversche Verkehrsbetriebe. Am 13.7.1979 vom LG Hannover wegen Mord in 10 Fällen (Ermordung von Häftlingen beim Evakuierungsmarsch) zu 6 Jahren Haft verurteilt. Laut Urteil führte er nach Erschießungen eine Art »Indianertanz« auf, »wobei er sich mit dem erhobenen Gewehr in beiden Händen um seine Längsachse drehte.« Im Urteil werden SS-Schergen als seine »Kameraden« tituliert: »Namen von SS-Kameraden aus der Janina-Zeit konnte der Angeklagte nicht mehr angeben.« Das milde Urteil begründete das Gericht, Niemeier habe im »Verbotsirrtum« getötet.

Nierzwicki, Hans. SS-Sanitätsdienstgrad (SDG).
* 18.1.1905 Dierschau in Westpreußen, Sohn eines Eisenbahners. Kellner. SS-Unterscharführer. Ab 17.7.1942 in Auschwitz und Birkenau, Ende September 1943 im neugegründeten Außenlager Janinagrube (Kohlenabbau): alle drei bis sechs Wochen Selektion, Abtransport in die Gaskammer (Niemeier-Urteil). April 1943 *Kriegsverdienstkreuz II. Klasse mit Schwertern*. Zuletzt Außenlager Lagischa. Häftlingsschreiber Paczula (AV, Bl. 2574): »Im Jahre 1944 dürfte N. täglich bis zu 30/40 Abspritzungen vorgenommen haben.« Niemeier-Urteil: »So berichtet der Zeuge Kasner u.a. von

einem Vorfall, bei dem ein Mann in das Förderband gefallen war und ihm dabei das Bein vom Fuß bis zum Oberschenkel zerrissen worden war. [Häftlingsarzt] Dr. [Erich] Orlik [Nr. 69826] nahm dann eine Beinamputation vor. Die Operation gelang auch, und der Mann überlebte zunächst. Am Tag darauf spritzte jedoch der SDG Nierzwicki den Verletzten ab, indem er ihm eine Phenolspritze ins Herz stach.« Nach 1945 Kassenbote in Duisburg. Von StA Frankfurt 1963 angeklagt, aufgrund eines ärztlichen Gutachtens, an Tuberkulose erkrankt zu sein, wegen Ansteckungsgefahr nie vor Gericht. † 15.5.1967 Nagold.

Niethammer, Günther. Ornithologe (Vogelkunde).
* 28.9.1908 Waldheim / Sachsen. Kustos am Zoologischen Museum und Reichsinstitut (A. Koenig) Bonn. 1937 NSDAP, SS 1940, Obersturmführer (1944). 1940 Leiter der ornithologischen Abteilung am Naturhistorischen Museum Wien. Oktober 1940 bis Oktober 1941 in Auschwitz, 1942 Autor: *Beobachtungen über die Vogelwelt von Auschwitz (Ost-Oberschlesien)* in: *Annalen des Naturhistorischen Museums in Wien*, Band 52. Dort heißt es: »Ich verdanke dies dem großen Verständnis, welches der Kommandant des K. L. Auschwitz, SS-Sturmbannführer Höß, und sein Adjutant, SS-Obersturmführer Frommhagen, der wissenschaftlichen Erschließung dieses Gebietes und den Forschungsaufgaben, die der deutsche Osten an die Wissenschaft stellt, stets entgegenbrachten.« 1942 Autor: *Handbuch der Deutschen Vogelkunde* (Reprint 1996). Juni bis Oktober 1942 erneut in Auschwitz. Danach Lehr- und Forschungsstätte für Innerasien und Expeditionen des SS-*Ahnenerbe*, *Sven-Hedin-Institut*. Am 8.3.1948 in Krakau zu 8 Jahren Haft verurteilt, Entlassung November 1949. 1950 erneut Leiter des Zoologischen Forschungsinstituts und Museum Alexander König Bonn. 1957 apl. Professor. 1967 Präsident der Deutschen Ornithologen-Gesellschaft. † 14.1.1974 Morenhoven b. Bonn. Lit.: Journal Ornithologie, Nr. 139 / 1998.

Nischt, Adam. SS-Schütze.
* 10.11.1909 Essek, heute Osijek / Kroatien. Ab Februar 1943 in Auschwitz und Monowitz. 1948 in Krakau zu 4 Jahren Haft verurteilt (LaV).

Nistler, Anton. SS-Schütze.
* 30.11.1885 Neuzedlisch. Ab August 1944 in Auschwitz, Monowitz und Sosnowitz (II). † 23.1.1955 Hilpoltstein.

Nitsche, Friedrich. SS-Unterscharführer.
* 25.8.1895 Dünpten. SS-Totenkopf-Sturmbann. † 11.12.1942 Reservelazarett Kattowitz.

Nitsche, Johann. Zentral-Bauleitung.
* 21.5.1907 Untersen, Kreis Pinneberg. SS-Unterscharführer, in der Fernsprechvermittlung. † 27.12.1968 Rehau.

Nitschke, Charlotte. DRK-Schwester.
* 17.4.1912 Brockau / Oberschlesien. 1943 / 44 Schwester im SS-Lazarett. Standortbefehl Nr. 5 / 44: Am 30.1.1944 *Kriegsverdienstkreuz II. Klasse*. Laut Lasik (Vernichtung) 1945 / 46 Todesurteil in Prag, angeblich vollstreckt. Wohnsitz in Hameln.

Noack, Hans. Häftlingskind, Nr. 188931.
* 4.12.1934 Eindhoven. Verhaftung am 20.8.1943 ebenda. Ankunft Auschwitz am 6.6.1944 aus dem KZ Vught b. Herzogenbusch, insgesamt 496 Häftlinge. Im Häftlings-Personalbogen heißt es über den Jungen, 2. Klasse Volksschule: »Kriminelle Vorstrafen: ang[eblich]. keine. Politisches Verhalten: ang. keine.« Es folgt der Zusatz des Lagerkommandanten: »Ich bin darauf hingewiesen worden, dass meine Bestrafung wegen intellektueller Urkundenfälschung erfolgt, wenn sich obige Angaben als falsch erweisen sollten.« Q.: Faks. Abdruck in StAu II.

Noack, Walter. SS-Unterscharführer.
* 5.1.1896 Berlin. Eisenbahnschaffner. Ab September 1944 in Monowitz, Wach-

mannschaft. Am 30.3.1948 in Krakau zu 3 Jahren Haft verurteilt, Anrechnung U-Haft auf Haftdauer.

Nordsiek, Wilhelm. SS-Unterscharführer.

* 20.6.1920 Osnabrück. † Vermißt.

Novak, August. SS-Schütze.

* 7.4.1909. SS-Totenkopf-Sturmbann. † 16.4.1973 (Standesamt Salzburg).

Novak, Franz. Sachbearbeiter für *Transport- und Fahrplanfragen* in Eichmanns Judenreferat (ab 1941).

* 10.1.1913 Wolfsberg/Kärnten, Sohn eines Zugführers. Schriftsetzer. 1929 HJ, 1933 SA/NSDAP (Nr. 1458566). Nach Ermordung des österreichischen Bundeskanzlers Engelbert Dollfuß am 25.7. 1934 Flucht ins Deutsche Reich. 1938 SD und SS (Nr. 344984), Hauptsturmführer (1941). 1938 Zentralstelle für jüdische Auswanderung in Wien, 1939 in Prag. 1944 Sonderkommando Eichmann in Ungarn. Novak (im Lebenslauf 1961): »Glaublich im April 1944 ging ich mit einem Stabe des SS-Obersturmbannführers Eichmann nach Budapest, um die Evakuierung [Vernichtung] der Juden vorzubereiten.« Mai 1945 mit Eichmann in Altaussee im Salzkammergut. Unter dem Namen *Dolak* als Bauernknecht im Kreis Braunau. Ab 1947 unter dem Namen *Tragbauer* als Drucker in Wien. 1957 unter richtigem Namen Wiedereinbürgerung als Österreicher. Betriebsleiter einer Wiener Druckerei. 1961 erstmals verhaftet. 1972 in Wien wegen Deportation der ungarischen Juden zu 7 Jahren Haft verurteilt. Charakteristisch für NS-Täter ist Novaks Aufzeichnung für den Untersuchungsrichter von April 1961: »Ich war nie ein Antisemit oder Judenhasser.« Novak über die Transporte in die Vernichtungszentren: »Die im Referat IV B 4 bearbeiteten Erlasse und Durchführungsbestimmungen für die technische Durchführung der Evakuierungstransporte waren so gehalten, daß die Transporte in einer für die damaligen Verhältnisse menschlichen Form und in möglichst geordneten Verhältnissen durchzuführen waren.« Novak über seine Verantwortung: »Daß man mich als ehemaligen, ganz unbedeutenden Hilfs-Sachbearbeiter für Fahrplan- und Meldewesen – ein Sandkörnchen in dem riesigen Betrieb der ehemaligen deutschen Polizei – nach 20 Jahren vor Gericht stellt und mich etwa als mitschuldig erklären will, ist mir unfaßbar.« Q.: 1 Js 1/65 GStA Berlin. Lit.: Pätzold/Schwarz.

Novak, Jakob. SS-Schütze.

* 22.12.1915 Franztal. Stabskompanie, Wirtschaftshof Birkenau. Wohnsitz am Bodensee.

Nowakowska, Maria. Häftlingspflegerin, Nr. 6829.

* 4.4.1921 in Polen. Ankunft Auschwitz am 27.4.1942 aus dem Gestapogefängnis Montelupich. Häftlingspflegerin im Block 23: »Ich erkläre, daß sich auf diesem Block, während ich dort arbeitete, ca. 100 schwangere Frauen und Mütter mit Kindern befanden. Die schwangeren Frauen fürchteten sich davor, daß sie als Arbeitsunfähige ausselektiert werden könnten und in den Tod in den Gaskammern bestimmt werden. Im Zusammhang damit begann eine Ärztin ungarischer Nationalität, ein weiblicher Häftling, die aus einem Transport der ungarischen Juden ins Lager kam, Eingriffe durchzuführen, die die Beschleunigung der Geburt zum Ziele hatten. Infolgedessen wurden viele tote Kinder geboren.« Q.: MV, Bd. 29.

Nyiszli, Miklós (Nikolaus). Mengeles Obduzent, Nr. A-8450.

* 17.7.1901 Somlyo. Ungarischer Jude, rumänische Staatsbürgerschaft. 1930 Staatsexamen und Promotion in Breslau, Allgemeinmediziner in Oradea. Ankunft Auschwitz am 29.5.1944 mit Ehefrau Margareta und Tochter Zsuzsana (beide überleben). Anders als in seinem Buch *Im Jenseits der Menschlichkeit* dargestellt, kommt Nyiszli zunächst in ein Beton-

kommando in Monowitz. Am 27. Juni 1944 verfügt der Lagerarzt Monowitz, Nyiszli nach Birkenau zu überstellen. Nyiszli wird Mengeles Obduzent. Bis Ende August 1944 in Block 12 (unheilbar Kranke) des Häftlingskrankenbaus im Lagerabschnitt BIIf untergebracht. Danach Übersiedlung zum Sonderkommando im Krematorium I. Hier kann er sich innerhalb der vier Krematorien frei bewegen. Von Nyiszli gibt es eine Aussage, aufgenommen am 28.7.1945 (MV, Bd. 13) im Amtsgebäude der Landeskommission zur Fürsorge deportierter ungarischer Juden – keine Ortsangabe. Hier schildert er, daß er zuerst nach Buna zum Betonkommando Nr. 197 gebracht wurde und dann, zusammen mit einem KZ-Kollegen von der Straßburger Fakultät, nach Birkenau. Danach sei Mengele erschienen, der sie mit Arbeit versorgt habe: »Diese Arbeit bestand aus der ärztlichen Untersuchung derjenigen (lebenden) Personen, die wegen ihrer anormalen körperlichen Entwicklung aus den Transporten selektiert worden waren. Wir nahmen an ihnen Vermessungen vor, dann tötete sie Oberscharführer Muszfeld [Muhsfeldt] mit dem Kleinkaliber, d. h. mit dem 6-mm-Gewehr durch Genickschuß. Danach erhielten wir Befehl, die Leichen zu sezieren und ein sehr genaues Protokoll über die Sektion herzustellen. Sodann ätzten wir die Leichen der anormalen Personen mit Chlorkalk und stellten die sauberen Knochen in Paketen zusammen und schickten diese dem anthropologischen Institut in Berlin-Dahlem« (Kaiser-Wilhelm-Institut für Anthropologie, menschliche Erblehre und Eugenik). Nyiszli weiter: »Diese Fälle sind sporadisch vorgekommen, bis eines Nachts gegen 12 Uhr uns SS-Unteroffiziere aufweckten und in den Sektionsraum riefen, wo Dr. Mengele bereits auf uns wartete. In dem Arbeitsraum neben dem Sektionssaal warteten 14 Zigeunerzwillinge unter Bewachung von SS, bitter weinend. Dr. Mengele sagte kein Wort zu uns, bereitete eine 10-ccm und eine 5-ccm Spritze vor. Aus einer Schachtel legte er Evipan, aus einer anderen Chloroform, das sich in 20-ccm-Gläschen befand, auf den Operationstisch. Danach führten sie den ersten Zwilling herein, es war ein 14 Jahre altes Mädchen. Dr. Mengele befahl mir, das Mädchen zu entkleiden und auf den Seziertisch zu legen. Danach spritzte er in dessen rechten Arm intravenös Evipan ein. Nachdem das Kind eingeschlafen war, tastete er die linke Herzkammer aus und injizierte 10 ccm Chloroform. Das Kind war nach einigen Zuckungen tot, worauf Dr. Mengele es in die Leichenkammer bringen ließ. In dieser Weise folgte in dieser Nacht die Tötung aller 14 Zwillinge. Dr. Mengele fragte uns, wieviel Leichen wir täglich sezieren könnten. Er dachte, wir könnten 7 bis 8 erledigen. Wir antworteten darauf, daß wir im Durchschnitt 4 Leichen sezieren könnten, wenn er präzise wissenschaftliche Arbeit von uns erwarte. Damit war er einverstanden.« † 5.5.1956 an Herzinfarkt, 54 Jahre alt.

O

Ober, Mathias. SS-Schütze.
* 10.10.1908 Ruma/Kroatien. Ab Oktober 1942 in Auschwitz. Wachmannschaft Stammlager, Birkenau, in den Außenlagern Lagischa und Neu-Dachs. 1948 in Krakau zu 4 Jahren Haft verurteilt (HvA 12). Wohnsitz Linz-Land.

Obertinski, Karl. SS-Rottenführer.
* 17.5.1896 Czernowitz. Ab Juni 1942 in Auschwitz. SS-Totenkopf-Sturmbann. 1948 in Krakau zu 3 Jahren Haft verurteilt (LaV). † 2.2.1971 Schramberg.

Oder, Anton. SS-Sturmmann.
* 17.11.1915 Ruma/Kroatien. Ab 2.11. 1942 in Auschwitz, September 1943 im Außenlager Neu-Dachs. Am 27.1.1948 in Krakau zu 5 Jahren Haft verurteilt (HvA 12). Wohnsitz in Bayern.

Oehler, Herbert. SS-Rottenführer.
* 2.3.1906 Dieringhausen. Nach 1945 in Altenglan (Rheinland-Pfalz).

Oehlschläger, Ferdinand. SS-Rottenführer.
* 29.4.1921 Jakobeny/Rumänien. SS-Totenkopf-Sturmbann, Monowitz, Außenlager (AL) Günthergrube und Fürstengrube. Belobigt im Kommandanturbefehl vom 6.9.1944, da er die »Flucht« von Häftlingen »verhinderte«. Herbst 1944 AL Althammer. Nach 1945 in Österreich.

Oester, Georg. SS-Hauptscharführer.
* 22.7.1911 Kirchleus. 1933 NSDAP (Nr. 1580311). 1936 SS (Nr. 74518). Dachau, 1941/42 in Auschwitz, Leiter der Molkerei der *Deutschen Lebensmittel GmbH* (SS-Unternehmen). Danach in Mauthausen. Am 10.7.1969 vom AG Memmingen wegen Verbrechen im Zentralarbeitslager Flugmotorenwerke Reichshof (Polen) zu lebenslanger Haft verurteilt. Haft in Straubing.

Ogurek, Otto. SS-Hauptscharführer.
* 17.7.1890 Lindenwiese. SS-Totenkopf-Sturmbann, 1943 Blockführer in Block 11, Arrest- und Exekutionsblock, genannt Todesblock. Erschoß Häftlinge an der *Schwarzen Wand*. 1948 in Krakau zu 10 Jahren Haft verurteilt (LaV). † 1950/51 in polnischer Haft. Broad über die Erschießungen: »Wenn ein Erschossener noch röchelt, dann befielt einer dieser beiden SS-Führer [Aumeier und Grabner]: ›Der muß noch einen kriegen!‹ Ein Schuß in die Schläfe oder ins Auge bereitet dann diesem unglücklichen Leben ein Ende. Im Laufschritt eilen die Leichenträger mit den Bahren hin und her, laden die Toten auf und werfen sie am anderen Ende des Hofes auf einen Haufen. Immer mehr blutüberströmte Leiber liegen dort. Noch minutenlang strömt den Erschossenen in einem feinen Strahl das Blut aus der Einschußwunde am Hinterkopf und ergießt sich über den Rücken.«

Oguse, Stephanie Jeanne. Häftlingsärztin, Nr. A-6527.
* 16.6.1903 Paris. Ankunft Auschwitz am 4.7.1944 mit 1100 Deportierten aus Drancy, 479 Personen werden sofort in der Gaskammer erstickt. Ärztin auf der Tbc-Station. Oguse: »Ich muß hinzufügen, daß bei der Ankunft das Gerücht herumlief, daß Lkw darauf warteten, die Kranken abzutransportieren. Glücklicherweise waren meine Sprachkenntnisse nicht ausreichend, um zu bitten, daß ein junges Mädchen, das vor unserer Abreise am Blinddarm operiert worden war, in einen Wagen gebracht würde. Zu dieser Zeit hatte ich wohl davon reden hören, daß die Nazis Menschenleben durch Gas vernichteten, aber ich glaubte dies nicht.« September 1944 »in das Sudetenland verschickt«, im Lager Parschnitz. Ärztin in Paris. Q.: MV, Bd. 10.

Ohm, Reinhard. SS-Rottenführer.
* 24.7.1920 Gr. Werder-Danzig. Kommandanturstab Auschwitz, Blockführer. Wohnsitz in Nordrhein-Westfalen.

Olar, Stefan. SS-Sturmmann.
* 7.1.1921 Czernowitz. SS-Totenkopf-Sturmbann. Nach 1945 in Baden-Württemberg.

Olbrycht, Jan. Häftling Nr. 46688.
* 1886. Ankunft Auschwitz am 13.7.1942 aus dem Gestapogefängnis Montelupich. Olbrycht am 10.12.1947 als Gutachter im Krakauer Auschwitz-Prozeß (AV, Bl. 4518 ff.): »Während der ersten Zeit diente das Lagerhospital keinen Heilzwecken, es war vielmehr eine Sammelstelle für Sterbende oder Tote. Dieser Zustand änderte sich erst im Frühjahr 1942 im Zusammenhang mit der Nachfrage nach Arbeitskräften, welche die deutsche Kriegsindustrie zur Führung des totalen Krieges benötigte. Damals wurde offiziell der Begriff Häftlingsarzt eingeführt, man begann diejenigen Kranken zu behandeln, bei denen die Hoffnung auf baldige Wiederaufnahme der Arbeit bestand, und mittels Giftinjektionen oder durch Vergasen die Kranken zu töten, bei denen die Hoffnung auf baldige Gesundung und Wiederkehr zu Arbeit nicht bestand.« Professor. Titel des Gutachtens: *Gesundheitswesen im Konzentrationslager in Auschwitz*. † 1968.

Olejak, Hans. SS-Unterscharführer (1942).
* 8.9.1918 Kunzendorf/Oberschlesien. Sohn eines Emaillebrenners. Hilfsarbeiter. Buchenwald. Ab Mai 1940 in Auschwitz, Blockführer. Arbeitsdienstführer (Arbeitskommandos) im Männerlager Birkenau. Am 30.1.1942 *Kriegsverdienstkreuz II. Klasse mit Schwertern*. Am 15.6.1943 mit dem ersten Häftlingstransport nach Neu-Dachs in Jaworzno nahe Kattowitz versetzt, Rapportführer (Spieß). Von insgesamt 13574 Häftlingen überleben keine tausend. Franciszek Piper zu den Appellen (HvA 12): »Vor dem Ausmarsch zur Arbeit mußten die Häftlinge oftmals bis zu 2 Stunden Appell stehen, manchmal bei Frost bis zu –20 °C; die Kranken legte man auf den Schnee neben die Kolonne. Abendappelle wurden ohne Grund bis zu einigen Stunden verlängert.« April 1944 für sechs Monate im Außenlager Blechhammer. 1954 Kriegsgefangenen-Entschädigungsantrag mit nach Rumänien verlegtem Geburtsort. Vergolder einer Rahmenfabrik. Freispruch am 3.11.1980 LG Aschaffenburg (2000 Tote auf Evakuierungsmarsch). Q.: Jaworzno-Anklage.

Olère, David. *Jüdisches Sonderkommando*, Nr. 106144.
* 19.1.1902 Warschau. Seit 1923 in Paris, französischer Staatsbürger. Maler und Bühnenbildner, Filmkulissen für den berühmten Regisseur Ernst Lubitsch. Ankunft Auschwitz am 4.3.1943 aus Drancy. Einsatz an den Verbrennungsgruben von Bunker 1 und 2, dann im Krematorium II. Fertigte Zeichnungen, Illustrationen und Lampenschirmverzierungen für SS-Leute. Zeichnete nach der Befreiung die Schrecken von Auschwitz, deutsche Ausgabe seiner Werke 2004: *Vergessen oder vergeben? Bilder aus der Todeszone*. Gestorben am 21.8.1985 in Noisy-le-Grand (FSK).

Olexiuk, Viktor. SS-Unterscharführer.
* 6.6.1905 Seletin. SS-Totenkopf-Sturmbann, Arbeitsdienstführer (Arbeitskommandos), Kommandanturstab Monowitz. Verbleib unbekannt. – Buna-Häftling Primo Levi (Auszug): »Buna ist hoffnungslos, durch und durch trübe und grau. In diesem Bereich wächst kein Grashalm, und die Erde ist getränkt mit den giftigen Säften von Kohle und Petroleum. Nichts lebt hier, nur Maschinen und Sklaven: und jene mehr als diese.«

Ontl, Friedrich. SS-Sanitätsdienstgrad (SDG).
* 25.8.1908 Zwittau/Sudeten. Zahntechniker. NSDAP 1939, SS-Hauptscharführer (1944). Mitte 1940 KZ Neuengamme, ab 19.9.1942 in Auschwitz, Spieß beim Standortarzt. Erstellte nach eigener Aussage die Dienstpläne für den Rampendienst. Ontl (MV, Bd. 13): »Da

in unterschiedlicher Häufigkeit Häftlingstransporte in Auschwitz ankamen, hatte der SS-Standortarzt jeweils einen diensthabenden Arzt einzuteilen. Jeweils bei Ankunft eines Transports mußte nämlich ein SS-Arzt anwesend sein. Außerdem waren auch Sanitätsdienstgrade hierfür bereitzustellen.« April 1943 *Kriegsverdienstkreuz II. Klasse mit Schwertern.* Ab Juli 1943 im Außenlager Neu-Dachs (HvA 12). 1945 Groß-Rosen. Zahntechniker im Kreis Riedenburg.

Opfal, Gitla (Mädchenname). Objekt von Medizinverbrechen.
* 30.9.1901. Ankunft Auschwitz am 2.8. 1943 aus Drancy. Von 1000 Personen werden 727 sofort in der Gaskammer ermordet. Nur 55 Frauen überleben die Selektion und werden alle in den Versuchsblock zu Clauberg gebracht. Die Folgen, neun Jahre nach der Befreiung: »1947 fing ich wieder an zu arbeiten als Näherin, kann diese Arbeiten aber immer nur zeitweise ausführen, da ich von starkem Rheumatismus in den Schultern befallen bin. Ich leide auch zeitweise immer noch an starken Schmerzen im Unterleib und starkem Brennen sowie heftigen Kopfschmerzen. Ich bin sehr reizbar geworden und schnell aufgeregt und leide seelisch durch den Verlust meiner Kopfhaare, die ich während meines Aufenthaltes im Lager verloren habe, und es ist nie wieder eine Besserung eingetreten.« Das ärztliche Gutachten geht auf den Zustand des Gebisses ein, das bei den meisten Deportierten – Folge des Hungers – desolat ist: »Gebiß: oben nur noch 3 Zähne vorhanden, davon der eine Molarzahn schwer parodontotisch und nicht fest, der ein schlecht ajustiertes Gebiß nicht mehr tragen kann. Unten: schwerste Parodontose, kein Zahn ist fixiert, nur noch 6 Zähne, davon die vier Schneidezähne erhalten.« Q.: SP.

Oppelt, Heinrich. Arbeitsdienstführer.
* 16.6.1906. 1940 SS, Untersturmführer. Im Stammlager. Verbleib unbekannt. – Ella Lingens zitiert in ihren Erinnerungen die Rede eines Arbeitsdienstführers an die deutschen Kapos: »Wir sind die Offiziere, ihr seid die Unteroffiziere.« Kommentar Lingens: »So wurden die deutschen Politischen, so grotesk das klingen mag, Stab und Stütze der Lagerleitung. Darüber hinaus gab es Weihnachtsfeiern nur für die Deutschen [Häftlinge], Essenszulagen nur für die Deutschen, Kino und Konzert nur für die Deutschen, kurz, sogar im KZ sollten wir uns als Herrenvolk fühlen.«

Oppermann, Willimar. Fahrbereitschaft.
* 2.12.1914 Leipzig. SS-Oberscharführer (1942). Vertretung des Fahrdienstleiters. Verbleib unbekannt. – Der Überlebende Bedrich Hersch, *Theresienstädter Familienlager*, über den Abtransport der Lagerinsassen in der Nacht vom 8. zum 9. März 1944 (Karny): »In das kleine Lastauto mußten wir hundert Menschen in einigen Schichten aufladen und uns dann auf die obere Schicht setzen und mit ihnen ins Krematorium fahren. Die Nacht war dunkel, und ich erkannte überhaupt nicht, wo diese halbtoten Menschen hingelegt wurden, ich denke aber, daß es eine Grube war.«

Opschitz, Jakob. SS-Schütze.
* 22.2.1912 Morovice. SS-Totenkopf-Sturmbann. † 18.6.1975 Freilassing.

Orlich, Rudolf. SS-Untersturmführer.
* 11.12.1910 Hofgastein. 1932 NSDAP (Nr. 1210109), 1941 SS (Nr. 297670). Vom 1.6.1944 bis 18.1.1945 Adjutant des Kommandanten der Außenlager. Nach 1945 in Arnif, Bezirk Salzburg.

Orlowski, Alice. KZ-Wärterin.
* 30.9.1903 Berlin. Juli 1943 Majdanek, April 1944 Judenlager Plaszow b. Krakau, Oktober 1944 im Außenlager Budy (Frauenkommando). Am 22.12.1947 in Krakau wegen Mißhandlungen zu 15 Jahren Haft verurteilt. Urteil: »Die Angeklagte schlug entweder mit bloßer Hand oder mit dem Klopfer oder auch mit der Lederpeitsche, wobei sie ihre

Opfer auch dann mißhandelte, wenn sie Greisinnen oder Kinder waren.« † Einstellung Majdanek-Verfahren am 14.5. 1976, da verstorben.

Orth, Heinz. KZ-Arzt.
* 14.12.1912 Gudensberg/Kassel. SS-Nr. 289424, Sturmbannführer (1944). Dr. med. Kommandanturbefehl vom 23.5.1943: »Besuch der Ehefrau auf die Dauer von 10 Tagen«. In Auschwitz SS-Hauptsturmführer. Laut Dr. Snieszko (MV, Bd. 29) Vorgänger Mengeles im »Zigeunerlager«. Häftlingsärztin Adelsberger über die erste Begegnung: »Er empfing uns kollegial, fast entgegenkommend.« Adelsberger über den Häftlingskrankenbau: »800, 1000 und mehr Menschen in einem einzigen Block [Lagerbaracke] war die Regel. Abgezehrte, fiebernde Menschen lagen eingepreßt in ihren Kojen, nebeneinander, übereinander, untereinander, zu Zehnen auf einem Platz, der für zwei oder höchstens vier Menschen ausgereicht hätte. Ganz oben, wo die beweglicheren Kranken, die noch klettern konnten, untergebracht waren, wäre es vielleicht erträglicher gewesen, wenn nicht der Regen Decken und Strohsäcke so durchnäßt hätte, daß sie nie trocken wurden und das Wasser bis auf die mittleren Kojen heruntertropfte. Unten bei den Schwerkranken, die nicht mehr die Kraft hatten, für ihre Verrichtungen aus den Betten zu krabbeln, und sich nicht aufrichten konnten, war ein Morast von kotbeschmutzten und urindurchtränkten Decken; Sterbende wälzten sich zwischen schon Toten mit einem dumpfen, langgezogenen Jaah, das wie der Schrei verendeter Tiere im Urwald klang.«

Oster, Ignatz. SS-Sturmmann.
* 11.6.1908 Gasije bzw. Gazije/heutiges Bosnien u. Herzegowina. Ab 1944 in Auschwitz. Nach 1945 in Rastatt.

Ostermann, Emil. SS-Rottenführer.
* 8.7.1909 Kimpolung/Rumänien. SS-Totenkopf-Sturmbann, Monowitz, Standortverwaltung (1944). Verbleib unbekannt.

Oswald, Michael. SS-Schütze.
* 21.2.1909. Stabskompanie (SS-Angehöriger der Kommandantur), Wirtschaftshof Birkenau, Geflügelfarm Harmense. Verbleib unbekannt. – Kielar über die in der Geflügelfarm eingesetzten Häftlingsfrauen: »Die vollgefressenen Kapos und Verarbeiterinnen schrien hysterisch und schlugen bei jedem Anlaß die abgezehrten Jüdinnen. Angezogen in zerlumpte und schmutzige Uniformen, die von den ermordeten sowjetischen Kriegsgefangenen geblieben waren, mit unbedeckten Köpfen und Haaren, die ungleichmäßig bis an die Haut geschoren waren, Gestank von ungewaschenen Körpern und Hühnerkot verbreitend, weckten sie gleichzeitig Abscheu und Mitleid.«

Oswald, Michael. SS-Schütze.
* 7.8.1909 Bacstovaros bzw. Bacs Tovaros/heutiges Serbien. Stabskompanie, Wirtschaftshof Birkenau. † 14.8.1971 Erbach im Alb-Donaukreis.

Ottersbach, Josef. SS-Unterscharführer.
* 6.6.1921 Hitdorf. SS-Totenkopf-Sturmbann, Monowitz. 1948 in Krakau zu 3 Jahren Haft verurteilt (LaV). Nach 1945 in Nordrhein-Westfalen.

Otto, Kurt. SS-Hauptsturmführer.
* 7.11.1910 Düsseldorf. Kompanieführer 1. Kompanie SS-Totenkopf-Sturmbann. † Suizid 1.2.1943 Köln. KZ-Kollege Wilhelm Schmidt: »Er hatte nämlich ein Verhältnis mit einer Ärztin.«

Otto, Walter. SS-Unterscharführer.
* 20.7.1906 Wuppertal, Sohn eines Polizeimeisters. Elektriker der Stadtverwaltung Wuppertal. SS-Nr. 162540. Wachdienst, Begleitung von Häftlingskommandos, vermutlich auch Rampendienst (»Ich selbst bin nicht in der Lage, obwohl ich bei solchen Selektionen zugesehen habe, Namen von SS-Angehörigen und Ärzten, die die Selektionen vorgenommen haben, anzugeben«). Herbst

1941 Standortverwaltung. Mit Baubeginn des Lagers Birkenau in der Technischen Abteilung ebenda. Kommandanturbefehl vom 23.5.1943: »Besuch der Familie«. Nach 1945 am Geburtsort, Elektriker. Aussage: AV, Bl. 1041 ff.

Ovici, Elizabet. Als »Liliputaner« in Auschwitz, Nr. A-5091.

* 22.4.1914 Sziget in Rumänien. Mitglied (90 cm) einer »Liliputtruppe« (Ovici). Ankunft Auschwitz laut Häftlingsnummer am 20.5.1944 aus Ungarn. Ovici: »Auf der Rampe fand eine Selektion statt. Da wir eine bekannte Artistenfamilie waren, gab mein Bruder Fotografien von unserer Liliputanertruppe an SS-Leute. Als Dr. Mengele kam, sah er uns an und sagte – etwa dem Sinne nach: Diese Familie wird mir für 20 Jahre Arbeit geben.« Ovici zu den Versuchen: »Ich bin überfragt, welche Forschungen im konkreten Mengele an mir vornahm, er interessierte sich für alles, so bekamen wir oft eine Flüssigkeit in die Augen geträufelt, die uns tagelang nahezu blind machte. Wir bekamen Spritzen in die Ohren und in nahezu alle Organe. Wir fühlten uns oft übel und elend und mußten uns übergeben.« Artistin unter dem Namen Moskowitz in Israel. Q.: MV, Bd. 22.

P

Pach, Jacques. Häftlingsarzt, *Jüdisches Sonderkommando.*

* 15.6.1908 Bukarest. Jüdischer Arzt polnischer Herkunft aus Paris. Ankunft Auschwitz 1942. Filip Müller: »Er trug, was in dieser Umgebung wie Hohn wirkte, einen weißen Kittel. Als ich ihn kennenlernte, gedachte er gerade seines Hochzeitstages. Im flackernden Schein einer herunterbrennenden Kerze hatte er die Fotografie seiner Frau vor sich hingestellt. Daß es ihm gelungen war, dieses Bild unbemerkt ins Lager zu schmuggeln, war für ihn eine Genugtuung, aber auch ein großer Trost.« Sommer 1944 Leiter einer kleinen Station für Häftlinge des Sonderkommandos im Häftlingskrankenbau im Lagerabschnitt BIIf. Am 26.11.1944 mit weiteren 99 Häftlingen des Sonderkommandos erschossen. Q.: Nyiszli; StAu III.

Pach, Ludwig. Politische Abteilung (PA), Lager-Gestapo.

* 23.8.1906 Quellental, Kreis Groß Strehlitz. SS-Rottenführer. Im PA-Referat Nachrichtendienst und Überwachung. Laut Häftlingsschreibkraft Berta Weiss benutzten Broad und Dylewski Pach als Folterknecht (AV, Bl. 15667): »Pach hat eine größere Zahl von Häftlingen erschlagen.« Verbleib unbekannt.

Paczula, Thadeus. Häftling Nr. 7725, führte das Totenbuch.

* 26.11.1920 Gleiwitz. Medizinstudent. Ankunft Auschwitz am 18.12.1940: »Ich kam mit einem Transport von ca. 240 Polen (Männer) mit Autobussen nachts im Lager an. Schon in dieser Nacht wurden wir mit Kolbenschlägen der SS-Leute und Peitschen der Lagerkapos empfangen. Selektionen hat es zu dieser Zeit noch nicht gegeben.« Begrüßung durch Lagerführer Fritzsch, der »darauf hinwies, daß dieses Lager nur einen Ausgang hätte, der Ausgang sei der Kamin«. In diversen Kommandos. Juli 1942 mit Phlegmone am linken Unterschenkel im Häftlingskrankenbau (HKB), danach Schreiber ebenda. Führte Sommer 1942 bis Sommer 1944 das Totenbuch: »In der Zeit, in der ich das Totenbuch des Lagers führte, habe ich etwa 130000 [männliche] Tote eingetragen.« Frühjahr 1944 Rapportschreiber, d.h. Leiter der Häftlingsschreibstube (Stärkemeldungen, Karteiführung usw.). Als Oberschlesier (!) Entlassung am 27.9. 1944 zur Wehrmacht, Einsatz in Italien,

Februar 1945 zu den Briten übergelaufen. Promotion 1955. Chirurg in Swietochlowice. Aussage: AV, Bl. 2546 ff.

Pahl, Heinz. SS-Sturmmann.
* 27.10.1923. Kommandanturbefehl vom 9.6.1943: »Besuch der Ehefrau«. Verbleib unbekannt.

Paisikovic, Dov. *Jüdisches Sonderkommando*, Nr. A-3076.
* 1.4.1924 Velky Rakovec in Slowenien. Ankunft Auschwitz am 21.5.1944 aus Ungarn: »Ich kam zusammen mit meinem Vater in die Gruppe der Arbeitsfähigen, auch ein Bruder von mir konnte in das Lager einrücken. Die übrigen Familienmitglieder habe ich auf der Rampe zum letzten Mal gesehen.« Mit 250 Häftlingen zum Kommando in den Vergasungsanlagen gezwungen. Leichenschlepper im Bunker V (Mai 1944 als Vergasungsanlage für die Ungarntransporte reaktiviertes weißes Bauernhaus, früher Bunker II genannt). Paisikovic: »Wir erhielten Spazierstöcke. Die Krümmung des Spazierstockes mußte den Leichen um den Hals gelegt werden. Dann hatten wir die Leiche von dem Bunker zur Grube zu zerren. Die Arbeit während des Tages war derartig grausam, daß einige Häftlinge aus unserer Gruppe den Freitod suchten, indem sie sich in die Grube stürzten und dort verbrennen ließen.« Danach in den Krematorien sowie an den Verbrennungsgruben. Fleischer in Israel. Gestorben 1988. Aussage: AV, Bl. 17082 ff.

Paisikovic, Isaak. *Jüdisches Sonderkommando*, Nr. A-3075.
* Etwa 1893 in Ungarn, Vater von Dov. Im selben Krematorium wie sein Sohn, Torwächter. Sohn Dov über das Ende, nach dem Evakuierungsmarsch: »In Mauthausen war ich von meinem Vater getrennt worden. Mein Vater war schließlich noch nach Ebensee gekommen. Im Zeitpunkt meines Eintreffens in Ebensee erfuhr ich von Mithäftlingen, daß mein Vater einige Tage vorher im HKB verstorben war.«

Paitz, Franciskus. SS-Schütze.
* 24.11.1926 Prigrewica Sv. Ivan/heutiges Serbien. SS-Totenkopf-Sturmbann. † 24.7.1978 Rielassingen.

Palarczyk, Anna. Häftling Nr. 17524.
* 21.7.1918 Krakau. Verhaftung ebenda am 24.6.1942. Ankunft Auschwitz am 17.8.1942 aus dem Gestapogefängnis Montelupich. Beim Bau der Straße zum Krematorium eingesetzt, dann in Block 12. Aussage: »Das war der sog. Musterblock. Er zeichnete sich dadurch aus, daß er außergewöhnlich sauber war und daß wir zum Erhalten seiner Sauberkeit entsprechende Mittel in Form einer Bürste bekamen. Außerdem hatten wir schöne Decken vom holländischen Transport. Dieser Block wurde mit den Häftlingen zusammen während des Besuches von hohen SS-Delegationen gezeigt.« Archivangestellte. Q.: MV, Bd. 10.

Palinsky, Walter. SS-Unterscharführer.
* 17.8.1896 Hoppenrade. Ab 1942 in Auschwitz. Wachmannschaft Monowitz, Herbst 1944 Außenlager Charlottengrube. Andrzej Strzelecki (HvA 17): »Er nahm am Erschießen von Häftlingen während der Evakuierung des KL Auschwitz teil.« Todesstrafe am 14.9. 1948 in Krakau, vollstreckt.

Palitzsch, Gerhard. Rapportführer, Höß: »Die gerissenste und verschlagenste Kreatur, die ich kennengelernt und erlebt habe.«
* 17.6.1913 Großopitz b. Dresden. Landwirt. 1933 NSDAP (Nr. 1965727) und SS (Nr. 79466), Hauptscharführer (1941). 1933 KZ Sachsenburg, 1936 Block- und Rapportführer (Spieß). 1938–1940 Zweiter Kommandoführer KZ Neuengamme. Danach in Sachsenhausen. Ankunft Auschwitz am 20.5.1940 mit den ersten 30 kriminellen Häftlingen, die als Funktionshäftlinge eingesetzt werden. Der erste Rapportführer. Berüchtigt sind seine Ansprachen an neu eingetroffene Häftlinge (Shelley): »Wir Deutschen haben kein Mitleid mit den Feinden des Dritten

Reiches, so wie ihr welche seid. Mit Freude werden wir euch alle durch die Kamine der Krematorien jagen. Vergeßt eure Frauen, eure Kinder und eure Familien. Hier werdet ihr verrecken wie Hunde.« Beteiligt an der Probevergasung von 600 russischen Kriegsgefangenen und 250 kranken Polen am 3.9.1941 mit Zyklon B im Keller des späteren Block 11 (damals: Block 13). Da am nächsten Tag nicht alle tot sind, schüttet Palitzsch Zyklon B nach (Klodzinski in *Die Auschwitz-Hefte*, Bd. I). Erschoß die meisten Häftlinge an der *Schwarzen Wand*. Häftling Dr. Boleslaw Zbozien über die Ermordung einer Familie (StAu III, Auszug): »Der Mann hielt das links stehende Kind an der Hand. Das andere Kind stand zwischen ihnen, und sie hielten es auch an der Hand. Das Jüngste drückte die Mutter an ihre Brust. Palitzsch schoß zuerst dem Säugling in den Kopf. Dann schoß Palitzsch auf das in der Mitte stehende Kind. Der Mann und die Frau standen weiter unbeweglich wie steinerne Bildsäulen. Dann ergriff Palitzsch das älteste Kind, das sich nicht erschießen lassen wollte. Er warf es auf die Erde, stellte sich dem Kind auf den Rücken und schoß ihm in den Hinterkopf. Schließlich erschoß er die Frau und zum Schluß den Mann.« 1942 Rapportführer des Männerlagers in Birkenau, Rampendienst. Ehefrau Luise stirbt am 4.11.1942 an Fleckfieber. Juni bis August 1943 Führer des »Zigeunerlagers«. KZ-Kollege Johann Becker: »Ich erinnere mich, daß ich einmal mit einem meiner Kapos im Schlachthaus war. Zufällig kam auch Palitzsch herein. Er beanstandete, daß die Kühe von den Häftlingen in zu roher Weise geschlachtet würden. Daraufhin sagte mein Kapo zu mir, wenn er das höre, werde ihm schlecht, weil Palitzsch gerade von einer Erschießungsaktion komme.« Oktober 1943 Lagerführer des im selben Monat gegründeten Außenlagers Brünn (Brno) zum Ausbau der Technischen Akademie der SS und Polizei. Festnahme November 1943 ebenda (HvA 18) wegen sexuellen Beziehungen zu jüdischen Häftlingsfrauen (»Rassenschande«) und Bereicherung. † Kriegstod 7.12.1944 in Ungarn.

Palko, Thomas. SS-Schütze.
* 8.11.1895 Stary Futog, heute Futog / Serbien. Wachmannschaft. † 9.4.1960 München.

Palkowitsch, Bernhard. SS-Schütze.
* 28.10.1919 Putinci / heutiges Serbien. Stabskompanie, Wirtschaftshof Birkenau. Wohnsitz in Bayern.

Palkowitsch, Nikolaus. SS-Sturmmann.
* 21.10.1911 Putinci / heutiges Serbien. Birkenau. † 25.8.1979 Halblech, Landkreis Füssen.

Palmowska-Frankowska, Janina.
Häftling Nr. 55851.
* 28.7.1914 Warschau. Ankunft Auschwitz am 25.8.1943 aus dem Warschauer Gestapogefängnis Pawiak. Zuletzt im sog. Mädchenorchester als Mandolinenspielerin. Aussage über den Abtransport selektierter Frauen Januar 1944 in die Gaskammer: »Die Selektion fand vormittags statt. An dem gleichen Tag in den Nachmittagsstunden, es war bereits dunkel, kam ein Lastwagen, um die ausselektierten Frauen zu holen. Das Durcheinander und die Verzweiflungsschreie sowie das brutale Brüllen der SS-Männer läßt sich nicht beschreiben. Die für den Tod bestimmten Frauen wurden aus den Baracken herausgeführt, und solche, die sich nicht bewegen konnten, riß man mit Gewalt aus den Betten und zog sie hinter sich bis zum Lastwagen. Die sich widersetzenden Frauen wurden an den Händen, Haaren und Beinen von den SS-Männern gezogen und eigenhändig auf den Lastwagen verladen. An einen Fall erinnere ich mich besonders, und er blieb mir fest im Gedächtnis haften: Eine abgezehrte und schmale Frau mit einem ausgefaulten [sic] Gesäß aufgrund der Phlegmone und mit dem nackten Kno-

chen leistete einen verzweifelten Widerstand den sie aus dem Bett zerrenden SS-Männern. Dieses Bild werde ich niemals im Leben vergessen.« Q.: MV, Bd. 31.

Pambor, Erich. SS-Unterscharführer.
* 14.4.1912 Braunsdorf. Installierte die Entwesungsanlage (Entlausung). † 11.5. 1945 Suben am Inn/Österreich.

Panczyk, Vinzenz. SS-Sturmmann.
* 19.7.1920 Groschowitz/Oberschlesien. Ab Juni 1944 in Auschwitz, Wachmannschaft. 1948 in Wadowice zu 18 Monaten Haft verurteilt (LaV). Nach 1945 in Niedersachsen.

Pansegrau, Ewald. SS-Rottenführer (1941).
* 13.8.1921 Fleißacker (polnisch: Stuny) in Westpreußen. Sohn eines Landwirts. Im elterlichen Betrieb. November 1939 im 10. SS-Totenkopfregiment in Buchenwald. Ab Sommer 1940 – von Anfang an – in Auschwitz. Kommandanturstab, Blockführer, Arbeitsdienstführer. Am 15.6.1943 mit dem ersten Häftlingstransport zum Außenlager Neu-Dachs in Jaworzno nahe Kattowitz versetzt (Steinkohlengruben, von insgesamt 13574 Häftlingen überleben keine tausend). Block- und Kommandoführer. Häftling Jery Karaskiewicz (StAu II): »Die entkräfteten Kranken wurden mit dem Knüppel zur Arbeit getrieben, und sie starben wie die Fliegen.« Nach 1945 Elektroschweißer. Freispruch LG Aschaffenburg am 3.11.1980 (2000 Tote auf Evakuierungsmarsch). Hausbesitzer mit einem Grundstück von 1600 qm. Q.: Janowska-Anklage.

Panszczyk, Mieczylaw. Lagerältester im Häftlingskrankenbau des Stammlagers, Nr. 607.
* Nicht ermittelt. Ankunft Auschwitz mit dem ersten Transport polnischer Häftlinge am 14.6.1940. Kielar: »Er war ein Mensch mit unerfüllten Ambitionen, der endlich errungen hatte, was er so sehr wollte: Macht. Er ging wie ein Pfau, ernst, aufgeblasen, eingebildet. Sein pathologischer Größenwahn gab niedrigsten Veranlagungen freien Lauf, was von den SS-Ärzten klug ausgenutzt wurde, indem sie ihm eine Phenolspritze in die Hand gaben, mit der er das Leben derer verkürzen durfte, die sowieso sterben mußten.« Häftlingsschreiber Paczula (AV, Bl. 2570): »Dieser hatte mir selbst erzählt, er habe insgesamt etwa 13500 Häftlinge abgespritzt. Diese Zahl dürfte auch zugetroffen haben, denn ich konnte ja in meiner Eigenschaft als Rapportschreiber seine Angaben einigermaßen überprüfen.« Laut Häftling Glowa tötete er die polnischen Jungen Mieczylaw und Tadeusz Rycaj, brach danach zusammen, beendete das Abspritzen und wurde nach Neuengamme überstellt (AV, Bl. 3371). † Langbein (Menschen) zufolge in Neuengamme einem Bombensuchkommando zugeteilt und dort gestorben.

Pappermann, Arthur. SS-Unterscharführer.
* 24.6.1887. Wachmannschaft Monowitz. 1948 in Krakau zu 4 Jahren Haft verurteilt (LaV).

Pargner, Karl. Verwaltungsführer des Hygiene-Instituts der Waffen-SS in Rajsko.
* 6.8.1921 Kutterschitz, heute Chuderice/Tschechien, Sohn eines Gastwirts. Kaufmann. 1938 SS, Oberscharführer (1944). Zunächst SS-Division *Das Reich*. Ab Juni 1943 am Hygiene-Institut, Pargner: »Dieses Kommando bestand aus Häftlingsärzten und artverwandten Berufen.« Zwischenzeitlich für drei Monate beim SS-Röntgen-Sturmbann in Posen. Am 31.8. 1948 in Krakau zu 15 Jahren Haft verurteilt, Juni 1956 begnadigt und entlassen. Sparkassenangestellter. – In dem von Pargner erwähnten Kommando arbeiten als Häftlinge Spezialisten des *Instituts für Fleckfieber- und Virusforschung* in Lemberg: Dr. Ludwik Fleck (Nr. 100967), Dr. Bernhard Umschweif (Nr. 100969), Dr. Jakub Seemann (Nr. 100968) und Dr. Owsiej Abramowicz (Nr. 100965). Sie waren am 7.2.1943 mit ihren Ehefrauen und

Kindern in Auschwitz eingetroffen und bekamen alle Häftlingsnummern tätowiert. Pargner über die verschleppten Wissenschaftler: »Sie waren froh, daß sie bei dem Institut arbeiten durften.« Aussage: AV, Bl. 8891 ff.

Paschke, Hans. SS-Unterscharführer. * Etwa 1905. Furier bei einer Wachkompanie. Beförderung zum Rottenführer am 1.12.1941 (KB Nr. 33/41). Als Zeuge im Auschwitz-Prozeß: »Schließlich möchte ich noch sagen, daß ich Heimatvertriebener bin und mich diese Sachen [Auschwitz] überhaupt nicht mehr interessieren.« Arbeiter.

Paschke, Werner. SS-Unterscharführer. * 12.2.1920 Freithal b. Dresden, Sohn eines Fleischers. Selbst Fleischer. April 1940 SS. Ausgebildet in der SS-Lehrküche in Oranienburg (KB Nr. 32/41). Ab 30.9. 1940 Standortverwaltung, Leiter der SS-Küche in Auschwitz und in Birkenau sowie den Außenlagern Eintrachthütte und Laurahütte. Standortbefehl Nr. 16/43: »Besuch der Ehefrau in der Zeit vom 25.4. – Juni 1943«. Paschke: »Sowohl in den Häftlingsküchen als auch in den Truppenküchen wurden die eigentlichen Küchenarbeiten von Häftlingen ausgeführt. Ich und die anderen SS-Angehörigen, die den Küchen zugeteilt waren, führten praktisch nur die Aufsicht.« † 23.7. 1978 Darmstadt. Q.: AV, Bl. 8150 ff.

Pataschitsch, Andreas. SS-Sturmmann. * 25.11.1911 Darda. November 1942 bis April 1943 in Auschwitz, Wachmannschaft, Außenlager Jawischowitz. 1948 in Krakau zu 4 Jahren Haft verurteilt (LaV). † 3.10.1960 Albershausen.

Pauckner, Karl. SS-Unterscharführer. * 5.11.1904 Weissenburg/Bayern. Wachmannschaft. 1948 in Krakau zu 6 Jahren Haft verurteilt (LaV). Wohnsitz am Geburtsort.

Paulmann, Werner. SS-Obersturmbannführer. * 16.4.1901 Kassel. Dr. jur. SS-Richter. † 28.11.1958 Santiago de Chile.

Paulus, Otto. SS-Unterscharführer. * 6.8.1892 Mark Neukirchen/Sachsen. Ab 28.8.1944 in Auschwitz, Wachmannschaft Monowitz und Außenlager Bobrek. † 1947 U-Haft in Krakau (LaV).

Pautschek, Josef. SS-Schütze. * 21.11.1908 Esseg. SS-Totenkopf-Sturmbann, Birkenau. † Seit 20.9.1944 vermißt.

Peischel, Erich. SS-Schütze. * 27.3.1910. Standortverwaltung, Abteilung Verpflegung. Herbst 1944 Kommando Charlottengrube, eine Steinkohlengrube mit etwa 1000 jüdischen Häftlingen. Verbleib unbekannt. – Andrze Strzelecki über einen unbekannten Juden aus Lodz (HvA 17): »Er hatte Durchfall, war sehr geschwächt. Die Bergleute rieten ihm, sich beim Steiger zu melden und ihn zu bitten, ihn von der Arbeit zu befreien. Als der Häftling seinen Arbeitsplatz verließ, dachten alle, daß er sich beim Steiger meldete. In Wirklichkeit hatte sich der Häftling in einer Felsennische in einem der Nebengänge versteckt, wo er den Hungertod erlitt. Nach zwei Tagen des Suchens fand man seine Leiche.«

Pellinghausen, Josef. SS-Unterscharführer. * 12.7.1912 Sichtigvor/Möhne. Kommandanturstab Auschwitz. Nach 1945 in Dortmund.

Pelz, Maximilian. SS-Unterscharführer. * 17.8.1915 Ramsau, Kreis Freiwaldau. KZ Sachsenhausen, ebenda Blockführer, Krematorium (Beiname *Tom Mix*). Ab September 1944 in Auschwitz. Wohnsitz in Baden.

Penn, Fritz. Zentral-Bauleitung. * 5.1.1908 Neuwedell, Kreis Arnswalde. SS-Oberscharführer. Bauführer Landwirtschaft und Industriegelände. Standortbefehl Nr. 12/43: »Besuch der Ehefrau bis zum 23.4.43«. Nach 1945 in Neuenhagen, Kreis Strausberg (DDR).

Perl, Adam. SS-Sturmmann. * 24.12.1908 Baranjaban. Ab Herbst 1943 in Auschwitz. Stabskompanie,

Wirtschaftshof Birkenau. Nach 1945 in Birnbach, Kreis Regensburg.

Perl, Gisella. Häftlingsmitarbeiterin Mengeles.
* 10.12.1907 Sighet (heute Rumänien). Gynäkologin. Mai 1944 mit Ehemann, Eltern und jüngerem Bruder nach Birkenau deportiert. Nr. A-25404 (nicht am Tag der Ankunft tätowiert). Perl: »Am Bahnhof hat Mengele dagestanden und hat nichts gesagt. Er hat lediglich mit seinem Finger zur rechten und zur linken gezeigt, als wir, die Gefangenen, an ihm vorbeigingen. Wir wurden in zwei verschiedene Kolonnen eingeteilt. Auf diese Weise habe ich meine ganze Familie verloren.« Herbst 1944 im Frauenlager: »In diesem Lager, so hat er mir gesagt, ›verlange ich einen lebenden Embryo‹ für Forschungszwecke. Es muß nach Berlin [Kaiser-Wilhelm-Institut für Anthropologie?] geschickt werden. Ich mußte daher eine große Anzahl von Abtreibungen ausführen, um Embryos zu bekommen.« Dozentin an der Mt. Sinai Medical School in New York. Q.: MV, Bd. 15.

Perschel, Richard. SS-Unterscharführer.
* 17.3.1922 Hindenburg/Oberschlesien. Zunächst in der polnischen Armee. KZ Neuengamme. Ab März 1942 in Auschwitz, Blockführer im Quarantänelager für Männer in Birkenau (Lagerabschnitt BIIa). Arbeitsdienstführer (Arbeitskommandos) im Frauenlager in Birkenau. Laut Kielar »einer der jüngsten, dümmsten und gefährlichsten Blockführer des Frauenlagers«. Laut Czech betrat Perschel mit einer SS-Abteilung am 20.1.1945 – nach der Evakuierung – das Frauenlager im Lagerabschnitt BIIe: »Perschel befiehlt allen jüdischen Häftlingen, die Blöcke zu verlassen, ungefähr 200 Frauen kommen heraus. Sie werden vor das Lagertor geführt und erschossen.« Verbleib unbekannt.

Pertig, Karl. SS-Unterscharführer.
* 2.2.1915 Aussig. In Auschwitz ab 1941, Wachmannschaft. Im Standortbefehl vom 12.4.1944 gelobt, da er als Mitglied der *Sportgemeinschaft-SS Auschwitz* beim Hallensportfest in Königshütte »das Tischtennisturnier gegen die Gemeinschaft der I.G. Farbenindustrie siegreich entscheiden konnte«. 1948 in Krakau zu 6 Jahren Haft verurteilt (LaV).

Peschel, Oskar. SS-Unterscharführer.
* 20.11.1899 Schwarzwasser. Ab Februar 1941 in Auschwitz. SS-Totenkopf-Sturmbann, Kommando Fischteiche im Außenlager Harmense. † 1969 Hirzenhain. – Die Gefangene Wanda Tarasiewicz zur Arbeit in den Fischteichen (StAu II): »Das war eine schreckliche Arbeit. Wir mußten die Kleider hochwikkeln, mit der Sense ins Wasser gehen, das Gras schneiden und es dann ans Ufer tragen. So standen wir von früh bis mittags im Wasser. Und nach einer halben Stunde Pause ging es dann bis zum Abend weiter. Manchmal rutschten wir bis zur Brust oder sogar bis zum Hals ins Wasser, weil der lehmige und sandige Grund nachgab.«

Pestek, Viktor. SS-Rottenführer.
* 18.4.1924 Oberscheroutz/Czernowitz. Ermöglichte am 5.4.1944 dem Häftling Siegfried Lederer die Flucht, indem er ihn in einer SS-Uniform durch die Sperren führte. Pesteks Motiv, laut Vrbas Erinnerungen: »Weil ich es hasse, zu sehen, wie Frauen und Kinder ermordet werden. Ich will etwas tun, irgendetwas, damit ich den Geruch aus der Nase kriege und mich wieder ein wenig sauberer fühle.« Kehrte nach der erfolgreichen Flucht zurück, um ein tschechisches Mädchen, das er liebte, aus dem Lager zu schmuggeln. Erkannt, verhaftet, in Block 11 interniert. † 8.10.1944 »nach grausamen Vernehmungen« (StAu IV) erschossen.

Peter, Karl. SS-Oberscharführer.
* 8.6.1894 Nothfelden, Kreis Wolfhagen. Kommandanturstab, Arrestaufseher. † 8.3.1969 Rheinhausen (Duisburg).

Petkunes, Johann. SS-Rottenführer.
* 26.3.1896. Standortbefehl Nr. 45/43: »Besuch der Ehefrau vom 15.10.–14.11. 43«. Verbleib unbekannt.

Petri, Friedrich. SS-Hauptsturmführer.
* 18.9.1910 Sandhausen b. Heidelberg. StA Frankfurt (AV, Bl. 3788): »Erschoß viele Häftlinge bei den Evakuierungen.« 1945 Führer der Wachmannschaft im KZ Sachsenhausen. † Vermißt seit April 1945. – Imo Moszkowicz über seinen Evakuierungsmarsch: »Den Tag über marschierten wir, dann verbrachten wir die Nacht in einer Ziegelei, dann ging's weiter, ohne wesentlichen Aufenthalt, ohne Verpflegung, ohne einen Schluck Wasser. Ich aß Schnee wie die anderen, und ich weiß bis heut' nicht, wieso ich nicht die erbärmlichste Scheißerei davon bekommen habe. Wen es erwischte, war des Todes. Wer sich kackend hinhockte, blieb zurück, wurde erschossen.«

Petrikowitsch.
* Nicht ermittelt. SS-Oberschütze Ludwig Karl Schmidt: »Von dem SS-Mann Petrikowitsch (ebenfalls 1. Kompanie) ist mir bekannt – das habe ich auch selbst beobachtet –, daß er Häftlinge erschoß, wenn diese sich bei ihm zum Austreten abgemeldet und niedergesetzt hatten. Das betrieb er gewissermaßen als Sport; er war Scharfschütze und versuchte den Häftlingen die Hoden abzuschießen. P. kam aus Serbien und war etwa Jahrgang 1923.« Q.: AV, Bl. 12902.

Petrowitsch, Michael. SS-Schütze.
* 27.8.1919 Grabovice/Rumänien. Kommando Lagischa. † Vermißt.

Petzold, Bruno. SS-Schütze.
* Nicht ermittelt. Kommandanturstab. Belobigt im Kommandanturbefehl vom 11.11.1944, da er die »Flucht« von Häftlingen »verhinderte«. Zu dieser Zeit Wachdienst in den Außenlagern Gleiwitz I und II. Irena Strzelecka (HvA 14): »Zum Beispiel tötete der Blockführer Bruno Petzold den Häftling Arnold Lowi, einen 23jährigen Ungarn, weil er sich um 15 Minuten zum Appell verspätet hatte.«

Peuker, Albin. SS-Rottenführer.
* 3.10.1919 Wien. Kommandanturstab, Kommando *Kanada*. Wohnsitz in Österreich. Kommandant Höß in seinen Aufzeichnungen: »Schon 1942 war Kanada I lange schon nicht mehr in der Lage, die Sortierung laufend zu erledigen. Trotz immer wieder neu erstellter zusätzlicher Schuppen und Baracken, Tag- und Nachtarbeit der sortierenden Häftlinge, andauernder Verstärkung dieser Kommandos, türmte sich das noch unsortierte Gepäck.« Konsequenz: »1942 wurde dann mit dem Aufbau des Effektenlagers Kanada II, westlich von dem Bauabschnitt II Birkenau angrenzend, begonnen, ebenso mit der Entwesungsanlage [Entlausung] und dem Bad für die Neuzugänge. Kaum waren die 30 Baracken aufgestellt, so waren sie auch schon voll. Berge von unsortiertem Gepäck türmte sich zwischen den Baracken.«

Pfauth, Christian. Fahrbereitschaft.
* 19.11.1911 Weilheim/Teck. SS-Unterscharführer. Anfang 1941 bis August 1943 (Unfall) in Auschwitz. Laut KZ-Kollege Lorenz Werkstattleiter der Fahrbereitschaft vor Siebald, zu seiner Zeit für Lkw wie Pkw zuständig. Laut Siebald ab 1943 Werkstattleiter für die Personenkraftwagen: »Die Sankas wurden in der Abteilung Personenwagen betreut. Zuständiger Werkstattleiter war Christian Pfauth. Er wurde später abgelöst von Rudi Graf.« April 1943 *Kriegsverdienstkreuz II. Klasse mit Schwertern*. Mai 1948 in Krakau zu 15 Jahren Haft verurteilt, 1956 Entlassung. Pfauth (AV, Bl. 12368 ff.): »Gegen die Behandlung durch die polnischen Vernehmungsbeamten und Richter bei der Durchführung des Verfahrens kann ich nichts einwenden.« Nach 1945 Automechaniker.

Pfennig, Artur. SS-Sturmmann.
* 28.2.1896 Oelsnitz. Wachmannschaft Monowitz, Außenlager Günthergrube

und Gleiwitz. 1948 in Wadowice zu 3 Jahren Haft verurteilt (LaV).

Pfeufer, Hans. SS-Unterscharführer.
* 12.8.1900 in Unterfranken. SS-Totenkopf-Sturmbann, Monowitz, Kommandantur, Abteilung Verpflegung, Küchenchef im Außenlager Lagischa. † 2.2.1955 Coburg. – Häftling Koenig: »Von der Lagerverpflegung allein konnte niemand leben. Wer ausschließlich darauf angewiesen war, wurde allmählich schwächer, bis er – wie die allermeisten – Hungerödeme entwickelte, die besonders die Beine anschwellen ließen und im allgemeinen der Anfang vom Ende waren. Wer geschwollene Beine hatte, konnte nicht gut marschieren und gut arbeiten und wurde geschlagen. Wer geschlagen wurde, erlitt entweder Verletzungen, die das Ende beschleunigten, oder er wurde krank, was ihn dem Ende näher brachte.«

Pflaum, Alfred. SS-Sturmbannführer (1941).
* 22.4.1902 Paprotsch / Polen. Leiter der *Zentralstelle SS und Polizei zur Bekämpfung tierischer Schädlinge* in Auschwitz. 1944 *Leibstandarte-SS Adolf Hitler* (Elitetruppe) in Manaczyn / Ukraine. † Ebenda vermißt seit 5.3.1944. StA Frankfurt: »Nahm an Selektionen teil.«

Pflugbeil, Viktor. Gefangenen-Eigentums-Verwaltung.
* 26.11.1904 Kalsching, Kreis Krummau. SS-Nr. 333627, Unterscharführer (1942). Standortverwaltung, Abteilung GEV (Vertreter der GEV waren bei Transportankünften immer auf der Rampe). Standortbefehl (StB) Nr. 24/43: »Besuch der Familie vom 1.–31.8.43«, StB Nr. 35/43: »Aufenthaltsgenehmigung für Familie bis 20.9.43 verlängert«. Nach 1945 in Ellwangen / Jagst.

Pforr, Paul. SS-Oberscharführer.
* 2.4.1917 Unterbreitbach / Rhön. SS-Nr. 287088. SS-Totenkopf-Sturmbann, Standortverwaltung. † Vom AG Dachau 1951 für tot erklärt. – Häftling Salmen Gradowski in seinem hinterlassenen Tagebuch über eine Begrüßungsansprache im Lager: »Denkt daran, daß ihr euch in Automaten verwandeln und euch nach unserem Willen bewegen müßt. Ohne unsere Erlaubnis darf kein Schritt getan werden, sonst bekommt ihr mit unserer ›dritten Hand‹ zu tun, mit einem dicken, schweren Knüppel, der euch helfen wird, euch zu beugen und so tief zu sinken, daß es euch schwer fallen wird, euch wieder aufzurichten.«

Pfütze, Bruno. Führer des Außenlagers Neu-Dachs.
* 9.7.1912 Nerchau b. Leipzig. Anstreicher. 1933 NSDAP (Nr. 1737180) und SS (Nr. 81491), Obersturmführer (1944). Ab 1940 in Auschwitz. Stellv. Rapportführer (Spieß) im Stammlager. Museum Auschwitz (StAu III): Erschoß Häftlinge an der *Schwarzen Wand* (dafür gab es als Sonderverpflegung Schnaps und Zigaretten). Februar / März 1943 Führer des »Zigeunerlagers«. Von der Gründung am 15.6.1943 bis zum Ende im Lager Neu-Dachs in Jaworzno. Kommandanturbefehl Nr. 23/43: »Besuch der Schwiegermutter vom 5.5.–5.8.43«. In Personalunion Kompanieführer der 4. und 5. Kompanie des SS-T-Stuba: Außenlager Lagischa, Neu-Dachs, Sosnowitz (II). Zuletzt KZ Mysen b. Oslo. † 17./18.6.1945 Oslo. Q.: JA. – Jaworzno, 20 km östlich von Kattowitz, 10 000 Einwohner, liegt im oberschlesischen Industriegebiet. Innerhalb der Gemarkung der Stadt sind mehrere Kohlengruben. Auf Anordnung von Rüstungsminister Speer begann im März 1943 die *Energieversorgung Oberschlesien AG* (EVO) mit dem Bau eines Kohlekraftwerks zur Belieferung der Rüstungsindustrie. Mitte Juni 1943 treffen die ersten Auschwitz-Häftlinge ein. Der Überlebende Werner Jacob (AV, Bl. 13337): »Kein Häftling konnte diese Beschäftigung lange aushalten. Ich arbeitete in dem Wasserschacht. Während der gesamten Tätigkeit stand

ich jeweils bis zu den Knien im Wasser. Außerdem tropfte laufend Wasser von oben nach.«

Pichler, Hans. Politische Abteilung (PA), Lager-Gestapo.

* 16.11.1901 Bozen. SS-Unterscharführer. KZ-Kollege Stark: »Er gehörte zur Registratur der PA.« Laut KZ-Kollege Hans Hoffmann im Vorzimmer von Schurz (PA-Chef). 1948 in Krakau zu 4 Jahren Haft verurteilt. Von Häftlingen im Auschwitz-Prozeß als umgänglich beschrieben. StA Frankfurt: »Lebt im Ausland.« Österreicher.

Pichler, Therese. KZ-Wärterin.

* 13.8.1907. Nach eigenen Angaben Frühjahr bis Ende 1942 in Auschwitz. Nach 1945 in Linz.

Picklapp, Hans. Führer des Außenlagers (AL) Golleschau.

* 1.3.1914 Insterburg. SS-Oberscharführer. Am 4.12.1941 vom SS-Totenkopf-Sturmbann zum Kommandanturstab, Abteilung III – Schutzhaftlager – kommandiert (KB Nr. 33/41). Ab 2.8. 1942 Leiter des am selben Tag errichteten AL Golleschau, Zementwerk des SS-Unternehmens *Golleschauer Portland-Zement AG*. Anfangs 100, zuletzt 1000 Häftlinge (Czech). Jerzy Frackiewicz (HvA 9) über Picklapp: »Er war unter anderem dadurch bekannt, daß er seinen besonders dazu dressierten Hund ›Asta‹ auf die Häftlinge hetzte, der die Häftlinge zerfleischte.« Wohnsitz bei Köln.

Pietsch, Willi. Gefangenen-Eigentums-Verwaltung.

* 12.3.1910 Kunow, Kreis Greifenhagen. SS-Nr. 193784, Unterscharführer. Standortverwaltung, Abteilung GEV, Sachbearbeiter für Juden und Effekten (Vertreter der GEV waren bei Transportankünften immer auf der Rampe). Nach 1945 in Lehrte.

Pilecki, Jan. Häftling Nr. 808.

* 27.1.1913 Warschau. Ingenieur beim Warschauer Rundfunk. Ankunft Auschwitz mit dem zweiten Transport – 313 polnische Häftlinge aus dem Gefängnis Wisnicz Nowy – am 20.6.1940. Pilecki: »Es war in dieser ersten Zeit die Regel, daß alle neuankommenden Juden der Strafkompanie zugeteilt wurden. Es war ein ungeschriebenes Gesetz, daß die Juden nicht lange leben sollten. Die Juden wurden totgeprügelt, in die Postenkette gejagt oder sonstwie umgebracht.« Zunächst im Elektrikerkommando. Juni 1941 für dauernd in die Strafkompanie eingewiesen, da er feindliche Sender gehört hatte. Herbst 1941 wegen der eintreffenden russischen Kriegsgefangenen als Dolmetscher verwendet. Dezember 1942 Blockschreiber Block 11 (Todesblock). Führte das Bunkerbuch mit den Zu- und Abgängen der Häftlinge und rettete es für die Nachwelt, indem er Abschriften aus dem Lager schmuggeln ließ. Herbst 1944 in Wansleben, Außenlager von Buchenwald. Nach 1945 Technischer Berater des Warschauer Oberbürgermeisters. Q.: AV, Bl. 2510 ff.

Piller, Josef. SS-Schütze.

* 5.8.1909 Silberek/Ungarn. Wachmannschaft, Wirtschaftshof Birkenau. In Wadowice zu 4 Jahren Haft verurteilt (LaV). Nach 1945 bei Bebra.

Piller, Josef. SS-Schütze.

* 30.8.1914 Putinci/heutiges Serbien. SS-Totenkopf-Sturmbann. Wohnsitz in Rheinland-Pfalz.

Piller, Nikolaus. SS-Sturmmann.

* 23.4.1908 Brestovac/Ungarn. Standortverwaltung, Abteilung Verpflegung. Nach 1945 in München. – Häftling Filip Müller zur Verpflegung: »Alle Sinne waren auf den Fraß aus Futterrüben und zerkochten, fauligen Kartoffeln konzentriert, der zwar immer gleich schmeckte, aber doch eine Zeitlang das Überleben garantierte. Suppe war hier das Lebenselixier, und es war für jeden ein großes Ereignis, wenn er durch einen Glücksfall hin und wieder einmal eine zusätzliche Portion ergattern konnte.«

Pinkus, Hermann. Ermordet für die Anthropologische Sammlung *Fremdrassiger* des Anatomen Hirt (SS-*Ahnenerbe*).
* 16.1.1903 Mrotschen. Wohnsitz Berlin, zuletzt in einem gemieteten Zimmer in der Skalitzer Straße bei Max Rosenbund und dessen Frau Emmy (beide können untertauchen und emigrieren 1948 in die USA). Hermann Pinkus wird am 1. März 1943 nach Auschwitz deportiert (fünf Tage später seine Frau Grete). Ankunft Auschwitz am 2.3.1943. Von 1500 Deportierten werden 973 »gesondert untergebracht« (Tarnwort für Vergasung). Häftling Nr. 104852. Am 30.7. 1943 nach Natzweiler deportiert und August 1943 in der Gaskammer erstickt. Q.: HJL.

Pinnow, Willy. SS-Obersturmführer.
* 14.11.1898 Kolberg. Vom 3.5. bis 25.11.1943 Stellv. Gutsbezirksvorsteher in Auschwitz. † 25.12.1969 Uelzen.

Pinto, Jack (Nachkriegsname). Häftlingsfriseur, Nr. 160572.
* 18.8.1907. Friseur. Ankunft Auschwitz am 31.10.1943. Ab Mai 1944 als »Friseur« eingesetzt. Shlomo Venezia in seinen Erinnerungen: »Da sie nicht das entsprechende Handwerkszeug hatten, rissen sie uns an den Haaren, bis die Haut blutete.« Der damals 14jährige Robert Jehoshua Büchler, Sommer 1944 aus der Tschechoslowakei nach Auschwitz deportiert: »Die Rasur selbst war erniedrigend, die Häftlingsfriseure behandelten uns grob, sie traten und stießen uns.« Primo Levi: »Wir stellten ihnen viele Fragen, sie aber packten uns, und im Handumdrehen sind wir rasiert und geschoren.« Pinto: »Als Friseur hatte ich zusammen mit anderen Häftlingen die neuankommenden Häftlinge kahlzuscheren und die Körperbehaarung wegzurasieren. Dies mußten wir sowohl bei den männlichen wie auch bei den weiblichen Gefangenen machen. Es erscheint begreiflich, daß die Frauen aus Empörung darüber schrien.« Pinto über Mengele: »Ich füge noch an, daß Mengele einen eleganten Eindruck machte. Auch fiel mir begreiflicherweise auf, daß er ausgezeichnet rasiert war.« Friseur in Kalifornien. Q.: MV, Bd. 20.

Piott, Florian. SS-Schütze.
* 2.4.1909 Novosela. Ab 16.9.1943 in Auschwitz, Wachmannschaft, Heizer im Truppenbadehaus. 1948 in Krakau zu 4 Jahren Haft verurteilt (LaV). Nach 1945 im Landkreis Fürstenfeldbruck.

Pipiers, Martin. SS-Rottenführer.
* 1.10.1913. SS-Totenkopf-Sturmbann, Standortverwaltung. Verbleib unbekannt. – Die ungarische Gefangene Eva Weiner, April 1944 nach Auschwitz gekommen und zur Sortierung des Gepäcks an der Rampe eingesetzt: »Anfang Juni trafen täglich mehrere Transporte ein. In jener Zeit ›arbeitete‹ das Krematorium Tag und Nacht, des Nachts wurden sogar in den im Hof ausgehobenen Gräben Leichen verbrannt. Die Todesschreie aus den Gaskammern waren bis nach Brezsinka zu hören. Auch heute suchen sie mich noch in meinen Träumen heim.« Q.: MV, Bd. 23.

Piringer, Johann. SS-Unterscharführer.
* 6.5.1908 Gopprechts/Österreich. Ab Oktober 1940 in Auschwitz. Zentral-Bauleitung, Standortverwaltung, Magazinverwalter. Nach 1945 in Wien.

Pisdulla, Martin. SS-Oberscharführer.
* 19.10.1910 Königshütte. Ab 1942 in Auschwitz. Standortverwaltung, Abteilung Besoldung. Verbleib unbekannt.

Pistelok, Paul. Politische Abteilung (PA), Lager-Gestapo.
* 12.12.1911 Radostowice in Polen. SS-Rottenführer. Von 1942 bis zum Ende in Auschwitz. 1948 in Krakau zu 18 Monaten Haft verurteilt (LaV). Nach 1945 Wohnsitz am Geburtsort.

Pitelka, Rudolf. SS-Sturmmann.
* 9.4.1908 Bratislava. Ab Mai 1943 in Auschwitz. Standortverwaltung, Abteilung Technik. 1948 in Krakau zu 3 Jahren Haft verurteilt (LaV).

Plagge, Ludwig. Politische Abteilung (PA), Lager-Gestapo.
* 13.1.1910 Landesbergen, Kreis Nienburg/Weser. Landwirt. 1931 NSDAP, 1934 SS, Oberscharführer (1941). Juni 1940 bis Oktober 1943 in Auschwitz. Von Häftling Kielar als Menschenschinder beschrieben: »Er ruft nach dem Vorarbeiter. Ein neuer Befehl. Wir sollen jetzt das Gras herauszupfen, aber ... mit den Zähnen.« Beteiligt an der »Probevergasung« russischer Kriegsgefangener Herbst 1941. Blockführer Block 11, Arrest- und Exekutionsblock, genannt Todesblock. Erschoß Häftlinge an der *Schwarzen Wand*. August 1943 kurz Rapportführer (Spieß) im »Zigeunerlager«. Bei Kriegsende KZ-Außenlager Colosseum in Regensburg. Todesurteil am 22.12.1947 in Krakau, da »einer der brutalsten und grausamsten SS-Männer«. Laut Urteil befahl er einem Gefangenen, »als er erfuhr, daß dieser Häftling ein Lehrer war, sich selbst aufzuhängen, was der Häftling, zerschlagen und zertreten wie er war, auch tat«. † Hinrichtung 24.1.1948 in Krakau. Häftling Roman Taul über Plagge (Shelley): »Sadistisch, zynisch und ohne Unterbrechung oder Ruhepause ließ er uns rennen, marschieren, hinlegen und über den Boden rollen. Wir mußten mit den Händen hinter dem Nacken oder auf dem Rücken wie Enten und Frösche hüpfen. Plagge schlug wahllos auf den Kopf, die Rippen oder andere Körperteile, verfluchte uns und beschimpfte uns als polnische Schweine, Idioten, Banditen, jüdischen Mist usw. Während der ganzen Zeit durften wir nicht zur Toilette gehen, um uns zu erleichtern. So mußten wir in unsere Hosen oder in die Unterwäsche machen. Nachts entfernten wir den getrockneten Kot; der Gestank war furchtbar, und wir hatten keine Gelegenheit, uns zu waschen.«

Plass, Wilhelm. KZ-Arzt.
* 23.8.1893 Falkenau. Dr. med. SS-Hauptsturmführer. Verbleib unbekannt. – Die französische Häftlingsärztin Odette Abadi, Nr. A-5598 (MV, Bd. 10): »Ich habe niemals in Birkenau einen deutschen Arzt gesehen, der einen Kranken behandelt hat.« Arztschreiber Langbein (MV, Bd. 3): »Die Haupttätigkeit der SS-Ärzte bestand nicht etwa in der medizinischen Betreuung der erkrankten Häftlinge. Sie bestand darin, periodisch sog. ›Selektionen‹ durchzuführen, das heißt, Kranke und Arbeitsschwache auszusuchen, damit diese in den Gaskammern von Birkenau ermordet wurden. Zur regelmäßigen Tätigkeit der SS-Ärzte gehörte auch der sog. Dienst an der Rampe.«

Plaza, Heinrich. KZ-Arzt.
* 10.7.1912 Hultschin, Kreis Ratibor. NSDAP-Nr. 6446500, SS-Nr. 352853, Hauptsturmführer (1942). Leiter der Pathologie in Buchenwald, Vertreter des SS-Standortarztes Waldemar Hoven, laut Eugen Kogon auch beim Häftlingsmord. Häufiger Wechsel, angeblich durch Unfähigkeit bedingt: ab Herbst 1943 Nordhausen, Ohrdruf, Dachau, Natzweiler, Auschwitz, 1945 Stutthof. Nach 1945 Praxis in Perlach, Landkreis Altötting. 1952 Einstellung Ermittlungsverfahren StA Traunstein wegen fortgeschrittener Multipler Sklerose. 1954 Todesurteil französisches Militärgericht in Abwesenheit. † 20.2.1968 Altötting.

Plischke, Albin. Truppenbücherei.
* 28.2.1902 Freiwaldau, heute Jesenik/Tschechien, Sohn eines Kutschers. Verwaltungsangestellter beim Landratsamt Freiwaldau. Juli 1942 Waffen-SS. Nach eigener Aussage August 1942 bis zum Ende in der Abteilung *Truppenbetreuung* der Kommandantur, zuständig für die Bücherausgabe an das KZ-Personal: »Auf Grund meiner schlechten Augen kam ich nach der Ausbildung zur Truppenbücherei.« Ab 1953 Stadtinspektor in Frankfurt am Main. Q.: AV, Bl. 8771 ff.

Pliszko, Lemke. *Jüdisches Sonderkommando*, Nr. 88674.
* 1918 Czerwony Bor in Polen. Ankunft

Auschwitz am 16. 1. 1943 aus Lomza. Von 2000 Deportierten werden 1830 sofort in der Gaskammer erstickt. Vorarbeiter und Unterkapo in den Krematorien I und II. Pliszko (Friedler): »Wissen Sie, man gewöhnt sich an alles. Jeder will noch einen Tag leben.« Filip Müller: »Stand meistens, auf einen Stock gestützt, herum, ohne uns anzutreiben oder zu schlagen.« Shlomo Venezia: »Kein schlechter Mensch und wurde allseits respektiert. Wenn wir Schmuck fanden, organisierte Lemke dafür manchmal kleine Festgelage, zu denen er die deutschen Wachposten einlud, um sich deren Wohlwollen zu sichern.« Nach 1945 in Israel.

Plorin, Arthur. SS-Hauptsturmführer.
* 23. 3. 1906 Berschkallen, Kreis Insterburg. Berufssoldat. NSDAP-Nr. 4357319, 1938 SS (Nr. 313936). 1940 Kompanieführer des 2. SS-Totenkopf-Regiments Brandenburg, beim KZ Sachsenhausen stationiert. Vom 15. 8. 1940 bis 18. 1. 1942 Chef des Wachbataillons KL Auschwitz. Danach 2. SS-Panzerdivision *Das Reich*. Plorin (AV, Bl. 7967 ff.): »Ich bleibe dabei, daß ich von Erschießungen im Schutzhaftlager nur gesprächsweise erfahren habe.« Leiter des Werkschutzes einer Maschinenfabrik in Grevenbroich. † 11. 3. 1973 Rheydt.

Plutzer, Ludwig. Gefangenen-Eigentums-Verwaltung.
* 22. 11. 1919 Bratislava. SS-Rottenführer. Standortverwaltung, Abteilung GEV (Vertreter der GEV waren bei Transportankünften immer auf der Rampe). † Zwischen dem 28. 8. und 2. 9. 1973 in Fürth (Standesamt Fürth).

Pöllmann, Karl. SS-Rottenführer.
* 15. 4. 1917 Fürstental, Kreis Radautz. Stabskompanie (SS-Angehöriger der Kommandantur), Kommando Landwirtschaft. Standortbefehl Nr. 51 / 53: »Besuch der Ehefrau vom 14.–25. November 1943«. März 1944 Führer eines Frauenkommandos in Budy (HvA 10). Nach 1945 in Bayern.

Pohl, Alfred. SS-Sturmmann.
* 1. 12. 1895. SS-Totenkopf-Sturmbann, Monowitz. Kommandantur, Abteilung Verpflegung. Verbleib unbekannt. – Fejkiel (Hunger): »Je nach der Dauer des Hungerns zeigten sich kleine und größere Ödeme [Schwellungen der Hungerwassersucht]. Erst traten sie an den Augenlidern und Fußsohlen auf und verlegten die Stellen ihres Auftretens je nach der Tageszeit. Morgens, nach der Nachtruhe, beobachtete man sie am deutlichsten im Gesicht, abends an Füßen, Unter- und Oberschenkeln. Je nach der Körperstellung verlegten sich die Schwellungen in die unteren Extremitäten. Die Ödeme entwickelten sich mit zunehmendem Hungern und verbreiteten sich bei Leuten, die viel stehen mußten, nacheinander auf Unterschenkel, Oberschenkel, Gesäß, Hodensack und sogar auf dem Bauch.«

Pohl, Heinrich. SS-Rottenführer (1942).
* 11. 9. 1909. – Laut Egersdörfer ein Rottenführer Pohl als »Koch« in der Häftlingsküche im Stammlager. Verbleib unbekannt.

Pohl, Oswald. Ab 1. 2. 1942 Chef des SS-Wirtschafts-Verwaltungshauptamts (WVHA).
* 30. 6. 1892 Duisburg, Sohn eines Werkmeisters. 1918 Marine-Zahlmeister, 1926 SA / NSDAP (Nr. 30842). 1929 Ortsgruppenleiter und SA-Führer in Swinemünde. 1934 SS (Nr. 147614), Verwaltungschef SS-Hauptamt. 1938 Leiter der SS-Betriebe. 1942 SS-Obergruppenführer und General der Waffen-SS. Verantwortlich für den mörderischen Arbeitseinsatz der Häftlinge in den Konzentrationslagern (für Einweisung und gezielte Ermordungen der Häftlinge ist das Reichssicherheitshauptamt verantwortlich). Befehl WVHA vom 6. 8. 1942: »Der Chef des SS-Wirtschafts-Verwaltungshauptamts, SS-Obergruppenführer Pohl, hat auf Vortrag angeordnet, daß das in allen KL anfallende Menschenschnitthaar der Ver-

wertung zugeführt wird.« SS-Arzt Kremer am 23.9.1942 im Tagebuch über Pohls Besuch in Auschwitz: »Abends um 20 Uhr Abendessen mit Obergruppenführer Pohl im Führerheim, ein wahres Festessen. Es gab gebackenen Hecht, soviel jeder wünschte, echten Bohnenkaffee, ausgezeichnetes Bier und belegte Brötchen.« 1943 Gründer der *Ostindustrie GmbH* (*Osti*) in Lublin zum Raub jüdischen Vermögens und zur Ausbeutung der jüdischen Arbeitskräfte vor der Ermordung. Kümmerte sich auch um »Kleinigkeiten«, wie die Abstellung von KZ-Häftlingen zu Menschenversuchen. So dankt ihm das *Institut für wehrwissenschaftliche Zweckforschung* des SS-*Ahnenerbe* am 19.5.1944: »Auf unseren Antrag vom 30.9.43 haben Sie am 25.10.43 die Genehmigung zur Durchführung von Versuchen zur Herstellung eines neuartigen Fleckfieberimpfstoffes gegeben und für diesen Zweck 100 geeignete Häftlinge nach Natzweiler überstellt.« Am 16.6.1944 erneut in Auschwitz. Czech: »Während seines Besuchs macht Pohl auf die unzulängliche Tarnung der Vernichtungsanlagen aufmerksam und ordnet an, um die Krematorien und Gaskammern herum besondere Zäune aus Zweigen, Weidengeflecht, Haselnußzweigen und Matten, parallel zu dem sie umgebenden Stacheldrahtzaun hochzuziehen.« 1945 in Steinbergkirche an der Flensburger Förde abgetaucht. Todesurteil am 3.11.1947 im *Pohl-Prozeß*. Am 12.2.1950 vom Bischöflichen Ordinariat Augsburg in die katholische Kirche aufgenommen. Verfasser von *Credo. Mein Weg zu Gott, von General d. Waffen*-SS *a. D. Oswald Pohl*, mit kirchlicher Druckerlaubnis (Imprimatur) im Girnth Verlag, Landshut, erschienen. Pohl behauptet dort, er sei »Unmenschlichkeiten, sofern ich von ihnen Kenntnis erhielt, nachweislich energisch entgegengetreten«. Der Landsberger Oberpfarrer Karl Morgenschweis, der sich im Vorwort als Pohls »Seelenführer« bezeichnet, versteigt sich zu dem Urteil, Pohl sei »ein Mann von hoher Geistesbildung und Herzensbildung«, und vergleicht den SS-Oberführer mit dem Apostel Paulus: »Immer finde ich ihn in dieser heiligen, tiefen Freude und Beseligung ähnlich dem heilgen Paulus.« † Hinrichtung 8.6.1951 im Kriegsverbrechergefängnis Landsberg.

Poiger, Rudolf. Gefangenen-Eigentums-Verwaltung.
* 2.5.1908 Wien. SS-Unterscharführer. Standortverwaltung, GEV, Abteilung Bekleidung. Danach Kommando Eintrachthütte. † 20.11.1963 am Geburtsort.

Polenz, Walter. Stellv. Verwaltungsführer.
* 18.12.1906 Marienwerder. Maschinenbauer. 1930 NSDAP (Nr. 324670), 1933 SS (Nr. 85132), Hauptsturmführer (1943). Ab 29.12.1942 Stellv. Leiter der Standortverwaltung, Juni 1943 zugleich Leiter der Standortkasse. Laut Egersdörfer unterstand ihm die Häftlingsküche. Am 30.1.1944 *Kriegsverdienstkreuz II. Klasse mit Schwertern* (das KVK für KZ-Angehörige läßt Beteiligung an Tötungen vermuten). Verbleib unbekannt.

Polin, eine gute Mutter.
* Personalien unbekannt. Häftlingsärztin Adelsberger: »Das ärztliche Reglement schreibt vor, daß bei einer Geburt, wenn Mutter und Kind in Gefahr sind, das Leben der Mutter an erster Stelle zu retten ist. So haben wir Häftlingsärzte es auch in diesen Fällen heimlich gehandhabt. Das Kind mußte sterben, damit das Leben der Mutter erhalten bliebe. Alles Gift im Lager wurde von uns für diesen Zweck gespeichert und reichte nicht aus. Es war erstaunlich, was diese Neugeborenen aushielten. Große Mengen von Gift überschliefen sie zuweilen ohne sichtliche Schädigung. Einmal war kein Gift vorhanden. Da drosselte die Mutter ihr neugeborenes Kind. Es war nicht tot. Sie war eine Polin, eine gute Mutter, die ihre

Kinder über alles liebte. Sie hatte zu Hause drei kleine Kinder versteckt, für die sie leben wollte.«

Poljack, Karl. SS-Sturmmann.
* 29.8.1924 Esseg/Kroatien. SS-Totenkopf-Sturmbann. Nach 1945 in Hessen.

Pollok, Josef. Zentral-Bauleitung.
* 13.11.1908 Charlottenhof/Oberschlesien. Hochbauingenieur. SS-Nr. 170897, Obersturmführer (1944). Laut KZ-Kollege Karl Eggeling »mit dem Bau der Krematorien beauftragt«, laut seinem Vorgesetzten Bischoff die »Schlüsselkraft für die durchzuführende Sonderaktion« (Schüle). Kommandanturbefehl Nr. 21/43: »Besuch der Ehefrau vom 4.–7.6.43«. † Vom AG Opladen 1958 für tot erklärt.

Poloczek, Johann. SS-Rottenführer (1944).
* 19.5.1895 Unterteschen. Zimmermann. Zunächst in Groß-Rosen. Ab 15.4. 1942 in Auschwitz. Wachmannschaft. Laut Lasik im Desinfektionskommando (Bekleidung). Am 16.5.1947 in Cieszyn zu 9 Monaten Haft verurteilt.

Polotzek, Wilhelm. SS-Oberscharführer.
* 2.1.1914 Bytom (Beuthen), Sohn eines Bergmanns. Beruf: Anstreicher. 1935 SS (Nr. 319 887). Rapportführer (Spieß) im Männerlager Birkenau, Stellv. Lagerführer. Filip Müller zur Selektion von 200 Häftlingen des *Jüdischen Sonderkommandos*, die zur Ermordung nach Majdanek geschickt werden: »Im Februar 1944 kam es im Sonderkommando zu einer Selektion. Eines Abends beim Appell erschienen Lagerführer Schwarzhuber, Rapportführer Polotschek und noch ein paar SS-Leute von der Politischen Abteilung. Die meisten Selektierten hatten in jenem Kommando gearbeitet, das unter Hösslers Leitung die Spuren der Massengräber bei den Bunkern I und II beseitigt hatten.« Müller erfährt den Tod der Kameraden durch russische Kriegsgefangene, die aus Majdanek kommen: »Noch bevor wir mit einem der Sowjets reden konnten, war uns klar, was mit unseren Kameraden geschehen war. Einige der Ankömmlinge hatten nämlich Kleidungsstücke und Stiefel an, die Kapos und Vorarbeitern unserer im Februar selektierten Kameraden gehört hatten.« Todesurteil am 18.7.1950 in Krakau. Das Urteil führt seine Mitwirkung an der Liquidierung des »Zigeunerlagers« und bei Hinrichtungen an. † Hinrichtung 13.4.1951.

Polschinski, August. SS-Sturmmann.
* 5.3.1909 Grünhof b. Schlochau. Fleischbeschauer. Sanitätskompanie Oranienburg. In Auschwitz ab 16.10.1942. Anfangs in der Kommandantur, Januar 1943 beim SS-Standortarzt (LaP). Verbleib unbekannt.

Polster, Paul. SS-Sturmscharführer (1944).
* 20.7.1893 Niederplanitz/Schlesien. Standortverwaltung. Kommandanturbefehl vom 28.5.1944: Stabsscharführer der 1. und 2. Kompanie des SS-Totenkopf-Sturmbann KL Auschwitz III (Monowitz und Nebenlager), laut KZ-Kollege Kotzur Spieß der Wachmannschaft in Monowitz. Kommandanturbefehl vom 4.10.1944: *Kriegsverdienstkreuz II. Klasse mit Schwertern* (das KVK für KZ-Angehörige läßt Beteiligung an Tötungen vermuten). Standortbefehl Nr. 39/43: »Besuch der Ehefrau vom 16.–21.9.43«. Verbleib unbekannt.

Pomplum, Paul. SS-Unterscharführer.
* 28.10.1909 Schlawe in Pommern. SS-Totenkopf-Sturmbann, Standortverwaltung. Verbleib unbekannt.

Pomreinke, Helmut. Fahrbereitschaft.
* 16.9.1920 Mansburg, Sohn eines Landwirts. Unteroffizier der rumänischen Armee. SS-Schütze. Am 4.12.1941 vom Kommandanturstab, Abteilung III – Schutzhaftlager – »zum SS-T-Sturmbann zurückkommandiert« (KB Nr. 33/41). Pomreinke will zur Fahrbereitschaft gekommen sein (AV, Bl. 16124ff.), »da ich ein Plattfußleiden hatte«. Nach 1945 Kraftfahrer.

Pook, Hermann. Chef der KZ-Zahnärzte. * 1.5.1901 Berlin. 1933 NSDAP (Nr. 2645140) und SS (Nr. 155870), Obersturmbannführer (1942). Ende 1940 im SS-Sanitätsamt. 1942 Zahnstation Mauthausen. Herbst 1943 im SS-Wirtschafts-Verwaltungshauptamt, Amt D III (Sanitätswesen und Lagerhygiene), Chef aller KZ-Zahnärzte. Am 3.11.1947 im *Pohl-Prozeß* zu 10 Jahren Haft verurteilt, Entlassung Landsberg am 1.2.1951. Danach Zahnarzt in Hemmingstedt / Holstein. Pook: »Am 26.9.1940 erging ein Befehl des Reichsführers-SS, nach dessen Inhalt das Zahngold verstorbener Häftlinge aus Konzentrationslagern zu sammeln war.« Aussage: AV, Bl. 11858 ff.

Popiersch, Max. SS-Standortarzt. * 26.5.1893 Pless / Oberschlesien. 1933 NSDAP (Nr. 3531412) und SS (Nr. 176467), Hauptsturmführer (1942). Frühjahr 1940 Lagerarzt Buchenwald, Juni 1940 erster Standortarzt in Auschwitz (Standortärzte waren verantwortlich für die Gesundheit der SS, der Häftlinge und die Lagerhygiene). Am 28.7.1941 beteiligt an der Selektion von 575 Häftlingen, die in der Vergasungsanstalt Sonnenstein im Rahmen der *Sonderbehandlung 14f13* (s. Heyde) vergast werden. Oktober 1941 Lagerarzt in Majdanek. † 21.4.1942 ebenda an Fleckfieber.

Popowicz, Rudolf. SS-Schütze. * 5.1.1918 Paltinossa / Rumänien. SS-Totenkopf-Sturmbann. † 28.9.1944 Reservelazarett Troppau.

Poppelreuter, Ludwig. SS-Rottenführer. * 12.10.1904 Mayschoß b. Koblenz. Inhaber einer Weinstube. September 1944 Außenlager Eintrachthütte, Aufsicht Häftlinge bei der Produktion von Flugabwehrgeschützen. Am 2.3.1948 in Krakau zu 3 Jahren Haft verurteilt. † 30.5. 1958 am Geburtsort.

Porada, Roman. SS-Unterscharführer. * 25.8.1904 Scharley. Standortverwaltung Auschwitz (1944) und Außenlager Hindenburg. Nach 1945 bei Brilon.

Porebski, Henryk. Häftling Nr. 5805. * 1.7.1911 Solka / Rumänien. Polnischer Staatsbürger. Kaufmann. Ankunft Auschwitz am 8.10.1940 aus Tarnow. Ab Mai / Juni 1942 Betriebselektriker in Birkenau. Porebski: »Ich habe in diesem Zusammenhang sämtliche vier Krematorien des Lagers und auch die Vergasungskammern betreten, wenn jeweils Reparaturen notwendig wurden. Meine Aufgabe war es z.B., täglich die elektrischen Anlagen der Krematorien zu prüfen. Es ist richtig, daß ich der einzige Elektriker in Birkenau war, der sich in diesem Maße so umfassend allein im Lager bewegen konnte.« 1962 Übersiedlung von Polen in die DDR. Dekorateur im Volkseigenen Betrieb Feinspinnerei Erzgebirge, Werk I Venusberg. Q.: AV, Bl. 15707 ff.

Poremski, Wilhelm. SS-Schütze. * 5.7.1906 Hindenburg / Oberschlesien. Kommandanturstab, Blockführer. August 1944 im Kommando Hindenburg. † 12.12.1958 (Standesamt Neustadt / Weinstraße).

Posch, Franz. Verwaltungsführer. * 17.4.1902 Linz. NSDAP-Nr. 82988, SS-Nr. 6535, Obersturmführer (1945). Chef der Bekleidungskammern (Ausgabe Wäsche, Schuhe usw.). 1948 in Linz zu 18 Monaten Haft verurteilt. Wohnsitz am Geburtsort. – Häftling Koenig zur Ausgabe der Schuhe: »Schlechte Schuhe erhöhen die Wahrscheinlichkeit, zugrunde zu gehen, denn solche Schuhe drückten, rieben die Haut auf und führten so zu Infektionen, die wegen des Mangels an Eiweiß nicht heilen wollten und oft zu tiefen Löchern wurden.« KZ-Arzt Entress (Nbg. Dok. NI-8190): »In Monowitz war der Prozentsatz an Phlegmonekranken groß. Der Grund hierfür war die mangelhafte Fußbekleidung. Die Häftlinge trugen Holzschuhe und hatten vielfach, da das IG-Werksgelände sehr ausgedehnt war, täglich 8–10 km zu Fuß zurückzulegen. Man kann sagen, daß in manchen Fällen das Tragen von Holzschuhen einem Todesurteil für den betreffenden Häftling gleichkam.« Primo Levi: »Der Tod beginnt bei den Schuhen.«

Posener, Curt. Blockschreiber.
* 14. 10. 1902 Hohensalza, Provinz Posen. Nach Internierung in Dachau und Buchenwald Ankunft Auschwitz am 27. 10. 1942. Posener über eine Vernehmung durch Boger am 15. 9. 1943: »Meine Vernehmung dauerte etwa zwei Stunden. Nach Schluß der Vernehmung wurde ich in den Hof zurückgebracht und als nächster mein Kamerad [Walter] Windmüller vernommen. Dieser kam nach 2–3 Stunden völlig zerschlagen von der Vernehmung zurück. Er konnte sich kaum noch aufrecht halten und war so zerschlagen, daß das Blut aus seinen Hosenbeinen floß. Er brach dann im Hof mehrmals zusammen und konnte mir, da das Sprechen an sich verboten war, nur zuflüstern, man habe ihm die Nieren und Hoden zerschlagen. Windmüller kam dann wieder in den Bunker und ist ausweislich des Bunkerbuchs am 21. 9. 1943 gestorben, bzw. erschossen worden.« Posener wird Archivleiter bei Studio Hamburg. Aussage: AV, Bl. 3110.

Pospischil, Stefan. SS-Sturmmann.
* 24. 12. 1911 Ruma / Kroatien. April 1943 bis Dezember 1944 in Auschwitz. † 25. 5. 1972 Albstadt-Ebingen.

Possert, Franz. SS-Schütze.
* 21. 8. 1923 Djakovo / Kroatien. SS-Totenkopf-Sturmbann. † 19. 4. 1943 Reservelazarett Kattowitz.

Powilait, Vinzent. Fahrbereitschaft.
* 14. 6. 1906 Schaken / Litauen. SS-Rottenführer. Ab Oktober 1941 in Auschwitz. Verbleib unbekannt. – Häftlingsärztin Adelsberger zum Alltag der Fahrer Januar 1944: »Jeden Abend war Blocksperre. Es dunkelte früh, und wir standen im Block eingeschlossen an der hinteren Pforte und lugten durch die Spalten gegenüber auf das Krematorium, von denen das eine knapp 50 Meter von uns entfernt war. Es war das übliche Bild: Wagen fuhren an, machten Halt, SS kommandierte, Menschen wurden abgeladen, alles wie immer.«

Precht, Elimar. KZ-Zahnarzt.
* 25. 5. 1912 Freiburg im Breisgau. 1933 SS (Nr. 233392), Hauptsturmführer (1943). NSDAP 1937 (Nr. 5257289). 1939 SS-Division *Das Reich.* Juli 1942 bis Juli 1943 Natzweiler-Struthof, danach in Dachau, Juli 1944 bis zum 18. 1. 1945 Leitender Zahnarzt in Auschwitz. Precht (AV, Bl. 12314), obgleich alle Ärzte, auch die Zahnärzte, Rampendienst machen mußten: »Ich bin nie auf der Rampe gewesen.« 1950 beim KZ-Kollegen Dr. Frank in Stuttgart eine Zeitlang als Assistenzarzt. Schulzahnarzt in Offenburg. † 7. 3. 1969 Offenburg.

Prem, Adolf. SS-Unterscharführer.
* 29. 1. 1906 Korneuburg. SS-Nr. 297767. Standortverwaltung. Nach eigener Aussage (AV, Bl. 15385 f.) Wachtruppe, SS-Küche, SS-Lebensmittelmagazin. Standortbefehl Nr. 30 / 43: »Besuch der Ehefrau vom 25. 7.–7. 8. 43«. Laut Langbein (Menschen) November 1944 von SS-Gericht wegen militärischem Ungehorsam verurteilt und zu einer Bewährungseinheit versetzt: »Er verlangte nach Kriegsende, daß er wegen dieser Verurteilung als Opfer des Nationalsozialismus von den österreichischen Behörden anerkannt werde, und empfand es als ein Unrecht, als ihm dies verweigert wurde.« Bei der Wiener Straßenbahn.

Pribyl, Hermann. SS-Unterscharführer.
* 30. 3. 1904 Fürstenhut. SS-Nr. 322242. Vom 20. 1. 1941 bis 2. 3. 1942 in Auschwitz. Danach Blockführer in Mauthausen. Todesurteil US-Militärgericht Dachau am 13. 5. 1946 im *Mauthausen-Hauptprozeß.* † Hinrichtung 28. 5. 1947 Landsberg, begraben ebenda.

Priebe, Otto. SS-Schütze.
* 24. 5. 1919 Politajew. SS-Totenkopf-Sturmbann, Kommando Golleschau. Nach 1945 in Niedersachsen.

Prietzel, Kurt. Chef der Amtsgruppe Verpflegungswirtschaft im SS-WVHA (1942).
* 29.4.1897 Langwaltersdorf in Schlesien. SS-Nr. 276744. NSDAP-Nr. 4158931. 1942 SS-Standartenführer. 1943 im Reichssicherheitshauptamt, Amt II (Verwaltung und Finanzen). 1944 als SS-Wirtschafter beim Höheren SS- und Polizeiführer Norwegen. † Für tot erklärt. – Fejkiel (Hunger): »Das Hungernlassen der Häftlinge war ein wichtiges Werkzeug, um die Häftlinge in Zucht zu halten, sie zu erniedrigen und vor allem, sie körperlich zu vernichten.« Q.: Schulte.

Pritzkoleit, Dorothea, geb. Becker. KZ-Wärterin.
* 10.11.1912 Saarbrücken. Tochter eines Elektromonteuers. Am Kuchenbuffet einer Konditorei, Haushaltsgehilfin. Herbst 1942 Ravensbrück, 1943 in Auschwitz. Kommandoführerin Frauenlager Birkenau. Standortbefehl Nr. 5/44: Am 30.1. 1944 *Kriegsverdienstkreuz II. Klasse* (die Ehrung läßt Beteiligung an Tötungen vermuten). Pritzkoleit (AV, Bl. 6938 ff.): »Es war allgemein bekannt, daß ein Teil dieser Transporte sofort vergast wurde. Den Schornstein des Krematoriums 2 konnte man gut sehen. Wir wußten auch, daß dort die Stelle war, wo vergast wurde. Man konnte auch den Geruch, der durch die Verbrennung der Leichen entstand, wahrnehmen. Es kam dabei darauf an, wie der Wind stand. Der Geruch war manchmal so stark, daß ich mir ein mit Kölnisch Wasser befeuchtetes Taschentuch vor die Nase gehalten habe.« Vermerk des Staatsanwalts, da Pritzkoleit das Vernehmungsprotokoll nicht unterschrieb: »Ferner erklärte Frau Prizkoleit, sie habe nach den 7 Jahren [polnischer] Gefangenschaft genug.«

Pritzkoleit, Herbert. SS-Unterscharführer.
* 8.5.1913 Pasewark, Kreis Danzig. Stabskompanie (SS-Angehöriger der Kommandantur), Kommando Landwirtschaft. Aussage (AV, Bl. 6935): »Ich habe Pferde beschlagen und [Pferde-]-Wagen gebaut. Diese Arbeit habe ich während meines gesamten Aufenthaltes in Auschwitz ständig gemacht.« Standortbefehl vom 1.10.1943: Dreimonatiges Hausverbot im *Haus der Waffen-SS*, da er sich »undiszipliniert und unsoldatisch« in Anwesenheit von Zivilisten benommen habe. Verheiratet mit Dorothea Pritzkoleit. Nach 1945 Monteur und Kraftfahrer.

Prokein, Mathias Michael. SS-Rottenführer.
* 19.9.1911 Kuneschau, heute Kunesov/Slowakei. Ab März 1943 SS-Totenkopf-Sturmbann. † 30.7.1976 Thalfingen.

Prosswimmer, Walter. SS-Scharführer.
* 2.2.1893 Chemnitz. Wachmannschaft, September 1944 Postenführer im Außenlager Neustadt in Prudnik, eine Weberei mit 400 Häftlingsfrauen. 1948 in Wadowice zu 4 Jahren Haft verurteilt (LaV).

Prüfer, Kurt. *Topf & Söhne.*
* 21.4.1891 Erfurt. Sohn eines Lokomotivführers. April 1933 NSDAP. Oberingenieur, Leiter der Abteilung Spezialofenbau. Entwicklung, Produktion und Installation mobiler und stationärer Krematorien in Buchenwald, Dachau, Groß-Rosen, Mauthausen, Gusen und Auschwitz. Zeitweise am Bruttogewinn mit 2% beteiligt, danach Provisionen für Aufträge. Am 19.8.1942 Teilnehmer der Konferenz der Zentral-Bauleitung Auschwitz mit dem Ergebnis, vier neue Krematorien (Vergasungs- und Verbrennungsanlagen) zu errichten (Aktenvermerk vom 19.8.1942, faks. Abdruck bei Schüle). Zentral-Bauleitung Auschwitz am 28.1.1943 an SS-Brigadeführer Kammler (Dokument aus Auschwitz-Verfahren): »Das Krematorium II wurde unter Einsatz aller verfügbaren Kräfte trotz unsagbarer Schwierigkeiten und Frostwetter bei Tag- und Nachtbetrieb bis auf bauliche Kleinigkeiten fertiggestellt. Die Öfen wurden im Beisein des Herrn Oberingenieur Prüfer der aus-

führenden Firma, Firma Topf u. Söhne, Erfurt, angefeuert und funktionieren tadellos.« Mehrfach in Auschwitz. Schüle in ihrem Buch *Industrie und Holocaust*: »Prüfer fiel immer wieder durch eigene Initiativen zur Optimierung der Anlagen auf.« Am 17.4.1948 in Moskau zu 25 Jahren Arbeitsbesserungslager verurteilt. † 24.10.1952 an einem Schlaganfall in einem sowjetischen Arbeitslager. Q.: Schüle.

Prusak, Stefan. SS-Rottenführer.
* 5.6.1912 Sambron/Slowakei. SS-Totenkopf-Sturmbann. † 3.12.1944 bei Partisaneneinsatz. – KZ-Kollege Leischow: »Die Selektionen wurden unwahrscheinlich schnell abgewickelt. Da die Häftlinge immer wieder von den Begleitposten angetrieben wurden, liefen sie meistens ganz schnell an dem SS-Arzt vorbei, der mit einer Handbewegung anzeigte, ob sie nach links oder rechts weiterlaufen sollten, d.h. also, ob sie als arbeitsfähig ins Lager kommen oder ob sie als arbeitsunfähig vergast werden sollten.«

Przondzion, Oskar Adolf. SS-Unterscharführer.
* 11.2.1911 Domb, Kreis Kattowitz. Ab April 1940 in Auschwitz. † Vermißt.

Puchin, Hans. SS-Sturmmann.
* 12.12.1912. Standortverwaltung, Abteilung Unterkunft. Verbleib unbekannt. – Der ehemalige Häftling Jan Olbrycht am 10.12.1947 als Gutachter im Krakauer Auschwitz-Prozeß über Birkenau (AV, Bl. 4521): »Die Basis für dieses Lager war eine Pferdestallbaracke Typ 260/9. Solch eine Baracke war zur Unterbringung von 300 Häftlingen berechnet. Aus dem im Band 6 befindlichen Schreiben des Leiters des Kleidermagazins vom 14.7.1944 geht hervor, daß in eine solche Baracke 1000 bis 1200 Häftlinge hineingepreßt wurden.«

Pürstinger, Heinz. SS-Sturmmann.
* 15.9.1923 München. Wachmannschaft. 1948 in Wadowice zu 4 Jahren Haft verurteilt (LaV).

Puhle, Walter. SS-Rottenführer.
* 15.2.1908 Großraden/Mecklenburg. März 1941 bis April 1944 in Auschwitz. SS-Totenkopf-Sturmbann (turnusmäßig Rampendienst). Verbleib unbekannt. – Häftlingspfleger Henryk Rafalik, Nr. 16780, über die Ungarntransporte Sommer 1944 (MV, Bd. 29): »Wegen der großen Anzahl der in jenen Transporten gebrachten und für den Tod bestimmten Menschen fing man an, die Leichen jener Menschen nicht nur in den Krematorien, sondern auch auf zwei Stößen zu verbrennen, die sich im Freien im Bereich des IV. und V. Krematoriums befanden. Diese Stöße brannten damals ununterbrochen Tag und Nacht.«

Pulfer, Paul. SS-Sturmmann.
* 3.1.1908 Djakova/Kroatien. Ab 1943 in Auschwitz, SS-Totenkopf-Sturmbann, Monowitz. Verbleib unbekannt.

Purke, Josef, vormals Wokral.
SS-Unterscharführer.
* 28.2.1903 Onstaletz Plau b. Karlsbad. SS-Totenkopf-Sturmbann KL Auschwitz II (Birkenau). Einer von drei SS-Männern, die beim Aufstand der jüdischen Häftlinge am 7.10.1944 im Krematorium III getötet werden. Laut Standortbefehl Nr. 26/44 gefallen »vor dem Feind«.

Purr, Anton. SS-Schütze.
* 25.8.1909 Parabuc, heute Ratkovo/Serbien. SS-Totenkopf-Sturmbann. Nach 1945 in Frankfurt am Main.

Pusiak, Bernhard. SS-Schütze.
* 4.7.1902. SS-Totenkopf-Sturmbann. Kommandanturbefehl vom 4.10.1944: Besondere Anerkennung, da er Häftlingsflucht durch Schußwaffengebrauch verhinderte. Verbleib unbekannt.

Putz, Michael. SS-Schütze.
* 2.7.1902 Csolnok/Ungarn. SS-Totenkopf-Sturmbann. † 26.12.1944 bei Bombenangriff auf Buna-Monowitz. Standortbefehl Nr. 31/44: »Wir werden den Kameraden stets ein ehrendes Gedenken bewahren.«

Putzker, Erwin. Zentral-Bauleitung.
* 2.6.1904 Jauer. SS-Unterscharführer. In der Registratur. Nach 1945 in Bischberg, Landkreis Bamberg.

Puzyna, Martina. Mengeles Anthropologin, Nr. 54538.
* Etwa 1902 in Polen. Ankunft Auschwitz am 11.8.1943 aus Lemberg. Ab Frühjahr 1944 Mitarbeiterin Mengeles bei anthropologischen Messungen. Puzyna: »Gegen Ende 1944 bis zur Evakuierung arbeitete ich hauptsächlich in einer besonderen Baracke im früheren Zigeunerlager. In diesem Raum wurden auch die schriftlichen Unterlagen über die Messungen verwahrt. Ich habe eine gute Erinnerung daran, daß Mengele im Januar 1945, einige Tage vor der Evakuierung, in diesem Raum erschien und wortlos wie ein Wilder diese Aufzeichnungen zusammenpackte und für den Abtransport vorbereitete. Er sprach kein Wort und verschwand dann.« Nach 1945 Anthropologin in London, 1972 Gesellschafterin bei einer englischen Dame. Puzyna über die Judentransporte 1944 aus Ungarn: »Als diese Transporte einsetzten, war es mir möglich, Mengele in Birkenau auf der Rampe stehen zu sehen, und ich konnte ihn rufen hören: Zwillinge raus! Er schien mir wie von Sinnen zu sein, wenn er auf der Rampe herumlief und Zwillinge suchte. Immerhin kamen auf diese Weise aus den Ungarntransporten 250 Zwillingspaare etwa zusammen, eine für die bisherige Zwillingsforschung unglaublich hohe Zahl.« Puzyna weiter (Auszug): »Daß Mengele allerdings vor der Tötung von Menschen nicht zurückschreckte, um irgendwelche Erkenntnisse zu gewinnen, habe ich bei einer einzigen Gelegenheit selbst erfahren müssen. Dies war schon in der zweiten Hälfte des Jahres 1944, als auch auf dem Gelände des ehemaligen Zigeunerlagers Messungen vorgenommen wurden. Als ich dort auf dem Gelände des Zigeunerlagers zu tun hatte, vertraute mir Mengele eine Holzkiste an und legte besonderen Wert darauf, daß ich diese Kiste am nächsten Tage zur Lagerpost bringen sollte. Als ich allein war, drängte es mich, den Inhalt dieser Kiste, die Mengele so wichtig erschien, kennenzulernen. Ich öffnete die Kiste und stellte fest, daß sie Gläser enthielt, in denen sich herauspräparierte menschliche Augen befanden. Ich war zutiefst erschüttert, weil mir in diesem Augenblick klar wurde, daß Mengele offenbar fähig war, Menschen umzubringen, um irgendwelche Untersuchungsergebnisse zu erlangen.« Q.: MV, Bd. 13. Lit.: Klee, Auschwitz.

Pys, Edward. Häftling Nr. 379.
* 11.6.1922 Rzeszow. Verhaftung Gestapo am 1.5.1940. Ankunft Auschwitz mit dem ersten Transport polnischer Häftlinge am 14.6.1940. Pys: »Arbeitskommandos gab es damals noch nicht. Nach dem Morgenappell wurden jeweils einige Häftlinge (zwischen 20 und 60 Mann) für Aufbau im Lager ausgesucht. Die übrigen mußten den ganzen Tag Sport treiben. Nach etwa 3 bis 4 Stunden war oft schon die Hälfte aller Häftlinge vor Erschöpfung ohnmächtig zusammengebrochen. Sie wurden dann mit Wasser überschüttet, dadurch wieder zu Bewußtsein gebracht und mußten weitermachen. Dabei wurden wir ständig geschlagen und mißhandelt.« Ab Herbst 1940 im Kommando SS-Revier, u. a. als Reiniger. Nach 1945 Abitur, Studium Volkswirtschaft, Direktor einer Baufirma. Q.: AV, Bl. 2463 ff.

Pyschny, Heinrich. Politische Abteilung (PA), Lager-Gestapo.
* 2.9.1913 Myslowitz. Berufsangabe: Forsteleve. SS-Rottenführer. 1939 SS-Totenkopf-Regiment in Buchenwald. 1941 Gesuch, nach Auschwitz versetzt zu werden, »weil meine Familie in Gieschenwald in der Nähe von Auschwitz wohnte«. Zunächst Mauthausen, dann Wachkompanie Auschwitz. Posten bei Häftlingsaußenkommandos (»in der Hauptsache

beim Abreißen von polnischen Dörfern«). Herbst 1942 in der Häftlingskartei der PA, laut Broch Dolmetscher bei Verhören (AV, Bl. 13077). Ordonnanz bei PA-Chef Grabner (Langbein, Menschen). PA-Kollege Marko: »War zur persönlichen Verfügung des Ustuf. Grabner da.« Winter 1943/44 (eigene Angabe) Kommandoführer beim Kommando Landwirtschaft. Zuletzt in Groß-Rosen. Ab 1960 Händler für forst- und landwirtschaftliche Erzeugnisse. Pyschny: »Es war allgemein bekannt, daß in Birkenau Menschen vergast und verbrannt wurden. Den Verbrennungsgeruch konnte man oft wahrnehmen.« Aussage: AV, Bl. 8283 ff.

Q

Quakernack, Walter. Politische Abteilung (PA), Lager-Gestapo, Führer des *Alten Krematoriums.*
* 9.7.1907 Senne b. Bielefeld. SS-Oberscharführer (1942). In der PA Leiter des Referats *Standesamt und Krematoriumsverwaltung.* Beteiligt an der Vergasung von 600 russischen Kriegsgefangenen und 250 kranken Polen am 3.9.1941 mit Zyklon B. Erschoß Häftlinge an der *Schwarzen Wand* (dafür gab es als Sonderverpflegung Schnaps und Zigaretten). Erschoß im *Alten Krematorium* Menschen, die von der Gestapo zur Tötung ins Lager gebracht wurden. Häftling Feinsilber: »Ich hörte die Schreie von Kindern, und Quakernack antwortete: ›Mehr kommen von den Unseren an der Front um.‹« Standortbefehl vom 15.9.1943: *Kriegsverdienstkreuz II. Klasse mit Schwertern.* April 1944 Führer des im selben Monat von der *Organisation Schmelt* übernommenen und 40 km von Auschwitz entfernten Außenlagers Laurahütte in Siemianowice. Ein Lager zur Produktion von Küsten-Abwehrgeschützen (Tadeusz Iwaszko, HvA 10). Die Wachmannschaft der zuletzt 937 Häftlinge bestand zum Teil aus älteren Jahrgängen einer Küsten-Flakartillerie. † Todesurteil in Lüneburg, Hinrichtung 11.10.1946 in Hameln.

Quehl, Heinrich. SS-Unterscharführer.
* 25.6.1906 Hof/Saale. Am 2.3.1948 in Krakau zu 8 Jahren Haft verurteilt. † 30.4.1971 am Geburtsort.

Quintus, Josef. SS-Schütze.
* 10.5.1899 Vepröd/Ungarn. SS-Totenkopf-Sturmbann. † 27.12.1944 Laurahütte. – Der damals 14jährige Kurt Hartmann, Häftling im »Zigeunerlager«, in der Hauptverhandlung gegen E. A. König: »Einmal wurden ungarische Juden ausgeladen. Sie wurden von SS-Leuten zum Krematorium geführt. Wir haben zugeschaut, wie lange es dauerte, bis der Rauch durch die Kamine kam. Es dauerte damals für uns nur eine überraschend kurze Zeit.«

Quintus, Josef. SS-Schütze.
* 15.10.1908 Weprowatz. SS-Totenkopf-Sturmbann. † Vermißt seit 11.9.1944.

Quirin, Peter. SS-Sanitätsdienstgrad (SDG).
* 5.12.1902 Fischbach. Grubenwächter. 1937 SS, Sturmmann. Ab 20.7.1942 in Auschwitz (LaP). Ab April 1944 SDG in den Außenlagern Blechhammer, Jawischowitz und Tschechowitz-Vacuum. Franciszek Piper über Quirin in Blechhammer (HvA 10): »Oftmals schlug er während seines Besuchs im Krankenbau die sich im Warteraum befindenden Kranken als angebliche Simulanten und trieb sie in ihre Blocks zurück. Nicht selten geschah es auch, daß er einen Häftlingsarzt in Anwesenheit der Kranken schlug.« Verbleib unbekannt.

R

Rabsch, Max. SS-Rottenführer.
* 18.10.1899 Oberdorf. Standortverwaltung. Verbleib unbekannt.

Rachmann, Jacques. Häftlingsarzt, Nr. 49057.
* 2.1.1908 Klawno/Polen. Verhaftung am 14.5.1941 in Paris. Ankunft Auschwitz am 19.7.1942 aus dem Lager Pithiviers. HNO-Häftlingsarzt im Block 28 (Ambulanz) in Birkenau. Rachmann über eine Selektion: »Ich habe diesen erschütternden Auftritt von in Lumpen gehüllten, mit Schmutz und Kot bedeckten Frauen miterlebt, die sich selbst nicht pflegen konnten und die ohne Pflege gelassen wurden, wie sie sich auf Mengele stürzten und ihn anflehten am Tage der Selektion, denn sie wußten sehr wohl, was dies bedeutete.« Rachmann, auch im »Zigeunerlager« eingesetzt: »Was mich anbelangt, ich habe an Experimenten an Zwillingen ausschließlich theoretischer Art teilgenommen. Ich habe insbesondere eine beschreibende und vergleichende Arbeit (besonders die Augenfarbe) ausgeführt, die mich im übrigen sehr interessiert hat.« Nach 1945 Arzt in Reims. Q.: MV, Bd. 10.

Rack, Stefan. SS-Schütze.
* 17.11.1911 Putinci/heutiges Serbien. Kommando Lagischa. † Vermißt.

Raddatz, Friedrich. SS-Unterscharführer.
* 13.12.1904 Hohensalza. Wachmannschaft † 26.5.1984.

Radlersky, Fritz. SS-Rottenführer.
* 30.11.1904 Grafenweiler. Ab September 1944 in Auschwitz, Kommando Eintrachthütte (ab Mai 1943 Produktion von Flugabwehrgeschützen). Verbleib unbekannt. – Franciszek Piper (HvA 17): »Es kamen Fälle vor, daß SS-Männer einen Häftling ans Fenster gehen hießen, und dann schossen sie auf ihn und meldeten dem Leiter des Nebenlagers, daß sie den Häftling bei einem Fluchtversuch erschossen hätten.«

Radojewski, Elisabeth, verh. Rapior. KZ-Wärterin.
* 19.7.1921 Greppin, Kreis Bitterfeld. Anfang 1944 in Auschwitz. Nach 1945 in Nordrhein-Westfalen.

Radvansky, Artur. Mengeles Masseur, Nr. 70315.
* 24.11.1921 Ostrau. Ankunft Auschwitz am 25.10.1942 aus Sachsenhausen. Pfleger im Häftlingskrankenbau. März 1943 im Kommando SS-Revier (SS-Krankenstation). Nach eigener Aussage (MV, Bd. 25) kannte er die KZ-Ärzte, »weil ich als Bademeister Dr. Mengele und einigen weiteren in der Wanne den Rücken wusch und Massagen durchführte. Im Kommando SS-Revier durchlief ich alle Arbeiten. Zunächst reinigte ich die Gänge, die Zimmer, die Aborte. Später habe ich die Funktion eines persönlichen Dieners des Wirths übernommen.«

Raith, Jakob. SS-Unterscharführer.
* 22.5.1909 Wiechs-Mittenkirchen. Kommandanturstab Auschwitz. † 9.8.1955 München.

Raithel, Max. SS-Oberscharführer.
* 16.5.1910 Schwarzenbach/Saale. SS-Nr. 11540. Standortverwaltung (1944). † 8.7.1946 Suizid durch Erhängen im Internierungslager Dachau.

Rajakowitsch, Erich. SS-Obersturmführer (1940).
* 23.11.1905 Triest. Rechtsanwalt. 1938 NSDAP (Nr. 633373), SS-Nr. 353201. Leiter der Zentralstelle für jüdische Auswanderung (Deportation) in Amsterdam (Referat IV B 4 beim Befehlshaber der Sicherheitspolizei und des SD Den Haag). Nach 1945 zunächst in Triest. 1951 für ein Jahr Wechsel nach Buenos Aires. Ab 1952 Wohnsitz in Graz. 1965 in Graz zu 2 ½ Jahren Haft verurteilt, Strafe nie angetreten. Q.: Blaschitz.

Rakers, Bernhardt. SS-Hauptscharführer.
* 6.3.1905 Sögel. Sohn eines Gastwirts. Bäcker, im katholischen Kolpingverein.

März 1933 NSDAP / SA. 1934 Koch, 1935 Chefkoch der Häftlingsküche im Lager Esterwegen, August 1936 bis September 1942 u. a. Küchenchef im KZ Sachsenhausen, wegen Lebensmittelschiebungen versetzt. Oktober 1942 Arbeitskommandoführer in Monowitz. Nach Beschwerden der I.G. Farben abgelöst, nun Rapportführer (Spieß). Buna-Häftling Werner Jacob, der von einem Zivilisten auf dem Außenkommando Zigaretten erworben hatte und dessen Namen nicht preisgab (AV, Bl. 13334): »Rakers diktierte mir die außergewöhnliche Zahl von 100 Stockhieben zu. Normalerweise wurden nur 25 Stockhiebe gegeben. Ich habe 80 Stockhiebe erhalten. Rakers hat selbst geschlagen. Beide Gesäßhälften waren nach 80 Stockhieben aufgeplatzt. Die Narben dieser Mißhandlung sind heute noch sichtbar.« Häftlingsarzt Budziasczek: »Er hat Exekutionen durch Erhängen organisiert. Ich habe selbst gesehen, daß er Häftlinge mit Fußtritten bearbeitet hat, die nicht freiwillig ihren Hals in die Schlinge legten.« Von Häftlingen als durch und durch korrupt beschrieben. KZ-Kollege Leischow: »Rakers war ein ausgesprochener Schweinehund.« Januar 1945 Lagerführer in Gleiwitz II. Nach 1945 Bäcker in Lingen. Vom LG Osnabrück am 10. 2. 1953 u. a. wegen einer Selektion in Monowitz zu lebenslanger Haft verurteilt. Im Urteil heißt es: »Er hat keine geistigen Interessen und hat in den Jahren seiner KL-Tätigkeit kein Buch gelesen.« Urteil LG Osnabrück 4 Ks 2 / 52 (6).

Ramsperger, Hermann. Polizeipräsident Kattowitz (1943 / 44).
* 3. 12. 1892 Konstanz. SS-Brigadeführer (1942). Dr. jur. SS-Nr. 71847. NSDAP-Nr. 1895282. Persönlicher Stab Reichsführer-SS. Nach 1945 in Mannheim (Zentralkartei ZStL).

Rapaport, Rosa (Mädchenname).
Objekt von Blutentnahmen, Häftling Nr. A-13660.
* 12. 12. 1923. Laut Häftlingsnummer Ankunft Auschwitz am 7. 6. 1944 aus Ungarn. Nach eigener Aussage Opfer von Blutentnahmen und -übertragungen: »Die Blutentnahmen fanden mehrfach statt, mir wurde ca. vier Wochen lang – mit Unterbrechungen – Blut entnommen und öfters fremdes Blut übertragen. Viele weibliche Häftlinge sind an Entkräftung, möglicherweise auch durch die Übertragung fremden Blutes, gestorben. Wir haben die Häftlingsärzte gefragt, weshalb man uns Blut entnehme, und sie haben uns gesagt, das Blut benötige man für verwundete Soldaten.« Verheiratet in Israel. Q.: MV, Bd. 22.

Rapp, Ferdinand. SS-Unterscharführer.
* 24. 5. 1910 Jovanovac, Kreis Esseg. Ab Februar 1943 in Auschwitz. † 27. 9. 1972 Freiburg im Breisgau.

Rappl, Wilhelm. Fahrbereitschaft.
* 10. 5. 1905 Straubing. In der Kaffeerösterei seines Vaters. SS-Unterscharführer. Nach eigener Aussage ab März 1941 für ein halbes Jahr in Auschwitz, danach in Dachau. Rappl will in Auschwitz krankheitshalber keinen Dienst gemacht haben und behauptete, »daß bei der Fahrbereitschaft der ruhigste Posten war und keiner viel tun mußte«. Rappl: »Das kleine Krematorium gegenüber der Fahrbereitschaft habe ich gesehen und habe auch den Geruch von verbranntem Menschenfleisch wahrgenommen.« Wohnsitz am Geburtsort. Q.: AV, Bl. 7664 ff.

Raschter, Julius. SS-Rottenführer.
* 8. 1. 1907 Klein Auerschis / damaliges Österreich-Ungarn. Ab Oktober 1944 in Auschwitz, Wachmannschaft Monowitz. 1948 in Wadowice zu 5 Jahren Haft verurteilt (LaV). – Häftling Kurt Steinitz, Monowitz (AV, Bl. 11452): »Selektionen haben im Lager etwa im Abstand von 4 Wochen stattgefunden. Bei den Selektionen mußten sich die Häftlinge nackt ausziehen. Das Selektionskommando betrachtete dann kurz jeden Häftling. Ich weiß noch, daß ein Arzt bei dem Selektionskommando zugegen war. Die nicht

mehr arbeitsfähigen Personen rückten nicht mehr zur Arbeit aus und wurden am folgenden Tag auf Lastwagen verladen. Sie kamen nach Birkenau zur Vergasung. Die Häftlingskleidung wurde nach Monowitz zurückgeschickt.«

Ratzka, Johann. SS-Unterscharführer.
* 20.12.1919. SS-Totenkopf-Sturmbann. Laut Standortbefehl Nr. 3/44 hat er am 10.1.44 die Flucht von zwei Häftlingen verhindert: »Ratzka erhält als Belohnung 5 Tage Sonderurlaub.« Verbleib unbekannt. KZ-Kollege Bilibou: »Es gab keinen Sonderurlaub für ›Verhinderung der Flucht‹, sondern nur für ›Erschießen auf der Flucht‹.«

Rausch, Adam, genannt *Der Schießer.* SS-Sturmmann.
* 18.11.1924 Ruma/Kroatien. SS-Totenkopf-Sturmbann, Außenlager Lagischa und Neu-Dachs. Belobigt im Kommandanturbefehl (KB) vom 14.7.1944, da er die »Flucht« von Häftlingen »verhinderte«. Weitere Belobigung im KB vom 4.10.1944, da er eine Häftlingsflucht durch Schußwaffengebrauch verhinderte. Laut Czerwinski-Urteil tat er sich bei Erschießungen nach provozierten »Fluchtversuchen« hervor. † 23.11. 1971 Suizid in Graz, ein Tag vor seiner ersten Vernehmung (Langbein, Menschen).

Rausch, Felix. Häftling Nr. 68626.
* 10.12.1908 Wien. Ankunft Auschwitz am 19.10.1942 aus Buchenwald. Schreiber im Häftlingskrankenbau (HKB) Buna-Monowitz. Nach 1945 Finanzbuchhalter in Wien. Rausch: »Einmal – etwa 1944 – wurde ein 16jähriger Häftling namens Manfred Aschermann aus Berlin in den HKB eingeliefert. Er war derart geprügelt worden, daß er schwere Lähmungserscheinungen hatte: Er konnte weder sprechen, noch gehen, noch sich ordentlich bewegen. Der Häftlingsarzt Dr. Drohocki, der Gehirn- und Nervenspezialist war, stellte fest, daß Aschermann geheilt werden könne. Dr. Fischer interessierte sich für diesen Fall, und Aschermann blieb ungewöhnlich lange – etwa ein halbes Jahr – im HKB. Sein Zustand besserte sich auch tatsächlich. Er konnte schließlich bereits gehen und sprechen. Als dann dieser Fall medizinisch nicht mehr interessant war, wurde Aschermann bei einer Selektion aufgeschrieben und abtransportiert.« Q.: AV, Bl. 3939 ff.

Reek, Willi. SS-Unterscharführer.
* 29.1.1905 Schubin. SS-Nr. 140540. Standortverwaltung, Leiter der Druckerei. Nach 1945 in Neuötting.

Rehmann, Leopold. SS-Sturmmann.
* 15.1.1901 Galicia. Ab 1944 in Auschwitz. Wachmannschaft. 1948 in Wadowice zu 6 Jahren Haft verurteilt (LaV). SS-Oberscharführer Albert Stenzel: »Die Wachkompanien wurden auch zur Abschirmung der Rampe bei Eintreffen von Transporten eingesetzt.«

Reiber, Heinrich. SS-Rottenführer.
* 26.3.1921 Kl. Bastei, Kreis Daruwa, heute Mali Bastaji. Kreis Daruvar/Kroatien. November 1942 bis Juni 1944 in Auschwitz, Blockführer. 1948 in Krakau zu 10 Jahren Haft verurteilt (LaV). † 26.2.1972 Forchheim.

Reichel, Wilhelm. SS-Rottenführer.
* 15.9. 1907 Adelsdorf, Landkreis Freiwaldau. SS-Totenkopf-Sturmbann, Wachkompanie Neu-Dachs, Standortbefehl (StB) vom 8.10.1943: »Dem SS-Rottenführer Wilhelm Reichel, 5./SS-T-Stuba. KL Auschwitz KL Au. gelang es, von 3 gemeinsam geflüchteten Häftlingen 2 auf der Flucht zu erschießen.« Auch in Monowitz und Außenlager Fürstengrube. StB Nr. 30/43: »Besuch der Ehefrau vom 30.7.–4.8.43«, StB vom 15.9. 1943: *Kriegsverdienstkreuz II. Klasse mit Schwertern.* † 31.3.1973 Rheinhausen.

Reichenbacher, Karl. SS-Unterscharführer.
* 24.9.1919 Wiener Neustadt. Standortverwaltung, Stellv. Leiter der Bekleidungskammer. Standortbefehl (StB) Nr. 25/ 43: »Besuch der Familie vom 20.8.–20.9.

43«. StB 52/43: »Aufenthalt der Ehefrau vom 20.11.43 bis auf weiteres«. † 6.3. 1946 im Lager Nowo Trotzkoje/UdSSR. – Die damals 14jährige Katalin Wohl, Ende Mai 1944 aus dem rumänischen Satu Mare nach Auschwitz deportiert: »Die Tätigkeit im Kommando Bekleidungskammer war eine grausame, weil wir alles mit ansehen konnten und mußten, was sich auf der Rampe abspielte. Andererseits war es eine leichtere Arbeit.« Q.: MV, Bd. 22.

Reichenbeck, Wilhelm. SS-Obersturmführer.

* 23.6.1902 München. Ab August 1944 Führer der 2. SS-Wachkompanie. Verbleib unbekannt.

Reichert, Orli (Aurelia), geb. Torgau, nach 1945 verheiratete Wald. Häftling Nr. 502.

* 1.7.1914 Bourell b. Maubeuge in Frankreich. Steger: »Alle Mitglieder der Familie waren als Kommunisten stadtbekannt.« 1935 Heirat mit dem Bauarbeiter Fritz Reichert (Scheidung 1939). 1936 Verhaftung, Verurteilung zu 4½ Jahren Haft. 1937 im Frauenzuchthaus Ziegenhain (Hessen). Ab 28.12.1940 in Ravensbrück. Ankunft Auschwitz, insgesamt 999 Frauen aus Ravensbrück, am 26.3. 1942 (Nr. 1–999). Am selben Tag treffen ebenfalls 999 slowakische Frauen ein. Damit beginnt das Frauenkonzentrationslager Auschwitz, zunächst in einem abgetrennten Teil im Stammlager angesiedelt. Winter 1942/43 Erkrankung an Fleckfieber. März 1943 Lagerälteste des Häftlingskrankenbaus in Birkenau. Reichert (MV, Bd. 3): »Bei den von Dr. Mengele durchgeführten Visiten mußte ich mich immer in seiner Nähe aufhalten.« Die Überlebende Sara Nomberg-Przytyk: »In einem Moment konnte sie ihr Mitgefühl gegenüber ihren Mitgefangenen zeigen, im nächsten Moment sorgte sie dafür, daß die Befehle der SS im Lager bis auf den I-Punkt ausgeführt wurden, und das auch bei Selektionen.« Häftlingsärztin Hautval (Medizin): »Alles in allem eine gute Kameradin, aber ein sehr unausgeglichenes Verhalten, begreiflich [nach soviel Jahren KZ].« 1945 im Ravensbrück-Außenlager Malchow, April Flucht, von Rotarmisten vergewaltigt: »Ich hatte damals hohes Fieber und war halb verhungert.« Ab Mai 1946 für 22 Monate in einem Sanatorium für NS-Verfolgte in Sülzhayn im Südharz (sowjetisch besetzte Zone), Behandlung ihrer Depressionen mit hohen Dosierungen von Psychopharmaka. Heirat mit Eduard Wald, als Kommunist u.a. im Zuchthaus Brandenburg. Orli Walds Nachkriegsleben ist geprägt von Konflikten um ihre Abkehr von KPD und SED, von ihrem Kampf mit Medizinern, die ihre lagerbedingten Krankheiten (u.a. Tbc) zu Erbkrankheiten umdeuten, und der Nichtanerkennung ihres Widerstands. 1954 erstmals für neun Monate in der Psychiatrie. Es folgen Suizidversuche und lange Aufenthalte in der Anstalt, Behandlung mit Elektroschocks usw. † 1.1. 1962 Wahrendorffsche Anstalten Ilten. Q.: Steger.

Reichert, Oskar. SS-Unterscharführer.

* 7.1.1904 Gochsen/Heilbronn. Ab 21.11.1942 in Auschwitz. Standortverwaltung, Baudienstbetriebsstelle. † 5.7. 1966 Möckmühl.

Reichwein, Bruno. Zentral-Bauleitung.

* 25.9.1911 Heckholzhausen im Oberlahnkreis. SS-Unterscharführer. Abteilung Tiefbau, laut KZ-Kollege Karl Eggeling Leiter des Vermessungswesens. Nach 1945 in Limburg/Lahn.

Reimann, Heinz. SS-Unterscharführer.

* 30.4.1923 Stolz, Kreis Frankenstein. Standortverwaltung, Abteilung Verpflegung sowie Außenlager Gleiwitz I. Nach 1945 in Westfalen.

Reimers. SS-Sturmmann.

* Nicht identifiziert. Kommandanturstab Auschwitz. Kommandanturbefehl vom 7.11.1941, gez. Höß: »Dem SS-Sturm-

mann Reimers, Kdtr.-Stab KL Auschwitz Abteilung Landwirtschaft, gelang es, einen auf der Flucht befindlichen russischen Kriegsgefangenen ca. 400 m außerhalb der Postenkette zu erschießen.« März 1944 Führer eines kleinen Frauenkommandos in Budy (HvA 10). – Hauptscharführer Adolf Becker, der ein russisches Arbeitskommando begleitete (AV, Bl. 16354): »Als zu der Mittagszeit die Suppe vom Lager herangebracht wurde, hatten die Russen überhaupt keine Gefäße zum Essenfassen. Manche konnten sich einen Gegenstand organisieren, der irgendwo in der Gegend herumlag. Andere nahmen die Suppe mit der Mütze auf. Wenn einer der Russen keinen Gegenstand für das Suppenfassen präsentieren konnte, war es möglich, daß er obendrein von dem Kapo noch einen Schlag versetzt bekam und gar nichts erhielt.«

Reimers, Wilhelm Helmuth. Mitglied der Korruptions-Kommission von Konrad Morgen.

* 28.3.1898 Papendorf/Holstein, Sohn eines Landwirts. 1939 Kriminalkommissar in Bochum. SS-Nr. 396276, NSDAP-Nr. 3036611. SS-Obersturmführer (1941), SD (der Sicherheitsdienst war Himmlers Spitzelorganisation). Nach eigener Aussage November 1943 zum Reichskriminalpolizeiamt im Reichssicherheitshauptamt beordert, um »Fälle der Verschiebung jüdischen Vermögens in den Konzentrationslagern zu bearbeiten«. Bis 12.1.1944 in Auschwitz. Reimers begafft einen ankommenden Güterzug mit 50 Waggons, die Selektion der Menschen, die Entkleidung vor der Vergasung, die Vergasung und das Herausziehen der Leichen. Der vernehmende Krimimalmeister fragt Reimers daraufhin, ob auch die Ermordung der Juden in sein Aufgabengebiet gefallen sei, Antwort: »Nein. Mit der sog. ›Judenaktion‹ hatte ich gar nichts zu tun. Ich habe diese Vorkommnisse natürlich sofort Dr. Morgen berichtet, der mir sagte, daß mich diese Sache nichts angehen würde. Mein Aufgabenbereich sei lediglich Judeneigentum, das gestohlen oder verschoben würde.« 1948 Leiter des Werkschutzes bei einem Kupfer- und Messing-Werk im rheinischen Langenberg. Ab 1952 Bezieher von »Versorgungsgebührnissen« (Reimers) als Beamter zur Wiederverwendung. Berufsangabe 1961: Kriminalkommissar zur Wiederverwendung, z.Zt. Expedient einer Nebenstelle der Margarine Union. Aussage: AV, Bl. 9128 ff.

Reineck, Hermann. Häftling Nr. 63387.

* 9.1.1919 Brünn (Brno). 1942–1944 in Auschwitz. Schreiber, dann Blockältester im Häftlingskrankenbau (HKB) des Stammlagers (Block 21). Nach 1945 Druckereileiter in Österreich. – Langbein (Menschen) zu den Privilegien der in den Krankenbaracken eingesetzten Funktionshäftlingen: »Trotz des engen Kontaktes mit so vielen ansteckenden Krankheiten war der HKB ein begehrtes Kommando. Wer dort zur Arbeit eingeteilt war, hatte ein Dach über dem Kopf, war vom Appellstehen befreit, konnte mehr essen – denn es gab immer appetitlose Kranke und Tote, für die noch Essen gefaßt werden konnte, weil sie wohlweislich erst nach Abgabe der Zahlen für die Verpflegung als verstorben gemeldet wurden. Schließlich zählte man als Mitglied dieses Kommandos zur gehobenen Schicht im Lager, denn der Lagererfahrene pflegte Freundschaften mit dem Personal im HKB.«

Reiner, Lily. Häftling Nr. 7376, Politische Abteilung (PA).

* 7.6.1916 Presov/heutige Slowakei. Ankunft Auschwitz laut Häftlingsnummer am 29.4.1942. Schreiberin im Standesamt der PA (Lager-Gestapo). Reiner über die Privilegierung der PA-Frauen: »Sobald man mich für die Politische Abteilung bestimmt hatte, wurden meine verlausten Sachen weggeworfen, und ich erhielt neue Kleidungsstücke und sogar eine Zahn-

bürste.« Reiners Urteil über ihren Chef Kamphuis: »Beschützer ›seiner Juden‹ – für Fremde konnte er gefährlich werden.« Verheiratet in Israel, Arbeit in einem Kinderheim. Q.: Selbstporträt bei Shelley.

Reinhard, Hellmuth, vormals: Patzschke. SS-Sturmbannführer.
* 24.7.1911 Unterwerschen, Kreis Weissenfels. SS-Nr. 121174, NSDAP Nr. 2382157. 1941 Leiter der *Zentralstelle für jüdische Auswanderung* der Niederlande. 1942 Leiter der Gestapo Norwegen beim Befehlshaber der Sicherheitspolizei und des SD Oslo, verantwortlich für die Deportation von Juden aus Norwegen. Fernschreiben Reinhards vom 25.11.1942 an die Staatspolizeileitstelle Stettin: »Aus besonderen Gründen kann ich erst heute mitteilen, das [sic] am 26.11.42 ein Schiffstransport von ungefähr 7–900 männlichen und weiblichen Juden in allen Altersstufen von Oslo nach Stettin durchgeführt werden wird. Die Überfahrt wird wahrscheinlich ungefähr 3 Tage beanspruchen. – Da das von der Kriegsmarine zur Verfügung gestellte Schiff nach seiner Ankunft in Stettin sofort wieder benötigt wird, bitte ich, die sofortige Ausschiffung und Unterbringung der Juden nach ihrer Ankunft vorzubereiten. Die Juden sollen nach Auschwitz verbracht werden.« November 1943 *Kriegsverdienstkreuz I. Klasse mit Schwertern.* 1945 Gestapochef in Reichenberg. Nach 1945 für tot erklärt, Heirat mit seiner als Witwe geltenden Ehefrau unter dem Namen *Patzschke* (Rückerl), unter diesem Namen Verlagsleiter in Heidelberg. Zum Transport der aus Norwegen Deportierten siehe den Artikel über Frank Sachnowitz. Q.: Zentralkartei ZStL.

Reinicke, Karl. SS-Scharführer.
* 26.4.1888 Tarnowitz. SS-Totenkopf-Sturmbann. † Am 4.7.1943 bei einem Gefecht mit 15 geflohenen ukrainischen Freiwilligen in der Gegend von Chelm Wielki erschossen (Czech).

Reinicke, Otto. SS-Unterkunftsverwalter.
* 1.1.1908 Steigra / Sachsen, Sohn eines Landwirts. Selbst Landwirt. 1929 NSDAP (Nr. 218812), 1932 SS (Nr. 156653), Untersturmführer. Zunächst KZ Lichtenburg, Sommer 1937 Buchenwald, Blockführer, Verwaltung. Mai 1938 Flossenbürg, Block- und Arbeitsdienstführer, Standortverwaltung, Abteilung Unterkunft. Von Juni 1940 – Lagerbeginn – bis Dezember 1942 Chef der Abteilung Unterkunft der Standortverwaltung Auschwitz, Titel: *Unterkunftsverwalter (Lageringenieur).* 1943 KZ Herzogenbusch, Oktober 1943 zum SS-Schützen degradiert. Nach 1945 Fuhrunternehmer in Flossenbürg (!). Reinickes Glaubwürdigkeit dokumentiert seine Aussage: »Der mir jetzt vorgehaltene Name ›Birkenau‹ ist mir völlig fremd, d.h. ich kenne nur die Ortschaft Birkenau, die von Polen bewohnt war, weiß aber nichts davon, daß es bei Auschwitz auch noch das Lager Birkenau gab.« Aussage Reinicke: AV, Bl. 11642 ff.

Reinke, Ernst. Zentral-Bauleitung.
* 15.9.1916 Gepidau, Kreis Guhrau in Oberschlesien. SS-Rottenführer. Wohnsitz in Hessen.

Reinöhl, Emil. SS-Schütze.
* 3.8.1905 Sarata, Kreis Althammer. SS-Totenkopf-Sturmbann. Name auf einer Meldung der Kommandantur vom 15.8.1942 über SS-Angehörige, die Häftlinge »auf der Flucht« erschossen. † 24.9.1944 Danzig.

Reischenbeck, Wilhelm. SS-Obersturmführer (1943).
* 23.6.1902 München. Hilfsarbeiter. 1922 SA. Am 9. November 1923 Teilnahme am gescheiterten Hitlerputsch in München, damit *Blutordensträger.* 1929 SS, 1930 NSDAP. 1939 Wachdienst in Dachau und Mauthausen, 1940 *Aussiedlungsstab Litzmannstadt* zur »Aussiedlung« von Polen. August 1944 Führer zweier SS-Wachkompanien in Auschwitz. Am 19. Januar

1945, 1 Uhr, Führer des letzten großen Evakuierungsmarschs mit über 3900 Häftlingen nach Mauthausen. Nach 1945 Hilfsarbeiter unter den Namen *Wilhelm Lang* und *Wilhelm Bachmann*. Am 22.10. 1958 in München wegen Tötung marschunfähiger Häftlinge auf dem Evakuierungsmarsch zu 10 Jahren Haft verurteilt. Urteil (1 Ks 1/58): »Die Not der sich dahinschleppenden Kreaturen sinn- und zwecklos durch einen Schuß zu vollenden, widerspricht jeder, auch der primitivsten Sittenordnung.« † 13.11.1962 Fürstenfeldbruck. – Über den letzten Evakuierungsmarsch, beginnend am 19.1.1945, gibt es einen Bericht der damals schwangeren Häftlingsfrau Alina Cielemiecka-Naciazek (StAu II, Auszug): »Am Ende der Häftlingskolonne der aus den Baracken von Birkenau getriebenen, abgeschufteten Frauen schleppten sich ohne jegliche ärztliche Betreuung die Kranken und Schwangeren. Plötzlich hörten wir die Schreie einer Frau, bei der die Geburtswehen eingesetzt hatten. Sie konnte nicht mehr weitergehen, ging in den Graben und hockte sich hin. Das Entsetzen erfaßte uns. Die Mutter der Schwangeren wollte bei ihrer gebärenden Tochter bleiben, ein SS-Mann stieß sie aber weiter, und sie ging wieder verzweifelt in die Kolonne zurück. Ein paar Schritte weiter hörten wir schon die Schüsse des SS-Manns, der die gebärende Mutter und das Kind in ihrem Schoß ermordete.«

Reischl, Rosel. KZ-Wärterin.
* 16.9.1920 Gänswies, Gemeinde Altreichenau. Tochter eines Bahnarbeiters. Säuglingsschwester. Ab November 1942 SS-Aufseherin in Ravensbrück, Januar 1943 in Majdanek, Mai 1944 in Birkenau, Kommandoführerin der Häftlings-Bekleidungskammer im Lagerabschnitt BIIb (Ausgabe Bekleidung, Wäsche, Schuhe) und der Häftlingswäscherei im Frauenlager Birkenau. Dezember 1947 in Krakau zu 8 Jahren Haft verurteilt, Entlassung April 1955. 1957 Heirat. Reischl: »Ich habe auf der Rampe in Birkenau öfters ankommende Transporte gesehen und auch beobachtet, wie die Menschen sortiert wurden. Wir wußten auch alle, daß ein Teil davon vergast und verbrannt wurde.« Am 19.4.1979 Freispruch LG Düsseldorf wegen Majdanek mangels weiterer Aufklärungsmöglichkeiten. Aussage: AV, Bl. 8848 ff.

Reiter, Josef. SS-Schütze.
* 20.11.1909 Batschki-Brestovac. SS-Totenkopf-Sturmbann. Nach 1945 in Frikkenhausen.

Remmele, Josef. Schutzhaftlagerführer.
* 3.3.1903 Horgau, Kreis Augsburg. SS-Hauptscharführer. Laut Franz Hofmann zunächst Block- und Arbeitsdienstführer in Dachau. Der erste Rapportführer (Spieß) in Monowitz, Schutzhaftlagerführer im Stammlager. Führer des am 26.5. 1943 in Betrieb genommenen Außenlagers Eintrachthütte in Schwientochlowitz b. Kattowitz, Produktion von Flugabwehrgeschützen, knapp 1400 Häftlinge. Franciszek Piper (HvA 17): »Mit Vorliebe hetzte er – wie viele Häftlinge feststellen – die Häftlinge mit Hunden. Wiktor Konkol, einer der Gefangenen, beschreibt einen Fall, als Remmele einen Häftling auf den Appellplatz zog und zwei Hunde auf ihn hetzte, worauf der Häftling zu Tode gebissen wurde.« Juli 1944 nach einer Massenflucht abgelöst und als Führer des Außenlagers Jawischowitz eingesetzt (die ab dem 15.8.1942 betriebene Kohlengrube war mit 2500 Häftlingen eines der größten Nebenlager). † Hinrichtung 3.12.1948 Landsberg, Leiche nach Dinkelscherben überführt.

Rendel, Marianne. Zivilangestellte.
* 14.11.1913 Halle. Aufseherin des Frauenkommandos der Geflügelfarm und der Fischzucht in Harmense. Nach 1945 in Oberaudorf. Soll kranke Häftlingsfrauen vor der Gaskammer bewahrt haben (HvA 11).

Renner, Martin. SS-Sturmmann. * 27.3.1914 Surtschin / Semlin. SS-Totenkopf-Sturmbann. Nach 1945 in Hart an der Alz.

Renseler, Karl. SS-Unterscharführer. * 31.1.1892. SS-Totenkopf-Sturmbann, Monowitz. Verbleib unbekannt. – Kommandoführer Mirbeth zur Einarbeitung eines ungenannten Unterscharführers bei einer Transportankunft (AV, Bl. 16942): »Als ich dem Obersturmführer Schwarz meine Meldung erstattete und mitteilte, daß keine besonderen Vorkommnisse zu vermelden wären, fragte er mich nach dem neuen Unterscharführer. Ich erwiderte, daß dieser auf Postenkontrolle sei. Da sagte er zu mir: ›Nein, dieser Mann klaut aus dem Gepäck des letzten Waggons Schmuckstücke.‹«

Rentz, Balthasar. SS-Schütze. * 29.1.1909. Ab 18.11.1943 in Auschwitz. SS-Totenkopf-Sturmbann. 1948 in Wadowice zu 3 Jahren Haft verurteilt (LaV). Verbleib unbekannt. – KZ-Kollege Gorges: »Ich selbst war mehrmals zur Absperrung eingeteilt und habe den Selektionsvorgang aus einer Entfernung von etwa 20–30 m beobachtet. Dabei konnte ich feststellen, daß nicht etwa ein SS-Arzt allein darüber entschied, welche Häftlinge als arbeitsfähig anzusehen waren. An dieser Entscheidung waren vielmehr alle SS-Angehörigen beteiligt, die sich dort aufhielten.«

Rentz, Johann. SS-Schütze. * 31.5.1908 Santana / Rumänien. Schmied. Januar 1943 Wachdienst Majdanek, April 1944 Wachmannschaft Auschwitz, Kommando Gleiwitz II. Teilnahme an der Evakuierung des Lagers Januar 1945. – Die Gefangene Anna Moszkiewicz über den Abtransport in offenen Güterwaggons und die zehntägige Fahrt (HvA 14): »Glücklich waren diejenigen, die an der Wand des Waggons stehen konnten, sie hatten wenigstens die Möglichkeit, sich anzulehnen. In der Nacht legten wir uns buchstäblich eine auf die andere, um ein bißchen zu schlafen. Das Brot war ganz zerbröckelt, Wasser gab es auch nicht, so leckten wir den Schnee von unseren Armen. Wir hatten keine Möglichkeit, unsere Notdurft zu verrichten. Unterwegs wurden viele Frauen wahnsinnig.« Am 22.1.1948 in Krakau zu 3 Jahren Haft verurteilt.

Repczuk, Johann. SS-Sturmmann. * 30.5.1920. SS-Totenkopf-Sturmbann, Standortverwaltung. Verbleib unbekannt. – Häftling Czeslaw Ostankowicz (Nr. 8232) über eine Selektion im Birkenauer Kartoffellager Februar 1943: »Und da kamen sie – SS-Unterscharführer Emmerich und SS-Mann Repczuk. Man befahl den Kartoffelleuten, die Kleider auszuziehen. Es begann eine Selektion. Die Hälfte des Kartoffellagerstands wurde in den ›Todesblock‹ [Zwischenstation zur Gaskammer] befördert.« Q.: HvA 16.

Rettig, Stefan. SS-Schütze. * 11.4.1919 Klenak / Rumänien. In Auschwitz ab Oktober 1942. In den Außenlagern Lagischa und Neu-Dachs. Nach 1945 in Österreich.

Reuten, Wilhelm. SS-Rottenführer. * 1.5.1904 Ensdorf, Kreis Saarlautern. Ab September 1944 in Auschwitz. Monowitz, Kommando Eintrachthütte. 1948 in Wadowice zu 2½ Jahren Haft verurteilt (LaV).

Rex, Wilhelm. SS-Unterscharführer. * 8.9.1912 Berlin. SS-Wachkompanie Monowitz. Nach 1945 im Kreis Syke.

Richert, Robert. SS-Rottenführer. * 28.1.1902 Fabianki. SS-Totenkopf-Sturmbann. † 1.1.1971 Rotenburg / Wümme. – Häftling Koenig (Erinnerungen): »Sehr kompliziert waren die Fälle, in denen jemand erst auf dem Appell, aber nach der Zählung zusammengebrochen war. Wenn er nicht tot war, bestand die SS darauf, daß er zur Arbeit mitmarschierte, denn ein solcher Häftling war weder auf der Totenliste noch auf der Liste derer, die sich krank gemeldet hatten. Da aber ein solcher Häftling nicht gut mitmarschieren konnte, schleppten ihn seine Kameraden im Marsche mit. So gab es oft im Sklavenmarsch lebende Leichname.«

Richter, Alfred. SS-Rottenführer.
* 29.3.1909 Schlagsdorf, Kreis Goben. Ab Januar 1944 in Auschwitz. † 17.4. 1962 Günzburg.

Richter, Friedrich. SS-Unterscharführer (1942).
* 19.9.1908 Zwickau. Schreiber bei Standortarzt Wirths. Sein Nachfolger Langbein (Die Stärkeren): »Daß dessen Intelligenz für die Arbeit nicht ausgereicht hat, begreif ich ohne weiteres.« Nach 1945 in Lippstadt.

Richter, Johannes Oskar. SS-Unterscharführer.
* 24.6.1902 Dresden. Oktober 1940 bis November 1944 in Auschwitz, Birkenau. Nach 1945 im Bezirk Meißen (DDR).

Richter, Josef. SS-Unterscharführer (1942).
* 2.10.1907 Göhren/Sudeten. Völkischer Turnerbund, 1939 Waffen-SS. Ab 1941 in Auschwitz. SS-Totenkopf-Sturmbann, Rampendienst: »Während dieser Zeit kam es mehrmals vor, daß Männer der II. Kompanie bei ankommenden Transporten um den Transportzug eine Postenkette bilden mußten.« Berufsangabe nach 1945: Zimmermann. † 22.9. 1973 (Standesamt Heiligenhafen). Aussage: AV, Bl. 10515ff.

Richter, Leopold. Sonderkommando Eichmann in Ungarn.
* 13.11.1888 Mährisch Schönberg. SS-Oberscharführer. *Umwandererzentrale* Lodz (s. Krumey). Inspekteur der Juden-Internierungslager. Nach 1945 Oberlehrer i.R. in Geislingen/Steige. Zentralkartei ZStL über eine Vernehmung 1970: »Hat keine Kenntnis von Exekutionen.« 1976 vom LG Frankfurt mangels Beweises außer Verfolgung gesetzt.

Riebel, Karl. SS-Unterscharführer.
* 15.11.1912 Floß, Landkreis Neustadt an der Waldnaab. Wachmannschaft. Nach 1945 am Geburtsort. – Häftling Kielar, Ankunft Auschwitz mit dem ersten Häftlingstransport am 14.6.1940: »Irgendjemand draußen schreit entsetzlich: ›Alle raus! ... los, verfluchte Banditen.‹ Unsere Begleiter [Gendarmen] helfen uns auf ihre Art, aus dem Waggon auszusteigen. Sie schlugen uns mit dem Karabinerkolben auf den Rücken, daß er widerhallt. Wie wahnsinnig stürzen wir alle auf einmal zu dem einzigen Ausgang. Einer nach dem anderen springen wir aus dem hohen Waggon, direkt auf die SS-Männer zu.«

Rieck, Willi. Leiter der Abteilung Verpflegung.
* 5.3.1914 Jüterbog. April 1933 NSDAP (Nr. 1671286). Mai 1933 SS (Nr. 63900), Hauptsturmführer. Zunächst in Dachau. Ab 25.4.1940 Leiter der Verpflegungsabteilung der Standortverwaltung. Laut Wirtschaftsleiter Rönisch auch für die Schnapsversorgung des *SS-Führerheims* zuständig. März 1943 Lettisch-Litauische SS-Freiwilligen-Division (StAu I). Nach 1945 in Wolfsburg. – Ella Lingens (Erinnerungen): »Wer auf die normale Kleidung und Verpflegung angewiesen war, starb in Auschwitz in der Regel zwischen dem vierten und dem zehnten Lagermonat. Die tägliche Verpflegung bestand aus täglich einem guten halben Liter Suppe für die Kranken und Unbeschäftigten, knapp einem Liter für die Arbeitenden. Meist sah die Suppe aus, als hätte man etwas Straßenschmutz mit Wasser verdünnt.«

Riedel, Alfred. SS-Unterscharführer.
* 13.5.1909 Zuckmantel, heute Zlate Hory/Tschechien. SS-Totenkopf-Sturmbann, Standortverwaltung. KZ-Kollege Schönbohm: »Er war mit mir zusammen in polnischer Haft und wurde vor mir entlassen. War meines Wissens bei der Bauleitung als Architekt oder Ingenieur.« † Mai 1968 Wien.

Riedel, Paul. SS-Unterscharführer.
* 21.3.1907 Thurm, Kreis Glauchau/Sachsen. SS-Nr. 61842. Standortverwal-

tung. SS-Nachrichtenhelferin Schünzel: »Die Fernschreiben in bezug auf die Transportankünfte wurden von dem Leiter der Nachrichtenstelle Riedel oder bei dessen Verhinderung durch irgendeinen Vertreter abgezeichnet.« Verbleib unbekannt.

Riegenhagen, Bertold. SS-Sanitätsdienstgrad (SDG).
* 9.2.1912 Kriesch in Brandenburg. Lehrer. SS-Rottenführer. In Auschwitz vom 15.10.1940 bis 1.9.1943, danach in Flossenbürg. Am 4.12.1941 vom Kommandanturstab, Abteilung III – Schutzhaftlager – »zum SS-T-Sturmbann zurückkommandiert« (KB Nr. 33/41). Angehöriger der SS-Desinfektionstruppe. Laut Langbein (Menschen) soll er »bei einer Vergasungsaktion einen Nervenzusammenbruch« erlitten haben und danach nicht mehr zu »derlei Aktionen« kommandiert worden sein. Freispruch 1948 in Krakau (LaV). † 10.4.1962 Berlin.

Rieger, Josef. SS-Rottenführer.
* 29.4.1894 Neusorge, Kreis Neisse. Ab November 1942 in Auschwitz, Monowitz. Verbleib unbekannt. Möglicherweise November 1943 bis Februar 1944 Führer des Außenlagers Brünn (Brno) zum Ausbau der Technischen Akademie der SS und Polizei (HvA 18: »Vorname konnte nicht festgestellt werden. Die Häftlinge erinnern sich, daß er rund 50 Jahre alt war«).

Riess, Lenhart. SS-Schütze.
* 11.12.1920 Pereosova. Ab August 1943 in Auschwitz, Wachmannschaft. 1948 in Krakau zu 4 Jahren Haft verurteilt (LaV).

Rinke, Heinz. SS-Sturmmann.
* 16.2.1920 Hohenlimburg. Oktober 1942 bis August 1943 in Auschwitz. Nach 1945 in Norddeutschland.

Rissler, Walter. SS-Unterscharführer.
* 28.7.1911 Mährisch Ostrau. Wohnsitz im Kreis Mayen-Koblenz.

Ritter, Franz. SS-Rottenführer.
* 18.9.1908. SS-Totenkopf-Sturmbann (der SS-T-Stuba hatte turnusmäßig Rampendienst). Verbleib unbekannt. – Die Überlebende Marianna Adam (Nr. A-17169) im Auschwitz-Prozeß über ihren Transport aus dem Lager Krakau-Plaszow: »Wir blieben drei Tage lang ohne Essen und Trinken und auch ohne Luft. Einige wurden im Waggon wahnsinnig, andere starben, aber auch die Toten sind stehengeblieben, weil kein Platz war.«

Ritzheimer, Heinz. SS-Hauptsturmführer.
* 14.7.1900 Worms. 1930 SS (Nr. 9204), 1931 NSDAP (Nr. 650608). Oktober 1941 bis Februar 1942 Kompanieführer der 2. SS-Wachkompanie in Auschwitz. Verbleib unbekannt. – SS-Oberscharführer Albert Stenzel: »Ich muß heute noch oft an die Jammergestalten denken, die wir als Angehörige der Wachkompanien zur Arbeit zu führen hatten.«

Ritzinger, Georg. SS-Oberscharführer.
* 15.1.1892 Zweibrücken. Wirt der SS-Sola-Hütte, zeitweise auch Leiter der SS-Hütte Porombka (beides »Erholungsstätten« des Auschwitz-Personals). Einer der Führer des Außenlagers SS-Hütte Porombka (StAu I). 1948 in Wadowice zu 3 Jahren Haft verurteilt (LaV). † 21.12.1949 in Haft.

Robert, Rudolf. Häftling Nr. 116908.
* 11.2.1922. Gymnasialschüler, 1936 Rauswurf, da Jude. Kürschnerlehre, nach der *Reichskristallnacht* November 1938 zwangsweiser Abbruch der Lehre. Ab 27.9.1939 von der Gestapo in verschiedene Lager eingewiesen. Ankunft Auschwitz am 20.4.1943 aus Neudorf in Niederschlesien. Verschiedene Kommandos in Monowitz. Robert: »Im Lager Monowitz wurden sehr oft Häftlinge öffentlich erhängt. Ich kann mich daran erinnern, daß einmal ein 17jähriger Häftling mit dem Tode bestraft wurde, weil er aus einer Baubude des IG-Geländes einem deutschen Zivilarbeiter dessen Frühstücksbrot entwendet hatte.« Q.: AV, Bl. 4191 ff.

Röhle, Friedrich Hermann. SS-Obersturmführer.
* 8.3.1897 Witten/Ruhr. Januar 1945 Kommandeur der Wachmannschaft Monowitz. Nach 1945 in Marburg/Lahn.

Röll, Josef. SS-Unterscharführer.
* 20.7.1905 Unter Sandau, Kreis Marienbad. Ab 1941 in Auschwitz. 1948 in Krakau zu 4 Jahren Haft verurteilt (LaV).

Rönisch, Erich. Wirtschaftsleiter *SS-Führerheim* und *Haus der Waffen-SS*.
* 11.2.1906 Gottesberg, Kreis Waldenburg. Kaufmann. 1930 NSDAP (Zellenleiter), 1932 SA, 1934 Austritt. Winter 1940 in Auschwitz. SS-Unterscharführer. Das *Haus der Waffen-SS* – ab 1943 unter Rönischs Leitung – war ein ehemaliges Hotel am Bahnhof Auschwitz. Das *Führerheim des KL Auschwitz* lag auf dem Weg zwischen Bahnhof und KZ. Rönisch (AV, Bl. 7792ff.): »Im Führerheim verkehrten die SS-Führer des gesamten Standortes Auschwitz und ihre Gäste. Es unterstand direkt dem jeweiligen Adjutanten des Lagerkommandanten. Alle SS-Offiziere haben das Mittagessen im Führerheim eingenommen. Es gab häufig Feiern und Kameradschaftsabende, zu denen auch oft Zivilpersonen, wie z.B. die Lieferanten des Lagers, eingeladen waren. Es gab auch Gesellschaften mit Damen, bei denen auch nach Schallplattenmusik getanzt wurde. Einige Zimmer waren auch für die I.G. Farben reserviert und durften nur auf bestimmte Anweisung freigegeben werden.« Rönisch über Mengele: »Er verkehrte oft im Führerheim.« Standortbefehl Nr. 35/43: »Besuch der Familie v. 25.8.–31.10.43«. Schutzhaftlagerführer Franz Hofmann (AV, Bl. 1355): »Ich habe damals nicht gesehen, wie die Gaskammer nach der Vergasung wieder geöffnet und die Gaskammer geräumt wurde. Dies habe ich mir im Führerheim und in der Unterkunft von SS-Offizieren erzählen lassen.« Rönisch unterstanden zusätzlich das SS-Erholungsheim Sola-Hütte, die Kantine der Kommandantur im Stammlager und in Monowitz sowie die Kantinen der Nebenlager. Nach 1945 Vertreter in Wuppertal.

Rösch, Johann. SS-Oberscharführer.
* 10.4.1891. Hundestaffel (?). † 15.2.1957 Kehl am Rhein (AV, Bl. 9841).

Rössler, Paul. SS-Scharführer.
* 3.5.1891 Grimma/Sachsen. Ab 24.11.1941 in Auschwitz. Standortverwaltung, Abteilung Verpflegung. 1948 in Krakau zu 3 Jahren Haft verurteilt (LaV). – Häftlingsärztin Gisela Böhm, Mai 1944 aus Siebenbürgen nach Auschwitz verschleppt (AV, Bl. 12498): »Wir erhielten täglich nur einmal ein bißchen dünne Suppe mit einem kleinen Stück Brot. 5–6 Personen erhielten ein Gefäß mit 1 bis 2 Liter Suppe und mußte die Suppe aus dem Gefäß mangels eines Löffels getrunken werden.«

Rogge, Ralf. KZ-Arzt.
* 20.5.1911 Wilhelmshaven. NSDAP-Nr. 2673923, SS-Nr. 235454, Hauptsturmführer (1943). November 1939 bis Oktober 1940 *Einwandererzentralstelle* Lodz (rassische Selektion bei der Einbürgerung sog. Umsiedler). Danach Lagerarzt in Auschwitz. Laut Häftlingsarzt Cespiva beteiligt an kleinen Lagerselektionen und mindestens einmal am »Abspritzen« von Häftlingen. Januar 1944 Lagerarzt in Buchenwald. † Ende 1947 Zuchthaus Bautzen.

Rohde, Werner. KZ-Arzt.
* 11.6.1904 Marburg/Lahn. Arzt und Zahnarzt. 1923 erstmals NSDAP, erneut April 1933 (Nr. 1663050). 1933 SA, 1936 SS (Nr. 283486), Obersturmführer (1944). Im Beförderungsvorschlag vom 8.7.1939 heißt es: »Rohde ist ein alter Nationalsozialist und gehörte der Bewegung bereits schon [sic] 1923/24 an. R. ist zum Blutordensträger vorgeschlagen.« 1941 am Hygiene-Institut der Universität Marburg bei Professor Wilhelm Pfannenstiel (1942 und 1943 als SS-Hygieniker je einmal im Vernichtungslager Belzec),

Spitzeldienste für Himmlers Sicherheitsdienst (SD-Vertrauensmann). 1942 Ausbildung in Oranienburg. Denunzierte Sommer 1942 Pfannenstiel, er unterhalte als SS-Führer unerlaubte Beziehungen zu Juden (BDC). Lagerarzt in Buchenwald und vom 11.3.1943 bis Juli 1944 in Auschwitz. Am positivsten wird Rohde von Ella Lingens beurteilt, die zur selben Zeit wie Rohde in Marburg studiert und »an manchen Abenden in der gleichen Weinstube ein Glas getrunken« hatte. Rohde rettet ihr das Leben und beschützt sie. Lingens in ihren Erinnerungen: »Von unendlicher, fast kindlicher Gutmütigkeit. Vor ihm gab es keine Angst, kein Strammstehen.« Hautval (Medizin): »Eines Tages kommt er ganz empört ins Revier und erzählt [Häftlingsärztin] Enna [Weiß] den Grund dafür: ›Stellen Sie sich vor! Um der Gaskammer zu entgehen, hat sich eine Jüdin für eine Arierin ausgegeben. Kann man sich so ein Verbrechen vorstellen!‹« Kielar: »Man mußte zugeben, daß Dr. Rohde manchmal einen Beweis seiner menschlichen Einstellung gegenüber einzelnen Häftlingen gab, was ihn absolut nicht daran hinderte, im Rahmen des Kampfes mit der Fleckfieberepidemie im Frauenlager Massenselektionen ins Gas durchzuführen.« Häftlingsarzt Bejlin (AV, Bl. 13362): »Die Behandlung des Flecktyphus sah so aus, daß entweder der Lagerarzt Dr. Rohde oder der polnische Häftlingsarzt Dr. Roman Zenkteller durch Pfleger die Temperatur der kranken Häftlinge messen ließen. Zeigte das Thermometer über 38°, so mußte die Nummer dieses Häftlings notiert werden. Dies hatte zur Folge, daß so ein Häftling noch in derselben Nacht abgeholt wurde. Der Häftling mußte, ehe er das Quarantänelager verließ, seine Bekleidung ablegen. Das nannte man in der Lagersprache Epidemiebekämpfung (Vernichtung der Bakterien samt der menschlichen Bazillenträger).« Rohde läßt am 23.2.1943 insgesamt 39 Kinder und Jugendliche im Alter von 13 bis 17 Jahren aus Zamocz mit Phenolspritzen töten (Auschwitz-Urteil). Laut Häftling Filip Müller bei Vergasungen anwesend. Ab 25.7.1944 Lagerarzt in Natzweiler. Todesurteil britisches Militärgericht Hamburg am 3.5.1946. † Hinrichtung 11.10.1946 Hameln.

Romeikat, Franz. Häftlings-Geld-Verwaltung (HGV), Unterabteilung *Wertsachen.*

* 7.10.1904 Iwenberg/Ostpreußen. Uhrmacher. 1933 NSDAP (Nr. 1595908) und SS (Nr. 251047), Unterscharführer. Februar 1941 bis Oktober 1944 in Auschwitz, Standortverwaltung. KZ-Kollege Schippel über eine Selektion an der Rampe durch KZ-Arzt Fischer (AV, Bl. 3829): »Ich weiß noch, daß mehrere SS-Angehörige bei ihm standen. Es handelte sich hierbei um Blockführer, um Angehörige der Politischen Abteilung und andere SS-Leute. Unter diesen befand sich ein oder auch mehrere Angehörige der Wertsachenabteilung.« Standortbefehl (StB) Nr. 25/43: »Besuch der Familie vom 10.7.–15.8.43«. StB vom 21.8.1943: »Besuch der Familie bis auf weiteres«. Zuletzt in Buchenwald. Am 22.12.1947 in Krakau zu 15 Jahren Haft verurteilt, Entlassung am 25.6.1956. Danach in Heubach, Kreis Schlüchtern. † 12.8.1973 Frankfurt am Main. Romeikats Glaubwürdigkeit dokumentiert sein Zeugnis für Gerhard Lachmann, neben Boger der am meisten gefürchtete Folterknecht: »Ein gemütlicher Kerl.« Aussage: AV, Bl. 1138 ff.

Rometsch, Adam. SS-Rottenführer.

* 29.8.1912 Neu Pasua. SS-Totenkopf-Sturmbann (Rampendienst). Wohnsitz in Baden-Württemberg. – Blockführer Leischow: »Etwa im Winter 1941/42 konnte ich einmal beobachten, daß ein Transport von mehreren hundert russischen Kriegsgefangenen nach seiner Ankunft unmittelbar vom Anschlußgleis der Bahnlinie zum [Alten] Krematorium

gebracht und dort vergast wurde, ohne daß dieser Transport vorher das Lager durchlief. Der Vorfall ist mir deshalb noch besonders gut in Erinnerung, weil die Gefangenen sich schon an der Bahnlinie entkleiden mußten und dann nackt zum Krematorium marschierten.«

Rometsch, Adam. SS-Rottenführer. * 2.12.1914 Neu Pasua. Ab 15.11.1942 in Auschwitz. SS-Totenkopf-Sturmbann, Monowitz. Verbleib unbekannt.

Rometsch, Johann. SS-Rottenführer. * 15.5.1914 Königsbach, Kreis Lodz. SS-Totenkopf-Sturmbann. † 26.12.1944 bei Bombenangriff auf Buna-Monowitz, Standortbefehl Nr. 31/44: »Wir werden den Kameraden stets ein ehrendes Gedenken bewahren.«

Romwalter, Alfred. SS-Rottenführer. * 27.8.1911 Preßburg (Bratislava). Standortverwaltung, Kasse. Spitzensportler der *Sportgemeinschaft-SS Auschwitz* (StB Nr. 12/44). Verbleib unbekannt.

Rood, Coenrad. Häftling Nr. 187348. * 12.8.1917 Amsterdam. Sohn eines Blumenhändlers. Maßschneider, Mitglied der Sozialistischen Arbeiterjugend, Jude. Verhaftung am 25.4.1942. Über Westerbork, Kosel b. Breslau und Annaberg nach Gleiwitz deportiert. Ankunft am 10.11.1942. Das dortige Juden-Zwangsarbeitslager gehörte zur Rußfabrik der *Deutschen Gasrußwerke* des Degussa-Konzerns. Noch heute liegt im Archiv der Stadt Gliwice eine Akte *Degussa Rü[stungs] Lager Gleiwitz II.* Im Mai 1944 übernimmt die SS das Lager, von nun an als Auschwitz-Außenlager Gleiwitz II bezeichnet. Alle Häftlinge bekommen Nummern tätowiert und die Haare geschoren. Ermordet werden Roods Mutter Marianna, seine Schwester Elisabeth und seine Brüder Aaron, Jonas und Machil. Ehefrau Elisabeth überlebt im Versteck in Holland, leidet nach 1945 an Depressionen. Rood verfaßt zur Bekämpfung seiner eigenen Depressionen zwischen 1945 und 1949 seine Erinnerungen »*Wenn ich es nicht erzählen kann, muss ich weinen*«. Das Buch beschreibt wie kaum ein anderes das Verhältnis der Häftlinge untereinander und ihre Verformung im Überlebenskampf.

Roos, Josef. SS-Hauptsturmführer. * 29.3.1894 Viernheim. Führer einer Wachkompanie, Dienstbezeichnung *SS-Totenkopf-Sturmbann KL Auschwitz.* 1948 in Wadowice zu 4 Jahren Haft verurteilt. – Häftlingsapotheker Jan Sikorski (AV, Bl. 5538): »Von dem Gefängnis Kielce wurde ich zusammen mit anderen Häftlingen in einem Viehwagen der Bahn zum Bahnhof Auschwitz transportiert. In dem Gefängnis von Kielce habe ich einen Juden aus Österreich kennengelernt. Er war Rittmeister in der österreichischen Armee. Er war zuvor drei Monate in Dachau gewesen. Er erklärte, daß er nicht wieder in ein Konzentrationslager wolle, und hat sich am ersten Tag in Auschwitz aufgehängt.«

Roppelt, Samuel. SS-Schütze. * 22.2.1917 Gergeschdorf. Monowitz. Wohnsitz in Bayern.

Roschek, Karl. SS-Schütze. * 31.3.1904 Posen. Ab 20.7.1943 SS-Totenkopf-Sturmbann. 1948 in Krakau zu 4 Jahren Haft verurteilt (LaV).

Rosé, Alma. Leiterin des *Mädchenorchesters* von Auschwitz (August 1943). * 3.11.1906 Wien. Geigerin, Gustav Mahlers Nichte. 1933 Gründerin der *Wiener Walzermädel* (Walzer, Polkas, Operettenmusik). Ankunft Auschwitz aus Drancy am 20.7.1943. Von 1000 Deportierten werden 440 »gesondert untergebracht« (Tarnwort für Vergasung), 191 Frauen werden ins Lager selektiert. Häftlingsärztin Adelsberger: »Die ›Musik‹ war so etwas wie das Schoßhündchen der Lagerleitung, und die Mitwirkenden wurden sichtlich protegiert. Die Musiker hatten viel zu tun. Sie spielten beim Appell auf, und die Frauen, die erschöpft von der Arbeit heimkehrten, mußten im Takt zur Musik marschieren, und die Männer, die sich mit den übermüdeten Gliedern kaum noch weiterschleppten, mußten im Stechschritt die Beine werfen. Zu allen offiziellen Anlässen wurde die Musik bestellt, zu den Ansprachen der Lagerführer, zu Transporten und wenn einer gehängt wurde. Dazwischen diente sie der Unterhaltung der SS und der Häftlinge im Krankenbau. Im Frauenkonzentrationslager spielte jeden Dienstag- und Freitagnachmittag die Kapelle im Revier, unbeirrt von allen Ereignissen und Selektionen ringsum.« Häftlingsärztin Hautval (Medizin) über ein Gastspiel im Krankenrevier: »Fröhliche Operettenmelodien ... Gegenüber, ganz nah, ein Juden-Transport. Die üblichen Szenen: Verlassen des Zuges, Auftürmen des Gepäcks, auf zum Krematorium.« † 5.4.1944 Birkenau, Todesursache ungeklärt. Die Cellistin Anita Lasker-Wallfisch: »Ohne sie hätte niemand von uns überlebt.«

Rosegger, Wilhelm. SS-Rottenführer.
* 5.3.1918. SS-Wachkompanie Monowitz, Standortverwaltung, Küche. Verbleib unbekannt. – Die Überlebende Sternberg in ihrem Bericht *In der Hölle von Auschwitz*: »Als ich eines Tages in Auschwitz den Schweinen zuschaute, kam mir der Gedanke, wie schön wäre es, wenn ich jetzt ein Schwein wäre und mich mal satt essen könnte.«

Rosenau, Felix. SS-Sturmmann.
* 14.4.1907 Mittwalde/Briesen. SS-Totenkopf-Sturmbann. Nach 1945 in Essen.

Rosenblum, Jehoshua. *Jüdisches Sonderkommando*, Nr. 174466.
* 25.2.1923 Jaworzno. Ankunft Auschwitz am 26.2.1944 mit einem kleinen Transport aus Sosnowitz. Im Auskleideraum und als Leichenschlepper im Krematorium. Rosenblum: »Die Menschen sind erstickt von dem Gas, sie haben alle angefangen zu schreien. Wörter haben wir nicht gehört – weil 1500 Menschen schreien auf einmal, und die Kinder haben geschrien, geweint und geschrien. Nachher hat man nur noch Atmen gehört – und nach zwanzig Minuten haben die SS-Leute die Tür von der Gaskammer aufgemacht.« Januar 1945 Flucht beim Evakuierungsmarsch. Gestorben Mai 1998 in Haifa. Q.: Friedler.

Rosenthal, Günther. SS-Unterscharführer.
* 3.6.1910 Dronkau. SS-Totenkopf-Sturmbann, Kommando Landwirtschaft. Kommandanturbefehl (KB) vom 9.3. 1943: »Das Dienstfahrrad Nr. 54 des SS-Uscha. Rosenthal wurde aus dem Fahrradständer in der Unterkunft der 2. Stabskompanie entwendet.« † Kriegstod Februar 1945 im Raum Kosel/Oberschlesien. Höß im KB v. 3.6.1943 zum Ärgernis, daß SS-Männer SS-Männern die Fahrräder klauen: »Die Fahrraddiebstähle haben in der letzten Zeit derartige Formen und Ausmaße angenommen, die unter keinen Umständen mehr geduldet werden können. Bis jetzt ist es nicht in einem einzigen Falle gelungen, einen dieser Fahrradmarder festzunehmen.«

Rosenthal, Maryla, geb. Obstfeld. Schreiberin und Dolmetscherin Bogers, Nr. 8569.
* 5.7.1908 Krakau. April 1942 in Krakau in der Wohnung ihres Verlobten verhaftet. Ab 11.7.1942 in Auschwitz, Schreibkraft der Politischen Abteilung (Lager-Gestapo), zunächst für Kamphuis (»der zu uns gut war«), ab 1943 für Boger, zuletzt für Schurz (Chef der PA). Nach 1945 Sekretärin. Rosenthal über Boger (AV, Bl. 507 ff.): »Auch seine Vernehmungen, welche er in meinem Beisein durchführte, wurden von mir in die Maschine geschrieben. Boger war zu mir sehr nett, und ich kann mich über ihn, was meine Person betrifft, nicht beschweren. Er ging sogar so weit, daß er mir ziemlich regelmäßig Teile seines ihm zugeteilten Essens im Kochgeschirr zukommen ließ, unter dem Vorwand, ich solle es reinigen. Außerdem besorgte er für mich Garderobe vom Lager Birkenau.« Rosenthal über

das Jahr 1945: »In Kattowitz erfuhr ich, daß mein Verlobter in Mauthausen umkam. In Krakau mußte ich feststellen, daß nicht nur meine Mutter und meine zwei Schwestern, sondern auch mein Bruder, dessen Frau und Kind umgekommen waren.« Als Zeugin im Auschwitz-Prozeß: »Zu mir war Herr Boger sehr menschlich und sehr anständig.«

Rosin, Arnoszt. *Jüdisches Sonderkommando*, Nr. 29858.
* 20.3.1913 Snina/Slowakei. Arbeiter. Ankunft Auschwitz am 17.4.1942 aus Zilinar (von 973 Deportierten leben laut Czech am 15. August noch 88). Zunächst im Kommando bei den Gasbunkern. Rosin, ein Überlebender des Dezember 1942 ermordeten Sonderkommandos (Friedler): »Die Gruppe von 50 Häftlingen mußten die Körper der Vergasten herauszerren, sie auf Karren laden, in die Gräben werfen und sie dann mit Kalk bedecken. Unsere Gruppe mußte dann eine Schicht Erde auf die Leichen werfen und neue Gruben schaufeln. Häftlinge, die sich scheuten, diese schreckliche Arbeit zu verrichten, zwang die SS dazu, indem sie sie blutig prügelte. Mein Freund Kerber aus Snina versuchte, sich den Mißhandlungen durch Flucht zu entziehen. Er wurde auf der Stelle direkt vor unseren Augen von einem SS-Mann erschossen.« Später in den Vergasungsanlagen, Blockältester. Mit Czeslaw Mordowicz am 27.5.1944 Flucht in die Slowakei. Der Auschwitz-Bericht von Rosin und Mordowicz wird November 1944 durch das War Refugee Board beim Executive Office des Präsidenten der USA veröffentlicht. Nach 1945 beim tschechischen Fernsehen in Bratislava, 1968 Emigration in die BRD. Gestorben April 2000 in Düsseldorf (FSK). Q.: Dagi Knellessen und Werner Renz im Nachwort zu Vrbas Erinnerungen.

Rossjan, Leopold. SS-Rottenführer.
* 1.4.1922 Czernowitz. SS-Totenkopf-Sturmbann, Standortverwaltung. Verbleib unbekannt. – Die Überlebende Sternberg in ihrem Bericht *In der Hölle von Auschwitz* über ihre Ankunft 1942: »Sie schlugen derartig wahllos in die Menschen hinein, daß wir uns alle verloren und uns von unseren Angehörigen nicht mehr verabschieden konnten.«

Rossow, Karl. SS-Rottenführer.
* 12.1.1907 Berlin. Ab Juli 1941 in Auschwitz. Wachmannschaft, Kommando Landwirtschaft, Poststelle. Standortbefehl Nr. 39/43: »Besuch der Familie vom 10.9.–30.9.43«. † 20.2.1975 am Geburtsort.

Rost, Luitpold. SS-Sturmscharführer.
* 26.3.1901 Strahlsbach. SS-Totenkopf-Sturmbann. 1948 in Krakau zu 15 Jahren Haft verurteilt (LaV).

Roth, Johann. SS-Rottenführer.
* 3.3.1902 Hermannstadt/Rumänien. SS-Totenkopf-Sturmbann, 1944 Fahrbereitschaft in Jawischowitz (Kohlengrube). Verrät am 27.10.1944 eine Gruppe von Häftlingen, die unter schmutziger Wäsche verborgen mit einem Lkw der Fahrbereitschaft fliehen wollen. Als Dank erhält er Ende 1944 ein Foto von Oswald Pohl, Chef des SS-WVHA, mit Widmung (StB 27.12.1944). Die Häftlinge werden am 30.12.1944 im Lager gehängt. Roths Verbleib ist unbekannt. Lit.: Langbein, Menschen.

Roth, Margita. Häftling Nr. 5490, Politische Abteilung (PA).
* 18.6.1902 Bratislava. Abitur, Sekretärin einer Bank. 1933 Heirat mit dem Anwalt Dr. Paul Roth, am 27.3.1942 verhaftet und nach Majdanek verschleppt (»Ich hörte niemals mehr etwas von ihm oder über ihn«). Margita Roth wird am 13.4.1942 verhaftet. Ankunft Auschwitz am 19.4.1942. Zunächst im Planierungskommando, dann im Standesamt der PA (Lager-Gestapo), Ausfertigung von Todesurkunden: »Sie mußten ohne einen einzigen Fehler geschrieben werden, und Ausradieren war nicht erlaubt.« 1945 Rückkehr: »In Bratislava ist niemand

mehr aus unserem großen Verwandtenkreis (meine Mutter hatte zwölf Geschwister und mein Vater fünf).« Q.: Selbstporträt bei Shelley.

Rott, Fritz. SS-Sturmmann (1942).
* 22. 10. 1920. SS-Totenkopf-Sturmbann. Belobigt im Kommandanturbefehl Nr. 33/41, da es ihm gelang, »einen Häftling, der am 22. 11. 41 aus dem hiesigen Lager geflüchtet war, an der Sola festzunehmen«. Verbleib unbekannt.

Rubin, Hersch. *Mengele-Zwilling*, Nr. A-3100.
* 12. 3. 1931. Ankunft Auschwitz am 21. 5. 1944 aus Ungarn. Rubin: »Mengele befahl, daß mir in der Folgezeit Blut entnommen und Spritzen verabreicht wurden. Ich bin aber überfordert, welcher Art und welchem Zweck die Versuche dienen sollten, ich war damals ein Junge von 12 Jahren. Angaben über Mengele könnte auch mein Zwillingsbruder Ascher abgeben, wenn er nicht durch die Lagerverhältnisse nervenkrank geworden wäre, er lebt in der psychiatrischen Klinik.« Q.: MV, Bd. 22.

Ruchay, Max. SS-Unterscharführer.
* 14. 6. 1908 Dorren/Ostpreußen. Ab Juli 1944 in Auschwitz. SS-Lazarett. 1948 in Wadowice zu 3 Jahren Haft verurteilt.

Ruda (»Rotschopf«). Gefangene im Kommando *Kanada*.
* Unbekannt. Kitty Hart schildert in ihren Erinnerungen, wie ein kleiner Transport mit Männern aus dem Ghetto Lodz vorbeikommt, fast verhungert. Plötzlich springt Ruda auf. Sie hat ihren Vater erkannt, wendet sich an die Blockälteste, an die Kapofrau, diese an den diensthabenden SS-Mann. Vergeblich. Kitty Hart: »Ruda starrte auf das Krematorium, bis der Rauch aus dem Schornstein quoll. Stundenlang stand sie da und starrte. Wir bekamen sie nicht von dort weg. Dann fing sie plötzlich an zu lachen und zu schreien, zu singen und zu weinen – sie war wahnsinnig geworden. Am nächsten Tag fand man sie im [elektrisch geladenen] Zaun – tot.«

Rühlicke, Willy. SS-Unterscharführer.
* 26. 2. 1902 Vierth, Kreis Eutin. Ab 20. 8. 1944 in Auschwitz, SS-Totenkopf-Sturmbann. 1948 in Krakau zu 8 Jahren Haft verurteilt (LaV).

Rütt, Heinrich. SS-Rottenführer.
* 4. 11. 1890 Essen. Ab 26. 6. 1944 in Auschwitz. † 27. 8. 1949 in Polen.

Ruff, Heinrich. SS-Unterscharführer.
* 10. 1. 1904 Heidelberg. Ab Juli 1944 in Auschwitz, Kanzlei Abteilung IIIa: Häftlingsarbeitseinsatz. 1949 in Krakau zu 10 Jahren Haft verurteilt (LaV).

Ruiters, Hans. SS-Unterscharführer.
* 14. 6. 1908. Führer der Frauen-Strafkompanie und Stellv. Arbeitsdienstführer im Frauenlager Birkenau (StAu I). Verbleib unbekannt. – Die Überlebende Sternberg in ihrem Bericht *In der Hölle von Auschwitz* über den Arbeitseinsatz (AV, Bl. 3970): »Manche schleppten sich nur noch. Trotzdem schrien sie noch, ihr Drecksäue, rascher gehen, sonst bringen wir es euch bei. Ja, wir wußten nicht, wofür wir so leiden müssen, doch unsere Antwort war, wir sind Juden. Unsere Oberrabinerfrau aus Breslau, Frau Dr. Lewin, die immer Mut und Hoffnung hatte, bat Gott um Erlösung. Auch sie war schon von den dicken Knüppeln zerschlagen und wußte, nur durch den Tod konnte sie die ersehnte Ruhe finden.«

Rummel, Josef. SS-Unterscharführer.
* 1. 5. 1911 Olfen/Westfalen. SS-Totenkopf-Sturmbann. Einer der Führer des Außenlagers SS-Hütte Porombka (StAu I). Standortbefehl Nr. 32/43: »Besuch der Familie vom 15. 8.–15. 9. 43«. † 16. 8. 1957 Datteln. SS-Oberschütze Ludwig Karl Schmidt (AV, Bl. 12902): »Ich habe einmal erlebt, wie in einem Außenkommando von Buna unser Kommandoführer, ein Unterscharführer [Bl. 12903: »Er hieß Josef Rummel«] zwei junge jüdische Häftlinge veranlaßte, über die Postenkette hinaus zu laufen,

um sie dann erschießen zu lassen. Der Unterscharführer erklärte den beiden Häftlingen, sie sollten weglaufen; wenn sie es schaffen würden, mindestens 200 Meter zu laufen, ohne getroffen zu werden, dann seien sie frei und würden nicht mehr verfolgt. Als die Häftlinge wegliefen, wurden sie von dem Kommandoführer mit einer Maschinenpistole und von zwei Wachtposten, die in seiner Nähe waren, mit Karabinern beschossen. Nach etwa 40 Metern brachen die Häftlinge tot zusammen.«

Rumpeltess, Mathias. SS-Schütze.
* 2.6.1902 Rajka/Ungarn. Ab 6.1.1945 in Auschwitz. Nach 1945 im Kreis Hünfeld.

Runde, Ernst. SS-Sanitätsdienstgrad (SDG).
* 12.8.1905 Kiel. Hafenarbeiter. 1933 NSDAP (Nr. 2854393) und SS (Nr. 99001), Unterscharführer (1944). Dezember 1940 Natzweiler. August 1943 Schulung als SS-Sanitäter in Oranienburg. Ab 27.10.1943 KZ Vavaira, Stellv. Lagerführer KZ Kiviöli (Estland). Ab 5.9.1944 in Auschwitz, SDG in Birkenau, Rajsko, Babitz, Budy und Harmense. Zuletzt in Dachau. Am 15.4.1948 in Krakau zu 5 Jahren Haft verurteilt. † Suizid Januar 1967 in U-Haft in Duisburg.

Runge, Franz. SS-Sanitätsdienstgrad (SDG).
* 14.1.1903 Berlin. SS-Oberscharführer. SDG im Stammlager. † 20.4.1945 Berlin.

Runge, Kurt. SS-Rottenführer.
* 16.6.1921 Duingen. Dachdecker. Ab 1941 in Auschwitz, Standortverwaltung, Abteilung Verpflegung. Leiter zweier Küchen in Birkenau. Nach 1945 Fabrikarbeiter. Im Verfahren gegen KZ-Arzt Hans-Wilhelm König konnte oder wollte er sich zu Auschwitz an kaum etwas erinnern, aber eines wußte er: »Ich war gerne Soldat, es hat mir Spaß gemacht.«

Rupp, Josef. SS-Sturmmann.
* 18.11.1923 Ruma/Kroatien. SS-Totenkopf-Sturmbann. Kommandanturbefehl vom 19.11.1941: »Mit sofortiger Wirkung wird der SS-Strm. Josef Rupp, 1./SS-T-Stuba. zur Standortverwaltung, Abteilung Landwirtschaft, kommandiert.« 1948 in Krakau zu 3 Jahren Haft verurteilt (LaV).

Ruppert, Elisabeth. KZ-Wärterin.
* 2.5.1914 Dillingen/Donau. In den bayerischen Frauengefängnissen Aichach und Laufen, Justizwachtmeisterin (Strebel). November 1940 Wärterin in Ravensbrück. Oktober 1942 Wechsel nach Auschwitz. Beteiligt an Claubergs Menschenversuchen (StAu I). Nach eigener Aussage (MV, Bd. 12) zunächst in der Häftlingsschneiderei (»in dem Lagerabschnitt BIb, und zwar ziemlich am Ende nach dem Krematorium I zu«). Sommer 1944 Dritte Rapportführerin (Spieß) im Frauenlager Birkenau. Die Gefangene Jekaterina Jawisenko: »Sie war so eine grausame Frau wie schön sie war.« Berufsangabe nach 1945: Hausfrau. 1967 Einstellung Ermittlungsverfahren StA Frankfurt am Main.

Rupprecht, Erich. SS-Unterscharführer.
* 19.7.1896 Breslau. Laut StA Frankfurt SS-Wirtschafts-Verwaltungshauptamt – Amt W 1 – ADSt (Außenstelle) Auschwitz-Birkenau. Nach 1945 in Karlsruhe.

Rusinak, Karl. SS-Sturmmann.
* 2.1.1924 Kniesen, heute Hniezdne/Slowakei. Von Juli 1943 bis September 1944 in Auschwitz. SS-Totenkopf-Sturmbann (Rampendienst). Verbleib unbekannt. – Frauen mit Kindern wurden generell in die Gaskammer gepreßt. Die Ehefrau des Häftlings Zdenek Vizer überlebt die Selektion auf der Rampe, weil ihre Tochter zufällig in Begleitung einer Bekannten ist. Vizer (MV, Bd. 26): »Ich habe damals nicht gewußt, daß es um eine Selektion geht, und auch meine Frau wußte es nicht, welche nur deshalb am Leben blieb, weil unsere vierjährige Tochter in Pflege bei unserer Bekannten Regina Kahanova war. Frau Kahan kam

mit unserem Töchterchen in die zweite Gruppe und wurde ermordet.«

Russ, Konrad. SS-Sturmmann.
* 19.2.1909 Wiskovci/heutiges Kroatien. Ab Juli 1944 in Auschwitz, Wachmannschaft. 1948 in Wadowice zu 4½ Jahren Haft verurteilt (LaV). Nach 1945 im Kreis Waiblingen.

Rutke, Adolf. SS-Rottenführer.
* 31.12.1908. 1944 Blockführer im Außenlager Gleiwitz IV, Handwerkerkommando. Verbleib unbekannt. – Andrzej Strzelecki (HvA 14) zum Abtransport von Häftlingen aus Gleiwitz in die Birkenauer Gaskammern: »Es kam vor, daß man in die Autos, in die man die ausgesonderten Häftlinge getrieben hatte, auch Leichen warf, um sie ins Krematorium zu bringen.«

Rutschke, Horst. Hundestaffel.
* 16.5.1922 Dürrlettel, Kreis Meseritz. SS-Unterscharführer. Nach 1945 am Bodensee. – Häftling Shlomo Venezia über seine Ankunft: »Die Deutschen umringten uns mit Maschinengewehren und Hunden.«

Ruzicic, Bernhard (nicht: Rucici). SS-Unterscharführer.
* 1.3.1907 Ahnsbeck. Vom 13.12.1940 bis zum Ende in Auschwitz, Stabsscharführer (Spieß) der Kommandantur. Standortbefehl vom 15.9.1943: *Kriegsverdienstkreuz II. Klasse mit Schwertern* (das KVK für KZ-Angehörige läßt Beteiligung an Tötungen vermuten). 1948 in Krakau zu 4 Jahren Haft verurteilt. † 13.6.1967 am Wohnsitz Celle.

S

Sabo, Johann. Fahrbereitschaft.
* 25.10.1919 Slawonisch-Samac/heutiges Kroatien. Herbst 1942 Wachmannschaft, Frühjahr 1943 bis zum Ende Gaskammerfahrer. Sabo: »Bei den von mir durchgeführten Fahrten zur Gaskammer haben sich die für den Tod bestimmten Häftlinge ruhig verhalten.« 1947 in Krakau zu 18 Monaten Haft verurteilt, Entlassung 1949. Sabo: »In dem Strafverfahren einschließlich Vorverfahren bin ich korrekt behandelt worden.« Berufsangabe: Blechner. Q.: AV, Bl. 15616ff.

Sachnowitz, Frank. Ermordet für die Anthropologische Sammlung *Fremdrassiger* des Anatomen Hirt (SS-*Ahnenerbe*).
* 8.2.1925 Larvik in Norwegen. Zunächst in einem norwegischen Lager. Am 26.11.1942 Deportation per Schiff und Zug nach Auschwitz, Ankunft am 1.12. 1942. Am 30.7.1943 nach Natzweiler deportiert und August 1943 in der Gaskammer ermordet (HJL). – Vom Transport am 26.11.1942 per Schiff und Bahn gibt es einen Bericht von Herman Sachnowitz (Pätzold/Schwarz): »Das einzige Licht kam durch zwei kleine vergitterte Öffnungen in den Wänden. Der Geruch physischer Angst verbreitete sich, wie auch der Gestank von Menschen, die vor uns diesen Wagen benutzt hatten. Es stank nach Schweiß, Urin, Kot. Hier gab es keinen Abort. Wollten wir unsere Notdurft verrichten, mußten wir versuchen, an eine der Wände zu kommen, und hoffen, daß vielleicht etwas durch die Ritzen am Boden verschwinden würde.«

Sackar, Josef. *Jüdisches Sonderkommando*, Nr. 182739.
* 1924 Arta in Griechenland. Ankunft Auschwitz nach neuntägiger Fahrt im abgeriegelten Güterwaggon am 11.4. 1944 aus Athen. Von 2500 Deportierten werden 1872 sofort in der Gaskammer ermordet. Sackar gegenüber Greif: »Die ganze Sache, um 2000 Menschen in die Gaskammer zu bringen – das dauerte rund eine Stunde, nicht mehr.« Die Häftlinge des Gaskammerkommandos leben 1944 privilegiert, müssen als Geheimnisträger jedoch ihre Ermordung befürch-

ten. Sackar: »Wir hatten alles, uns fehlte nichts – weder Kleider noch Essen oder Schlaf. Die Bedingungen in unserem Block waren ausgezeichnet. Wir hatten Wannen zum Baden im Krematorium und in unseren Blöcken im Lager. Wir trugen normale, zivile Kleidung.« Befreit im KZ Ebensee. Juni 1946 in Israel. Sackar: »Ich schlafe nicht in der Nacht. Ich schlafe zwei – drei Stunden, das ist alles. Schon jahrelang. Wegen der Erinnerungen.«

Salaban, Orest. SS-Unterscharführer. * 25.2.1912 Czernowitz. Kommandanturstab, Blockführer Block 11, Arrest- und Exekutionsblock, genannt Todesblock. Nach 1945 in Linz. – Leichenträger Glowacki im Auschwitz-Prozeß zu den Morden an der Hinrichtungswand (Auszug): »Dann näherte sich ihnen ein SS-Mann, setzte seinen Karabiner am Genick auf und schoß aus einer Entfernung von etwa 10 cm. Wenn der erste gefallen war, wurde der zweite erschossen. Dann kamen wir und hatten die Leichen auf die Seite zu einem Kanalgitter zu tragen, wo das Blut abfloß. Ich erinnere mich an die Massenexekution einer Gruppe von mehr als 160 Künstlern aus Krakau. Das Blut floß aus dem Tor hinaus. Unter den Ermordeten waren viele Freunde von mir.«

Salawey, Walter. SS-Sturmmann. * 24.1.1922 Grenzhocha / Ostpreußen. November 1941 bis Juni 1944 in Auschwitz, Wachmannschaft. 1948 in Wadowice zu 4 Jahren Haft verurteilt (LaV).

Samuel, Max. Häftlingsarzt, Nr. 104868. * 1880. Geachteter Gynäkologe in Köln. Ankunft Auschwitz laut Häftlingsnummer am 2.3.1943 aus Berlin. Von 1500 Deportierten werden 1350 sofort in der Gaskammer ermordet. Zuerst in Golleschau und Monowitz. Mai 1943 im Versuchsblock 10 im Stammlager. Schnitt bei Versuchen von Wirths Teile des Gebärmutterhalses und bei den von Clauberg sterilisierten Frauen die Eierstöcke heraus. Laut Häftlingsärztin Hautval (SV) konnte Samuel das Lager mit einem Passierschein von Wirths ohne Begleitung verlassen: »Dr. Samuel war von der Angst beherrscht und dem Wunsch, ›Ihnen‹ zu gefallen. Er schwitzte deswegen. Für ihn als Juden war die Lage viel gefährlicher als für mich. Zudem befand sich, wie man sagte, seine Tochter im Lager. Ohne Zweifel sagte er sich, daß er sie vielleicht retten könnte, wenn er seinen Herren blind gehorchte.« † 1944 als Mitwisser liquidiert. – Renee Erman, Versuchsobjekt von Samuel und Clauberg, neun Jahre nach der Befreiung (SP): »Es ist mir unmöglich, mich zu konzentrieren, ich weiß manchmal nicht, was ich tue, weiß nicht, was ich tun soll, bin außerordentlich emotiv geworden, weine leicht, leide an häufigen Albdrücken mit Angstzuständen verbunden, die sich auf die Lagerereignisse beziehen, und ich schlafe sehr schlecht. Ich habe fast alle meine Zähne verloren. Ich bin starken Leberkrisen ausgesetzt, die anfallsweise auftreten, mit Erbrechen verbunden.«

Sander, Fritz. *Topf & Söhne.* * 20.8.1876. »Fachmann für Brenntechnik« (Sander), Titel: Chefingenieur. Sander am 14.9.1942 firmenintern: »Der starke Bedarf an *Einäscherungs-Öfen für Konzentrationslager* – der in letzter Zeit besonders deutlich für Auschwitz in Erscheinung getreten ist, und der laut Bericht des Herrn Prüfer wieder zu einer Bestellung auf 7 Stück Dreimuffel-Öfen führte – veranlasste mich zu einer Prüfung der Frage, ob das bisherige *Ofensystem mit Muffel für obengenannte Stellen* das richtige ist. Meiner Ansicht nach geht in den Muffel-Öfen die Einäscherung nicht schnell genug vor sich, um eine große Anzahl von Leichen in wünschenswert kurzer Zeit zu beseitigen.« Sander erfindet einen »kontinuierlich arbeitenden Leichen-Verbrennungsofen für Massenbetrieb«, wie es in der Patentanmeldung vom 26.10.1942 heißt (aus Geheimhaltungsgründen beim Reichspatentamt amtlich nicht registriert). Sander am 7.3.1946 in sowjetischer Haft: »Das Krematorium für die Massenverbrennung sollte nach dem Laufbandprinzip gebaut werden, so daß man die Leichen ohne Unterbrechung auf mechanischem Wege in den Ofen transportieren konnte.« † 26.3.1946 Berlin-Karlshorst in Haft. Q.: Schüle.

Santo, Camill. Manager der I.G. Farbenindustrie.

* 30.3.1891 Lahr. 1937 NSDAP. 1941 Bauleiter in Monowitz. Zentralkartei ZStL: nicht registriert. – Häftling Mieczyslaw Szachewicz zum Aufbau der Buna-Werke in Monowitz (StAu II): »Wir arbeiteten ohne jegliche Erholungspausen. Wer von uns auch nur einen Augenblick lang eine Pause machte und die Arbeit unterbrach, der wurde entsetzlich geschlagen. Alle Kapos und Vorarbeiter hatten die Stiele von abgebrochenen Spaten bei sich, und mit diesen Stielen übten sie die deutsche Gerechtigkeit aus.«

Saretzki, Elisabeth. KZ-Wärterin.

* 28.11.1920 Gennin. Arbeitsdienst- und kurzzeitig Rapportführerin (Spieß) im Frauenkonzentrationslager Birkenau. Nach 1945 in Schleswig-Holstein. – Höß, Aufzeichnungen: »Das von Anfang an vollgepfropfte Frauenlager bedeutete für die weiblichen Häftlinge in der Masse die psychische Vernichtung und dieser folgte über kurz oder lang der physische Zusammenbruch. Im Frauenlager waren in jeder Hinsicht die schlechtesten Verhältnisse.«

Sauberzweig, Georg von. SS-Hauptsturmführer.

* 1.7.1893 Berlin. Dr. jur. Handelsjurist. 1930 NSDAP (Nr. 181411), 1939 SS (Nr. 351341). Im SS-Hauptamt Haushalt und Bauten. Kommandanturbefehl Nr. 3/40 vom 12.7.1940 unter dem Betreff *Kontrolle der Hauptwache*: »Nicht zu kontrollieren sind Fahrzeuge, in denen der Kommandant oder SS-Hauptsturmführer Dr. v. Sauberzweig sich befinden.« Leiter des *Truppen-Wirtschafts-Lagers*: Versorgung mit Lebensmitteln, SS-Unifomen, Waffen und Munition in Auschwitz. März 1941 wegen Veruntreuung von SS-Gericht zu 10 Jahren Haft und Ausstoß aus SS verurteilt (StAu I). Verbleib unbekannt.

Sauer, Georg. SS-Unterscharführer.

* 18.10.1911 Schmiegerode, Kreis Militsch. Ab 15.3.1942 in Auschwitz. Kommandoführer im Außenlager Babitz (Landwirtschaft). † 15.7.1971 Schweinfurt. – Häftling Glowa zum Einsatz in Babitz: »Ich selbst gehörte dem sog. Schnitterkommando an, das, wie der Name schon sagt, zum Grasmähen verwendet wurde. Wir waren ca. 500 Häftlinge, vornehmlich polnische Intelligenz und Priester. Die Arbeit eines Schnitters ist sehr hart, und bei unserem Ernährungszustand verlor ich von Tag zu Tag mehr an Kräften.«

Sauer, Julius. SS-Obersturmführer.

* 4.12.1905 Waldbüttelbrunn. Kaufmann. April 1933 SS (Nr. 67798), Mai NSDAP (Nr. 2677170). Zunächst Rechnungsprüfer der SS-Betriebe in Dachau, dann Leiter der Filiale Auschwitz des SS-Unternehmens *Deutsche Ausrüstungswerke* (DAW). Standortbefehl Nr. 30/43: »Besuch der Ehefrau vom 24.7.–2.8.43«. Verbleib unbekannt.

Sauer, Mirjam. *Mengele-Zwilling*, Nr. A-9272.

* 25.5.1931 in Ungarn. Aussage: »Ich habe mit meinen Eltern und meiner Zwillingsschwester Sara in Paks gelebt. Anfang Mai 1944 wurde in diesem Ort ein Ghetto errichtet, und wir mit allen Juden dieses Ortes wurden in dasselbe getrieben, wo wir ca. sechs Wochen blieben. Sodann wurden wir nach Auschwitz deportiert. Ich kann mich nicht erinnern, wie oft uns Blut abgenommen wurde.« Verheiratet in Israel. Q.: MV, Bd. 34. Häftlingsarzt Bernhard Lauber,

vom 6.11.1943 bis 26.10.1944 in Auschwitz (MV, Bd. 25): »Jede 14 Tage wurde den Zwillingshäftlingen je 30 ccm Blut entnommen und wiederholte sich dies 5 bis 6 mal. Nach dieser Zeit sind sämtliche Zwillinge weggebracht worden, was mit ihnen geschah, entzieht sich meiner Kenntnis.«

Sauer, Sara. *Mengele-Zwilling*, Nr. A-9271.
* 25.5.1931 in Ungarn. Sara Sauer über ihre Rückkehr und die ihrer Schwester Mirjam 1945 nach Ungarn: »Keiner von der Familie ist im Leben geblieben, und wir alle waren noch kleine Kinder.« Q.: MV, Bd. 34.

Sautter, Erich. SS-Zahnarzt.
* 8.8.1905 Bad Cannstatt. Dr. med. dent. April 1933 NSDAP (Nr. 2875526), Mai 1933 SS (Nr. 143341), Hauptsturmführer (1944). Vom 4.8. bis 15.11.1942 Leiter der SS-Zahnstation Auschwitz. Danach u.a. im SS-Lazarett Minsk (LaP). Nach 1945 in Reutlingen.

Sautter, Willy. SS-Unterscharführer.
* 9.11.1911 Reutlingen. Standortverwaltung, Unterkunftsverwaltung, Lederfabrik, Leiter der Wäscherei. Nach 1945 am Geburtsort.

Sawatzki, Rudolf. SS-Oberscharführer (1944).
* 10.11.1919 Perleberg/Mark Brandenburg. Stellmacher. 1938 Waffen-SS. Kriegseinsatz in Polen, Frankreich und Rußland. Ab Dezember 1941 in Auschwitz, SS-Wachkompanie, Arbeitsdienstführer im »Zigeunerlager« (König-Urteil). Todesurteil sowjetisches Militärtribunal am 29.3.1947 unter anderem wegen Mitwirkung an der Vergasung von 80000 Juden. Entlassung Zuchthaus Bautzen am 26.4.1956. Technischer Zeichner. Am 26.2.1976 Freispruch LG Frankfurt am Main (4 Ks 2/73) wegen Rampenselektionen und Beteiligung an der Liquidierung des »Zigeunerlagers«. Im Fall des freigesprochenen Sawatzki – nur ein Beispiel – wurden schwerkranke ehemalige Häftlinge vom Gericht bedrängt, gegen ihren Willen als Zeugen auszusagen. Darunter ein Mann, der als 17jähriger zum Rampendienst gezwungen und dessen Vater als Mitglied des Jüdischen Sonderkommandos ermordet worden war. Körperlich ein Wrack und psychisch von Depressionen gepeinigt, mußte er zwischen Krankenhausaufenthalten mindestens zweimal zum Gesundheitsamt, um sich attestieren zu lassen, daß »vorerst keine Verhandlungsfähigkeit« bestehe. Eine ehemalige Gefangene des »Zigeunerlagers«, deren Leidensgeschichte ich kenne, bat mehrfach, vom Wiedererinnern an die Vorgänge verschont zu werden, da sie dies noch mehr krank mache. Sie legte sogar ein entsprechendes Schreiben eines Professors der Universitätsklinik Heidelberg vor. Das Gericht antwortete: »Auf Ihr Schreiben vom 2. Mai 1974 muß ich Ihnen leider mitteilen, daß dem Gericht die privatärztliche Bescheinigung nicht als ausreichende Entschuldigung für das Fernbleiben vom Hauptverhandlungstermin genügt. Vielmehr müßten Sie eine amtsärztliche Bescheinigung vorlegen, daß Sie derzeit u. bis auf weiteres reise- und vernehmungsunfähig sind. Hierzu wird Ihnen nunmehr eine Frist von 14 Tagen eingeräumt; andernfalls muß Ihre Ladung verfügt werden.« So wurden Zeugen bestraft, Zeuge geworden zu sein.

Schachtner, Hermine (Name in Auschwitz). SS-Nachrichtenhelferin.
* 19.6.1926. Ab November 1943 in der Fernschreibstelle der Kommandantur. Nach 1945 bei einer Standortkommandantur der Bundeswehr. Schachtner: »Unter den abgehenden Fernschreiben sind mir in Erinnerung: Berichte über die Abstellung von Arbeitskommandos, Todesmeldungen an deutsche Gestapodienststellen. Dabei ist mir aufgefallen, daß es bestimmte Arten von Todesursachen gab, die immer wiederkehrten. Mitteilungen nach Berlin, möglicherweise an

das RSHA und nach Oranienburg, daß eine bestimmte Anzahl von Personen sonderbehandelt wurde. Das Wort Sonderbehandlung wurde in diesen Fernschreiben mit den Buchstaben SB ausgedrückt. Sonderbehandlung bedeutete die Tötung von Häftlingen.« Q.: AV, Bl. 8633 f.

Schäfer, Emanuel. SS-Oberführer (1943), Regierungs- und Kriminalrat. * 20. 4. 1900 Hultschin, Kreis Ratibor. 1933 SA, NSDAP (Nr. 4659879) und SS (Nr. 280018). Leiter der Politischen Polizei in Breslau. 1934 Gestapochef Oppeln. Bei Kriegsbeginn Führer der Einsatzgruppe IId in Polen. Oktober 1939 Gestapochef in Kattowitz. Schäfer (AV, Bl. 12321 ff.) zur Behandlung polnischer Widerstandskämpfer: »Die Verhafteten wurden sämtlich in das KL Auschwitz eingeliefert. Gegen die Inhaftierten wurden Schutzhaftbefehle erlassen. Das war aber im Grunde genommen eine Farce, denn die Schutzhaftbefehle wurden von uns vorbereitet, wir schickten sie formal an das RSHA, das sie dann jeweils genehmigte.« Schäfer über seine Tätigkeit als Vorsitzender des Standgerichts in Kattowitz: »Nachzutragen ist noch, daß bei den Standgerichtsverhandlungen, die ich durchgeführt habe, der Zeitraum zwischen der Verurteilung und der Hinrichtung etwa 1 Stunde betrug.« Oktober 1940 Gestapochef in Köln. Januar 1942 Befehlshaber der Sicherheitspolizei und des SD (BdS) Serbien (»Serbien ist judenfrei!«). 1945 BdS Triest. Nach 1945 unter dem Namen *Ernst Schleiffer*. Am 20. 6. 1953 vom LG Köln wegen Beihilfe zum Mord an 5000 bis 6000 Juden im Belgrader KZ Semlin zu 6½ Jahren Haft verurteilt, Entlassung 16. 10. 1956. Danach Angestellter beim Bundesverband der Deutschen Kalk-Industrie in Köln. Schäfer zur Frage, was mit SS-Leuten geschehen sei, die bestimmten Aufgaben nicht gewachsen waren: »Ich halte es für unsinnig, wenn heute behauptet wird, solchen Leuten sei mit Erschießen gedroht worden. Die Betreffenden setzten sich allerdings der Gefahr aus, daß sie ›als Schleimscheißer‹ angesehen wurden.«

Schäfer, Kurt. Zentral-Bauleitung. * 7. 11. 1920 Darmstadt. SS-Unterscharführer. Wohnsitz in Baden-Württemberg.

Schäffer, Walter. SS-Unterscharführer. * 8. 7. 1920 Zellingen / Main. Aktion »Reinhard«. Angeblich 1942 nur wenige Wochen in Auschwitz. Nach 1945 in Bayern. Höß in seinen Aufzeichnungen: »›Aktion Reinhard‹ war [in Auschwitz] die Deckbezeichnung für die Erfassung, Sortierung und Verwertung aller Dinge, die durch die Judentransporte und deren Vernichtung anfielen.«

Schaf, Franz. SS-Unterscharführer. * 13. 5. 1906 Sternberg / Sudeten. SS-Totenkopf-Sturmbann. Kommandanturbefehl Nr. 24 / 43: »Besuch der Ehefrau v. 12.–20. 6. 43.« Verbleib unbekannt.

Scharnitzky, Emil Paul. Hundestaffel. * 27. 2. 1922 Popprad. Ab Juli 1943 in Auschwitz. † Vom AG Berlin-Tiergarten 1964 für tot erklärt. Simone Veil über ihre Ankunft in Auschwitz: »Der Zug kam mitten in der Nacht zum Stehen. Noch bevor die Türen geöffnet wurden, hallten uns die Schreie der SS-Leute und das Gebell der Hunde entgegen.«

Schattenberg, Heinz. SS-Obersturmführer. * 26. 1. 1906 Nienhagen. Dr. agrar. 1935 NSDAP. 1940 Waffen-SS. Leitete Versuche mit der kautschukhaltigen Pflanze Koksaghyz in Rajsko (StAu I). Verbleib unbekannt.

Schattkus, Heinrich. SS-Sanitätsdienstgrad (SDG). * 11. 2. 1898 Klein-Karziwischken in Ostpreußen. SS-Hauptscharführer. SS-Totenkopf-Sturmbann, bis 13. 9. 1943 SDG. Standortbefehl Nr. 12 / 43: »Besuch der Ehefrau und Tochter in der Zeit vom 21.–24. 4. 1943«. April 1943 *Kriegsverdienstkreuz II. Klasse mit Schwertern.*

Beim Kommandanturstab KZ Vavaira/Saka in Estland. † 22.3.1966 Spittal.

Schatz, Willi. KZ-Zahnarzt.
* 1.2.1905 Hannover, Sohn eines Dentisten. 1933 NSDAP. SS-Obersturmführer (1945). Zunächst Wehrmacht. 1943 SS-Kommandantur Oranienburg, Herbst 1943 Sanitätskurs an der SS-Ärztlichen Akademie Graz. Ab 30.1.1944 Zweiter Lagerzahnarzt in Auschwitz, Ende 1944 in Neuengamme. Nach 1945 Zahnarztpraxis in Hannover. Schatz zum Dienst an der Rampe (AV, Bl. 8585 ff.): »Die Juden sind auch ohne mein Zutun ihren Schicksalsweg gegangen. Ich habe auf der Rampe nur herumgestanden. Ich konnte nicht immer herumstehen. Da habe ich gelegentlich auch Transporte von der Rampe bis zu einem der Krematorien begleitet.« Schatz im Auschwitz-Prozeß: »Ich habe keinem Menschen etwas zuleid getan.« Freispruch mangels Beweises LG Frankfurt am 20.8.1965: Schatz sei zwar zum Rampendienst eingeteilt gewesen, es bestehe aber »immerhin die – wenn auch geringe – Möglichkeit, daß ein anderer SS-Arzt« für ihn den Selektionsdienst übernommen habe. Die Funktion von Schatz, Januar 1945 noch zum Obersturmführer befördert, wird im Urteil als der »kleine und unbedeutende Zahnarzt« verniedlicht. † 17.2.1985 Hannover (Mitt. Renz).

Schebeck, Franz. Leiter der Häftlingsverpflegungsmagazine, genannt *Schebecks Kanada.*
* 15.3.1907 Wien. SS-Nr. 301333, Unterscharführer. Standortverwaltung, vereinnahmte die Lebens- und Genußmittel (Alkoholika) der an der Rampe Selektierten (StAu II). Der Lagerälteste Dürmayer im Auschwitz-Prozeß: »[Kaduk] und Schebeck haben von den Selektionen an der Rampe in einer unfaßbar zynischen Art erzählt. Sie prahlten nach ihrer Rückkehr mit ihren Heldenstückl wie bei einer Jagdgesellschaft.« Wohnsitz Wien.

Scheffczyk, Wilhelm. SS-Schütze.
* 13.12.1903 Antonienhütte/Oberschlesien. Oktober 1940 bis Dezember 1941 in Auschwitz. Nach 1945 in Backnang.

Scheffel, Rolf. Zentral-Bauleitung.
* 7.12.1908 Gera. SS-Sturmmann. Bauleitung Kriegsgefangenenlager (Russen). Verbleib unbekannt. Kielar: »Das Kriegsgefangenenlager entstand in einem dafür abgesonderten Teil unseres [Stamm-] Lagers. Man hatte einfach einige Blocks mit Stacheldraht abgetrennt und trieb gewaltsam Tausende von Kriegsgefangenen hinein.« Kielar weiter: »Die Leichenträger konnten mit dem Wegschaffen der Toten nicht mithalten, daher wuchsen vor jedem der Blocks riesige Leichenberge.«

Scheffler, Hans. Chef der SS-Küche.
* 8.12.1912 Dallenthien, Kreis Neustettin. Gastwirt. 1939 SS (Nr. 218602), Oberscharführer. Am 16.5.1940 Zugang von Buchenwald. Koch, d.h. Überwachung der Häftlingsköche. Ab 1.7.1944 »Chefkoch« im Stammlager. Broad erinnert sich, daß »täglich Wagen mit Würsten und Fleisch, die an sich für die ohnehin klägliche Rationen der Häftlinge bestimmt waren, aus dem von SS-Unterscharführer Egersdörfer verwalteten Magazin der Häftlingsküche zur SS-Küche rollen. Es war direkt eine auffallende Verschlechterung der SS-Kost feststellbar, als sich Egersdörfer mit dem Küchenchef der SS-Küche, SS-Oberscharführer Scheffler, überworfen hatte und aus diesem Grunde die ›Sonderzuteilungen‹ ausblieben.« Nach 1945 in Salzgitter.

Scheimetz, auch: Steinmetz.
Desinfektor.
* Nicht identifiziert, Namensangabe phonetisch. SS-Rottenführer. Laut Henryk Tauber, Gaskammerkommando, befahl Mengele dem Genannten einmal, Zyklon B einzuwerfen: »Scheimetz, gib ihnen das Fressen, sie sollen direkt nach Kattowitz fahren.« Shlomo Dragon gegenüber Greif: »Ich erinnere mich an

Steinmetz, der das Zyklon B aus den Büchsen in die Gaskammer schüttete. Seinen Vornamen wußte ich nicht. Er war mittelgroß, blond, ungefähr 26 Jahre.« Es könnte der Kommandoführer der Krematorien II und III Karl Steinberg sein.

Scheiring, Josef. SS-Schütze.
* 18.5.1901. 1947 in Torun zu 3 Jahren Haft verurteilt (LaV).

Schellekes, Maurice. *Jüdisches Sonderkommando*, Nr. 58053.
* November 1922 Zandvoort / Niederlande. Ankunft Auschwitz am 11.8.1942 aus Westerbork. August bis Mitte September 1942 im Begrabungskommando. Schellekes (Auszug): »Unsere Aufgabe war es, tausende von vergasten Männern, Frauen und Kindern in Massengräbern zu vergraben. Das Krematorium war zu dieser Zeit noch nicht fertig, und die Menschen wurden in einem weißen Bauernhaus im Wald vergast. Die SS-Wachen und Kapos schlugen uns unaufhörlich und trieben uns an, schneller zu arbeiten.« Gestorben 1988 in Haifa. Q.: Friedler.

Schemmel, Alfred. Kompanieführer SS-Totenkopf-Sturmbann KL Auschwitz.
* 29.7.1905 Hermannstadt in Rumänien. Ehemals Hauptmann der rumänischen Armee. SS-Nr. 430416. Hauptsturmführer. Von 1942 bis zum 22.9. 1944 in Auschwitz. Schutzhaftlagerführer Franz Hofmann (AV, Bl. 1355) über eine Besichtigung der Gaskammer: »Ich habe damals nicht gesehen, wie die Gaskammer nach der Vergasung wieder geöffnet und die Gaskammer geräumt wurde. Dies habe ich mir im Führerheim und in der Unterkunft von SS-Offizieren erzählen lassen. Ich erinnere mich in diesem Zusammenhang an Hauptsturmführer Schemmel.« Kommandanturbefehl vom 11.6.1943: »Besuch der Ehefrau, Sonnabend und Sonntag jeder Woche über Sommer«. Am 30.1.1944 *Kriegsverdienstkreuz II. Klasse mit Schwertern* (das KVK für KZ-Angehörige läßt Beteiligung an Tötungen vermuten). Zuletzt bei einer Kampfeinheit der Waffen-SS. Wohnsitz nach 1945 bei Bamberg.

Schenk, Ewald. Zentral-Bauleitung.
* 19.8.1910 Leipnik / Mähren. SS-Nr. 401384, Untersturmführer (1944). Sachgebiet Tiefbau. Verbleib unbekannt. – Kitty Hart (Erinnerungen): »In einem plötzlichen Anfall von Reinlichkeit beschloß die Lagerleitung eines Tages den Bau von Waschräumen. Es waren Monate vergangen, seit ich mich zuletzt mit Wasser gewaschen hatte. Wir wuschen uns alle mit unserem ungenießbaren Morgengetränk. Der Waschraum, der sogar richtige Wasserhähne besaß, kam zustande. Aber leider flossen aus der Leitung nur dünne Rinnsale fauligen Wassers, und zu den wenigen Wasserhähnen gehörten Hunderte von Frauen.«

Schenzilorz, Alois. SS-Rottenführer.
* 20.6.1909 Scharley. Kommandanturbefehl vom 4.10.1944: *Kriegsverdienstkreuz II. Klasse mit Schwertern* (das KVK für KZ-Angehörige läßt Beteiligung an Tötungen vermuten). Verbleib unbekannt. – Bericht Häftlingsarzt Wolken v. 13.2.1945 (AV, Bl. 7697): »Februar 1944 (das Datum ist mir nicht mehr in Erinnerung) wurde zu uns ins Lager ein Transport Holländer gebracht, mit ihrem gesamten Gepäck, größtenteils Frauen mit Kindern, einige Säuglinge darunter und einige ältere Leute. Es handelte sich um Leute, die in Holland bei Ariern verborgen waren und dennoch den deutschen Spürhunden zum Opfer fielen. Sie blieben fast 10 Tage bei uns im Lager, bis die Politische Abteilung ihre Weisung bekam. Dann wurden sie mit Lastautos abgeholt und zum Kamin geführt. Es waren 184 Personen.«

Schepp, Adam. SS-Rottenführer.
* 15.7.1911 Backa / heutiges Serbien. Zimmermann. Ab Oktober 1942 in Auschwitz. SS-Wachkompanie Monowitz, Küchenchef Außenlager Günthergrube. Am 30.3.1948 in Krakau zu 3 Jah-

ren Haft verurteilt, Anrechnung der U-Haft auf die Haftdauer. Wohnsitz im Landkreis Dachau. Aussage (AV, Bl. 22162 ff.): »Was tagsüber im Lager vorging, interessierte mich nicht.«

Scheppan, Peter. SS-Rottenführer.
* 21. 6. 1922 Tartar-Bunar. SS-Totenkopf-Sturmbann. † 18. 7. 1944 SS-Lazarett Auschwitz.

Scherbinski, Otto. SS-Schütze.
* 3. 6. 1918 Neu Elft / Rumänien. SS-Totenkopf-Sturmbann. † Vermißt.

Scherbinsky, Arnold. SS-Rottenführer.
* 21. 7. 1920 Neu Elft / Rumänien. Standortverwaltung, Blockführer. Verbleib unbekannt. – Der Lagerälteste Dürmayer im Auschwitz-Prozeß: »Alle Blockführer und Rapportführer haben sich ausnahmslos zum Rampendienst gedrängt. Nachher haben Sie sich gerühmt: ›Ich habe Schnaps!‹, ›Ich habe einen Ring!‹ und ähnlich.«

Scherpe, Herbert. SS-Sanitätsdienstgrad (SDG).
* 20. 5. 1907 Gleiwitz, Sohn eines Elektrikers. Metzger. 1931 NSDAP / SS, Oberscharführer (1943). Juni 1939 in Dachau. Ausbildung als SDG in Oranienburg. Ab Sommer 1940 in Auschwitz. Mai 1942 SDG im Häftlingskrankenbau des Stammlagers. Von KZ-Arzt Kremer am 17. 11. 1942 im Tagebuch als »alter ›Stacheldrahtkämpfer‹ und ›K.Z.Hase‹« bezeichnet. Scherpe: »Als ich in das Stammlager kam, war das Abspritzen von Häftlingen im Häftlingskrankenbau schon eine eingefahrene Sache.« Am 29. 8. 1942 beteiligt an der Selektion von 700 Infektionskranken aus Block 20. Laut Czech (ähnlich: Glowa) tötete er am 23. 2. 1943 und am 1. 3. 1943 noch einmal Kinder und Jugendliche aus Zamosc. Scherpe: »Zum Schluß müssen es aber doch einige Kinder, die draußen auf dem Flur standen, gemerkt haben, was vor sich ging; es gab nämlich eine Schreierei auf dem Gang. Diese Kinder haben dann auch noch im Zimmer, ehe sie abgespritzt wurden, laut geschrien. Sie mußten mit Gewalt auf dem Stuhl festgehalten werden, ehe sie die Spritze bekamen.« Langbein (Aussage v. 18. 6. 1962): »Ich erinnere mich noch, daß er mit einem erregten Gesichtsausdruck in das SS-Revier kam, um sich für die Kinderabspritzung außer Stande zu erklären. Ich erinnere mich noch mit Bestimmtheit, daß Scherpe von der weiteren Abspritzung von Kindern freigestellt wurde.« April 1943 *Kriegsverdienstkreuz II. Klasse mit Schwertern.* Nach dem Kindermord SDG in den Außenlagern Golleschau (April 1943), Blechhammer (April 1944) und Gleiwitz (Herbst 1944). Von Häftlingen als »anständig« beschrieben, der zwar Gefangene abgespritzt habe, »aber viel weniger als Klehr« (Fejkiel im Auschwitz-Prozeß). Ab 1949 in Clausthal-Zellerfeld, ab 1957 Pförtner einer Maschinenfabrik in Mannheim. Schlußwort im Auschwitz-Prozeß: »Ich möchte betonen, daß ich keinem Menschen ein Leid zugefügt habe.« Am 20. 8. 1965 vom LG Frankfurt wegen »der gemeinschaftlichen Beihilfe zum gemeinschaftlichen Mord in mindestens 200 (zweihundert) Fällen und einer weiteren gemeinschaftlichen Beihilfe zum gemeinschaftlichen Mord an mindestens 700 (siebenhundert) Menschen« zu 4½ Jahren Haft verurteilt. Eingerechnet in die »gemeinschaftliche Beihilfe« war auch die eigenhändige Ermordung von – wie das Gericht annahm – 20 Kindern aus Zamosc. 1967 Entlassung (Mitt. Renz). Das Urteil registriert strafmildernd, daß Scherpe »die Häftlinge, wenn er morgens auf den Block gekommen sei und abends, wenn er den Block wieder verlassen habe, sogar gegrüßt habe. Das war man im KL Auschwitz nicht gewöhnt.« Aussage Scherpe: AV, Bl. 9694 ff.

Scheuermann, Philipp. SS-Rottenführer.
* 15. 1. 1924 Surtschin / Kroatien. SS-Totenkopf-Sturmbann. † Vermißt.

Schieblich, Werner. SS-Unterscharführer.
* 7.3.1913 Pausa/Vogtland. Ab Juni 1940 in Auschwitz, SS-Totenkopf-Sturmbann. 1948 in Krakau zu 3 Jahren Haft verurteilt.

Schiedrumpf, Wilhelm. Gefangenen-Eigentums-Verwaltung.
* 3.10.1922 Bad Hersfeld. SS-Rottenführer. Vom 24.9.1940 bis 5.5.1942 in Auschwitz. SS-Totenkopf-Sturmbann, Kommandanturstab, Standortverwaltung, Abteilung GEV. † 24.6.1945 Landshut. Häftlingsarzt Valentin: »Die Sachen wurden uns abgenommen, und wir haben sie nie mehr gesehen.«

Schikowski, Paul. Häftling Nr. 27.
* 26.6.1896. KZ-Kollege Konrad Lang (Nr. 18): »Aus der Gegend von Kattowitz.« Einer von 30 Kriminellen aus dem KZ Sachsenhausen, am 20.5.1940 als Funktionshäftling nach Auschwitz überstellt. Entlassung 2.6.1942 (Czech). – Ella Lingens, Erinnerungen: »Den Häftlingsfunktionären war, genau wie der SS, die Macht über Leben und Tod ihrer Kameraden gegeben, und sie wurden für ihre Entscheidungen genau so wenig zur Verantwortung gezogen wie jene.«

Schild, Helmut. SS-Rottenführer.
* 14.12.1909 Jauer. Standortbefehl Nr. 29/43: »Besuch der Ehefrau vom 23.7.–9.8.43«. Nach 1945 in Detmold.

Schiller, Erich. SS-Rottenführer.
* 8.6.1906 Wirballen/Litauen. Ab Juni 1943 in Auschwitz. SS-Betrieb *Deutsche Lebensmittel GmbH.* 1948 in Krakau zu 3 Jahren Haft verurteilt (LaV).

Schillhorn, Hans. SS-Oberscharführer (1943).
* 20.8.1911 Warringholz/Schleswig. SS 1933, NSDAP 1937 (Nr. 4662549). Ab November 1940 in Auschwitz. Wachmannschaft, Rekrutenausbildung. Schillhorn: »Daß Häftlinge vergast worden sind, war allgemein bekannt. Die Massenvergasungen in Birkenau waren schon rein geruchsmäßig wahrnehmbar.« Standortbefehl Nr. 5/44: Am 30.1. 1944 *Kriegsverdienstkreuz II. Klasse mit Schwertern.* 1948 in Krakau zu 4 Jahren Haft verurteilt, Entlassung April 1951. Schillhorn: »Das in Polen gegen mich anhängig gewesene Verfahren ist korrekt durchgeführt worden.« Ziegeleiarbeiter. Q.: AV, Bl. 11901 ff.

Schilling, Gerhard. SS-Scharführer.
* 11.9.1913 Berlin. Name auf einer Meldung der Kommandantur vom 15.8. 1942 über SS-Angehörige, die Häftlinge »auf der Flucht« erschossen.

Schillinger, Fritz. SS-Unterscharführer.
* 15.11.1909. Rapportführer (Spieß), Rampendienst. † Dezember 1944 in sowjetischer Gefangenschaft. Fejkiel im Auschwitz-Prozeß: »Jeder Rapportführer dort hat geschossen.«

Schillinger, Josef. SS-Oberscharführer.
* 21.1.1908 Oberrimsingen, heute: Breisach. Böttcher. SA 1930, SS 1937 (Nr. 47468). Rapportführer (Spieß) des Männerlagers Birkenau, laut Kielar »einer der am meisten verhaßten und grausamsten SS-Männer«. Ab 2.11.1942 Leiter des nur bis zum 9.12.1942 bestehenden Außenlagers Chelmek, 8 km von der Stadt Auschwitz entfernt (Teicharbeiten in Schlick und Morast, hohe Sterblichkeit). Rapportführer des Jüdischen Sonderkommandos. † Am 23.10. 1943 vor der Gaskammer des Krematoriums III von einer jüdischen Gefangenen aus einem Belsen-Transport mit sog. *Austauschjuden* (Geiseln) tödlich angeschossen. Von diesem Ereignis gibt es die unterschiedlichsten Versionen von Augenzeugen und Leuten, die nicht dabei waren. Shlomo Dragon gegenüber Greif: »Die Frau wollte sich nicht völlig entkleiden und blieb im Büstenhalter und Leibwäsche stehen. Schillinger wandte sich ihr zu und schrie sie an: ›Nein, ganz ausziehen!‹ und richtete die Pistole auf den Büstenhalter. Die Frau öffnete den Büstenhalter, schleuderte ihn dem SS-Mann ins Gesicht und traf dabei seinen Arm.

Die Pistole in seiner Hand fiel auf die Erde. Die Frau bückte sich rasch, ergriff die Pistole, zielte auf Schillinger und erschoß ihn auf der Stelle.« Kommentar Kielar: »Wir wurden uns plötzlich darüber klar, daß, sobald wir es wagten, die Hand gegen sie [die SS] zu erheben, diese Hand töten konnte, daß auch sie sterblich waren.« Schillinger wird an seinem Geburtsort – unweit des Kaiserstuhls – mit militärischen Ehren in einem Ehrengrab beigesetzt, Entfernung des Grabsteins erst 2003 (Mitt. Andreas Meckel).

Schimpf, Friedrich. Unterkunftsverwalter.

* 11.4.1911 Falkenstein im Vogtland. Kaufmann. 1929 NSDAP (Nr. 170182), 1932 SS (Nr. 41894), Hauptscharführer. 1940 Unterkunftsverwaltung Dachau. Ab 1943 Leiter der Abteilung Unterkunft der Standortverwaltung Auschwitz, Titel: *Unterkunftsverwalter (Lageringenieur)*. Standortbefehl vom 21.8.1943: »Besuch der Ehefrau v. 15.–31.8.43«. † 27.10. 1975 Frankfurt am Main. – Die Gefangene Lilli Sonnefeld (Shelley): »Ankunft in Birkenau. Keine Worte können jemals das Entsetzen von Auschwitz-Birkenau beschreiben oder vermitteln, die Erinnerung an unsere Ankunft in einem Lager, wo es kein Wasser gab, keine Waschräume, keine Latrinen, keinerlei Einrichtungen, wo auf einer Koje auf schmutzigem Stroh 10, 12 oder sogar 15 Personen die Nacht zu verbringen hatten. Wir waren alle krank und hatten hohes Fieber und Durchfall, jene Nächte kommen in meinen Albträumen zu mir zurück.«

Schimschowits, Ester. Keine Häftlingsnummer, da nur kurz in Auschwitz.

* 9.9.1923 damalige UdSSR. Ankunft Auschwitz Mai oder Juni 1944. Schimschowits über eine Selektion Mengeles: »Die gesamte Belegschaft des Blocks, etwa 1000 Häftlingsfrauen, standen jeweils 5 Frauen [nackt] hintereinander. Zwischen diesen Fünferreihen war ausreichend Zwischenraum. Der Angeschuldigte ging durch diese Zwischenräume durch und betrachtete jede Häftlingsfrau von beiden Seiten. Beim Durchschreiten der Aufstellung zeigte er dann auf diese und jene Häftlingsfrau. Die so bezeichneten Frauen mußten aus der Aufstellung heraustreten und sich besonders seitlich aufstellen. Ich bin ganz sicher, daß der Angeschuldigte die Häftlingsfrauen bei dieser Selektion und auch bei den folgenden Selektionen, jedenfalls bei unserem Block, in keiner Form berührt hat. Er hat sich die Häftlingsfrauen immer sehr gut angesehen. Natürlich waren wir bestrebt, möglichst gesund auszusehen und äußerlich einen günstigen Eindruck zu machen. So erklärt es sich, daß wir uns die Wangen rieben, um hierdurch eine frische Hautfarbe vorzutäuschen.« Nach drei Monaten in eine Munitionsfabrik in Salzwedel überstellt. Verheiratet in Israel. Q.: MV, Bd. 21.

Schindler, Adolf. SS-Unterscharführer.

* 25.11.1921 Einsiedel/Sudeten. Standortverwaltung, Unterkunftsverwaltung sowie im Außenlager Blechhammer. Nach 1945 in Baden-Württemberg. – Häftling Henryk Symchowicz über Blechhammer (StAu II): »Die Menschen starben vor Erschöpfung.«

Schindler, Hans. SS-Obersturmführer (1944).

* 15.6.1907 Amstetten. 1931 NSDAP (Nr. 614858), 1939 SS (Nr. 300975). Ab Herbst 1940 in Auschwitz (Schindler), SS-Totenkopf-Sturmbann. Vom 22.11. 1943 bis 25.11.1944 Adjutant Hartjensteins. Kommandanturbefehl Nr. 22/43: »Besuch des Bruders vom 13.–14.6.43«. Nach 1945 führte er ein Modehaus (Halbmayr) am Geburtsort. Aussage Schindler: AV, Bl. 1255579 ff.

Schindler, Hans. Politische Abteilung (PA), Lager-Gestapo.

* 26.10.1897 Wäldern. SS-Oberscharführer, PA Monowitz und Außenlager Eintrachthütte. † 31.8.1960 Weiden.

Schindler, Johann. SS-Rottenführer. * 20.10.1910 Gurdau-Auspitz. SS-Wachkompanie Auschwitz und Birkenau. Nach 1945 im Landkreis Straubing-Bogen.

Schinner, Alfred. Zentral-Bauleitung. * 4.12.1903 Pulkau, Kreis Hollabrunn/Donau. SS-Rottenführer. † 9.1.1970 (Standesamt Scheibbe).

Schippel, Helmut. Leiter der Abteilung Verpflegung (Februar 1944). * 17.9.1913 Oberschlema im Erzgebirge. Technischer Zeichner. März 1933 NSDAP (Nr. 2960646). April 1935 »freiwillig zu den SS-Totenkopfverbänden« (SS-Nr. 282228), Obersturmführer. Ab 1.2. 1944 Standortverwaltung Auschwitz, Schippel, angesichts des Hungertods der Häftlinge: »Soweit ich feststellen konnte, wurde bei der Zubereitung des Essens das Bestmögliche aus dem Vorhandenen gemacht.« März 1948 in Krakau zu 3 Jahren Haft verurteilt, Mitte 1949 auf 15 Jahre erhöht. Schippel zur Strafverfolgung in Polen: »Eines Tages mußten wir uns alle im Gefängnishof aufstellen. In Anwesenheit eines polnischen Untersuchungsrichters wurden dann ehemalige polnische KZ-Häftlinge vorbeigeführt, denen dann Gelegenheit gegeben wurde, belastende oder entlastende Angaben über die Tätigkeit und das Verhalten der ihnen bekannten SS-Angehörigen zu machen. Diese Zeugenbefragungen ergaben die Grundlage für die Anklageerhebung. Vor Erhebung der Anklage wurde jeder einzelne von uns durch den polnischen Staatsanwalt vernommen. Ich möchte noch erwähnen, daß bei dieser Vernehmung keine Zwangsmittel angewandt wurden. Es ist mir auch nicht bekannt geworden, daß bei anderen Kameraden Aussagen erpreßt wurden.« Haftentlassung Februar 1957. Aussage: AV, Bl. 3825 ff.

Schirdewahn, Frieda. DRK-Schwester. * Nicht ermittelt. Im Häftlingskrankenbau des Frauenlagers im Stammlager. Laut Irena Strzelecka (HvA 20) – dort »Friede Schirdemann genannt – bestimmte sie kranke Frauen »nach eigenem Ermessen für den Tod durch Phenolinjektion oder in der Gaskammer«. Schwester Maria Stromberger: »Jeder weibliche Häftling, den sie zu sich rief, wußte, daß er nicht lebend herauskommt.«

Schirmer, Rudolf Max. SS-Scharführer. * 4.6.1891 Gelenau/Sachsen. Ab August 1944 in Auschwitz. Wachmannschaft Monowitz und Außenlager Bobrek. Verbleib unbekannt.

Schischa, Bernhard. SS-Schütze. * 3.9.1924 Preßburg. SS-Totenkopf-Sturmbann und Standortverwaltung (1944). Nach 1945 in Baden-Württemberg.

Schittek, Vinzenz. Politische Abteilung (PA), Lager-Gestapo. * 13.1.1887 Antonienhütte. SS-Oberscharführer. PA Stammlager. † 21.11. 1966 Königslutter. – Häftling Smolen über die Erschießung einer Polin durch die PA (AV, Bl. 2636 f.): »Im Jahre 1942 wurde einmal eine Frau mit ihrem kleinen Kind, das sie noch auf dem Arm trug, sowie ein weiteres etwa siebenjähriges Kind, ein Junge, von der Gestapo zu uns zur Aufnahme gebracht. Soweit ich mich erinnern kann, erwähnte [Otto] Clauss, der damals vorübergehend in der Aufnahmeabteilung arbeitete, es hätte sich um Polen gehandelt, die bei einer deutschen Familie ein Kaninchen gestohlen hätten.«

Schlachter, August. Chef der SS-Neubauleitung Auschwitz. * 25.1.1901 Barabein, Kreis Biberach. Architekt in Biberach/Riß. 1933 NSDAP (Nr. 2339579) und SS (Nr. 128820), Hauptsturmführer (1944). 1939 SS-Hauptamt Haushalt und Bauten. Mai 1940 bis November 1941 Leiter der Bauleitung, Vorläuferin der späteren Zentralbauleitung. Beteiligt an einer »Probeeinäscherung« durch *Topf & Söhne* am 15.8.1940 (Schüle). Laut Höß ein »Provinzarchitekt aus Württemberg, ein beschränkter Geist mit wenig Schwung.« Ende 1941 bis Dezember 1942 Chef der *Bauleitung der Waffen-SS und Polizei Natzweiler/Elsaß.* Das KZ Natzweiler-Struthof, in den Vogesen gelegen, diente dem Abbau von Granit. Häftlingsarzt Fritz Leo über den Hunger im Lager: »Wir gingen daran, nach und nach die zahlreichen Katzen zu schlachten. Dann kam noch eine andere Spezialität auf: Krähen. Der SS-Obersturmführer Schlachter schoß in einem alten Park oft Krähen und schenkte sie uns Häftlingen. Siebzehn bei einer Gelegenheit, das war wie ein Wunder für uns!« 1943 Bauinspektion beim Höheren SS- und Polizeiführer Kiew, 1944 Chef des Führungsstabs B 12 im KZ Mittelbau-Dora (»Zu meinen Aufgaben gehörte damals der Bau von unterirdischen Anlagen«). Nach 1945 fünf Jahre als Bauernknecht. Aussage zu Auschwitz: »Als ich im Frühjahr 1940 nach Auschwitz kam, war das eigentliche Konzentrationslager noch nicht eingerichtet. Die Aufbauarbeiten wurden von mir geplant und beaufsichtigt. Die Wasserversorgung war zunächst katastrophal, weil das Wasser völlig verseucht war. Bei dem Stammlager wurde noch im Jahre 1940 ein alter Bunker als Krematorium eingerichtet. Gegen Ende meiner Anwesenheit in Auschwitz, also im Herbst 1941, wurde in diesem Krematorium eine Gaskammer eingerichtet. Mit diesem Umbau hatte ich nichts zu tun.« Aussage: AV, Bl. 10537 ff.

Schlage, Bruno. SS-Scharführer. * 11. 2. 1903 Truttenau, Kreis Königsberg, Arbeitersohn. Maurer. Ende 1940 in Auschwitz. KZ-Kollege Spanner: »Er tat lieber etwas Schlechtes als etwas Gutes.« Blockführer, Herbst 1942 Kommandoführer und Arrestaufseher Block 11, genannt Todesblock. Häftling Filip Müller berichtet in seinen Erinnerungen, wie Blockschreiber Vacek – Müller umschreibt so den kriminellen Häftling Leo Wietschorek – in Schlages Gegenwart Häftlinge erschlägt. Dr. Albert Paskus, ein jüdischer Rechtsanwalt, erst kurz in Auschwitz und mit den Realitäten nicht vertraut, entrüstet sich daraufhin gegenüber Schlage: »Herr Kommandant, als Mensch und Jurist melde ich Ihnen, daß der Blockschreiber hier grundlos unschuldige Menschen erschlagen hat. Hier liegen sie tot auf einem Haufen. Ich bin überzeugt, daß er diese Häftlinge ohne Wissen der Vorgesetzten und der Staatsorgane erschlagen hat.« Daraufhin Schlage zu Vacek: »Du hast gehört, was der Saujud da gequatscht hat? Dann gib ihm, was er verdient hat!« Müller: »Als Ergebnis lagen jetzt 35 Erschlagene auf dem Hof von Block 11. Schlage, der Vaceks Verhalten mit Genugtuung verfolgt hatte, wandte sich nun an uns fragte zynisch: ›Hat noch jemand eine Beschwerde vorzubringen?‹« Zuletzt in Groß-Rosen. Nach 1945 bei Bad Oeynhausen, Hausmeister, Bezieher einer Unfallrente. Am 20. 8. 1965 vom LG Frankfurt am Main zu 4 Jahren Haft verurteilt, schuldig »der gemeinschaftlichen Beihilfe zum gemeinschaftlichen Mord in mindestens 80 (achtzig) Fällen«. † 9. 2. 1977 Minden. Laut Urteil war Schlage Häftlingen gegenüber »brutal und grausam«, es könne aber nicht mit Sicherheit festgestellt werden, daß er »die Tötungen innerlich bejaht und sie zu seiner eigenen Sache gemacht, somit mit Täterwillen gehandelt hat«. Ein Passus widmet sich der strafrechtlichen Bewertung der Erschießungen: »Zwar hat auch der Zeuge Weiss bekundet, daß Schlage Menschen eigenhändig an der *Schwarzen Wand* erschossen habe. Er konnte aber nicht angeben, ob die Opfer, die Schlage erschossen haben soll, nach Bunkerentleerungen zur Exekution gebracht worden sind oder ob es sich bei den Opfern um Personen gehandelt hat, die auf Grund von Sondergerichts- oder Standgerichtsurteilen zur Exekution nach Auschwitz eingeliefert worden waren.«

Schlawien, Paul. SS-Sturmmann. * 1.11.1920 Lüneburg. Am 4.12.1941 vom SS-Totenkopf-Sturmbann zum Kommandanturstab, Abteilung III – Schutzhaftlager – kommandiert (KB Nr. 33/41). Nach 1945 in Bayern.

Schleier, Viktor. SS-Unterscharführer. * 1.9.1907. SS-Totenkopf-Sturmbann (Rampendienst). Verbleib unbekannt. – SS-Oberschütze Ludwig Karl Schmidt (AV, Bl. 12904): »Im Anfang wußten die Häftlinge, die vergast werden sollten, noch nicht, was ihnen bevorstand. Im Jahre 1943 dürften die meisten schon vorher ihr Schicksal gekannt haben. Es kam deshalb bei den Selektionen auf der Rampe sehr oft zu erschütternden Szenen, wenn die Familien auseinandergerissen wurden.«

Schlenhardt, Georg. SS-Schütze. * 28.12.1915 Ruma/Kroatien. † 25.1. 1943 Lazarett Laurahütte.

Schliebeck, Werner. SS-Unterscharführer. * 18.2.1909. Kompanieschreiber in Auschwitz. Standortbefehl Nr. 45/43: »Besuch der Familie vom 13.10.43 bis auf weiteres«. 1948 in Krakau zu 3 Jahren Haft verurteilt (LaV).

Schlitter, Johann. SS-Sturmmann. * 11.6.1920 Vodinci/heutiges Kroatien. Ab Juli 1944 in Auschwitz. Nach 1945 in Bayern.

Schlue, Karl. SS-Sturmmann. * 23.1.1892 Sellbeck. SS-Totenkopf-Sturmbann. † 28.9.1942 Reservelazarett Kattowitz.

Schlüter, Friedrich. SS-Standortarzt. * 12.5.1913 Essen. Dr. med. 1937 SS (Nr. 347132), Hauptsturmführer (1944). Vom 26.6. bis 2.12.1941 als »Chefarzt« in Auschwitz. Danach SS-Lazarett Prag, Sonderlager Hinzert, KZ Mauthausen und Sachsenhausen. † 27.11.1955 Hannover.

Schlupper, Friedrich. Leiter der Abteilung Bekleidung der Standortverwaltung. * 20.11.1911 Bad Klosterlausnitz. Kassenstellenleiter der Volksbank Klosterlausnitz. SS-Nr. 81691, Oberscharführer (1942). Ab Sommer 1940 in Auschwitz. Schlupper: »Die erste Vergasung hat, wenn ich mich richtig erinnere, 1942 [am 3.9.1941] im Stammlager stattgefunden. Es wurden damals russische Kriegsgefangene getötet. Nach meiner Erinnerung waren es mehrere hundert Personen. Ich kann mich auf den Vorfall deshalb noch verhältnismäßig genau erinnern, weil ich an einem Sonntagmorgen mit der SS-Sportgemeinschaft zu einem auswärtigen Fußballspiel wegfuhr.« Standortbefehl Höß (StB) Nr. 11/43: »Der SS-Oberscharführer Fritz Schlupper erhält von mir die Genehmigung, daß derselbe seine Familie vom 14. April 1943 bis 30. April 1943 nach Auschwitz kommen läßt.« Kommandanturbefehl vom 11.6. 1943: »Besuch der Familie bis Ende August 1943«. StB Nr. 41/43: »Besuch der Familie vom 25.9.–15.10.43«. Schlupper schrieb nach seiner Aussage am 9.3.1962 sechs Tage später dem Untersuchungsrichter: »Bei Gott, dem Allmächtigen, es gibt in seinem Reich nicht einen einzigen Toten, der durch meine Hand oder Mitwirkung ums Leben gekommen ist. Und es gibt keinen Lebenden, vor dem ich mich verleugnen oder verstecken müßte.« Bankkaufmann. † 5.2.1977 am Wohnort Wiesbaden. Aussage: AV, Bl. 11752 ff.

Schmauser, Ernst-Heinrich. SS-Obergruppenführer und General der Waffen-SS. * 18.1.1890 Hof an der Saale. Bankkassierer. 1930 NSDAP (Nr. 215704) und SS (Nr. 3359). 1932 MdR. Juli 1933 Führer des SS-Oberabschnitts (OA) Süd in München, 1936 OA Main. Ab 1941 Höherer SS- und Polizeiführer Schlesien in Breslau. Am 1.3.1941 Begleiter Himmlers bei dessen erster Inspektion in Auschwitz. Am 9.7.1942 zur Vorbereitung des nächsten Himmler-Besuchs erneut im Lager. Am 17.7.1942 mit

Himmler zur Inspektion in Auschwitz, Besichtigung einer Vergasung im Bunker II, abends beim Empfang des Gauleiters Bracht für Himmler, Höß, Kammler und Caesar in der Villa des Gauleiters (Czech). Am 17.2.1943 wiederum in Auschwitz. Am 20.1.1945 Befehl an SS-Sturmbannführer Franz Xaver Kraus, alle marschunfähigen Häftlinge in Auschwitz zu liquidieren (Czech). † Vermißt seit 20.2.1945.

Schmee, Josef. SS-Schütze.
* 27.11.1924 Ruma / Kroatien. SS-Totenkopf-Sturmbann. † Vom AG Berlin-Schöneberg 1961 für tot erklärt.

Schmegner, Leopold. Gefangenen-Eigentums-Verwaltung.
* 15.11.1905 Czernowitz. SS-Rottenführer. Standortverwaltung, Buchführung, Abteilung GEV (Vertreter der GEV waren bei Transportankünften immer auf der Rampe). Verbleib unbekannt. – Liana Millu in ihrem Buch *Der Rauch über Birkenau* über eine Mitgefangene: »Unter den Lagerbewohnerinnen gehörte sie zu den Bessergestellten: Sie besaß einen Löffel, ein Kopftuch, ein Stück Kamm – wenn auch fast völlig zahnlos – und eine winzige Spiegelscherbe.«

Schmelt, Albrecht. Führer der *Organisation Schmelt*. SS-Brigadeführer (1942).
* 19.8.1899 Breslau, Bauernsohn. Funkoffizier der Handelsmarine. 1930 NSDAP (Nr. 369853), 1933 Mitglied des Reichstags. 1934 (bis 1942) Polizeipräsident Breslau. 1939 SS (Nr. 340792). Vom 31.10.1940 (bis März 1944) zusätzlich *Sonderbeauftragter des Reichsführers-SS für den fremdvölkischen Arbeitseinsatz* in Oberschlesien. Juni 1941 (bis März 1944) Regierungspräsident von Oppeln. † 8.5.1945 Warmbronn. – Die Organisation Schmelt organisierte ab 1940 ein System von Zwangsarbeitslagern für Juden, vorwiegend in Oberschlesien. Die Arbeitssklaven werden, wenn ihre Arbeitskraft zu Ende ist, nach Auschwitz geschickt. Schmelt läßt zwischen dem 26.8. und 9.11.1942 Transporte aus Westeuropa in Kosel – 200 km vor Auschwitz – stoppen (Steinbacher), um Arbeitskräfte herauszuholen. Einer der Betroffenen ist der Häftling Koenig, dessen Zug am 4.9. 1942 von Drancy abgefahren war. Koenig wird von Schmelts Leuten aussortiert, bevor die Fahrt nach Auschwitz weitergeht. Koenig berichtet, wie der Zug auf offenem Feld hält, die Waggontüren aufgerissen werden und das Kommando ertönt: »Alle Männer von fünfzehn bis fünfzig raus. Alles andere bleibt drin.« Koenig: »Ich sah, wie die Frau, die in unserem Waggon um Wasser gebeten hatte, vor einem Waggon ihrem Kind nachlief, das ausgestiegen war. Ein SS-Mann folgte ihr, ergriff das Kind und schleuderte es mit dem Kopf gegen die Waggonwand. Ein furchtbarer Schrei der armen Mutter folgte. Das Kind war blutüberströmt und schien ohnmächtig oder tot zu sein. Ich konnte dieses Ereignis nicht weiter beobachten, denn nun begann die SS zu handeln. Die drei Reihen der SS stürzten sich mit wilden Schreien auf uns und begannen mit Stöcken, Peitschen und Gewehrkolben auf uns einzuschlagen.« Biographie Schmelt: Lilla.

Schmelzer, Louis. SS-Rottenführer.
* 23.4.1908 Bochum. SS-Totenkopf-Sturmbann. † 10.1.1960 Düsseldorf.

Schmid, Alois. SS-Rottenführer.
* 4.4.1909 Henghub, Landkreis Eggenfelden. SS-Nr. 105371. SS-Totenkopf-Sturmbann, Standortverwaltung. † 19.8. 1975 Landshut.

Schmid, Eduard. SS-Oberscharführer.
* 2.11.1907 Metzingen. Von März 1941 bis zum Ende in Auschwitz. Nach eigenen Angaben Kompanie- und Bataillonsspieß, Standortbefehl Nr. 26/43: »Besuch der Ehefrau vom 21.–31.7.43«. 1944 *Kriegsverdienstkreuz mit Schwertern*. Als *unbelastet* entnazifiziert. Kaufmann, Wohnsitz am Geburtsort. Q.: AV, Bl. 8927 ff.

Schmid, Georg. Hundestaffel.
* 6.5.1917 Reisenburg. SS-Rottenführer.

KZ-Kollege Günther Kramer über die Transportankünfte: »Es ist richtig, daß die Ausladestelle durch den Wachsturmbann [des SS-Totenkopfsturmbanns] bewacht und gesichert wurde. Ich glaube mich zu erinnern, daß hierzu meistens die Hundestaffel herangezogen wurde.« † Seit 17.12.1942 in Stalingrad vermißt.

Schmid, Helmut. Zentral-Bauleitung.
* 6.4.1912. SS-Rottenführer. Sachgebiet Meliorationen (Flußregulierungen) und Vermessung. Verbleib unbekannt.

Schmidetzki, Walter. SS-Obersturmführer.
* 5.1.1913 Sohrau/Oberschlesien. Kommandantur Birkenau, Leiter der Abteilung IV (Verwaltung). KZ-Kollege Czapla über die Zustände in Birkenau: »Die Häftlinge lebten wie die Tiere.« 1948 in Krakau zu 3 Jahren Haft verurteilt (LaV, hier: Schmidecki). Nach 1945 in Baden-Württemberg.

Schmidt, Adam. SS-Schütze.
* 20.12.1909 Parabuc, heute Ratkovo/Serbien. SS-Totenkopf-Sturmbann. Am 9.3.1946 in Krakau zu 4 Jahren Haft verurteilt. † 30.11.1967 Heidelberg.

Schmidt, C. SS-Schütze.
* 24.4.1899. Juli 1941 Zugang aus Buchenwald. – Häftling Willi Leeuwarden (Nr. 69735) im Auschwitz-Prozeß über einen unbekannten SS-Mann: »Einmal erlaubte sich ein SS-Mann folgenden Spaß mit uns: Wir mußten alle bei der Latrinengrube antreten. Er befahl uns, in diese hineinzuspringen, und sagte: ›Wer als Letzter hineinspringt, kriegt von mir eine Kugel.‹ Wir sprangen alle in den Kot. Als ich einem alten Mann heraushelfen wollte, schlug der SS-Mann mit der Schaufel auf meine Hände. Den alten Mann hat er dann mit dem Schaufelstiel auf den Kopf geschlagen und ihn untergetaucht, bis er erstickt war. Wie dieser SS-Mann hieß, weiß ich nicht.«

Schmidt, Franz. SS-Unterscharführer.
* 15.5.1903. Kommando Landwirtschaft. Kommandanturbefehl Höß vom 24.6. 1943: »Abschußgenehmigung für Schadwild und Raubzeug erteilt.« Standortbefehl (StB) Nr. 24/43: »Besuch der Familie v. 8.9.–31.10.43«, StB vom 14. Oktober: »Aufenthaltsgenehmigung bis auf weiteres verlängert«. Verbleib unbekannt.

Schmidt, Georg. Hundestaffel.
* 6.5.1917. SS-Schütze. Name auf einer Meldung der Kommandantur vom 15.8. 1942 über SS-Angehörige, die Häftlinge »auf der Flucht« erschossen. † 1951 vom AG Günzburg für tot erklärt. – Häftling Milton Buki im Auschwitz-Prozeß: »SS-ler mit Hunden bewachten die Ankommenden. Diese mußten sich ausziehen und anstellen. Dann wurde die Tür zum Bauernhaus [Vergasungsbunker] aufgemacht, und es hieß: ›Aufgehen!‹ Und die Hunde wurden auf die Leute gehetzt.«

Schmidt, Hans. SS-Oberscharführer.
* 10.11.1907 Magdeburg. SS-Nr. 177328. Standortverwaltung, Abteilung Verpflegung. Kommandanturbefehl vom 24.6. 1943: »Besuch der Eltern vom 25.6.–31.7.43«. Verbleib unbekannt. – Der polnische Priester Adam Kozlowiecki, nach 1945 Erzbischof (HvA 18): »Es kam sogar so weit, daß ich einmal in der Nacht mit dem Gefühl schrecklichen Hungers aufgewacht bin und lange nicht einschlafen konnte, denn der Gedanke, anderen Brot zu stehlen, verfolgte mich.«

Schmidt, Josef. Hundestaffel.
* 17.6.1914 Ernestinovo. SS-Sturmmann. 1942–1944 in Auschwitz. † 18.6. 1982 Spittal/Österreich. – Kommandant Höß in seinen Aufzeichnungen über Himmlers Pläne zum Hundeeinsatz: »Ihm selbst schwebte dauernd vor, man müßte Hunde so abrichten können, daß sie die Häftlinge ähnlich wie eine Schafherde ständig umkreisen und eine Flucht so verhindern. Ein Posten mit mehreren Hunden müßte so in der Lage sein, bis zu hundert Häftlinge sicher zu bewachen.«

Schmidt, Josef. SS-Sturmmann.
* 12.11.1922 Bacsalmas/Ungarn. Ab Herbst 1942 in Auschwitz. Blockführer

und Vertreter des Lagerführers im Außenlager (AL) Lagischa (Czerwinski-Urteil). Blockführer im AL Gleiwitz. 1948 in Krakau zu 3 Jahren Haft verurteilt. Vom LG Frankfurt am 27.2.1981 wegen Mordes auf dem Evakuierungsmarsch zu 8 Jahren Jugendstrafe verurteilt.

Schmidt, Karl. KZ-Zahnarzt.
* 15.4.1913 Riebelsdorf. Dr. med. dent. 1933 NSDAP (Nr. 2828748). 1943 SS (Nr. 350471), Untersturmführer (1944). Zunächst Wehrmacht. Ab 20.9.1943 in Auschwitz, ab 20.4.1944 Groß-Rosen. Verdacht der Beteiligung an Selektionen. Nach 1945 in Römhild/Thüringen (DDR). Q.: 407 AR-Z 297/60 ZStL.

Schmidt, Ludwig. SS-Rottenführer.
* 10.10.1913 Bocsarlapujtö/Ungarn. Standortverwaltung, Baubetriebsdienststelle. Mit der 5. SS-Wachkompanie im Außenlager Neu-Dachs. † 20.2.1978 Heilbronn.

Schmidt, Ludwig Karl. SS-Oberschütze.
* 24.3.1922 Deutsch-Liebau. Schneider. Sommer 1941 bis Ende 1943 in Auschwitz. Schmidt: »Als Wachposten hatten wir die Anweisung, sofort – und zwar ohne Anruf – von der Schußwaffe Gebrauch zu machen, sobald ein Häftling versuchte, die Postenkette zu überschreiten. Dabei handelte es sich nur in den allerseltensten Fällen um wirkliche Fluchtversuche.« Schmidt zum Rampendienst: »Ich selbst wurde in meiner Eigenschaft als Angehöriger einer Wachkompanie öfters zur Absperrung bei der Ankunft von Transporten herangezogen. Dann mußte ich manchmal die arbeitsfähigen Häftlinge ins Lager begleiten und manchmal die zur Tötung bestimmten Häftlinge zu den Gaskammern bringen.« Berufsangabe nach 1945: Hausmeister. Q.: AV, Bl. 12901 ff.

Schmidt, Max. Führer des Außenlagers Fürstengrube.
* 11.4.1920 Steinfeld. 1939 – mit 19 Jahren – Waffen-SS, *Leibstandarte*-SS *Adolf Hitler* (Elitetruppe). Ab August 1941 in Auschwitz, SS-Oberscharführer. Nach eigener Aussage (AV, Bl. 11909 ff.) »Ausbilder bei dem Wachbataillon«. April 1944 bis zum Ende Lagerführer des 30 km von Auschwitz entfernten Steinkohlenbergwerks der Fürstengrube GmbH (51 % des Stammkapitals: I.G. Farben). Belobigt im Kommandanturbefehl vom 19.7.1944, da er die »Flucht« von Häftlingen »verhinderte«. Etwa 240 Häftlinge, die zu krank sind für den Evakuierungsmarsch, werden Januar 1945 erschossen oder verbrennen in den in Brand gesteckten Baracken. Museum Auschwitz (HvA 16): »Über dem Außenlager war ein Feuerschein erkennbar, den die Einwohner des Ortes sahen. Es sahen ihn auch die in der alten Grube gewöhnlich diensttuenden Bergleute. Diese waren es auch, die eine Feuerwehrpumpe herausrollten und die Absicht hatten, das Feuer zu löschen. Die Bergleute wurden jedoch von der Wehrmacht zur Umkehr gezwungen, und ihnen wurde erklärt, daß dort ›stinkende Juden brannten‹.« Schmidt dagegen: »Die Häftlinge sind von den Leuten, die an den Straßen wohnten, in ihre Wohnungen geholt worden.« Schmidt über die Zeit nach 1945: »Ich bin dann mit dem anderen SS-Angehörigen unter falschem Namen in Gefangenschaft gegangen. Nach der Entlassung aus der Gefangenschaft habe ich dann weiter unter falschem Namen zunächst bei einem Bauern gearbeitet und ging dann in das Ruhrgebiet zum Bergbau, ich nannte mich damals Max Hinz.« Einstellung Ermittlungsverfahren StA Kiel (2 Js 212/64).

Schmidt, Otto. Politische Abteilung (PA), Lager-Gestapo.
* 9.3.1906 Großberndten, Bezirk Erfurt. SS-Unterscharführer. Laut KZ-Kollege Stark in der Aufnahmeabteilung (Rampendienst). Häftlingsdolmetscherin Kagan (AV, Bl. 3150): »Er war uns gegenüber sehr brutal.« 1944 PA-Leiter im Außenlager Blechhammer, ein Lager mit eigenem Krematorium. Rapportführer

Czapla: »Er machte Vernehmungen in einem besonderen Zimmer der SS-Unterkunft. Ich habe öfters gehört, wie Häftlinge in diesem Zimmer geschrien haben.« Der ehemalige Häftling Arno Lustiger (AV, Bl. 7691 f.): »Ich habe oft das Schreien von Häftlingen gehört, die von ihm bei Vernehmungen mißhandelt wurden. Außerdem habe ich mehrmals Exekutionen durch Erhängen beiwohnen müssen und habe dabei gesehen, wie Schmidt die Häftlinge persönlich aufgehängt hat.« Standortbefehl Nr. 12/43: »Besuch der Ehefrau in der Zeit vom 21.4.–5.5.43«. † Vom AG Goslar 1951 für tot erklärt. – Häftling Luzer Markowicz schildert (HvA 10), wie er Januar 1945 auf dem Weg zur Arbeit ist. Er sieht, wie der vor ihm gehende Häftling Tuchschneider sich bückt und ein Stück Draht abschneidet, das aus dem Schnee hervorragt. Der Draht soll ihm zum Zubinden seines Schuhs dienen. Im selben Augenblick kommt ein deutscher Meister (Zivilist) vorbei, der die Nummern von Tuchschneider, einem griechischen Juden, der geholfen hatte, und des französischen Kapos aufschreibt. Der Fortgang: »Sie wurden wegen Sabotage angeklagt und in den Bunker gesperrt. Drei Tage lang wurden sie geschlagen und erhielten nichts zu essen. Am vierten Tag wurden sie völlig zerschlagen während des Abendappells herbeigeführt und aufgehängt.«

Schmidt, Reinhold. SS-Unterscharführer. * 11.8.1911 Marpingen. SS-Nr. 270057. Standortverwaltung, Koch, d.h. Überwachung der als Köche eingesetzten Gefangenen in der Häftlingsküche. Verbleib unbekannt. – Die Gefangene Kitty Hart über ihr Mittagessen in einem Außenkommando: »Kaum war der Deckel unseres Kübels gelüftet worden, kam uns meilenweit Gestank entgegen. Aber wir waren schon so verzweifelt, daß wir selbst so etwas aßen. Es waren nicht mehr als ein paar Löffel voll. Aber selbst für die mußte ich mir die Nase zuhalten.«

Schmidt, Wilhelm. SS-Rottenführer (1942).
* 4.2.1912 Dassel-Relliehausen. Pferdepfleger. 1933 SS. Von Juni 1940 bis Januar 1943 Wachmannschaft. Danach Jugendschutzlager Moringen. Nach 1945 Landarbeiter. Schmidts Glaubwürdigkeit dokumentiert seine Aussage: »Ich möchte sagen, daß das Verhältnis der Wachposten zu den Häftlingen ein sehr gutes war, und man könnte es fast als ›kameradschaftlich‹ bezeichnen.« Q.: AV, Bl. 8586 ff.

Schmidt, Wilhelm. SS-Unterscharführer.
* 21.5.1911 Aachen. Standortverwaltung, Abteilung Bekleidung. Standortbefehl Nr. 41/43: »Besuch der Schwägerin v. 20.9.–5.10.43«. Verbleib unbekannt.

Schmidt, Willi. SS-Rottenführer (1942).
* 27.6.1912. Bis 4.2.1943 in Auschwitz, Verwaltung V (Wasser-Installation). Verbleib unbekannt. Die Gefangene Irka Anis zu Birkenau: »Es gab kein Wasser. Es gab keinerlei sanitäre Einrichtungen. Wenn die Häftlinge von der harten Arbeit in den Außenkommandos zurückkehrten, eilten sie zu den Regenpfützen und fochten um jeden Tropfen dieses schlammigen, verseuchten Wassers.«

Schmidtbauer, Hans. SS-Unterscharführer.
* 27.5.1884 Pfarrkirchen. Beruf: Färber. 1933 NSDAP, 1937 SS. Ab 1940 in Dachau, Flossenbürg, Ravensbrück, Majdanek. Ab 3.5.1944 Postenführer (Bewachung Häftlingskommandos) im Außenlager Gleiwitz II. Am 22.1.1948 in Krakau zu 3 Jahren Haft verurteilt (HvA 14).

Schmieder, Stefan. SS-Sturmmann.
* 13.11.1916 Krawitz. † 4.4.1980 (Standesamt Salzburg). – Die Überlebende Liana Millu (Erinnerungen) über eine französische Gefangene August 1944: »Ich will nicht sterben, jetzt wo der Krieg bald zu Ende ist! Ich will meine Kinder wiedersehen!«

Schmucker, Josef. SS-Sanitätsdienstgrad (SDG).
* 28.5.1892 Libotschan (LaP). SS-Unterscharführer (1943). Ab Februar 1943 SDG in Monowitz. Im Desinfektionskommando, laut Häftling Pys tatsächlich zur »Entwesung von Kleidern und Räumen« eingesetzt. Verbleib unbekannt.

Schnabel, Eduard. Häftlingsarzt, Nr. A-8606.
* 4.10.1903 Dej/Rumänien. Röntgenologe. Laut Häftlingsnummer Ankunft Auschwitz mit einem Transport von 2000 Deportierten am 29.5.1944 aus Ungarn. Herbst 1944 nach Sachsenhausen überstellt. Nach 1945 Arzt in Nathania/Israel. Schnabel: »Mengele ist mir in Erinnerung als eine sehr elegant wirkende Erscheinung, es ist mir in guter Erinnerung, wie er seine ganze Art und Weise, sich zu geben, blitzschnell wechseln konnte, so konnte er sich teils verbindlich und jovial geben, dann aber wieder konnte er im Bruchteil von Sekunden zynisch und grausam sein. Wenn er sich jovial gab, war dies nicht ganz frei von einem gewissen theatralischen Effekt. Ich konnte dies beobachten, weil Mengele wiederholt in Block 15 erschien. Bei dieser Gelegenheit hat er mich bereits einmal aufschreiben lassen, damit ich in das Krematorium käme. Der Anlaß war eine fehlende Fieberkurve, die ein kranker Häftling im Fieberdelirium abgerissen hatte. Mengele konnte allerdings noch veranlaßt werden, seine Entscheidung rückgängig zu machen.« Q.: MV, Bd. 21.

Schneider, Adam. SS-Schütze.
* 10.6.1921 Klenak-Ruma. SS-Totenkopf-Sturmbann. Kommando Lagischa. † Kriegstod Februar/März 1945 bei Breslau.

Schneider, Friederike. KZ-Wärterin.
* 30.9.1911 Wien. Postarbeiterin. Ab Herbst 1943 in Auschwitz. Blockführerin im Frauenlager Birkenau. Schneider: »Trotz Vorhalt erkläre ich, daß mir nie bekannt geworden ist, daß in Birkenau und anderen Lagern Massenvernichtungen von Häftlingen stattfanden.« Nach 1945 am Geburtsort, Berufsangabe: »Beschliesserin (Stubenfrau)«. Q.: AV, Bl. 12568ff. – SS-Unterscharführer Friedrich Althaus: »In diesem Zusammenhang muß ich erwähnen, daß jeder im Lager gewußt hat, daß dort Menschen vergast und verbrannt wurden, zumal man die schwarzen Rauchwolken und den Geruch verbrannten Fleisches ständig wahrnehmen konnte. Im übrigen zogen die Rauchschwaden der Krematorien auch über die am Lager vorbeiführende Landstraße und Eisenbahnstrecke, so daß jeder Vorbeikommende sehen und riechen konnte, was dort geschah.«

Schneider, Karl. SS-Schütze.
* 5.8.1919 Oker/heutiges Serbien. Nach 1945 in Baden-Württemberg.

Schneider, Michael. SS-Schütze.
* 16.12.1923 Temeschburg. SS-Totenkopf-Sturmbann (Rampendienst). † 7.5.1945 Feldlazarett 2/532 Beeskow/Mark. – Kielar zur Situation 1944: »Große Transporte mit ungarischen Juden waren angekommen. So viele wie jetzt hatte es bisher noch nie gegeben. Ein Zug nach dem anderen fuhr auf die Rampe. Aus den Waggons stürzten Massen von Menschen heraus. Männer, Frauen, Greise, Jugendliche und Kinder. Sie brachten alles mit, was sie besaßen. Riesige Stöße von Hab und Gut wurden aus den Waggons geladen und zu großen Haufen geschichtet, welche die nebeneinander aufgestellten Menschen verdeckten.«

Schneider, Reinhold. SS-Obersturmführer.
* 18.11.1895. Ab 1944 in Auschwitz, Kompanieführer der 3. SS-Wachkompanie (StAu I). Verbleib unbekannt.

Schneider, Valentin. Hundestaffel.
* 14.2.1908 Vodjinei. SS-Sturmmann. Blockführer in Birkenau, StA Frankfurt (AV, Bl. 3796): »War bei der Hundestaffel in Lublin und Auschwitz-Birkenau, wo er ein weibliches Arbeitskommando in

der Zeit von April 1944 bis 18.1.1945 beaufsichtigte. Nahm an Massentötungen teil.« Verbleib unbekannt.

Schneider, Walter. SS-Obersturmführer (1944).
* 3.4.1921 Langenbielau, Kreis Reichenbach. SS-Nr. 378196. Verbleib unbekannt.

Schnell, Wenzel. SS-Rottenführer.
* 26.7.1923 Fürstenthal/Rumänien. Stabskompanie (SS-Angehöriger der Kommandantur). † Vermißt. – Häftlingsärztin Lingens in ihrem Bericht *Eine Frau im Konzentrationslager*: »Niemand, keiner der Büttel, die ab nun über uns herrschten, sah in uns etwas anderes als Heizmaterial für ihre Kamine. Die einen mit ein wenig Mitleid, die anderen stumpf, die dritten und meisten mit unbefangener Geschäftstüchtigkeit.«

Schneller, Franz. Fahrbereitschaft.
* 2.6.1914 Glitt. SS-Sturmmann. Gaskammerfahrer. Nach 1945 Wohnsitz in Bayern. – Häftling Sackar im Interview mit Gideon Greif zum Transport der Opfer von der Rampe zum Krematorium: »Man hob sie auf ein Lastauto und warf sie nachher wie Mist herunter.«

Schneller, Hubert. Fahrbereitschaft.
* 9.9.1916 Glitt. SS-Rottenführer. Gaskammerfahrer. † 24.9.1978 Bobingen. – Der damals 15jährige Elie Wiesel in seinem Buch *Die Nacht* über den ersten Tag in Birkenau: »Nicht weit von uns entfernt loderten Flammen aus einem Graben empor, riesige Flammen. Dort wurde etwas verbrannt. Ein Lastwagen näherte sich dem Erdloch und schüttete seine Ladung aus: es waren kleine Kinder, Säuglinge! Ich hatte sie mit eigenen Augen gesehen … Kinder in den Flammen.«

Schnepf, Johann. SS-Sturmmann.
* 20.10.1908 Krcedin. SS-Totenkopf-Sturmbann, Außenlager Jawischowitz und Golleschau. Nach 1945 im Kreis Fritzlar.

Schnieders, Heinrich. SS-Rottenführer (1943).
* 4.6.1897 Schönigsdorf. Vom 5.3.1942 bis 17.11.1944 in Auschwitz. Zunächst SS-Totenkopf-Sturmbann, November 1944 SS-Sanitätsdienstgrad. Zuletzt in Groß-Rosen. Verbleib unbekannt. – Die damals 19jährige Hella Weiss über ihre Ankunft im Mai 1944 in Auschwitz: »Ich kam damals nach rechts, meine Eltern und Geschwister wurden nach links geschickt. Meine Mutter war damals 40 Jahre alt, mein Vater 42 Jahre, meine Brüder 6 und 16 Jahre, meine Schwestern 11 und 14 Jahre. Wir wußten nicht, was die ganze Einteilung zu bedeuten hatte. Im Lager waren wir deshalb der Meinung, daß wir unsere Angehörigen wiedertreffen würden. Ich wandte mich deshalb an die Blockälteste, eine Frau aus der Slowakei. Diese zeigte auf die Flammen, die aus dem Schornstein schlugen, und sagte: ›Da sind Eure Eltern.‹ Ich konnte das zuerst nicht glauben. Die Blockälteste sagte auch zu uns: ›Seht zu, daß ihr nicht krank werdet. Hier gibt es keine Kranken. Hier gibt es zwei Sorten Leute, Lebendige und Tote.‹« Q.: MV, Bd. 34.

Schnürer, Josef. SS-Schütze.
* 21.6.1908. Stabskompanie Birkenau, Verwaltung und Häftlingsküche Birkenau. Verbleib unbekannt.

Schoberth (sic)**, Hans.** Politische Abteilung (PA), Lager-Gestapo.
* 17.12.1922 Aufseß, Kreis Ebermannstadt. Mit 15 Jahren Waldarbeiter. Ab Sommer 1943 in Auschwitz, Leiter des Standesamts der PA. SS-Unterscharführer (1944). Häftlingsdolmetscherin Kagan (AV, Bl. 3150): »Er war sehr primitiv, dumm und brutal.« Kagans Kollegin Berta Weiss: »Zeigte immer ein grinsendes Gesicht.« Nach 1945 Landwirt. Schoberths Schlußwort im Auschwitz-Prozeß: »Sind wir nicht auch Opfer des Nationalsozialismus?« Am 20.8.1965 Freispruch LG Frankfurt wegen Erschießungen von Zivilisten im *Alten Krematorium*. Das Gericht unterstellte, in Auschwitz seien möglicherweise Menschen nach rechtmäßigen Urteilen

– heimlich! – erschossen worden. Urteil: »Es ist immerhin möglich, auf jeden Fall nicht ausgeschlossen, daß gegen die Menschen, die unter Mitwirkung des Angeklagten Schoberth erschossen worden sind, Todesurteile irgendeines Sonder- oder Polizeigerichts ergangen waren.« Das Urteil weiter: »Da weder die Gerichte bekannt sind, die diese zu Gunsten des Angeklagten Schoberth zu unterstellenden Todesurteile verhängt haben, noch die Urteile selbst, konnte nicht geklärt werden, ob die Urteile rechtmäßig waren oder ob sie gegen rechtsstaatliche Grundsätze verstießen und nur auf Grund eines Scheinverfahrens – wie etwa die Standgerichtsurteile im KL Auschwitz – verhängt worden waren. Es konnte daher nicht festgestellt werden, ob die Erschießungen rechtswidrig waren, wenn hierfür auch vieles sprechen mag.«

Schön, Michael. SS-Sturmmann.
* 6.12.1924. SS-Totenkopf-Sturmbann. Kommandanturbefehl vom 26.11.1942: »Bei der am 2.11.42 stattgefundenen Entlausung der 5. Komp. kamen folgende Gegenstände des SS-Schtz. Michael Schön abhanden: 1 Leinensack enthaltend: 1 Brieftasche mit 120,– RM Inhalt, 1 Büchse Fett mit Fleisch, ca. ½ Pfd. Speck, 1 Kamm, 1 Spiegel, 100 Zigaretten, 6 Pak. Tabak, 10 Schachteln Streichhölzer.« Verbleib unbekannt.

Schönbohm, Alfred. SS-Unterscharführer.
* 4.3.1909 Wilhelmshaven. Bäcker. Nach eigener Aussage Bordreiseleiter der NS-Gemeinschaft *Kraft durch Freude*. Ab Oktober 1940 in Auschwitz. SS-Totenkopf-Sturmbann, Außenlager Kobier und Eintrachthütte, Spieß 2. Kompanie SS-T-Stuba. Schönbohm: »Ich wurde einmal mit einer Abteilung von SS-Männern zur Sicherung beim Ausladen eines Massentransportes auf der Rampe zwischen Auschwitz und Birkenau eingesetzt. Es war allgemein bekannt, daß diese Menschen in Birkenau vergast und verbrannt wurden.« 1948 in Krakau zu 5 Jahren Haft verurteilt. Angestellter in Aalen. Q.: AV, Bl. 8912 ff.

Schönmehl, Maximilian. Fahrbereitschaft.
* Nicht ermittelt. SS-Nr. 98434. Ab Juni 1940 SS-Oberscharführer im Kommandanturstab. Später Leiter der Fahrbereitschaft. Funktionshäftling Siebenlist (Langbein, Menschen): »Wie es auf diesen Fahrten zuging, konnte man an dem Zustand der Wagen nach derartigen Fahrten ermessen. Die Lastwagen waren mit Kot beschmiert, ausgerissene Haare hingen daran. Ich habe sogar abgeschlagene Finger gesehen.«

Schöttl, Vinzenz. Schutzhaftlagerführer Monowitz (ab 2.12.1943).
* 30.6.1905 Appersdorf. Bürodiener. 1928 erstmals NSDAP, erneut 1931 (Nr. 104083). SS 1931 (Nr. 5630), Obersturmführer (1942). Ab 1933 Wachdienst in Dachau. Sommer 1937 Heimleiter des Lindenhofs der *Herzogsägmühle* (Zwangsarbeitsanstalt für Nichtseßhafte). 1940 Ghetto Lublin, am 14.5.1940 Brief aus Lublin: »Dieses krüppelhafte Menschenmaterial, wo auf der Straße herumsitzt, ist dermaßen verkommen, daß es einen direkt anwidert.« 1941 KZ Neuengamme, danach KZ Majdanek. Juli 1942 Kommandoführer Monowitz (KB Nr. 12/42). September 1942 *Kriegsverdienstkreuz II. Klasse mit Schwertern*. Laut Häftling Max Kaufmann beteiligt an Selektionen in Monowitz: »Ich habe die Selektionskommission selbst bei der Arbeit beobachtet.« Häftling Unikower (AV, Bl. 1710): »Er war ein großer dicker Mann mit Brille und führte in Monowitz ein sehr behagliches Leben. Er hatte 3 Häftlinge zu seiner persönlichen Bedienung und außerdem noch einen besonderen Friseur.« Ab 3.2.1945 Stellv. Kommandant aller Kaufering-Lager (Dachau-Außenlager). Todesurteil US-Militärgericht am 13.12.1945 im *Dachau-Hauptprozeß*. † Hinrichtung 28.5.1946.

Scholz, Ernst. SS-Unterscharführer.
* 30.4.1911 Kosel/Oberschlesien. SS-Nr. 188574. Standortverwaltung, Koch, d.h. Überwachung der als Köche eingesetzten Gefangenen in der SS-Küche, SS-Kantinengemeinschaft. Stellv. Leiter der Häftlingsküche. Wohnsitz in Nordrhein-Westfalen. – Der ehemalige Häftling Jan Olbrycht am 10.12.1947 als Gutachter im Krakauer Auschwitz-Prozeß (AV, Bl. 4518 ff.) zur Hungerkrankheit: »Diese Krankheit trat in zwei Formen auf. Entweder durch allgemeine Schwellungen, die an den unteren Gliedmaßen anfingen und immer höher gingen, oder in Gestalt der trockenen Krankheit, in der der Hungernde wie ein mit Haut überzogenes Skelett aussah. Bei diesen Menschen schwand das Fettpolster, die Muskeln verkümmerten und erschlafften, es trat eine immer größere Erschöpfung auf, das Gesicht nahm einen maskenhaften Ausdruck an.«

Scholz, Erwin Fritz. SS-Schütze.
* 12.8.1925 in Niederschlesien. Ab 27.10.1944 Wachmannschaft Außenlager Gleiwitz I. Teilnahme am Evakuierungsmarsch. Am 22.1.1948 in Krakau zu 3 Jahren Haft verurteilt.

Scholz, Friedrich. SS-Rottenführer.
* 5.7.1922 Radautz. SS-Totenkopf-Sturmbann. Birkenau, Außenlager Kobier und Eintrachthütte. † 19.2.1979 Schwäbisch Hall.

Schondorff, Erduin. SS-Hauptsturmführer (1940).
* 21.10.1900 Homberg. Diplom-Ingenieur. SS-Nr. 347176. Dozent für Ziegeleiwesen am Technikum in Lage/Lippe. Mai 1942 Mitgeschäftsführer des SS-Unternehmens *Deutsche Erd- und Steinwerke GmbH*, in deren Steinbrüchen Abertausende von KZ-Häftlingen elend zugrunde gehen. Technischer Leiter der Ziegelwerke der DESt. Zentralkartei ZStL: nicht erfaßt. Kommandantursonderbefehl Auschwitz vom 28.10.1941, gez. Höß: »Um allen SS-Angehörigen die Möglichkeit zu geben, sich im Beruf weiter fortzubilden und besser bezahlte Stellungen zu erlangen, ist bei allen Kommandanturangehörigen und Reservisten Umfrage zu halten über folgende Punkte: 1.) Wer würde sich verpflichten, ein Arbeitsverhältnis bei den Deutschen Erd und Steinwerken anzunehmen? 2.) Es können sich auch Reservisten melden, sofern sie die nötige KL-Erfahrung haben. 3.) Die sich Meldenden werden ihrem Wunsch und Vorbildung entsprechend durch Organe bzw. Lehrkräfte der SS-Wirtschaftsbetriebe geschult und sollen dann nach Beendigung ihrer Dienstzeit oder Entlassung aus der Waffen-SS als techn. Führer, Unterführer etc. in den Betrieben eingesetzt werden. [...] Es soll damit erreicht werden, daß die in den Wirtschaftsbetrieben eingesetzten Häftlinge nur unter Anleitung von SS-Männern arbeiten.« Kommandanturbefehl Höß vom 5.2.1942: »SS-Gruppenführer Pohl wünscht nicht, daß innerhalb der Schutzstaffel die Bezeichnung ›Deutsche Erd- und Steinwerke‹ verwendet wird, da dies nur der Name für außerhalb der SS Stehende ist.«

Schoninger, Georg. SS-Unterscharführer.
* 7.8.1895 Roxheim/Pfalz. Landwirtschaftlicher Arbeiter. Vom 28.11.1941 bis zum Ende in Auschwitz. Bewacher von Häftlingsaußenkommandos. Ende 1943 Kommandoführer im Damm- und Straßenbau in der Landwirtschaft. Standortbefehl Nr. 25/43: »Besuch der Familie vom 30.7.–15.8.43«. Nach 1945 Tiefbauarbeiter, Wohnsitz am Geburtsort. Schoninger will sogar ein Wohltäter gewesen sein: »Die Häftlinge haben sich immer buchstäblich darum gerissen, in meinem Kommando arbeiten zu dürfen.« Q.: AV, Bl. 3618 ff.

Schoppe, Heinrich. SS-Unterscharführer.
* 17.2.1922 Oberhausen. 1938 SS. In Auschwitz bis Mai 1943. Arbeitsdienst-

führer (Arbeitskommandos). Kapo Franz Achter (AV, Bl. 4739): »Er war damals noch sehr jung. Er war ein sadistischer Schläger.« Nach 1945 in Nordrhein-Westfalen.

Schorm, Heinrich. SS-Schütze.
* 3.6.1923 Alt Gleiwitz. Wachmannschaft Monowitz und Außenlager Gleiwitz. 1948 in Wadowice zu 4 Jahren Haft verurteilt (LaV).

Schott, Franz. SS-Oberscharführer.
* 23.10.1891. Wachmannschaft Monowitz. Herbst 1944 Kommando Charlottengrube. Verbleib unbekannt.

Schramme, Fritz. Fahrbereitschaft.
* 19.2.1906 Pressel. SS-Unterscharführer. Am 4.12.1941 vom SS-Totenkopf-Sturmbann zur Fahrbereitschaft kommandiert (KB Nr. 33/41). KZ-Kollege Wildermuth: »In dem kleinen Krematorium am Stammlager wurden die Leichen verstorbener Häftlinge verbrannt. Die Leichen wurden von einem Lkw der Fahrbereitschaft gefahren, und zwar von dem Uscha Fritz Schramme. Er wurde 1943 strafversetzt, weil eine Häftlingsfrau von ihm schwanger geworden war. Solange Sch. in Auschwitz war, hat er die Leichen des Stammlagers in das Krematorium gefahren.« Am 12.8.1944 aus der SS ausgestoßen. Verbleib unbekannt.

Schreiber, Arthur. SS-Hauptscharführer.
* 4.3.1892 Böhlitz b. Leipzig. Monowitz. † 9.9.1945 Pouxeux.

Schreidl, Thomas. SS-Sturmmann.
* 30.1.1910 Marienfeld/Temesburg. Ab August 1943 in Auschwitz. SS-Totenkopf-Sturmbann. Nach 1945 in Bayern. – KZ-Arzt Kremer zur Beliebtheit des Rampendienstes (AV, Bl. 9064): »Jeder von uns erhielt für jede Sonderaktion ⅕ Liter Schnaps, 5 Zigaretten, 100 g Wurst und Brot. Wir erhielten Gutscheine, auf die man in der Kantine die Produkte ausgab. Wegen dieser Zulagen, insbesondere wegen der Zigaretten, drängten sich die SS-Leute zu den Sonderaktionen.«

Schreier, Alfred. SS-Scharführer.
* 25.8.1890. Monowitz. Verbleib unbekannt. – Buna-Häftling Primo Levi: »Voriges Jahr um diese Zeit war ich ein freier Mensch: in der Illegalität, aber frei; ich besaß einen Namen und eine Familie. Heute ist mir nur soviel von meinem damaligen Leben geblieben, um Hunger und Kälte ertragen zu können; ich bin nicht mehr lebendig genug, um mich umzubringen.«

Schreier, Heinrich. SS-Sturmmann.
* 11.6.1923 Mirceah Voda in Rumänien. 1942/43 Auschwitz. SS-Totenkopf-Sturmbann. Frauenlager Birkenau. November 1945 im Belsen-Prozeß in Lüneburg von britischen Militärgericht zu 15 Jahren Haft verurteilt. Danach in Rheinland-Pfalz.

Schröder, Richard. SS-Unterscharführer.
* 14.4.1921 Hamburg. Spediteur. NSDAP 1939, SS-Nr. 382002. Dezember 1940 bis zum Ende Rechnungsführer der Standortverwaltung. Am 22.12.1947 in Krakau zu 15 Jahren Haft verurteilt.

Schröpfer, Georg. Gefangenen-Eigentums-Verwaltung.
* 31.7.1899 Nimvorgut. SS-Nr. 327127, Unterscharführer. Von August 1942 bis zum Ende in Auschwitz. Standortverwaltung, Buchführung GEV. † 9.1.1966 Karlsruhe.

Schubert, Albert. SS-Rang nicht bekannt.
* 25.4.1908 Schauen. SS-Totenkopf-Sturmbann. † Verschollen seit 1943.

Schubert, Rudolf. SS-Hauptscharführer.
* 22.10.1919 Oberlungwitz, Kreis Hohenstein-Ernstthal. Standortverwaltung. † 28.10.1971 Schwäbisch Hall.

Schülmann, Paul Friedrich. SS-Rottenführer.
* 29.6.1899 Feierland. Ab September 1942 in Auschwitz. SS-Totenkopf-Sturmbann. Verbleib unbekannt. – Simone Veil über ihre Ankunft in Auschwitz und die Fragen jener Häftlinge, die von ihren Eltern oder Kindern getrennt worden

waren: »Ich erinnere mich noch, wie sie sich nach ihnen erkundigten und die Kapos daraufhin bloß aus dem Fenster wiesen: auf die Schornsteine der Krematoriumsöfen und den Rauch, der daraus aufstieg. Doch wir begriffen nicht; wir konnten das nicht begreifen. Was sich in wenigen Metern Entfernung von uns abspielte, war derart unfaßbar, daß es unser Vorstellungsvermögen überstieg.«

Schünzel, Charlotte. »SS-Maid« (Schünzel).

* 8.7.1919. 1934 Bund Deutscher Mädel (Teilorganisation der Hitlerjugend). Schünzel: »Um die Jahreswende 1942/43 etwa habe ich mich als Nachrichtenhelferin beworben. Im Rahmen der Bewerbung habe ich mich später ausdrücklich als SS-Nachrichtenhelferin gemeldet. Im Juni oder Juli 1943 kam ich auf die Nachrichtenhelferinnenschule nach Oberehnheim in der Nähe von Straßburg [gemeint ist die SS-Nachrichtenschule in Obernai/Elsass, E. K.]. Die Ausbildung dauerte drei Monate.« Ab 23.11.1943 in Auschwitz. Schünzel über ihre Tätigkeit: »Ich erinnere mich noch darauf, daß die Ankunft jüdischer Häftlingstransporte durch Fernschreiben angekündigt wurde. Die Fernschreiben kamen von Berlin. Ohne mich festlegen zu wollen, meine ich, daß sie von Müller [SS-Gruppenführer Heinrich Müller, Chef der Gestapo] unterzeichnet gewesen seien. Die Fernschreiben in bezug auf die Transportankünfte wurden von dem Leiter der Nachrichtenstelle Riedel oder bei dessen Verhinderung durch irgendeinen Vertreter abgezeichnet. Sie wurden aufgeklebt und abgeholt. Nach Abwicklung des Transports mußte von der Kommandantur eine Vollzugsmeldung nach Berlin durchgegeben werden. Es wurde dann im einzelnen mitgeteilt, wieviel der Ankömmlinge sonderbehandelt, d.h. vergast worden waren. Die Vollzugsmeldung erfolgte aufgeschlüsselt nach Männern, Frauen und Kindern.« Lernte in Auschwitz den SS-Hauptsturmführer im Reichskriminalpolizeiamt Helmut Bartsch kennen, 1948 Heirat. Aussage: AV, Bl. 12346ff.

Schütze, Hellmuth. SS-Oberscharführer.

* 21.11.1913 Radebeul b. Dresden. † Vom AG Radebeul für tot erklärt.

Schuhknecht, Walter. Zentral-Bauleitung.

* 25.6.1910. SS-Rottenführer. Kommandoführer *Bewässerung*. Verbleib unbekannt.

Schuhmacher, Christian. SS-Unterscharführer.

* 16.12.1919 Mönchengladbach, Sohn eines Drehers. Bäcker. 1940 SS-Sanitätsersatzbataillon Prag, Laborant am Hygiene-Institut der Waffen-SS in Berlin, Oktober 1942 bis Februar 1943 SS-Sanitäter (SDG) beim Kommandostab des Reichsführers-SS. März 1944 Hygiene-Institut der Waffen-SS in Rajsko, wo Schenkel-, Bauchfleisch und Brüste ermordeter Frauen als Nährböden (genannt *Menschenbouillon*) zur Bakterienzucht verkocht werden. Nach 1945 Kaufmann. Behauptung Schuhmacher (AV, Bl. 7803): »Daß man Häftlinge vergaste, wußte ich in Auschwitz noch nicht.«

Schulte, Wilhelm. Leiter der SS-Zahnstation.

* 27.3.1907 Wuppertal. Dr. med. dent. NSDAP-Nr. 5 379284, SS-Nr. 36174, Untersturmführer (1942). 1940 bis zum 4.8.1942 in Auschwitz, danach beim SS-Hauptsanitätsamt in Berlin. Nach Aussage des Häftlingszahntechnikers Zdzislaw Mikolajski (Nr. 9240) im Auschwitz-Prozeß begleitete er einen Posener Häftlingszahnarzt »namens Sundmann«, der im Krematorium den Ermordeten das Zahngold herausbrechen mußte. Verbleib unbekannt.

Schultz, Wilhelm. SS-Rottenführer.

* 31.7.1917 Groß Roßburg/Westpreußen. SS-Totenkopf-Sturmbann, Kommando Landwirtschaft, Schweinemästerei. † Vermißt.

Schultze, Karl. *Topf & Söhne.*
* 27.7.1900 Berlin. Ingenieur. Leiter der Abteilung Lüftungstechnik. Entwarf eine Entlüftungsanlage für das *Alte Krematorium* im Stammlager. März 1943 wegen Baumaßnahmen in den Gaskammern mit Prüfer in Auschwitz. Ausrüstung der Gaskammern mit Lüftungstechnik. Erbot sich noch am 10.2.1945 beim KZ Mauthausen, dort eine neue Vergasungsanlage zu erstellen. Am 17.4.1948 in Moskau zu 25 Jahren Arbeitsbesserungslager verurteilt, Entlassung Oktober 1955. Q.: Schüle.

Schulz, Erich. SS-Unterscharführer.
* 6.11.1906 Rudolfhütte. Kommandanturstab, Kommandoführer Straßenbau. Verbleib unbekannt. – Gaskammerfahrer Tomaszewski: »Die Bestimmung darüber, wer in das Lager oder wer in die Gaskammer kam, traf auf der Rampe ein Arzt, manchmal übten diese Funktion aber auch Unterscharführer aus.«

Schulz, Fritz. SS-Sanitätsdienstgrad (SDG).
* 12.2.1909. SS-Rottenführer (1942). Sanitätskompanie Oranienburg. Ab 19.6. 1942 in Auschwitz. April 1943 *Kriegsverdienstkreuz II. Klasse mit Schwertern* (das KVK für KZ-Angehörige läßt Beteiligung an Tötungen vermuten). Häftlingsärztin Schwalbova (MV, Bd. 26): »Ungefähr im September oder Oktober 1942 wurden 45 polnische Frauen aus Lublin getötet (von ihnen 35 völlig gesund und zehn leicht Kranke) durch Phenolinjektionen ins Herz im Block 22. Den Mord führte der damalige Sanitäter Schulz durch.« Verbleib unbekannt. – Das LG Frankfurt am Main befand im Falle des SDG Klehr, daß die Tötung mit Phenol nicht immer als Mord zu werten sei. Die Begründung im Auschwitz-Urteil: »Da die drei Häftlinge nach den Aussagen des Zeugen Glowa in Krakau in einem Caféhaus verhaftet worden sind, kann die Möglichkeit, daß sie Mitglieder einer Widerstandsgruppe gewesen sind, nicht ausgeschlossen werden. Es erscheint auch möglich, daß sie durch ein Sonder- oder Polizeistandgericht zum Tode verurteilt worden sind und zur Vollstreckung der Todesurteile in das KL Auschwitz eingeliefert worden waren. Da die näheren Umstände nicht bekannt sind, kann nicht geklärt werden, ob die Verhängung der Todesstrafe rechtsmäßig [sic] erfolgt ist oder ob ein durchgeführtes Verfahren und die in diesem Verfahren gefällten Todesurteile gegen anerkannte Rechtsgrundsätze verstoßen haben. Die Tötung der Häftlinge durch Phenol kann die Vollstreckung dieser Todesurteile gewesen sein, da die Erschießung der Häftlinge wegen ihres Gesundheitszustandes nicht möglich war. Wenn auch vermutet werden kann, daß die Tötung der drei Häftlinge rechtswidrig war, da als Todesursache fingierte Krankheiten angegeben worden sind, so läßt sich jedoch nicht mit Sicherheit feststellen, daß der Angeklagte Klehr in diesem Fall klar erkannt hat, daß der Befehl, die Häftlinge zu töten, ein allgemeines Verbrechen bezweckte.«

Schulz, Gustav. SS-Rottenführer.
* 22.7.1910 Ostrowo. SS-Totenkopf-Sturmbann. Bote Block 11, Kommando Golleschau. Nach 1945 Wohnsitz bei Wetzlar.

Schulz, Heinz. Krematoriumsleiter (Sommer 1944).
* 9.4.1920 Hedwigsdorf, Kreis Freystadt. SS-Unterscharführer. Zunächst in Natzweiler. Kommandanturstab Monowitz, Blockführer. Vom KZ-Kollegen Leischow zu jenen SS-Leuten gerechnet, die »sich ein Vergnügen daraus machten, Häftlinge brutal zu mißhandeln«. Verheiratet mit Luise Schulz. † 1.2.1945 Lazarett in Prag.

Schulz, Luise. KZ-Wärterin.
* 14.1.1915 Varel in Oldenburg. Block- und Kommandoführerin. Verheiratet mit Heinz Schulz. 1948 in Krakau zu 2 Jahren Haft verurteilt (LaV).

Schulz, Otto. SS-Untersturmführer. * 23.12.1882 Bellingen. Landwirt. Ab November 1941 in Auschwitz, Kompanieführer der 6. Wachkompanie und einer Wachkompanie in Monowitz. Kommandanturbefehl Nr. 10/43: Mit Wirkung vom 3.5.1943 vom SS-Totenkopf-Sturmbann »zum KL Neuengamme-Hamburg versetzt«. Verbleib unbekannt.

Schulz, Wilhelm. SS-Scharführer. * 27.2.1920 Stolp/Pommern. SS-Totenkopf-Sturmbann. Nach 1945 in Baden-Württemberg.

Schulze, Alfred. SS-Rottenführer. * 3.7.1906 Berlin. Monowitz. † Vermißt seit April 1945. – Der damals 15jährige Elie Wiesel in seinem Buch *Die Nacht* über Monowitz: »Ich habe mehreren Erhängungen beigewohnt. Nie habe ich einen der Verurteilten weinen sehen, denn ihre ausgemergelten Körper hatten seit langem den bitteren Trost der Tränen vergessen.«

Schulze, Friedrich. SS-Unterscharführer. * 15.1.1908 Calvörde, Kreis Helmstedt. SS-Totenkopf-Sturmbann. Standortbefehl Nr. 48/43: »Besuch der Ehefrau v. 30.10.–20.11.43«. Verbleib unbekannt. – Die Überlebende Gisella Perl, Nr. A-25404, über ihren Antransport Mitte Mai 1944 (MV, Bd. 15): »Wir wurden in Viehwagen weggenommen und nach Ankunft in Auschwitz-Birkenau an der Eisenbahnstation gezwungen, die Leichen derjenigen, die im Waggon verstorben waren, herauszuwerfen. Ich erinnere mich, daß das in der Mitte Mai war, es war ein Donnerstag. Die Ankunft war früh morgens. Der Himmel war rot. Es war ein schrecklicher Gestank von Brand. Wir haben geweint und Hände gehalten.«

Schulze, Kurt. SS-Unterscharführer. * 19.9.1888 Großschleißdorf/Sachsen. Wachmannschaft Monowitz und Kommando Bobrek. † 12.6.1946 (Standesamt Garmisch-Partenkirchen).

Schulze, Wilhelm. SS-Rottenführer. * 10.7.1907 Mackendorf. SS-Totenkopf-Sturmbann. † 23.12.1942 Reservelazarett Kattowitz.

Schumacher, Christian. SS-Unterscharführer (1943). * 16.12.1919 Mönchengladbach. Laborant am Hygiene-Institut der Waffen-SS in Rajsko, wo Schenkel-, Bauchfleisch und Brüste ermordeter Frauen als Nährboden für Bakterienzuchten (genannt *Menschenbouillon*) verkocht werden. Nach 1945 in Nordrhein-Westfalen. Häftlingsarzt Lettich (AV, Bl. 17005): »Die im Hygieneinstitut tätigen Häftlinge brauchten an den täglichen Appellen nur ausnahmsweise teilzunehmen. Wenn öffentliche Exekutionen stattfanden, mußten wir allerdings zugegen sein.«

Schumacher, Hans. SS-Unterscharführer. * 31.7.1907 Düsseldorf. Arbeiter. 1935 NSDAP/SS (Nr. 124556). Zunächst in Ravensbrück. Ab August 1942 in Auschwitz. Standortverwaltung, Stellv. Häftlings-Magazinverwalter. Todesurteil am 22.12.1947 in Krakau. Laut Urteil Leiter der Aussortierungsstelle für Lebensmittel an der Rampe in Birkenau: »Der Angeklagte zog bei dieser Gelegenheit oftmals die Kinder und alte Leute mit einem auf den Hals gelegten Spazierstock aus den Waggons heraus und führte sie der Gruppe zu, die für die Gaskammer bestimmt war.« † Hinrichtung.

Schumann, Horst. Versuche zur Massensterilisierung mit Röntgenstrahlen. * 1.5.1906 in Halle als Arztsohn. 1930 NSDAP (Nr. 190002), 1932 SA. 1934 Amtsarzt in Halle, Kreis- und Stellv. Gauobmann NS-Ärztebund, Richter am Erbgesundheitsgericht. 1937/38 zwei militärische Grundausbildungslehrgänge, kurz vor Kriegsbeginn als Unterarzt der Luftwaffe eingezogen. Ende 1939 Direktor der Vergasungsanstalt Grafeneck, ab Juni 1940 der Vergasungsanstalt Sonnenstein in Pirna (Ermordung von

15 000 Kranken sowie einer unbekannten Zahl von KZ-Häftlingen). Schumann selektiert am 28.7.1941 mit Lagerarzt Popiersch in Auschwitz 575 Häftlinge, die in Sonnenstein im Rahmen der *Sonderbehandlung 14f13* (s. Heyde) vergast werden. Ab 2.11.1942 (Czech) erneut in Auschwitz. Schumann soll im Auftrag Himmlers (s. Brack) eine Technik zur »Massensterilisation durch Röntgenstrahlen« entwickeln. Schumann – laut Häftlingsärztin Hautval (Medizin) ein »Mann mit breiten Schultern und brutalen Gesichtszügen« – benutzt als Versuchsobjekte mehrere hundert männliche und weibliche Häftlinge. Beginn der Röntgenbestrahlung im Frauenlager Birkenau in einer Holzbaracke (Block 30), ab März 1943 in Block 10 im Stammlager. Schumann tritt in der Uniform der Luftwaffe auf. Es sind junge, gesunde jüdische Frauen und Männer, vor allem Griechen, Polen, Tschechen. Die erste Versuchsreihe endet Januar 1943, da Schumann an Fleckfieber erkrankt. Im Frühjahr 1943 beginnt Schumann erneut seine Versuche. Die bis dahin bestrahlten 350 männlichen Häftlinge sind inzwischen tot. Nach der Bestrahlung röten sich Genitalien, Unterleib, Oberschenkel, manchmal verfärben sie sich schwarz. Die Stellen eitern. Hautval (SV): »Ich mußte feststellen, daß Schumann mit den Strahlen nicht nur die Geschlechtsteile, sondern die Gedärme getroffen hatte.« Bei bestrahlten Männern wird eine Samenprobe genommen. Häftlingsschreiber Paczula (undatierte Erklärung im SV): »Eine Kurbel wurde in den Mastdarm eingeführt, und so lange wurden die Drüsen gereitzt, bis es zu einer Ejakulation kam. Die Häftlinge baten um Erbarmen, es war für sie eine Qual, und total erschöpft mußten sie nach Birkenau zurück und wieder an die Arbeit.« Schumann läßt den Bestrahlten – zur Kontrolle – Hoden oder Eierstöcke (in Block 21) herausschneiden, die im Gerichtsmedizinischen Institut der Universität Breslau histologisch untersucht werden. Zu Schumanns namentlich bekannten Opfern gehört die Tschechin Gabriele Gropova. Sie stirbt nach mehrmonatigem Siechtum an den Brandwunden im Unterleib, zudem erblindet. Als Operateure arbeiten die Häftlingsärzte Dering, Grabszynski, Sobieszczanski und Samuel. Häftling Zenon Lawski, Assistent bei den Operationen, nennt weiterhin Dr. Rohde, Dr. Entress und Schumann selbst (durch das erhaltene OP-Buch bestätigt). Schumanns Versuche enden Anfang 1944. Am 29.4.1944 teilt Bracks Vertreter Blankenburg Himmler mit, daß die operative Kastration »zuverlässiger und schneller« zu bewerkstelligen sei als die Kastration mit Röntgenstrahlen. Schumann, ab 1944 in zweiter Ehe mit Josepha Pütz, ehemals Schreibkraft in der Vergasungsanstalt Sonnenstein, verheiratet, wird 1945 Knappschaftsarzt in Gladbeck. Februar 1951 Flucht, zunächst Schiffsarzt, 1955 in Ägypten und Sudan, ab 1959 in Ghana, 1966 Auslieferung. September 1970 Prozeßbeginn wegen Euthanasieverbrechen vor dem LG Frankfurt am Main. April 1971 für verhandlungsunfähig erklärt. † 5.5.1983 Frankfurt am Main. Q.: SV.

Schur, Karl (Szur, Karol). SS-Rottenführer.

* 23.4.1902 Alt Kurau / Wolhynien. August 1941 Zugang aus Buchenwald. Verbleib unbekannt.

Schurz, Bertha. KZ-Wärterin.

* 17.12.1921. SS-Aufseherin, schlug Frauen beim Essen (AV, Bl. 3797). Verbleib unbekannt.

Schurz, Hans. Politische Abteilung (PA), Lager-Gestapo.

* 28.12.1913 St. Salvator in Kärnten. NSDAP-Nr. 1618368, SS-Nr. 292911, Obersturmführer (1943). Ab 1.5.1943 in Auschwitz, ab 1.12.1943 als Nachfolger Grabners Leiter der PA. Zuletzt KZ Mittelbau-Dora. Der ihm dort unterstellte

Häftling Unikower (AV, Bl. 11965): »Zunächst habe ich circa 14 Tage lang Akten aus Auschwitz, die mit einem Möbeltransportwagen angekommen waren, alphabetisch geordnet. Der Aktenbestand war außerordentlich.« † Vom LG Wien 1950 für tot erklärt. KZ-Kollege Bernhard Walter: »Soweit ich weiß, ist er aus englischer Gefangenschaft geflohen.«

Schuster, Heinrich. SS-Schütze.
* 15.7.1901. SS-Totenkopf-Sturmbann. † 26.12.1944 bei Bombenangriff auf Buna-Monowitz, Standortbefehl Nr. 31/44: »Wir werden den Kameraden stets ein ehrendes Gedenken bewahren.«

Schwab, Roland. Zentral-Bauleitung.
* 23.10.1911. SS-Schütze. Sachgebiet Bewässerung. Verbleib unbekannt.

Schwalbova, Margita. Häftlingsärztin, Nr. 2675.
* 29.9.1915 Liptovsky St. Niklas. Ankunft Auschwitz aus Brünn (Brno) am 28.3.1942. Slowakische Ärztin im Frauenkrankenbau im Stammlager, dann in Birkenau, auch im »Zigeunerlager« und in Claubergs Versuchsblock. Zuständig für Block 25, der Zwischenstation zu den Gaskammern. Häftlingsärztin Ljubow Alpatowa (AV, Bl. 8799): »Man hatte sie verhaftet, als sie 5 Semester Medizin hinter sich hatte, sie hat mich vor dem Tod gerettet, als ich an Flecktyphus erkrankt war. Sie versteckte mich vor [KZ-Arzt] König, damit er mich nicht in die Gaskammer schickt.« Dozentin für Kinderheilkunde in Bratislava. – Die Überlebende Sternberg in ihrem Bericht *In der Hölle von Auschwitz*, über Block 25: »Eines Tages kam der SS-Mann [Anton] Tauber auf unseren Block, um die Aussortierung für das Gas selbst vorzunehmen. Er war nicht älter denn 25 Jahre alt. Die Blockälteste mußte Achtung rufen. Er sagte: Na, da wollen wir mal beginnen mit unserem Werk. Er streifte sich die Ärmel hoch, wie ein Schlächter, der nun an seine Arbeit geht. Nun müssen der Reihe nach alle Kranken vor ihm [nackt] vorbeimarschieren, wer nicht stehen konnte, wurde nackt auf den Steinboden gesetzt oder gelegt. Unendliche Male trat er mit seinen nagelbeschlagenen Stiefeln in die Kranken hinein, in den Bauch oder auch in den Rücken, bis das Blut lief. Von ca. 950 Frauen wurden 800 Frauen zum Vergasen aufgeschrieben, der ganze Block wurde fast geleert. Die Frauen beteten zu Gott, schrien um Hilfe, warfen sich der SS vor die Füße und baten um ihr Leben. Dafür bekamen sie noch Schläge.«

Schwanner, Fritz. SS-Unterscharführer.
* 26.6.1907 Wien. Stabskompanie. † Kriegstod 21.2.1945 (Standesamt Wien-Favoriten).

Schwarz, Albert. SS-Unterscharführer.
* 27.3.1911 Reckendorf. SS-Wachkompanie, Dienstbezeichnung *SS-Totenkopf-Sturmbann KL Auschwitz*. Nach 1945 in Niedersachsen.

Schwarz, Franz. SS-Rottenführer.
* 15.8.1915 Karapcio/Rumänien. Standortverwaltung, Abteilung Effektenkammer (Raubgut), SS-Küche Auschwitz. Nach 1945 in Baden-Württemberg.

Schwarz, Heinrich. Arbeitseinsatzführer, Kommandant Monowitz (November 1943).
* 14.6.1906 München. Buchdrucker. 1931 NSDAP (Nr. 786871) und SS (Nr. 19691), Hauptsturmführer (1943). 1938 SS-Hauptamt Verwaltung und Bauten. Verwaltung Mauthausen. 1941 SS-Wirtschafts-Verwaltungshauptamt, Amt D II: Arbeitseinsatz der Häftlinge. April 1942 bis November 1943 Arbeitseinsatzführer in Auschwitz (die ab dem 15.4.1942 eigenständige Abteilung IIIa war dem Lagerkommandanten unterstellt): Im Kommandanturbefehl (KB) Höß vom 15.4.1942 Meldung, »daß der 2. Schutzhaftlagerführer, SS-Obersturmführer Schwarz, als gleichzeitiger Führer für den Arbeitseinsatz, und zwar sowohl für die männlichen als auch für die weib-

lichen Häftlinge ganz ausschließlich und unmittelbar dem Lagerkommandanten untersteht«. Schwarz am 5.3.1943 an SS-WVHA über eine Selektion von 1750 Juden aus Berlin am Tag zuvor (StAu II): »Wenn die Transporte aus Berlin weiter mit so viel Frauen u. Kindern nebst alten Juden anrollen, verspreche ich mir im Punkt Einsatz nicht viel. Buna braucht vor allen Dingen jüngere bzw. kräftige Gestalten.« Ab 16.8.1943 Erster Schutzhaftlagerführer »Auschwitz mit seinen Nebenlagern« (StB vom 18.8.1943). Ab 22.11.1943 Kommandant von Monowitz und seinen Außenlagern. KB Nr. 1/43, gez. Schwarz: »Gemäß Standortbefehl Nr. 53/43, Ziff. 1, habe ich das Konzentrationslager Auschwitz III (Außenlager Monowitz, Neu-Dachs, Jawischowitz, Eintrachthütte, Lagischa, Fürstengrube, Golleschau, Janinagrube, Sosnowitz, Brünn) übernommen.« KB Schwarz vom 22.12.1944: »Nun geht es wieder vorwärts. Unser Glaube an unseren Führer ist unerschütterlich.« *Kriegsverdienstkreuz II. Klasse mit Schwertern* September 1942. Langbein (Menschen): »Im Herbst 1942 standen wir wieder einmal bei einem Abendappell in Reih und Glied. Schwarz, damals Lagerführer im Stammlager, ließ einen Häftling herausrufen, der offenbar gemeldet worden war. Ein älterer, völlig heruntergekommener Mann stand zitternd in seiner schäbigen Häftlingsmontur vor dem dicken, machtstrotzenden Lagerführer. Schwarz schlug mit aller Kraft auf den Muselmann ein und trat nach ihm, als er auf dem Boden lag. Ich kann nicht vergessen, wie er geiferte, seine Augen hervorquollen, wie sich sein Gesicht rötete.« Häftling Unikower (AV, Bl. 1711): »Er war launisch und unberechenbar und war bei den Häftlingen und auch bei den SS-Leuten sehr gefürchtet. Er hat sehr viele Häftlinge auf dem Gewissen. Schwarz war einer der übelsten KZ-Leiter überhaupt.« Ab 18.2.1945 Kommandant des KZ Natzweiler-Struthof, das zu dieser Zeit nur noch aus Außenkommandos besteht. † Hinrichtung am 20.3.1947 im Wald der Gemeinde Sandweiher b. Baden-Baden.

Schwarz, Jehuda. *Mengele-Zwilling*, Nr. A-14095.

* 4.8.1932. Ankunft Auschwitz am 15.6.1944 aus Ungarn. Aussage: »Als Knabe wurde ich zu den Männern gestellt, die gesondert von den Frauen standen. Nach kurzer Zeit kam ein deutscher Offizier zu den Reihen der Männer und rief: ›Schwarz Kalman‹ – so hieß ich. Er nahm mich und meine Zwillingsschwester und stellte uns zur Seite. Es stellte sich heraus, daß meine Mutter gebeten hatte, mich, ›den Zwillingsbruder‹, wie sie sagte, der Familie anzuschließen, und das lenkte die Aufmerksamkeit Mengeles auf mich. Seit dieser Stunde sah ich weder meine Mutter noch meine große Schwester wieder.« Lehrer in Israel. Q.: MV, Bd. 22.

Schwarz, Max, genannt Schatzmeister. *Jüdisches Sonderkommando*.

* Etwa 1895, aus Brezov. Slowakischer Jude. Zunächst im Fischl-Kommando im *Alten Krematorium*, verarbeitete im Krematorium III das den Ermordeten herausgebrochene Zahngold. Mithäftling Leon Cohen gegenüber Greif: »Er hatte ein kleines Labor. Er säuberte das Gold und trennte es von den organischen Resten, bis reines Gold übrigblieb. Dann schmolz er es ein und übergab den Deutschen die Goldbarren.«

Schwarzhuber, Johann. SS-Obersturmführer (1944).

* 29.8.1904 Tutzing. Buchdrucker. März 1933 SS (Nr. 142388), Mai 1933 NSDAP (Nr. 1929969). In Dachau 1933 Wachmannschaft, 1935 Blockführer, 1938 Rapportführer (Spieß). September 1938 bis August 1941 Rapportführer in Sachsenhausen. Ab 9.9.1941 in Auschwitz, Führer von Arbeitskommandos. Vom 14.3.1942 bis 10.9.1944 Schutzhaftlagerführer des Männerlagers in Birkenau

(Olbycht: »In sämtlichen Baracken war der Fußboden aus Lehm, der sich in Regenzeiten in Schmutzpfützen verwandelte, bei Trockenheit dagegen Staubwolken aufwirbelte«). September 1942 *Kriegsverdienstkreuz II. Klasse mit Schwertern.* Standortbefehl Nr. 24/43: »Besuch des Bruders mit Ehefrau vom 1.–31. 7. 43.« Laut Filip Müller Februar 1944 beteiligt an der Selektion von 200 Häftlingen des Jüdischen Sonderkommandos, die anschließend in Majdanek ermordet werden. Laut Engelschall bei Niederschlagung des Aufstands der Krematoriumshäftlinge aktiv. November 1944 Schutzhaftlagerführer KZ Kaufering. Standortarzt Wirths am 26. 11. 1944 im Brief an seine Frau: »Schwarzhuber versetzt, seine Familie aber noch hier.« Ab 12. 1. 1945 Schutzhaftlagerführer in Ravensbrück. Schwarzhuber über die Januar 1945 in einem Schuppen installierte Gaskammer (zit. n. Massentötungen): »Ich war bei einem Gasen anwesend. Es wurden 150 Frauen auf einmal in die Gaskammer gezwungen. Hauptscharführer Moll gab den Frauen den Befehl, sich auszukleiden, und teilte ihnen mit, daß sie eine Entlausung mitmachen würden.« Todesurteil britisches Militärgericht Hamburg am 3. 2. 1947 im *Ravensbrück-Prozeß*. † Hinrichtung 3. 5. 1947 Hameln. Häftlingsarzt Wolken in einem Bericht vom 17. 4. 1945 (AV, Bl. 6966): »Am 5. 12. 1943 kam aus Flossenbürg ein Transport von kranken Häftlingen, ca. 80 von ihnen [kriegsversehrte sowjetische Gefangene] wurden auf Befehl des Lagerführers bei dem herrschenden Frost in den Schnee gelegt und sollten dort übernachten. Ja, es wurde sogar der Auftrag gegeben, sie überdies noch mit Wasser zu begießen, um den Erfrierungstod zu beschleunigen. Sie waren nicht gezählt. Im Dunkel der Nacht holten wir mehr als die Hälfte auf die Blöcke. 33 mußten wir schweren Herzens liegen lassen. Sie waren in der Früh tot.«

Schwarzowa, Gizela. *Mengele-Zwilling.* * 27. 9. 1911. Ab Herbst 1944 in Auschwitz. Aussage: »In das Konzentrationslager Auschwitz-Birkenau kam ich mit einem Transport slowakischer Juden aus Sered, zusammen mit meiner Zwillingsschwester Leontina Schwarzowa.« Nach eigener Aussage fast täglich Injektionen, Blutentnahmen usw.: »Ich befand mich während dieser Zeit unter dem Einfluß der Injektionen im Zustand der Trance. Als ich später zu mir kam, hatte ich festgestellt, daß meine Schwester nicht mehr da war, und als ich fragte, wo sie ist, wurde mir von einem unbekannten Häftling geantwortet, ich solle nicht fragen, meine Schwester sei nicht mehr hier. Nach etwa einem Monat wurde ich in das Konzentrationslager Lenzing b. Linz in Österreich überführt. Während der Zeit des Aufenthaltes in diesem Lager tat ich so, als sei ich gesund, denn ich hatte die Befürchtung, daß, falls ich Krankheitsanzeichen äußern würde, zurück nach Auschwitz ins Gas käme.« Q.: MV, Bd. 26.

Schweda, Oskar. SS-Unterscharführer.
* 26. 12. 1899 Ruela, Kreis Annaberg. Kommandanturstab Auschwitz, Abteilung *Fürsorge, Schulung und Truppenbetreuung*, das heißt: NS-Indoktrinierung. Laut KZ-Kollege Bernhard Walter veranstaltete er auch Filmvorführungen »für Häftlinge im Lager« – nicht für Juden. Verbleib unbekannt.

Schwede, Herbert. SS-Schütze.
* 8. 1. 1925 Käntschen. September 1944 Wachmann im Kommando Charlottengrube. Am 8. 4. 1948 in Wadowice zu 4 Jahren Haft verurteilt.

Schweiger, Johann. SS-Schütze.
* 3. 4. 1912. SS-Totenkopf-Sturmbann. † Kriegstod 21. 11. 1944. Schutzhaftlagerführer Franz Hofmann im Auschwitz-Prozeß: »Sämtliche Diensttuende an der Rampe haben Sonderverpflegung [Schnaps, Zigaretten] erhalten.«

Schwela, Siegfried. SS-Standortarzt.
* 3.5.1905 Cottbus. 1929 NSDAP (Nr. 169110) und SS (Nr. 33800), Hauptsturmführer (1942). Oktober 1939 Arzt und SS-Obersturmführer bei der *Einwandererzentralstelle* Lodz (rassische Selektion bei der Einbürgerung sog. Umsiedler). In Auschwitz erstmals Sommer 1941. Beteiligt an der Vergasung von 600 russischen Kriegsgefangenen und 250 kranken Polen am 3.9.1941 mit Zyklon B. Ende 1941 Erster Lagerarzt in Natzweiler. Ab 21.3.1942 »Chefarzt« in Auschwitz. † 10.5.1942 an Fleckfieber. Häftlingsarzt Klodzinski (*Die Auschwitz-Hefte*, Bd. I): »Schwela war von äußerer Eleganz und galt als ›eleganter Mörder‹.«

Schwendt, Friedrich. Gefangenen-Eigentums-Verwaltung.
* 21.1.1901. SS-Unterscharführer. Standortverwaltung, Abteilung GEV. Verbleib unbekannt.

Schwenk, Erwin. SS-Unterscharführer.
* 16.6.1917 Büschau b. Leipe. In Auschwitz ab Oktober 1940. Wachmannschaft. 1948 in Krakau zu 3 Jahren Haft verurteilt (LaV).

Sczurek, Paul. SS-Sturmmann.
* 26.6.1908 Chorzow. Pole. Hüttenarbeiter. 1940 SS. SS-Totenkopf-Sturmbann, Kommandanturstab Schutzhaftlager. † Todesurteil am 22.12.1947 in Krakau, Hinrichtung.

Seeger, Wolfgang. Häftling Nr. Z-2128.
* 14.1.1876. Ankunft Auschwitz am 12.3.1943. † Am 23.6.1943 im »Zigeunerlager« von SS-Rottenführer Ernst August König zu Tode geprügelt. Der Anlaß, laut Urteil gegen König: »Nachdem der Angeklagte den Block betreten hatte, rief der Blockälteste: ›Achtung!‹ Daraufhin traten die im Block anwesenden Häftlinge vor ihren Schlafpritschen an. Wolfgang Seeger war aufgrund seines Alters und wegen seines krankheitsbedingt geschwächten Gesundheitszustandes nicht in der Lage, geradezustehen. Er hielt sich mit einer Hand an einem Pfosten seiner Schlafpritsche fest. Der Angeklagte forderte ihn auf, geradezustehen. Seeger erwiderte daraufhin sinngemäß, er könne nicht geradestehen. Der Angeklagte schlug heftig und brutal mit dem Schlaggegenstand etwa 25mal auf Seeger, insbesondere schlug der Angeklagte gezielt in den Nierenbereich.«

Seggern, Hermann von. SS-Unterscharführer.
* 2.12.1908 Golzwarden. Kommandanturbefehl Nr. 20/43: »Besuch der Ehefrau v. 20.6.–6.7.43«. Nach 1945 in Bad Zwischenahn.

Sehne, Friedrich. SS-Schütze.
* 1.3.1912 Beschka bzw. Beska / heutiges Serbien. SS-Totenkopf-Sturmbann, Kommandantur Monowitz, Kommando Jawischowitz und Golleschau. Belobigt im Kommandanturbefehl vom 11.11.1944, da er die »Flucht« von Häftlingen »verhinderte«. † Vermißt. KZ-Kollege Bilibou: »Es gab keinen Sonderurlaub für ›Verhinderung der Flucht‹, sondern nur für ›Erschießen auf der Flucht‹.«

Sehner, Franz. SS-Sturmmann.
* 1.12.1909 Ruma / Kroatien. Ab Oktober 1942 in Auschwitz. SS-Totenkopf-Sturmbann. Nach 1945 in Frankreich.

Seibt, Emil. Politische Abteilung (PA), Lager-Gestapo.
* 15.7.1904 Johannesberg, Sohn eines Glasschleifers, selbst Flakonschleifer. SS-Oberscharführer. März 1941 SS-Totenkopf-Sturmbann. Stellv. Kommandoführer in den Außenlagern Jawischowitz und Neu-Dachs. Juli 1944 im Standesamt der PA, d.h. Falschbeurkundung der Sterbefälle. Will wegen Schwerhörigkeit (!) nach Auschwitz gekommen sein. Seibt: »Am 28.8.40 wurde ich aus der Wehrmacht wegen Schwerhörigkeit als ›dienstunfähig‹ entlassen. Am 25.2.41 wurde ich zum Totenkopf-Sturmbann nach Breslau berufen und kam wegen meines Gehörfehlers nach einigen Tagen nach Auschwitz und blieb dort bis Dezember 1944.« Berufsangabe: Glasdruk-

ker. Seibt: »Die Vergasungen in Birkenau waren bei uns allgemein bekannt.« Q.: AV, Bl. 8895 ff.

Seidel, Friedrich. SS-Rottenführer.
* 14.7.1916. Verbleib unbekannt. – Kaduk im Auschwitz-Prozeß zur Häufigkeit der Transportankünfte 1944: »An manchen Tagen war es toll, was so alles angekommen ist. Ich weiß, es waren einmal schon um 10.30 Uhr fünf Transporte.«

Seidel, Paul. SS-Oberscharführer.
* 19.1.1890 Ritschitz, Kreis Glogau. Wachmannschaft Monowitz, Herbst 1944 Kommando Charlottengrube. Am 16.4.1948 in Wadowice zu 4½ Jahren Haft verurteilt (HvA 17).

Seidel, Paul Heinrich. SS-Unterscharführer.
* 16.11.1890. Waffenkammer Monowitz. Möglich: 1948 in Wadowice zu 4½ Jahren Haft verurteilt (LaV).

Seidl, Rudolf. SS-Unterscharführer.
* 11.4.1915 Eisenerz. Zentral-Bauleitung, SS-Totenkopf-Sturmbann, Außenlager Sosnowitz (II). Nach 1945 in Österreich.

Seidler, Friedrich. Schutzhaftlagerführer.
* 18.7.1907 Werdau/Sachsen. Bautechniker. 1933 SS (Nr. 135387), Hauptsturmführer. 1935 NSDAP (Nr. 3693999). 1938–1940 Kompanieführer in Sachsenhausen. November 1941 bis März 1942 Zweiter Schutzhaftlagerführer im Stammlager Auschwitz, zugleich Führer des Lagers der russischen Kriegsgefangenen (StAu I). Danach Schutzhaftlagerführer im Mauthausen-Nebenlager Gusen. † Kriegstod 6.5.1945 in Österreich. Höß zählt Seidler in seinen Aufzeichnungen zu »den in jeder Hinsicht unerfreulichen Gestalten«. Broad-Bericht: »Die 1941/42 nach Auschwitz eingelieferten Russen kamen in das zu dieser Zeit entstehende Nebenlager Birkenau. Ein unglaubliches Elend hat sich dort abgespielt. Der Hunger ließ die Menschen wahnsinnig werden. Über jeden Frosch, jede Runkelrübe stürzten sie sich gierig. Leiterwagenweise wurden jeden Abend die Toten in das Krematorium nach Auschwitz gefahren. Die Halbtoten, die diese unbeschreiblichen Qualen nicht mehr zu ertragen vermochten, krochen freiwillig auf die Wagen und wurden dann wie das Vieh totgeschlagen.«

Seifert, Arthur. SS-Hauptscharführer.
* 5.4.1893. Monowitz. KZ-Kollege Millauer: »Kommandoführer in Monowitz. Seifert kam im Sommer 1943 oder 1944 aus Lublin zu uns.« Verbleib unbekannt.

Seifert, Karl. SS-Sturmmann.
* 28.1.1894 Obergeorgenthal. SS-Totenkopf-Sturmbann. † 20.8.1944 in Monowitz bei Fliegerangriff.

Seiner, Hana. *Mengele-Zwilling*, Nr. 71789.
* 16.11.1933 in der Tschechoslowakei. Ankunft Auschwitz im Dezember 1943 mit Zwillingsbruder Milan. Aussage: »Soweit ich mich erinnere, beruhten die Versuche darin, daß in erster Reihe uns sehr häufig Blut entnommen wurde. Unter anderem wurden uns Haare abgeschnitten und dies augenscheinlich zum Zwecke der Prüfung und Vergleichung der Haarfarbe, weil ich bei Dr. Mengele irgendeinen Karton gesehen habe, auf welchem mehrere Haarflechten befestigt waren. Er führte den Vergleich der Farben selbst durch. Auf die gleiche Art führte Dr. Mengele den Vergleich der Farben unserer Augen mit einer Farbskala durch, welche er ebenfalls auf einem solchen Karton hatte. Daneben wurden uns Fingerabdrücke an beiden Händen, Abdrücke der beiden Handflächen und Abdrücke der Füße abgenommen. Denselben Prüfungen unterzog sich auch meine Mutter, welche nicht mehr lebt [1945 in Ravensbrück ermordet]. Sie stammt nämlich auch aus Zwillingen.« Q.: MV, Bd. 25.

Seiner, Milan. *Mengele-Zwilling*, Nr. 169094.
* 16.11.1933. Aussage: »Im Dezember 1942 wurde ich mit meinen Eltern in

meinem Heimatort festgenommen und zunächst in das Konzentrationslager Theresienstadt gebracht. Dort blieben wir bis Januar 1943. Im Januar 1943 wurde ich, nachdem mein Vater bereits von uns getrennt worden war, zusammen mit meiner Mutter, meiner Großmutter und zwei Schwestern nach Auschwitz-Birkenau transportiert.« Seiner über Mengele: »Mengele war bei diesen Messungen und Untersuchungen zugegen, hat jedoch nicht selbst dabei Hand angelegt. Allerdings gibt es eine Ausnahme: Die Feststellung der Beschaffenheit der Augen nahm nach meiner Erinnerung Mengele selbst vor.« Q.: MV, Bd. 21.

Seitner, Rudolf. Zentral-Bauleitung.
* 15.3.1911 Wien. SS-Unterscharführer. Von März 1941 bis Anfang 1943 in Auschwitz. Fahrbereitschaft ZBL (50 Lastkraftwagen). Nach 1945 Wohnsitz am Geburtsort.

Seitz, Anton. SS-Rottenführer.
* 7.7.1908. Laut seinem Vorgesetzten Rönisch aus Bayern. Ab Mai 1943 Wirt des SS-Erholungsheims Sola-Hütte, 40 km von Auschwitz entfernt im Beskidengebirge. Kommandanturbefehl vom 6.4.1943: »Seitz ist für den gesamten Hüttenbetrieb verantwortlich.« Verbleib unbekannt.

Seitz, Matthäus. SS-Schütze.
* 30.12.1905 Bettelhofen. † 30.10.1972 Ravensburg.

Seitz, Robert. Leiter der Krematorien III und IV (1944).
* 14.1.1911 Liedolsheim, Kreis Karlsruhe. Postangestellter. SS-Oberscharführer. In Majdanek in den Krematorien eingesetzt. Von Nyiszli als einer der »skrupellosesten Mörder der Krematorien« in Auschwitz bezeichnet. Nach 1945 Landwirt am Geburtsort. Majdanek-Verfahren wegen Verhandlungsunfähigkeit beendet. † 17.9.1977 Karlsruhe.

Sell, Max. Arbeitseinsatzführer.
* 8.1.1893 Kiel. Kaufmann. 1931 NSDAP (Nr. 704095), 1932 SS (Nr. 35889), Obersturmführer (1944). Februar 1942 Arbeitseinsatzführer in Ravensbrück. Ende 1942 in Auschwitz, Stellv. Arbeitseinsatzführer, August 1943 Arbeitseinsatzführer. Standortbefehl Liebehenschel vom 22.11.1943: »Der Häftlingseinsatz wird weiterhin zentral geleitet. Als Führer des Häftlingseinsatzes ist von mir SS-Untersturmführer Sell eingesetzt worden. Die Dienststelle bleibt im Stammlager I.« Als Arbeitseinsatzführer an Selektionen beteiligt. Am 30.1.1944 *Kriegsverdienstkreuz II. Klasse mit Schwertern.* PA-Häftling Bartel: »Sell war im ganzen Lager als brutaler Schläger bekannt.« Laut Langbein (Menschen) tat er »alles, um die Vernichtungsmaschinerie zu beschleunigen«. Laut Krematoriumschef Muhsfeldt (MV, Bd. 41) unterschrieb er die Gutscheine (Schnaps, Zigaretten) der beim Rampen- und Gaskammerdienst eingesetzten SS-Angehörigen. Februar 1945 KZ Mittelbau-Dora. † Vom AG Kiel 1950 für tot erklärt.

Selle, Herbert. Leiter der Funkstelle.
* 12.12.1917 Eula / Sachsen. SS-Oberscharführer. Vom 1.10.1941 bis 31.1.1943 in Auschwitz. Nach 1945 in Bayern. Die Funkstelle diente der Nachrichtenübermittlung mit SS-Wirtschafts-Verwaltungshauptamt und RSHA. Erhalten ist ein Fernspruch vom 15.3.1943 an das SS-WVHA, Amtsgruppe D, gez. SS-Obersturmführer Schwarz (faks. Abdruck HvA 4): »K. L.-Auschwitz meldet Judentransport aus Berlin. Eingang am 13.3.43 Gesamtstärke 964 Juden. Zum Arbeitseinsatz kamen 218 Männer u. 147 Frauen. Die Männer wurden nach Buna überstellt. Gesondert wurden 126 Männer u. 473 Frauen u. Kinder untergebracht.« *Gesondert wurden untergebracht* ist das Codewort für Ermordung in der Gaskammer.

Semmler, Arnold. SS-Rottenführer.
* 19.5.1904. August 1941 Zugang von Buchenwald. SS-Totenkopf-Sturmbann. Verbleib unbekannt.

Sengewald, Rudi. SS-Unterscharführer.
* 22. 10. 1908 Triebes / Thüringen. Standortverwaltung. † Vermißt im Raum Breslau.

Settnik, Josef. Politische Abteilung (PA), Lager-Gestapo.
* 10. 3. 1903 Alt-Chorzow, Kreis Kattowitz. SS-Unterscharführer. Zunächst SS-Totenkopf-Sturmbann. PA-Häftling Bartel: »Er sprach recht gut polnisch.« Verbleib unbekannt.

Setzer, Wilhelm. Kommandoführer Strafkompanie.
* 21. 1. 1902 Rastatt. SS 1940, Unterscharführer. Ab Mai 1943 in Auschwitz. In einem Häftlingsbericht über die Gefangenen der Strafkompanie heißt es (HvA 17): »Lebendige, bluttriefende, mit Haut überzogene Skelette, die zu jedem Appell bis zu zwanzig Leichen mitbrachten.« Danach zuständig für die Krematorien in Birkenau. Zuletzt KZ Vught. † Vermißt seit Januar 1945.

Seufert, Karl. SS-Hauptscharführer.
* 1. 11. 1913 Würzburg. Arbeitersohn. Kraftfahrer. 1933 NSDAP, 1934 SS, SS-Totenkopf-Sturmbann KL Dachau. Ab November 1940 in Auschwitz, Leiter der Abteilung *Waffen und Geräte*. Seufert: »In meinem Lager befanden sich ca. 10 000 Gewehre, ca. 30 Millionen Schuß Munition, Maschinengewehre, Granatwerfer, Pistolen, Handgranaten.« November 1940 Blockführer Block 11, Arrest- und Exekutionsblock, genannt Todesblock. Laut Häftlingsschreiber Franciszek Brol beteiligt an Erschießungen. Laut eigenen Angaben November 1941 bis September 1944 Waffen- und Geräteverwalter beim Kommandanturstab Majdanek. Danach erneut in Auschwitz, Kommandoführer in Monowitz. Kommandanturbefehl vom 4. 10. 1944: *Kriegsverdienstkreuz II. Klasse mit Schwertern* (das KVK für KZ-Angehörige läßt Beteiligung an Tötungen vermuten). Am 22. 12. 1947 in Krakau wegen Mißhandlung von Häftlingen (»Pfahlhängen«) zu lebenslanger Haft verurteilt, Entlassung 2. 11. 1957. Städtischer Arbeiter, Wohnsitz beim Geburtsort. Aussage Seufert: AV, Bl. 8176 ff.

Seydel, Arthur. SS-Sturmmann.
* 24. 11. 1886 Zwickau. Tischler. Wachmannschaft Monowitz, ab 7. 9. 1944 Kommando Eintrachthütte. Am 14. 8. 1948 in Wadowice zu 3 Jahren Haft verurteilt. † 5. 12. 1949 Haft in Jaworzno (HvA 17).

Shelley, Lore, geb. Weinberg. Häftlingsschreiberin Politische Abteilung (PA).
* 19. 2. 1924 Lübbecke / Westfalen. Ankunft Auschwitz am 20. 4. 1943 aus Neudorf in Niederschlesien. Von 1000 Deportierten werden 543 sofort in der Gaskammer erstickt. Die Frauen erhalten Nummern zwischen 41870 und 42027. Ab Juni 1943 im Standesamt der PA (Lager-Gestapo). Schrieb Totenlisten und Beileidsschreiben. Registrierte die Ermordung – Tarnwort: *Sonderbehandlung*, abgekürzt *SB* – ihrer Mutter: »Später fand ich ihren Personalbogen in den ›SB-Akten‹, aus welchem ich ersah, daß sie am 9. Februar 1943 vergast worden war.« Nach 1945 Promotion USA, Herausgeberin des Buchs *Schreiberinnen des Todes*. Ausführliche Autobiographie ebenda.

Sickinger, Peter. SS-Rottenführer.
* 7. 3. 1908 Karawukowo, Kreis Sambor. SS-Totenkopf-Sturmbann. Nach 1945 in Schramberg.

Sicklinger, Michael. SS-Sanitätsdienstgrad (SDG).
* 8. 1. 1889 München. Tischler. SS-Oberscharführer (1943). 1941 SDG im Stammlager (Auschwitz-Urteil). Februar 1943 bis Juli 1944 KZ Groß-Rosen. Danach KZ Riga-Kaiserwald und Amt D III im SS-Wirtschafts-Verwaltungshauptamt. *Kriegsverdienstkreuz II. Klasse mit Schwertern* (LaP). Verbleib unbekannt.

Siebald, Anton. Werkstattleiter der Lkw-Fahrbereitschaft.
* 23. 10. 1912 Breitenbach b. Bebra. Autoschlosser. 1933 NSDAP / SS, Ober-

scharführer. Ab Sommer 1940 in Auschwitz. Zunächst Fahrer der Fahrbereitschaft, dann zweiter, 1943 erster Werkstattleiter der sog. Praga-Halle in der Nähe des Bahnhofs (laut Siebald ab 1942/43 Station der Lastkraftwagen). Siebald: »Die von mir betreuten Lkws wurden für alle möglichen Zwecke eingesetzt. Ich weiß auch, daß die Lkws bei ankommenden Häftlingstransporten die Ausgeladenen zu transportieren hatten. Ein Teil der Ankömmlinge kam ins Lager, der andere Teil sofort in die Gaskammer.« Nach eigener Aussage (AV, Bl. 15832) vertretungsweise beteiligt an Gaskammerfahrten (»Ich sprang nur ein«). Nach 1945 Autoschlosser. Aussage: AV, Bl. 11921 ff.

Siebeneicher, Oskar. SS-Unterscharführer.

* 15.3.1906 Bad Schlag. SS-Nr. 352939. SS-Totenkopf-Sturmbann, Standortverwaltung, Abteilung Unterkunft. StA Frankfurt (AV, Bl. 3792): »Nahm an Vernichtungsaktionen teil.« Schönbohm: »Er wurde mit mir zusammen verurteilt und bekam 8 Jahre Gefängnis in Polen.« Danach in Gotha (DDR).

Sieber, Gerhard. SS-Rottenführer.

* 16.7.1921 Ober-Heldrungen. Am 4.12. 1941 vom SS-Totenkopf-Sturmbann zum Kommandanturstab, Abteilung III – Schutzhaftlager – kommandiert (KB Nr. 33/41). Blockführer. Verbleib unbekannt. – Imo Moszkowicz über das Appellstehen: »Wenn nach endlosen Stunden abgerückt werden durfte, waren die gefrorenen Körper in der folgenden Nacht nicht zu erwärmen, die nassen Klamotten nicht zu trocknen. Da half nur anderntags die Sonne, wenn überhaupt noch zu helfen war; Fieber und Dünnschiß dezimierten die Reihen unglaublich rasch. Der widerlich-winterliche Wind, der von den Beskiden fegte, biß hilflose Menschen zu Tode.«

Siebert, Paul. SS-Schütze.

* 10.1.1903 Lange Reihe, Kreis Danzig-Höhe. SS-Totenkopf-Sturmbann. Name auf einer Meldung der Kommandantur vom 15.8.1942 über SS-Angehörige, die Häftlinge »auf der Flucht« erschossen. † 26.8.1942 Auschwitz.

Siegmann, Wilhelm. Kommandeur der Wachtruppe.

* 16.8.1898 Oebisfelde b. Magdeburg. Schlosser. 1930 NSDAP (Nr. 413945), 1932 SS (Nr. 49125), Hauptsturmführer. 1937 Stadtinspektor in Hamburg. Zunächst KZ Neuengamme, April 1941 Schutzhaftlagerführer des Männerlagers in Ravensbrück, Oktober 1941 in Auschwitz, Kompanieführer verschiedener SS-Wachkompanien. Kommandanturbefehl vom 20.11.1941: »Der SS-Untersturmführer Siegmann wird mit sofortiger Wirkung zur Kommandantur kommandiert und mit der militärischen Ausbildung des Kommandanturstabs beauftragt.« Ab 16.12.1943 in Majdanek, Chef der 2. SS-Wachkompanie und Chef der Weltanschaulichen Schulung (Marszalek). Oktober 1944 erneut in Auschwitz, Adjutant. Siegmann: »Insgesamt unterstanden mir etwa 1000 SS-Leute.« Nach 1945 Angestellter in der Rohproduktenbranche (Siegmann), von Polen »als Mörder« gesucht. † 15.8.1969 Braunschweig. Q.: StAu I nach Personalunterlagen. In seiner Aussage (AV, Bl. 7984 ff.) verschweigt er Majdanek.

Siegruth, Johann. Häftling Nr. 26.

* Nicht ermittelt. Einer von 30 Kriminellen aus dem KZ Sachsenhausen, am 20.5.1940 als Funktionshäftling nach Auschwitz überstellt. Obwohl er nur eine Hand hatte (HvA 18), zuerst Oberkapo des Bauhofs, Magazin für Baumaterial, eines der gefürchtetsten Kommandos: Arbeit im Laufschritt. Museum Auschwitz (StAu II): »Das Kommando umfaßte zwischen 1000 und 2000 Häftlinge, und es kam durchaus vor, daß im Laufe des Tages mehrere Dutzend, ja sogar mehrere hundert der Häftlinge des Kommandos Bauhof umkamen.« Mai 1941 Oberkapo der Baukommandos im Werk

Buna-Monowitz (StAu I). Am 28.7.1941 dem Euthanasietransport *(Sonderbehandlung 14f13)* Horst Schumanns zur Vergasungsanstalt Sonnenstein beigegeben und dort vergast (Czech).

Sierek, Robert. SS-Oberscharführer.
* 5.6.1895 Bielitz/Oberschlesien. Sohn eines Gastwirts. Berufsangabe: Gummibandproduzent. SS-Nr. 407252. Ab 26.9. 1940 in Auschwitz. SS-Totenkopf-Sturmbann. Ab 1.4.1943 Standortverwaltung, Abteilung Unterkunft, laut eigener Aussage als »Einkäufer«. Folgt man seiner Aussage, gehört dazu auch der Abtransport von jüdischem Besitz aus dem Ghetto Sosnowitz, dessen Bewohner zur Ermordung abtransportiert wurden (»als die Judenevakuierung dort schon abgeschlossen war«). † 26.10.1969 am Wohnort Sinsheim. Aussage: AV, Bl. 12638ff.

Sievers, Wolfram. Reichsgeschäftsführer des SS-*Ahnenerbe* (AE).
* 10.7.1905 Hildesheim. 1929 NSDAP (Nr. 144983), 1935 SS (Nr. 309831), Standartenführer (1942). Verlagsgehilfe. Ab 1935 in Himmlers im selben Jahr gegründeten *Ahnenerbe*, Name ab 1939: *Forschungs- und Lehrgemeinschaft »Das Ahnenerbe«*, 1940 in den Persönlichen Stab Reichsführer-SS eingegliedert, ab April 1942 als *Amt A*. Juli 1942 auf Anordnung Himmlers Gründung des *Instituts für Wehrwissenschaftliche Zweckforschung* im Ahnenerbe. Verantwortlich für Morde und Menschenversuche in den Konzentrationslagern. Ab 1942 intensive Bemühungen um eine Anthropologische Sammlung *Fremdrassiger*: Auswahl der menschlichen Objekte in Auschwitz, Ermordung im KZ Natzweiler-Struthof, Verarbeitung in Straßburg beim Anatomen Hirt. Sievers am 18.10. 1944 an Hirt, in der irrigen Annahme, daß dieser die Leichen vor der drohenden Besetzung Straßburgs vernichtet habe: »Für so tragisch halte ich die Vernichtung nicht, da wir, wenn wir wirklich einmal wieder in Ruhe arbeiten und forschen können, solche Untersuchungen [Morde] nachzuholen in der Lage sind.« Todesurteil im *Nürnberger Ärzteprozeß* am 20.8.1947. † Hinrichtung 2.6. 1948 Landsberg.

Sihorsch, Franz. Zentral-Bauleitung.
* 27.5.1900 Nesselbach Kaplitz. SS-Unterscharführer. Bauleitung Kriegsgefangenenlager (laut Schüle in den Bauunterlagen auch dann K.G.L. genannt, wenn das Vernichtungslager Birkenau gemeint ist). Standortbefehl Nr. 42/43: »Besuch der Ehefrau vom 25.9.–27.9.43«. Nach 1945 in Trostberg.

Sikorski, Jan. Häftling Nr. 19086.
* 12.1.1917 Petersburg, Sohn eines polnischen Apothekers. Apotheker in Kielce. Mai 1941 Verhaftung durch Gestapo. Ankunft Auschwitz Juli 1941. Zunächst im Bauhof-Kommando (AV, Bl. 5537ff.): »Ich habe Zement in 50-kg-Säcken tragen müssen. Wenn wir einen neuen Sack holten, mußten wir im Laufschritt laufen.« Später Häftlings-Apotheker in der SS-Apotheke außerhalb der Stacheldrahtumzäunung. Sikorski: »Ich möchte in diesem Zusammenhang angeben, daß wir von Berlin auch Phenol angefordert haben. [SS-Apotheker] Krömer hatte mich einmal beauftragt, eine Anforderung zu schreiben, auf der stehen sollte: ›1 kg. Phenol pro Injektione‹. Das ist ungefähr so, als wenn man einen Hammer bestellt und dazu schreibt, daß man damit jemandem den Schädel einschlagen will. Es war allgemein bekannt, daß dieses Phenol zum Abspritzen von Häftlingen verwandt wurde.« Zuletzt in Ebensee. Nach 1945 Stv. Abteilungsleiter einer pharmazeutisch-chemischen Fabrik.

Silber, Jonas. Häftlingsarzt, Nr. 38968.
* 21.5.1905 San Franzisko. Ankunft Auschwitz Juni 1942 aus Frankreich. Ende 1942 als »Pfleger« im Häftlingskrankenbau Buna-Monowitz, 1944 in der Ambulanz. Silber: »Zu den Aufgaben, die ich als Ambulanzarzt hatte, ge-

hörte die Entgegennahme der Meldung der Häftlinge, die sich infolge zunehmender Körperschwäche nicht mehr arbeitsfähig fühlten. Ich habe damals diesen Häftlingen wiederholt abgeraten, ihre Meldung aufrechtzuerhalten, da ihnen doch bekannt sei, daß die Krankmeldung nicht selten, mitunter sogar regelmäßig, zur Überstellung nach Auschwitz [Gaskammer] führen würde.« Laut Budziasczek im Frühjahr 1944 anwesend bei Elektroschockversuchen an Häftlingsfrauen. Nach 1945 Arzt in Metz/Frankreich. Q.: BV.

Silberberg, Jakov. *Jüdisches Sonderkommando*, Nr. 84129.
* 17.1.1918 Zakroczym b. Warschau. Bäcker. Ankunft Auschwitz am 17.12. 1942 aus dem Ghetto in Plonsk. Von 2000 Deportierten werden 1220 »gesondert untergebracht« (Tarnwort für Vergasung). Sommer 1944 in den Vergasungsanlagen, u.a. Leichenschlepper. Januar 1945 Flucht beim Evakuierungsmarsch. Nach 1945 in Israel. Silberberg 1998 über die Vergangenheit (Friedler): »Bis heute kann ich damit nicht leben. Die Nächte sind lang, ich bin krank.«

Simmlinger, Anton. SS-Rottenführer.
* 6.12.1913 Reinprechtpölla, Bezirk Horn in Niederösterreich. † 22.5.1976 (Standesamt Wien-Penzing).

Simon, Alice, geb. Remak. Ermordet für die Anthropologische Sammlung *Fremdrassiger* des Anatomen Hirt (SS-*Ahnenerbe*).
* 30.8.1887 Posen. 1920 Heirat mit Dr. Herbert Simon (gestorben 1936) in der Berliner Kaiser-Wilhelm-Gedächtniskirche. 1921 Geburt der Zwillinge Hedda und Carl. Beide überleben, da sie ihre Mutter 1936 und 1937 zur Ausbildung nach London schickt. Alice bleibt zur Pflege ihrer blinden Schwiegermutter. Ankunft Auschwitz am 19.5.1943 aus Berlin. Von 1000 Deportierten werden mehr als 800 »gesondert untergebracht« (Tarnwort für Vergasung). Alice Simon erhält die Häftlingsnummer 45263. Am 30.7.1943 nach Natzweiler deportiert und August 1943 in der Gaskammer erstickt. Q.: HJL.

Simon, Josef. KZ-Zahnarzt.
* 7.1.1906 Gablonz. 1938 NSDAP (Nr. 6484347) und SS (Nr. 315500), Untersturmführer (1945). Sanitätskompanie Oranienburg. Vom 2.7.1942 bis 16.4. 1943 Zahnstation Auschwitz. Danach in Dachau. Am 15.4.1948 in Krakau zu 14 Monaten Haft verurteilt (LaP). † 11.1.1971 Baden-Baden.

Simon, Philipp. SS-Unterscharführer.
* 5.4.1894 Feilbingert, Kreis Kreuznach. Vom 24.11.1941 bis 10.5.1942 in Auschwitz. SS-Totenkopf-Sturmbann. † 5.2.1964 am Geburtsort.

Sipos, Ilona Eva. *Mengele-Zwilling*.
* 4.8.1915 Bekescsaba. Sipos: »Am 21. Mai 1944 kam unsere Zuggarnitur, bestehend aus versperrten Viehwaggons, in Auschwitz-Birkenau an. Während ich auf die Selektion wartete, nahm mir eine Person in gestreiftem Sträflingsanzug mit Gewalt meine Tochter weg und übergab sie einer älteren Mitgefangenen. Ich erfuhr erst später, daß er damit mein Leben rettete, denn mit dem Kleinkind hätte man mich zu den Arbeitsunfähigen gestellt und man hätte mich noch am gleichen Tage zusammen mit den anderen in das Krematorium gebracht. Man sagte mir, daß Mengele an Zwillingen wissenschaftliche Beobachtungen vornehme, und man erkundigte sich, wo sich meine Zwillingsschwester aufhielte. Ich teilte ihnen mit, daß sie noch im Säuglingsalter verstorben sei. Später sagte Mengele, daß es sich nicht auszahle, sich weiter mit mir zu beschäftigen, da meine Zwillingsschwester nicht da sei.« Nur sechs Wochen in Auschwitz, danach nach Gelsenkirchen deportiert, um »Ruinen aufzuräumen«. Tochter nach Ankunft vergast, Ehemann im Lager zugrunde gegangen. Keramikerin in Budapest. Q.: MV, Bd. 23.

Sitza, Willi. SS-Rottenführer.
* 18.9.1921 Diensdorf b. Beeskow. SS-Totenkopf-Sturmbann. Nach 1945 in Niedersachsen.

Skoppek, Paul. SS-Rottenführer.
* 31.5.1889 Rybnik. 1941 SS. Ab Mai 1943 in Auschwitz, Ende des Jahres im Außenlager Neu-Dachs in Jaworzno. Chef der SS-Küche und Stellv. Chef der Häftlingsküche. Zuletzt Aufseher am Lagertor. Am 25.4.1948 in Raciborz zu 5 Jahren Haft verurteilt (HvA 12).

Skrobanek, Josef. SS-Rottenführer.
* 17.12.1911 Ratkau, Kreis Troppau. Stabskompanie (SS-Angehöriger der Kommandantur). Kommandoführer in Birkenau (HvA 10). † Vom AG Schwäbisch Gmünd 1964 für tot erklärt.

Skroblin, Hermann. SS-Sturmmann.
* 17.8.1905 Tiegenhof, Kreis Danzig. SS-Totenkopf-Sturmbann. Name auf einer Meldung der Kommandantur vom 15.8.1942 über SS-Angehörige, die Häftlinge »auf der Flucht« erschossen. April 1943 *Kriegsverdienstkreuz II. Klasse mit Schwertern.* † 8.9.1960 Heusenstamm b. Frankfurt am Main.

Skrowazius, Josef. SS-Schütze.
* 14.3.1908. Wachkompanie, Dienstbezeichnung *SS-Totenkopf-Sturmbann.* † 5.9.1942 Reservelazarett Kattowitz. – Häftlingsärztin Adelsberger über den Weg der Selektierten zu den Gaskammern: »Ein langer Zug von Menschen aller Altersstufen, in allen Trachten, in ländlich ungelenken Moden oder städtisch zurechtgemacht, Männer und noch mehr Frauen mit Kindern. Und wenn sich dieser Zug nach Stunden des Wartens auf scharfes Kommando der SS in Bewegung setzte, die Menschen in Reihen hintereinander, in gemäßigtem Tempo, die Frauen jetzt ihre Kinder fest an der Hand haltend, so verschwand er für einige Augenblicke hinter den Baumwipfeln, die die Wegbiegung hinter Birkenau umsäumten, und tauchte dann an der Seite wieder auf. Einzelne Trupps bogen ab zu den ersten Krematorien, machten dort halt und standen an wie die Menschen in Hungerländern vor einem Lebensmittelgeschäft.«

Skrzychowski, Anton. SS-Rottenführer.
* 5.6.1901 Rybnik. SS-Totenkopf-Sturmbann. Nach 1945 in Salzgitter.

Slawik, Alfred. Zentralstelle für jüdische Auswanderung Wien.
* 20.10.1913 Wien. Deportationshelfer Eichmanns in Wien, Saloniki und Ungarn. Mai 1945 mit Eichmann in Altaussee (Moosalm) im Salzkammergut, danach bei einem Bauern nahe Braunau. 1949 in Wien zu 5 Jahren Kerker verurteilt, Entlassung Mai 1950 (Safrian). Magazinmeister in Wien.

Slezak, Stanislaw. Häftling Nr. 39340.
* Tscheche. Bediente die Röntgengeräte in Schumanns Versuchsblock (Massensterilisierung mit Röntgenstrahlen). Am 5.1.1945 Überstellung nach Mauthausen. † 3.4.1945 ebenda als Geheimnisträger im Krematoriumsgebäude erschossen (Czech). – Langbein (Menschen): »Wer als Funktionär bessergestellt war, wurde in irgendeiner Weise in den Apparat der Vernichtung einbezogen. Stubendienst und Blockältester, Kapo und Vorarbeiter, Schreiber und Pfleger hatten der Lagerführung bei Mordaktionen direkt oder indirekt Hilfsdienste zu leisten. Die Erkenntnis, entweder zu den Sterbenden zu zählen – wenn man seine Funktion verlor und ins graue Heer der Namenlosen zurückfiel – oder zu den unfreiwilligen Mördern, war kaum erträglich.«

Smolen, Kazimierz. Häftling Nr. 1327, Politische Abteilung (PA).
* 19.4.1920 Chorzow (Königshütte). 1938 Abitur, 1939 Soldat. Am 15.4.1940 Verhaftung durch Gestapo. Ankunft Auschwitz am 6.7.1940, insgesamt 60 polnische Bürger aus dem Gefängnis in Sosnowitz. Smolen (AV, Bl. 2632 f.): »Bei unserem Eintreffen gab es noch nicht die später durchorganisierten Arbeitskommandos. In dem gesamten Lagerbereich

befanden sich etwa 1340 Häftlinge. Am Tage unseres Eintreffens war erstmals ein Häftling aus Auschwitz geflüchtet. Wegen dieser Flucht kamen wir nicht sofort in unseren Block, der für unsere Unterbringung vorgesehen war, sondern mußten 20 Stunden im Freien stehen bleiben. Dabei mußten wir entweder strammstehen oder Kniebeugen machen. Ein großer Teil der Häftlinge brach dabei tagsüber, als wir in der glühenden Sonne stehen mußten, ohnmächtig zusammen.« Ab Mai 1941 Schreiber der Aufnahmeabteilung der PA (Lager-Gestapo), Personalaufnahme aller ankommenden Transporte: »Als immer mehr Massentransporte, vor allem mit jüdischen Häftlingen, in Auschwitz eintrafen, wurde nur noch jeweils ein kleiner Teil dieser Transporte ins Lager aufgenommen und registriert, während der größte Teil der Häftlinge überhaupt nicht mehr das Lager durchlief, insbesondere auch keine Häftlingsnummer erhielt, sondern unmittelbar nach der Ankunft durch Vergasung getötet wurde.« Smolen ist zu verdanken, daß in der PA illegal Verzeichnisse der eingelieferten Häftlinge angefertigt und zu seiner Mutter Helena in Königshütte gebracht werden (Czech). Nach 1945 Jura-Studium. 1955 bis 1990 Direktor des Staatlichen Museums Auschwitz. † 27.1. 2012 Auschwitz, am Jahrestag der Befreiung des Lagers durch die Rote Armee.

Smolnik, Erich. SS-Unterscharführer.
* 2.4.1922 Leuschütz, Kreis Kosel. Landwirtschaftlicher Arbeiter. Ab August 1942 in Auschwitz. SS-Wachkompanie Monowitz. Am 30.3.1948 in Krakau zu 3 Jahren Haft verurteilt, Anrechnung der U-Haft auf die Haftdauer.

Snieszko, Tadeusz. Häftlingsarzt, Nr. 29620.
* 18.8.1906 Lemberg. Verhaftung durch Gestapo am 5.4.1941, Ankunft Auschwitz am 14.4.1942. Vom 4.4.1943 bis zur Liquidierung in der Nacht vom 1. zum 2.8.1944 Arzt im »Zigeunerlager«, danach im Ravensbrück-Außenlager Barth. Snieszko, zuständig für Block 32 mit Fleckfieberkranken, über den 25. Mai 1943 (MV, Bd. 29): »Nach dem Abendappell, etwa nach 18 Uhr, kam Dr. Mengele in Begleitung von SDGs und anderen SS-Männern auf den Block 32 und befahl, die Krankenkarten der kranken Zigeuner ihm zu geben. Danach befahl Mengele, die Karten der deutschen Zigeuner abzutrennen und sie [die Kranken] auf dem Block 32 zurückzulassen. Die übrigen dagegen, über 600 Zigeuner, befahl er aus dem Krankenbaublock herauszuführen.« An diesem Tag, am 25.5.1943, werden insgesamt 1035 an Flecktyphus erkrankte oder Flecktyphusverdächtige in der Gaskammer getötet (Czech). Nach 1945 Leiter der Bezirks-Poliklinik der Staatseisenbahnen in Tarnow.

Sölken, Engelbert. SS-T-Stuba KL Auschwitz.
* 27.3.1894 Neheim-Hüsten. Tätigkeit nicht bekannt. Wegen Verbrechen im Dachau-Außenlager Kaufering von US-Militärgericht Dachau zu lebenslanger Haft verurteilt. Entlassung Landsberg am 13.3.1954 nach Geburtsort.

Somann, Otto. SS-Oberführer (1944) in Himmlers Sicherheitsdienst (SD).
* 24.10.1899 Toddin. SS-Nr. 58502, NSDAP-Nr. 25638. Inspekteur der Sipo und des SD in Breslau. Am 18.7.1940 mit seinem Chef Bach-Zelewski in Auschwitz. Nach der ersten Flucht eines Häftlings (Tadeuz Wiejowski) Befehl, die der Fluchthilfe verdächtigten polnischen Zivilarbeiter zu erschießen sowie »Säuberung« des Gebiets um Auschwitz im Umkreis von 5 Kilometern (Czech). 1944 Inspekteur der Sicherheitspolizei und des SD Wiesbaden. Laut Müller / Mueller ab 1953 unter Decknamen bei *Organisation Gehlen* in Bremen.

Sommer, Friedrich. SS-Schütze.
* 1.8.1923 Dinslaken. SS-Totenkopf-Sturmbann. † Kriegstod 11.9.1944 Warschau.

Sommer, Karl. Stellv. Chef Amtsgruppe D I im SS-WVHA (1942).
* 25.3.1915 Köln. 1933 SS (Nr. 130199), Hauptsturmführer (1944). Im SS-Wirtschafts-Verwaltungshauptamt zuständig für den Arbeitseinsatz der KZ-Häftlinge. Todesurteil 3.11.1947 im *Pohl-Prozeß*. Gnadengesuch Theophil Wurm, ev. Landesbischof von Württemberg, vom 7.12. 1946 bei US-Generalgouverneur Lucius Clay: »Herr Sommer war während seiner Jugend in Köln sechs Jahre lang Mitglied des Christlichen Vereins junger Männer.« Wurm, zugleich Vorsitzender des Rats der Evangelischen Kirche Deutschlands (EKD): »Ähnliches wird von dem Geistlichen des Nürnberger Untersuchungsgefängnisses bekundet, daß Sommer während seiner dortigen Haft regelmäßig das Neue Testament und das Losungsbuch der Herrnhuter Brüdergemeinde las, und daß er an den Gefängnisgottesdiensten stets teilnahm.« Entlassung Landsberg am 11.12.1953 nach Frankfurt am Main.

Sommerer, Georg. SS-Unterscharführer.
* 3.3.1922 Selb. Am 4.12.1941 vom SS-Totenkopf-Sturmbann zum Kommandanturstab, Abteilung III – Schutzhaftlager – kommandiert (KB Nr. 33/41). Blockführer in Auschwitz und Monowitz. Laut KZ-Kollege Leischow ein SS-Angehöriger, »der sich ein Vergnügen daraus machte, Häftlinge zu verprügeln«. Häftling Gerhard Dietrich (AV, Bl. 6019): »Sommerer war als Blockführer in Monowitz als Schläger gefürchtet.« † 19.12.1961 Köppern im Taunus.

Sonnenfeld, Lilli. Häftlingsschreiberin Politische Abteilung (PA).
* 24.7.1913 Brünn (Brno). Sonnenfeld: »Meine Eltern wurden im September 1941 nach Theresienstadt verbracht und einen Monat später nach Warschau. Ich weiß nicht einmal, wann und wo sie getötet wurden.« Ankunft Auschwitz am 4.7.1942. Es ist der erste RSHA-Transport, dessen Menschen einer Selektion unterworfen werden (Czech). 264 Männer und 108 Frauen bleiben als arbeitsfähig vorläufig am Leben. Die anderen werden im Gasbunker ermordet. Sonnenfeld: »Meines Wissens bin ich die einzige aus jenem Transport von tausend Leuten, die den Zweiten Weltkrieg überlebte. Ich sah meinen Mann auf der Rampe zum letzten Mal.« In der Registratur des Standesamts der PA. Dezember 1946 Heirat mit Alexander Kopecky (früher Fried), dessen Frau und Tochter in Auschwitz ermordet worden waren. Ab 1954 Wohnsitz in den USA. Sonnenfeld: »Als die wenigen Überlebenden 1945 sprechen wollten, stellte sich die Welt taub.« Q.: Selbstporträt bei Shelley.

Sorgalla, Fritz. SS-Rottenführer.
* 18.5.1899 Schedlau/Oberschlesien. Ab Juli 1944 in Auschwitz, Wachmannschaft. 1948 in Krakau zu 4 Jahren Haft verurteilt (LaV). Wohnsitz in Straubing.

Sosnowska, Isabella Maria. Häftling Nr. 7576.
* 23.8.1914 Krakau. Ankunft Auschwitz am 30.5.1942 aus dem Krakauer Gestapogefängnis Montelupich. Rapportschreiberin im Häftlingskrankenbau (HKB). Sosnowska: »Als ich selbst mit Flecktyphus und über 40 Grad Fieber in den HKB kam, mußte ich mit meinen Leidensgefährtinnen völlig nackt etwa 2–3 Stunden in einem ungeheizten Zimmer, in welchem die Fenster geöffnet waren, warten. Es war damals Winter und mehrere Grad unter null. Das Fenster mußte deswegen offengehalten bleiben, damit der SS-Arzt keine zu schlechte Luft atmen muß, wenn er das Zimmer betrat. Wir Häftlinge hatten keine Waschgelegenheiten. Wir mußten nackt an dem SS-Arzt vorbeigehen, und er zeigt nach links oder rechts. Freundinnen machten mich vorher darauf aufmerksam, daß ich mich aufrecht halten soll und keinesfalls zeigen darf, daß ich schwach sei. Deswegen konnte ich diese Selektion überleben.« Nach 1945 in Israel, später

Musikkritikerin in Salzburg. Aussage: AV, Bl. 6523 ff.

Spaan, Josef. SS-Rottenführer.
* 19.5.1910 Richrath. † 1.1.1980 Langenfeld.

Spalek, Heinrich. SS-Rottenführer.
* 25.4.1913 Pinki. 1941 SS. Ab 1942 in Auschwitz, Wachkompanie Monowitz. September 1944 Blockführer im Außenlager Gleiwitz IV, Handwerkerkommando. Belobigt im Kommandanturbefehl vom 22.12.1944, da er die »Flucht« von Häftlingen »verhinderte«. Am 17.8. 1948 in Krakau zu 6 Jahren Haft verurteilt (HvA 14).

Spandau, Elisabeth (Elfi). Bogers Schreibfräulein, Nr. 34271.
* 10.6.1909 Berlin. Ankunft Auschwitz am 5.2.1943. Von 1000 Personen werden 713 sofort in der Gaskammer erstickt. Unter anderem Leichenträgerin: »Nicht alle, die wir trugen, waren ganz tot, und überall rannten riesige Ratten herum und nagten an den sich oft noch schwach bewegenden Händen und Füßen.« Später in der Vernehmungsabteilung der Politischen Abteilung (Lager-Gestapo). Spandau über ihren Arbeitsbeginn: »In einer sauberen Baracke, verteilt an verschiedenen Tischen, saßen jüdische Mädchen, so rein gekleidet, so nett aussehend, wie richtige Menschen. Ich traute meinen Augen nicht. Sie hatten keine Ähnlichkeit mit mir, krank, schmutzig und mit geschwollenen Händen von der Arbeit. Ich glaubte zu träumen und konnte nicht an mein unerhörtes Glück glauben. Ein warmes Bad, ein reines Nachthemd, ein Bett mit Decken ganz für mich allein.« Spandau über Boger: »Nach einigen Wochen unserer ›Zusammenarbeit‹ fragte er mich, ob wir in der Politischen Abteilung hungrig wären. Ungeachtet der Tatsache, daß wir eine Sonderzuteilung erhielten und die Kost unvergleichlich besser war als in Birkenau, blieben wir doch hungrig. Ich hatte Angst, ja oder nein zu sagen, so nickte ich nur mit dem Kopf. Seit dieser Zeit gab mir Boger jede Woche eine Tasche mit Brot, Margarine und Pferdewurst.« Spandaus Selbstporträt ist abgedruckt bei Shelley.

Spanner, Josef. SS-Rottenführer (1941).
* 24.8.1908 Türnitz an der Traisen. Ab 2.5.1940 – Vorkommando – in Auschwitz. Wachdienst, Kommando Landwirtschaft. Spanner: »Die Tendenz ging dahin, daß es gern gesehen wurde, wenn sich die Zahl der Häftlinge verminderte. Aus diesem Grunde waren die Wachhabenden bestrebt, während der Arbeit Häftlinge zu erschießen. Es sah gut aus, wenn bei der Befehlsausgabe ein SS-Angehöriger eine Belobigung des Inhalts entgegennehmen konnte, daß er auf der Flucht einen Häftling erschossen hatte. Es gab dafür auch Heimaturlaub. Es kam deshalb vor, daß Wachsoldaten einem Häftling die Mütze wegnahmen, über die Posten hinauswarfen und dann den Häftling aufforderten, die Mütze wieder zu holen. Der Gang des Häftlings über die Posten hinaus wurde dann als Fluchtversuch ausgelegt.« Standortbefehl Nr. 16/43: »Besuch der Ehefrau in der Zeit v. 1.–6.5.43«. Spanner zum Evakuierungsmarsch 1945: »Wie viele Häftlinge erschossen wurden, kann ich nicht sagen, man kann es aber als Massaker bezeichnen.« Nach 1945 Landwirt im Bezirk Krems an der Donau. Q.: AV, Bl. 13105 ff.

Sperling, Chaim. *Jüdisches Sonderkommando.*
* 20.8.1898 Tomaszow. Russe. Ankunft Auschwitz am 4.3.1943 aus Drancy. Chaim Herman: »Beim Aussteigen gab es schon einige Tote und Wahnsinnige.« Von 1000 Deportierten werden 881 sofort in der Gaskammer ermordet. Alle 100 zurückgestellten Männer, darunter Sperling, müssen ins Gaskammerkommando. Mithäftling Dov Paisikovic: »Mitunter kam es auch vor, daß bei kleineren Transporten die Gaskammern nicht voll belegt

waren. Durch die geringe Zahl von Menschen wurde dann in dem Vergasungsraum weniger Sauerstoff verbraucht. Die Folge war, daß einige Häftlinge, insbesondere, wenn sie in der Nähe der Gaskammertür sich befanden, beim Öffnen des Vergasungsraumes noch lebten. Diese Personen wurden dann erschossen.«

Spiegel, Magda. *Mengele-Zwilling*, Nr. A-5418.
* 5.1.1915. Ankunft Auschwitz am 23.5.1944 aus Ungarn. Spiegel: »Auf der Rampe wurde ausgerufen, daß sich Ärzte und Zwillinge melden sollten. Ich bin ein Zwilling, wollte mich jedoch von meiner Mutter und von dem damals 7jährigen Sohn nicht trennen. Da sich mein Zwillingsbruder gemeldet hatte, suchte mich Mengele persönlich – und trennte mich von meiner Mutter und meinem Sohn. Der gesamte übrige Zugtransport wurde ins Gas selektiert.« Nach 1945 – wie ihr Zwillingsbruder – verheiratet in Israel. Q.: MV, Bd. 22.

Spieker, Karl. Lagerführer Gleiwitz III.
* 17.5.1894 Höxter. Arbeiter. 1935 SS, Hauptscharführer. 1940 Mauthausen, SS-Reiter-Regiment Fegelein, Herbst 1942 SS-Totenkopf-Sturmbann, Wachtruppe Monowitz, Außenlager Eintrachthütte. Zuletzt Führer des Juli 1944 errichteten Außenlagers Gleiwitz III: 600 Häftlinge, Produktion von Seeminen und Geschossen. † 7.11.1972 am Wohn- und Geburtsort. Spieker behauptet in einer Aussage (AV, Bl. 6844ff.), sich an keine SS-Männer zu erinnern, die mit ihm in Auschwitz gewesen waren, er habe zunächst als Reitlehrer gearbeitet und dann bis zum Ende Urlaubsscheine von SS-Leuten kontrolliert: »Ich hatte während meiner gesamten Zeit in Auschwitz nie etwas mit Häftlingen zu tun.« Vermerk des vernehmenden Kriminalmeisters: »Bei der Vernehmung des Spieker gewann ich sofort den Eindruck, daß er die Wahrheit sagte.«

Spindler, Julius. SS-Hauptscharführer.
* 19.7.1890 Gaffken. Lackierer. Ab Oktober 1942 in Auschwitz. Wachmannschaft Monowitz, Februar 1944 Postenführer (Bewachung Häftlingskommandos) im Außenlager Golleschau. Am 30.3.1948 in Krakau zu 3 Jahren Haft verurteilt, Anrechnung der U-Haft auf die Haftdauer.

Splitt, Erich. Zentral-Bauleitung.
* 20.4.1907 Hohensalza. SS-Sturmmann, in der Planungsabteilung. † 31.7.1970 Berlin.

Stachorski, Josef. SS-Rottenführer.
* 6.12.1920 Radautz. Standortverwaltung, Abteilung Bekleidung. Kommandoführer in Monowitz. 1949 in Krakau verurteilt (LaV). † 16.1.1964 Cadolzburg.

Stadler, Karl. SS-Rottenführer.
* 9.4.1921 Bad Ischl. Polsterer. 1939 SS. In Auschwitz ab September 1941. Blockführer, dann beim Arbeitsdienstführer im Frauenlager Birkenau. Am 21.9.1948 in Krakau wegen Mißhandlung von Häftlingen und ihrer Meldung zur oft tödlichen Bunkerstrafe und zur ebenso oft tödlichen Strafkompanie zu 10 Jahren Haft verurteilt, Anrechnung der U-Haft auf die Haftdauer. Da polnische Urteile im Nachkriegsdeutschland – zum Schutz von NS-Tätern – als Willkürakte abgetan wurden, ein Auszug aus dem Urteil: »Die Ergebnisse der Gerichtsverhandlung haben zwar ergeben, daß der Angeklagte in der politischen Abteilung des Lagers Auschwitz beschäftigt war, es wurde aber nicht festgestellt, worin seine Arbeit bestand; es kann möglich sein, daß, wie der Angeklagte selbst angibt, er in der sog. Kartothek beschäftigt war und seine Tätigkeit einen rein mechanischen Charakter hatte. Es konnte auch nicht nachgewiesen werden, ob der Angeklagte an den Exekutionen der Häftlinge teilnahm, da ihn niemand dabei sah.«

Stadler, Max. Hundestaffel.
* 3.12.1920 Traunstein. SS-Rottenführer. Name aufgeführt in einer Meldung

der Kommandantur vom 8.10.1942 über SS-Angehörige, die Häftlinge »auf der Flucht« erschossen. † Vom AG Traunstein 1950 zum 8.5.1945 für tot erklärt. Häftlingsarzt Otto Wolken in einem Bericht vom 18.2.1945 zur Hundeführer-Staffel (AV, Bl. 7697): »Am 16. April 1944 kamen aus Lublin 299 Frauen und zwei Säuglinge zu uns ins Lager. Sie wurden vom Lagerarzt untersucht und als gesund und voll arbeitsfähig erklärt und sollten am nächsten Tag dem Frauenlager überstellt werden. Am 18. April um 7 Uhr abends wurden sie abgeholt, außerhalb des Lagers vom Hundekommando (SS-Männer mit Wachhunden), und zur Vergasung geführt.«

Stahl, Johannes. SS-Unterscharführer. * 14.7.1894 Hammerfelde. † 31.8.1969 Hamburg.

Stahorski, Franz. SS-Rottenführer. * 15.1.1915 Radautz. Ab 20.10.1941 in Auschwitz. Standortverwaltung, Unterkunftsverwaltung. Verbleib unbekannt. – Häftlingsarzt Wolken in einem Bericht vom 17.4.1945 über die Ursachen der Infektionskrankheiten (AV, Bl. 6963): »Wenn in einer für 52 Pferde [!] berechneten Baracke 500–600 Menschen wochenlang hausen müssen, wenn diese Baracke keine Fenster zur Belüftung besitzt, denn die wenigen schmalen Klappen am Dach können als solche nicht gewertet werden, wenn sie aus Mangel an Strohsäcken auf nackten Brettern in den Kleidern schlafen, mit denen sie sich tagsüber bei der Arbeit in Schmutz und Staub gewälzt haben, monatelang ihre Wäsche nicht wechseln oder waschen können, wird man keine weitere Erklärung für diese Erscheinungen suchen müssen.«

Staller, Alois. Politischer Häftling. * 10.6.1905 Wuppertal, Sohn eines Färbers. Arbeiter, KPD. Ab 1934 in Zuchthäusern oder Lagern inhaftiert (»oft und schwer körperlich mißhandelt«). 1938 KZ Sachsenhausen, August 1940 in Auschwitz, Herbst 1940 in Birkenau, Januar 1944 Flossenbürg. Kapo (u.a. im Kommando Fischteiche) und Blockältester. Häftling Henryk Porebski (AV, Bl. 15718): »Bei Staller war es so, daß er irgendeinen Häftling erwischte und dem Kapo auftrug, noch vor dem Rapport diesem Häftling Schläge auf das Gesäß zu geben mit dem Knüppel. Er verlangte dazu, daß ihm danach das Gesäß des Häftlings gezeigt wurde.« Fejkiel (AV, Bl. 7072): »Er war der schlimmste von allen Blockältesten, die ich kennengelernt habe.« Soll einen Häftling getötet haben, »weil dieser versehentlich das vor dem Block angelegte Rasenstück betreten hatte« (StAu II). Staller: »Wenn ich Häftlinge geschlagen habe, so war ich immer der Auffassung, daß mein Einschreiten zum Zwecke der Aufrechterhaltung von Sauberkeit, Ordnung und Disziplin gerechtfertigt war.« Staller weiter: »Natürlich ist es auch vorgekommen, und zwar sehr oft, daß ein Häftling von Mithäftlingen getötet wurde. Es gab da die verschiedensten Methoden, die ich nicht nur in Auschwitz erlebt habe. Beispielsweise wurde ein Stück Holz schräg in die Erde gesteckt und der Häftling dann mit dem Hals an das Holz gelegt. Der aus der Erde herausstehende Teil des Holzes wurde dann über den Hals des Häftlings zur Erde gedrückt, so daß der Häftling entweder erstickte oder an den Folgen einer Kehlkopfverletzung verstarb. Eine andere Methode war, einen Häftling zu zwingen, sich mit dem linken Fuß auf einen Schemel und mit dem rechten Fuß auf einen anderen, etwa 50 cm entfernten Schemel zu stellen. Dem Häftling wurde dann eine Schlinge recht stramm um den Hals gelegt. Dann wurde der Häftling gezwungen, beispielsweise den rechten Fuß auf den Schemel zu stellen, auf dem der linke Fuß schon stand. Bei diesem Versuch erhängte sich der Häftling in den meisten Fällen selbst.« Staller zu den Motiven: »Oft war der Grund dafür, daß

Häftlinge andere Häftlinge töteten, daß dann eine überzählige Essensportion vorhanden war, denn der getötete Häftling starb vor der Essensausgabe und wurde erst am nächsten Tag als verstorben gemeldet. Die erübrigten Essensportionen wurden unter die besonders fleißigen Häftlinge, auch an die, welche nach Auffassung der SS am besten geschlagen hatten, verteilt.« Q.: AV, Bl. 4908 ff.

Stampfer, Josef. SS-Schütze.
* 24. 8. 1909. SS-Totenkopf-Sturmbann. 1948 in Krakau zu 4 Jahren Haft verurteilt (LaV).

Stannosek, Thomas. SS-Unterscharführer.
* 8. 12. 1896 Stoberbrück. Häftlingsküche Stammlager, Küchenchef im Außenlager Günthergrube. Museum Auschwitz (HvA 12): »Im Gegensatz zum Lagerführer Frey benahm er sich Häftlingen gegenüber sehr wohlwollend.« In Kattowitz zu 1 Jahr Haft verurteilt (LaV).

Stanulewitz, Rudolf. SS-Sturmmann.
* 26. 7. 1922 Altlubinen. SS-Totenkopf-Sturmbann. † 26. 9. 1970 Penzberg.

Stapper, Josef. SS-Rottenführer.
* 26. 1. 1895 Kaltenkirchen. Wachmannschaft. 1948 in Wadowice verurteilt (LaV).

Stark, Hans. Politische Abteilung (PA), Lager-Gestapo.
* 14. 6. 1921 Darmstadt. Sohn eines Polizeimeisters. SS-Nr. 319998, Untersturmführer (1944). 1937 (!) Staffelmann der 2. SS-Totenkopfstandarte *Brandenburg* in Oranienburg. 1938 Wachmannschaft Sachsenhausen, Juni 1938 Buchenwald, Januar 1940 Dachau, ab 15. 12. 1940 in Auschwitz, sofort Blockführer. Mai 1941 PA, Leiter der Aufnahmeabteilung. Losung über seinem Schreibtisch: »Mitleid ist Schwäche.« 1943 *Kriegsverdienstkreuz II. Klasse mit Schwertern.* Erschoß Häftlinge an der *Schwarzen Wand* (dafür gab es als Sonderverpflegung Schnaps und Zigaretten). Stark: »Die Aufnahmeabteilung hatte mit Erschießungen insofern zu tun, als sie neu angekommene Transporte, die zum Erschießen bestimmt waren, nicht zu registrieren, sondern zum Erschießen zu führen hatte. Die Berichte über die Erschießungen wurden jeweils nach Durchführung schriftlich dem RSHA gemeldet, und zwar unter der Deckbezeichnung, daß ›soundsoviel [sic] Personen gesondert untergebracht worden seien‹. Diese ganze Aktion richtete sich hauptsächlich gegen Personen der jüdischen Rasse und wurde ›Sonderbehandlung‹ genannt.« PA-Häftling Bartel (AV, Bl. 2444): »Ich war zwar selbst nicht Augenzeuge der Erschießungen bei Block 11; ich erhielt aber bei solcher Gelegenheit von Stark jeweils den Befehl, Waschwasser bereitzuhalten. Wenn er dann von Exekutionen zurückkam, wusch er sich gründlich die Hände.« Laut Filip Müller ein stattlicher, rotblonder SS-Mann. Müller im Auschwitz-Prozeß über seinen ersten Tag im *Alten Krematorium*, als die Opfer noch bekleidet vergast werden: »Mit einer Peitsche schlug er auf mich. Ich sah einen Ofen und drei Häftlinge, die auf einem Wagen voll mit Leichen arbeiteten. Ich war damals 20 Jahre alt und hatte noch nie eine Leiche gesehen. Ich blieb stehen. Stark schlug auf uns ein und rief: ›Los, schnell, schnell, die Leichen ausziehen!‹« November 1941 bis März 1942 beurlaubt zum Abitur an der Justus-Liebig-Oberrealschule in Darmstadt. Danach erneut in Auschwitz. November 1942 bis März 1943 beurlaubt zum Jurastudium in Frankfurt am Main. Ab 25. 5. 1943 SS-Panzergrenadierdivision *Das Reich.* Herbst 1946 bis Sommer 1948 Studium Landwirtschaft in Gießen. 1949 als *minderbelastet* entnazifiziert. Sachbearbeiter der Landwirtschaftskammer Frankfurt am Main, 1957 Lehrer an der Landwirtschaftsschule Lövenich b. Köln. Am 20. 8. 1965 vom LG Frankfurt zu 10 Jahren Jugendstrafe (!) verurteilt. Urteil: »Bei weiteren Vergasungen jüdischer

Menschen im Mai 1942 nahm Stark häufig vor den Vergasungen einige jüdische Frauen beiseite. Wenn dann die anderen jüdischen Menschen in den Gaskammern waren, stellte er die Frauen im Hof des kleinen Krematoriums an die Wand. Dann schoß er eine oder zwei Frauen in die Brust und in die Füße. Wenn dann die anderen Frauen zitterten, auf die Knie fielen und Stark anflehten, sie am Leben zu lassen, schrie er sie an: ›Sarah, Sarah, los, steh!‹ Dann erschoß er sie alle nacheinander.« † 29.3.1991 Darmstadt (Mitt. Renz). Aussage Stark: AV, Bl. 937 ff.

Stark, Helen. Häftling Nr. 19356, Politische Abteilung (PA).
* 4.6.1910 Berlin. November 1941 mit ihrer Schwester Lilly Flucht nach Belgien. Verhaftung Gestapo Frühjahr 1942. Ankunft Auschwitz am 10.9.1942. Von 1000 Deportierten werden 715 sofort in der Gaskammer erstickt. Die Schwestern kommen als Häftlingsschreiberinnen in die PA (Lager-Gestapo). Helen wird Schreibkraft für Wosnitza: »Mir gegenüber hat er sich immer anständig benommen.« Stark in einem Brief an das Internationale Auschwitz-Komitee in Wien über Wosnitza, Broad, Broch und Dylewski (AV, Bl. 3344): »Jeder von ihnen fühlte sich als Herr über Leben und Tod der Häftlinge, und heute versuchen viele, ihre niedrigen Instinkte und Mordsucht damit zu verschleiern, daß sie gezwungen waren, ›Befehle‹ auszuführen.« Verheiratet in New York. Aussage: AV, Bl. 6325 ff.

Starke, Wilhelm. SS-Unterscharführer.
* 7.6.1906 Berlin. † 9.9.1978 Salzgitter.

Starostka, Stanislawa. Lagerälteste, Nr. 6865.
* 1.5.1907 Tarnow in Polen. Stenotypistin. Ankunft Auschwitz am 27.4.1942 aus dem Gefängnis in Tarnow. Blockälteste Block 8, später Block 5 (Stammlager). Ab 1.8.1943 Lagerälteste der Frauen in Birkenau. Als hart und skrupellos beschrieben. Januar 1945 in Bergen-Belsen. Von ehemaligen Gefangenen angezeigt und von einem britischen Militärgericht in Lüneburg zu 10 Jahren Haft verurteilt. Häftlingsarzt Wolken in einem Bericht vom 18.2.1945 (AV, Bl. 7695): »Als Aufseherinnen für die Frauen wurden von den Deutschen fast ausschließlich geheime Prostituierte eingestellt. Sie waren die Blockältesten, sie waren die Kapos und Oberkapos. Sie stahlen rücksichtslos die Verpflegung der ihnen anvertrauten Häftlinge und setzten sie in Alkohol und Rauchwaren um, feierten damit Orgien mit der SS-Bewachungsmannschaft.« Die Überlebende Grete Salus über die weiblichen Blockältesten (Langbein, Menschen): »Unter dem Druck dieser Stellung wurden diese Frauen fast alle Unmenschen, mitleidlos bis zum äußersten, die reinsten Hyänen. Und nur, um besser zu wohnen, sich vollzufressen bis zum Platzen und mit der leisen Hoffnung auf Rettung.«

Starzonek, Alfred. SS-Schütze.
* 5.8.1906 Wilhelmshaven. In Auschwitz ab September 1944, Wachmannschaft. 1948 in Wadowice zu 2 Jahren Haft verurteilt (LaV). † 17.9.1978 am Geburtsort.

Stawowy, Wilhelm Anton. SS-Rottenführer.
* 23.5.1917 Kattowitz. Von Mai bis Oktober 1943 in Auschwitz. Verbleib unbekannt.

Stecay, Johann. SS-Rottenführer.
* 15.6.1915 Horyschow/Polen. Ab 23.10.1941 in Auschwitz. SS-Totenkopf-Sturmbann. Nach 1945 Wohnsitz in Hessen.

Stegmann, Wilhelm. Leiter der Waffenmeisterei.
* 8.6.1911 Köbbinghausen. Beruf: Anstreicher. SS-Hauptscharführer. Ab Mai 1940 Kommandantur Auschwitz, Abteilung Ib, *Waffen und Geräte.* Kommandanturbefehl vom 3.9.1942: »Der mit der Führung der 3. [Kompanie]/SS-T-Sturmbann KL Auschwitz beauftragte SS-Untersturmführer Heinrich Josten

übergibt mit sofortiger Wirkung die Abteilung Ib, Waffen und Geräte, ordnungsgemäß an SS-Oberscharführer Wilhem Stegmann.« Am 30.1.1944 *Kriegsverdienstkreuz II. Klasse mit Schwertern.* 1948 in Krakau zu 6 Jahren Haft verurteilt, Entlassung Juni 1953. Wohnsitz bei Bremen, Berufsangabe: Maler.

Steierlein, Rudolf. SS-Schütze.
* 28.7.1899. † 8.1.1945 Suizid im Reservelazarett Nicolai.

Steigele, Heinrich, *genannt Mörder.* SS-Schütze.
* 31.8.1922 Beschka, Kreis Alt Pasua. SS-Totenkopf-Sturmbann, Kommando Lagischa. Laut Czerwinski-Urteil tat er sich bei Erschießungen nach provozierten »Fluchtversuchen« hervor. † 14.11. 1971 Karlsruhe.

Steinberg, Karl *(nicht: Sternberg).* Kommandoführer der Krematorien II und III.
* 22.10.1897 Atzendorf/Sachsen. Maurer. SS-Oberscharführer. Ab 1941 in Auschwitz. Kommandoführer der Strafkompanie. Für Häftling Jozef Kret (HvA 1) war das Lager nur eine Vorhalle zur Hölle: »Die Hölle selbst war erst die Strafkompanien.« Laut KZ-Kollege Steinmetz war Steinberg bei den Vergasungen »ein enger Mitarbeiter von Moll«. Von Nyiszli als »intelligent und grausam zugleich« bezeichnet. Soll zuletzt im KZ Ebensee gewesen sein. Verbleib unbekannt.

Steinborn, Willy. SS-Rottenführer.
* 31.5.1911 Ferdinandshöhe, Kreis Stargard. Landwirt. Ab August 1941 in Auschwitz. SS-Wachkompanie, Stammlager, Monowitz und Außenlager Jawischowitz. 1947 in Moskau zu 25 Jahren Haft verurteilt, Entlassung 1955. Berufsangabe: Landwirt. Aussage: AV, Bl. 15431 ff.

Steiner, Jiri. *Mengele-Zwilling,* Nr. 147743.
* 20.5.1929. Tscheche. Ankunft Auschwitz am 8.9.1943 mit 5006 Juden aus Theresienstadt. Im *Theresienstädter Familienlager* interniert. Steiner: »Ich bemerke, daß es sich um einen Transport gehandelt hat, von dem zum Schluß, d.h. nach einem halben Jahr, nur Ärzte, Krankenschwestern und Zwillinge am Leben geblieben sind. Ich war damals 14 Jahre alt, stamme von Zwillingen und wurde mit meinem Bruder Zdenek [Nr. 147742] und mit meinen Eltern ins Lager transportiert.« Jiri und Zdenek werden als Zwillinge am 7.3.1944 – einen Tag vor der Ermordung von 3791 Theresienstädter Juden, darunter Steiners Eltern – auf Weisung Mengeles ausgesondert. Steiner: »Mein Bruder starb 1947.« Q.: MV, Bd. 26.

Steiner, Theodor, früher: Kaminski. SS-Unterscharführer.
* 25.4.1919 Lodz. Nach 1945 in Niedersachsen.

Steinert, Georg (Jery). Zentral-Bauleitung.
* 28.2.1911 Chorzow (Königshütte). SS-Rottenführer (1942). Ordonnanz ZBL. Nach 1945 Wohnsitz in Polen.

Steinheil, Hermann. SS-Unterscharführer.
* 9.7.1906 Plieningen/Württemberg. SS-Nr. 3883. Standortverwaltung. Verbleib unbekannt.

Steinke, Otto. SS-Schütze.
* 17.11.1902 Peterswalde. Wachmannschaft. 1948 in Wadowice zu 4 Jahren Haft verurteilt (LaV).

Steinmetz, Paul. SS-Hauptscharführer.
* 12.6.1894 Neu-Ulm, Sohn eines bayerischen Bahnmeisters (Steinmetz). Elektriker. 1933 NSDAP/SA. Ab Februar 1943 in Auschwitz, SS-Totenkopf-Sturmbann, dann Standortverwaltung, Technische Abteilung. Lebte mit Frau und Kindern in einem Haus mit Moll. Laut KZ-Kollege Johann Böhm Leiter des Bereitschaftsdienstes Birkenau, einschließlich der Vergasungsanlagen. Nach eigener Aussage überwachte er die elektrischen Anlagen im gesamten Bereich Auschwitz und Birkenau. Zuletzt in Bergen-Belsen.

Nach 1945 Elektriker in Hamburg. Aussage: AV, Bl. 8128ff.

Steinstraßer, Hans. Zentral-Bauleitung (ZBL).

* 3.8.1905 Krefeld. SS-Rottenführer. Häftlingseinsatz ZBL. Nach 1945 Wohnsitz am Geburtsort.

Stenger, Franz. SS-Obersturmführer.

* 8.5.1897 Aschaffenburg. Angestellter. Mai 1933 NSDAP, 1942 SS (Nr. 464033). Von Oktober 1942 bis März 1944 in Auschwitz. Stabskompanie, Kompanieführer SS-Totenkopf-Sturmbann, 6. Kompanie. Standortbefehl vom 21.8. 1943: »Luftschutzwart für das gesamte Gebiet KL Auschwitz«. Zuletzt in Flossenbürg. 1948 in Wadowice zu 7 Jahren Haft verurteilt (LaV).

Stens, Hermann. SS-Unterscharführer.

* 25.8.1893. SS-Totenkopf-Sturmbann, Monowitz. Belobigt im Kommandanturbefehl Monowitz vom 22.12.1944, da er die »Flucht« von Häftlingen »verhinderte«. Verbleib unbekannt. KZ-Kollege Bilibou: »Es gab keinen Sonderurlaub für ›Verhinderung der Flucht‹, sondern nur für ›Erschießen auf der Flucht‹.«

Stenzel, Albert. SS-Oberscharführer.

* 23.3.1912 Danzig. 1930 NSDAP ebenda, 1935 SS. Ende 1940 SS-Totenkopf-Sturmbann. Stenzel: »Es kam vor, daß die Wachkompanien Leute für Erschießungskommandos abstellten. Die Betreffenden hatten sich freiwillig gemeldet. Es waren immer so viele freiwillige Meldungen vorhanden, daß niemand gezwungen zu werden brauchte.« Postenführer (Bewachung Häftlingskommandos) im Außenlager Golleschau. Kommandanturbefehl vom 28.5.1944: Führer der 6. Kompanie SS-Totenkopf-Sturmbann KL Auschwitz III (Außenlager). Nach 1945 Regierungsangestellter. † 21.12.1978 am Wohnort Stade. Q.: AV, Bl. 11894ff.

Sternberg, Judith. Krankenschwester aus Breslau.

* Etwa 1920. Am 23.2.1942 – zwei Wochen vor ihrer Hochzeit – verhaftet und mit ihrer Familie nach Auschwitz deportiert. Im Häftlingskrankenbau und in der Munitionsfabrik Union-Werke. Nach 1945 in den USA. Autorin des Berichts *In der Hölle von Auschwitz* (AV, Bl. 3958ff.), 1963 als Buch *(In the hell of Auschwitz)* in New York erschienen. Sternberg über die vielen Phasen der Entrechtung vor der Deportation: »Nachdem der Krieg schon ausgebrochen war, wurde unser Leben von Tag zu Tag schwerer. Allmählich nahm man uns jegliches Lebensrecht. Wir mußten unsere Wohnungen aufgeben und in kleinen Räumen hausen. Radio, Gold, Silber und andere Werte abliefern. Kleidungsstücke und Pelze hergeben. Straßenbahnen durften nicht mehr benutzt werden, ebenso durften keine Reisen mit der Eisenbahn unternommen werden. Juden wurden zu den schmutzigsten und schwersten Arbeiten herangezogen. Fahrräder mußten sie abgeben, um zu der Arbeitsstelle, die meistens ein paar Kilometer entfernt war, im kalten Winter zu laufen. Kleiderkarten wurden den Juden entzogen, so daß es an Arbeitskleidung und bequemen Schuhen mangelte. Parkanlagen und Promenaden durften von Juden nicht besucht werden. Die Geschäfte tragen in großer Druckschrift gezeichnet: Juden werden nicht bedient oder an Juden keine Warenabgabe. Fleisch, Gemüse, Obst, Fette und ähnliche Sachen wurden auf den Lebensmittelkarten gestrichen. Wir mußten Sterne mit dem Vermerk ›Jude‹ an Kleidern und Mäntel tragen. Kinos und Theater durften nicht besucht werden. Kurzum, unser einziger Ausflugs- und Ruheplatz war unser Friedhof.« Sternberg hat die Leiden der Mithäftlinge häufig beschrieben. Ein Beispiel ist ihre Erinnerung an eine Mutter und deren Tochter (AV, Bl. 3972): »Zu derselben Zeit lag eine Mutter mit ihrer Tochter zusammen im Krankenblock. Die Mutter starb 5 Tage bevor geplant war, die Kranken auszugasen. Das Mädchen, welches 15 Jahre

alt war, weinte sehr am Morgen, an dem sie erwachte und ihre tote Mutter neben sich liegen sieht. Nur wenige konnten diesem verzweifelten Mädchen ein tröstendes Wort sagen, weil ja alle schon von dem Leben und Treiben der SS mitgerissen wurden, und jede nur noch an ihr eigenes Schicksal denken konnte. Die eine Pflegerin, die selbst eine slowakische Jüdin war, ging zu der Koje und spricht zu dem Mädchen, stehe auf, los mach dein Bett, daß du nicht auch krepierst, und zog das Mädchen mit der anderen Hand aus dem Bett. Dann wurde die Leiche auf der Erde nach vorne gezogen und zu den übrigen Leichen geworfen. Das Mädchen wollte nicht mehr leben, denn nun hatte sie niemand mehr, der sich um sie kümmerte. Fünf Tage später wurde sie mit den Selektionen ausgesucht und mit den übrigen Kranken vergast.« † 31. 1. 2008. Judith Sternberg ist ein Beispiel dafür, daß man Mitgefühl nicht unterdrükken mußte, um Auschwitz zu überleben.

Stiller, Alfred. Zentral-Bauleitung. * 15. 9. 1895 Grodoziczno. SS-Hauptscharführer. Kommando Bauhof. Verbleib unbekannt. – Museum Auschwitz (StAu II): »Der Anblick der vom Arbeitskommando Bauhof in das Lager einrükkenden Häftlinge flößte den Häftlingen [im Lager] panische Angst ein. Obwohl diese Häftlinge bereits von der Tagesarbeit erschöpft waren, mußten sie bei der Rückkehr in das Lager noch jeweils mehrere Ziegelsteine tragen. Und wer von diesen Häftlingen keine Ziegelsteine tragen mußte, der schleppte die Leichen der ermordeten Häftlinge oder nicht mehr marschfähigen Mithäftlinge.«

Stirling, Wilhelm. SS-Rottenführer. * 26. 3. 1910 Graz. SS-Totenkopf-Sturmbann, Kommandanturstab. † 23. 4. 1942 Teillazarett Laurahütte.

Stiwitz, Fritz (nicht: Stiewitz, Stiebitz). SS-Unterscharführer. * 15. 5. 1910 Sobernheim / Pfalz. Blockführer in Auschwitz, 1943 Stellv. Rapportführer (Spieß). Häftlingsärztin Lingens (Erinnerungen): »Da sah ich, wie ein großer, magerer SS-Mann, mit einem widerlichen, degenerierten Gesicht, die Reihen der Jüdinnen abschritt und von Zeit zu Zeit eine herausrief. Man sagte mir, daß dies der Arbeitsdienstführer Stiebitz sei, und ich nahm an, daß er Frauen für eine bestimmte Arbeit aussuchte. Später erfuhr ich, daß er die Auswahl für die Gaskammer traf.« KZ-Kollege Heinrich Bischoff: »War von den Häftlingen und den unteren SS-Dienstgraden gefürchtet.« Erschoß Häftlinge an der *Schwarzen Wand* (dafür gab es als Sonderverpflegung Schnaps und Zigaretten). Leichenträger Ota Fabian im Auschwitz-Prozeß über den Abtransport von Leichen nach einer Exekution: »Ich trug vorne, da hörte ich plötzlich hinter mir auf der Bahre eine Stimme: ›Herr Oberscharführer, Sie haben mich schlecht getroffen.‹ Stiewitz, der damals geschossen hatte, sagte: ›Halt's Maul, du kriegst noch eine!‹ Wir mußten die Trage absetzen, und Stiewitz schoß dem Häftling in den Kopf.« Nach Auschwitz in den KZs Vavaira und Kuremea (Estland). 1945 im KZ Ohrdruf (Aussage Wilhelm Werle). Seine Ehefrau Herta, SS-Aufseherin, behauptet dagegen (AV, Bl. 4983 ff.): »Er kam im Jahre 1943 von Auschwitz weg zu einer Fronteinheit im Osten.« † Vom AG Berlin-Spandau 1957 – auf Antrag der Ehefrau – für tot erklärt. Herta Stiwitz: »Auf die Frage, ob mein Ehemann sich gegenüber den Häftlingen sehr menschlich verhielt, möchte ich antworten, daß ich das nicht glaube.«

Stiwitz, Herta, geb. Tack. KZ-Wärterin. * 3. 3. 1920 Dechtow b. Nauen. Arbeitertochter. Hausgehilfin. Freiwillige Meldung zum KZ. Mai 1941 in Ravensbrück, Oktober 1941 in Auschwitz, SS-Aufseherin im Küchenkommando in Birkenau. Am 13. 5. 1944 Heirat mit Stiwitz. StA Frankfurt: »Soll Häftlingsfrauen mit Todesfolge mißhandelt, erschossen und selektiert haben.« † 1.11.1975 am Wohnort Berlin. Stiwitz' Glaubwürdigkeit dokumentiert ihre Aussage (AV, Bl. 4983 ff.): »Es würde mich nicht wundern, wenn ehemalige Häftlinge schlecht auf die Aufseherinnen zu sprechen sind. Schließlich verkörperten wir alle für die Häftlinge diejenigen Personen, die sie festhielten. Aber ich habe bestimmt nie einer Häftlingsfrau etwas zuleide getan.«

Stocker, Emil. Stellv. Verwaltungsführer (Mitte 1942 bis Januar 1943).
* 12.3.1902 Zürich. Bankbeamter. 1931 NSDAP (Nr. 473630) und SS (Nr. 34081), Hauptsturmführer. *Kriegsverdienstkreuz I. Klasse mit Schwertern.* Stocker (laut Burger-Urteil): »Es war uns allen klar, daß das Zyklon B auch zur Vernichtung von Menschen verwendet wurde. Ich habe ja selbst einmal gesehen, wie die Anwendung erfolgte.« Zuletzt Verwaltungsführer im holländischen KZ Vught. † 13.2.1970 München. Von Stocker stammt die Aussage (AV, Bl. 6742 ff.): »Soviel ich gehört habe, soll es sich bei denjenigen, die vergast wurden, um Juden gehandelt haben.«

Stocker, Nikolaus. SS-Schütze.
* 3.2.1909 Obravac. Ab 10.12.1943 in Auschwitz. SS-Totenkopf-Sturmbann, SS-Betrieb *Deutsche Lebensmittel GmbH.* 1948 in Krakau zu 3 Jahren Haft verurteilt (LaV). † 31.1.1973 Ulm.

Stockert, Martin. SS-Rottenführer.
* 30.8.1908 Oberkessach, Kreis Künzelsau. Ab 1.1.1942 in Auschwitz. Zunächst Wachmann, April 1943 Kommandantur. SS-Desinfektionskommando. Soll unmittelbar an der Vernichtungsaktion beteiligt gewesen sein. April 1943 *Kriegsverdienstkreuz II. Klasse mit Schwertern* (das KVK für KZ-Angehörige läßt Beteiligung an Tötungen vermuten). Standortbefehl (StB) Nr. 24/43: »Besuch der Ehefrau vom 10.–31.7.43«, StB vom 15.9.1943: »Besuch der Familie bis auf weiteres«. StB vom 2.11.1943: »Besuch der Familie bis auf weiteres«. † 1.3.1981 Mannheim.

Störr, Walter. SS-Sturmmann.
* 1.7.1899 Dresden. Ab Mai 1944 Wachmannschaft. 1948 in Wadowice zu 3½ Jahren Haft verurteilt (LaV).

Stössel, Alfred. Häftling Nr. 435.
* 25.4.1915 Posen. Polnischer Offizier. Ankunft Auschwitz mit dem ersten Transport am 14.6.1940 aus dem Gestapogefängnis in Tarnow. Lagerältester des Häftlingskrankenbaus des Stammlagers. Laut Wolken (AV, Bl. 8564 f.) rühmte er sich, »10000 kranke Häftlinge mit Phenolinjektionen getötet zu haben«. † Am 3.3.1943 wegen Verdachts konspirativer Arbeit von der Politischen Abteilung im Hof von Block 11 erschossen (Czech).

Stolten, Richard. Arbeitsdienstführer Monowitz (Herbst 1943).
* 8.3.1910. SS-Oberscharführer. Blockführer im Stammlager. Frühjahr 1941 (Aufbauphase) Führer der SS-Wachmannschaft in Monowitz. Bernd C. Wagner (IG Auschwitz): »Obwohl er kaum einem Häftling eigenhändig Gewalt antat, schickte er mit seiner Unterschrift Tausende von geschwächten Häftlingen in den sicheren Tod durch Erschöpfung oder anschließende Selektion.« Häftling Max Kaufmann: »Zu den Selektionskommandos in Monowitz gehörte der Arbeitsdienstführer Stolten. Auch der hat bei den Selektionen aktiv mitgewirkt.« Häftlingsarzt Weisskopf (MV, Bd. 27): »In der Zeit meiner Beschäftigung in Buna wurden Selektionen beim Abmarsch zur Arbeit durchgeführt, das heißt, daß arbeitsunfähige oder geschwächte Leute ausgesondert und zur Liquidation bestimmt wurden.« Sommer 1944 kurz Führer des Außenlagers Gleiwitz I. † Suizid 8.8.1945 im Internierungslager Moosburg.

Stopar, Suzanne (Mädchenname). Objekt von Medizinverbrechen, Nr. 50386.
* 18.9.1920. Ankunft Auschwitz aus Drancy am 20.7.1943. Stopar, neun Jahre nach der Befreiung: »Beim Verlassen des Zuges wurde ich, mit anderen Frauen

zusammen, ausgesucht und in den Block 10 gebracht. Am ersten Tage wurde mir eine Blutprobe abgenommen, und danach mehrere größere Blutproben entnommen. Am Morgen des 5. Tages meines Aufenthalts wurde mir eine außerordentlich schmerzhafte Spritze in die Gebärmutter gemacht, und in Abständen von 2 bis 3 Monaten noch mehrere andere. Mehrere Male wurden dabei auch Röntgenaufnahmen vorgenommen. Jedes Mal nach einer solchen Spritze trat hohes Fieber (bis zu 40°) ein, ich konnte nicht urinieren und hatte immer lange die heftigsten Schmerzen im Unterleib. Ich konnte überhaupt nicht mehr laufen, litt unter heftigem Kopfweh und Brandschmerzen.« Körpergewicht bei der Befreiung: 34 kg. Stopar über die Folgen: »Starker Ausfluß vorhanden und häufiger Blasenkatarrh. Ich bin außerdem in sexueller Beziehung vollkommen unempfindsam geworden.« Q.: SP.

Stoppel, Otto. SS-Sturmbannführer.
* 13. 9. 1902 in Klammer. Berufssoldat. 1932 NSDAP (Nr. 1050628) und SS (Nr. 25564). 1943 bis Juli 1944 in Auschwitz, Kompanieführer 3. Kompanie SS-Totenkopf-Sturmbann. Standortbefehl (StB) vom 29. 4. 1944: »Stoppel übernimmt die Einteilung des gesamten Streifendienstes, insbesondere für kriegswichtige Objekte.« Mai 1944 (StB Nr. 13/44) *Beauftragter für die Überwachung der Schädlingsbekämpfung im Interessengebiet KL Auschwitz.* Am 30. 1. 1944 *Kriegsverdienstkreuz II. Klasse mit Schwertern.* Zuletzt Führer einer Wacheinheit in Groß-Rosen. † 10. 3. 1964 Bayreuth.

Stoppelman, Marie. Häftling Nr. 82325, Blutspenden für die Wehrmacht.
* 22. 5. 1914 Amsterdam. Ankunft Auschwitz am 30. 6. 1944 mit ihrem Bruder im Einzeltransport und in normalen Zügen aus dem *Judendurchgangslager* Westerbork. »Chef vom Laboratorium« (Stoppelman) im Krankenrevier des Frauenlagers Birkenau. Nach 1945 Ärztin in Amsterdam. Stoppelman (MV, Bd. 16): »Im Lagerabschnitt BIIb konnte ich wiederholt beobachten, daß Mengele mit anderen, nicht uniformierten Personen im Lager erschien und dort Häftlingsfrauen aussuchte, denen dann Blut entnommen wurde, und zwar zunächst ½ Liter. Falls diese Häftlingsfrauen dann noch nicht ohnmächtig waren, wurde ihnen ein weiterer ½ Liter Blut entnommen, offensichtlich für Blutspendezwecke. Diese Maßnahme war angesichts des abgebauten Gesundheitszustands dieser Häftlingsfrauen eine konkrete, ernsthafte Gefährdung nicht nur der Gesundheit, sondern des Lebens dieser Häftlinge überhaupt.« Häftlingsarzt Wolken (AV, Bl. 8558): »Für das entnommene Blut versprach man dem Blutspender eine zusätzliche Brot- und Wurstration. Diese Zusätze erhielten wir jedoch nie.« Kitty Hart (Erinnerungen): »Einmal hielt mich Dr. Rohde an. Ich dachte, er hätte etwas an mir entdeckt und würde mich sofort zur Todeszelle schicken. Aber er wollte nichts weiter als Blut. Dieses Mal nicht für seine Experimente, sondern als Spende für die Wehrmachtssoldaten, die für das Vaterland kämpften. Unser verachtetes Judenblut fanden sie gut genug, um es im Notfall mit ihrem zu vermischen.«

Storch. SS-Unterscharführer.
* Nicht ermittelt. Häftling Smolen: »Zeitweise war er Blockführer im Block 22 im Stammlager. Er war mindestens 1,90 m groß u. bei Kriegsende etwa 22 Jahre alt. Er wurde im Lager als ›Würger‹ bezeichnet. Von ihm weiß ich, daß er einmal eine Häftlingsfrau vergewaltigt hat und deshalb vom Lagerkommandanten eine Bunkerstrafe erhielt. Storch hatte die von ihm vergewaltigte Frau anschließend erschossen. Er kam jedoch später wieder in seine Stellung als Blockführer zurück. Bei der Evakuierung des Lagers gehörte er zu den Begleitmannschaften meines Trans-

ports. Ich habe selbst gesehen, daß er Häftlinge, die vor Erschöpfung zusammengebrochen waren oder nicht mehr weitermarschieren konnten, mit seiner Pistole erschossen hat.« Q.: AV, Bl. 2641 f.

Storch, Henry. Leiter der SS-Apotheke.
* 7.11.1910 Husum, Sohn eines Klempners. Apotheker. 1933 SS (Nr. 268218), Hauptsturmführer (1943). Januar 1940 Zentral-Sanitätslager der Waffen-SS in Berlin-Lichterfelde. Juli 1940 zum Aufbau der SS-Apotheke in Auschwitz. Museum Auschwitz (StAu III): beteiligt an der Vergasung von 600 russischen Kriegsgefangenen und 250 kranken Polen am 3.9.1941 mit Zyklon B im Keller des späteren Block 11. Storch behauptet dagegen, man habe ihn erst nach der Ermordung hinzugeholt, um »bestätigen zu können, daß die Gefahr des Giftgases durch die vorgenommene Entlüftung des Kellers beseitigt sei«. November 1941 in Dachau, ab März 1942 SS-Divisions-Apotheker (eigene Angaben). Storch: »Nach kurzer Gefangenschaft habe ich seit 1.7.45 in öffentlichen Apotheken gearbeitet und mich am 1.1.59 in Bochum selbständig gemacht.« Q.: AV, Bl. 8215 ff.

Storde, Karl. SS-Hauptsturmführer.
* 24.6.1883 Krefeld. Landwirt. November 1941 bis Juli 1942 in Auschwitz, Führer einer Wachkompanie. Danach in Groß-Rosen. April 1944 erneut in Auschwitz. Verbleib unbekannt.

Stork, Willy. SS-Sturmmann.
* 3.2.1921 Offenburg. SS-Totenkopf-Sturmbann. Wohnsitz in Baden.

Storz, Stefan. SS-Rottenführer.
* 13.10.1923 Bogojewo/heutiges Serbien. † 3.11.1946 Mezières/Ardennen. – Die Überlebende Sternberg in ihrem Bericht *In der Hölle von Auschwitz* über ihre Ankunft 1942 (AV, Bl. 3963): »Es war um zwei Uhr nachts. Da plötzlich ein lautes Schreien, ›sofort heraus, ihr Hunde‹. Also mußte man geschickt herunterspringen. Leider sind einige so unglücklich gefallen, daß sie sich das Bein gebrochen haben und am Boden liegen blieben, dafür gab es noch heftige Schläge. Wenn wir unten waren, standen hunderte von SS-Männern mit langen Knüppeln Spalier und schlugen wahllos in die Menschen hinein. Die Kranken riefen um Hilfe, und sie antworteten, gleich kommt ihr ins Krankenhaus, dort wird euch besser werden, ihr Schweine.«

Storzer, Josef. SS-Schütze.
* 6.12.1924 Krickerhau. Stabskompanie (SS-Angehöriger der Kommandantur), Kommando Landwirtschaft. Nach 1945 in Nordrhein-Westfalen.

Stosberg, Hans. *Der Sonderbeauftragte für den Generalbebauungsplan der Stadt Auschwitz* (1941).
* 1903. Dr. Ing. Architekt. 1930 Stadtplanungsamt Breslau. 1937 NSDAP. Stadtplaner Auschwitz zum Ausbau als NS-Musterstadt. Am 23.9.1942 Teilnehmer einer Besprechung mit Pohl in Auschwitz. Steinbacher: »Der jüdische Friedhof sollte einem Parteihaus mit Hotel, Kino und Restaurant weichen.« September 1943 Wehrmacht. Nach 1945 Städt. Baudirektor in Hannover (Gutsche), Leiter des Stadtplanungsamts. † Ende 1989 Hannover. Q.: Darstellungen 2.

Stoß, Josef. SS-Sturmmann.
* 15.5.1910 Segenthau/Rumänien. Monowitz. Nach 1945 in München. – Häftling Josef Frankenthal über Monowitz (AV, Bl. 13515): »Ich habe gesehen, daß SS-Leute aus der Wachkompanie sich einen Spaß daraus machten, Häftlinge auf sog. Fluchtversuchen zu erschießen.«

Strang, Hermann. Zentral-Bauleitung.
* 24.10.1895 Herdecke/Ruhr. SS-Oberscharführer. ZBL, Abteilung Tiefbau. Nach 1945 in Wennemen, Kreis Meschede.

Strasser, Alfred. SS-Schütze.
* 24.3.1903 St. Pölten. Juli bis Spätherbst 1941 Kompanieschreiber in Auschwitz. Nach 1945 in Wien.

Straßvogel, Hersz. *Jüdisches Sonderkommando.*
* 1895 Warschau. Ankunft Auschwitz am 4.3.1943 aus Drancy. Ermordet am 23.9. 1944. – Mengeles Obduzent Nyiszli am 28. Juli 1945 (MV, Bd. 13): »Die Gaskörner fielen herunter und durch ihre Berührung mit der Luft entstand ein Chlorgas, das innerhalb von 5 bis 10 Minuten zum Tod durch qualvolles Ersticken führte. Nach einer halben Stunde begannen die Ventilatoren zu arbeiten. Die Männer des Sonderkommandos öffneten die Türen der Gaskammer, und dort lagen 2000 Tote blutig (infolge Nasenblutens), mit ihrer Ausscheidung beschmutzt, nicht etwa in der ganzen Länge des Bunkers gleichmäßig verteilt, sondern stockwerkartig aufeinandergetürmt. Die Erklärung dafür ist, daß das Chlorgas erst später in die höheren Schichten hinaufkam.«

Straub, Georg. SS-Sturmmann.
* 9.5.1924. Ab 13.9.1944 Wachmannschaft. 1948 in Wadowice zu 5 Jahren Haft verurteilt (LaV). – Oberscharführer Mirbeth, Kommandoführer an der Rampe (AV, Bl. 16942): »Ich hatte bei den Selektionen, die nach Ankunft neuer Transporte stattfanden, das Gefühl, daß diese ganzen Aktionen nicht richtig waren. Ich empfand, daß man kein Recht habe, einen Teil der neuangekommenen Häftlinge sofort der Vernichtung zuzuführen. Besonders ungeheuerlich empfand ich, daß auch die Kinder vernichtet wurden.«

Straub, Peter. SS-Hauptscharführer.
* 12.12.1887 Neunkirchen/Saar. November 1941 bis Januar 1943 SS-Wachkompanie Auschwitz. † Hinrichtung 11.10.1946 Zuchthaus Hameln. – Die Gefangene Elfi Spandau über ihre Ankunft in Auschwitz: »Auf einem kleinen Bahnhof angekommen, hielt unser Gespensterzug. Unter mächtigem Geschrei, Flüchen und Schlägen sprang oder fiel jeder, der konnte, heraus. Dann wurden die Leichen heruntergeschmissen. Die SS schrie: ›Männer auf die eine Seite, Frauen auf die andere.‹«

Strauss, Kurt. SS-Rottenführer.
* 3.1.1915 Liebenthal/Schlesien. Ab Oktober 1944 in Auschwitz. 1948 in Wadowice zu 3 Jahren Haft verurteilt (LaV).

Strecker, Erwin. Politische Abteilung (PA), Lager-Gestapo.
* 17.8.1923 Beschanija, heute Teil von Belgrad/Serbien. SS-Sturmmann. † Januar 1945 in Blieskastel.

Strecker, Konrad. SS-Schütze.
* 3.11.1912 Neu-Pasua, heute Nova Pazova/Serbien. SS-Totenkopf-Sturmbann. Laut Standortbefehl vom 22.3.1944 verhinderte Strecker am 6. März in Monowitz die Flucht eines Häftlings durch Erschießen: »Strecker hat als Anerkennung 5 Tage Sonderurlaub erhalten.« † 10.11. 1944 im Feldlazarett 162.

Streicher, Theodor. SS-Rottenführer.
* 21.5.1921 Bayersried. Ab August 1944 in Auschwitz. SS-Wachkompanie Monowitz. Nach 1945 in Baywen.

Stromberger, Maria. DRK-Oberschwester.
* 1898 in Kärnten. Oktober 1942 bis zum Ende in Auschwitz, im SS-Lazarett. Half der Widerstandsbewegung im und außerhalb des Lagers. Nach 1945 Arbeiterin in einer Textilfabrik in Bregenz (Langbein, Menschen). † Juni 1957 in Kärnten.

Stromsky, Anton. SS-Unterscharführer.
* 29.4.1903 Wawrowitz/Sudeten. Standortverwaltung. Nach 1945 in Eßlingen.

Strutz, Robert. SS-Rottenführer in den Vergasungsbunkern.
* Nicht ermittelt. April 1943 *Kriegsverdienstkreuz II. Klasse mit Schwertern.* Im Broad-Bericht als Aufsicht bei der Aushebung der Massengräber und der Leichenverbrennung erwähnt. – KZ-Arzt Entress über die zu Gasbunkern umgebauten beiden Bauernhäuser (Nbg. Dok. NO-2368): »Nach weiteren 25 Minuten wurde die Türe geöffnet und ein Häftlingskommando, welches Gasmasken

trug, brachte dann die Leichen der Vergasten ins Freie. Unter der Leitung eines von Dr. Lolling speziell hierfür bestimmten Unterscharführers wurde das Zahngold entfernt, die Häftlinge auf bereitstehende Loren verladen und zu den Gruben gefahren, die vorher von einem Häftlingskommando gegraben wurden. Nachdem die Leichen begraben waren, wurden die Gaskammern gereinigt und waren dann wieder gebrauchsfertig für den nächsten Transport.«

Stryj, Konrad. SS-Rottenführer.
* 28.12.1907 Kattowitz. Ab Juni 1942 in Auschwitz. Kommando Landwirtschaft. 1948 in Krakau zu 3 Jahren Haft verurteilt (LaV). – Museum Auschwitz (StAu II): »Die Asche und die Knochen der in den Krematorien verbrannten Leichen wurden zunächst mit Holzstößeln zerkleinert und dann in Graben vergraben, in die Sola und in die Weichsel sowie in der Umgebung des Lagers Birkenau gelegene Fischteiche geschüttet, zur Auffüllung von Geländevertiefungen und sumpfigen Geländestücken verwendet und auch als Düngemittel auf den Feldern der Landwirtschaftsbetriebe des KL Auschwitz verteilt.«

Stumpfe, Karl. Gefangenen-Eigentums-Verwaltung.
* 25.11.1897 Maffersdorf. SS-Nr. 314609, Unterscharführer. Standortverwaltung, Abteilung GEV (Vertreter der GEV waren bei Transportankünften immer auf der Rampe). Am 21.9.1944 zur Sturmbrigade Dirlewanger strafversetzt, zuvor zum SS-Schützen degradiert. Verbleib unbekannt.

Suchowlanski, Abel. *Jüdisches Sonderkommando*, Nr. 80955.
* 12.11.1897 Skidel. Pole. Ankunft Auschwitz am 8.12.1942 aus dem Ghetto Grodno. Von 1000 Deportierten werden 769 »gesondert untergebracht« (Tarnwort für Vergasung). Die Gefangene Seweryna Szmaglewski über ihre Wahrnehmung der Krematoriumshäftlinge (Langbein, Menschen): »Sonderkommando – betrunkene Juden, die ihre in den Tod gehenden jüdischen Brüder nicht anders behandeln als die SS-Männer.« Leon Cohen vom Gaskammerkommando (Greif): »Wir waren Menschen ohne menschliche Gefühle. Wir waren richtige Tiere, keine Menschen. Das ist schrecklich, aber so war es.« Salmen Lewenthal: »Ich muß hier die Wahrheit aussprechen, daß einzelne dieser Gruppe sich im Laufe der Zeit dermaßen verloren haben, daß wir uns selbst einfach schämten.«

Sulzer, Walter. SS-Unterscharführer.
* 22.2.1906 Heidelberg. SS-Nr. 252334. Standortverwaltung, Technische Abteilung. KZ-Kollege Mittermeier: »War in der Trafostation [Ladung des elektrischen Zauns] und in der Werkstatt.« † 8.9.1958 am Geburts- und Wohnort Heidelberg. SS-Oberschütze Ludwig Karl Schmidt (AV, Bl. 12903): »Die Lagerumzäunung des Stammlagers stand Tag und Nacht unter Strom. Tagsüber wurde der Strom nur dann vorübergehend abgeschaltet, wenn die Arbeitskommandos das Lagertor passierten (also beim Einmarsch und beim Ausmarsch) und wenn ein Arbeitskommando den Todesstreifen unmittelbar neben dem Zaun säubern mußte. Daß der Zaun in dieser Zeit nicht unter Strom stand, konnte man daran erkennen, daß auf den Spitzen der Betonpfeiler der Lagerumzäunung rote Lampen aufleuchteten. Dadurch konnte jeder Posten auf den Wachtürmen sehen, daß der Zaun nicht unter Strom stand und daß deshalb besondere Wachsamkeit angebracht war.«

Sunkler, Georg. SS-Rottenführer.
* 17.10.1907 Scheffau. Kommando Landwirtschaft. 1948 in Krakau zu 5 Jahren Haft verurteilt (LaV). Nach 1945 im Landkreis Berchtesgadener Land.

Swiderska, Maria. Häftling Nr. 28019, Politische Abteilung (PA).
* 9.2.1905 Zagorzany/Polen. Lehrerin. Ankunft Auschwitz am 6.1.1943 aus

dem Gefängnis in Tarnow. PA-Aufnahmeabteilung in Birkenau. Swiderska über Mengele (MV, Bd. 10): »Von der Eleganz einer Friseurpuppe.« Nach 1945 Übersetzerin in Warschau. – Ella Lingens in ihren Erinnerungen über die PA-Schreiberinnen in Birkenau: »Mir fiel auf, daß die Frauen sauber, ja fast elegant gekleidet waren, rasierte Brauen und sogar geschminkte Lippen hatten. Hier hatte ich einen Teil der Lagerelite vor mir.«

Swoboda, Heinrich. Zentral-Bauleitung.
* 11. 10. 1904 Wien. SS-Oberscharführer. Technische Abteilung (die ZBL war zuständig für Bau und Betrieb der Vergasungsanlagen). Nach 1945 in Rottenmann / Steiermark.

Szawinski, Serge. *Jüdisches Sonderkommando*, Nr. 28417.
* 10. 10. 1910 in Polen. Laut Filip Müller Pariser Textilkaufmann polnischer Herkunft. Ankunft Auschwitz am 30. 3. 1942 mit dem ersten RSHA-Transport aus Frankreich (Compiègne). Die 1112 jüdischen Menschen aus verschiedenen Ländern werden keiner Selektion unterworfen (Czech). Dezember 1942 Blockältester des Sonderkommandos (SK). Von Mithäftlingen als Verräter eingestuft, laut Mithäftling Salmen Lewenthal »der schlimmste Bandit und Zuhälter aus Frankreich«. – Kommandant Höß in seinen Aufzeichnungen: »Es kamen nun im Frühjahr 1942 die ersten Judentransporte aus Oberschlesien, die alle zu vernichten waren. Sie wurden nach dem Bauerngehöft – Bunker I – von der Rampe über die Wiesen des späteren Bauabschnitts II geführt. Aumeier, Palitzsch und noch einige Blockführer unterhielten sich mit ihnen möglichst harmlos, frugen nach Berufen und Kenntnissen, um so zu täuschen. Am Gehöft angekommen, mußten sie sich ausziehen. Sie gingen auch zuerst ganz ruhig in die Räume, wo sie desinfiziert werden sollten. Bis dann einige doch stutzig wurden und von Ersticken, von Vernichten sprachen.« Höß weiter: »Machte sich Unruhe bemerkbar, so wurden die Unruheverbreiter unauffällig hinter das Haus geführt und dort mit dem Kleinkalibergewehr getötet, das war von den anderen nicht zu vernehmen. Auch das Vorhandensein des Sonderkommandos und dessen beruhigendes Verhalten besänftigte die Unruhigen, die Ahnenden.«

Szczurek, Paul (Pawel). SS-Unterscharführer.
* 26. 6. 1908 Chorzow. Hüttenarbeiter. Oktober 1940 bis Juni 1943 im Stammlager. Am 4. 12. 1941 vom SS-Totenkopf-Sturmbann zum Kommandanturstab Schutzhaftlager kommandiert (KB Nr. 33 / 41). Zensor der Häftlingspost, Blockführer. Juni 1943 Kommandoführer im Außenlager (AL) Eintrachthütte, September 1944 in Monowitz, Dezember 1944 Leiter der Häftlingsküche im AL Hubertushütte (HvA 12). † Todesurteil am 22. 12. 1947 in Krakau, Hinrichtung. Urteil: »Insbesondere während der Ausladung der Transporte und bei ihrer Begleitung schlug der Angeklagte die Opfer dieser Aktion brutal, trieb sie zusammen mit anderen SS-Männern in die Gaskammern.« Das Urteil hält fest, »daß der Angeklagte besonders die Frauen bei der Entlausung mißhandelte und sie, nackt wie sie waren, mit dem Stock auf die Brüste und auf das Gesäß schlug und ihnen einen Stock in die Gebärteile hineinstieß«.

Szeg, Josef. SS-Sturmmann.
* 25. 3. 1924 Uter-Hamroth / Ungarn. SS-Totenkopf-Sturmbann. 1948 in Wadowice zu 19 Monaten Haft verurteilt (LaV).

Szejnfeld, Szyja. Häftling Nr. 49093.
* 18. 8. 1907 Radom. Ärztin. Ankunft Auschwitz ohne Selektion am 19. 7. 1942 aus dem Lager Pithiviers in Frankreich. Als Pflegerin im »Zigeunerlager«. Aussage: »Ich wurde insbesondere mit einem Block kranker Kinder betraut, sehr kranken Kindern in sehr armseligen Zustand. Im Laufe des Monats August 1944 – ich

kann kein genaues Datum nennen – wurde gesagt, daß noch am gleichen Tag alle Zigeuner liquidiert würden. Ich erinnere mich, daß eine Frau zu mir sagte: ›Ihr Juden, von euch bleiben wenigstens noch ein paar übrig, wir aber, wir werden ausgerottet, niemand wird sich an uns erinnern.‹« Oktober 1944 nach Sachsenhausen deportiert. Ärztin in Straßburg. Q.: MV, Bd. 15.

Szepesi, Eva, geb. Diamant. Als Zwölfjährige in Auschwitz, Nr. A-26877.
* 29. 9. 1932 Budapest. Vater Karoly 1943 »verschollen«, ihre Mutter Valery und ihr achtjähriger Bruder Tamas mit einem der letzten Ungarn-Transporte in Birkenau ermordet. Eva, von ihrer Mutter bei Verwandten in der Slowakei versteckt, wird September 1944 verhaftet und vom Sammellager Sered nach Auschwitz verschleppt. Ankunft ohne Selektion am 3. 11. 1944, insgesamt 900 Männer, die Zahl der Frauen und Kinder ist unbekannt. Eva über ihren Eintritt in die Baracke: »Auf den Pritschen im Inneren lagen völlig ausgemergelte und in Lumpen gehüllte Gestalten. Viele reagierten gar nicht auf uns Neuankömmlinge, sie nahmen uns gar nicht wahr.« Szepesi zur Flucht des KZ-Personals am 18. Januar 1945: »Wir hatten weder etwas zu essen noch zu trinken, keiner war in der Lage aufzustehen und etwas zu besorgen. Ich träumte von Wassersuppe und altem Brot, bis mein Dämmerzustand in Bewußtlosigkeit überging.« Am 27. 1. 1945 – bewußtlos – von der Roten Armee befreit. Eines von 400 noch lebenden Kindern unter 15 Jahren. Rückkehr nach Budapest am 18. 9. 1945: »Die Angst, Mama, Papa und Tamas nie mehr wiederzusehen und ab jetzt mein Leben ohne sie meistern zu müssen, quälte mich furchtbar. Es sollte noch Jahre dauern, bis ich mir eingestand, daß ich sie für immer verloren hatte. Eine insgeheime Hoffnung blieb Jahrzehnte.« Autorin des Buchs *Ein Mädchen allein auf der Flucht*. Im Vorwort heißt es: »Als die Autorin an diesem Manuskript arbeitete, lagen ihre Erfahrungen in Auschwitz fast sechzig Jahre zurück. Dennoch genügte ein verschneiter Februarmorgen, um den jahrelang mühsam aufrechterhaltenen Schutz zu zerstören. Der Anblick der Schneeflocken brachte erstmals Bilder von den durchlebten Appellen in Auschwitz in ihr Bewußtsein zurück. Die Folgen waren plötzliche unerträgliche Schmerzen in den Händen und Füßen. Erst mithilfe einer Therapie gelang es ihr, die Schmerzen so weit in den Griff zu bekommen, daß sie weiterschreiben konnte.«

Szerwinski, Horst. SS-Unterscharführer.
* 16. 11. 1922 Kulm. Im Verfahren gegen E. A. König (»Zigeunerlager«) gesucht, Verbleib unbekannt.

Szilasi, Lenke. *Mengele-Zwilling.*
* 26. 8. 1913 Budapest. Szilasi: »Zusammen mit mehreren Tausend wurde ich aus dem Sammellager in Bekasmegyer in den ersten Tagen des August 1944 nach Auschwitz gebracht. Wir wurden mit einem Güterzug in Güterwagen – zusammen mit meiner Zwillingsschwester Szilasi Olga – transportiert. Meine Mutter und meine vielen übrigen Anverwandten kamen in andere Waggons. Es folgte die Selektion, die von Mengele durchgeführt wurde, in Anwesenheit des SS-Arztes Dr. König. Mengele stellte die arbeitsunfähigen Alten, die Kranken, die Kinder auf die linke Seite. Dorthin schickte er auch meine Mutter, meine Tante, Frau Markstein Sandor und ihren Mann, von unseren nahen Anverwandten den Weisman Sandor und dessen Familie. Nach einigen Monaten Aufenthalt wurden wir mit meiner Schwester dem sogenannten Revier zur Arbeit zugeteilt. Unsere Aufgabe war es, zu reinigen und Kranke zu pflegen. Wegen der schlechten Verpflegung und Behandlung verstarben sehr viele. Die Leichen unserer Mitgefangenen mußten wir, die wir zur Reinigung

eingeteilt waren, aus dem Revier tragen.« Q.: MV, Bd. 24.

Szorm, Henryk. SS-Schütze.
* 3.6.1823 Stare Gliwice. Bergmann. Ab August 1944 in Auschwitz, Kommando Gleiwitz II (Gasrußwerk). Eskortierte die Häftlingskolonnen beim Evakuierungsmarsch (HvA 14). Verbleib unbekannt. – Häftling Rood zum Beginn der Evakuierung Januar 1945: »Wir marschierten am Ende der Kolonne, und als wir durch das Tor kommen, hören wir acht Schüsse. Acht kranke Männer waren im [Kranken-]Revier zurückgeblieben.«

T

Tabaczynski, Jozef. Häftling Nr. 114780.
* 26.10.1915 Myszkow. Ankunft Auschwitz laut Häftlingsnummer am 12.4.1943 mit einem kleinen Transport aus dem Gefängnis in Myslowitz. Danach in Monowitz. Bericht vom Evakuierungstransport Januar 1945 (Auszug): »In den Waggons herrschte eine entsetzliche Enge. Im Grunde konnte sich keiner der Häftlinge bewegen. Die Häftlinge waren schutzlos dem Frost ausgeliefert und wurden immer schwächer. Es kam zu dantesken Szenen. Jeder kämpfte um seinen Platz. Die schwächeren und entkräfteten Häftlinge verreckten und gerieten allmählich auf den Boden des Waggons. Das herzzerreißende Stöhnen der Sterbenden vermischte sich mit den Schreien der wahnsinnig gewordenen Häftlinge. Sie bissen, traten und kratzten ihre Nachbarn und wurden gefährlich.« Angestellter in Kattowitz. Zitat: StAu II.

Tabeau, Jerzy. Häftling Nr. 27273.
* 8.12.1918 Zablotow/heutige Ukraine. Ankunft Auschwitz, insgesamt 60 Häftlinge, am 26.3.1942 aus dem Gestapogefängnis Montelupich in Krakau. Im Lager unter dem Tarnnamen Jerzy Weselowski. Verschiedene Kommandos, schließlich Pfleger im Ambulatorium des Stammlagers. April 1943 Blockschreiber des Krankenblocks im »Zigeunerlager«. Tabeau (BV): »Viele Zigeuner starben infolge der Infektionskrankheiten, insbesondere an Typhus sowie wegen schlechter Ernährung.« Tabeau über Mengele (MV, Bd. 31): »Mir ist nichts darüber bekannt, daß er irgendeinen Häftling geschlagen oder getötet hat.« Am 19.11.1943 mit Roman Cieliczko (Nr. 27989) Flucht nach Krakau. Verfaßte für den polnischen Widerstand einen Bericht über Auschwitz, der nach England übermittelt wurde (Czech). Arzt in Krakau.

Tachtler, Josef. SS-Schütze.
* 13.1.1908 Ceminac/heutiges Serbien. Standortverwaltung, Abteilung Verpflegung. Nach 1945 im Kreis Rottweil. – Häftling Adam Gawalewicz, Nr. 9225, Frühjahr 1942 zum *Muselmann* geworden, zunächst auf Block 4 – später Block 7: »Durchschnittlich jeden zweiten Tag bekamen wir kein Essen, an den anderen Tagen gab es 1 Liter Suppe für 3–5 Gefangene.« Q.: AV, Bl. 15445.

Taddiken, Fritz. Zentral-Bauleitung.
* 15.1.1908 Sengwarden. SS-Rottenführer. 1948 in Krakau zu 5 Jahren Haft verurteilt (LaV). Nach 1945 im Kreis Friesland.

Täger, Heinrich. SS-Obersturmführer.
* 23.2.1897 Lippstadt. NSDAP-Nr. 3131462, SS-Nr. 249766. Führer der 1. Wachkompanie, Dienstbezeichnung *SS-Totenkopf-Sturmbann KL Auschwitz.* Am 22.11.1940 Kommandoführer des Exekutionskommandos, das zur ersten Hinrichtung, Erschießung von 40 Polen, eingeteilt ist. † 4.12.1946 Darmstadt. KZ-Kollege Czerwinski zu den Erschießungskommandos: »Ich habe nie bemerkt, daß sich SS-Leute, die tagsüber bei einem Sonderkommando tätig waren, abends in einer auffälligen seelischen Verfassung befanden.«

Taffanek, Josef. SS-Schütze.
* 3.7.1911 Ruma/Kroatien. SS-Totenkopf-Sturmbann, Kommando Lagischa. † Vom Kreisgericht Leoben 1956 für tot erklärt.

Taffel, Menachem. Ermordet für die Anthropologische Sammlung *Fremdrassiger* des Anatomen Hirt (SS-*Ahnenerbe*).
* 28.7.1900 Sediczow in Galizien. Emigration nach Berlin. Milchhändler. Am 12.3.1943 mit Ehefrau Klara und der 14jährigen Tochter Ester nach Auschwitz deportiert. Ankunft Auschwitz am nächsten Tag. Von 964 Deportierten werden 599 »gesondert untergebracht« (Tarnwort für Vergasung), darunter Taffels Frau und Tochter. Häftling Nr. 107969. † Am 30.7.1943 zum KZ Natzweiler deportiert und im August 1943 in der Gaskammer erstickt. Q.: HJL.

Taiber, Thomas. SS-Sturmmann.
* 9.8.1922 Oppeln. SS-Totenkopf-Sturmbann. Nach 1945 Wohnsitz in Rheinland-Pfalz.

Tannhausen, Matthias (zuvor: Tatarczyk). SS-Oberscharführer.
* 21.9.1897 Machanna, Kreis Rybnik. Ab März 1941 in Auschwitz. SS-Wachkompanie Stammlager, Monowitz, Außenlager Charlottenhütte und Eintrachthütte. Standortbefehl vom 15.9.1943: *Kriegsverdienstkreuz II. Klasse mit Schwertern* (das KVK für KZ-Angehörige läßt Beteiligung an Tötungen vermuten). 1948 in Krakau zu 6 Jahren Haft verurteilt (LaV). Wohnsitz Bad Brückenau.

Taube, Adolf. Führer des Außenlagers Hindenburg (1944).
* 25.9.1908 Rudolsdorf. SS-Unterscharführer. Am 4.12.1941 vom SS-Totenkopf-Sturmbann zum Kommandanturstab, Abteilung III – Schutzhaftlager – kommandiert (KB Nr. 33/41). Belobigt im Kommandanturbefehl vom 11.9. 1942, da er »größere Geld- und Devisenbeträge« fand und ablieferte. Standortbefehl vom 15.9.1943: *Kriegsverdienstkreuz II. Klasse mit Schwertern.* † 2.9. 1959 am Wohnort Merkenbach im Dillkreis.

Tauber, Anton. Blockführer Block 25 (Todesblock in Birkenau).
* Nicht identifiziert. SS-Unterscharführer (1944). Häftlingsschwester Sternberg in ihrem Bericht *In der Hölle von Auschwitz* über Frauen im Block 25 (AV, Bl. 3979): »Sehr oft streckten sie durch die vergitterten Fenster ihre Hände aus, wenn es draußen regnete, um ein paar Tropfen aufzufangen und ihren Durst damit etwas stillen zu können.« Die Überlebende Marie-Claude Vaillant-Couturier (StAu III): »Dieser Block war das Vorzimmer zur Gaskammer, wenn man so sagen darf. Ich kenne ihn sehr gut, denn wir sind zu dieser Zeit in den Block 26 verlegt worden, und unsere Fenster öffneten sich in den Hof des Blocks 25. Man sah Mengen von Leichen im Hofe aufgehäuft, und von Zeit zu Zeit bewegte sich unter diesen Leichen eine Hand oder ein Kopf. Eines Tages hatte eine unserer Kameradinnen, Anette Epaux, eine schöne junge Frau von 30 Jahren, die an diesem Block vorbeiging, mit diesen Frauen Mitleid, die von früh bis abends in allen Sprachen schrien: Zu trinken, zu trinken, zu trinken, Wasser! Sie ist in unseren Block zurückgekommen, um ein wenig Kräutertee zu holen. Aber in dem Augenblick, wo sie den Tee durch das vergitterte Fenster reichte, wurde sie von der Aufseherin bemerkt, beim Kragen gepackt und selbst in den Block 25 geworfen.« Die Gefangene Eugenia Halbreich über Tauber (StAu III): »Wenn die Häftlinge auf die Autos geladen wurden, die sie zur Gaskammer fahren sollten, dann befahl er den Stubendiensten, sie wie Pakete zu werfen, und machte das auch selbst so.« Die Überlebende Vera Alexander (AV, Bl. 15169): »Er stammte aus den Sudeten. Er sprach auch tschechisch. Er sagte zu mir, er hasse die Juden deswegen, weil er von einem solchen wegen Falschspie-

lens angezeigt worden sei. Er sei mit einer Gefängnisstrafe bestraft worden und habe in der Haftzeit Magengeschwüre bekommen. Er könne seine Schmerzen nur lindern, wenn er Juden töte.«

Tauber, Henryk. *Jüdisches Sonderkommando*, Nr. 90124.

* 8.7.1917 Chrzanow/Polen. Beruf: Schäftemacher. Ankunft Auschwitz am 19.1.1943 aus dem Krakauer Gestapogefängnis Montelupich (von 1372 Deportierten werden 350 sofort in der Gaskammer erstickt). Februar 1943 Leichenverbrenner im *Alten Krematorium*. Ab März 1943 in den Birkenauer Krematorien. Aussage Tauber vom 24.5.1945 vor einer polnischen Kommission: »Die Leichen hatten eine rötliche und an manchen Stellen stärker gerötete Färbung, an anderen Stellen waren sie mit grünlichen Flecken bedeckt, sie hatten Schaum vor den Mündern, einigen floß Blut aus der Nase, in der Mehrzahl der Fälle war Kot zu sehen. Ich erinnere mich, daß viele die Augen offen hatten, viele Leichen waren ineinander verkrallt. Später wurde uns klar, daß viele Menschen in der Gaskammer noch vor dem Vergasen durch Mangel an Luft bereits durch Ersticken umkamen. Diese Menschen lagen ganz unten, auf dem Fußboden, und die anderen liefen über sie.« Januar 1945 Flucht beim Evakuierungsmarsch. Im Prozeß gegen Höß Zeuge der Anklage. Tauber zu den unterschiedlichen Zeugenaussagen über Kleiderhaken im Auskleideraum und Duschköpfe in der Gaskammer: »Ich stelle fest, daß anfangs im Auskleideraum weder Bänke noch Kleiderablagen waren, und in der Gaskammer keine Duschen. Das eine wie das andere wurde erst im Herbst 1943 installiert, um den Auskleideraum und die Gaskammer zu tarnen.« Gestorben 1999 in New Jersey. Zitate: StAu III.

Taubert, Emil. SS-Scharführer.

* 7.11.1910. Außenlager Blechhammer. Verbleib unbekannt. – Häftling Henryk Symchowicz über nächtlichen Drill in Blechhammer (StAu II): »Sie jagten uns ein paar Stunden lang barfuß und nur im Hemd über den Appellplatz: Hocke, Auf, Nieder, Auf, und wieder Nieder und runter auf die Erde. Und wenn die SS-Männer des Kommandierens müde waren, dann legten sie uns auf die nasse Erde. Sie prüften dann, ob wir ausgerichtet lagen, und wenn einer von uns zu weit mit dem Kopf nach vorne lag, dann glichen sie das mit den Stiefeln aus und traten den Unglücklichen an den Kopf.«

Taubert, Paul. SS-Unterscharführer.

* 20.6.1911 Teuchern b. Weißenfels. Metzger. SS-Nr. 119283. Standortverwaltung. Koch, d.h. Überwachung der Häftlingsköche in der Häftlingsküche des Stammlagers. Ebenso »Koch« der SS-Küche im Außenlager Eintrachthütte. Verbleib unbekannt.

Taufenbach, Alfred. SS-Rottenführer.

* 9.7.1910 Wizajny/Polen. Vom 11.11.1941 bis 30.10.1943 in Auschwitz. SS-Totenkopf-Sturmbann. Verbleib unbekannt. – Die Überlebende Maria Swiderska im Auschwitz-Prozeß: »In unserem Kommando war eine Jüdin aus der Slowakei namens Edith. Sie war längere Zeit im Lager und wußte daher genau, daß alte Menschen und Kinder fürs Gas ausgesondert wurden. Als die Deportierten die Geleise entlangkamen, ging Edith zum Draht und rief: ›Meine Mutter! Mein Vater! Meine Großmutter! Meine Tante!‹ Eine Schwester von ihr trug ein Kind am Arm. Edith bemühte sich, ihr durch Zeichen verständlich zu machen, daß die Schwester das Kind der Großmutter geben soll, denn sie wußte, daß die Großmutter und das Kind ohnedies nicht zu retten waren. So blieb die Schwester am Leben.«

Taul, Roman. Opfer von Versuchen zur Massensterilisierung mit Röntgenstrahlen, Nr. 1108.

* 1917. Ankunft Auschwitz am 24.6.1940 mit dem ersten Transport aus Schlesien.

Zunächst Schreiber in der Politischen Abteilung, ab Januar 1943 in der Effektenkammer. Im Sommer 1943 geht Taul mit einem Kameraden die Lagerstraße entlang: »Horst Schumann hielt uns an und fragte uns nach unserem Alter, wo wir arbeiteten, woran wir krank waren, dann notierte er sich unsere Lagernummern und befahl uns, am nächsten Tag auf dem Krankenbau des Blocks Nr. 21 zu melden. Am nächsten Tag meldeten wir uns in der Schreibstube des Blocks Nr. 21. Dort holte uns der Lagerarzt Horst Schumann ab und führte uns persönlich auf den Block Nr. 10. Schumann befahl uns, uns auszuziehen. Wir taten das. Dann befahl er mir, mich auf den Tisch zu legen, und rückte die Röntgenlampe über meine Geschlechtsorgane (Hoden), wonach er den Tätigkeitsmechanismus anschloß. Ich verstand, daß er mich mit den Röntgenstrahlen bestrahlte. Die Bestrahlung meiner Hoden dauerte 5–10 Minuten und vielleicht auch länger. Dann befahl Horst Schumann meinem Kameraden, sich auf den Tisch zu legen.« Taul entgeht weiteren Eingriffen Schumanns, da er wegen Fleckfieber in den Krankenbau kommt. Sein Kamerad muß noch einmal zu Schumann und kehrt nicht zurück. Taul gelingt am 30.9.1944 die Flucht, leidet aber lebenslänglich: »Infolge der Bestrahlung meiner Hoden durch Horst Schumann mit den Röntgenstrahlen war ich krank, und die gegenwärtigen Folgen dieser Bestrahlung bestehen in einer teilweisen Impotenz, im Schwund des rechten Hodens, in der allgemeinen Neurose. Ich möchte betonen, daß ich nach der Bestrahlung mit den Röntgenstrahlen unmittelbar nach diesem Eingriff ganz kahl wurde.« Aussage Taul: SV.

Tauschek, Johann. SS-Rottenführer.
* 6.1.1915. SS-Totenkopf-Sturmbann, Monowitz, Standortverwaltung. Verbleib unbekannt.

Taute, Johann. Politische Abteilung (PA), Lager-Gestapo.
* 4.6.1913 Strücklingen, Kreis Cloppenburg. SS-Hauptscharführer. Leiter der Aufnahmeabteilung, später Leiter der PA in Monowitz. Unikower, als Häftling ebenda Schreiber: »Die Häftlinge hatten vor ihm im allgemeinen nicht so viel Angst wie vor anderen SS-Leuten.« August 1944 Kriegsdienst. † Kriegstod 1.1.1945. Taute unterstanden zusätzlich die polnischen *Erziehungshäftlinge* (»arbeitsscheue Elemente«), die ab Januar 1943 in Monowitz arbeiteten. E-Häftlinge gab es ab Juli 1941 im Stammlager. Sie sind auf eine bestimmte Dauer zur *Arbeitserziehung* eingewiesen, haben eigene – nicht tätowierte – Häftlingsnummern und werden ansonsten wie alle anderen Häftlinge behandelt (StAu I).

Tebert, Georg. SS-Schütze.
* 7.8.1919 Örszallas/Ungarn. SS-Totenkopf-Sturmbann. † 10.7.1943 Reservelazarett Branitz/Oberschlesien.

Teichmann, Heinrich. Zentralbauleitung.
* 6.12.1902. Zivilangestellter. Stellv. Bauleiter Auschwitz-Birkenau. Verbleib unbekannt. – Primo Levi zu den Zivilangestellten im Lager: »Für die Zivilisten sind wir in der Tat Unberührbare. Sie sehen uns auf das niedrigste versklavt, ohne Haar, ohne Ehre, ohne Namen, täglich geschlagen, täglich verworfen, niemals finden sie in unseren Augen auch nur eine Andeutung von Aufbegehren oder Friede oder Glaube. Sie kennen uns als diebisch, unzuverlässig, verdreckt, zerlumpt, ausgehungert und meinen, die Wirkung mit der Ursache verwechselnd, daß wir dieses Verworfensein verdient haben.«

Teister, Johann. SS-Schütze.
* 23.6.1896 Langlieben, Kreis Kosel. SS-Totenkopf-Sturmbann. † 28.8.1942 an Fleckfieber.

Tempel, Wilhelm. SS-Unterscharführer.
* 9.2.1903 Worms. Schlosser und Elektriker. 1935 SS. SS-Totenkopfdivision

Dachau. Nach eigener Aussage (AV, Bl. 8649 ff.) von Februar bis Oktober 1944 in Auschwitz zum Aufbau einer neuen Entlausungsstation, Dezember 1944 in gleicher Funktion in Dachau. Nach 1945 im erlernten Beruf. Die übliche Entlausung ging so vor sich, daß man die Baracken mit Zyklon B begaste und die Kleidung der Häftlinge desinfizierte. Die Häftlinge wurden derzeit gebadet und mit einem Desinfektionsmittel besprüht. Danuta Czech (HvA 15): »Den gebadeten und desinfizierten Häftlingen gab man Schuhe mit Holzsohlen aus und hieß sie das Bad verlassen, um der nächsten Gruppe den Eintritt zu ermöglichen. Aus dem Bad ins Freie getrieben, standen sie bei einigen Grad Frost nackt während einiger Stunden. Sie warteten auf das Öffnen des Blocks und das Verflüchtigen des Gases. Viele starben während des Wartens im Freien, andere im Laufe der Nacht und in den nächsten Tagen.« Die Gefangene Kaminska-Sadowska über die Entlausung (MV, Bd. 29): »Sie bestand darin, daß sämtliche Kranken sehr früh morgens den Block verließen und nackt, ohne Rücksicht auf die Temperatur der Luft, auf das Alter oder den Gesundheitszustand, in die Sauna gingen. Nach einer Dusche, abwechselnd mit heißem oder kaltem Wasser, verließen die Kranken die Sauna und warteten draußen vor dem Block bis zum Abend auf die Desinfizierung des Blocks. Nach so einer Entlausung starb ca. die Hälfte der kranken Frauen vor dem Eingang des Blocks.«

Teuber, Karl-Heinz. KZ-Zahnarzt.
* 26. 12. 1907 Glogau / Schlesien. Dr. med. dent. 1938 SS (Nr. 16191), Sturmbannführer (1945). NSDAP-Nr. 4659925. 1939 SS-Verfügungstruppe. Juni 1941 bis Dezember 1942 Leiter der Zahnstation in Dachau. Vom 15. 12. 1942 bis 15. 7. 1943 Leiter der Zahnstation in Auschwitz. Laut SDG Ontl Rampendienst. Am 7. 6. 1943 *Kriegsverdienstkreuz II. Klasse mit Schwertern* (das KVK für KZ-Angehörige läßt Beteiligung an Tötungen vermuten). Kommandanturbefehl Nr. 23/43: »Besuch der Ehefrau vom 10.–21. 6. 1943«. Laut KZ-Kollege Frank zu einer SS-Division versetzt. 1948 in Krakau zu 4 Jahren Haft verurteilt (LaV), Entlassung 1955. Praxis in Timmendorferstrand an der Ostsee. † 15. 6. 1961 im Krankenhaus, ein Tag vor einer geplanten Vernehmung. Vermerk eines Kriminalmeisters vom 16. 6. 1961 (AV, Bl. 9214): »Ich fuhr von Hamburg nach Timmendorferstrand, um den Dr. Teuber zur Vernehmung am 16. 6. 61 vorzuladen. Dabei stellte sich heraus, daß Dr. T. bereits seit einigen Wochen im Krankenhaus-Süd mit einer schweren Lebererkrankung liegt. Auf telefonische Anfrage im genannten Krankenhaus wurde von dem Stationsarzt Dr. Meier – Station 20 – mitgeteilt, daß Dr. Teuber am 15. Juni 1961, 20.50 Uhr, an seinem Leiden verstorben ist.«

Than, Gesa. SS-Schütze.
* 24. 3. 1913 Krombach, heute Krompoch / Tschechien. 1944 in Auschwitz. Nach 1945 Wohnsitz in Bayern.

Thelen, Christian. SS-Sturmmann.
* 26. 3. 1893 Friesheim. Wachmannschaft. 1948 in Wadowice zu 4 Jahren Haft verurteilt (LaV).

Theuer, Adolf. *Desinfektor*, SS-Sanitätsdienstgrad (SDG).
* 20. 9. 1920 Bolatice b. Troppau. Maurer. SS-Unterscharführer (1941). Von Anfang an in Auschwitz, SDG im *Alten Krematorium*. Häftlingsschreiber Paczula (AV, Bl. 2575 f.): »Er hatte ständig eine Gasmaske umhängen und sprach davon, daß er der Hauptverantwortliche für die Vergasungen sei.« Häftlingsarzt Fejkiel: »Er hat mir einmal erzählt, daß sie ungefähr 2000 deutsche Soldaten, die sehr unter Erfrierungen zu leiden hatten und große Wunden davongetragen hatten, vergast hätten. Auch hätten sie einmal eine Gruppe von Soldaten von der Ostfront vergast.« Laut Klehr (AV, Bl. 9066) führte

er »die Vergasung der ankommenden jüdischen Häftlingstransporte in den Gaskammern durch«. KZ-Kollege Stark im Auschwitz-Prozeß: Warf bei Vergasungsaktionen das Zyklon B ein. † Todesurteil am 23.4.1947 tschechischer Volksgerichtshof in Opava (Troppau), Hinrichtung.

Thielemann, Alfred. SS-Oberscharführer.
* 29.4.1892 Leipzig. November 1941 bis August 1943 in Auschwitz. Standortbefehl Nr. 12/43: »Besuch der Ehefrau in der Zeit vom 22.4.–15.5.1943«. Verbleib unbekannt.

Thielsch, Alfred. Zentral-Bauleitung.
* 13.5.1911 Görlitz. SS-Schütze. † 6.9. 1942 Reservelazarett Kattowitz.

Thilo, Heinz. KZ-Arzt.
* 8.10.1911 Wuppertal-Elberfeld. 1930 NSDAP (Nr. 404295). 1934 SS (Nr. 126436), Hauptsturmführer (1944). Zunächst 3. SS-Sanitätskompanie in Oranienburg. Vom 27.7.1942 bis 9.11. 1944 Lagerarzt in Birkenau. Laut Ella Lingens (AV, Bl. 6557) selektierte er Häftlinge »mit einem kalten Zynismus«. Aussage Johann Paul Kremer am 18.7. 1947 in Krakau: »Bei solchen Vergasungen war immer der SS-Arzt anwesend. Aus der Mitte der Ärzte aus meiner Zeit gedenke ich der Namen der Ärzte Thilo, Kitt, Uhlenbroock, Wirths, Meyer, Entress.« Der damals 13jährige Lazar Grejs (Nr. B-2810), mit einem Transport jüdischer Jungen aus dem Ghetto Kaunas nach Auschwitz gekommen (HvA 20): »Am 18./19. September 1944 wurden alle Jungens aus unserem Transport auf den Platz zwischen den Blocks 9 und 10 gerufen. Man stellte uns in Fünferreihen auf. Dann kam Lagerarzt Dr. Thilo. Er trug die Uniform der SS-Männer und weiße Handschuhe. Neben ihm der Häftlingsschreiber. In einem bestimmten Moment zog Thilo den Handschuh von der rechten Hand. Mit der entblößten Hand winkte er mehreren Jungen zu und sagte: ›Komm!‹ Der Schreiber notierte die Nummern der Ausgewählten. Abends wurden alle, die der Schreiber notiert hatte, zusammengerufen. Beim Tor des Abschnitts BIIa verfrachtete man sie auf Autos und transportierte sie ins Innere des Lagerkomplexes. Da verstanden wir, daß etwas Schlimmes geschehen war, denn unter den Ausgewählten befanden sich nur kleine und schwache Knaben.« Standortbefehl Nr. 29/43: »Besuch der Ehefrau vom 22.7. bis Ende August 1943«. Danach KZ Groß-Rosen. † 13.5. 1945 Hohenelbe/CSSR, heute Vrchlabi/Tschechien.

Thöne, Otto. SS-Schütze.
* 16.2.1908 Rettkowen/Ostpreußen. SS-Totenkopf-Sturmbann. Am 26.4.1948 in Krakau zu 3 Jahren Haft verurteilt. Wohnsitz Düsseldorf.

Thoma, Walter. Zentral-Bauleitung.
* 11.3.1907. SS-Unterscharführer. Im Vorzimmer des Leiters. Nach 1945 in Kirchzarten im Breisgau.

Thomsen, Reinhard. Leiter der Abteilung Landwirtschaft.
* 7.2.1901 Eckernförde. Berufsangabe: landwirtschaftlicher Beamter. 1933 NSDAP (Nr. 3144330) und SS (Nr. 146483), Obersturmführer (1943). 1939 in Buchenwald. Von Anfang bis zum Ende Standortverwaltung Auschwitz, Abteilung Landwirtschaft, zeitweise zugleich Kommandeur der SS-Wachkompanie in Rajsko (Caesar). Thomsen: »Meine Aufgabe bestand von Anfang an darin, eine landwirtschaftliche Abteilung aufzubauen und im Bereich von Auschwitz Landwirtschaft zu betreiben. Das erschien insbesondere deshalb erforderlich, weil die Polen in der unmittelbaren Umgebung des Lagers ausgesiedelt worden waren und die Äcker deshalb brachlagen.« Standortbefehl vom 22.7.1943: »Besuch der Schwägerin auf die Dauer von 14 Tagen«. Am 30.1.1944 *Kriegsverdienstkreuz II. Klasse mit Schwertern* (das KVK für KZ-Angehörige läßt Betei-

ligung an Tötungen vermuten). KZ-Kollege Wilhelm Schmidt: »Anläßlich einer Besichtigung des KL Auschwitz durch den Reichsführer-SS Himmler von diesem direkt zum Untersturmführer befördert.« KZ-Kollege Grell (AV, Bl. 11766): »Als wir während des Evakuierungsmarsches einmal in einem Dorf zwischen Pleß und Königsdorf übernachteten, sagte der SS-Obersturmführer Thomsen sinngemäß zu mir: Wenn [SS-Oberführer] Caesar uns sagt, wir sollten diese Häftlinge erschießen, dann erschießen wir sie.« Berufsangabe nach 1945: Bauer. † 19.12.1970 Ahrensburg. Aussage: AV, Bl. 11771 ff.

Thran, Traugott. SS-Rottenführer.
* 22.10.1901 Preußisch Eylau. SS-Totenkopf-Sturmbann, erschießt am 1.12.1941 vom Turm C einen Häftling »auf der Flucht« (Czech). Kommandoführer Fischerei im Außenlager Harmense. † 5.11. 1945 auf der Elch-Insel / Onegasee.

Thümmler, Johannes. Gestapochef Kattowitz (1943), SS-Obersturmbannführer (1943) und Oberregierungsrat.
* 23.8.1906 Chemnitz, Sohn eines Buchhändlers. Dr. jur. 1932 NSDAP (Nr. 1425547, 1933 SA, 1937 SS (Nr. 323711). 1939 Stellv. Gestapochef Dresden, März 1941 Gestapochef Chemnitz, danach Führer des Einsatzkommandos 16 (Mordkommando) in Kroatien. September 1943 Gestapochef Kattowitz und damit Chef der Kripo, der Sipo, des SD und der Politischen Abteilung (Lager-Gestapo) in Auschwitz, zugleich Vorsitzender der Standgerichtssitzungen der Gestapo Kattowitz in Block 11 (Thümmler). Ostern 1945 Kommandeur der Sicherheitspolizei und des SD Stuttgart. 1948 Entlassung aus Internierungshaft. Ab Oktober 1948 bei den Optischen Werken Zeiss in Oberkochen in Württemberg. Im Förderkreis der Ev. Akademie Tutzing. Thümmler als Zeuge im Auschwitz-Prozeß auf die Frage, ob das Standgericht nur Todesurteile oder KZ-Einweisungen ausgesprochen habe: »Ja, ein Freispruch war praktisch ausgeschlossen.« Auf die Frage, wie viele Todesurteile unter seinem Vorsitz gefällt wurden: »Einige Hunderte.« Nachfrage: »Sie haben vorhin gesagt, daß Sie sechs- bis siebenmal in Auschwitz waren, und sagten, daß dabei einige hundert Todesurteile ausgesprochen wurden.« Thümmler: »Ich will mich nicht auf die Zahl sieben festlegen, vielleicht war ich auch achtmal dort.« Thümmler auf die Frage, wer die Zusammensetzung des Gerichts bestimmt habe: »Ich.« Wer den Ankläger bestimmt habe: »Ich.« Wer den Verteidiger bestimmt habe: »Ich.« 1999 Einstellung Ermittlungsverfahren StA Stuttgart. † Mai 2002. Q.: Steinbacher, Mord.

Tiessen, Christian. SS-Sturmmann.
* 2.1.1905 Arkebek, Kreis Süderdithmarschen. Vom 20.12.1941 bis 24.3. 1942 in Auschwitz. SS-Totenkopf-Sturmbann (Rampendienst). † 17.7. 1945 Internierungslager Ebensee. – Arbeitsdienstführer Fries (AV, Bl. 10568): »Auf der Rampe entstand dann Unruhe, wenn die Familienmitglieder auseinandergerissen wurden. Für Ruhe und Ordnung auf der Rampe mußten alle diejenigen sorgen, die zum Rampendienst eingeteilt waren.«

Tillinger, Johann. SS-Sturmmann.
* 27.9.1923 Gajdobra. Standortverwaltung, Abteilung Verpflegung. Nach 1945 in Baden-Württemberg. Elie Wiesel in seinem Buch *Die Nacht*: »Wir bekamen mehr Hiebe als Essen, und die Arbeit gab uns fast den Rest.«

Timm, Erwin. Hundestaffel.
* 10.9.1920 Albertsdorf, Kreis Grätz. SS-Unterscharführer. Nach 1945 in Nordrhein-Westfalen. Eliezer Eisenschmidt, Gaskammerkommando: »Die Hunde waren manchmal gefährlicher als die SS-Leute.«

Timmer, Karl. SS-Oberscharführer.
* 6.10.1913. Ab 14.6.1944 in Auschwitz. Standortverwaltung, Effektenverwalter

(Raubgut). † Zur Zeit der Ermittlungen zum Frankfurter Auschwitz-Prozeß bereits verstorben.

Tisch, Johann. SS-Schütze.
* 5.4.1903 Leangrav/Ungarn. Wachmannschaft. 1948 in Krakau zu 18 Monaten Haft verurteilt (LaV).

Tislauk, Hermann. SS-Rottenführer.
* 18.1.1906 Kibarty/Litauen. SS-Totenkopf-Sturmbann, Kommando Rajsko. Standortbefehl Nr. 30/43: »Besuch der Ehefrau vom 23.–30.7.43«. Verbleib unbekannt.

Tix, Therese, geb. Huber. KZ-Wärterin.
* 9.3.1915 Oberhummel b. Freising. 1943/44 SS-Aufseherin Kräuterkommando und Kommando Union-Werke (Munitionsfabrik). Nach 1945 in Bad Wiessee. – Die Überlebende Finkelstein über eine Selektion von 900 bis 1000 Frauen Dezember 1942 im Kommando Union: »Wir mußten vollkommen nackt, unsere Kleider unter dem rechten Arm, auf dem Appellplatz antreten. An diesem Tag wurde fast die Hälfte von unserem Block in die Krematorien geschickt.«

Töfferl, Hermann. Zentral-Bauleitung.
* 3.4.1905 St. Martin/Kärnten. SS-Unterscharführer. Nach 1945 im Bezirk Linz-Land.

Török, Johann. SS-Schütze.
* 15.6.1922. 1943/44 in Auschwitz. 1948 in Wadowice zu 3½ Jahren Haft verurteilt (LaV).

Tomaszewski, Franz. Fahrbereitschaft.
* 20.3.1920 Kimpolung/Rumänien. Gefreiter der rumänischen Armee. November 1940 Umsiedlung nach Ulm. Herbst 1941 Buchenwald, Herbst 1942 Auschwitz. SS-Rottenführer. Anfang 1943 Gaskammerfahrer. Nach 1945 Schmiedemeister. Aussage (AV, Bl. 16399ff.): »Wenn ich Häftlinge zu transportieren hatte, bezog sich das auf Fahrten von gebrechlichen Neuankömmlingen von der Rampe zur Vergasungsanlage. Die Häftlinge mußten auf dem Lastwagen stehen. Wenn die Häftlinge auf den Wagen aufgeladen wurden, durften wir als Fahrer das Fahrzeug nicht verlassen. Das Aufladen besorgte ein Häftlings-Sonderkommando. Es waren auch zwei oder drei mir nicht bekannte SS-Männer zugegen. Manchmal war bei dem Verladen auch ›Krach und Radau‹. Insbesondere erinnere ich mich, daß solche Szenen bei der Ankunft griechischer Transporte sich abspielten. Vor der Vergasungsanlage wurden die Häftlinge wiederum durch ein Sonderkommando von den Wagen heruntergenommen. Auch hier spielten sich wieder teilweise lautstarke Szenen ab.« Tomaszewski zu den Sonderzulagen: »Für die Durchführung von Sondereinsätzen zur Gaskammer erhielten die Lkw-Fahrer folgende Sonderzuteilungen: 1 Schachtel Zigaretten, ein Stück Wurst und einen halben oder ¾ Liter Schnaps.«

Toni, Philipp. SS-Rottenführer.
* 28.1.1920 Berkosowa/Rumänien. SS-Totenkopf-Sturmbann. Am 9.3.1946 in Krakau zu 3 Jahren Haft verurteilt. Nach 1945 in Bayern.

Topala, Pamfil (Paul). Fahrbereitschaft.
* 21.11.1909 Woltziniez, Kreis Radautz. Gefreiter der rumänischen Armee. 1940 in einem Umsiedlerlager in Leipzig. Drei Monate Grundausbildung in Buchenwald, danach Jugend-KZ Moringen, ab Mai 1942 in Auschwitz. SS-Rottenführer. Zunächst 2. Wachkompanie. Topala (AV, Bl. 15624ff.): »Unsere Aufgabe war es, die Rampe abzusperren. Da sehr viele Transporte ankamen, hatte jeder einmal Dienst auf der Rampe.« Danach Fahrbereitschaft, der Kommandantur unterstellt. Topala: »Ich war nicht als Fahrer eingesetzt, sondern arbeitete in der Lkw-Werkstatt Praga-Halle. Im allgemeinen ist es in der Praga-Halle ganz human zugegangen. Es kam zwar hin und wieder vor, daß ein Häftling mal eine runtergehauen bekam, das war aber ohne ernste Folgen.« Berufsangabe nach 1945: Karosserieflaschner.

Topf, Ernst Wolfgang. *J. A. Topf & Söhne.* * 30.11.1904 Erfurt. Kaufmännischer Leiter. April 1933 NSDAP. Ab 1935 mit seinem Bruder Firmenchef. Bestätigte zum Beispiel am 4.11.1941 den ersten Auftrag aus Auschwitz, »5 Topf-Dreimuffel-Einäscherungs-Öfen mit Druckluft-Anlage« zu liefern. Eidesstattliche Erklärung vom 26.3.1946: »Auschwitz wurde mir als Sammelplatz für den Südostraum angegeben, wo alle Menschen, bevor sie Deutschland betreten, auf ihren Gesundheitszustand überprüft werden. Erst 1944 bemerkte ich, daß Auschwitz ein regelrechtes Konzentrationslager sein mußte.« Ließ am 28.5.1946 seine Anwälte behaupten: »Die Öfen sind in der gleichen Beschaffenheit geliefert worden wie für die Friedhofskrematorien.« Beteuerte am 3.9.1946 »mit dem heiligsten Schwur auf dem Haupte meiner Kinder« über die gelieferte Gaskammertechnik: »*Wie* konnten wir jemals ahnen, daß eine *Be- und Entlüftung mißbraucht* wurde. Etwas Harmloseres gibt es doch nicht.« August 1951 Neugründung der Firma *J. A. Topf & Söhne* in Wiesbaden, 1963 aufgelöst. † 23.2.1979 Brilon. Q.: Schüle.

Topf, Ludwig. *J. A. Topf & Söhne.* * 14.9.1903 Erfurt. April 1933 NSDAP. Technischer Leiter. Ab 1935 mit seinem Bruder Ernst Wolfgang Firmenchef in Erfurt. Ab 1939 Produktion und Installation mobiler und stationärer Krematorien in Buchenwald, Dachau, Mauthausen, Gusen und Auschwitz. Dezember 1941 dank der SS-Bauleitung Auschwitz Freistellung vom Wehrdienst. In Auschwitz Ausrüstung der Gaskammern mit Be- und Entlüftung, Leichenaufzug, Verbrennungsöfen. Handelte mit der SS die Aufträge aus, nahm die Berichte der Monteure aus den Lagern entgegen. † Suizid mit Zyankali am 31.5.1945 im Park seiner Villa in Erfurt. Begründung im Abschiedsbrief: »Ich tat bewußt und absichtlich niemals Böses, aber man tat es mir. Daher steht mir als Anständiger heute gerade noch die Gelegenheit offen, über mich selber nach meinem Ermessen zu verfügen.« Q.: Schüle.

Tossmann, Martin. SS-Schütze. * 5.2.1915 Ruma / Kroatien. Ab Oktober 1942 in Auschwitz. Kommando Kobier, Eintrachthütte und Neu-Dachs. Nach 1945 in Österreich.

Tossmann, Mathias. SS-Schütze. * 2.4.1908 Ruma / Kroatien. Ab Oktober 1942 in Auschwitz. † 20.4.1978 Aschbach / Österreich.

Träder, Gerhard. SS-Rottenführer (?). * 19.6.1920 Warnin, Kreis Koslin. Ab 1942 in Auschwitz, SS-Totenkopf-Sturmbann. 1948 in Krakau zu 8 Jahren Haft verurteilt.

Trageiser, Michael. SS-Sturmmann. * 14.3.1909 Batschka-Palanka bzw. Bocka Palanka / heutiges Serbien. Ab 1943 in Auschwitz, SS-Totenkopf-Sturmbann, Standortverwaltung, Küche. 1948 in Wadowice zu 3 Jahren Haft verurteilt (LaV). – Der damals 14jährige Robert Jehoshua Büchler, Sommer 1944 aus der Tschechoslowakei nach Auschwitz deportiert: »Zur Essensausgabe teilte man rostige Blechschüsseln an uns aus, von denen ich nicht glauben konnte, daß sie zum Essen bestimmt seien. Am Mittag bekamen wir etwas Flüssiges, das sollte Suppe sein. Löffel gab es nicht, ich versuchte zu trinken, aber ich war nicht fähig, das Zeug in den Mund zu nehmen, wegen des Geschmacks.«

Trentau, Emil. SS-Unterscharführer. * 3.11.1895 Piwnitz / Friesen. Landwirt. November 1942 bis März 1943 in Monowitz. Am 30.3.1948 in Krakau zu 3 Jahren Haft verurteilt, Anrechnung der U-Haft auf die Haftdauer. – Bis 1948 wurden mehrere hundert NS-Täter, vorwiegend aus den Konzentrationslagern und Ghettoverwaltungen, vor allem von den Amerikanern an Polen ausgeliefert. Die polnischen Gerichte waren überfordert, unter anderem eine Folge der deutschen Vernichtungspolitik, da die deutschen Besatzer gezielt die polnische Intelligenz ermordet hatten. Hinzu kam, daß das Beweismaterial – Akten, Dokumente – zu Auschwitz weitgehend vernichtet war. So richtete man vorwiegend SS-Angehörige als Mitglied einer verbrecherischen Organisation, was die zahlreichen Strafen von zwei oder drei Jahren erklärt. Insgesamt wurden 640 Täter verurteilt, davon gehörten 430 – das sind 67 % – zur Wachmannschaft.

Tries, Gregor. SS-Sturmmann.
* 18.11.1919 India, heute Indija / Serbien. Ab 25.10.1942 in Auschwitz. Wachmannschaft. 1948 in Krakau zu 6 Jahren Haft verurteilt (LaV). Nach 1945 Wohnsitz in Hessen.

Triumph, Franz. SS-Unterscharführer.
* 11.9.1920 Anina / Rumänien. SS-Totenkopf-Sturmbann, Außenlager Hindenburg (Munitionsproduktion). StA Frankfurt (AV, Bl. 3801): »Erschoß Häftlinge auf der Flucht.« Am 28.4.1947 von Ellwangen nach Hindenburg (!) verzogen.

Trost, Johann. SS-Unterscharführer.
* 17.3.1905 Wien. SS-Nr. 37514. Ab 1.8. 1940 in Auschwitz. Standortverwaltung, Häftlingsküche. † 16.7.1975 Bregenz. – Häftling Adolf Gawalewicz, der *Fragmente der Erinnerung eines Muselmanns* verfaßte, zum Hunger in Birkenau (StAu III): »Das Hungern war gestaffelt. Es gab Tage, an denen gar keine Kost an uns ausgegeben wurde.«

Trübel, Oskar. SS-Schütze.
* 23.4.1895 Kratzau. Wachmannschaft. 1948 in Wadowice zu 4 Jahren Haft verurteilt (LaV).

Trunz, Johann. SS-Unterscharführer.
* 19.3.1914 Satu Mare / Rumänien. Von 1940 bis zum Ende in Auschwitz. SS-Totenkopf-Sturmbann, Birkenau. Belobigt im Standortbefehl Nr. 17/44, da er am 1.6.44 »die Flucht von zwei Häftlingen« verhinderte. Herbst 1944 Außenlager Neustadt in Prudnik, eine Weberei mit 400 Häftlingsfrauen. Nach 1945 in Niedersachsen.

Trzebinski, Alfred. K Z-Arzt.
* 29.8.1902 Jotruschin b. Posen. Dr. med. Landarzt in Mühlberg / Sachsen. 1932 SS (Nr. 133574), Hauptsturmführer (1943). Februar 1933 NSDAP (Nr. 1447575). Juli bis November 1941 Lagerarzt in Auschwitz, danach in Majdanek. Ab 2.9.1943 Standortarzt Neuengamme. Trzebinski am 23.4.1946 im Neuengamme-Prozeß im Hamburger Curio-Haus: »Mein Steckenpferd war die Philosophie und die Kunst.« Todesurteil britisches Militärgericht Hamburg am 3.5.1946. † Hinrichtung 8.10.1946 Hameln.

Tschaudt, Nikolaus. SS-Sturmmann.
* 8.6.1911. SS-Totenkopf-Sturmbann, Monowitz, Kommando Golleschau, Standortverwaltung, Abteilung Verpflegung. Verbleib unbekannt. – Primo Levi: »Wir sagen ›Hunger‹, wir sagen ›Müdigkeit‹, ›Angst‹ und ›Schmerz‹, wir sagen ›Winter‹, und das sind andere Dinge. Denn es sind freie Worte, geschaffen und benutzt von freien Menschen, die Freud und Leid in ihrem Zuhause erlebten. Hätten die Lager länger bestanden, wäre eine neue, harte Sprache geboren worden; man braucht sie einfach, um erklären zu können, was das ist, sich den ganzen Tag abzuschinden in Wind und Frost, nur mit Hemd, Unterhose, leinerner Jacke und Hose am Leib, und in sich die Schwäche und Hunger und das Bewußtsein des nahen Endes.«

Tschentscher, Erwin. Leiter Amt B I (Verpflegungswirtschaft) im SS-WVHA.
* 11.2.1903 Berlin. 1928 NSDAP, 1937 SS-Standartenführer. Ab 16.9.1943 Amtsleiter B I und Vertreter des Amtsgruppenchefs B (Truppenwirtschaft) im SS-Wirtschafts-Verwaltungshauptamt. Am 3.11.1947 im *Pohl-Prozeß* zu 10 Jahren Haft verurteilt, Entlassung Landsberg am 3.2.1951. Wohnsitz Duisburg. † 12.7.1972. Lit.: Schulte.

Tscherwen-Kopl, Willi. SS-Rottenführer.
* 31.7.1924 Münichwies, Bezirk St. Martin. SS-Wachkompanie, Außenlager Neu-Dachs. Sanitätsstaffel *Kurzwellenentlausung*. Nach 1945 im Ruhrgebiet.

Tschiersky, Alfred. Führer des Außenlagers Charlottengrube.
* 2.1.1896 Breslau. SS-Oberscharführer. September 1944 Chef des neu gegründeten Lagers, eine Steinkohlengrube der Hermann-Göring-Werke mit etwa 1000 Häftlingen. Vom AG Berlin-Wedding 1952 für tot erklärt. – Häftlingsschreiber J. Ganszer, Block 16 in Birkenau, einer Sammelstation todbestimmter Häftlinge (StAu III): »Eines Tages wurde eine ganze Gruppe von Elendsgestalten zu uns gebracht, die in den Kohlengruben der Umgebung als Häftlingsarbeitskräfte eingesetzt worden waren. Sie wurden im Waschraum eingeschlossen und dort drei Nächte und zwei Tage lang festgehalten. Am nächsten Abend wurden alle abgeholt und ins Gas geschickt.«

Tschinkus, Georg. Politische Abteilung (PA), Lager-Gestapo.
* 19.9.1920 Lukai, Kreis Schaken. SS-Sturmmann. In die USA ausgewandert.

Tünge, Hermann. SS-Rottenführer.
* 3.7.1905 Massow in Pommern. † 10.5. 1945.

Türschmid, Wilhelm. Häftlingsarzt, Nr. 11461.
* 3.9.1887 Rodatycze. Ankunft Auschwitz am 5.4.1941. Im Häftlingskrankenbau des Stammlagers. † Am 14.6.1942 an der *Schwarzen Wand* von der Politischen Abteilung (Lager-Gestapo) erschossen. Zu Türschmids Ermordung erfindet Lagerarzt Entress in einem Bericht vom 17.6.1942 an die Kommandantur diese Krankengeschichte (StAu II): »Am 10.6.42 wurde T. wegen Lungenentzündung und Herzbeschwerden zu stationärer Behandlung aufgenommen. Die Temperatur war erhöht, der Puls war beschleunigt. Über dem rechten Lungenfeld war Schallverkürzung mit Bronchialatmen und reichlich mittelblasigen Raschelgeräuschen feststellbar. Verabreichte Antipyretica, Brusttee und Herzmittel brachten keine Besserung. Trotz weiterer intensiver Behandlung verstarb T. nach längerer Bewußtlosigkeit. Eintritt des Todes am 16. [!] Juni 1942 um 9,55 Uhr. Todesursache: Herzschwäche bei Pneumonie.«

Turek, Friedrich. Standortveterinär.
* 16.1.1912 Wien. 1933 SS (Nr. 298218), zuletzt Obersturmführer. April 1943 bis August 1944 in Auschwitz. Dezember 1944 SS-Sturmbrigade Dirlewanger. Verbleib unbekannt.

U

Ültzhöfer, Julius. SS-Sanitätsdienstgrad (SDG).
* 5.2.1892 Schwetzingen. SS-Oberscharführer (1944). 1941 SDG im Stammlager. Lasik (Personal): »Er nahm an den Krankenselektionen in den Häftlingskrankenbaus [sic] teil. Die Kranken wurden danach mit Phenolinjektionen in Herz getötet.« Am 28.4.1942 nach Mauthausen kommandiert. Wegen Verbrechen in Dachau von US-Militärgericht zu lebenslanger Haft verurteilt, Entlassung Landsberg am 13.3.1954 nach Rielssingen.

Uhlenbroock, Kurt. KZ-Arzt, der Häftling gewesen sein will.
* 2.3.1908 Rostock als Kaufmannssohn. 1933 SA, 1937 NSDAP (Nr. 3982886), 1940 SS (Nr. 391825), Sturmbannführer (1943). 1935 Promotion. 1938 Polizeioberarzt in Hamburg, ab 1940 Stabsarzt bei einer Polizeidivision. März 1942 SS-Sanitäts-Ersatzbataillon in Oranienburg. Vom 17.8. bis 2.10.1942 zur Seuchenbekämpfung in Auschwitz, Vertretung des Standortarztes. SS-Hauptscharführer Anton Wilhelmy: »Dr. Uhlenbroock trat

sehr stramm auf.« Laut Czech läßt Uhlenbroock am 29.8.1942 zur Bekämpfung einer Flecktyphusepidemie 746 Häftlinge selektieren und vergasen. Johann Paul Kremer am 30.8.1942 im Tagebuch über seine Ankunft in Auschwitz: »Erhalte streng geheimen Instruktionsbefehl durch den Standortarzt Hauptsturmführer Uhlenbrock«, von Kremer (AV, Bl. 9062) als SS-Arzt »bei den Vergasungen« bezeichnet. Beförderungsbogen des SS-Führungshauptamts vom 19.9.1943: »Sein ärztliches Können und seine Zuverlässigkeit stellte er als Lagerarzt im KL Auschwitz erneut unter Beweis.« Nach 1945 Praxis in Hamburg, zusätzlich Chirurg am Ev. Krankenhaus *Hirschpark* in Blankenese, Diagnostiker des *Helenen-Stifts*, pharmazeutischer Berater der Firma Asche und Gutachter der Deutschen Krankenversicherung. Hausbesitzer, Grundstück in Spanien, Eigentümer eines viersitzigen Piper-Flugzeugs und einer Hochseeyacht (AV, Bl. 13684). Seine Verteidigung bei der Vernehmung am 17.11.1960: »Ich selbst war als SS-Häftling in Auschwitz.« Entlassung aus U-Haft bereits am 29.11.1960. 1963 Einstellung Ermittlungsverfahren LG Frankfurt am Main. † 1992.

Uhlig, Max. SS-Unterscharführer.
* 29.8.1891 Ibersdorf/Sachsen. Leiter der Lagerküche im Außenlager Janinagrube (Kohlenabbau). Verbleib unbekannt. Museum Auschwitz (HvA 10): »Häftlingsarzt Dr. Walter Löbner stellte fest, daß die Ernährung, die die Häftlings-Bergleute im Laufe des Tages erhielten, vollkommen ungenügend für solche Schwerarbeit sei. Daher dauerte auch die volle Fähigkeit zur Ausübung der Grubenarbeit bei den Häftlingen nur 4 bis 6 Wochen.«

Ukrainetz, Georg. SS-Sturmmann.
* 22.6.1922. SS-Totenkopf-Sturmbann. Belobigt im Standortbefehl vom 21.8.1943 für die »Festnahme geflüchteter Häftlinge«. Verbleib unbekannt.

Ullmann, Max. SS-Unterscharführer.
* 21.12.1901 Steinschönau, Kreis Tetschen. Kommandanturstab, Standortverwaltung (1944). † 9.11.1971 Limburg/Lahn.

Ullmann, Reinhold. SS-Oberscharführer.
* 10.11.1903 Mikultschütz. Kommandoführer der Wäscherei. Nach 1945 in Hoya.

Ullmann, Rudolf. SS-Sanitätsdienstgrad (SDG).
* 13.11.1912 Annaberg/Erzgebirge. Friseur. SS-Oberscharführer. Spieß beim Standortarzt (Ontl). Laut Häftlingsarzt Weisskopf (MV, Bd. 26) beteiligt an der Liquidierung des »Zigeunerlagers«. Ende 1944 in den Außenlagern Tschechowitz-Vacuum, Jawischowitz und Charlottengrube. † Suizid 6.5.1946 Internierungslager Neuengamme.

Ulmer, Karl. Zentral-Bauleitung.
* 26.5.1913 Aalen/Württemberg. SS-Unterscharführer. Januar 1942 Fertigung von Bauplänen für neuen Krematoriumstyp (Czech). Bauleitung Kriegsgefangenenlager (laut Schüle in den Bauunterlagen auch dann K.G.L. genannt, wenn das Vernichtungslager Birkenau gemeint ist). † Vermißt seit März 1945.

Umlauf, Heinz. Kommandoführer Strafkompanie.
* 3.7.1910 Rixdorf. SS-Unterscharführer. Vom KZ-Kollegen Leischow zu jenen SS-Leuten gerechnet, die »sich ein Vergnügen daraus machten, Häftlinge brutal zu mißhandeln«. Häftling Werner Jacob, im Strafkommando in Monowitz (AV, Bl. 13335): »Täglich dürften innerhalb meines Kommandos 30–40 Leute gestorben sein. An den Tötungen beteiligten sich die SS-Leute und die kriminellen Kapos. Es kam vor, daß die vorgenannten Personen aus Langeweile einen Häftling in den Graben hinabstießen und dort ertränkten. Wenn der Häftling versuchte, wieder aus dem Wasser herauszukommen, wurde er mit einem

Stock auf den Kopf geschlagen, so daß er schließlich ertrank. Unser Kommandoführer war der Unterscharführer und spätere Oberscharführer Umlauf. Ich habe selbst gesehen, wie Umlauf auf Häftlinge mit dem Stock geschlagen hat, die versuchten, wieder aus dem Wasser herauszukommen.« Nach 1945 Wohnsitz in Königs Wusterhausen (DDR).

Unbekannter Häftling. *Jüdisches Sonderkommando.*

* Aus Luna, Bezirk Grodno. Ankunft Auschwitz aus dem Lager Kielbasin. Vergrub einen Bericht, datiert auf den 26. November 1944, in einer Grube unter der Asche. Er bat, ihn unter dem Titel *Inmitten des grauenvollen Verbrechens* zu veröffentlichen. Der Unbekannte: »Dies geschah Ende des Jahres 1943. Man brachte einen Transport, der sich ausschließlich aus Kindern zusammensetzte. Sie stammten aus Schaulen in Litauen. Der Kommandoführer schickt sie in den Entkleidungsraum, um die kleinen Kinder auszuziehen. Und da steht ein kleines Mädchen von fünf Jahren und zieht ein einjähriges Brüderchen aus. Einer aus dem Kommando nähert sich, um es zu entkleiden. Das Mädchen ruft laut: ›Weg, du jüdischer Mörder! Lege deine mit jüdischem Blut befleckte Hand nicht auf mein schönes Brüderchen! Ich bin jetzt sein gutes Mütterchen, und es wird auf meinen Armen mit mir zusammen sterben.‹ – Daneben steht ein ungefähr sieben- oder achtjähriger Knabe und läßt sich folgendermaßen hören: ›Du bist ein Jude und führst solch liebe Kinder ins Gas – nur damit du selbst leben kannst? Ist dein Leben unter dieser Mordbande wirklich mehr wert als das Leben so vieler jüdischer Opfer?‹« Q.: Handschriften.

Unikower, Franz Siegbert. Häftling Nr. 107132.

* 11.5.1901 Breslau. Dr. jur. Bis 1933 Rechtsanwalt in Breslau, nach Berufsverbot Ausweichtätigkeiten wie Hausverwalter oder Buchhalter. November 1938 im Rahmen der *Reichskristallnacht* als Jude nach Buchenwald verschleppt, Januar 1939 entlassen. Danach Zwangsarbeit: Müllabfuhr, Straßenreinigung, Rüstungsfabrik. Ankunft Auschwitz am 6.3.1943, von 1405 Deportierten werden 809 sofort in der Gaskammer erstickt. Unikowers Ehefrau, als Häftlingskrankenschwester eingesetzt, stirbt an Typhus. In Monowitz Sklavenarbeit auf dem Holzplatz, ab Oktober 1943 Schreiber in der Politischen Abteilung (Lager-Gestapo). Januar 1945 Evakuierungsmarsch zunächst nach Gleiwitz, dann Transport nach Mittelbau-Dora. Unikower (AV, Bl. 11963 ff.): »Der Transport war auf offenen Kohlenwagen erfolgt. Eine Verpflegung war praktisch nicht verabreicht worden. Wir haben unterwegs nur einmal steinhartes Brot bekommen. Bei der Abfahrt standen die Häftlinge dichtgedrängt auf den Kohlentransportwagen. Bei der Ankunft waren unsere Reihen so gelichtet, daß sich einzelne hinlegen konnten. Der angefallenen Leichen haben wir uns entledigt, daß wir sie einfach während der Nacht über die Wagenwand geworfen haben. Ich erinnere mich auch noch, daß wir einmal in Altenburg anhielten. Die in den Wagen befindlichen Leichen wurden auf dem Bahnsteig aufgeschichtet. Wir Lebenden haben die dort befindlichen Roten-Kreuzschwestern um Wasser gebeten. Es wurde uns aber das Wasser verweigert. Zur Durstlöschung haben uns unterwegs einige tschechische Eisenbahner Schnee zugeworfen.« Unikower: »Mai 1953 ging ich mit 80 % mit 52 Jahren auf Invalidität.« Q.: MV, Bd. 34.

Unrath, Robert. Leiter des Zahnlabors (Mai 1943 bis 6.11.1944).

* 19.5.1913 Heilbronn. Zahntechniker. 1934 SS (Nr. 124677), Hauptscharführer. NSDAP 1937. Unrath (AV, Bl. 1218): »Bemerken möchte ich, daß vorwiegend von mir Zivilpersonen der Stadt Auschwitz behandelt wurden.« Laut Häftlingszahn-

techniker Zdzislaw Mikolajski – im Auschwitz-Prozeß – Rampendienst. Danach in Buchenwald, Flossenbürg und Dachau. † 22.12.1975 am Wohnort Neckarsulm. – Häftlingsärztin Adelsberger berichtet in ihren Erinnerungen von einem nicht namentlich genannten Häftlingszahnarzt, der »keine Nahrungssorgen kannte und, mit den besten Bissen gemästet, sich seine Dinners nach Belieben zusammenstellte«. Adelsberger über den Mann, der die Korruptionsmöglichkeiten auf der Zahnstation voll ausschöpfte: »Seine Hauptkunden waren die SS-Männer, denen er für prompte und ausgiebige Lieferungen aus den Lagermagazinen und der Küche prima neue Zähne und echte Goldkronen einsetzte. Auch mit den Häftlingen stand er gut, am besten mit den zahlungskräftigen Polen. An der Lagerpraxis war er nicht interessiert. Er gönnte vielen von seinem Reichtum und bewahrte manche vor dem Verhungern, auch eine ganze Serie von bildhübschen Zigeunerinnen, die sich eine nach der anderen in seinem Kämmerchen einfanden. Er gehörte zu denen, die sich im Lager eingelebt hatten, dort bevorrechtet herrschten und vielleicht noch manches Mal wehmütig, wenn nicht sogar sehnsüchtig daran zurückdenken.«

Unterkeller, Karl. SS-Rottenführer.
* 7.9.1902. Wachkompanie Monowitz, SS-Totenkopf-Sturmbann Stammlager, Standortverwaltung. † Verbleib unbekannt. – Gaskammerfahrer Wildermuth zur Korruption in Auschwitz: »Bei diesen Transporten ist damals von den SS-Leuten vermutlich viel gestohlen worden, denn auch bei mir zu Hause in Oppenweiler wurde eine Hausdurchsuchung durchgeführt. Zur gleichen Zeit wurden auch unsere Spinde in Auschwitz durchsucht.«

Urbanczyk, Walter. Stellv. Leiter Zentral-Bauleitung.
* 12.6.1901 Takesany in Ungarn. SS-Untersturmführer. Leiter der kaufmännischen Abteilung. Am 28.9.1941 Besprechung mit Oberingenieur Prüfer von der Firma *Topf & Söhne* wegen Installierung eines Verbrennungsofens (Czech). † 21.1.1955 Landshut.

Urbanowski, Philipp. SS-Sturmmann.
* 17.9.1921 Radautz. Kommandanturstab Birkenau, Blockführer. † 24.6.1959 Hagnau/Bodensee. – KZ-Kollege Spanner: »Bei den Vergasungsaktionen wirkten Blockführer mit. Es war immer eine große Anzahl beteiligt.«

V

Valentin, Erwin. Häftlingsarzt, Nr. 122660.
* 3.3.1883 Memel. Marinestabsarzt im I. Weltkrieg. Chirurg. Lebte in sog. privilegierter Mischehe, Oktober 1938 Schließung seiner Praxis. 1940 als »Behandler« im Reichsautobahnlager Neutomischl im Warthegau (Juden aus Lodz), dann in jüdischen Arbeitslagern in Posen. Ankunft Auschwitz laut Häftlingsnummer am 21.5.1943. Zunächst beim Straßenbau. Mit Lungenentzündung im Block 19 des Krankenbaus. Valentin: »Als ich nach drei Tagen Bewußtlosigkeit erwachte, lag ich im Bett unter der gleichen Decke mit der Leiche eines Griechen, von dem meine Zimmergenossen sagten, daß er bereits 24 Stunden tot wäre.« Herbst 1943 Häftlingschirurg. Blieb nach Evakuierung des Lagers bei den zurückgelassenen kranken Häftlingen. Praxis in Bruchsal. Aussage: AV, Bl. 840 ff.

Valentin, Hans. SS-Unterscharführer.
* 12.12.1907 Coswig/Anhalt. Im Arbeitsstab Wirtschaftsbetriebe KL Auschwitz, Standortbefehl vom 15.4.1943: »Besuch der Familie für die Dauer eines Monats«. Nach 1945 in Bentheim.

Vaniczek, Franz. SS-Schütze.
* 21.7.1904 Dortmund. Ab September 1944 in Auschwitz. 1948 in Krakau zu 4 Jahren Haft verurteilt.

Vaupel, Albin. Führer des Außenlagers Sosnowitz (II).
* 12.10.1900. KZ-Kollege Wilhelm Schmidt: »Er stammte aus Oberschlesien.« SS-Hauptscharführer (1942). Laut Broad Spieß der 1. Kompanie des SS-Totenkopf-Sturmbanns, wählte sechs besonders zuverlässige SS-Männer zum Einsatz im *Alten Krematorium* aus, Herbst 1941 erste Vergasungsstätte. September 1942 *Kriegsverdienstkreuz II. Klasse mit Schwertern.* März 1944 Stabsscharführer (Spieß) der Kommandantur. Danach Führer des im Mai errichteten Außenlagers Sosnowitz (II) mit etwa 900 – meist jüdischen – Häftlingen, Produktion von Läufen für Flugabwehrgeschütze sowie Kanonengeschossen. Verbleib unbekannt.

Veesenmayer, Edmund. *Bevollmächtigter des Großdeutschen Reiches* in Ungarn (1944).
* 12.11.1904 Bad Kissingen. 1928 zunächst Dozent für Staatswissenschaft der Technischen Hochschule München, dann an der Wirtschaftshochschule Berlin. 1932 NSDAP. 1934 SS. 1938 als Wirtschaftsexperte im Auswärtigen Amt (AA), 1941–1943 Sonderbeauftragter des AA in Jugoslawien und Slowakei. Am 10.9.1941 Telegramm Veesenmayers mit Felix Benzler (Reichsbevollmächtigter des Auswärtigen Amts für Serbien) aus Belgrad an AA: »Rasche und drakonische Erledigung serbischer Judenfrage ist dringendstes und zweckmäßigstes Gebot.« 1944 SS-Brigadeführer, zuständig für die Ermordung der ungarischen Juden. Telegramm vom 13.6.1944 an AA: »Abtransport Juden aus Karpatenraum und Siebenbürgen [...] mit insgesamt 289357 Juden in 92 Zügen zu je 45 Wagen abgeschlossen.« Am 11.4.1949 im *Minister-Prozeß* zu 20 Jahren Haft verurteilt, Entlassung Landsberg 15.12.1951. Generalvertreter in Darmstadt. † 24.12.1977 Darmstadt. Q.: Krumey-Anklage.

Veil, Simone, geb. Jakob. Häftling Nr. 78651.
* 13.7.1927 Nizza. Am 29.3.1944 Abitur in Nizza, am nächsten Tag von der Gestapo auf der Straße verhaftet. Am 7.4.1944 Deportation nach Drancy und am 13. April – 16 Jahre alt – im Viehwaggon nach Auschwitz. Ankunft mit ihrer Schwester Milou (überlebte) und ihrer Mutter (1945 gestorben in Bergen-Belsen) am 16.4.1944. Von 1500 Menschen kommen 1112 sofort »ins Gas«. Zu Planierungsarbeiten beim Bau der Birkenauer Rampe eingesetzt, ab Juli 1944 im Außenlager Bobrek (Rüstungsbetrieb der Siemens Schuckert-Werke AG, Präzisionsgeräte für Flugzeuge und Unterseeboote). Am Ende in Bergen-Belsen. Ministerin für Gesundheit, Familie und Soziales in Frankreich. Erste Präsidentin des Europäischen Parlaments. Veils Vater und ihr Bruder waren nach Kaunas (Litauen) deportiert und ermordet worden. Schwester Denise überlebte in Ravensbrück, weil sie nicht als Jüdin erkannt wird. Veil beschreibt in ihren Erinnerungen die Reaktionen der Franzosen auf ihre Rückkehr aus Auschwitz. Eine Bekannte: »Na, ich hoffe, daß die Deportation Simone wenigstens ein bißchen von ihrer Flatterhaftigkeit ausgetrieben hat!« Veil: »Wie oft habe ich Leute erstaunt ausrufen hören: ›Ach, Sie sind zurückgekehrt? Na, das beweist doch, daß es nicht so schlimm gewesen sein kann.‹«

Veittes, Paul, genannt *Löwe von Buna.* SS-Unterscharführer.
* 7.12.1903 Neuß. Ab 1943 in Auschwitz, SS-Wachkompanie Monowitz, später Kommando Eintrachthütte. Laut KZ-Kollege Kotzur schikanierte er gerne Häftlinge und war als *Bunalöwe* bekannt. Häftling Unikower: »Besonders gemeiner und brutaler Schläger.« † 14.11.1949 U-Haft in Krakau. – Langbein (Wider-

stand): »Hob ein Häftling nur abwehrend die Hand, um sich vor einem Schlag zu schützen, so galt das schon als Widerstand, und der Unglückliche hatte dafür schwer zu büßen. Hatte ein SS-ler die Absicht, einen Häftling zu schlagen, so mußte dieser militärisch stramm mit den Händen an der Hosennaht den Schlag entgegennehmen.« Ein Beispiel aus dem Auschwitz-Urteil: »Im Jahre 1944 begegnete eines Tages ein Häftling dem Angeklagten Baretzki auf der Lagerstraße. Baretzki rief den Häftling zu sich und gab ihm eine Ohrfeige. Der Häftling wollte sein Gesicht vor der Mißhandlung mit seinen Händen schützen, indem er sie vor das Gesicht hielt. Baretzki sagte daraufhin zu ihm: ›Was, Du willst einen SS-Mann schlagen?‹ Er schlug weiter auf den Häftling ein, bis Blut floß und der Häftling hinfiel. Dann trat Baretzki auf den liegenden Häftling ein. Schließlich legte er ihm einen Schaufelstiel auf den Hals und stellte sich auf die beiden Enden des Stiels, bis der Häftling tot war.«

Velsen, Anton(ius) van. Funktionshäftling.

* 17.11.1917 Leiden. Rechtsanwalt. Niederländischer Offizier. Verhaftung am 9.1.1941. September 1941 in Sachsenhausen. Oktober 1942 Transport nach Auschwitz. Zunächst in Buna-Monowitz, Blockschreiber und Blockältester im Quarantäneblock. Unter anderem Januar 1943 in Birkenau, Blockführer im *Juden-Quarantänelager* bis März 1943. Von Brodniewicz zum Lagerkapo im »Zigeunerlager« ernannt (Velsen). Velsen verfaßte für das Reichsinstitut für Kriegsdokumentation in Amsterdam Februar 1948 einen umfangreichen Bericht. Dort heißt es über »die Russen« (Kriegsgefangene) im Lager: »Das waren politisch unwichtige Menschen, meistens Asos, die von ihrer Arbeit weggelaufen waren und dergleichen! Aber diese Leute waren für uns wichtig, weil sie ausnehmend gute Mörder waren. Töten machte ihnen nichts aus. Wir glaubten einen Vorteil daraus zu erzielen, wenn wir sie zu der rechten Zeit auf die SS loslassen konnten.« Nach 1945 Oberst in der niederländischen Armee, danach Rechtsanwalt.

Venezia, Baruch. *Jüdisches Sonderkommando.*

* Saloniki. Grieche, Beruf: Schneider. Ankunft Auschwitz nach neuntägiger Fahrt im abgeriegelten Güterwaggon am 11.4.1944 aus Athen. Von 2500 Deportierten werden 1872 sofort in der Gaskammer ermordet. Shlomo Venezia: »Er stammte nicht aus meiner Familie. Es war ein sehr großer Mann mit Habichtsnase und einem für südländische Juden typischen Gesicht. Ich hörte, wie ein Deutscher einen anderen aufforderte, diesen Mann zu fotografieren, weil er das perfekte jüdische Profil hatte.«

Venezia, Hugo. *Jüdisches Sonderkommando.*

* Etwa 1926 in Griechenland. Ankunft Auschwitz wie Baruch Venezia am 11.4.1944 aus Athen. Laut Shlomo Venezia September 1944 beteiligt am Fluchtversuch von Alex Errera, als sie Asche in den Fluß Sola kippen sollten. Verhaftet und ermordet.

Venezia, Isaac. *Jüdisches Sonderkommando.*

* Unbekannt. Ankunft Auschwitz nach neun Tagen Fahrt im Güterwaggon – wie Baruch und Hugo Venezia am 11.4.1944 aus Athen. Am 7.10.1944 beim Häftlingsaufstand getötet. Andere Version: 1945 auf dem Evakuierungsmarsch erschossen.

Venezia, Leon. Ein Vetter des Vaters der Venezia-Brüder Maurice und Shlomo.

* Unbekannt. Ankunft Auschwitz wie die Brüder am 11.4.1944 aus Athen. Zum Tod in der Gaskammer selektiert, erkennt er im Auskleideraum vor der Gaskammer Shlomo. Dieser bringt ihm ein Stück Brot und Sardinen: »Er nahm sich nicht einmal die Zeit zum Kauen,

sondern schluckte alles hinunter, als wäre es Wasser, so ausgehungert war er. Dann kam er an die Reihe und mußte in die Gaskammer gehen. Ich nahm ihn in den Arm, und er stellte mir Fragen, die mich tief erschütterten: ›Wie lange dauert es, bis man stirbt? Muß man viel leiden?‹ Ich wußte nicht, was ich antworten sollte, also habe ich gelogen und ihm gesagt, daß es nicht lange dauere und daß man nicht leiden mußte. In Wirklichkeit rangen sie zehn bis zwölf Minuten nach Luft.«

Venezia, Maurice. *Jüdisches Sonderkommando*, Nr. 182728.
* 25.2.1921 Saloniki. Italienischer Staatsbürger. Bruder von Shlomo. Friseur. Ankunft Auschwitz am 11.4.1944 aus Athen. Leichenschlepper und Heizer. Laut seinem Bruder Shlomo fällt er bei der Befreiung ins Koma und wacht erst drei Monate später in einem Krankenhaus wieder auf: »Er wußte weder, was passiert war, noch, wo er sich befand.« Emigration in den USA.

Venezia, Shlomo. *Jüdisches Sonderkommando*, Nr. 182729.
* 29.12.1923 Saloniki. Italienischer Staatsbürger. Ankunft Auschwitz am 11.4.1944 aus Athen. Von 2500 Deportierten werden 1872 sofort in der Gaskammer ermordet, darunter seine Mutter Doudoun und seine Schwestern Marica und Marta. Zunächst »Knochenstampfer«, dann »Leichenfriseur« (ab August 1942 wird das »anfallende Menschenschnitthaar« zu Haargarnfüßlingen für U-Boot-Besatzungen oder Haarfilzstrümpfen verarbeitet). Wohnsitz nach 1945 in Italien, Israel und erneut in Italien. 2008 deutsche Ausgabe seiner Erinnerungen *Meine Arbeit im Sonderkommando Auschwitz*. Venezia berichtet dort, was andere überlebende Kollegen nicht berichten: »Endlich kam der Deutsche mit dem Gas. Er nahm zwei Häftlinge des Sonderkommandos mit, um den Deckel draußen hochzuheben, damit er das Zyklon B durch die Luke hineinwerfen konnte. Der Deckel war aus sehr schwerem Zement. Der Deutsche hätte sich nie die Mühe gemacht, ihn selbst hochzuheben. Wir schafften es kaum zu zweit.« Nach der Befreiung sieben Jahre in Krankenhäusern. Venezia zur Situation, daß niemand von seinen Erlebnissen in Auschwitz wissen wollte: »Als ich aus dem Krankenhaus kam, traf ich einen Juden, und ich fing an, ihm von Auschwitz zu erzählen. Plötzlich bemerkte ich, daß er nicht mich ansah, sondern jemanden, der hinter mir stand und ihm Zeichen machte. Ich drehte mich um und überraschte einen seiner Freunde, der ihm gestenreich zu verstehen gab, daß ich völlig verrückt wäre.«

Verbrüggen, Alfons. SS-Obersturmführer.
* 21.10.1902 München. Stellv. Leiter der *Zentralstelle* SS *und Polizei zur Bekämpfung tierischer Schädlinge* in Auschwitz, Abteilung Schädlingsbekämpfung. † 4.4.1946 Burgau.

Verschuer, Otmar Freiherr von. Rassenhygieniker, Zwillingsforscher.
* 16.7.1896 Richelsdorfer Hütte b. Kassel. 1928 Kaiser-Wilhelm-Institut (KWI) für Anthropologie, menschliche Erblehre und Eugenik. 1935 Direktor des Instituts für Erbbiologie und Rassenhygiene in Frankfurt am Main sowie Richter am Erbgesundheitsobergericht. Verschuer in der Zeitschrift *Der Erbarzt* (Nr. 7, 1935) über Hitler: »Der Führer [...] ist der erste Staatsmann, der die Erkenntnisse der Erbbiologie und Rassenhygiene zu einem bedeutenden Prinzip der Staatsführung gemacht hat.« Oktober 1942 Direktor des KWI für Anthropologie, menschliche Erblehre und Eugenik in Berlin, der führende Zwillingsforscher (Zwillingsforschung ist zu dieser Zeit *die* Methode zur Erbforschung). Bei der *Deutschen Forschungsgemeinschaft* (DFG) werden sieben Projekte Verschuers geführt: *Erbpatholog.*

Forschung, Tuberkulose, Spezifische Eiweißkörper, Augenfarbe, Zwillingslager, Rassenhygiene und *Erbbiologische Bestandsaufnahme*. Zuständig für die Versuche seines Assistenten Mengele, der in Auschwitz Zwillingen – so u.a. Häftlingsärztin Schwalbova – »unzählige Male« Blut abnimmt. Verschuer unter dem Kennwort *Spezifische Eiweißkörper* in einem Bericht vom 20.3.1944 an die DFG: »Als Mitarbeiter in diesem Forschungszweig ist mein Assistent Dr. med. et Dr. phil. Mengele eingetreten. Er ist als Hauptsturmführer und Lagerarzt im Konzentrationslager Auschwitz eingesetzt. Mit Genehmigung des Reichsführers-SS werden anthropologische Untersuchungen an den verschiedensten Rassengruppen dieses Konzentrationslagers durchgeführt und die Blutproben zur Bearbeitung an mein Laboratorium geschickt.« Am 4.10.1944 Brief Verschuers an den Leiter der Frankfurter Universitäts-Kinderklinik, Professor Bernhard de Rudder (Müller-Hill): »Von über 200 Menschen verschiedener Rassen, Zwillingspaaren und einigen Sippen sind Plasmasubstrate hergestellt.« Am 6.1.1945 Brief Verschuers an de Rudder, »daß nun endlich meine [!] Forschungen über die spezifischen Eiweißkörper in ein entscheidendes Stadium getreten sind«. Zwölf Tage später flieht Mengele aus Auschwitz. Auschwitz-Birkenau war bis dahin das weltweit einmalige Forschungslabor des KWI. Mengeles Obduzent Nyiszli hat die Zusammenhänge geahnt: »Ein in der Geschichte der Medizin weltweit nie dagewesenes Ereignis wird hier realisiert: Zur gleichen Zeit sterben Zwillingsgeschwister, und es besteht die Möglichkeit, ihre Leichen einer Sektion zu unterziehen. Wo gibt es schon im normalen Leben den an ein Wunder grenzenden Fall, daß Zwillinge am gleichen Ort, zur gleichen Zeit sterben? Im Lager von Auschwitz aber gibt es mehrere hundert Zwillingspaare.« Nyiszli zitiert eine Aussage Mengeles: »Ich brauche ordentliche Arbeit, denn wir leiten die [Sektions-]Protokolle von hier weiter zum Rassenbiologischen und Anthropologischen Institut in Berlin-Dahlem.« Nyiszlis Erinnerungen stammen aus dem Jahre 1946, er weiß nichts von Verschuer und dessen Forschungsvorhaben, seine Aussage ist jedoch eindeutig: »Was auch für das Dahlemer Institut von Bedeutung sein kann, muß ich asservieren. Das geht schließlich in einem Paket auf die Reise, und damit es schneller befördert wird, kommt ein Stempel drauf: ›Eilig, kriegswichtiger Inhalt‹. Ungezählte solcher Pakete expediere ich während meines Aufenthaltes im Krematorium nach Berlin-Dahlem, auf die ausführliche Antworten mit wissenschaftlichen Meinungen oder Anweisungen eingingen.« Nyiszli weiter: »Für die übersandten seltenen Materialien sprach das Institut Dr. Mengele fast immer seinen tiefsten Dank aus.« Nyiszli schildert, wie Mengele einen etwa 50jährigen buckligen Mann und dessen 15jährigen Sohn ins Krematorium bringt. Sie werden ausgefragt, dann erschossen. Mengele: »Diese Leichen dürfen nicht verbrannt werden, man muß die Skelette präparieren und ins Anthropologische Museum nach Berlin schicken.«

Vestweber, Konrad. SS-Unterscharführer.
* 27.8.1913 Kirchhain, Kreis Marburg/Lahn. Anstreicher. 1933 SS (Nr. 93737). NSDAP-Nr. 4507759. Herbst 1942 SS-Aufseher am Hygiene-Institut der Waffen-SS in Rajsko (Bezeichnung ab Mai 1944). Nach eigener Aussage (AV, Bl. 8978ff.) nur beim Wetterdienst. StA Frankfurt (AV, Bl. 3802): »Tötete vier Häftlinge, die aus Birkenau geflohen waren.« Vestweber: »Ich habe niemals einen Häftling getötet, und vor allem keine Häftlinge, die aus dem Lager Birkenau geflüchtet waren.« Nach 1945 Fabrikarbeiter.

Vetter, Hellmuth. KZ-Arzt, Menschenversuche für Produkte von Bayer Leverkusen.
* 21.3.1910 Rastenberg in Thüringen. Dr. med. 1933 SS (Nr. 126917), Hauptsturmführer (1944). 1937 NSDAP (Nr. 5393805). Ab 1938 Wissenschaftlicher Mitarbeiter der IG Bayer-Leverkusen. 1941 im Wolfsburger KZ *Arbeitsdorf* (VW), *Stadt des KdF-Wagens*. Vetter am 4.8.1941 aus Dachau an die Kollegen der Abteilung Wissenschaft in Leverkusen (Nbg. Dok. NI-9402): »Seit dem 29.7. abends befinde ich mich hier im Süden des Reiches in einem der größten und besteingerichtetsten K.L.« In Dachau Versuche mit Bayer-Präparaten. Ab 13.10.1942 in Auschwitz. Häftlingsärztin Schwalbova (AV, Bl. 11022): »Alle Frauen, welche gebärten, ließ er mit den Kindern vergasen. Wenn das Kind starb, ließ er auch die Mutter vergasen. Konkret kann ich anführen Selma Haas, etwa 22 Jahre alt, Verkäuferin im Kaufhaus ›Teta‹ in Preßburg, eine gesunde starke Frau, vergast am Tage nach der Geburt.« Tödliche Versuche mit Fleckfieberpräparaten der I.G. Farbenindustrie. Häftlingsarzt Klodzinski: »Man infizierte Häftlinge mit Fleckfieber. Dies geschah durch Entnahme des Blutes von einem an Fleckfieber erkrankten Häftling und spritzte dieses kranke Blut in die Vene eines gesunden Häftlings.« Häftlingsarzt Fejkiel (AV, Bl. 5797): »Diejenigen, die es überlebt haben, sind von Klehr abgespritzt worden.« Ab März 1943 im Mauthausen-Nebenlager Gusen, Weiterführung der Menschenversuche. Ernst Martin, Häftlingsschreiber beim Standortarzt: »Dr. Vetter sah von Haus einen Häftling überhaupt nur als Versuchsobjekt an. Bei diesen Versuchen haben unzählige Häftlinge ihr Leben lassen müssen. Dr. Vetter ist dafür verantwortlich, daß die Totenzahl in Gusen oft die Zahlen vom Hauptlager Mauthausen überschritten haben.« Todesurteil US-Militärgericht Dachau am 12.8.1947. † Hinrichtung 2.2.1949 Landsberg. Lit.: Klee, Auschwitz.

Viehweger, Rudolf. SS-Rottenführer.
* 2.8.1905. Blockführer im »Zigeunerlager« (König-Urteil). Verbleib unbekannt. – Rapportführer Bonigut: »Auf Befehl des Lagerführers Schwarzhuber mußten die im Zigeunerlager eingesetzten SS-Angehörigen anwesend sein, wenn Judentransporte auf der Rampe ankamen. Es trifft zu, daß die SS-Leute die Judengruppe auf dem Weg zum Krematorium begleitet haben.«

Vieth, Hermann. Zentral-Bauleitung.
* 21.10.1909 Weddingstedt. Tischler. SS-Oberscharführer. Leiter der Zimmerer- und Dachdeckerbetriebe. † 1945 in sowjetischer Internierung.

Villain, Heinz. SS-Unterscharführer (1941).
* 1.2.1921 Rheinsberg b. Ruppin. Schmied. Oktober 1940 Wachsturmbann Auschwitz. Frühjahr 1941 Blockführer Block 11, genannt Todesblock. Laut Häftlingsschreiber Francziszek Brol beteiligt an Erschießungen. Am 15.11.41 nach Majdanek kommandiert, Block- und Feldführer. Ab 1947 als Hauer unter Tage im Bergbau (Gladbeck), 1959 Vorarbeiter bei BMW in München. Vom LG Düsseldorf im Majdanek-Prozeß am 30.6.1981 wegen Beteiligung an der *Aktion Erntefest* – der Ermordung von 18000 Juden der Lubliner Lager und des KZ Majdanek am 3.11.1943 – zu 6 Jahren Haft verurteilt. Am Tag der Massenerschießung Führer des Feldes (Abschnitt) IV. Majdanek-Urteil: »Nachdem die Sohle der Gräber mit Leichen gefüllt war, mußten die nächsten Opfer auf die Leichen steigen, eine weitere Schicht von Menschenleibern bilden und sich dann in gleicher Weise erschießen lassen.«

Vockenroth, Paul. SS-Unterscharführer.
* 9.10.1891 Marten, Kreis Dortmund. Ab 28.6.1944 in Auschwitz, Wachmannschaft. Herbst 1944 Kommando Charlot-

tengrube. Am 9.4.1948 in Wadowice zu 3½ Jahren Haft verurteilt (HvA 17).

Völkel, Ludwig. SS-Schütze.

* 19.12.1922 Sopron/Ödenburg. SS-Totenkopf-Sturmbann. † 9.9.1942 Reservelazarett Kattowitz.

Vogel, Bonifats (sic). SS-Rottenführer.

* 16.5.1910 Immenstadt/Allgäu. Blockführer. Am 9.3.1946 in Krakau zu 6 Jahren Haft verurteilt. † 22.12.1975 am Geburtsort. – KZ-Kollege Topala: »Die Selektionen wurden durchgeführt von Blockführern und Arbeitseinsatzführern.« Häftlingsärztin Adelsberger über ihre Ankunft am 19.5.1943: »Massen von uniformierten Männern eilen geschäftig hin und her, Kommandos ertönen. Hunde bellen. Das Blut gerinnt uns in den Adern, wir erkennen auf den Uniformen das SS-Abzeichen. Sofort werden Männer und Frauen auseinandergetrieben und voneinander getrennt mit Schlägen und Püffen in Reihen gedrängt. Dann wird sehr eingehend und sorgsam nach Kranken gefahndet. Man ist dabei keineswegs rigoros, schwächliche und kranke Menschen, Leute über 55 und zum Teil schon über 50, die Kinder und sämtliche Frauen in Begleitung von Kindern, sie alle brauchen nicht länger in der Reihe zu stehen, sondern kommen auf Wagen, die in großer Anzahl für sie bereit sind.«

Vogel, Heinrich. SS-Obersturmbannführer (1942).

* 26.3.1901 Berlin. SS-Nr. 259958. NSDAP-Nr. 5787047. Amtschef Land-, Forst- und Fischwirtschaft im SS-Wirtschafts-Verwaltungshauptamt, auch für Auschwitz zuständig. November 1940 mit Höß Gutachten zur landwirtschaftlichen Nutzung der Umgebung von Auschwitz. Verbleib unbekannt.

Vogler, Fritz. SS-Unterscharführer.

* 26.5.1898 Wohlmutshütte. Landwirt. NSDAP 1937, SS 1944. Juni 1944 Wachmannschaft Monowitz, danach Außenlager Gleiwitz IV, Handwerkerkommando. Am 22.1.1949 in Krakau zu 3 Jahren Haft verurteilt (HvA 14). Laut Irena Strzelecka (HvA 14) streuten Einwohner der Stadt Gleiwitz Glasscherben und Drahtstücke auf die Straßen, da die Häftlinge des Außenlagers täglich barfuß zur Arbeit geführt wurden.

Vogt, Friedrich. Politische Abteilung (PA), Lager-Gestapo.

* 12.9.1899 Bielitz. SS-Unterscharführer. Ab September 1942 in Auschwitz. Schreiber und Kurier der PA. KZ-Kollege Sierek: »Vogt erzählte mir, daß Häftlinge nach Abschluß der Vernehmung zum Krematorium geführt und dort sofort erschossen wurden.« † 9.7.1965 Neuwied.

Vogt, Martin. SS-Unterscharführer.

* 30.1.1905 Nieder Ullersdorf. März 1941 bis zum Ende in Auschwitz. Nach 1945 in Oberhausen. – Häftlingsarzt Löbner (AV, Bl. 11604), Oktober 1942 aus Sachsenhausen in Auschwitz eingetroffen: »Der Transport erfolgte in Viehwaggons. In einem Waggon waren ca. 100 Häftlinge untergebracht. Der Transport hatte 4 Tage etwa gedauert. Es gab während des gesamten Transports nichts zu essen. Der Wagen wurde auch nicht geöffnet, damit die Häftlinge ihre Notdurft verrichten konnten. Als die Wagen nach der Ankunft in Auschwitz endlich geöffnet wurden, wurden aus unserem Wagen etwa 10 Leichen herausgeholt.«

Voigt, Alwin (nicht: Vogel, Vogl, Vogt). Häftling Nr. 29.

* 7.3.1895 Schmalkalden. Einer von 30 Kriminellen aus dem KZ Sachsenhausen, am 20.5.1940 als Funktionshäftling nach Auschwitz überstellt. Laut Häftling Pilecki Kapo des Elektrikerkommandos (Wartung der elektrisch geladenen Zäune). † 2.12.1968 Hamburg. – Häftlingsärztin Adelsberger: »Alles trennt der mit Hochspannung geladene Draht. Sobald einer einen verdächtigen Schritt machte oder dem Draht zu nahe kam, wurde auf ihn geschossen. Einmal spielten zwei Zigeunerbuben am Draht. Der eine,

ein fünfjähriges Bübchen, erhielt einen Bauchschuß, an dem er starb, dem anderen, einem achtjährigen Jungen, mußte die rechte Hand amputiert werden.«

Volk, Anton. SS-Schütze.
* 20.5.1908. SS-Totenkopf-Sturmbann. Belobigt im Kommandanturbefehl vom 2.2.1943: »Der SS-Schtz. Volk hat durch sein umsichtiges Verhalten den Zivilisten Gawron Jakob, bei welchem jetzt noch nicht festgestellt ist, ob er irgendein polnischer Verbrecher oder sogenannter russischer Partisan ist, festgenommen.« Verbleib unbekannt.

Volk, Hans. SS-Rottenführer.
* 1.4.1924 Würzburg. SS-Totenkopf-Sturmbann, Standortverwaltung, Druckerei. † Vermißt.

Volkenrath, Elisabeth. KZ-Wärterin.
* 5.9.1919 Schönau b. Bad Landeck in Schlesien. Friseuse. Oktober 1941 SS-Aufseherin in Ravensbrück. Ab März 1942 in Auschwitz, Aufseherin und Blockführerin im Krankenbau. Strzelecka (HvA 20): »Nach der Verlegung [August 1942] nach Birkenau nahm sie an Selektionen teil.« Oktober 1944 SS-Oberaufseherin im Frauenlager Birkenau. Todesurteil britisches Militärgericht November 1945 im Belsen-Prozeß in Lüneburg. † Hinrichtung 13.12.1945 Hameln. – Häftling Kielar über den Häftlingskrankenbau im Frauenlager Birkenau: »Lebende Skelette mit hängenden Brüsten, mit eingefallenen Leibern, mit schmutzigen schwärenden Körpern. Die Leichenhalle des Blocks 28 im Männerlager sah besser aus! Ich hatte tausende von Leichen gesehen, unzählige Mengen von Muselmännern, an deren Anblick ich mich sogar gewöhnen konnte, aber diese kranken, ausgehungerten, verdreckten und im Sterben begriffenen Wesen machten auf mich einen furchtbaren Eindruck.«

Volkenrath, Heinz. SS-Unterscharführer.
* 28.12.1920 Lüdenscheid. Standortverwaltung, Abteilung III: Schutzhaftlager. Todesurteil britisches Militärgericht November 1945 im Belsen-Prozeß. † Hinrichtung 13.12.1945 Hameln.

Vollrath, Elfriede, geb. Runge. KZ-Wärterin.
* 17.1.1920 Fürstenberg in Mecklenburg. Ende 1940 freiwillig aus Fürstenberg zum KZ Ravensbrück gemeldet. März 1942 bis August 1943 in Auschwitz, Juni bis Oktober 1942 Kommandoführerin der Frauen-Strafkompanie in Budy. Erste Lagerführerin des April 1943 gegründeten Frauenlagers Wirtschaftshof Budy (landwirtschaftliche Arbeiten, Vertiefung von Fischteichen, über 400 Häftlingsfrauen). Vollrath: »In Ravensbrück blieb ich bis März 1942. Dort lernte ich meinen jetzigen Ehemann kennen, den ich im August 1943 heiratete. Im Zeitpunkt der Eheschließung war ich bereits schwanger. Wegen meiner Tätigkeit als KZ-Aufseherin mußte ich zusammen mit meiner Schwester, die ebenfalls Aufseherin in dem unserem Heimatort benachbarten KZ Ravensbrück gewesen war, in dem Lager Ravensbrück Aufräumungsarbeiten verrichten. Sonstige Nachteile sind mir aus meiner Vergangenheit nicht entstanden.« Berufsangabe: Hausfrau. Q.: AV, Bl. 12991 ff.

Vollrath, Otto. Fahrbereitschaft.
* 15.8.1909 Gierstädt, Kreis Gotha. Sohn eines Landwirts. Kraftfahrer. 1933 NSDAP / SS, Unterscharführer. Von Oktober 1940 bis Mitte 1944 in Auschwitz. Nach eigener Aussage ab Anfang 1941 Gaskammerfahrer. KZ-Kollege Gaar (AV, Bl. 17345): »Die Kippfahrzeuge nannten wir kurz die Gruppe Vollrath.« Vollrath zu den Anfängen (AV, Bl. 17358): »Anfänglich waren die Vergasungsanlagen in den sog. Bunkern am Rande eines kleinen Wäldchens hinter dem Lager Birkenau untergebracht. Die Häftlinge wurden zu dieser Zeit zwischen den Lagern Auschwitz u. Birkenau ausgeladen. Wir fuhren zu dieser Zeit alle diejenigen, die zur Vergasung bestimmt waren, zu den

Bunkern. Später wurden die Häftlinge im Lager Birkenau ausgeladen. Wir fuhren dann nur noch die Gebrechlichen von der Entladungsrampe in Birkenau zu den Krematorien.« Vollrath weiter (AV, Bl. 12988): »Von manchen Transporten kam überhaupt niemand ins Lager, sondern der ganze Transport wurde geschlossen vergast. Alle Fahrer, die zum Rampendienst herangezogen wurden, erhielten dafür jeweils einen Gutschein für ein Frühstück und ein Viertelliter Schnaps.« KZ-Kollege Hradil zu den Gaskammerfahrten: »Die Lastwagen-Kolonne, die sich dann in Bewegung setzte, wurde zumeist von Vollrath geführt. Die Gutscheine für die Sonderrationen nach Gaskammerfahrten wurden uns meist von Vollrath ausgehändigt.« KZ-Kollege Tomaszewski: »Es gab bei den Lkw-Fahrern solche, die die Einsätze gern mitmachten. Vollrath gehörte zu den Typen, die solche Fahrten gern mitmachten. Er war immer dienstbereit.« Fahrer Pomreinke: »Vollrath war außerordentlich interessiert an den Sondereinsätzen, weil er dafür die üblichen Sonderzuteilungen an Schnaps, Zigaretten und Lebensmittel erhielt.« Standortbefehl (StB) vom 15. 9. 1943: »Besuch der Ehefrau bis auf weiteres«. StB Nr. 48 / 43: »Besuch der Schwester v. 2.–8. 11. 43«. Mai 1949 von sowjetischen Militärtribunal zu 25 Jahren Zwangsarbeit verurteilt, Entlassung April 1956. Kraftfahrer für Holz- und Kohlentransporte im Kreis Freudenstadt.

Vollweider, Johann. Fahrbereitschaft. * 8. 11. 1906 Czernowitz. SS-Rottenführer. Gaskammerfahrer (KZ-Kollege Gaar). † Vermißt. – Häftling Jan Szpalerski, Zimmermann-Kommando, bei Reparaturen Augenzeuge, wie an den Verbrennungsgruben MAN-Kipplastkraftwagen vorfahren (StAu II): »Die Kraftfahrzeuge fuhren rückwärts an den Rand der Gruben heran, der Aufbau fuhr hoch und sie schütteten die angefahrenen Kinder direkt ins Feuer. Darin lag etwas so unmenschlich Entsetzliches, daß ich damals einen tiefen psychischen Schock bekam, dessen Folgen ich bis zum heutigen Tag spüre. Mehrere größere Kinder sprangen von den Kraftfahrzeugen herunter und ergriffen extrem entsetzt die Flucht. Die SS-Männer fingen sie ganz einfach ein oder erschossen sie und warfen sie lebend oder tot in die Grube. Damals glaubte ich, daß die Erde zur Hölle werden kann.«

Voss, Friedrich. SS-Unterscharführer. * 10. 9. 1907. Von 1940 bis 1944 in Auschwitz. Strafkompanie, Krematorium. † Vermißt. – Auschwitz-Anklage: »Die Einweisung in die Strafkompanie war nahezu gleichbedeutend mit Todesstrafe. Nur wenige Häftlinge haben den Aufenthalt dort überlebt.« Jozef Kret, Häftling der Strafkompanie, über die nicht endenden Mißhandlungen (HvA 1): »Der Tod durch Erschießen war der Traum vieler Häftlinge der Strafkompanie.«

Voss, Herbert. SS-Unterscharführer. * 4. 1. 1921 Kaltenkirchen / Holstein. SS-Totenkopf-Sturmbann, Kommandanturstab. † 22. 2. 1945 Schmiedefeld / Polen.

Voss, Karl. SS-Oberscharführer. * 15. 11. 1906 Geesthacht. Kommandanturstab. Spieß einer Wachkompanie. † 1. 10. 1964 Osterode / Harz.

Voss, Peter. Kommandoführer der vier Krematorien (Frühjahr 1943 bis Mai 1944).
* 18. 12. 1897 Flensburg. SS-Oberscharführer. Laut KZ-Kollege Muhsfeldt (MV, Bd. 41) verließ Voss das Kommando, weil er im Streit mit Moll um die Vorherrschaft in den Vergasungsanlagen unterlegen war: »Sowohl Moll als auch Voss rissen sich um diese Arbeiten, beide wollten sich durch hohe Leistungen hervortun, denn sie wollten Offiziere werden.« Laut Häftling Filip Müller korrupt und versoffen, aber: »Er konnte Späße machen, ausgelassen sein, herzhaft lachen, manchmal auch unbefangen mit uns

Häftlingen über banale Dinge reden und dabei sogar scherzen. Es bereitete ihm aber auch keine großen Skrupel, Männer, Frauen und auch Kinder am laufenden Band vor der Wand zu erschießen. In unseren Augen war er trotz allem der am wenigsten inhumane von allen Henkern.« KZ-Kollege Althaus: »Er war ein primitiver, aber geltungsbedürftiger Mann.« † Etwa 1976 in Hannover. Q.: Friedler, StAu III.

Voss, Richard. SS-Anwärter (1940).
* 10. 9. 1907. Kommandanturbefehl vom 6. 6. 1940: »Mit sofortiger Wirkung von der 1. Kompanie zur Kommandantur des KL Auschwitz zur Dienstleistung in der Verwaltung kommandiert.« Verpflegungsabteilung. Verbleib unbekannt. Langbein (Die Stärkeren) über seine Ankunft August 1942 im Stammlager: »Immer wieder aufs neue sehen wir Jammergestalten. Sie gab's in Dachau vor allem bei den schlechten Kommandos. Hier scheinen sie die Regel zu sein. Dort raufen ein paar um einen Abfallkübel.«

Voss, Walter. SS-Rottenführer.
* 17. 10. 1919 Riswick. Nach 1945 in Kleve.

Vrba, Rudolf, eigentlich Walter Rosenberg. Häftling Nr. 44070.
* 11. 9. 1924 Tyrnau. Aus der Slowakei nach Majdanek deportiert, dort 12 Tage. Ankunft Auschwitz am 30. 6. 1942. Herbst 1942 bis Juni 1943 im Aufräumkommando an der Rampe (»Ein Zug aus Griechenland bedeutete ein Festmahl aus Feigen und Oliven«). Am 7. 4. 1944 mit Wetzler Flucht aus Auschwitz. Beide informieren am 25. 4. 1944 in der Slowakei Vertreter des Judenrats, ihr schriftlicher Bericht vom 27. 4. 1944 geht an den Vatikan und die USA. Ab September 1944 bei Partisaneneinheiten unter dem Namen Rudolf Vrba, nach dem Krieg als Name legalisiert. 1949 Promotion als Chemiker. 1958 in Israel, 1960 in England, 1967 in Kanada. 1973 Lehrtätigkeit an der Harvard Medical School in Boston (USA), 1976 an der University of British Columbia in Vancouver. Vrba im Auschwitz-Prozeß über den Rampendienst (Auszug): »In den Waggons waren Leute geblieben, die nicht einmal durch Schläge herauszukriegen waren: Tote, Todkranke, Krüppel. Manchmal waren bis zu 10 oder 15 Tote in einem Waggon. Wir wurden mit Stockschlägen angetrieben, alles mußte sehr schnell vor sich gehen. Wir konnten die Kranken oft nur an den Händen ziehen oder auf Decken schleppen und mußten sie auf Lastautos verladen; sie wurden zusammen mit den Toten weggeführt. Das alles mußte im Laufschritt gemacht werden. Nachher haben wir ebenfalls im Laufschritt alle Effekten aus den Waggons herausbringen müssen. Die Lastwagen kamen leer zurück, und nun wurde das Gepäck auf sie geladen. Dann hatten wir die Waggons zu reinigen. Wir sind oft auf der Rampe geblieben, wenn weitere Transporte erwartet wurden. Es gab manchmal Nächte, in denen bis zu fünf oder sechs Transporte kamen.« Autor: *Ich kann nicht vergeben. Meine Flucht aus Auschwitz.* † 27. 3. 2006 in Kanada.

W

Waal-Springer, Frederika de. Objekt von Medizinverbrechen, Nr. 63264.
* 1916. Erklärung vom 12. 2. 1956 (SV, Auszug): »Mein Mann aus erster Ehe wurde im Jahre 1941 aus rassischen Gründen verhaftet und ist im August 1941 in dem Konzentrationslager Mauthausen verstorben. Ich wurde mit einem Transport aus Holland in das KZ Auschwitz gebracht und bin am 23. September 1943 dort angekommen. Zusammen mit einer Gruppe anderer Frauen wurde ich bei Ankunft in Auschwitz ausgesucht und kam in den Experimentenblock des

Dr. Clauberg. Dort wurde ich kurz nach meiner Ankunft eines Morgens durch zwei Männer geholt und in einen Operationssaal gebracht. Ich war von dieser Operation kaum genesen, als ich, ebenso wie andere Frauen, eine Einspritzung in die Gebärmutter erhielt. Besonders schreckliche Dinge sind mit griechischen Mädchen geschehen, welche sich in dem Experimentierblock befanden. Es wurde erzählt, daß diesen Mädchen, die höchstens 17 Jahre alt waren, die Eierstöcke [durch Röntgenbestrahlung] verbrannt worden sind und dann herausoperiert wurden. Während die Wunden dieser Mädchen versorgt wurden, schrien dieselben vor Schmerzen, daß es kaum auszuhalten war. Sie hatten große Löcher im Bauch, und wenn sie neue Verbände bekamen, muß ihr Leiden wirklich unbeschreiblich gewesen sein. Ich bin mit meinem jetzigen Ehemann seit 9 Jahren verheiratet, und wir haben keine Kinder.«

Waberski, Josef. SS-Sanitätsdienstgrad (SDG).
* 9.10.1891. SS-Scharführer. In Auschwitz bis zum 10.12.1944. Verbleib unbekannt.

Wachtler, Alfons. SS-Unterscharführer.
* 28.7.1912 Silian. Ausbilder der Rekrutenkompanie. † 15.4.1973 (Standesamt Puch, Bez. Hallein).

Wässerle, Sylvester. SS-Schütze.
* 28.12.1924. SS-Totenkopf-Sturmbann. Standortverwaltung, Kammerwart der Effektenkammer (Raubgut). Verbleib unbekannt.

Wagner, Andreas. SS-Rottenführer.
* 27.1.1909 Hof. Ab Oktober 1944 in Auschwitz, Wachmannschaft. 1948 in Wadowice zu 3 Jahren Haft verurteilt (LaV).

Wagner, Ernst. SS-Hauptscharführer.
* 11.11.1893 Bad Salzungen. Ab Juli 1941 in Auschwitz, Wachmannschaft. April 1943 *Kriegsverdienstkreuz II. Klasse mit Schwertern* (das KVK für KZ-Angehörige läßt Beteiligung an Tötungen vermuten). Am 9.3.1946 in Krakau zu 7 Jahren Haft verurteilt. † 26.9.1965. – Häftlingsdentist Siegbert Löffler (Nr. 105675) im Auschwitz-Prozeß über einen Einsatz Frühjahr 1943: »Wir wurden zum Güterbahnhof Auschwitz geführt, dort standen zwei oder drei Waggons. SS mit Hunden war dabei. Wir mußten aus den Waggons Mädchenleichen, vielleicht im Alter von zwei bis vier Jahren, herausbringen. Die Mädchen waren angezogen, als ob sie zum Geburtstag gingen. In einem Waggon waren 94 bis 97 Mädchen. Wir wurden mit Gummiknüppeln angetrieben, weil wir zu langsam arbeiteten. Schließlich haben wir die Leichen an Haaren und Armen gepackt und weggeschmissen [sic].«

Wagner, Fero. *Jüdisches Sonderkommando*, Nr. 36614.
* Aus Trnava. Ankunft Auschwitz am 22.5.1942 aus Mauthausen. Es sind 1000 slowakische Juden, von denen am 15. August nur noch 53 leben. Ermordet am 9.12.1942 (FSK). – Häftlingsärztin Adelsberger, damals im angrenzenden »Zigeunerlager«: »Manchmal kamen sie, scharf von der SS mit geladenem Revolver bewacht, von den großen bissigen Hunden umringt, in unser Lager zum Baden. Das waren keine menschlichen Antlitze mehr, sondern verzerrte, irre Gesichter, daß man vor Entsetzen hätte brüllen mögen.« Häftlingsarzt Bendel über das Sonderkommando (Langbein, Menschen): »Die Männer, die ich kannte – wie der gelehrte Rechtsanwalt aus Saloniki oder der Ingenieur aus Budapest –, hatten nichts Menschliches mehr an sich. Sie sind wahrhafte Teufel. Unter Stock- und Peitschenschlägen der SS laufen sie wie Besessene, um sich ihrer Aufgabe so schnell als nur möglich zu entledigen.«

Wagner, Gustav. SS-Rottenführer.
* 17.3.1914 Neupest/Ungarn. SS-Totenkopf-Sturmbann, Wirtschaftshof Birkenau, Stabskompanie (SS-Angehöriger der Kommandantur). 1948 in Krakau zu 6 Jahren Haft verurteilt (LaV).

Wagner, Hermann. SS-Unterscharführer. * 23.10.1908 Westhofen. SS-Kantine Auschwitz und Birkenau, Außenlager Neu-Dachs. Kommandanturbefehl vom 9.6.1943: »Besuch der Familie ab 20.6. auf 2 Monate«. Standortbefehl Nr. 36/43: »Aufenthaltsgenehmigung für Familie bis 31.12.43 verlängert«. KZ-Kollege Bernhard Walter: »Er ist zusammen mit mir in Krakau zu 4 Jahren Gefängnis verurteilt worden.« Wohnsitz am Geburtsort.

Wagner, Johann. SS-Schütze. * 18.10.1910 Nikinci/Rumänien. SS-Totenkopf-Sturmbann. † 25.3.1943 Reservelazarett Kattowitz.

Wagner, Josef. SS-Unterscharführer. * 26.1.1922 Lindau. SS-Totenkopf-Sturmbann, Ordonnanz im *Haus der Waffen-SS*. Nach 1945 Wohnsitz am Bodensee.

Wagner, Max. SS-Scharführer. * 8.12.1888. Am 28.10.1942 Zugang von Buchenwald, Standortverwaltung. Monowitz. Verbleib unbekannt.

Wagner, Robert. SS-Rottenführer. * 5.6.1908 Kimpolung/Rumänien. Standortverwaltung, Abteilung Verpflegung. Nach 1945 in Meyenburg, Kreis Pritzwald (DDR). – Fejkiel (Hunger) über die Verhungernden, *Muselmann* genannt: »Meist wühlten sie in den Müllhaufen, obgleich dies wenig Erfolg versprach, da in Auschwitz kein Essen vergeudet wurde. Trotzdem konnten sie dort manchmal verfaultes Gemüse, Küchenabfälle, Kartoffelschalen und alte Knochenreste finden. Ein besonderer Glückspilz war der, dem es gelang, im Müll ein Stückchen verschimmelter Brotrinde zu finden.«

Wagner, Rudolf. SS-Obersturmführer. * 1.5.1912 Bamberg. Januar 1941 bis Ende 1942 Leiter des SS-Unternehmens *Deutsche Ausrüstungswerke* (DAW) in Auschwitz. Nach 1945 in München.

Wagner, Rudolph. SS-Verwaltungsführer. * 29.6.1913 Schönwald. Kaufmann. 1931 NSDAP (Nr. 812383), 1932 SS (Nr. 104377), Hauptsturmführer. Wachbataillon und Leiter der Verwaltung im KZ Dachau, 1940 als Vorkommando für ein zu errichtendes KZ nach Norwegen kommandiert. Kommandanturbefehl (KB) Auschwitz vom 28.9.1940: Mit Wirkung vom 1.10.1940 vom KL Frederikstad als Leiter der Standortverwaltung nach Auschwitz kommandiert. KB Nr. 12/42: »Mit Wirkung vom 15.7. 1942 zur SS-T-Division versetzt.« † 15.3. 1943 Ostfront. KB Auschwitz vom 3.4. 1943: »Gestern erreichte uns die traurige Nachricht, daß der frühere Verwaltungsführer des KL Auschwitz SS-Hauptsturmführer Rudolf Wagner an der Ostfront den Heldentod starb.«

Wagner, Stefan. Gefangenen-Eigentums-Verwaltung. * 9.12.1922 Csatalja/Ungarn. SS-Sturmmann. Standortverwaltung, Abteilung GEV, Entwesungskammer II. † Kriegstod 23.4.1945 bei Gnas/Steiermark.

Wahl, Karl. SS-Rottenführer. * 4.3.1921 Metzingen/Reutlingen. Kommandantur. † 26.8.1942 Reservelazarett Kattowitz.

Waitop, Edmund. SS-Schütze. * 23.9.1903 Riga. Wachkompanie, Blockführer in Monowitz. Am 16.8.1943 mit drei Tagen Sonderurlaub belohnt, da er einen versteckten Häftling ergriff (erschoß). Verbleib unbekannt.

Waitz, Robert. Häftlingsarzt, Nr. 157261. * 20.5.1900 Neüwy. Dr. med. Ankunft Auschwitz am 10.10.1943 aus Drancy, von 1000 Häftlingen werden 491 sofort in der Gaskammer erstickt. Vom 10.10. 1943 bis zum Ende in Monowitz. In der Ambulanz im Häftlingskrankenbau. Waitz: »Man kann davon ausgehen, daß während der Winterzeit dann Selektionen stattfanden, wenn ungefähr 10% aller Häftlinge arbeitsunfähig waren, im Sommer wurden Selektionen bereits durchgeführt, wenn 6 bis 7% der Häftlinge arbeitsunfähig waren.« Nach 1945

Medizinprofessor in Straßburg. Q.: AV, Bl. 12791 ff.

Waizner, Walter Leo. SS-Sturmmann.
* 29.9.1899 Düsseldorf. Ab Juni 1944 in Auschwitz, SS-Wachkompanie Stammlager. Herbst 1944 Kommando Charlottengrube. Am 14.4.1948 in Krakau zu 4 Jahren Haft verurteilt (HvA 17).

Waldner, Elsa. Häftling Nr. 3939, Politische Abteilung (PA).
* 24.10.1916 Teschen in Oberschlesien. Ankunft Auschwitz am 3.4.1942 mit einem Transport aus der Slowakei (997 Jüdinnen). Häftlingsschreiberin im Standesamt der PA (Lager-Gestapo). Waldner: »Wir lebten im Stabsgebäude und nicht in Birkenau. Im Stabsgebäude bekamen wir zumindest etwas zu essen, und am wichtigsten war, daß wir uns rein halten konnten. Wir konnten uns waschen, und wir hatten etwas mehr zu essen als die anderen Lagerinsassen – etwa 50 Gramm Brot, etwas Suppe und Margarine. Auf diese Weise überlebten wir, weil wir einen Bürojob hatten. Mein Schönschreiben war sehr gut. Unterscharführer Kristan mochte es. Er wies mir deswegen die Aufgabe zu, die Totenscheine auszufüllen. Das war mein Glück.« 1946 Heirat, 1950 Auswanderung nach Israel, später Wohnsitz New York.

Walentynowicz, Feliks. Häftling Nr. 46.
* 1908. Ankunft Auschwitz mit dem ersten Transport polnischer Häftlinge am 14.6.1940 aus dem Gestapogefängnis Tarnow (728 Männer). Lagerältester im Häftlingskrankenbau des Stammlagers (Czech). Tötete Häftlinge mit Phenolspritzen. Ab 6.7.1944 im Außenlager Gleiwitz IV. Dezember 1944 in Buchenwald, zuletzt Flossenbürg-Nebenlager Leitmeritz (HvA 18). Überlebte.

Wallerang, Bernhard. Zentral-Bauleitung.
* 1.5.1908 Kirchen b. Niederschelderhütte. SS-Untersturmführer. Meliorationen (Flußregulierungen) und Vermessung. † 13.1.1955 Moers.

Walloschek, Florian. SS-Sturmmann.
* 3.5.1907 Gasiorowice. Landarbeiter. Ab September 1944 in Auschwitz. Wachmannschaft Außenlager Tschechowitz-Vacuum (600 Häftlinge, Erdölraffinerie). Am 5.2.1948 in Kattowitz zu 18 Monaten Haft verurteilt. – Irena Strzelecka und Tadeusz Szymanski berichten (HvA 18) von Häftlingen in Tschechowitz-Vacuum, die aus Hunger eine Müllgrube durchwühlen und deswegen getötet werden: »So erschoß einer der SS-Männer einen Häftling, weil er eine Kohlrübe aufheben wollte, die ihm von einem Zivilarbeiter zugeworfen worden war.«

Walter, Bernhard. Leiter des Erkennungsdienstes der Politischen Abteilung (PA).
* 27.4.1911 Fürth. Beruf: Verputzer. NSDAP-Nr. 3178708, SS-Nr. 104168, Hauptscharführer (1942). Zunächst 2. SS-Totenkopfregiment *Brandenburg*, beim Erkennungsdienst im KZ Sachsenhausen. Vom 1.1.1941 bis 18.1.1945 Leiter des Erkennungsdienstes (Lager-Gestapo) in Auschwitz, Frühjahr/Sommer 1944 zugleich Spieß beim Kommandanturstab (Walter). Wohnung mit Familie 500 Meter vom Stammlager entfernt, Nachbar der Familie Boger. Veranstaltete Filmvorstellungen für die SS. Walter (AV, Bl. 13790): »Es kam auch vor, daß besonders typische Vertreter des Judentums zum Fotografieren in den Erkennungsdienst geschickt wurden.« Museum Auschwitz (StAu I): Einer der Schützen bei Hinrichtungen der PA per Genickschuß. KB vom 11.9.1942: *Kriegsverdienstkreuz II. Klasse mit Schwertern* (das KVK für KZ-Angehörige läßt Beteiligung an Tötungen vermuten). Zuletzt KZ Mittelbau-Dora. 1948 in Krakau zu 3 Jahren Haft verurteilt (LaV). Danach Filmvorführer in einem Kino in Fürth. Walter als Zeuge im Auschwitz-Prozeß: »Ich habe auf der Rampe Fotos gemacht.« † 7.7.1979 Fürth. Von Walter stammen die bekannten Fotos von Selek-

tionen auf der Rampe in Birkenau, aufgenommen zwischen dem 16. 5. und 8. 7. 1944. Es sind Propagandafotos ohne Leichen und Gewalttätigkeiten, die das Grauen dennoch ahnen lassen. Die Bilder klebten in einem Album, das die Auschwitz-Überlebende Lili Jacob 1945 im KZ Nordhausen fand. Das später *Auschwitz-Album* genannte Beweisstück (seit 1980 in Yad Vashem, Jerusalem) trägt im Titelblatt die Überschrift *Umsiedlung der Juden aus Ungarn*. Eine weitere Überschrift lautet: *Nach der Aussortierung* (ins Gas). Q.: Cornelia Brink: Das Auschwitz-Album vor Gericht, in: APr. Aussagen: AV, Bl. 2783 ff., Bl. 14084 ff.

Walter, Hellmuth. Spieß der Kommandantur.
* 4. 5. 1906 Aussig / Sudetenland. Kommandanturbefehl (KB) Nr. 1 / 42: »Mit Wirkung vom 1. Januar 1942 wurde befördert zum SS-Oberscharführer d. Res. SS-Scharführer d. Res. Hellmuth Walter. Mit Wirkung vom 1. Januar 1942 übernimmt der SS-Oberscharführer Hellmuth Walter die Geschäfte des Stabsscharführers der Kommandantur KL Auschwitz.« Bereits am 1. 2. 1942 Beförderung zum SS-Hauptscharführer. KB vom 11. 9. 1942: *Kriegsverdienstkreuz II. Klasse mit Schwertern*. 1948 in Wadowice zu 5 Jahren Haft verurteilt (LaV). † 26. 5. 1971 Ludwigsburg. Anmerkung [E. K.]: Der Kommandanturbefehl ist ausführlich zitiert, weil Hellmuth und Bernhard Walter mitunter verwechselt werden.

Walter, Nikolaus. SS-Sturmmann.
* 20. 4. 1919 Denta / Rumänien. Ab 20. 10. 1943 in Auschwitz, Wirtschaftshöfe. 1948 in Krakau zu 3 Jahren Haft verurteilt (LaV).

Walter, Rudolf. SS-Sturmmann.
* 22. 3. 1902. SS-Totenkopf-Sturmbann, Monowitz, Verwaltung, Abteilung Standortarzt. Kommandoführer Straßenbau in Birkenau. Verbleib unbekannt. – Buna-Häftling Paul Hoffmann (AV, Bl. 12938): »In gewissen Zeitabständen haben auch außerhalb des Krankenbaus in den Blökken Selektionen stattgefunden. Ich habe dabei den Eindruck gewonnen, daß diese Selektionen im Zusammenhang standen mit dem Arbeitskräftebedarf der I.G. Farbenindustrie und auch mit der Raumbeschaffung für neu angekommene Häftlinge. Die Selektionen auf den Blökken fanden jeweils im Anschluß an die Abendappelle statt.«

Wanagat, Emil. SS-Sturmmann.
* 15. 1. 1910 Kilniki / Litauen. Wachmannschaft. 1948 in Krakau zu 6 Jahren Haft verurteilt (LaV). – Schutzhaftlagerführer Franz Hofmann (AV, Bl. 8722 f.): »Die Durchführung und Handhabung der Selektionen war unterschiedlich. Es kam manchmal vor, daß manche Transporte in ihrer Gesamtheit vergast wurden. Öfters war es auch so, daß nur die Männer selektiert wurden, während alle Frauen mit den Kindern vergast wurden. Ich hatte den Eindruck, daß bei Selektionen weniger der Gesundheitszustand der Häftlinge von Bedeutung war als die Frage, ob überhaupt noch Platz für weitere Häftlinge war.«

Warszawska, Elzbieta. Häftlingspflegerin im Zwillingsblock, Nr. 46506.
* 22. 11. 1920 Kalisz. Krankenschwester. Ankunft Auschwitz am 13. 6. 1943. Warszawska: »Nachdem ich auf den Zwillingsblock im August 1944 kam, begann man die Zwillinge dorthin zu bringen, wobei es insgesamt 350 Paare, also 700 Personen waren; ihr Alter schwankte zwischen 5–17 Jahren.« Warszawska über eine spezielle Gruppe: »In der Gruppe jener 20 Kinder befanden sich Kinder, denen bei den vorhergehenden Untersuchungen eine Flüssigkeit, bei manchen in ein Auge, bei anderen in beide Augen eingetröpfelt wurde. Nach diesem Eingriff eiterten die Augen der Kinder schrecklich und schwollen an. Man erlaubte mir nicht, irgendetwas bei diesen Kindern zu unternehmen, und befahl

mir, mit ihnen nach zwei Tagen zur erneuten Untersuchung zu erscheinen, damals wurden die Kinder zurückbehalten und kehrten mit mir nicht mehr auf den Block zurück.« Q.: MV, Bd. 31.

Warszawski, Josef, Tarnname von Josef Dorebus. *Jüdisches Sonderkommando.*
* 27.7.1906 Zyrardow/Polen. Kommunist und Gewerkschafter. Als Freiwilliger in der französischen Armee. Ankunft Auschwitz am 4.3.1943 aus Drancy. Einer der Führer der Widerstandsgruppe im Sonderkommando. Am 7.10.1944 beim Aufstand der Krematoriumshäftlinge getötet. Mithäftling Salmen Lewenthal: »Zeichnete sich durch seinen schönen Charakter und sein stilles, ruhiges Wesen aus.«

Warzecha, Paul. SS-Unterscharführer.
* 25.3.1894 Pless. † 27.8.1945 Myslowicach.

Waschkies, Oskar. SS-Sturmmann.
* 29.4.1905 Passon-Reisgen, Kreis Heydekrug. SS-Totenkopf-Sturmbann (der SS-T-Stuba hatte turnusmäßig Rampendienst). † 25.7.1945 Reservelazarett I Plauen. – Die damals 26jährige ungarische Jüdin Eva Weiner, Ankunft Auschwitz am 29.4.1944: »Wir hatten das Gepäck der in Birkenau ankommenden Transporte zu sortieren. Von Mitte Mai bis Ende November arbeitete ich an dieser Stelle. Anfang Juni trafen täglich mehrere Transporte ein. In jener Zeit ›arbeitete‹ das Krematorium Tag und Nacht, des nachts wurden sogar in den im Hof ausgehobenen Gräben Leichen verbrannt. Die Todesschreie aus den Gaskammern waren bis nach Birkenau zu hören. Auch heute suchen sie mich noch in meinen Träumen heim.« Q.: MV, Bd. 23.

Wassermann, Abram. *Jüdisches Sonderkommando*, Nr. 153966.
* 1906. Fleischer. Ankunft Auschwitz am 2.10.1943 mit einem Transport von 1963 Menschen aus dem Gefängnis in Radom. Verbleib unbekannt. – Shlomo Venezia, manchmal im Vorraum zur Gaskammer eingesetzt: »Ich glaube nicht, daß man unseren Wunsch, das Leiden dieser zum Sterben verurteilten Menschen etwas zu erleichtern, ›Kollaboration‹ nennen kann. Ich half zum Beispiel alten Leuten beim Ausziehen und versuchte zu verhindern, daß die Menschen geschlagen wurden.«

Wasserstein, Karolina (Mädchenname). Häftling Nr. 67030.
* 20.10.1915 Lemberg. Ankunft Auschwitz am 5.11.1943 aus dem Lager Szebnie. Von 4237 (!) jüdischen Männern, Frauen und Kindern werden 2889 sofort in den Gaskammern erstickt. Wasserstein über den Abtransport im Lager selektierter Insassen in die Gaskammer: »Die für den Tod bestimmten Häftlinge standen weinend und nackt auf den Lkw's und riefen uns Nachrichten und hilfebittend zu.« Ehemann in der Gaskammer ermordet. Wieder verheiratet in Israel. Q.: MV, Bd. 22.

Wasserstrom, Dunia. Dolmetscherin der Politischen Abteilung (PA), Nr. 10308.
* 18.1.1908 Gitomir/Rußland. Ankunft Auschwitz am 23.7.1942 aus Angers-St. Laud in Frankreich. Anfang 1943 Dolmetscherin bei Vernehmungen in der PA (Lager-Gestapo). Wassertrom über ihre Ankunft in Shelleys Buch *Schreiberinnen des Todes*: »Als ich zum ersten Mal die Häftlinge, bekleidet mit den Uniformen sowjetischer Soldaten, erblickte, dachte ich, sie wären sowjetische Kriegsgefangene mit geschorenen Köpfen. Sie trugen keinen menschlichen Ausdruck und glichen nicht Frauen wie mir. In sehr kurzer Zeit war ich wie sie. Zu beschreiben, was Auschwitz hieß, was uns die SS antat, würde ein enormes Talent verlangen, um dem ans zivilisierte Leben gewöhnten Leser eine Existenzweise zu vermitteln, wo ein Stück Brot, ein Paar Schuhe, eine Zahnbürste den Unterschied zwischen Leben und Tod ausmachen.« Wasserstrom als Zeugin im Auschwitz-Prozeß über Boger: »Er hat mich gezwungen, bei

den Vernehmungen dabei zu sein und auch während der Folterungen zu dolmetschen. Ich hatte vor keinem SS-Mann so gezittert wie vor Boger. Alle SSler kamen zu Boger, um bei ihm zu lernen, wie man vernimmt. Die SSler sprachen in meiner Gegenwart sehr offen miteinander. Als ich bei einer solchen Gelegenheit hinausgehen wollte, sagten sie mir: ›Du kannst ruhig hierbleiben, du kommst aus Auschwitz sowieso nicht hinaus.‹« Nach 1945 mehrere Publikationen unter dem Namen Dounia Ourison, »dem Namen meines ersten Mannes, der in Auschwitz vergast worden ist«. Zunächst in Paris, später Dolmetscherin in Mexiko.

Watz, Stanislaus. SS-Sturmmann.
* 7.5.1921 Sremska/heutiges Serbien. Herbst 1942 bis Ende 1944 in Auschwitz. SS-Totenkopf-Sturmbann, Stammlager und Landwirtschaftskommando Budy. 1948 in Krakau zu 4 Jahren Haft verurteilt (LaV).

Weber, Bruno. Leiter des Hygiene-Instituts der Waffen-SS.
* 21.5.1915 Trier. Bakteriologe. 1937 NSDAP (Nr. 5416695) und SS (Nr. 420759), Hauptsturmführer (1944). Laut KZ-Arzt Hans Eisele Leiter der Hygiene-Station in Dachau. Mai 1943 Leiter des Hygiene-Instituts in Rajsko, 5 km vom Stammlager entfernt, offizieller Titel: *Hygienische-Bakteriologische Untersuchungsstelle der Waffen-SS und Polizei Süd-Ost, Auschwitz, Oberschlesien.* Eingerichtet, nachdem Fleckfieber und Ruhrepidemien nicht nur die Häftlinge hinwegrafften, sondern auch das SS-Personal gefährdeten. Tödliche Versuche mit Evipan oder Morphium. Laut Filip Müller haben SS-Arzt Kitt und Weber vor Hinrichtungen eine Art Fleischbeschau vorgenommen: »Vor den Hinrichtungen befühlten die beiden Ärzte wie Viehhändler die Schenkel und Waden der noch lebenden Männer und Frauen, um sich ›die besten Stücke‹ auszusuchen. Nach der Erschießung wurden die Opfer auf einen Tisch gelegt. Dann schnitten die Ärzte Stücke von noch warmem Fleisch aus den Schenkeln und Waden heraus und warfen es in bereitstehende Behälter. Die Muskeln der gerade Erschossenen bewegten sich noch und konvulsierten, rüttelten in den Eimern und versetzten diese in ruckartige Bewegungen.« Schenkel und Bauchfleisch werden bevorzugt von Frauen genommen und in der Nährbodenküche in Rajsko zu einer konzentrierten Brühe, genannt *Menschenbouillon*, verkocht. Erkaltet dient die Brühe als Nährboden für die Bakterienzucht des Bakteriologischen Labors. Häftling Imrich Gönczi (AV, Bl. 10956R): »Ich habe über seinen [Webers] Auftrag Menschenfleisch bearbeitet, aus dem ich den Nährboden für die Kultivierung von Bakterien herstellte.« Die Arbeit am Institut machen Häftlinge: Chemiker, Bakteriologen, Serologen, Pharmakologen, darunter Universitätsprofessoren. Im Institut werden, so Hilfspfleger Kazimierz Czelny, auch Kinderköpfe aufbewahrt, die von Mengele stammen und für »ein Institut in Berlin« (s. Verschuer) bestimmt sind. Erhalten ist ein Untersuchungsauftrag Mengeles vom 29.6.1944: »Kopf einer Leiche (12-jähriges Kind)«, von dem histologische Schnitte angefertigt werden sollen. Standortbefehl Nr. 41/43: »Besuch des Vaters vom 22.9.–4.10.43. Wohnung: Untersuchungsstelle Raisko«. Häftlingsarzt Lettich (AV, Bl. 17004): »Die Mentalität von Dr. Weber war eine recht merkwürdige. Ich hatte beispielsweise einmal ein Meerschweinchen in der Hand, als Dr. Weber in meinen Arbeitsraum kam. Da das Meerschweinchen laut quietschte, fuhr er mich an, daß ich ein Mörder sei. Manchmal schoß er auch Vögel. Wenn einer dieser Vögel beispielsweise eine Beinverletzung davontrug, brachte er ihn zu uns, und wir mußten ihn gesundpflegen. Andererseits hatte er dann etwa eine Stunde vorher frisches Menschenfleisch für die Nähr-

böden aus Block 11 geholt.« † 23.9.1956 Homburg/Saar.

Weber, Charlotte. KZ-Wärterin.
* 22.10.1901 Danzig-Guteherberge. Ab 1942 SS-Aufseherin in Auschwitz, Kommandoführerin der Weberei und der Bekleidungsmagazine in Birkenau. † 13.11. 1972 Lübeck. – Die Ravensbrücker Gefangene Margarete Buber-Neumann über die 1945 von Auschwitz nach Ravensbrück »evakuierten« Häftlingsfrauen: »Als die Tausende Frauen Ravensbrück erreichten, waren ihre Gesichter vor Hunger und Durst vertiert. Sie schrien und bettelten um Wasser, tagelang hatten sie keinen Tropfen erhalten. Die Küchenhäftlinge erbaten die Erlaubnis, den Dürstenden Kaffee zu bringen. Es geschah, aber Hunderte stürzten sich über die Kübel, schlugen sich gegenseitig zu Boden, und der Kaffee floß auf die Erde. Erst die prügelnde Lagerpolizei und ein Heer von Aufseherinnen machten es möglich, das Getränk an die Verdurstenden zu verteilen. Die Auschwitzer Häftlinge brachten ihren eigenen Lebensstil mit. Den hatte das Vernichtungslager geprägt: Koste es, was es wolle, aber rette dein Leben! Sie waren brutal in Aussehen und Manieren. In der ersten Zeit konnte man jede Auschwitzerin auf der Lagerstraße erkennen.«

Weber, Erich. SS-Schütze.
* 14.12.1925 Eichwegen. Ab Juni 1944 in Auschwitz. Schreibstube SS-Wachkompanie. Am 9.3.1946 in Krakau zu 4 Jahren Haft verurteilt.

Weber, Johannes. SS-Sturmmann.
* 23.3.1902 Warblitz, Kreis Soldin. Müller und Landwirt. Ab Oktober 1942 in Auschwitz. Leiter der Häftlingsküche in Birkenau, sowohl im Frauen- wie im Männerlager, ebenso der Außenlager Charlottengrube und Hubertushütte (HvA 12). Am 22.12.1947 in Krakau zu 15 Jahren Haft verurteilt. Laut Urteil mißhandelte er »besonders die Zigeuner«, die er »schwarze Juden« nannte.

Weber, Kurt. SS-Unterscharführer.
* 7.9.1912 Bremen. † Vermißt. – Primo Levi zum beginnenden Winter 1944/45: »Als wir die ersten Schneeflocken fallen sahen, dachten wir: Hätte man uns voriges Jahr um diese Zeit gesagt, daß wir noch einen Winter im Lager erleben würden, wären wir gegangen und hätten an den elektrischen Sperrdraht gefaßt; und auch jetzt würden wir hingehen, handelten wir logisch und wäre da nicht dieses widersinnige, verrückte Überbleibsel von uneingestandener Hoffnung.«

Weber, Rudolf. SS-Schütze.
* 10.9.1916 Radautz. September 1941 bis Mai 1942 in Auschwitz. SS-Totenkopf-Sturmbann. Am 9.3.1946 in Krakau zu 18 Monaten Haft verurteilt. Wohnsitz in Baden-Württemberg.

Weber, Walter. SS-Unterscharführer.
* 11.10.1906 Hagen/Westfalen. Am 4.12.1941 vom Kommandanturstab, Abteilung III – Schutzhaftlager – »zum SS-T-Sturmbann zurückkommandiert« (KB Nr. 33/41). Verbleib unbekannt.

Wedekämper, Ernst. SS-Unterscharführer.
* 6.4.1924 Jever. † Seit März 1945 vermißt. – In einem dem Häftling Langfus zugeschriebenen Bericht heißt es über das Verbrennen der Leichen eines Transports, darunter seine Frau und sein Kind: »Sie brannten, bis sie ganz zu Asche geworden waren. Vom ganzen Transport blieb nur ein kleiner Haufen verbrannter Knochen, den man zur Seite warf.« Q.: Handschriften.

Wedekind, Edmund. Zentral-Bauleitung.
* 16.10.1908 Kattowitz. SS-Sturmmann. Nach 1945 in Radenthein-Unterweng in Österreich.

Wegener, Fritz. Zentral-Bauleitung.
* 24.6.1906 Berlin. SS-Oberscharführer. Nach 1945 in Zwingenberg b. Darmstadt.

Wegner, Kuno. SS-Rottenführer.
* 5.3.1912 Deutschrudern/Ostpreußen. Von September 1941 bis 15.9.1944 in Auschwitz. Wachposten. Am 9.3.1946 in

Krakau zu 8 Jahren Haft verurteilt. † 10.8.1949 in Haft.

Wein, Paul. SS-Rottenführer.

* 5.7.1908 Braunsberg. SS-Totenkopf-Sturmbann. Am 26.4.1948 in Krakau zu 3 Jahren Haft verurteilt. Wohnsitz in Bonn.

Weingartner, Peter. SS-Unterscharführer.

* 4.6.1913 Putinci/heutiges Serbien. Zunächst in der jugoslawischen Armee. Oktober 1942 SS. SS-Totenkopf-Sturmbann, Kommandanturstab Birkenau, Blockführer. Todesurteil britisches Militärgericht November 1945 im Belsen-Prozeß in Lüneburg. † Hinrichtung 13.12.1945 Hameln.

Weis, Jan. Häftling Nr. 29062.

* Etwa 1917. Deportiert aus der Slowakei. 1942 bis 1944 in Auschwitz. Im Leichenträgerkommando. Nach 1945 Angestellter in Preßburg (Bratislava). Weis im Auschwitz-Prozeß über die Ermordung seines Vaters am 29.9.1942 mittels Spritzen durch SDG Klehr (Auszug): »Auf einmal öffnen sich die Türen, und mein Vater kam herein. Mit noch einem. Klehr sprach zu den beiden, meinem Vater und dem Mithäftling, der mit ihm gebracht wurde: ›Setzen Sie sich! Sie kriegen eine Spritze, damit Sie keinen Typhus bekommen.‹ Ich begann zu weinen. Er gab dem Vater die Spritze, und ich trug ihn, meinen Vater, fort. Und eine Woche später sagte er mir, warum ich ihm das nicht gesagt habe, er hätte dann den Vater nicht getötet. Ich hatte damals Angst, es ihm zu sagen. Weil es ja durchaus möglich war, daß er sagte: ›Setz dich daneben.‹« Q.: APr.

Weise, Gottfried. SS-Unterscharführer, wegen Büchsenschießens auf Häftlingsköpfe genannt *Tell von Auschwitz*.

* 11.3.1921 Waldenburg/Sachsen. Standortverwaltung, Abteilung Gefangenen-Eigentums-Verwaltung (Vertreter der GEV waren bei Transportankünften immer auf der Rampe). Nach 1945 Bauführer in Solingen. 1988 in Wuppertal zu lebenslanger Haft verurteilt, aber auf freiem Fuß. 1989, nach Erhalt des Revisionsurteils, Flucht in die Schweiz. 1991 in seiner »Dokumentation« *Der Fall Weise* (Türmer-Verlag): »Hier fleht kein Mörder um Gnade … hier schreit ein Opa um das Recht zur Wahrheit.« 1997 Haftverschonung.

Weislav, Franz. Zentral-Bauleitung.

* 30.1.1908 Wien. SS-Unterscharführer. Von 1940 bis Januar 1943 Verwaltung ZBL. Nach 1945 in Wien.

Weiss, Berta. Häftling Nr. 42689, Politische Abteilung (PA).

* 7.5.1899 Wien. 1938 mit ihrem Mann Flucht vor den Nazis nach Belgien. Ende 1942 in Brüssel verhaftet, interniert im Lager Malines (Mechelen). Ankunft Auschwitz am 22.4.1943, von 1400 Menschen werden 879 sofort in der Gaskammer erstickt. Drei Monate Versuchsobjekt Claubergs für Sterilisierungsversuche (Weiss gibt in ihrem Selbstporträt bei Shelley irrtümlich an, Clauberg habe versucht, »durch Injektionen in die Gebärmutter künstlich befruchtete Kinder zu erzeugen«). April 1943 Häftlingsschreiberin der PA. Weiss am 23.11.1945 auf der Polizeidirektion Wien: »Die Häftlinge wurden gefesselt, und die Mindeststrafe war, daß sie die üblichen ›25‹ [Schläge] bekamen. Wenn sie noch nicht sprachen, wurden sie auf die Schaukel geschnallt, wo sie von zwei SS-Männern so lange geschlagen wurden, bis sie sprachen oder bis sie tot heruntergenommen werden mußten.« 1947 mit ihrem überlebenden Ehemann Ausreise nach Caracas in Venezuela. Weiss: »Wir wollten nicht mehr in Wien leben. Wir blieben dort für acht Jahre und führten ein Hotel. Dann bekam mein Mann einen Herzinfarkt und entschied, gegen meinen Willen, nach Wien zurückzukehren.« Aussage: AV, Bl. 15664 ff.

Weiß, Enna (Schreibweise ungewiß). Assistentin Mengeles.

* Unbekannt. Slowenische Häftlingsärztin. Laut Aussage Anna Stefanska wurde

ihre Mutter in Auschwitz vergast (MV, Bd. 11). Hautval (Medizin): »Fast alle SS-Ärzte waren nacheinander in Enna verliebt. Sie ist Jüdin, war eine der Ersten im Lager. Sie ist Chefärztin des Frauenlagers, und es ist gut, daß eine Person wie sie als Mittlerin zwischen SS und den Gefangenen fungiert; eigenständige Charaktere würden diese Rolle, die ein hohes Maß an Diplomatie erfordert, nicht einmal 24 Stunden aushalten. Ich verstehe ihren Erfolg, weil sie wirklich sehr schön ist. Sie leidet bestimmt während der Selektionen; sicherlich hat die Liebe, die die SS-Ärzte für sie empfinden, dazu beigetragen, Opfer zu retten. Sie genießt auch eine hohe Popularität bei den Gefangenen. Aber von Beginn an ist sie ganz besessen von der Vorstellung eines gewaltsamen Todes, den sie erwartet. Alle ihre Freundinnen, eine nach der anderen, mußten in ihrer Anwesenheit in den ›Lastwagen‹ steigen. Einer ihrer Bewunderer von der SS hat ihr eines Tages erklärt, daß er es nicht ertragen würde mitanzusehen, wie sie zur Gaskammer geführt wird: Wenn der Moment gekommen sei, würde er es vorziehen, sie zu töten. Ein schwacher Trost!« Häftling Jiri Beranovsky, Installateur (AV, Bl. 5268): »1943 wandte sich an mich eine slowakische Ärztin namens Ena Weiss mit der Bitte, ihr gynäkologische Instrumente zu besorgen, welche sie zur Herbeiführung von Fehlgeburten bei Frauen brauchte, die schwanger waren. Die Sache verhielt sich nämlich so, daß, wenn eine Frau schwanger war und dann ein Kind hatte, wurde ihr und dem Kinde eine Phenol-Injektion verabreicht, und auf diese Weise wurden beide getötet. Dem wollte die genannte Ärztin vorbeugen.« Die Gefangene Maria Wolff (Nr. 53894) berichtet, Ena Weiß habe sie bei einer Selektion versteckt (MV, Bd. 10). Häftlingsfrau Hani Weisz (MV, Bd. 9): »Ena Weiss hatte es verstanden, mich bei drei Gelegenheiten davor zu bewahren, von Mengele selektiert zu werden. Ich war das, was man in der Lagersprache Muselmann nennt. Ich muß ihr immer dankbar sein.« Ella Lingens (Erinnerungen): »Es gab kaum jemanden im Lager, der so vielen das Leben gerettet hat, wie Enna Weiß.« Laut Häftlingsarzt Hermann Süsskind, Nr. 85616, Wohnsitz in Australien (MV, Bd. 27).

Weiss, Josef. *Jüdisches Sonderkommando*, Nr. 29054.

* 8.10.1923 Trencin / Slowakei. Ankunft Auschwitz am 13.4.1942 aus der Slowakei (1077 Juden). Weiss: »Am nächsten Morgen wurde unsere ganze Gruppe aus der Slowakei in das 3 km entfernte Lager Birkenau im Laufschritt getrieben. Während des Laufmarschs, in Holzschuhen, wurden mehrere Personen unserer Gruppe, die der Kolonne nicht schnell genug folgen konnten, durch SS-Wachmannschaften niedergeschossen.« Weiss über Birkenau zu dieser Zeit: »Es waren dort nur einige hundert russische Kriegsgefangene, deren Zustand so schlecht war, daß sie aus eigener Kraft nicht mehr gehen konnten, sondern auf allen vieren herumkrochen. Wir sahen auch viele Leichen von russischen Kriegsgefangenen auf den Lagerstraßen herumliegen. Das Lager befand sich eigentlich erst im Aufbaustadium.« Etwa Mai 1942 für drei Wochen im Kommando von Bunker I und II: »[Es] wurde befohlen, die Leichen aus den Gruben auszuheben, auf große Haufen zu schichten, mit Petroleum zu begießen und zu verbrennen.« Taxifahrer in Israel. Q.: AV, Bl. 18669 ff.

Weiss, Josef. SS-Oberscharführer.

* 24.9.1898 Nassiedel, Kreis Leobschütz. Postenführer (Bewachung Häftlingskommandos) am Bahnhof Auschwitz. Später im Außenlager Neu-Dachs. Nach 1945 in Kierspe.

Weiss, Katalin. *Mengele-Zwilling*, Nr. A-8271.

* 11.9.1924. Ankunft Auschwitz mit Eltern, Zwillingsschwester und älterer

Schwester am 27.6.1944 aus Ungarn. Weiss: »Wir trafen bei Tage in Birkenau ein. Als wir die Waggons verließen, bemerkte einer der auf der Rampe anwesenden Häftlinge die Ähnlichkeit zwischen meiner Zwillingsschwester und mir und holte uns aus der Masse der herantransportierten Häftlinge heraus. Wir wurden zur Gruppe von anderen Zwillingspaaren geführt und konnten dabei beobachten, wie meine Mutter mit zum Teil invaliden Personen in eine andere Richtung weggeführt wurde.« Weiss zu den Untersuchungen: »Wir wurden im entkleideten Zustand fotografiert, und zwar mit großer Gründlichkeit. Es wurden alle Körperteile einzeln aufgenommen. Es wurden dort auch Messungen vorgenommen.« Januar 1945 nach Ravensbrück und danach ins Lager Malchow deportiert, wo ihre Zwillingsschwester stirbt. Verheiratet in Israel. Q.: MV, Bd. 23.

Weisshäupl, Johann. SS-Oberscharführer.
* 5.3.1907 Königl. Weinberge bei Prag. Vom 20.1.1941 bis zum Ende in Auschwitz. SS-Totenkopf-Sturmbann. † 11.2.1980 Wien.

Weisskopf, Rudolf (Nachname nach 1945: Vítek). Häftlingsarzt, Nr. 71261.
* 2.3.1895 Pilsen. Ankunft Auschwitz am 28.10.1942 mit dem ersten RSHA-Transport aus der Tschechoslowakei: 1866 Personen aus dem Ghetto Theresienstadt, von denen 1619 sofort in den Gaskammern ermordet werden. Vitek am 10. Juli 1964 in einem Brief an den Frankfurter Generalstaatsanwalt Fritz Bauer (MV, Bd. 27): »Die Hölle von Auschwitz habe ich mit zwei Söhnen bis zur Neige ausgekostet, meine Gattin und meine Tochter kamen ins Gas. Vorerst war ich im Hauptlager, dann Buna, wieder Hauptlager, mehr als zwei Jahre im Zigeunerlager, bei Mengele als Häftlingsarzt, dann wieder Hauptlager. Daß ich mich nicht als Zeuge gemeldet habe, hatte seinen Grund: Im Lager sah ich immer nur kleine Ausschnitte und hatte daher einen engen Horizont, meine Begegnungen mit der SS waren stets nur auf einzelne Exemplare beschränkt. Und ob mich dieser oder jener SS-Mann ›eigenhändig‹ mißhandelte, ist als lächerliches Detail für den [Frankfurter Auschwitz-] Prozeß völlig nebensächlich.« Vitek über die Häftlinge: »Ich sah Mithäftlinge, die an Grausamkeit und sadistischen Regungen jeden SS-Mann übertrafen, ich sah hochgebildete Kameraden, die alles an Bildung, Erziehung und Charakter sowie die eigene Selbstkontrolle, die ihnen die menschliche Gesellschaft für das *Leben* gegeben hatte, angesichts des Massentodes abgeworfen hatten und nur das rein Animalische, Tierische, den allerprimitivsten Selbsterhaltungstrieb beibehalten hatten und dem noch schwächeren, noch elenderen Mithäftling wie Hyänen den letzten winzigen Bissen Brot vom Munde raubten ... [im Original] ich sah aber auch und bewunderte sie, andere Mithäftlinge, die trotz Qualen und peinigendem, nicht fortzudenkendem Hunger fest und aufrecht blieben und dadurch stark waren, die trotz eigenem Leid und Qualen noch anderen helfen konnten und halfen, weil sie *Menschen* geblieben waren.«

Weisz, Hani (Mädchenname).
Mutter von Zwillingen, Nr. A-7043.
* 29.8.1908 Maramarossziget / Rumänien. Ankunft Auschwitz um Pfingsten 1944 mit Ehemann (ermordet) und drei Kindern, darunter die einjährigen Zwillinge Hedi und José, geboren am 15.5.1943. Weisz über eine Lagerselektion Mengeles: »Diese Selektionen waren eine derart grausame Veranstaltung, daß ich mich heute außerstande sehe, ungeachtet des zeitlichen Abstandes von 28 Jahren, sie dem Gericht zu beschreiben. Das Schreien der kranken Frauen klingt mir heute noch in den Ohren. Man muß sich vergegenwärtigen, daß es zum Teil bild-

hübsche Mädchen waren, denen die Selektionen bevorstanden und in ihrer Verzweiflung schrien, daß sie noch weiterleben wollten.« Ihre Zwillinge werden Opfer von Mengeles Versuchen, Weisz: »Am 4. Juli 1944 wurde auf Anweisung Mengeles in seiner Gegenwart meinem Sohn José Blut entnommen. Entweder am selben oder am darauffolgenden Tag verstarb daraufhin mein Sohn José. 11 Tage später verstarb auf die gleiche Weise meine Tochter. Mein Sohn José verstarb auf meinen Händen. Meine Tochter starb auf einem anderen Block.« Der zunächst überlebende Sohn Otto stirbt wenige Tage nach der Befreiung, am 9.2.1945 an Leberentzündung. Q.: MV, Bd. 9.

Welzel, Andreas. SS-Oberscharführer.
* 10.11.1909 Asch. SS-Totenkopf-Sturmbann. Kommandantur, Abteilung III (Schutzhaftlager). Wohnsitz Frankfurt am Main. – Funktionshäftling Kielar zu den Transporten 1944 aus Ungarn (Auszug): »Es gab Konserven, Obst, Schuhe, Kleidung, schöne Wäsche, Daunendekken, Slivovitz ... na und ... Schmuck. ›Kanada!‹ Es machte gar nichts aus, daß die Krematorien rauchten, daß in den mit Vergasten gefüllten Gräben menschliches Fett im Feuer brutzelte. Das Lager atmete auf, weil die mit den Transporten beschäftigten betrunkenen SS-Männer nicht viel Interesse für die im Lager Lebenden zeigten. Sie suchten nach Gold und stopften sich damit die Taschen. Die Arbeiter und Häftlinge von ›Kanada‹ taten das gleiche. Sie brauchten diese Schmuckstücke, um sich das Leben im Lager zu erleichtern.«

Wende, Paul. SS-Unterscharführer.
* 14.2.1900. SS-Totenkopf-Sturmbann, Monowitz, Außenlager Gleiwitz I, Reichsbahnausbesserungswerk. Verbleib unbekannt. Irena Strzelecka über Gleiwitz I (HvA 14): »Nach Arbeitsschluß wurden die Häftlinge gezählt, und wenn der Zahlenstand nicht stimmte, suchte man die fehlenden Häftlinge. Zeigte es sich, daß die Gesuchten an ihren Arbeitsplätzen eingeschlafen waren (z.B. in den Waggons), so wurden sie von den SS-Männern wegen Fluchtversuchs angeklagt und auf dem Rückweg ins Nebenlager oder auf dem Gebiet desselben getötet.«

Wendel, Jakob. SS-Sturmmann.
* 1.8.1923 Beszka bzw. Beska/heutiges Serbien. Ab Oktober 1942 in Auschwitz. SS-Totenkopf-Sturmbann, Wachposten, Außenlager Kobier. Am 9.3.1946 in Krakau zu 5 Jahren Haft verurteilt. Nach 1945 in Baden-Württemberg.

Wenig, Josef. SS-Rottenführer.
* 16.12.1908. April 1943 *Kriegsverdienstkreuz II. Klasse mit Schwertern* (das KVK für KZ-Angehörige läßt Beteiligung an Tötungen vermuten). Verbleib unbekannt. – SS-Richter Konrad Morgen im Auschwitz-Prozeß über seinen Besuch im Lager: »Als schwarzen Witz erzählte mir mein Begleiter, daß, wenn man keine Zeit habe oder kein Arzt da sei, zu viele Ankömmlinge da seien, daß man dann den Ankömmlingen sagte, in höflichen Worten, das Lager wäre doch einige Kilometer entfernt, und wer sich zu krank oder zu schwach [fühle] oder wem das Gehen zu unbequem sei, der könne auch hier von der Fahrgelegenheit, die das Lager bereitgestellt habe, Gebrauch machen. Darauf setzte dann ein Massenansturm auf die Fahrzeuge ein. Und nur diejenigen, die nicht mitkamen, die konnten dann in das Lager marschieren, während die anderen unbewußt den Tod gewählt hatten.«

Weniger, Gertrud, geb. Mühlan. KZ-Wärterin.
* 29.12.1920 Schönau/Schlesien. SS-Aufseherin im Frauenkonzentrationslager Birkenau. Häftlingsdolmetscherin Kagan (AV, Bl. 3159): »Sie war seit 1942 Aufseherin im Stabsgebäude und schickte die dort arbeitenden Häftlingsfrauen bei der kleinsten Erkrankung nach Birkenau zur Vergasung.« † Gilt als vermißt.

Wenzel, Erich. SS-Schütze.
* 3.6.1928 (!) Ratzersdorf, heute Raca bzw. Bratislava/Slowakei. SS-Totenkopf-Sturmbann. 1948 in Krakau zu 2 Jahren Haft verurteilt (LaV). Am 10.10.1958 nach Kanada ausgewandert.

Wenzel, Kurt. SS-Obersturmführer.
* 16.10.1911 Rieder am Harz. Ab 5.9. 1940 in Auschwitz. SS-Totenkopf-Sturmbann. Kommandanturbefehl Nr. 9/41: Mit Wirkung vom 9.5.1941 Stabsscharführer (Spieß) der 2. Wachkompanie. Nach 1945 in Düsseldorf.

Werchan, Karl. SS-Unterscharführer.
* 12.2.1908 Dirschau/Polen, Sohn eines Malermeisters. Kaufmännische Lehre. Frühsommer 1944 vom Truppenwirtschaftslager Kiew zur *Zentralstelle SS und Polizei zur Bekämpfung tierischer Schädlinge* in Auschwitz kommandiert. Behauptung Werchan: »Das Mittel ›Zyklon‹ oder ›Zyklon B‹ ist mir damals nicht bekannt gewesen.« Berufsangabe: Kaufmann. Q.: AV, Bl. 8166ff.

Wesinger, Valentin. SS-Schütze.
* 8.4.1909 Prestovác/heutiges Serbien. Am 9.3.1946 in Krakau zu 4 Jahren Haft verurteilt.

Wessenhöfner, Anton. SS-Schütze.
* 23.6.1914 Semeljci, Kreis Djacovo. SS-Totenkopf-Sturmbann, auch in Monowitz und Jawischowitz. Koch, d.h. Überwachung der Häftlingsköche, im Außenlager Gleiwitz. Verbleib unbekannt. – Gleiwitz-Häftling Coen Rood zur Ernährung: »Den ganzen Tag denken wir an Essen, an Mengen von Nahrung. Träume von Essen beherrschen unsere Gedanken.« Rood über den Mithäftling Sanders: »Eines Tags wird er beim Kaninchenstall erwischt, wie er Salatblätter stiehlt. Er wird halb tot geschlagen [und stirbt].«

Westfeld, Erika. KZ-Wärterin.
* 16.5.1923 Bahrdorf. SS-Aufseherin in der »Sauna« im Lagerabschnitt BIIb. Verbleib unbekannt. Simone Veil über ihre Ankunft und den Aufenthalt in der Sauna (Auszug): »Es gab Mütter, die sich in ihrer Blöße zum ersten Mal in ihrem Leben den Blicken ihrer Töchter ausgesetzt sahen. Vor allem der Voyeurismus der Kapos war unerträglich. Wir wurden taxiert wie Sklavinnen. Ich war Frischfleisch. Seitdem ertrage ich körperliche Freizügigkeit nur noch bis zu einem gewissen Grad.«

Westphal, Erich. SS-Oberscharführer.
* 2.2.1912 Trittau. Von 1942 bis 1944 in Auschwitz. Kommando Landwirtschaft. Nach 1945 auf einem Gut in Schleswig-Holstein.

Westphal, Helmut. Politische Abteilung (PA), Lager-Gestapo.
* 6.11.1909 Bromberg. SS-Hauptscharführer. Vertreter des Leiters der PA (StAu I). † 19.7.1979 Goslar. Westphal reichte am 18.12.1943 gegen den fast verhungerten Häftling Haim Kalwo aus dem Außenlager Neu-Dachs eine Strafmeldung ein, »weil er sich einen Goldzahn ausziehen ließ und dafür nacheinander zusammen 8 kg eingeschmuggeltes Brot erhielt. Er ist geständig, diese Unregelmäßigkeiten begangen zu haben.«

Westrich, Philipp. SS-Unterscharführer.
* 20.8.1892 Pirmasens. Kompanieführer. Am 9.3.1946 in Krakau zu 5 Jahren Haft verurteilt. † 21.1.1969 am Geburtsort.

Wetzler, Alfred (Weczler). Häftling Nr. 29162.
* 10.5.1918 Tyrnau. Ankunft Auschwitz am 13.4.1942 aus der Slowakei. Wetzler (AV, Bl. 18594ff.): »Im Lager Birkenau befand ich mich im Abschnitt BIb in der Baracke 7, die als Krankenbau (Isolierstation) bezeichnet wurde. Diese Baracke war von einer hohen Mauer umzäunt, sie diente niemals zur Heilung noch zur Erholung der Häftlinge, sie war bloß die Sammelstelle arbeitsunfähiger Häftlinge, vor ihrer Ermordung in den Gaskammern. In dieser Baracke war ich

Schreiber, ›Pfleger‹ und Leichenträger.« Am 7.4.1944 mit Vrba Flucht in die Slowakei und am 27.4.1944 Autor eines Berichts über Auschwitz, den Alliierten ab Juni 1944 bekannt. 1945 Zeitungsredakteur in Bratislava. Veröffentlichung des Vrba / Wetzler-Berichts und der Berichte von Mordowicz und Rosin unter seinem Partisanennamen Jozko Lanik. Titel der Broschüre: *Auschwitz, das Grab von vier Millionen Menschen* (alle Täternamen anonymisiert!). Infolge antisemitischer Säuberungsaktionen in seinem Land weitgehend zum Verstummen gebracht. Q.: Dagi Knellessen und Werner Renz im Nachwort zu Vrbas Erinnerungen.

Weymann, Hans. Jagdschutzbeauftragter.
* 18.6.1892 Berlin. Kaufmann. 1931 NSDAP (Nr. 830391), 1932 SS (Nr. 57002), Hauptsturmführer. Ab 1942 in Auschwitz, Kompanieführer der 3. SS-Wachkompanie. Kommandanturbefehl (KB) vom 13.10.1942: »Mit sofortiger Wirkung wird der SS-Hauptsturmführer Weymann für die Dauer der Erkrankung des SS-Hauptsturmführers Mulka mit der Führung der Geschäfte des Adjutanten beauftragt.« Bereits November ersetzt. Jagdschutzbeauftragter laut KB Nr. 8 / 42 ab April 1942. Verbleib unbekannt.

Wiebeck, Gerhard. SS-Obersturmführer (1945).
* 25.12.1907 Berlin. SS-Nr. 314111. NSDAP-Nr. 833191. Staatspolizei Kassel, Trier und Posen. 1943 SS-Richter, November 1943 bis Februar 1944 am SS- und Polizeigericht Breslau und Kattowitz (Richter sind zum Richteramt befähigte SS-Offiziere). Anfang 1944 Angehöriger der Untersuchungskommission Konrad Morgens wegen Korruptionsfällen in den Konzentrationslagern. Wiebeck (AV, Bl. 4747 ff.): »Ich bin mehrfach in Auschwitz gewesen, auch in Birkenau. Wir haben festgestellt, daß in Auschwitz tatsächlich vergast wurde. Es war meiner Erinnerung nach Dr. Drescher [später korrigiert: Dr. Morgen], der mich durch eine Vergasungsanlage, die wie ein Duschraum eingerichtet war, führte. Ich habe auch die Verbrennungsöfen gesehen, die in demselben Gebäude untergebracht waren. Die Öfen waren damals nicht in Betrieb. Zu dieser Zeit wurden Leichen im Freien verbrannt.« Nach 1945 Rechtsanwalt. Am 1.10.1964 als Zeuge im Auschwitz-Prozeß. Frage des Staatsanwalts: »Haben Sie die Zuständigkeit derer untersucht, die für die Vergasung verantwortlich waren?« Antwort: »Damals interessierte uns das nicht. Es handelte sich dabei um justizfreie Hoheitsakte.«

Wiechmann, Heinz. Zentral-Bauleitung.
* 1.10.1912. SS-Hauptscharführer. Aufsicht über sämtliche Häftlingswerkstätten der ZBL. Verbleib unbekannt.

Wieczorek, Gustav. SS-Rottenführer.
* 2.9.1919 Gramsdorf, Kreis Obornig. SS-Totenkopf-Sturmbann. 1948 in Krakau zu 10 Jahren Haft verurteilt (LaV). Vom AG Uelzen 1951 für tot erklärt. – Häftling Josef Glück, Ankunft Auschwitz Juni 1944 (AV, Bl. 10285): »Meine Ehefrau und meine beiden Kinder im Alter von damals 2 Jahren – es handelte sich um Zwillinge – befanden sich mit mir in einem Waggon. Auch meine Mutter wurde gemeinsam mit uns deportiert. Sie war damals 70 Jahre alt. Schließlich war auch meine Schwester mit 2 Kindern im Alter von damals 10 und 6 Jahren dabei. Der Ehemann meiner Schwester war im Zeitpunkt der Deportation bereits als Zwangsarbeiter in der UdSSR verstorben. Er war von den Deutschen dorthin verbracht worden. Ferner wurde noch mit mir deportiert meine Schwägerin und meine damalige Schwiegermutter. Von all den aufgezählten Personen bin ich der einzige, der aus dem Konzentrationslager Auschwitz wieder herausgekommen ist.«

Wieczorek, Josef. Politische Abteilung (PA), Lager-Gestapo.
* 18.3.1897 Eichenau. Grubenarbeiter. SS-Oberscharführer. Zunächst PA im Stammlager, dann Nachfolger Tautes als Leiter der PA Monowitz. September 1942 *Kriegsverdienstkreuz II. Klasse mit Schwertern* (das KVK für KZ-Angehörige läßt Beteiligung an Tötungen vermuten). Laut Unikower nach 1945 Freispruch in Lodz, Wohnsitz in Polen.

Wiedemann, Xaver. SS-Sanitätsdienstgrad (SDG).
* 21.6.1908 Dillingen. Schuster. 1939 SS, Rottenführer (1944). In Auschwitz vom 31.3.1941 bis zum 26.6.1944. SS-Totenkopf-Sturmbann, danach beim SS-Standortarzt. Oktober 1943 SDG im Außenlager (AL) Janinagrube, November 1943 im AL Fürstengrube. Dezember 1943 im Stammlager. Zuletzt in Dachau. Am 19.3.1948 in Krakau zu 8 Jahren Haft verurteilt. † 6.11.1950 Gerichtsgefängnis Breslau.

Wiegand, Konrad. Leiter der Fahrbereitschaft.
* 28.10.1910 Niederurff. NSDAP-Nr. 2560585, SS-Nr. 52809, Untersturmführer (1944). KZ-Kollege Pfauth: »Wiegand mußte dafür sorgen, daß die Lkw-Fahrer mit ihren Fahrzeugen rechtzeitig auf die Rampe kamen.« September 1942 *Kriegsverdienstkreuz II. Klasse mit Schwertern.* † 5.11.1951 Essen. – Ella Lingens (Erinnerungen) über Transporte im August 1943: »Da sah ich, wie ein offener Lastwagen nach dem anderen, zum Bersten voll geladen mit Frauen und Kindern, vom Bahnhof her auf das Lager zukam. Ich hätte schreien wollen, hinausstürzen, den Männern, die das taten, an die Gurgel fahren, mich vor die Räder werfen – und stand doch nur unbeweglich und hilflos in dieser strahlenden Sommernacht und murmelte vor mich hin: ›Wie kann das je gesühnt werden?‹«

Wiegert, Max. SS-Unterscharführer.
* 4.3.1909 Lahr, Kreis Offenburg. Sommer 1944 in Auschwitz, Effektenverwaltung (Raubgut). † 3.11.1975 Kippenheim, Kreis Offenburg.

Wiegleb, Richard. SS-Hauptscharführer.
* 22.11.1914 Eilenburg, Kreis Delitzsch. SS-Nr. 276736. Laut Kommandanturbefehl (KB) vom 16.8.1940 vom Kommandanturstab Buchenwald zum Kommandanturstab Auschwitz versetzt: »Verwendung Schutzhaftlager Poststelle«. Standortverwaltung, Leiter der Effektenverwaltung, genannt *Kanada*, laut Vrba »der König von Kanada«. Vrba: »Dann schlug er ruhig und fachmännisch, nicht hektisch und inbrünstig wie seine Helfershelfer, auf den Häftling ein, bis der blutend, zu nichts mehr zu gebrauchen, zusammenbrach.« KB Nr. 25/43: »Besuch von Verwandten ab 26.6.43 auf die Dauer von 14 Tagen«. † Kriegstod 12.3. 1944 an der Ostfront.

Wiemer, Friedrich. SS-Unterscharführer.
* 29.11.1919 Lützeldorf. SS-Totenkopf-Sturmbann, Kommando Landwirtschaft, Geflügelfarm Harmense. Nach 1945 in Nordrhein-Westfalen. – Kielar über Häftlingsfrauen der Geflügelfarm: »Es waren Jüdinnen aus dem holländischen Transport. Die SS-Frauen hetzten Hunde auf sie, und die Kapos mißhandelten die Mädchen, die vor Angst fast von Sinnen waren, mit besonderem Eifer. Dieser traurige Zug kam zwei- oder dreimal täglich zu uns. Jeden Tag waren es weniger, und die, die am Leben blieben, sahen bereits nach einer Woche wie alte verbrauchte Frauen aus, in denen man schwer jene Mädchen vor einigen Tagen erkennen konnte. Noch ein paar Tage vergingen, und sie kamen nicht mehr. Sicher waren sie liquidiert worden, weil sie sich nicht mehr zur Arbeit eigneten.«

Wiemokli, Willy (früher: Wyjmoklyj). *Topf & Söhne.*
* 5.12.1908 Halle/Saale. Kaufmann aus Erfurt. Als »Halbjude« mit seinem jüdi-

schen Vater beim Novemberpogrom 1938 nach Buchenwald verschleppt. Anfang 1939 bei Topf & Söhne, Stellv. Leiter der Betriebsabrechnung und damit Mitwisser der Geschäfte mit SS und Auschwitz. 1944 Zwangsarbeit in einem Arbeitslager bei Suhl. Mutter 1942 infolge der Aufregungen an einem Schlaganfall gestorben. Vater laut Häftlingsnummer (Nr. 119684) am 1.5.1943 in Auschwitz eingetroffen, elf Wochen später im Krematorium von Topf & Söhne eingeäschert. Nach 1945 Mitglied KPD, SED, Stellv. Betriebsratsvorsitzender. Mai 1946 bis Mai 1947 Zwangsverwalter der Firma, ab Juli 1948 Volkseigener Betrieb (VEB). † 1983. Q.: Schüle.

Wier, Julius. SS-Schütze.
* 17.4.1912 Nikinci / Rumänien. SS-Totenkopf-Sturmbann, Kommandantur Monowitz, Kommando Golleschau. † 8.11.1944 bei Ujszasz / Ungarn.

Wiesel, Elie. Häftling Nr. A-7713.
* 30.9.1928 Sighet in Siebenbürgen (Rumänien). Nach tagelanger Fahrt im vernagelten Viehwaggon Ankunft Auschwitz als noch nicht Fünfzehnjähriger am 24.5. 1944 aus Ungarn. Seine Mutter und seine Schwester werden sofort ermordet. Sein Vater überlebt Auschwitz, stirbt aber 1945 an Entkräftung in Buchenwald. Wiesel in seinem Buch *Die Nacht*: »Nie werde ich die kleinen Gesichter der Kinder vergessen, deren Körper vor meinen Augen als Spiralen zum blauen Himmel aufstiegen. Nie werde ich die Flammen vergessen, die meinen Glauben für immer verzehrten. Nie werde ich das nächtliche Schweigen vergessen, das mich in alle Ewigkeit um die Lust am Leben gebracht hat.« Professor für Judaistik in Boston (USA). 1986 Friedensnobelpreis.

Wiesner, Karl, zuvor: Mazura.
SS-Sturmmann.
* 22.7.1922 Altliebitz / Schlesien. SS-Totenkopf-Sturmbann, Kommandanturstab Schutzhaftlager. Nach 1945 in Westfalen.

Wietschorek, Leo. Häftling Nr. 30.
* Nicht ermittelt. Einer von 30 Kriminellen aus dem KZ Sachsenhausen, am 20.5.1940 als Funktionshäftling nach Auschwitz überstellt. Kielar: »Das ist einer der schlimmsten Banditen, ein breitschultriger Riese mit Händen wie Spaten.« Czech: »Er war Lagerältester im Männerlager in Birkenau und wird von den Häftlingen als einer der größten Henker unter den Funktionshäftlingen des Lagers bezeichnet.« Häftling Emil Martini über seine Ankunft am 18.7. 1940: »Während des Transportes ist es zu keinerlei Übergriffen durch die Polizei gekommen. Erst nach unserer Übergabe an die Lager-SS und nachdem die Schutzpolizei abgerückt war, jagte man uns mit Knüppelschlägen auf den Appellplatz. Hier mußten wir uns entkleiden und den ganzen Vormittag ›Sport‹ treiben, d.h. pausenlos Laufschritt, Hüpfen, Rollen usw. Wir waren beim ›Sport‹ alle völlig nackt. Der einzigste Jude unseres Transportes hielt die Quälerei nicht durch und verstarb nach ca. 4 Stunden. Den ›Sport‹ leitete ein krimineller Häftling namens Leo Wietschorek.« † 3.7.1942 an Fleckfieber. Kielar, angesichts der Leiche: »Man muß den Tod achten, auch dann, wenn es sich um den schlimmsten Feind handelt. Ich aber glühte förmlich vor Glück.«

Wigand, Arpad. SS-Oberführer (1938).
* 13.1.1906 Mannheim. 1926 NSDAP (Nr. 30682) und SA, 1930 SS (Nr. 2999), hauptberuflich SS-Führer. September 1939 Inspekteur der Sicherheitspolizei und des SD Breslau. Schlug Auschwitz als Standort vor (Czech). Sommer 1940 bis Mai 1942 SS- und Polizeiführer Warschau. 1950 in Warschau zu 15 Jahren Haft verurteilt, Entlassung Juli 1956. Angestellter der Stadtverwaltung Mannheim. Am 7.12.1981 von LG Hamburg zu 12½ Jahren Haft verurteilt. † 26.7.1983.

Wikan, Emil. Fahrbereitschaft.
* 11.12.1899. SS-Unterscharführer. Verbleib unbekannt. – Häftlingsarzt Wol-

ken: »Im Herbst 1943 wurden vierzehntägig im Frauenlager sog. Selektionen durchgeführt (d. h. Auswahl der arbeitsunfähigen Frauen durch den Lagerarzt) und die so Ausgewählten zu [je] 80 splitternackt auf offenen Lastautos in der Novemberkälte an unserem Lager vorbei zu den Gaskammern geführt. Wir standen zum Appell, durch die elektrisch geladenen Drähte und mit Maschinengewehren bespickten Wachtürme von der Straße getrennt, auf der die Lastautos mit ihrer schreienden, gestikulierenden Fracht vorbeirollten. Einmal sprang von einem der Autos, vor unseren Augen, eine Frau hinunter. Der jedes zweite Auto begleitende Motorradfahrer stoppte seine Maschine, knallte die Frau nieder. SS-Begleitmannschaft des folgenden Autos warf den blutigen Leichnam unter die Lebenden, und die Fahrt ging weiter. Auch im September und Oktober 1944 konnte ich zu wiederholten Malen beobachten, wie man nackte, kranke Frauen aus dem benachbarten Lager BIIb wie leblose Kälber auf Lastautos warf und zum Kamin führte.« Q.: Bericht Wolken v. 18.2.1945, AV, Bl. 7696.

Wildermuth, Arthur. Fahrbereitschaft. * 13.6.1904 Ludwigsburg. Beruf: Gerber. 1940 freiwillig Waffen-SS. SS-Unterscharführer. Ab April 1941 in Auschwitz, zunächst Wachkompanie. Wildermuth über einen Transport 1943: »Die kranken und gebrechlichen Menschen wurden auf die Lastwagen verladen und wurden von uns zu den sog. ›Bunkern‹ gebracht. Die ›Bunker‹ waren umgebaute Bauerngehöfte. Die Leichen wurden in unmittelbarer Nähe der Bunker in Gruben verbrannt. Ich wurde durch den fürchterlichen Gestank angelockt und habe mir dabei die Verbrennung ansehen können.« Standortbefehl Nr. 45/43: »Besuch der Ehefrau vom 15.10.–15.11.43«. Nach 1945 Gerber in seiner alten Firma in Backnang. Q.: AV, Bl. 8901 ff.

Wilhelm, Heinrich. SS-Rottenführer. * 16.6.1898 Langendiebach. SS-Totenkopf-Sturmbann, Standortverwaltung, Abteilung Standortarzt. † 1.9.1968 Hanau.

Wilhelmy, Anton. »Spieß« beim SS-Standortarzt.
* 28.10.1912 Geisenheim im Rheingau. Gärtner. 1937 NSDAP. SS-Hauptscharführer. KZ Sachsenhausen. Sommer 1940 bis zum Ende in Auschwitz. Wilhelmy: »Ich war die ›rechte Hand‹ des Standortarztes für Verwaltungsangelegenheiten. Die Dienststelle des Standortarztes befand sich im 1. Stock eines kasernenähnlichen Gebäudes (sogenanntes Reviergebäude), das neben dem Lager (Stammlager) gegenüber von dem kleinen Krematorium lag. Ich habe auch gelegentlich vom Fenster der Dienststelle des Standortarztes aus gesehen, wie Personen zur Vergasung in das kleine Krematorium hineingeführt wurden und wie das Gas vom Dach aus hineingeworfen wurde.« November 1942 Abteilung Landwirtschaft (eig. Aussage). KZ-Arzt Kremer am 25.10.1942 im Tagebuch: »Radtour über Reisko nach Budy. Wilhelmy von seiner Fahrt nach Kroatien zurück (Zwetschenschnaps).« Nach 1945 staatlich diplomierter Gartenbauinspektor am Geburtsort. Q.: AV, Bl. 13723 ff.

Wilk, Paul. Zentral-Bauleitung. * 13.6.1909 Gleiwitz. SS-Oberscharführer. Zuständig für Rohstoffstelle und Einkauf. Nach 1945 in Duisburg.

Wilks, Martin. SS-Unterscharführer. * 6.7.1916 Draeszen, Kreis Memel. Landwirtssohn. Bankangestellter in Heydekrug/Memelland. Ab Oktober 1941 in Auschwitz, zunächst Wachkompanie. Nach eigener Aussage ab Frühjahr 1942 Rechnungsführer beim SS-Standortarzt. Von KZ-Arzt Kremer als »alter ›Stacheldrahtkämpfer‹ und ›K. Z. Hase‹« bezeichnet. Standortbefehl Nr. 36/43: »Besuch der Ehefrau vom 5.9.–15.9.43«. Wilks: »Den Verbrennungsgeruch der Krematorien in Birkenau konnte man bei entsprechendem Wind bis nach Auschwitz wahrnehmen, und es war dann nicht möglich, ein Fenster aufzumachen, da man den Geruch nicht ertragen konnte.« Von 1945 bis 1960 unter dem Falschnamen *Max Wilke*. Ab 1954 (!) am Landessozialgericht Niedersachsen in Celle. 1960 vom AG Celle wegen falscher Namensführung – § 360 (8) StGB – zu einer Geldstrafe von 100 Mark verurteilt. Q.: AV, Bl. 9139 ff.

Will, Georg. SS-Rottenführer.
* 27.10.1913 Neu Pasua, heute Nova Pazova / Serbien. Ab Winter 1943/44 in Auschwitz, Kommando Jawischowitz. Wohnsitz in Hessen.

Will, Johannes. SS-Rottenführer.
* 22.5.1911 Muchow, Kreis Ludwigslust. SS-Totenkopf-Sturmbann. † 16.12.1942 Reservelazarett Kattowitz.

Wille, Josef. SS-Sturmmann.
* 9.2.1902 Neu St. Anna. Monowitz und Kommando Jawischowitz. † 7.3.1983 Schrozberg, Kreis Schwäbisch Hall.

Willers, Gustav. SS-Unterscharführer.
* 22.11.1905 Mechtshausen. Ab 1940 in Auschwitz. SS-Totenkopf-Sturmbann. Leiter der Politischen Abteilung (Lager-Gestapo) im Außenlager Neu-Dachs (StAu I), November 1944 im Außenlager Fürstengrube (HvA 16). Nach 1945 im Kreis Goslar.

Wimmer, Edmund (Eduard).
SS-Schütze.
* 23.7.1905 Radautz. SS-Totenkopf-Sturmbann. † Kriegstod 1.1.1945 bei Eichingen. – Häftling Kielar über die Ermordung Hunderttausender Juden im Sommer 1944: »Die einzige Spur, die von ihnen blieb, war der widerliche, süßliche, erstickende Rauch, der wie mit einem Trauerschleier Hunderte von niedrigen Baracken bedeckte, in denen mehrere tausend Häftlinge wohnten und, unterjocht von einer Handvoll von bewaffneten und rücksichtslosen Übermenschen [?], darauf warteten, daß sie an die Reihe kamen.«

Windeck, Josef. Funktionshäftling, Nr. 3221.
* 11.10.1903 Rheydt, Sohn eines Maurers, insgesamt 17 Geschwister. Ankunft Auschwitz am 29.8.1940 mit weiteren 99 Häftlingen aus Sachsenhausen. Windeck: »Mit Rücksicht auf die große Kinderzahl herrschten in meinem Elternhaus kärgliche Verhältnisse. Schon während meiner Schulzeit wurde ich von der Mutter angehalten, Kartoffeln zu stehlen. Ich kann heute nicht mehr angeben, wie oft ich bestraft worden bin.« Ab August 1940 Kapo und Lagerkapo im Stammlager (laut Augenzeugen ein »Herrenleben« mit Lederpeitsche und Hund). April 1941 Kapo eines Arbeitskommandos in Monowitz, November 1942 bis März 1943 Lagerältestester in Monowitz. Danach Lagerkapo im Birkenauer Männerlager im Lagerabschnitt BIId. Häftling Wörl: »Ich habe selbst beobachtet, daß er im Sommer oder Herbst 1942 im Häftlingskrankenbau schwerkranke Häftlinge, die dem Lagerarzt vorgeführt werden sollten, mit einem Ochsenziemer zusammengeschlagen hat. Einige seiner Opfer starben infolge der Mißhandlungen an Ort und Stelle.« Häftling Gerhard Dietrich, Monowitz (AV, Bl. 6019): »Er hatte stets eine Reitpeitsche bei sich, mit der er zu Appellen und in den Unterkünften Mithäftlinge wegen kleinster Vergehen zusammenschlug.« 1949 in der UdSSR zu 25 Jahren Arbeitslager verurteilt. Am 18.10.1955 Überstellung ins Lager Friedland. Bauhilfsarbeiter. Windeck: »Wenn wirklich ein Muselmann nach einer Mißhandlung gestorben ist, dann lag es daran, daß er körperlich bereits außerordentlich geschwächt war.« Dov Paisikovic vom *Jüdischen Sonderkommando* wird Oktober 1963 am Ende seiner zweitägigen Aussage nach Namen aus dem Kreis der Angeschuldigten im Auschwitz-Verfahren gefragt: »Am besten«, sagt er, »kann ich mich auf Windeck erinnern.« Er habe ge-

sehen, wie der Lager-Kapo Häftlinge mit einem Knüppel totschlug (»Der Schlag wurde auf die Halsseite geführt, dort, wo etwa die Hauptschlagader verläuft«). Paisikovic: »Ich kann sogar den Namen eines Häftlings nennen, der von Windeck getötet worden ist. Es handelt sich um Mordechai Weißmann, der ebenso wie ich aus der Karpato-Ukraine stammte.« Der Fortgang der Zeugenaussage laut Aussageprotokoll: »Es wurde nunmehr eine Person in das Vernehmungszimmer hereingeführt. Der Zeuge erhält Gelegenheit, diese Person eine Minute lang zu betrachten. Dann wurde der Hereingeführte wieder abgeführt. Nachdem die Person das Vernehmungszimmer wieder verlassen hatte, brach der Zeuge zusammen. Er rutschte von seinem Stuhl unter den Schreibtisch des Vernehmungsrichters und bekam Weinkrämpfe. Dem Dolmetscher und dem Gericht gelang es, den Zeugen wieder aufzurichten und auf den Stuhl zu setzen. Es wurde ein Angehöriger des häuslichen Sanitätsdienstes herbeigerufen, der dem Zeugen eine Beruhigungstablette verabreicht. Nachdem eine Viertelstunde verstrichen, erklärte der Zeuge: Ich möchte, daß die Vernehmung nun abgeschlossen wird.« Danach identifiziert er Windeck. Windeck wird am 14.6.1968 vom LG Frankfurt zu 15 Jahren Haft verurteilt. Aussage Windeck: AV, Bl. 16883 ff.

Winkler, Ernst. SS-Oberscharführer. * 19.7.1898 Breslau. Wachkompanie. Am 26.4.1948 in Krakau zu 3 Jahren Haft verurteilt. † 8.6.1976 Dortmund.

Winsczyk, Alfons. SS-Rottenführer. * 28.7.1899 Blechowka/Oberschlesien. SS-Totenkopf-Sturmbann, Blockführer in Birkenau (Lagerabschnitt BIIe). † 21.10.1942 Reservelazarett Kattowitz.

Winter, Friedrich. Gefangenen-Eigentums-Verwaltung. * 7.7.1907 Frankfurt am Main. SS-Nr. 101652, Unterscharführer. Standortverwaltung, Abteilung GEV, Unterabteilung *Wertsachen* (Vertreter der GEV waren bei Transportankünften immer auf der Rampe). KZ-Kollege Gehri: »Er hat bei einem Heimkehrertreffen in Frankfurt 1957 Grüße für mich hinterlassen.« † 2.8.1979 am Geburtsort.

Winter, Herbert, früher: Wieczorek. SS-Unterscharführer. * 3.9.1919 Tarnowitz. Kommandanturstab Auschwitz, Abteilung Rechnungs- und Unterkunftswesen. Spitzensportler der *Sportgemeinschaft-SS Auschwitz* (Kugelstoßen, Diskus, Speer). Höß im Kommandanturbefehl vom 20.8.1942 über Winters Speerwurferfolge: »Am Sonntag, den 9. August, gelang es Winter, den Gaurekord mit einem Wurf von 50,70 Metern zu überbieten und somit den oberschlesischen Gaumeister um 1,89 Meter zu schlagen.« Ab 27.5.1944 Sachbearbeiter der *Sportgemeinschaft-SS-Auschwitz*. Verbleib unbekannt.

Winter, Ladislaus. SS-Rottenführer. * 27.1.1914 Zimant/Rumänien. SS-Totenkopf-Sturmbann, Postenführer (Bewachung Häftlingskommandos) im Außenlager Jawischowitz. Am 9.3.1946 in Krakau zu 2 Jahren Haft verurteilt. Nach 1945 in Baden-Württemberg.

Wirth, Alexander. SS-Unterscharführer. * 25.12.1919 Istkany/Rumänien. Schüler, ab 1.10.1941 SS. SS-Totenkopf-Sturmbann, Rapportführer (Spieß) im Männerlager Birkenau (Lagerabschnitt BIIb). Name aufgeführt in einer Meldung der Kommandantur vom 8.10. 1942 über SS-Angehörige, die Häftlinge »auf der Flucht« erschossen. Wirth: »Bei Fluchtversuchen von Häftlingen bestand die Anweisung, sofort und ohne Warnung von der Schußwaffe Gebrauch zu machen.« 1944 im Außenlager Gleiwitz I, ein Reichsbahnausbesserungswerk. Irena Strzelecka über Gleiwitz I (HvA 14): »Z.B. erschoß der SS-Mann Alexander Wirth auf dem Rückweg von der Arbeit einen Häftling, weil dieser mit ein paar Minuten Verspätung zum Sammelplatz kam.« Wirths Glaubwürdigkeit dokumentiert seine Aussage über seinen Rampendienst: »Ich höre heute erstmals davon, daß ein Teil der neueingetroffenen Häftlinge sofort zu den Gaskammern gebracht wurde.« Aussage Wirth: AV, Bl. 13173 ff.

Wirth, Bruno. SS-Unterscharführer. * 22.11.1922 Debreczen/Ungarn. SS-Totenkopf-Sturmbann. † Vermißt.

Wirths, Eduard. SS-Standortarzt. * 4.9.1909 Würzburg. Mai 1933 NSDAP (Nr. 3139549), auch SA. 1934 SS (Nr. 311594), Sturmbannführer (1944). 1936 Gesundheitsamt Sonneberg, 1937/38 Assistent der Universitätsfrauenklinik Jena. 1940 Reichsärztekammer (Umsiedlung). Ab 15.8.1941 mit SS-Regiment »K« im Rußlandfeldzug. Ab 22.4.1942 in Dachau, am 14.7.1942 Erster Lagerarzt Neuengamme. Ab 1.9.1942 Standortarzt Auschwitz. Der Standortarzt unterschrieb die Anforderungen von Zyklon B (Burger-Urteil) und organisierte die Selektion der eintreffenden Häftlinge durch SS-Ärzte. Wirths verhalf Kremer zu »lebendfrischem Material« für seine »Hungerforschung« (Abspritzen von Hungerkranken). Horst Schumann, der Menschen mit Röntgenstrahlen verstümmelte: »Durch ihn erhielt ich für meine Versuche alle Hilfe, die ich brauchte, und er gab auch die entsprechenden Anweisungen heraus.« Kaduk im Auschwitz-Prozeß über Selektionen an der Rampe: »Dann hat Dr. Wirths gesagt: ›Kollege, wir brauchen 40 Frauen für den [Versuchs-]Block 10.« Wirths selektierte laut Versuchsopfer Renée Feldmann seine Objekte auch selbst (»Beim Verlassen des Zuges wurden von Dr. Wirtz 75 Frauen in gutem Gesundheitszustand ausgesucht«). Seine Menschenversuche (siehe Artikel Marianne Hauser) zur Erprobung der Kolposkopie, einer Methode zur Erkennung des Gebärmutterkrebses, dienten nur vordergründig einer guten Sache, denn Krebsvorsorge war im Umfeld der Menschenvernichtung nicht angesagt: Bei Einführung des Kolposkops in die Scheide, um Scheidenschleimhaut und einen Teil des Gebärmutterhalses untersuchen zu können, werden am Gebärmutterhals größere Gewebestücke herausgeschnitten. Behauptung Häftlingsarzt Klodzinski: »Bei diesen Versuchen mußte der Häftlingsarzt Dr. Samuel mitwirken. Aus diesem Grund wurde er von Dr. Wirths [später] in die Gaskammer geschickt.« Erklärung Höß v. 14. März 1946 (Nbg. Dok. NO-1210): »Weiterhin hat dieser Arzt auch Versuche [gemacht, um] den Tod von Personen durch Blausäureinjektionen herbeizuführen.« Hautval (Medizin): »Dr. Wirths ist ein sehr widersprüchlicher Typ, manchmal sensibel für alles Menschliche, fähig zu verstehen, manchmal führt er sich als fanatischer Nazi auf, der kaltblütig offensichtliche Verbrechen ausführt.« Am 30.1.1944 *Kriegsverdienstkreuz II. Klasse mit Schwertern.* Johann Paul Kremer am 8.11.1942 im Tagebuch: »Heute Nacht bei 2 Sonderaktionen [1000 Juden aus Zichenau und 773 französische Juden müssen »ins Gas«] teilgenommen. Abends gemütliches Zusammensein im Führerheim, vom nunmehrigen Hstuf. Wirths eingeladen. Es gab bulgarischen Rotwein und kroatischen Zwetschenschnaps.« Aussage Kremer am 18.7.1947 in Krakau: »Bei Vergasungen war immer der SS-Arzt anwesend. Aus der Mitte der Ärzte aus meiner Zeit gedenke ich der Namen der Ärzte Thilo, Kitt, Uhlenbroock, Wirths, Meyer, Entress.« 1945 in Mittelbau-Dora, Bergen-Belsen und Neuengamme. Von den Briten in Neuengamme interniert. Wirths Briefe an seine Frau sind nur als Abschrift und nur in Auszügen (nicht als Kopie oder gar im Original!) in den Akten (AV, Bl. 12034 ff.). In einem Schreiben vom 24.5.1945 beteuert der KZ-Arzt, »daß wir uns mit dem besten Gewissen vor unserem Herrgott und vor den Menschen verantworten können«. Wirths weiter: »Was nur habe ich verbrochen? Ich weiß es wirklich nicht!« In einem Schriftsatz zur eigenen Rechtfertigung verfaßt (AV, Bl. 1429ff.), versichert er, daß er »nie judenfeindlich eingestellt war«. † 20.9.1945 Suizid im Internierungslager Staumühle b. Paderborn. Versuchsobjekt Rosaline de Leon (Nr. 62546): »Wir sahen ihn als einen Unmenschen an.« In Wirths Zeit fällt eine Kinderselektion durch einen unbekannten Arzt im Sommer 1944. Der damals 14jährige Robert Jehoshua Büchler: »Kinder, die schon längere Zeit im Lager zugebracht hatten und bereits mehrere Selektionen überstanden hatten, bettelten um ihr Leben, küßten die Stiefel des Arztes, versuchten ihn zu überzeugen, daß sie gesund und kräftig seien und fähig, jegliche Arbeit zu verrichten. In mein Gedächtnis eingebrannt ist ein Fall von einem Jungen aus Munkac, ungefähr in meinem Alter. Auch er war unter denjenigen, die für die Gaskammer aussortiert worden waren. Er versuchte, mit dem Arzt zu reden, um Gnade zu flehen, zeigte ihm seine Armmuskeln und schrie: ›Ich bin stark, ich kann arbeiten.‹«

Wirths, Helmut. Gynäkologe.
* 5.9.1912. Bruder des Standortarztes. 1943 Städtische Frauenklinik Hamburg-Altona unter Direktor Professor Hans Hinselmann, Begründer der Kolposkopie. Besuch seines Bruders 1943 in Auschwitz, Empfang bei Höß, Besichtigung des kleinen Krematoriums im Stammlager und Besichtigung des Versuchsblocks (Block 10). Nach 1945 Praxis als Frauenarzt. Helmuth Wirths bestreitet in einer Aussage (AV, Bl. 12030ff.) jede eigene Beteiligung an den Kolposkopie-Versuchen: »Die meines Erachtens wenigen Präparate wurden nach Altona an das Labor unserer Klinik geschickt und dort von Dr. Hinselmann untersucht.« Häftlingsärztin Hautval (Medizin): »Der Initiator der Versuche ist nicht Dr. Eduard Wirths, sondern sein Bruder Helmut, der sich Gynäkologe nennt. Ein Germane mit sanften, romantischen grau-blauen Augen. Er stellt Fragen und bittet um meine Meinung über die Sterilisation. Die Gelegenheit ist einzigartig. Ich denke, daß eine direkte Frage eine direkte Antwort verdient. Ich erkläre: ›Ich bin absolut dagegen.‹ Gespielte oder wirkliche Überraschung darüber, daß ein Arzt Gegner einer Selektionsmethode sein kann, die den Erhalt der Rasse sichert.«

Wisliceny, Dieter. Sondereinsatzkommando (SEK) Eichmann in Ungarn (1944).
* 13.1.1911 Regulowken in Ostpreußen. Journalist. 1931 NSDAP (Nr. 672774), 1934 SD (der Sicherheitsdienst war Himmlers Spitzelorganisation) und SS (Nr. 107216), Hauptsturmführer (1944). Ab September 1940 *Berater in Judenfragen* in der Slowakei, 1943/44 in Griechenland, ab März 1944 SEK, Vorbereitung der Judendeportationen nach Auschwitz. Am 12.5.1945 Verhaftung auf einer Alm bei Altaussee im Salzkammergut. † Hinrichtung 27.2.1948 Preßburg/CSSR, heute Bratislava/Slowakei.

Witkowski, Feliks. Politische Abteilung (PA), Lager-Gestapo.
* 14.1.1919 Kaczika/Rumänien. SS-Rottenführer. Im PA-Referat Nachrichtendienst und Überwachung. Nahm an Exekutionen an der *Schwarzen Wand* teil (AV, Bl. 3804). Danach Leiter der PA des Juni 1943 gegründeten Außenlagers Neu-Dachs in Jaworzno. Hängte Häftlinge mit auf dem Rücken gefesselten Händen an einen Pfahl (HvA 12). Verbleib unbekannt.

Wittefeld, Arnold. SS-Oberscharführer.
* 3.6.1912 Hude/Niedersachsen. Kompanierechnungsführer. Am 9.3.1946 in Krakau zu 6 Jahren Haft verurteilt. † 21.1.1952 Jawiszowice.

Wittek, Franz. SS-Unterscharführer.
* 4.9.1905 Groß-Lagiwnik, Kreis Loben. Ab 4.11.1942 in Auschwitz. Kom-

mandanturstab, beim SS-Standortarzt. † 22.6.1972 Hamburg.

Wittjohann, Johann. SS-Unterscharführer.

* 13.6.1898 St. Vit/Westfalen. Ab 24.11.1942 in Auschwitz. Standortverwaltung, Baubetriebsdienststelle, Monowitz. 1948 in Krakau zu 3 Jahren Haft verurteilt (LaV). Nach 1945 in Gütersloh.

Wittke, Karl. SS-Schütze.

* 29.10.1895 Mutzke. Herbst 1944 Kommando Charlottengrube, eine Steinkohlengrube. Am 22.3.1948 in Wadowice zu 18 Monaten Haft verurteilt. – Andrze Strzelecki (HvA 17): »Nach einem erhalten gebliebenen Bericht des Bergrevieramts Rybnik für das Oberbergamt Breslau vom 11.12.1944 verloren im Laufe von zwei Monaten etwa 50 % der im Flöz ›Eleonore‹ der Abteilung I ›Charlottengrube‹ arbeitenden Häftlinge ihre Arbeitsfähigkeit.«

Wloka, Franz. SS-Sanitätsdienstgrad (SDG).

* 8.5.1888 Branitz. Maurer. SS-Oberscharführer (1941). Von 1940 bis 1945 in Auschwitz. SDG im Stammlager und in Monowitz, visitierte die Außenlager Laurahütte, Eintrachthütte und Sosnowitz (II). Lagerältester Wörl (AV, Bl. 5337): »Er war Sanitätsdienstgrad in Monowitz. Von ihm weiß ich aus eigener Wahrnehmung, daß er an Selektionen mitgewirkt hat. Er hat auch große Mengen von Margarine und anderen Lebensmitteln, die für die Häftlinge im Krankenbau bestimmt waren, gestohlen und verschoben.« 1944 Außenlager Fürstengrube, Dezember 1944 AL Bismarckhütte. † 1949 Friedersdorf/Sachsen.

Wöntz, Rudolf. SS-Unterscharführer.

* 2.9.1906 Königsbach, Kreis Pforzheim. SS-Nr. 58587. Standortverwaltung, Technische Abteilung. Kommandanturbefehl Nr. 24/43: »Besuch der Familie v. 20.6.–20.7.43«. Verbleib unbekannt.

Wörl, Ludwig. Häftling Nr. 60363, Lagerältester.

* 28.2.1906 München. Österreichischer Kommunist. Verhaftung am 5.5.1934 in München. Internierung in Dachau, Sanitäter im Häftlingsrevier. Wörl (AV, Bl. 2422): »Ich war insgesamt 11 Jahre ununterbrochen in Konzentrationslagern, zunächst in Dachau, dann in Flossenbürg, dann wieder in Dachau, dann in Auschwitz und zuletzt in Mauthausen.« Ankunft Auschwitz am 20.8.1942 aus Dachau. Lagerältester im Häftlingskrankenbau Monowitz. Bruno Beger, der in Auschwitz Häftlinge für Hirts Sammlung *Fremdrassiger* selektiert hatte, lobt am 9.7.1943 in einem Brief an Sievers *(Ahnenerbe)* vier Häftlinge, die sich bei der Selektion durch »ihr Verhalten besonders bewährten« (Beger-Urteil). Einer von ihnen ist Wörl, der den wahren Zweck des Besuchs des SS-Anthropologen – die Ermordung – natürlich nicht kennt. Vom 28.8. bis 23.11.1943 im Bunker von Block 11 (Czech). 1944 Lagerältester im Stammlager, zuletzt Lagerältester im Außenlager Günthergrube. Langbein (Menschen): »Die SS hatte ihn zum ›Führer‹ gemacht, und er hatte nicht die Kraft, allen Verlockungen zu widerstehen, welche das Führerprinzip denen anbot, die aus der Masse herausgehoben wurden.« Nach 1945 Kaufmann. † 1967.

Wojciechowski, Franz. SS-Sanitätsdienstgrad (SDG).

* 26.3.1911. Zunächst Wachmannschaft, SS-Rottenführer (1942). SDG im Außenlager Golleschau. Ab 5.6.1943 beim SS-Standortarzt (LAP), beteiligt an Rampenselektionen (Aussage Anna Stefanska, MV, Bd. 11). Verbleib unbekannt.

Wokittel, Max. Stellv. Leiter der Fahrbereitschaft.

* 30.3.1899 Breslau. SS-Oberscharführer. KZ-Kollege Lorenz: »Er teilte die Fahrzeuge und Fahrer ein.« Standortbefehl Nr. 43/43: »Besuch der Ehefrau vom

29.9.–3.10.43«. Verbleib unbekannt. – Salmen Lewenthal, Häftling im Gaskammerkommando, zum Antransport aus dem Lager: »Es war Anfang 1944. Es wehte ein kalter, trockener, schneidender Wind. Die Erde war fest gefroren. Vor dem Krematorium III kamen die ersten bis an den Rand mit nackten Frauen und Mädchen beladenen Autos angefahren. Sie standen nicht eng aneinander, wie gewöhnlich, nein: sie standen überhaupt nicht auf den Beinen, sie waren erschöpft und lagen durcheinander. Sie seufzten und stöhnten. Das Auto blieb stehen, die Plandecke wurde hochgehoben, und man begann, die menschliche Masse so herabzuwerfen, wie man Kies auf der Chaussee auslädt. Viele Stunden lang fuhren Autos an, von denen die Menschenmasse heruntergeworfen wurde, und als schließlich schon alle versammelt waren, trieb man sie in den Gasbunker.«

Wolf, Adam. SS-Schütze.
* 10.10.1910. SS-Totenkopf-Sturmbann. Kommandanturbefehl (KB) Nr. 5/43: »Am 10.2.43 ist dem SS-Schützen Adam Wolf, 6. Kompanie, 1 Brieftasche mit folgendem Inhalt abhanden gekommen: 1 Lagerausweis Nr. 216/42/6, 1 Raucherkarte Nr. 417091, 1 Essenskarte, 1 Ausweis (Deutsche Volksgruppe im Unabh. Staat Kroatien), 2 Päckchen Zulassungsmarken, Bargeld RM 49,–.« Verbleib unbekannt. Höß wenig später, am 3.3.1943 im KB: »Es muß zukünftig unterstellt werden, daß der jeweilige Verlierer beabsichtigte, Fluchten von Häftlingen zu begünstigen bzw. muß der Verdacht erwogen werden, daß der Verlierer von Ausweispapieren Letztere gegen Bezahlung an Häftlinge abgegeben hat. Diese Erstellungen [sic] ergeben sich auf Grund in letzter Zeit gemachter Erfahrungen.«

Wolf, Joachim. SS-Rottenführer.
* 23.7.1910 Leipzig. Angestellter. SS Dezember 1935. Kommandanturstab, Rapportführer (Spieß) im Männerlager Birkenau, Blockführer im Lagerabschnitt BIIe. † 30.5.1945 Schwarmstedt.

Wolf, Michael. SS-Rottenführer.
* 13.10.1910 Ruma/Kroatien. Maurer. Ab 4.11.1942 in Auschwitz. März bis August 1943 Wachdienst im Außenlager (AL) Golleschau, danach AL Fürstengrube. Am 22.1.1948 in Krakau zu 6 Jahren Haft verurteilt.

Wolff. SS-Obersturmführer. Dr. med.
* Unbekannt. Laut Nyiszli Chefarzt für Innere Medizin in Auschwitz: »Auch er will seinen Nutzen ziehen aus der blutigen, vom Rauch der Krematorien verseuchten Umgebung des KZ, und zwar durch das Studium Hunderttausender, kaum noch 30 Kilogramm wiegender, an Durchfall Erkrankter und Verstorbener.« Ein Chefarzt Wolff ist allein bei Nyiszli genannt. Langbein, Schreiber bei Standortarzt Wirths, am 10.10.1969 an StA Frankfurt: »Mir ist ein solcher Wolff bisher nicht begegnet.« Anmerkung [E. K.]: Wolff könnte von außerhalb ins Lager gekommen sein.

Wolff, Georg. SS-Rottenführer.
* 16.4.1914 Ruma/Kroatien. SS-Totenkopf-Sturmbann, Kommando Eintrachthütte. Am 9.3.1946 in Krakau zu 5 Jahren Haft verurteilt. † Suizid 11.7.1961 (Standesamt Eberbach).

Wolff, Johann. Zentral-Bauleitung.
* 9.10.1900. SS-Unterscharführer. Bauleitung Industriegelände. Verbleib unbekannt.

Wolff, Karl. Himmlers Koordinator für die Planung des Buna-Werks.
* 13.5.1900 Darmstadt. SS-Obergruppenführer (1942) und General der Waffen-SS. Ab 1936 Chef des Persönlichen Stabs Reichsführer-SS. Nach eigener Aussage wegen »der Errichtung des Bunawerkes« Sommer 1940 Treffen mit Bütefisch und Ambros (I.G. Farben) in Auschwitz. Am 1.3.1941 einer der Begleiter Himmlers bei dessen erstem Auschwitz-Besuch. Carl Krauch, Der *Generalbevollmächtigte für Sonderfragen*

der chemischen Erzeugung beim Beauftragten für den Vierjahresplan, am 4.3. 1941 an I.G. Farben: »Für alle Fragen, die das Werk Auschwitz betreffen, ist der Chef des Persönlichen Stabes des RFSS, SS-Gruppenführer Wolff, zuständig, der als Verbindungsmann zwischen dem RFSS und dem Werk Auschwitz bestimmt ist.« Wolff: »Ich habe dann Direktor Bütefisch mit Pohl zusammengebracht.« September 1943 Höherer SS- und Polizeiführer in Italien. Nach 1945 Verlagsvertreter in Kempfenhausen am Starnberger See. Am 30.9.1964 vom LG München wegen Beihilfe zum Mord in mindestens 300 000 Fällen – Judendeportationen nach Treblinka – zu 15 Jahren Haft verurteilt, 1971 Haftverschonung. † 15.7.1984 Rosenheim. Aussage: AV, Bl. 12096 ff.

Wolff, Wolf-Dietrich. 1942 Geschäftsstellenleiter des SS-*Ahnenerbe* (AE) mit Zeichnungsrecht. SS-Obersturmführer (1943).

* 21.5.1913 Berlin. 1939 SS (Nr. 340565), August 1941 Persönlicher Referent des AE-Chefs Sievers. Wolff setzte Bruno Beger zur Selektion der Juden für Hirts Anthropologische Sammlung *Fremdrassiger* in Marsch, besorgte die Überführung der Opfer von Auschwitz ins KZ Natzweiler und überbrachte Juli 1943 das Gift zu ihrer Ermordung. Die letztlich 86 Juden werden August 1943 in der Gaskammer von Natzweiler erstickt. Nach 1945 Leiter der Datenverarbeitung bei einer Schokoladenfirma in Hannover. Am 6.4.1971 Urteil LG Frankfurt am Main (4 Ks 1/70): Wolff habe den Transport der Juden von Auschwitz nach Natzweiler gelenkt und überwacht und schließlich Ende Juli 1943 das Gift zur Ermordung der Häftlinge zu Hirt nach Straßburg gebracht: »Bei allem wußte er, daß der Aufbau der Skelettsammlung mit der Tötung von Menschen verbunden war. Wolff hat sich somit der Beihilfe zum Mord, begangen in gleichartiger Tateinheit an 86 Personen, schuldig gemacht. Er kann jedoch nicht bestraft werden, da die Strafverfolgung [bei Beihilfe] inzwischen verjährt ist.« Q.: Klee, Medizin.

Wolken, Otto. Häftlingsarzt, Nr. 128828.

* 27.4.1903 Wien. Ankunft Auschwitz Frühjahr 1943. Zunächst im Kommando *Königsgraben* (»diente zur Entwässerung der damals gebauten Latrinen«). Wolken (MV, Bd. 12): »Im Juli 1943 brach in Birkenau eine große Fleckfieberepidemie aus. Um dieser Epidemie wirksam entgegentreten zu können, forderte man damals alle Ärzte auf, sich zu melden.« Arzt und Schreiber der Ambulanz im Männerquarantänelager Birkenau (Lagerabschnitt BIIa). Der Häftlingsarzt blieb nach dem Abzug der SS im Januar 1945 bei den zurückgelassenen kranken Häftlingen. Wolken in seinem Aufsatz *Die Befreiung von Auschwitz-Birkenau* in *Die Auschwitz-Hefte*, Bd. 2: »Am 24. Januar tauchte vormittags wieder eine Gruppe SS-Männer mit dem besonderen Auftrag auf, die übriggebliebenen Juden mitzunehmen. Ich floh in Block 10, in dem Polen waren, wie ich annahm befreundete Ärzte, aber dieser Empfang war enttäuschend für mich. ›Was willst du hier? Hast du nicht gehört, alle Juden sollen antreten?‹ ›Ja natürlich, deshalb komme ich ja zu dir, um mich zu verstecken.‹ Er warf mich aus dem Block mit den Worten: ›Hier ist ein arischer Block. Raus!‹« Praktischer Arzt in Wien.

Wollmann, Jaacov. Häftlingsarzt.

* 13.7.1914 Lodz. Ankunft Auschwitz am 29.4.1942 aus der Slowakei (Czech: von 423 Juden leben am 15.8.1942 nur noch 20). Ab Sommer 1942 »Pfleger« in Block 21 des Stammlagers. Wollmann bleibt nach Abzug der SS Januar 1945 bei den zurückgelassenen kranken Häftlingen. Arzt in Israel. Wollmann zur Problematik der Häftlingspfleger: »Unverkennbar war die Einstellung der Mehrzahl der polnischen Häftlinge die, daß sie der Überzeugung waren, daß die jüdischen

Häftlinge ohnehin keinerlei Überlebenschance hätten und daß es aus diesem Grunde letztlich sinnlos sei, sie angemessen zu verpflegen. Man hörte sozusagen täglich, daß sie sagten, zu den Juden: ›Ihr müßt ja doch sterben.‹« – Primo Levi zitiert einen Häftlingspfleger in Birkenau, der ihn nach der Aufnahme beurteilt: »Du Jude kaputt. Du schnell Krematorium fertig.« Aussage: BV.

Wollny, Karl. SS-Unterscharführer.
* 27.3.1922 Gleiwitz. Vom AG Stadthagen 1963 für tot erklärt. – Häftling Wörl im Auschwitz-Prozeß: »Juden mußten, Polen sollten, Deutsche konnten sterben.«

Wollny, Theodor. SS-Rottenführer.
* 21.11.1892 Pschov, Kreis Rybnik. SS-Totenkopf-Sturmbann. † 13.5.1945 Dambrowa / Polen. KZ-Kollege Baretzki im Auschwitz-Prozeß: »Ich bin oft auf der Rampe gewesen. Da war Selektion, ein Haufen ist rechts und ein Haufen ist links gekommen.«

Wolter, Fritz. Zentral-Bauleitung.
* 15.3.1909. SS-Untersturmführer. Bauingenieur, Sachgebiet Hochbau. 1962–80 (?) in W-Berlin. Lt. Schüle mit Ausstattung der Gaskammern – Entgiftung – befaßt. Verbleib unbekannt.

Woltersdorf, Alfred. SS-Sturmbannführer (1943).
* 26.3.1897 Uelzen. SS-Nr. 272572, NSDAP-Nr. 2312489, SD. Stellvertreter des Gestapochefs von Kattowitz Mildner. Beteiligt an den Standgerichtssitzungen der Gestapo Kattowitz in Block 11. Broad: »Kaum eine Minute nimmt jeder Fall in Anspruch.« Leiter der Gestapoabteilung *Gegnerforschung und Gegnerbekämpfung* (Darstellungen II).

Worgul, Emil. Lagerkapo, Nr. 72019.
* 3.4.1901 Drygallen / Ostpreußen. KPD-Stadtverordneter in Essen. September 1939 Sachsenhausen, August 1941 Ravensbrück, Oktober 1942 Auschwitz. Worgul (BV): »Noch am gleichen Tag meines Eintreffens wurde ich als Blockältester für den Block 9 eingesetzt. Später war ich dann Blockältester von Block 27 und kurze Zeit auch von Block 2. Etwa ab Herbst 1943 wurde ich Lagerkapo. Mir unterstanden sämtliche Kommandos, die für Arbeiten im Lager selbst eingesetzt waren. Diese Tätigkeit übte ich im Lager Monowitz bis zur Evakuierung des Lagers im Januar 1945 aus.« Nach 1945 Trinkhallenbesitzer. – Ruth Klüger zum Verhältnis zwischen politischen und jüdischen Häftlingen: »Die Politischen, die teils selbst aus antisemitischem Milieu kamen, verachteten die Juden, weil sie sich als moralisch höherstehend vorkamen, waren sie doch wegen ihrer Überzeugungen inhaftiert worden, die Juden hingegen wegen nichts und wieder nichts (Politisch aktive Juden wurden im KZ immer noch als Juden behandelt).«

Wormann, Paul. SS-Rottenführer.
* 5.10.1907 Calbe (Saale). Arbeiter. Ab Juli 1941 in Auschwitz, Monowitz. Am 30.3.1948 in Krakau zu 3 Jahren Haft verurteilt, Anrechnung der U-Haft auf die Haftdauer. Laut Urteil (VII K 893 / 47) mißhandelte er Häftlinge »auf sadistische Weise«. – SS-Arzt Horst Fischer: »In dem Zeitraum, in dem ich für Monowitz zuständig war [März 1943 bis September 1944], müssen nach meiner Berechnung etwa 10 000 Häftlinge von Monowitz aus in den Gastod geschickt worden sein. Meinen Berechnungen hat dabei eine Lebenserwartung der in Monowitz eingesetzten Häftlinge von drei Monaten zugrunde gelegen.«

Wosnitza, Erich. Politische Abteilung (PA), Lager-Gestapo.
* 13.10.1909 Hindenburg / Oberschlesien. SS-Untersturmführer und Kriminaloberassistent. Zunächst in Natzweiler. Vertreter des PA-Leiters Grabner. Laut PA-Häftling Bartel trug er stets Zivilkleidung und bearbeitete »politische Sachen«. Museum Auschwitz (StAu III): Erschoß Häftlinge an der *Schwarzen Wand* (dafür gab es als Sonderverpflegung Schnaps und Zigaretten). † 7.11.

1981 Bad Zwischenahn. – Häftlingsärztin Hautval (Medizin): »Diese Erschießungen finden unter unseren Fenstern statt, auf dem Platz zwischen unserem Block und dem Block 11. Verschiedene Male sind SS-Leute gekommen, um unsere Fenster zu inspizieren oder besser die Bretterverschalungen vor den Fenstern, um sich zu vergewissern, daß es keine Ritzen darin gibt. Die Verurteilten werden nackt von zwei Häftlingen herangeführt mit dem Gesicht zur Wand. Drei oder vier nebeneinander. Regelmäßig wird angelegt und geschossen. Ein Vorgesetzter kommt dazu und will an dem ›Spiel‹ teilnehmen. Aber er weiß nicht mit dem Gerät umzugehen. Alle seine Anstrengungen führen zu keinem Ergebnis. Und dieser Mensch wartet … Endlich!«

Wosnitzka, Georg (Wozniczka). *Desinfektor*, SS-Sanitätsdienstgrad (SDG).
* 30. 8. 1911 Kattowitz. SS-Unterscharführer. SS-Totenkopf-Sturmbann. Laut Ontl beim Gaskammerkommando. Museum Auschwitz (StAu III): »Beteiligt an der Tötung von Menschen durch Gas in den Bunkern.« April 1943 *Kriegsverdienstkreuz II. Klasse mit Schwertern*. Nach 1945 in Düsseldorf. – SS-Arzt Kremer (AV, Bl. 9061): »Diese Massenmorde wurden in kleinen, hinter dem Lager Birkenau im Wald gelegenen Hütten durchgeführt. Die SS-Leute nannten diese Hütten in ihrem Jargon ›Bunker‹. Wenn ein Transport von Menschen, die zur Vergasung bestimmt waren, ankam, suchten SS-Offiziere unter den Angekommenen arbeitsfähige Männer und Frauen aus; der Rest, d. h. alte Leute, alle Kinder, Frauen mit Kindern auf dem Arm und andere arbeitsunfähige Personen, wurden auf Lastautos geladen und in die Gaskammern geführt.«

Wotke, Karl. KZ-Arzt.
* 1. 6. 1912 Preßburg (Bratislava). Dr. med. SS-Nr. 306477. Vom 15. 10. 1940 bis 25. 4. 1941 in Auschwitz. Später SS-Sanitätskompanie Nord in Stettin (LaP). † 23. 8. 1969 in Rhodesien.

Woycicki, Alfred. Häftling Nr. 39247, Politische Abteilung (PA).
* 21. 6. 1906 Lemberg. Ankunft Auschwitz am 11. 6. 1942 aus dem Gestapogefängnis Montelupich. Beim Erkennungsdienst der PA. Woycicki 1946 in Krakau (Kaschub-Verfahren): »In der Anfangszeit wurden alle Häftlinge fotografiert, später wurden jüdische Häftlinge nicht mehr fotografiert und in der Schlußphase (1943) wurden nur noch Deutsche fotografiert.« Am 11. 11. 1944 nach Groß-Rosen überstellt. Nach 1945 Literarischer Leiter eines Theaters in Krakau.

Wrla, Karl. SS-Sanitätsdienstgrad (SDG).
* 16. 2. 1909. SS-Rottenführer. März 1943 Wechsel von Mauthausen nach Dachau. September 1944 SDG in Birkenau (LaP). Verbleib unbekannt.

Wunsch, Franz. SS-Unterscharführer.
* 21. 3. 1922 Drasenhofen, Kreis Mistelbach. Österreicher, mit 18 Jahren zur SS. Ab 19. 9. 1942 in Auschwitz, Standortverwaltung, Effektenkammer Birkenau, Kommando *Kanada* (Raubgut). Laut Langbein (Menschen) soll den brutalen Judenhasser ein Verhältnis mit einer slowakischen Jüdin namens Helene verwandelt haben. Kitty Hart: »Ein paar von uns standen dann jeweils Schmiere, während sich die beiden hinter einem Haufen Sachen liebten. Umgekehrt behandelte uns dafür das Wiener Schnitzel, wie wir ihn nannten, besonders gut.« Der ehemalige Häftling Werner Jacob (AV, Bl. 13337): »Mein Kommandoführer war der Unterscharführer Wunsch. Er gehörte zu den SS-Leuten, die sich den Häftlingen gegenüber anständig benommen haben.« Am 18. 7. 1944 wegen Diebstahls (Lederhandschuhe, Zigaretten, Jagdmesser und eine Taschenlampe) zu 5 Wochen verschärftem Arrest verurteilt (StAu II). 1972 Freispruch am Wohnort Wien.

Wurm, Leopold. Gefangenen-Eigentums-Verwaltung.
* 19.6.1908 Wien. SS-Nr. 302834. Unterscharführer. Standortverwaltung, Abteilung GEV (Vertreter der GEV waren bei Transportankünften immer auf der Rampe). Laut Häftlingsfrau Krystyna Zywulska (Nr. 55908) »Chef der Effektenkammer« in Birkenau (Raubgut). Aussage (AV, Bl. 16708): »Er war Wiener und hatte gewandte Umgangsformen. Nüchtern war er tragbar.« † 26.10.1976 Stainach, Bezirk Liezen.

Wuttig, Alfred. SS-Rottenführer.
* 4.10.1905. SS-Totenkopf-Sturmbann. Standortbefehl Nr. 40/43: »Besuch der Familie vom 13.9.–1.1.44«. Verbleib unbekannt. – Ella Lingens (Erinnerungen) über SS-Leute: »Was wir zu Gesicht bekamen, war eine Auslese besonders kleiner, besonders dummer, besonders unfähiger Leute. Die Frauen und Männer der Waffen-SS zeichneten sich durch eine letztklassige Raffgier aus. Die SS privat – das ist eines der jämmerlichsten Kapitel der Geschichte des Tausendjährigen Reiches.«

Wuttke, Herbert. KZ-Arzt.
* 21.6.1905 Juliusburg/Niederschlesien. Dr. med. 1930 NSDAP (Nr. 705741), 1933 SS (Nr. 180598), Untersturmführer (1939). 1940/41 Lagerarzt. 1943 Oberarzt in Wienerbruck/Niederdonau. Nach 1945 Arzt in Essen.

Y

Yohanan, Shlomo. *Jüdisches Sonderkommando.*
* Etwa 1914. Ankunft Auschwitz nach neuntägiger Fahrt im abgeriegelten Güterwaggon am 11.4.1944 aus Athen. Nach 1945 in Athen. – SS-Richter Konrad Morgen als Zeuge im Auschwitz-Prozeß über das Sonderkommando: »In dem Hof war ein Rudel, muß man sagen, jüdische Häftlinge mit gelbem Stern, mit ihrem Kapo, der einen langen Knüppel trug, und die uns sofort umkreisten. Und es schoß mir so durch den Kopf: Die verhalten sich ja genau so wie ein Rudel Schäferhunde. Und das sagte ich dann auch da meinem Begleiter, der darüber lachte und sagte, ja, das wäre auch die Aufgabe. Die Todesopfer, die sollten zunächst mal, indem sie also ihre Glaubensgenosen da sahen, Vertrauen haben. Es sollte alles vermieden werden, damit keine Panik ausbricht.« – Leichenschlepper Shaul Chasan zum Sonderkommando (Greif): »Einerseits sah ich die Leichen dort unten, andererseits erhielt ich die gesamte Zeit Schläge und Beschimpfungen vom Kapo, der SS – das Gebell der Hunde. Das war die Hölle auf Erden.«

Yong, Hans de. Häftling Nr. 68030, ermordet für Hungerstudien.
* 18.2.1924 Frankfurt am Main. Ankunft Auschwitz am 18.2.1942 aus Westerbork. Im Tagebuch des KZ-Arztes Kremer heißt es am 13.11.1942 über den von ihm zum Tode bestimmten Häftling Nr. 68030: »Lebendfrisches Material (Leber, Milz und Pankreas) von einem vorher fotografierten stark atrophischen jüdischen Häftling von 18 Jahren entnommen.« Eintrag Kremer am nächsten Tag: »Heute, Sonnabend, Varietévorstellung im Gemeinschaftshaus (ganz groß!). Besondere Freude erregten die tanzenden Hunde und die beiden krähenden Zwerghähne.«

Z

Zabel, Johannes. SS-Sanitätsdienstgrad (SDG).
* 13.12.1905 Berlin. SS-Unterscharführer (1941). Am Hygiene-Institut der Waffen-SS in Rajsko. Münch: »Er war als Desinfektor ausgebildet und war außerdem auch als Nährbodenkoch tätig.« Als Nährboden für Bakterienzuchten diente das Fleisch ermordeter Häftlinge, das am Hinrichtungsort herausgeschnitten und zu einer konzentrierten Brühe, genannt *Menschenbouillon*, verkocht wurde. KZ-Kollege Muhsfeldt über die Erschießung von 20 Juden im Juli 1944 durch Moll (MV, Bd. 41): »Mich erstaunte das, und ich fragte den Kapo, was los sei. Dieser Kapo und später auch ein SS-Aufseher erklärten mir, daß Körperteile der erschossenen Opfer für Bakterien im Hygienischen Institut in Rajsko entnommen würden. In dem Gelände, in dem das Massaker stattfand, befand sich mit einem Kraftfahrzeug der SDG Zabel mit einem Häftlingsarzt. Dieser Häftlingsarzt schnitt aus den Oberschenkeln der Leichen, nachdem er zuvor die Stellen, die er entnehmen wollte, enthäutet hatte, Muskelteile heraus. Das Menschenfleisch wurde in Eimer gepackt, und dann fuhr Zabel mit dem Häftlingsarzt nach Rajsko zurück.« Standortbefehl Nr. 33/43: »Besuch der Ehefrau v. 23.8.–7.9.43«. † 16.4.1945 Kriegstod bei St. Pölten.

Zachar, Franz. SS-Sturmmann.
* 29.1.1923 Potanjani, heute Potzcani/Kroatien. Ab Oktober 1942 in Auschwitz. SS-Wachkompanie der Außenlager Wirtschaftshof Budy und Kobier. Nach 1945 in Baden-Württemberg.

Zafke, Hubert Ernst. SS-Sanitätsdienstgrad (SDG).
* 26.9.1920 Schönow. Bauer. SS-Oberscharführer. November 1940 5. SS-Panzerdivision *Wiking*. Danach Kurs als SS-Sanitäter in Dachau. November 1942 SDG in Neuengamme, ab Oktober 1943 in Auschwitz, September 1944 im Außenlager Neustadt in Prudnik, eine Weberei mit 400 Häftlingsfrauen. Am 10.3. 1948 in Krakau zu 4 Jahren Haft verurteilt (HvA 13).

Zahel, Herbert. SS-Schütze.
* 29.4.1922 Grosshain. Nach 1945 im Kreis Aue (DDR).

Zappe, Herbert. SS-Rottenführer.
* 7.1.1910 Oberschöneweite. Amtsgruppe D (KZs), Amt II SS-Wirtschafts-Verwaltungshauptamt. SS-Totenkopf-Sturmbann. Kommandanturbefehl Nr. 26/43: »Besuch der Ehefrau 3.–5.7.43«. † Suizid 15.5.1945 (StA Frankfurt). KZ-Kollege Schönbohm dagegen 1961: »War mit mir in polnischer Haft und wohnt jetzt in der Gegend von Ulm. Er war vor einigen Jahren bei der Firma Käsbohrer beschäftigt.«

Zappi, Adolf. SS-Rottenführer.
* 20.8.1911 Radautz/Rumänien. Winter 1941 bis Frühjahr 1944 in Auschwitz, Kammerwart der SS-Bekleidungskammer. Am 9.3.1946 in Krakau zu 5 Jahren Haft verurteilt. Nach 1945 in Senden.

Zdralek, Franz. SS-Unterscharführer.
* 4.8.1913 Jakobeny/Rumänien, Sohn eines Maschinenschlossers. Ab dem 14. Lebensjahr Arbeit in einem Bergwerk. Waffen-SS ab Oktober 1942. Anfang 1943 Jugend-KZ Moringen, Frühjahr 1943 »mit einigen anderen Kameraden zum KL Auschwitz versetzt«. SS-Totenkopf-Sturmbann, Stabskompanie (SS-Angehöriger der Kommandantur), in den Außenlagern Budy und Golleschau. Zdralek: »Ich glaube, es war im Jahre 1943, als wir zur Absicherung ankommender Transporte auf der sog. ›Judenrampe‹ eingesetzt wurden, die sich damals noch zwischen Auschwitz und Birkenau befand. Die Vergasungen in Birkenau waren bei uns jedem bekannt. Es war in Birkenau so, daß wir unsere Fenster in der Unterkunft nicht öffnen konnten, da der Gestank nach verbrann-

tem Menschenfleisch unerträglich war.« Nach 1945 Hilfsarbeiter. † 26.7.1979 Oettingen. Q.: AV, Bl. 8908 ff.

Zehalink, Leo. SS-Rottenführer.
* 15.6.1921 Radautz. SS-Totenkopf-Sturmbann, Birkenau, Außenlager Kobier und Eintrachthütte. Nach 1945 in Baden-Württemberg.

Zeiner, Karl. SS-Dentist.
* 5.10.1906 Znaim. SS-Unterscharführer (1943). In Auschwitz vom 26.5.1941 bis August 1943. Zunächst Wachmannschaft, ab Januar 1943 Zahnstation. April 1943 *Kriegsverdienstkreuz II. Klasse mit Schwertern.* Standortbefehl Nr. 12/43: »Besuch der Ehefrau in der Zeit vom 3.–26.4.43«. Zuletzt in Dachau. Am 19.3.1948 in Krakau zu 6 Jahren Haft verurteilt. † 11.4.1968 Augsburg.

Zelikovic, Magda. *Mengele-Zwilling*, Nr. A-5418.
* 5.1.1915 Budapest. Ankunft Auschwitz laut Häftlingsnummer am 21.5.1944. Pflegerin und Putzfrau bei Mengele (MV, Bd. 42). Aussage: »Im Mai 1944 kam ich mit einem ganzen Zugtransport aus dem Ghetto Munkacs nach Auschwitz-Birkenau. Auf der Rampe wurde ausgerufen, daß sich Ärzte und Zwillinge melden sollten. Ich bin ein Zwilling, wollte mich jedoch von meiner Mutter und dem damals siebenjährigen Sohn nicht trennen. Da sich meine Zwillingsschwester gemeldet hatte, suchte mich Mengele persönlich – und trennte mich von meiner Mutter und meinem Sohn.« Verheiratet in Israel. Q.: MV, Bd. 22.

Zelkowicz, Max. *Jüdisches Sonderkommando.*
* 5.3.1923 Piotrkow. Ankunft Auschwitz am 4.3.1943 aus Drancy. Chaim Herman: »Beim Aussteigen gab es schon einige Tote und Wahnsinnige.« Von 1000 Deportierten werden 881 sofort in der Gaskammer ermordet. Alle 100 zurückgestellten Männer, darunter Zelkowicz, müssen ins Gaskammerkommando. – Salmen Lewenthal in seinem hinterlassenen Bericht über den Antransport nackter Frauen aus dem Lager: »Einer von uns, der auf der Seite stand und auf das ungeheure Unglück dieser wehrlosen, zu Tode gequälten Seelen schaute, konnte sich nicht beherrschen und begann zu weinen. Ein junges Mädchen rief: ›Schaut, was ich noch vor meinem Tode erlebe: einen Ausdruck von Mitleid und Tränen, vergossen über unser schreckliches Schicksal. Unter lauter Banditen und Mördern sah ich vor dem Tode einen Menschen, der noch fühlt.‹«

Zeller, Anton. SS-Rottenführer.
* Nicht ermittelt. Standortbefehl Nr. 30/43: »Besuch der Ehefrau vom 4.8.–15.8.43«.

Zelman, Moise. *Jüdisches Sonderkommando.*
* 15.1.1898 Rochov. Russe. Ankunft Auschwitz am 4.3.1943 aus Drancy. – Mithäftling Leon Cohen über die Fragen der Opfer vor der Gaskammer (Greif): »Die Menschen stellten uns in dieser kurzen Zeit, die ihnen verblieb, verschiedene Fragen, wie zum Beispiel: Wohin kommen wir nach der Desinfektion? Wir antworteten ihnen, daß sie einer Desinfektion unterzogen werden und später ihre Kleider und Gegenstände wiederbekommen würden, um dann zur Arbeit eingeteilt zu werden.« Mithäftling Sakkar: »Wir sagten ihnen: ›Nein, nein, ihr geht nur duschen und nachher kommt ihr zur Arbeit.‹«

Zenkteller, Roman (nicht: Senkteller). Häftlings-Chefarzt.
* 2.8.1889 Buk. Polnischer Militärarzt, Oberst. Laut Strzelecka (HvA 20) »ein Häftling, der sich des Vertrauens der SS erfreute«. Häftling Werner Jacob (AV, Bl. 13337): »Bei der Strafkompanie haben in unregelmäßigen Abständen auch Selektionen stattgefunden. Diese wurden meiner Erinnerung nach von SS-Ärzten durchgeführt. Es half ihnen dabei der polnische Häftlingsarzt Dr. Zenteler. Dieser hatte fast so viel zu sagen wie die

SS-Ärzte.« Kontrollierte alle Häftlingsärzte. Häftlingsarzt Lettich (zit. n. Langbein, Menschen): »Daß ein Arzt in den Fünfzigern seine jüngeren Kollegen in der brutalsten Weise schlägt, ja daß er sie in die Gaskammer schickt, das erschien uns als ein besonders widerwärtiges Verbrechen.« Czech (HvA 15): »Nach dem Krieg wurde er in Polen gerichtet und für unschuldig erklärt.« Häftlingsarzt Fejkiel: »Er wurde in Polen zu 5 Jahren Gefängnis verurteilt und lebt heute in Polen.« † 1974 Posen.

Zentner, Martin. SS-Rottenführer.
* 3.11.1917 Ruma / Kroatien. Ab November 1942 in Auschwitz. SS-Totenkopf-Sturmbann. Nach 1945 in Österreich.

Zerlik, Karl. SS-Unterscharführer.
* 25.4.1911 Biela, heute Bela / Tschechien oder Decin, Tschechien. Leiter der SS-Küche. Standortbefehl (StB) Nr. 16 / 43: Besuch der Ehefrau vom 14.–28.4.1943. StB Nr. 25 / 43: »Besuch der Ehefrau vom 8.–31.8.43«. Am 22.1.1948 in Krakau zu 4 Jahren (Heimatadresse: Bethel) verurteilt. Nach 1945 in Röthenbach (DDR).

Ziebolz, Josef. SS-Rottenführer (1942).
* 20.2.1907. Verbleib unbekannt. – Der damals zehnjährige Häftling Thomas Buergenthal, später Richter am Internationalen Gerichtshof: »Die [Häftlings-] Nummer, mittlerweile ein wenig verblaßt, steht immer noch auf meinem linken Arm. Sie bleibt ein Teil von mir und erinnert mich – weniger an meine Vergangenheit als an meine Pflicht, die mir als Zeuge und Überlebender von Auschwitz obliegt: den Kampf zu führen gegen alle Ideologien von Haß und rassischer oder religiöser Überlegenheit.«

Zieg, Wilhelm. SS-Rottenführer.
* 9.6.1900 Hüttengesäß, Kreis Hanau. Tenorhornbläser der Feuerwehrkapelle Langenselbold. Mai 1933 NSDAP / SS, Musikkorps des SS-Sturmbanns Hanau. Ab August 1941 in Auschwitz. Wachtruppe, Dienstbezeichnung *SS-Totenkopf-Sturmbann KL Auschwitz*. Zieg: »Nach Ankunft der Transporte wurde zunächst eine Scheidung nach Geschlechtern vorgenommen.« November 1943 Postzensurstelle. Am 5.5.1948 in Krakau zu 5 Jahren Haft verurteilt, Entlassung September 1952. Zieg: »Das in Polen gegen mich anhängig gewesene Strafverfahren ist korrekt durchgeführt worden.« Lagerarbeiter, Wohnsitz am Geburtsort. † 11.5.1977 Hanau. Aussage: AV, Bl. 11976 ff.

Zielke, Paul. SS-Rottenführer (1942).
* 5.9.1913 Schwedenhöhe / Bromberg. Blockführer in Birkenau. Nach 1945 Wohnsitz in Niedersachsen. – Aussage Häftling Bodek am 29.9.1964 in Warschau (Auszug): »Im Sommer 1944 brachte man massenweise abgezehrte Häftlinge aus den Außenkommandos, man leitete sie auf den Abschnitt BIIf, wo sie im Waschraum sich entkleiden mußten. Dort, im kleinen Raum, warteten sie auf die Ankunft des Wagens, der sie ins Krematorium fuhr. Diese Menschen waren ganz genau im Bilde, wohin sie gehen, im Baderaum spielten sich höllische Szenen ab. Zwischen der Gebäudetür und dem Auto standen die SS-Männer, unter ihnen Baretzki, Bischoff, Grapatin, Buntrock, Bruns, Paul Zielke usw., die die Häftlinge auf das Auto trieben, indem sie mit Peitschen schlugen.«

Zielonka, Leon. *Jüdisches Sonderkommando.*
* 17.2.1913 Gabin. Pole. Ankunft Auschwitz am 4.3.1943 aus Drancy. Chaim Herman: »Beim Aussteigen gab es schon einige Tote und Wahnsinnige.« Von 1000 Deportierten werden 881 sofort in der Gaskammer ermordet. Alle 100 zurückgestellten Männer, darunter Zielonka, müssen ins Gaskammerkommando. Erklärung Höß v. 14. März 1946 (Nbg. Dok. NO-1210): »Es kam wiederholt vor, daß Frauen ihre kleinen Kinder unter der Wäsche und den Kleidungsstücken versteckten und sie nicht mit in die Gaskammern nahmen. Es wurden

von dem ständigen Kommando der Verbrennungshäftlinge unter [Aufsicht] der diensttuenden SS die Kleider durchsucht und solche noch gefundenen Kinder nachträglich noch in den Gasraum geschickt.«

Ziemann, Felix. SS-Unterscharführer.
* 29.3.1921 Danzig. Juni bis Ende 1941 in Auschwitz. SS-Totenkopf-Sturmbann. Nach 1945 in Bayern.

Ziemer, Arthur. SS-Sanitätsdienstgrad (SDG).
* 1.6.1918 Lublin. SS-Rottenführer. Ab 18.2.1942 in Auschwitz. Angehöriger des Desinfektionskommandos. † Vermißt.

Ziemssen, Wilhelm. SS-Hauptsturmführer.
* 21.2.1910 Neuneck, Kreis Freudenstadt. Kommando Landwirtschaft. Zeitweise Kommandeur der SS-Wachkompanie in Rajsko. † Kriegstod 30.9.1943 Grebeny / Dnjepr.

Ziereisen, Otto. SS-Unterscharführer.
* 26.9.1902 Weil. Küchenchef im *Haus der Waffen-SS* und im *SS-Führerheim.* Verbleib unbekannt.

Zimmer, Emma, geb. Mezel. KZ-Wärterin.
* 14.8.1888 Haßmersheim. 1937 SS-Aufseherin im Frauenkonzentrationslager (FKL) Lichtenburg, 1939/40 im Zellenbau FKL Ravensbrück. Oktober 1942 Oberaufseherin in Auschwitz, Standortbefehl vom 15.9.1943: *Kriegsverdienstkreuz II. Klasse ohne Schwerter.* Todesurteil britisches Militärgericht am 21.7. 1947. † Hinrichtung 20.9.1949 Hameln.

Zimmermann, Elfriede. KZ-Wärterin.
* 9.5.1922 Hohenbach, Kreis Miele. SS-Oberaufseherin Frauenkonzentrationslager Birkenau. Kollegin Reischl: »Sie war kurze Zeit in russischer Haft, wurde jedoch entlassen.« Laut Reischl danach in der DDR.

Zimmermann, Erwin. SS-Unterscharführer.
* 22.7.1907 Berthelsdorf / Freiberg. SS-Wachkompanie und Kommandanturstab, Standortbefehl Nr. 32/43: »Besuch der Ehefrau vom 20.–30.9.43«. Am 30.1. 1944 *Kriegsverdienstkreuz II. Klasse mit Schwertern.* Nach 1945 in Aalen.

Zimprich, Josef. SS-Schütze.
* 20.3.1913. Wachmannschaft. 1948 in Wadowice zu 5 Jahren Haft verurteilt (LaV). – Die Gefangene Elfi Spandau über sadistische Einfälle einfacher Dienstgrade: »Die Latrinen waren draußen, riesengroße Löcher mit einer Stange ringsherum, wo wir wie Hühner darauf gehockt haben. Ich hatte Angst, dorthin zu gehen, weil ich einmal gesehen hatte, wie ein SS-Posten nur so aus Spaß einige Häftlinge mit dem Gewehrkolben in die Grube stieß.«

Zinn, Artur. SS-Sturmmann.
* 17.12.1921 im Kreis St. Goar (Rhein). Nach 1945 am Geburtsort.

Zita, Anton. SS-Unterscharführer.
* 24.4.1909 in Göllersdorf. Tischler. Illegal NSDAP / SS in Österreich. Zentralstelle für jüdische Auswanderung Wien. Im Judenreferat des Reichssicherheitshauptamts (Abteilung IV B 4). Eichmann-Gehilfe in Griechenland – unter anderem Februar 1944 Erfassung der Juden in Saloniki. † 16.6.1946 Gefängnis Prag-Pangratz (Zentralkartei ZStL).

Zitta, Franz. SS-Schütze.
* 11.5.1909 Ruma / Kroatien. SS-Totenkopf-Sturmbann. † Vom Kreisgericht Steyr 1955 für tot erklärt. – Häftlingsärztin Adelsberger über die Krematorien in Birkenau: »Wenn wir nachts aus dem Schlaf erwachten – wir, die wir das sahen, und doch aßen und schliefen wie normale Menschen –, war der Block innen hell erleuchtet, beleckt von den Reflexen der Riesenglut. Und wenn ich aufstand und mich durch die hintere Türe des Blocks schlich und auf das gegenüberliegende Krematorium, das zweite, schaute, sah ich daneben die offenen Feuer im Freien, in die man die Kinderleiber schmiß, tote und auch lebende; hörte das Schreien der Kinder, wie die Feuer mit

den zarten Körpern spielten, und keine Metamorphose meines Seins, gleichviel in welcher Sphäre, wird dieses Gesicht aus meiner Seele je ausradieren.«

Zizmann, Albert. SS-Oberscharführer.
* 26.3.1913 Ebingen, Kreis Balingen. SS-Totenkopf-Sturmbann. Name auf der Liste des Exekutionskommandos, das am 22.11.1940 zur ersten Hinrichtung, Erschießung von 40 Polen, eingeteilt ist. Standortbefehl (StB) Nr. 20/43: »Besuch der Familie vom 1.–14.6.43«. StB vom 15.9.1943: *Kriegsverdienstkreuz II. Klasse mit Schwertern.* Zuletzt Außenlager Neu-Dachs. Nach 1945 in Baden-Württemberg. – SS-Hauptscharführer Adolf Bekker: »Nach meiner Erinnerung waren die Angehörigen von Exekutionskommandos Freiwillige.«

Zlotos, Gertrud. KZ-Wärterin.
* Nicht ermittelt. Kommando- und kurz Rapportführerin (Spieß) im Frauenlager Birkenau. 1948 in Krakau zu 7 Jahren Haft verurteilt. Kollegin Reischl: »Sie war zusammen mit mir in polnischer Haft (7 Jahre) und wurde in die Bundesrepublik entlassen. Sie hat mir noch aus einem Flüchtlingslager geschrieben.« – Simone Veil über ihre Rückkehr nach Frankreich: »Viele unserer Landsleute wollten um jeden Preis die Dinge vergessen, die uns ein Leben lang eingeschrieben bleiben würden. Wir hätten gern darüber gesprochen, doch keiner wollte uns zuhören.«

Zöbisch, Hans. Chef der Personalabteilung.
* 3.5.1912 Dresden. SS-Nr. 221020, Oberscharführer. Ab 20.3.1941 in Auschwitz. März 1941 bis zum Ende Führer der Personalabteilung (SS-Angehörige) und zugleich Stabsscharführer (Spieß) der Standortverwaltung. Nach 1945 in Bayern. – Primo Levi: »Wir sind in plombierten Waggons hierhergekommen; wir haben gesehen, wie unsere Frauen und unsere Kinder weggegangen sind ins Nichts; wir, die Versklavten, sind hundertmal hin und her marschiert in stummer Fron mit erloschenen Seelen schon vor dem anonymen Tod.«

Zöllner, Arnold. SS-Unterscharführer.
* 24.8.1904. SS-Totenkopf-Sturmbann. Vom Bezirksgericht Rostock zu lebenslanger Haft verurteilt.

Zoller, Viktor. Adjutant.
* 22.6.1912 Ravensburg. NSDAP-Nr. 1497067, SS-Nr. 257276, Hauptsturmführer (1941). 1940–1942 Adjutant KZ Mauthausen. Beteiligt am Abtransport von Häftlingen *(Sonderbehandlung 14f13)* zur Ermordung in der Vergasungsanstalt Hartheim bei Linz. Ab 22.11.1943 Adjutant in Auschwitz. Die Überlebende Sonja Fischmann: »Er hinkte, war klein, ein Typ ähnlich Goebbels. Mir ist bekannt, daß Zoller sehr oft und gern bei den Selektionen neuangekommener Transporte in Birkenau war.« Zusätzlich Leiter des *SS-Führerheims.* Standortbefehl vom 22.11.1943: »Das Führerheim des KL Auschwitz wird sofort SS-Standort-Führerheim und steht allen SS-Führern zur Verfügung. Als Heimführer ist SS-Hauptsturmführer Zoller eingesetzt worden.« Weiterhin: »In Auschwitz diensttuenden Offizieren der Wehrmacht ist die Benutzung des Führerheims ohne besondere Genehmigung des SS-Standortältesten gestattet.« Todesurteil US-Militärgericht Dachau am 13.5.1946 im *Mauthausen-Hauptprozeß.* † Hinrichtung 28.5.1947 Landsberg, Leiche nach Ulm überführt.

Zombirt, Maria. Mengeles Zeichnerin, Nr. 7944.
* 10.2.1919 Plock. Am 27.8.1941 Verhaftung durch Gestapo. Dezember 1941 in Ravensbrück. Ankunft Auschwitz am 20.6.1942. Schreiberin im Krankenrevier, Begleitung bei Selektionen. Zombirt (MV, Bd. 29): »Ich habe mit Wasserfarben menschliche Augen gemalt und zeichnete die Konturen von männlichen Nasen. Die Zwillinge waren sein A und O, und ich weiß es daher, weil ich eine

äußerst genaue Liste führen mußte, und ich erinnere mich daher, daß die höchste Anzahl der Zwillingspaare ca. 350 war, und im Januar 1945, als ich bereits in der Evakuierungskolonne stand, waren es 72 Paare. Es fiel mir auf, daß im Falle eines natürlichen Todes eines der Zwillinge eine Meldung über den Tod des zweiten Zwillings nach ein paar Stunden zu mir kam.« Die in der Verwaltung des Birkenauer Häftlingskrankenbaus beschäftigte Anna Stefanska, Nr. 6866, zum Verbleib der Zwillinge (MV, Bd. 11): »Nachdem alle Untersuchungen abgeschlossen waren, holte man diese Kinder mit dem Sanitätswagen und brachte sie in Richtung des Krematoriums. Bezüglich der fortgebrachten Zwillinge erhielten wir in der Verwaltung eine schriftliche Anordnung, in der Kartothek zu vermerken, daß der betreffende Zwilling ›überstellt‹ wurde, was der Tötung entsprach. Am darauffolgenden Tag kam Mengele mit den Protokollen der Obduktion dieser Zwillinge, und diese Protokolle wurden in die Mappen der einzelnen Zwillinge hineingelegt. Diese Mappen und die darin befindlichen Obduktionsprotokolle habe ich persönlich gesehen.«

Zorn, Werner. SS-Sturmbannführer (1944).
* 2.1.1915 Teltow b. Berlin. SS-Nr. 310348. 1938 SS-Verfügungstruppe. Vom 1.10. bis 25.11.1941 in Auschwitz, Führer zweier SS-Wachkompanien. Verbleib unbekannt. – Häftling Borowski 1946: »Was wird die Welt von uns wissen, wenn die Deutschen siegen? Sie werden unsere Familien, die Kranken, die Alten ermorden. Sie werden die Kinder ermorden. Und von uns wird niemand wissen.«

Zschöttsche, Otto. SS-Unterscharführer.
* 23.3.1895 Wolfsheim b. Leipzig. SS-Totenkopf-Sturmbann. Am 9.3.1946 in Krakau zu 6 Jahren Haft verurteilt. – Die Überlebende Sternberg in ihrem Bericht *In der Hölle von Auschwitz*: »Wie oft dachte ich, ich träume nur. Da schüttelt es mich am ganzen Körper, und ich spreche vor mich hin, Du bist im Konzentrationslager, im Vernichtungslager, laß Dich nicht unterkriegen. Ich will nicht ins Krematorium, noch einmal möchte ich erzählen können, wo viele Hunderte und Tausende meiner Kameradinnen geblieben sind, und was deutsches Kulturwerk einmal vollbracht hat.«

Zuritsch, Martin. SS-Schütze.
* 17.6.1909. SS-Totenkopf-Sturmbann. Verbleib unbekannt. – Häftling Coenrad Road über die Rückkehr holländischer Häftlinge in ihre Heimat: »Am Nachmittag nähern wir uns Holland. Mit Tränen in den Augen singen wir aus voller Kehle. Der ganze Zug wird zu einem einzigen Chor. Wir jubeln und singen, aber niemand ist da. Wo sind die Komitees für unseren Empfang? Dann sehen wir, daß wir uns einem Bahnhof nähern. Ein Schild sagt uns, daß es die Stadt Eysden ist. Jetzt werden wir unseren großen Empfang haben, mit Reden, Musik und Tanz. Der Zug hält nicht im Bahnhof, sondern auf einem Abstellgleis. Dort steht ein holländischer Soldat. Er wird da sein, um uns abzuholen, und dann werden wir in einer Parade durch die Stadt marschieren. Wir können es kaum noch erwarten. Aber der Soldat sagt uns, daß wir den Zug nicht verlassen dürfen.«

Zwara, Adam. SS-Sturmmann.
* 25.4.1920 Czerwenka. † Vermißt. – Häftling Vrba in seinen Erinnerungen (Auszug): »Ich kann mich nicht entsinnen, daß mich in all den Jahren, die ich in Prag lebte [1945–1958], irgendwann einmal irgendjemand gefragt hat, was eigentlich in Auschwitz war. Sicher, schon in den fünfziger Jahren organisierte der Bund Antifaschistischer Kämpfer in Prag einen jährlichen Auschwitz-Gedenkabend, und als ich einmal sogar dorthin gegangen bin, habe ich viel über die heldenhaften tschechischen Kommunisten gehört. Niemand sprach überhaupt vom Schicksal der Juden.«

Zwickhofer, Leo. SS-Unterscharführer. * 23.9.1892. SS-Totenkopf-Sturmbann. Standortverwaltung, Abteilung Unterkunft. Verbleib unbekannt. – Ella Lingens in ihrem Bericht *Eine Frau im Konzentrationslager*: »Wer nicht in Auschwitz war, wird niemals wirklich wissen können, was Auschwitz war.«

Zwolinski, Stefan. SS-Schütze. * 1.9.1895 Kimpolung/Rumänien. † 30.8.1944 Reservelazarett Kosel. – Die Überlebende Dagmar Bock (PA) über ihre Rückkehr 1945 nach Wien: »Ich stand vor dem Haus, in dem wir gewohnt hatten. Es war eine Ruine. Nach langer Zeit kamen mir zum ersten Mal die Tränen. Plötzlich tippte mir eine Frau auf die Schulter und fragte mich, was die tätowierte Nummer auf meinem Arm zu bedeuten hätte. Ich klärte sie auf. Nicht Bedauern war die Reaktion, sondern die Frage, ob sie sich die Nummer aufschreiben dürfe, um sie in der Lotterie zu setzen. Das war meine erste Begegnung in meiner Heimat – mit dem ›Goldenen Wiener Herzen‹!«

Mit Zyklon B Ermordeter. * Unbekannt. Frage des Häftlings Leon Cohen vom *Jüdischen Sonderkommando* an einen Juden, ehe der in die Gaskammer muß (zit. n. Greif): »Glauben Sie, daß die Deutschen jemals für Ihre Verbrechen büßen müssen?« Antwort: »Welche naive Frage. Sie werden alles unternehmen, um ihre Verbrechen zu vertuschen.«

Identifizierte SS-Angehörige

mit keinen oder wenig Hinweisen zur Tätigkeit

Abolser, Franz. SS-Schütze.
* 20.6.1895.
Albani, Willi. SS-Strm.
* 20.5.1896. SS-T-Stuba, Monowitz.
Albers, Johann. SS-Oscha.
* 23.4.1888.
Albrecht, Heinz. SS-Rottf.
* 3.9.1922. Hundestaffel.
Albrecht, Martin. SS-Schütze.
* 13.2.1906.
Alpert, Peter. SS-Schütze.
* 22.6.1903.
Althein, Johann. SS-Strm.
* 19.11.1911. SS-T-Stuba, Jawischowitz.
Ams, Florian. SS-Schütze.
* 20.6.1909. SS-T-Stuba, Jawischowitz.
Andermann, Herbert. SS-Rottf.
* 27.1.1922.
Andrasch, Jakob. SS-Schütze.
* 14.1.1913 Schöndorf/Banat.
Ab August 1944.
Angebrandt, Georg. SS-Strm.
* 3.9.1909. SS-T-Stuba, Jawischowitz.
Apel, Walter. SS-Strm.
* 11.2.1908. In Monowitz bis 1945.
Apelt, Horst. SS-Rottf.
* 2.7.1923.
Arps, Charlotte. SS-Oberaufseherin.
* 18.9.1919.
Ast, Mathias. SS-Schütze.
* 8.5.1923. SS-T-Stuba.
Aszeles, Alexander. SS-Schütze.
* 17.5.1904.
Aubermann, Peter. SS-Rottf.
* 13.4.1923 Groß Sankt Nikolaus/Banat. SS-T-Stuba.
Auerweck, Adam. SS-Schütze.
* 11.6.1919.
Aufmuth, Johann. SS-Schütze.
* 17.1.1922 Comlaus/Rumänien. SS-T-Stuba, Golleschau.
Aurich, Arthur. SS-Strm.
* 20.4.1893. Monowitz.
Baal, Franz. SS-Schütze.
* 20.1.1908. SS-T-Stuba.
Baar, Hans. SS-Schütze.
* 19.2.1922.
Bachert, Josef. SS-Schütze.
* 7.4.1908. SS-T-Stuba, Jawischowitz.
Balbach, Hermann. SS-Strm.
* 30.3.1918.
Balbon, Wilhelm. SS-Rottf.
* 10.3.1907. Monowitz.
Balham, Milan. SS-Schütze.
* 18.6.1926. Abgang 28.6.1944 zur 5. SS-Panzergrenadier-Division *Wiking*.
Baller, Peter. SS-Schütze.
* 22.3.1909. SS-T-Stuba, Golleschau.
Barsch, Erich. SS-Uscha.
* 22.5.1903.
Bart, Franz (evtl.: Barth). SS-Strm.
* 8.1.1921.
Bartels, Wilhelm. SS-Uscha.
* 23.1.1904. Zentralverwaltung.
Bartl, Franz. SS-Uscha.
* 1.4.1907. Ab August 1944 Gerichtsabteilung.
Basler, Franz. SS-Schütze.
* 30.6.1908. SS-T-Stuba, Jawischowitz.
Bauer, Fritz. SS-Rottf.
* 22.7.1913.
Bauer, Fritz. SS-Strm.
* 21.8.1920.
Bauer, Josef. SS-Rottf.
* 3.3.1917.
Baumann, Alfred. SS-Schütze.
* 29.11.1889. SS-T-Stuba, Monowitz.
Baumann, Karl. SS-Rottf.
* 26.8.1889. SS-T-Stuba, Monowitz.
Baumbach, August. SS-Schütze.
* 28.5.1903.
Baumgärtner, Josef. SS-Schütze.
* 4.9.1912. SS-T-Stuba, Monowitz.
Baur, Richard. SS-Hscha.
* 23.5.1923 Wallersdorf/Bayern.

Bayer, Jakob. SS-Rottf.
* 13.5.1903.
Bechthold, Peter. SS-Schütze.
* 25.11.1908. SS-T-Stuba, Jawischowitz, Golleschau.
Beck, Otto. SS-Rottf.
* 20.9.1909 Langenlutsch, heute Dlouha Loucka u Svitav/Tschechien. SS-T-Stuba, Monowitz.
Beck, Wilhelm. SS-Oscha.
* 23.8.1889.
Becker, Emmerich. SS-Schütze.
* 31.8.1912. Lagischa.
Becker, Friedrich. SS-Schütze.
* 6.3.1889.
Becker, Fritz. SS-Strm.
* 2.11.1909.
Becker, Hermann. SS-Uscha.
* 23.6.1920.
Becker, Mathias. SS-Schütze.
* 28.4.1901.
Becker, Max Fritz. SS-Schütze.
* 17.3.1926 Danzig. Ab August 1944 Monowitz.
Becker, Lorenz. SS-Schütze.
* 7.4.1898 Palanka/heutiges Serbien. Ende 1944.
Becker, Paul. SS-Schütze.
* 17.5.1901.
Becker, Stefan. SS-Schütze.
* 10.7.1914.
Bednarek, Rafael. SS-Strm.
* 20.10.1904.
Beer, Anton. SS-Schütze.
* 6.7.1911. SS-T-Stuba, Jawischowitz, Golleschau.
Beer, Karl. SS-Schütze.
* 4.9.1895.
Beer, Sebastian. SS-Schütze.
* 5.8.1910. Stabskompanie, Häftlingsküche Birkenau.
Behler, Heinrich. SS-Strm.
* 7.1.1925.
Behnke, Hermann. SS-Schütze.
* 5.11.1908 Schönwalde.
Ab Juli 1944.
Behon, Josef. SS-Schütze.
* 9.3.1899. Monowitz.
Behrendt, Johann. SS-Rottf.
* 26.4.1924.
Belkot, Johann. SS-Rottf.
* 10.12.1898. Ab 28.10.1942.
Bentenleitner, Georg. SS-Schütze.
* 4.11.1909. SS-T-Stuba, Jawischowitz.
Bentz, Hugo. SS-Rottf.
* 24.3.1910. Monowitz.
Berg, Josef. SS-Schütze.
* 24.3.1914.
Berger, Franz. SS-Schütze.
* 26.10.1923. SS-T-Stuba.
Berger, Karl. SS-Schütze.
* 5.12.1901. Monowitz.
Berger, Oskar. SS-Schütze.
* 21.7.1893.
Berger, Paul. SS-Schütze.
* 24.1.1912. Lagischa.
Berger, Rudolf. SS-Schütze.
* 6.10.1892. Monowitz.
Bergert, Kurt. SS-Oscha.
* 14.8.1913 Dresden-Löbtau. Ab Mai 1941.
Bergmann, Georg. SS-Uscha.
* 22.7.1916. Fahrbereitschaft ZBL.
Bergner, Stefan. SS-Schütze.
* 6.2.1909. Monowitz.
Bernhardt, Hans. SS-Strm.
* 23.8.1920. SS-T-Stuba.
Bernhardt, Stefan. SS-Strm.
* 16.12.1921.
Berntgen, Wilhelm. SS-Uscha.
* 17.7.1887.
Beskid, Robert. SS-Strm.
* 7.12.1913.
Besler, Josef. SS-Schütze.
* 7.12.1892.
Besser, Richard. SS-Strm.
* 5.1.1892.
Bestenlehner, Josef. SS-Schütze.
* 24.1.1897.
Bethke, Erich. SS-Strm.
* 10.5.1902.
Betnarig, Josef. SS-Schütze.
* 19.2.1919.
Beulshausen, Georg. SS-Strm.
* 18.7.1920.

Beutel, Johann. SS-Strm.
* 25.4.1906. SS-T-Stuba, Jawischowitz, Golleschau.
Beutig, Max. SS-Rottf.
* 11.4.1893. Abgang April 1942 Buchenwald.
Beyer, Johann. SS-Schütze.
* 17.8.1921.
Biel, Karl. SS-Strm.
* 3.6.1910.
Bienert, Julius. SS-Rottf.
* 9.6.1894. Ab 28.10.1942.
Biernat, Walter Wilhelm. SS-Strm.
* 28.3.1920 Tungendorf.
Biewendt, Egon. SS-Schütze.
* 25.7.1922.
Biko, Hans. SS-Schütze.
* 10.4.1919. SS-T-Stuba, Monowitz.
Bilay, Wenzel. SS-Uscha.
* 23.5.1890. Monowitz.
Binsack, Mathias (sic). SS-Schütze.
* 15.2.1897.
Birkhof, Franz. SS-Hscha.
* 18.9.1891. Monowitz.
Birnstengl, Paul. SS-Schütze.
* 14.4.1898.
Bischler, Otto. SS-Strm.
* 13.1.1901.
Bistritz, Kolomann. SS-Schütze.
* 2.4.1903 Bakonysarkany. SS-T-Stuba.
Blank, Josef. SS-Schütze.
* 30.9.1912. SS-T-Stuba, Jawischowitz.
Blanke, Heinrich. SS-Schütze.
* 30.9.1912. Zentral-Bauleitung.
Blasko, Martin. SS-Schütze.
* 11.3.1897.
Blass, Eduard. SS-Strm.
* 30.8.1900. SS-T-Stuba, Jawischowitz, Golleschau.
Blassmann, Nikolaus. SS-Strm.
* 8.3.1910.
Blech, Max. SS-Schütze.
* 5.7.1899. Eintrachthütte.
Blechinger, Anton. SS-Strm.
* 24.10.1910.
Blondowski, Alfred. SS-Rottf.
* 19.9.1917. Monowitz.
Blum, Peter. SS-Strm.
* 13.10.1923.
Bodinek, Alois. SS-Oscha.
* 24.3.1886. Ab April 1942 SS-T-Stuba.
Bodziak, Johann. SS-Strm.
* 17.12.1920. Stabskompanie.
Böckmann, Walter. SS-Uscha.
* 22.10.1920. Zentralstelle SS zur Bekämpfung tierischer Schädlinge.
Böhm, Michael. SS-Schütze.
* 14.9.1925. SS-T-Stuba, Jawischowitz, Golleschau.
Boelk, Otto. SS-Strm.
* 12.8.1908.
Böss, Jakob. SS-Strm.
* 26.8.1915. SS-T-Stuba, Standortverwaltung, Abt. Verpflegung.
Boettcher, Rudolf. SS-Rottf.
* 8.7.1909 Beiersdorf.
Boiko, Josef. SS-Rottf.
* 8.4.1916. Monowitz.
Borg, Karl. SS-Uscha.
* 14.4.1922 Hinzweiler, Kreis Kusel.
Bosser, Richard. SS-Strm.
* 5.1.1892.
Botez, Konstantin. SS-Schütze.
* 5.9.1923.
Boulanger, Jakob. SS-Schütze.
* 17.9.1908. SS-T-Stuba, Jawischowitz.
Brandelik, Nikolaus. SS-Strm.
* 17.5.1922. SS-T-Stuba.
Brandt, Johann. SS-Schütze.
* 28.3.1922.
Brandtner, Jakob. SS-Schütze.
* 17.7.1912. Eintrachthütte.
Brandtner, Sebastian. SS-Rottf.
* 23.12.1913. Monowitz.
Brath, Johann. SS-Schütze.
* 30.6.1902.
Brattan, Heinrich. SS-Strm.
* 27.2.1910.
Brauer, Friedrich. SS-Rottf.
* 28.8.1913. Monowitz.
Braun, Johann. SS-Schütze.
* 9.10.1926. Monowitz.
Braun, Michael. SS-Schütze.
* 14.9.1922 Katschmar / Ungarn. Ab August 1942.

Identifizierte SS-Angehörige

Braunisch, Gerhard. SS-Strm.
* 10.12.1908.
Braunsdorfer, Anton. SS-Schütze.
* 24.4.1903.
Braunstein, Johann. SS-Schütze.
* 17.1.1912. SS-T-Stuba.
Brausch, Josef. SS-Schütze.
* 8.10.1921.
Brawanski, Roman. SS-Strm.
* 10.8.1908.
Brechelmacher, Johann. SS-Strm.
* 20.12.1910. Eintrachthütte.
Breining, Stefan. SS-Schütze.
* 19.5.1909. SS-T-Stuba, Jawischowitz.
Bremer, Johann. SS-Schütze.
* 19.2.1920.
Brender, Siegfried. SS-Strm.
* 2.2.1922.
Brescher, Johann. SS-Schütze.
* 14.12.1902.
Brescher, Johann. SS-Schütze.
* 11.11.1908. SS-T-Stuba, Jawischowitz.
Brettschneider, Ernst. SS-Schütze.
* 2.5.1893.
Brezka, Josef. SS-Hscha.
* 25.11.1890.
Brödner, Arno. SS-Strm.
* 24.11.1896. Monowitz.
Broll, August. SS-Uscha.
* 28.2.1916. Monowitz.
Brommond, Kurt. SS-Scharf.
* 26.2.1897 Wisowosko. Landwirtschaft.
Brose, Walter. SS-Uscha.
* 5.2.1898.
Brucker, Ludwig. SS-Schütze.
* 7.6.1915.
Brüning, Kurt. SS-Oberschütze.
* 4.1.1922.
Buchholz, Heinz. SS-Uscha.
* 25.8.1920 Lauth, Kreis Königsberg.
SS-T-Stuba.
Buchholzer, Martin. SS-Strm.
* 5.5.1907. SS-T-Stuba.
Büchler, Martin. SS-Schütze.
* 12.10.1908. SS-T-Stuba, Jawischowitz.
Büttner, Waldemar. SS-Rottf.
* 20.3.1898 Gorodok/Ukraine.
SS-T-Stuba.
Buhr, Willy. SS-Uscha.
* 23.2.1903.
Burger, Heinrich. SS-Rottf.
* 4.11.1907. Monowitz.
Burow, Berthold. SS-Strm.
* 29.8.1889. Monowitz.
Busch, Nikolaus. SS-Schütze.
* 29.5.1909. SS-T-Stuba,
Jawischwowitz.

Cerny, Johann. SS-Schütze.
* 21.9.1926 Preßburg. SS-T-Stuba,
Golleschau.
Chovanak, Georg. SS-Schütze.
* 27.4.1916. SS-T-Stuba, Jawischowitz,
Golleschau.
Cingel, Josef. SS-Schütze.
* 7.9.1926. SS-T-Stuba.
Conrad, Hans. SS-Rottf.
* 14.9.1920. SS-T-Stuba.
Csasser, Anton (Csaszar). SS-Schütze.
* 8.1.1903.
Czarnicki, Emil. SS-Schütze.
* 27.2.1922.
Czaschke, Josef. SS-Strm.
* 21.12.1894.
Czeiber, Franz. SS-Schütze.
* 22.11.1895.
Czemmel, Johann (auch: Gemmel).
SS-Schütze.
* 15.2.1898. Monowitz.
Cziudaj, Konrad. SS-Mann.
* 29.10.1912.
Czogalls, Karl. SS-Rottf.
* 1.5.1889.
Czok, Rudolf. SS-Rottf.
* 4.3.1903.

Damas, Paul. SS-Oscha.
* 3.7.1892.
Damaschke, Otto. SS-Oscha.
* 29.5.1889. SS-T-Stuba.
Danch, Michael. SS-Schütze.
* 14.12.1922.
Daniel, Gesa. SS-Schütze.
* 28.9.1925. SS-T-Stuba.
Danschke, Wilhelm. SS-Rottf.
* 25.1.1905. Stabskompanie.

Daubner, Josef. SS-Schütze.
* 29.12.1926. SS-T-Stuba.
Dax, Mathias. SS-Oberschütze.
* 9.5.1912. SS-T-Stuba, Monowitz, Standortverwaltung.
Deak, Josef. SS-Schütze.
* 19.5.1913. SS-T-Stuba, Jawischowitz, Golleschau.
Decker, Wilhelm. SS-Rottf.
* 15.11.1912.
Dehmel, Adolf. SS-Rottf.
* 10.6.1902. Okt. 1942 von Buchenwald.
Deininger, Stefan. SS-Schütze.
* 16.6.1924.
Demand, Jakob. SS-Strm.
* 8.7.1922.
Demling, Michael. SS-Schütze.
* 28.5.1916 Pausching. Ausbildungskompanie.
Denzinger, Jakob. SS-Strm.
* 29.6.1924. SS-T-Stuba, Monowitz.
Derer, Ignatz. SS-Schütze.
* 1.2.1910. SS-T-Stuba, Jawischowitz.
Deutschländer, Martin. SS-Strm.
* 20.4.1915 Dürrbach. SS-T-Stuba.
Dewald, Max. SS-Uscha.
* 31.8.1896. Dez. 1941 von Buchenwald.
Dibowski, Gustav. SS-Scharf.
* 8.2.1894. Abgang Mai 1941 Buchenwald.
Diduch, Anani. SS-Schütze.
* 8.8.1907. Fahrbereitschaft. SS-T-Stuba.
Diener, Adam. SS-Schütze.
* 19.9.1921. SS-T-Stuba, Jawischowitz, Golleschau.
Dietrich, Adam. SS-Schütze.
* 20.1.1903.
Dietz, Richard. SS-Schütze.
* 16.5.1925.
Dilmetz, Anton. SS-Schütze.
* 16.2.1908. Lagischa.
Dilmetz, Stefan. SS-Schütze.
* 20.1.1919. SS-T-Stuba.
Dilmetz, Stefan. SS-Schütze.
* 26.4.1923 Ruma/Kroatien. Lagischa.
Dittrich, Ernst. SS-Rottf.
* 27.9.1890.
Doebert, Fritz. SS-Strm.
* 18.12.1924. Monowitz.
Doege, Paul. SS-Schütze.
* 26.4.1893.
Döhlert, Wilhelm. SS-Uscha.
* 7.6.1898.
Döhring, Eugen. SS-Hscha.
* 23.1.1891 Danzig. Monowitz.
Dörflinger, Norbert. SS-Uscha.
* 6.5.1920.
Domann, Wilhelm. SS-Uscha.
* 9.9.1894.
Dombos, Mathias. SS-Schütze.
* 6.8.1896.
Dombrovski, Rudolf. SS-Strm.
* 5.7.1921. Eintrachthütte.
Dominikus, Josef. SS-Schütze.
* 23.7.1909. SS-T-Stuba, Jawischowitz.
Domschitz, Michael. SS-Schütze.
* 1.4.1895.
Donath, Stefan. SS-Schütze.
* 3.12.1912.
Doriath, Franz. SS-Strm.
* 13.11.1919. SS-T-Stuba, Jawischowitz, Golleschau.
Dotzauer, Gustav. SS-Uscha.
* 10.5.1902 Tuchorschitz, heute Tuchenice/Tschechien. Ab Sept. 1941.
Doviat, Franz. SS-Strm.
* 30.12.1911.
Dreer, Johann. SS-Schütze.
* 28.6.1922. Eintrachthütte.
Dreher, Georg. SS-Strm.
* 18.4.1915.
Drescher, Johann. SS-Schütze.
* 14.12.1902.
Drescher, Johann. SS-Schütze.
* 6.9.1912. SS-T-Stuba, Jawischowitz.
Drescher, Martin. SS-Schütze.
* 17.6.1911.
Drewitz, Julius. SS-Uscha.
* 21.10.1918.
Drexler, Jakob. SS-Schütze.
* 11.1.1909. SS-T-Stuba, Jawischowitz.
Drüssler, Vinzenz. SS-Strm.
* 1.12.1909.
Drumm, Adam. SS-Rottf.
* 19.9.1912. Standortverwaltung.

Dubielzig, Adolf. SS-Schütze.
* 9. 10. 1903. SS-T-Stuba,
Kommandanturstab Schutzhaftlager.
Düsmann, Franz. SS-Rottf.
* 23. 9. 1908. SS-T-Stuba.
Durst, Michael. SS-Rottf.
* 10. 8. 1921. Golleschau.
Dvorski, Emmerich. SS-Schütze.
* 27. 7. 1908. SS-T-Stuba,
Jawischowitz.

Ebenstreit, Adam. SS-Schütze.
* 13. 3. 1894.
Eberle, Ernst. SS-Schütze.
* 15. 6. 1901.
Ebner, Johann. SS-Schütze.
* 13. 4. 1899.
Eckert, Johann. SS-Schütze.
* 27. 1. 1902. SS-T-Stuba, Monowitz.
Eckmajer, Mathias. SS-Schütze.
* 4. 9. 1904.
Eggert, Johannes. SS-Uscha.
* 16. 7. 1923.
Ehlebracht, Friedrich. SS-Uscha.
* 24. 7. 1897.
Ehmann, Friedrich. SS-Oberschütze.
* 28. 2. 1908. Monowitz.
Eichberg, Willi. SS-Rottf.
* 6. 6. 1911. SS-Küche.
Eichinger, Simon. SS-Schütze.
* 22. 10. 1916. Jawischowitz.
Eichler, Franz. SS-Strm.
* 29. 9. 1897. SS-T-Stuba, Monowitz.
Eifler, Paul. SS-Strm.
* 26. 6. 1900.
Einander, Heinrich. SS-Mann.
* 18. 7. 1924.
Elagemann, Karl. SS-Rottf.
* 6. 4. 1906.
Eler, Paul. SS-Strm.
* 13. 10. 1913. SS-T-Stuba, Monowitz.
Elischer, Emmerich. SS-Schütze.
* 16. 11. 1913.
Elmer, Franz. SS-Strm.
* 22. 12. 1922 Apatin, Kreis Sambor.
Ab August 1943.
Emmes, Johann. SS-Schütze.
* 3. 2. 1922.

Enderle, Josef. SS-Schütze.
* 22. 3. 1917. SS-T-Stuba, Jawischowitz,
Golleschau.
Engelhardt, Georg. SS-Rottf.
* 1. 4. 1907.
Engert, Johann. SS-Schütze.
* 9. 1. 1922. SS-T-Stuba.
Engfer, Ewald. SS-Schütze.
* 15. 3. 1903 Jarmen / Pommern.
SS-T-Stuba.
Ensin, Johann. SS-Schütze.
* 10. 1. 1918 Rudaiten / Litauen.
SS-T-Stuba, Golleschau.
Erath, Anton. SS-Schütze.
* 27. 1. 1899.
Erbe, Alfred. SS-Uscha.
* 14. 3. 1894.
Erl, Ambros. SS-Strm.
* 29. 10. 1924. SS-T-Stuba,
Jawischowitz.
Erl, Reinhard. SS-Strm.
* 20. 10. 1921 Alt Hütte / Rumänien.
Standortverwaltung.
Ertel, Georg. SS-Uscha.
* 12. 5. 1907. SS-T-Stuba.
Esch, Anton. SS-Strm.
* 9. 1. 1909 Deutsch St. Peter.
Birkenau.
Eupen, Arnold. SS-Oscha.
* 18. 12. 1891. Monowitz.
Ewe, Karl. SS-Uscha.
* 15. 1. 1887 Nordhausen.
Bis 15. 1. 1944 in der Druckerei.

Fabeck, Albert. SS-Rottf.
* 14. 3. 1911. SS-T-Stuba, Monowitz.
Fabian, Gerhard. SS-Uscha.
* 5. 12. 1921 Königshütte. Zentral-
Bauleitung.
Fabinyi, Arpad. SS-Schütze.
* 3. 6. 1916. SS-T-Stuba, Standort-
verwaltung.
Fahr, Adam. SS-Schütze.
* 1. 7. 1917 Richrath. Golleschau.
Fahr, Johann. SS-Strm.
* 24. 2. 1908. Fürstengrube.
Falke, Erich. SS-Schütze.
* 20. 3. 1912.

Fakesch, Johann. SS-Strm.
* 18. 1. 1904 Aalisch / Rumänien.
Ab Okt. 1943.
Falb, Franz. SS-Rottf.
* 1. 6. 1921. SS-T-Stuba.
Falkenburger, Josias. SS-Strm.
* 11. 2. 1908. SS-T-Stuba, Jawischowitz, Golleschau.
Falkenstein, Georg. SS-Schütze.
* 23. 5. 1913. Standortverwaltung.
Farbschütz, Viktor. SS-Rottf.
* 4. 5. 1909.
Faritsch, Franz. SS-Schütze.
* 11. 9. 1921.
Fassler, Florian. SS-Strm.
* 4. 5. 1897.
Federmann, Josef. SS-Schütze.
* 23. 2. 1925. SS-T-Stuba, Jawischowitz.
Fehse, Fritz. SS-Rottf.
* 10. 6. 1906 Ausweiler.
Feichert, Heinz. SS-Strm.
* 5. 10. 1907.
Feigl, Anton. SS-Schütze.
* 25. 11. 1903.
Feitl, Johann. SS-Schütze.
* 14. 1. 1897. Monowitz.
Fender, Johann. SS-Strm.
* 17. 8. 1890.
Fenrich, Josef. SS-Rottf.
* 7. 2. 1909. Zentral-Bauleitung.
Fenselau, Fritz. SS-Schütze.
* 22. 3. 1902. SS-T-Stuba, Monowitz.
Feritsch, Franz. SS-Strm.
* 11. 9. 1921.
Ferntgen, Wilhelm. SS-Uscha.
* 17. 9. 1897.
Fesser, Otto. SS-Rottf.
* 23. 11. 1893. SS-T-Stuba, Monowitz.
Fetzger, Georg. SS-Strm.
* 30. 4. 1913.
Feurer, Eugen. SS-Strm.
* 8. 1. 1922. SS-T-Stuba, Monowitz.
Fiederer, Bartholomä. SS-Schütze.
* 1. 3. 1909. Stabskompanie, Wirtschaftshof Birkenau.
Filipczuk, Peter. SS-Strm.
* 8. 7. 1896. SS-T-Stuba, Standortverwaltung, Abt. Unterkunft.
Fill, Bernhard. SS-Strm.
* 22. 2. 1917.
Fischer, Anton. SS-Schütze.
* 25. 3. 1909. Zentral-Bauleitung.
Fischer, Anton. SS-Schütze.
* 2. 9. 1909. SS-T-Stuba, Jawischowitz.
Fischer, Daniel. SS-Schütze.
* 17. 3. 1918 Ofsenitza. SS-T-Stuba.
Fischer, Filip. SS-Schütze.
* 25. 4. 1903.
Fischer, Hans. SS-Mann.
* 3. 5. 1915 Plaue-Bernsdorf.
Fischer, Jakob. SS-Rottf.
* 10. 2. 1914.
Fischer, Philipp. SS-Schütze.
* 20. 3. 1918.
Fischer, Reinhold. SS-Schütze.
* 4. 6. 1900.
Fischer, Stefan. SS-Schütze.
* 14. 5. 1913. Stabskompanie, Wirtschaftshof Birkenau.
Fleck, Josef. SS-Schütze.
* 24. 8. 1899.
Flor, Ladislaus. SS-Schütze.
* 20. 6. 1914. SS-T-Stuba, Jawischowitz, Golleschau.
Flucher, Josef. SS-Strm.
* 1908. Bis 10. 7. 1942.
Förster, Paul. SS-Strm.
* 28. 10. 1895.
Fogel, Stefan. SS-Schütze.
* 17. 11. 1901.
Foit(h), Paul. SS-Rottf.
* 20. 2. 1909. Monowitz.
Folk, Michael. SS-Schütze.
* 18. 5. 1923. SS-T-Stuba.
Forstner, Josef. SS-Strm.
* 17. 4. 1904.
Fortenbacher, Anton. SS-Schütze.
* 23. 12. 1899.
Fox, Eduard. SS-Uscha.
* 30. 3. 1903. SS-T-Stuba.
Fräßdorf, Willi. SS-Strm.
* 16. 1. 1907.
Frank, Josef. SS-Schütze.
* 21. 9. 1892. Ab August 1944 Monowitz und Gleiwitz.

Frank, Kurt. SS-Rottf.
* 16.5.1893. SS-T-Stuba, Monowitz.
Frank, Matthias. SS-Schütze.
* 20.5.1911.
Franz, Bernhard. SS-Schütze.
* 4.5.1910. Monowitz.
Franz, Josef. SS-Schütze.
* 10.11.1922. Eintrachthütte.
Franzen, Dominik. SS-Strm.
* 15.7.1919.
Franzen, Michael. SS-Rottf.
* 1.10.1918.
Frass, Augustin. SS-Schütze.
* 27.11.1890. SS-T-Stuba, Monowitz.
Frauenhofer, Jakob. SS-Strm.
* 19.9.1908. Monowitz.
Freihaupt, Martin. SS-Schütze.
* 24.1.1909. SS-T-Stuba, Kommandantur, Jawischowitz.
Freudenberger, Karl. SS-Rottf.
* 6.9.1911. SS-T-Stuba.
Freyer, Kurt. SS-Uscha.
* 4.12.1920. März 1942 Abgang Buchenwald.
Freygang, Lothar Paul Arthur. SS-Oscha.
* 3.1.1905.
Fridmansky, Stefan. SS-Schütze.
* 3.7.1924.
Friedrich, Michael. SS-Schütze.
* 9.4.1908. SS-T-Stuba, Jawischowitz.
Friedrich, Robert. SS-Rottf.
* 11.3.1904 Rutckz/Polen. August 1941 von Buchenwald.
Friedzam, Adam. SS-Schütze.
* 15.10.1909. SS-T-Stuba, Jawischowitz.
Fritschi, Johann. SS-Schütze.
* 24.8.1908. SS-T-Stuba, Jawischowitz.
Fritz, Adam. SS-Schütze.
* 8.7.1914. Lagischa.
Fritz, Heinrich. SS-Rottf.
* 27.11.1914.
Fuchs, Matthias. SS-Strm.
* 7.11.1910. SS-T-Stuba.
Fuchs, Nikolaus. SS-Schütze.
* 24.6.1906.
Füger, Michael. SS-Strm.
* 26.10.1921.
Führer, Adolf. SS-Rottf.
* 7.10.1913. SS-T-Stuba.
Fülöp, Georg. SS-Strm.
* 15.3.1907.
Funk, Andreas. SS-Schütze.
* 4.10.1908. Monowitz.

Gärtner, Rudolf. SS-Schütze.
* 31.7.1892. SS-T-Stuba, Monowitz.
Gaida, Johann. SS-Uscha.
* 21.9.1894 Schwetzingen. Standortverwaltung.
Gallus, Johann. SS-Strm.
* 22.12.1908.
Garitonow, Paul. SS-Rottf.
* 11.3.1923 Schillfelde/Ostpreußen.
Gaus, Franz. SS-Schütze.
* 24.10.1914.
Gauweiler, Willi. SS-Schütze.
* 5.2.1924 Karlsruhe.
Gawron, Günther. SS-Uscha.
* 8.12.1921.
Gaza, Franz. SS-Uscha.
* 13.9.1906 Jankowitz. Zentral-Bauleitung.
Gebhardt, Adolf. SS-Strm.
* 23.9.1920. SS-T-Stuba.
Geng, Andreas. SS-Schütze.
* 22.1.1923.
Genur, Arpad. SS-Schütze.
* 7.7.1909. Zentral-Bauleitung.
Georg, Nikolaus. SS-Schütze.
* 11.11.1908. SS-T-Stuba, Monowitz.
Geppert, Friedrich. SS-Rottf.
* 4.1.1904.
Gerathewohl, Friedrich. SS-Uscha.
* 24.9.1888 Schallbach, Kreis Lörrach. Ab Sommer 1941.
Gerich, Adam. SS-Schütze.
* 23.11.1909. SS-T-Stuba, Jawischowitz.
Gerold, Johann. SS-Schütze.
* 6.12.1900.
Gerstenberger, Wilhelm. SS-Strm.
* 4.4.1905. SS-T-Stuba.
Gester, Nikolaus. SS-Schütze.
* 6.1.1908.
Gete, Ludwig. SS-Uscha.
* 24.8.1894. SS-T-Stuba, Monowitz.

Getto, Paul. SS-Schütze.
* 20.12.1912.
Geuss, Fritz. SS-Strm.
* 15.1.1911.
Geyer, Jakob. SS-Schütze.
* 17.11.1914. Jawischowitz.
Gieg, Wilhelm. SS-Schütze.
* 5.10.1922.
Gillich, Hans. SS-Schütze.
* 7.1.1909. SS-T-Stuba, Jawischowitz.
Gillich, Mathias. SS-Schütze.
* 11.3.1912.
Gjutkowitsch, Adam. SS-Schütze.
* 17.11.1923. SS-T-Stuba, Jawischowitz, Golleschau.
Glatter, Rudolf. SS-Rottf.
* 26.9.1910 Petersdorf, Kreis Freiwaldau. Ab Februar 1941.
Glombik. SS-Hscha.
* 25.12.1905. Leiter der Effektenkammer Block 26.
Gluffke, Oskar. SS-Oscha.
* 2.6.1885 Briese (Potsdam). Standortverwaltung.
Gmeindl, Alois. SS-Schütze.
* 17.2.1902.
Göhler, Herbert. SS-Strm.
* 26.1.1923.
Goehler, Richard. SS-Strm.
* 12.7.1890. Monowitz.
Gönczöl, Balasz. SS-Schütze.
* 2.3.1903.
Goerke, Wilhelm. SS-Schütze.
* 13.3.1894 Ibbenbühren. Ab Juni 1944 in Birkenau.
Goerner, Rudolf. SS-Oscha.
* 20.2.1893. Monowitz.
Goettlinger, Georg. SS-Schütze.
* 26.9.1901.
Göttlinger, Johann. SS-Schütze.
* 21.4.1900.
Götzinger, Stefan. SS-Strm.
* 26.1.1908. Monowitz.
Goggele, Josef. SS-Oscha.
* 28.1.1893. Monowitz.
Gohnwets, Josef. SS-Strm.
* 28.2.1905 Vrasselt b. Essen.
Goj, Johann. SS-Schütze.
* 8.2.1896. SS-T-Stuba.
Goller, Willi. SS-Schütze.
* 8.11.1905.
Gomolka, Anton. SS-Strm.
* 30.12.1908.
Gorny, Roman. SS-Strm.
* 26.2.1908.
Gotthardt, Georg. SS-Hscha.
* 3.10.1895. Monowitz.
Gottlieb, Josef. SS-Schütze.
* 1.4.1924.
Gottschlich, Walter. SS-Strm.
* 7.9.1924.
Graf, Ernst. SS-Schütze.
* 22.11.1925 Kronenburg.
Graf, Johann. SS-Schütze.
* 10.3.1916.
Grandl, Walter. SS-Schütze.
* 22.5.1898 Klösterle. Zentral-Bauleitung.
Granitzny, Franz. SS-Rottf.
* 26.1.1891. SS-T-Stuba.
Grassie, Stefan. SS-Oscha.
* 17.2.1905 Nürnberg. Januar bis August 1941.
Grasy, Josef. SS-Schütze.
* 12.1.1900.
Grausee, Willi. SS-Strm.
* 21.3.1921.
Gray, Jakob. SS-Schütze.
* 30.5.1909. SS-T-Stuba, Jawischowitz.
Greczicz, Franz. SS-Schütze.
* 15.3.1908 Esseg/Kroatien. SS-T-Stuba.
Greve, Wilhelm. SS-Rottf.
* 28.11.1908 Herderode. Okt. 1940 bis März 1941.
Grißbietsch, Otto. SS-Schütze.
* 25.5.1893.
Grimm, Rudolf. SS-Strm.
* 12.10.1905. Abgang April 1942 Buchenwald.
Grisse, Albert. SS-Schütze.
* 15.6.1899. Mai bis Okt. 1944.
Grösser, Jakob. SS-Schütze.
* 3.9.1923 Plinize. Ab Sept. 1943, Babitz.

Grohmann, Alois. SS-Rottf.
* 1.3.1920 Ostrely/Kroatien. SS-T-Stuba.
Grollmus, Anton. SS-Schütze.
* 22.8.1902. SS-T-Stuba, Jawischowitz.
Gross, Simon. SS-Schütze.
* 23.8.1908. SS-T-Stuba, Monowitz.
Gross, Wilhelm. SS-Schütze.
* 13.1.1898.
Grosse, Ferdinand. SS-Strm.
* 28.11.1924. SS-T-Stuba.
Grosseibel, Urban. SS-Strm.
* 29.3.1908.
Grossmann, Helmut. SS-Rottf.
* 5.8.1911.
Großmann, Paul. SS-Schütze.
* 28.6.1923.
Grotschnig, Karl. SS-Rottf.
* 20.7.1921.
Gruber, Eduard. SS-Uscha.
* 14.6.1907. Standortverwaltung.
Grünwald, Herbert. SS-Strm.
* 20.8.1912.
Grunau, Erich. SS-Rottf.
* 6.10.1922 Wysupänen/Ostpreußen.
Grundtner, Johann. SS-Schütze.
* 9.8.1905.
Grzegorczyk, Robert. SS-Uscha.
* 24.3.1895. Herbst 1944 Charlottengrube.
Gsuk, Gerhard. SS-Strm.
* 10.3.1911.
Gudaitis, Stanislaw. SS-Strm.
* 7.5.1924 Paruschnow/Litauen.
Güse, August. SS-Strm.
* 8.1.1892. SS-T-Stuba, Monowitz.
Guesgen, Franz. SS-Oscha.
* 10.1.1907 Trier. Mai 1940 bis Januar 1941.
Gundermann, Adolf. SS-Rottf.
* 15.9.1906. Monowitz.
Guschlbauer, Paul. SS-Rottf.
* 31.12.1912.
Guse, Friedrich. SS-Schütze.
* 18.7.1888.
Guse, Walter. SS-Schütze.
* 24.5.1925.
Guss, Friedrich. SS-Schütze.
* 24.4.1909.
Guszter, Nikolaus. SS-Schütze.
* 6.1.1908. SS-T-Stuba, Jawischowitz.
Gutenkunst, Ludwig. SS-Schütze.
* 30.7.1921.
Gutpelet, Lorenz. SS-Schütze.
* 10.4.1908. SS-T-Stuba, Jawischowitz.

Haack, Reinhold. SS-Strm.
* 20.2.1909. SS-T-Stuba, Abgang Juni 1944 zur 5. SS-Panzergrenadier-Division *Wiking*.
Haas, Johann. SS-Schütze.
* 25.2.1896.
Habel, Otto. SS-Uscha.
* 7.9.1913.
Habenschuß, Martin. SS-Strm.
* 23.1.1911. Jawischowitz.
Habenschuß, Paul. SS-Schütze.
* 15.10.1914. Lagischa.
Habich, Jakob. SS-Strm.
* 20.1.1913.
Hänel, Emil. SS-Strm.
* 5.6.1892. SS-T-Stuba, Monowitz.
Häuser, Jacob. SS-Uscha.
* 30.10.1893 Darmstadt. Zentral-Bauleitung.
Häusler, Oskar. SS-Strm.
* 23.7.1921. SS-T-Stuba, Jawischowitz, Golleschau.
Hafermann, Arthur. SS-Schütze.
* 23.1.1905. SS-T-Stuba, Monowitz.
Hafke, Paul. SS-Strm.
* 1.3.1924. Hundestaffel.
Hagendorn, Karl. SS-Strm.
* 30.7.1922.
Hahn, Georg. SS-Strm.
* 10.8.1919. Monowitz, Jawischowitz.
Hahn, Wilhelm. SS-Hscha.
* 18.1.1914 Limbach. Standortverwaltung.
Hahne, Wilhelm. SS-Strm.
* 18.3.1896. SS-T-Stuba, Standortverwaltung.
Hahner, Anton. SS-Strm.
* 19.12.1921.
Hahner, Johann. SS-Schütze.
* 15.10.1920.

Haitsch, Paul. SS-Schütze.
* 11. 1. 1911. SS-T-Stuba, Jawischowitz, Golleschau.
Hamel, Johannes. SS-Schütze.
* 4. 3. 1901.
Hamm, Herbert. SS-Rottf.
* 11. 9. 1921.
Hammer, Anton. SS-Uscha.
* 7. 11. 1885. Monowitz.
Hammer, Ferdinand. SS-Strm.
* 30. 7. 1921.
Hampe, Heinz. SS-Scharf.
* 6. 2. 1917.
Hampel, Franz. SS-Schütze.
* 17. 1. 1910. Ab August 1944 in Monowitz.
Hampel, Julius. SS-Schütze.
* 11. 11. 1893. Monowitz, August 1944 Trzebinia.
Handl, Michael. SS-Schütze.
* 29. 9. 1895.
Hanfler, Ernst. SS-Strm.
* 8. 5. 1890. Monowitz.
Hanning, Reinhold. SS-Strm.
* 28. 12. 1921.
Hansen, Heinrich. SS-Strm.
* 3. 4. 1900.
Hansen, Theodor. SS-Schütze.
* 22. 1. 1921.
Harangas, Alexander. SS-Schütze.
* 1924.
Haring, Ernst. SS-Scharf.
* 3. 7. 1887. Monowitz.
Harnisch, Josef. SS-Strm.
* 24. 2. 1909. SS-T-Stuba, Monowitz.
Hartmann, Erich. SS-Schütze.
* 27. 1. 1912.
Hartner, Johann. SS-Schütze.
* 10. 12. 1909. SS-T-Stuba, Jawischowitz, Golleschau.
Hartstein, Felix. SS-Rottf.
* 25. 6. 1902 Bautzen. Ab Okt. 1944, Jawischowitz.
Hartung, Otto. SS-Rottf.
* 20. 1. 1904. Monowitz.
Hastenteufel, Josef. SS-Strm.
* 16. 3. 1913. SS-T-Stuba, Jawischowitz, Golleschau.
Hatschitz, Alois. SS-Schütze.
* 2. 4. 1903.
Haubeck, Oswald. SS-Uscha.
* 8. 10. 1910.
Haupt, Alfred. SS-Schütze.
* 1910. Abgang am 10. 7. 1942.
Haus, Franz. SS-Schütze.
* 3. 10. 1922 (auch: 1912).
Hausberger, Alois. SS-Rottf.
* 7. 6. 1912.
Hauser, Franz. SS-Schütze.
* 28. 1. 1909. Monowitz.
Hausmann, Oswald. SS-Strm.
* 6. 6. 1913 Kalwaria.
Hauswald, Walter. SS-Strm.
* 17. 11. 1889. SS-T-Stuba, Monowitz.
Hautzinger, Martin. SS-Schütze.
* 11. 7. 1903.
Hebenstreit, Paul. SS-Rottf.
* 27. 4. 1901.
Heberling, Jakob. SS-Schütze.
* 18. 3. 1908. SS-T-Stuba, Jawischowitz.
Hebestreit, Andreas. SS-Uscha.
* 22. 11. 1897. SS-T-Stuba, Monowitz.
Heckershoff, Günther. SS-Rottf.
* 8. 2. 1923.
Hedrich, Emil. SS-Schütze.
* 22. 2. 1921.
Heger, Adam. SS-Schütze.
* 16. 8. 1904.
Hegerding, Karl Heinz. SS-Schütze.
* 13. 10. 1917.
Hegyaljai, Janos. SS-Schütze.
* 8. 11. 1899.
Hehn, Andreas. SS-Schütze.
* 26. 9. 1912. Jawischowitz.
Heim, Richard. SS-Rottf.
* 21. 1. 1909. Monowitz.
Heimann, Hermann. SS-Schütze.
* 15. 1. 1910.
Heims, Heinz. SS-Unterführer.
* 3. 7. 1913 Osnabrück.
Heinrich, Martin. SS-Strm.
* 18. 8. 1908.
Heintschel, Rudolf. SS-Rottf.
* 8. 7. 1909.
Heiser, Walter. SS-Uscha.
* 18. 1. 1905. Monowitz.

Heisler, Josef. SS-Schütze.
* 22.4.1897.
Hellich, Michael. SS-Schütze.
* 19.9.1911. Monowitz.
Helmer, Karl. SS-Strm.
* 3.9.1903 Essen. Juli 1942 bis Sept. 1943 Birkenau.
Helzel, Franz. SS-Schütze.
* 4.4.1893.
Hemkendreis, Bernhard. SS-Rottf.
* 2.1.1914. Monowitz.
Hempel, Paul. SS-Strm.
* 19.4.1895. SS-T-Stuba, Monowitz, Gleiwitz I.
Henkel, Josef. SS-Strm.
* 4.4.1895.
Hennig, Konrad. SS-Rottf.
* 4.7.1921.
Hepp, Franz. SS-Rottf.
* 4.1.1915.
Herbert, Michael. SS-Schütze.
* 15.6.1909. Monowitz.
Hermann, Josef. SS-Schütze.
* 5.9.1912 Putinci / heutiges Serbien. Lagischa.
Hermann, Simon. SS-Schütze.
* 3.7.1908. SS-T-Stuba, Golleschau.
Herold, Johann. SS-Schütze.
* 5.3.1925. Stabskompanie, Budy.
Herrmann, Eugen. SS-Strm.
* 20.2.1889. Monowitz.
Herud, Reinhold. SS-Uscha.
* 22.4.1911.
Herzog, Johann. SS-Schütze.
* 1.12.1905. Abgang Oranienburg.
Hess, Ferdinand. SS-Rottf.
* 12.3.1921.
Hess, Josef. SS-Schütze.
* 19.5.1895.
Hetzel, Heinrich. SS-Rottf.
* 22.8.1881.
Heubeck, Ewald. SS-Uscha.
* 8.10.1919.
Heuer, Willy. SS-Strm.
* 28.12.1922. Monowitz.
Hey, Artur. SS-Schütze.
* 2.11.1910. SS-T-Stuba, Jawischowitz, Golleschau.
Heydt, Kurt von der. SS-Schütze.
* 17.4.1902.
Hichstaedt, Erich. SS-Oberschütze.
* 14.4.1923.
Hickmann, Arno. SS-Schütze.
* 9.10.1890.
Hierholz, Mathias. SS-Schütze.
* 2.11.1902 Budaoers. Ab Okt. 1944, Monowitz.
Hildebrandt, Edmund. SS-Schütze.
* 23.1.1904. August 1941 von Buchenwald.
Himmelspach, Jakob. SS-Schütze.
* 21.4.1917. Jawischowitz, Golleschau.
Hindorf, Willi. SS-Schütze.
* 28.5.1904.
Hink, Herbert. SS-Schütze.
* 12.3.1922.
Hinkl, Anton. SS-Schütze.
* 18.11.1909. SS-T-Stuba, Golleschau.
Hintzsche, Herbert. SS-Schütze.
* 6.12.1896. Monowitz.
Hirschmann, Josef. SS-Strm.
* 25.9.1901.
Hirschmann, Josef. SS-Strm.
* 25.9.1921. SS-T-Stuba, Standortverwaltung.
Hirtenkauf, Josef. SS-Schütze.
* 19.3.1922. Lagischa.
Hisel, Michael. SS-Schütze.
* 5.12.1897.
Hladisch, Nikolaus. SS-Strm.
* 23.10.1918. SS-T-Stuba, Jawischowitz.
Hochgräbe, August. SS-Rottf.
* 20.1.1909. Monowitz.
Höblinger, Franz. SS-Rottf.
* 21.3.1924 Wien.
Höhne, Willi. SS-Hscha.
* 4.8.1888.
Höltzle, Friedrich. SS-Uscha.
* 3.1.1895. Monowitz.
Hönig, Franz. SS-Strm.
* 12.12.1912.
Hofer, Paul. SS-Schütze.
* 5.12.1900.
Hoffer, Simon. SS-Schütze.
* 27.11.1904.

Hoffmann, Edmund. SS-Oscha.
* 23.8.1911 Jozefow. 1941 bis 1943.
Hoffmann, Franz. SS-Strm.
* 10.1.1924.
Hoffmann, Johann. SS-Schütze.
* 7.11.1895.
Hoffmann, Josef. SS-Schütze.
* März 1918. Okt. 1942 von Buchenwald.
Hoffmann, Max. SS-Strm.
* 18.5.1901 Hof. Monowitz.
Hoffmann, Richard. SS-Schütze.
* 27.2.1922.
Hoffmann, Wilhelm. SS-Oscha.
* 23.5.1892. Monowitz.
Hofleith, Herbert (Hubert?). SS-Strm.
* 10.6.1920. Zugang Juli 1942.
Hofmann, Arndt. SS-Uscha.
* 10.10.1922. SS-T-Stuba.
Hofmann, Ernst. SS-Strm.
* 20.10.1911. Monowitz.
Hofmarksrichter, Michael. SS-Strm.
* 2.5.1903. SS-T-Stuba, Standortverwaltung.
Hohberger, Hans Georg. SS-Rottf.
* 28.10.1907. Ab Nov. 1944.
Holitzki, Michael. SS-Rottf.
* 9.9.1911. SS-T-Stuba, Jawischowitz, Golleschau.
Hollndonner, Andreas. SS-Schütze.
* 2.9.1894. Abgang Dez. 1944 Buchenwald.
Holtz, Walter. SS-Rottf.
* 27.1.1906. Monowitz.
Holze, Friedrich. SS-Strm.
* 21.6.1908.
Holzhammer, Anton. SS-Strm.
* 16.2.1921.
Hones, Rudolf. SS-Schütze.
* 17.7.1921. SS-T-Stuba, Jawischowitz, Golleschau.
Honning, Ludwig. SS-Schütze.
* 25.3.1921.
Hoose, Walter. SS-Uscha.
* 9.3.1912.
Hopp, Franz. SS-Rottf.
* 4.1.1915.
Hoppenz, Walter. SS-Schütze.
* 16.12.1891. SS-T-Stuba, Monowitz.
Hopprich, Michael. SS-Strm.
* 17.3.1913. SS-T-Stuba.
Hornung, Peter. SS-Strm.
* 28.3.1923.
Horrider, Mathias. SS-Schütze.
* 11.4.1897.
Houthujzen, Peter. SS-Schütze.
* 26.3.1907.
Hoyer, Walter. SS-Uscha.
* 3.11.1907 Tilsit.
Hub, Georg. SS-Strm.
* 3.11.1907.
Huber, Franz. SS-Schütze.
* 24.12.1901. Monowitz.
Huber, Karl. SS-Schütze.
* 30.9.1903.
Hülbig, Paul. SS-Schütze.
* 2.5.1895. Monowitz.
Hummel, Max. SS-Rottf.
* 10.8.1906.
Hussek, Franz. SS-Rottf.
* 5.8.1905.
Husser, Johann. SS-Schütze.
* 30.8.1901. Monowitz.
Huttfless, Mathias. SS-Schütze.
* 25.6.1924 Kaltenstein / Ungarn. SS-T-Stuba.
Hutzl, Anton. SS-Schütze.
* 10.7.1914 Batschka-Weprowatz. Ab Sept. 1943.

Igelsberger, Georg. SS-Strm.
* 20.9.1914. Monowitz.
Ignatowitsch, Walter. SS-Strm.
* 17.10.1911 Andrejautzen / spätere UdSSR.
Illmann, Otto. SS-Oscha.
* 19.11.1892. Monowitz.
Istones, Melchior. SS-Strm.
* 8.8.1897.

Jäger, Otto. SS-Uscha.
* 13.11.1906. Juli 1941 von Buchenwald.
Jänecke, Franz. SS-Schütze.
* 26.1.1900.
Jänsch, Rudolph. SS-Rottf.
* 4.5.1907.

Jagla, Robert. SS-Strm.
* 28.9.1922.
Jahn, Heinrich. SS-Schütze.
* 4.12.1896. Abgang Januar 1942 Buchenwald.
Jahn, Josef. SS-Schütze.
* 14.1.1906 Bernhau, später Barnov/Tschechien. Ab Sept. 1944, Birkenau.
Jakubek, Nikolaus. SS-Schütze.
* 10.1.1910.
Janech, Emil. SS-Rottf.
* 23.8.1899.
Janus, Josef. SS-Rottf.
* 4.7.1893. SS-T-Stuba, Standortverwaltung.
Jasenek, Paul. SS-Schütze.
* 17.6.1903. SS-T-Stuba.
Jellenicz, Franz. SS-Rottf.
* 22.5.1905 Kimpolung/Rumänien. Stabskompanie.
Jensch, Emil. SS-Rottf.
* 23.8.1899.
Johannson, Kurt. SS-Strm.
* 10.4.1914.
John, Michael. SS-Schütze.
* 18.12.1898. Monowitz.
Joos, Peter. SS-Rottf.
* 16.10.1908. SS-T-Stuba, Jawischowitz.
Joppe, Ewald. SS-Schütze.
* 4.7.1893. SS-T-Stuba, Monowitz.
Jositsch, Mathias. SS-Schütze.
* 14.7.1921.
Josun, Franz. SS-Rottf.
* 24.4.1919 Snappen/Schloßberg in Ostpreußen.
Junesch, Hans. SS-Strm.
* 18.8.1909.
Jung, Adam. SS-Schütze.
* 12.12.1922.
Jung, Georg. SS-Strm.
* 12.5.1912.
Jungbauer, Karl. SS-Schütze.
* 25.10.1902.
Junkert, Adam. SS-Strm.
* 30.3.1911. Monowitz.
Jurda, Ferdinand. SS-Schütze.
* 28.2.1915. SS-T-Stuba, Kommandanturstab.
Jurk, Oskar. SS-Strm.
* 13.4.1906. Monowitz.
Justus, Fritz. SS-Strm.
* 20.7.1921 Neusatz/Ungarn. SS-T-Stuba.

Kämpfer, Johann. SS-Rottf.
* 1.1.1903. SS-T-Stuba.
Kallus, Bronislaw. SS-Uscha.
* 19.9.1897.
Kaltenborn, Martin. SS-Schütze.
* 9.1.1895.
Kaltofen, Karl. SS-Schütze.
* 1.5.1889. SS-T-Stuba, Monowitz.
Kaluza, Wilhelm. SS-Rottf.
* 3.11.1920.
Kannenberg, Willi. SS-Uscha.
* 19.10.1909.
Kapellar, Josef. SS-Schütze.
* 7.12.1916.
Kapitschke, Erich. SS-Strm.
* 26.7.1903 Adlershof b. Berlin.
Kapp, Michael. SS-Schütze.
* 3.11.1908. Monowitz.
Kapri, Leon. SS-Schütze.
* 18.2.1907.
Karoly, Gustav. SS-Strm.
* 14.8.1908. Birkenau.
Karth, Erika Ilse Gertrud. SS-Aufseherin.
* 24.5.1923 Berlin. Ab Sommer 1944.
Kasek, Josef. SS-Strm.
* 24.8.1895. Monowitz.
Kass, Elisabeth. SS-Aufseherin.
* 20.8.1927 (!).
Kass, Josef. SS-Schütze.
* 9.2.1908. Golleschau.
Kassner, Albert. SS-Oscha.
* 3.1.1891 Weipert. Nov. 1941 bis April 1942.
Kaul, Alfons. SS-Oscha.
* 28.1.1891. SS-T-Stuba, Monowitz.
Kaunas, Anton. SS-Rottf.
* 12.10.1913 in Litauen. SS-T-Stuba, Monowitz.
Keiler, Philipp. SS-Schütze.
* 30.3.1912. SS-T-Stuba, Jawischowitz, Golleschau.

Keller, Johann. SS-Schütze.
* 6.8.1901.
Keller, Johann. SS-Schütze.
* 13.1.1904.
Keller, Ludwig. SS-Strm.
* 1.3.1912.
Keller, Max. SS-Uscha.
* 29.5.1896. Monowitz.
Keller, Wilhelm. SS-Strm.
* 22.5.1913. SS-T-Stuba Monowitz.
Kempf, Johann. SS-Schütze.
* 12.5.1908 Hodsak/Ungarn. SS-T-Stuba. Ab Okt. 1943.
Kempt, Friedrich. SS-Uscha.
* 9.3.1896. Monowitz.
Kern, Andreas. SS-Strm.
* 24.9.1899. Monowitz.
Kerschl, Karl. SS-Rottf.
* 4.11.1921.
Kessler, Emil. SS-Strm.
* 29.11.1902.
Kessler, Erich. SS-Rottf.
* 19.8.1905.
Kick, Johann. SS-Rottf.
* 16.2.1915. SS-T-Stuba, Monowitz.
Kilbertus, Sebastian. SS-Schütze.
* 8.9.1900. Monowitz.
Kincel, Wilhelm. SS-Strm.
* 28.7.1921.
Kindler, Bruno. SS-Strm.
* 18.1.1890. SS-T-Stuba, Monowitz.
Kindler, Johann. SS-Schütze.
* 24.12.1903. Monowitz.
Kindler, Johann. SS-Schütze.
* 12.3.1909. SS-T-Stuba.
Kindler, Josef. SS-Strm.
* 25.7.1908. Monowitz.
Kinski, Wilhelm. SS-Unterführer.
* 18.4.1909 Deutsch-Eylau.
Kiraly, Franz. SS-Schütze.
* 17.10.1902 Wien. Okt. 1941 bis Juni 1942.
Kirchknopf, Andreas. SS-Mann (?).
* 12.7.1894 Agendorf/Ungarn. SS-T-Stuba.
Kissling, Otto. SS-Scharf.
* 20.6.1887 Niederwada/Sachsen. Monowitz.
Kitzinger, Johann. SS-Schütze.
* 29.7.1901.
Klamer, Johann. SS-Strm.
* 13.1.1905. SS-T-Stuba, Monowitz.
Klause, Willi. SS-Unterführer.
* 18.7.1916 Liegnitz.
Kleemann, Hans. SS-Schütze.
* 9.2.1907.
Kleidt, Hans. SS-Uscha.
* 15.10.1906.
Klein, Adam. SS-Schütze.
* 10.12.1910. SS-T-Stuba, Jawischowitz.
Klein, Franz. SS-Schütze.
* 2.12.1920. Eintrachthütte.
Klein, Franz. SS-Strm.
* 6.11.1908.
Klein, Hermann. SS-Strm.
* 2.7.1908.
Klein, Karl. SS-Strm.
* 10.2.1923.
Kleitsch, Franz. SS-Rottf.
* 29.1.1912.
Klemens, Jakob. SS-Schütze.
* 15.7.1904.
Klement, Miroslaus. SS-Schütze.
* 1.4.1918 Bystra, Kreis Krakau.
Klemm, Stefan. SS-Schütze.
* 26.8.1912. SS-T-Stuba.
Klinger, Franz. SS-Schütze.
* 2.4.1898. Wachmannschaft.
Klingner, Otto Richard. SS-Uscha.
* 20.4.1896 Crellenhain. Nov. 1941 bis Juni 1942.
Klötzing, Karl. SS-Uscha.
* 24.3.1895.
Klose, Albert. SS-Uscha.
* 23.12.1892.
Knab, Franz. SS-Schütze.
* 19.10.1895.
Knapitsch, Franz. SS-Uscha.
* 27.11.1912.
Knapp, Franz. SS-Strm.
* 29.8.1922. Monowitz.
Knappe, Paul. SS-Rottf.
* 24.7.1892. SS-T-Stuba, Monowitz.
Kniesling, Anton. SS-Schütze.
* 13.6.1902. Monowitz.

Knobloch, Max. SS-Rottf.
* 6.6.1881.
Knöbl, Johann. SS-Schütze.
* 17.5.1900.
Koch, Adam. SS-Strm.
* 19.12.1909. Eintrachthütte.
Koch, Hermann. SS-Uscha.
* 13.11.1895.
Koch, Josef. SS-Strm.
* 23.3.1891. Monowitz.
Köder, Heinz. SS-Uscha.
* 30.8.1921 Spremberg. Standortverwaltung.
Kögel, Walter. SS-Rottf.
* 5.3.1922.
Köhalmi, Wendelin. SS-Schütze.
* 19.9.1897.
Köhl, Franz. SS-Strm.
* 2.10.1896. SS-T-Stuba, Monowitz.
Kölbl, Johann. SS-Rottf.
* 7.3.1904. Monowitz.
Kösser, Paul. SS-Scharf.
* 8.2.1888. SS-T-Stuba, Monowitz.
Kohl, Andreas. SS-Schütze.
* 12.5.1914. Eintrachthütte.
Kohlberg, Max. SS-Strm.
* 11.2.1905.
Kohlmann, Franz. SS-Rottf.
* 19.10.1917.
Kohlmann, Mathias. SS-Schütze.
* 21.8.1901.
Kolbert, Franz. SS-Schütze.
* 10.7.1922.
Kolomas, Johann. SS-Schütze.
* 21.8.1895.
Kopp, Johann. SS-Schütze.
* 1.11.1908. Stabskompanie.
Korianski, Friedrich. SS-Strm.
* 1.10.1913. Kommandanturstab Birkenau, Blockführer.
Korner, Johann. SS-Schütze.
* 3.3.1923.
Korthals, Fritz Willi. SS-Rottf.
* 18.10.1911 Neu Glinke/Bromberg. Ab Okt. 1943.
Korwizi, Stefan. SS-Rottf.
* 27.1.1923 Lugosch.
Koscin, Johann. SS-Strm.
* 28.2.1921 Quedlinburg.
Kosilek, Stefan. SS-Strm.
* 24.5.1908 in Rumänien. Monowitz.
Kostka, Bernhard. SS-Strm.
* 13.4.1924. Monowitz.
Kostosch, Richard. SS-Strm.
* 28.12.1895.
Kostschak. Georg. SS-Schütze.
* 25.4.1908. Stabskompanie.
Kowatsch, Johann (Kovacs). SS-Schütze.
* 11.7.1922.
Kowatsch, Martin. SS-Strm.
* 29.1.1918.
Kowol, Fritz. SS-Rottf.
* 15.6.1893 Frankfurt am Main.
Krabbo, Otto. SS-Strm.
* 20.2.1908.
Kradi, Johann. SS-Strm.
* 16.3.1909. Monowitz.
Krämer, Leopold. SS-Rottf.
* 21.4.1913.
Krämer, Paul. SS-Schütze.
* 28.3.1908. Stabskompanie.
Kraft, Otto. SS-Oscha.
* 15.6.1909.
Kraier, Hermann. SS-Uscha.
* 8.1.1892. SS-T-Stuba, Monowitz.
Kramer, Alfred. SS-Hscha.
* 17.6.1895. SS-T-Stuba, Monowitz.
Kraus, Andreas. SS-Schütze.
* 18.8.1903. Abgang Dez. 1944 Buchenwald.
Kraus, Johann. SS-Schütze.
* 3.2.1923.
Krause, Adolf. SS-Oscha.
* 6.5.1892. Monowitz.
Krause, Felix. SS-Oscha.
* 18.6.1905.
Krauss, Samuel. SS-Schütze.
* 28.5.1900. Abgang Dez. 1944 Buchenwald.
Krebs, Anton. SS-Schütze.
* 6.6.1909. Stabskompanie, Wirtschaftshof Birkenau.
Kreiss, Franz. SS-Schütze.
* 2.11.1906 Nagykovaczi/Ungarn.

Kreith, Oswin. SS-Strm.
* 16.11.1894 Pferdingsleben/Thüringen. Ab Juli 1944.
Kress, Michael. SS-Schütze.
* 7.6.1900. Abgang Dez. 1944 Buchenwald.
Kretschmer, Otto. SS-Scharf.
* 6.9.1890. SS-T-Stuba, Monowitz.
Kretz, Georg. SS-Schütze.
* 6.8.1918.
Kreutzer, Wilhelm. SS-Rottf.
* 14.9.1904. Monowitz.
Krill, Kurt. SS-Strm.
* 18.2.1923.
Kritz, Karl. SS-Schütze.
* 17.5.1903.
Kroll, Alfred. SS-Oberschütze.
* 24.4.1925.
Kronauer, Mathias. SS-Schütze.
* 3.12.1902.
Kruschinski, Günther. SS-Uscha.
* 8.3.1920. SS-T-Stuba, Jawischowitz.
Kruse, Erwin. SS-Strm.
* 2.12.1919.
Kruse, Gregor. SS-Schütze.
* 27.10.1904.
Krutzek, Paul. SS-Strm.
* 15.4.1911.
Kubert, Harry. SS-Rottf.
* 25.9.1908. Monowitz.
Kubis, Josef. SS-Uscha.
* 13.11.1902. SS-T-Stuba.
Kuchinka, Hans. SS-Strm.
* 22.11.1919 Bratislava. Standortverwaltung.
Kückner, Gottlieb. SS-Schütze.
* 17.6.1903.
Kühm, Alex. SS-Strm.
* 9.8.1920.
Kühner, Josef. SS-Schütze.
* 8.6.1908. Stabskompanie.
Kürmel, Ludwig. SS-Rottf.
* 11.8.1903.
Kujanek, Heinz. SS-Strm.
* 6.2.1919.
Kultermann, Fritz. SS-Strm.
* 13.3.1921. SS-T-Stuba, Standortverwaltung.
Kunczer, Michael. SS-Schütze.
* 21.10.1902. Monowitz.
Kundis, Walter. SS-Schütze.
* 10.4.1904.
Kunert, Karl. SS-Uscha.
* 29.3.1902 Krotendorf/Jägerndorf. SS-T-Stuba, Zentral-Bauleitung.
Kungl, Anton. SS-Schütze.
* 3.10.1925. Eintrachthütte.
Kungl, Lorenz. SS-Strm.
* 9.8.1923.
Kuntze, Magdalena. NS-Schwester.
* 28.2.1920 Baar, Kreis Hattingen.
Kunz, Josef. SS-Strm.
* 10.2.1911 (auch 10.9.1914).
Kuppek, Anton. SS-Schütze.
* 13.3.1917. Lagischa.
Kuppek, Hans. SS-Schütze.
* 6.8.1916. SS-T-Stuba.
Kurbel, Josef. SS-Schütze.
* 28.1.1894.
Kure, Anton. SS-Schütze.
* 21.11.1896. Abgang Dez. 1944 Buchenwald.
Kurz, Franz. SS-Uscha.
* 23.3.1923.
Kuska, Wilhelm. SS-Schütze.
* 20.4.1908.

Lachmann, Herbert. SS-Rottf.
* 4.6.1922. Blockführer Monowitz.
Lagler, Andreas. SS-Schütze.
* 17.10.1903.
Lakner, Anton. SS-Schütze.
* 12.6.1922.
Lamberger, Mathias. SS-Rottf.
* 9.2.1903. Monowitz.
Lambert, Theodor. SS-Schütze.
* 13.6.1922.
Lammek, Christian. SS-Schütze.
* 27.1.1908. Stabskompanie.
Landskron, Ernst. SS-Rottf.
* 15.7.1891. Monowitz.
Lang, Franz. SS-Rottf.
* 23.10.1921. Monowitz.
Lang, Rudolf. SS-Schütze.
* 23.1.1902.

Lang, Wilhelm. SS-Schütze.
* 26.12.1905.
Langner, Franz. SS-Oscha.
* 5.8.1891.
Lassig, Anina. SS-Aufseherin.
* 24.3.1925 Wilstruff.
Laubsch, Johann. SS-Schütze.
* 16.6.1923.
Laudenbach, Peter. SS-Strm.
* 22.8.1919.
Lauks, Walter. SS-Schütze.
* 27.1.1923.
Laupenmüller, Robert. SS-Strm.
* 15.4.1906.
Lebherz, Johann. SS-Strm.
* 21.3.1911. SS-T-Stuba, Monowitz.
Lechner, Johann. SS-Strm.
* 16.11.1910.
Lehmann, Anton. SS-Schütze.
* 27.1.1911. SS-T-Stuba, Monowitz.
Lehner, Adam. SS-Schütze.
* 18.1.1915. SS-T-Stuba.
Leicht, Franz. SS-Schütze.
* 30.11.1923. SS-T-Stuba.
Leitinger, Ladislaus. SS-Rottf.
* 16.9.1920.
Lempe, Emanuel. SS-Uscha.
* 25.12.1919.
Lennertz, Leo. SS-Schütze.
* 25.2.1923.
Lenz, Otto. SS-Rottf.
* 20.11.1921.
Lepold, Johann. SS-Schütze.
* 6.8.1909. Stabskompanie.
Lepold, Josef. SS-Strm.
* 19.3.1909. Stabskompanie.
Leritz, Alexander. SS-Strm.
* 12.1.1923 Stephansfeld/Rumänien.
Lerner, Max. SS-Strm.
* 7.11.1890. Monowitz.
Leupold, Heinrich. SS-Schütze.
* 20.10.1902.
Ley, Johann. SS-Schütze.
* 22.8.1899.
Leyrer, Lorenz. SS-Schütze.
* 27.6.1900. Monowitz.
Leyrer, Michael. SS-Schütze.
* 17.9.1897. Monowitz.
Licht, Willi. SS-Uscha.
* 13.3.1890. Monowitz.
Lichtl, Ludwig. SS-Rottf.
* 12.9.1902. Monowitz.
Lieben, Dessie (?). SS-Schütze.
* 19.1.1920.
Lieb(e)l, Stefan. SS-Schütze.
* 28.6.1911.
Liebetrau, Franz. SS-Rottf.
* 15.10.1903. Abgang Juli 1942 Buchenwald.
Liegel, Johann. SS-Strm.
* 13.4.1890.
Liesaus, Max. SS-Strm.
* 19.2.1893. Monowitz.
Lindemer, Emil. SS-Rottf.
* 22.12.1909. Monowitz.
Lindner, Ewald. SS-Rottf.
* 31.1.1891. Monowitz.
Lindner, Gerhard. SS-Rottf.
* 3.10.1919.
Linzboth, Anton. SS-Strm.
* 4.4.1907 Preßburg.
Linzner, Anton. SS-Schütze.
* 19.6.1909 Ruma/Kroatien. Kommandanturstab Birkenau.
Linzner, Johann. SS-Schütze.
* 24.8.1910. SS-T-Stuba.
Liss, Johann. SS-Schütze.
* 11.9.1925.
Lissner, Oskar. SS-Schütze.
* 8.12.1886. SS-T-Stuba, Monowitz.
Lobjinski, Gerhard. SS-Strm.
* 15.9.1925.
Loch, Otto. SS-Schütze.
* 14.9.1922.
Locher, Stefan. SS-Schütze.
* 20.8.1902.
Lösch, Paul. SS-Oscha.
* 13.10.1910.
Lohr, Karl. SS-Oberschütze.
* 23.1.1920.
Lopin, Johann. SS-Schütze.
* 6.2.1914.
Lorenz, Alfons. SS-Rottf.
* 8.4.1911.
Lubeck, Julius. SS-Strm.
* 3.9.1893.

Lubitz, Heinz. SS-Uscha.
* 18.11.1908. Zentral-Bauleitung, Bauführer.
Lumpe, Eduard. SS-Rottf.
* 29.9.1893.
Lunowa, Thomas. SS-Schütze.
* 11.4.1925. Standortverwaltung, Techn. Abt.
Luse, Josef. SS-Strm.
* 1.10.1910.
Lutsch, Georg. SS-Schütze.
* 1.10.1923.

Maass, Erwin. SS-Schütze.
* 12.12.1912.
Macha, Emilie, geb. Wawotchny. SS-Aufseherin.
* 22.9.1905. Frauenlager im Stammlager.
Machal, Josef. SS-Strm.
* 1.6.1916.
Macherski, Stefan. SS-Strm.
* 25.12.1904.
Mack, Ernst. SS-Strm.
* 26.3.1917.
Märtz, Emil. SS-Schütze.
* 10.4.1922.
Märtzluft, Mathias. SS-Schütze.
* 16.11.1908. Stabskompanie.
März, Johann (auch: Märcz). SS-Schütze.
* 24.6.1922.
Magner, Wilhelm. SS-Rottf.
* 4.4.1908.
Mahl, Michael. SS-Schütze.
* 21.9.1900.
Mai, Josef. SS-Schütze.
* 9.8.1900. Monowitz.
Maintz, Julius. SS-Schütze.
* 23.10.1904. SS-T-Stuba.
Majer, Johann. SS-Schütze.
* 6.8.1922.
Maletz, Franz. SS-Strm.
* 4.6.1898. Monowitz.
Malitius, Martin. SS-Rottf.
* 6.4.1906.
Manhart, Ignatz. SS-Rottf.
* 29.7.1892 Hirschfelde, Kreis Oppeln. Zentral-Bauleitung.
Mannigel, Walter. SS-Oscha.
* 3.11.1891 Halle. Monowitz. Herbst 1944 Charlottengrube.
Margis, Charlotte. SS-Aufseherin.
* 5.4.1904 Essen.
Markwardt, Walter. SS-Strm.
* 23.8.1907.
Martin, Hans. SS-Schütze.
* 21.5.1924. SS-T-Stuba.
Martin, Johann. SS-Schütze.
* 6.11.1894.
Martin, Josef. SS-Schütze.
* 24.2.1895 Prig Sevti-Ivan, heute Prigrevica / Serbien.
Martinko, Stefan. SS-Strm.
* 10.2.1911. SS-T-Stuba, Jawischowitz, Golleschau.
Marx, Fritz. SS-Schütze.
* 7.5.1895. Monowitz.
Marx, Michael. SS-Schütze.
* 14.12.1909. Stabskompanie.
Marzog, Alfred Karl. SS-Rottf.
* 10.11.1899 Dresden. Vom 9.12.1943 bis April 1944.
Mateyka, Johannes. SS-Uscha.
* 23.7.1896. Monowitz.
Mathey, Nikolaus. SS-Schütze.
* 12.6.1909. SS-T-Stuba.
Mattner, Albert. SS-Rottf.
* 4.9.1902.
Matuschek, Fritz. SS-Uscha.
* 18.11.1913. Monowitz.
May, Johann. SS-Strm.
* 23.6.1903.
Mayer, Josef. SS-Schütze.
* 9.10.1924.
Mayer, Mathias. SS-Schütze.
* 9.10.1911. Wachmannschaft Monowitz.
Mayer, Wilhelm. SS-Hscha.
* 19.2.1887 Böblingen. SS-T-Stuba.
Mayor, Wilhelm. SS-Strm.
* 24.2.1902. Monowitz.
Medwed, Georg. SS-Schütze.
* 9.7.1923. SS-T-Stuba, Monowitz.
Medwed, Josef. SS-Strm.
* 24.8.1910 Ober-Turz, heute Turcek / Slowakei. Ab Juli 1943.

Mehr, Friedrich. SS-Sturmmann.
* 3.2.1892 Breitenheim. Ab Juli 1944. Gleiwitz I, Neu-Dachs.
Meidlinger, Michael. SS-Schütze.
* 16.5.1897. Abgang Dez. 1944 Buchenwald.
Meier, Heinrich. SS-Unterscharführer.
* 30.11.1895 Uffeln, Kreis Minden. SS-T-Stuba.
Meisel, Georg. SS-Schütze.
* 16.7.1924.
Meister, Johann. SS-Schütze.
* 28.7.1921.
Meltzer, Michael. SS-Oberschütze.
* 29.9.1919. SS-T-Stuba, Monowitz.
Menrath, Johann. SS-Schütze.
* 21.9.1908. Stabskompanie.
Merringer, Alois. SS-Schütze.
* 30.4.1919.
Mertens, Georg. SS-Oscha.
* 3.2.1918. Monowitz.
Merzinski, Otto. SS-Strm.
* 29.5.1920.
Metzinger, Josef. SS-Schütze.
* 21.3.1914. SS-T-Stuba, Jawischowitz, Golleschau.
Meyer, Eugen. SS-Schütze.
* 3.5.1921 Algringen.
Meyer, Willi. SS-Rottf.
* 8.2.1913 Grünkirch, Distrikt Posen. Ab 1.9.1944 SS-T-Stuba.
Michalik, Gerhard. SS-Strm.
* 21.9.1919.
Michel, Rudolf. SS-Strm.
* 29.4.1923.
Michelbach, Franz. SS-Rottf.
* 12.11.1914.
Michele, Georg. SS-Strm.
* 4.1.1907. SS-T-Stuba, Jawischowitz, Golleschau.
Mickau, Georg. SS-Schütze.
* 29.5.1896.
Mihaly, Georg. SS-Schütze.
* 15.5.1904.
Mikula, Viktor. SS-Schütze.
* 23.9.1895. SS-T-Stuba, Monowitz.
Mildner, Karl. SS-Schütze.
* 2.6.1916.
Milla, Franz. SS-Schütze.
* 23.6.1908. Stabskompanie.
Milla, Josef. SS-Schütze.
* 30.8.1908. Stabskompanie, Gutshof Birkenau.
Minalga, Josef. SS-Rottf.
* 23.12.1912 Husen / Westfalen.
Mischek, Johann. SS-Schütze.
* 25.8.1923.
Mitsch, Franz. SS-Schütze.
* 15.12.1902 Modior-Polany / Ungarn. Ab 12.12.1944, SS-Lazarett.
Mitteregger, Adolf. SS-Rottf.
* 8.12.1914.
Mocha, Gerhard. SS-Strm.
* 9.9.1921 Godulahütte, Kreis Kattowitz.
Möller, Heinrich. SS-Rottf.
* 24.12.1923. Monowitz.
Möller, Johannes. SS-Uscha.
* 30.5.1900 Stockhausen, Kreis Lauterbach.
Mohr, Friedrich. SS-Schütze.
* 3.2.1892. Ab Juli 1944 Wachmannschaft Monowitz und Gleiwitz.
Mokka, Hans. SS-Uscha.
* 16.5.1912.
Mokrosch, Alois. SS-Schütze.
* 6.3.1923.
Mondry, Erich. SS-Strm.
* 17.3.1923.
Mosch, Herbert. SS-Rottf.
* 25.11.1922.
Moser, Mathias. SS-Schütze.
* 11.1.1910. Stabskompanie.
Moser, Stefan. SS-Schütze.
* 10.1.1924. SS-T-Stuba, Jawischowitz, Golleschau.
Motschenbacher, Henry. SS-Rottf.
* 5.7.1918. SS-T-Stuba.
Motschkowitsch, Stefan. SS-Schütze.
* 16.7.1921. SS-T-Stuba.
Much, Karl Heinz. SS-Rottf.
* 27.12.1923. SS-T-Stuba.
Mück, Johann. SS-Uscha.
* 11.10.1893. Monowitz.

Müller, Anton. SS-Schütze.
* 13.10.1923 Karanac / heutiges Kroatien. April 1942 bis Okt. 1944.
Müller, Erhard. SS-Rottf.
* 22.11.1908 Förrenbach / Franken. Ab Okt. 1944.
Müller, Franz. SS-Schütze.
* 8.12.1922.
Müller, Franz. SS-Schütze.
* 10.10.1914. Eintrachthütte.
Müller, Fritz Emil Hermann. SS-Hscha.
* 28.1.1902 Kottbus in Brandenburg. Ab August 1944.
Müller, Johann. SS-Schütze.
* 7.8.1909. Stabskompanie.
Müller, Leopold. SS-Schütze.
* 26.11.1902. Monowitz.
Müller, Markus. SS-Schütze.
* 24.4.1908.
Müller, Max. SS-Schütze.
* 16.3.1895. SS-T-Stuba.
Müller, Michael. SS-Schütze.
* 6.10.1903 Neu St. Anna / Rumänien. Ab 25.7.1943.
Müller, Otto. SS-Strm.
* 7.4.1902.
Müller, Paul. SS-Schütze.
* 17.6.1904.
Müller, Richard. SS-Strm.
* 12.4.1923.
Müller, Walter. SS-Rottf.
* 12.4.1907.
Müller, Willi. SS-Rottf.
* 4.7.1887. SS-T-Stuba.
Müller, Willy. SS-Schütze.
* 10.7.1896. Monowitz.
Müllner, Wendel. SS-Schütze.
* 8.10.1897.
Muff, Heinrich. SS-Strm.
* 29.8.1919. Monowitz.
Mullion, Josef. SS-Schütze.
* 8.10.1908. SS-T-Stuba, Wirtschaftshof Birkenau.
Munk, Fritz. SS-Schütze.
* 4.8.1911.
Mutheubeck, Ewald. SS-Schütze.
* 5.10.1889.
Nagel, Hermann. SS-Rottf.
* 16.10.1914. Monowitz.
Nagel, Josef. SS-Schütze.
* 29.12.1923. SS-T-Stuba.
Nagel, Stefan. SS-Strm.
* 20.10.1923. SS-T-Stuba.
Napierkowske, Kurt. SS-Schütze.
* 17.7.1923.
Natto, Josef. SS-Strm.
* 7.11.1921 Mariahalom / Ungarn. Bis zum 30.7.1944 in Auschwitz. Standortverwaltung.
Natz, Martin. SS-Schütze.
* 15.12.1899.
Nauendorf, Herbert. SS-Schütze.
* 25.5.1925. Monowitz.
Nauy, Nikolaus. SS-Schütze.
* 9.4.1922.
Nestler, Franz. SS-Schütze.
* 29.11.1903.
Netzkar, Johann. SS-Schütze.
* 18.12.1895.
Neuendorf, Horst. SS-Strm.
* 26.5.1923. Monowitz.
Neugebauer, Paul. SS-Oscha.
* 24.8.1892.
Neuhauser, Josef. SS-Schütze.
* 1.9.1897.
Neumann, Alfred. SS-Uscha.
* 8.5.1890.
Neumann, Georg. SS-Strm.
* 2.11.1923 Slobodna / Vlast. Nov. 1942 kurz in Auschwitz.
Neumann, Stefan. SS-Uscha.
* 27.11.1908. Monowitz.
Neumayer, Peter. SS-Strm.
* 27.11.1908. SS-T-Stuba.
Neusser, Johann. SS-Strm.
* 4.6.1910 Ober-Turz, heute Turcek / Slowakei. Ab Juli 1943.
Nickel, Franz. SS-Uscha.
* 9.6.1896.
Niedermüller, Mathias. SS-Schütze.
* 20.9.1900. Monowitz.
Niedzielski, Adolf. SS-Schütze.
* 3.11.1917.
Niehaus, Wilhelm. SS-Strm.
* 4.1.1912.

Identifizierte SS-Angehörige

Nieke, Friedrich. SS-Oscha.
* 20.9.1891. Monowitz.
Niemeyer, Albert. SS-Rottf.
* 17.10.1907 Osnabrück.
Nitschinger, Paul. SS-Schütze.
* 14.10.1903.
Nöthig, Paul. SS-Schütze.
* 13.12.1893. Monowitz.
Nowak, Heinrich. SS-Mann.
* 12.7.1908.
Nowoczyn, Max. SS-Oscha.
* 17.8.1893.
Nusser, Johann. SS-Schütze.
* 30.8.1901 Unterschönborn, heute Schenborn/Ukraine.
SS-T-Stuba, Monowitz.
Nutzenberger, Philipp. SS-Untersturmführer (1945).
* 14.2.1911.

Oberwinter, Gottfried. SS-Strm.
* 25.7.1913.
Obrecht, Michael. SS-Strm.
* 2.8.1913. SS-T-Stuba, Eintrachthütte.
Ochs, Konrad. SS-Uscha.
* 6.9.1893. SS-T-Stuba, Monowitz.
Ochsenfeld, Johann. SS-Strm.
* 30.5.1901.
Oelke, Wilhelm. SS-Strm.
* 11.7.1920.
Offenberger, Jakob. SS-Schütze.
* 5.6.1897. Monowitz.
Oleniuk, Eduard. SS-Strm.
* 5.3.1923. SS-T-Stuba.
Opitz, Alfred. SS-Schütze.
* 11.12.1897. Monowitz.
Ortner, Josef. SS-Strm.
* 18.2.1914 Warton/Ungarn.
Osterauer, Leonhard. SS-Rottf.
* 1.8.1885 Thiersee b. Kufstein. Januar bis Juni 1942.
Oswald, Anton. SS-Strm.
* 8.3.1923 Ruma/Kroatien. Wachmannschaft.
Oswald, Georg. SS-Schütze.
* 15.8.1908. Stabskompanie.
Ott, Karl. SS-Strm.
* 9.10.1912. SS-T-Stuba, Monowitz.

Paal, Hans. SS-Schütze.
* 19.2.1922.
Pachnicke, Paul. SS-Uscha.
* 2.4.1893. Ab Okt. 1942.
Paggen, Gottfried von. SS-Rottf.
* 8.4.1898 Mönchengladbach. Ab August 1944 in Birkenau.
Palmannhofer, Franz. SS-Strm.
* 5.6.1924.
Panzergrau, Julius. SS-Unterführer.
* 26.2.1925 Urawella.
Patron, Johann. SS-Scharf.
* 12.12.1901. Abgang Okt. 1941 Buchenwald.
Patz, Valerian. SS-Schütze.
* 5.6.1919.
Patzek, Anton. SS-Schütze.
* 25.4.1908. Stabskompanie.
Patzke, Eduard. SS-Rottf.
* 16.6.1903.
Paul, Walter. SS-Schütze.
* 26.3.1896. Wachmannschaft Monowitz.
Pauly, Gustav. SS-Schütze.
* 4.10.1891. Wachmannschaft Monowitz.
Pausch, Alois. SS-Strm.
* 6.9.1901.
Pausch, Johann. SS-Schütze.
* 22.5.1896 Arad.
Pawlak, Josef. SS-Uscha.
* 10.1.1894.
Pedl, Georg. SS-Schütze.
* 3.3.1921.
Peidelstein, Michael. SS-Schütze.
* 21.9.1909. Stabskompanie.
Peimann, Heinrich. SS-Rottf.
* 2.2.1921 Itzehoe. Kommandoführer in Birkenau.
Pekasch, Karl. SS-Strm.
* 8.10.1902. Monowitz.
Pelczer, Stefan. SS-Schütze.
* 21.9.1901.
Pelkhofer, Herbert. SS-Strm.
* 24.4.1911.
Penk, Reinhard. SS-Schütze.
* 16.5.1913.

Penz, Sebastian. SS-Schütze.
* 27.2.1908. Stabskompanie.
Perret, Kurt. SS-Rottf.
* 15.3.1923. Monowitz.
Pertl, Martin. SS-Scharf.
* 3.12.1997.
Peter, Johann. SS-Schütze.
* 7.8.1898.
Peter, Martin. SS-Schütze.
* 8.7.1908 Barabutsch, heute Ratkovo / Serbien. Stabskompanie.
Petrich, Adam. SS-Schütze.
* 1.2.1923. Okt. 1942 von Buchenwald.
Pfaff, Heinrich. SS-Schütze.
* 18.6.1896. SS-T-Stuba.
Pfeiffer, Friedrich. SS-Uscha.
* 22.9.1911. Fürstengrube.
Pfeiffer, Michael. SS-Schütze.
* 17.2.1901.
Pfendner, Anton. SS-Schütze.
* 18.4.1921.
Pflanzl, Franz. SS-Rottf.
* 28.12.1902.
Piefke, Walter. SS-Uscha.
* 29.5.1917. Monowitz.
Piehler, Herbert. SS-Uscha.
* 1.1.1920. Akion »Reinhard«.
Piehler, Karl. SS-Rottf.
* 25.5.1919.
Pieke, Hans. SS-Uscha.
* 4.6.1896.
Pieler, Andreas. SS-Schütze.
* 17.8.1903.
Pietsch, Alfred. SS-Schütze.
* 13.7.1893.
Piller, Georg. SS-Schütze.
* 26.5.1909. SS-T-Stuba.
Pinkowski, Edmund. SS-Schütze.
* 13.4.1905.
Pinter, Sebastian. SS-Schütze.
* 29.10.1900. Monowitz.
Piott, Michael. SS-Schütze.
* 3.10.1909. Stabskompanie.
Piworius, Alfred. SS-Schütze.
* 30.11.1917.
Platz, Johann. SS-Rottf.
* 17.5.1906.
Plescha, Adam. SS-Strm.
* 12.10.1912. Neu-Dachs.
Pleyer, Josef. SS-Schütze.
* 4.7.1898 Karlsbad. SS-T-Stuba, Standortverwaltung, Poststelle.
Plitzner, Johann. SS-Schütze.
* 14.10.1895.
Pöltl, Johann. SS-Schütze.
* 4.11.1985.
Pötschke, Hermann. SS-Scharf.
* 29.10.1889. Monowitz.
Pohl, Hermann. SS-Uscha.
* 15.5.1904.
Pohl, Hermann. SS-Scharf.
* 13.7.1894. Monowitz.
Pohl, Michael. SS-Schütze.
* 30.1.1910. SS-T-Stuba, Jawischowitz.
Pohl, Walter. SS-Schütze.
* 11.1.1926.
Pohner, Josef. SS-Oberschütze.
* 6.3.1898 Sattel. 1944 Wachmannschaft, Juli 1944 Gleiwitz IV.
Pollack, Kurt. SS-Uscha.
* 13.9.1912 Sargen / Heiligenbeil.
Pollreis, Johann. SS-Schütze.
* 14.5.1904.
Polz, Karl. SS-Oscha.
* 25.10.1893.
Ponitz, Josef. SS-Schütze.
* 7.10.1902.
Post, Sebastian. SS-Schütze.
* 20.11.1908. SS-T-Stuba.
Potkunas, Johann. SS-Rottf.
* 23.3.1896.
Potz, Josef. SS-Schütze.
* 15.1.1904. Monowitz.
Pratschko, Franz. SS-Strm.
* 6.1.1924. SS-T-Stuba.
Pratschler, Josef. SS-Schütze.
* 17.1.1899.
Preiß, Georg. SS-Strm.
* 14.11.1917.
Preissl, Theodor. SS-Schütze.
* 27.7.1922.
Preisz, Johann. SS-Scharf.
* 24.10.1887. SS-T-Stuba, Monowitz.
Pren, Johann. SS-Uscha.
* 2.7.1892.

Priemer, Paul. SS-Rottf.
* 19.4.1906. Monowitz.
Prieslinger, Franz. SS-Schütze.
* 27.3.1911. Lagischa.
Priller, Franz. SS-Rottf.
* 1916. SS-T-Stuba, Monowitz.
Prinz, Reinhold. SS-Schütze.
* 23.12.1920.
Proccop, Edwin. SS-Uscha.
* 23.8.1912.
Przebelski, Michael. SS-Schütze.
* 29.9.1922. SS-T-Stuba.
Przewloka, Johann. SS-Strm.
* 19.6.1900.
Przyklenk, Alfons. SS-Rottf.
* 12.8.1891.
Puch, Willi. SS-Uscha.
* 1.4.1923 Magdeburg.
Puchinger, Michael. SS-Schütze.
* 12.7.1897.
Puhl, Franz. SS-Schütze.
* 1.2.1904.
Puhl, Rudolf. SS-Rottf.
* 10.3.1896.
Pulfer, Stefan. SS-Strm.
* 9.11.1915. Monowitz.
Pusch, Josef. SS-Schütze.
* 17.5.1925 Coblinitz/Slowakei. SS-T-Stuba.
Putzmann, Karl. SS-Uscha.
* 21.10.1903.

Quintus, Peter. SS-Strm.
* 18.4.1915. Zugang von Lublin.

Rack, Nikolaus. SS-Schütze.
* 1.12.1913. Standortverwaltung.
Racz, Erwin. SS-Schütze.
* 26.12.1922.
Rahn, Hermann. SS-Schütze.
* 11.2.1891.
Rami, Othmar. SS-Strm.
* 31.8.1908.
Regscherer, Stefan. SS-Schütze.
* 13.10.1903.
Rehbein, Walter. SS-Schütze.
* 22.5.1904.
Rehmann, Georg Joseph. SS-Strm.
* 18.3.1906 Tissa, heute Tisa/Tschechien. SDG.
Rehmus, Fritz. SS-Rottf.
* 24.5.1908.
Reich, Willi. SS-Schütze.
* 23.7.1909. SS-T-Stuba.
Reichenbach, Manfred. SS-Oscha.
* 2.8.1918. Küche/Magazin.
Reimann, Karl. SS-Schütze.
* 13.2.1898. Aktion »Reinhard«.
Rein, Franz. SS-Schütze.
* 5.4.1909. SS-T-Stuba.
Reinbrecht, Adam. SS-Strm.
* 3.5.1909.
Reinert, Peter. SS-Uscha.
* 21.2.1887.
Reinisch, Josef. SS-Rottf.
* 18.12.1902.
Reinisch, Stefan. SS-Schütze.
* 18.4.1912. Stabskompanie.
Reischl, Ludwig. SS-Rottf.
* 25.8.1919.
Reisenbüchler, Albert. SS-Strm.
* 16.5.1924. Fahrbereitschaft?
Reisiger, Josef, möglich: Reisinger. SS-Schütze.
* 28.2.1908. SS-T-Stuba.
Reissig, Arno. SS-Oscha.
* 13.8.1914. Kommandanturstab, Blockführer.
Reiter, Nikolaus. SS-Schütze.
* 27.11.1903.
Reiter, Stefan. SS-Strm.
* 2.8.1903.
Reiter, Werner. SS-Rottf.
* 8.5.1922.
Reitter, Karl. SS-Schütze.
* 31.5.1917.
Reizmann, Karl. SS-Rottf.
* 26.4.1906.
Rembert, Ludwig. SS-Rottf.
* 5.9.1911. Monowitz.
Rengers, Karl. SS-Oberschütze.
* 30.8.1915. SS-T-Stuba, Monowitz.
Renner, Johann. SS-Uscha.
* 9.9.1920 Katy/Batschka.

Rensmann, Fritz. SS-Uscha.
* 30.8.1899. Monowitz.
Renten, Michael. SS-Strm.
* 25.5.1924. SS-T-Stuba.
Reschke, Bernhard. SS-Schütze.
* 13.9.1902. Monowitz.
Reseneder, Xaver. SS-Uscha.
* 12.6.1925 Niedernhausen.
Rethmeier, Gustav. SS-Rottf.
* 23.2.1908. Monowitz.
Retschel, Julius. SS-Schütze.
* 15.2.1909. SS-T-Stuba.
Rettensteiner, Ferdinand. SS-Rottf.
* 19.4.1908. SS-T-Stuba.
Rettig, Michael. SS-Schütze.
* 17.11.1925. SS-T-Stuba,
Retzlaff, Albert. SS-Rottf.
* 6.5.1914 Janow/Wolhynien.
Rey(h)er, Leopold. SS-Rottf.
* 3.6.1908.
Richter, Alfred. SS-Uscha.
* 11.11.1891.
Richter, Oskar. SS-Scharf.
* 26.9.1889. Monowitz.
Riebling, Helmut. SS-Strm.
* 25.11.1920.
Riechers, Karl. SS-Schütze.
* 27.4.1903 Schellerten, Kreis Marienburg. Monowitz.
Rieder, Peter. SS-Schütze.
* 10.1.1908. SS-T-Stuba, Jawischowitz, Golleschau.
Rieger, Heinrich. SS-Rottf.
* 10.10.1907.
Riegner, Herbert. SS-Strm.
* 9.10.1905.
Riese, Kurt. SS-Rottf.
* 25.5.1907. Monowitz.
Rieser, Anton. SS-Schütze.
* 13.6.1909. SS-T-Stuba.
Rimpf, Hans. SS-Schütze.
* 31.12.1909. SS-T-Stuba.
Rinast, Herbert. SS-Rottf.
* 15.4.1919.
Rinke, Erich. SS-Rottf.
* 29.8.1923.
Ristau, Heinrich. SS-Schütze.
* 9.7.1904. August 1941 aus Buchenwald.
Ritscher, Georg. SS-Schütze.
* 3.8.1921.
Robatzek, August. SS-Strm.
* 28.9.1904.
Rochi, Johann. SS-Schütze.
* 17.10.1909. SS-T-Stuba.
Röhlich, Friedrich. SS-Rottf.
* 28.6.1906.
Röhricht, Kurt. SS-Scharf.
* 26.11.1887.
Röhrig, Heinrich. SS-Schütze.
* 1.8.1899. Monowitz.
Römer, Josef. SS-Schütze.
* 6.3.1898 Sattel, heute Sedlonov/Tschechien. Monowitz, Gleiwitz.
Rösler, Gerhard. SS-Rottf.
* 12.1.1921. Monowitz.
Röthig, Paul. SS-Schütze.
* 13.12.1893.
Rötterink, Hermann. SS-Rottf.
* 12.4.1912.
Rötzel, Wilhelm. SS-Scharf.
* 28.8.1892.
Roggow, Werner. SS-Rottf.
* 30.5.1923.
Rohloff, Franz. SS-Hscha.
* 9.10.1896.
Rosegger, Ottmar. SS-Rottf.
* 13.7.1922.
Rosenberger, Bernhard. SS-Rottf.
* 7.7.1896.
Rosenow, Fritz. SS-Unterführer.
* 17.5.1912 Münster.
Roskwiatowski, Anton. SS-Schütze.
* 22.7.1911.
Rosmann, Josef. SS-Schütze.
* 30.5.1903.
Rossel, Rudolf. SS-Strm.
* 3.11.1911.
Rost, Leonhard. SS-Rottf.
* 12.7.1903. Monowitz.
Roswalter, Alfred. SS-Rottf.
* 27.8.1911. Standortverwaltung.
Roth, Franz. SS-Schütze.
* 22.1.1909. SS-T-Stuba.
Roth, Michael. SS-Schütze.
* 26.5.1909. SS-T-Stuba, Monowitz.

Roth, Peter. SS-Schütze.
* 28.8.1917. Jawischowitz, Golleschau.
Rothbäcker, Johann. SS-Schütze.
* 2.3.1917. SS-T-Stuba.
Rothmeier, Gustav. SS-Rottf.
* 23.3.1908. Monowitz.
Rottenbücher, Heinrich. SS-Schütze.
* 16.10.1924.
Rotter, Peter. SS-Schütze.
* 27.9.1922. Eintrachthütte.
Rotterschmidt, Johann. SS-Schütze.
* 13.10.1925. Monowitz.
Rudarewitsch, Franz. SS-Schütze.
* 15.9.1910. SS-T-Stuba.
Rudisch, Josef. SS-Schütze.
* 17.2.1908. SS-T-Stuba.
Rübner, Rudi. SS-Rottf.
* 17.1.1913. Monowitz.
Rückert, Wendel. SS-Rottf.
* 10.10.1919. Jawischowitz, Golleschau.
Rühl, Heinrich. SS-Rottf.
* 19.12.1920. Monowitz.
Ruff, Paul. SS-Schütze.
* 25.4.1914.
Rummel, Fritz. SS-Strm.
* 2.2.1907. Monowitz.
Ruppert, Stefan. SS-Schütze.
* 11.10.1902.
Ruscher, Hugo. SS-Strm.
* 30.3.1895. SS-T-Stuba, Monowitz.
Ruthenbeck, Ewald. SS-Schütze.
* 5.10.1889.
Rydlinskis, Wiatschieslaw. SS-Strm.
* 28.2.1924 Kowno. Okt. 1941 bis August 1943.
Ryll, Karl. SS-Schütze.
* 6.12.1912.

Salamon, Anton. SS-Schütze.
* 16.4.1903.
Salamon, Michael. SS-Schütze.
* 28.10.1905.
Samesla, Josef. SS-Schütze.
* 23.11.1925.
Sandrock, Wilhelm. SS-Schütze.
* 31.3.1903. Monowitz.
Santowsky, Fritz. SS-Schütze.
* 27.11.1899 Mouseus.
Saszyn, Johann. SS-Schütze.
* 26.9.1896. Monowitz, Standortverwaltung.
Sauer, Franz. SS-Rottf.
* 25.7.1909. SS-T-Stuba.
Sautner, Anton. SS-Strm.
* 17.1.1922. SS-T-Stuba, Standortverwaltung.
Schachner, Ferdinand. SS-Rottf.
* 21.11.1913. Monowitz.
Schädlich, Alfred. SS-Schütze.
* 14.8.1911. Monowitz.
Schäfer, Heinrich. SS-Schütze.
* 17.10.1915.
Schäfer, Mathias. SS-Schütze.
* 20.4.1903. Monowitz.
Schaffer, Adam. SS-Strm.
* 12.12.1910. Golleschau.
Schalk, Kurt. SS-Schütze.
* 10.8.1925.
Schall, Nikolaus. SS-Schütze.
* 1.4.1908. SS-T-Stuba.
Schalla, Franz. SS-Strm.
* 3.10.1909.
Schandlinger, Georg. SS-Rottf.
* 13.4.1910.
Schanz, Franz. SS-Schütze.
* 22.9.1904.
Scharf, Stefan. SS-Schütze.
* 12.8.1898.
Scharfy, Ludwig. SS-Schütze.
* 27.4.1896.
Schaub, Erwin. SS-Rottf.
* 24.9.1923.
Scheele, Heinrich. SS-Uscha.
* 21.11.1894.
Scheiring, Johann. SS-Schütze.
* 11.5.1907.
Schelesky, Fritz. SS-Schütze.
* 15.11.1892.
Schell, Anton. SS-Schütze.
* 11.8.1898.
Schemeth, Mathias. SS-Strm.
* 3.8.1923.
Scheminger, Johann. SS-Uscha.
* 15.3.1896. SS-T-Stuba.

Schenk, Vorname unbekannt. SS-Rottf.
* 12.9.1907.
Scherer, Anton. SS-Schütze.
* 16.7.1923. SS-T-Stuba.
Schey, Josef. SS-Schütze.
* 9.3.1914.
Schiemann, Walter. SS-Rottf.
* 1.10.1910.
Schilling, Leopold. SS-Schütze.
* 1.1.1900.
Schimpf, Ludwig. SS-Strm.
* 19.11.1913.
Schindlinger, Georg. SS-Strm.
* 13.4.1910. Standortverwaltung, Abt. Standortarzt.
Schink, Gustav. SS-Schütze.
* 1906. Juli 1942 zur SS-Division *Das Reich*.
Schissler, Paul. SS-Schütze.
* 16.1.1898.
Schitt, Nikolaus. SS-Rottf.
* 10.4.1907 Kriuleni / Rumänien. Standortverwaltung (1944).
Schitter, Adolf. SS-Schütze.
* 13.12.1892. Monowitz.
Schkrut, Josef. SS-Schütze.
* 24.8.1908. SS-T-Stuba.
Schlapp, Josef. SS-Schütze.
* 18.5.1908. SS-T-Stuba.
Schlapp, Josef. SS-Schütze.
* 19.2.1909. SS-T-Stuba.
Schlehahn, Willy. SS-Schütze.
* 13.2.1892. Monowitz.
Schlender, Herbert. SS-Rottf.
* 1.6.1920 Kartzemka.
Schlenies, Max. SS-Rottf.
* 26.1.1907.
Schmeichel, Johann.
SS-Schütze.
* 29.1.1898.
Schmelz, Karl. SS-Rottf.
* 28.9.1910.
Schmidbauer, Georg. SS-Uscha.
* 2.12.1914.
Schmidt, Adam. SS-Schütze.
* 1.5.1922. SS-T-Stuba.
Schmidt, Gregor. SS-Schütze.
* 10.10.1915.
Schmidt, Johann. SS-Schütze.
* 8.10.1904.
Schmidt, Johann. SS-Schütze.
* 31.1.1922.
Schmidt, Josef. SS-Schütze.
* 18.2.1904.
Schmidt, Michael. SS-Schütze.
* 18.7.1901.
Schmidt, Richard. SS-Rottf.
* 6.1.1913 Hamburg. Ab Sept. 1944. SS-T-Stuba.
Schmidt, Robert. SS-Schütze.
* 2.1.1908. SS-T-Stuba, Kommandanturstab.
Schmidt, Walter. SS-Uscha.
* 18.10.1903 Dresden. Zentral-Bauleitung.
Schmitz, Horst. SS-Oberschütze.
* 23.6.1920. Aktion »Reinhard«.
Schmitz, Wilhelm. SS-Strm.
* 15.7.1890.
Schneemeier, Paul. SS-Schütze.
* 5.5.1899.
Schneider, Adam. SS-Strm.
* 13.9.1912.
Schneider, Alois. SS-Schütze.
* 19.2.1925.
Schneider, Heinz. SS-Uscha.
* 19.2.1920. SS-T-Stuba.
Schneider, Johann. SS-Schütze.
* 25.6.1922.
Schneider, Johann. SS-Schütze.
* 14.5.1925 Pasicevo. Ab Juni 1943.
Schneider, Ludwig. SS-Schütze.
* 8.11.1909. SS-T-Stuba.
Schneider, Peter. SS-Rottf.
* 31.5.1896. SS-T-Stuba.
Schneider, Wenzel. SS-Scharf.
* 30.11.1892. SS-T-Stuba, Monowitz.
Schnell, Erwin. SS-Schütze.
* 1.3.1923.
Schnell, Johann. SS-Schütze.
* 12.1.1911 Neppendorf / Rumänien. Ab Juli 1943.
Schnürer, Anton. SS-Strm.
* 1.8.1926.

Schnur, Andreas. SS-Schütze. * 11.12.1925. SS-T-Stuba.
Schönberger, Max. SS-Rottf. * 10.4.1922.
Schönborn, Kurt. SS-Strm. * 24.11.1911. Standortverwaltung, Kartoffel-Einmietung.
Schöne, Heinrich. SS-Uscha. * 11.1.1890. SS-T-Stuba, Monowitz.
Schönfeldt, Rudolf. SS-Schütze. * 6.12.1902. SS-T-Stuba, Standortverwaltung.
Schoger, Johann. SS-Schütze. * 25.7.1904.
Scholl, Friedrich. SS-Schütze. * 8.2.1892.
Scholtz, Ladislaus. SS-Schütze. * 30.8.1909. SS-T-Stuba.
Scholz, Karl. SS-Uscha. * 21.12.1890.
Scholze, Rudolf. SS-Schütze. * 13.8.1895.
Schrader, Walter. SS-Schütze. * 7.12.1912. SS-T-Stuba, Monowitz.
Schramek, Max. SS-Uscha. * 7.5.1915.
Schramm, Arno. SS-Oscha. * 10.7.1887.
Schramm, Josef. SS-Schütze. * 5.5.1911. SS-T-Stuba, Jawischowitz.
Schrauf, Ferdinand. SS-Schütze. * 20.3.1895.
Schreier, Georg. SS-Schütze. * 23.11.1909. SS-T-Stuba.
Schreier, Heinrich. SS-Uscha. * 20.2.1914 Seletin.
Schröder, Edmund. SS-Strm. * 24.4.1904.
Schröder, Heinrich. SS-Rottf. * 18.12.1903.
Schubert, Oskar. SS-Strm. * 12.4.1890.
Schubert, Stefan. SS-Schütze. * 14.10.1894.
Schuch, Karl. SS-Strm. * 7.8.1921.
Schüler, Erich Emil. SS-Schütze. * 7.11.1886 Gera. Monowitz, Günthergrube.
Schüler, Herbert. SS-Rottf. * 5.4.1916.
Schüller, Georg. SS-Schütze. * 30.11.1908 in Rumänien. Buchenwald-Außenlager Wernigerode. April 1944 Außenlager Gleiwitz I.
Schüpfer, Hans. SS-Schütze. * 19.11.1923. Jawischowitz, Golleschau.
Schüttler, Willibald. SS-Strm. * 27.1.1901.
Schuh, Heinrich. SS-Strm. * 1.10.1920.
Schuller, Johann. SS-Oberschütze. * 23.2.1910. SS-T-Stuba, Monowitz.
Schuller, Johann. SS-Schütze. * 31.3.1920.
Schultzke, Josef. SS-Strm. * 22.6.1903.
Schulz, Friedrich. SS-Schütze. * 7.7.1920. SS-T-Stuba.
Schulz, Josef. SS-Schütze. * 19.3.1898.
Schulz, Josef. SS-Schütze. * 26.6.1904. Monowitz.
Schulz, Max. SS-Schütze. * 19.4.1912.
Schulz, Paul. SS-Uscha. * 29.11.1891.
Schulz, Wilhelm. SS-Scharf. * 31.7.1917 Groß Loßburg/Westpreußen.
Schumacher, Christian. SS-Schütze. * 12.5.1890.
Schumacher, Heinrich. SS-Strm. * 23.1.1909.
Schumann, Werner. SS-Schütze. * 18.3.1922.
Schunke, Hans Georg. SS-Schütze. * 11.11.1924.
Schuster, Adolf. SS-Schütze. * 26.5.1907.
Schuster, Florian. SS-Schütze. * 30.10.1902.
Schuster, Martin. SS-Schütze. * 14.9.1909. SS-T-Stuba, Jawischowitz.

Schutzmeier, Josef. SS-Schütze.
* 16.5.1913. SS-T-Stuba und Monowitz.
Schwab, Jakob. SS-Schütze.
* 2.10.1909. SS-T-Stuba.
Schwald, Friedrich. SS-Rottf.
* 22.6.1909.
Schwarz, Johann. SS-Strm.
* 12.4.1908 Martinsdorf/Rumänien. Schuhmacher-Kommando.
Schwarz, Josef. SS-Rottf.
* 4.10.1911.
Schwarzenberger, Bruno. SS-Strm.
* 19.8.1892. SS-T-Stuba, Monowitz.
Schweiger, Heinrich. SS-Schütze.
* 2.4.1908. Jawischowitz, Golleschau.
Schwend(n)er, Josef. SS-Rottf.
* 7.11.1909. Jawischowitz, Golleschau.
Schwertfeger, Julius. SS-Schütze.
* 25.4.1909 Naschitz/Kroatien. SS-T-Stuba.
Schwinger, Albert. SS-Schütze.
* 31.8.1899.
Seidel, Franz. SS-Rottf.
* 7.8.1899.
Seidel, Karl. SS-Uscha.
* 14.12.1892. Monowitz.
Seidel, Oskar. SS-Schütze.
* 12.4.1899.
Seidel, Willy. SS-Strm.
* 21.3.1905 Chemnitz. Standortverwaltung (1944).
Seiler, Johann. SS-Strm.
* 28.11.1909.
Seitz, Josef. SS-Uscha.
* 26.9.1905. Poststelle.
Sekel, Kurt Emil. SS-Strm.
* 9.2.1901.
Selinski, Franz. SS-Schütze.
* 26.11.1923.
Selmikat, Gustav. SS-Rottf.
* 13.6.1919 Kibarti/Litauen.
Seltner, Georg. SS-Schütze.
* 15.12.1899.
Sensenstein, Josef. SS-Schütze.
* 25.8.1904.
Sensenstein, Peter. SS-Schütze.
* 22.6.1902.
Sequenz, Johann. SS-Rottf.
* 8.10.1903.
Settmacher, Franz. SS-Schütze.
* 6.1.1896. SS-T-Stuba Monowitz.
Seuser. Wilhelm. SS-Rottf.
* 18.9.1902.
Sevcik, Maximilian. SS-Schütze.
* 14.7.1922 Marschen, Kreis Aussig. SS-T-Stuba, Jawischowitz, Golleschau.
Sexer, Stefan. SS-Schütze.
* 4.8.1902.
Siebert, Paul. SS-Schütze.
* 14.12.1908. Monowitz, Blockführer (?).
Siebner, Josef. SS-Schütze.
* 26.4.1924.
Siegmund, Kurt. SS-Uscha.
* 3.4.1908 Reichenbach. Zentral-Bauleitung.
Sienschkowski, Franz. SS-Rottf.
* 11.3.1917 Kulischkehmen/Gumbinnen.
Silberholz, Robert. SS-Schütze.
* 8.11.1911. SS-T-Stuba, Eintrachthütte.
Simbrowitsch, Wilhelm. SS-Strm.
* 29.9.1916.
Simon, Franz. SS-Strm.
* 15.12.1911.
Simon, Johann. SS-Schütze.
* 26.12.1908 Towarisewo/heutiges Serbien. Ab Dez. 1943 SS-T-Stuba.
Simonis, Johann. SS-Rottf.
* 29.8.1909. SS-T-Stuba.
Sing, Josef. SS-Schütze.
* 7.9.1896.
Sinn, Oswald. SS-Uscha.
* 21.2.1920 Tramin/Italien.
Siraski, Friedrich. SS-Schütze.
* 25.1.1920 Pantschevo. SS-T-Stuba.
Sitte, Willi. SS-Schütze.
* 18.9.1895.
Skok, Anton. SS-Strm.
* 22.5.1903.
Skruth, Heinrich. SS-Schütze.
* 25.10.1923.
Skubitz, Andreas. SS-Schütze.
* 5.5.1900.
Slabon, Paul. SS-Strm.
* 28.8.1905.

Smeetz, Willi. SS-Schütze.
* 3.11.1923.
Someschan, Martin. SS-Schütze.
* 9.3.1909. Monowitz.
Sommer, Franz. SS-Schütze.
* 23.3.1890.
Soyka, Josef. SS-Rottf.
* 9.1.1907. Monowitz.
Speier, Josef. SS-Schütze.
* 11.12.1899. Monowitz.
Spiel, Franz. SS-Schütze.
* 18.6.1902.
Spies, Christian. SS-Schütze.
* 26.5.1891.
Spirk, Lorenz. SS-Schütze.
* 4.6.1896.
Spitschuh, Jakob. SS-Rottf.
* 7.7.1898 Jakobeny. Golleschau.
Spitzer, Wilhelm. SS-Schütze.
* 17.6.1899.
Spree, Peter. SS-Strm.
* 15.3.1889.
Spremac, Dömöter. SS-Schütze.
* 19.10.1908. SS-T-Stuba.
Sprenger, Josef. SS-Rottf.
* 1.3.1906 Obereisenbach. SS-T-Stuba.
Sprick, Wilhelm. SS-Uscha.
* 10.12.1893.
Stabl, Franz. SS-Strm.
* 28.6.1917. SS-T-Stuba, Jawischowitz.
Stampfer, Jakob. SS-Schütze.
* 10.1.1908. SS-T-Stuba.
Stange, Ursula. SS-Aufseherin.
* 17.6.1925 Schwanebeck.
Stanischa, Kurt. SS-Rottf.
* 3.10.1913.
Starp, Hans. SS-Oscha.
* 17.3.1899.
Stecher, E. SS-Schütze.
* 11.4.1905. Juli 1941 aus Buchenwald.
Steenken, Johann. SS-Rottf.
* 30.3.1908.
Steigele, Heinrich. SS-Schütze.
* 30.5.1910. SS-T-Stuba,
Steiner, Josef. SS-Schütze.
* 15.10.1898.
Steiner, Richard. SS-Schütze.
* 25.8.1921.
Steiner, Stefan. SS-Schütze.
* 3.9.1903.
Steinfeld, Friedrich. SS-Oscha.
* 23.7.1925 Gladbeck.
Steinke, Daniel. SS-Schütze.
* 14.8.1909.
Stellmacher, Gerhard. SS-Oscha.
* 12.9.1914.
Stemmer, Josef. SS-Schütze.
* 20.5.1909. SS-T-Stuba.
Stern, Rudolf. SS-Strm.
* 30.3.1921.
Steuer, Max. SS-Schütze.
* 7.7.1895. Monowitz.
Stiefel, Hermann. SS-Sturmscharführer.
* 13.5.1890 Erfurt. Vom 24.11.1941 bis Mai 1942.
Stieler, E. SS-Schütze.
* 31.7.1908. Juli 1941 von Buchenwald.
Stille, Friedrich. SS-Uscha.
* 27.6.1910.
Stolz, Franz. SS-Schütze.
* 4.12.1903.
Stolzenburg, Harry. SS-Strm.
* 29.9.1922.
Storzer, Josef. SS-Schütze.
* 7.2.1912. Stabskompanie, Golleschau.
Strahl, Josef. SS-Schütze.
* 9.12.1922.
Straka, Anton. SS-Schütze.
* 28.5.1908. SS-T-Stuba.
Straka, Johann. SS-Oberschütze.
* 4.11.1892. Monowitz.
Straubhaar, Hans. SS-Rottf.
* 31.12.1913 Getterfingen / Schweiz. Monowitz.
Strecker, Philipp. SS-Strm.
* 12.5.1911. Monowitz.
Stritzinger, Walter. SS-Rottf.
* 17.4.1920. Monowitz.
Strnischa, Josef. SS-Schütze.
* 12.4.1915. SS-T-Stuba.
Strobach, Friedrich. SS-Schütze.
* 5.4.1893. SS-T-Stuba.
Strohl, Paul. SS-Schütze.
* 4.6.1898.
Struzyna, Theodor. SS-Uscha.
* 19.10.1919. Monowitz.

Stümpel, Wilhelm. SS-Rottf.
* 17.6.1915.
Stürmer, Herbert. SS-Rottf.
* 22.9.1911.
Stuff, Friedrich. SS-Rottf.
* 12.4.1906 Groß Groenau. Monowitz.
Stuhr, Herbert. SS-Strm.
* 1.6.1920.
Stutzmann, Nikolaus. SS-Strm.
* 27.6.1909. Harmense.
Suckut, Otto. SS-Schütze.
* 20.7.1920.
Süßenbach, August. SS-Uscha.
* 30.5.1894. Monowitz.
Supper, Josef. SS-Hscha.
* 29.12.1896.
Swach, Franz. SS-T-Stuba.
* 9.10.1898 Tarnau.
Swetecz, Josef. SS-Schütze.
* 3.3.1909. SS-T-Stuba.
Szabo, Alexander. SS-Rottf.
* 9.3.1908. Monowitz.
Szarka, Desider. SS-Schütze.
* 12.6.1922. Abgang 28.6.1944 zur 5. SS-Panzer-Division *Wiking*.
Szeinis, Viktor. SS-Rottf.
* 1.6.1914.
Szep, Franz. SS-Schütze.
* 18.5.1906. SS-T-Stuba, Standortverwaltung.
Sziedat, Walter. SS-Rottf.
* 27.9.1922. Abgang 25.7.1944 zur 16. Panzergrenadierdivision *Reichsführer-SS*.
Szilzl, Franz. SS-Schütze.
* 2.12.1908. SS-T-Stuba.
Szoda, Stefan. SS-Schütze.
* 25.12.1909. Wachmannschaft Monowitz.
Szokoli, Josef. SS-Schütze.
* 9.2.1902. Wachmannschaft.

Täubl, Andreas. SS-Strm.
* 24.2.1912. Zugang aus Majdanek.
Täubner, Georg. SS-Scharf.
* 10.10.1888. SS-T-Stuba, Monowitz.
Tagscherer, Josef. SS-Schütze.
* 27.12.1902. Monowitz.
Tausch, Josef. SS-Uscha.
* 29.9.1891. Monowitz.
Teberle, Anton. SS-Schütze.
* 12.4.1903.
Teck, Christian. SS-Schütze.
* 18.5.1911 Tarlau / Rumänien. Ab August 1944.
Tegtmeyer, Karl. SS-Rottf.
* 19.4.1905. Monowitz.
Teichert, Rudolf. SS-Rottf.
* 28.6.1922. Monowitz.
Tettinger, Paul. SS-Schütze.
* 24.10.1912. Standortverwaltung.
Teuber, Jakob. SS-Rottf.
* 20.7.1900.
Teufel, Johann. SS-Schütze.
* 22.2.1909. Stabskompanie.
Thalgott, Johann. SS-Strm.
* 14.8.1921 Meschen / Rumänien.
Thaller, Johann. SS-Schütze.
* 21.12.1896. Monowitz.
Thate, Erich. SS-Rottf.
* 24.9.1908 Mühlbach. SS-T-Stuba.
Theisinger, Friedrich. SS-Uscha.
* 17.7.1905.
Therstappen, Friedrich. SS-Strm.
* 18.3.1920. Monowitz.
Thoma, Josef. SS-Schütze.
* 29.11.1900.
Thurner, Horst. SS-Scharf.
* 6.4.1913.
Tichy, Karl. SS-Schütze.
* 24.7.1917.
Tilger, Johann. SS-Schütze.
* 21.5.1909. SS-T-Stuba.
Till, Johann. SS-Schütze.
* 12.12.1908. Stabskompanie.
Tines, Heinrich. SS-Strm.
* 28.10.1921. Monowitz.
Tippmann, Hans. SS-Uscha.
* 1.10.1907. SS-T-Stuba.
Titze, R. SS-Schütze.
* 12.2.1902. Juli 1941 aus Buchenwald.
Todt, Josef. SS-Rottf.
* 22.1.1906. Monowitz.
Tohn, Johann. SS-Schütze.
* 5.5.1909. SS-T-Stuba.

Träder, Gerhard. SS-Schütze.
* 23. 12. 1922.
Treller, Peter. SS-Schütze.
* 22. 2. 1890.
Tremmel, Josef. SS-Schütze.
* 18. 4. 1903.
Trenz, Michael. SS-Schütze.
* 17. 3. 1909. SS-T-Stuba.
Triebler, Paul. SS-Uscha.
* 8. 9. 1896. Monowitz.
Triffterer, Rudolf. SS-Strm.
* 17. 5. 1892.
Tscherniak, Robert. SS-Schütze.
* 10. 4. 1925.
Tschujan, Alexander. SS-Rottf.
* 20. 8. 1914
Poschirwint / Litauen.
Tullius, Nikolaus. SS-Schütze.
* 7. 3. 1913 Sandra / Rumänien.
Golleschau.
Tust, Josef. SS-Rottf.
* 28. 6. 1906. August 1941
aus Buchenwald.
Tyrjan, Konrad. SS-Schütze.
* 8. 6. 1908. SS-T-Stuba.
Tuza, Alexander. SS-Strm.
* 23. 2. 1893.

Uhlig, Werner. SS-Rottf.
* 13. 2. 1922. Monowitz.
Urnauer, Adam. SS-Schütze.
* 27. 8. 1896.
Urschel, Alfons. SS-Rottf.
* 14. 11. 1907.
Urschel, Ludwig. SS-Strm.
* 19. 2. 1908. SS-T-Stuba.
Usler, Ernst. SS-Schütze.
* 11. 12. 1895.
Uthke, Walter. SS-Strm.
* 20. 5. 1892.

Vach, Hans-Joachim. SS-Rottf.
* 2. 9. 1921 Bütow.
Vahle, Ewald. SS-Uscha.
* 5. 8. 1912 Eilshausen. Ab August 1944
SS-T-Stuba.
Vaudrevange, Karl. SS-Rottf.
* 5. 1. 1907.
Velde, Hendrik van der. SS-Schütze.
* 19. 4. 1919.
Vogel, Josef. SS-Strm.
* 16. 11. 1916. Standortverwaltung.
Vogel, Max. SS-Uscha.
* 11. 7. 1895. Abgang 28. 10. 1942
Buchenwald.
Vogel, Stefan. SS-Schütze.
* 9. 5. 1909. SS-T-Stuba.
Vogel, Willi. SS-Strm.
* 12. 12. 1895. Okt. 1942 von Buchenwald.
Vogl, Vinzenz. SS-Schütze.
* 27. 7. 1909. SS-T-Stuba.
Vogt, Hugo. SS-Strm.
* 22. 10. 1906.
Vogt, Johann. SS-Oscha.
* 9. 3. 1891 Oberbier.
Voigt, Hans. SS-Schütze.
* 6. 10. 1893. SS-T-Stuba, Monowitz.
Voigt, Richard. SS-Rottf.
* 29. 5. 1906 Spaatz / Brandenburg. Ab
Okt. 1944.
Vojnich, Alexander. SS-Strm.
* 13. 10. 1902.
Volkmann, Lorenz. SS-Strm.
* 12. 10. 1912. Monowitz.
Vorhagen, Josef. SS-Uscha.
* 30. 12. 1909 Aachen. Baubetriebsdienststelle.

Wachmenku, Titus. SS-Strm.
* 7. 2. 1919 Liteni. SS-T-Stuba, Kobier.
Wagner, Adam. SS-Schütze.
* 16. 11. 1894.
Wagner, Andreas. SS-Rottf.
* 19. 9. 1913.
Wagner, Emil. SS-Schütze.
* 17. 11. 1910. Monowitz.
Wagner, Johann. SS-Schütze.
* 14. 8. 1902.
Wagner, Josef. SS-Strm.
* 11. 3. 1903. Schreiber Standortverwaltung.
Wagner, Karl. SS-Strm.
* 18. 1. 1909.
Wagner, Karl. SS-Rottf.
* 17. 12. 1906. Monowitz.

Wagner, Lorenz. SS-Schütze.
* 12. 1. 1909. SS-T-Stuba.
Walachowitsch, Johann. SS-Strm.
* 16. 6. 1908. Standortverwaltung.
Walter, Anton. SS-Schütze.
* 1. 3. 1912.
Walter, Gottfried. SS-Strm.
* 18. 11. 1909.
Walter, Heinrich. SS-Schütze.
* 20. 11. 1898.
Walter, Heinrich. SS-Schütze.
* 2. 7. 1891. Monowitz.
Walter, Johann. SS-Schütze.
* 27. 6. 1916.
Wanz, Otto. SS-Rottf.
* 12. 3. 1909.
Waschow, Bernhard. SS-Strm.
* 2. 1. 1908.
Wasilewski, Benetik. SS-Schütze.
* 21. 3. 1906. SS-T-Stuba.
Wasiljew, Nikolaus. SS-Schütze.
* 9. 5. 1904.
Weber, Andreas. SS-Schütze.
* 8. 7. 1901.
Weber, Johann. SS-Schütze.
* 4. 7. 1903 Budaoers / Ungarn. Ab Nov. 1944.
Weber, Joseph. SS-Schütze.
* 20. 11. 1906 Neu Arad. Ab Sept. 1944 SS-T-Stuba.
Weger, Josef. SS-Schütze.
* 2. 5. 1909. SS-T-Stuba.
Wehl, Karl. SS-Strm.
* 4. 3. 1921.
Weidig, Gustav. SS-Scharf.
* 8. 6. 1890.
Weidlich, Hans Gustav. SS-Rottf.
* 17. 2. 1898 Pless. Ab August 1944.
Weigt, Karl. SS-Strm.
* 14. 6. 1893. Monowitz.
Weiher, Theodor. SS-Schütze.
* 27. 11. 1902.
Weindlich, Johann. SS-Uscha.
* 22. 11. 1891.
Weinem, Hans. SS-Schütze.
* 30. 4. 1925.
Weinert, Ernst. SS-Uscha.
* 10. 2. 1896.
Weingärtner, Michael. SS-Schütze.
* 30. 9. 1908. Monowitz.
Weinknecht, Adolf. SS-Schütze.
* 9. 8. 1905. August 1941 aus Buchenwald.
Weiss, Ferdinand. SS-Rottf.
* 12. 5. 1912.
Weiss, Franz. SS-Strm.
* 25. 12. 1893. SS-T-Stuba.
Weiss, Josef. SS-Schütze.
* 4. 6. 1922. Monowitz.
Weiss, Paul. SS-Schütze.
* 21. 11. 1900 Mososzedjanos.
Weißbach, Hans. SS-Rottf.
* 29. 3. 1922 Dresden. Neu-Dachs.
Weitann, Franz. SS-Schütze.
* 10. 12. 1909. Jawischowitz, Golleschau.
Weles, Paul. SS-Schütze.
* 1. 6. 1904.
Welsch, Peter. SS-Schütze.
* 17. 3. 1905 Fibisch / Rumänien.
Wengel, Benjamin. SS-Strm.
* 4. 9. 1905 Lidowinen / Litauen. Ab 23. 10. 1941.
Wenzler, Stefan. SS-Strm.
* 20. 8. 1908. SS-T-Stuba.
Werderitsch, Julius. SS-Schütze.
* 8. 7. 1916. Standortverwaltung.
Wermulla, Nikolaus. SS-Rottf.
* 2. 12. 1890.
Wernecke, Alfred. SS-Strm.
* 15. 3. 1908.
Werner, Adam. SS-Schütze.
* 3. 12. 1909. SS-T-Stuba.
Werner, Adam. SS-Schütze.
* 22. 12. 1909. SS-T-Stuba.
Werner, Josef. SS-Strm.
* 24. 1. 1909. SS-T-Stuba.
Werner, Josef. SS-Strm.
* 20. 6. 1908. SS-T-Stuba.
Werner, Oswald. SS-Rottf.
* 3. 8. 1919. Monowitz.
Werner, Paul. SS-Uscha.
* 15. 4. 1907 Bautzen. Zentral-Bauleitung.
Werntgen, Wilhelm. SS-Uscha.
* 17. 7. 1887. Monowitz.
Wesinger, Franz. SS-Schütze.
* 21. 5. 1909. SS-T-Stuba.

Wessling, Heinrich. SS-Schütze.
* 25.7.1902.
Wetzl, Jakob. SS-Schütze.
* 8.1.1908. SS-T-Stuba.
Wickatz, Hans. SS-Schütze.
* 4.7.1914.
Widera, Alois. SS-Rottf.
* 21.6.1902. SS-T-Stuba.
Wieczorek, Josef. SS-Rottf.
* 7.4.1900. Dez. 1940 von Buchenwald.
Wieczorek, Josef. SS-Rottf.
* 31.5.1923 Angersbach, Kreis Strelitz.
Wieder, Philipp. SS-Schütze.
* 24.9.1898.
Wiehle, Kurt. SS-Oscha.
* 2.5.1919. Verwaltung »Aktion Reinhard«.
Wier, Franz. SS-Schütze.
* 1.10.1922. SS-T-Stuba.
Wiesbaum, Johann. SS-Rottf.
* 29.3.1912.
Wiesinger, Herbert. SS-Rottf.
* 5.8.1911. Monowitz.
Wiesst, Franz. SS-Schütze.
* 21.10.1894.
Wilberg, Josef. SS-Schütze.
* 19.4.1901.
Wilhelmy, Karl. SS-Rottf.
* 26.8.1915. Monowitz.
Wilkovski, Emanuel. SS-Strm.
* 25.3.1893.
Willwohl, Nikolaus. SS-Schütze.
* 1.2.1909. SS-T-Stuba.
Wilms, Friedrich. SS-Schütze.
* 13.7.1892.
Wimmer, A. SS-Strm.
* 9.12.1906. Juli 1941 von Buchenwald.
Wimsperger, Hermann. SS-Strm.
* 23.12.1912.
Winkler, Jakob. SS-Schütze.
* 22.7.1901.
Winniebeck, Johann. SS-Rottf.
* 13.8.1908 Mehringen/Mosel.
Winzler, Oskar. SS-Uscha.
* 23.2.1889 Lübbenau. Zentral-Bauleitung.
Wippler, Johann. SS-Schütze.
* 20.3.1902.
Wist, Franz. SS-Schütze.
* 21.10.1894.
Witalinski, Ruth. SS-Aufseherin.
* 30.10.1924.
Witkowski, Alfons. SS-Oberschütze.
* 16.3.1913. Monowitz.
Wittaszek, Alfons. SS-Rottf.
* 2.2.1908.
Witt(e), Ingrid. SS-Aufseherin.
* 17.2.1925 (!).
Wittmann, Nikolaus. SS-Schütze.
* 8.7.1909. Monowitz.
Wituschek, Heinrich. SS-Schütze.
* 29.5.1908. SS-T-Stuba.
Wittur, Julius. SS-Uscha.
* 3.12.1893.
Wohlers, Hermann. SS-Rottf.
* 17.12.1892 Harburg.
Wohlmuth, Johann. SS-Schütze.
* 27.4.1921 Ödenburg.
Woirithowski, Johann. SS-Schütze.
* 19.7.1919. SS-T-Stuba.
Wolf, Anton. SS-Schütze.
* 11.5.1924 India, Kreis Karlowitz. SS-T-Stuba.
Wolf, Josef. SS-Strm.
* 5.1.1909. Monowitz.
Wolf, Otto. SS-Schütze.
* 17.11.1915. Monowitz.
Wolf, Wilhelm. SS-Oscha.
* 8.9.1892.
Wolff, Heinrich. SS-Rottf.
* 18.3.1919.
Woloschinowski, Rudolf. SS-Schütze.
* 15.11.1913.
Wolters, Wilhelm. SS-Rottf.
* 14.6.1908. Monowitz.
Wordelmann, Willi. SS-Uscha.
* 9.3.1894.
Wottke, Eduard. SS-Scharf.
* 7.10.1891.
Wrobel, Hermann. SS-Strm.
* 24.6.1914. Monowitz.
Wukowitsch, Nikolaus. SS-Rottf.
* 7.11.1905. SS-T-Stuba.
Wystrach, Josef. SS-Strm.
* 15.3.1903.

Zahngeist, Josef. SS-Schütze.
* 8. 1. 1925. Golleschau.
Zahorodni, Konstantin. SS-Schütze.
* 11. 4. 1907.
Zahrt, Erwin. SS-Schütze.
* 30. 12. 1905.
Zech, Jakob. SS-Strm.
* 28. 9. 1924. Monowitz.
Zeiss, Hans. SS-Uscha.
* 9. 8. 1898. Monowitz.
Zeppezauer, Vinzenz. SS-Strm.
* 24. 3. 1914.
Zettisch, Georg. SS-Schütze.
* 25. 7. 1895.
Zeybrlich, Kurt. SS-Strm.
* 24. 3. 1903.
Zielonka, Otto. SS-Rottf.
* 27. 7. 1912 Schlesiengrube.
Ziller, Johann. SS-Schütze.
* 21. 3. 1902.
Zindler, Gustav. SS-Oscha.
* 19. 5. 1898. Monowitz.
Zinselmeier, Georg. SS-Uscha.
* 1. 4. 1898.
Zippenpfennig, Franz. SS-Strm.
* 23. 1. 1911.
Zippenpfennig, Tobias. SS-Schütze.
* 18. 12. 1917.
Zöllner, Anton. SS-Schütze.
* 25. 12. 1906. SS-T-Stuba.
Zogalla, Johann. SS-Scharf.
* 24. 12. 1889. Deutsche Lebensmittel GmbH Auschwitz, Abt. Brotfabrik.
Zscheck, Erhard. SS-Schütze.
* 11. 12. 1906.
Zsolnay, Ignatz. SS-Schütze.
* 21. 2. 1899.

Notwendige Anmerkungen

Ein wenig bekanntes Problem ist die unterschiedliche Zählweise der Vergasungsanlagen, verharmlosend Krematorien genannt. Die verdienstvollen *Studien zur Geschichte des Konzentrations- und Vernichtungslagers Auschwitz* aus dem Verlag des Staatlichen Museums Auschwitz sowie Danuta Czechs *Kalendarium der Ereignisse im Konzentrationslager Auschwitz-Birkenau 1939–1945* numeriert das *Alte Krematorium* als Krematorium I und die später in Birkenau erstellten vier großen Vergasungsanlagen entsprechend als Krematorium II bis V. Diese Numerierung ist durch Dokumente belegt.

Wir haben jedoch auch eine andere Zählweise. Wahrscheinlich ist es so, daß zunächst I–V gezählt wurde, nach dem Wegfall des Alten Krematoriums aber die Birkenauer Vergasungsanlagen als I–IV bezeichnet wurden. Der Standortbefehl Nr. 5/44 vom 1.2.1944 benennt als Krematorium I eindeutig nicht das *Alte Krematorium* im Stammlager. Die Aufstellung der Arbeitseinsatzkommandos vom 30.8.1944 führt die Mordanlagen I bis IV auf.

Krematoriumsführer Johann Gorges (AV, Bl. 11488): »Die Krematorien bei Birkenau trugen die Bezeichnungen I, II, III u. IV.« Mengeles Pathologe Nyiszli, dessen Arbeitsplatz zuletzt in den Krematorien war, verfährt in seiner Aussage vom 28.7.1945 ebenso. Erich Muhsfeldt, Chef der Vergasungsanlagen (MV, Bd. 41), nennt die Krematorien I–IV. Kommandant Höß – er müßte es wissen – schreibt in seinen Aufzeichnungen in polnischer Haft ebenfalls von den Krematorien I–IV.

Das Auschwitz-Urteil des LG Frankfurt am Main folgt dieser Zählweise. Aus dem Frankfurter Auschwitz-Verfahren stammen die meisten der in diesem Buch zitierten Aussagen. Dies war der Grund, mich an diese Zählweise zu halten.

Zahlenangaben zu Transporten folgen Danuta Czechs *Kalendarium.*

Zitate aus dem Frankfurter Auschwitz-Prozeß stammen – sofern nichts anderes vermerkt – aus Hermann Langbeins Dokumentation *Der Auschwitz-Prozeß.* Komplette Mitschnitte der Zeugenaussagen hat das *Fritz-Bauer-Institut* in Frankfurt am Main transkribiert.

Die Standort- und Kommandanturbefehle sind zitiert nach der gleichnamigen Dokumentation von Norbert Frei und Mitarbeitern.

Zur Zitierweise: Sind Aussagen der zitierten Person bereits im Personenartikel ausgewiesen, wird die Quelle nicht eigens wiederholt.

Zur Vereinfachung der Suche nach Personennamen sind Sonderzeichen nicht übernommen worden.

Zum Schluß: In Auschwitz kannte man keine Weiblichkeitsform, so werden zum Beispiel auch Frauen Häftling genannt.

Abkürzungen

AL	Arbeitslager
APr	Auschwitz-Prozeß 4 Ks 2/63, s. Literatur
AV	Auschwitz-Verfahren
BA	Bundesarchiv
BDC	Berlin Document Center, heute BA Berlin
BV	Buthner-Verfahren, s. Literatur
faks.	faksimiliert
FBI	Fritz-Bauer-Institut, Frankfurt am Main
FSK	Friedler/Siebert/Kilian, s. Literatur
GStA	Generalstaatsanwaltschaft
HJL	Hans-Joachim Lang, s. Literatur
HKB	Häftlingskrankenbau
HvA	Hefte von Auschwitz, s. Literatur
JA	Jaworzno-Anklage, s. Literatur
LG	Landgericht
LaP	Lasik, Personal, s. Literatur
LaV	Lasik, Verfolgung, s. Literatur
MV	Mengele-Verfahren
Nbg. Dok.	Nürnberger Dokument
OLG	Oberlandesgericht
PA	Politische Abteilung (Lager-Gestapo)
Q.	Quelle
RSHA	Reichssicherheitshauptamt, Zusammenschluß von SD, Sipo, Gestapo und Kripo, NS-Terrorinstrument, mit der Judenvernichtung beauftragt
SD	Sicherheitsdienst der SS (Himmlers Spitzelorganisation)
SP	Sammlung Pross (s. Literatur)
SS-WVHA	SS-Wirtschafts-Verwaltungshauptamt
StA	Staatsanwalt(schaft)
StAu	Studien Auschwitz, s. Literatur
SV	Schumann-Verfahren, s. Literatur
T4	Tarnungskürzel für die Zentraldienststelle der Kanzlei des Führers in der Berliner Tiergartenstraße 4, die den Massenmord an Behinderten organisiert
W-SS	Waffen-SS
z.b.V.	zur besonderen Verwendung
ZStL	Zentrale Stelle der Landesjustizverwaltungen Ludwigsburg

Dienstgrade

SS:	Wehrmacht:
Schütze (Schtz.)	Schütze
Oberschütze	Oberschütze
Sturmmann (Strm.)	Gefreiter
Rottenführer (Rottf.)	Obergefreiter
Unterscharführer (Uscha.)	Unteroffizier
Scharführer (Scharf.)	Unterfeldwebel
Oberscharführer (Oscha.)	Feldwebel
Hauptscharführer (Hscha.)	Oberfeldwebel
Stabsscharführer	Hauptfeldwebel
Sturmscharführer	Stabsfeldwebel
Untersturmführer (Ustuf.)	Leutnant
Obersturmführer (OStuf.)	Oberleutnant
Hauptsturmführer (HStuf.)	Hauptmann
Sturmbannführer (Stubaf.)	Major
Obersturmbannführer (OStubaf.)	Oberstleutnant
Standartenführer (Staf.)	Oberst
Oberführer (Oberf.)	Oberst
Brigadeführer (Brif.)	Generalmajor
Gruppenführer (Gruf.)	Generalleutnant
Obergruppenführer (OGruf.)	General
Oberstgruppenführer	Generaloberst

Quellen und Literatur

Adelsberger, Lucie: Auschwitz. Ein Tatsachenbericht. Hg. von Eduard Seidler. Bonn 2001.

Aufarbeitung der Vorgänge um Bruder Altschul – eine Dokumentation erarbeitet von Hermann Schwedhelm im Auftrag des Vorstandes der Gemeinschaft der Brüder und Schwestern des Hessischen Brüderhauses [Hephata in Treysa]. März 2001.

Auschwitz 1940–1945. Studien zur Geschichte des Konzentrations- und Vernichtungslagers Auschwitz. Hg. von Waclaw Dlugoborski und Franciszek Piper. Staatliches Museum Auschwitz-Birkenau 1999. Aus dem Polnischen von Jochen August.

Band I: Aufbau und Struktur des Lagers. Autoren: Aleksander Lasik, Franciszek Piper, Piotr Setkiewicz, Irena Strzelecka.

Band II: Die Häftlinge. Existenzbedingungen, Arbeit und Tod. Autoren: Tadeusz Iwaszko, Helena Kubica, Franciszek Piper, Irena Strzelecka, Andrezej Strzelecki.

Band III: Vernichtung. Autor: Franciszek Piper.

Band IV: Widerstand. Autor: Henryk Swiebocki.

Band V: Epilog. Autoren: Danuta Czech, Aleksander Lasik, Stanislaw Klodzinski, Andrezej Strzelecki.

KL Auschwitz in den Augen der SS. Krajowa Agencja Wydawnicza. Katowice 1981.

Auschwitz-Prozeß 4 Ks 2 / 63 Frankfurt am Main. Hg. von Irmtrud Wojak im Auftrag des Fritz-Bauer-Instituts. Frankfurt o. J.

Auschwitz-Verfahren, 4 Js 444 / 59 StA Frankfurt am Main.

Auschwitz-Anklage gegen Baer u. a. vom 16. 4. 1963, 4 Js 444 / 59 StA Frankfurt.

Auschwitz-Urteil gegen Mulka u. a. vom 20. 8. 1965, 4 Ks 2 / 63 LG Frankfurt.

Die Auschwitz-Hefte, Band I und II. Texte der polnischen Zeitschrift *Przeglad Lekarski* über historische, psychische und medizinische Aspekte des Lebens und Sterbens in Auschitz. Hg. vom Hamburger Institut für Sozialforschung. Weinheim und Basel 1987.

Der Auschwitz-Prozess. Tonbandmitschnitte, Protokolle und Dokumente. Hg. vom Fritz-Bauer-Institut und dem Staatlichen Museum Auschwitz-Birkenau, DVD-ROM. 2., durchgesehene und verbesserte Auflage 2005.

Beger-Urteil, Urteil LG Frankfurt am Main vom 6. 4. 1971 gegen Bruno Beger und Wolf-Dietrich Wolff, 4 Ks 1 / 70.

Blaschitz, Edith: NS-Flüchtlinge österreichischer Herkunft: Der Weg nach Argentinien, in: Jahrbuch 2003. Hg. vom Dokumentationsarchiv des Österreichischen Widerstands. Wien 2003.

Borkin, Joseph: Die unheilige Allianz der I. G. Farben. Eine Interessengemeinschaft im Dritten Reich. Frankfurt am Main 1986.

Borowski, Tadeusz: Bei uns in Auschwitz. Frankfurt am Main 2006, Taschenbuchausgabe München 2008.

Broad, Pery: Erinnerungen, in: KL Auschwitz.

Brunner, Bernhard: Der Frankreich-Komplex. Die nationalsozialistischen Verbrechen in Frankreich und die Justiz der Bundesrepublik Deutschland. Göttingen 2004.

Buber-Neumann, Margarete: Als Gefangene bei Stalin und Hitler. München 1949.

Buergenthal, Thomas: Ein Glückskind. Wie ein kleiner Junge zwei Ghettos, Auschwitz und den Todesmarsch überlebte und ein neues Leben fand. Frankfurt am Main 2008. FTB 17385.

Quellen und Literatur

Büchler, Robert Jehosua: Unter den Kindern von Auschwitz, in: Dachauer Hefte 12, 1996.

Burger-Urteil, Urteil LG Frankfurt am Main vom 16. 9. 1966 gegen Wilhelm Burger, Josef Erber (Houstek) und Gerhard Neubert, 4 Ks 3 / 63.

Buthner-Verfahren gegen Häftlingsarzt Stefan Budziasczek, 1956 Namensänderung in Buthner, 4 Js 798 / 64 StA Frankfurt am Main. Einstellung am 30. 12. 1974 LG Frankfurt.

Clauberg-Verfahren, 2 Js 3484 / 55 StA Kiel.

Czech, Danuta: Kalendarium der Ereignisse im Konzentrationslager Auschwitz-Birkenau 1939–1945. Reinbek 2008.

Czerwinski-Urteil, Urteil LG Lüneburg vom 26. 5. 1989 gegen Horst Czerwinksi, Außenlager Lagischa, 17 Ks/10.

Dachauer Hefte. Studien und Dokumente zur Geschichte der nationalsozialistischen Konzentrationslager. Im Auftrag des Comité International Brüssel hg. von Wolfgang Benz und Barbara Distel.

Darstellungen und Quellen zur Geschichte von Auschwitz. Hg. vom Institut für Zeitgeschichte. München 2000.

Band 1: Standort- und Kommandanturbefehle des Konzentrationslagers Auschwitz 1940–1945. Hg. von Norbert Frei u. a.

Band 2: Sybille Steinbacher: »Musterstadt« Auschwitz. Germanisierungspolitik und Judenmord in Ostoberschlesien.

Band 3: Bernd C. Wagner: IG Auschwitz. Zwangsarbeit und Vernichtung von Häftlingen des Lagers Monowitz 1941–1945.

Band 4: Ausbeutung, Vernichtung, Öffentlichkeit. Neue Studien zur nationalsozialistischen Lagerpolitik.

Dienstaltersliste der Schutzstaffel der NSDAP. Stand vom 9. November 1944. Hg. vom SS-Personalhauptamt.

Fejkiel, Wladyslaw: Der Hunger in Auschwitz, Hefte von Auschwitz, Nr. 8, 1964.

Frankl, Viktor E.: Ein Psycholog [sic] erlebt das Konzentrationslager (Buchdeckel: Ein Psycholog erlebt das KZ). Wien 1946. Anmerkung [E. K.]: Die Erstauflage erschien ohne Autorennamen, Namensnennung in der zweiten Auflage (nach der zitiert wird). Späterer Titel: … trotzdem Ja zum Leben sagen. Ein Psychologe erlebt das Konzentrationslager. München 1977.

Frankl, Viktor E.: Gesammelte Werke, Band 1: … trotzdem Ja zum Leben sagen Und ausgewählte Briefe 1945–1949. Hg. von Alexander Batthyany, Karlheinz Biller und Eugenio Fizzotti. Wien 2005.

Frankl, Viktor E.: Gesammelte Werke, Band 2: Psychologie des Konzentrationslagers. Hg. von Alexander Batthyany, Karlheinz Biller und Eugenio Fizzotti. Wien 2006.

Frankl, Viktor E.: Was nicht in meinen Büchern steht. Lebenserinnerungen, München 1995 (Taschenbuchausgabe, vierte Auflage 2011).

Friedler, Eric, Barbara Siebert und Andreas Kilian: Zeugen aus der Todeszone. Das jüdische Sonderkommando in Auschwitz. Stuttgart 2008.

Gräfe, Marlies, Bernhard Post und Andreas Schneider (Hg.): Die Geheime Staatspolizei im NS-Gau Thüringen 1933–1945. Landeszentrale für politische Bildung Thüringen. Erfurt 2004.

Greif, Gideon: »Wir weinten tränenlos …« Augenzeugenberichte des jüdischen »Sonderkommandos« in Auschwitz. Frankfurt am Main 1999. FTB 13914.

Häftlingskartei der StA Frankfurt am Main zu den Auschwitz-Verfahren.

Halbmayr, Brigitte: Zeitlebens konsequent. Hermann Langbein. Eine politische Biografie. Wien 2012.

Handschriften: Inmitten des grauenvollen Verbrechens. Handschriften von Mitgliedern des Sonderkommandos. Museum Auschwitz 1996.

Hart-Moxon, Kitty: Wo die Hoffnung erfriert. Überleben in Auschwitz. Literarisch bearbeitet von Roswitha Geppert. Leipzig 2001.

Hautval, Adelaide: Medizin gegen die Menschlichkeit. Hg. von Florence Hervé und Hermann Unterhinninghofen. Berlin 2008.

Headquarters Command, Office of Military Government for Germany (US), 6889th Berlin Documents Center, APO 742, Lists of SS Officers, 15. 5. 1946.

Hefte von Auschwitz. Schriftenreihe des Staatlichen Museums Auschwitz. Heft 1 erschien in deutscher Sprache 1959.

Höß, Rudolf: Kommandant in Auschwitz. Autobiographische Aufzeichnungen, hg. von Martin Broszat. München 1981.

Huber, Barbara: Der Regensburger SS-Zahnarzt Dr. Willy Frank. Würzburg 2009.

Jaworzno-Anklage, Anklage StA Würzburg vom 23. 12. 1976 gegen Olejak und Pansegrau, 201 Js 19 730 / 76.

Kaienburg, Hermann: Das Konzentrationslager Neuengamme 1938–1945. Bonn 1997.

Kaminer, Isidor J.: Psychiatrie im Nationalsozialismus. Das Philippshospital in Riedstadt (Hessen). Frankfurt am Main 1996.

Karny, Miroslav: Das Theresienstädter Familienlager (BIIb) in Birkenau (September 1943 – Juli 1944), in: Hefte von Auschwitz, Nr. 20, 1997.

Kaschub-Verfahren gegen den Arzt Heinz Kaschub, 4 Js 331 / 76 StA Frankfurt.

Kater, Michael H.: Das »Ahnenerbe« der SS 1935–1945. Ein Beitrag zur Kulturpolitik des Dritten Reiches. München 1997.

Kielar, Wieslaw: Anus Mundi. Fünf Jahre Auschwitz. Frankfurt a. M. 1982 (FTB 3469). Anmerkung [E. K.]: Kielar schreibt, was er nicht verschweigt, aus der Perspektive des satten Häftlings, der sich sogar in seidene Wäsche kleiden kann.

Klee, Ernst: »Euthanasie« im Dritten Reich. Die »Vernichtung lebensunwerten Lebens«. Frankfurt am Main 2010. FTB 18674.

Klee, Ernst: Was sie taten – Was sie wurden. Ärzte, Juristen und andere Beteiligte am Kranken- oder Judenmord. Frankfurt am Main. FTB 4364. 13. Auflage 2012.

Klee, Ernst: Persilscheine und falsche Pässe. Wie die Kirchen den Nazis halfen. Frankfurt am Main. FTB 10956. 4. Auflage 2002.

Klee, Ernst: Auschwitz, die NS-Medizin und ihre Opfer. Frankfurt am Main 2004. FTB 14906. 5. Auflage 2012.

Klee, Ernst: Deutsche Medizin im Dritten Reich. Frankfurt am Main 3. Auflage 2004.

Klee, Ernst: Das Personenlexikon zum Dritten Reich. Wer war was vor und nach 1945. Aktualisierte Ausgabe Frankfurt am Main 2005. FTB 16048. 2. Auflage 2007.

Klee, Ernst: Das Kulturlexikon zum Dritten Reich. Frankfurt am Main 2009. FTB 17153.
Klodzinski, Stanislaw: Phenol, in: Die Hefte von Auschwitz, Nr. I.
Klüger, Ruth: weiter leben. Eine Jugend. 1992 Göttingen, 18. Aufl. 2012 München.
König-Verfahren gegen KZ-Arzt Hans-Wilhelm König, 4 Js 1173/62 StA Frankfurt am Main.
König-Urteil gegen Ernst August König (»Zigeunerlager«) LG Siegen vom 24.1.1991, Ks 130 Js 2/84 (Z).
Koenig, Ernest: Im Vorhof der Vernichtung. Als Zwangsarbeiter in den Außenlagern von Auschwitz. Frankfurt am Main 2000. FTB 14771.
Kogon, Eugen: Der SS-Staat. Das System der deutschen Konzentrationslager. München 1979.
Krumey-Anklage, Anklage StA Frankfurt am Main vom 8.3.1963 gegen Hermann Krumey und Otto Hunsche (Judenverfolgung in Ungarn), 4/4a Js 586/56 StA Frankfurt am Main.

Langbein, Hermann: Die Stärkeren. Ein Bericht aus Auschwitz und anderen Konzentrationslagern. Wien 2008. Erstauflage 1949 in Wien. Unveränderter Nachdruck der 2. Auflage 1982. Anmerkung [E. K.]: Es wäre angemessen gewesen, wenigstens Langbeins Darstellung, das Zyklon B sei aus den Duschköpfen in der Gaskammer gekommen, zu korrigieren.
Langbein, Hermann: Menschen in Auschwitz. Frankfurt am Main 1980, Taschenbuchausgabe.
Langbein, Hermann: … nicht wie die Schafe zur Schlachtbank. Widerstand in den nationalsozialistischen Konzentrationslagern 1938–1945. Frankfurt am Main 1980 (FTB 3486).
Langbein, Hermann: Der Auschwitz-Prozeß. Eine Dokumentation. Frankfurt am Main 1995 (zwei Bände, unveränderter Nachdruck).
Lasik, Alexander: Die Personalbesetzung des Gesundheitsdienstes der SS im Konzentrationslager Auschwitz-Birkenau in den Jahren 1940–1945, in: Hefte von Auschwitz, Nr. 20, 1997.
Lasik, Alexander: Die Verfolgung, Verurteilung und Bestrafung der Mitglieder der SS-Truppe des KL Auschwitz. Hefte von Auschwitz, Nr. 21, 2000.
Lasker-Wallfisch, Anita: Ihr sollt die Wahrheit erben. Die Cellistin von Auschwitz. Reinbek 2000.
Lettow, Fritz (Pseudonym von Fritz Leo): Arzt in den Höllen. Berlin 1997.
Levi, Primo: Ist das ein Mensch? Ein autobiographischer Bericht. Aktualisierte Ausgabe München 2010. Der Bericht wurde 1947 verfaßt.
Levy, Paul M. G.: Das »Auffang-Lager« Breendonk, in: Dachauer Hefte 5, 1989.
Liebehenschel-Urteil, Das oberste Volkstribunal in Krakau am 22.12.1947, 5/47, gegen Liebehenschel, Grabner, Aumeier u.a.
Lilla, Joachim: Statisten in Uniform. Die Mitglieder des Reichstags 1933–1945. Düsseldorf 2004.
Lingens, Ella: Eine Frau im Konzentrationslager. Wien 1966.
Lingens, Ella: Gefangene der Angst. Ein Leben im Zeichen des Widerstandes. Hg. und mit einem Vorwort versehen von Peter Michael Lingens. Wien 2003. Anmerkung [E. K.]: Ihr Sohn gibt im Vorwort an, daß er den Urtext »nachträglich um die zahllosen Gespräche ergänzt habe, die wir in Jahrzehnten zu diesem Thema geführt haben«.
Löbner, Walter: Ich war in Auschwitz, Bericht vom 8.11.1945. AV, Bl. 6678 ff.

Majdanek-Urteil, Urteil LG Düsseldorf vom 30. 5. 1991 gegen Hackmann u. a., XVII – 1 / 75 (S).
Marsalek, Hans: Die Geschichte des Konzentrationslagers Mauthausen. Wien 1995.
Marszalek, Jozef: Majdanek. Geschichte und Wirklichkeit des Vernichtungslagers. Reinbek 1982.
Martin, Ernst: Niederschrift einer 45seitigen Aussage über die Gesundheitsversorgung im KZ Mauthausen. Bundespolizeidirektion Innsbruck, I – 1149 / 2-1966, 16. 3. 1966.
Nationalsozialistische Massentötungen durch Giftgas. Eine Dokumentation. Hg. von Eugen Kogon, Hermann Langbein und Adalbert Rückerl. Frankfurt am Main 1983.
Mengele-Verfahren, 4 Js 340 / 68 StA Frankfurt am Main gegen Josef Mengele.
Millu, Liana: Der Rauch über Birkenau. Frankfurt am Main 2012. FTB 14021. Primo Levi rühmt im Vorwort den Erzählband »mit einer immer würdigen, zurückhaltenden Sprache«.
Moszkowicz, Imo: Der grauende Morgen. Erinnerungen. Hg. von Iris Nölle-Hornkamp. Paderborn 2008 (4., überarbeitete und erweiterte Neuaflage).
Müller, Filip: Sonderbehandlung. Drei Jahre in den Krematorien und Gaskammern von Auschwitz. München 1979.
Müller, Peter F. und Michael Mueller: Gegen Freund und Feind. Der BND: Geheime Politik und schmutzige Geschäfte. Reinbek 2002.
Müller-Hill, Benno: Tödliche Wissenschaft. Die Aussonderung von Juden, Zigeunern und Geisteskranken 1933–1945. Reinbek 1984.

Niemeier-Urteil, Urteil LG Hannover vom 13. 7. 1979 gegen Heinrich Niemeier, 11 Ks 1 / 77.
Nyiszli, Miklós: Im Jenseits der Menschlichkeit. Ein Gerichtsmediziner in Auschwitz. Berlin 1992 (2., überarbeitete Auflage 2005).

Olbrycht, Jan: Gesundheitswesen im Konzentrationslager in Auschwitz. Gutachten, geäußert in der Gerichtsverhandlung vor dem Obersten Volks-Gerichtshof am 10. 12. 1947 in Krakau. Deutsche Übersetzung: Auschwitz-Verfahren, Bl. 4518 ff.

Pätzold, Kurt, Erika Schwarz: »Auschwitz war für mich nur ein Bahnhof«. Franz Novak – der Transportoffizier Adolf Eichmanns. Berlin 1994.
Perz, Bertrand: »... müssen zu reißenden Bestien erzogen werden«. Der Einsatz von Hunden zur Bewachung in den Konzentrationslagern, in: Dachauer Hefte 12, 1996.
Pross, Christian: Wiedergutmachung. Der Kleinkrieg gegen die Opfer. Frankfurt am Main 1988.
Sammlung Pross (SP). Christian Pross danke ich die zeitweise Überlassung der Unterlagen aus Wiedergutmachungsverfahren (Berichte der Opfer, medizinische Gutachten). Pross erhielt die Unterlagen von Siegesmund Pierre Kaplan, geb. 1904 in Wilna, 1933 als jüdischer Assistenzarzt am Krankenhaus Moabit in Berlin entlassen. Kaplan hatte in Paris unter falschem Namen im Untergrund überlebt und war nach dem Krieg Vertrauensarzt der Deutschen Botschaft in Entschädigungsfällen. Kaplan erstellte keine Gefälligkeitsgutachten, seine eigene Erfahrung bewahrte ihn vor dem Zynismus, der in vielen Fällen in Entschädigungsverfahren dokumentiert ist. Die Sammlung Pross befindet sich im Bundesarchiv Koblenz.

Quellen und Literatur

Przeglad Lekarski, Sonderheft gewidmet der medizinischen Problematik des Konzentrationslagers Auschwitz-Birkenau. Hg. von der Krakauer Abteilung der Polnischen Ärztegesellschaft. Krakau 1962.
Pytell, Timothy: Viktor Frankl. Innsbruck 2005.

Raim, Edith: Die Dachauer KZ-Außenkommandos Kaufering und Mühldorf. Rüstungsbauten und Zwangsarbeit im letzten Kriegsjahr 1944/45. Landsberg 1992.
Renz, Werner: Der 1. Frankfurter Auschwitz-Prozeß. Zwei Vorgeschichten, in: Zeitschrift für Geschichtswissenschaft, 2002, Nr. 7.
Riedel, Dirk: Ordnungshüter und Massenmörder im Dienst der »Volksgemeinschaft«: Der KZ-Kommandant Hans Loritz. Berlin 2010.
Rood, Coen[raad]: »Wenn ich es nicht erzählen kann, muss ich weinen«. Als Zwangsarbeiter in der Rüstungsindustrie. Frankfurt am Main 2002. FTB 15017. Anmerkung [E. K.]: Das Manuskript wurde 1945–1949 verfaßt. Der Untertitel führt in die Irre: Rood schildert das Häftlingsdasein im Außenlager Gleiwitz II. Ein Buch, das nicht so viele Leser fand, wie Rood es verdient hätte.
Rückerl, Adalbert: NS-Verbrechen vor Gericht. Heidelberg 1984.

Safrian, Hans: Eichmann und seine Gehilfen. Frankfurt am Main 1995. FTB 12076.
Schüle, Annegret: Industrie und Holocaust. Topf & Söhne – Die Ofenbauer von Auschwitz. Göttingen 2011.
Schulte, Jan Erik: Zwangsarbeit und Vernichtung: Das Wirtschaftsimperium der SS. Oswald Pohl und das SS-Wirtschafts-Verwaltungshauptamt 1933–1945. Paderborn 2001.
Schumann-Anklage, Anklage GStA Frankfurt am Main vom 25. 11. 1971 gegen Horst Schumann wegen Röntgen-Sterilisierungsversuchen in Auschwitz, Js 18/67 GStA.
Schumann-Verfahren, Verfahren Js 18/67 GStA Frankfurt gegen Horst Schumann wegen Medizinverbrechen in Auschwitz.
Sellier, André: Zwangsarbeit im Raketentunnel. Geschichte des Lagers Dora. Lübeck 2000.
Shelley, Lore (Hg.): Schreiberinnen des Todes. Bielefeld 1992.
Sobibor-Urteil: Urteil LG Hagen S 6/64 vom 20. 12. 1966.
Sprenger, Isabell: Groß-Rosen. Ein Konzentrationslager in Schlesien. Köln 1996.
Steegmann, Robert: Das Konzentrationslager Natzweiler-Struthof und seine Außenkommandos an Rhein und Neckar 1941–1945. Berlin 2010.
Steger, Bernd und Peter Wald: Hinter der grünen Pappe. Orli Wald im Schatten von Auschwitz – Leben und Erinnerungen. Hamburg 2008.
Steinbacher, Sybille: »... nichts weiter als Mord«. Der Gestapochef von Auschwitz und die bundesdeutsche Nachkriegsjustiz, in: Darstellungen und Quellen zur Geschichte von Auschwitz. Band 4.
Strebel, Bernhard: Das KZ Ravensbrück. Geschichte eines Lagerkomplexes. Paderborn 2003. Anmerkung [E. K.]: Täternamen sind teilweise anonymisiert, Täteraussagen mitunter unkritisch als wahr unterstellt.
Streim, Alfred: Konzentrationslager auf dem Gebiet der Sowjetunion, in: Dachauer Hefte 5.
Szepesi, Eva: Ein Mädchen allein auf der Flucht. Ungarn – Slowakei – Polen (1944–1945). Berlin 2011.

»Täterkartei« der StA Frankfurt am Main zu den Auschwitz-Verfahren.

Veil, Simone: Und dennoch leben. Berlin 2009.

Venezia, Shlomo (in Zusammenarbeit mit Beatrice Prasquier): Meine Arbeit im Sonderkommando Auschwitz. Das erste umfassende Zeugnis eines Überlebenden. München 2008. Anmerkung [E. K.]: Der Untertitel unterschlägt Filip Müllers Buch *Sonderbehandlung*, 1979 erschienen.

Völklein, Ulrich: Dr. med. Eduard Wirths: Ein Arzt in Auschwitz. Eine Quellenedition. Norderstedt 2005. Als Fundstelle der Dokumente gibt Völklein an: »Nachlass Eduard Wirths, Fritz-Bauer-Institut Frankfurt/Main« (siehe unten). Es gibt im FBI jedoch, so Archivleiter Werner Renz, keinen Nachlaß Wirths, vor allem keine Originale. Es handelt sich zumeist um Abschriften von Dokumenten, die Völklein von der Familie Wirths erhalten hat. Daß unbeglaubigte Abschriften manipuliert sein können, steht außer Frage.

Völklein, Ulrich: Der »Märchenprinz«. Eduard Wirths: Vom Mitläufer zum Widerstand. Als Arzt im Vernichtungslager Auschwitz. Gießen 2006. – Der Verfasser gibt an, als Grundlage seiner Biographie dienten »die dem Autor zugänglich gemachten Dokumente aus dem Besitz der Familie Wirths, die als ›Nachlass Eduard Wirths‹ dem Archiv des ›Fritz-Bauer-Instituts zur Erforschung des Holocaust‹ in Frankfurt/Main übergeben wurden«. Anmerkung: Der Untertitel stellt die Absicht klar: Der oberste SS-Mediziner in Auschwitz soll im Widerstand gewesen sein.

Vrba, Rudolf: Ich kann nicht vergeben. Meine Flucht aus Auschwitz. Frankfurt am Main 2010. Anmerkung [E. K.]: Eine wichtige Quelle, der Blick für schwächere Häftlinge fehlt. Textprobe: »Statt Zebrahosen trug ich ein paar tadellos sitzende Reithosen, die ein polnischer Häftling für mich angefertigt hatte, meine Reitstiefel hätten sogar einem Kavallerieoffizier alle Ehre gemacht, und obwohl ich meine gestreifte Jacke tragen mußte, achtete ich darauf, daß sie gut geschnitten war.«

Wiesel, Elie: Die Nacht. Leipzig 1988. Anmerkung [E. K.]: Eines der wichtigen Bücher über Auschwitz. Wiesel hätte eine angemessene Übersetzung verdient gehabt. Das zynische Lagerschild *Arbeit macht frei* verwandelte der Übersetzer in: »Arbeit ist Freiheit!«.

Wolken, Otto: Kommentar zu den Kranken und Toten. Statistiken. Manuskript vom 17.4.1945. AV, Bl. 6959ff.

Wolken, Otto: Frauen- und Kinderschicksale im Konzentrationslager Auschwitz. Manuskript vom 18.2.1945. AV, Bl. 7695ff.

Zentrale Stelle Ludwigsburg, Schlußbericht KL Lublin/Polen vom 23.1.1962, 407 AR-Z 297/60.

Zieba, Anna: »Wirtschaftshof Babitz«, in: Hefte von Auschwitz, Nr. 11.

Ziegler, Jürgen: Mitten unter uns. Natzweiler-Struthof: Spuren eines Konzentrationslagers. Hamburg 1986.

Danksagung

Ich war fast 20 Jahre Gast der Frankfurter Justiz. Zunächst bei der Generalstaatsanwaltschaft Frankfurt am Main, unter ihrem Leiter Fritz Bauer eine zentrale Stelle zur Verfolgung von NS-Verbrechen. Mein ganzes Interesse galt anfangs der Ermordung behinderter Menschen. Diese Recherchen dienten als Grundlage meines erstes Buches zum Nationalsozialismus: *»Euthanasie« im NS-Staat*. Die Zusammenarbeit führte dazu, daß zwei Vergasungsärzte – vom Behindertenmord bereits einmal freigesprochen – doch noch verurteilt wurden. Bei der Generalstaatsanwaltschaft habe ich den Staatsanwälten Johannes Warlo und Siegfried Schmidt zu danken. Hier habe ich gelernt, nicht zu beschreiben, was augenscheinlich wahr, sondern nur, was mit Dokumenten zu belegen ist.

Die Unterlagen und Aussagen zu Auschwitz und speziell zu Mengele konnte ich bei der Staatsanwaltschaft Frankfurt am Main einsehen und kopieren. Auch hier durfte ich völlig frei arbeiten und bekam jede Hilfe durch Staatsanwalt Jürgen Hess. Bei der Staatsanwaltschaft lernte ich Kazimierz Smolen kennen, Häftling von Anfang an und später Direktor des Staatlichen Museums Auschwitz. Wir trafen uns, wenn er in Frankfurt war. Es war eine seltene Erfahrung: In vielen Stunden redeten wir, als würden wir uns schon immer kennen. Bei einem Besuch in Auschwitz durfte ich später auch dort frei arbeiten.

Die Aussagen des Auschwitz-Verfahrens befinden sich heute im Hessischen Hauptstaatsarchiv in Wiesbaden und im Fritz-Bauer-Institut (FBI) in Frankfurt am Main. Hier habe ich noch einmal zahlreiche Dokumente einsehen können. Werner Renz danke ich für jede Hilfe und viele Gespräche. Ohne seine Hilfe wäre dieses Buch so nicht möglich gewesen.

Sachregister

»Wir hätten gern darüber gesprochen«
Simone Veil